北京朝阳年鉴

BEIJING CHAOYANG YEARBOOK

2023

北京市朝阳区地方志编纂委员会 编

方志出版社
Publishing House of Local Records

图书在版编目（CIP）数据

北京朝阳年鉴. 2023 / 北京市朝阳区地方志编纂委员会编.—北京 : 方志出版社, 2023.11

ISBN 978-7-5144-5876-3

Ⅰ. ①北… Ⅱ. ①北… Ⅲ. ①朝阳区－2023－年鉴 Ⅳ. ①Z521.3

中国国家版本馆CIP数据核字（2023）第218496号

责任编辑：丛珺
责任校对：张玉霞
责任印制：梅中英
出 版 者：方志出版社
地　　址：北京市朝阳区潘家园东里9号（国家方志馆4层）
邮　　编：100021
网　　址：http://www.zgfzcb.cn
发　　行：方志出版社图书营销中心（010-67110500）
印　　刷：北京建宏印刷有限公司
开　　本：889毫米×1194毫米　1/16
印　　张：35.25
字　　数：1460千字
版　　次：2023年11月第1版
印　　次：2023年11月第1次印刷
定　　价：380.00元

编辑说明

一、《北京朝阳年鉴》是在中共北京市朝阳区委、北京市朝阳区人民政府的领导下，由北京市朝阳区地方志编纂委员会主持编纂，北京市朝阳区地方志编纂委员会办公室承编的年度资料性文献。自2005年开始逐年编纂并公开出版，一年一卷，《北京朝阳年鉴（2023）》为第19卷。

二、《北京朝阳年鉴（2023）》以马克思列宁主义、毛泽东思想、邓小平理论、“三个代表”重要思想、科学发展观、习近平新时代中国特色社会主义思想为指导，坚持辩证唯物主义和历史唯物主义的立场、观点和方法，求真务实，全面、客观、系统地记述区域发展情况。

三、《北京朝阳年鉴（2023）》全面记述朝阳区2022年政治、经济、文化和社会发展的基本情况。凡在文中直书月、日的，均指2022年内的日期，文中“年内”指2022年内。文中涉及其他年份的时间均标明年份。凡涉及工作机构时，在各分目首次出现用全称，同时括注简称，以后则用简称。

四、本卷年鉴设有北京冬奥会和冬残奥会服务保障、中国共产党朝阳区委员会、朝阳区人民代表大会、朝阳区人民政府、政协朝阳区委员会、中国共产党朝阳区纪律检查委员会　朝阳区监察委员会等28个类目。与《北京朝阳年鉴（2022）》相比，《北京朝阳年鉴（2023）》增设“北京冬奥会和冬残奥会服务保障”类目。框架的调整主要有原“生态建设”类目标题改为“生态环境”。原“城乡规划”分目标题改为“国土空间规划”，原“建设工程”分目标题改为“城市更新与管理”，原“消防”分目标题改为“消防救援”，原“新闻传播”分目标题改为“新闻传媒”，原“数字化城市管理”分目标题改为“智慧城市管理”，原“金融”类目标题改为“金融业”，原“人物　荣誉”类目标题改为“荣誉　人物”。“投资促进”分目从“工业　商贸服务业”类目移至“经济管理”类目，“市容环境管理”“园林绿化”两个分目从“生态环境”类目移至“城乡管理”类目，“金融管理”分目从“金融业”类目移至“经济管理”类目，“自然资源管理”分目从“城乡规划与建设”类目移至“经济管理”类目。“供电”“供水”两个次分目升格为分目。原“消费者权益保护”分目不再单设，其内容并入“市场监督管理”分目。除特载、专文、大事记、荣誉　人物、统计资料及附录外，其余均为条目体。年鉴采用规范的语体文、记述体，直陈其事，文字力求简洁、朴实。

五、文中除“民主党派”类目外，未标明党派的“市委”均指“中共北京市委”，“区委”均指“中共北京市朝阳区委”，“党”均指“中国共产党”，“党员”均指“中共党员”，“党建”工作均指“中国共产党建设”工作。

六、数字用法、标点符号用法分别采用国家标准《出版物上数字用法》（GB/T 15835—2011）、《标点符号用法》（GB/T 15834—2011），计量单位采用国家技术监督局1993年12月发布的《量和单位》系列国家标准。考虑到社会使用习惯，全书中亩未统一换算。

七、为方便读者使用，本卷年鉴类目“街道　地区（乡）”内容，按照各街道、地区（乡）名称第一个字的汉语拼音首字母排序，第一个字相同的，按第二个字排序，以此类推。

八、入鉴的资料、图片均由各撰稿单位确定专人撰写或提供，并经主要负责人审核。部分资料由本年鉴编辑部收集。主要数据和统计资料由朝阳区统计局提供，部分数据由各相关部门提供。由于统计口径等原因，相关部门的个别数据与统计资料不一致的，以统计资料为准。

九、《北京朝阳年鉴（2023）》配有双重检索系统：正文前有目录，后有索引。

朝阳区地图

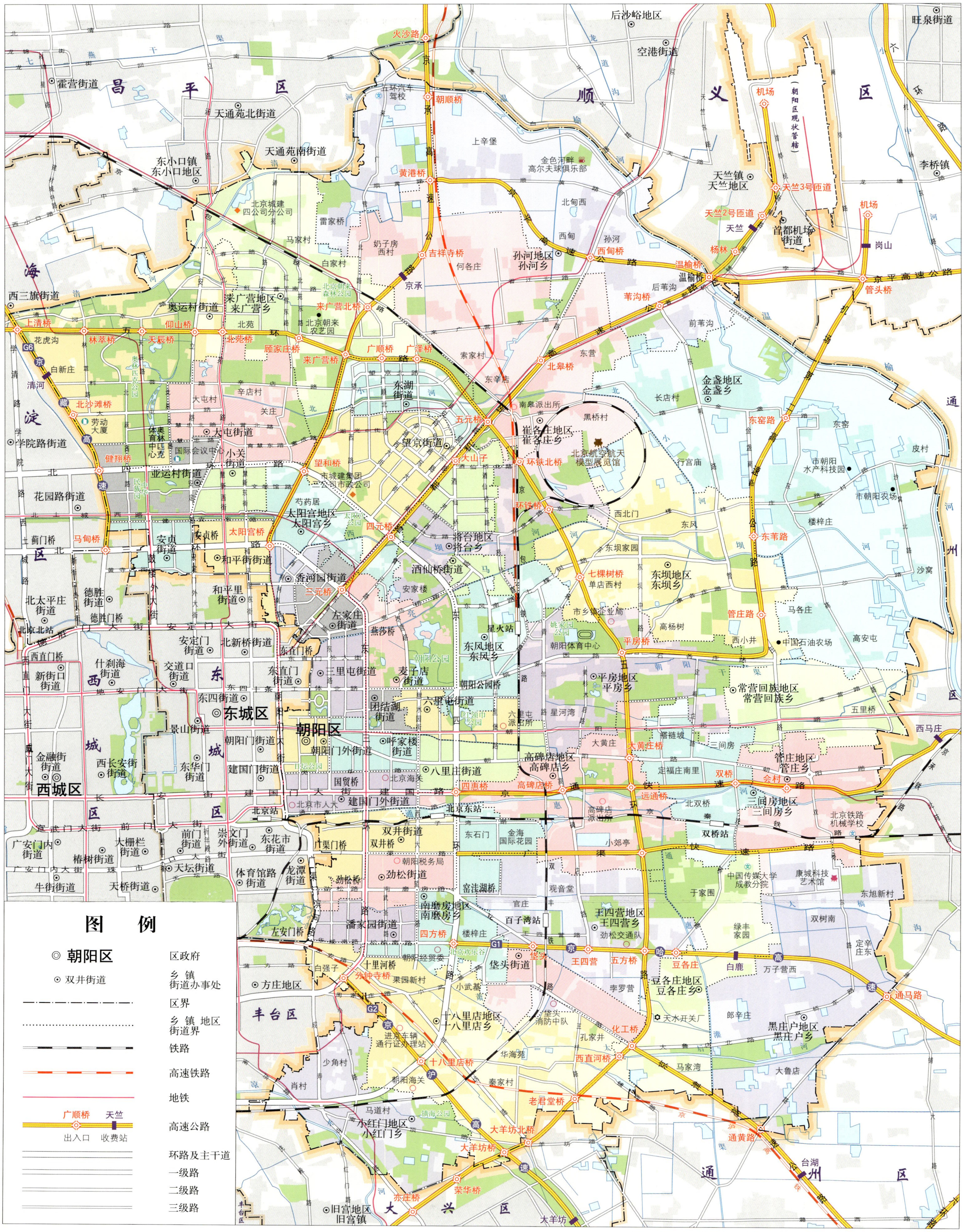

审图号：京 S（2023）070 号

数字朝阳 2022

辖区面积	470.8 平方千米
年末户籍人口	218.9 万人
年末常住人口	344.2 万人
地区生产总值	7911.2 亿元
第一产业增加值	3.0 亿元
第二产业增加值	519.2 亿元
第三产业增加值	7389.0 亿元
规模以上现价工业总产值	796.3 亿元
一般公共预算收入	503.0 亿元
一般公共预算支出	562.4 亿元
社会消费品零售总额	3179.8 亿元
进出口总额	18139.7 亿美元
银行人民币存款	35046.8 亿元
银行人民币贷款	13909.7 亿元
银行储蓄存款	9263.9 亿元
居民人均可支配收入	86981 元

专利授权量	32214 件
技术合同成交额	1357.4 亿元
幼儿园	310 所
小学	70 所
普通中学	98 所
职业高中	4 所
医疗卫生机构	1909 个
医院实有床位	2.7 万张
商品房屋施工面积	1965.6 万平方米
商品房屋竣工面积	67.3 万平方米
商品房销售面积	78.6 万平方米
体育场地	1454 个
全民健身工程面积	200.18 万平方米
博物馆	36 个
区级以上文物保护单位	17 个

数据来源：《北京市朝阳区统计年鉴（2023）》

2022年地区生产总值

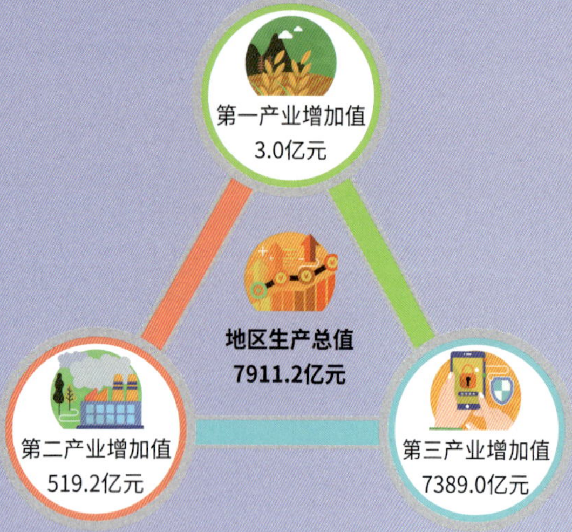

2022年全区居民家庭人均可支配收入构成

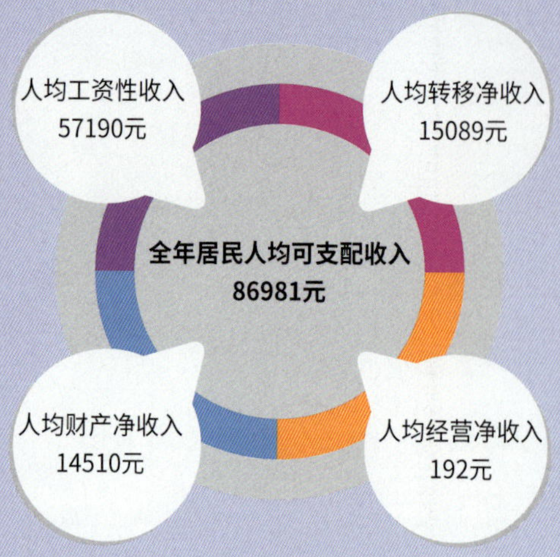

2022年全区居民家庭人均消费支出构成

2022年朝阳区地方财政收支

全年一般公共预算收入
503.0亿元

全年一般公共预算支出
562.4亿元

2013—2022年地区生产总值

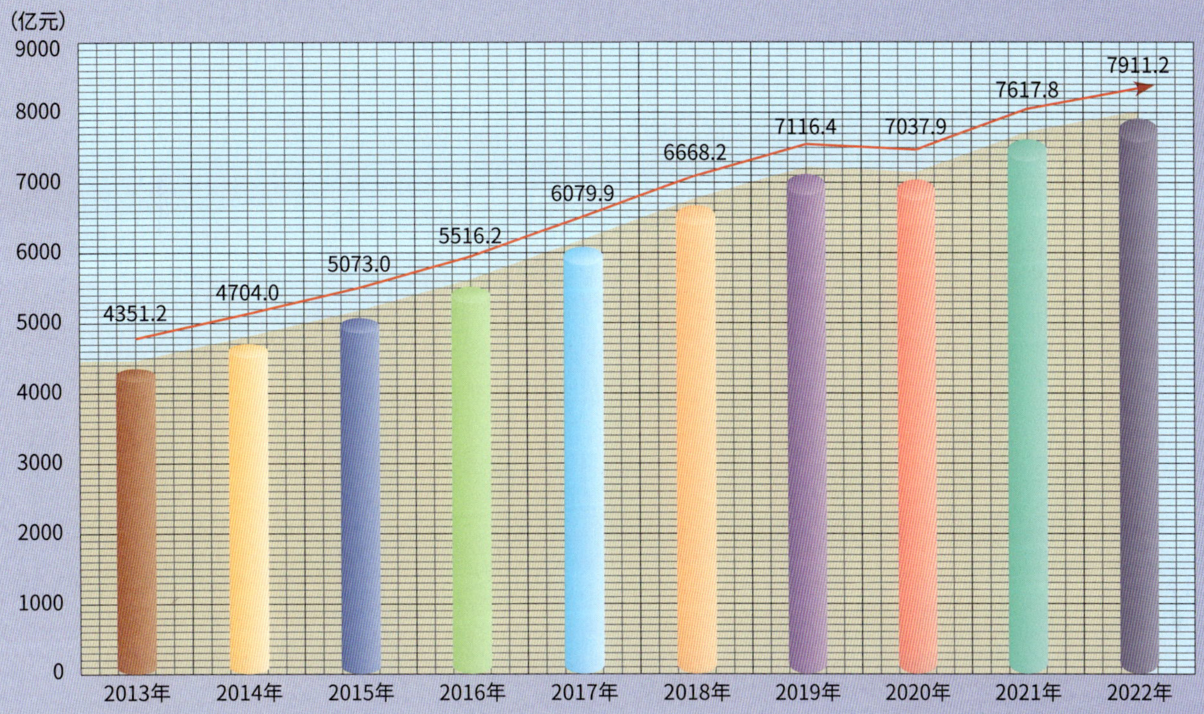

2022年全区居民家庭每百户主要耐用消费品拥有量

家用汽车	63辆	空调	189台	照相机	42台
摩托车	4辆	热水器	100台	乐器	15架（把）
助力车	13台	洗碗机	7台	健身器材	10台
洗衣机	100台	抽油烟机	95台	空气净化器（含新风系统）	46台（套）
电冰箱（柜）	102台	固定电话	34线	地面清洁电器	39台
微波炉	82台	移动电话	227部		
彩色电视机	123台	计算机	90台		

2013—2022年常住人口和外来常住人口

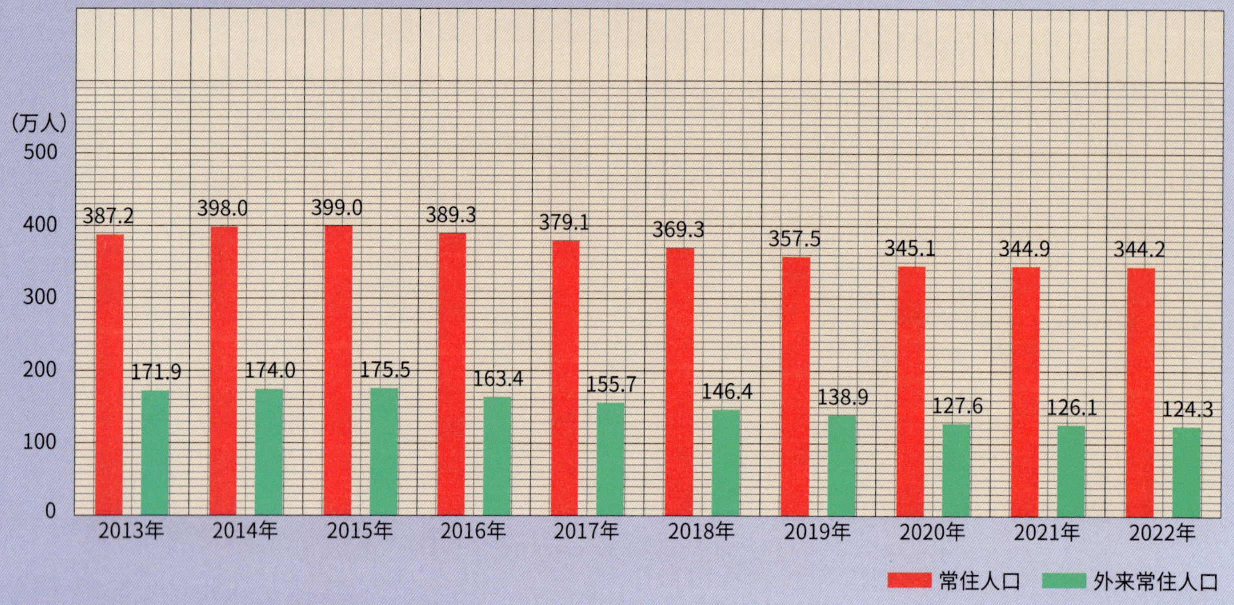

2022年商品房屋建设

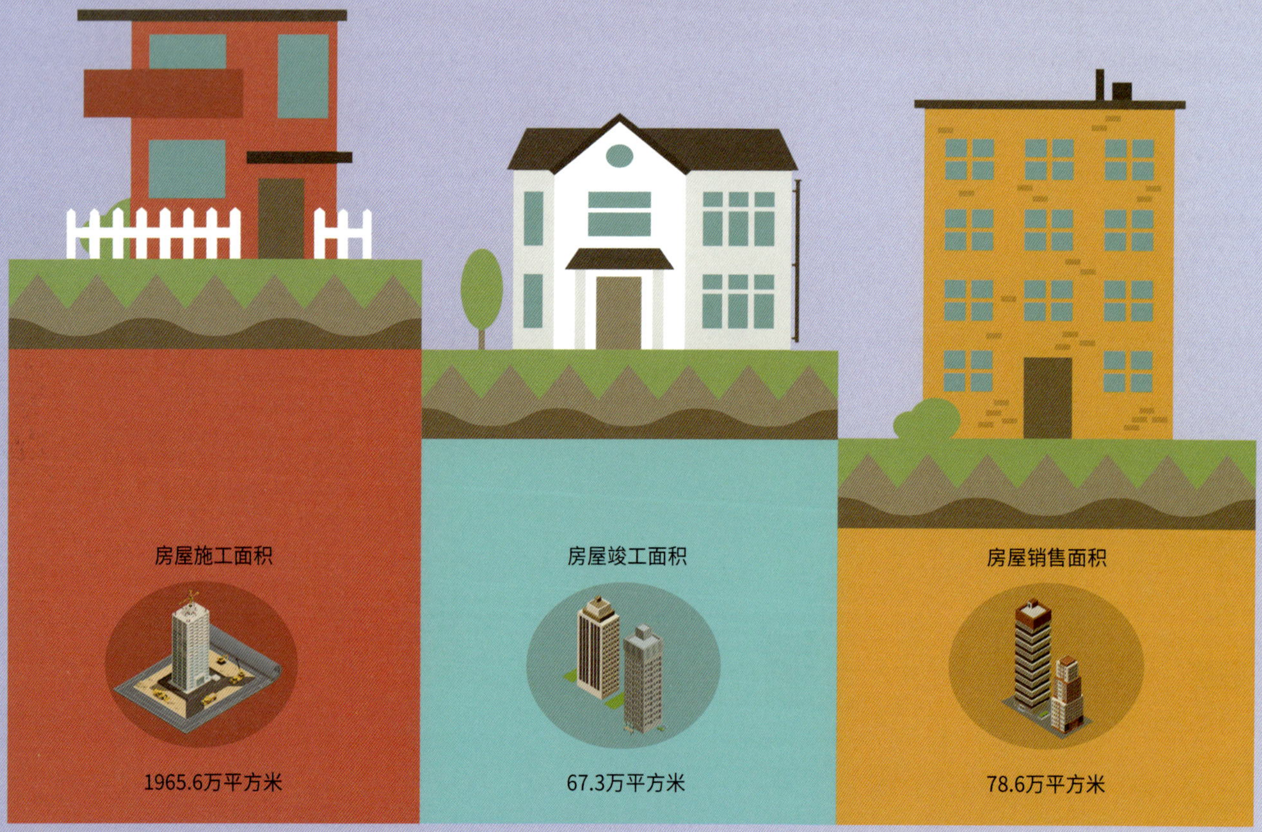

喜迎党的二十大

▲ 9月15日，区工商联组织民营经济人士到延庆大庄科乡开展理想信念教育活动 （区工商联　供图）

▲ 7月1日，崔各庄地区（乡）机关党总支在房山区黄山店村爱国主义教育基地开展主题党日活动，喜迎党的二十大。图为党员在宣誓

［崔各庄地区（乡） 供图］

▲ 7月1日，平房地区（乡）举办“喜迎二十大　奋斗新平房”庆祝中国共产党成立101周年活动。图为党员在重温入党誓词

［平房地区（乡） 供图］

▲ 9 月 22 日，区文联举办 2022 年喜迎二十大“欢乐朝阳”系列展演暨文艺进万家·健康你我他新时代文明实践学雷锋文艺志愿服务演出活动。图为孝满京城　德润人心“我们的节日”重阳节主题文化演出专场　（区文联　供图）

▲ 9 月 27 日，区文联举办“喜迎二十大·旋舞朝阳”活动。图为民族舞展演　（区文联　供图）

▲ 10 月 16 日，北京工业大学师生收看党的二十大开幕会 （北京工业大学　供图）

▲ 10 月 16 日，劲松街道机关党员干部群众收看党的二十大开幕会 （颜炳南　摄）

◀ 11 月，朝阳区委党校组织学习贯彻党的二十大精神宣讲。图为 11 月 1 日，孙河分校组织宣讲活动 （康　文　摄）

助力北京冬奥会和冬残奥会

▲ 2022 年，举办第五届北京朝阳森林演出季活动。图为 2 月 24 日，奥森公园朝阳森林演出季暨冬奥系列文艺演出劲松专场

（任兴立　摄）

▶ 2022 年，冬奥场馆属地街道开展安全保障工作。图为 1 月 11 日，安贞街道综合执法队对冬奥场馆周边重点行业从业人员进行信息采集　　（龚丽丽　摄）

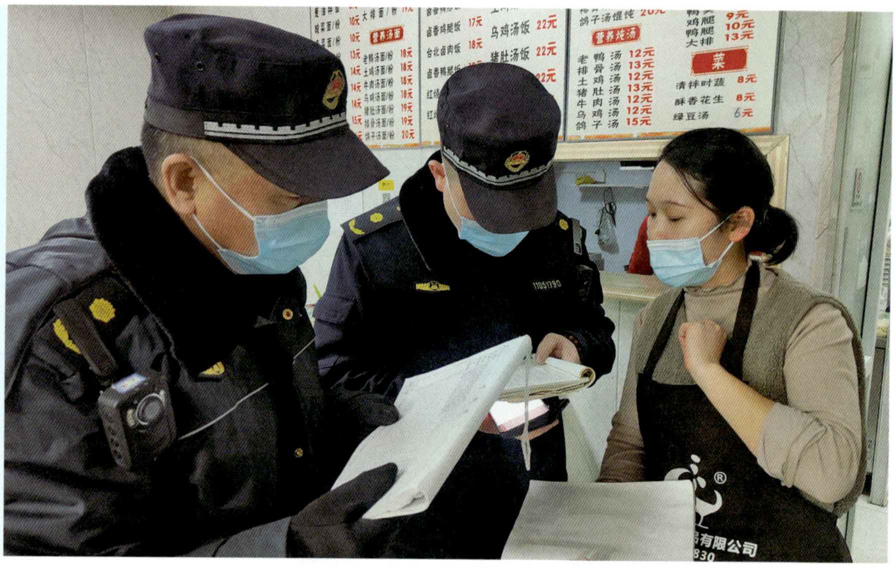

◀ 2022 年，区城管执法局开展北京奥运会安全保障工作。图为 1 月 12 日，在奥园辖区奥园执法队对北京冬奥会和冬残奥会吉祥物景观搭建施工现场进行专项检查
（区城管执法局　供图）

▲ 1 月 21 日，区税务局举行冬奥志愿服务队授旗仪式。图为授旗后宣誓　　（左　振　摄）

◀ 2022年，区卫生健康委开展北京冬奥会医疗卫生保障工作。图为1月28日，卫生监督人员对北京冬奥会速滑馆内生活饮用水水质进行检验

（区卫生健康委　供图）

▶ 2022年，区气象局开展北京冬奥会气象保障工作。图为2月4日，气象业务人员分析北京冬奥会开幕式天气情况（刘自名　摄）

◀ 2月，担任北京冬奥会交通志愿者的北京联合大学学生开展志愿服务。图为在为外宾指路

（北京联合大学　供图）

▲ 2月，北京冬奥会和冬残奥会期间区环卫工人进行道路清扫保障。图为环卫工人清扫积雪 （刘宏伟　摄）

▲ 2 月 8 日，区市场监管局执法人员对北京冬奥会和冬残奥会知识产权保护工作开展检查
（邹　玥　摄）

▲ 2022 年，北京联合大学学生担任北京冬奥会和冬残奥会礼仪志愿者。图为 2 月 10 日，在云顶滑雪公园学生合影　　（北京联合大学　供图）

▲ 2 月 17 日，麦子店街道亮马社区新时代文明实践站开展“喜迎冬奥　文明童行”活动。图为儿童展示绘画　　（麦子店街道　供图）

▲ 3月2日，北京冬残奥会火炬8个火种之一“互助之火”采集仪式在望京街道举行。图为用“冰壶撞击”的方式采集火种

（崔晓松　摄）

▲ 3月2日，“互助之火”点燃残奥会火炬。图为火炬手马恒（右一）接过点燃的火炬　（崔晓松　摄）

稳定经济运行

▲ 9 月 10 日至 12 日，第四届舌尖上的“一带一路”国际美食嘉年华在东坝首创郎园 Station 举办　　（区商务局　供图）

◀ 5 月，蓝岛大厦为小微企业办理租金减免。图为工作人员进行操作
（王　江　摄）

◀ 5 月 31 日，区市场监管局执法人员对“七小”门店复工复产防疫工作开展检查。图为检查现场
（邹　玥　摄）

▲ 2022 年，北京国际咖啡交易中心落地朝阳区。图为 6 月 10 日，签约仪式在朝阳区举行　（区商务局　供图）

▶ 8 月 3 日，“2022 潘家园首届全国钱币邮票交流会”亮相北京潘家园旧货市场。图为顾客在挑选旧钱币
（潘家园文化公司　供图）

▲ 9 月，“餐桌上的秀场——2022 三里屯国际美食节”开幕。图为开幕式现场　（刘　易　摄）

▲ 9 月 1 日，服贸会“北京主题日”朝阳区项目签约仪式举行。图为签约仪式现场　（区商务局　供图）

▲ 9 月 3 日，北京青年政治学院在服贸会展示服务“一带一路”绘画活动。图为外国友人在绘画　　（北京青年政治学院　供图）

▲ 9 月 15 日，呼家楼街道便民服务中心开展失业人员插花技能培训。图为老师与学员合影　　（王　硕　摄）

▲ 11 月，北京信息职业技术学院举办毕业生校园招聘周活动。图为招聘会现场　　（北京信息职业技术学院　供图）

▶ 11 月 3 日，由全国总工会主办，北京市总工会、朝阳区总工会承办的 2022 年全总“新就业形态劳动者温暖服务季”启动仪式在建外地区中海广场举行
（刘　方　摄）

▲ 11 月 29 日，在北京市土地交易市场，北京金隅地产开发集团有限公司以 32.315 亿元竞得崔各庄乡奶西村棚户区改造土地开发项目。图为竞标现场 （张永康　摄）

▲ 12 月 23 日，朝阳区举办金融领域“两区”建设成果发布会。图为国际金融招商引资大会现场 （王　迪　摄）

城乡融合发展

▲ 年内，亮马河水质稳定达标。图为亮马河畔 （区生态环境局 供图）

▲ 2 月 18 日，首都医科大学附属北京朝阳医院东院区主体工程完成内装和基建安装。图为医院主楼
（区卫生健康委　供图）

▲ 4 月 16 日，东风地区（乡）社会组织培育孵化中心启动。图为正在揭牌
[东风地区（乡）　供图]

◀ 2022 年，亮马河进一步改造。图为 5 月 11 日，通航后的亮马河国际风情水岸
（麦子店街道　供图）

▲ 7月，昆泰集团开发建设的孙河康营项目按期交房。图为建成的住宅楼（王 丹 摄）

▲ 7月，三间房地区（乡）对定西南里老旧小区进行改造。图为改造现场 [三间房地区（乡） 供图]

▲ 7月7日，南磨房地区（乡）在基层立法联系点组织征求《北京市城市更新条例》的修订意见。图为座谈会现场 [南磨房地区（乡） 供图]

▲ 7 月 30 日，太阳宫地区（乡）回迁安置房（安新路 6 号院）首批个人不动产权证发放仪式举行。图为工作人员给居民发放产权证 （王广军 摄）

▲ 8 月，孙河社区卫生服务中心组织老年人开展健康讲座。图为进行“人工关节简介”授课 （区卫生健康委 供图）

▲ 2022 年，东坝地区（乡）进行回迁房建设。图为 8 月 5 日，北西区回迁房封顶 （马斯诺 摄）

▲ 坝河水系治理现状（8 月 15 日拍摄） （马斯诺　摄）

▲ 8月16日，区人大常委会围绕农村集体产权制度改革情况开展专题询问。图为询问现场　（区人大常委会办公室　供图）

▲ 9月，坝河滨水空间一期（使馆区东区段）全面开放。图为建成的绿地　（马斯诺　摄）

▲ 9月7日，金盏森林公园完成非常规水源接入工程。图为注水后的湖面 （邓志远　摄）

▶ 9月9日，区消防救援支队在中信大厦开展超高层灭火救援演练（吉振新　摄）

▲ 温榆河公园一期（9月12日拍摄） （康　文　摄）

▲ 望京街道夜景（10月8日拍摄）（崔晓松　摄）

▶ 10月8日，将台地区（乡）回迁安置房住户领到房产证。图为居民领证后合影（隗力辉　摄）

▲ 12月，安贞东方医院新建工程的主体工程封顶。图为医院主楼（区卫生健康委　供图）

接诉即办　疏解整治

▲ 7月1日，左家庄街道“接诉即办”，为居民安装路灯　（张　玉　摄）

▲ 3 月 8 日，区政协就深化接诉即办工作开展专题协商。图为协商会会场 （区政协办公室　供图）

► 3 月 9 日，小关街道政务服务工作人员编写叫号程序 （李子涵　摄）

◄ 2022 年，区生态环境局开展系列执法行动。图为 3 月 15 日，进行整治违法排污专项检查 （区生态环境局　供图）

▶ 4月7日，垡头街道开展燃气管线占压隐患排查整改行动　（杨照光　摄）

◀ 4月12日，大屯街道执法队拆除慧忠里第一社区违法建设　（蔺　娣　摄）

▶ 9月6日，奥运村街道开展“门前三包”专项整治行动。图为清理小广告　（龚丽丽　摄）

◀ 9 月 8 日，孙河地区（乡）召开孙河组团商业建设相关问题“吹哨报到”会。图为相关部门进行汇报　　（戴嘉熹　摄）

◀ 9 月 27 日，黑庄户地区（乡）举办“接诉即办”专题讲座。图为正在进行授课
［黑庄户地区（乡）　供图］

▲ 2022 年，六里屯街道对辖区 5 个社区、13 个小区、76 栋楼进行综合改造工程。图为改造前后对比　　（六里屯街道办事处　供图）

总 目

General Catalogue

目　录

区情概览

建置区划

自然地理

自然灾害

自然资源

人口　民族　宗教

人文历史

特色街区

区位优势

2022 年经济社会发展

领导干部名录

特　载

专　文

大事记

北京冬奥会和冬残奥会服务保障

综　述

赛事服务保障

城市管理运行

中国共产党朝阳区委员会

综　述

重要会议

重大活动

重大决策

组织工作

人才工作

宣传工作

统一战线工作

机构编制管理

政策研究

区直机关党建

老干部工作

保密管理

党校工作

党史编研

朝阳区人民代表大会

综　述

重要会议

人事任免

议案办理和信访受理

代表活动

专门委员会工作

朝阳区人民政府

综　述

重要会议

重大活动

综合政务管理

政府信息公开

应急管理

信息化建设与管理

外事及涉港澳台事务

政务服务

信访工作

机关后勤服务与管理

政协朝阳区委员会

综　述

重要会议

协商议政

提案工作

调研与视察

专门委员会工作

中国共产党朝阳区纪律检查委员会 朝阳区监察委员会

综　述

党风政风监督

巡察工作

信访举报

纪律检查和案件审理

反腐倡廉宣传教育

民主党派

民革朝阳区委

民盟朝阳区委

民建朝阳区委

民进朝阳区委

农工党朝阳区委

致公党朝阳区委

九三学社朝阳区委

台盟朝阳区工委

人民团体

朝阳区总工会

共青团朝阳区委

朝阳区妇女联合会

朝阳区科学技术协会

朝阳区归国华侨联合会

朝阳区青年联合会

朝阳区工商业联合会

法　治

政法委及综治

法治政府建设

公　安

检　察

法　院

司法行政

仲　裁

军　事

区人武部

人民防空

退役军人事务

功能区建设

北京商务中心区

北京奥林匹克中心区

中关村朝阳园

国家文化产业创新实验区

经济管理

经济社会发展与调控

自然资源管理

国有资产监督管理

财　政

税　务

金融管理

投资促进

审　计

统　计

市场监督管理

质量技术监督

食品药品监督管理

价格管理

安全生产监督管理

烟草专卖与管理

农业　农村

乡村振兴

农村经济管理

农业农村综合服务

农业综合执法

工业　商贸服务业

工业产业发展

高新技术产业

商贸服务业

京客隆集团

蓝岛大厦

朝富公司

金融业

综 述

银 行

中国建设银行股份有限公司北京朝阳支行

中国工商银行股份有限公司北京朝阳支行

中国工商银行股份有限公司北京市望京支行

中国工商银行股份有限公司北京自贸试验区国际商务服务片区支行

中国工商银行股份有限公司北京九龙山支行

中国工商银行股份有限公司亚运村支行

中国银行股份有限公司北京商务区支行

中国农业银行股份有限公司北京朝阳支行

中国农业银行股份有限公司北京朝阳东区支行

保 险

中国人寿保险股份有限公司北京市分公司

信 托

北京国际信托有限公司

旅游业

综 述

景区景点建设与服务

旅游节庆活动

旅游监督管理

旅游合作与交流

城乡规划与建设

国土空间规划

城市更新与管理

建设企业选介

北京宝嘉恒基础设施投资有限公司

北京昆泰控股集团有限公司

北京国际商务中心区开发建设集团有限公司

北京市朝阳城市建设综合开发有限责任公司

田华建筑集团公司

房屋管理

供　电

供　水

邮 政

城乡管理

城市综合管理

城管综合执法

智慧城市管理

交通运输管理

市容环境管理

园林绿化

朝园弘园林绿化有限责任公司

园林绿化管理服务中心

公园和绿化建设管理中心

绿化一队

水环境治理

环境卫生

循环经济产业

节能减排

科　技

综　述

科技管理

科技活动

知识产权保护

防震减灾

气象服务

教 育

综 述

教育管理

师资队伍建设

素质教育

学前教育

基础教育

特殊教育

职业教育

高等教育

北京中医药大学

北京工业大学

北京信息职业技术学院

北京化工大学

北京经济管理职业学院

北京联合大学

北京青年政治学院

继续教育

民办教育

教育督导

文　化

综　述

公共文化

群众文化

文化遗产保护

文化市场管理

文化创意产业

798 艺术区

北京潘家园国际民间文化发展有限公司

新闻传媒

档　案

地方志

文联活动

卫生　健康

综　述

公共卫生

医疗卫生

朝阳区区属医院

体 育

综 述

群众体育

竞技体育

体育产业

北京冬奥会和冬残奥会服务保障

社会生活

居民收支

就 业

社会保障

民　政

社会建设管理

人力资源管理

民族　宗教

老龄事业

残疾人事业

慈善事业

红十字事业

精神文明建设

街道　地区（乡）

安贞街道

奥运村街道

八里庄街道

朝外街道

大屯街道

东湖街道

垡头街道

和平街街道

呼家楼街道

建外街道

劲松街道

酒仙桥街道

六里屯街道

麦子店街道

潘家园街道

三里屯街道

首都机场街道

双井街道

团结湖街道

望京街道

香河园街道

小关街道

亚运村街道

左家庄街道

常营地区（回族乡）

崔各庄地区（乡）

东坝地区（乡）

东风地区（乡）

豆各庄地区（乡）

高碑店地区（乡）

管庄地区（乡）

黑庄户地区（乡）

将台地区（乡）

金盏地区（乡）

来广营地区（乡）

南磨房地区（乡）

平房地区（乡）

三间房地区（乡）

十八里店地区（乡）

孙河地区（乡）

太阳宫地区（乡）

王四营地区（乡）

小红门地区（乡）

荣誉　人物

先进集体

先进个人

逝世人物

统计资料

附　录

索　引

Catalogue

Overview of District Conditions

Special Reports

Special Records

Chronicle

Service Guarantee of Beijing Winter Olympics and Paralympic Winter Games

Beijing Chaoyang District Committee of Communist Party of China

Chaoyang District People's Congress

Chaoyang District People's Government

CPPCC Chaoyang District Committee

Chaoyang District Discipline Inspection Commission of the CPC Chaoyang District Supervision and Inspection Commission

Other Politilal Parties

People's Organizations

Rule of Law

Military Affairs

Construction of Functional Areas

Economic Management

Agriculture and Rural Areas

Industry and Trade Services

Financial Industry

Tourist Industry

Urban and Rural Planning and Construction

Urban and Rural Management

Ecological Environment

Science and Technology

Education

Culture

Hygiene and Health

Sports

Social Life

Sub-Districts Areas (Townships)

Honors and Characters

Statistical Data

Appendices

Indexes

区情概览

建置区划

【面积】 朝阳区地处北京市中南部，位于北纬 39° 49′ 至 40° 5′，东经 116° 21′ 至 116° 38′。北接顺义区、昌平区，东与通州区接壤，南连丰台区、大兴区，西同海淀区、东城区、西城区毗邻。全区面积 470.8 平方千米。

【建置沿革】 夏、商、周时，朝阳区境属冀州地、幽州地。秦汉至隋唐五代，朝阳区辖境大部分为蓟县和潞县地。辽代，为析津府析津县地和潞县地。金代，为大兴府大兴县和通州潞县地。元、明、清时，先后分属大都路（中都路改）、北平府、顺天府之大兴县、宛平县和通州潞县、漷阴县等。1912—1928 年，北洋政府统治时，分属顺天府所属之大兴县、通县等。1925 年 1 月，北平特别市设东郊区警察署，为朝阳设区之始。1929 年 1 月，东郊区被定为北平市 4 个行政区之一。1949 年 2 月，北平市政府临时划定全市为 32 个区，辖域分属第十三区、第十四区、第十五区、第十九区、第二十区和河北省顺义县、通县。1950 年 8 月，北京近郊 7 个区顺序改为第十区至第十六区后，辖域分属第十区、第十一区、第十四区和河北省顺义县、通县。1952 年 9 月，撤销北郊第十四区，第十区更名东郊区，第十一区更名南苑区，辖域分属北京市东郊区、南苑区和河北省顺义县、通县。1955 年 8 月，朝阳门关厢、东便门关厢、广渠门关厢区划调整，辖域分属北京市东郊区、东单区、东四区、南苑区和河北省顺义县、通县。1958 年 5 月，东郊区更名朝阳区。1959 年，辖域全部隶属朝阳区。1959 年，在时属河北省的顺义县境修建首都机场时，为方便管理，将机场区域划入朝阳区管辖。1987 年，市政府将安贞里街道、安华里街道辖域内 0.6 平方千米及裕民路以南的裕中东里、裕中西里以及西黄寺西地区划归西城区管辖。1988 年 4 月，将农场局家委会等 6 个居（家）委会移交西城区德外办事处。其后辖域无变化。

【行政区划】 1958 年 1 月，原属昌平区的雷桥乡和原属河北省管辖的通县的管庄、定福庄、双桥 3 乡划入北京东郊区（1958 年 3 月，通县由河北省划入北京市，更名为通州区）。5 月，东郊区更名为朝阳区。同时撤销南苑区，原属南苑区的小红门、十八里店、老君堂 3 乡和原属通州区的公主坟、咸宁侯、常营、楼梓庄 4 乡及康村、羊坊村划归朝阳区。7 月，原属东单区的朝阳门关厢、东便门关厢划归朝阳区。9 月，原属通州区的豆各庄乡划入朝阳区，原属公主坟乡的西马庄、竹木厂、邓家窑、纪庄 4 个村划回通州区。1959 年，顺义区境的首都机场地区划入朝阳区管辖。1960 年，顺义县天竺、后沙峪两公社划入朝阳区。1962 年，天竺、后沙峪两公社划回顺义县，同时康村、羊坊村划属大兴县。1987 年 11 月，朝阳区裕中东里、裕中西里及部分毗连地域 0.6 平方千米划归西城区。1996 年，辖区有朝外、建外、呼家楼等 21 个街道和南磨房、高碑店、将台等 24 个乡。1998 年 7 月，适应望京新城建设需要，调整相关地区行政区划，设望京街道。8 月，实施场乡体制改革，将双桥农场、和平（东郊）农场、东风农场 3 个国营农场所属 10 个乡（双桥农场所属 5 个乡，即常营乡、三间房乡、管庄乡、豆各庄乡、黑庄户乡；和平农场所属 4 个乡，即崔各庄乡、孙河乡、黄港乡、南皋乡；东风农场所属 1 个乡，即东风乡）整建制划归朝阳区管理。2002 年 12 月，朝阳区在洼里、东风、小红门等 9 个乡设立地区办事处。2004 年 5 月，朝阳区撤销楼梓庄乡，并入金盏乡，设立金盏地区办事处；撤销黄港乡，并入孙河乡，设立孙河地区办事处；撤销南皋乡，并入崔各庄乡，设立崔各庄地区办事处；在东坝、黑庄户、豆各庄、王四营 4 个乡设立地区办事处。撤销管庄街道，将其所辖区域分别划归管庄乡、三间房乡、黑庄户乡。至此，朝阳区 21 个乡全部建立地区办事处。2005 年 7 月，撤销大屯地区办事处（乡政府），设立大屯街道办事处，大屯成为全市实施《北京城市总体规划》后第一个撤乡建立街道办事处的地区。12 月，实现政企分开，在望京高新技术产业区基础上，设东湖街道，成立东湖街道办事处筹备处。2010 年年底，朝阳区有朝外、建外、呼家楼、三里屯、左家庄、香河园等 22 个街道和东湖街道筹备处。有南磨房、高碑店、将台、太阳宫、东风、小红门、十八里店等 20 个地区办事处（乡政府）。2022 年，朝阳区有 24 个街道办事处、19 个地区办事处（乡政府）。

自然地理

【地形】 辖域地质基底构造受新华夏系北东向构造所控制，西部属北京凹陷东北侧，东南部属大兴隆起北段。地貌平坦，地势从西北向东南缓缓倾斜，倾斜坡度为1/1000至1/2500。地质无岩石露头。地貌类型多样，包括山地、丘陵、台地、平原四大类型。平均海拔34米，最高处海拔86.5米，最低处海拔20米。轮廓南北长，最长约28千米；东西窄，最宽约17千米。

【气候】 朝阳区处于北半球中纬度地区，属暖温带半湿润大陆性季风气候区，高空大气环流属盛行西风带，四季分明，降水集中，风向有明显季节变化。春季干燥多风，昼夜温差较大；夏季炎热多雨；秋季晴朗少雨；冬季寒冷干燥，多风少雪。年内，朝阳区平均气温为13.8℃，比历年平均值12.9℃偏高0.9℃。冬、春、夏、秋季平均气温分别为–0.3℃、15.5℃、26.7℃、14.5℃，与历年同期平均值–1.3℃、14.5℃、25.8℃、12.8℃相比，分别偏高1.0℃、1.0℃、0.9℃、1.7℃。年度最高气温为39.5℃，出现在6月25日；最低气温为–10.9℃，出现在2月15日。年度降水量为720.6毫米，比例年降水量582.0毫米增加138.6毫米。冬、春、夏、秋季降水量分别为12.1毫米、34.3毫米、603.2毫米、73.8毫米，与历年同期平均值9.5毫米、66.6毫米、403.3毫米、102.6毫米相比，冬、夏分别增加2.6毫米、199.9毫米，春、秋季分别减少32.3毫米、28.8毫米。单日最大降水量为146.9毫米，出现在7月27日；最长连续降水天数为4天，降水量为87.0毫米，出现在7月3日至6日；最长连续无降水天数为41天、2次，分别出现在2021年12月10日至2022年1月19日、11月21日至12月31日。日照时数为2596.1小时，比常年平均值2395.2小时增加200.9小时。冬、春、夏、秋季日照时数分别为600.0小时、748.0小时、598.7小时、654.3小时，与历年同期平均值523.5小时、723.5小时、594.8小时、553.4小时比，冬、秋季增加76.5小时、100.9小时，春、夏季接近常年。

【土壤】 朝阳区土壤母质组成属于第四纪洪积冲积物。碳酸盐褐土。俗名立黄土，呈棕褐色。耕层质地轻壤或轻壤偏沙，耕层以下过渡到中壤至红黄胶泥棱柱状结构，质地黏重，为明显淋溶黏化层。黏化层之下心土是质地偏轻沙壤，可见到硬铁子。底土以上冲积层，层理不明显。碳酸钙在耕作层反应较强，往下逐渐减弱，到心土和底土无碳酸钙反应。此类土排水尚佳，少雨年份土壤干旱，基础肥力较低，有机质在1%左右。由于心土和底土质地偏黏，土壤保水保肥性能较好。潮褐土。俗名黄土或灰黄土，分布在洪积冲积扇末端高起的陡坎上，或冲积扇下部高平的地方。随着地下水开采，导致地下水位下降，使土壤向褐土发展，尚有潮化特征，此类土壤属于褐土向潮土过渡的一种土壤类型。褐潮土。俗名黑黄土，是由褐土向潮土过渡土壤，以潮化特征为主，以褐土化为辅的过渡性土壤类型。分布在辖域冲积扇微有起伏地区。还有一种分布在冲积扇缘较低部位的褐潮土，历史上这里曾是沼泽洼地，经过长期地壳运动和新冲积物覆盖影响，使原来沼泽灰暗色黑土层，埋在50厘米深心土上。

【植被】 朝阳区地带性植被为半湿润落叶阔叶林，有原生乔木物种、原生灌木物种、藤本、草本植物等。自然植被多被改造为农田（包括防护人工林网）和城镇（包括绿化隔离带），仅有少量原生物种残遗。原生乔木物种主要有旱柳、杨树、槭树、紫椴；原生灌木物种有虎榛、毛榛、榛、胡枝子酸枣等；藤本有猕猴桃、山葡萄等；草本植物有白羊草、荆条、小针茅、苔草、芦苇、香蒲、黄背草、天南星等；农作物有玉米、冬小麦以及高粱、水稻等。

【水文】 朝阳区北部以清河为界，东北部以温榆河为界。坝河与南来的亮马河、北来的北小河相交后汇入温榆河。凉水河、萧太后河、通惠灌渠等局部河段流经辖域南部。域内有5大排灌水系，包括温榆河水系、清河水系、坝河水系、通惠河水系、凉水河水系及排水沟222条，总长582.81千米。有奥林匹克公园湖、朝阳公园湖、团结湖、窑洼湖、红领巾湖、高碑店湖等湖泊及鱼塘、水池、洼地等80余处。地下含水层总厚度一般约30米，靠近西部50米。埋藏深度一般15米至25米，局部地区35米。地下水补给主要是大气降水垂直入渗补给、地表水体回归入渗补给及地下径流侧向补给。

自然灾害

朝阳区区域内发生过旱灾、涝灾、风雹灾害、高低温灾害、雷电等自然灾害。1949—1995年，辖域内有15个年份发生过严重春旱，最严重的发生在1965年。严重夏旱有11年，最严重的发生在1980年和1989年，7月和8月降水不足200毫米。1949—1995年，发生夏涝有14个年份，最严重的发生在1963年。风雹灾害，辖域每年瞬时风速大于17米/秒的8级风最多的一年43天，出现在1991年；最少的一年7天，出现在1970年。夏季雷雨大风伴有冰雹，1959—1995年间出现过39次，最多出现在6月15次。辖域内病虫害的记载很多。元大德六年（1302年）七月，“大都近畿蝗”。明正统十三年（1448年）七月，“飞蝗蔽天”。弘治六年（1493年）六月，“飞蝗过北京，蔽日达三天之久”。1949年，鼠害蔓延。1950年秋，大白菜发生蚜虫害。1951年，玉米、小麦虫灾较为严重，有玉米钻心虫、红蜘蛛、麦蚜（腻虫）。1953年，玉米螟肆虐春玉米。1954年，12个乡发现麦蚜、红蜘蛛。20世纪70年代初，推广提早播种、育苗移栽、钻裆套种，致使丛矮病普遍发生。20世纪80年代，推广粗秆80种水稻二化螟危害严重。1983年和1990年，鼠害严重。1996—2010年，辖域内发生雷电灾害30余起，其中严重的有2起；发生暴雨、暴雪和大风冰雹灾害20余起，其中较严重的是2009年8月9日，突降暴雨。15时最大降水强度为每小时71.6毫米，造成三环路安华桥、三元东桥、燕莎桥，四环路望和桥、慈云寺桥、大郊亭桥，五环路顾家庄桥等桥下以及安立路、北苑路等路段积水严重。其中，安华桥下最深积水2米左右，造成多辆车进水抛锚，交通中断数小时。气象灾害造成5人死亡、44人受伤，农作物直接经济损失1350万元。2022年，辖域内发生数78起高温、暴雨、大风等极端天气过程，均被有效应对。

自然资源

朝阳区辖域内自然资源以土地和水资源为主。朝阳区土壤母质组成属于第四纪洪积冲积物。根据地质资料，沉积物较厚不均。西部古地层较高，沉积物厚度100米左右，底下即见灰岩。从沉积物来看，中西部为永定河洪积冲积扇，扇上多为黄土类土，土壤中富含石灰，质地耕层多为轻壤中壤土，心底土多有黏土夹层和礓石层。土壤类型主要有碳酸盐褐土、潮褐土、褐潮土、潮土、湿潮土、礓石、黏土、沙砾。土壤养分可划分为高肥力、中肥力、低肥力、贫肥四级。朝阳区辖域河流属于海河流域北运河水系。地表水有温榆河、清河、坝河、亮马河、萧太后河、凉水河、北小河、通惠河等主要河流。河流总长度79.5千米，流域面积470平方千米；有大小排灌沟110余条，构成5大排灌水系。地下含水层总厚度一般30米左右，除来广营、金盏一带是弱富水区（流量为1000米^3／日）外，其他大部分地区是较富水区（流量为1000～2000米^3／日）。朝阳区矿产资源主要有地热和矿泉水等。地热资源一般用于洗浴、供热采暖、地热温室、养殖等。随着社会经济结构发生显著变化，土地利用结构变化，土地开发程度大、利用率高，后备土地资源贫乏。

人口　民族　宗教

【人口】 2022年年末，朝阳区常住人口344.2万人，比上年下降0.2%。其中常住外来人口124.3万人,比上年下降1.4%。全年常住人口中出生人数18880人，出生率为5.48‰；死亡人数17800人，死亡率为5.17‰；自然增长率为0.31‰。朝阳区户籍人口218.9万人，比上年末增加2.7万人。

【民族】 2022年，朝阳区有汉族、回族、满族、朝鲜族、藏族等56个民族。其中少数民族人口24.4万人。区域内有民族工作重点街道、民族乡各1个，民族村11个，民族中、小学校4所，经批准的生产经营清真食品企业270余家。

【宗教】 截至2022年年底，朝阳区有佛教、道教、伊斯兰教、天主教、基督教。有宗教团体3个，分别是朝阳区伊斯兰教协会、朝阳区天主教爱国会和朝阳区基督教三自爱国运动委员会。有登记在册的宗教教职人员49人,其中道教9人、伊斯兰教27人、天主教3人、基督教10人；宗教活动场所13处，其中道教庙宇1座、伊斯兰教清真寺10座、天主教教堂1座、基督教教堂1座。

人文历史

【史迹遗存】 朝阳区有北京东岳庙，日坛，清净化城塔院，元大都城墙遗址（朝阳段），大运河大通闸遗址、庆丰闸、平津闸、永通桥、千斯坝遗址、政村坝遗址、坝河故道，四九一电台旧址6个国家级重点文物保护单位；有十方诸佛宝塔、北顶娘娘庙、顺承郡王府、马骏烈士墓4个市级文物保护单位。有有文字记载的历代名人墓、清代王爷坟、清代公主坟100余座。

【非物质文化遗产】 朝阳区有“聚元号”弓箭制作技艺、小红门地秧歌、北京东岳庙庙会、罗氏正骨法、北京灯彩、傅氏幻术、北京兔儿爷、古琴艺术（九嶷派古琴艺术）、高跷秧歌、相声、老北京跤艺、“张三”功夫、八极拳、杨式太极拳、古彩戏法、北京宫廷补绣、京绣、内画鼻烟壶、北京点翠、京作硬木家具制作技艺、北刘动物标本制作技艺、孔伯华中医世家医术、同春堂皮肤病诊疗方法、蝴蝶手指穴疗法、东岳庙行业祖师信仰习俗、幡鼓齐动十三档、奶子房庙会27项市级以上非物质文化遗产。

【标志性建筑】 朝阳区有中央电视台、北京电视中心、中国国际贸易中心、中信大厦、北京财富中心、国家奥林匹克体育中心体育场和体育馆、国家体育场、国家体育馆、北京工人体育场、国家速滑馆、中国共产党历史展览馆、中国工艺美术馆等一批标志性建筑，成为北京地标性建筑展示区。

【驻区文化单位】 驻朝阳区文化单位有中国文联、中国作协、现代文学馆等国家级文化机构，中央美术学院、中国音乐学院、中国传媒大学等20余家文化艺术类院校，中国交响乐团、东方歌舞团、北京交响乐团、北京歌剧舞剧院等40余家专业文艺团体，人民日报社、中国日报社、农民日报社、中央电视台、北京电视台等20余家主流媒体机构。

特色街区

【北京798艺术区】 北京798艺术区在朝阳区中部，位于酒仙桥街道北部酒仙桥路4号。因该艺术区地处原国营第

798厂得名。其前身为1956年建成的国家“一五”重点项目华北无线电联合器材厂，是国内重点电子基础材料生产单位和半导体装备研发生产单位。随着北京城市发展和工业外迁，部分厂房闲置。由于798厂及周围厂区环境幽静、交通便利、建筑风格独特，1996年，中央美术学院雕塑系教授隋建租用798厂3000余平方米的空置仓库，利用厂房高大的空间进行大型雕塑艺术创作，成为第一个创建798艺术区的艺术家。2002年始，大批注重历史底蕴、创意想象空间及个人文化张扬的艺术家在798厂区聚集，逐步形成798艺术区，开创中国老旧工业厂房转型发展文化创意产业的典范，逐渐使这一区域成为国内外具有较大影响力的文化区。

【潘家园旧货市场】 潘家园旧货市场位于潘家园街道华威里社区18号楼，主要从事旧货交易。形成于1992年，占地面积4.92万平方米，经营面积5.12万平方米。市场分为地摊区、古建房区、古典家具区、现代收藏区、石雕石刻区、餐饮服务等6个经营区，经营的古玩艺术品及民间工艺品具有浓郁的民间、民俗、民族特色，有工艺品、金石篆刻、田园石雕、仿古家具、红色收藏、民族服装服饰等10余大类40余小类的民间传统工艺品。潘家园旧货市场曾入选全国十大古玩市场、全球十大“跳蚤”市场，市场内的潘家园古玩艺术品交易园区被确定为北京市文化创意产业集聚区。“潘家园”是传播展示中华民族传统文化、进行国际民间文化交流的重要窗口，每年接待外国友人30余万人次。

【蓝色港湾国际商区】 蓝色港湾国际商区在朝阳区中部，麦子店街道境内朝阳公园西北角。北邻亮马河，东、南靠朝阳公园，西邻朝阳公园路。2008年5月对外营业。总建筑面积15万平方米。地处朝阳公园商业圈，毗邻燕莎商圈和CBD商务中心，是北京最具有消费能力的居住和办公区。作为北京市及朝阳区两级政府确定的重点项目、2008年奥运会重点服务项目，被确定为北京市创意文化产业基地。

【三里屯酒吧街】 三里屯酒吧街在朝阳区西部，位于三里屯街道三里屯路东侧。北起三里屯东三街，接使馆区，南至工体北路。该路为南北向路，属于三里屯路南段，全长260米，周边被写字楼宾馆饭店公寓所环绕，是外国人在北京最大的聚居区之一。1995年，第一家酒吧挂牌营业，随之逐步形成规模。三里屯酒吧街是特色文化品牌，经过多年的发展，形成独特的酒吧文化。

区位优势

朝阳区是北京市对外交往的重要窗口。到2022年底，朝阳区聚集了近100%的外国驻华使馆，全市45%的外籍人口、65%以上的外资金融机构、70%以上的国际投资性公司和地区总部、80%的国际组织和国际商会、90%的国际传媒机构。辖区有长城饭店、昆仑饭店、京广中心、中国大饭店等几十家涉外饭店，以及国际会议中心、国际贸易中心、国际展览中心、中日友好交流中心、燕莎购物中心、友谊商店等涉外机构（场所），是首都重要的外事活动区。朝阳区外籍人士集中，望京、麦子店、亚运村、三里屯、建外等街道均拥有国际化社区。朝阳区是北京市的经济强区，已形成以金融业、租赁业和商务服务业占主导，高新技术产业支撑、文化创意产业集群发展的多元化产业格局。北京商务中心区、奥运功能区、中关村朝阳园三大功能区聚集在朝阳。拥有国贸、华贸、环球三大金融中心，秀水街、三里屯酒吧街、潘家园旧货市场等一批特色街市，以及世贸天阶、三里屯太古里、蓝色港湾、赛特奥特莱斯等一批时尚消费集聚区。亮马河国际风情水岸获评首批国家级夜间文化和旅游消费集聚区。朝阳区是北京市的国际科技文化体育交流区。朝阳区聚集国内外知名的传媒资源、文化艺术高等教育资源、文化演艺场馆，拥有全国首个也是唯一的国家文化产业创新实验区。中关村朝阳园作为国家级高新技术园区，大力发展移动通信和信息服务、新能源、先进装备、生物医药等高端产业，是国际研发创新聚集地。工人体育场、奥林匹克体育中心、首都图书馆等一大批国家级体育文化设施，使朝阳区拥有丰厚的文化和体育资源。中国国际展览中心、中国国际贸易中心、全国农业展览馆等场馆举办的各种展览，使朝阳区成为全国会展文化的焦点。

2022年经济社会发展

【经济建设】 2022年，朝阳区地区生产总值7911.2亿元，完成区级财政收入503亿元。现价工业总产值796.3亿元，农林牧渔业总产值66304万元，第三产业收入41624.1亿元。落实国家和市级相关规定、制定实施区级助企纾困政策措施，新增减税降费79.7亿元，完成留抵退税206.6亿元，缓缴社保费33.8亿元，帮助企业获得贷款44.7亿元，为中小微企业减免房租10.3亿元。促进消费回暖复苏，推动地铁14号线商业带建设，引入北京国际咖啡交易中心，启动朝外大街升级改造，北投购物公园、望京凯德MALL（购物中心）二期开业运营。发展首店经济，引进首店433家。落实市级5.0版改革措施，推行证明事项和涉企经营许可事项告知承诺制，朝阳区获评北京市营商环境创新示范区。开展企业大走访，投入产业支持资金46.4亿元，新设市场主体2.7万家、总量保持全市首位。11家企业在境内外上市，跨国公司地区总部增至145家。

“两区”〔国家服务业扩大开放综合示范区和中国（北京）自由贸易试验区国际商务服务片区〕建设新增入库项目416个，累计形成60个突破性、示范性亮点，三里屯太古里入选首批国家级旅游休闲街区，人力资源服务产业园朝阳园区成为国家首批人力资源服务出口基地。CBD核心区地下公共空间结构封顶，500千伏变电站启动施工，全市首个“B&R·RCEP创新服务中心”落地，国投人力等43个重点企业入驻。编制金盏国际合作服务区中区街区控规，平行进口车试点平台获批。中关村朝阳园为全市唯一入选国家首批地理信息服务出口基地。

编制科技创新与数字经济行动方案，启动中关村朝阳园体制机制改革，谋划核心产业发展方向。发布全国首个人工智能技术与企业评级共识体系，在CBD成立跨国企业数据流通服务中心和贸易科技联盟、建成国内首个L4级别高精度城市级数字孪生平台，电子城光电芯片封测验证平台正式启用。建设国际创业投资集聚区，落地全市首个“数字人加速器”。强化国家文创实验区引领作用，支持数字文旅、网游电竞等新业态发展，数字文化产业收入增长11.5%。信息服务业、商务服务业、科技服务业营业收入规模均超千亿元。强化金融风险防控，落地全市首个数字人民币资金存管新模式。

【政治建设】 2022年，朝阳区坚持以习近平新时代中国特色社会主义思想为指导，全面学习贯彻党的二十大和市第十三次党代会精神，深入贯彻习近平总书记系列重要讲话，特别是对北京的重要讲话、指示、批示精神。抓好理论学习中心组学习，教育广大干部，特别是党员领导干部自觉坚持和捍卫，切实增强“四个意识”、坚定“四个自信”、做到“两个维护”，始终在思想上政治上行动上同以习近平同志为核心的党中央保持高度一致，确保全区工作始终沿着习近平总书记指引的方向前进。深刻领悟习近平新时代中国特色社会主义思想开辟马克思主义中国化时代化新境界的重大论断，真学真懂真信真用。推进党的二十大精神进企业、进农村、进机关、进校园、进社区，入脑入心、走深走实，在朝阳落地生根、形成生动实践。对标对表党的二十大的目标要求，研究工作思路，拿出工作方案，把党中央的战略安排、市委的决策部署转化为区委、区政府和各部门的具体任务，以钉钉子精神抓好落实。抓好党风廉政建设，牢记“三个务必”教诲，始终保持“永远在路上”的清醒和坚定，驰而不息推进全面从严治党，不断提高自我净化、自我完善、自我革新、自我提高能力，为全区各项事业发展提供坚强的政治保证。

【文化建设】 2022年，朝阳区街乡文化中心和社区（村）文化室设置率达到100%，各类博物馆数量70家，基本形成“15分钟文化服务圈”。全年，开展各类文化活动7092场，惠及市民6959万余人次。挖掘保护大运河文化带朝阳段流域历史文脉，永通桥保护修缮工程完成主体修复。区档案馆新馆建成。深化百园品质提升行动，33家园区被认定为市级文化产业园区，751园区入选国家工业旅游示范基地。朝阳区在国家公共文化服务体系示范区创新发展复核中获得优秀等次。朝阳区健全全国文明城区创建长效机制，持续提升创城工作水平。发挥新时代文明实践中心、所、站等阵地作用，开展理论宣讲5800余场，望京街道获得中宣部2022年基层理论宣讲先进集体表彰。完成区级新时代文明实践中心实体改造升级工程，打造“学习空间”，推出新时代文明实践微课堂、微展播、微宣讲等品牌活动，开展线上线下活动371场，受众50万人次。以“理论＋百姓＋文艺”的方式传播党的创新理论，组建新时代朝阳群众诵读宣讲团，选拔新时代朝阳群众诵读宣讲团团员100名，“朝阳群众诵读火炬手”10名，开展诵读宣讲培训60场。其中，开展“中国这十年·北京朝阳”14场理论微宣讲，累计观看2.5万余人次。以“踔厉奋发勇毅前行”为主题，提炼党的二十大报告中金句作为宣传学习重点，制作党的二十大报告金句口袋本13600本，面向全区各新时代文明实践所（站）发放。全国农业展览馆、中国电影博物馆等观展型公共建筑。北京奥运会、北京冬奥会和冬残奥会的成功举办为朝阳区留下宝贵财富，直接提升了文化发展的吸引力和影响力，奥运文化成为朝阳区重要的、持久的软实力资源。近年，开展国际商务节、国际风情节、国际旅游节等大型时尚文化品牌活动，培育798艺术区、新三里屯、朝阳公园等特色文化园区。

中国科技馆等13家单位被命名为北京市科普基地，包括科技场馆类基地12家、科技传播类基地1家，占全市科普基地总数15.48%。设立集聚区投资基金、高成长企业发展投资基金直投基金，支持独角兽、凤鸣计划、专精特新等“硬科技”企业落地发展。技术市场合同登记额902亿元左右。

扩大优质教育资源供给，北京中学教育集团挂牌成立、东泽校区投入使用。全年新增各类学位5700个，普惠性幼儿园覆盖率提升至85%，北京十一学校朝阳实验学校正式开工。2个“双减”工作案例获评全国优秀，朝阳区成为全国首批义务教育优质均衡先行创建区。

【社会建设】 2022年，朝阳区深化基层民主协商，建成市级社区议事厅示范点18个、楼门院示范点48个。丰富社区服务功能，充实社区工作者队伍，“社区成长伙伴计划”被评为全国基层治理创新典型案例。健全“接诉即办”“自办＋行业”双考核、诉求“双派遣”等工作机制，推进“每月一题”专项治理。年底，12345市民服务热线诉求解决率、满意率94.6%、94.2%，较年初分别增长6.9个、3.6个百分点。

区委、区人民政府出台《朝阳区进一步促进和稳定就业若干措施》，推出8方面24条一揽子稳就业促就业举措，并通过线上线下相结合的形式，加大政策宣传力度，提升服务效能，推动各项稳就业促就业政策落地见效。在全区范围内开展“就业援助月”“春风行动”“百日千万网络招聘”“百站万岗进社区”“仲夏之约”“金秋招聘月”“暖心活动”等稳就业专项行动，多渠道开发就业岗位8.8万个，应届高校毕业生就业率达到96.5%，城镇登记失业率控制在3.8%以内。

优化养老服务布局，新增备案养老机构2家、社区养老驿站17家、老年餐桌10个、养老床位1021张，基本实现15分钟服务圈全覆盖。分类落实基本养老服务清单，建立老年人能力综合评估制度，全区认领2.4万名对象？，累计评估5.9万名老年人。落实老年人补贴津贴和巡视探访制度，全区17.17万名老年人享受服务补贴、失能护理补贴和高龄津贴，268名百岁老人享受优待服务。提升智慧助老能力，全区5.16万名老年人安装“一键呼”智慧终端，累计呼叫服务超过14.1万人次，服务对象满意度达94.7%。

优化医疗资源布局，推进朝阳医院常营院区、安贞东方医院建设，区妇幼保健院北院区实现开诊，垂杨柳医院市政综合配套工程移交使用。建成81个急救站点，实现43个街乡全覆盖，ICU床位达到1665张，保障关键时期重症患者救治。深化医养残结合，新增养老驿站17家、床位1021张。新冠疫情防控期间，朝阳区健全公共卫生应急体系，加大政府和商业物资储备，推动保供网点应开尽开，完善分级诊疗机制，增加救护车组和ICU床位，保证群众买药看病的需求。保障老幼病残孕等重点群体需求，解决群众关注的核酸检测、求医问药、居家诊疗等实际问题。

工人体育场完成改造复建，青少年竞技体育蝉联市运动会金牌榜、奖牌榜、团体总分第一。在全区建设64处体育健身活动场所，其中室内8处，室外58处，新增体育健身设备804件，体育场地面积6800平方米。推进麦子店、香河园、东坝、平房、崔各庄5个街乡北京市全民健身示范街道和体育特色乡镇创建工作。组织朝阳区第三届CBD网球精英赛、区第二届科技园网球赛、区第六届中小学生网球锦标赛。北京冬奥会和冬残奥会赛时运行期间，朝阳区建立区四套班子主要领导任指挥长的工作体系，组织245家单位、16万余人参与，发动志愿者5万余人次，完成涉及朝阳区的11家竞赛和非竞赛场馆、5个交通场站、85家酒店驻地服务任务，保障开闭幕式安全有序运行，实现“零感染、零破环、零事故”的目标。朝阳区6个集体和2名个人荣获党中央、国务院表彰。北京冬奥会结束后，出台“双奥朝阳”建设十大行动计划，与张家口合作共建奥运体育文化旅游带，实施奥林匹克中心区品质提升“六大工程”。建成全国首个世界冰壶学院培训中心，将冬奥遗产转化为区域发展新机遇、新优势。

实施城乡融合发展三年行动计划，组建城市化工作专班，系统谋划施工图、任务书。复制推广“王四营模式”，制定剩余7.8万名农民整建制转居实施方案，分类明确46个村、6个平房片区的城市化路径。加快规划手续办理，7个产业项目通过市级联审，东坝商业中心、将台F地块实现开工。基本完成村级产权制度改革，推进乡级改革。黑庄户郎辛庄等2个集租房项目、孙河康营四期等3个安置房项目竣工，孛旺花园一期作为全市首个应用“新四合”理念的标志性工程如期交付。

激发乡村振兴活力，落实“藏粮于地”战略，完成273公顷耕地复耕复垦，全区1033公顷耕地保有量达到耕种条件，433公顷耕地储备区、333公顷耕地后备资源划定工作有序推进。粮食、蔬菜播种面积667公顷，产量8800吨。建成朝来农艺园、郎枣园国家数字农业创新应用基地。实施横街子村、安家楼村等区域综合整治，巩固美丽乡村建设成果。朝阳区推进“疏整促”专项行动，聚焦金盏等重点区域，开展拆违攻坚行动，拆除并实现“场清地净”141万平方米、腾退土地129公顷，留白增绿74公顷。完善长效治理机制，开展桥下空间、施工围挡、雨污管线错接混接等综合整治，实现“揭网见绿”1189公顷，完成量居全市首位。建设提升基本便民服务网点67个，背街小巷环境精细化整治提升三年行动收官。区域东西部协作教育精准帮扶案例入选全球减贫案例。

拓展城市智慧大脑应用场景，推进智慧城市2.0建设，物业管理行业信用管理体系实现部门、街乡信息共享，落地应用全市“京通”“京办”终端。实施城市更新行动，全市首个危旧楼改建试点项目建外光华里5、6号楼实现回迁入住，7个项目获评市级“最佳实践”和“优秀案例”，数量居全市首位。启动望京区域交通综合治理。王化路等21条主次干路、支路开工，通久路等10条道路竣工，亮马河北路完成立项评估。长安街延长线、通惠河（高碑店段）景观照明工程完工，提升北京朝阳站周边环境。垃圾分类综合考评成绩居中心城区首位，物业管理突出问题治理取得成效。

改善群众居住条件，竣工各类保障性住房1.6万套，实现老旧小区综合整治156万平方米，老楼加装电梯开工416部，解决4万套房屋产权证办理难题。时隔18年重新启动酒仙桥旧城区改建项目，化石营项目征收预签约率30天达到100%。完成液化气安全型配件安装工作，实现非居民液化气用户清零。为20万居民用户免费安装天然气安全型配件。消除燃气管线占压隐患1514处，多年遗留的风险隐患得到化解。新建电动自行车充电接口7.2万个，占全市20%。开展自建房安全“三合一”专项整治，完成经营性自建房重大安全隐患排查。推进街乡防火委实体化运行，全年火灾事故起数下降9.3%。生产安全事故起数、死亡人数分别下降23.5%、30.4%。

【生态文明建设】2022年，朝阳区按照中央、北京市生态环境保护督察反馈问题组织开展整改。打好污染防治攻坚战，$PM_{2.5}$平均浓度为31微克/米^3，下降8.8%。完成城乡水环境治理三年行动任务，8个国考和市考断面水质稳定达标、优Ⅲ比例首次达到100%。坝河滨水空间一期（使馆区东区段）建成开放，亮马河国际风情水岸通航工程延伸至6公里、入选全市高质量发展十大经典案例，二期实现蓝色港湾至红领巾湖4公里旅游通航，滨河路入选2022年十大“北京最美街巷”。

开展公园城市建设，朝阳绿道望京环至朝阳站段26公里基本贯通，元大都城垣遗址公园等43个公园实现开放式管理，开放公园总面积867.69公顷。温榆河公园朝阳段一期正式开园，4个全龄友好型公园完成改造，全区公园绿地面积占全市1/6。完成新一轮百万亩造林绿化334公顷。

领导干部名录

中共北京市朝阳区第十三届委员会

书　　记　王　灏（5月免）
　　　　　文　献（5月任）
副 书 记　文　献（5月免）
　　　　　狄　涛（5月免）
　　　　　吴小杰（5月任）
常　　委　王　灏（5月免）　文　献　狄　涛（5月免）
　　　　　吴小杰（5月任）暴　剑　黄晓伟（女）　范永红
　　　　　崔小浩　李国红（女）　赵立军　王维民
委　　员　（按姓氏笔画排列）
　　　　　于良佐　马天博　马海鹰　王　旭　王　灏（5月免）
　　　　　王冬斌（8月免）　王维民　文　献　田志刚
　　　　　毕重伟　朱　晟（6月免）　刘晓玲（女）　孙博洋
　　　　　苏　静（女）　李　华　李　欣　李　钧（满族）
　　　　　李国红（女）　杨丙章　杨洪福　时春岗　吴小杰
　　　　　吴　冰　狄　涛（5月免）　宋少伟　张　奎
　　　　　张中华　陈庆华（女，土家族）　陈宏志　范永红
　　　　　欧晓勋（女）　孟　锐　赵立军　聂宏伟　贾恩松
　　　　　郭　君　郭　勋　黄宏春　黄晓伟（女）　龚浩鸣
　　　　　崔小浩　麻晓晖　董　健　蒋东燕（女）
　　　　　舒毕磊　暴　剑
候补委员　王　佼（女）　韦　平　牛海龙　邢　伟（女）
　　　　　李泽林　杨晓昇　张晓宁（女）　孟凡森　顾洪涛

中共北京市朝阳区委工作机构

办公室（党建办）主任	郭　君
组织部部长	赵立军
组织部分管日常工作的副部长	（空缺）
宣传部部长	黄晓伟（女）
宣传部分管日常工作的副部长	丰春秋
统一战线工作部部长	李国红（女）
统一战线工作部分管日常工作的副部长	陈　伟
政法委员会书记	暴　剑
政法委员会分管日常工作的副书记	马海鹰
区委区政府研究室主任	叶建宁
网络安全和信息化委员会办公室（互联网信息办公室）主任	于良佐（1月免） 李　钧（满族，1月任）
机构编制委员会办公室主任	李　云
直属机关工作委员会书记	狄　涛（兼，6月免）
直属机关工作委员会常务副书记	胡建东
巡察办主任	孙玉辉（4月免） 李英辉（女，4月任）
老干部局局长	高敬茹（女，蒙古族）
教育工作委员会书记	董　健
党史工作办公室主任	陈文刚（6月任）
党校校长	狄　涛（兼，6月免）
党校常务副校长	李燕梅（女，12月免） 陈庆华（女，土家族）（12月任）
社会工作委员会书记	杨丙章（11月免） 杨晓昇（11月任）
农村工作委员会书记	连文胜（3月任）
北京商务中心区工作委员会书记	崔小浩（兼）
北京商务中心区工作委员会常务副书记	唐涌涛（4月免）
中关村科技园区朝阳园工作委员会书记	舒毕磊（兼）
中关村科技园区朝阳园工作委员会常务副书记	冯守华（1月免）
奥林匹克中心区党工委书记	董　健（女，4月任）
文创实验区党工委书记	李　强（4月任）

北京市朝阳区政府部门、人民团体党政分设工作机构的党组织

科学技术和信息化局党组书记	杨　旭
审计局党组书记	杨兆生（4月免） 孙玉辉（4月任）
统计局党组书记	施咸超
信访办公室党组书记	胡铁闽（12月免） 杨丙章（12月任）
城市管理指挥中心党组书记	常敬武
政务服务管理局党组书记	杨汉安
体育局党委书记	周长春
卫生健康委员会党委书记	张中华
文化和旅游局党委书记	次仁卓噶（女，藏族）（12月任）
总工会党组书记	张永新（8月免） 姬文革（女，9月任）
工商业联合会党组书记	于晓军

文学艺术界联合会党组书记　高春利（兼，4月免）
贾恩松（兼，4月任）

中共北京市朝阳区第十三届纪律检查委员会

书　记　范永红
副书记　于良佐　张颖辉（女）　马立众
常　委　李英辉（女）　宇　凤（女）　曹　冲　李　响
李　聿（女）

北京市朝阳区监察委员会

主　任　范永红
副主任　于良佐　张颖辉（女）　马立众
委　员　李英辉（女）　周　滢（女）　宇　凤（女）
曹　冲　李　响

朝阳区第十七届人民代表大会常务委员会

主　任　陈宏志
副主任　张克斌　赵红伟　宝月凤（女，满族）　许嘉宁
叶　青
委　员（按姓氏笔画排列）
王左敏（女）　王东胜（女）　王　宁（女）
王志华(女)　王利如(女)　王　忠　文晓辉(女)
石延刚（回族）　田树林（女，满族）　付小贺
冯　静（女）　邢志新（女）　任敬东　刘广宇
刘亚晖　刘　勇　米　岩　安存虎(回族)　李　洋
余作泽　冷春华（女）　汪　涛　张　京（女）
陈　岚　陈春玖　林　海　郑　晶（女）
郝云峰　柳学信　侯湘君（女）　高一轩
唐　蕾（女）　姬连娣（女）　曹信红（女）
韩　冰（女）　韩　峰　解　卫　谭水华

朝阳区人大工作机构、专门委员会

办公室主任　石延刚（回族）
监察和司法委员会主任　刘　勇
社会建设委员会主任　侯湘君（女）
财政经济工作委员会主任　唐　蕾（女）
城建环保工作委员会主任　冷春华（女）
教科文卫工作委员会主任　王东胜（女）
农村工作委员会主任　付小贺
代表联络室主任　王　宁（女）
研究室主任　刘亚晖

北京市朝阳区人民政府

区　长　文　献（6月免）　吴小杰（6月任）
常务副区长　崔小浩
副区长　杨蓓蓓　王冬斌（8月免）　朱　晟（6月免）
许　杰（8月任）　孟　锐　舒毕磊
李　欣

北京市朝阳区人民政府工作机构

办公室主任　郭　勋
发展和改革委员会主任　魏思源
教育委员会主任　肖　汶
教育督导室主任　肖　汶
科学技术和信息化局局长　刘　佳（女，12月免）
民政局局长　杨丙章（12月免）
杨晓昇（12月任）
司法局局长　倪东新
财政局局长　欧晓勋（女）
人力资源和社会保障局局长　毕重伟
生态环境局局长　李泽林（8月免）
冷　飞（8月任）
住房和城乡建设委员会主任　张　奎
房屋管理局局长　吴熙盛
城市管理委员会主任　刘炳起
交通委员会主任　吴选辉
水务局局长　路　军（4月免）
陈　杰（4月任）
农业农村局局长　连文胜（3月任）
商务局局长　陈庆华（女，土家族）
（12月免）
刘　佳（女，12月任）
文化和旅游局局长　高春利（4月免）
贾恩松（4月任）
退役军人事务局局长　田志刚
应急管理局局长　聂宏伟
市场监督管理局局长　刘立新
卫生健康委员会主任　张　瑞（女）
审计局局长　战春燕（女，满族）
外事办公室主任　陶黎黎（女）
国有资产监督管理委员会主任　黄宏春
体育局局长　吴晓军
统计局局长　李淑环（女）
园林绿化局局长　王春增
金融服务办公室主任　陈　峰
政务服务管理局局长　王庆丰
人民防空办公室主任　吴　冰

信访办公室主任 易湘林（12月免）
杨丙章（12月任）
医疗保障局局长 商建英

政协北京市朝阳区第十四届委员会

主　　席　王　旭
副 主 席　赵年生　张　岩　李　靓（女）　连玉明
王冬岩　王　强
秘 书 长　董会生
常务委员　（按姓氏笔画排列）
于晓军　于海鹏（女）　马舍尔巴（回族）
马泽丹（藏族）　马晓峰（回族）　马海军（回族）
丰春秋　王　铮　王　强（科技界）　王　慧
王乃锋（蒙古族）　王昊男（蒙古族）
王晓琳（女）　邓献云　玉　红（女，蒙古族）
叶　昊　冯　涛　朱　桉　任　哲　邬文玲（女）
刘存志　苏海佳（女）　李　卓　李　明
李兴华（女）　李秋雪（女）　李彦斌　李贺清
李莱蒙（女）　李淑环（女）　李超峰
李瞻宇（女）　李瀚宇（女，满族）　杨庆丽（女）
杨征军　肖　汶　闵　涛　宋关福　张　纯
张　瑞（女）　张小锋　张宏家　张秋玲（女）
张洪源　陈　伟　陈　霞（女）　陈忠洲
金晓萍（女，回族）　郝文革（蒙古族）
钟光珍（女）　侯　毅　姜永海　姜维权
钱晓瑾（女）　高　黎（女）　郭天光
郭晓静（女）　唐子人（回族）　唐志辉（侗族）
黄　璞　黄文娟（女）　戚依南　崔少飞
梁雪青（女）　梁鑫华　葛友山　董　健（女）
管文东　阚敬侠（女）　潘小俪（女）
霍　超（女）　穆军升

朝阳区政协工作机构

办公室主任 董　健（女，4月免）
良　彪（4月任）
研究室主任 李彦斌
专委会工作一室主任 邓献云
专委会工作二室主任 陈　霞（女）
专委会工作三室主任 崔少飞
专委会工作四室主任 李贺清
专委会工作五室主任 王乃锋
专委会工作六室主任 张小锋

朝阳区政协专门委员会

提案委员会主任 邓献云
学习委员会主任 王乃锋（蒙古族）
教育卫生与体育委员会主任 陈　霞（女）
文化文史委员会主任 丰春秋
经济科技委员会主任 崔少飞
人口资源环境和建设委员会主任 李贺清
社会法制与民族宗教委员会主任 马舍尔巴（回族）
农业和农村委员会主任 张小锋
港澳台侨委员会主任 黄文娟（女）

北京市朝阳区政法、军事机构

人民检察院党组书记、检察长 马天博
人民法院党组书记、院长 龚浩鸣
市公安局朝阳分局局长 王冬斌（7月免）
许　杰（7月任）
市国家安全局朝阳分局局长 安永春
人民武装部部长 王维民
人民武装部政委 周青绪
交通支队队长 严　飞

朝阳区各民主党派

民革朝阳区委主委 梁鑫华
民盟朝阳区委主委 王冬岩
民建朝阳区委主委 刘　琳（女）
民进朝阳区委主委 韦小萍（女）
农工党朝阳区委主委 刘存志
致公党朝阳区委主委 曹信红（女）
九三学社朝阳区委主委 王　强
台盟朝阳区工委主委 王　慧

北京市朝阳区各团体

总工会主席 张永新（8月免）
张克斌（9月任）
共青团朝阳区委书记 孙博洋（4月免）
李　林（4月任）
妇女联合会主席 苏　静（女）
科学技术协会主席 齐建宗（1月免）
冯守华（1月任）
归国华侨联合会主席 黄文娟（女）
工商业联合会主席 叶　青
文学艺术界联合会秘书长 金　童（女，满族）
残疾人联合会理事长 陈开红（女）

红十字会常务副会长 刘秀芹（女）

其他单位

北京商务中心区管理委员会主任 崔小浩（兼）
北京商务中心区管理委员会常务副主任
牛海龙
北京奥林匹克公园管理委员会常务副主任
杨洪福（4月免）
北京奥林匹克中心区管理委员会主任
董　健（女，4月任）
北京朝阳国家文化产业创新实验区管理委员会主任
丰春秋（4月免）
李　强（4月任）
中关村科技园区朝阳园管理委员会主任
舒毕磊（兼）
中关村科技园区朝阳园管理委员会常务副主任
苏向东（4月免）
金盏国际合作服务区管理委员会主任
刘　伟（4月免）
温榆河生态走廊建设管理委员会主任
兰学军（4月免）
城市管理指挥中心主任 王冬岩
北京798艺术区管理委员会主任 王春清（9月免）
市规划和国土资源管理委员会朝阳分局局长
任　超
国家统计局朝阳调查队队长 王　维（4月免）
李　利（4月任）
区经济社会调查队 韩　旭（7月免）
国家税务总局北京市朝阳区税务局局长
谢明江（10月免）
李云龙（10月任）
烟草局局长 史红军
气象局局长 张沛刚
农村合作经济经营管理站站长 何文东
档案馆（区志办）馆长（主任） 赵瑞博
高层次人才服务中心主任 刘　静（女）
农业农村综合服务中心主任 辛　莉（女）
融媒体中心主任 孙　帅
投资促进服务中心主任 马英晖
循环经济产业园管理中心主任 皮　猛（达斡尔族）（4月免）
环境卫生服务中心主任 李　罡
农业综合执法大队队长 李杰民
宣传文化中心主任 马　骏
机关事务管理服务中心主任 王　娟（女）
房屋征收中心主任 戚一嘉

北京市朝阳区街道工委、办事处

八里庄街道

工委书记 闫培文
办事处主任 李　伟

左家庄街道

工委书记 麻晓晖
办事处主任 闫立春（女）

和平街街道

工委书记 秦　涛
办事处主任 关进国

双井街道

工委书记 李容珍
办事处主任 张久红

酒仙桥街道

工委书记 徐宏桢
办事处主任 王　亮

呼家楼街道

工委书记 良　彪（满族，4月免）
吴勇刚（4月任）
办事处主任 吴勇刚（4月免）
郭丽红（女，4月任）

朝外街道

工委书记 孟凡森
办事处主任 黄海燕（女）

劲松街道

工委书记 杨丙章（1月免）
刘　胜（1月任）
办事处主任 刘　胜（1月免）
魏　薇（女，1月任）

安贞街道

工委书记 杜　磊（11月免）
易湘林（11月任）
办事处主任 陆黎丽（女，壮族）

三里屯街道

工委书记 孙曙光
办事处主任 马程浩

建外街道

工委书记　周建立

办事处主任　王一凡（1月任）

团结湖街道

工委书记　李亚珉

办事处主任　郑欣宇

潘家园街道

工委书记　邢　伟（女）

办事处主任　李永纲

香河园街道

工委书记　董云增

办事处主任　吴晓曼（女）

六里屯街道

工委书记　时春岗

办事处主任　倪遥远（土家族）

亚运村街道

工委书记　历广权

办事处主任　付　博

小关街道

工委书记　洪广欣

办事处主任　曾　林（女）

垡头街道

工委书记　杨立亭

办事处主任　张立云（女）

麦子店街道

工委书记　刘晓玲（女）

办事处主任　李　霄

机场街道

工委书记　袁自斌

办事处主任　赵建峰

望京街道

工委书记　杨晓昇（12月免）

办事处主任　陈　栋

大屯街道

工委书记　徐继锋（满族）

办事处主任　田远新（1月免）

赵一帆（1月任）

奥运村街道

工委书记　韩　军

办事处主任　张继明

东湖街道

工委书记　谷　雨（满族）

办事处主任　武　宁

北京市朝阳区地区工委（乡党委）、办事处（乡）

南磨房地区（乡）

工委（党委）书记　于建国

办事处主任（乡长）　张金鑫（9月免）

喻存根（9月任）

高碑店地区（乡）

工委（党委）书记　顾洪涛

办事处主任（乡长）　杜　磊（1月免）

闫　博（9月任）

将台地区（乡）

工委（党委）书记　宋少伟

办事处主任（乡长）　李　勃

太阳宫地区（乡）

工委（党委）书记　李　华

办事处主任（乡长）　陈　鹏

十八里店地区（乡）

工委（党委）书记　刘　涛

办事处主任（乡长）　马康伟（9月免）

张金鑫（9月任）

小红门地区（乡）

工委（党委）书记　王小红（女）

办事处主任（乡长）　闫　博（9月免）

贾　淼（9月任）

王四营地区（乡）

工委（党委）书记　郝宝刚

办事处主任（乡长）　苏云华

平房地区（乡）

工委（党委）书记　蒋东燕（女）

办事处主任（乡长）　张　昕

东坝地区（乡）

工委（党委）书记	李　钧（满族，1月免）
	于淑杰（女，1月任）
办事处主任（乡长）	于淑杰（女，1月免）
	秦国华（1月任）

金盏地区（乡）

工委（党委）书记	陈　杰（4月免）
	万小兵（4月任）
办事处主任（乡长）	卢　爽（女）

来广营地区（乡）

工委（党委）书记	王　刚
办事处主任（乡长）	兰　澎

东风地区（乡）

工委（党委）书记	郭　君（1月免）
	谷昆鹏（1月任）
办事处主任（乡长）	谷昆鹏（1月免）
	陈利娟（女，1月任）

孙河地区（乡）

工委（党委）书记	张晓宁（女）
办事处主任（乡长）	常　放

崔各庄地区（乡）

工委（党委）书记	贾恩松（4月免）
	李泽林（4月任）
办事处主任（乡长）	殷伟涛

三间房地区（乡）

工委（党委）书记	王立新
办事处主任（乡长）	袁裕中

常营地区（乡）

工委（党委）书记	李兴泉
办事处主任（乡长）	马洪松（满族）

豆各庄地区（乡）

工委（党委）书记	张军茹（女）
办事处主任（乡长）	戴昌军

黑庄户地区（乡）

工委（党委）书记	赵歌帆
办事处主任（乡长）	韩西晨

管庄地区（乡）

工委（党委）书记	万小兵（4月免）
	刘　伟（4月任）
办事处主任（乡长）	汪宝成

特　载

区委十三届五次全体会议

（2022 年 12 月 27 日）

一、2022 年工作回顾

2022 年党的二十大胜利召开，北京冬奥会、冬残奥会成功举办，全区上下以强烈的责任感和使命感，圆满完成各项服务保障任务。这一年，在市委的坚强领导下，区委常委会坚持以习近平新时代中国特色社会主义思想为指导，全面学习贯彻党的二十大和市第十三次党代会精神，深入贯彻习近平总书记对北京一系列重要讲话精神，按照区第十三次党代会提出的奋斗目标，全区上下团结一心干大事、迎难奋进办难事、坚定信心谋发展，展现了实干担当、敢于争先的大区形象，体现了虽难犹进、虽远必达的坚毅勇气，奋力谱写了经济社会高质量发展和人民幸福生活的新篇章。

一是树牢首都意识，在服务大局中展现朝阳担当。首都工作关乎国之大者，首都意识是政治意识的集中体现。服务党和国家工作大局，这是我们各项工作的立足点和定向标。

全方位健全服务保障体系。高水平做好重点区域服务保障，确保了核心区域绝对安全。严格落实意识形态和网络意识形态工作责任制，广泛开展正面宣传，营造了良好社会舆论氛围。扎实做好送上门的群众工作，历史信访积案解决率居全市第一，区信访办被评为全国信访系统先进集体。完善应急管理体系，推进专项整治和百日攻坚行动，保障了安全形势稳中向好。

交出筹办冬奥完满答卷。以一流的场馆设施、出色的组织服务、良好的工作状态，成功实现“零感染、零破环、零事故”，向世界奉献了一届简约、安全、精彩的冬奥盛会，助力北京成为首个“双奥之城”。发布实施“双奥朝阳”建设十大行动计划，启动奥林匹克中心区品质提升“六大工程”，与张家口合作共建奥运体育文化旅游带，建成全国首个世界冰壶学院培训中心，奥运文化效益、经济效益持续释放。

有力有序开展疫情防控。坚持人民至上、生命至上。超前研判形势，提前完善预案，以快制快、以变应变，把“快准严实细”落实到防控工作每个环节。成功打赢了多轮疫情阻击战，积极应对新挑战，千方百计保障防控措施平稳调整、快速转段，挺过了一个又一个艰难时刻，稳住了一次又一次复杂局面，彰显了全区党员干部的政治定力、坚毅果敢和沉稳大气。在这场大考中，区四套班子全在一线，区级领导全是“班长”，二级班子全天在岗在位，基层队伍和下沉干部忠于职守、枕戈待旦。应对疫情变化，构建了区、街乡两级 8 小时应急指挥体系，实行“街自为战、乡自为战”，基层的应急处置能力明显增强。全力回应群众关切，及时解决涉疫诉求，多措并举保障生活物资供应；“新十条”出台前加大药品储备力度，“新十条”出台后即在社区卫生服务中心开设发热门诊，努力保证群众买药看病的需求，牢牢兜住了民生底线。我们坚信，在抗疫中获得的宝贵精神财富和积累的工作经验一定会不断激励我们迎难前行、踔厉奋进。

深入落实中央、市委重大决策部署。扎实推进新一轮疏整促专项行动。深化朝密协作，支持引导企业迁往通州发展，我区东西部协作教育精准帮扶案例入选全球减贫案例。持之以恒做好巡视后半篇文章，推进十二届市委两轮巡视反馈问题整改；中央环保督察两轮反馈的整改任务取得积极进展。粮食安全政治责任不折不扣落实。

二是落实新发展理念，在转型升级中提高发展质量。坚持以新发展理念为引领，高效统筹疫情防控和经济社会发展，促进经济承压前行、持续恢复。

经济运行保持企稳回升。加强工作调度，强化分析研判，用好宝贵时间窗口，着力稳市场、促投资、优结构，切实稳住经济基本盘。落实一揽子助企纾困政策，创新推出区政府购买的服务型企业疫情防控保险，全覆盖走访“服务包”企业，惠企资金超 300 亿元，居全市第一。推进北京市营商环境创新示范区建设，助力9家企业成功上市。发挥投资的关键性作用，完成固定资产投资1147.7亿元，同比增长13%，总量居全市第一。GDP实现7911.2亿元，增速与全市基本同步；区级一般公共预算收入503亿元，居全市第一；居民人均可支配收入稳步增长。

商务和科技双轮驱动成效显著。“两区”建设新增入库项目556个，落地60个首家、首批示范性引领性项目，数字增信文旅产融模式在全国推广。深化中关村朝阳园体制机制改革，园区综合考核评价成绩连续四年居中关村各园区第二。高标准打造北京数字经济核心区，在CBD成立跨国企业数据流通服务中心和贸易科技联盟，建成国内首个实现数据跨境流通功能的数据托管服务平台。实施“创新100”加速工程和独角兽企业加速计划。完成国企改革三年行动，区属国有经济在服务大局、支撑发展、保障民生方面的作用进一步提升。

消费潜能进一步释放。“一圈一策”推动11个重点商圈提质升级，打造地铁14号线朝阳段商业带和亮马河国际风情水岸商业带，构建“一纵一横”朝阳消费版图。推进美食之城、咖啡之城、时尚之城建设，揭牌国潮孵化器和餐饮孵化加速器，北京国际咖啡交易中心落户朝阳。积极创建国家文化和旅游消费示范城市，建设百货零售类企业全球首发中心，2022年引入首店433家，占全市的53.3%。开展“潮朝阳 新消费”系列促消费活动，社会消费品零售额继续保持全市第一。

三是坚定人民立场，在践行初心中增进民生福祉。紧抓群众最关心最直接最现实的利益问题，采取更多更实举措惠民生暖民心。

农村城市化进程全面加快。实施城乡融合发展三年行动计划，完成《落实“南部崛起”战略 推动十八里店地区高质量发展实施方案》编制。豆各庄绿丰三期等农民安置房实现回迁。全区农民整建制转居方案基本成形。朝来农艺园、孙河郎枣园国家数字农业创新应用基地建成运营。村级集体产权制度改革进入尾声。完成125条背街小巷整治和第二批10个美丽乡村建设，46个未拆迁村实现物业化管理，小鲁店村入选全国乡村治理示范村。

城市更新亮点纷呈。全市首个危旧楼改建试点——光华里5、6号楼交付入住，化石营旧改项目预签100%，朝外大街昆泰商城改造主体工程基本完工，望京小街改造提升等7个项目被评为北京城市更新“最佳实践”及优秀案例，数量居全市第一。老旧小区综合整治项目保持全市第一。以河道复兴引领城市更新，亮马河国际风情水岸入选全市高质量发展十大经典案例，二期实现蓝色港湾至红领巾湖4公里旅游通航，滨河路入选2022年十大“北京最美街巷”。工人体育场完成改造复建。

公共服务更加普惠优质。率先出台区级促就业稳就业一揽子举措，“劳有所得”指标排名城六区第一。普惠性幼儿园覆盖率提升至85%，中小学优质教育资源实现全覆盖，成立北京中学教育集团，北京十一学校朝阳实验学校正式开工。推进医疗资源均衡布局，区妇幼保健院北院区开业运行，垂杨柳医院市政综合配套工程移交使用。建成81个急救站点，实现43个街乡全覆盖，ICU床位扩增2倍，有力保障关键时期重症患者救治。养老机构、床位数量均居全市首位。

基层治理体系不断完善。纵深推进“接诉即办”改革，完善“热线+网格”融合发展，诉求办理解决率、满意率显著提升。开展“城市智慧大脑2.0”顶层设计，物业管理行业信用管理体系实现部门、街乡信息共享，垃圾分类综合考评成绩排名中心城区第一。深化基层民主协商，建成市级社区议事厅示范点18个、楼门院示范点48个。社区成长伙伴计划获评全国基层治理创新典型案例。扎实推进市域社会治理现代化试点工作，连续三年平安北京建设考核评为优秀。建成全市首家区政府行政复议受理中心，区司法局获评全国司法行政系统先进集体。

四是强化首都功能，在聚焦“三化”中巩固发展优势。着眼首都功能需要，深入探索文化、国际化、大尺度绿化建设新路径。

持续提升文化软实力。健全全国文明城区创建长效机制，持续提升创城工作水平。街乡文化中心和社区（村）文化室设置率达到100%，博物馆数量达70家，基本形成“15分钟文化服务圈”。全年开展各类文化活动7000余场，惠及市民6959万余人次。挖掘保护大运河文化带朝阳段流域历史文脉，永通桥完成主体修缮。深化百园品质提升行动，33家园区被认定为市级文化产业园区，751园区入选国家工业旅游示范基地。青少年竞技体育蝉联市运动会金牌榜、奖牌榜和团体总分第一。

持续提升国际化服务能力。推进国际交往重要场所设施建设，第四使馆区总体建设方案取得国家发改委正式批复，国家会展中心二期配套写字楼基本完工。加强国际公共服务基础设施建设，国际人才公寓实现结构封顶，国际医院完成重大项目选址方案编制，人才公园完成初步方案编制。优化国际人才服务，实现外国人来华工作许可和居留许可“两证联办”。

持续提升生态环境品质。争当“公园城市”建设标杆，国家森林城市创建考核指标均已达标，新一轮百万亩造林建设完成6700亩，区园林绿化局获评全国绿化先进集体。温榆河公园一期全面开放。元大都城垣遗址公园、庆丰公园等43处公园拆除围栏，实现公园与街道景观立体融合。$PM_{2.5}$平均浓度为31微克/立方米，达到历史最好水平。8个考核断面水质全部达到III类，污染地块安全利用率100%，连续三年获得污染防治攻坚战成效考核优秀等次。

五是全面从严治党，在自我革命中锻造过硬队伍。落实新时代党的建设总要求，一以贯之扛起管党治党政治责任。

强化创新理论武装。党的二十大胜利闭幕后，第一时间制定实施方案，组织传达学习，进行动员部署，开展交流研讨，在全区掀起学习宣传贯彻党的二十大精神的热潮。出台

《关于进一步深化区委理论学习中心组“学习日”工作机制的十条措施（试行）》。发挥新时代文明实践中心、所、站等阵地作用，望京街道获得中宣部2022年基层理论宣讲先进集体表彰。

加强干部人才队伍建设。完善干部选拔任用、职级晋升考核评价等制度机制，提拔使用在冬奥会服务保障、疫情防控等任务中表现突出的干部。深化班子队伍年龄结构基准线管理，大力发现培养选拔优秀年轻干部。全面从严管理监督干部，推进个人有关事项报告查核全覆盖。提升党管人才工作水平，中国（北京）人力资源服务产业园朝阳园区成为全国首批、北京首个国家级人力资源服务特色出口基地。

从严从实抓好基层党建。深化区域化党建体系建设，完成街乡级党建协调委员会“一会五委”改革。统筹推进传统领域党建，抓实区属国企“双质量双提升”党建工程，积极稳慎推进朝阳区中小学校党组织领导的校长负责制改革工作，完善公立医院党建工作指导委员会议事制度，规范农村地区基层党组织设置。构建“两新”领域三级组织管理体系，制定“两新”党建18条，打造出高端楼宇快递党建“华贸中心模式”。

坚定不移正风肃纪反腐。围绕“国之大者”做实政治监督，做好党的二十大服务保障、冬奥会服务保障、疫情防控等专项监督。强化“督帮一体”，完成年度巡察任务。加固中央八项规定精神堤坝，联动整治群众反映强烈的突出问题，锲而不舍纠“四风”树新风。深化国企、农村等重点领域腐败治理，精准运用“四种形态”，巩固了风清气正的良好政治生态。

一年来，始终加强党的全面领导。区委发挥总揽全局、协调各方的作用，各项工作稳步推进，各方事业再攀新高。出台《关于贯彻落实中央及市委人大工作会议精神　以首善标准做好新时代人大工作的意见》，支持区人大及其常委会发挥人民代表大会制度优势，更好汇集民意民智，把全国人大常委会法工委基层立法联系点建设成为践行全过程人民民主的有效载体。支持区政府进一步完善行政体系、高效履职，稳定经济、管好城乡、保障民生。出台《关于加强和改进新时代朝阳区政协工作的若干措施》，支持区政协发挥专门协商机构作用，促进发扬民主和增进团结相互贯通、建言资政和凝聚共识双向发力，把政协制度优势转化为区域治理效能。支持区纪委监委依规依纪依法履职，深化纪检监察体制改革，强化监督执纪问责。支持法院和检察机关依法行使职权。不断加强统战、民族宗教、老干部、双拥等工作，充分发挥各民主党派、工商联作用，推进工青妇等群团组织创新发展。

二、2023年工作重点

2023年全区工作的总体思路是：以习近平新时代中国特色社会主义思想为指导，全面贯彻落实党的二十大和中央经济工作会议精神，深入贯彻习近平总书记对北京一系列重要讲话精神，按照市委十三届二次全会部署，坚持稳中求进工作总基调，更好统筹发展和安全，围绕朝阳“1234发展战略”，滚动实施“双五工程”，推进经济发展提质增量、城乡发展深度融合、民生服务普惠优质、社会治理强基高效、党的建设全面过硬，以新气象新作为推动全区各项事业发展取得新成效。

（一）加快推进经济回稳向上整体好转

坚持稳字当头、稳中求进，巩固拓展经济企稳向好态势，实现质的有效提升和量的合理增长，争取全年取得更好的发展成果。

一要提升产业发展能级。锚定高精尖经济结构，抓实传统产业改造升级和战略性新兴产业培育壮大。制定实施科技企业梯度培育计划，开辟更多引领未来发展的新赛道。做大做强做优数字经济，提升国际大数据交易所能级，推动产业集群化发展。实施“文化+”战略，推动国家文化产业创新实验区高质量发展，培育扶持旗舰企业发展。传承利用“双奥”遗产，协同建好京张体育文化旅游带，全面提升奥林匹克中心区国际交往、国家体育文化功能。推进国家会议中心二期规划建设。

二要深入推进“两区”建设。制订实施“两区”建设2.0方案，形成创新突破政策储备清单，健全“六个一”服务体系。精准培育吸引创新型、国际型高端总部企业和外资项目，做强高品质楼宇经济。实施CBD总部倍增计划，推进CBD高质量发展2.0建设，打造具有全球资源配置能力的活力中心区。深化朝阳园“管委会+平台公司”机制改革，推进国际创投集聚区2.0建设。完成金盏国际合作服务区中区街区控规编制，推进第四使馆区及周边区域道路、市政建设，开展系统化招商。

三要着力扩投资促消费。加大政府投资力度，释放民间投资潜力。优化投资结构，引导投资向高精尖产业、城市更新、乡村振兴、绿色转型等领域倾斜。抓好投资项目支撑，保障重点项目按进度实施。持续面向全球招商引资，开展产业链招商和“以商招商”，更好吸引外资集聚。把恢复和扩大消费摆在优先位置，做大传统消费，发展新型消费。高标准改造升级重点商圈，推动朝阳消费版图加速提质。放大首牌、首店、首发、首秀效应，打造一批标志性品牌、展会和活动。推进文化和旅游深度融合发展，高水平创建国家级文化和旅游消费示范城市。

四要提振企业和市场信心。坚持“两个毫不动摇”，构建亲清新型政商关系，主动为民营企业解难题、办实事。完善助企纾困政策，加强对企业的联系和服务。完善楼宇工作台账，实时关注重点企业发展，精准支持中小微企业发展。持续优化营商环境，打造“诉求朝我说”等“朝”系列品牌，推动数字政务升级，让“一业一证”“异地评标”“跨省通办”等改革举措惠及更多企业。深化国资国企改革，培育一批具有较强区域开发能力、重大项目承接能力和市场竞争力的企业集团，提升国企服务保障和支撑全区发展建设能力。加强研判监管，坚决防范化解经济金融风险。

（二）加快拓展城乡融合协调发展新空间

用足用好农村地区后发优势，大胆探索城乡融合发展新路径、城乡协调发展新领域。

一要落实农村城市化重点任务。有力有序落实好城乡融合发展三年行动计划年度任务。稳步推进农民整建制转居，确保城乡居民享受待遇一致的公共服务和社会保障政策。推进东风、豆各庄等撤村建居试点。创建全国乡村治理示范村镇。

二要推动南部崛起的实质性突破。以十八里店乡为重点和突破口，点面结合、协同推进。以大羊坊路拓宽工程为带动，同步启动垡头西路、朝阳港中路等主次干路建设。布局优质教育资源，带动农村地区教育更加均等化、优质化发展。推动“两区”建设在南部拓展，带动国际贸易和科技创新型企业聚集。加快推进王四营、小红门等乡的城市化工作。

三要促进农村集体经济提质增效。加快东风绿隔等9个产业项目建设。推进“村地区管”，统一研究产业定位、招商，平衡好利益分配。抓好耕地保护利用，完善数字农业系统平台，打造国家农业科技创新园新技术新装备应用示范基地。出台农村集体资产产权交易流转管理指导意见，加强农村集体企业规范管理。统筹推进乡级产权制度改革，做好资产资源乡级统筹。

四要大力实施城市更新行动。落实《北京城市更新条例》，完善功能、补齐短板、促进发展。科学谋划疏整促专项行动，完成基本无违法建设区创建。推进北小河、坝河、通惠灌渠高碑店路—五环路段滨水空间建设。实现朝外大街商业设施改造一期工程运营、东湖地区六佰本改造项目完工。引导东部地区老旧厂房、低效楼宇有序升级改造，促进存量资源集约高效利用，打造特色产业集聚区。

（三）加快推进城市治理现代化进程

健全各方力量积极参与的共建共治共享体制机制，夯实基层基础、补齐民生短板、创新治理模式，推进城市治理体系和治理能力现代化。

一要建设智慧城市。强化数字赋能，建设协同高效的数字政府，构建便捷惠民的数字社会，打造超大城市中心城区现代化治理样本。完善城市智慧大脑标准规范体系，统筹“经济大脑”“城市管理大脑”“城市安全大脑”等专题应用建设。推进城市二维码规范应用，探索“一码共治”应用试点。创建国家社会信用体系建设示范区。

二要改善城乡环境。坚持不懈打好污染防治攻坚战，深化“一微克”行动，推动“清河行动”“清四乱”专项行动常态化规范化，保持土壤环境质量总体稳定。编制朝阳区公园城市建设规划暨三年行动计划，出台生物多样性保护规划。做好新一轮百万亩造林绿化收尾，加快绿道建设，推进公园开放，创建国家森林城市。研究编制碳达峰实施方案。狠抓第二轮中央生态环境保护督察整改任务，推进北京市第二轮环保督察反馈问题整改。

三要提升城市精细化管理水平。开展新一轮背街小巷精细化整治提升，推进姚家园北街二期环境整治，完成三环路朝阳段、东长安街延长线朝阳段等景观亮化工程。加快织密城市路网，推进京密快速路、通马路等市级重点工程建设，完成航研所东路等主次支路建设，实现亮马河北路开工建设，改善东三环、亚奥、朝阳大悦城、望京等重点区域交通状况。抓好“门前三包”，推进规范管理。

四要创新社会治理路径。从小处着眼、细处着手，创新推进基层社会治理。深化“热线＋网格”机制，探索建设“热线＋自治”模式，做实网上“12345”平台，打好“每月一题”攻坚战，引导更多行业主体参与诉求办理，解决高频民生难题。聚焦生活垃圾分类、减量，推进垃圾收运全链条可视化监管。构建社区党建物业联建模式，引导物业服务企业和业主委员会融入基层治理，建设物业管理行业信用管理体系。完善“两全”治理体系，实施治理共同体领航行动。

（四）加快推进民生社会事业持续发展

采取针对性更强、覆盖面更大、作用更直接、效果更明显的举措，以百姓心为心，持续增进民生福祉。

一要加快精神文明和公共文化建设。统筹推动文明培育、文明实践、文明创建，深入开展社会主义核心价值观宣传教育，深化提升新时代文明实践中心建设。实施文化惠民工程，优化公共文化设施网络布局，加快推进南部、东北部等地区级文化中心建设。大力推动运河文化带建设，启动平津闸修缮工程。高标准推进“五城”建设，加快博物馆建设，推出朝阳区“阅读指数”，举办“朝阳国际时尚峰会”，加快北京奥运博物馆改造升级。加强国际传播能力建设，讲好朝阳故事。

二要拓宽优质公共服务。就业是最大的民生，要从就业供给和需求两端共同发力，实现更加充分、更高质量的就业，加强重点群体就业帮扶。健全经济发展与收入增长联动机制，探索促进共同富裕的有效路径，积极发展社会福利和慈善事业。实施第五轮“双名工程”，扩大优质教育资源供给。加快无实体中心社区卫生服务中心建设。实施中医药传承创新发展行动计划。搭建区域养老服务共享平台，鼓励社会力量承接和连锁运营普惠性养老机构。

（五）加快形成党的建设引领发展新局面

以党的创新理论不断加强党的全面领导，深入推进新时代党的建设新的伟大工程，以高质量党建引领高质量发展。

一要持续夯实理论基础。深学笃行习近平新时代中国特色社会主义思想，守正创新做好新时代宣传思想工作。深化区委理论学习中心组“学习日”机制若干措施，将“学习日”机制延伸至二级班子。

二要选优配强干部队伍。树立选人用人正确导向，坚持德配其位、才配其位，精准科学选用干部，建设堪当重任的高素质干部队伍。加强干部实践锻炼、专业训练和基层一线磨练，引导干部增强驾驭经济工作、推动高质量发展的本领。

坚持严管厚爱干部，加强全方位管理、经常性监督，推动能上能下、能进能出，激励干部担当作为。健全培养选拔优秀年轻干部常态化工作机制，持续推进“五个一批”。

三要积极打造人才高地。坚持人才引领驱动，完善全链条人才服务体系，营造一流的人才发展生态，高标准建设人才强区。推进“凤凰计划”，优化人才梯队，打造高层次人才聚集地。办好国际人才创业大会，打造国际优秀人才和优质项目落地首选站。办好未来科学大奖、未来青年论坛等活动。

四要筑牢基层战斗堡垒。发挥好党建协调委员会作用，完善区域化党建工作体系。统筹推进各领域党建工作，深化社会领域党建“十百千万”示范工程和红色头雁会客厅机制，加快示范村建设和软弱涣散村转化提升，加强机关党建，提升混合所有制企业党建水平，推进中小学校党组织领导的校长负责制改革，做实公立医院党组织领导下的院长负责制。进一步规范“两新”工委运行机制，深入探索党组织融入公司治理具体路径。落实首都新就业群体社区伙伴成长行动，推动新就业群体融入基层治理。

五要推动全面从严治党向纵深发展。始终保持严的基调，一刻不停加强党风廉政建设和反腐败斗争。加强对权力运行的制约和监督，特别是强化对“一把手”、年轻干部的管理监督。完善监督体系，促进各类监督贯通协调，强化巡察整改和成果运用。坚持纠树并举，弘扬党的光荣传统和优良作风，大力整治群众身边的腐败和不正之风，严防“四风”反弹回潮。深化“全周期理念”，把惩处、监督、警示有机统筹，把办案、整改、治理有机贯通，把正风肃纪反腐与深化改革、完善制度、推动发展有机融合，构建清廉社会生态。

区委将进一步支持区人大及其常委会健全监督制度、依法履职尽责；支持区政府加快转变职能、保障和改善民生；支持区政协加强制度化、规范化、程序化等功能建设；支持区纪委监委、法院和检察院依法行使职权。完善大统战工作格局，支持民主党派、工商联和无党派人士履行职能，扎实做好民族、宗教、港澳、对台、侨务等工作。坚持党群共建，支持工青妇等群团组织改革和建设，当好桥梁纽带。坚持党管武装，促进军民融合发展。

政府工作报告

——在朝阳区第十七届人民代表大会第三次会议上

2023 年 1 月 4 日

一、2022 年工作回顾

刚刚过去的 2022 年，是极不寻常、极具挑战的一年，也是全区上下攻坚克难、勇毅前行的一年。面对复杂严峻超预期影响和新冠疫情反复冲击，我们坚持以习近平新时代中国特色社会主义思想为指导，在市委、市政府和区委的坚强领导下，在区人大、区政协的监督支持下，以坚定的信心、顽强的斗志、务实的举措，统筹疫情防控和经济社会发展，统筹发展和安全，在应对前所未有的风险挑战中书写了担当作为、砥砺奋进的朝阳篇章。

（一）始终坚持首善标准，在重大国事赛事活动保障中交出优异答卷

全力克服疫情影响，以精益求精的态度、严谨务实的作风，圆满完成党的二十大、北京冬奥会和冬残奥会、服贸会、全球数字经济大会等服务保障工作。

高质量完成党的二十大服务保障任务。围绕“一点两线两站一面”，全方位抓好环境提升、交通疏导、安保维稳工作，构筑群防群治严密防线，以万全之策确保万无一失。开展安全生产、环境整治“百日攻坚行动”，集中化解了一批风险隐患。67 支应急队伍全天候备勤，保障了城市平稳运行。融合国庆佳节布置城市景观，营造了隆重热烈、喜庆祥和的氛围。统筹用好各类媒体资源，精心组织“朝阳这十年”等主题活动和宣传报道。将学习宣传贯彻党的二十大精神作为首要政治任务，迅速在全区兴起学习热潮，努力推动党中央决策部署在朝阳落地生根、结出硕果。

高水平完成北京冬奥会、冬残奥会筹办保障工作。作为“双奥之城”主承载区，自 2015 年启动筹办工作以来，我区全面落实“四个办奥”理念，有力保障了国家速滑馆、冬奥村等重大项目如期投用，成功承办 9 项“相约北京”系列测试赛和测试活动。赛时运行期间，建立区四套班子主要领导任指挥长的工作体系，组织 245 家单位、16 万余人参与，发动志愿者 5 万余人次，圆满完成涉及我区的 11 家竞赛和非竞赛场馆、5 个交通场站、85 家酒店驻地服务任务，保障开闭幕式安全有序运行，实现了“零感染、零破环、零事故”的目标。朝阳以一流的场馆设施、专业的组织服务，生动诠释了“胸怀大局、自信开放、迎难而上、追求卓越、共创未来”的北京冬奥精神，赢得了国际社会广泛好评，6 个集体和 2 名个人荣获党中央、国务院表彰。冬奥结束后，率先出台“双奥朝阳”建设十大行动计划，与张家口合作共建奥运体育文化旅游带，实施奥林匹克中心区品质提升“六大工程”，努力将冬奥遗产转化为区域发展新机遇、新优势。

（二）全力守护群众健康，在抗击疫情大战大考中展现朝阳担当

去年，我们经历了多起突发性、聚集性疫情，每一轮应对过程都充满了挑战和考验。我们始终坚持人民至上、生命至上，严格落实“四早”要求，压实“四方责任”，最大程度保护人民生命安全和身体健康，最大限度减少疫情对经济社会发展的影响。

主动应变提升疫情防控能力。坚持第九版、落实二十条、执行新十条，始终高位高频调度，推进分区分级防控，实现有力有效应对。特别是 11 月以来，面对来势凶猛的奥密克戎 BF.7 变异株，吹响冲锋号、全区总动员，四套班子领导挂帅出征，指挥体系快速优化，职能系统协同联动，防控能力下沉街乡，在以快制快、以变应变中掌握战“疫”主动权。坚持边应战边备战、边总结边提升，健全公共卫生应急体系，夯实社区（村）防控基础，推动疫苗应接尽接，在争分夺秒与病毒赛跑中织密防控网络。

用心用力加强防控服务保障。统筹调动各方资源，加大政府和商业物资储备，推动保供网点应开尽开，为居家群众免费提供蔬菜包 20 万份，为快递外卖配送人员提供“白名单”服务，保障了占全市 25% 的快递订单和 40% 的外卖订单配送畅通。完善分级诊疗机制；破解线上医保结算难题；增加救护车组和 ICU 床位；挖掘所有可能的渠道采购“四类药”；动员所有具备条件的医疗机构开设发热门诊，总量占全市 23%。竭尽全力保障老幼病残孕等重点群体需求，多措并举解决群众关注的求医问药、居家诊疗等实际问题。稳妥做好外交使团及其家属服务保障，切实满足中央国家机关防控服务需求。

同心同向凝聚社会防控合力。三年来，从突发疫情应急围堵，到常态化疫情防控，再到全方位综合防控，我们不断探索超大城市中心城区、经济外向型区、人口大区抗击疫情的有效路径。全区上下闻令而动、义无反顾，全区人民众志成城、无畏无惧，8.4 万名医护人员、公安干警、下沉党员团员、社区（村）工作者、志愿者冲锋在前，快递、维修、保安、餐饮、保洁等行业人员日夜坚守，全区组织动员能力、基层治理能力、应急处置能力不断得到淬炼和提升。每一份付出都值得被铭记、每一份奉献都值得被赞颂。感谢携手共克时艰的每一名工作人员和城市运行保障人员，感谢支持和配合抗疫工作的全区人民，是你们用深厚的家国情怀和无私的奉献精神，将涓滴之力汇聚成抗击疫情的磅礴伟力，以无数平凡的身影构筑起守护生命健康的铜墙铁壁。

（三）聚焦聚力“五子”联动，在稳定经济大盘中积蓄发展动能

坚持稳字当头、稳中求进，强化经济大区担当，用好宝贵时间窗口，着力稳预期、扩需求、优结构，区域经济呈现坚强韧性。

竭尽全力稳定经济运行。面对前所未有的疫情影响，全面加强经济运行调度，以超常规举措稳定经济发展。预计全年GDP增速与全市基本保持同步。一般公共预算收入完成503亿元，下降7.4%，扣除留抵退税因素后，同口径增长1%。消费受到的冲击最大，预计社会消费品零售额下降11%左右，总量仍保持全市第一。在精准有效的防控措施保障下，预计固定资产投资达到1130亿元左右，增长约11%；1—11月，实际利用外资达到63.1亿美元，增长32.5%；进出口总额再创历史新高，达到1.65万亿元，占全市50%，增长25.7%。在疫情防控、重大活动保障等财政支出大幅增加的情况下，我们坚持过“紧日子”，持续优化财政支出结构，提前完成隐债偿还和置换政府债工作任务，债务风险等级降至绿区标准。

千方百计稳住市场主体。聚焦企业发展痛点难点，迅速有力落实国家和市级、制定实施区级助企纾困政策措施，新增减税降费79.7亿元，完成留抵退税206.6亿元，缓缴社保费33.8亿元，帮助企业获得贷款44.7亿元，为中小微企业减免房租10.3亿元。多措并举促进消费回暖复苏，推动地铁14号线商业带建设，引入北京国际咖啡交易中心，启动朝外大街升级改造，北投购物公园、望京凯德MALL（购物中心）二期开业运营。落实市级5.0版改革措施，大力推行证明事项和涉企经营许可事项告知承诺制，我区获评北京市营商环境创新示范区。深入开展企业大走访，主动送政策、解难题，全年投入产业支持资金46.4亿元，新设市场主体2.7万家、总量保持全市首位。11家企业在境内外上市，跨国公司地区总部增至145家。

深入推进“两区”建设。聚焦制度创新、项目落地持续发力，累计形成60个突破性、示范性亮点，三里屯太古里入选首批国家级旅游休闲街区，人力资源服务产业园朝阳园区成为国家首批人力资源服务出口基地。CBD核心区地下公共空间结构封顶，500千伏变电站启动施工，全市首个“B&R · RCEP创新服务中心”落地，国投人力等43个重点企业入驻。金盏国际合作服务区中区街区控规加快编制，平行进口车试点平台获批。中关村朝阳园在全市唯一入选国家首批地理信息服务出口基地。

加快数字经济顶层设计。前瞻性编制科技创新与数字经济行动方案，启动中关村朝阳园体制机制改革，系统谋划核心产业发展方向。发布全国首个人工智能技术与企业评级共识体系，在CBD成立跨国企业数据流通服务中心和贸易科技联盟、建成国内首个L4级别高精度城市级数字孪生平台，电子城光电芯片封测验证平台正式启用。加快建设高质量国际创业投资集聚区，落地全市首个“数字人加速器”。强化国家文创实验区引领作用，支持数字文旅、网游电竞等新业态发展，数字文化产业收入增长11.5%。信息服务业、商务服务业、科技服务业营业收入规模均超千亿元，我区在全市高质量发展综合绩效评价中保持前列。

（四）集中资源破题攻坚，为城乡融合发展描绘崭新画卷

实施城乡融合发展三年行动计划，组建城市化工作专班，系统谋划施工图、任务书，为加快城市化步伐奠定了坚实基础。

扎实推进“疏整促”专项行动。强化规划刚性约束，严格落实“三区三线”划定成果，制定战略留白优化管控方案。聚焦金盏等重点区域，开展拆违攻坚行动，拆除并实现“场清地净”141万平方米、腾退土地129公顷，留白增绿74公顷。完善长效治理机制，全面开展桥下空间、施工围挡、雨污管线错接混接等综合整治，实现“揭网见绿”1189公顷，完成量居全市首位。注重以提促疏、以提促治，建设提升基本便民服务网点67个，背街小巷环境精细化整治提升三年行动全面收官。我区东西部协作教育精准帮扶案例入选全球减贫案例。

加快破解城市化瓶颈问题。复制推广“王四营模式”，制定剩余7.8万名农民整建制转居实施方案，分类明确46个村、6个平房片区的城市化路径。加快规划手续办理，7个产业项目通过市级联审，东坝商业中心、将台F地块实现开工。基本完成村级产权制度改革，有序推进乡级改革。黑庄户郎辛庄等2个集租房项目、孙河康营四期等3个安置房项目竣工，李旺花园一期作为全市首个应用“新四合”理念的标志性工程如期交付。大力推动土地上市，两年来上市27宗，建设用地面积104公顷，建筑规模244万平方米，成交总价超千亿元，各项数据均居全市首位。

全面激发乡村振兴活力。深入落实“藏粮于地”战略，完成4100亩耕地复耕复垦，全区1.55万亩耕地保有量达到耕种条件，6500亩耕地储备区、5000亩耕地后备资源划定工作有序推进。全年粮食、蔬菜播种面积1万亩，产量8800吨。建成朝来农艺园、郎枣园国家数字农业创新应用基地，形成设施农业数字化改造的“朝阳样板”。实施横街子村、安家楼村等区域综合整治，巩固美丽乡村建设成果，人居环境更加整洁优美、文明和谐。

（五）深入践行初心使命，在更好满足“七有”“五性”需求中提升为民服务水平

坚持民有所呼、我有所应，始终将群众需求放在心上、落到实处，推动城市发展更有温度、群众生活更有质感。

拓展蓝绿交织的生态空间。举一反三做好中央、北京市生态环境保护督察反馈问题整改。以钉钉子精神打好污染防治攻坚战，$PM_{2.5}$平均浓度为31微克/米^3，下降8.8%。完成城乡水环境治理三年行动任务，8个国考和市考断面水质稳定达标、优Ⅲ比例首次达到100%，坝河滨水空间一期（使馆区东区段）建成开放，亮马河国际风情水岸通航工程延伸至6公里、入选全市高质量发展十大经典案例。在全市率先探索公园城市建设，朝阳绿道望京环至朝阳站段26公里基本贯通，元大都城垣遗址公园等43个公园实现开放式管理。温榆河公园朝阳段一期正式开园，4个全龄友好型公园完成改造，全区公园绿地面积占全市1/6，城园相融的美好画卷不断延展。

优化精细智慧的城市治理格局。加快智慧城市2.0建设，落地应用全市“京通”“京办”终端，城市智慧大脑应用场景不断拓展。实施城市更新行动，全市首个危旧楼改建试点项目建外光华里5、6号楼实现回迁入住，7个项目获评市级“最佳实践”和“优秀案例”，数量居全市首位。启动望京区域交通综合治理。王化路等21条主次干路、支路开工，通久路等10条道路竣工，亮马河北路完成立项评估。长安街延长线、通惠河（高碑店段）景观照明工程完工，北京朝阳站周边环境全面提升。紧抓两个“关键小事”，垃圾分类综合考评成绩居中心城区首位，物业管理突出问题治理取得扎实成效。丰富社区服务功能，充实社区工作者队伍，“社区成长伙伴计划”被评为全国基层治理创新典型案例。健全“接诉即办”“自办+行业”双考核、诉求“双派遣”等工作机制，扎实推进“每月一题”专项治理，12345市民服务热线诉求解决率、满意率达到94.6%、94.2%，较年初分别提升6.9个、3.6个百分点。

完善优质均衡的公共服务体系。开展稳就业专项行动，多渠道开发就业岗位8.8万个，应届高校毕业生就业率达到96.5%，城镇登记失业率控制在3.8%以内。扩大优质教育资源供给，北京中学教育集团挂牌成立、东泽校区投入使用，全年新增各类学位5700个，2个“双减”工作案例获评全国优秀，我区成为全国首批义务教育优质均衡先行创建区。优化医疗资源布局，推进朝阳医院常营院区、安贞东方医院建设，区妇幼保健院北院区实现开诊。深化医养结合，新增养老驿站17家、床位1021张。区档案馆新馆建成，永通桥保护修缮工程完成主体修复，我区在国家公共文化服务体系示范区创新发展复核中获得优秀等次。工人体育场完成改造复建，将成为新的活力中心。我区在市运会中蝉联金牌榜、奖牌榜、积分榜第一。全力改善居住条件，竣工各类保障性住房1.6万套，实现老旧小区综合整治156万平方米，老楼加装电梯开工416部，解决4万套房屋产权证办理难题。时隔18年重新启动酒仙桥旧城区改建项目，创造了化石营项目征收预签约率30天达到100%的“朝阳速度”。

（六）牢固树立底线思维，为区域高质量发展筑牢安全防线

紧紧围绕“防风险、保安全、迎二十大”这条主线，压紧压实各方责任，加强风险防范化解，安全保障能力持续提升。

持续巩固安全发展基础。重拳出击开展安全大检查，完成安全生产专项整治三年行动，坚决遏制重特大安全事故发生。实现非居民液化气用户清零，完成液化气安全型配件安装工作。为20万居民用户免费安装天然气安全型配件。消除燃气管线占压隐患1514处，多年遗留的风险隐患得到有效化解。新建电动自行车充电接口7.2万个，占全市20%。开展自建房安全“三合一”专项整治，完成经营性自建房重大安全隐患排查。推进街乡防火委实体化运行，全年火灾事故起数下降9.3%。生产安全事故起数、死亡人数分别下降23.5%、30.4%。

努力构建和谐稳定环境。强化金融风险防控，落地全市首个数字人民币资金存管新模式，挂账P2P网贷平台全面清退。中央交办的重复信访事项已化解99.2%，化解率在全市各区中最高。严打严防违法犯罪活动，刑事犯罪案件下降23%，群众安全感指数连续三年保持在98%以上。市域社会治理现代化试点取得积极成效，“朝阳群众”品牌影响力持续扩大。与此同时，妇女儿童、残疾人事业取得新发展，双拥共建、人民防空、民族宗教、侨务对台、外事服务、档案方志等工作全面进步。

一年来，我们认真执行区人大及其常委会的决议和决定，自觉接受人大法律监督、工作监督和政协民主监督，聚焦“两区”建设、“接诉即办”、城市化等重点工作，强化专题研究、定期调度，全年办理区人大代表议案1件、建议162件，办理区政协提案319件。深化法治政府建设，建成全市首家区政府行政复议受理中心。完成国企改革三年行动任务，组建朝阳文旅、科技和城市发展集团公司。加强财政追加资金管理，“三公”经费缩减1.8%。扎实推进十二届市委两轮巡视反馈意见、经济责任和自然资源资产审计发现问题的整改工作。完善“三重一大”决策制度，建立审计整改和成果运用长效机制。聚焦重点领域、重要部门、关键岗位，加强廉政风险防控。强化督促检查和绩效管理，有力保障了各项任务高效落实。

奋斗充满艰辛，成绩来之不易。这是市委、市政府和区委坚强领导的结果，是区人大、区政协监督支持的结果，是全区干部群众团结一心、拼搏实干的结果。在此，我代表区政府，向奋战在各条战线上的全区人民，向人大代表、政协委员、各民主党派、人民团体、社会各界人士，向大力支持我们工作的驻区中央、市属单位和解放军、武警部队，致以衷心感谢和崇高敬意！

总结成绩的同时，我们也深刻认识到，区域发展还面临许多难题和挑战。一是稳定经济增长、构建新发展格局的任务十分紧迫。经济恢复的基础尚不牢固，民营企业、中小微企业发展仍然面临不少困难，产业结构有待进一步优化升级。二是科技创新支撑引领作用还不够强。原始创新能力不足，创新生态体系还不完善，创新动能转化仍有较大提升空间。三是城乡融合发展步伐还需加快。区域发展的均衡性、协同性还不够高，全面解决城市化进程中的困难和问题还需持续用力。四是民生保障短板亟待补齐。优质公共服务供给仍有不足，满足群众多元需求还要付出更大努力。我们一定正视这些问题，尽心竭力改进提升。

二、2023 年主要任务

今年是全面贯彻落实党的二十大精神的开局之年，是实施“十四五”规划承上启下的关键一年，做好各项工作意义重大。党的二十大为新时代新征程党和国家事业发展、实现第二个百年奋斗目标指明了前进方向、确立了行动指南。我们将持续深入学习贯彻党的二十大精神，与习近平总书记对北京一系列重要讲话精神结合起来，在全面学习、全面把握、全面落实上下功夫，以勇立潮头的闯劲、披荆斩棘的拼劲、滴水穿石的韧劲，更好扛起大区使命和担当，更好服务新时代首都发展。

2023 年政府工作的总体要求是：以习近平新时代中国特色社会主义思想为指导，全面贯彻落实党的二十大和中央经济工作会议精神，深入贯彻习近平总书记对北京一系列重要讲话精神，扎实推进中国式现代化，坚持稳中求进工作总基调，完整、准确、全面贯彻新发展理念，坚持以新时代首都发展为统领，按照市委十三届二次全会、区委十三届五次全会部署，深入实施京津冀协同发展战略，“五子”联动服务和融入新发展格局，更好统筹疫情防控和经济社会发展，更好统筹发展和安全，围绕朝阳“1234 发展战略”，滚动实施“双五工程”，全面深化改革开放，大力提振市场信心，突出做好稳增长、稳就业、稳物价工作，推进经济实现质的有效提升和量的合理增长，着力保障和改善民生，有效防范化解重大风险，奋力谱写朝阳发展新篇章。

经济社会发展主要预期目标是：地区生产总值增长 4.5% 以上，一般公共预算收入增长 6% 左右，城镇调查失业率控制在 5% 以内，居民收入增长与经济增长基本同步，生态环境质量、能源、水资源等指标完成市级要求，工作中努力争取更好结果。

实现上述目标，必须贯穿“稳”的基调，保持战略定力，坚定必胜信心，以责任担当之勇、组织实施之能，自觉做到“六个更好统筹”，系统推进经济社会高质量发展；必须强化“闯”的精神，用改革解难题，向创新要增量，以开放促发展，更大力度激发市场活力和社会创造力；必须保持“进”的姿态，乘势而上、奋勇争先，努力在识变应变求变中赢得主动、赢得未来；必须弘扬“实”的作风，锚定发展目标，出真招、亮实招，干字当头、久久为功，用行动表明态度、用结果证明努力。

（一）坚持主动服务和融入新发展格局，着力促进经济稳中提质

把实施扩大内需战略同深化供给侧结构性改革有机结合起来，聚焦“五子”联动持续发力，推动政策效果持续显现，实现经济结构优化提升，以新作为推动高质量发展取得新成效。

持续推动“两区”建设升级。积极对接国际高水平经贸规则，聚焦知识产权、国际收支、跨境贸易等领域，落地一批标志性、示范性项目。加大对国际组织、国际机构落地的支持力度。大力引入外资金融机构，提升金融服务实体经济质效。实施 CBD“总部倍增计划”，加快核心区重点项目建设，推进永安里地块入市前期工作。完成金盏国际合作服务区中区街区控规编制。提升北京国际大数据交易所能级，打造数字贸易和跨境电商产业高地。服务保障第四使馆区建设，启动亮马河北路五环至机场二高速段建设，加快推进地铁 3 号线北小河以东站点建设，实现东苇路、天苇路开工。

持续深化供给侧结构性改革。把恢复和扩大消费摆在优先位置，积极培育品牌消费、数字消费、文化消费、绿色消费，加快建设国际消费中心城市主承载区。聚力创新消费场景，加快构建千亿规模国际级商圈，建设多点支撑、多业并举的地铁 14 号线商业带，打造“CBD× 三里屯”国际消费体验区，提升亮马河国际风情水岸沿线业态品质，将莱太 ·AT9 打造成城市文化生活消费新 IP，将新工体打造成枢纽型商业节点，将朝外大街打造成适合“Z 世代”消费特点的“潮朝外”生活美学街区。积极孵化新消费品牌，大力引入品牌首店、新品首发、时尚首秀，加快建设美食之城、咖啡之城、时尚之城。实施国家文创实验区高质量发展三年行动计划，打造文化科技融合创新园区、文化消费特色园区。充分发挥有效投资的关键作用，提升项目成熟度、完整度，构建“开工一批、储备一批、谋划一批”的梯次推进格局。加快前期手续办理，完善周边配套设施，大力推进土地上市。

持续增强市场主体活力。切实落实“两个毫不动摇”，想方设法为企业解难题，让国企敢干、民企敢闯、外企敢投，全力打造国际化营商环境建设标杆区。深化国企改革，提高核心竞争力，强化战略支撑作用。鼓励支持民营经济和民营企业发展壮大。积极促进平台经济持续健康发展，推动形成一批“绿灯”投资案例。更大力度吸引和利用外资。优化企业准入准营和注销等事项办理流程，在更多领域推广“一业一证”等“一件事”集成办理服务。实现区政务服务大厅新址结构封顶。深化“服务包”“服务管家”机制，增强助企纾困政策的时效性和精准性。

（二）坚持科技创新和人才强区战略，着力增强核心竞争优势

紧密围绕北京市建设国际科技创新中心和全球数字经济标杆城市，系统搭建创新生态体系，从以场景驱动牵引技术创新走向技术驱动推动场景拓展，以科技创新引领全区高质量发展。

加速打造数字经济核心区。以工业互联网、人工智能和数字安全等为核心，前瞻发展未来产业，积极布局互联网 3.0 新赛道，打造具有国际竞争力的产业集群。推动工业元宇宙创新联合体和共性技术平台建设，打造工业互联网产业园、示范园。建好北京市数字人基地，在三里屯、蓝色港湾等区域建设元宇宙标杆应用场景。构建人工智能前沿技术创新中心，推广人工智能技术企业信用评级。建设国际领先的数字安全创新基础设施，打造数字安全产业集聚区。加快光子产业布局，建设公共技术平台，打造全市光子产业高地。

着力拓展科技赋能的广度和深度。推动金融、信息等现代服务业向价值链高端延伸，持续开展产业链强链补链工程和产业筑基工程。高水平规划设计国药生命健康产业园，力争年内启动改造建设。深入实施“文化＋科技”战略，推进泡泡玛特城市乐园、微博电竞场馆建设，落地一批数字文化产业项目。积极培育直播、电商、在线文娱、交通出行等领域数字化消费“链主”企业，搭建独具特色的数字消费新场景。启动数字政务一体化平台建设，搭建云窗办事平台，探索构建企业全生命周期服务体系。

加快提升中关村朝阳园发展能级。深化朝阳园体制机制改革，推动中关村24条先行先试，建立全链条科技创新组织体系。着力支持人工智能、数字安全等领域核心关键技术研发，大力引进国家级科技创新平台。加快朝阳园北区启动区内项目实施，推进国际人才公寓建设，实现嘉会国际医院开工、阿里巴巴北京总部一期竣工。加快推动中国星网卫星互联网产业园、58同城总部、美团总部等项目落地。抓好新型基础设施布局，加快北京数字经济算力中心建设。发挥金融市场资源优势，聚焦核心产业加速科创基金投资布局。积极搭建开源开放共享平台，构建大中小企业融通发展的创新生态。

积极打造高水平人才高地。全方位培养引进用好战略科学家、一流科技领军人才和创新团队、青年科技人才、卓越工程师，为北京市打造世界一流人才之都提供战略支撑。支持企业与高校院所共建产教融合基地、特色研究院、交叉学科实验室，加快培养高精尖产业急需紧缺人才。优化国际化工作和生活环境，更好满足人才居住、医疗、教育需求。

（三）坚持规划引领和统筹协调，着力促进城乡融合创新发展

更加突出规划的系统性、发展的持续性，坚持内部功能重组和向外疏解转移双向发力，不断完善布局、挖掘潜力、提升能级。

立足城市功能定位，提高资源利用质效。常态化做好重大国事活动服务保障、重大国家项目落地运行、重大赛事活动筹备筹办，服务保障好国家会议中心二期建设，加快推进北京朝阳站配套设施建设。落实总规实施第二阶段各项任务，深入实施分区规划，加快编制街乡控制性详细规划，完成城乡建设用地减量年度任务。推动城市建设集约高效、城市更新扩面提质，加快酒仙桥旧城区改建等项目征收，完成劲松114号楼拆除重建项目。竣工各类保障性住房8000套。老旧小区综合整治项目开工15个、完工15个，老楼加装电梯开工50部、完工150部。

扎实推进协同发展，打好“疏整促”组合拳。紧盯目标、聚焦重点，完成全部图斑分类治理，对新生违建“零容忍”，确保成功创建“基本无违法建设区”。巩固提升治理成果，保持开墙打洞、群租房、占道经营等动态清零，持续推进桥下空间、施工围挡等整治任务，实现留白增绿68.7公顷。主动融入京津冀协同发展大局，加强东西部协作及对口支援，推进南水北调对口协作，深化与密云结对协作，主动支持城市副中心、雄安新区发展。

加速农村城市化进程，全面推动乡村振兴。深入实施城乡融合发展三年行动计划，加快推进南部崛起、东部跨越、北部提升。集中力量推动7.8万名农民整建制转居。完善“村地区管”机制，积极争取农村集体经营性建设用地入市试点。强化布局统筹，突出错位发展，启动十八里店小武基组团规划实施，开展平房村和石各庄村拆迁。促进集体产业与重点功能区联动发展、协同增效，用好市级释放指标，推动东风苇西地块等9个产业项目建设。实现南磨房石门南区等3个安置房项目开工。推动教育和医疗资源、道路建设向农村地区倾斜，补齐短板、筑巢引凤。加强集体资产管理，积极推进乡级产权制度改革。深化部区合作机制，全力打造数字农业先行区、农业多功能示范区、乡村建设样板区。严格落实粮食安全政治责任，严守耕地保护红线，实施好“良田”工程，推动基本农田示范田建设，提升耕地利用水平。实施朝来农艺园科技示范三年行动，大力发展都市现代农业。推进黑庄户小鲁店村民居改造试点，创建美丽宜居村庄。加强重点村综合整治，一体化推进人居环境管理和基础设施建设。

（四）坚持用真情和匠心治理城市，着力提升宜居水平

牢固树立人与自然和谐共生理念，协同推进降碳、减污、扩绿、增长，全力创建国家生态文明建设示范区，持续提升城市现代化治理水平，让城市运转更智慧、群众生活更美好。

全力建设公园城市。强化碳排放总量和强度“双控”，出台“双碳”工作实施方案，打造一批绿色低碳示范项目。启动温榆河公园朝阳段二期建设，建成朝南森林公园二期，推动绿隔地区“五乡十园”绿地连片、绿道连通，提升公园开放式管理水平，成功创建国家森林城市。深化“一微克”攻坚行动，强化$PM_{2.5}$和臭氧协同控制，加强挥发性有机物全流程管控，推动重点街乡TSP专项治理。深化“三水统筹”，制定实施新一轮城乡水环境治理行动计划，打造更多亲水空间。严格落实节水条例，强化“取供用排”全过程管理。加强土壤污染源头防控，保持土壤环境质量总体稳定。

纵深推进城市综合治理。完善城市智慧大脑标准规范体系，加快专题模块建设，推广“一码共治”试点成果。持续优化出行环境，加快京密快速路建设、京哈高速加宽改造，开工建设兴坝路、阜阳西街，建成双桥东路等10条主次干路、支路，新增各类停车位3500个。完成望京区域、加快朝阳大悦城周边（一期）交通综合治理。启动三环路朝阳段夜景照明工程，推动三里屯路环境整体提升。开展“垃圾清运不及时”专项治理，加强可回收物体系建设，建成高安屯厨余垃圾处理厂。大力解决物业管理突出问题，狠抓“治理类小区”提升。

迎接文明城区创建大考。推动文明城区创建工作与“接诉即办”、环境建设等有机融合、协同发力。对照指标要求，健全常态化管理机制，扎实推进共享单车规范停放、非法小广告清理等12个专项行动，深入开展文明餐桌、文明旅游等6大文明引导活动，让创建工作走进生活、融入日常。大力培育和践行社会主义核心价值观，加强新时代文明实践中心规范化建设，扎实推进志愿服务三年行动，开展“朝阳群众好榜样”选树活动。

（五）坚持在发展中保障和改善民生，着力增进群众福祉

认真践行以人民为中心的发展思想，在民生热点难点问题上精准施策，在高质量发展中促进共同富裕。

推进健康朝阳建设。促进优质医疗资源均衡布局，加快北京中医医院新院区项目进度，推进国家中西医结合医学中心来广营院区建设，实现朝阳医院常营院区开诊。实施新一轮公共卫生应急管理体系建设行动计划，完善分级诊疗机制，加大基层卫生服务投入，增强院前急救能力。认真落实新阶段疫情防控举措，全力满足群众就医用药需求，重点抓好老年人和患基础性疾病群体的防控，着力保健康、防重症。加快推进疫苗接种，提高老年人群接种覆盖率。促进中医药传承创新发展。深化爱国卫生运动，倡导健康生活方式。

加大公共服务供给。落实落细就业优先政策，把促进青年特别是高校毕业生就业工作摆在更加突出的位置，开发就业岗位不少于8万个。深化义务教育课程改革，推动普通高中多样化特色发展，新建、改扩建2所中小学，启动北京中学东坝北校区等3所学校建设，普惠性幼儿园覆盖率达到87%以上。加强基本养老服务体系建设，新增家庭养老照护床位不少于300张、老年餐桌10个。积极打造博物馆之城、阅读之城，新增10家博物馆、2家城市书屋，推动区图书馆新馆延时开放。因地制宜建设群众身边的体育设施，精心组织好品牌赛事。加快奥林匹克中心区品质提升，推动北京奥运博物馆改造升级，扎实做好后冬奥文章。

增强基层治理效能。围绕8个方面，办好30件重要民生实事，切实解决好群众所急所盼。稳妥有序推进撤村建居，优化调整20个大型社区，进一步充实社区工作者队伍。深化党政群共商共治，开展社区治理标准化建设，打造安全健康、设施完善、管理有序的完整社区样板。建设更多全要素小区、全景楼院，建成10个市级社区服务空间开放式示范点。深化“接诉即办”改革，聚焦“每月一题”强化主动治理，用好“热线+网格”工作模式，引导更多行业主体参与诉求办理，建立“我在现场”群众发现反映问题平台，开展难点诉求群众评议，全力提升12345市民服务热线诉求办理能力和排名。

（六）坚持统筹发展和安全，着力建设平安朝阳

全面贯彻总体国家安全观，牢记“首都安全无小事”，严密防范化解风险隐患，坚决维护政治安全、社会安定、人民安宁。

深化安全生产专项整治。严格落实安全生产责任制，出台安全生产专责专章，坚决防范和遏制重特大事故发生。强化建筑施工、人员密集场所、城乡接合部等重点领域、重点区域隐患治理，实施交通安全整治三年行动，持续推进自建房安全专项整治。加快区级消防指挥中心建设，完善消防特勤站点规划布局，发展多种形式的消防队伍，筑牢高层建筑“防火墙”。加强食品药品全链条安全监管，高标准创建国家食品安全示范城市。

持续推进韧性城市建设。完善应急物资管理和调度平台，推动应急管理综合执法队伍标准化建设。加快海绵城市建设，提升河道、积滞水点等重点区域的灾害防御能力。稳妥推进燃气、供热、供排水老化管道更新，保障“城市生命线”安全。抓实人防工程建设和修缮维护，推进应急避难场所建设。

全力维护社会安全稳定。守牢意识形态领域阵地，筑牢网络安全防线。完善反恐防暴体系，做强应急维稳处突专职队伍。积极防范化解涉众金融风险。持续治理重复信访，大力化解信访积案。织密社会治安防控网络。推动国防动员体制改革落地，推进新时代军民融合深度发展，扎实做好退役军人服务保障。

（七）坚持和加强党的全面领导，着力提升行政效能

始终把党的领导落实到政府工作各领域各方面各环节，以落实见真功，以实绩论英雄，全力建设人民满意的服务型政府。

旗帜鲜明讲政治。坚持和捍卫“两个确立”，增强“四个意识”、坚定“四个自信”、做到“两个维护”，始终在政治立场、政治方向、政治原则、政治道路上同以习近平同志为核心的党中央保持高度一致。始终心怀“国之大者”，一切工作都从政治上考量、在大局下行事。不折不扣落实中央、北京市生态环境保护督察反馈问题整改，持续推进十二届市委两轮巡视反馈意见、经济责任和自然资源资产审计发现问题的整改工作。

坚定不移强法治。坚决执行区人大及其常委会的决议和决定，认真听取区政协、民主党派和人民团体意见，认真办理人大代表议案、建议和政协提案。坚持严格规范公正文明执法，提升行政复议规范化水平。落实“八五”普法规划，加强法治文化阵地建设，营造全民尊法学法守法用法的良好氛围。

锲而不舍转作风。深入贯彻落实中央八项规定及其实施细则精神，持续深化纠治“四风”。坚持政府过“紧日子”，深化全成本预算绩效管理改革，健全工程项目绩效评价。强化审计监督、统计监督，严格资金使用全流程质量管控。全面提高工作统筹能力、攻坚克难能力、群众工作能力，切实增强履职尽责本领，营造风清气正、干事创业的良好氛围。

各位代表，新时代孕育新机遇，新征程激励新作为。展望未来，我们更需奋楫争先、聚力扬帆。让我们更加紧密团结在以习近平同志为核心的党中央周围，在市委、市政府和区委的坚强领导下，踔厉奋发、笃行不怠，全面推动各项事业高质量发展，为谱写全面建设社会主义现代化国家的北京篇章作出朝阳贡献！

专 文

三里屯太古里入选首批国家级旅游休闲街区

三里屯街道

一、旅游休闲街区基本情况

三里屯太古里南区：东至三里屯路，南至工体北路，西至雅秀东路，北至雅秀北路。

三里屯太古里北区：东至三里屯路，南至幸福三村四巷，西至幸福三村二巷，北至幸福三村五巷。

地理位置属于中心城区，机构类型为企业，功能定位为综合型。总占地面积 52000 平方米，总建筑面积 120000 平方米，主街长 400 米，主街宽 12 米；年客流量 3600 万人，其中国际客流量 10 万人。街区内户籍人口月 36000 人，流动人口 19000 人。

二、旅游休闲街区总体情况

三里屯太古里于 2008 年投入运营，是太古地产在中国内地首个落成并启用的商业综合体。其以开放式、低密度特点打造，20 栋建筑分布在南北两个邻近的零售区域，与一间由太古酒店管理的瑜舍酒店相得益彰，三里屯太古里作为京城夜经济活跃的区域之一，开放式街区带来的自由度与多类型业态、特色店营造的消费场景，深受国内外顾客喜爱。

三里屯太古里南区的设计灵感来自老北京的“胡同里巷”并融入时尚元素。通过几何型的造型和大胆饱满的用色，赋予每幢建筑独特的外观和个性，打造出一种具有国际性的外观设计。历经多年发展，三里屯太古里已经成为北京的时尚潮流地标，并被媒体称为“首店收割机”。三里屯太古里始终致力为北京城市和消费者带来生活方式的提升和全方位的购物、休闲体验。

三里屯太古里北区于 2010 年开业，这个以大气的“四合院”为灵感的建筑空间颇能展示北京的传统文化，以独标旗舰店为主。同时，它打造的潮流先锋、国际时尚的生活方式，又呈现出北京的现代和国际化。

三、街区文化和旅游资源概述

经过 13 年的发展，三里屯太古里形成独特的潮流文化氛围，具备较强的旅游吸引点、文化特色氛围，并融入餐饮、购物、娱乐等业态中，形成独具吸引力的商业街区，具体情况如下：

商业文旅融合水平高：三里屯太古里共有逾 300 间商店和餐厅，包括旗舰店、休闲品牌专门店，以及提供地区及国际美食的餐厅，包括阿迪达斯旗舰店、苹果亚洲最高级别旗舰店等。2021 年新开业的西区更引入了一众潮流品牌，包括优衣库 UNIQLO 全球旗舰店，Nike Rise 北京首家零售概念店、迪桑特 DESCENTE 全球旗舰店暨 DKL 动力实验室全球体验中心，以及陶陶居北京首店等众多正宗美味的餐饮品牌，更有娱乐及生活方式品牌 M.One KTV 和 MIX POWER、力禾健身中心。三里屯太古里注重将娱乐与社交相融合，为人们提供独一无二的旗舰级购物体验和轻松舒适的娱乐氛围。

打造首批“夜京城”地标：三里屯地区是北京市首批夜京城地标商圈之一，作为三里屯地区的商业核心区，三里屯太古里积极发展夜间经济。2020 年，三里屯太古里入选了朝阳区首批十家“朝阳区特色文旅消费街区”之一。围绕北京市发展夜间经济和促进消费升级的总体目标及规划，三里屯太古里顺应夜经济发展，率先提出发展新理念，即 happy hour2.0 理念，希望围绕晚上 8:30--11:30 这一时段，打造一系列丰富的活动体验，成为正餐后的二次约会，为年轻人创造一个出来玩的理由。

街区氛围建设突出：三里屯太古里围绕灯光氛围营造，外摆管理、市场活动、文创活动等，丰富消费者消费体验，进一步突出三里屯地区的国际化、现代化、时尚化。启动了涵盖夜间灯光项目升级，创新外摆管理、鼓励商户延长营业时间、优化设施服务升级等系列工程，并加大对市场活动、文创活动的关注和投入，旨在丰富消费者消费体验，进一步突出三里屯地区的国际化、现代化、时尚化。通过完善夜间灯光工程，三里屯太古里实现了屋顶灯光、灵动灯光设置“I Love China”“I Love China”和灯光走廊的完美互动。在外摆创新管理方面，三里屯太古里作为朝阳区外摆创新试点单位，在细化、规范外摆管理的基础上，旨在以己创新为外摆管理提供有借鉴意义的经验及分享。

首店经济助推京城消费升级：三里屯太古里坚持以精品和创新打造引领潮流的品牌组合，持续为中国市场和北京引进国际一流品牌，合作打造世界级的旗舰店，逐步打造符合国际消费中心城市和国际化大商圈的首店旗舰店品牌组合。现阶段首店基本分为两大类：一是国际市场品牌首店，对时尚品牌来说，主要是看其在英国、欧洲及日韩市场的销售表现以及媒体热度是否具有影响力，在产品设计和店铺形象上作为北京的新地标。“文化三里屯”作为首都文化建设的重要组成部分，三里屯太古里坚持与周边社区共融发展理念，把支持辖区发展贯穿始终。三里屯太古里支持“三里屯文化艺术节”“三里屯国际周”等主题文化节的建设，更被授予三里屯地区文化共建突出贡献单位，助力属地政府共同推动三里屯地区国际时尚文化街区的建设，使之更具潮流范、文化范、国际范。

四、街区公共服务体系建设情况（标识引导系统、线上旅游信息服务、线下综合服务中心、智慧旅游建设、旅游交通服务、旅游厕所等）

（一）三里屯太古里出入口：

三里屯太古里作为开放式商业街区，共有出入口 20 个（包含 2 个停车场入口）。

（二）三里屯太古里交通：

在交通方面，三里屯太古里地下停车场有约 900 个停车位，且公共交通的通达性非常高。

公交路线：三里屯站：乘坐 113、115、406、416、431、701、758，下车即到，长虹桥西站：乘坐 117，758、431、701，416、113、406、115，下车往西步行即到；地铁路线 :10 号线：团结湖站，A 出口，往西步行即到，2 号线：东四十条站，A 出口，往东 100 米，乘 113，115、406、416、431、701，758，三里屯站下车即到；地铁 17 号线和地铁 3 号线：工体站（目前正在建设中，暂未开通）

（三）三里屯太古里人性化服务：

三里屯太古里提供一系列人性化的服务设施和周到的服务内容。在整个街区设置了街区指示标引，导引图。南北区 LG 层均设有咨询中心，旨在为顾客提供全面而细致的帮助。三里屯太古里专为有特殊需求的顾客提供一系列人性化的服务设施，包括：无障碍停车服务，无障碍电梯等。在南北区 LG 层均有母婴室，设有舒适的沙发、儿童座椅、盥洗池、操作台等完备设施，帮助潮妈轻松搞定潮宝。

三里屯太古里南北区均设有厕所 24 个，包含残疾人卫生间 1 个，母婴室 2 个，满足访客需求。三里屯太古南北区均设有公共休息区，供访客日常休息使用，且全商场覆盖 WIFI 信号，信号良好，满足访客上网及购物需求，商场内持续创新、有集聚能力的品牌，且在区域内首次开设独立门店。二是，本土市场品牌（即非国际市场品牌），侧重对店铺建筑形态，设计理念、品牌组合与迭代更新、概念创新等方面的评价和考量。自 2016 年至今，由于出色的品牌汇聚能力，已有百余首店落户三里屯太古里，被业内媒体誉为“首店收割机”。2020 年，三里屯太古里按照原计划引入调整优质品牌 80 余家，其中首店，旗舰店、概念店 24 家，涵盖家居，餐饮、服饰等多领域。知名品牌涵薇，苹果亚洲最高级别旗舰店、Nike 北京首家新概念店 Nike By Sanlitun，中国首个 DESCENTE BLANG 品牌概念零售空间等。

助力“文化三里屯”建设：2017 年 8 月，北京市市委书记蔡奇明确提出，要把“商业三里屯”打造为“文化三里屯”的餐饮商户基本均设有收集等移动设备充电设施。

（四）三里屯太古里综合服务：

三里屯太古里成立专门的项目组配合商圈及政府部门的各项工作，协同推进各项事宜。在服务、安保、消防、环卫方面情况如下：

人员服务：三里屯太古里从业人员能够真诚，友善、准确地为顾客提供服务，给顾客留下舒心、专业、周到的印象，为顾客在本商场的购物增添愉悦的感觉并使他们愿意再次光临。

岗位设置：在商区的重点区域均设置 24 小时岗位，保安人员工作无间断，班次交替间形成有效衔接。每个岗位间几乎到达目力所及的有效联动，以便有效应对突发事宜。在营业期间的重点区域安排了公司自聘人员的岗位值守。以在专业保安人员巡控的基础上有序指引顾客的路由并做信息提示。

安全巡检：整体商区设置 392 个摄像头，每 40 秒轮寻一次。5 条巡检路线每个区域、4 个角落共涵盖具体点位 16 处。以每 2 小时为单位进行巡检工作，24 小时内对商区巡检不少于 40 遍。

区域联动：消防安全工作在部门各专业人员联动基础上，与属地派出所、治安警务站、朝阳分局 1 分钟处爽警务室等能够及时对接，形成有效的安防力量。

微型消防站：微型消防站的日常配备是 6 个人，由中控室人员和班姐内成员组成，如果发生意外突发情况，会形成第二批灭火波次对火灾进行扑救，截止目前来发生任何火灾事故。

环卫：三里屯太古里全力保障环卫工作，力保给消费者带来整洁干净的购物环境。

（五）街区经营和举办活动情况概述

三里屯太古里口号是“一起潮玩”，经过数十年的发展，“潮”在三里屯太古里不断演变。通过不断发掘国际上的崭新时尚元素，并将其融入到项目营运品牌策略以及市场活动中来，为顾客打造独一无二的购物、餐饮及娱乐体验，三里屯太古里的市场活动已经形成一定品牌效应，并吸引大量潮人前来打卡。例如：三里屯太古里灯光节、三里屯太古里摩登派对、三里屯太古里夏日市集、三里屯太古里潮玩艺术季等，都为游客营造了良好的社交、娱乐、购物、休闲体验。三里屯太古里在不断的策划和甄选具有深厚艺术和文化底蕴的市场活动，力求慰予商业项目更强的生命力与延展性，持续探索文化活动与商业运营的创新融合。此外，三里屯太古里是国际时尚潮流品牌进驻中国市场、打造创意性文化艺术体验的首选地，是国际顶尖品牌活动的青睐之处。2021 年，路易威登（LV）特展，古驰（Gucci）北京特展落户三里屯太古里红馆，殿堂级珠宝尚美《CHAUMET）继 2017 年故宫博物院艺术展后，选址三里屯太古里作为回归北京的大展举办地。此外，北京国际音乐节等一众知名品牌、具有国际影响力的文化艺术活动都于今年（2022）在三里屯太古里展出。三里屯太古里不仅仅是潮流时尚地标，也更多强化“文化，艺术”的氛围，更好的发挥辐射和吸聚效应，助力三里屯地区升级为北京市乃至全国的新名片。

1.2021 潮玩福地“牛转乾坤”新春活动

2021 年 1 月 29 日起至 2 月 28 日，三里屯太里闪亮开启“潮玩福地牛转乾坤”新春主题活动，融合夜晚暖意喜气的氛围灯光，为到此欢聚佳节的潮人们开启丰富多彩的潮流购物体验。除了寓意吉祥福兆的牛年主题装饰和丰富多彩的尊享福利外，2021 年 2 月 5 日起至 2 月 28 日更有趣味的 H5 小游戏吸引潮人们通过三里屯太古里小程序，进入线上“牛转乾坤”H5 小游戏，颇具趣味的翻牌小游戏开启欢乐时光。

2.2021 FASHION LAB 潮流实验室

4 月 16 日至 5 月 16 日，三里屯太古里 [FASHION LAB] 湖流实验室重磅来袭！在自然环境和时尚行业的升级发展下，越来越多的品牌从研发生产到营销传播都在追求绿色环保节能，为保护生态环境做出自己的努力。作为全国最知名潮流地标之一，三里屯太古里通过多个充满创意性、实验性的装置，围绕可持续、自然有机、科技赋能等行业议题，不断探索时尚行业的潮流新趋势。

3.2021“微醺一夏”主题活动

2021 年夏季，三里屯太古里［微醺一夏］主题活动正式开启。每天 17:00–21:30［微醺一夏］夏日市集在三里屯太古里红馆北侧与潮人们相聚，此期间三里屯太古里会员更可尊享全场餐饮消费 5 倍积分。三里屯太古里携手 12 家当红餐厅的美食主理人，带领食客们开启一场属于夏天的美食美酒之旅。专为夏日打造缤纷佳肴，为潮人们带来一场场恰到好处的夏日微熏。此外，活动期间潮人们可以通过大众点评 APP 购买团购券，即可在夏日市集的 12 家商铺品尝日专属美味，也可在三里屯太古里 32 家商铺使用，与三五好友共享饕餮大餐

4.2021“YOU 你定义”式潮流消费新体验

2021 年 8 月，太古地产四城五场全面开启“YOU 你定义”七夕主题活动，通过连接虚拟与现实世界，打通线上游戏与线下场景，创造出全新的定制潮流购物体验。该主题活动将同步落地北京三里屯太古里。被誉为全国时尚潮流地标的三里屯太古里，不断探索潮流发展新趋势，引领潮人探索“由你自由定义”的消费体验新观念，号召各路潮人打破风格定义的边界，探索平行世界的潮流风尚，一起潮玩。此次活动，太古地产携手北京保利当代艺术呈现一款潮流换装类多人互动社交游戏，用跨次元数字化技术赋能时尚消费。区别于传统的装扮游戏模式和规则消费者可以在游戏中选择与品味相合的时尚着装，定制个人虚拟形象。在虚拟个性化穿搭装备中体现场内品牌的标志性设计元素或实物产品，消费者可适时打造独一无二的专属时尚风格。

5.2022 三里屯国际周活动

4 月 14 日，“2022 三里屯国际周暨三里屯太古里摩登派对启幕式”在三里屯太古里北区广场拉开帷幕。三里屯国际周是文化三里屯建设的重要组成部分，是“潮朝阳”系列消费活动的重要支撑品牌。打造符合三里屯文化调性的消费盛宴和 IP 品牌，为服务首都全国文化中心、国际交往中心、国际消费中心城市建设做出贡献，正是在这样的背景下，2022 三里屯国际周的主题是“让世界遇见三里屯”，将从“国际三里屯”“时尚三里屯”“潮流三里屯”“创意三里屯”多个维度，通过全年 10 余场线上、线下主题活动，全方位、立体化打造“文化三里屯”大 IP 形象。咖啡节、美食节、读书节、音乐节、艺术节、沉浸体验节、国际市集等文化消费活动，在三里屯国际周活动期间陆续推出。

12345市民服务热线接诉即办工作

区城管指挥中心

2022年，朝阳区深入学习贯彻党的二十大精神，积极落实《北京市接诉即办工作条例》，把接诉即办工作作为提升治理水平和治理能力的重要抓手，切实把群众的事当成事业干、把百姓的事干成事业。全区受理市民热线诉求133.52万件，比上年增长74.29%，约占全市16区接诉总量的19.87%。全区诉求办理响应率99.91%，解决率93%，满意率93.36%，综合成绩94.16分，全市16区排第14名，比去年上升2名。

一、坚持党建引领，推动统筹调度全面升级

完善统筹调度机制。区委、区政府主要领导针对全区突出共性问题、各分管区领导针对分管领域中的共性问题及基层无法解决的难点问题，开展专题调度，高位推动解决。区委、区政府主管领导每日调度、重点研判，针对每月排名靠后的街乡、部门开展复盘，加强点评、约谈，促进整改提升。

深化调度事项清单机制。制定2022年“接诉即办”重点调度事项日历，将“每月一题”、日常调度事项、季节性调度事项等重点问题逐一落实到主责部门和配合部门，明确由区领导牵头，将推进时间细化到周，形成可视化的工作日历。

二、健全配套机制，推动工作措施有章可循

研究制定指导文件。制定《2022年朝阳区接诉即办改革工作要点》《朝阳区关于健全完善接诉即办工作机制的实施意见》《朝阳区2022年“接诉即办”“每月一题”推动解决重点民生诉求的工作计划》《2022年度朝阳区“接诉即办”考评办法》等文件，推进接诉即办整体工作以及“每月一题”、科学考评等重点工作落实落细。

认真落实监察意见。围绕接诉即办重点工作，及时向监察部门移送违规违法问题线索，综合运用“第一种形态”、建议书等形式，督促压实各单位主体责任，以严肃追责问责推动工作落到实处。

三、强化工作落实，推动难点诉求高效解决

强化指挥中心建设。区级指挥中心充分发挥统筹调度职能，建立标准化的工作规范，强化“首接负责制”，深化诉求分类处置和精准派单。各承办单位指挥中心强化常态化工作机制，加强内部调度，主要领导亲自抓亲自办，深化诉求办理。

强化“吹哨报到”机制落实。建立“吹哨”和“报到”单位的双考评机制，搭建“朝阳区街乡吹哨部门报到系统”平台，有效整合资源，协调处置疑难诉求。

强化科技赋能。积极探索数字化转型，推动AI技术在“接诉即办”系统中深度应用。优化“接诉即办”核心系统，延伸业务系统模块，实现对诉求办理的实时动态监测及预警调度指挥，提升智能化水平。打造掌上“接诉即办”系统，实现实时查阅、预警研判及区领导对群体性诉求直批直转。

四、深化未诉先办，推动向前一步主动治理

进一步深化“每月一题”工作。建立“每月一题”区级统筹联动机制，抓住共性问题开展专项治理。同时，将“每月一题”工作机制延伸到43个街乡，促进街乡加强对自身问题的深入研究和主动处置，实现每月解决一个重难点区域性问题。

进一步发挥主体治理作用。开展物业公司纳入“接诉即办”系统试点工作，将“接诉即办”评价结果作为物业管理人员绩效考评的重点内容，进一步提高物业公司积极性。将全区物业公司履职情况红黑榜在“北京朝阳”和“朝阳区物业管理网站”以及其他媒体平台公示。

进一步发挥“热线+网格”的作用。坚持人员力量融合、流程融合、系统融合，推动市民服务热线平台和网格化城市管理平台融合贯通，促进热线诉求分类标准与网格巡查问题类别有机对接，研究梳理共性问题、重点点位和薄弱环节，提升主动处置效能。

五、动员社会力量，推动多元主体参与治理

深化多方联动的社区治理模式。通过物业联盟、“红色物业”等形式，发挥物业、楼门长、志愿者“第一双眼睛”的作用，组织社区（村）负责人、物业负责人、楼门长、志愿者等力量，多方汇集群众诉求，共同研究解决方案，合力解决身边难题。

深化“社区成长伙伴计划”。探索建立由大专院校学生、物业管理专家、心理咨询师、社区社会组织代表、优秀一线社区书记、优秀居民代表等组成的专业支撑团队，为社区解决重难点问题提供专业服务指导。

深化党政群共商共治机制。完善“区—街乡—社区（村）—网格”四级议事协商机制，将诉求集中的问题作为党政群共商共治的主要议题，积极引导诉求人参与问题的协商办理，实现“我参与、我奉献、我满意”。

六、注重选拔培养，推动队伍建设走深走实

选优配强接诉即办工作人员。各部门、各街乡组织优秀党员干部到接诉即办工作岗位实践锻炼，将参与接诉即办工作作为干部提拔任用、职级晋升、年度考核、评选表彰的重要参考。

不断完善精细化管理体系。将诉求明确到办件人，建立接诉即办工作档案，形成“办件人擂台”。

加强基层教育基地建设。在双井街道、小关街道建立“接诉即办”教育示范服务基地，通过广泛开展主题培训活动，提升全区“接诉即办”队伍工作能力。

推广“王四营模式”破解城市化瓶颈

区委农工委　王四营地区（乡）

一、“王四营模式”形成背景

2017 年，北京全市实施“疏解整治促提升”专项行动。王四营地区（乡）紧紧扭住疏解北京非首都功能这个“牛鼻子”，坚持严控增量和疏解存量相结合，内部功能重组和向外疏解转移双向发力，坚决打好减量发展有成效、城市化进程加速度的“组合拳”。同时，注重疏解整治与优化提升的衔接，统筹用好疏解腾退空间，完善各类便民设施，不断改善辖区人居环境。2018 年，副市长到朝阳区王四营地区（乡）蹲点调研，解剖“麻雀”，王四营地区（乡）成为全市首个在减量发展背景下探索一绿城市化路径的试点乡。市委书记、市长做出批示，根据市领导调研成果转化提出的“王四营模式”，被写入市区“十四五”规划，作为减量发展的试点经验进行推广。为贯彻落实市委书记批示精神，转化市领导调研成果，推动地区城市化建设的健康发展，从管好宅基地、打造“新四合”、上市地块腾退“拔点”、新超转探索等方面着手，全力抓好调研成果推广。

二、“王四营模式”经验做法

（一）抓党建，汇聚干事创业力量

1. 明确职责，管好农民宅基地。此次试点启动前，乡内村庄长期待拆，项目长期停滞，村民在宅基地上加盖出租的意愿强烈，一旦局面失控，将导致违法建设蔓延，进而破坏区域风貌，增加社会治理难度，人为增加城市化成本。为此，乡党委充分发挥党组织战斗堡垒作用，坚持党建引领“五措”并举。一控。以上率下，成立以党政正职为组长、科室和村负责人为成员的查处违法建设工作领导小组，一抓到底，做到横向到边、纵向到底、不留死角。凝聚民意，以村规民约为基础，修订出台《王四营地区（乡）宅基地翻建管理规定》，形成全乡一盘棋的格局。二宣。注重宣传先行，重点宣传控违政策、违建危害、每月进展。通过增加集体经济收入，加大环境建设和社会治理力度，增强群众获得感。通过描绘城市化蓝图，使群众能服从长远发展大局。三查。在每个行政村设立包村工作小组，包村领导由 2 名乡处级领导担任，每周至少巡查两次。同时，聘用第三方安保人员每周定期巡查全乡，每村每天安排专职巡查员开展网格式巡查。此外，村口常年设卡查扣非法运送建筑材料车辆。四拆。严守零容忍的底线，坚持抓早、抓小、抓苗头，确保“发现在初始”。以“拔钉子”的劲头，发现一起，拆除一起，确保“解决在萌芽状态”，绝不让违建成气候。五罚。明确各村一把手是第一责任人，签订责任书，未完成乡政府督办拆除任务的，直接问责；造成严重后果的，党政纪处理。翻建施工方验收不合格，扣罚 5 万元的保证金，并责令按规范改正。在群众支持下，杜绝加盖现象，奠定试点基础。

2. 精心组织，做好拆迁腾退。腾退工作中，乡村两级以党建引领，动员党员干部支持党委、政府决策。充分发挥村党总支战斗堡垒作用，村两委干部入户发放腾退材料，逐家逐户讲政策，引导群众选择自主腾退。对于少数不支持腾退工作的，充分运用区乡村三级联动机制，打好协同组合拳。在孛罗营上市地块、官庄村剩余建筑、京秦铁路两侧违章公寓等地块上，通过“四个保障”，做好腾退工作。一是组织体系保障。乡、村多次专题研究孛罗营剩余户拆迁腾退相关工作，制定工作实施方案，明确责任人员、工作措施及工作要求。二是精神状态保障。所有工作人员精神状态饱满，体现特别能吃苦、特别能战斗、特别能担当的集体奋斗精神。三是方式方法保障。根据未腾退户家庭特征，一户一方案，适时调整方式方法，采取时间灵活、方式机动等形式，确保取得良好效果，保障拆迁现场绝对安全。四是善后处臵保障。统一筹备周转安置房，配备基本生活设施。在周转安置点，专人负责，纾解当事人情绪，保障基本生活。同时，成立拆迁腾退信访维稳工作专班，及时掌握思想状况，第一时间做好相关人员的信访维稳工作。

（二）抓减量，聚焦总规落地生根

1. 用新总规优化规划实施方案。试点过程中，自觉对标新总规，聚焦减量发展，算清历史账、规划账、资源账和实施的效果账，多管齐下启动建设任务，总体实现了“两减两增两优”。“两减”即减现状用地规模和规划建筑规模。用地拆占比严控到 1:0.26，远低于新总规 1:0.7—1:0.5 的标准；将建筑拆建比严控到 1:0.64，规划建筑规模较现状减少 142 万平方米，较原规划减少 3.66 万平方米。试点完成后，现有流动人口将实现大规模实质性疏解。“两增”即增绿地面积和规划配套设施面积。规划实现后王四营地区（乡）将拥有古塔、白鹿、官庄三座高品质公园，全乡一半面积都将被绿地覆盖。“两优”即优化绿色空间布局和产业空间布局。试点完成后，地区环境、集体产业、人居归属感和幸福感都将全面提升。

2. 有序推进孛罗营新村安置房建设。孛罗营新村安置房方案历经 17 次设计调整，贯彻落实“用地整合、功能组合、空间围合、高低结合”的“新四合”理念。“用地整合”，即考虑整合居住、学校、托幼用地，将临京沈高速南侧地块留白增绿，增强蓝绿交织的视觉效果，促进社区景观与自然景观互动。“功能组合”，即推动集体产业与居住公共服务设施结合，考虑沿孛罗营西路，结合公共服务设施建设，安排1.5万平方米集体产业用房，可安置300名劳动力。同时考虑在2.8万平方米居住公共服务设施中，用0.9万平方米建商业服务用房和物业服务用房，可安置179名劳动力。塑造15分钟步行生活圈，建设开放人文社区，增强生活气息。“空间围合”，打破思维定势，增加东西向住宅建筑比例，增设楼间连接建筑，形成围合式组团空间结构，不受街道车水马龙的干扰，沿街一面建筑物排列较整齐，形成完整统一的街景立面。“高低结合”，在新方案中将建筑高度从原来的80米降至60米内，单体高度以36—45米为主，同步降低容积率和建筑密度。践行“小街区、密路网”理念，通过增加街坊路，将原建设用地块数扩充三倍，路网由“四横三纵”调为“四横七纵”，小区地上增强开放性，地下车库联通，小区内人车分流，使居住更舒适。2020年10月至11月，孛罗营村组织543户村民完成选房，历时20天，总共选出房源1893套，整个过程组织有序，确保了选房工作公平公正公开。目前新村安臵房全部实现主体结构封顶，确保2022年6月孛罗营村民如期回迁入住。

3. 稳步推动平衡资金地块上市。按照“先供先摊”，倒排工期，稳妥推进平衡资金地块上市，缓解资金压力。2020年4月启动上市地块滞留户“清零”工作，5月10日完成孛罗营村全部拆迁腾退工作，不仅按期完成“拔点”任务，也同步解决了历史遗留问题，切实维护了地区群众利益。平衡资金上市地块已取得全部前期手续，达到入市条件，部分地块已于2020年12月17日发布土地出让预公告。

4. 积极探索“超转”新路径。借鉴海淀区四季青镇经验，合理确定超转筹资标准，用以投资安臵农村劳动力就业的集体产业，用投资收益分期缴纳超转费用，探索出了“资金变资产、死钱变活钱、趸交变分期”新思路，形成可示范、可推广的超转方案。按照超转新路径使人均费用下降213万元，全乡3563名超转人员共节省资金75.9亿元。省出的钱，按5万元/平方米的楼面价计算，能省15.2万平方米建筑规模；按2.45的容积率测算，能省93.02亩土地。省出的地，全部用来增绿，直接扩大乡域的绿色空间。

（三）抓美化，推动园林绿化建设

1. 加快郊野公园建设。全乡实现绿化面积390公顷，现已建成古塔、白鹿两座郊野公园。古塔公园作为北京市第一批建设的郊野公园精品项目，占地面积836亩，其中绿地面积50.2万平方米，是离北京城区距离最近、交通最便捷、设施最完善、风景最优美的郊野公园。白鹿公园占地面积429.5亩。两个公园的建设与发展，整体提升了地区环境，人均公园绿地面积达38平方米，为群众休闲活动提供了场所，目前正在修建第3座郊野公园—官庄公园，总占地面积948亩，项目总投资2.21亿元。

2. 积极实施“见缝插绿”。利用疏解腾退后的地块，应绿尽绿，造林达到529亩。同时，积极修建小微公园3个，建成多处绿色景观带。下一步，将继续利用腾退空间实施绿化美化工程，进一步加大地区绿地建设，通过拆迁腾退逐步启动剩余绿化任务，为大尺度绿色开敞空间打下基础。

（四）相关建议

1. 允许使用财政性资金设立超转基金。超转基金的来源本质上还是土地收益，定性应为财政性资金，由于财政部相关文件规定，财政性资金不能用于设立基金，因此对于超转基金资金来源合法性的问题，需要市级财政部门进行深入论证，建议超转经费先不缴纳到财政专户，直接从土地开发主体归集建立基金。争取国家部委的认可和支持，并出台试点文件。

2. 建立区财政专户资金保障机制。任何经营行为都具有市场风险，或者有一定的周期性波动，考虑超转基金是为了保障超转人员的待遇发放，需要区财政对基金进行收益保底，建议建立准备金制度，当基金运行过程中遇到风险，专户资金余额和基金收益不足以支付超转人员相关费用时，由区财政使用准备金对专户资金予以补足，确保相关费用按时足额发放。

3. 允许超转费用由一次性趸交变为分期支付。根据京政办发〔2015〕11号第六条的规定，“征地单位在按照标准核算金额后，应将征地超转人员生活补助费用和医疗费用一次性交付接收管理部门。”为了设立超转基金，实现资金的有效盘活利用，需要市政府出台试点政策，允许超转费用由一次性趸交变为“财政资金保障+基金收益保障”的分期支付方式。

4. 基金运作或企业经营的相关税费减免问题。由于保障超转人员的收益需要保持资本的安全，无法参与高风险投资，投资回报率较低，而且需要保证每年稳定收益。同时考虑到最大限度的降低本金额度，有效实现建设用地减量，建议市政府争取政策，对基金或企业进行相关税费减免，或对已收缴到市级的税费进行返还。

大事记

1月

4日，区医保中心举办医保基金账户交接活动，启用区医保中心综合收款窗口。

9日，三里屯太古里入选首批国家级旅游休闲街区。

12日，2022年冬奥会和冬残奥会朝阳区运行保障指挥部召开会议，学习贯彻习近平总书记在北京考察2022年冬奥会、冬残奥会筹办备赛工作时的重要指示精神，对区相关工作再梳理、再细化。

25日，区委召开党史学习教育总结会，学习贯彻习近平总书记重要指示和中央、全市党史学习教育总结会议精神，总结全区党史学习教育成果和经验。与会人员观看朝阳区党史学习教育专题片《初心如磐向未来》。

同日，朝阳区2022年北京冬奥会和冬残奥会文化活动启动。活动以“冬奥有我”为主题，设置“景观盼冬奥”“年味享冬奥”“演出迎冬奥”“云上游冬奥”“科普学冬奥”五大板块，通过线上线下联动的形式持续到3月。

28日，中共朝阳区委十三届二次全体会议召开。

2月

4日，北京冬奥会在位于朝阳区的国家体育场开幕，2月20日闭幕。

10日，中国工艺美术馆·中国非物质文化遗产馆开馆，朝阳再添一座国家级文化殿堂。该馆位于北京中轴线北延长线上。

16日，中共北京市朝阳区第十三届纪律检查委员会第二次全体会议召开。

18日，朝阳医院东院区完成内装修和基建安装。

18日至19日，区委召开2021年度街乡和系统党（工）委书记抓基层党建述职评议考核工作会，对过去一年的基层党建工作进行盘点，对“一把手”履行党建第一责任人职责情况进行评议。

22日，区委政法工作会议召开。

同日，中国华侨国际文化交流基地在798艺术区揭牌。798艺术区是中国侨联评定的第六批中国华侨国际文化交流基地之一。

25日，十三届区委首轮巡察动员部署会召开。首轮巡察派出8个巡察组，对金盏乡、区经管站、区侨联、区金融办、区农服中心、潘家园公司、区委老干部局、区委党史办8家单位党组织开展巡察。

3月

2日，北京2022年冬残奥会火炬接力城市火种采集仪式在望京街道温馨家园举行，由健全采火人协助肢残采火人，共同用“冰壶撞击”的方式采集冬残奥会火种——“互助之火”。温馨家园为北京冬残奥会火种七个采集地之一。

4日，北京冬残奥会在位于朝阳区的国家体育场开幕，3月13日闭幕。

同日，区应急委、区安委会、区防火委全体（扩大）会议暨全国两会和北京2022年冬残奥会应急保障工作动员部署电视电话会议召开。

31日，全区安全生产视频工作会议召开，对做好清明前后疫情防控和安全生产工作进行安排部署。

4月

1日，区2022年老干部工作会议召开。

7日，市经济和信息化局、朝阳区人民政府、亚洲数据集团共同承办的2022全球数字经济创新大赛启动。该活动是北京市人民政府、国家发展和改革委员会等主办的2022全球数字经济大会的重要组成部分。7月28日，大赛举行总决赛。

8日，北京冬奥会、冬残奥会总结表彰大会在北京人民大会堂召开，朝阳区6个集体荣获“突出贡献集体”、2名个人荣获“突出贡献个人”。

15日，由北京CBD内多个商业项目发起的北京CBD商圈联盟成立。

18 日，区审计工作会议召开。

20 日，区委党的建设工作领导小组 2022 年第一次会议召开。

同日，区绿化工作大会召开。会议提出年内新增绿化面积8949亩，重点实施约25公里的朝阳绿道(望京至朝阳站段)的工作目标。

21 日至 23 日，全区正处级领导干部学习贯彻中共十九届六中全会精神专题研讨班举行。

22 日，中共朝阳区委十三届三次全体会议召开。

27 日，教育部公布全国义务教育优质均衡先行创建县（市、区、旗）名单。朝阳区成为全国首批义务教育优质均衡先行创建区。

5月

5 日，全区领导干部大会以视频形式召开，通报全区近期新冠疫情有关情况，对疫情防控工作再动员、再部署、再强化，推动各项防控措施落实落细落地。

18 日，由区文化和旅游局主持编制的《2022 年朝阳区博物馆之城建设发展研究》发布，这是北京首个以“博物馆之城”为主题进行公开发布的系列报告。

20 日，区国资委印发《关于朝阳区国资系统国有企业减免服务业小微企业和个体工商户房屋租金有关事项的通知》，全面启动租金减免工作，为相关商户和企业精准纾困。

23 日，市委书记、市疫情防控工作领导小组组长蔡奇到大屯街道欧陆经典社区、十八里店乡潼城公寓、南磨房乡美景东方小区检查疫情处置工作，看望慰问在高温天气下坚守防疫一线的工作人员。

同日，全区领导干部大会以视频形式召开，第一时间传达学习市委书记蔡奇到朝阳区检查疫情处置工作时的指示精神，对全区疫情防控工作再部署、再强化，推动各项防控措施落实落细落地，尽快实现社会面稳定清零。

6月

2 日，北京 CBD 产业链供应链数字服务平台发布。平台围绕农业、物流、冷链、大宗、快消、基建等产业生态，提供交易撮合服务，并为产业链上的核心企业及上下游中小企业提供一站式数字供应链金融产品解决方案。

7 日，北京市接诉即办工作表彰大会举行，朝阳区 20 个集体获“北京市接诉即办工作先进集体”称号，27 名工作者获“北京市接诉即办工作先进个人”称号。从 2021 年至此，朝阳区共受理 118 万余件民意诉求，交出 99.87% 响应率、93.71% 解决率、93.71% 满意率的答卷。

8 日，全区领导干部大会召开。会议宣布中共北京市委任免决定：文献任中共北京市朝阳区委员会书记，吴小杰任中共北京市朝阳区委员会委员、常委、副书记。

9 日，区第十七届人大常委会第四次会议召开。会议接受文献辞去北京市朝阳区人民政府区长职务的请求，接受朱晟辞去北京市朝阳区人民政府副区长职务的请求，并报北京市朝阳区第十七届人民代表大会备案。会议任命吴小杰为北京市朝阳区人民政府副区长，决定吴小杰为北京市朝阳区人民政府代理区长。

10 日，北京国际咖啡交易中心签约仪式在朝阳区举办。

14 日，全区领导干部大会以视频形式召开，第一时间传达市委、市政府对朝阳区疫情防控工作的指示要求，对全区疫情防控重点工作再部署、再强化、再压实，瞄准疫情防控薄弱环节发力整改。

20 日，蔡奇到区调研检查工作，走访德意志银行(中国)有限公司、丰田汽车(中国)投资有限公司、埃森哲(中国)有限公司北京分公司。

25 日，北京国际咖啡交易中心在朝阳区落户。该中心以国际咖啡贸易为核心，立足朝阳打造中国最大的咖啡交易市场，促进朝阳区咖啡及其衍生产业的增长，为朝阳新添咖啡产业国际名片。

7月

2 日，中关村智用人工智能研究院主办的智能技术企业科技信用评级共识体系发布会在朝阳区国际创业投资集聚区举行，朝阳区人工智能应用联合会和智能技术企业评价研究中心同时成立。

6 日，区委书记文献，区委副书记、代区长吴小杰与内蒙古自治区乌兰察布市察右后旗旗委书记崔勇一行进行座谈交流。

11 日，区启动千名街乡流调员“以干代训”脱产培训工作，组织街乡流调员重新梳理、学习疫情防控知识，开展实训演练，进一步提升各街乡疫情防控和应急处置能力。

12 日，首届北京城市更新论坛举行，朝阳区的劲松(一、二区)老旧小区有机更新项目、丽都国际街区城市更新项目、望京小街改造提升项目获评城市更新“最佳实践”；751 园区项目、美克洞学馆改造提升项目、三里屯太古里西区(雅秀大厦)升级改造项目获评城市更新“优秀案例”。

13 日，2022 年全国、首都劳动奖和工人先锋号获得者座谈会举行，对区各条战线和各行各业涌现出的先进集体和先进个人进行表彰。2022 年，北京握奇数据股份有限公司企业技术中心主任，高级经济师郭天光获 2022 年全国五一劳动奖章；北京奥林匹克公园管理委员会获 2022 年全国五一劳动奖状；北京国华置业有限公司写字楼部获 2022 年全国工人先锋号；13 个集体获首都劳动奖状、48 人获首都劳动奖章；18 个班组获 2022 年北京市工人先锋号。

20 日，内蒙古通辽市科左后旗党政代表团、内蒙古乌兰察布市卓资县党政代表团到区对接支援合作工作，围绕进一步深化东西部协作工作召开座谈会。

同日，2022 年朝阳区体质促进项目运动会在东坝乡坝上春秋足球场启动。即日起至 8 月底，朝阳区将整合辖区的运动场地、健身教练员等体育资源，在全区开展 16 场体质促进项目运动会。

21 日，北京 CBD 千亿级商圈建设联合发布活动在北京 CBD 招商服务中心举行。活动中，北京 CBD 餐饮孵化加速器揭牌，北京 CBD 餐饮联盟同时成立。

28 日，区委书记文献走访民政部、农业农村部。文献介绍朝阳区经济社会发展情况，围绕首都“四个服务”定位，发挥属地功能做好服务保障，配合中央部委开展好各项工作；推进朝阳区民政事业高质量发展，助力加快推进农业农村现代化等方面进行座谈交流。

29 日至 30 日，2022 全球数字经济大会数据要素峰会举行。北京 CBD 联合北京国际大数据交易所共同打造的“北京 CBD 跨国企业数据流通服务中心”揭牌成立。

31 日，中共朝阳区委十三届四次全体会议召开。

本月，昆泰集团开发建设孙河康营项目按期交房。

8月

2 日，区深化文明城区创建工作推进会召开，对文明城区创建迎检工作进行再动员、再部署。

6 日，望京国际人才引进工作重点活动——“2022 望京国际青年人才峰会”在望京小街书馆举办。峰会以“站在世界望北京”为主题，搭建沟通桥梁，吸引更多人才到望京干事创业。

8 日，第十四个全民健身日。“牵手我和你，一起向未来”——北京市朝阳区·河北省张家口市奥运体育文化旅游带合作共建签约仪式在奥林匹克塔举行，朝阳区人民政府、张家口市人民政府与中青旅控股股份有限公司三方签订战略合作框架协议，在推进奥运场馆赛后利用、重大赛事活动举办、服务全民健身和体育文化旅游融合发展等方面开展广泛而深入的交流合作。

同日，朝阳区发布奥林匹克中心区综合提升行动计划。按照计划，奥林匹克中心区将突出“国际交往联络窗口、世界文化交流平台、国家体育休闲中心、全球多边外交会客厅”核心功能，打造重大活动服务保障中国品牌示范区。

12 日，《朝阳区法治政府建设》白皮书 (2021 版) 发布。

14 日，首届国际人工智能创新应用大会在朝阳区召开，朝阳区人工智能应用联合会同时成立。

16 日，蔡奇到区就推进温榆河公园规划建设调查研究。温榆河公园位于朝阳、昌平、顺义三区交界地区，温榆河、清河两河交汇之处，规划范围约 30 平方公里，是北京城市最大“绿肺”。

23 日，共青团北京市朝阳区第十三次代表大会召开。大会选举产生共青团北京市朝阳区第十三届委员会委员、候补委员。李林当选共青团北京市朝阳区第十三届委员会书记。

24 日，北京市第十六届运动会在国家体育馆开幕。朝阳区代表团有 1628 名运动员参加 28 个大项比赛，运动会 10 月结束。

25 日，文化和旅游部公布第二批国家级夜间文化和旅游消费集聚区名单。朝阳区的北京欢乐谷、朝阳大悦城榜上有名。

同日，区第十七届人大常委会第六次会议召开。会议接受王冬斌辞去朝阳区人民政府副区长职务的请求。任命许杰为朝阳区人民政府副区长。

29 日，中国 (北京) 人力资源服务产业园朝阳园区开园活动暨第二届朝阳区人力资源服务业发展大会举办。该园区是全国首个设立在自贸区和服务业扩大开放综合示范区的人力资源服务产业园。

30 日，北京市第一生态环境保护督察组进驻朝阳区开展第二轮第四批生态环境保护督察工作。

同日，2022 北京 CBD 国际商务季开幕。活动持续至 9 月，通过“线上 + 线下”多种形式，陆续推出 1 场主论坛、10 余场专业分论坛以及系列商务文化活动。

9月

1 日，“魅力京津冀·2022”文旅产业赋能乡村振兴交流对接会在朝阳区举行。

同日，服贸会“北京主题日”朝阳区重大项目签约仪式举行。

6 日，由市商务局、朝阳区人民政府、朝阳区商务局、中国服装设计师协会联合举办的 2022 全球首发节·2023 春夏中国国际时装周在 751D·PARK 开幕。751D·PARK、三里屯太古里、北京 SKP、SKP-S、国贸商城成为第一批全球首发中心代表。

7 日，区委统战部召开“统战百年路·一起向未来”暨“我的统战情”主题座谈会。“朝阳区一轴四网多点大统战工作体系”在会上发布。

9 日，市商务局、朝阳区人民政府联合举办北京新消费品牌孵化创新大会。会上，《朝阳区商业招商白皮书》发布。

10 日，第四届舌尖上的“一带一路”国际美食嘉年华举办。

22 日，区第十七届人大常委会第七次会议召开。会议任命朱冰为朝阳区人民政府副区长。

26日，2022年朝阳区政党协商座谈会召开。座谈会上，各民主党派、区工商联、无党派人士代表先后发言，围绕“双奥朝阳”、“两区”建设、数字经济等主题建言献策。

30日，全国第九个烈士纪念日，当天，区委、区政府、区人大常委会、区政协在日坛公园内的马骏烈士墓前举行公祭仪式。

同日，区总工会召开第十四届委员会第八次全体会议。张克斌当选朝阳区总工会第十四届委员会主席。

同日，坝河滨水空间建设一期工程(使馆区东区段)向市民开放。经过两年的分阶段治理，朝阳区全面完成第四使馆区南侧坝河1.5公里的生态环境整体提升工作。坝河西起东直门，东流汇入温榆河，全长21.7公里，流经香河园、太阳宫、将台、东坝和金盏地区。

10月

5日，北京首个消防基本技能实操实训基地——朝阳消防救援支队消防基本技能实操实训培训基地落成。至此，包括通惠河畔小型消防站在内，全区有20座新建小型消防站投入使用。

11日，市人大常委会主任李伟到金盏乡检查疫情防控工作，慰问一线防疫工作人员。

14日，区领导文献与文化和旅游部产业发展司、中国国家话剧院领导座谈，双方围绕推进中国国家话剧院“数字智能演艺中心”建设进行交流。

15日，朝阳区召开服务保障中共二十大工作领导小组会议暨服务保障工作再动员再部署会议。

16日上午，中国共产党第二十次全国代表大会隆重开幕。朝阳区广大党员干部群众通过电视、网络等踊跃收听收看大会开幕会直播，认真聆听习近平代表第十九届中央委员会向大会作的报告。区委书记文献，区委副书记、代区长吴小杰，区人大常委会主任陈宏志，区政协主席王旭等区四套班子领导以区委理论学习中心组学习(扩大)会议形式集体收看中共二十大开幕会。

19日，李伟到区检查指导疫情防控和服务保障工作，慰问一线防疫工作人员。

24日，全区领导干部会议召开，传达全市领导干部会议精神，部署全区学习宣传贯彻中共二十大精神相关工作。

29日，由朝阳区委、区政府和北京服装学院联合主办的2022朝阳时尚峰会在北京侨福芳草地举办。峰会期间，朝阳区人民政府联合北京服装学院共同发布《北京时尚产业发展蓝皮书2022》和“朝阳时尚”标签。

本月，朝阳区获评北京市营商环境创新示范区。

本月，朝阳区档案馆新馆竣工验收。区档案馆新馆位于磨房路与松榆北路交叉处西北角，建设用地面积1.1公顷，总建筑面积4万余平方米。

11月

4日，市委副书记、代市长殷勇到东坝乡、安贞街道，检查金泽家园、东泽园、安华西里等小区及周边防控措施落实情况。

6日，全区领导干部大会召开，通报全区疫情防控情况，进一步研究部署疫情应对处置工作。市委常委、政法委书记孙军民，副市长卢彦出席会议并讲话。

10日，李伟到朝阳区全国人大常委会法工委基层立法联系点调研，宣讲中共二十大精神。

17日至19日，区第十七届人民代表大会第二次会议召开。大会选举产生北京市第十六届人民代表大会代表100名。吴小杰当选北京市朝阳区人民政府区长。

22日，市委书记、防控工作领导小组组长尹力到东风乡风险人员临时周转点、金盏七彩家园隔离点，检查小区精准防控工作开展情况，看望慰问防疫一线工作人员。

25日，市城市管理委、首都文明办等单位发起的2022年十大“北京最美街巷”评比活动公布结果，朝阳区亮马河滨河路获评今年“北京最美街巷”称号。

28日，第八批全国气象科普教育基地名单公布，朝阳区气象局获评“全国气象科普教育基地”。

12月

6日，区政协召开第十四届常委会第五次会议。听取朝阳区2022年党风廉政建设情况通报，审议区政协十四届委员会第二次会议相关文件，决定2023年1月3日至5日举行十四届委员会第二次全体会议。

7日，朝阳区发布全市首个关于《北京市积极应对疫情影响助企纾困的若干措施》的落实指引。该指引包括进一步降低企业经营成本、加大金融支持力度、稳定产业链供应链、加力稳就业保民生4个方面12条措施。

同日，文献就高效统筹疫情防控和经济社会发展，推动复工复产工作到中国中信集团有限公司走访，与集团党委副书记、副董事长、总经理奚国华座谈。

9日，文献主持召开2022北京CBD国际合作交流座谈会，与CBD区域内十余家国际商协会代表，围绕商协会及企业发展诉求、发展与合作计划等进行交流。

10日，吴小杰主持召开朝阳区科技企业座谈会，与西门子、360、经纬恒润等10家驻区科技企业代表座谈，面对面了解企业在复工复产过程中的实际需求，帮助协调解决企业面临的困难，为企业创造良好发展环境。

14日，朝阳区人工智能技术产业研讨会以线上形式举办。

15日至16日，吴小杰率朝阳区代表团到内蒙古自治区乌兰察布市卓资县、察哈尔右翼后旗考察交流并与通辽市科尔沁左翼后旗领导座谈交流，就东西部协作工作进行对接。

16 日，北京市学习贯彻中共二十大精神宣讲团朝阳区报告会暨朝阳区学习宣传贯彻中共二十大精神宣讲动员会举行。

20 日，学习贯彻中共二十大精神宣讲报告会举行，区委书记、区新时代文明实践中心主任文献围绕学习贯彻中共二十大精神作宣讲报告。

27 日，中共朝阳区委十三届五次全体会议召开。

29 日，区纪委监委召开“以案为鉴、以案促改”领导干部警示教育大会。大会以视频形式开到全区各单位、街乡和社区（村），与会人员集体观看警示教育片《“三资”蛀虫——朝阳区农村集体“三资”领域违纪违法案件警示录》。

北京冬奥会和冬残奥会服务保障

综　述

【概况】 年内，朝阳区深入学习贯彻习近平总书记关于北京冬奥会和冬残奥会筹办工作的重要指示精神，牢固树立“主场、主责、主力军”意识，围绕“简约、安全、精彩”办赛要求，完成3家竞赛场馆、8家非竞赛场馆、5个交通场站和85家酒店（驻地）及4场开闭幕式的服务保障任务，服务接待2076名运动员、2621名奥林匹克大家庭和残奥大家庭成员，保障颁发141块奖牌，赢得奥林匹克大家庭和各方面的好评。朝阳区6个集体和2名个人荣获党中央、国务院表彰。北京冬奥会结束后，出台“双奥朝阳”建设十大行动计划，与张家口合作共建奥运体育文化旅游带，实施奥林匹克中心区品质提升“六大工程”。建成全国首个世界冰壶学院培训中心，将冬奥遗产转化为区域发展新机遇、新优势。

【组织保障】 年内，朝阳区建立1个总指挥部、1个前方指挥部、16个分指挥部、43个街乡指挥部、N个重点保障点位的“1+1+16+43+N”北京冬奥会和冬残奥会战时指挥体系，形成“总指挥长重点调度、常务指挥长每日调度、分指挥部指挥长专项推进”三级指挥调度机制，制定《北京2022年冬奥会和冬残奥会朝阳区赛事综合保障工作手册》等315份规范性文件。实行保障专班组长向区运行保障指挥部汇报、区域经理向北京冬奥组委运动会服务部汇报的“双向报告”制度，协调解决保障期间出现的各类问题。组织全区245家单位16万余人服务保障任务，选派有经验人员到一线专班，发挥公安、交通等人员的中坚作用。把党建工作与服务保障融合，成立临时党支部，强化政治引领、思想引领、组织引领。

【冬奥宣传】 年内，朝阳区举办“双奥之城新气象——2022中外媒体北京行”三场城市形象采访活动，组织境内外80余家媒体140余名记者到三里屯太古里、美克洞学馆等地标场所，通过“外国人眼中的冬奥”进行北京冬奥会和冬残奥会宣传。建设朝阳冬奥文化广场，推进冰雪运动进校园、进场所、进社区、进农村，开展“潮朝阳向未来”冬奥城市系列文化活动1700余场次，发动志愿者4万余人次，参与市民284万余人次。运用可视化传播和VR技术，通过漫画、海报、短视频、微视频、网络直播、vlog等形式，原创制作各类融媒产品150余部（个），策划《双奥朝阳》百集短视频，推出《冬奥看朝阳》虚拟演播室特别节目，其中5条短视频浏览量均超1000万次。设置7处北京冬奥会和冬残奥会示范社区，策划冬奥知识展览展示、有奖竞猜、冰雪体验等文化活动35场。设置12处区级重要景观节点、52条重点道路悬挂灯笼灯饰、装点过街天桥25座，在CBD、三里屯、亮马河、朝外等重点区域设置7条亮丽街。春节期间，在奥林匹克中心区、大望京区域、CBD上演“迎冬奥　庆新春　享未来”冬奥主题灯光秀。印发张贴9版冬奥主题海报8.5万张、宣传折页2.5万张、宣传手册2万余本。组织开展冬奥知识巡展等宣传活动200余场、设置展板2000余块，涉及群众30万人次。设计制作《双奥之城　印象朝阳》主题中英文双语宣传画册、明信片、地图3万套。

【营造国际语言环境】 年内，朝阳区对28家北京冬奥会和冬残奥会签约酒店开展双语标识培训。联合区委宣传部、区城管执法局及属地街乡到16家签约酒店及相关涉奥场所检查双语标识，对酒店公共领域错误、不恰当的外语标识提出修改建议，检查审校标识约2000条。拍摄并在主流媒体发布北京冬奥系列宣传视频。在公交、地铁等播放《北京市国际交往语言环境建设条例》普法宣传视频。

【火炬接力保障】 年内，朝阳区针对北京冬奥会启动仪式和冬残奥会采火仪式、传递运行等8个方面373条任务，组织桌面推演9次、分项练习65次、演练8次。北京冬奥会火炬接力活动结束后，用约3个小时完成奥森公园南园4.5万平方米环境清洁工作，保障观众车辆准时进园。

【开闭幕式保障】 年内，朝阳区对接市指挥部等部门形成任务、资源、缺口、经费、问题“五类清单”台账。编制完善朝阳区服务保障开闭幕式运行流程表。开闭幕式活动前，反复现场踏勘和桌面推演，实现掌握流程、熟悉场景、发现问题、促进提升的目标。开闭幕式当天，全面启动战时指挥体系，区四套班子靠前指挥，各部门、各街乡协同联动，安排专车保障开闭幕式核心主创团队1866人次出行，投入保障力量6600余人次、车辆80余车次，完成2.1万余名观众、740辆大巴车集结疏散。公共区内设置无障碍设施184处，配备45辆轮椅、2辆无障碍电瓶车，启用7条无障碍安检通道，引入无障碍摆渡车，为210名残障观众提供从落客点到鸟巢的“一站式服务”。朝阳公园东3停车场是全市残疾人观众远端集结点，通过拓宽安检验证设备，设置265个无障碍提示引导标识，增设3个无障碍卫生间，加派救护车等方式，完成168名残疾人观众及655名随行人员集结任务。朝阳区配备各类个性化保暖物资1.8万余件，完成全区1298名观众组织工作。

（北京冬奥会和冬残奥会朝阳区运行保障指挥部）

赛事服务保障

【概况】 年内，北京冬奥会和冬残奥会赛事服务保障工作坚持以运动员为中心，持续完善各服务领域保障方案，高标准落实服务标准，严格履行属地责任，全方位提升赛事保障服务水平，高标准完成住宿、餐饮、交通、安保等各项服务保障工作，收到各类感谢信451封，赢得各国运动员点赞，得到各级领导和被保障人员肯定。

【住宿服务保障】 年内，朝阳区建立“1482”专班架构（每个专班设置组长1名、副组长4名、8个工作组、2个外围属地保障组），利用酒店＋专班“双进入”工作模式，坚持每日“早调度、晚例会”，形成重点工作限时督办，个性问题“一店一策”的双轨运行机制。完成33家涉奥酒店、签约酒店的130间无障碍客房改造，为残疾人运动员提供便利的住宿环境。完成4万余人次的住宿接待任务。

【餐饮服务保障】 年内，朝阳区为场馆点位的各类人员和不具备供餐条件的涉奥驻地提供餐饮服务保障。为11类100余处点位提供涉奥食品安全保障，打造以点带面式保障团队实地踏勘培训模式，采用桌面推演、压力测试、全要素演练、应急演练以及带教式培训等方式提升能力，完成餐饮保障和食品安全任务。保障全区各点位300余万人次安全就餐，完成快速检测7.88万个，监督食品留样37.47万件。做到食品安全“零事故”、服务保障“零失误”。各国菜系、中国传统食俗、个性化餐饮等得到认可。

【交通服务保障】 年内，朝阳区启用259辆大巴车、19辆中巴车保障100余条线路安全运行。完成5个交通场站后勤保障。冬残奥会期间准备80辆福祉车，保障轮椅运动员“无障碍”出行。

【志愿者服务保障】 年内，朝阳区设置3个场馆周边城市志愿服务站，12个重要场所、商业网点、旅游景点城市志愿服务站，53个重点社区、16个街乡的文明交通引导服务岗和1个冬奥文化广场志愿服务站，组织450支志愿家庭服务队到社区开展志愿服务，协助保障赛时城市环境。通过线上线下相结合的社会化动员报名方式，招募高校、企事业单位、社会组织、新兴行业等领域的7000余名城市志愿者，组建北京冬奥会和冬残奥会志愿者储备库。1月22日至3月13日，发动志愿者4万余人次，开展各类志愿服务活动1100余场，服务时长9万余小时，服务游客、居民30万余人次。全区15个城市志愿服务站连续运行51天，开展人员引导、信息咨询、环境保障、冬奥知识宣传等服务。53个重点社区开展冬奥知识进社区、垃圾分类、普法宣传等志愿服务活动500余场。43个街乡的450支志愿家庭服务队开展冬奥知识宣传、义务指路、平安值守等各类志愿服务活动600余场；16个街乡500名公共文明引导员在涉奥公交、地铁站台和交通路口持续开展文明引导志愿服务，190名公共文明引导员参与彩排及开、闭幕式集结点保障任务远端集结点服务保障。冬奥文化广场奥森公园棋园广场城市志愿服务站运行38天，开展冬奥宣传、导览讲解、文明引导、安全秩序维护及冰壶、冰雪VR等冰雪项目体验互动区服务。

【观赛观众组织】 年内，朝阳区建立2名组长+2个牵头单位+9个部门+26个成员单位的“2+2+9+26”组织体系，完成北京冬奥会和冬残奥会114场竞赛1万余名观众组织工作，配发市、区食品物资包各1万余份。建立3个竞赛场馆+4个落客点+3个集结点的“3+4+3”集散体系，按场次绘制集散路线图、流程图，应对天气变化等情况调整集散安排，做到“一场次一流线”。建立集结疏散7次报告机制，专班工作人员全程跟踪流线，随时协调解决集结疏散中的问题。出动保安、医护、志愿者、工作人员等各类保障力量1.2万人次、运输车辆352辆次、无障碍车3辆、医疗救护车组53个等，保障近6万名赛事观众集结疏散。

（北京冬奥会和冬残奥会朝阳区运行保障指挥部）

城市管理运行

【概况】 年内，朝阳区坚持全区统筹、全域动员，高水平保障城市运行，提升城市环境品质，系统整治提升重点区域环境。

【环境保障】 年内，朝阳区开展两轮环境秩序“百日整治”行动，在奥林匹克区域、大望京区域、CBD区域举办“迎冬奥庆新春享未来”主题灯光秀，打造城市亮点。完成16741个无障碍设施点位改造，打造43个无障碍精品示范街区。

【水电气热等运行保障】 年内，朝阳区组建市政专业保障团队9支、综合类应急队伍110支，储备应急人员5000余人，组织全流程、全要素演练，实现城市运行零事故，完成水电气热等运行保障任务。

（北京冬奥会和冬残奥会朝阳区运行保障指挥部）

中国共产党朝阳区委员会

综 述

【概况】 2022年，中国共产党北京市朝阳区委员会（简称“区委”）坚持以习近平新时代中国特色社会主义思想为指导，全面学习贯彻党的二十大和市第十三次党代会精神，深入贯彻习近平总书记对北京一系列重要讲话精神，按照区第十三次党代会提出的奋斗目标，始终把“疫情要防住、经济要稳住、发展要安全”贯穿工作全过程。发挥总揽全局、协调各方的作用，支持区人大及其常委会发挥人民代表大会制度优势，更好汇集民意民智。支持区政府进一步完善行政体系、高效履职，稳定经济、管好城乡、保障民生。支持区政协发挥专门协商机构作用，促进发扬民主和增进团结相互贯通、建言资政和凝聚共识双向发力，把政协制度优势转化为区域治理效能。支持区纪委监委依规依纪依法履职，深化纪检监察体制改革，强化监督执纪问责。支持法院和检察机关依法行使职权。不断加强统战、民族宗教、老干部、双拥等工作，充分发挥各民主党派、工商联作用，推进工青妇等群团组织创新发展。坚决落实中央、市委决策部署，新一轮疏整促专项行动6项任务完成量排名全市第一、12项排名前三。深化朝阳、密云协作，支持引导1710家企业迁往通州发展，朝阳区东西部协作教育精准帮扶案例入选全球减贫案例。十二届市委两轮巡视反馈问题整改分别完成99%和87%，中央生态环境保护督察两轮反馈的整改任务办结44项，剩余2项达到序时进度。落实粮食安全政治责任。全年实现地区生产总值7911.2亿元，完成区级财政收入503亿元。

【服务保障】 年内，朝阳区将服务党和国家工作大局作为各项工作的立足点和定向标。高水平做好“一点两线两站一面”等重点区域服务保障，实施社会面一级超常防控，构筑群防群治严密防线，确保党的二十大绝对安全。严格落实意识形态和网络意识形态工作责任制，加强舆情监测预警和联动处置，广泛开展正面宣传，营造良好社会舆论氛围。历史信访积案解决率居全市第一，区信访办被评为全国信访系统先进集体。完善应急管理体系，推进专项整治和百日攻坚行动，安全形势稳中向好。

【冬奥筹办】 年内，朝阳区以一流的场馆设施、出色的组织服务、良好的工作状态，成功实现“零感染、零破环、零事故”，助力北京简约、安全、精彩举办冬奥盛会。发布实施“双奥朝阳”建设十大行动计划，启动奥林匹克中心区品质提升“六大工程”，与河北省张家口市合作共建奥运体育文化旅游带，建成全国首个世界冰壶学院培训中心，奥运文化效益、经济效益持续释放。

【贯彻新发展理念】 年内，朝阳区落实助企纾困政策，推出区政府购买服务型企业疫情防控保险，惠企资金超300亿元。推进北京市营商环境创新示范区建设，助力9家企业成功上市。完成固定资产投资1147.7亿元，总量居全市首位。国家服务业扩大开放综合示范区和中国（北京）自由贸易试验区“两区”建设新增入库项目416个，落地60个首家、首批示范性引领性项目，数字增信文旅产融模式在全国推广。深化中关村朝阳园体制机制改革，园区综合考核评价成绩居中关村各园区第二。高标准打造北京数字经济核心区，在CBD成立跨国企业数据流通服务中心和贸易科技联盟，建成国内首个实现数据跨境流通功能的数据托管服务平台。实施“创新100”加速工程和独角兽企业加速计划。完成国企改革三年行动。释放消费潜能，“一圈一策”推动11个重点商圈提质升级，打造地铁14号线朝阳段商业带和亮马河国际风情水岸商业带，构建“一纵一横”朝阳消费版图。推进美食之城、咖啡之城、时尚之城建设，揭牌国潮孵化器和餐饮孵化加速器，北京国际咖啡交易中心落户朝阳。创建国家文化和旅游消费示范城市，建设百货零售类企业全球首发中心，引入首店433家，占全市53.3%。开展“潮朝阳新消费”系列促消费活动，社会消费品零售额保持全市第一。

【社会民生提质创新】 年内，朝阳区加快农村城市化进程，实施城乡融合发展三年行动计划，落实解决38项重点问题。完成《落实“南部崛起”战略 推动十八里店地区高质量发展实施方案》编制。豆各庄绿丰三期等4个农民安置房实现回迁。7.8万农民整建制转居方案基本成形。朝来农艺园、孙河郎枣园国家数字农业创新应用基地建成运营。村级集体产权制度改革进入尾声。完成125条背街小巷整治和第二批10个美丽乡村建设，46个未拆迁村实现物业化管理，小鲁店村入选全国乡村治理示范村。城市更新亮点纷呈。全市首个危旧楼改建试点——光华里5、6号楼交付入住，化石营旧改项目预签100%，朝外大街昆泰商城改造主体工程基本完工，望京小街改造提升等7个项目被评为北京城市更新“最佳实践”及优秀案例，数量居全市第一。老旧小区综合整治项目保持全市第一。以河道复兴引领城市更新，亮马河国际风情水岸入选全市高质量发展十大经典案例，二期实现蓝色港湾至红领巾湖4公里旅游通航，滨河路入选2022年十大“北京最美街巷”。工人体育场完成改造复建。公共服务更加普惠优质。率先出台区级促就业稳就业一揽子举措，“劳有所得”指标排名城六区第一。新增学位5700个，普惠性幼儿园覆盖率提升至85%，成立北京中学教育集团，北京十一学校朝阳实验学校项目正式开工。推进医疗资源均衡布局，区妇幼保健院北院区开业运行，垂杨柳医院市政综合配套工程移交使用。建成81个急救站点，实现43个街乡全覆盖，ICU床位1665张，保障关键时期重症患者救治。新增社区养老驿站17家、养老床位1021张。基层治理体系不断完善。纵深推进“接诉即办”改革，完善“热线+网格”融合发展，诉求办理解决率、满意率分别提高至94.6%、94.2%。开展“城市智慧大脑2.0”顶层设计，物业管理行业信用管理体系实现部门、街乡信息共享，垃圾分类综合考评成绩排名中心城区第一。深化基层民主协商，建成市级社区议事厅示范点18个、楼门院示范点48个。社区成长伙伴计划获评全国基层治理创新典型案例。推进市域社会治理现代化试点工作，平安北京建设考核评为优秀。建成全市首家区政府行政复议受理中心，区司法局获评全国司法行政系统先进集体。

【“三化”建设】 年内，朝阳区深入探索文化、国际化、大尺度绿化“三化”建设新路径。健全全国文明城区创建长效机制，提升创城工作水平。街乡文化中心和社区（村）文化室设置率100%，博物馆数量70家，基本形成“15分钟文化服务圈”。开展各类文化活动7092场，惠及市民6959万余人次。挖掘保护大运河文化带朝阳段流域历史文脉，永通桥完成主体修缮。深化百园品质提升行动，33家园区被认定为市级文化产业园区，751园区被列入国家工业旅游示范基地。青少年竞技体育蝉联市运动会金牌榜、奖牌榜和团体总分第一。推进国际交往重要场所设施建设，第四使馆区总体建设方案取得国家发展改革委正式批复，国家会展中心二期配套写字楼基本完工。加强国际公共服务基础设施建设，国际人才公寓实现结构封顶，国际医院完成重大项目选址方案编制，人才公园完成初步方案编制。优化国际人才服务，实现外国人来华工作许可和居留许可“两证联办”。争当“公园城市”建设标杆，国家森林城市创建34项考核指标均达标，新一轮百万亩造林建设完成6700亩，区园林绿化局获评全国绿化先进集体。温榆河公园一期全面开放。元大都城垣遗址公园、庆丰公园等43个公园拆除围栏，实现公园与街道景观立体融合。$PM_{2.5}$平均浓度31微克/米^3，达到历史最好水平，8个考核断面水质全部达到Ⅲ类，污染地块安全利用率100%，获评污染防治攻坚战成效考核优秀等次。

【全面从严治党】 年内，区委深入学习宣传贯彻党的二十大精神，出台《关于进一步深化区委理论学习中心组“学习日”工作机制的十条措施（试行）》，开展区委理论学习中心组专题学习48次，指导督促各二级班子理论学习中心组开展理论学习3400余次。发挥新时代文明实践中心、所、站等阵地作用，开展理论宣讲5800余场，望京街道获中宣部2022年基层理论宣讲先进集体表彰。完善干部选拔任用、职级晋升考核评价等制度机制。深化班子队伍年龄结构基准线管理，发现培养选拔优秀年轻干部。全面从严管理监督干部，推进个人有关事项报告查核全覆盖。提升党管人才工作水平，中国（北京）人力资源服务产业园朝阳园区成为全国首批、北京首个国家级人力资源服务特色出口基地。推进区属国企党建工程，推进中小学校党组织领导的校长负责制改革工作，完善公立医院党建工作指导委员会议事制度，规范农村地区基层党组织设置。构建新经济组织和新社会组织“两新”领域三级组织管理体系，制定“两新”党建18条，打造出高端楼宇快递党建“华贸中心模式”。强化“督帮一体”，完成年度巡察任务。加固中央八项规定精神堤坝，联动整治群众反映强烈的突出问题，锲而不舍纠“四风”树新风。深化国企、农村等重点领域腐败治理，立案183件，给予党纪政务处分145人。（魏琪容）

重要会议

【概况】 2022年，区委召开全会4次、常委会会议41次、议事协调机构会议39次。

【区委全会】 1月28日，中共北京市朝阳区委十三届二次全体会议召开。区委书记王灏主持会议，区委组织部部长赵立军作《关于朝阳区推荐提名北京市出席党的二十大代表候选人人选的说明》。会议表决通过朝阳区推荐提名北京市出席党的二十大代表候选人人选和《中国共产党北京市朝阳区第十三届委员会第二次全体会议决议（草案）》。十三届区委委员、区委候补委员出席会议。

4月22日，中共北京市朝阳区委十三届三次全体会议召开。区委书记王灏主持会议，区委组织部部长赵立军作《关于朝阳区出席北京市第十三次党代会代表候选人预备人选建议名单有关情况的说明》。会议投票确定朝阳区出席北京市第十三次党代会代表候选人预备人选，审议通过《关于召开中国共产党北京市朝阳区代表会议的决议》。十三届区委委员、区委候补委员出席会议。

7月31日，中共北京市朝阳区委十三届四次全体会议召开。区委书记文献主持会议并代表区委常委会作工作报告，表决通过《中共北京市朝阳区委十三届四次全体会议决议（草案）》。会议号召全区各级党组织和广大党员干部群众要更加紧密地团结在以习近平同志为核心的党中央周围，在市委的坚强领导下，始终保持热火朝天干事业的大区样子，担当奋进、笃行不怠，以优异成绩迎接党的二十大胜利召开。区委委员、区委候补委员出席会议，非区委委员的区领导、区纪委委员、全区二级班子党政正职领导、各民主党派和工商联负责人、无党派人士代表、区委巡察组组长、部分基层党代表等列席会议。

12月27日，中共北京市朝阳区委十三届五次全体会议召开。区委副书记、区长吴小杰传达市委十三届二次全会精神，区委书记文献主持会议并代表区委常委会作工作报告，区委常委会就抓党建工作情况作书面报告，表决通过《中共北京市朝阳区委十三届五次全体会议决议（草案）》。会议要求全区各级党组织和广大党员干部群众要更加紧密地团结在以习近平同志为核心的党中央周围，聚焦新时代新征程，展现新担当新作为，为谱写全面建设社会主义现代化国家的北京篇章作出朝阳贡献。区委委员、区委候补委员出席会议，非区委委员的区领导，区纪委委员，区委、区政府各部、委、办、局党政正职领导，各人民团体主要负责人，区人大各委室主要负责人，区政协秘书长和各委室主要负责人，各街道、地区（乡）党政正职领导，农口单位主要负责人，区属国有企业正职领导，各民主党派和工商联负责人、无党派人士代表，区委巡察组组长，部分基层党代表等列席会议。

【区委常委会会议】 年内，区委召开常委会会议41次，研究议题300个（含会前学法3个）。研究党的建设类议题（含纪检工作）36个，占12%；经济发展类议题32个，占10.7%；社会建设和民生工作类议题56个，占18.7%；农村城市化类议题9个，占3%；安全稳定类议题20个，占6.7%；重大活动服务保障及疫情防控类议题33个，占11%；干部工作议题22个，占7%。议题涉及全区经济建设、政治建设、文化建设、社会建设、生态文明建设和党的建设等方面工作。

【区委议事协调机构会议】 年内，区委根据年度工作重点召开议事协调机构会议。3月15日，中共北京市朝阳区委审计委员会第二次会议召开，传达全国审计工作会和市委审计委第十一次会议精神，研究审议《区委审计委员会2022年工作要点（审议稿）》《区委审计委办公室、区审计局2022年度审计项目计划（草案）》《区经济责任审计结果运用办法（审议稿）》《区关于进一步建立健全审计查出问题整改长效机制的实施方案（审议稿）》，书面审议《区委审计委员会2021年工作总结》《2020年区级预算执行和其他财政支出情况审计查出问题整改落实情况的报告》。

3月28日，中共北京市朝阳区委财经委员会第七次会议召开，听取《朝阳区一季度经济“开门红”工作情况的汇报》《千亿规模世界级商圈“一圈一策”实施方案的汇报》，书面审议《朝阳区委财经委员会2022年工作要点》。

3月31日，区委全面深化改革委员会第二十三次会议召开，传达中央深改委第二十四次会议、市委深改委第二十四次会议精神，听取《朝阳区委全面深化改革委员会2022年工作要点》等起草情况、《朝阳区“五个物业”规范实施指南》起草情况、朝阳区产业工人队伍建设改革全面试点推进情况的汇报，通报《区委全面深化改革委员会2021年督察报告汇编》。

8月25日，中共北京市朝阳区委财经委员会第八次会议召开，听取《朝阳区三季度财源建设进展及下一步工作措施的汇报》《朝阳区数字经济核心区建设进展及下一步重点工作的汇报》《朝阳区加快构建“14号线商业带”进展情况及下一步重点工作的汇报》《朝阳区服务包企业走访和助企纾困政策落实情况及下一步重点工作的汇报》。

8月25日，中共北京市朝阳区委城市工作委员会2022年全体（扩大）会议召开，听取关于朝阳区城市更新2022年推动实施工作要点及安排、《朝阳区总体规划实施工作方案（2021年—2025年）》《朝阳区控制性详细规划编制审查管理工作方案（试行）》《朝阳区责任规划师制度实施方案（2022—2025年）》、朝阳区城乡建设用地减量有关工作情况的汇报，书面审议《中共北京市朝阳区委城市工作委员会2022年工作要点》《中共北京市朝阳区委城

▲ 12月27日，中国共产党北京市朝阳区第十三届委员会第五次全体会议召开。图为会议现场
（区融媒体中心　供图）

市工作委员会2021年度工作总结》和《关于〈中共北京市朝阳区委城市工作委员会成员名单〉的调整建议》。

9月14日，区委全面深化改革委员会第二十五次会议召开，传达中央深改委第二十五、二十六、二十七次会议、市委深改委第二十五、二十六、二十七次会议精神，听取《朝阳区农村城市化专班工作方案》起草情况、朝阳区“一业一证”行业综合许可改革有关工作进展情况、朝阳区“门前三包”责任管理体系改革推动情况、朝阳区“两新”党建管理体制改革进展情况、区管河道标准化建设情况的汇报。

12月29日，十三届区委全面深化改革委员会第二次会议召开，听取朝阳区社区治理提升工作情况、朝阳区“门前三包”责任管理体系改革推动情况、朝阳区“接诉即办”改革2022年集中问题分析及“每月一题”解决情况、继续提升“无讼朝阳”品牌效应情况、朝阳区推进国际消费中心城市主承载区建设情况、朝阳区2022年改革工作进展情况的汇报，书面审议朝阳区农村集体企业规范管理情况、科技赋能助力学校体育工作情况、朝阳区加强新就业形态劳动者劳动保障工作情况、朝阳区“博物馆之城”建设情况，文字通报十三届市委深改委第二次、第三次会议精神和区委全面深化改革委员会第25次会议议定事项落实情况。

（魏琪容）

重大活动

【党史学习教育】 1月25日，朝阳区召开全区党史学习教育总结会。传达习近平总书记重要指示精神和中央、市委党史学习教育总结会议精神，播放朝阳区党史学习教育专题片《初心如磐向未来》，全面总结朝阳区党史学习教育成果和经验。党史学习教育市委第一指导组、区四套班子领导参加会议。

【党的二十大服务保障】 10月15日，朝阳区服务保障党的二十大工作领导小组会议暨服务保障工作再动员再部署会议召开。会议强调，党的二十大召开在即，全区上下要鼓足干劲、连续作战，以精益求精的态度、万无一失的标准、严谨务实的作风，高水平完成各项服务保障工作，以实际行动迎接党的二十大胜利召开。区委书记文献，区委副书记、代区长吴小杰，区人大常委会主任陈宏志，区政协主席王旭等区四套班子领导及区法院、区检察院领导出席会议。

【2022朝阳时尚峰会】 10月29日，由朝阳区委、区政府和北京服装学院联合主办的“2022朝阳时尚峰会”在北京侨福芳草地举办。本次峰会是朝阳区政府与北京服装学院达成战略合作后联合举办的第二场时尚盛会，朝阳区人民政府联合北京服装学院共同发布《北京时尚产业发展蓝皮书2022》和“朝阳时尚”标签。文化和旅游部产业发展司副司长马力，外交部新闻司参赞邢芳芳，北京服装学院党委书记周志军，北京服装学院院长贾荣林，北京对外友好协会常务副会长张谦，市商务局副局长郭文杰，市文化和旅游局副局长刘斌，朝阳区领导文献、吴小杰、黄晓伟、杨蓓蓓、孟锐出席活动。

【党的二十大精神宣讲报告会】 12月20日，朝阳区举行学习贯彻党的二十大精神宣讲报告会，区委书记、区新时代文明实践中心主任文献围绕学习贯彻党的二十大精神作宣讲报告。文献紧扣朝阳区经济社会发展实际，对党的二十大精髓要义进行深入宣讲解读，引导广大党员干部群众进一步领会党的二十大精神实质，推动学习宣传贯彻党的二十大精神在朝阳走深走实。强调全区党员干部群众要更加紧密地团结在以习近平同志为核心的党中央周围，坚定理想信念，紧盯目标奋斗，撸起袖子加油干、风雨无阻向前行，努力创造无愧于时代的新业绩，精彩描绘朝阳率先基本实现社会主义现代化的壮美画卷，为新时代首都发展贡献更多朝阳力量。区委副书记、区长吴小杰，区人大常委会主任陈宏志，区政协主席王旭等区四套班子领导，区法院、区检察院领导出席会议。

（魏琪容）

重大决策

【党建引领“接诉即办”】 1月17日，区委、区政府印发《朝阳区深化党建引领接诉即办工作的若干措施》，通过党建引领提升接诉即办工作水平，打造接诉即办工作的朝阳模式。明确完善统筹调度机制、深化社会动员机制、健全群众工作机制、探索主动治理机制、强化党建保障机制5方面内容，确定责任单位。

【区管企业领导人员管理】 2月15日，区委、区政府印发《朝阳区区管企业领导人员管理办法》，明确总则、职位设置、任职条件、选拔任用、考核激励、管理监督、培养锻炼、退出、附则9章内容，有利于坚持和加强党对区管企业的全面领导，更好发挥企业家作用，推动区管企业做强做优做大。

【“双奥朝阳”建设】 3月18日，区委印发《“双奥朝阳”建设十大行动计划（2022—2024年）工作方案》，明确推进“双奥朝阳”建设的基本原则和总体目标，制定奥运场馆可持续开发利用行动计划、奥林匹克中心区综合提升行动计划、青少年奥林匹克教育行动计划、体育产业高质量发展行动计划、“体育+”融合创新行动计划、重大赛事活动推广行动计划、奥运国际交流拓展行动计划、奥运文化传承推广行动计划、全民健身拓面提质行动计划、生态体育“百园”建设行动计划10项重点任务，确定责任单位，部署强化组织保障、强化资金保障、强化人才保障等要求。

【全国文明城区创建】 7月18日，区委、区政府印发《2022年朝阳区深化全国文明城区创建工作方案》，强调测评内容，确定3方面重点任务、5项工作机制和3阶段实施步骤，明确牵头领导、主责单位，部署高度重视，加强领导；明确分工，落实责任；沟通协调，增强合力；强化保障，配齐力量等4方面要求。

【法治文化建设】 9月12日，区委、区政府印发《朝阳区关于加强社会主义法治文化建设的实施方案》，明确到2022年底，设置2个具有示范引领作用的区级法治宣传教育基地，每个街乡设置1个法治文化广场或法治文化活动中心；到2025年，实现每个社区（村）设置1个法治文化阵地；到2030年，基本形成与推进中国特色社会主义法治体系建设相适应，与社会主义市场经济发展相协调，与中华优秀传统文化相传承，集法律普及、观念引导、能力培养“三位一体”的法治文化体系的工作目标，制定深入学习宣传贯彻习近平法治思想、加强中国特色社会主义法治理论研究、大力弘扬宪法精神、在法治实践中提升公民法治素养、传承和创新优秀传统法治文化、丰富优秀法治文化产品供给、加强法治文化阵地建设、强化法治文化人才培养8方面工作任务，确定责任单位和加强组织保障、健全工作机制、培育推广典型3方面工作要求。

【宣传环境布置】 9月30日，区委、区政府印发《朝阳区庆祝中华人民共和国成立73周年和迎接党的二十大胜利召开宣传环境布置方案》，明确按照“庄重、准确、节俭、安全”的原则和“统一内容、统一时间、统一标准、统一布局”的要求，确定两阶段环境布置工作安排和职责分工。

【中医药传承创新发展】 10月13日，区委、区政府印发《关于促进朝阳区中医药传承创新发展的行动计划（2022—2025年）》，全面推动朝阳区中医药事业和产业高质量发展，强调完善中医药人才培养体系，建立中医药工作激励机制；做强中医药服务体系，优化中医药服务模式；加强中医药文化传播，推动中医药科研创新；发展中医药健康产业，推动中医药服务贸易；推进信息化建设，强化中医药监管；加强中医药工作组织领导，完善中医药发展保障措施，明确责任单位和完成时限。

【宣传贯彻党的二十大精神】 11月23日，区委印发《关于认真学习宣传贯彻党的二十大精神的实施方案》，明确要充分认识学习宣传贯彻党的二十大精神的重大意义、全面准确学习领会党的二十大精神、认真做好党的二十大精神的学习宣传、坚持知行合一，把党的二十大决策部署贯彻落实到推动新时代朝阳高质量发展各方面全过程、强化组织实施。（魏琪容）

组织工作

【概况】 2022年，中共北京市朝阳区委组织部（简称“区委组织部”）举办主体班次18期、专题班次6期，培训干部7995人次。开展新时代基层干部主题培训班，培训干部2.2万人次。牵头社区防控组、检疫检测组，完成807万人次风险人员排查、541万人次管控、5253个风险区管控解封及服务保障、5.67亿人次核酸检测工作。推动亿元楼宇、产业园区和纳税千强“两新”组织党组织覆盖率分别提升52.5%、72.6%、40.5%。提请区委常委会讨论决定处级干部任免20批次542人次。（张泽双）

【基层党组织建设】 2月18日至19日，朝阳区组织召开2021年度街乡和系统党（工）委书记抓基层党建述职评议考核工作会。43名街乡党（工）委书记、5名系统党（工）委书记依次述职，2名系统党（工）委书记由于任职不满半年等原因以党委名义作书面述职。区委党建工作领导小组成员、街乡和系统党（工）委书记、两代表一委员和基层代表100余人参会。3月，区委组织部下发《关于开展党支部标准化规范化建设突出问题自查整改工作的通知》，组织指导各系统各领域8330个党支部对标对表，围绕7类37项对照检查清单，梳理整改问题，制定针对性整改措施，明确责任人和完成时限，形成自查整改台账。4月15日，2022年基层党建重点任务部署会召开，部署2022年全区基层党建工作7方面39项重点任务，区委各工委主管领导、区委“两新”工委委员、各街乡党（工）委副书记（组织委员）70余人参加会议。6月28日，区委组织部下发《关于开展机关基层组织工作条例贯彻落实对照检查工作的通知》，按照清单5方面25条任务要求，开展对照检查工作。7月20日至22日，组织全区各领域各系统8330名党支部书记开展三天线上培训。培训围绕北京市第十三次党代会精神，党的基本理论政策及常态化疫情防控等相关工作进行详细解读。年内，朝阳区落实《朝阳区社区村党组织书记区级备案管理实施方案（试行）》要求，强化区委对社区、村党组织书记的管理责任，增强社区、村党组织书记选拔、监督管理、培养和后备队伍建设，调整社区、村党组织书记129人，其中免职46人、新任职57人、平职交流26人。（刘航　陶智）

【“两新”组织党建】 2月24日，CBD区域首个楼宇党委——中海广场楼宇党委批复成立，下设2个独立党支部、2个联合党支部，覆盖“两新”组织25家。2月，根据中海楼宇党委成立经验制定《关于成立商务楼宇党委的实操手册》。6月21日，大望京区域首个楼宇党委——金辉大厦党委批复成立，下设1个党委、2个独立党支部、1个党群服务中心党支部，覆盖“两新”组织13家。8月29日，朝阳区成立全市首个人力资源服务行业党委。年内，10个街乡完成扩大“两新”领域管理体制改革试点工作。8月23日，平房乡成立党群服务中心党总支。9月28日，南磨房乡成立党群服务中心党委。9月29日，八里庄街道成立远洋、华贸、莱锦、青年汇4个商圈党委。11月2日，常营乡成立党群服务中心党总支。年内，朝阳区物业管理区域1748个，物业管理覆盖率100%；成立业委会（物管会）1529个，组建率93.8%，其中业委会133个、物管会1396个。业委会（物管会）成立党组织1529个，党组织覆盖率100%。物业服务企业615个，成立党组织615个，党组织覆盖率100%。（张　可）

【党建研究】 年内，区党建研究会整合智库资源，指导基层单位开展2022年度基层党建课题研究工作，确定立项课题46个，其中重点课题16个、指导课题30个。区党建研究会收到第九届自选课题88个，专家评审确定获奖课题21个，其中一等奖5个、二等奖8个、三等奖8个。全区开展第六届“基层党建创新项目”评比活动，102家单位申报创新项目153个，评出“基层党建创新项目”20个。（赵允港）

【党员和基层党组织】 年内，朝阳区有党员273238名。党员中，女党员127272名，少数民族党员13489名，35岁及以下的青年党员37618名，离退休党员156509名，非公有制单位党员39868名。全区有基层党组织10881个（不包括流动党员党组织和功能型党组织），其中党委743个、党总支423个、党支部9715个。全区有机关党组织887个，事业单位党组织867个，国有经济控制企业党组织203个，集体经济控制企业党组织175个，非公企业党组织3662个（党委102个，党总支75个，党支部3485个；覆盖企业25687家），社会组织党组织731个（党委20个，党总支26个，党支部685个）。建立党组织的社区（居委会）570个，其中城市社区党组织311个、农村社区党组织259个。社区基层党组织3886个，其中党委533个、党总支62个、党支部3291个。全区行政村144个，行政村党组织373个，其中党总支54个、党支部319个。朝阳区按照“控制总量、优化结构、提高质量、发挥作用”原则，发展党员1823名。成立中共北京市朝阳区三里屯街道长虹商圈委员会、中共北京市朝阳区建外街道中海广场楼宇委员会、中共北京商务中心区管理委员会机关委员会等61个基层党委。（王　雪）

【农村发展党员违规违纪问题排查整顿】 年内，朝阳区排查整顿农村发展党员违规违纪问题，排查17个乡6414名十八大以来入党党员的入党过程，认定存在违规违纪问题党员268人，其中“带病入党”71人、弄虚作假1人、徇私舞弊7人、严重违反入党程序189人。对存在违规违纪问题的党员作出处理，除名17人，不予承认党员身份1人，取消预备党员资格4人，延长预备期3人，重新履行入党手续7人，视情形重新履行相应手续177人，移送区纪委25人，批评教育18人，提醒谈话15人，报市委组织部确定入党时间1人。（王　雪）

【党员关心关爱】 年内，区委组织部向3815名市、区级困难党员发放帮扶金555.2万元，指导各级党组织对新中国成立前老党员、生活困难党员等开展走访慰问，送去党的关怀和温暖，发放慰问金256.89万元。按照调整后的北京市新中国成立前入党的农村老党员和未享受离退休待遇的城镇老党员生活补贴标准，发放老党员补贴43人次89.15万元。统筹区民政局、区卫健委等单位，为全区296名新中国成立前入党的老党员提供“一键呼”智慧养老服务、社区居家健康服务和订阅杂志期刊服务。发放“光荣在党50年”纪念章3292枚。（王　雪）

【公务员管理】 年内，区委组织部完成各项公务员招录，招录公务员337人。完成区城管执法局、区应急局等10个单位679名行政执法类公务员套转备案工作。完成区城市管理指挥中心列入参照管理范围的申请报批工作。经市评选表彰领导小组评选，王四营乡庄凤阁被授予北京市“人民满意的公务员”称号。（王　静）

【干部任免】 年内，区委组织部结合换届后领导班子和干部队伍建设需要，突出领导班子关键作用，强化职数资源和干部人才资源统筹调配，提请区委常委会讨论决定处级干部任免20批次542人次。其中，提拔53人次，平级交流转任91人次，转任职级34人次，职级晋升80人次，挂职兼职等其他任命284人次。制定《二级巡视员晋升管理办法（试行）》《一级至四级调研员晋升办法（试行）》，明确区管干部和单位管理干部职级晋升标准，规范工作流程，坚持突出政治素质把关、突出基层一线导向、突出划定红线禁区，优化统筹职数使用，精准量化比选。年内，晋升四级调研员以上职级9批次392人次。（孙熙辛亚）

【干部监督】 年内，朝阳区组织1409名处级干部进行个人有关事项年度集中填报。在随机抽查基础上，推进个人有关事项报告查核全覆盖，对54名有关事项报告存在不如实情形干部开展函询、批评教育工作。对各二级班子填报如实率进行排名通报，督促引导领导干部规范填报，自觉接受组织监督。（徐　涵）

【干部培训】 年内，统筹全区处级干部和科级及以下公务员培训，打造立体化多层次干部教育培训体系，全年举办脱产培训班24期，培训7995人次。其中，举办处级干部进修班、科级干部任职培训班等主体班18期，培训972人次；举办国际化素质提升、疫情防控专题培训班、组工干部培训班等专题培训6期，培训7023人次。会同各主管工委通过线上线下相结合的方式，开展新时代基层干部主题培训班，培训干部2.2万人次，基层干部受训率100%。（陶文鑫）

【干部队伍建设】 年内，区委组织部建立组工干部分工联系机制，强化日常了解、需求沟通、定期分析，综合分析班子结构功能、干部能力素质及储备等情况，逐个班子形成分析表，作为班子调整配备重要依据。深化实施“一把手”政治能力提升计划，强化对干部政治表现日常了解，通过健全政治素质表现要点和正反向清单测评机制做实干部政治素质考核。加大对二级班子民主生活会督导力度，深化领导干部日常教育，做好中央、市委和区委重要精神宣传解读，统一思想、凝聚共识，营造团结干事氛围。根据市委统一部署，5月，完成朝阳区出席市十三次党代会代表选举工作，选举产生出席市十三次党代会代表29名。11月，完成市十六届人大代表选举工作，选举产生市十六届人大代表100名。年内，完成冬奥服务保障干部选调配备，选派493名处科级干部参与场馆、涉奥酒店、交通场站等80余个点位服务保障任务，完成19名火炬手选拔、政审等工作。做好区级机关下沉干部组织，统筹发动8076名区级机关干部增援战“疫”一线。围绕党的二十大服务保障，组织动员区级机关、企事业单位干部职工下沉社区参与小区卡口、点位值守等，支援13余万人次。实施“五个一批”（引进一批、借用一批、招录一批、选拔一批、培养一批）涵养工程，择优选拔12名处科级年轻干部到中央、市级有关部门挂职锻炼，引进12名中央单位和9名市级单位干部到区科技、金融等重点岗位挂职锻炼。加大年轻干部一线锻炼力度，抽调200余人次具有专业背景干部参与区级疫情防控、“接诉即办”等工作专班。抓实45名选调生基层实践锻炼工作。选派27名干部赴新疆、内蒙古、河南、沈阳等地对口帮扶、对口协作。接收中央单位、市级部门以及内蒙古、辽宁、湖北等外省市挂职干部31人。接收安置团职军转干部。（孙熙 辛亚）

人才工作

【概况】 中共北京市朝阳区委人才工作领导小组办公室（简称“区委人才办”）设在区委组织部，为区委人才工作领导小组下设机构，朝阳区高层次人才服务中心（简称“区高层次人才服务中心”）是区委直属事业单位，归口区委组织部领导。2022年，朝阳区升级打造国际人才创业大会（ITEC），吸引来自39个国家和地区1126个创业项目参赛。拓展国际人才一站式服务范围，将“两证联办”受理范围扩大至C类人才。2名人才获得北京市高层次留学人才回国资助。区政工职评评定高级政工师1人。（张汇康）

【高层次人才培训】 2月27日，“凤凰学院”海归创业者培训班第八期毕业路演及毕业典礼举行。本期培训班录取学员30名，为消费、科技、大健康、文创等重点产业领域创业者。93%的学员为硕士及以上学历，64%的项目已获得融资。3月30日至4月1日，高层次人才国情研修班举办。朝阳区凤凰人才186人参加研修。（张风竹）

【人才社区建设】 3月至12月，朝阳区开展街乡人才社区项目申报、论证、评审、立项工作，对望京、双井、将台、来广营、东坝、三里屯、麦子店、建外8个街乡重点项目进行资金支持，推进特色示范街区建设。12月，望京人才公寓项目八栋公寓及配套裙房主体结构封顶及地下车库结构施工完成。（张剑白）

【“青年精英见习计划”活动】 8月1日至15日，朝阳区“青年精英见习计划”活动举办。来自中国、加拿大、阿根廷、土库曼斯坦、刚果5个国家19名青年学生参与，赴汇丰银行、德勤中国、格灵深瞳、杉数科技、真格基金、通透教育、戏精学院7家企业见习培训，内容涵盖金融、科技、咨询、文化、教育5个领域，助力青年人才了解朝阳、了解行业发展动向。活动得到澳门中联办北京联络部大力支持。（张风竹）

【区人才工作领导小组第一次会议】 8月5日，区委人才工作领导小组2022年第一次会议召开，审议通过《朝阳区“凤凰计划”高层次人才认定支持办法（修订）》《朝阳区“凤凰计划”高层次人才服务支持办法》《中共北京市朝阳区委人才工作领导小组工作规则》《朝阳区党委联系服务专家工作办法》《关于组建北京朝阳人才发展有限公司、服务人才发展有关情况》《朝阳区2022年人才工作要点及任务分解》。区委书记、区委人才工作领导小组组长文献主持会议并讲话，区四套班子领导参加会议。（张剑白）

【第十届朝阳国际人才创业大会（ITEC）】 9月16日，第十届朝阳国际人才创业大会（ITEC）启动仪式举办。大会以“集聚国际人才，创新数字经济”为主题，包括启动仪式、全球创业赛、国际创新峰会等活动。9月至12月，完成大赛项目征集、初评工作，39个国家和地区1126个项目报名参赛，153个优质项目晋级复赛。（张剑白）

【“凤凰计划”高层次人才认定】 9月，朝阳区启动2022年“凤凰计划”高层次人才认定工作，组建认定工作委员会、高层次人才评议委员会。9月至12月，收到各类推荐人才近300人，其中科技、数字经济等重点领域推荐人数占比超过一半。（张剑白）

【人才地图智能决策系统建设】 10月，朝阳区人才地图智能决策系统建设完成，打造区人才数据监测分析平台，搭建“人才全景画像监测”“产业发展情况监测”“行业人才缺口研判”“人才需求痛点评估”“人才竞争力评估”五大场景，包含16个页面和555项人才工作数据，为人才服务工作提供分析决策和数据呈现。（陈蕾）

【“国际人才一站式服务平台”建设】 年内，朝阳区推进“国际人才一站式服务平台”建设，10月，外国人工作许可、工作类居留许可“两证联办”受理范围由A类、B类人才拓展至C类人才，办理时限A类人才缩减至5个工作日，B、C类人才缩减至7个工作日。截至12月，平台各站点受理、咨询各类业务26562件次，其中工作许可类业务受理以及咨询24713次、其他业务1849件次。（李磊 周彦璋）

【人才调京】 年内，朝阳区坚持严格标准、畅通流程，注重宣传、密切联系，积极主动为各类创新主体引进人才。上报各类人才引进需求977人，其中外埠人才引进605人、留学回国人才引进287人、解决夫妻分居85人，市级主管部门通过718人（含市级推荐及专项引进），其中人才引进465人、留学213人、两地分居40人。（李　磊）

宣传工作

【概况】 中共北京市朝阳区委宣传部（简称“区委宣传部”）是区委主管意识形态方面工作的职能部门，加挂北京市朝阳区人民政府新闻办公室（简称“区政府新闻办”）、北京市朝阳区新闻出版局（简称“区新闻出版局”）牌子。北京市朝阳区精神文明建设委员会办公室（简称“区精神文明办”）设在区委宣传部，所属北京市朝阳区文化创意产业发展中心（简称“区文创产业发展中心”）1个事业单位。朝阳区宣传文化中心（简称“区宣传文化中心”），为区政府直属正处级事业单位。2022年，区委宣传部牵头负责2022年冬奥会和冬残奥会4场开闭幕式、新闻宣传和文化活动、人力资源和志愿服务等服务保障任务，宣传部及宣传系统荣获北京冬奥会冬残奥会国家级和市级先进集体8个、先进个人28个。（周　密）

【爱国主义教育基地认定】 2月，区委宣传部为新评选的民航博物馆、北京市排水科普展览馆、北京长青生命纪念园3家朝阳区爱国主义教育基地命名。（张文轩）

【机构改革】 5月，按照区委区政府批复，区融媒体中心规范保留下属企业北京市三方广播电视技术有限公司（简称“三方公司”），同时撤销下属2家自收自支事业单位，其新闻生产职能、人员、资产、业务等统一划转至三方公司，完成三方公司人员转隶、更名等工作，成立北京朝融文化传媒有限公司。9月，完成文创实验区管委会和798艺术区管委会重组，重新组建北京朝阳国家文化产业创新实验区管理委员会，保留北京国家广告产业园区管理办公室牌子，设置中共北京市朝阳区委国家文化产业创新实验区工作委员会（简称“文创实验区党工委”），为区委派出机构；北京朝阳国家文化产业创新实验区管理委员会（简称“文创实验区管委会”），为区政府派出机构。10月25日，区宣传文化中心党组成立。（张　静）

【国庆73周年和迎接党的二十大胜利宣传环境布置】 9月至10月，全区升挂国旗18296面、插挂红旗14214面，布置硬质横幅20条、宣传栏1420处，张贴宣传海报3323张，悬挂灯笼灯饰3263个，摆放花坛186处，开启夜间景观照明400余处，营造喜迎喜庆国庆73周年和党的二十大胜利召开热烈氛围。（唐晓彤）

【支持全国文化中心建设】 年内，区委宣传部召开全国文化中心建设领导小组办公室会7次，编制印发《朝阳区“十四五”时期推进全国文化中心建设规划体系汇编》，印发《朝阳区奥运文化传承推广行动计划实施方案（2022—2024年）》，牵头实施奥运文化传承推广行动计划，推进“一十百千万”品牌工程建设，形成《“双奥之城”朝阳文化品牌塑造》课题研究成果，推进全国文化中心建设规划落地实施。（赵建杰）

【理论宣传】 年内，区委宣传部制定印发《中共北京市朝阳区委关于认真学习宣传贯彻党的二十大精神的实施方案》《学习贯彻党的二十大精神宣讲工作实施方案》。组建朝阳区学习贯彻党的二十大精神宣讲团，组建新时代朝阳群众诵读宣讲团、“青春讲师团”、“朝之花”巾帼宣讲团等特色宣讲队伍，广泛开展党的二十大精神宣讲和“强国复兴有我”朝阳群众百姓宣讲，全年开展各级各类宣讲活动5800余场次，覆盖150.5万人次。编印理论读物《学习参阅》14期3.75万余册，编发《手机报》11期覆盖8.4万余人次。（周少英）

【对外宣传】 年内，区委宣传部推进“精彩朝阳”账号运营，聚焦喜迎喜庆党的二十大、朝阳区高质量发展等重点内容，策划推出“喜迎二十大 朝阳展新颜”“非凡十年看朝阳”“聚焦冬奥”“双奥之城”等热点话题，通过图文、组图、海报、漫画手绘、微视频、直播等形式，积极对外讲好朝阳故事。“精彩朝阳”Facebook（脸谱）和Twitter（推特）海外社交平台账号，全年累计发布帖文622条，账号“粉丝”超96万人次，总阅读量超3920万人次，互动量超200万人次。（程美清）

【社会宣传】 年内，朝阳区制定《朝阳区迎接党的二十大胜利召开组织开展“强国复兴有我”群众性主题宣传教育活动工作方案》，开展“强国复兴有我”群众性主题宣传教育活动745场，参与群众166万余人次。统筹全区在元旦、春节、元宵节、清明节等传统节日举办“我们的节日”主题文化活动，开展各级各类文化活动500余项、1100余场次，参与市民群众150余万人次，线上点击量1000万余人次。组织开展国防教育讲座、影视周、报告会、知识竞赛等活动51场，覆盖10余万人次。推出新时代文明实践微课堂、微展播、微宣讲等品牌活动，开展线上线下活动371场，观看量50万人次。以“理论＋百姓＋文艺”方式传播党的创新理论，组建新时代朝阳群众诵读宣讲团，选拔新时代朝阳群众诵读宣讲团团员100名，“朝阳群众诵读火炬手”10名，开展诵读宣讲培训60场。开展“中国这十年·北京朝阳”14场理论微宣讲，观看量2.5万余人次。通过“朝阳群众新时代文明实践直播间”品牌，打造高校思政课、“红肩章宣讲团”、惠民政策等系列直播，推出朝阳群众新时代文明实践直播间直播宣讲12场，在线观看量15万人次。利用“直播＋录播”方式，开展理论政策宣讲活动48场，将精品课程全覆盖送至各文明实践基层所、站，线上线下服务130余万人次。以“踔厉奋发 勇毅前行”为主题，提炼党的二十大报告中金句作为宣传学习重点，制作党的二十大报告金句口袋本13600本，面向全区各新时代文明实践所（站）发放。开展“赏邮票 学报告 话成就”党代会主题邮票展览，设计制作历次党代会宣传展板20块，用于基层巡展，宣扬新时代精神。1月12日，统筹区农工委、区卫健委、区文旅局等相关单位在管庄乡文化服务中心开展2022年朝阳区文化科技卫生“三下乡”集中示范活动，涉及文艺演出、科普互动、医疗义诊、法律咨询等五大类服务。4月22日，朝阳区2022年全民阅读活动启动仪式开幕，活动以“阅北京 读中国 向未来——喜迎二十大 悦读阅朝阳”为主题，组织开展“4·23”世界读书日·朝阳阅读季、喜迎党的二十大、“双奥朝阳”、全民阅读进基层、“朝阳群众”阅读品牌五大主题活动，营造“爱读书、读好书、善读书”尚读氛围。同日，《悦读阅朝阳》全媒体栏目在朝阳有线正式上线播出。全年推出10期《悦读阅朝阳》全媒体阅读栏目。《悦读阅朝阳》全媒体栏目被国家广电总局、中国广播影视杂志社认定为年度优秀融媒体节目。9月29日，组织开展“喜迎二十大 奋进新征程——朝阳群众学‘习’时间”主题线上阅读直播活动，直播观看人数16.2万人次。10月1日，推出2022年朝阳区国庆节主题实践活动暨“喜迎二十大·奋进新征程”朝阳区新时代朝阳群众诵读宣讲团展示活动，通过朝阳宣传文化服务平台视频号、北京文化生活等平台进行直播，累计观看量10万余人次。10月24日，组织全区1000名干部群众参观北京展览馆“奋进新时代”主题展览。

（曾上卿　张文轩　赵建杰　关嘉义　于梦媛）

【新闻宣传】 年内，朝阳区组建新闻宣传专项组，制定《2022年冬奥会和冬残奥会朝阳区运行保障指挥部新闻宣传及文化活动工作组新闻宣传专项组工作方案》《相约北京系列冬季体育赛事新闻宣传工作方案》等方案预案，策划组织开展各类新闻活动70余次，对接中央市属媒体和商业媒体平台刊发报道1400余篇；运用区属媒体平台开设《走近冬奥》《助力迎冬奥》《冬奥知识讲堂》等栏目板块10余个，打造推出漫画、海报、短视频、微视频、网络直播、vlog等融媒产品300余部（个），刊发信息2900余篇次，总浏览量超过1.5亿次。畅通冬奥会境内外媒体采访派单接单运行机制，指导相关属地，做好境内外媒体接待服务6起。配合完成火炬接力宣传转播场地踏勘、媒体管理、物资保障等11项任务。留存拍摄视频素材480余（部）条、时长约5400分钟、图片11000余张，入库近7000张。参加“北京国际消费中心城市建设”“北京冬奥场馆服务保障”“全球数字经济标杆城市”三场专场发布会，宣介展示朝阳区城市发展形象与活力。加强与北京2022年冬奥会主媒体中心和2022北京新闻中心联动，共同举办“双奥之城新气象——2022中外媒体北京行”三场城市形象特色采访活动。2月6日，“最IN北京 国际消费活力街区”活动邀请国内外25家媒体45名记者走进三里屯太古里、三联韬奋（三里屯）书店、朝阳城市书屋·春风习习馆、美克洞学馆，感受“国际范儿”街区消费活力。2月12日，“领衔时尚 北京国际消费商圈”活动邀请国内外29家媒体52名记者走进SKP-S，向世界展示北京国际消费时尚地标。2月12日，“古都北京 非遗文化创新之美”城市形象采访活动，邀请国内外26家媒体39名记者走进黼黻堂文化智库，听古琴、看魔术、赏京剧、学中国功夫，感受中华优秀传统文化精彩魅力，其间报道100余篇次。围绕迎接学习宣传贯彻党的二十大主题主线，牵头服务保障党的二十大宣传舆论组，建立健全会商议事、沟通协调、信息报送、闭环处置等运行机制，向区政府办报送信息26篇、市委宣传部报送社会舆论反响11篇。聚焦朝阳十年高质量发展成效，对接中央市属媒体刊发报道600余篇；运用融媒体中心各平台精心策划开设“喜迎二十大”“奋进新征程 建功新时代”等专栏专题，通过图文、海报、短视频、宣传标版等多元形式，打造推出系列报道1200余篇，全网总浏览量超3700万次；指导各融媒体中心分中心推送相关内容1200余篇。10月17日，区委宣传部联合党的二十大新闻中心，开展“党的二十大新闻采访——智慧交通”媒体采访活动。组织35家境外媒体48名记者走进位于朝阳区大屯街道的北京市轨道交通指挥中心，了解北京智慧交通建设情况。协调保障区领导参加北京市新型冠状病毒感染肺炎疫情防控工作新闻发布会86场，策划开展网络发布会51场；运用区级媒体平台加大防控政策普及，及时发布通知通告800余条。策划组织开展疫情防控各类新闻宣传活动450余场次，对接中央市属媒体和重要网络平台刊发报道及转载3万余篇、全网总浏览量超80亿次；运用区属媒体平台转发推送信息1.3万余篇、全网总浏览量超4.2亿次；指导全区各融媒体中心分中心推送相关内容3.2万余篇。设计制作10种场景《一封信》模板、3种场景社区小喇叭播放内容模板、13类场景楼门微信群温馨提示语和8版抗疫主题海报。（程美清）

【意识形态工作】 年内，区委宣传部提请区委常委会专题研究意识形态工作6次，组织召开全区意识形态和网络安全情况会商研判通气会和专题研判会19次；组织全区140余家单位制定差异化“两清单一台账”（意识形态工作责任清单、领导班子成员责任清单，意识形态工作风险点台账）；将意识形态纳入区委巡察专项内容。制发《关于进一步加强意识形态及舆情风险评估工作的通知》，加强事前评估、事中执行、事后总结全链条管理，加强对公益宣传栏、宣传展板等各类宣传阵地的管理，加强对新建公共空间艺术品逐级审核。开展全区宣传干部意识形态应急演练和专项培训，完成意识形态课程体系建设，研发《努力做好新时代意识形态工作》等5门主干课程。制定《2022年朝阳区“扫黄打非”暨文化市场管理工作实施方案》并提请区委常委会审议通过，制定印发《朝阳区“扫黄打非”工作领导小组办公室迎接服务保障党的二十大意识形态安全和文化安全专项行动工作方案》等文件，以“正道”“新风”集中行动为平台，深入开展10个专项整治行动。瞄准王四营图书批发市场、潘家园旧货市场、北京“阅”图书文化港等重点点位，对非法出版、违法违规经营行为露头就打。制作公益动漫宣传片《网络丛林大闯关》。全年检查市场主体2.1万余家次，立案处罚166件，进行拘留以上处理90人，收缴非法出版物3.5万册，罚没款71.6万元。

（王　静　于甜恬）

【思想政治和理论宣讲典型选树工作】年内，区委宣传部制发《朝阳区关于新时代加强和改进思想政治工作的实施方案》，细化109项具体任务和分工责任。开展完成第十六届北京市思想政治工作优秀单位、优秀思想政治工作者“双优”推选工作。中国共产主义青年团朝阳区消防救援支队委员会、北京市朝阳区妇女联合会、北京市朝阳区人民政府建外街道办事处、国家税务总局北京市朝阳区税务局、中共北京市朝阳区王四营乡委员会5家单位获“第十六届北京市思想政治工作优秀单位”称号，庄虔春、王念君、张晔、汤晓甜4人获“第十六届北京市优秀思想政治工作者”称号。组织开展2022年度基层理论宣讲内部工作表彰活动，从理论宣讲先进集体、先进个人、优秀理论宣讲报告、优秀理论宣讲微视频4个方面面向全区各单位推选，望京街道工委获评中宣部2022年基层理论宣讲先进集体。在北京市2021年度“宣讲家杯”优秀报告（党课）征集和展播活动评审推荐中，周炜、高春利2人的辅导报告获评基层组优秀作品，王虎学、王莉、管永前3位专家的辅导报告获评专家组优秀作品，朝阳区委宣传部被评为先进组织单位，区委宣传部理论科相关工作负责人员获优秀组织员，所有奖项全覆盖。在2021年度北京市理论宣讲示范基地工作中，朝阳区建外街道、呼家楼街道、八里庄街道、太阳宫芍药居二社区、朝阳区委老干部局5个宣讲示范基地全部获三星评级（最高三星），数量居全市首位。

（曾上卿　吕志兵）

【新闻出版电影工作】年内，区委宣传部办理行政审批事项799件，其中办理许可事项766件,办理备案项目33件。推进实体书店扶持工作，55家实体书店获得2021年度资金扶持，619.58万元拨付到位。47家实体书店获得2022年度资金扶持，800.73万元拨付到位。在区内各街乡与实体书店开展喜迎二十大悦读阅朝阳——实体书店进社区系列主题活动，推动实体书店走进街道、社区新时代文明实践所、站等场所，41家实体书店与46个街道（社区）结对子，举办阅读活动30余场。组织全区影院及各街乡开展迎接党的二十大优秀影片展映活动,展映影片500余场。8月19日，协助北京国际电影节在朝阳区新时代文明实践中心举办“同心笃行，共享文化成果——第十二届北京国际电影节‘光明影院’公益放映”系列活动。来自社会各界50余名视障人士共同“观看”无障碍公益电影《青春作伴好还乡》。9月14日，朝阳区新闻出版电影行业行政审批系统正式上线试运行，将电子证照、电子档案、数据分析、短信提醒、邮件送达功能整合，所有行政审批事项实现全流程网上办理。

（胡淑娟　唐晓彤）

【宣传系统先进典型推选】年内，宣传系统各级各类先进个人34人、先进集体11个，获首都劳动奖章、北京冬奥会冬残奥会市级先进个人等荣誉30人，获得首都劳动奖状、北京冬奥会冬残奥会国家级和市级先进集体8个。4月，组织开展2022年度北京市“四个一批”人才、宣传思想文化青年英才及国家高层次人才特殊支持计划青年拔尖人才征集推荐工作，推荐3人申报北京市“四个一批”人才，4人申报宣传思想文化青年英才。其中，东方演艺集团孟庆旸、快看漫画陈安妮分别被认定为2022年度北京市“四个一批”人才和宣传思想文化青年英才。

（张　静　关嘉义）

统一战线工作

【概况】中共北京市朝阳区委统一战线工作部（简称“区委统战部”）对外加挂北京市朝阳区民族宗教事务办公室（简称“区民宗办”）和北京市朝阳区人民政府侨务办公室（简称“区政府侨办”）牌子。中共北京市朝阳区委台湾工作办公室，加挂北京市朝阳区人民政府台湾事务办公室（简称“区台办”）牌子，与区委统战部合署办公。2022年，区委统战部牵头负责北京2022年冬奥会和冬残奥会观众组织、集结疏散、物资保障等工作，安全有序组织10006名观众观看冬奥会40场竞赛、冬残奥会9场竞赛，保障59402名赛事观众顺畅观赛，被党中央、国务院授予“北京冬奥会、冬残奥会突出贡献集体”称号。《新时期朝阳区无党派人士旗帜性人物培养的研究与成果》课题获2022年度北京市统战理论研究与调查研究优秀成果一等奖。

【港澳台统战工作】1月至2月，区台办通过实地走访和线上问候，慰问在区台胞台属台商，为15名留京过年台胞和3名高龄台属送去节日慰问品，为紫玉山庄、侨福置业、宝岛眼镜、旺旺集团北京代表处等30余家知名台企送上新春祝福。各街乡、各社区通过“一封新春贺信”“一通视频电话”“一张祥和照片”等形式向台湾地区58个结对社区、村里送去新春祝福。6月13日，区委统战部、区青年联合会、区海联会、三里屯街道通过线上形式联合举办“对话97”在京港青庆祝香港回归25周年分享座谈会。香港特区政府驻北京办事处主任梁志仁，区委统战部分管日常工作的副部长陈伟视频致辞，有关领导作为嘉宾线上出席。在京工作的港人代表、北京高校港籍大学生代表、返港工作的北京高校港籍毕业生代表约100人参加。7月8日至10日，“京港青年生活节”在三里屯太古里举办，活动以京港地标建筑等图文营造主题氛围，集市有60个内地和香港品牌摊位。8月

2 日，民革朝阳区委“京台基层交流基地”揭牌仪式在朝阳区半日闲艺术馆举行。“京台基层交流基地”由市台办组织评选颁牌，是北京市首批 33 个获评单位之一，全市首家由民主党派成员创办。8 月 4 日，区台办、区文联与高雄市青溪总会合作，共同主办 2022 海峡两岸社团交流节暨朝阳区第七届“悦动高雄”基层文化交流活动。活动以“情筑两岸，相约七夕”为主题，采用视频连线、互动演出形式，分别在朝阳区垡头地区文化中心、高雄师范大学演艺厅演出。8 月 4 日至 5 日，朝阳区组织两岸婚姻家庭、台湾青年代表近 30 人参加“偕行朝阳 情筑两岸”交流活动。10 月 26 日，朝阳区与香港康乐社区在大屯街道办事处召开朝港基层交流线上座谈会。会议聚焦朝港在社区治理、群众文化、青年交流等方面常态化交流。12 月 28 日，举办“朝音港韵·公益力量”对话沙龙。活动结合朝港两地公益行动，促进社团、社区、社群“新三社联动”，构筑朝港基层交流互联互通的桥梁纽带。

【新阶层人士统战工作】 4 月 1 日，全市首个“大 V 会客厅”网络阵地在左家庄街道东外 56 号院园区揭牌成立。“大 V 会客厅”定期举办主题活动，通过座谈交流、小型培训、成果展示、在线论坛、网上沙龙、读书会、网络直播等形式，宣传朝阳特色亮点，助力朝阳高质量发展。8 月 24 日，朝阳区新的社会阶层人士联谊会与团结湖街道一二条社区签订《共建协议》暨捐资助学仪式举行。8 月 25 日至 26 日，区委统战部在区委党校举办新的社会阶层代表人士培训班，学习贯彻中央统战工作会议精神，加强新的社会阶层代表人士队伍建设。10 月 28 日，中关村朝阳园党外人士联谊会成立，是朝阳区首个主要由党外知识分子和新的社会阶层人士等联合组成、高精尖人才比例最高的基层统战联谊组织。11 月 3 日，朝阳区高校统战工作联盟成立大会暨第一次联席会议召开，审议《朝阳区高校统战工作联盟联席会议制度》，与会各盟员单位分管统战工作校领导、党委统战部负责人围绕统战工作进行座谈交流。北京科技大学、中国传媒大学、中央美术学院、北京青年政治学院等 17 所驻区高校参加会议。

【统战工作领导小组会】 8 月 11 日，区委统一战线工作领导小组暨对台工作领导小组全体会议召开，传达学习中央统战工作会议等有关会议精神，审议通过区委统一战线工作领导小组工作规则、成员单位职责分工、专项工作机制等文件，制定《朝阳区党（工）委（党组）统战工作主体责任清单》。区委书记文献出席会议并讲话，区委统战工作领导小组、区委对台工作领导小组成员参加会议。

【“统战百年路”系列庆祝活动】 9 月 7 日，“统战百年路 一起向未来”座谈会召开，区委统战部邀请《中国统一战线》杂志社总编辑介绍百年统战历史成就，7 位各领域统战人士分享各自统战工作心得体会。9 月 9 日，“百年同心路·同行新征程”演讲活动举行，13 名演讲者在将台地区党群服务中心共话百年统战史，展现统战人士新时代风采。经评审，台盟区工委选送的张力颖荣获一等奖，民革区委选送的杨倔鳗、宗教界选送的孙丽华荣获二等奖。9 月 20 日，“百年峥嵘·同心向党”书画展在区金台艺术馆开幕。书画展汇聚朝阳区各民主党派、无党派、工商联、统战团体、各街乡统战人士及统战干部 201 人 312 幅艺术作品。9 月 30 日，朝阳区纪念统战百年主题曲《同一个承诺》发布推出。农工党区委副主委管文东创作，8 个民主党派机关专职干部共同录制音乐 MV，通过回顾统战百年辉煌，表达统战人士对伟大祖国的深厚情感，展示民主党派人士对多党合作事业取得更大成就的信心和承诺。

【“朝阳区一轴四网多点大统战工作体系”发布】 9 月 7 日，区委统战部发布“朝阳区一轴四网多点大统战工作体系”。“一轴”是坚持以区委、统战部、街乡党（工）委纵向为“轴”，发挥好统战部作为区委在统战工作方面参谋机构、组织协调机构、具体执行机构、督促检查机构的职能，确保市委、区委关于统战工作的具体部署及时高效落地见效；“四网”是推动区委统战工作领导小组（33 家成员单位和 4 个专项协调机制）、统战口内单位和统战社团（知联会、新联会、海联会、商会等）、43 个街乡党（工）委统战工作领导小组、社区（村）及楼宇园区党组织四张“网”联动，不断拓展统战工作覆盖面；“多点”是结合朝阳统战工作发展的实际，在叶青大厦楼宇统战工作经验推广基础上，选取 CBD、通惠河畔产业园区、华贸商圈、国创产业园、安华里社区等不同类型的统战点位，以点带面，形成亮点纷呈、特色凸显的统战工作效果。 （张素琴）

机构编制管理

【概况】 中共北京市朝阳区委机构编制委员会办公室（简称“区委编办”）为中共北京市朝阳区委机构编制委员会（简称“区委编委”）的常设办事机构。2022 年，区委编委审议通过区委党校等 19 个参公事业单位定机构、定编制、定职能“三定”规定。区委编办制定《区级机关行政编制周转管理办法》，推动机构编制供给从“静态”向“动态”转变，发挥机构编制资源使用效能；开展应急管理综合执法改革、开发区管理机构规范设置和地区（乡）机构改革评估等工作。 （李雪峰）

【地区（乡）机构改革评估】 4 月至 6 月，朝阳区启动地区（乡）机构改革评估工作，制定印发工作方案，组织召开相关区级部门座谈会。深入 19 个地区（乡）进行实地评估，广泛征求区级部门、地区（乡）党政机构工作人员、社区（村）工作人员和辖区居民意见，查找有关问题，提出有关意见建议，形成朝阳区地区（乡）机构改革评估报告。

（朱一鸣）

【应急管理综合执法改革】 8月，朝阳区按照权责一致原则重新组建区应急管理综合执法大队，将由街乡负责的编制和人事管理、日常使用划归区应急执法大队统一管理，加强应急管理领域执法监管工作，构建应急综合执法管理体制机制。（王鹏举）

【开发区管理机构规范设置】 年内，朝阳区研究制定开发区管理机构促进开发区创新发展实施方案，将7个管理机构调整为4个，分别是：商务中心区管委会、中关村朝阳园管委会、文创实验区管委会、奥林匹克中心区管委会。为完善科技创新工作机构职能配置，将区科学技术和信息化局、中关村朝阳园管委会合署办公。重新核定各园区管理机构“三定”规定，规范管理机构设置。（王鹏举）

【卫生领域编制保障】 年内，朝阳区加强重大疾病防控和突发公共卫生事件应急体系与队伍建设，按照常住人口的1.75‰为区疾病预防控制机构核定事业编制；增强医疗卫生领域机构编制保障，为垂杨柳医院、区妇幼保健院等新改扩建公立医院增加事业编制。（王鹏举）

【区属议事协调机构管理】 年内，为推进区域重点工作，优化组织结构，设立区委全民国防教育工作领导小组、区社区矫正委员会2个议事协调机构；研究提出对区第二次全国污染源普查领导小组等5个议事协调机构撤销意见；调整区未成年人保护委员会、区防火安全委员会等4个议事协调机构的办事机构或成员单位。（朱一鸣）

政策研究

【概况】 2022年，区委区政府研究室（区委改革办）完成区委工作文稿起草1192篇452万字，完成区政府工作文稿起草320篇170万字，完成区全面深化改革和调查研究等工作文稿起草277篇85万字。组织开展调研活动30余次，参与调研近300人次；指导和管理服务全区二级班子党政主要领导164项调研课题；制定实施一系列全面深化改革制度文件；服务区委、区政府科学决策，推动全区相关工作开展，全年编印《朝阳调研》6期、《调研参阅》34期、《调研参阅（智库专报）》27期、《调研参阅（改革专刊）》12期、《各地改革情况摘编》25期，获得区领导批示42条次。（武睿）

【课题调研与管理】 年内，区委区政府研究室（区委改革办）制定《区委区政府研究室关于全区年度重点课题合作智库管理评估办法（试行）》，建立“管理评估指标体系”。聚焦当前发展重点任务和基层治理难题，确定“科技创新领域有效市场与有为政府有机结合的路径研究”等3项重点课题，形成10篇研究成果并完成转化。开展“国内外疫情防控经验教训对我区服务保障冬奥会顺利举办的启示”“提高应对极端恶劣天气能力 增强城市韧性研究”“朝阳区推动汽车产业高质量发展”“新时代朝阳区‘三化’发展路径研究”等9项课题研究。更新完善《朝阳区课题研究报告规范指南》，全年指导全区二级班子完成课题研究164项。组织专家开展年度优秀调查研究成果评选工作，100篇获奖报告在全区通报表扬，研究成果择优在《朝阳调研》《调研参阅》等区级刊物刊登，转化率60%。推进朝阳区与北京国际城市发展研究院共建战略合作，以开展重大问题研究、政策解析、改革评估等工作为抓手，牵头编制《“双奥朝阳”建设十大行动计划（2022—2024年）》，开展“朝阳区打造安全韧性城区的路径研究”等4项重大课题研究，城市更新等10项专题研究。（武睿）

【深化改革制度研究制发】 年内，区委区政府研究室（区委改革办）制发《朝阳区委全面深化改革委员会2022年工作要点》，确定13大项77细项改革任务，明确12项年度重点推进改革事项。推进改革创新“年度三件事”，各单位、各街乡完成327项改革创新举措。组织召开深改委会议5次，审议议题25个。建立年度改革任务台账，对纳入要点台账的改革任务实施“月报表”机制。坚持以督促改，落实市级督察任务，开展十九大以来朝阳区全面深化改革推进情况全面自查以及供给侧结构性改革、“两区”建设情况专项自查。深化改革调研，开展“基于疫情防控、物业服务管理场景之下的朝阳区社会信用体系建设研究”“关于疫情防控常态化背景下加强社区卫生服务中心与街乡统筹联动研究”等改革研究。商事制度改革、文化产业和旅游产业发展、督查落实工作获得国务院督查激励。发布首个以“博物馆之城”为主题的系列报告《2022年朝阳区博物馆之城建设发展报告》。深化教育改革，“五员管理”构建学科类培训机构常态化监管机制、朝阳区实验小学优化学校供给守好育人主阵地获评全国“双减”工作优秀案例。以安贞街道为试点探索存量更新类街区控规编制工作，形成街区、小区、商业、厂房、水系、公园类等多种类城市更新案例。“朝阳区推进监督信息化数据平台建设”“涉众型经济案件报案平台”获评2022年北京市“微改革、微创新”典型案例。（李博）

区直机关党建

【概况】 2022年，中共北京市朝阳区委区直属机关工作委员会（简称“区直机关工委”）辖63个基层党组织，其中有5个部门党委、16个机关党委、21个直属党总支、21个直属党支部，在职党员7171人，离退休党员1650人。区直机关系统新发展党员136人，转正325人，20个党组织完成换届，13个直属党组织完成委员调整。年内，区直机关工委坚持项目化抓党建，围绕全区中心工作制定并抓实10个党建项目。按照区委部署，完成冬奥会、冬残奥会服务保障任务，组织动员区直机关党员干部下沉街乡支援抗疫，机关党建质量不断提升。

【机关党的政治建设】 年内，区直机关工委严格执行《中国共产党重大事项请示报告条例》，落实“第一议题”制度。坚持围绕区委中心工作筹划和落实机关党建工作，开展“爱我朝阳”建言献策活动，梳理上报840余条关于“四区建设”意见建议。认真落实《意识形态工作责任制实施细则》《网络意识形态工作责任制实施细则》，督促机关系统各部门认真制定“两清单一台账”。将意识形态责任制落实情况纳入党组织书记述职评议考核，严格落实活动报备、会商研判等工作机制。结合重大时间节点，科学研判意识形态领域情况，通过微信公众号、下发专门通知等形式，及时发声、宣传党的声音、旗帜鲜明反对和抵制错误观点。

【机关党的思想建设】 年内，区直机关工委举办“学党史、悟思想、办实事、开新局——区直机关系统党史学习教育成果展”，展出260余张照片、32个视频、87件实物，1200余名机关党员干部现场参观，通过网上VR实景展览实现对机关党员干部全覆盖。以习近平新时代中国特色社会主义思想为重点，抓实理论学习中心组学习，全年组织理论学习中心组学习20次。把学习宣传贯彻党的二十大精神作为首要政治任务，第一时间部署并组织各部门观看党的二十大开幕会、全程跟踪学习重要讲话和会议精神。组织400名党员干部赴北京展览馆参观“奋进新时代”主题展。组织开展“强国复兴有我”百姓宣讲工作，组建机关系统宣讲团，深入讲好机关故事。

【机关党的组织建设】 年内，区直机关工委坚持项目化抓党建，围绕全区中心工作，将年度党建工作细化为10个党建项目，推动党建工作和业务工作一起谋划、一起部署、一起落实、一起检查。抓实党组织书记抓基层党建述职评议考核工作，组织系统63名直属党组织书记进行述职，指导机关系统各部门完成对300余名基层党支部书记述职评议考核工作。开展党支部标准化规范化建设问题自查工作，梳理出各类问题550个，督导机关各部门专题研究、逐项解决。举办“千名支部委员”专题培训班，采取线上直播、专家授课、交流研讨等形式，安排7个专题28课，培训机关党组织书记、组织委员和党员干部4.7万人次。出台《区直机关系统新任职党组织书记谈话制度》，加强对新任机关党组织书记沟通指导。建立党员发展流程图和年度发展党员台账，指导系统各单位严格规范做好党员发展工作，完成136名党员发展、325名预备党员转正工作。开展“优秀支部工作法”评选活动，评选出45个优秀项目予以表彰。做好组织关心关爱，开展“迎新春、送祝福”慰问活动，向机关系统党员干部职工送出4000套春联和福字，在节日和七一期间，走访慰问新中国成立前老党员、优秀党员、优秀党务干部和困难党员400余人。

【冬奥会、冬残奥会服务保障工作】 年内，区直机关工委组织区直机关系统迎冬奥誓师大会，向区直机关系统各级党组织和全体党员发出“冬奥同聚力，奔跑向未来”倡议，传递奥林匹克精神。在冬奥会、冬残奥会赛事服务保障工作中，统筹做好场地保障、疫情防控、工作协调等工作，圆满完成冬奥会和冬残奥会朝阳区3个竞赛场馆114场比赛涉及的2000余辆大巴车近6万名观众的近端落客任务和49场竞赛涉及1万余名朝阳区观众远端集结任务。

【党建引领基层治理工作】 年内，区直机关工委规范提升“1+1手拉手”行动，编制《区直机关系统“1+1手拉手”行动操作指南》，完善党建引领、常态联络、项目推动等机制，区直机关系统366个党支部与627个社区（村）党组织建立长期拉手关系。按照区委部署，统筹机关力量，依托“1+1手拉手”机制，组织机关党员干部15万余人次下沉街乡支援社区开展流调、核酸检测、卡口值勤等工作。安排4000余名机关干部分52个批次进入封控区。重点职能部门派出17万余人次参与行业防控。编印《战“疫”日记》，收录98篇党员干部抗疫工作日记，展现机关基层党组织战斗堡垒作用和党员干部先锋模范作用。会同区委宣传部联合开展“文明驾车、礼让行人”交通秩序整治专项行动，组织机关各部门对接22个街道，认领56个路口，协助维护交通秩序，机关党员干部5000余人次参与。开展党建引领“接诉即办”大走访活动，围绕房产证难办、预付式消费退费难等高频诉求，制定《关于深化党建引领“接诉即办”工作的几点措施》。

【党风廉政建设】 年内，区直机关工委研究制定《区直机关系统2022年党风廉政建设工作要点》《2022年区直机关系统党风廉政建设任务清单》，围绕六项工作目标，明确十五项具体工作任务。推进机关廉洁文化建设，开展第四季悦读·阅廉——朝阳区“廉洁文化进机关、进家庭”活动，411名处级领导干部和6534名机关干部及家属参加阅读打卡29万次。举办“博学之、审问之、慎思之、明辨之、笃行之”第四季悦读阅廉总结暨机关干部抗疫精神宣讲会，展现机关干部抗疫精神。加大监督检查力度，坚持日常检查和专项督导相结合，督促区直机关系统各部门落实全面从严治党主体责任。对机关干部下沉街乡支援抗疫工作和“党员认领路口”工作情况开展专项监督检查。开展机关党建专项检查，联合各派驻纪检监察组，对33个部门巡察反馈的机关党建问题开展“回头看”，对党费收缴、使用和管理情况，党建工作制度执行情况开展专项检查，梳理出3大类共性问题、82条具体问题。

（孙新杰）

老干部工作

【概况】 2022年，朝阳区离退休干部21976人。其中，离休干部212人

（含易地、代管离休干部26人），副处级以上退休干部1812人。中共北京市朝阳区委老干部局（简称“区委老干部局”）组织离退休干部学习贯彻中央《关于加强新时代离退休干部党的建设工作的意见》和北京市《实施意见》，组织离退休干部学习宣传贯彻落实党的二十大精神。组织离退休干部体检1156人次，走访慰问离退休干部及去世离休干部配偶164人次，完成市和区为离退休干部办实事9件，为27名离休干部开展家庭适老化改造，特困帮扶离退休干部22名。区委老干部局被评为“筑梦新时代奋进新征程——喜迎党的二十大胜利召开知识竞赛”优秀组织奖，在“喜迎党的二十大·老年人助力加快建设交通强国”网上建言暨老年人（残障人士）便利化无障碍交通出行需求调查活动中荣获优秀组织奖。关心下一代工作方面，北京中学学生易承莹在全国“中华魂”主题教育活动中荣获二等奖；北京中学教师王良在全国“中华魂”主题教育活动中荣获优秀辅导员奖；潘家园南里社区老法官志愿服务队队员韩文中被评为“全国青少年普法教育优秀辅导员”；区教育委员会政策研究和法制科干部陈宇被评为“全国青少年普法教育先进工作者”。（冯兴国）

【离退休干部发挥优势和作用】1月18日，“我为冬奥做贡献 逐梦冰雪志愿行”朝阳区离退休干部“助力冬奥”志愿行动启动仪式在三间房地区举行。活动现场播放《冰雪之约 冬奥有我》朝阳区离退休干部助力冬奥宣传片，离退休干部代表现场宣读助力冬奥志愿书，以视频形式展示全区177支老党员先锋队助力冬奥的精彩瞬间。年内，开展“桑榆先锋 银龄有为”朝阳区老党员先锋队线上展览活动，制作“一街乡一品牌”展板、宣传册，展现老党员先锋队在疫情防控、社区治理、文明提升、守望相助、宜居建设中发挥的优势作用。（于开山）

【老干部工作会】4月1日，朝阳区2022年老干部工作会召开，传达全国老干部工作“双先”表彰大会、全国老干部局长会和北京市老干部工作会精神，总结部署全区老干部工作。会议以视频会议形式召开，区委常委、组织部部长赵立军作《奋力开创新时代朝阳区老干部工作新局面 以实际行动迎接党的二十大胜利召开》工作报告，与会人员共同观看《2021年朝阳区老干部工作专题片》，区委书记王灏向离退休干部代表通报2021年全区经济社会发展情况并提出要强化政治引领、全面抓好离退休干部党的建设，要突出细致精致、着力提升离退休干部服务管理水平，要注重统筹协调、不断开创老干部工作新局面等要求。区领导文献、陈宏志、王旭、狄涛、崔小浩、区委老干部工作领导小组成员单位及各单位负责人、离退休干部代表参加会议。（邢泽众）

【离退休干部党的建设】9月13日至15日，区委老干部局组织召开2022年朝阳区老干部工作人员专题培训会。全区各单位老干部工作主管领导、老干部工作人员等近170人参加会议。年内，区委老干部局举办2期离退休干部党支部书记培训班，向离退休干部党支部提供《离退休干部党支部工作手册》《关于加强新时代离退休干部党的建设工作的实施意见——一图读懂》等学习资料。每季度为全区78家单位229个离退休干部党组织的党支部书记、副书记、党支部委员和党小组长发放工作补贴。组织开展“丹心永向党 喜迎二十大”主题党日活动。贯彻落实市局下发《党建引领老干部工作向基层延伸若干措施》，推进组织体系、学习教育、文化活动、发挥作用、服务保障向基层延伸。（刘雨婷）

【离退休干部政治待遇落实】9月29日，朝阳区召开2022年离退休干部区情通报会。区委副书记、代区长吴小杰介绍朝阳区在服务保障北京2022年冬奥会和冬残奥会工作中取得的成绩、谋划后奥运发展所做的工作，通报2022年朝阳区统筹推进疫情防控和经济社会发展情况。区委书记文献通报2022年4月以来区级班子调整情况，围绕做好新时代老干部工作提出要求。区领导陈宏志、王旭、黄晓伟、崔小浩、赵立军和离退休干部代表等参加会议。10月16日，区委老干部局组织全区离退休干部及老干部工作者，观看党的二十大开幕会盛况。年内，举办局职退休干部读书班2期；为区属副处级以上离退休干部订阅报刊；组织离退休干部到亮马河国际风情水岸、温榆河公园一期、海淀区翠湖国家城市湿地公园、怀柔区杨宋镇党员教育基地、延庆冬奥村等地参观学习。（邢泽众　刘雨婷）

【离退休干部生活待遇落实】年内，区委老干部局做好精准政策服务、健康服务和养老服务。落实市委、市政府为离休干部办的1件实事，完成区委、区政府为全区离退休干部办的8件实事。指导各单位做好离休干部离休费调整后发放工作。为全区离休干部和局级退休干部发放养老服务补贴。办结离休干部信访1件，办理去世老同志21人丧葬事宜，下拨市区属就近学习、就近活动、就近得到关心照顾、就近发挥作用“四就近”及离退休干部其他经费150余万元。会同区卫健委落实市属1300余名离休干部社区居家健康服务，提供家庭医生、健康指导等服务。完成重要节日、生病住院期间对离退休干部走访慰问，全区各单位走访慰问离退休干部15000余人次。为全区离退休干部购买北京市老年人意外伤害保险。为25名因有特殊困难需要组织关心照顾的退休干部配备适老化辅具，完成去世离休干部无工作遗属参保等工作。（申思远）

【老干部精神文化生活】年内，区委老干部局统筹老干部大学、老干部党校教学资源，办好“云课堂”，发展“互联网+文化养老”模式，开展网上教学1337个学时，离退休干部上网课14146人次。将党史教育与健身活动相结合，全区离退休干部组建225支队伍3899人参加“喜迎二十大 奋进新征程”活动。组织55家单位448名离退休干部参加“筑梦新时代 奋进新征程”知识竞赛活动。开展“喜迎二十大”主题书画活动，全区征集125幅作品。其中，选送10幅优秀作品在市委老干部局展出，115幅作品在区委老干部活动中心展出。举办首届朝阳区离退休干部文体艺术节，开展摄影创作、线上K歌（诵读）、“松鹤杯”象棋赛等活动；组织离退休干部参加北京市中老年模特大赛；为全区2075名离退休干部发放电影券。开展“智慧助老”行动，编印《智能手机应用培训手册》《朝阳老干部服务管理平台App使用手册》。建立网上图书借阅室，满足全区离退休干部疫情常态化下居家借阅图书需求。试点建立6个“朝阳老干部之家”“老干部工作室”，为离退休干部就近学习活动提供阵地保障。

（张　皓　刘雨婷）

【关心下一代工作】 年内，朝阳区发挥“五老”（老干部、老战士、老专家、老教师、老模范）优势作用，建立“区级专家智库”。开展“老少同声颂党恩 携手喜迎二十大”、2022年北京市青少年“中华魂”（中华好家风）主题教育、“喜迎二十大 放飞新梦想 争做新时代好少年”主题宣传教育进校园，首都关心下一代大讲堂“进军博 学军史”国防教育等活动。发挥“五老”在关心下一代方面优势作用，与中央广播电视总台老年之声《乐享时光》栏目合作，两名“五老”讲述如何做好关心下一代工作的人生经历和生动故事。

（刘雨婷）

保密管理

【概况】 2022年，中共北京市朝阳区委保密委员会办公室（北京市朝阳区国家保密局）[简称“区委保密办（区保密局）”]加大宣传培训和行政检查力度，提升保密科技防护能力，完成各项重大会议活动保密服务保障工作。区委保密办（区保密局）、区体育局办公室获评2018—2022年度北京市保密工作系统先进集体，区教委何晓华、奥管委赵国胜获评2018—2022年度北京市保密工作先进个人。

【印发“十四五”保密事业发展规划】 2月11日，《朝阳区“十四五”时期保密事业发展规划》正式印发全区。总结“十三五”时期取得的突破性进展，结合区情分析当前面临的形势任务，谋划“十四五”时期的发展方向，为未来5年保密事业提出6大项、21小项任务目标。

【保密工作培训】 年内，保密教育被列入各级党委理论中心组学习内容。朝阳区坚持发挥区委党校主阵地作用，开展全区党政领导干部、涉密人员轮训。组织区委保密委成员单位参加保密大讲堂。结合保密专项督导检查，开展现场保密教育培训，培训5200余人次，开展各类专题培训24场。

【保密宣传】 年内，区委保密办（区保密局）以“4·15”全民国家安全日为契机，在京信大厦、通盈中心、蓝岛大厦3处户外LED显示屏上，滚动播放保密主题公益宣传海报。开展网络安全宣传周活动，设置提高网络安全保密意识、筑牢保密防线宣教展板，发放漫画式防泄密案例宣传折页及文件袋、便利贴、书签等各类保密宣传资料向公众宣传。通过纸媒和新媒体推发《保密防线》公益宣传片、《保密条例》普法宣传片和保密主题公益宣传海报等内容，阅读量超75万人次。经国家保密局金城出版社综合评比，获2022年度《保密工作》杂志通联工作“先进单位”称号。

（廖健凯）

党校工作

【概况】 2022年，中共北京市朝阳区委党校（简称“区委党校”）坚持从区域发展和学员任职岗位需求出发，以习近平新时代中国特色社会主义思想、十九届六中全会、党的二十大精神课程为主要内容，突出红色教育、素质提升教育和区情教育，设置培训课程，完成区内、区外各级各类班次培训任务。与北京市委党校、北京社会主义学院、国家广播电视总局四九一台、南水北调干部学院等开展学术交流。获北京市委党校（行政学院）系统2020—2021年度优秀科研咨询工作组织奖。

【学术交流】 1月6日，区委党校党委书记、常务副校长李燕梅在全市基层干部教育培训现场教学点建设动员部署会上发言，朝阳区委党校高碑店分校为培训会现场观摩点。4月15日，市委党校副校长袁吉富带队调研朝阳区委党校，讲授“关于党校开展科研工作重要性”课程。7月13日，中国人民对外友好协会原会长、原北京市副市长、陈毅元帅之子陈昊苏，到朝阳区委党校调研指导工作，向党校赠送“陈毅元帅诗词”等书籍。7月22日，内蒙古卓资县委常委、副县长邢净等一行3人到区委党校调研交流。8月22日，河南省南阳市委组织部部务委员、南水北调干部学院党委副书记、常务副院长王楷楠等一行4人到区委党校学习交流。9月20日，区委党校与清华大学出版社在清华大学学研大厦开展“喜迎二十大 党建工作座谈会暨与党校第二党支部‘拉手’共建交流会”。

【教学管理】 年内，区委党校制定《区委党校2022年学员临时党支部建设计划》，推进学员支部规范化建设，完成12期主体班学员临时党支部建设。分校大讲堂每周一次课面向全区党员免费开放。分校开发40个现场教学点。其中，呼家楼分校殷金凤工作室、劲松分校劲松北社区、高碑店分校半壁店村、北京CBD分校白领驿站4个分校现场教学点通过市委组织部验收，被纳入全市基层干部教育培训现场教学点名录。利用“互联网+”技术，在北京市党校系统引入线上直播教学方式，开设分校直播大讲堂，年均课程点击量50余万人次。联合新加坡国际教育集团，举办线上异地培训班，实现“人不出京学习在京外，人不出境学习在境外”。

【干部培训】 年内，干部教育培训以习近平新时代中国特色社会主义思想、十九届六中全会精神、党的二十大精神课程为主要内容，在保持理论教育和党性教育比重不低于总课时70%基础上，突出红色教育、素质提升、区情教育和提升疫情防控能力。举办处级干部进修班、新任副处级干部培训班、科级干部任职培训班、新任公务员培训班等主体班15期，培训学员815人次；举办正处级干部学习贯彻党的十九届六中全会精神专题研讨班、提升疫情防控能力专题培训班、朝阳区新时代基层干部主题培训班等专题班13期，培训学员2553人次。

【课程研发】 年内，区委党校7名专职教师申报校内外新课8个，其中讲授式课程5个、现场教学课程3个；研发“朝阳区基层疫情防控工作反思”案例教学课；邀请重点工作参与者、重大事件亲历者、基层一线工作者到党校授课，加大案例教学、现场教学、行动学习等比重，加强新知识、新规则、新技能培训，突出实战实训。

【教学科研】 年内，区委党校18项成果获得北京市党校（行政学院系统）优秀科研成果奖，在各类主流媒体及政务平台上发表文章107篇，其中中央级媒体11篇、市级71篇、区级25篇。组织优秀师资建立党校宣讲团，向基层“送党课”50余次，开展二十大精神专题学习5次。在8期主体班中开展学员参与决策咨询研究工作，形成研究报告32篇，其中在各项决策咨询研究中采用5篇。 （张楠楠）

党史编研

【概况】 2022年，中共北京市朝阳区委党史工作办公室（简称“区委党史办”）推进党史课题研究、宣传教育和资料征编等。编印完成《朝阳党史》2022年第1期（冬奥特辑），完成《中共北京市朝阳区第十二届委员会施政辑要》《北京市朝阳区2021年换届专辑》初稿审校及意见征求工作。印发《盛会启华章 扬帆朝未来——2022年朝阳区党史宣传月活动方案》，开展党史资料进街乡系列活动，推进“党史学习园地”建设。利用自媒体平台强化党史宣传，在“朝阳党史”微信公众号、微博、网站，编辑发布党史故事微视频、北京党史故事、朝阳党史知识和工作动态513篇，浏览量1.6万次。

【党史资料征编】 3月，区委党史办梳理《中共北京市委执政纪事（2021）》编写框架中涉及朝阳区内容，分别向区委办、区房管局、区城管委、金盏国际合作服务区管委会、奥林匹克公园管委会等14家单位发出征集资料函，征集整理形成《积极推进第四使馆区基础设施启动实施》《启动新一轮“疏解整治促提升”专项行动》条目，报送市委党史研究室。5月，做好《踔厉奋发 笃行不怠——党的十九大以来北京发展纪实》征求意见工作，从全书格式、内容、数据、图片等方面，报送根据市委党史研究室、市地方志办修改建议28条。

【党史课题研究】 3月，区委党史办邀请4名党史专家审读朝阳区2021年度10篇党史课题报告，从课题报告结构、逻辑层次、论点论据、语言规范等方面提出修改意见。6月，综合课题报告质量、专家评分情况、年度资金预算安排等，评定2021年度朝阳党史研究一等课题空缺、二等课题2个、三等课题2个、优秀课题6个。12月，向区委区政府研究室报送领导调研课题“中国共产党早期北京革命活动旧址遗迹保护利用研究——以马骏烈士墓为例”。

【编研成果】 4月，区委党史办印制《朝阳党史》期刊2021年第2期，内容包括学习贯彻党的十九届六中全会精神、正本清源学党史、党史学习教育、党史工作动态、党史研究、新书速递、历史回眸、朝阳故事、一起向未来——北京2022年冬奥会等11个栏目，正文86页。9月，编印完成《朝阳党史》期刊冬奥特辑，向全区各单位发放。10月，编制《追忆峥嵘路 启航新征程——中共北京市朝阳区历次党代会回眸》图册及同名专题片，向全区各单位发放，于党史宣传月活动期间在区机关展播专题片。12月，完成《中共北京市朝阳区第十二届委员会施政辑要》《北京市朝阳区2021年换届专辑》初稿审校及意见征求工作。其中，《中共北京市朝阳区第十二届委员会施政辑要》44万字；《北京市朝阳区2021年换届专辑》17万字，前插彩图10张，内插黑白图10张。

【党史宣传教育】 8月3日，区委党史办向区总工会、区工商联、安贞街道、将台地区、南磨房地区5个政协委员工作站赠送《文献中的百年党史》《中国共产党100年100事》《中共北京市朝阳区历史》《党史理论与实践研究（2018—2019）》等党史党建类书籍60种1000余册。9月20日，向三里屯街道赠送《中国共产党的一百年》《习近平讲党史故事》《中国共产党百年廉洁政治之路》等党史党建类书籍120余册。9月，开展党史资料进街乡、进商圈系列活动，向三里屯街道（长虹商圈、工体商圈、雅秀商圈）、麦子店街道、六里屯街道、呼家楼街道、团结湖街道、八里庄街道等赠送书籍2000余册，建立10个“党史学习园地”。10月，做好史志宣传月活动，向全区印发《盛会启华章 扬帆朝未来——2022年朝阳区党史宣传月活动方案》，开展“资政育人谱新篇”“回眸历史守初心”“观照古今启新程”“红色基因永传承”等7项党史宣传主题活动。 （张 茜）

朝阳区人民代表大会

综 述

【概况】 2022年，北京市朝阳区人民代表大会常务委员会（简称“区人大常委会”）召开人民代表大会会议1次、常委会会议10次。审议议题72项，其中听取审议专项工作报告15项，听取审议计划、预算、决算、审计等报告8项。开展执法检查2项、专题询问2次，开展规范性文件备案审查7件，作出决议决定7项。任免国家机关工作人员496人次，组织宪法宣誓56人次。12月31日，全区有北京市人大代表100人、区人大代表445人。统筹疫情防控和经济社会发展，加强企业走访调研，落实助企纾困政策。人大代表通过医疗救助、建言献策、物资捐助、走访慰问等形式参与抗疫工作。

【人大工作会】 2月28日，区人大常委会召开2022年党建暨人大工作视频会议。总结区人大常委会2021年党建工作并部署2022年党建工作，通报区人大常委会2022年工作要点并部署工作。区人大常委会党组书记、主任陈宏志主持并讲话，区人大常委会党组副书记、副主任张克斌，区人大常委会党组成员、副主任赵红伟、宝月凤、许嘉宁出席会议。区纪委区监委派驻组相关人员，区人大常委会全体机关干部，区人大常委会各街道、地区工委主任和副主任，街乡人大工作者参加会议。

【坚持和完善人大制度重要思想交流会】 6月21日，区人大常委会以线上线下相结合的形式召开深入学习贯彻习近平总书记关于坚持和完善人民代表大会制度的重要思想交流会。主要任务是深入学习贯彻党的十九大和十九届历次全会精神，贯彻落实中央和市委人大工作会议精神，全面践行全过程人民民主，高效开展人大各项工作，推动习近平总书记关于坚持和完善人民代表大会制度的重要思想在朝阳形成生动实践。会上，区人大常委会代表联络室主任王宁，区人大麦子店街道工委主任刘晓玲、王四营地区工委郝宝刚，区人大常委会委员、区人大代表陈巴黎结合工作实际和履职经历交流发言；区人大常委会党组书记、主任陈宏志讲话，他强调坚持正确方向，推动习近平总书记重要讲话和中央人大工作会议精神在全区落地落实；坚持首善标准，高质量履职尽责；坚持政治机关、权力机关、工作机关、代表机关“四个机关”定位，加强区人大及其常委会自身建设。区人大常委会党组成员、副主任赵红伟、宝月凤，区人大工作研究会会长苑文新出席会议。区人大常委会党组副书记、副主任张克斌主持会议。区人大各街道、地区工委主任，各乡人大主席，区人大工作研究会副会长及部分成员，部分区人大代表参加会议。

【专题询问】 6月23日，区人大常委会对区政府推动中关村朝阳园发展情况开展专题询问。区人大常委会主任陈宏志，副主任张克斌、赵红伟、宝月凤出席会议，部分常委会组成人员、区人大教科文卫委员会委员、科技专业代表小组成员和区人大代表通过视频参会。参会的部分常委会委员、教科文卫委员会委员、科技专业代表小组人大代表围绕规划编制实施、产业结构优化、产业经济促进、服务保障供给等方面的共性问题、难点问题，向区政府和与会有关部门负责人提问。副区长舒毕磊，中关村朝阳园管委会、区科学技术与信息化局负责人到会回答询问、听取意见，区发展改革委、区财政局、区商务局、区统计局、区教委、区住建委、区医保局、规自委朝阳分局等部门负责人通过视频参会。8月16日，区人大常委会对区农村集体产权制度改革工作情况开展专题询问。区人大常委会主任陈宏志，副主任张克斌、赵红伟出席会议，部分常委会委员、区人大农村委员会委员、农村代表小组成员和区人大代表参加会议。会议听取区政府关于农村集体产权制度改革情况的汇报。委员和代表们询问村级产权制度改革收尾、加快推进乡级产权制度改革、加强新型集体经济规范管理、集体经济保值增值、以产业发展促进农民增收等方面问题。区政府相关部门负责人现场听取意见并作出解答。

【全国人大常委会法工委立法联系点建设】 年内，区人大常委会作为全国人大常委会法工委基层立法联系点，推动构建党委领导、人大主导、政府依托、社会参与的工作格局，打造立法征询“直通车”、服务群众“连心桥”、法治建设“金名片”。健全覆盖全区各街乡和各部门系统工作网络，建立运行规范的接受征询任务、制定工作方案、开展意见征询、整理意见建议、汇总意见情况、向常委会报告、完成报告上报、做好宣传报道、做好工作台账等“九步工作法”和街道（地区）立法联络站“五有一考核”制度体系［有健全的组织领导体系和高质量的工作队伍、有完善的工作制度和工作机制、有畅通的线下工作阵地和线上征求意见平台、有特色的立法征求意见活动和丰富的工作内容、有年度总结和宣传推广，并将街道（地区）立法联络站工作纳入《北京市朝阳区人大常委会关于街道（地区）人大工作考核评价办法》，年终统一对街道（地区）人大工作进行考核评价］。完成7部法律草案的立法征求意见任务，收集反馈建议1030条，将群众需求反映到国家立法机关。

【服务保障北京冬奥会和冬残奥会】年内，区人大常委会强化“双促进”理念（围绕疫情防控、全民健身、体育产业发展、公共服务建设等常委会重点工作组织代表开展多样化履职，强化工作创新，提高监督质效；通过推进议案督办、抓好重点议题监督、做好代表意见办理等方式，营造良好社会氛围，为赛事筹办工作创造有利条件），在依法履职中加强疫情防控、环境提升等方面的监督。筹办工作进入决战决胜阶段，人大系统党员干部到联系街乡加强基层工作力量，负责冬奥村、观众集结点、开闭幕式现场等工作一线的组织保障工作，组织发动全区各级人大代表参加各项服务和现场观赛任务。

【人大代表构成】年内，朝阳区第十七届人民代表大会有代表445人。男性代表263名，占59.1%；女性代表182名，占40.9%。人大代表中汉族410人、满族15人、回族10人、蒙古族4人、土家族2人、藏族1人、锡伯族1人、彝族1人、壮族1人。

【监督工作】年内，区人大常委会在区十七届人大常委会会议上听取区政府关于朝阳区2021年环境状况和环境保护目标完成情况的报告；听取和审议区政府关于推动中关村朝阳园发展情况的报告；听取和审议区政府关于全龄友好型公园建设工作情况的报告；听取和审议区法院关于开展民事诉讼程序繁简分流改革相关工作情况的报告；听取和审议区政府关于农村集体产权制度改革情况的报告；听取和审议区政府关于《朝阳分区规划（国土空间规划）（2017年—2035年）》实施情况的报告；听取和审议区政府关于义务教育阶段“双减”工作情况的报告；听取和审议区政府关于提高农民社会保障水平的报告；听取和审议区检察院关于开展公益诉讼检察工作情况的报告；听取和审议区政府关于实施《北京市接诉即办工作条例》情况的报告；听取和审议区政府关于实施《北京市物业管理条例》情况的报告；听取和审议区政府关于办理区十七届人大一次会议“高标准建设‘两区’，打造对外开放新高地，推进朝阳高质量发展”议案情况的报告；听取和审议区政府关于2021年国有自然资源资产管理情况的专项报告；听取区政府关于全域无隐性债务试点工作完成情况的报告；听取和审议区政府关于《〈朝阳分区规划（国土空间规划）（2017年—2035年）〉修改方案》的报告；审查和批准朝阳区2022年预算调整方案（草案）；听取和审议朝阳区2022年国民经济和社会发展计划上半年执行情况的报告；审查和批准朝阳区2021年财政决算；听取和审议朝阳区2022年财政预算上半年执行情况的报告；听取和审议朝阳区2021年预算执行和其他财政收支的审计工作报告；听取区政府落实2022年人代会、常委会关于国民经济和社会发展计划审议意见情况的报告；听取区政府落实2022年人代会、常委会关于财政预决算审议意见情况的报告；听取区政府关于朝阳区2021年预算执行和其他财政收支审计查出问题整改情况的报告；听取和审议区人大常委会执法检查组关于检查《北京市接诉即办工作条例》实施情况的报告；听取和审议区人大常委会执法检查组关于检查《北京市物业管理条例》实施情况的报告；对区应急管理局开展工作评议；对市规自委朝阳分局开展工作评议；对区退役军人事务局开展工作评议；对区园林绿化局开展工作评议；对区房管局开展工作评议；对区政务服务局开展工作评议；对区科学技术与信息化局开展工作评议；对区农业农村局开展工作评议；结合听取和审议区政府关于推动中关村朝阳园发展情况的报告开展专题询问；结合听取和审议区政府关于农村集体产权制度改革情况的报告开展专题询问；书面审议区政府关于落实区人大常委会对《朝阳区人民政府关于法治政府建设工作情况的报告》评议意见的报告、关于2021年法治政府建设情况的报告；书面审议区人大常委会法制办公室关于2021年规范性文件备案审查工作情况的报告；书面审议区政府关于落实区人大常委会对《朝阳区人民政府关于实施〈北京市促进科技成果转化条例〉情况的报告》审议意见的报告；书面审议区政府关于落实区人大常委会对《关于加快推进农村产业高质量发展，促进农村城市化建设》审议意见的报告；书面审议区政府关于落实区人大常委会对《朝阳区人民政府关于消防工作情况的报告》审议意见的报告；书面审议区政府关于2021年国有资产管理情况的综合报告；书面审议区监委关于落实区人大常委会对《朝阳区监察委员会关于绿地认建认养及公园配套用房出租专项整治监督工作情况的报告》审议意见的报告；书面审议区政府关于保障房建设情况的报告；书面审议区政府关于落实区人大常委会对《朝阳区人民政府关于继续办理“落实‘七有五性’，提高基层医疗卫生服务水平”议案情况的报告》审议意见的报告。第十七届人大常委会遵循依照法定职责、限于法定范围、遵守法定程序和寓支持于监督之中的原则，提出届内对区政府部门工作评议和部门预算审查实现全覆盖的工作目标。对区政府工作部门整体工作进行评议是创新举措，区人大常委会研究制定工作评议办法和年度实施方案，明确评议重点和工作流程，召开工作推进会和协调会。对8个部门开展工作评议，评议结果和评议意见向区委报告、向区政府反馈，得到区委肯定。部门预算审查紧扣“四问该不该”（“钱该不该花”——预算安排要与老百姓和社会的需求一致；“该不该政府花”——支出要划清政府和市场的边界；“该不该花这么多”——要以成本控制理念看紧每一笔钱；“该不该当前花”——根据轻重缓急、有保有压，最大限度提高效益），重点审查预算编制、执行、决算、审计整改、支出预算与政策衔接、重大项目支出绩效等内容。对15个部门重点开展预算审查监督，提出意见建议71条。

【备案审查】 年内，区人大常委会审查区政府报送备案的6件规范性文件，提出审查意见和建议。自2021年起，按照法律规定扩大备案审查范围，坚持“有件必备、有备必审、有错必纠”的原则，将区监察委员会、区人民法院、区人民检察院制定的规范性文件纳入备案审查范围，实现对区“一府一委两院”、乡人大规范性文件备案的全覆盖。区“一府一委两院”制定的规范性文件和乡人民代表大会作出的决议、决定，要按照规定期限和程序报送区人大常委会备案，由区人大常委会存档并依法审查处理。

【政府工作部门评议】 年内，区人大常委会首次对政府工作部门开展工作评议，制定评议办法和年度实施方案，推进届内政府工作部门评议全覆盖。对区应急管理局、市规自委朝阳分局、区退役军人事务局、区园林绿化局、区政务服务局、区房管局、区科学技术与信息化局、区农业农村局8个部门开展工作评议，评议结果均为好。

【代表工作】 年内，区人大常委会制定五年培训规划和年度培训计划，突出政治培训，坚持代表“第一课程”机制。组织代表集中线上培训1次，“小班制、专题化”培训30次，1658人次代表参加。区十七届人大一次会议期间，代表依法提出建议、批评和意见（以下简称“建议”）180件，交由区政府研究办理146件，交区法院办理1件、区检察院办理1件。超出朝阳区职权范围，转交市级有关部门研究解决32件。评选出优秀建议21件，对区政府建议办理整体工作开展满意度测评，加强办理结果监督，代表对建议办理满意率100%。召开“双月”代表座谈会6次，重点围绕区人大常委会工作及重点审议议题工作，听取46名代表的意见建议。召开代表工作例会暨家站推进会，按照“月进站、季回家、年述职”目标，指导全区代表之家运行，推进代表联络“示范站”“达标站”建设，实现选区和社区全覆盖，2815人次代表通过家站联系选民履行职责。完善网上平台运行机制，围绕市人大常委会立法工作和区人大常委会重点议题发布意见征集主题14个，通过选民留言、意见征集、活动剪影板块线上联系选民、听取民意、汇集民智，收到选民留言1923条，展示各类信息2700条。组织“聚智聚力促发展，喜迎党的二十大”代表集中联系选民月活动。1547名市、区、乡代表到家站，围绕立法草案意见征集区人大年度审议议题和人民群众关心关注的热点难点问题，密切代表与选民的联系，接待市民群众5115人次，征集意见建议11700余条。选举北京市第十六届人民代表大会代表100名，依法补选区人大代表9名。（张　萌）

重要会议

【概况】 2022年，朝阳区召开人民代表大会会议1次，区人大常委会召开常委会会议9次、常委会主任会议13次。审议议题72项，其中听取审议专项工作报告15项，听取审议计划、预算、决算、审计等报告8项。开展执法检查2项、专题询问2次、开展规范性文件备案审查7件，作出决议决定7项。任免国家机关工作人员496人次，组织宪法宣誓56人次。

【区人民代表大会会议】 11月17日至19日，朝阳区召开第十七届人民代表大会第二次会议。主要任务是选举北京市第十六届人民代表大会代表，补选朝阳区人民政府区长，决定朝阳区第十七届人民代表大会个别专门委员会主任委员人选。会议期间召开6次主席团会、3次全体会议。吴小杰当选为朝阳区人民政府区长。新当选的区政府区长与全体代表见面，并进行宪法宣誓。王东胜当选为北京市朝阳区第十七届人民代表大会教育科技文化卫生委员会主任委员，会后进行宪法

▲ 11月17日至19日，北京市朝阳区第十七届人民代表大会第二次会议召开。图为会议现场（贺舒川　摄）

宣誓。卜玉龙等100人当选为北京市第十六届人民代表大会代表。

【区人大常委会会议】 年内，区人大常委会召开常委会会议9次。2月17日，区十七届人大常委会召开第二次会议。听取和审议区政府关于区十七届人大一次会议“高标准建设‘两区’，打造对外开放新高地，推进朝阳高质量发展”议案办理工作方案的报告；听取和审议朝阳区人大常委会关于区十七届人大一次会议“高标准建设‘两区’，打造对外开放新高地，推进朝阳高质量发展”议案督办工作方案的报告；审议通过区人大常委会关于2022年代表建议、批评和意见办理工作的意见；听取和审议区政府关于2022年代表建议、批评和意见办理工作方案的报告；审议通过朝阳区人大常委会2022年工作要点（草案）；决定人事任免事项。

4月28日，召开第三次会议。听取和审议朝阳区2021年环境状况和环境保护目标完成情况的报告；审议通过区人大常委会新制定及修订的相关制度（草案）；决定人事任免事项；书面审议区政府关于落实区人大常委会对《朝阳区人民政府关于法治政府建设工作情况的报告》评议意见的报告、关于2021年法治政府建设情况的报告；书面审议区人大常委会法制办公室关于2021年规范性文件备案审查工作情况的报告；书面审议朝阳区人大常委会第二次会议被任命人员就职报告。

6月9日，召开第四次会议。决定人事任免事项。6月30日，召开第五次会议。听取和审议区政府关于推动中关村朝阳园发展情况的报告；听取和审议区法院关于开展民事诉讼程序繁简分流改革相关工作情况的报告；听取和审议区政府关于全龄友好型公园建设工作情况的报告；决定乡人大代表补选事项；审查和批准朝阳区2022年预算调整方案（草案）；决定人事任免事项；书面审议区政府关于落实区人大常委会对《朝阳区人民政府关于实施〈北京市促进科技成果转化条例〉情况的报告》审议意见的报告；书面审议区政府关于落实区人大常委会对《关于加快推进农村产业高质量发展，促进农村城市化建设》审议意见的报告；书面审议朝阳区第十七届人大常委会第三次会议被任命人员就职报告。

8月25日，召开第六次会议。对区应急管理局开展工作评议；对市规自委朝阳分局开展工作评议；听取和审议区政府关于农村集体产权制度改革情况的报告；决定市人大代表辞职事项；决定区人大代表辞职及补选事项；听取和审议朝阳区2022年国民经济和社会发展计划上半年执行情况的报告；听取和审议朝阳区2021年预算执行和其他财政收支的审计工作报告；审查和批准朝阳区2021年财政决算（草案）；听取和审议朝阳区2022年财政预算上半年执行情况的报告；决定人事任免事项；书面审议区政府关于落实区人大常委会对《朝阳区人民政府关于消防工作情况的报告》审议意见的报告。

9月22日，召开第七次会议。听取和审议区检察院关于开展公益诉讼检察工作情况的报告；对区退役军人事务局开展工作评议；对区园林绿化局开展工作评议；听取和审议区政府关于《朝阳分区规划（国土空间规划）（2017年—2035年）》实施情况的报告；听取和审议区政府关于义务教育阶段“双减”工作情况的报告；听取和审议区政府关于提高农民社会保障水平的报告；决定区人大代表辞职事项；决定人事任免事项。

10月27日，召开第八次会议。听取和审议区政府关于实施《北京市接诉即办工作条例》情况的报告、区人大常委会执法检查组关于检查《北京市接诉即办工作条例》实施情况的报告；听取和审议区政府关于实施《北京市物业管理条例》情况的报告、区人大常委会执法检查组关于检查《北京市物业管理条例》实施情况的报告；对区房管局开展工作评议；对区政务服务局开展工作评议；听取和审议区政府关于办理区十七届人大一次会议“高标准建设‘两区’，打造对外开放新高地，推进朝阳高质量发展”议案情况的报告；听取和审议区政府关于2021年国有自然资源资产管理情况的专项报告；书面审议区政府关于2021年国有资产管理情况的综合报告；听取区政府关于全域无隐性债务试点工作完成情况的报告；听取补选区人大代表情况报告，审议代表资格审查报告；决定任命区十七届人大常委会代表资格审查委员会委员事项；决定任命区十七届人大农村委员会个别委员事项；决定乡人大代表补选事项；决定区十七届人大二次会议有关事项；决定人事任免事项；书面审议区监委关于落实区人大常委会对《朝阳区监察委员会关于绿地认建认养及公园配套用房出租专项整治监督工作情况的报告》审议意见的报告；书面审议区政府关于保障房建设情况的报告；书面审议区政府关于落实区人大常委会对《朝阳区人民政府关于继续办理“落实‘七有五性’，提高基层医疗卫生服务水平”议案情况的报告》审议意见的报告；书面审议朝阳区人大常委会第六次会议被任命人员就职报告。

11月13日，召开第九次会议，决定区十七届人大二次会议有关事项。12月22日，召开第十次会议。听取和审议区政府关于《朝阳分区规划（国土空间规划）（2017年—2035年）》修改情况的报告；决定区十七届人大监察和司法委员会委员任免事项；讨论区人大常委会工作报告（草案）；对区科学技术与信息化局开展工作评议；对区农业农村局开展工作评议；听取和审议2022年度朝阳区人大代表建议、批评和意见办理及督办情况的报告，并对区政府建议办理工作进行测评；听取区人大常委会街道、地区工作委员会2022年工作报告；听取区政府关于朝阳区2021年预算执行和其他财政收支审计查出问题整改情况的报告；听取区政府关于落实2022年度人代会、常委会关于国民经济和社会发展计划审议意见情况的报告；听取区政府关于落实2022年度人代会、常委会关于财政预决算审议意见情况的报告；讨论朝阳区人民代表大会议事规则（修订草案）；

决定区十七届人大三次会议有关事项；决定人事任免事项。

【区人大常委会主任会议】 年内，区人大常委会召开主任会议13次。2月10日，召开区第十七届人民代表大会常务委员会第二次主任会议。研究通过《朝阳区人大常委会关于深入推进部门预算审查监督全覆盖的实施方案》；研究区人大常委会关于区十七届人大一次会议“高标准建设‘两区’，打造对外开放新高地，推进朝阳高质量发展”议案督办工作方案的报告，以及区政府关于区十七届人大一次会议“高标准建设‘两区’，打造对外开放新高地，推进朝阳高质量发展”议案办理工作方案的报告的有关事项；研究区人大常委会关于2022年代表建议、批评和意见办理工作的意见，以及区政府关于2022年代表建议、批评和意见办理工作方案的报告的有关事项；研究朝阳区人大常委会2022年工作要点；研究人事任免事项；决定区人大常委会第二次会议召开时间、地点、建议议题及列席人员等事项。

4月14日，召开第三次主任会议。听取区政府关于区十七届人大一次会议对国民经济和社会发展计划审查意见研究处理方案的报告；听取区政府关于区十七届人大一次会议对财政预算审查意见研究处理方案的报告；研究区人大常委会制定和修订相关制度事项；研究区人大城建环保委员会对区政府关于朝阳区2021年环境状况和环境保护目标完成情况的报告的意见和建议；研究人事任免事项；研究书面审议事项；决定区人大常委会第三次会议召开时间、地点、建议议题及列席人员等事项。6月9日，召开第四次主任会议。研究人事任免事项；决定区人大常委会第四次会议召开时间、地点、建议议题及列席人员等事项。

6月16日，召开第五次主任会议。研究区人大教科文卫委员会对区政府关于推动中关村朝阳园发展情况的报告的意见和建议；研究区人大监察和司法委员会对区法院关于开展民事诉讼程序繁简分流改革相关工作情况的报告的意见和建议；研究区人大城建环保委员会对区政府关于全龄友好型公园建设工作情况的报告的意见和建议；研究乡人大代表补选事项；研究人事任免事项；研究书面审议事项；决定区人大常委会第五次会议召开时间、地点、建议议题及列席人员等事项。

6月22日，召开第六次主任会议。研究推动中关村朝阳园发展情况专题询问工作方案；研究区人大财政经济委员会关于朝阳区2022年预算调整方案（草案）的审查结果报告；决定区人大常委会第五次会议建议议题调整事项。

8月11日，召开第七次主任会议。研究通过北京市朝阳区人大常委会代表建议、批评和意见办理工作满意度测评实施方案草案；研究通过北京市朝阳区人大常委会2022年度代表优秀建议评选工作方案草案；研究区人大社会建设委员会对区应急管理局的初步评议意见。研究区人大城市建设环境保护委员会对市规自委朝阳分局的初步评议意见；研究区人大农村委员会对区政府关于农村产权制度改革情况的报告的意见和建议；研究通过农村集体产权制度改革情况专题询问工作方案草案；研究区人大代表辞职及补选事项；研究区人大财政经济委员会关于朝阳区2022年国民经济和社会发展计划上半年执行情况的报告的意见和建议；研究区人大财政经济委员会关于朝阳区2021年财政决算草案审查结果的报告；研究书面审议事项；决定区人大常委会第六次会议召开时间、地点、建议议题及列席人员等事项。

8月23日，召开第八次主任会议。研究市人大代表辞职事项；研究人事任免事项；决定区人大常委会第六次会议建议议题调整事项。8月25日，召开第九次主任会议。通过朝阳区人大常委会关于补选区第十七届人民代表大会代表工作实施方案（草案）。9月8日，召开第十次主任会议。研究区人大监察和司法委员会对区检察院关于开展公益诉讼检察工作情况的报告的意见和建议；研究区人大社会建设委员会对区退役军人事务局的初步评议意见；研究区人大城市建设环境保护委员会对区园林绿化局的初步评议意见；研究区人大城市建设环境保护委员会对区政府关于《朝阳分区规划（国土空间规划）（2017年—2035年）》实施情况的报告的意见和建议；研究区人大教科文卫委员会对区政府关于义务教育阶段“双减”工作情况的报告的意见和建议；研究区人大农村委员会对区政府关于提高农民社会保障水平的报告的意见和建议；研究区人大代表辞职事项；研究人事任免事项；决定区人大常委会第七次会议召开时间、地点、建议议题及列席人员等事项。

9月13日，召开第十一次主任会议。研究人事任职事项。10月13日，召开第十二次主任会议。研究区人大常委会执法检查组关于检查《北京市接诉即办工作条例》实施情况的报告；研究区人大常委会执法检查组关于检查《北京市物业管理条例》实施情况的报告；研究区人大城市建设环境保护委员会对区房管局的初步评议意见；研究区人大财政经济委员会对区政务服务局的初步评议意见；研究区人大财政经济委员会对区政府关于办理区十七届人大一次会议“高标准建设‘两区’，打造对外开放新高地，推进朝阳高质量发展”议案情况的报告的意见和建议；研究区人大财政经济委员会对区政府关于《朝阳区人民政府关于朝阳区2021年度国有资产管理情况的综合报告》和《朝阳区人民政府关于2021年度国有自然资源资产管理情况的专项报告》的意见和建议；研究听取区政府关于全域无隐性债务试点工作完成情况的报告相关事项；研究代表资格审查委员会关于代表资格的审查报告；研究任命区第十七届人大常委会代表资格审查委员会委员事项；研究任命区人大农村委员会委员事项；研究乡人大代表补选事项；研究区十七届人大二次会议有关事项；研究人事任免事项；研究书面审议事项；决定区人大常委会第八次会议召开时间、地点、建议议题及列席人员等事项。

11月12日，召开第十三次主任会议，研究区十七届人大二次会议有关事项。12月8日，召开第十四次主任会议。研究区人大教科文卫委员会对区科学技术与信息化局工作的初步评议意见；研究区人大常委会工作报告（草案）；研究区人大监察和司法委员会委员任免事项；研究区人大城市建设环境保护委员会对区政府关于《朝阳分区规划（国土空间规划）（2017年—2035年）》修改情况的报告的意见和建议；研究通过2022年度优秀代表建议、批评和意见评选结果；研究区人大常委会关于2022年度朝阳区人大代表建议、批评和意见督办情况的报告；研究“听取区人大常委会街道、地区工作委员会2022年工作报告”有关事项；研究区人大农村委员会对区农业农村局工作的初步评议意见；研究“听取朝阳区政府关于朝阳区2021年预算执行和其他财政收支审计查出问题整改情况的报告”有关事项；研究“听取朝阳区政府落实2022年度人代会、常委会关于国民经济和社会发展计划审议意见情况的报告”有关事项；研究“听取朝阳区政府落实2022年度人代会、常委会关于财政预决算审议意见情况的报告”有关事项；研究朝阳区人民代表大会议事规则（修订草案）；研究区十七届人大三次会议有关事项；研究人事任免事项；决定区人大常委会第十次会议召开时间、地点、建议议题及列席人员等事项。（张　萌）

人事任免

【概况】2022年，区人大常委会依法行使人事任免权，依法任免国家机关工作人员496人次。

【人事任免事项】2月17日，区十七届人大常委会第二次会议召开。决定任命：石延刚为北京市朝阳区人大常委会办公室主任，刘勇为北京市朝阳区人大常委会法制办公室（备案审查办公室、社会建设办公室）主任，唐蕾为北京市朝阳区人大常委会财政经济办公室（预算审查办公室）主任，冷春华为北京市朝阳区人大常委会城建环保办公室主任，李洋为北京市朝阳区人大常委会教科文卫办公室主任，王宁为北京市朝阳区人大常委会代表联络室主任，付小贺为北京市朝阳区人大常委会农村办公室主任，刘亚晖为北京市朝阳区人大常委会研究室主任，李兴祥为北京市朝阳区人大常委会办公室副主任，李娟为北京市朝阳区人大常委会信访办公室主任（副处级），谭水华为北京市朝阳区人大常委会法制办公室（备案审查办公室、社会建设办公室）副主任，茋建学为北京市朝阳区人大常委会法制办公室（备案审查办公室、社会建设办公室）副主任，文晓辉为北京市朝阳区人大常委会财政经济办公室（预算审查办公室）副主任，刘欢为北京市朝阳区人大常委会财政经济办公室（预算审查办公室）副主任，米岩为北京市朝阳区人大常委会城建环保办公室副主任，韩冰为北京市朝阳区人大常委会教科文卫办公室副主任，车堃为北京市朝阳区人大常委会代表联络室副主任，张京为北京市朝阳区人大常委会农村办公室副主任。决定任命：孟凡森为区人大常委会朝外街道工作委员会主任，刘贺鹏、魏永祥为副主任，王正志、陈刚、徐爱民、李邈为委员，周建立为区人大常委会建外街道工作委员会主任，刘栋、支陆逊为副主任，李亚娟、康铧、张欣、郑长宏为委员，麻晓晖为区人大常委会左家庄街道工作委员会主任，贾宁、张立伟为副主任，周海燕、张小楠、肖军、刘文佳为委员；闫培文为区人大常委会八里庄街道工作委员会主任；熊颖、杨镓轩为副主任；宋晓江、常璐、高书鹏、祁欣为委员；时春岗为区人大常委会六里屯街道工作委员会主任，李海莲、刘运杰为副主任，王婷婷、贾俊峰、石莹、廉洁为委员，孙曙光为区人大常委会三里屯街道工作委员会主任，白少飞、孙立冬为副主任，刘俊伟、郭伟、朱柱民、王颖娜为委员，良彪为区人大常委会呼家楼街道工作委员会主任，杨志学、郜武淳为副主任，王清友、殷金凤、彭宁、王彦为委员，李亚珉为区人大常委会团结湖街道工作委员会主任，马凯、任敬东为副主任，王兆杰、程春节、刘彤、吴保社为委员，刘晓玲为区人大常委会麦子店街道工作委员会主任，刘丹、赵建国为副主任，杨晶、谷德雨、李珩迪、王建新为委员，徐宏桢为区人大常委会酒仙桥街道工作委员会主任，朱必兰为副主任，杨红月、冯静、燕艳、刘保军为委员，董云增为区人大常委会香河园街道工作委员会主任，苏凯、刘翔君为副主任，何剑雄、刘子华、白勇涛、杜素芹为委员，邢伟为区人大常委会潘家园街道工作委员会主任，张延庆为副主任，李忠、姜玮、于海宽、王天亮为委员，历广权为区人大常委会亚运村街道工作委员会主任，水伟、李云为副主任，林晓华、杨晶、王小龙、刘石均为委员，秦涛为区人大常委会和平街街道工作委员会主任，王溦、崔勇为副主任，宋来新、范春莉、马江玲、周晓蕾为委员，李容珍为区人大常委会双井街道工作委员会主任，郭孟、张杰为副主任，徐晓泉、赵敏、李新星、赵薇为委员，洪广欣为区人大常委会小关街道工作委员会主任，张健、吴世勇为副主任，陆中秋、蒋先玲、白彦、张婷为委员，杨立亭为区人大常委会垡头街道工作委员会主任，刘镇平、郑树丽为副主任，邵娜娜、杨春平、李向梅、张志武为委员，刘胜为区人大常委会劲松街道工作委员会主任，封钢、于渊莘为副主任，张玉、张强、刘雪梅、王建军为委员，杜磊为区人大常委会安贞街道工作委员会主任，郝晨刚、董晓雷为副主任，刘毅、张巧巧、张志利、葛冬梅为委员，袁自斌为区人大常委会首都机场街道工作委员会主任，马冉、郑建青为副主任，果敢、武凤民、霍岩、李富标为委员，杨晓昇为区人大常委会望京街道工作委员会主任，赵轶炜、汪涛为副主任，李巍、杨夏、吴长清、高丽萍为委员，徐继锋为区人大常委会大屯街道工作委员会主任，王海玲、高秀丽为副主任，金朵、王佼、朱迎波、薛晓慧为委员，韩军为区人大常委会奥运村街道工作委员会主任，王玉满为副主任，张鹭制、殷皓、李洋、胡海涛为委员，谷雨为区人大常委会东湖街道工作委员会主任，王国臣、王忠为副主任，田树林、高维嘉、韩丽敏、孙伯群为委员，王刚为区人大常委会来广营地区工作委员会主任，胡永峰为副主任，邢岩、王艳丽、程莉为委员，李华为区人大常委会太阳宫地区工作委员会主任，李军为副主任，徐丽萍、付玉玲、宋艳为委员，宋少伟为区人大常委会将台地区工作委员会主任，刘建军为副主任，李昆、陈震、张亚洲为委员，陈杰为区人大常委会金盏地区工作委员会主任，蒋春茂为副主任，吴静、姜琨、徐娟娟为委员，于淑杰为区人大常委会东坝地区工作委员会主任，毕宏生为副主任，王拥军、李博、穆珂为委员，蒋东燕为区人大常委会平房地区工作委员会主任，吕英为副主任，高青松、张雅彬、常君为委员，顾洪涛为区人大常委会高碑店地区工作委员会主任，李文为副主任，常艺、彭大龙、李腊梅为委员，于建国为区人大常委会南磨房地区工作委员会主任，金亚静为副主任，李念祖、张剑玲、刘长庚为委员，郝宝刚为区人大常委会王四营地区工作委员会主任，邢志新为副主任，解育才、李月武、郭雅君为委员，刘涛为区人大常委会十八里店地区工作委员会主任，杨为民为副主任，孙化臣、石红、陈婕为委员，王小红为区人大常委会小红门地区工作委员会主任，张春江为副主任，刘晋红、孙艳、张丽为委员，谷昆鹏为区人大常委会东风地区工作委员会主任，赵清志为副主任，李振东、李潇、冯峥为委员，赵歌帆为区人大常委会黑庄户地区工作委员会主任，张金生为副主任，陈立平、杨桂红、李超为委员，王立新为区人大常委会三间房地区工作委员会主任，魏强为副主任，王颖、金胜利、周颖为委员，李兴泉为区人大常委会常营地区工作委员会主任，李庆芳为副主任，刘丽娟、葛增森、张乾为委员，张军茹为区人大常委会豆各庄地区工作委员会主任，吕志为副主任，王晓桐、张帅、于萱为委员，万小兵区人大常委会管庄地区工作委员会主任，张宝崑为副主任，马全萍、薛会芹、白蕊为委员，贾恩松为区人大常委会崔各庄地区工作委员会主任，苑拓为副主任，陈明、魏媛、牛秋荣为委员，张晓宁为区人大常委会孙河地区工作委员会主任，贾哲为副主任，杨振彪、冯雪、朱静为委员。决定任命：郭勋为北京市朝阳区人民政府办公室主任，魏思源为北京市朝阳区发展和改革委员会主任，肖汶为北京市朝阳区教育委员会主任；刘佳为北京市朝阳区科学技术和信息化局局长，杨丙章为北京市朝阳区民政局局长，倪东新为北京市朝阳区司法局局长，欧晓勋为北京市朝阳区财政局局长，毕重伟为北京市朝阳区人力资源和社会保障局局长，任超为北京市规划和自然资源委员会朝阳分局局长，李泽林为北京市朝阳区生态环境局局长，张奎为北京市朝阳区住房和城乡建设委员会主任，吴熙盛为北京市朝阳区房屋管理局局长，刘炳起为北京市朝阳区城市管理委员会主任，吴选辉为北京市朝阳区交通委员会主任，路军为北京市朝阳区水务局局长，陈庆华为北京市朝阳区商务局局长，高春利为北京市朝阳区文化和旅游局局长，张瑞为北京市朝阳区卫生健康委员会主任，田志刚为北京市朝阳区退役军人事务局局长，聂宏伟为北京市朝阳区应急管理局局长，刘立新为北京市朝阳区市场监督管理局局长，战春燕为北京市朝阳区审计局局长，陶黎黎为北京市朝阳区人民政府外事办公室主任，黄宏春为北京市朝阳区人民政府国有资产监督管理委员会主任，吴晓军为北京市朝阳区体育局局长，李淑环为北京市朝阳区统计局局长，王春增为北京市朝阳区园林绿化局局长，陈峰为北京市朝阳区金融服务办公室主任，王庆丰为北京市朝阳区政务服务管理局局长，吴冰为北京市朝阳区人民防空办公室主任，易湘林为北京市朝阳区信访办公室主任，商建英为北京市朝阳区医疗保障局局长。决定任命：于良佐为北京市朝阳区监察委员会副主任，马立众为北京市朝阳区监察委员会副主任。决定免去：高大中北京市朝阳区监察委员会副主任职务，秦岳北京市朝阳区监察委员会副主任职务。决定任命：殷兵为朝阳区人民法院审判委员会委员，张健为朝阳区人民法院审判委员会委员，马骦为朝阳区人民法院审判委员会委员，欧阳华为朝阳区人民法院民事审判一庭副庭长，赵鑫为朝阳区人民法院民事审判五庭（知识产权审判庭）副庭长，付艳为朝阳区人民法院南磨房人民法庭副庭长，宋学亮为朝阳区人民法院双桥人民法庭副庭长，王巍为朝阳区人民法院温榆河人民法庭副庭长，肖华林为朝阳区人民法院亚运村人民法庭副庭长，蒙镭为朝阳区人民法院亚运村人民法庭副庭长，鞠仁为朝阳区人民法院行政审判庭副庭长，汪洋为朝阳区人民法院立案庭（诉讼服务中心）副庭长，陈锦洪为朝阳区人民法院民事审判一庭副庭长，温晓汾为朝阳区人民法院民事审判二庭副庭长，周裕财为朝阳区人民法院民事审判三庭副庭长，李珑为朝阳区人民法院民事审判四庭副庭长，谭雅文为朝阳区人民法院民事审判五庭（知识产权审判庭）副庭长，吴玲为朝阳区人民法院酒仙桥人民法庭副庭长，郝卓为朝阳区人民法院温榆河人民法庭副庭长，于婷为朝阳区人民法院望京人民法庭副庭长，张晓明为朝阳区人民法院审判员，吴青沛为朝阳区人民法院审判员，杨妮为朝阳区人民法院审判员，薛泓为朝阳区人民法院审判员，许萌为朝阳区人民法院审判员，唐大利为朝阳区人民法院审判员，哈笑棣为朝阳区人民法院审判员，毕晓宇为朝阳区人民法院审判员，张钰为朝阳区人民法院审判员，李青为朝阳区人民法院审判员，陈洁为朝阳区人民法院审判员，孙霜悦为朝阳区人民法院审判员，雒欣为朝阳区人民法院审判员，宋佳为朝阳区人民法院审判员，徐珂为朝阳区人民法院审判员，徐翔为朝阳区人民法院审判员，张帆为朝阳区人民法院审判员，黄河为朝阳区人民法院审判员，乔瑞为朝阳区人民法院审判员，毛文蝶为朝阳区人民法院审判员，刘海洋为朝阳区人民法院审判员，石艳明为朝阳区人民法院审判员，肖圣雷为朝阳区人民法院审判员，张凯华为朝阳区人民法院审判员，董欣为朝阳区人民法院审判员，高世华为朝阳区人民法院审判员，李玉强为朝阳区人民法院审判员，秦雅维为朝阳区人民法院审判员，李梦娇为朝阳区人民法院审判员，路航为朝阳区人民法院审判员，倪世欣为朝阳区人民法院审判员，刘茹为朝阳区人民法院审判员，梁远为朝阳区人民法院审判员，唐铁星为朝阳区人民法院审判员，李明磊为朝阳区人民法院审判员，袁书亮为朝阳区人民法院审判员，臧百挺为朝阳区人民法院审判员，姜真为朝阳区人民法院审判员，贾辰为朝阳区人民法院审判员。决定免去：杨兵的朝阳区人民法院审判委员会委员职务，刘鹏的朝阳区人民法院审判委员会委员职务，苏亚宁的朝阳区人民法院民事审判第五庭庭长职务，罗曼的朝阳区人民法院民事审判五庭（知识产权审判庭）副庭长职务，李轶凡的朝阳区人民法院民事审判五庭（知识产权审判庭）副庭长职务，马婧的朝阳区人民法院温榆河人民法庭副庭长职务，陈蕾的朝阳区人民法院温榆河人民法庭副庭长职务，欧阳华的朝阳区人民法院望京人民法庭副庭长职务，赵鑫的朝阳区人民法院民事审判四庭副庭长职务，付艳的朝阳区人民法院亚运村人民法庭副庭长职务，宋学亮的朝阳区人民法院民事审判二庭副庭长职务，王巍的朝阳区人民法院民事审判一庭副庭长职务，肖华林的朝阳区人民法院双桥人民法庭副庭长职务，蒙镭的朝阳区人民法院南磨房人民法庭副庭长职务，张军的朝阳区人民法院审判员职务，王振杰的朝阳区人民法院审判员职务，李清泉的朝阳区人民法院审判员职务，张亚军的朝阳区人民法院审判员职务，于爱华的朝阳区人民法院审判员职务，张华的朝阳区人民法院审判员职务，金宏的朝阳区人民法院审判员职务，宋晓莲的朝阳区人民法院审判员职务，单英夫的朝阳区人民法院审判员职务，王阳的朝阳区人民法院民事审判一庭副庭长、审判员职务，何宝明的朝阳区人民法院审判员职务，乔迪的朝阳区人民法院审判员职务，斯晓荷的朝阳区人民法院审判员职务。白云龙的朝阳区人民法院立案庭（诉讼服务中心）副庭长、审判员职务。决定任命：石晓琼、齐志杰、陈莹璐、郭一帆、蒋希茜、程涛、管成为北京市朝阳区人民检察检察员。决定免去：王俊清、张亚男、张美惠、刘丹北京市朝阳区人民检察院检察员职务。4 月 28 日，区十七届人大常委会第三次会议召开。决定任命：万小兵为北京市朝阳区人大常委会金盏地区工委主任，陈鹏为北京市朝阳区人大常委会酒仙桥街道工委副主任，马序松为北京市朝阳区人大常委会潘家园街道工委副主任，邢洁为北京市朝阳区人大常委会奥运村街道工委副主任。决定免去：良彪北京市朝阳区人大常委会呼家楼街道工委主任职务，陈杰北京市朝阳区人大常委会金盏地区工委主任职务，贾恩松北京市朝阳区人大常委会崔各庄地区工委主任职务，万小兵北京市朝阳区人大常委会管庄地区工委主任职务。决定任命：陈杰为北京市朝阳区水务局局长，连文胜为北京市朝阳区农业农村局局长，贾恩松为北京市朝阳区文化和旅游局局长。决定免去：路军北京市朝阳区水务局局长职务，高春利北京市朝阳区文化和旅游局局长职务。决定任命：宇凤为北京市朝阳区监察委员会委员，曹冲为北京市朝阳区监察委员会委员。6 月 9 日，区十七届人大常委会第四次会议召开。接受文献辞去北京市朝阳区人民政府区长职务的请求，接受朱晟辞去北京市朝阳区人民政府副区长职务的请求，决定任命：吴小杰为北京市朝阳区人民政府代理区长。6 月 30 日，区十七届人大常委会第五次会议召开。决定任命：吴勇刚为北京市朝阳区人大常委会呼家楼街道工委主任，刘伟为北京市朝阳区人大常委会管庄地区工委主任，李泽林为北京市朝阳区人大常委会崔各庄地区工委主任。决定免去：杨兵的朝阳区人民法院民事审判第一庭庭长、审判员职务，李自柱的朝阳区人民法院民事审判第三庭庭长、审判员职务，寇天功的朝阳区人民法院行政审判庭副庭长、审判员职务，刘鹏的朝阳区人民法院审判员职务，苏亚宁的朝阳区人民法院审判员职务，马婧的朝阳区人民法院审判员职务，陈蕾的朝阳区人民法院审判员职务，张琦的朝阳区人民法院审判员职务，陈静竺的朝阳区人民法院审判员职务，汪冬的朝阳区人民法院审判员职务，胡雅妮的朝阳区人民法院审判员职务，张小旭的朝阳区人民法院审判员职务，韩跃东的朝阳区人民法院审判员职务，胡东方的朝阳区人民法院审判员职务。8 月 25 日，区十七届人大常委会第六次会议召开。接受良彪、崔少飞、杨丙章、董健、陈杰、李钧、郭君、贾恩松、王颖、魏永祥等 10 名代表辞去朝阳区第十七届人民代表大会代表职务的请求，接受王冬斌辞去北京市朝阳区人民政府副区长职务的请求，决定任命：许杰为北京市朝阳区人民政府副区长；冷飞为北京市朝阳区生态环境局局长。决定免去：李泽林北京市朝阳区生态环境局局长职务。9 月 22 日，区十七届人大常委会第七次会议召开。接受陈巴黎代表辞去朝阳区第十七届人民代表大会代表职务的请求，决定任命：王东胜为北京市朝阳区人大常委会教科文卫办公室主任。决定免去：李洋北京市朝阳区人大常委会教科文卫办公室主任职务；张宝崑北京市朝阳区人大常委会管庄地区工委副主任职务；蒋春茂北京市朝阳区人大常委会金盏地区工委副主任职务；刘丹北京市朝阳区人大常委会麦子店街道工委副主任职务。决定任命：朱冰为北京市朝阳区人民政府副区长（挂职至2023年9月）。决定任命：杜辰辰为朝阳区人民法院审判员；邱堃为朝阳区人民法院审判员；陈逢源为朝阳区人民法院审判员。决定免去：许承斌朝阳区人民法院奥运村人民法庭副庭长、审判员职务；辛祖国朝阳区人民法院刑事审判庭副庭长、审判员职务；万兵朝阳区人民法院刑事审判庭副庭长职务；程立武朝阳区人民法院民事审判二庭副庭长、审判员职务；刘燕朝阳区人民法院民事审判四庭副庭长、审判员职务；李方朝阳区人民法院金融审判庭副庭长、审判员职务；李默蕳朝阳区人民法院民事审判四庭副庭长、审判员职务；刘毅朝阳区人民法院审判员职务；谭乃文朝阳区人民法院审判员职务；李瑶瑶朝阳区人民法院审判员职务。10月27日，区十七届人大常委会第八次会议召开。决定任命：徐华东为北京市朝阳区人大常委会办公室副主任。11月13日，区十七届人大常委会第九次会议召开。12月22日，区十七届人大常委会第十次会议召开。决定任命：李洋为朝阳区第十七届人民代表大会监察和司法委员会委员。决定免去：王东胜朝阳区第十七届人民代表大会监察和司法委员会委员职务。决定任命：易湘林为北京市朝阳区人大常委会安贞街道工委主任。决定免去：杜磊北京市朝阳区人大常委会安贞街道工委主任职务。决定任命：王丽英为朝阳区人民法院民事审判三庭庭长；崔立斌为朝阳区人民法院民事审判二庭庭长；罗曼为朝阳区人民法院民事审判五庭（知识产权审判庭）庭长；矫辰为朝阳区人民法院南磨房人民法庭庭长；李甲军为朝阳区人民法院王四营人民法庭庭长；李清华为朝阳区人民法院亚运村人民法庭庭长；陈洁为朝阳区人民法院奥运村人民法庭庭长；阚道祥为朝阳区人民法院审判员。决定免去：朱旭晖朝阳区人民法院刑事审判第二庭庭长职务；朱军巍朝阳区人民法院行政审判庭庭长职务；李有光朝阳区人民法院民事审判第二庭庭长职务；申红朝阳区人民法院双桥人民法庭庭长职务；全军朝阳区人民法院温榆河人民法庭庭长职务；鲁曼朝阳区人民法院民事审判第四庭庭长职务；李全胜朝阳区人民法院执行第三庭庭长职务。罗丽朝阳区人民法院王四营人民法庭庭长职务；刘鹏朝阳区人民法院少年审判庭庭长职务；王丽英朝阳区人民法院亚运村人民法庭庭长职务；矫辰朝阳区人民法院民事审判第一庭副庭长职务；崔立斌朝阳区人民法院民事审判第四庭副庭长职务；李甲军朝阳区人民法院温榆河人民法庭副庭长职务；杨继雅、胡金伟、禹雷、栾荟朝阳区人民法院审判员职务。（张　萌）

议案办理和信访受理

【概况】 2022年，区十七届人大一次会议将涉及“两区”建设方面的10件议案合并，确立“高标准建设‘两区’，打造对外开放新高地，推进朝阳高质量发展”议案（以下简称“两区”议案）。常委会把“两区”议案作为推动朝阳区贯彻落实中央决策部署、发挥国际化优势、促进经济提质升级的重要举措，高站位统筹、高标准督办、高质量推进。成立议案督办工作组，建立常态化信息通报机制，召开10次推进会，加强对督办工作的统筹调度。紧盯政策制度创新、重点项目落地、营商环境优化等重点，对商务中心区、金盏国际合作服务区和中关村朝阳园三大核心承载区开展三轮视察，人大代表130人次参加视察座谈。发挥第三方研究机构专业优势，深化调查研究，为议案督办提供参考意见。议案督办工作推动实施一系列先行先试政策，吸引落地一批重大项目，增强重点园区示范和带动作用。

【代表建议办理实效提升】 年内，区人大常委会创新开展代表建议办理满意度测评、优秀代表建议评选“两评”工作，常委会第七次主任会议研究通过《北京市朝阳区人大常委会代表建议、批评和意见办理工作满意度测评实施方案》和《北京市朝阳区人大常委会2022年度代表优秀建议评选工作方案》。评出优秀代表建议21件，对区政府建议办理工作开展满意度测评，代表对建议办理工作满意率100%。十七届人大一次会议以来提出并交“一府两院”办理的164件代表建议全部办复，推动和解决关于社区卫生服务中心建设、部分地区市政用水改造等群众反映强烈的问题。

【“两区”议案督办】 年内，区十七届人大将“高标准建设‘两区’，打造对外开放新高地，推进朝阳高质量发展”确立为届首之年大会议案。区人大常委会强化跟踪办理，组织召开工作推进会、专题座谈会等，定期调度推进议案办理工作，建立常态化信息通报机制，区政府有关部门每周向议案督办工作组通报“两区”建设进展情况。聚焦督办重点，紧盯政策制度创新、重点任务项目落地、营商环境持续优化、招商引资工作成果和重点园区建设五个督办重点，组织人大代表到CBD、金盏国际合作服务区和中关村朝阳园开展三轮视察，并听取各方意见，了解园区建设成绩及存在的问题短板，以问题为导向强化督办力度。坚持“议题调研课题化”，探索议题审议与课题研究结合点，成立专项课题组，与北京方迪经济发展研究院合作研究形成《关于朝阳区高质量推进“两区”建设的研究报告》，并组织召开课题中期评审会，为区人大常委会审议“两区”议案办理情况报告提供参考意见。

【信访受理】 年内，区人大常委会受理各类信访268件次，比上年增长6%。其中，来访102批次124人，比上年下降24%；来信166件，比上年增长41%。办理区人大常委会领导信访件25件，比上年增长79%。（张　萌）

代表活动

【概况】 2022年，区人大常委会坚持代表主体地位，按照“巩固基础、完善制度、提质增效”工作思路，加强服务保障和监督管理，制定代表履职五年培训规划和年度培训计划，利用信息化平台促进代表知情之政，结合议题监督，开展“小班制、专题化”学习视察，提高代表履职能力；健全家站网“三位一体”平台机制和线上线下“双轮驱动”工作体系，密切联系代表和群众；不断完善办理体系，增强代表建议办理实效，完善代表监督管理机制，促进代表行使好人民赋予的权力。加强市人大朝阳团代表的服务保障工作。

【代表集中活动】 7月19日，区人大常委会采取视频会议集中传达和线下分组讨论的形式开展代表年中集中活动。会上，通报区政府2022年上半年经济社会发展情况以及区人大常委会2022年上半年工作情况，代表们围绕疫情防控、民生保障、城市治理、中小企业复工复产、营商环境、社区建设、教育公平、交通出行、农村产业发展等方面提出意见建议，交区政府工作参考；围绕新任代表履职培训、基层立法联系点建设、议案议题督办等方面提出意见建议，交区人大办事机构工作参考。全体会后以区人大常委会各街道（地区）工委为组召开分组会议，对区政府、区人大工作提出意见建议。区人大常委会主任陈宏志主持，代区长吴小杰，区人大常委会副主任张克斌、赵红伟在主会场出席，区委常委、政法委书记暴剑，区法院院长龚浩鸣，区检察院检察长马天博以普通代表身份在所在选区参加活动。12月23日，区人大常委会采取视频会议和分团会议相结合的方式组织第十七届人大第三次会议会前代表集中活动。会上，代表们听取区政府关于办理区第十七届人大第一次会议议案情况及代表建议、批评和意见情况的汇报，通报2022年度代表建议办理满意度测评情况及优秀代表建议、批评和意见评选情况。在分团会议上，各代表团按照会议安排推选各代表团团长，讨论区第十七届人大第三次会议议程（草案）、大会主席团和秘书长名单（草案）、议案审查委员会名单（草案）。代表们讨论准备提请区第十七届人大第三次会议审议的区政府工作报告、区国民经济和社会发展报告、区财政报告、区人大常委会工作报告、区法院工作报告、区检察院工作报告等各项工作报告（草案），并提出意见建议。会议部署征集代表询问活动意向事项，传达关于向区十七届人大第三次会议提出议案及建议、批评和意见的注意事项。区人大常委会主任陈宏志主持，区委常委、常务副区长崔小浩，区人大常委会副主任张克斌、赵红伟、宝月凤出席。区委常委、政法委书记暴剑，区法院院长龚浩鸣以普通代表身份在所在街乡参加活动。

【读书班活动】 8月8日至10日，区人大常委会组成人员读书班开班。中央党校和市委党校的专家围绕《习近平谈治国理政》第四卷、市第十三次党代会精神等内容作专题辅导报告，常委会组成人员考察调研朝阳区对口支援密云区建设和密云区新农村产业发展情况。常委会组成人员围绕学习贯彻习近平重要讲话精神、市第十三次党代会精神，常委会组成人员履职以及推进此届常委会工作进行讨论交流。区人大常委会党组书记、主任陈宏志出席并作开班动员，党组成员、副主任赵红伟主持会议，常委会委员参加读书班。

【“代表集中联系选民主题月”暨“万名代表下基层”活动】 8月8日至19日，按照市人大常委会统一部署，区人大常委会组织各人大街道、地区工委开展“聚智聚力促发展，喜迎党的二十大”代表集中联系选民主题月暨“万名代表下基层”活动，利用人大代表之家、代表工作室和代表工作室网上平台，通过“家站”座谈与视察调研相结合、线上线下相结合的方式，践行全过程人民民主，促进代表密切联系群众，促使代表履职发挥作用。围绕《北京市城市更新条例（草案）》和《北京市节水条例（草案）》开展立法征求意见建议工作。市人大常委会主任李伟，市委常委、统战部部长游钧，市委常委、副市长靳伟，市人大常委会副主任张清等市领导以普通代表身份到朝阳区征求意见建议。区委书记文献，区人大常委会主任陈宏志，区政协主席王旭到代表“家站”参加活动，黄晓伟、赵立军、张克斌、赵红伟、宝月凤、叶青、龚浩鸣等区领导参加活动或提出书面意见。区人大常委会各街道、地区工委围绕《北京市城市更新条例（草案）》《北京市节水条例（草案）》，区委中心工作、区政府重点工作和区人大常委会2022年涉及民生的议案督办、议题审议等内容，组织市区乡人大代表，利用代表“家站”平台，开展代表联系选民和立法征求意见活动。活动期间，有81名市人大代表、415名区人大代表，1051名乡人大代表共1547人参加活动，组织集中视察49次、代表进家进站237次，5115名市民群众参加活动，收集意见建议11700余条，收集朝阳区实施《北京市物业管理条例》情况调查问卷1999份、朝阳区义务教育阶段“双减”情况调查问卷2013份。

【“双月”代表座谈会】 年内，区人大常委会召开6次“双月”代表座谈会。区人大常委会党组书记、主任陈宏志，副主任张克斌、赵红伟、宝月凤等到街、乡代表之家，围绕常委会工作、朝阳“两区”建设、科创中心建设、统筹推进疫情防控和经济社会发展，结合区人大常委会审议的“朝阳区2021年环境状况环境保护目标完成情况”“关于中关村朝阳园发展情况”“关于农村产权制度改革情况”等议题以及“高标准建设‘两区’，打造对外开放新高地，推进朝阳高质量发展”大会议案等听取代表意见建议。 （张　萌）

专门委员会工作

【概况】 2022年，区人大常委会设监察和司法委员会、社会建设委员会、财政经济工作委员会、城建环保工作委员会、教科文卫工作委员会、农村工作委员会6个专门委员会。各专门委员会根据工作职责，强化专委会督办功能，督办与议题调研、代表视察、执法检查相结合，提高建议督办针对性和专业性。（张　萌）

【监察和司法委员会】　年内，区人大常委会召开监察和司法委员会（扩大）会议3次，审议议题6项，完成4项区人大常委会会议议题的调研准备，督办代表建议4件；协助市人大常委会开展执法检查1项；协助开展8项立法调研和立法征求意见工作；开展各类线上线下视察调研活动17次，参加代表209人次。完成监察和司法专业代表小组组建工作，审议通过区人大监察和司法委员会工作办法（试行）。加强对“一府一委两院”专项工作的监督。承担区人大常委会听取和审议区法院民事诉讼程序繁简分流改革工作报告的组织实施工作；承担区人大常委会听取和审议区检察院开展公益诉讼检察工作报告的组织实施工作；跟踪监督区政府落实区人大常委会对区政府法治政府建设专项工作的评议意见；跟踪监督区监委落实区人大常委会对区监委绿地认建认养及公园配套用房出租专项整治监督工作报告的审议意见。委员会办公室依法组织开展规范性文件备案审查，做到“有件必备、有备必审、有错必纠”，落实向区人大常委会专项报告备案审查工作制度。开展对联系部门公安朝阳分局、区司法局的预算初审。协助开展全国人大常委会法工委区人大常委会基层立法联系点相关工作，完成公司法（修订草案）等7部法律征求意见和反电信网络诈骗法修改调研工作，收集立法意见建议1030条，向全国人大常委会法工委提出意见建议751条。协助市人大常委会开展《北京市非机动车管理条例》执法检查。（路应涛）

【社会建设委员会】　年内，区人大常委会召开社会建设委员会会议7次，审议议题10项；开展专项调研1项；审查规范性文件3件；组织委员、代表开展立法征求意见活动3次；线上线下开展视察、调研、执法检查、征求意见、问卷调查等活动12次；协助市人大常委会开展执法检查1项、专题调研1项。组建新一届妇女代表小组，制定妇女代表小组工作规则，为发挥妇女代表“半边天”作用、提高人大监督社会建设领域工作水平增强组织保障。协助区人大常委会开展《北京市接诉即办工作条例》执法检查；协助区人大常委会对区应急管理局、区退役军人事务局开展部门工作评议；跟踪督办区政府落实区人大常委会关于消防工作的审议意见情况；开展劳动争议调解仲裁工作专项调研；围绕《妇女权益保障法》修订工作开展两轮征求意见工作；对《中华人民共和国预备役人员法（草案）》开展征求意见；组织开展对区民政局、区人力资源和社会保障局的部门预算审查。（周华阳）

【财政经济工作委员会】　年内，区人大常委会财经办完成区人代会、常委会和主任会议题20项，包括人代会议题2项、常委会议题14项、主任会议题4项。其中，审议预算编制、执行、调整和决算等相关议题8项；审议计划编制、执行相关议题4项；审议审计工作报告相关议题2项；审议国有资产管理相关议题2项；审议大会议案相关议题3项；评议区政务服务局部门工作相关议题1项。组建新一届财经代表小组，小组成员18人。组织财经顾问的续聘并择优选聘第三方机构。加强资金使用绩效监督，选取部分项目开展全过程绩效管理监督，参与绩效评价会，推动财政资金发挥最大效益；将重点支出和重大投资项目列为重点监督内容，贯穿到预算审查监督全过程开展专题审议，重点审议执行率低的项目；制定《朝阳区人大常委会2022年政府债务审查监督工作安排》，专题听取政府债务情况报告，参与对债券资金项目的绩效评估，落实常委会党组一年两次听取区政府全口径债务情况报告相关工作；开展街道系统财政体制专题调研，分析24个街道财政数据，形成《关于街道财政体制情况的调研报告》。学习贯彻《北京市国民经济和社会发展计划审查监督条例》，将关于计划编制、执行、调整的重点要求和关键环节通报政府相关部门；坚持“月度+季度”分析机制，借助人大预算联网监督系统，持续开展经济形势分析研判，特别是重点指标任务完成情况和影响因素的分析。组织委员代表到马家湾湿地、萧太后河、坝河实地考察，召开专题座谈会，听取市规划自然资源委朝阳分局、财政局等重点部门工作汇报。同时，借鉴北京市及其他区人大常委会开展国有自然资源资产监督经验，吸纳委员代表意见。完成区金融办、区国资委及区统计局三个部门的预算审查监督工作，并配合其他委室完成相关部门预算审查监督工作。研究制定《朝阳区人大常委会关于深入推进部门预算审查监督全覆盖的实施方案》，确定届内部门预算审查监督工作安排，明确五年工作任务。聘请第三方专业工作机构为开展部门预算监督提供服务；召开2023年部门预算审查监督工作部署会，通报2023年部门预算草案编制工作要求及审计发现问题。建立各专委会联络员机制，开展培训，梳理部门预算草案预审工作流程。参加专门委员会预审会议，提供财经监督专业服务。掌握各专委会预审情况，吸纳意见为区级预算草案初步审查提供支撑。组织委员代表调研区政务服务局并召开专题座谈会，听取部门工作情况汇报及委员代表意见建议，对区政务服务局工作开展初评。分解2022年度接受评议的8个政府部门涉及的2020—2021年度审计查出问题清单，提供给相关委室。负责督办13件代表建议。在初审会、座谈会、视察调研中听取委员代表的意见建议，全年采纳意见建议220余条。针对《中华人民共和国反垄断法》《中华人民共和国公司法》《中华人民共和国监督法》《北京市数字经济促进条

例》等修法、立法工作向委员代表征询意见。（张　铮）

【城建环保工作委员会】 年内，区人大常委会城建环保工作委员会督办常委会监督议题6项，其中法定议题3项、专项议题1项、执法检查1项、书面审议议题1项。配合市人大常委会完成立法调研1项、立法征求意见2项、执法检查1项；督办代表建议71件；召开专委会9次。完成城建环保专业代表小组组建工作。完成区人大常委会“听取和审议区政府关于2021年度环境状况和环境保护目标完成情况的报告”议题督办工作；完成“听取和审议区政府关于实施《朝阳分区规划（国土空间规划）（2017年—2035年）》情况的报告”议题督办工作；完成“听取和审议区人民政府关于《朝阳分区规划（国土空间规划）（2017年—2035年）》修改情况的报告”议题督办工作；完成“听取和审议区政府关于全龄友好型公园建设工作情况的报告”议题督办工作；对区政府实施《北京市物业管理条例》情况开展执法检查；完成书面审议区政府落实区人大常委会对《朝阳区人民政府关于保障房建设情况的报告》审议意见情况相关工作；完成对规自委朝阳分局、区园林绿化局、区房管局3个部门工作评议；完成对区园林绿化局和区生态环境局预算初审。协助区人大常委会做好市、区、乡三级人大代表网络监督城市管理平台运行工作；协助市人大常委会开展《中华人民共和国环境保护法》执法检查、城市更新立法调研、《北京市住房租赁条例（草案二次审议稿）》修改征求意见及《北京市土壤污染防治条例（草案）》征求意见等工作。统筹疫情防控和监督工作，创新推进“云视察”。重要监督议题均邀请专家参与到监督过程中。（李沛鸽）

▲ 9月2日，区人大常委会围绕开展“双减”工作调研　（贺舒川　摄）

【教科文卫工作委员会】 年内，区人大教科文卫委员会召开委员会会议4次，协助区人大常委会审议议题4项，开展专项调研6次，组织市、区人大代表191人次参加相关活动。组建教育、科技、文化、卫生4个专业代表小组。协助常委会开展中关村朝阳园发展情况、义务教育阶段“双减”工作情况2项议题调研，协助常委会书面审议区政府关于落实北京市促进科技成果转化条例和继续办理基层医疗卫生议案情况审议意见的报告。完成区教委、区卫生健康委、区科学技术与信息化局、中关村朝阳园管委会4家年度重点监督预算单位的2022年财政预算执行情况和2023年预算编制情况的初审。分类督办28件人大代表建议。协助市人大常委会开展《北京市公共文化服务保障条例（草案）》《北京市数字经济促进条例（草案）》《关于京津冀协同推进大运河文化保护传承利用的决定（草案）》3项地方性法规立法修法意见征求工作。（邢浩铭）

【农村工作委员会】 年内，区人大常委会农村工作委员会召开农村委员会（扩大）会议6次，提请常委会会议听取和审议（书面审议）工作报告3项，开展专题询问1次，开展工作评议1次；组织委员和市、区人大代表开展视察调研10次，参加委员和代表352人次，督办代表建议10件。完成农村代表小组组建工作。协助区人大常委会听取和审议区政府“关于朝阳区农村集体产权制度改革情况的报告”和“关于提高农民社会保障水平的报告”议题的督办工作，并就农村集体产权制度改革组织专题询问。监督区政府继续办理“加快推进农村产业高质量发展，促进农村城市化建设”议题，完成对区农业农村局、水务局预算初审工作，完成对区农业农村局工作评议准备工作。指导各乡人大在推进乡域中心任务、功能疏解、环境整治、实现农村城市化等重点工作过程中发挥作用。（刘丛源）

朝阳区人民政府

综　述

【概况】 2022年，北京市朝阳区人民政府（简称“区政府”）以习近平新时代中国特色社会主义思想为指导，统筹疫情防控和经济社会发展，统筹发展和安全。坚持首善标准,完成党的二十大、北京冬奥会和冬残奥会、服贸会、全球数字经济大会等服务保障工作。坚持人民至上、生命至上，落实“四早”要求,压实“四方责任”。聚焦聚力“五子”联动，着力稳预期、扩需求、优结构。实施城乡融合发展三年行动计划，组建城市化工作专班，为加快城市化步伐奠定基础。坚持民有所呼、我有所应，在更好满足“七有”“五性”需求中提升为民服务水平。压紧压实各方责任，加强风险防范化解，安全保障能力持续提升。聚焦“两区”建设、接诉即办、城市化等重点工作，全年办理区人大代表议案1件、建议162件，办理区政协提案319件。深化法治政府建设，建成全市首家区政府行政复议受理中心。完成国企改革三年行动任务，组建朝阳文旅、科技和城市发展集团公司。加强财政追加资金管理，“三公”经费缩减1.8%。完善“三重一大”决策制度，建立审计整改和成果运用长效机制。聚焦重点领域、重要部门、关键岗位，加强廉政风险防控。强化督促检查和绩效管理，保障各项任务高效落实。强化金融风险防控，落地全市首个数字人民币资金存管新模式，全面清退挂账P2P网贷平台。化解中央交办的重复信访事项99.2%。刑事犯罪案件比上年下降23%，群众安全感指数保持在98%以上。实现地区生产总值7911.2亿元，按不变价格计算，比上年增长0.7%。完成一般公共预算收入503亿元，比上年下降7.4%。社会消费品零售总额3179.8亿元，比上年下降10.5%。完成固定资产投资（不含农户）1147.7亿元，比上年增长13%；实际利用外资63.1亿美元，比上年增长32.1%；进出口总额1.81万亿元，比上年增长24.8%，占全市49.8%。

【重大活动服务保障】 年内，朝阳区作为“双奥之城”主承载区，北京冬奥会、冬残奥会赛时运行期间，建立工作体系，区四套班子主要领导任指挥长，组织245家单位、16万余人参与服务保障，发动志愿者5万余人次，完成涉及区内11家竞赛和非竞赛场馆、5个交通场站、85家酒店驻地服务任务，保障冬奥会、冬残奥会开闭幕式安全有序运行，实现“零感染、零破环、零事故”目标，6个集体和2名个人荣获党中央、国务院表彰。迎接宣传学习贯彻党的二十大为全区首要政治任务，融合国庆佳节布置城市景观，用好各类媒体资源，组织“朝阳这十年”等主题活动和宣传报道。开展安全生产、环境整治“百日攻坚行动”，全方位抓好环境提升、交通疏导、安保维稳，构筑群防群治严密防线，保障城市平稳运行。

【疫情防控】 年内，朝阳区主动应变提升新冠疫情防控能力，坚持第九版、落实“二十条”、执行“新十条”，高位高频调度，推进分区分级防控，健全公共卫生应急体系，夯实社区（村）防控基础，推动疫苗应接尽接，统筹调动各方资源，加大政府和商业物资储备，推动保供网点应开尽开，为居家群众免费提供蔬菜包20万份，为快递外卖配送人员提供“白名单”服务，保障占全市25%的快递订单和40%的外卖订单配送畅通。完善分级诊疗机制，破解线上医保结算难题，增加救护车组和ICU床位，挖掘渠道采购退热、止咳、抗病毒、抗生素“四类药”，动员具备条件的医疗机构开设发热门诊，总量占全市23%。保障老幼病残孕等重点群体需求，解决核酸检测、求医问药、居家诊疗等实际问题。

【市场主体稳步发展】 年内，朝阳区落实国家和市级助企纾困政策措施，聚焦企业发展痛点难点，制定实施区级政策措施，新增减税降费79.7亿元，完成留抵退税206.6亿元，缓缴社保费33.8亿元，帮助企业获得贷款44.7亿元，为中小微企业减免房租10.3亿元。多措并举促进消费回暖复苏，推动地铁14号线商业带建设，引入北京国际咖啡交易中心，启动朝外大街升级改造,北投购物公园、望京凯德MALL（购物中心）二期开业运营。落实市级5.0版改革措施，推行证明事项和涉企经营许可事项告知承诺制，获评北京市营商环境创新示范区。开展企业大走访，主动送政策、解难题，全年投入产业支持资金46.4亿元，新设市场主体2.7万家、总量保持全市首位。11家企业在境内外上市，跨国公司地区总部增至145家。

【“两区”建设】 年内，朝阳区聚焦制度创新、项目落地持续发力，突破性、示范性亮点达到60个，三里屯太古里入选首批国家级旅游休闲街区，人力资源服务产业园朝阳园区成为国家首批人力资源服务出口基地。CBD核心区地下公共空间结构封顶，500千伏变电站启动施工，全市首个“B&R·RCEP创新服务中心”落地，国投人力等43个重点企业入驻。金盏国际合作服务区中区街区控规加快编制，平行进口车试点平台获批。中关村朝阳园在全市唯一入选国家首批地理信息服务出口基地。

【数字经济创新发展】 年内，朝阳区编制科技创新与数字经济行动方案，启动中关村朝阳园体制机制改革，谋划核心产业发展方向。发布全国首个人工智能技术与企业评级共识体系，在CBD成立跨国企业数据流通服务中心和贸易科技联盟、建成国内首个L4级别高精度城市级数字孪生平台，电子城光电芯片封测验证平台正式启用。加快建设高质量国际创业投资集聚区，落地全市首个“数字人加速器”。强化国家文创实验区引领作用，支持数字文旅、网游电竞等新业态发展，数字文化产业收入增长11.5%。信息服务业、商务服务业、科技服务业营业收入规模均超千亿元。

【“疏解整治促提升”专项行动】 年内，朝阳区聚焦金盏等重点区域，开展拆违攻坚行动，拆除建筑面积141万平方米、腾退土地129万平方米，留白增绿74万平方米。开展桥下空间、施工围挡、雨污管线错接混接等综合整治，实现“揭网见绿”1189万平方米，完成量居全市首位。以提促疏、以提促治，建设提升基本便民服务网点67个，背街小巷环境精细化整治提升三年行动全面收官。

【农村城市化建设】 年内，朝阳区分类明确46个村、6个平房片区城市化路径，制定7.8万名农民整建制转居实施方案。7个产业项目规划手续通过市级联审，东坝商业中心、将台F地块实现开工。黑庄户郎辛庄等2个集租房项目、孙河康营四期等3个安置房项目竣工。全市首个应用“新四合”（用地整合、功能组合、空间围合、高低结合）理念项目孛旺花园一期按期交付。

【农村农业发展】 年内，朝阳区深入落实“藏粮于地”战略，完成4100亩耕地复耕复垦，1.55万亩耕地保有量达到耕种条件，推进6500亩耕地储备区、5000亩耕地后备资源划定工作。全年粮食、蔬菜播种面积1万亩，产量8800吨。综合整治横街子村、安家楼村等区域，巩固美丽乡村建设成果。建成朝来农艺园、郎枣园国家数字农业创新应用基地，形成设施农业数字化改造的“朝阳样板”。

【生态空间拓展】 年内，朝阳区以钉钉子精神打好污染防治攻坚战，$PM_{2.5}$年均浓度31微克/米^3，比上年下降8.8%。完成城乡水环境治理三年行动任务，8个国考和市考断面水质稳定达标、优Ⅲ比例首次达到100%，坝河滨水空间一期（使馆区东区段）建成开放，亮马河国际风情水岸通航工程延伸至6公里、入选全市高质量发展十大经典案例。在全市率先探索公园城市建设，朝阳绿道望京环至朝阳站段26公里基本贯通，元大都城垣遗址公园等43个公园实现开放式管理。温榆河公园朝阳段一期正式开园，4个全龄友好型公园完成改造，全区公园绿地面积达到全市1/6。

【城市建设治理】 年内，朝阳区加快智慧城市2.0建设，落地应用“京通”“京办”终端。危旧楼改建试点项目建外光华里5、6号楼回迁入住，7个城市更新项目获评市级“最佳实践”和“优秀案例”。王化路等21条主次干路、支路开工，通久路等10条道路竣工，亮马河北路完成立项评估。长安街延长线、通惠河（高碑店段）景观照明工程完工，北京朝阳站周边环境全面提升。充实社区工作者队伍，“社区成长伙伴计划”被评为全国基层治理创新典型案例。健全“接诉即办”“自办+行业”双考核、诉求“双派遣”等工作机制，推进“每月一题”专项治理，12345市民服务热线诉求解决率94.6%，满意率94.2%。

【公共服务】 年内，朝阳区开发就业岗位8.8万个，应届高校毕业生就业率96.5%，城镇登记失业率控制在3.8%以内。全年新增各类学位5700个，北京中学教育集团挂牌成立、东泽校区投入使用，2个“双减”（有效减轻义务教育阶段学生过重作业负担和校外培训负担）工作案例获评全国优秀，朝阳区成为全国首批义务教育优质均衡先行创建区。推进朝阳医院常营院区、安贞东方医院建设，区妇幼保健院北院区实现开诊。新增养老驿站17家、床位1021张。区档案馆新馆建成，永通桥保护修缮工程完成主体修复，朝阳区在国家公共文化服务体系示范区创新发展复核中获优秀等次。工人体育场完成改造复建。各类保障性住房竣工1.6万套，老旧小区综合整治156万平方米，老楼加装电梯开工416部，解决4万套房屋产权证办理难题。酒仙桥旧城区改建项目启动，化石营旧城区改建项目征收预签约率30天达到100%。

【安全生产专项整治】 年内，朝阳区完成安全生产专项整治三年行动，非居民液化气用户清零，为20万居民用户免费安装天然气安全型配件。消除燃气管线占压隐患1514处。新建电动自行车充电接口7.2万个，占全市20%。开展自建房安全“三合一”（集生活、经营、仓储多种功能于一体）专项整治，完成经营性自建房重大安全隐患排查。推进街乡防火委实体化运行，全年火灾事故起数比上年下降9.3%。生产安全事故起数比上年下降23.5%，死亡人数比上年下降30.4%。

（杨学良）

重要会议

【概况】 2022年，区政府召开全体会议1次、常务会议11次、区长办公会议26次。

【区政府全体会议】 2月14日，区政府召开2022年全体会议，学习贯彻党的十九大和十九届历次全会精神，落实市委、市政府决策部署和区第十三次党代会、区两会工作要求，部署全年各项工作。区委副书记、区长文献主持会议并讲话。会议要求提高政治站位，始终做到一切服从大局、一切服务大局；强化责任担当，全力推动各项任务落地落细；注重作风建设，持续提高政府行政效能。

【区政府常务会议】 年内，区政府召开常务会议11次。研究2021年全区市民热线、市容环境、垃圾分类、打击违法建设、安全生产、信访、食药安全、环境保护、环保督察等工作情况及下一步工作安排，2022年区政府工作报告重点工作分工方案编制工作，区十七届人大一次会议议案、代表建议和区政协十四届一次会议政协提案办理方案。报审朝阳区"十四五"时期交通发展规划、中关村朝阳园发展规划、城乡融合发展三年行动计划，报审《朝阳区新一轮百万亩造林绿化行动计划2022年度项目建设工作方案》。报审《朝阳区人民政府关于2021年环境状况和环境保护目标完成情况的报告》。报审《朝阳区人民政府关于推动中关村朝阳园发展情况的报告》，报审《朝阳区人民政府关于全龄友好型公园建设情况的报告》，报审《朝阳区统筹疫情防控和稳定经济增长的实施方案》。报审朝阳区国家森林城市创建工作报告，深化中关村朝阳园体制机制改革促进朝阳区科技创新发展，报审《朝阳区法治政府建设白皮书（2021）》。报审《朝阳区重大投资项目规划谋划工作方案》，报审朝阳区加强社会主义法治文化建设实施方案，迎接北京市第二轮生态环境保护督察。报审朝阳区义务教育阶段"双减"工作情况报告。报审《北京市朝阳区粮食安全责任制实施方案》及《2022年度朝阳区落实粮食安全责任制考核评分表》，报审区政府关于实施《北京市物业管理条例》情况报告，报审区政府关于实施《北京市接诉即办工作条例》情况报告，报审朝阳区整建制农转居工作实施方案，报审《北京市朝阳区"十四五"时期知识产权发展规划》，报审朝阳区2022年安全生产督察情况报告，组建朝阳文旅集团、朝阳科技集团和朝阳城市发展集团公司。研究2023年政府工作报告起草情况，2023年重要民生实事项目编制情况，2022年国民经济和社会发展计划执行情况与2023年国民经济和社会发展计划草案报告有关情况，报审《朝阳区关于进一步帮助市场主体纾困解难的若干措施》。

【区长办公会议】 年内，区政府召开区长办公会议26次。研究报审朝阳区"十四五"时期教育发展规划、应急管理事业发展规划、水务发展规划、绿化发展规划、国家文化产业创新实验区发展规划。报审亮马河旅游通航延伸工程方案。研究报审《朝阳区人民政府2021年法治政府建设年度情况报告》，报审第二届"凤鸣计划"企业评选结果。研究报审《朝阳区进一步深化教育教学改革全面提高教育质量工作方案》。研究报审朝阳区深化促进家政服务业提质扩容"领跑者"行动三年实施方案（2021—2023年），报审朝阳区2021年支援合作工作总结及2022年支援合作工作要点，报审《朝阳区城市公园开放（试点）实施方案》。研究报审《关于建设高质量国际创投集聚区工作方案》。研究报审轨道微中心东风站地下空间结构预留方案及实施模式。研究报审《朝阳区关于继续加大中小微企业帮扶力度加快困难企业恢复发展的若干措施》。研究报审《朝阳区城市更新行动计划（2021—2025年）》，研究朝阳绿道（望京环—朝阳站）绿化设计方案、北小河（京承高速路至五环路段）滨水空间建设工程方案、酒仙桥旧城区改建项目实施方案。研究报审朝阳区2022年道路建设计划，报审朝阳大悦城周边区域交通综合治理工程方案。研究报审《朝阳区2022中关村论坛服务保障工作方案》。研究报审2022北京CBD国际商务节策划方案，报审朝阳区"城市智慧大脑"相关项目方案。研究报审《朝阳区农村城市化专班工作方案》。研究报审《朝阳区"十四五"时期提升农村人居环境建设美丽乡村行动方案》。研究2022服贸会"北京日"签约项目，研究报审《朝阳区创建"基本无违法建设区"攻坚工作方案》。研究报审《北京市朝阳区全民科学素质行动规划纲要实施方案（2021—2035年）》。研究报审朝阳区数字人加速器建设方案。研究报审北京数字经济算力中心方案。

（杨学良）

重大活动

【北京冬奥精神主题展览】 8月18日，北京冬奥精神主题展览在北京奥林匹克中心区奥林匹克塔开幕，活动由北京奥运城市发展促进会、朝阳区人民政府联合主办。市委宣传部常务副部长、北京冬奥组委新闻宣传部部长赵卫东和区委书记文献共同为北京冬奥精神宣讲团宣讲员和"朝阳群众"北京冬奥精神宣讲团宣讲员代表颁发聘书。北京奥运城市发展促进会秘书长付晓辉，区委副书记、代区长吴小杰为大会致辞。

【"水韵·新启航"外交官酒会】 8月26日，"水韵·新启航"外交官酒会及亮马河游船活动在亮马河国际风情水岸举办，活动由北京外交人员服务局主办，北京市外办、朝阳区政府等协办。区委副书记、代区长吴小杰在活动中表示，朝阳区将进一步提升国际化商务环境，打造高品质宜居环境，以更好环境、更优服务不断优化完善“中国涉外第一区”。

【中国（北京）人力资源服务产业园朝阳园区开园活动】 8月29日，中国（北京）人力资源服务产业园朝阳园区开园活动暨第二届朝阳区人力资源服务业发展大会举办。朝阳园区致力于建设国际化+专业化的现代人力资源市场发展体系，支持区内人力资源服务机构管理创新、服务创新和产品创新，培育国际化人力资源服务品牌，提供国际化人力资源服务，打造“两区”建设人力资源高地。区领导文献、崔小浩、赵立军出席活动。

【2022数字经济发展大会】 9月3日，2022数字经济发展大会在国家会议中心举行。大会主题为“数字经济构建新发展格局”，由中国外商投资企业协会与北京市朝阳区人民政府共同主办，围绕数字经济与实体经济深度融合，打造数字经济新优势，聚焦新形势下如何构建数字供应链产业链、数据要素市场体系和产业生态、中国数据跨境安全管理制度框架等议题进行探讨交流。北京市政协副主席、党组成员林抚生、智利驻华大使馆代办塞尔西奥·纳雷亚、区委书记文献出席大会并致辞，商务部部长助理郭婷婷发表视频致辞。来自政府部门、企业协会、驻华使馆、研究机构、世界500强企业等200余名嘉宾参加。

【2022北京国际合作论坛暨CBD论坛】 9月6日，2022北京国际合作论坛暨CBD论坛举办，活动由国家发展和改革委员会国际合作中心、中国公共外交协会指导，市发展和改革委员会、市人民政府外事办公室、区政府共同主办。朝阳区与国家发展改革委国际合作中心签署战略合作协议，未来双方将推动更多国际资源在CBD聚集，助力企业“走出去”与“引进来”双向发力，在消费新场景应用、绿色金融、绿色消费等方面开展一系列先行先试。区领导文献、崔小浩、张克斌、孟锐、张岩出席论坛。（杨学良）

综合政务管理

【概况】 2022年，区政府办在各有关部门的支持配合下，完成调查研究、信息编发、督查督办重点工作和重要民生实事、绩效管理、调研考察等各项日常工作。

【调查研究】 年内，区政府围绕稳市场主体、稳经济大盘，深入开展企业大走访，主动送政策、解难题，形成一批走访企业任务清单、诉求清单和成效清单，帮助重点企业纾困解难、恢复发展。深入开展《朝阳区推进科技创新发展路径研究》《朝阳区推进韧性城市建设工作研究》《朝阳区总部企业发展调查研究》3项重点课题研究。全年区政府领导到基层、部门调研1100余次，600余天。

【政务信息】 年内，区政府办作为北京市16区唯一国务院办公厅信息直报点，共报送信息80余条；全年向市政府办公厅报送信息1300余期、舆情400余期，被市政府办公厅采用192条，获市领导批示11件（其中，获市委、市政府主要领导批示4件）。向市政府疫情简报组报送疫情信息600余期。完成国务院办公厅、市政府办公厅信息约稿以及市区领导批示办理等事项200余件，较上年成倍增长。采编基层信息4000余条，编报《朝阳情况》1210期、组织刊发信息刊物40余期。

【督查督办】 年内，区政府办办理市、区领导批示专项件146件，建立区政府主要领导交办事项清单，定期跟踪广华新城624地块堆放垃圾等40余项重点工作，印发《督查专报》23期；汇总全区90家重点单位每月工作计划，上报1719条；定期收集24家单位、31类重点领域工作简报，上报877期；就区政府主要领导重点关注的物业管理专项领域开展督查调研；完成市、区两级决策专项督查40件，督办市、区重大决策任务169项，其中，市政府工作报告重点工作25项、市重要民生实事10项、区政府工作报告重点工作104项、区重要民生实事30件；督办2022年市区重要会议议定事项落实情况1167项，其中，区政府常务会191项、区长办公会302项、区政府专题会674项；获2022年国务院大督查及专项督查“免督查”等荣誉。持续优化朝阳区电子公文平台二期各项功能，开发上线包括会议督查、督查通讯录、督查园地、督查专报4个模块在内的督查督办子系统，便捷性、高效性、安全性等方面迈上新台阶。

【绩效管理】 年内，朝阳区完成市政府绩效考评任务41项、年度目标190个，涉及承办单位24家。在全市绩效考评中获95.33分。

【外联服务】 年内，区政府办对接市级及以上调研考察16次，协调安排外埠省市到区内考察学习活动5次。完成区领导到内蒙古自治区乌兰察布市卓资县、察哈尔右翼后旗对接东西部协作等活动。新冠疫情期间，建立服务中央单位“手拉手”对接工作机制，成立工作专班，对辖区内中央单位涉疫情况进行全面梳理掌握，优先调配医疗、药品、核酸检测等资源。

（杨学良）

政府信息公开

【概述】 2022年，朝阳区各政府信息公开工作机构（简称“公开机构”）认真履行《政府信息公开条例》法定义务，重点开展深化主动公开、规范依申请公开、强化监督保障、完善政府网站建设等工作。全区各公开机构（不包含垂直管理部门）通过政府信息公开专栏和区政府官方网站主动公开政府信息26164条，受理政府信息公开申请2209件，因政府信息公开申请行政复议144件，提起行政诉讼110件。政府信息咨询、主动公开及申请受理、办理、答复工作顺利开展，各公开机构组织管理、制度建设、渠道场所、教育培训等工作开展情况良好，全区政府信息公开工作有序运行。

【主动公开】 年内，区政府贯彻落实《政府信息公开条例》，坚持以公开为常态、不公开为例外，遵循公正、公平、合法、便民原则，履行政府信息公开法定义务，研究推进行政决策公开、执行公开、管理公开、服务公开和结果公开，以公开促公正，提升政府执行力、公信力，保障人民群众知情权、参与权、表达权、监督权。贯彻落实政府网站集约化建设成果，充分利用“北京·朝阳”区政府门户网站信息集中发布平台，规范各单位专属页面设置，加强政府网站及政务新媒体建设，多种渠道扩大政府信息主动公开范围，通过图表图解、微视频、微资讯等方式，发布涉及企业群众办事服务事项信息，发布政策解读，全年发布“图解政府工作”及“微解读”。通过“北京朝阳”微信公众号、“北京朝阳”官方微博及时发布信息。规范政策文件意见征集，完善政策文件解读内容，丰富解读方式，使用虚拟数字人进行政策解读，提升政策解读表现力；重大行政决策事项目录向社会公布，实行动态管理；围绕稳岗就业、社会救助、义务教育、涉农补贴、养老服务、食药监管等重点民生和热点领域，整合政府信息资源，推出政府重点工作信息公开专题；按季度公布市级重大决策任务落实情况，在全市范围内率先将区级重点工作任务落实情况按季度向社会公开。主动公开发布政府信息26164条。

【依申请公开】 年内，区政府贯彻落实《政府信息公开条例》，规范依申请公开工作，组织各单位编制、更新本单位政府信息公开指南，集中发布区级2022年政府信息公开指南，确保依申请公开渠道畅通，受理机关、邮寄地址、联系电话等信息准确无误。建立健全依申请公开工作机制，规范依申请公开办理流程，严把“受理、办理、答复、送达、归档”5个环节，确保依法依规做好答复。面对群众主动沟通靠前服务，为民解难题，体现“未诉先办”服务理念。受理公民、法人或其他组织提出的政府信息公开申请2209件。

【行政复议】 年内，因政府信息公开申请行政复议144件。其中，审结116件中，维持行政机关具体行政行为95件，被依法纠错8件，其他情形13件。

【行政诉讼】 年内，因政府信息公开提起行政诉讼110件。其中，审结92件中，维持行政机关具体行政行为78件，被依法纠错13件，其他情形1件。

【年度报告】 年内，区政府编制2022年朝阳区政府信息公开年度报告，通过“北京·朝阳”官方网站向社会公布。报告包括政府信息公开总体情况，主动公开政府信息情况，收到和处理政府信息公开申请情况，政府信息公开行政复议、行政诉讼情况，政府信息公开工作存在主要问题及改进情况以及其他需要报告事项等6方面内容。

【公开平台建设】 年内，朝阳区强化政府信息公开平台建设，在区政府网站开设“助企纾困政策集成”专题，汇聚权威政策，发布活动信息，助力中小微企业帮扶及困难企业恢复发展；开通“惠企政策兑现”专题，归集现行惠企政策，开设“惠企事项”搜索功能，提供“免申即享”服务，破解惠企政策信息分散问题，实现有效期内惠企政策兑现标准集中公开；开通“同抗疫 稳经济 促发展”疫情防控专题网页，汇集疫情防控、稳定经济政策，提供疫苗接种、发热门诊、抗原核酸、家庭医生、居家防控指南等便民信息，便于公众及时获取。 （叶易棠）

应急管理

【概况】 2022年，朝阳区应急管理局（简称“区应急管理局”）围绕服务保障冬奥会、冬残奥会和党的二十大等重大活动主线，突出源头治理，聚焦重点业务，牢牢抓好值班值守、信息报送、预案演练、物资保障、队伍建设、预警发布等工作，按照“应急值守规范化建设年”工作计划，以制度完善带动应急管理基层基础工作夯实。年内，建立“1+17+52+43”应急组织体系（1个应急委、17个专项应急指挥部、52个应急委成员单位、43个街乡），形成由区应急委统一协调，肩负防汛抗旱、抗震救灾、森林防火、减灾救灾等职能的应急管理体系。强化区委区政府总值班室建设，制定《区委区政府总值班室值班规范》，规范突发事件信息管理和应对处置工作；印发《关于规范化建设情况的通知》，组织各单位开展自查自纠值班室规范化建设，定期开展查班点名，提高全区值班值守工作规范化水平；拟制《朝阳区火灾事故信息报送和应对处置机制》，规定接报不同级别火灾后各相关部门具体处置职责任务。推进突发事件应急预案修订工作，修订完成《朝阳区突发事件应急总案》，指导区应急委各分指挥部、相关单位以及43个街乡完成本部门本单位应急预案修订工作；组织开展区级应急演练，先后组织开展金盏地区隔离点运行及转运综合演练、“护航二十大 练兵保平安”重点区域现场无脚本拉动演练等区级演练活动。推进应急物资保障体系建设，在全市率先研究制定完善《朝阳区应急装备物资保障预案》和《朝阳区应急装备物资储备标准》；完善区级物资储备结构，结合全区疫情防控工作实际，分批次购置棉帐篷、棉大衣、折叠床、门磁等各类应急物资，保障全区疫情防控人员安置应急物资。构建“区—街（乡）—社区（村）”三级灾害信息员及灾害风险隐患信息员队伍1309人；印发《关于组建应急志愿服务队伍的通知》，推进各街（乡）组建街（乡）级应急志愿服务大队。规范预警信息发布工作，构建“上下贯通、资源共享、安全畅通”突发事件预警信息发布体系；拓宽预警信息发布渠道，通过短信、社区显示屏、社区群等多种途径及时发布信息；编制《加强朝阳区极端天气风险防范应对工作的若干措施》及分工方案。

（邱婉凌）

【“5·12”防灾减灾日宣传周活动】5月12日是第14个全国防灾减灾日，5月7日至13日为防灾减灾宣传周，区应急管理局围绕“减轻灾害风险 守护美好家园”主题，在区政府主楼开展应急宣传进机关活动，摆放电动车安全、燃气安全、防震减灾科普展板，播放《危险来了我不怕》系列科普动漫。组织各街乡线下、线上多角度向社会公众普及防灾减灾常识。小关、六里屯、双井等街乡在核酸检测点设置宣传栏，向群众科普安全知识。高碑店地区紧紧结合中小学生普遍具有好学、好问的心理特点，开展防火知识课活动。宣传周期间，张贴海报2200余张，发放科普折页手册86000余册。组织40000余名企事业单位从业人员参与云上防灾减灾日活动，模拟体验地震灾害，线上学习急救技能。

（刘宋祺）

【极端天气应对】6月，区应急管理局突发事件预警信息发布中心印发《关于加强朝阳区极端天气风险防范应对工作的若干措施》和《〈关于加强朝阳区极端天气风险防范应对工作的若干措施〉的分工方案》。年内，接报极端天气预警信息后，利用值守应急管理系统及时下发各类应对工作通知164个，召开全区性极端天气视频调度工作会10次，统筹全区各单位做好预警应对工作。预警期间，全区未发生重大突出事件和人员伤亡。

（雷海彭）

【全区森林防火“百日行动”】8月至11月，由区森防办牵头抓总，区园林绿化局具体推动落实，公安朝阳分局、区城管委等单位协同推进，在全区开展森林防火“百日行动”，从源头防范化解森林火灾重大风险，把问题隐患解决在萌芽之时、成灾之前，全力维护人民群众生命财产安全、国家生态安全与社会和谐稳定。（宋　歌）

【预警信息发布】年内，区应急管理局突发事件预警信息发布中心发布暴雨、寒潮、大风、雷电、高温、冰雹、大雾、沙尘、道路结冰、持续低温等各类预警信息164期，其中蓝色预警115期、黄色预警45期、橙色预警3期、红色预警1期，发布冬奥、人防等各类提示信息3条，同步通过城市电视、社区户外屏、微信群、“北京朝阳”App、朝阳有线、朝阳应急公众号等途径向社会发布。（雷海彭）

【北京冬奥会及残奥会保障工作】年内，区应急管理局制定《2022年北京冬奥会及冬残奥会朝阳区运行保障工作方案和运行机制》，构建应急服务保障工作体系，指导各工作指挥部和相关单位制定“两案两表、一机制一报告一张图”。针对风险隐患组织全区68家单位开展桌面演练。开通总指挥部，组建冬奥应急值守工作专班，紧急调拨保障物资，应对低温、雨雪等极端天气，启动信息“零报告”制度，组织每日应急服务保障工作总结。荣获“北京冬奥会、冬残奥会北京市先进集体”表彰。张斌被评为“应急先锋·北京榜样”。（高子义）

【突发事件应对】年内，区应急委办公室接报各级各类突发事件1497起，比上年减少70起、下降4.47%，其中社会安全类576起、事故灾难类756起、公共卫生类87起、自然灾害类78起。各级各类突发事件均有效处置，最大限度降低事件影响。（高子义）

【综合减灾示范社区创建】年内，区应急管理局指导社区完善体制机制、修订应急预案、开展风险评估和制作风险地图，夯实基层社区综合防灾减灾救灾基础。年内，全区共有25个社区获评北京市综合减灾示范社区，68个社区通过复评。（刘宋祺）

信息化建设与管理

【概况】2022年，朝阳区科学技术与信息化局（简称“区科信局”）支撑城市运行管理平台建设，支持环卫精准化监管、垃圾分类监管、渣土车治理、门前三包等应用建设。全市首创重点行业从业人员管理模式，以“进口冷链”行业为切入点，开发重点行业企业防控平台系统，推出“朝e点”打卡小程序，快速收集从业人员基础信息台账，已入库企业约1.8万家，入库人员约5万人。完成2022年冬奥会、冬残奥会保障任务，出动保障人员350人次，保障冬奥、冬残奥会议114次，完成对区域通信基础设施巡检8832轮次，应急发电7次，应急抢修25次。

【城市数据资源平台】年内，区科信局依托区级“城市智慧大脑”政务云、地理信息平台等基础平台，完善城市数据资源基础平台。支持“城市经济大脑”平台建设，收集发改、税务、市场监管、统计、人社5个部门约1.43亿条数据。建立数据动态更新机制，运用隐私计算技术，实现数据可用不可见、来源可确认，使用范围可界定，流通过程可追溯，安全风险可防范。

【智慧平安小区建设】年内，区科信局支持智慧平安小区建设，完成前端智能安防设备建设小区（村庄、院落）1622个，完成率88.73%。其中，楼房小区1560个、平房院落26个、村庄36个。以左家庄、亚运村等街道为试点，开展“一码共治”工作，打造数字化平台，提升街道和社区基层治理智慧化水平。

【区级人口数据库建设】年内，区科信局以人口大数据为切入点，通过大数据平台，汇集街（乡）数据形成区级人口库数据，入库居住人口约347万人，企业6627家，重点人员118322人，支撑全区各单位在区域综合治理等方面开展工作。

【社会信用体系】 年内，区科信局牵头起草《2022年朝阳区社会信用体系建设工作实施方案》，开展全区年度社会信用体系建设工作培训会。建立重点关注对象名单机制，加强信用监管。落实信用查询和宣传、修复咨询等进大厅工作。推进信用信息共享。整合全区各部门行政许可、行政处罚等公共信用信息，实现国家、市、区三级信用网站信用修复数据同步撤销，全年报送行政许可数据12456条，行政处罚数据7258条，初审信用修复申请644条，完成修复417条。

【“京办”平台建设】 年内，区科信局在全区范围推广使用“京办”平台，开通单位账户300余个、个人账户2.5万余个，账户激活率100%，日活率稳步提升。支撑“新冠疫情一体化平台”应用，加强“京办”平台和应用系统培训，试点应用相关模块；拓展京办其他应用，加强与市级部门对接，将全区各类政务应用系统接入京办平台，形成全区政务协同办公体系。

【数据跨境托管服务平台建设】 年内，区科信局联合北京国际大数据交易所研发的北京数据托管服务平台正式投入使用，成为国内首个可支持企业数据跨境流通场景的数据托管服务平台。联合北数所调研多家跨国公司需求，在满足合规要求前提下，研发数据跨境托管服务平台，实现数据、模型系统加密后托管，敏感数据审批后流动，保障数据跨境流动安全，帮助企业解决数据跨境流通问题，推动企业顺利开展跨国业务。

【皮基站建设】 年内，朝阳区高效推进皮基站试点建设，助力商超楼宇疫情防控精细化管理，在多场景、多样性、多类型的重点区域进行试点。行业部门提出市场、餐饮、“七小”门店拟安装点位；市场防疫组负责农贸批发市场点位；属地街乡负责安装协调工作。在四天时间内快速完成250台设备安装。点位覆盖大洋路、盛华宏林等大型批发市场，京客隆等大型商超，CBD、三里屯等商业综合体以及属地街乡辖区内“七小”门店。皮基站设备具有小范围内精准记录、用户经过全程无感以及4G、5G网络信号增强等功能特点，全区250个安装点位已在市级平台成功开通241个。 （李小骏）

外事及涉港澳台事务

【概况】 2022年，朝阳区人民政府外事办公室（简称“区政府外办”）坚持以首都发展为统领，以国际交往中心功能建设领导小组办公室。区台办和区委统战部合署办公。年内，区政府外办贯彻党中央对外工作决策部署，坚持以首都发展为统领，以国际交往中心功能建设为牵引，突出国际化主攻方向，统筹疫情防控和对外交往，更加积极主动服务党和国家对外工作大局。1月2日起，陆续选派语言翻译15人次，进驻涉奥酒店开展翻译工作。9月8日，在京外籍人士座谈会在三里屯港澳青年汇国际青年人才会客厅成功召开，活动由北京市政府外办、区外办共同举办。9月22日，朝阳区邀请来自尼日利亚、越南、巴基斯坦、阿根廷、哈萨克斯坦等国家的60余名外媒记者到周家庄村文化体育公园，体验飞盘运动。

【国际交往服务保障】 2月4日，区政府外办配合外交部、市外办，做好阿根廷总统费尔南德斯参观中国共产党历史展览馆服务保障工作。8月12日，为庆祝2021年中巴建交70周年和2022年巴基斯坦建国75周年，巴基斯坦驻华大使馆在朝阳公园举办巴基斯坦独立纪念塔复制建筑揭牌仪式。巴基斯坦驻华大使莫因·哈克、使馆代表、新闻媒体代表、在京友人等40余名外宾以及外交部亚洲司、市外办、区外办等领导出席活动。

【朝阳区—港区青少年线上交流活动】 6月18日，北京市朝阳区和东京都港区举行“朝阳区—港区青少年线上交流活动”。活动以“你好友城”为主题，两区青少年代表通过线上交流方式介绍本地特色文化，增进两地文化交流。区委副书记、代区长吴小杰和港区区长武井雅昭以视频形式致辞。

【走进亮马河风情水岸暨亮马河游船活动】 8月22日，朝阳区邀请来自巴西、越南、巴基斯坦、南非等50余个国家60余名外媒记者来到亮马河畔参加“走进亮马河风情水岸暨亮马河游船活动”，感受朝阳夜生活。亮马河风情水岸集“文商旅+科技”于一体，充分展现了朝阳区国际化特征、人文气息和生态环境。

【世界儿童日纪念活动】 11月20日，朝阳区举办世界儿童日纪念活动之奥运塔点灯活动，活动由全国对外友协、联合国儿童基金会驻华办事处、中国友好和平发展基金会共同主办，区政府外办配合市友协，协调区城管委、奥管委等部门单位，用象征儿童友好的蓝色灯光点亮奥林匹克塔外观，投射“世界儿童日”“点亮儿童未来”等字样。 （熊静雯）

政务服务

【概况】 2022年，朝阳区政务服务管理局（简称“区政务服务局”）以党建为引领，紧紧围绕优化营商环境、深化“放管服”改革、强化“互联网+”建设、优化公共资源交易服务流程、加大政府信息和政务公开力度、疫情防控常态化等中心工作，完成年度各项任务。年内，区政务服务中心办件282562件；“朝我说”平台受理1890件；新增进场交易项目147项，其中房屋建筑及市政基础设施工程119项、政府采购公开项目28项，提供开标服务225场次、提供评标服务325场次。 （孟　妍）

【重点企业走访上门服务】 6月至7月，区政务服务局联合北京商务中心区国际招商服务有限公司组建企业服务专员团队，为区重点企业提供走访上门服务，涵盖金融、科技、贸易、咨询、服务等行业，先后与朴道征信有限公司、特斯拉汽车（北京）有限公司、德勤华永会计师事务所、德国安顾集团股份有限公司驻中国总代表处、腾云天下科技有限公司、M Stand、胡炉—香港饭店 7 家重点企业开展实地走访调研与上门深入座谈，了解企业发展现状，政策补贴、人才引进、税收奖励、政务服务等方面需求和建议，帮助企业用好政府扶持政策。

（郭靖楠）

【新闻出版领域政务服务优化提速】 10月，区政务服务局会同区新闻出版局，以新闻出版领域业务为切入点，提高审批服务效率，节省企业群众办事成本，开展业务系统对接，实现审批状态实时同传。优化审批流程，压缩后台审批时间，办事人员可以线上查询办件进度，领取电子许可证和结果文书。

（田　伟）

【优化便民热线响应时效】 10月，区政务服务局对区级政务服务中心便民热线进行优化，畅通群众咨询渠道，选取 8 名熟知业务的窗口工作人员组建热线服务团队，在一部服务电话基础上优化扩容，8 名热线客服同时响应，实现群众咨询一号对外、无感转接。

（田　伟）

【“一业一证”改革】 年内，区政务服务局根据市政务服务管理局《北京市 2022 年政务服务工作要点》和《关于推广实施“一业一证”改革方案（征求意见稿）》文件精神，推进“一业一证”改革，起草《关于北京市朝阳区实施“一业一证”行业综合许可改革的工作方案》，创新“一问引导、一次告知、一表申报、一窗受理、一标核准、一章制发、一证准营、一码查询”工作模式，实现企业在同一业态下对不同情形进行事项定制化组合，填写“一表”、跑 1 次现场即可完成业务受理并进入并联审批环节完成闭环工作。联合区市场监管局和区新闻出版局，在书吧业态率先实施“一业一证”改革。3 月 29 日，朝阳区政务服务局向北京新华文化有限责任公司朝阳第一分公司办理颁出首张“一业一证”行业综合许可证。

（郭靖楠）

【房屋建筑和市政工程项目招投标远程在线开标】 年内，区公共资源交易中心助力推动区建筑工程领域招投标活动远程在线开标服务工作。8 月 12 日，完成区首例房屋建筑和市政工程项目招投标远程在线开标，涉及 8 家投标主体在线参与，各项操作环节在远程在线开标系统中留痕且可查可溯，达到“操作全线上、交易不见面、投标零接触、人员零聚集”工作目标。

（松　磊）

信访工作

【概况】 朝阳区信访办公室（简称“区信访办”），所属事业单位朝阳区信访事务中心。2022 年，区信访办坚持区委、区政府季研究、信访情况周报告等机制，落实领导干部包案、领导干部接访下访、排查调处等制度，以区信访联席会议为抓手，加强全区信访工作整体统筹和指导调度。区委常委会、区政府常务会 8 次听取信访工作情况汇报，区委、区政府主要领导 2 次主持召开信访专题调度会，召开 3 次信访工作联席会议全体（扩大）会，各包案区领导坚持接访下访与专题调度相结合，解决一批中央、北京市、朝阳区督办挂账疑难复杂信访案件和群众切身利益密切相关信访突出问题。报送群众给书记来信情况 14 期，报送给区长来信及办理情况报告 3 期。区政府办、区信访办、南磨房乡信访办获“北京市人民建议征集工作先进集体”称号，沈志珍、林勇、安红军获“北京市人民建议征集工作先进个人”称号。

【《信访工作条例》宣传活动】 6月1日起，全区信访系统以“学习贯彻《信访工作条例》（以下简称《条例》）做好新时代信访工作”为主题开展为期一个月宣传系列活动，引导信访干部提升政治站位、准确理解《条例》、转换工作思路，推动《条例》“五进”（进乡村、进社区、进学校、进企业、进单位），将《条例》纳入各级党委（党组）理论学习中心组和区委党校（行政学院）学习培训、公务员初任培训班内容。9 月 29 日，朝阳区围绕迎接、宣传、贯彻党的二十大精神这条主线，启动“贯彻新《条例》喜迎二十大”主题宣传活动，引导全社会形成办事依法、遇事找法、解决问题用法、化解矛盾靠法浓厚氛围，为党的二十大胜利召开营造良好氛围。

【信访工作联席会】 年内，朝阳区召开信访工作联席会议全体（扩大）会议 3 次。1 月 21 日，第一次全体（扩大）会议召开，部署北京冬奥会和冬残奥会时期信访服务保障工作。3 月 8 日，第二次全体（扩大）会议召开，集中学习中央和市委领导批示精神及全国信访局局长会精神及市领导关于信访工作的要求，总结 2021 年全区信访工作，部署 2022 年信访工作。6 月 21 日，第三次全体（扩大）会议召开，集中学习第九次全国信访工作会议和国家信访局学习贯彻第九次全国信访工作会议精神视频部署会会议精神，传达全市信访工作联席会议 2022 年第二次全体（扩大）会议精神，总结上半年全区信访工作，部署下半年重点工作。

（李义顺）

机关后勤服务与管理

【概况】 朝阳区机关事务管理服务中心（简称“区机关事务管理服务中心”）下属单位有区政府机关幼儿园、北京朝政物业管理中心、天天好厨（北京）餐饮管理有限公司。2022 年，区机关事务管理服务中心调整领导班子，优化资源配置，充分发挥职能作用，保障机关平稳有效运转，获评2021年度北京市交通安全先进单位、2022年度优秀交换单位。

【温榆河人民法庭及档案楼项目竣工交接】 2月16日，温榆河人民法庭及档案楼项目进行竣工工程多方交接。项目位于朝阳区宝泉三街8号院1号楼2号，占地面积6000平方米，总建筑面积13834.6平方米。项目于2017年6月30日开工，2020年9月25日竣工验收合格，2021年8月18日依法在北京市朝阳区住房和城乡建设委员会完成工程竣工验收备案。

【区档案馆新馆项目验收并移交管理权】 8月30日，区档案馆新馆项目完成区机关事务管理服务中心（建设单位）、北京市朝阳城市建设综合开发有限责任公司（代建公司）、北京市中诚正信工程咨询有限公司（监理单位）、北京市建筑设计研究院有限公司（设计单位）、北京市地质工程勘察院（勘察单位）、北京市朝阳区建筑工程公司（施工单位）六方责任主体验收。10月31日，区机关事务管理服务中心与代建单位朝开公司、移交单位朝建公司、接收单位朝政物业举行区档案馆新馆项目现场管理权移交推进会，签订移交文件，完成管理权移交工作。

【重大活动服务保障】 年内，根据北京冬奥会和冬残奥会朝阳区运行保障指挥部需要，制作安装3套北京冬奥会背景板和8个冬残奥会倒计时牌；完成北京冬奥会火炬接力启动仪式保障服务及贵宾接待服务工作。赛事期间，抽调8人为北京冬奥专班人员提供餐饮保障，服务1500余人。

【节约型机关创建】 年内，朝阳区持续推行绿色办公，利用自然采光，杜绝长明灯；推广无纸化办公，采购节能、节水等设备；做好垃圾分类工作，修订《朝阳区机关事务管理服务中心各办公区垃圾分类工作实施方案》，完善《垃圾强制分类管理责任主体台账》，加强垃圾分类宣传和监督检查。

【公务用车管理】 年内，朝阳区启用“北京市公务用车管理平台”一张网，对全区公务用车进行统一管理，修订《朝阳区执法车暂行办法（试行）》，加强车辆使用监管和驾驶员安全培训，公务车辆派车9000余次。

（李晓晨）

政协朝阳区委员会

综 述

【概况】 2022年，中国人民政治协商会议北京市朝阳区委员会（简称“区政协”）第十四届委员会设提案委员会、经济科技委员会、农业和农村委员会、人口资源和建设委员会、教育卫生与体育委员会、社会法制与民族宗教委员会、港澳台侨委员会、文化文史委员会、学习委员会9个专门委员会。区政协第十四届委员会有委员428人。区政协组织各类会议及活动149次，委员出席3900余人次，提交提案429件，经审查立案384件。召开政协党组会16次，反映社情民意信息1128篇。新建23个委员工作站，全区有政协委员界别和街乡工作站50个，254名委员参与工作站组织的各类活动287次。建成“悦读书屋”40个。走访委员221人次，走访委员单位94家。

（赵 莹）

【委员报告厅活动】 5月23日，区政协以互联网视频形式举办2022年第一期政协委员报告厅活动。挑选北京大学经济学院教授、博士生导师、民盟北京大学委员会副主委的“三重压力下的宏观经济形势与政策”讲座视频，通过区委党校分校直播大课堂载体，提供委员观看。7月27日，举办第二期政协委员报告厅活动。邀请中央社会主义学院统战理论教研部主任、教授、博士生导师作专题报告，区政协副主席李靓、区政协委员、区政协机关干部参加报告会。（赵 莹）

【委员读书班】 8月30日至31日，区政协举办2022年委员读书班。副区长李欣通报朝阳区经济社会发展形势，邀请中央党校（国家行政学院）科研部中心研究室主任围绕《习近平谈治国理政》第四卷、中央统战工作会议精神作专题报告，邀请中央党校（国家行政学院）公共经济教研室主任、中央党校（国家行政学院）创新工程首席专家围绕当前经济形势作专题报告，邀请北京中医药大学东直门医院针灸科主任做中医传统文化讲座。区政协主席班子和100余名区政协委员参加。

（赵 莹）

【委员构成】 截至年底，区政协有委员428人。其中，男委员273人、占64%，女委员155人、占36%，少数民族委员41人、占9.6%，中共党员委员165人、占38.5%，非中共党员委员263人、占61.5%。由30个界别构成，包括中共界别26人、民革界别11人、民盟界别14人、民建界别14人、民进界别10人、农工界别10人、致公界别10人、九三界别13人、台盟界别4人、无党派界别12人、共青团界别5人、工会界别6人、妇联界别7人、青联界别7人、工商联界别15人、科协界别8人、侨联界别13人、文化艺术界别24人、科学技术界别24人、社会科学界别7人、经济界别42人、农业界别7人、教育界别32人、体育界别7人、新闻出版界别13人、医药卫生界别24人、社会福利界别7人、少数民族界别6人、宗教界别6人、特邀界别44人。（杨煜国）

【信息宣传】 年内，区政协推进“数字政协”建设，委员履职线上平台投入运行，展现委员风采，提高社会影响力。编发订阅号30期，编辑《朝阳政协》杂志4期，编发《政协简报》36期。（赵 莹）

重要会议

【概况】 2022年，区政协召开常务委员会会议4次、主席会议8次。

【常务委员会会议】 年内，区政协召开常务委员会会议4次。7月8日，区政协召开第十四届常委会第二次会议，围绕“双奥朝阳”进行专题议政。区政协主席王旭，区委常委、宣传部部长黄晓伟，区政协副主席赵年生、张岩、李靓、连玉明、王冬岩，秘书长董会生出席。会议传达学习北京市第十三次党代会精神，传达学习中共中央办公厅《关于加强和改进新时代市县政协工作的意见》、中共北京市委办公厅《关于加强和改进新时代区政协工作的实施意见》，审议有关人事事项。

9月15日，区政协召开第十四届常委会第三次会议，围绕“国际消费中心城市主承载区建设”主题开展专题议政，听取提案办理情况通报并审议有关事项。区政协主席王旭，区政府副区长杨蓓蓓，区政协副主席张岩、李靓、王冬岩、王强，秘书长董会生出席。

11月3日，区政协召开第十四届常委会第四次会议，传达学习中国共产党第二十次全国代表大会精神和市区有关会议精神，审议通过《政协北京市朝阳区第十四届委员会常务委员会关于学习宣传贯彻中国共产党第二十次全国代表大会精神的决议》。区政协主席王旭，区委常委、宣传部部长黄晓伟，区政协副主席赵年生、张岩、李靓、连玉明、王冬岩，秘书长董会生出席。

12月6日，区政协召开第十四届常委会第五次会议。听取朝阳区2022年党风廉政建设情况通报，传达中央经济工作会议精神，审议区政协十四届委员会第二次会议相关文件，并决定2023年1月3日至5日举行十四届委员会第二次全体会议；书面通报各专门委员会2022年工作总结和委员履职情况。区政协主席王旭，区委常委、区纪委书记、区监委主任范永红，区政协副主席张岩、李靓、王冬岩、王强，秘书长董会生出席。

（赵　莹）

【主席会议】 年内，区政协召开主席会议8次。7月5日，政协朝阳区第十四届委员会第三次主席会议召开。审议政协北京市朝阳区第十四届委员会主席、副主席、秘书长联系委员中的新的社会阶层人士分工，审议政协北京市朝阳区委员会关于全体会议闭会期间提案工作实施办法，审议关于接受吴勇刚请辞委员的决定，审议关于接受董健请辞副秘书长的决定，审议关于增补委员的决定，审议关于任命副秘书长的决定，审议政协北京市朝阳区第十四届委员会常务委员会第二次会议议程，通报区政协2022年上半年工作情况及研究下半年工作安排。

7月8日，政协朝阳区第十四届委员会第四次主席会议召开。审议关于增补专门委员会委员的决定。研究《朝阳区政协关于推进“书香政协”建设的实施意见》。7月19日，政协朝阳区第十四届委员会第五次主席会议召开。听取区科学技术与信息化局关于朝阳区数字技术与实体经济融合发展情况的报告，进行专题发言，副区长舒毕磊发言，区政协主席王旭讲话。

9月14日，政协朝阳区第十四届委员会第六次主席会议召开。审议关于免去李兴华常务委员职务、撤销其委员资格的决定，审议政协北京市朝阳区第十四届委员会常务委员会第三次会议议程。10月28日，区政协十四届七次主席会议召开，围绕农村集体经济质量效益提升进行专题协商议政。会上，区农业农村局作关于朝阳区农村集体经济发展情况的报告。专题议政环节，区政协主席班子成员和与会委员围绕朝阳区农村集体经济发展及下一步工作提出意见建议。

11月1日，政协朝阳区第十四届委员会第八次主席会议召开。传达学习中国共产党第二十次全国代表大会精神和市区有关会议精神，审议《中国人民政治协商会议北京市朝阳区第十四届委员会常务委员会关于学习贯彻中国共产党第二十次全国代表大会精神的决议》，审议通过政协北京市朝阳区第十四届委员会常务委员会第四次会议议程。11月3日，政协北京市朝阳区第十四届委员会第九次主席会议召开。会议听取常务委员会第四次会议各组召集人关于各组讨论情况的汇报。

12月26日，政协北京市朝阳区第十四届委员会第十次主席会议召开。审议关于召开政协北京市朝阳区第十四届委员会第二次会议的决定，审议政协北京市朝阳区第十四届委员会第二次会议议程（草案）和日程，审议政协北京市朝阳区第十四届委员会第二次会议决议起草小组成员名单，审议政协北京市朝阳区第十四届委员会常务委员会工作报告，审议政协北京市朝阳区第十四届委员会常务委员会关于政协十四届一次会议以来提案工作情况的报告，审议通过政协北京市朝阳区委员会关于表彰2022年度优秀提案的决定，审议通过政协北京市朝阳区第十四届委员会常务委员会第五次会议议程，书面通报各专门委员会2022年工作总结，书面通报区政协2022年委员履职情况。

▲ 12月6日，朝阳区政协第十四届委员会常务委员会第五次会议召开。图为会议现场

（区政协　供图）

协商议政

【概况】 2022年，区政协完成区委下达的年度重点议题协商工作。召开2次专题议政性常委会，围绕“运用奥运遗产，助力双奥朝阳”建设“国际消费中心城市主承载区建设”的主题进行协商；召开2次议政性主席会，围绕“促进数字技术与实体经济深度融合”“提升农村集体经济质量效益”的主题进行议政；围绕“加快完成公共

卫生应急管理体系”“深化接诉即办工作”“推进公园开放式管理”主题，多次召开协商座谈会。围绕“有序推进城市有机更新”主题，与区委统战部联合组织各党派团体、政协委员调研。

【专题协商】3月8日，区政协党组书记、主席王旭带队围绕深化接诉即办工作协商议题到酒仙桥街道调研并召开座谈会。王旭强调，做好接诉即办工作要坚持做实接诉即办三大行动，要创新接诉即办工作体制机制，要推动接诉即办案件依法治理，区政协要加强协商议政，通过协商深化接诉即办工作。区政协副主席张岩、秘书长董会生一同调研。10月28日，区政协十四届七次主席会议召开，围绕农村集体经济质量效益提升进行专题协商议政。会上，区农业农村局作关于朝阳区农村集体经济发展情况的报告，区政协主席班子成员和与会委员围绕朝阳区农村集体经济发展及下一步工作提出意见建议。年内，委员们围绕该主题提交27篇建言，涉及完善土地区级统筹机制、规范“三资”管理、加快推进产权制度改革、推动集体产业转型升级、农业转型发展、党建和人才引进6个方面112条具体建议。区政协主席王旭，副区长李欣，区政协副主席赵年生、张岩、李靓、连玉明、王冬岩，秘书长董会生参加。

【专题座谈会】3月11日，区政协召开有序推进城市有机更新工作课题座谈会。会上，通报推进城市有机更新协商议题的有关考虑，市规自委朝阳分局介绍全区推进城市更新工作基本情况。各位委员就推进城市更新协商议题发言，分别就老旧小区和微空间改造、文化资源利用和文化社会化服务、借鉴国内先进地区经验、推进基层治理、社会资本利用和推进国企参与、运用好冬奥遗产、公共参与基层协商机制建设、保护少数群体利益及推进有关政策突破等方面提出意见建议。区政协副主席张岩、连玉明，区政协秘书长董会生，部分政协委员，课题组成员，区人大、区政协有关委室，市规自委朝阳分局、北京国际城市发展研究院有关领导参加会议。同日，区政协经济科技委员会在区政协机关召开促进数字技术与实体经济深度融合专题座谈会。会上，介绍十四届区政协常委会2022年重点工作任务分工情况，说明“围绕数字技术与实体经济深度融合开展主席会议重点协商”的背景和意义，同时分析、统筹和安排课题的调研工作，介绍下一步工作计划。与会委员们讨论课题调研方向、对于数字经济的理解认识、对调研工作的建议，一致表示会按照工作安排参加调研工作，完成课题。3月30日，区政协经济科技委员会在区政协机关召开建设国际消费中心城市主承载区专题座谈会。会上，向与会委员们通报区政协常委会2022年度重点工作和相关内容，并介绍和解析主课题、分课题的产生背景以及课题调研计划和阶段性重点工作。区商务局向委员们通报相关区情，介绍朝阳区目前商业体系和总体消费情况，打造“一核两带五片区”的空间格局，实施消费提升八大工程，以及建成具有大国首都特色的国际消费中心城市主承载区，国际知名度、城市繁荣度、商业活跃度、到达便利度、消费舒适度、政策引领度等相关内容。委员们围绕国家消费中心城市主承载区的主题和分课题，根据各自所在专业和领域发表见解和建议。8月17日，区政协副主席张岩带领港澳台侨委员会课题组就“加强国际化科技人才引进与服务，促进朝阳高质量发展”到中关村朝阳园普天实业创新园实地考察调研并召开专题座谈会。调研组一行到北京玻色量子科技有限公司、精进电动科技股份有限公司等高科技企业，实地参观考察企业实验中心示范平台、科研产品展示及研发实验室等科研场景。

【专题议政】7月8日，区政协召开十四届二次常委会会议，围绕“双奥朝阳”进行专题议政。听取《关于“双奥朝阳”建设》报告，与会委员围绕“双奥朝阳”建设提出意见建议。区政协主席王旭，区委常委、宣传部部长黄晓伟，区政协副主席赵年生、张岩、李靓、连玉明、王冬岩，秘书长董会生出席会议。7月19日，区政协召开十四届五次主席（扩大）会议，围绕“促进数字技术和实体经济深度融合开展协商”进行专题议政。会上，区科学技术与信息化局作关于朝阳区数字技术与实体经济融合发展情况的报告。区政协主席王旭，副区长舒毕磊，区政协副主席赵年生、张岩、李靓、连玉明、王冬岩、王强，秘书长董会生出席会议。9月15日，区政协召开十四届三次常委会会议，围绕“国际消费中心城市主承载区建设”主题开展专题议政。与会委员听取区政府关于国际消费中心城市主承载区建设的情况报告。委员们围绕建设具有国际影响力特色商圈、打造新消费品牌孵化基地、打造后奥运经济等提出意见建议。区政协主席王旭，区政府副区长杨蓓蓓，区政协副主席张岩、李靓、王冬岩、王强，秘书长董会生出席会议。

【围绕“有序推进城市有机更新”调研和视察监督】8月25日，区政协主席王旭带队，围绕“有序推进城市有机更新”组织部分政协委员、各党派代表、课题组成员和民主监督组代表开展年度重点协商议题调研和视察监督。调研组到坝河滨水空间建设一期工程（使馆区示范段）和北小河滨水空间建设项目，实地参观改造示范河段。在芍药居北里，调研组参观老旧小区改造项目，听取太阳宫地区（乡）关于节水型老旧小区改造项目的介绍。调研组认为，城市有机更新需要顺应城市发展规律，尊重人民群众意愿，以内涵集约、绿色低碳发展为路径，加强修缮改造，补齐城市短板，注重提升功能，增强城市活力，不能急功近利、大拆大建，随意拆迁居民、提高生活成本，产生新的城市问题。王旭表示，城市有机更新是朝阳区政协今年的重点议题，希望各位政协委员继续调查研究，总结实践经验，梳理和分析城市发展及更新过程中面临的问题，提出有针对性的提案和建议，助推朝阳区城市发展。区委统战部、区住建委、区水务局、东坝地区（乡）、太阳宫地区（乡）主要领导和区政协各委室主任参加调研。（赵　莹）

提案工作

【概况】2022 年，区政协收到提案 429 件，其中委员提案 396 件，党派、工商联、界别提案 33 件。经审查，立案 384 件，交 60 家承办单位办理，均按时办结。272 件提案提出的建议被采纳、问题得到解决，30 件提案提出的建议被列入计划逐步解决，29 件提案需协调市有关部门解决，19 件提案作为重要摘报报送党政部门，23 件提案作为转信报送上级单位，35 件提案作为重要参考。重点督办提案 5 件，带动督办 48 件相关提案，督办相关单位 26 家次，参加委员 62 人次。区委、区政府主要领导审定提案办理工作方案，区政协将全部立案提案分成 8 个大类逐类分析，并在转交区委区政府相关部门办理的同时，同步转交各专委会工作室，形成工作联动。

【“双奥朝阳”专题重点提案督办】4 月 22 日，区政协组织部分委员重点督办委员宋家峰提出的《关于后奥运时代朝阳区引进、举办顶级冰上赛事助力朝阳国际化建设的建议》提案。委员们到国家游泳中心（“冰立方”），了解场馆的功能布局以及赛后利用情况。在召开的提案督办协商座谈会上，区体育局、区文化和旅游局、奥林匹克公园管委会等相关单位负责人汇报提案办理及相关工作开展情况，并与委员沟通交流。宋家峰对提案办理表示满意，与会政协委员提出意见建议。区政府办、区城管指挥中心、区民政局、专委会工作一室、专委会工作四室相关人员，相关区政协委员参加督办。区政协副主席李靓、连玉明参加。

▲ 4 月 22 日，区政协到国家游泳中心督办“双奥朝阳”专题重点提案（刘　捷　摄）

【法治建设专题重点提案督办】6 月 10 日，区政协组织部分委员重点督办田晶鑫等委员提出的《关于〈北京市接诉即办工作条例〉在朝阳区的实施与完善的建议》提案。委员们到朝阳区“接诉即办”现场调度中心，了解区城管指挥中心“接诉即办”现场调度机制及大数据分析系统应用情况。在提案督办协商座谈会上，区城管指挥中心、区委社工委、区民政局等相关单位负责人汇报提案办理及相关工作开展情况。区政府办、区城管指挥中心、区民政局、专委会工作一室、专委会工作四室相关人员，相关区政协委员参加督办。副区长李欣，区政协副主席张岩、王冬岩参加。

【城市更新专题重点提案督办】7 月 5 日，区政协组织部分委员重点督办委员王铮提出的《关于进一步推进朝阳区城市更新工作的建议》提案，同时调研城市更新的年度协商议题。活动中，委员们到建外、小关街道了解建外街道光华里 5、6 号楼拆除重建项目以及小关街道微笑“100”全龄友好空间项目改造工程。在提案督办协商座谈会上，区住建委、市规自委朝阳分局汇报提案办理及相关工作情况。区政府办、区住建委、市规自委朝阳分局、建外街道办事处、小关街道办事处及区政协办公室、研究室、专委会工作一室、专委会工作四室负责人，相关区政协委员参加督办。区政协主席王旭，区政协副主席张岩、连玉明参加。

【养老服务专题重点提案督办】7 月 7 日，区政协组织委员重点督办农工党朝阳区委提出的《关于构建朝阳特色“智慧型居家养老体系”的建议》提案，并坚持“一件带多件、重点带全面”原则，对涉及养老服务的其他 21 件提案，一并集中督办。其间，围绕朝阳区养老服务社会化开展专题调研，副区长孟锐、区政协副主席赵年生参加。活动中，委员们到朝阳区养老服务指导中心，了解养老服务大数据平台运行情况。在提案督办协商座谈会上，区民政局、区卫生健康委、区科学技术与信息化局相关负责人汇报提案办理及相关工作情况。农工党朝阳区委提案代表管文东说明提案缘由及形成过程，对提案办理情况表示满意，与会政协委员提出意见建议。赵年生要求，政协委员要研究全区居家养老服务体系建设、养老服务专业运营能力提升、普惠性养老服务供给等问题，调研与老年人相关的衣食住行等问题，对一些涉及体制机制和长远发展的重大问题多动脑筋，进一步提出有针对性的提案和建议。区政协各专委会要搭建协商平台，畅通委员和政府各部门的协商通道，促进提案建议成果转化。孟锐对委员的意见建议表示肯定，并做出回应，要求各承办单位要重视政协提案办理工作，主动邀请委员参与调研座谈。同时，提出要更加重视养老服务工作，以更长远的眼光来规划和解决养老服务中存在的困难和问题，让老年人老有所养、老有所乐。区委办、区民政局、区卫生健康委、区科学技术与信息化局，区政协办公室、专委会工作一室、专委会工作四室相关人员，相关区政协委员参加督办。

【城市治理专题重点提案督办】 7月15日，区政协组织部分委员重点督办民盟朝阳区委提出的《关于推进北京朝阳站“站城一体化”发展的建议》提案。活动中，委员们到东风迎宾公园和北京朝阳站了解东风迎宾公园建设情况以及北京朝阳站周边交通、绿化、商业建设等情况。在提案督办协商座谈会上，市规自委朝阳分局、区发展改革委、区交通委等相关单位汇报提案办理相关情况。民盟朝阳区委对提案办理进度表示满意，与会政协委员针对下一步工作提出意见建议。王旭指出，此次《关于推进北京朝阳站“站城一体化”发展的建议》提案的督办，带动8件城市治理方面提案的办理，相关提案已汇编成册，希望对推动相关部门工作提供参考。王旭强调，深化沟通协商，加强跟踪落实，促进成果转化；希望政协各专委会搭建委员知情明政平台，畅通委员和党委、政府各职能部门之间的协商渠道；希望各位委员调查研究涉及城市治理的一些深层次问题，继续提出有针对性的提案和建议。区委办公室，区政协办公室、研究室、专委会工作一室、专委会工作三室、专委会工作四室、专委会工作六室、市规自委朝阳分局、区交通委、区园林绿化局、朝阳站管委会办公室、区发展改革委、区城管委、区水务局、区商务局、区文化和旅游局、东风乡相关人员，相关区政协委员参加督办。区政协主席王旭、区政协副主席张岩、秘书长董会生参加。

【优秀提案评选】 年内，区政协提案委员会对十四届一次会议以来的政协提案进行评优。评选分三个阶段，坚持质量为先，同步考虑提案办理实效，统筹考虑广泛性、代表性及覆盖面。第一个阶段组织各民主党派、工商联及各专门委员会推荐优秀提案备选件；第二个阶段从11月1日至4日，召开四次协商会议，由提案委员会委员分组对每件提案量化打分。第三个阶段进行复审，按照打分结果和各民主党派、工商联及各专门委员会推荐情况，结合区委、区政府年度重点工作和政协提案关注的主题进行协商投票后，形成优秀提案备选件，报区政协主席会审定。依照规定，优秀提案不超过年度立案提案总数的10%。十四届一次会议立案提案384件，最终评选出优秀提案38件。其中，集体提案11件、委员提案27件，涉及经济科技类16件、社会事业民生类10件、城建城管类8件、统战政法类3件、农业农村类1件。提案覆盖各专门委员会委员，各民主党派、工商联以及科协界别。

（张桔歌）

调研与视察

【概况】 2022年，区政协围绕经济建设、社会事业、民主法治建设、城市管理等组织视察调研活动79次，委员参与824人次。密切区政协各专门委员会和人民团体的联系，组织区各人民团体参与政协协商、视察、调研等活动。提交建议332份，有12位区委区政府领导以及61个区委区政府部门参加调研座谈和协商会议。围绕高标准完成北京市养老服务社会化示范区建设、高水平推进“两区”建设，国际化人才引进等3个课题开展专题调研，形成调研报告报送区委区政府。

【“接诉即办”调研】 3月16日，区政协副主席张岩一行到三间房地区（乡）调研接诉即办工作，并针对2月份办理“双否”案件情况召开复盘会。会上，三间房地区（乡）汇报地区接诉即办整体工作情况、现阶段基层治理工作的重点难点以及接诉即办“双否”案件情况。与会委员就推进三间房地区接诉即办工作，提出意见建议。会议认为，加强接诉即办工作，要各部门联动，重视党建引领接诉即办工作，加强与市、区级单位沟通；要针对存在问题短板，提前预判，做到未诉先办；工作要耐心，解决好群众诉求。区政协专委会四室主任，区政协委员、区城管综合执法局局长，区政协委员、北京建机天润资产管理有限公司董事长，区政协委员、北京市东湖电气设备工程有限公司董事长，三间房地区工委书记、办事处主任等领导参加调研。

【“促进数字技术与实体经济融合”主题调研】 4月21日，区政协党组书记、主席王旭带队围绕“促进数字技术与实体经济融合”主题，到龙湖蓝海引擎产业园、阿里巴巴集团北京总部、北京朝阳科技创新集聚区参观调研并召开专题协商座谈会。调研组一行在龙湖蓝海引擎产业园，调研了解龙湖集团在各个产业板块大量采用绿色节能策略，运用IOT、IBMS等智能化技术，践行“低碳、绿色、健康”理念，达成碳中和目标的相关情况；在阿里巴巴集团北京总部，调研了解阿里巴巴集团的发展历程，阿里云智能自主科技，阿里巴巴达摩院在区块链、人工智能、芯片、量子科技等基础和前沿科技上的研发、应用成果等情况；在北京朝阳国际创投集聚区，调研了解创投集聚区为创新创业企业健康成长搭建服务和朝阳区城市大脑建设等情况。区政协副主席赵年生、张岩、李靓、连玉明，秘书长董会生，区科学技术与信息化局、中关村朝阳园管委会相关领导，部分区政协委员等一同调研。

【宗教中国化专题座谈会】 4月22日，区政协副主席张岩带队到基督教朝阳堂就宗教中国化开展座谈交流。政协委员到北京基督教会朝阳堂实地参观朝阳堂及展览，听取牧师对朝阳堂基督教中国化情况的介绍。座谈中，委员们就基督教、天主教、伊斯兰教、道教中国化落实情况进行发言。专委会部分宗教界委员参加，区政协专委会四室、区民宗办相关领导陪同调研。

【“双奥朝阳”专题视察调研】 7月6日，区政协组织常委和部分委员到国家速滑馆和北顶娘娘庙围绕“双奥朝阳”主题开展视察调研。委员们到国家速滑馆（冰丝带），了解场馆的功能布局以及赛后利用情况。在北顶娘娘庙（北京民俗博物馆分馆），委员们了解北顶娘娘庙文物保护工作和文化资源开发等情况，并实地考察北顶娘娘庙遗址保护现状。王旭表示，要利用好“双奥”资源，做好“后奥运时代”文章，将“双奥朝阳”建设与“文化、国际化、大尺度绿化”主攻方向有机衔接。政协委员要对“双奥之城”建设等重点工作继续调查研究，提出有针对性的提案和建议。区政协主席王旭，副主席赵年生、张岩、李靓，秘书长董会生参加。

【“国际消费中心城市主承载区”专题调研】 7月29日，区政协副主席张岩带队到莱太·AT9招商中心、首创郎园 station 围绕“国际消费中心城市主承载区”专题开展调研活动并座谈。张岩对调研活动表示肯定，要求重视议政性常委会调研工作，做好议政性常委会会议筹备；要求委员要思考提什么建言，怎么建言，做到“不调研，不提案；不调研，不议政”，要能切实代表朝阳的各个产业，提出有前瞻性、可操作的意见建议供政府参考；要依托委员工作站，通过委员建议案、社情民意等渠道，倾听企业心声，为企业纾困解难；要做好成果转化，推广像郎园这样的新消费品牌孵化基地的垂直消费等新理念，同时重塑老旧商圈，带动朝阳实体经济的发展，提升龙头企业带动作用，促进中小企业产业集群发展。

【助推乡村振兴主题调研】 8月3日，区政协组织部分委员到黑庄户地区（乡）小鲁店村、音乐产业园围绕“提升农村集体经济质量效益，助推朝阳区乡村振兴”主题开展视察调研。委员们到黑庄户地区（乡）小鲁店村，实地考察村域环境，并参观村内金鱼养殖基地，了解特色产业发展情况。王旭表示，黑庄户地区（乡）要立足自身资源，促进地区产业提升，发展壮大地区经济。要继续完善配套设施，盘活闲置资源，加快各类利民惠民项目建设。政协委员要围绕“乡村振兴”主题继续调查研究，总结农村地区实践经验，梳理和分析推动乡村发展的痛点难点问题，提出有针对性的提案和建议。区政协主席王旭，副主席张岩、李靓、连玉明、王强，秘书长董会生参加。

【城市有机更新专题调研】 8月10日，区政协专委会工作四室、研究室邀请朝阳区各民主党派代表、部分委员和城市有机更新课题组部分成员到莱太·AT9招商中心、首创郎园 station 围绕城市有机更新专题开展调研学习。调研组认为，城市有机更新需要顺应城市发展规律，尊重人民群众意愿，以内涵集约、绿色低碳发展为路径，加强修缮改造，补齐城市短板，注重提升功能，增强城市活力，不能急功近利、大拆大建，随意拆迁居民、提高生活成本，产生新的城市问题。9月6日，区政协党组书记、主席王旭带队，围绕“有序推进城市有机更新”年度议政专题组织非中共委员代表到亮马河国际风情水岸项目乡村进行调研。王旭指出，城市在保留历史风貌、延续文脉底蕴的同时，重塑空间格局、植入现代功能，促进产业升级、消费升级。亮马河国际风情水岸项目“水岸联动”的新模式，为城市有机更新提供新模式，在满足北京市夜间经济发展需要的同时兼顾生态为先的理念。区政协党组副书记、副主席赵年生，区政协副主席王冬岩，区政协秘书长董会生陪同。区国资委、区政协各委室和麦子店街道办事处主要领导参加活动。9月22日，朝阳区政协组织部分政协委员和党派人士围绕“有序推进城市有机更新”主题到石景山区新首钢园开展协商调研。朝阳区政协主席王旭，副主席赵年生、张岩、李靓参加，石景山区政协主席田利跃，区委副书记、政法委书记刘海涛等领导陪同，首钢集团党委副书记、董事、工会主席和首钢集团首建投公司副总经理向调研组介绍新首钢园城市更新情况。

【课题组调研】 8月17日，区政协副主席张岩带领港澳台侨委员会课题组到中关村朝阳园普天实业创新园实地考察调研“加强国际化科技人才引进与服务，促进朝阳高质量发展”。调研组一行到北京玻色量子科技有限公司、精进电动科技股份有限公司等高科技企业，实地参观考察企业实验中心示范平台、科研产品展示及研发实验室等科研场景。在506孵化器召开专题座谈会，听取中关村朝阳园管委会、区商务局、区高层次人才服务中心等委办局关于中关村朝阳园基本情况、科技产业发展、朝阳国际科技人才建设等方面区情介绍。园区留学归国人才代表介绍各自企业创业、经营及发展情况，并交流企业面临的实际问题、困难等情况。张岩强调，课题组要围绕国际化科技人才引进过程中遇到的问题和困难，以及进一步完善扶持政策，加强对管理与服务等方面的调研，为加强朝阳区国际科技人才的引进和服务，促进朝阳国际化高质量发展提出具有切实可行、针对性、建设性的意见和建议。

【复工复产调研走访】 12月28日，区政协党组书记、主席王旭就统筹疫情防控和经济社会发展，推动复工复产工作走访360集团，并座谈。区科学技术与信息化局、中关村朝阳园管委会、区政协、区教委、酒仙桥街道以及区发展改革委、区人力资源和社会保障局等部门领导陪同调研。

（赵　莹）

专门委员会工作

【概况】 2022年，区政协设置提案委员会、经济科技委员会、农业和农村委员会、人口资源和建设委员会、教育卫生与体育委员会、社会法制与民族宗教委员会、港澳台侨委员会、文化文史委员会、学习委员会等9个专门委员会。优化各专门委员会办事机构干部队伍结构，结合重点工作强化实践锻炼。（赵　莹）

【提案委员会】 年内，区政协收到提案429件，其中委员提案396件，党派、工商联、界别、专委会和全会小组提案33件。经审查，立案384件，交60家承办单位办理，均按时办结。272件提案提出的建议被采纳、问题得到解决，30件提案提出的建议被列入计划逐步解决，29件提案需协调市有关部门解决。19件提案作为重要摘报报送党政部门，23件提案作为转信报送上级单位，35件提案作为重要参考。重点督办提案5件，带动48件办理提案件，督办相关单位26家次，参加委员62人次。区委主要领导审定区领导阅批提案的工作方案，区委区政府领导对26件党派提案作出批示，区政协将全部立案提案分成8个大类逐类分析，并在转交区委区政府相关部门办理的同时，同步转交各专委会工作室，形成工作联动。（张桔歌）

【学习委员会】 年内，区政协学习委员会以“加强思想政治引领，提高履职能力水平”为主题，采取线上方式举办十四届区政协新委员履职能力专题培训。举办2期委员报告厅，采取线上线下相结合的方式，分别以“三重压力下的宏观经济形势与政策”与“《中国共产党政治协商工作条例》”为主题，邀请专家作专题报告。举办1期委员读书班，邀请专家围绕《习近平谈治国理政》第四卷、中央统战工作会议精神、当前经济形势作专题报告，通报朝阳区经济社会发展形势。组织区政协委员参加市政协举办的委员报告厅视频会6期。街乡开展委员进社区活动280余次，500余人次参与活动。建立政协委员工作站23个，建立悦读书屋40个。（杨煜国）

【教育卫生与体育委员会】 年内，区政协教育卫生与体育委员会围绕“公共卫生应急管理体系建设”开展对口协商。过程中，调整协商形式、聚焦重点区域、对准短板不足，联合民主党派、组织政协委员与专业人士、疾控专家、医护人员、卫生管理部门和街乡干部、界别群众和社区群众开展调研座谈，发挥界别作用，吸纳委员建议，形成《关于完善重大疫情防控救治体系，启动朝阳区新一轮公共卫生应急管理体系建设的建议》并上报区委。其中，《关于建设120数字急救平台的建言》获市政协优秀提案。在“教育双减政策落地”民主监督过程中，专委会加强宣传和沟通交流，强化委员知情明政，增进相互了解。组织114名委员参与市、区2次教育满意度测评。围绕第5个“中国医师节”和第38个“教师节”组织开展走访交流活动，突出政协的界别特色、团结主题，创新交流形式。走访联系委员62人次，组织走访联谊活动13次。（廉　欣）

【文化文史委员会】 年内，区政协文化文史委员会将“运用奥运遗产，助力推进‘双奥朝阳’建设”议政主题分解成14个分专题，涉及经济、社会、文化、体育、环境、城市和区域发展等领域，发动和引导委员参与其中，产生《关于在后冬奥时代朝阳区引进、举办顶级冰上赛事，助力朝阳国际化建设的建议》《关于建设奥林匹克主题雕塑园的建议》等建言。最终，73位委员提交51份调研报告和书面建言，该主题是第十四届政协第一次议政性常委会议题，也是《中国共产党政治协商工作条例》下发后的第一次专题议政。区政协文化文史委员会设计覆盖全体委员的“善读计划”读书活动，开展习近平治国理政思想、中国式现代化和共同富裕、信息时代发展的专题学习。编辑完成《朝阳文史》第22辑。（廉　欣）

【经济科技委员会】 年内，区政协经济科技委员会建立分党组微信群，组织专委会委员收听、收看党的二十大开幕会，学习报告精神，委员提交学习心得约50篇。在“关于激发新活力、高水平推进朝阳区‘两区’建设”“关于扩大交流促进朝阳区国际化”两个调研课题组和财政预算民主监督组都成立临时党支部，加强调研、民主监督工作的组织领导。围绕“促进数字技术与实体经济深度融合”主席议政会、“国际消费中心城市主承载区建设”常委专题议政会开展协商活动，采取查阅资料和实地考察相结合、线上和线下相结合、调研与提案办理相结合、党派联合、委员联合等方式开展调研，其中“促进数字技术与实体经济深度融合”主席议政会22人（含党派，涉6个专委会）提交27篇建言，涉及15个方面、122条具体建议。“国际消费中心城市主承载区建设”常委专题议政会，各民主党派和委员（覆盖9个专委会）提交调研报告和有效建言58篇，提出意见建议193条。两次议政会工作情况报告和调研建言成果得到区委区政府主要领导重视和肯定。专委会会下提交立案提案92篇、社情民意146篇，其中市政协采用4篇。（高冰冰）

【人口资源和建设委员会】 年内，区政协人口资源和建设委员会聚焦协商重点，创新协商模式，推进重点课题。专委会委员参加各类学习活动468人次，22名委员提交提案39件，15名委员报送社情民意信息66条。走访委员26人。围绕协商议题和民主监督课题组织开展系列视察调研座谈，到区园林绿化局、酒仙桥街道、小关街道、建外街道、八里庄街道、三间房地区（乡）、太阳宫地区（乡）、东风地区（乡）、东坝地区（乡）、朝阳站、叶青大厦、大望京公园、元大都城垣遗址公园、莱太国际、首创郎园、亮马河国际风情水岸、坝河北小河滨水空间改造项目、石景山区新首钢园等街乡部门和项目园区参观学习调研座谈，组织调研活动17次，政协委员参与180余人次，形成调研报告。参加北京市城市有机更新工作立法协商会，组织委员建言献策，委员李继泉提出的“关于进一步推动北京市城市更新方面立法的必要性的建议”被市政协采纳。接待市政协人资环建委和城市管理民主监督组就“落实《北京市城市更新行动计划（2021—2025年）》，推动老旧小区改造取得新成效”到751园区、丽都国际街区调研，协助完成相关课题。

（韩保卫）

【社会法制与民族宗教委员会】 年内，区政协社会法制与民族宗教委员会围绕深化接诉即办工作开展视察协商调研座谈，主席班子成员带队到酒仙桥街道、三间房地区（乡）、区“接诉即办”调度中心座谈调研，分别与区民政局、区城管指挥中心、区城管执法局等部门开展对口协商，组织学习、专题调研、座谈等活动16次，线上视频会议10次，70余人次委员和课题组成员参加；围绕参与社会治理和法治政府建设开展协商调研民主监督，区政协副主席张岩带队到三间房地区（乡）和八里庄街道开展法治政府建设专题民主监督，听取属地与区司法局关于法治政府建设情况的报告，提出建议，转化调研成果；围绕全面持久深入促进民族团结进步开展活动，带领委员开展有关活动，宣传贯彻新出台的《北京市宗教事务条例》，宣传相关法律法规，张岩带队到基督教朝阳堂和平房天主教堂调研，听取宗教中国化的情况介绍，挖掘有利于社会和谐、时代进步、健康文明的内容。社会法制与民族宗教委员会委员参加各类学习调研活动372人次，23名委员提交各类提案41件，25名委员提交各类社情民意信息76条，委员苏丽波提交的“关于出台社区疫情防控居家隔离工作指导标准的建议”被政协北京市委员会评为北京市政协系统2022年度优秀社情民意信息。

（韩保卫）

【农业和农村委员会】 年内，区政协农业和农村委员会围绕“提升农村集体经济质量效益　助推朝阳区乡村振兴”开展调研协商，到黑庄户、将台等8个地区（乡）调研，开展情况通报、座谈交流、研究论证、实地调研15次，参加调研的主席班子成员、政协委员及专家学者180余人次，聚焦集体经济管理体系、产权制度改革、收益分配、产业布局等方面存在的难点堵点提出112条意见建议，在此基础上召开议政性主席会议，为区委区政府提交协商报告成果。配合市政协围绕“聚焦共同富裕目标　多措并举促进农民增收”开展协商议政，到高碑店地区（乡）东亿国际传媒产业园、高井白家楼村实地调研，与相关区级部门座谈交流。组织委员到十八里店地区（乡）横街子村开展“农村生态环境综合治理”民主监督，为全面改善村域环境面貌开展监督和建言。创新建立信息通报机制，定期印发专委会刊物《朝阳区政协农业和农村委信息通报》。

（苏一喆）

【港澳台侨和外事委员会】 年内，区政协港澳台侨和外事委员会围绕“加强国际化科技人才引进与服务，促进朝阳高质量发展”开展专题调研，47人次参加实地走访，召开20余次专题研讨会、座谈会，查阅文献资料300余篇。与经济科技委员会共同组织数字经济、国际消费等重点协商和座谈活动。结合中秋节慰问，创新协商形式，组织港澳台籍委员、港澳台侨界别委员等专委会委员，围绕“加强朝阳与港澳台联系合作，促进国际消费中心城市主承载区建设”开展远程协商，11名委员提交建议建言，与5名在港委员进行视频连线互动。组织专委会委员到亮马河风情水岸“喜迎中秋”，感受朝阳区快速发展变化成果。专委会会下提交立案提案41篇、社情民意87篇，其中市政协采用2篇。通过线上“微学习”等形式开展交流研讨活动，组织专委会委员参加政协举办的线上线下委员读书班、委员报告厅等学习活动。与台办、侨办、致公、台盟等部门和党派召开联席会议，加强以留学回国人员为主体的新侨工作，加大与驻区台、侨资企业的沟通交流。

（高冰冰）

中国共产党
朝阳区纪律检查委员会
朝阳区监察委员会

综　述

【概况】 中共北京市朝阳区纪律检查委员会（简称“区纪委”）是主管全区党的纪律检查工作的专责机关。北京市朝阳区监察委员会（简称“区监委”）是全区行使国家监察职能的专责机关。区纪委与区监委合署办公。区纪委、区监委在市纪委市监委和区委的双重领导下开展工作。2022 年，区纪委落实各级纪委全会精神，发挥监督保障执行、促进完善发展作用。

（张天啸）

【区纪委全会】 2 月 16 日，朝阳区第十三届纪律检查委员会第二次全体会议召开。学习贯彻习近平总书记十九届中央纪委六次全会重要讲话和中央纪委六次全会、市纪委十二届七次全会精神。区委常委、区纪委书记、区监委主任范永红代表朝阳区第十三届纪律检查委员会常务委员会向第二次全体会议作工作报告，总结 2021 年纪检监察工作，部署 2022 年推进全面从严治党和纪检监察工作。区四套班子领导、法检“两长”，区纪委监委领导班子成员，区纪委委员，区人大、区政协各委处室负责人，区委区政府各部、委、办、局领导班子成员，各人民团体领导班子成员，区委巡察组组长、副组长，各街道、地区（乡）领导班子成员，农村系统各中心、大队、公司领导班子成员，区属国有企业班子成员，区纪委监委机关各部门负责人，部分特约监察员等参加会议。

（梁得天）

【协助区委落实落细全面从严治党主体责任】 年内，区纪委区监委统筹区反腐倡廉建设领导小组办公室 21 家考核主体单位，分别对 10 个评价维度 22 项考核重点进行评价，并会同区委宣传部、区委统战部对全区 133 家单位开展全覆盖现场检查，形成 133 家单位政治生态分析报告并及时反馈各单位。研究提出朝阳区 2022 年落实全面从严治党主体责任的年度任务安排，逐项明确区委常委、各区级部门在落实全面从严治党工作中所担负的主体责任和完成时限。要求各单位对照《“一把手”及班子成员年度履责清单》模板，结合实际，逐条细化责任内容，制定具体措施，明确目标时限；要求各单位对标中央市委巡视、区委巡察、全面从严治党考核、审计监督等发现的问题，建立本单位重点问题整改工作清单，做好“问题整改和成果运用”自查工作。

（苏令朋）

党风政风监督

【概况】 2022 年，区纪委区监委加强对“一把手”和领导班子的监督，建立《“一把手”及班子成员年度履责清单》，检查全区 133 家单位。日常监督疫情常态化防控、“接诉即办”、节日“四风”检查，专项监督经济社会发展、文明城区创建、重大活动服务保障，制发交办单、提示单 287 个，召开执纪监督专题会 3 次，报告区委及常委会 7 次，实现同级监督与政治监督协同推进、日常监督与专项监督有机融合，推动全区监督工作高质量发展。

（苏令朋）

【供热领域专项监督】 1 月，朝阳区各级纪检监察组织对照“供热领域专项监督检查清单”，督促主体部门排查风险、堵塞漏洞。定期梳理“接诉即办”涉及供热领域诉求，督促有关部门整改部分地区供热宣传工作落实不够等问题。

（苏令朋）

【民主生活会专项监督】 2 月，区纪委区监委制定《民主生活会专项监督检查清单》，围绕监督内容，收集和掌握被监督单位收到巡视巡察反馈问题、信访举报、纪检监察建议、党纪政务处分等 9 方面情况，形成各单位《民主生活会应说明问题清单》。制定监督工作安排，选派监督员全程参加民主生活会，监督纠正个人有关事项未说明、批评和自我批评“辣味”不足等 5 方面 50 个问题。

（苏令朋）

【文明城区创建专项监督】 8 月至 9 月，区纪委区监委成立专项监督领导小组，派出驻点监督组 7 个、监督专员 8 个，督办各工作组攻坚任务。召开“周末大扫除”、集中迎检等工作调度会 4 次，编发《监督指导组日报》9 期。制发中央、市、区反馈问题和第三方测评问题点位“重点监督工作提示”7 件，“重点监督任务单”33 批次。移交区深化全国文明城区创建工作领导小组办公室《重点问题台账》，跟进问题整改。

（苏令朋）

【经济社会发展专项监督】 年内，区纪委区监委制定《关于加强对首都经济社会发展重点任务监督的工作方案》《北京市朝阳区2022年办好重要民生实事项目分工方案》《朝阳区统筹疫情防控和稳定经济增长的实施方案》等，建立《朝阳区经济社会发展专项监督重要任务台账》。与区发展改革委等职能部门建立动态沟通机制，定期梳理政策制定、工作推进、任务完成、绩效考核等情况。紧盯上级重点关注、推进滞后、进度缓慢等任务项目，动态更新重点任务台账；会同主体部门梳理困难症结以及需要上级部门协调问题，推动各项政策措施落实到位。

（苏令朋）

【“接诉即办”专项监督】 年内，区纪委区监委修订监督工作方案，制定《北京市接诉即办工作条例正负面清单》《“接诉即办”调研式监督检查方案》《重点关注问题台账》。到区规自分局、区住建委、区应急局开展“房产证办理难”“充电设施建设”“老楼加装电梯”实地调研。筛取超期未办结、“双否”（不满意、未解决）等诉求工单38000余件，交由相关纪检监察组织开展溯责调查；制发疫情防控、到期未办结、拖欠工资等问题督办单259个、提示单23个；组织办理市纪委督办单198批235个。（苏令朋）

【规自领域专项治理专项监督】 年内，朝阳区自查评估区规自领域专项治理37项制度文件执行、效果及存在问题，各级纪检监察组织对部分重点制度进行动态抽查。围绕耕地“非农化”“非粮化”、耕地占补平衡、村地区管等工作，开展复耕复垦专项监督。梳理领导干部在农村建豪宅案件并报市纪委。掌握全区深化规划和自然资源领域问题整改重点任务推进情况，派驻组督促提示部分推进缓慢单位。（苏令朋）

【服贸会服务保障专项监督】 年内，区纪委区监委对照主体任务清单梳理制定监督清单，明确重点监督工作48项和具体监督措施103项；建立“室组地企”联动监督机制，深入国家会议中心、奥林匹克中心区等场所开展监督20余次，参与审议财政资金880余万元；聚焦数字经济发展大会、金融服务专题展等重要活动筹备以及环境提升、酒店保障等关键事项执行情况，向主体反馈场馆周围围栏拆除时限不合理、接待酒店防疫措施不到位、活动费用测算不够细化等问题建议4条，约谈3人次。（彭宗冉）

【困难群众救助补助问题专项监督】 年内，朝阳区开展困难群众救助补助资金审计发现问题专项治理，处置问题线索18件，留置1人，立案3件3人，诫勉2人，约谈16人，制发纪检监察建议1份，督促区民政部门落实主体责任，整改社会救助、流浪乞讨、儿童福利等4大类18项问题，为126名困难群众补发救助补助待遇，追回资金190余万元。（王祎楠）

【低保人员问题数据专项监督】 年内，区纪委区监委成立专班对低保人员问题数据开展专项监督，筛查低保人员疑似问题数据990条，联合属地街乡、房产登记、工商登记等部门对低保人员服刑期间停保、在保人员名下房产、监察对象收入、在保企业经营及个人收入等情况进行复核，发现问题数据108条，督促退保、自愿退保19人，向15个街乡制发《重要监督工作事项》，督促区民政部门从职能监督层面查漏补缺，严把申报入口关，加强动态管理，健全完善低保人员退出机制。

（王祎楠）

【农村集体经济“问题合同”专项监督】 年内，区纪委区监委牵头开展农村集体经济“问题合同”专项监督，与区经管站和区委农工委、区农业农村局派驻组同向发力，组织农村系统纪检监察干部参加专题培训1次，提供调取材料3批次，对全区合同再排查、再整改、再提升。专项监督发现3方面5大类问题，发现待整改合同400余份，下发监督提示函5份、提示函1份。（邹凤鸣）

【北京冬奥会冬残奥会专项监督】 年内，朝阳区派出纪检监察组织2589组次、6034人次，发挥“室组地”联动监督机制作用，构建区纪委区监委机关、派驻组和街乡纪（工）委、社区（村）纪检监察组织和服务保障酒店监督员三级立体监督工作体系，形成监督合力。全流程“嵌入式”“闭环式”“跟进式”监督开、闭幕式，各类涉奥酒店（住地）服务保障责任落实，冬奥会、冬残奥会移出期和转换期等重要时间节点及阶段，分级分类处置发现的问题、困难和需求，压实工作责任，推动整改解决。紧盯冬奥筹办人员作风建设，强化监督检查涉奥资金使用管理，坚决纠治形式主义、官僚主义问题，严防享乐主义、奢靡之风。（王 博）

【优化升级监督信息库】 年内，区纪委区监委“微改革、微创新”案例入选市委改革办改革创新案例。升级《廉政监督信息数据库》，配套出台《日常监督检查操作指引》，涵盖监督重点53项和具体问题158个，推动日常监督精准化。编辑形成《日常监督知识问答》，设置专题20项、问题142个，为全区纪检监察组织做好监督工作提供参考。（苏令朋）

巡察工作

【概况】 2022年，区委巡察工作坚持“发现问题、形成震慑，推动改革、促进发展”工作方针，落实政治巡察要求，细化“三个聚焦”（聚焦贯彻落实党的路线方针政策和党中央决策部署情况，聚焦群众身边腐败问题和不正之风，聚焦基层党组织软弱涣散、组织力欠缺）监督重点，完成2轮巡察工作，巡察二级单位党组织20家，发现问题623个，移交问题线索31件。第一轮（2月28日至4月22日），完成对8家单位党组织的巡察工作。第二轮（7

月 11 日至 9 月 9 日）突出重点，打造系统巡察模式，完成对 12 家区属国有企业党组织的巡察工作。（唐婧琪）

【疫情防控】 5 月，组成 9 个疫情监督检查督导组下沉 5 个街道 6 个地区（乡），瞄准关键环节，紧盯责任落实，查找堵塞漏洞，发现问题 229 个，提出建议 129 条。（唐婧琪）

【巡察工作规划实施】 12 月 30 日，区委办公室印发《十三届北京市朝阳区委巡察工作规划》。明确十三届区委巡察工作主要目标、监督重点、主体责任落实、全覆盖范围、完善工作格局、监督贯通融合、巡察整改和成果运用、基础建设等内容，规范推动巡察工作。（唐婧琪）

【粮食购销领域腐败问题专项整治】 年内，朝阳区围绕粮食应急供应体系、运行机制、应急保障、储存、轮换等各环节工作职责情况，督查检查区商务局等职能部门和代储企业 6 次。与粮食购销专项巡察组建立信息共享机制、工作联动机制，全程督促被巡察单位对照整改任务清单和整改时间表整改。（王　博）

信访举报

【概况】 2022 年，区纪委区监委信访举报工作以“积极主动、精准深入、规范高效”为标准要求，坚持畅通群众举报渠道，优化信访举报环境，精准受理办理信访举报。深化治理重复举报，办结中央纪委挂账督办 3 件次，起底梳理、整合归类、分类施策 2021 年以来重复信访件 300 余件次，积极回应群众关切。注重信息服务效能，完成月访分析 12 篇、专项分析 3 篇、综合分析 5 篇，报送信息 12 篇（市纪委刊发 3 篇、《北京日报》刊发 1 篇），完成廉政查询 15 批次 291 人次，为 3 轮巡察工作提供信访举报相关问题台账 28 份。（吴　飞）

【信访重点工作】 8 月，区纪委区监委对照《2022 年北京市纪检监察信访举报工作质效评估方案》中 9 类 26 项指标，对信访举报工作逐项自查自纠，立行立改。年内，接收市委巡视组移交信访件 8 批次 2167 件次，跟进办理要结果件 22 件（其中检举控告 20 件、业务范围外类 2 件）。（吴　飞）

【信访举报受理】 年内，区纪委区监委接收信访举报 19841 件次，比上年增长 66.5%，其中网络举报 10107 件次，比上年增长 75.6%；来电 8446 件次，比上年增长 68.0%；来信 1003 件次，比上年增长 22.8%；来访 285 批次，比上年下降 9.8%。受理纪检信访举报 770 件次，比上年下降 38.7%，其中检举控告类 581 件次，比上年下降 43.2%；批评建议类 2 件次，比上年下降 75.0%；区级纪检监察机关业务范围外（应通过诉讼、仲裁、行政裁决、行政复议等方式解决或属于其他机关或者单位职责范围的）187 件次，比上年下降 16.1%。按照中央、市、区三级信访举报受理，接收中央纪委国家监委转送 154 件次，占比 20.0%；市纪委市监委转送 228 件次，占比 29.6%；区级机关自收 388 件次，占比 50.4%。（葛媛媛）

纪律检查和案件审理

【概况】 2022 年，区纪委区监委受理信访举报 770 件次，处置问题线索 760 件，立案 183 件，处分 145 人，留置 12 人，移送检察机关 18 人。（王亚克）

【案件质量评查】 7 月至 9 月，区纪委区监委完成对 2020 年 5 月至 2021 年 12 月办结的 405 件案件的评查工作。梳理取证、程序、文书表达、处分执行等不规范、定性处理不精准、管理文书不完善等方面问题，逐一反馈问题清单，督促承办单位整改。（杜晓亚）

【案件审理】 年内，区纪委区监委审结案件 167 件，其中审结移送职务犯罪案件 14 件。处分 144 人，含处级干部 13 人，科级干部 28 人，一般干部 13 人。纪检监察干部监督室收到反映纪检监察干部问题线索及举报 19 件，处置问题线索 12 件，其中谈话函询 8 件、初步核实 2 件、办结 1 件、转乡纪委处理 1 件。（杜晓亚　刘炳坤）

反腐倡廉宣传教育

【概况】 2022 年，区纪委区监委坚持以习近平新时代中国特色社会主义思想为指引，宣传贯彻党的二十大精神，落实意识形态工作责任制，维护意识形态安全，服务新时代纪检监察工作高质量发展。年内，在中央、市、区各级各类媒体刊发稿件 625 篇，其中中央级媒体刊发 24 篇、市级媒体刊发 350 篇，推动全区营造崇廉拒腐、风清气正社会氛围。（李仕达）

【警示教育】 年内，区纪委区监委紧跟全区工作重点，通报曝光违反中央八项规定精神案件 12 起。聚焦农村“三资”领域，拍摄制作专题警示教育片《“三资”蛀虫——朝阳区农村集体“三资”领域违纪违法案件警示录》，用“身边事”教育“身边人”。分级分类搭建“朝阳区廉洁文化与警示教育资源名录”，向全区各单位提供廉洁产品借阅服务 350 余件次。发挥典型示范引领作用，在“清风北京·廉洁颂”主题教育开展期间，专题展现机关先进组织、优秀纪检监察干部先进事迹。（李仕达）

【廉洁文化建设】 年内，区纪委区监委贯彻落实《关于加强新时代廉洁文化建设的意见》，健全完善党委统一领导、纪委组织协调、部门齐抓共管廉洁文化工作机制。组织开展“纪法铭于心·清风护征程”主题纪法教育活动，推动全区各单位落实“六个一”

（一书一测、一学一课、一谈一作）规定动作和“自选动作”，覆盖党员干部、监察对象20余万人。与区委宣传部、区文旅局等部门联动筹划廉洁文艺作品征集活动，向全社会征集书法、绘画、摄影、短视频、手工等文艺作品2049个，组织专家评审优秀作品46个。联合区直机关工委等部门开展“悦读阅廉”第四季活动，机关干部及家属6500余名参与活动，音频打卡内容近30万条。制作公益广告短片《节日不松懈，把好廉洁关》，围绕青年干部教育管理、征地拆迁、疫情防控等主题制作“廉”环画4期。

（李仕达）

民主党派

民革朝阳区委

【概况】 2022年，中国国民党革命委员会北京市朝阳区委员会（简称“民革朝阳区委”）有15个专门工作委员会，下设基层支部19个，有民革党员1207名（其中年内发展民革党员28名）。民革党员中有全国政协委员2名（其中常委1名）、市人大代表1名、市政协委员2名（其中常委1名）、区人大代表2名（其中常委1名）、区政协委员26名（其中常委5名）。民革朝阳区委以“履职能力建设年”为纲，组织党员开展专题调研，完成调研报告8篇；上报社情民意信息320条；召开主委会议6次、全委会议4次；举办参政议政、主题教育等活动20余次。民革朝阳区委获“民革全国参政议政工作先进集体”“民革全国祖统工作先进集体”“2022年度《团结报》宣传发行工作先进集体”称号；党员姜永海、刘俊卿、温香彩、龚襲获“民革全国参政议政工作先进个人”称号；党员纪彭、王麒达获“民革全国宣传思想工作先进个人”称号；党员李永刚、佟健、姜永海、岳运生、崔铁宁获“民革北京市委为市级协商、政协会议发言和提案工作作出贡献的个人”称号；牛小萌、刘俊卿、郭为民、郭佳、温香彩获“民革北京市委反映社情民意信息先进个人”称号。

【社会服务】 2月13日，民革朝阳区委第十四支部联合民建朝阳区委新社会阶层支部部分代表到冬奥村冰丝带城市志愿者服务站，慰问志愿者。5月9日，民革朝阳区委通过微信公众号“民革北京市朝阳区委员会”发布《倡议书》《共抗疫情，朝阳民革在行动》系列报道，民革党员捐赠价值5万元的饮用水、食品及户外应急灯等防疫物资。6月1日，民革朝阳区委第七支部会同信泰保险北京分公司到顺义区儿童福利院，开展“温情六一，爱无隔离”喜迎“六一”儿童节主题关爱活动。7月28日，民革朝阳区委社会服务专委会和第十四支部联合北京市红十字会在左家庄街道举办急救技能培训，50余名民革党员参与。8月，民革朝阳区委专职副主委金晓萍、秘书长赵鹏和祖统专委会主任苏庆军代表区委走访3位抗战将领遗属，表达区委对抗战将领遗属的关心关怀和对祖国统一的期盼。10月，民革朝阳区委开展重阳节慰问活动，走访慰问80岁以上老党员，送去区委的关怀与祝福。

【主题教育】 5月，民革朝阳区委组织党员到西山无名英雄纪念广场开展主题教育，铭记20世纪50年代牺牲于台湾隐蔽战线的1500余位无名英雄。9月，中共朝阳区委统战部统战系统各单位参与“共话统战百年·喜迎党的二十大·奋进新时代”系列主题教育。民革朝阳区委第七支部党员倔鳗参加“百年同心路·同行新征程”主题演讲比赛并获二等奖；民革朝阳区委第一届主委、朝阳区原副区长、政协副主席关三多参与“统战百年路·一起向未来”暨“我的统战情”主题座谈会，分享对朝阳区统一战线工作的认识和见解；民革朝阳区党员提交作品，参与“百年峥嵘·同心向党”主题书画作品展及以“百年统战·同心筑梦”为主

▲ 10月16日，民革朝阳区委领导班子成员集体收看中共二十大开幕实况 （赵媛媛　摄）

题的征文活动。10月16日，民革朝阳区委各级基层组织收听收看中共二十大开幕实况。11月2日，民革朝阳区委召开学习宣传贯彻中共二十大精神专题部署会，动员部署朝阳民革学习宣传贯彻工作。

【参政议政】 5月，民革朝阳区委收到关于疫情防控的社情民意信息17篇，其中，苏庆军报送的《关于加强核酸检测辅助人员防护服科学穿戴，严格个人防护的建议》被区政协采用。年内，民革朝阳区委上交中共朝阳区统战部专项调研报告4篇，提交区政协党派提案4篇。向民革市委、中共朝阳区统战部、区政协提交信息320篇，其中，全国政协采用1篇、民革中央采用18篇、市政协采用58篇，中央领导批示1篇、市领导批示3篇，朝阳区政协采用150余篇。区委主委梁鑫华参加第四届中山论坛并做主旨演讲。区委副主委姜永海代表民革参加市政协“加快推进韧性城市建设，筑牢首都公共安全防线”议政协商会并发言。党员周小柯在2021年度北京涉台调研课题评审中获调研课题一、二、三等奖。

【京台基层交流基地揭牌】 8月2日，“京台基层交流基地”在朝阳区半日闲艺术馆揭牌。中共朝阳区委统战部副部长陈伟、区台办主任李波，崔各庄地区（乡）工委书记李泽林，同民革中央联络部一处处长董辉、民革北京市委联络处副处长谢力丹、民革朝阳区委主委梁鑫华共同揭牌。团结报主编出席揭牌仪式。“京台基层交流基地”由中共北京市委台湾工作办公室、北京市人民政府台湾事务办公室组织评选并颁牌，是北京市首批33个获评单位之一，也是北京市首家由民主党派成员创办的“京台基层交流基地”。

【组织建设】 年内，民革朝阳区委在吸收新党员时，注重新党员所从事的主要领域和专业优势及特长，引导其关注领域内的课题研究，抓准参政议政着力点，逐渐融入参政议政人才队伍；民革朝阳区委和祖统专委会推选骨干党员参加民革市委组织的祖国统一培训、讲座等相关活动，对在参政议政工作中具有高度热情、表现优秀的同志，推荐其利用政协、统战部等平台，撰写信息、提案、理论文章等，发挥参政议政特长。

【“讲述民革故事”有声栏目】 年内，民革朝阳区委主办、民革朝阳区委宣传专委会承办“讲述民革故事”有声栏目。该栏目每周一期，以讲带学，讲述民革故事，学习民革历史，继承和发扬民革优良传统，以实际行动迎接中共二十大召开。栏目播出五期，获广大党员好评。（梁　艳）

▲ 8月2日，京台基层交流基地揭牌仪式　（梁　艳　摄）

民盟朝阳区委

【概况】 2022年，中国民主同盟北京市朝阳区委员会（简称“民盟朝阳区委”），有基层组织42个，其中，基层委员会3个（各辖3个支部）、基层支部39个，有盟员2234人。年内发展新盟员85人。盟员中有全国政协委员2人（其中常委2人）、民盟中央委员6人（其中副主席1人、常委2人）、市人大代表2人、市政协委员5人（其中副主席1人）、民盟北京市委委员10人（其中主委1人、副主委1人、常委2人）、朝阳区人大代表4人（其中常委1人）、朝阳区政协委员35人（其中副主席1人、常委3人、副秘书长1人）、区工商联副主席1人、执委1人。召开主委会会议6次、全委会会议4次，召开专题调研会、研讨会、线上活动等30余次。“北京朝阳民盟”微信公众号推送专题报道42篇，年点击量37182人次，关注用户1058人；机关干部分别参与冬奥票务和观众组织工作专班、朝阳区统战部疫情防控专家指导组专项检查、支援酒仙桥街道疫情防控和朝阳疫情防控8小时指挥部专班等工作。民盟朝阳区委获“民盟北京市委信息工作先进集体”称号、罗锦程等5人获“民盟中央社情民意信息工作先进个人”称号、盟员何崴获“2022年亚洲建筑师协会建筑奖提名奖”、傅斌星获“宣传思想文化青年英才”称号。穆军升等13人获民盟市委信息工作先进个人称号。

【组织建设】 年内，民盟朝阳区委设立思想政治宣传等8个工作委、城市管理等12个专委和统战理论、书画家工作委等22个内设机构。新成立第10支部，筹建盟员之家3个。组织盟员学习民盟中央十三大、民盟北京市十三大会议精神，观看北京冬奥、冬

▲ 10月23日，民盟朝阳区委成立内设机构，颁发证书 （民盟朝阳区委 供图）

残奥会开闭幕式和竞赛；组织盟员艺术家创作《民盟先贤》系列作品庆祝统战百年。

【参政议政】 年内，民盟朝阳区委承接民盟北京市委“接诉即办工作条例背景下的基层协商民主”课题，调研朝阳区“12345”平台，市、区、村领导、专家学者召开课题评估会1次；政协主席重点督办民盟委员“关于进一步推进朝阳区城市更新工作提案”；民盟区委在政协会上做“找准更新方向，推进朝阳区传统商圈有机更新的建议”大会发言，提交民盟提案3件，民盟委员提案34件，其中“关于推进北京朝阳站‘站城一体化’发展建议”被评为区政协年度优秀集体提案；参加区政党协商会、党派联席会等8次，参与重大人事安排、重点工作协商，提出“发挥朝阳区域优势，打造世界级国际大数据交易中心”的建议；联合其他党派助力北京国际咖啡交易中心落地。全年完成调研报告15篇，其中《朝阳区24小时城市特征和建议》总分排名第一，被评为区委统战部一类党派调研文章。

【社会服务】 年内，民盟朝阳区委联合茶活力公司向朝阳区疫情严重的13个单位和街乡捐赠价值1600万元的解暑茶饮198万瓶；各支部、盟员捐赠价值50余万元物资，慰问一线医务盟员、志愿者和老盟员。联合美团研究院、盟内专家学者，参与高碑店地区（乡）“接诉即办”、大运河文化研究等座谈；邀请红楼专家学者开展“红楼遗珍”和“高碑店大运河文化系列活动”，为红楼景观公园建设提建议；联合驻区盟员企业开展村民免费剪发公益活动。

【社情民意信息】 年内，民盟朝阳区委承办民盟市委“社情民意信息工作沙龙”，组织专题培训、建立百人信息骨干队伍、推动信息工作扁平化，举办“Web3.0（前端培训）和中国经济”读书会。全年报送信息194篇，其中，全国政协、民盟中央采纳5篇，副省级领导批示3篇，北京市委、市政协采纳29篇，盟市委采纳92篇，区委统战部和区政协采纳65篇。

（葛春艳）

民建朝阳区委

【概况】 2022年，中国民主建国会北京市朝阳区委员会（简称“民建朝阳区委”）有基层支部35个，民建会员2097人（年内发展民建会员53人）。会员中有全国工商联副主席1名，全国政协委员5名；北京市政协委员6名；区人大代表9名（其中副主任1名、常委1名），区政协委员25名（其中常委5名、副秘书长1名）。民建朝阳区委以“矢志不渝跟党走、携手奋进新时代”政治交接主题教育为抓手开展各项工作，民建朝阳区委获民建中央“定点帮扶工作先进集体”、民建北京市委“信息工作先进集体”称号。

【社会服务】 2月13日，民建朝阳区委组织会员参加冬奥村冰丝带服务站点志愿者服务。6月1日，与贵州省黎平县罗里乡中心小学携手举办“共庆六一儿童节，践行民建初心、捐助贫困孩子活动”。7月10日，在怀柔区响水湖长城景区开展长城环保公益活动。9月8日，举办第十四届“沐师恩春风，与数字同行，传奥运精神，向未来出发——慰问安华学校教师活动”。9月24日，在北京、河北易县两地联合举办“全生命周期健康科普万里行论坛之河北易县行”公益活动。10月4日，与民建北京市委妇委会、民建保定市委联合举办“京冀心手相连　国庆重阳慰老助残爱心公益活动”。年内，民建朝阳区委到平谷区对口帮扶村开展乡村振兴工作调研，走访慰问帮扶户，购买农副产品，对接消费扶贫，为平谷区引进企业3家，年增加税收480万元。开启“民建北京朝阳区丰宁春华助学金”第10年计划，捐款扶助丰宁一中贫困学生4万元。年内，民建朝阳区委各支部、专委会，会员个人、会员企业捐款104.65万元；向北京市、朝阳区捐赠防疫物资、药品、食品等价值44万余元；对朝阳区14个街乡和委办局捐赠物资；协调盒马鲜生超市向社区捐赠新鲜蔬菜63箱；向上海捐赠食品物资4批近80万元；向黑龙江省捐赠3.4万元的牛奶800箱；向山东捐赠口罩4000只。40余名会员志愿者参加基层一线抗疫工作，7名会员支援各社区全员核酸检测和封控区内医疗诊治工作，1名会员随央企援沪医疗队对口支援上海市虹口区。

【参政议政】 年内，民建朝阳区委各支部和专委会形成调研报告50篇，《关于优化营商环境促进产业高质量发展的建议》获评朝阳区人大常委会2022

▲ 10 月 14 日，民建朝阳区委组织承办民建北京市委第四期“新·好时政漫谈”
（黄姗薇　摄）

年度优秀代表建议；《关于朝阳区服务高新技术企业发展的对策建议》在区政协全会上获评 2022 年度优秀集体提案；《关于朝阳区数字经济产业链的相关建议》在朝阳区政党协商会上做发言；《关于以精细化治理防范城市更新“改后失管”的建议》在区政协与区委统战部“有序推进城市有机更新”专题协商会上做重点发言；在朝阳区民主党派专项调研评审中，《关于提高基层组织人民调解水平的建议》获评一类课题，《关于朝阳区实施城市更新行动的调研报告》获评二类课题，《推进公园开放式管理，提升群众生态获得感》和《以冬奥为契机，为低碳城市建设贡献“北京经验”——创建低碳社区的研究》获评三类课题；《围绕京郊农村集体经济质量效益研究》被民建市委采编。民建朝阳区委会员提交防疫抗疫相关社情民意信息和建议 150 余篇，内容涉及疫情下经济发展、防控策略、隔离点运行、核酸检测、优化健康宝提示等方面。各支部和专委会报送各类社情民意信息 680 余篇，有 186 篇被中央、市、区有关单位采编，《关注城市公交行业历史包袱，降低公交罢运风险》得到市领导批示。以“数运朝阳·数字经济建设与发展”为主题，组织承办民建北京市委第四期“新·好时政漫谈”，为服务朝阳区社会经济发展建言资政。

【主题教育】 年内，民建朝阳区委开展“矢志不渝跟党走、携手奋进新时代”政治交接主题教育，围绕“五一口号”发布 74 周年等学习交流活动。组织朝阳民建会员参与学习中共二十大报告有奖问答、“礼赞二十大　奋进新征程”主题征文及“喜庆二十大，永远跟党走”健步走活动。骨干会员、各支部和专委会报送学习中共二十大精神感想感言 150 余篇、3.5 万余字。组织会员观看冬奥会、冬残奥会开、闭幕式，围绕冬奥主题建言献策。

（李佳君）

民进朝阳区委

【概况】 2022 年，中国民主促进会北京市朝阳区委员会（简称“民进朝阳区委”）下设参政议政、社会服务、信息、青年、学习宣传、文化艺术、老龄 7 个工作委员会。有基层支部 36 个（其中换届支部 1 个），会员 1330 人（其中年内新增会员 45 人）。会员中，有全国政协委员 3 名、市人大代表 2 名、市政协委员 2 名、区人大代表 3 名（其中常委 1 名）、区政协委员 14 名（其中常委 4 名）、昌平区政协委员 1 名。年内，民进朝阳区委开展信息化建设主题年工作，组织会员开展专题调研，完成调研报告 30 篇；上报社情民意信息 160 条，工作信息 46 篇；召开主委会议 6 次、全委会议 2 次；举办课题调研、捐资助学、围绕“矢志不渝跟党走、携手奋进新时代”政治交接主题教育开展活动等 20 余次。完成民进朝阳区委中国图书进出口总公司支部换届工作，选举许承禹为主任、林丽颖为副主任。民进朝阳区委获民进中央“信息化建设优秀案例”、民进市委“会员发展工作先进组织”奖。会员张纯、臧博思获民进中央“民进信息化建设先进个人”称号。

【主题教育】 1 月 14 日，在内蒙古自治区乌兰察布市卓资县支教的特级教师李忠孝代表民进朝阳区委向卓资县北京朝阳学校 91 位老师赠送春联。6 月 2 日，民进朝阳区委社会服务专委会举办“面对疫情　学会心里调试”线上讲座，民进会员袁媛（国家二级心理咨询师）主讲；6 月 2 日，学习宣传专委会副主任、北京中学教师李明通过视频做题为《文字的由来之书法历史》讲座；6 月 6 日，民进北京市委副主委、中日友好医院原副院长姚树坤做“走向健康——改变保健理念，合理膳食，提升抗病能力”的讲座。8 月 17 日至 19 日，民进朝阳区委到贵州省金沙县参加由民进中央、民进北京市委、民进东城区委、民进海淀区委联合举办的“同心·彩虹”教育、医疗帮扶活动，调研金沙县民兴学校开明书架、金沙教育研究院附属实验学校等帮扶项目。10 月 16 日，民进朝阳区委制作完成民进朝阳会员说会史专题视频 100 集；10 月 17 日，民进朝阳区委组织骨干会员观光体验亮马河国际风情水岸项目，感受活力朝阳 10 年蝶变的精彩绚丽。年内，民进朝阳区委组织会员到中国人民抗日战争纪念馆、中国共产党历史展览馆、北京恭王府博物馆、清华大学、北京服装学院、北京科技大学等处参观交流，组织会员开展“答百题·学会史”“答百题·逛故宫”等线上学习活动，300 余名会员参加。

【民进朝阳区委六届四次全委会】 4 月 22 日，民进朝阳区委召开六届四次全

▲ 9月22日，民进朝阳区委信息专委会会员在特斯拉大型试训体验基地调研　（张　纯　摄）

委会议（线上会议）。民进北京市委监督委员会委员赵晓晨、民进朝阳区委领导班子、区委委员20人参会，副主委赵建萍主持会议。选举产生41名出席民进北京市第十三次代表大会代表。

【区民进会员当选民进市委委员】 7月14日至15日，民进北京市委召开第十三次代表大会，民进朝阳区委王利如、韦小萍、左朝辉、刘敬疆、林丽颖、郑金刚、贾荣林、阚敬侠8名会员当选民进北京市新一届委员会委员，其中林丽颖当选副主委，韦小萍、贾荣林当选常务委员，战春燕任内部监督委员会委员。

【信息专委调研】 9月22日，民进朝阳区委信息专委会组织会员到位于朝阳区金盏地区特斯拉大型试训体验基地调研，促进党派成员与驻区企业相互了解，梳理驻区企业的发展需求，丰富党派的社会实践活动。

【参政议政】 年内，民进朝阳区委参政议政专委会上报民进市委会、区政协和中共区委统战部调研报告30篇，向区政协提交党派提案2篇。委员武智涛上报《“双减”背景下社会学校家庭共育情况调研报告》获民主党派专项调研报告一类课题；委员徐庆上报《关于高质量发展朝阳区数字经济的建议》获二类课题、武智涛的《“双减”背景下社会学校家庭共育情况调研报告》、耿震的《关于乡村公共文化服务建设的研究》获三类课题；委员刘可欣上报《以品牌引领助力朝阳文化协调发展》获党派优秀提案；全年上报社情民意信息160篇，工作信息46篇。

【疫情防控】 年内，民进朝阳区委协助社区开展居民服务、协调物资保障、核酸检测等工作，成立同心抗疫志愿服务团，93名民进会员投入23个街乡中25个社区志愿服务，工作时长1617小时；上报关于抗击新冠疫情的社情民意30余篇；捐赠现金1.27万元、KN95医用口罩1.22万只，及价值1.2万元的饮料、食品等。　（张　纯）

农工党朝阳区委

【概况】 2022年，中国农工民主党北京市朝阳区委员会（简称“农工党朝阳区委”）下设参政议政、信息和宣传、社会服务、老龄工作和青年工作5个专门委员会，有基层支部25个，党员1276人（其中年内新发展党员50人）。党员中，有全国政协委员1人、北京市政协委员5人、区人大代表6人（其中常委1人）、区政协委员16人（其中常委4人、副秘书长1人）、农工党北京市委委员7人（其中常委3人）、农工党北京市内部监督委员会委员3人。农工党朝阳区委学习贯彻落实中共二十大、农工党十七大精神，开展坚持和发展中国特色社会主义学习实践活动；创新召开专委会联席会议，区委副主委及各专委会主任和副主任60余人参会；完成《加强郊野公园功能性建设　提升北京全国文化中心的绿色内涵》《关于在朝阳区建立多层次养老服务体系的建议》《关于构建朝阳特色城市有机更新体系的建议》《关于朝阳区以建筑领域为抓手　建设国际化低碳示范城市先行区的调研报告》等4篇调研报告。区委向各部门提交社情民意信息98篇，其中多篇被全国政协和农工党中央等相关单位采用。农工党朝阳区委党员120余人投身疫情防控工作，60余名党员在朝阳区多个街

▲ 9月21日，农工党朝阳区委召开第五届专委会联席会议　（农工党朝阳区委　供图）

乡服务核酸检测万余人次。农工党朝阳区委获农工党第十六届中央委员会“2018—2022年度先进集体”称号。

【农工党区委党员当选农工党市委委员】7月10日至11日，中国农工民主党北京市第十四次代表大会在京召开。区委40名代表参加大会。大会听取并审议通过农工党北京市第十三届委员会工作报告。选举产生69名委员组成的农工党北京市第十四届委员会和27名委员组成的常务委员会，朝阳区委丁霞（女）、叶昊、曲冰（女）、刘存志、刘梅颜（女）、苗劲蔚（女）、黄秀虹（女）7名党员当选农工党北京市新一届委员会委员，其中丁霞（女）、叶昊、刘存志为常委。吕立秋（女）、岳向阳、弥雪（女）被任命为内部监督委员会委员。

【健康大讲堂活动】10月，农工党朝阳区委开展“敬老月健康大讲堂”系列线上讲座活动。活动由医卫二支部和中日友好医院支部承办，寸草春晖养老机构协办。活动结合“全国高血压日”“世界关节炎日”“骨质疏松日”和“世界卒中日”4个医疗保健主题，邀请中日友好医院支部的4位专家党员进行4期线上讲座，健康普及863人次。

【参政议政】年内，农工党朝阳区委召开以“双奥朝阳”“有序推进城市有机更新”为主题的议政会，区委提交13篇建言文章。其中《关于借鉴冬奥低碳场馆模式，建设碳中和示范区的建议》和《关于“加大政策引导和创新驱动，促进朝阳区城市有机更新更加有序”的建议》在大会上做重点发言，3名党员在大会上做即席发言，10篇建言文章被编入议政会建言成果汇编。区委向区政协提交的《关于构建朝阳特色“智慧型居家养老体系”的建议》获2022年度优秀集体提案，农工党朝阳区委政协委员提交的《关于以大尺度绿化为目标加强朝阳区郊野公园功能性建设助力提升北京全国文化中心绿色内涵的建议》和《关于在朝阳区建立多层次养老服务体系的建议》党派提案等22篇。其中《关于以满足患与医的相互需求为出发点，夯实分级诊疗基础的建议》被列为区政协主席重点督办提案。

【主题教育】年内，农工党朝阳区委组织党员学习习近平新时代中国特色社会主义思想和中共二十大精神，组织线上党内专家大讲堂7次、800多名党员参加线上听课；组织参加农工党市委“新语大讲堂”活动4次；开展“矢志不渝跟党走、携手奋进新时代”政治交接主题教育与纪念统一战线政策提出100周年相结合，牵头联合区内其他民主党派区（工）委，共同制作原创歌曲《同一个承诺》。

（张胜男）

致公党朝阳区委

【概况】2022年，中国致公党北京市朝阳区委员会（简称“致公党朝阳区委”）有支部19个，党员729人（其中年内新发展党员38人）。致公党员中有全国政协委员3人（其中常委2人）、北京市人大代表2人、北京市政协委员4人（其中常委2名）、区人大常委1名、区政协委员18名（其中常委5名、副秘书长1名）、致公党中央委员3名(其中副主席1名、常委1名)、致公党北京市委委员6名（其中副主委2名、常委1名）。致公党朝阳区委6名党员当选致公党北京市第十届委员会委员，其中顾行发、孙阳当选副主任委员；曹信红当选常委；戚依南、陈忠洲、李卓当选委员。李卓任致公党北京市第十届委员会监督委员会委员。致公党朝阳区委和十三支部、中央美术学院支部、中日友好医院支部获“社会服务工作先进集体”称号；区委23名党员获“社会服务工作先进个人”称号；区委2名党员获“专项民主监督工作先进个人”称号。致公党朝阳区委第十二支部、第十三支部获致公党中央“中国致公党宣传思想工作优秀集体”称号；党员刘淑慧获致公党中央“中国致公党宣传思想工作先进个人”称号；党员李立兵、刘淑慧获致公党中央“中国致公党社会服务工作先进个人”称号。

【“京致阅读”活动】3月25日，致公党朝阳区委举办“京致阅读”主题学习实践活动，区委副主委戚依南参加现场活动，区委专职副主委李卓参加线上活动，80余名党员通过线上线下的方式参加活动。6名党员分享“京致阅读”学习理论、人物传记、世界名著等书籍的心得体会。戚依南表示希望更多的党员参与到“京致阅读”活动中分享好书，通过致公朝阳平台增强凝聚力、学习力，提升党员参政议政的能力。

【参政议政】4月19日，朝阳区委统战部评审2021年度朝阳区民主党派专项调研报告，致公党朝阳区委提交的4篇报告获1项一类成果、1项二类成果和2项三类成果。分别是郑岩丁撰写的《关于完善北京国际大数据交易平台建设，促进数据开发利用的建议》和《关于推进朝阳区加快集成电路及光电子产业科技创新的建议》获评一类和三类成果；李晟撰写的《建设灵活就业智能大数据平台，推动朝阳区数字经济发展》获评二类成果；胡明霞撰写的《提升朝阳区社区公共文化服务质量　满足居民的精准化文化服务需求》获评三类成果。

【疫情防控】4月，致公党朝阳区委组织34名党员在全市7个区30余个社区参加核酸检测点支援服务。区委党员捐赠抗击疫情物资N95口罩10.83万只、防护服2300套；5月8日，致公党朝阳区委召开“疫情形势下党员小微企业扶持互助线上研讨会”，交流小微企业实际困难，激发党员之间互相出谋划策，形成扶持互助平台。5月16日，致公党朝阳区委利用党员捐款紧急购置医用防护服1050套（价值 5 万元），定向捐赠给朝阳区左家庄街道用于抗疫工作；11 月 23 日，致公党朝阳区委征集党员捐款 9266 元，采购 7725 只医用 N95 口罩，赠送安贞街道办事处。八支部党员高炬捐赠价值 7000 元的切片面包 500 袋；市人大代表、区委委员王雨云、区委委员陈河江、区委专职副主委李卓捐赠价值 9000 元的医用 N95 口罩，支援朝阳区东坝地区（乡）、安贞街道等抗疫一线。

▲ 9 月 16 日，致公党市委闫傲霜到区委副主委戚依南所在单位——北京市对外经济贸易大学走访调研 （致公党朝阳区委　供图）

【新党员座谈会】 8 月 23 日，致公党朝阳区委召开新党员座谈会，座谈会以“矢志不渝跟党走、携手奋进新时代”政治交接主题教育为主题，座谈交流学习致公党党史、写好社情民意信息等。2021 年及 2022 年入党的 17 名新党员参加座谈会。区委专职副主委李卓对新党员们提出要求，结合“京致阅读”活动，提高政治站位，保持热情履职尽责，参与到撰写社情民意信息、调研报告工作中，在实践中履行参政议政职责，提升自身能力水平。

【致公党北京市委主委调研】 9 月 16 日，北京市人大常委会副主任、致公党北京市委主委闫傲霜带队结合“走基层”活动到朝阳区调研，重点就与对外经济贸易大学智库开展合作进行座谈。座谈中，对外经济贸易大学党委书记黄宝印希望与致公党北京市委加强合作，为新时代首都发展贡献力量。闫傲霜希望集中党派和学校智慧力量，联合调研，共同发力；加强国内外典型案例和最新动向影响分析，有针对性开展短期、中期和长期研究，既在国家层面上提出对策建议，也在北京市发挥作用，做出贡献。

【致公党朝阳区委第六届六次全委会】 11 月 4 日，致公党朝阳区委召开六届六次全委会集体学习中共二十大精神。致公党北京市委组织处三级调研员徐典文出席会议。曹信红主委等 11 人结合本职工作畅谈二十大精神学习体会。会议表决通过中国致公党北京市朝阳区第六届委员会内部监督委员会人员名单。（田丽华）

▲ 8 月 23 日，致公党朝阳区委召开新党员座谈会 （致公党朝阳区委　供图）

九三学社朝阳区委

【概况】 2022 年，九三学社北京市朝阳区委员会（简称“九三学社朝阳区委”）有基层支社 34 个（其中年内新成立支社 2 个），社员 1592 人（其中年内发展社员 81 人）。下设 13 个工作机构。社员中有九三学社中央委员 2 人、北京市委常委 1 人、市委委员 11 人、市委监督委员会委员 1 人、北京市人大代表 1 人、北京市政协委员 2 人、区人大代表 8 人（其中常委 1 人）、区政协委员 20 人（其中不驻会副主席 1 人、常委 5 人）。制定《九三学社朝阳区委学习宣传贯彻中国共产党第二十次全国代表大会精神工作方案》，部署学习宣传贯彻相关活动。利用线上会议、微信公众号，开辟学习场所、学习专栏、交流学习体会；10 名骨干社员参加朝阳区党外人士培训班，学习贯彻习近平新时代中国特色社会主义思想和中央统战工作会议精神。九三学社朝阳区委与九三学社河北省张家口市委员会签署战略合作交流框架协议。九三学社朝阳区委获九三学社中央“组织工作先进集体”“2021—2022

年社会服务先进集体”称号，社员孙倩美等3人获“全国思想宣传先进个人”称号、钟光珍获“全国社会服务先进个人”称号、孙庆林获“2022年冬奥会、冬残奥会北京市先进个人”称号、李明慧获“北京市科学技术进步二等奖”、毋立芳获“北京市科学技术发明二等奖”。

【优青培训】 7月16日，九三学社朝阳区委启动“优青培训”，邀请社内外专家为青年社员讲授九三学社社史、统战理论、朝阳区区情及参政议政知识，提升社员党派意识、综合素质及参政议政能力。培训采用线上线下相结合的形式，九三学社宝鸡市委、张家口市委、通州区工委、房山区工委等二级组织通过线上方式参与培训，参训社员300余人次。

【参政议政】 7月28日，在市政协专题协商议政会上，九三学社朝阳区委主委王强围绕“积极对接高水平自由贸易协定规则，推动‘两区’建设取得新进展”作辅导报告。9月22日，周莉颖在市政协与市委统战部联合召开的议政会上，做题为《城镇燃气管网安全预警方面存在问题及对策建议》的现场连线发言。9月26日，王强在朝阳区政党协商座谈做题为《以“两区”建设为契机，推动朝阳区数字经济与贸易规则制度开放》的发言。年内，九三学社朝阳区委完成党派年度调研报告22篇。社员上报社情民意信息382篇，被朝阳区政协采用122篇，九三学社市委采用138篇，全国政协、中央统战部、社中央、市政协、市委统战部、区委区政府采用61篇，领导批示7篇。在区委统战部对2021年党派调研报告的评比中，社区委获评一类课题1项、二类课题1项、三类课题2项。

【基层组织建设】 7月29日，九三学社北京市朝阳质检支社成立。8月30日，九三学社北京市朝阳第二科技支社成立。8月30日，九三学社北京市朝阳科技支社换届。

▲ 9月3日，九三学社朝阳区委举办2022年优青培训最后一课暨结业式 （孙庆林 摄）

【社会服务】 年内，九三学社朝阳区委组成同心抗疫志愿服务“机动队”，70余名社员及干部1000余人次支援朝阳区各核酸检测点工作。全区社员捐款11万余元，购买医用防护服920套捐赠朝阳区疾控中心；募集口罩5万余只，支援社区抗疫工作。7月，九三学社朝阳区委向河北省张家口市沽源县九连城镇康馨苑易地扶贫搬迁社区卫生室捐赠140件防疫包及价值7万余元的儿童药品。

【主题活动】 年内，九三学社朝阳区委开展“百年峥嵘·同心向党”统一战线政策提出100周年主题教育，向主题书画作品展提交书画、摄影、篆刻作品13件并在全区巡展。社区委原主委茅玉麟在“统战百年路·一起向未来”暨“我的统战情”主题座谈会分享回顾在朝阳区统一战线工作故事；中信支社青年社员赵彬参加“百年同心路·同行新征程”主题演讲获优秀奖。医药卫生委员会为从事临床医疗工作的社员提供职业发展、职称晋升帮助；妇女工作委员会、北京朝阳医院支社、朝阳医药卫生支社、中国传媒大学支社开展多期“互联网＋科普”活动；组织社员参加社中央举办的“智慧运动·魅力女性”培训、参观昌平区延寿镇黑山寨村九三学社北京市委

▲ 7月29日，九三学社北京市朝阳质检支社成立 （孙庆林 摄）

科技助农基地“延寿谷”；举办花艺实践讲座、咖啡知识讲座等活动。

（孙庆林）

台盟朝阳区工委

【概况】2022年，台湾民主自治同盟北京市委员会朝阳区工作委员会（简称“台盟朝阳区工委”）下设3个支部。有盟员85人（年内发展盟员1人、去世3人）。盟员中有全国政协委员1人、北京市人大代表2人、市政协常委1人、区人大常委1人、朝阳区政协委员7人（其中常委2人）、台盟中央委员1人、台盟北京市委委员8人（其中副主委1人、常委3人）、台盟北京市监委会委员3人（其中主任1人）。台盟朝阳区工委举办骨干盟员培训班，学习中央统战工作会议、北京市十三次党代会、台盟北京市十二次代表大会等中央、市、区会议和文件精神，组织盟员参观朝阳城市大脑、中国工业互联网研究院、观复博物馆。台盟朝阳区委被评为台盟十届中央委员会地市级参政议政先进集体、台盟中央年度地市级参政议政先进集体，王慧、李雪飞被评为台盟中央2022年度参政议政先进个人，张玥获台盟中央2022年度参政议政进步奖。高峰获市委统战部、市人力社保局2020—2021年度“北京市参政议政服务发展同心奖”先进个人称号。

【参政议政】1月，台盟朝阳区工委副主委李雪飞参加由贵州省政府驻京办主办的“加快推进城镇地下管网改造，助力贵州高质量发展”研讨会并做交流发言。4月，举办社情民意信息工作沙龙。7月，主委王慧等21人参加台盟北京市第十二次代表大会。9月，主委王慧在朝阳区政党协商座谈会上做题为《关于充分利用“双奥”特色资源，有效促进朝阳区消费升级的建议》发言。年内，完成专题调研报告4篇；报送社情民意信息277篇；获区统战系统优秀调研成果评比一类课题1篇、二类课题1篇、三类课题2篇；1篇信息

▲ 7月7日至9日，台盟朝阳区工委王慧等21位代表出席台盟北京市第十二次代表大会

（台盟朝阳区委　供图）

获评市政协系统2021年度优秀社情民意信息。

【对台交流和社会服务】1月至5月，台盟朝阳区工委组织盟员为台盟北京市委“助梦启航”捐资助学活动捐款2650元。3月和5月，应对香港、北京新冠疫情，组织盟员捐款捐物，40余位盟员捐款捐物折款2万余元。5月，区工委主委向“共建共享”单位——朝阳区将台乡捐赠一批防疫物资，并组织骨干盟员、入盟积极分子参加当地抗疫志愿服务活动。6月，向朝阳区垡头街道捐赠一批防疫物资，并调研城市建设和经济发展情况，组织骨干盟员、在京台胞参与当地防疫值守社区卡口志愿服务。7月，区工委主委一行到北京海峡两岸社区发展研究中心走访调研。年内，组织盟员、台胞参与疫情防控志愿服务活动60余人次，服务时长150余小时。

【主题教育】年内，台盟朝阳区工委开展“矢志不渝跟党走、携手奋进新时代”政治交接主题教育。6月，召开区工委六届八次委员（扩大）会议暨政治交接主题教育部署会。7月，组织支部盟员、在京台胞20余人到通州区摩登家庭农场、第五季龙水凤港生态农场、朝阳区朝来农艺园开展政治交

▲ 7月27日，台盟朝阳区工委“落实乡村振兴战略，促进共同富裕”调研课题组调研朝来农艺园

（台盟朝阳区委　供图）

接主题教育暨乡村振兴调研活动。9月，组织支部盟员、在京台胞到中国共产党历史展览馆、中国工艺美术馆、香山革命纪念馆、双清别墅开展政治交接主题教育暨“喜迎中共二十大”参观活动，观看红色主题电影《追光》，区工委在职一支部盟员张力颖参加朝阳区统战系统“百年同心路·同行新征程”主题演讲比赛，获一等奖。

【“阅·思源”读书活动】 年内，台盟朝阳区工委开展“阅·思源”读书学习活动，领导班子、代表委员及骨干盟员40余人参加；盟员1人参加台盟中央“阅·思源”导读活动，提交导读文章1篇、录制导读视频1个。9月，区工委在职一、二支部通过线上方式联合举办“阅·思源”主题书籍阅读分享活动，区工委退休支部开展“阅·思源”主题书籍阅读分享和参观活动，分享《鉴证大党百年风云——100个“千字文”故事》部分章节，参观北京金漆镶嵌艺术博物馆。10月，区工委在职一支部联合台盟海淀区工委中青年第二支部通过线上方式举办“悦思源　共圆中国梦”跨区支部读书活动，分享《伟大的政治创造——中国新型政党制度》节选内容并座谈交流。

【组织建设】 年内，台盟朝阳区工委召开主委会10次、工委会7次。全国人大常委会委员、北京市政协副主席、台盟北京市委主委、北京社会主义学院院长陈军一行走访调研台盟朝阳区工委，同区工委新老领导班子成员座谈交流；区工委主委王慧一行走访区工委副主委林海所在的国冶富贵（北京）投资基金管理有限公司；召开区工委六届七次会议，研究审议区工委2022年工作要点、调研课题安排等工作；召开区工委六届十次会议，研究审议新盟员发展、学习贯彻落实中共二十大精神相关事宜。（舒刚庆）

人民团体

朝阳区总工会

【概况】 2022年，北京市朝阳区总工会（简称“区总工会”）有服务业工会和金融工会、高新技术产业工会（快递工会）、文化创意产业工会。举办“中国梦·劳动美”系列活动10余项，“朝阳工匠”选树活动系列赛3场，全区各级工会开展技能竞赛、职工素养讲堂154场，发放助推金177.37万元。评审区级职工创新工作室11个，申报市级示范性创新工作室6个、各类创新成果20个，“匠心朝阳”技能人才数据库入库近500人。“春风行动”提供就业岗位822个。投入435万元慰问24家冬奥及二十大一线服务保障单位，26370名职工及家属；投入1739万元慰问疫情防控重点部门、新业态保供劳动者、城市运维保障单位及职工；全额返还小微企业工会经费3355万元。投入1844万元开展职工互助保障，受助职工7076人次。联合区商务局开展“情系朝阳关爱职工”苏宁家电专项补贴活动，促进企业单日销售突破3882万元。区工会系统消费帮扶1142.72万元，投入450万元服务新就业群体专项资金。以建外街道和团结湖街道快递行业工会组建为试点，健全完善“3+N”党工共建服务模式，建立区级、街道（地区）、企业三级快递行业联合工会。为6000余名快递小哥提供“送清凉”“送体检”“送公益”等服务；资助91人就读国家开放大学秋季大专、本科学业班。“坚持一条主线、建设两个目标、创新三项举措、优化四个通道、突出五项服务”的“12345”朝阳产改模式成为全市产改工作的先行者。聚焦“十百千”建会专项行动，全年开展“双沟通”2655场，采集会员9.9万余人，发展会员123万人，收缴工会经费13.4亿元，新建工会组织750家，其中完成3家百强互联网企业建会、7家千人以上企业建会、60家百人以上企业建会、400家规模以上企业建会。全年新建区域职工之家29个、户外暖心驿站983家。向全区134家基层工会和委办局工会回拨补助经费3456.85万元。完成德邦货运、联动优势等重点企业和180家规模企业建立民主管理、集体协商制度，培育民主管理示范单位198家。建立以“美团骑手恳谈会”为基本形式的协商协调机制，被中国工会权益保障网列为职工权益保护示范案例。互联网+“安康杯”竞赛活动覆盖1.9万余家企业29万名职工。依托“一站一家一律师”组织普法宣传培训308场次，处理各类劳动争议、法律援助案件2711件。全区开展线上会员服务项目142批次惠及职工20万人次。区总工会调解中心等6家单位被评为北京市金牌调解组织；25个户外劳动者服务站点获中华全国总工会2022年“最美工会户外劳动者服务站点”称号；女职工委员会被评为市妇女儿童工作先进集体；区总工会获全国“节约型机关”、2022年度市级交通安全工作成绩突出单位、北京市控烟示范单位、2022年度“聚合力促发展”优秀职工代表提案征集推荐优秀组织单位、2022年度企业民主管理微视频大赛作品征集优秀组织单位、金牌劳动争议调解组织、北京市妇女儿童工作先进集体荣誉称号。

【领导慰问劳模和一线职工】 1月11日至21日，区总工会领导走访慰问奋战在冬奥会一线服务保障岗位的劳模代表、创新工作室领军人、困难劳模代表及部分老劳模、老先进代表。3月10日，区委副书记狄涛、副区长杨蓓蓓一行到朝阳区疾病预防控制中心慰问一线的工作人员。6月，区总工会党组书记、主席、一级巡视员张永新一行到区税务局、人社局、卫健委、教委和京客隆集团总部等139个单位慰问一线职工及防控人员，并发放矿泉水、口罩、清凉包、暖心包等慰问品21150箱，慰问金额96.44万元。

【第十四届女职工委员会第六次全体会议召开】 3月4日，区总工会第十四届女职工委员会第六次全体会议在昆泰嘉华酒店召开。会议通过《关于韩继芳等9名替补为朝阳区总工会第十四届女职工委员会委员和马宁等9名不再担任朝阳区总工会第十四届女职工委员会委员的决定》。区总工会党组成员、副主席宋丽琛当选为朝阳区总工会第十四届女职工委员会主任。

【春风行动】 3月27日，由区总工会主办的“春风行动”线上招聘活动在微赞平台举行。活动参与企业10家，提供岗位220个，观看人数1.3万人。截至年底，全区78家企业提供工作岗位822个。

【第三届“朝阳工匠”选树活动启动】 4月25日，区总工会举办第二届“朝阳工匠”表彰大会暨第三届“朝阳工匠”

▲ 2022 年，朝阳区开展“朝阳工匠”选树活动。图为 4 月 25 日，第三届“朝阳工匠”选树活动启动仪式　　（刘　方　摄）

选树活动启动仪式。仪式上，颁发奖杯给第二届“朝阳工匠”获得者北京五洲幼儿医院妇幼保健医师孙慧娜、长城物业集团股份有限公司物业管理员刘兰、朝阳区消防救援支队消防搜救犬训导员李刚。截至年底，举办第三届“朝阳工匠”选树活动 3 场，在 3 场不同领域竞赛中，产生 3 个“朝阳工匠”。分别是 SOE.COFFEE 华贸店的潘志敏（首个咖啡师）、双桥医院的宋绘颖（首个超声影像医师）、区紧急医疗救援中心红庙站的院前急救医生贾立琦（首个院前急救医师“朝阳工匠”）。

【朝阳区入选国家北京市劳动奖项】 4 月 28 日，北京市总工会颁发《关于授予 2022 年首都劳动奖状、首都劳动奖章和北京市工人先锋号的决定》。朝阳区获首都劳动奖状 13 个、首都劳动奖章 48 个、北京市工人先锋号 18 个。获全国五一劳动奖章 1 个、全国五一劳动奖状 1 个、全国工人先锋号 1 个。

【“安康杯”竞赛】 7 月 22 日，由区总工会主办的全区工会系统 2022 年度“安康杯”竞赛活动启动仪式在八里庄街道北京嘉乐会家政服务有限公司举行。北京市总工会权益部部长邵英男，北京市总工会权益部二级调研员苏日娜，区总工会党组常务副书记、常务副主席姬文革，区妇联副主席姬连娣，区卫生健康委副主任吴兴海，区应急局三级调研员冯春友等出席，基层单位专职主席、副主席和企业代表 70 人参加。会上，总结 2021 年度“安康杯”竞赛情况，部署 2022 年度“安康杯”竞赛工作，给 2021 年“安康杯”竞赛获奖单位和个人颁奖，街乡工会代表、企业工会代表做典型发言。

【公司建会】 8 月 2 日，区总工会联合和平街街道组织北京二六三网络科技有限公司开展工会组建工作座谈会，公司同意加入集团工会。8 月 22 日，猎豹移动公司同意加入工会。10 月 14 日，58 同城（集团）举行第一届工会会员代表大会第一次全体会议，58 同城（集团）工会成立。

【产业工人队伍建设改革】 8 月 30 日，北京市各区产业工人队伍建设改革工作推进会朝阳片区会议在昆泰嘉华酒店召开。会上，“12345”朝阳产改模式被肯定。9 月 27 日，全国推进产业工人队伍建设改革工作考核组一行 8 人，由全国总工会副主席候选人、书记处书记人选、党组成员杨宇栋带队，来京考核。区总工会代表北京市迎接全国推进产改工作考核。在中复大厦参观朝阳区产业工人队伍建设改革博览会，并召开汇报座谈会。9 月 28 日，朝阳区产业工人队伍建设改革成果总结展示系列活动之——朝阳区“数字工匠”创新沙龙举办。沙龙围绕构建国际领先的数字产业集群、培育新时代数字经济产业工人等话题进行研讨。9 月 29 日，北京市产业工人队伍建设改革推进会暨朝阳区产业工人队伍建设改革博览会举办。会上发布《匠心朝阳——朝阳区产业工人队伍建设改革全面试点实践巡礼》图书。朝阳区产业工人队伍建设改革成果总结展示系列活动之——产改先锋对话沙龙举办。沙龙邀请来自不同领域的劳模工匠代表，通过圆桌对话的方式，讲述劳模故事、劳动故事、工匠故事。朝阳区产业工人队伍建设改革博览会“掌上观‘潮’网络 VR 展厅”上线，职工及社会各界可通过网络观展，领略朝阳产改成果。12 月，完成北京市首批产业工人队伍建设改革试点工作总结。通过创新实践，探索出“12345”朝阳产改模式：坚持 1 条主线，即：党的思想引领贯穿始终；建设 2 个目标，即：提升朝阳产业工人技能国际化水平和打响“匠心朝阳”特色品牌；创新 3 项举措，即：培训知识、培育人才、培力能力；优化 4 个通道，即：职业发展升级通道、等级晋升通道、政治待遇通道、成果转化通道；突出 5 项服务，即：平台服务汇资源、科技创新激活力、暖心服务聚人心、维权服务解民忧、数字赋能促发展。

【基层蹲点】 8 月，区总工会 2022 年机关干部在基层蹲点活动启动。活动为期 3 个月，6 名机关干部分别在朝外、建外、呼家楼及 CBD4 个基层工会工作。以政策宣讲、推进建会入会、构建和谐劳动关系等方式，重点聚焦新就业形态劳动者入会和权益维护，落实完成“五个一”（开展一次政策宣讲、召开一次座谈会、制定一张问题清单、服务一次基层职工、形成一个调研报告）工作任务。

【骑手恳谈会】 9 月 9 日，在东湖街道党群服务中心职工之家召开美团（北京）骑手恳谈会。会上，签署《美团（北京）骑手恳谈会会议纪要》，形成以权益维护、算法优化、温暖关爱、安全保护为重点的“美团骑手‘5·20’关爱计划”。计划惠及北京市的“美团”平台、各区域站点，以及全市在“美团”平台从事外卖送餐工作的4万名骑手。全国总工会权益保障部二级巡视员王永华，北京市总工会党组成员、副主席韩世春出席会议。全国总工会、人社部、北京市总工会、相关区总工会主管权益工作的主席、权益部长80人参加。

【第十四届委员会第八次全体会议】9月30日，区总工会召开第十四届委员会第八次全体会议。会上，投票选举区人大常委会副主任张克斌为区总工会主席。副区长孟锐、区委组织部副部长、区总工会全体委员参加会议。

【创新工作室评审】10月25日至27日，朝阳区开展职工创新工作室评审工作。评审工作采用线上、线下相结合，专家评审、现场答辩、实地考察相结合的方式，将15家创新工作室分为综合服务、智能制造、电子信息、医药卫生4个小组，聘请社会治理、材料与制造、微电子研究、医疗卫生、法律等领域专家，围绕基础条件、内部管理、业务活动、创新成果、经济和社会效益、材料完整性6个方面综合评定。最终，评选出八里庄街道陈亮创新工作室、六里屯街道雷霆创新工作室、医疗卫生工会丁璐创新工作室等11家内部治理规范、创新项目有科技性先进性、创新成果较突出、具有良好的经济和社会效益的区级职工创新工作室。

【快递外卖联合工会组织成立】10月28日，区总工会成立快递外卖联合工会组织。快递外卖联合工会以建外街道和团结湖街道为试点。建外街道、团结湖街道快递外卖行业联合工会分别召开第一届工会会员代表大会第一次全体会议，选举产生联合工会第一届工会委员会委员。

【最美工会户外劳动者服务站点】12月，中华全国总工会发布2022年“最美工会户外劳动者服务站点”名单，北京市165个户外劳动者服务站点上榜，其中朝阳区25个。

2022年朝阳区总工会25个“最美工会户外劳动者服务站点”一览表

表1

序号	服务站点	所属工会
1	北京市朝阳区安贞街道总工会服务站	安贞街道总工会
2	北京市朝阳区奥运村街道总工会服务站	奥运村街道总工会
3	北京市朝阳区八里庄街道党群服务中心公共区域职工之家	八里庄街道总工会
4	北京市朝阳区北京威顿国际贸易有限公司户外劳动者暖心驿站	常营地区总工会
5	北京市朝阳区北京链家置地房地产经纪有限公司昆泰店户外劳动者暖心驿站	朝外街道总工会
6	北京市朝阳区北京链家置地房地产经纪有限公司蓝筹名座店户外劳动者暖心驿站	朝外街道总工会
7	北京市朝阳区北京鸿铭物业管理有限公司户外劳动者暖心驿站	大屯街道总工会
8	北京市朝阳区丰苑物业管理有限责任公司户外劳动者暖心驿站	东风地区总工会
9	北京市朝阳区东湖街道商务楼宇党群服务中心公共区域职工之家	东湖地区总工会
10	北京市朝阳区垡头街道总工会服务站	垡头街道总工会
11	北京市朝阳区北京市管庄刨花板市场中心工会户外劳动者暖心驿站	管庄地区总工会
12	北京市朝阳区北京龙举云兴教育科技有限公司户外劳动者暖心驿站	和平街街道总工会
13	北京市朝阳区呼家楼街道总工会服务站	呼家楼街道总工会
14	北京市朝阳区北京升港国际商务酒店户外劳动者暖心驿站	机场街道总工会
15	北京市朝阳区朝阳三建第五建筑工程公司工会户外劳动者暖心驿站	来广营地区总工会
16	北京市朝阳区济世堂医药连锁有限公司户外劳动者暖心驿站	六里屯街道总工会
17	北京市朝阳区莱恩宝华酒店户外劳动者暖心驿站	潘家园街道总工会
18	北京市朝阳区北京渝信紫龙餐饮有限公司户外劳动者暖心驿站	三里屯街道总工会
19	北京市朝阳区双井街道工会服务站	双井街道总工会
20	北京市朝阳区香江花园别墅房产开发有限公司户外劳动者暖心驿站	孙河地区总工会
21	北京市朝阳区戴斯企业管理有限公司户外劳动者暖心驿站	望京街道总工会
22	北京市朝阳区香河园街道工会服务站	香河园街道总工会
23	北京市朝阳区北京北平楼正源餐饮有限公司惠新里店户外劳动者暖心驿站	小关街道总工会
24	北京市朝阳区北京庆长风商贸有限公司户外劳动者暖心驿站	小红门地区总工会
25	北京市朝阳区北京心动酒店有限公司户外劳动者暖心驿站	左家庄街道总工会

（赵　青）

共青团朝阳区委

【概况】 2022年，共青团北京市朝阳区委员会（简称“团区委”）推进基层组织改革试点工作，团的工作力量选用机制有新探索，团的组织设置和运行机制有新突破。截至年底，全区团组织总数6078个，团员总数（含团干部）44932人。完成全国县域共青团基层组织改革试点工作目标，被评为县域共青团基层组织改革试点优秀单位。召开共青团北京市朝阳区第十三次代表大会，开展2022年“全国向上向善好青年”评选活动，完成冬奥会和冬残奥会城市志愿者服务保障任务，启动朝阳区2022年困境青少年精准帮扶项目。团区委志愿服务创投大赛培育孵化项目——“快乐检”青年志愿服务项目，获“第六届中国青年志愿服务项目大赛金奖”，推荐的学校社工项目——校园解忧杂货铺，获评2022年度“首都未成年人思想道德建设创新案例”。

【“两节”送温暖活动】 1月，“两节”送温暖活动。团市委慰问区困境青少年群体中的小学生24人、中学生24人、青年45人；区民政局、团区委慰问43个街乡的困难团干部和团员43人、困境青少年900人、打工子弟学校学生370人，送慰问物品价值13.94万元；区青联委员代表慰问结对帮扶青少年17人，给每人发放助学补贴2000元及慰问物品。

【调研走访】 2月6日，北京团市委书记李军会、副书记王洪涛一行在国家速滑馆朝阳区城市志愿者之家慰问北京2022年冬奥会和冬残奥会朝阳区观众组织集结疏散志愿者。2月15日，团中央社会联络部部长黄英锋一行在朝阳区调研社会领域共青团工作。黄英锋一行参观国际创投集聚区，了解CBD数字孪生平台项目及社会领域青年群体情况，听取朝阳国际青年创投联盟建设、团区委引领新兴青年群体和社群化发展、朝阳区青年社会组织培育孵化及志愿服务项目等工作开展情况。2月23日，北京团市委副书记钟棉棉、社会联络部部长李磊到朝阳区调研新兴青年群体引领和社群化发展工作。7月26日，北京团市委书记李军会在朝阳区东湖街道党群服务中心社区青年汇调研社区青少年法治教育工作情况，并为“北京团市委青少年法治教育基地”“社区青少年法治教育基地”揭牌。9月27日，团中央书记处书记徐晓在朝阳区团代表联络站调研，团区委汇报朝阳区团代表联络站工作情况，展示“青春路标思维导图”“青春盲盒”“红色沉浸式剧本”等工作项目，并召开圆桌交流座谈会。9月28日，团市委副书记王洪涛、团市委基层组织建设部在链家门店小哥加油站调研房产中介行业两新青年服务工作。

【朝阳国际青年创投联盟系列活动】 3月11日，朝阳国际青年创投联盟创投青年加速营开营。北京中关村银行董事长郭洪、梅花创投创始合伙人吴世春、铅笔道创始人王方分享首次课程。4月13日，朝阳国际青年创投联盟主题沙龙系列活动启动，联盟秘书处带领联盟成员走进北航投资开展座谈。沙龙主题聚焦青年创投人才建设与发展，围绕科技成果转化、投资机构与院校合作方式等话题开展交流。10月25日，在东湖国际中心举办朝阳国际创投行业挑战赛。活动聚焦朝阳区重点发展的高科技企业，针对有融资需求的创新创业优秀科技项目，开展行业赛道路演，搭建创新项目与联盟成员、青年投资人、相关产业部门的对接平台，实现对产业赛道项目的资本赋能和转化落地。10月29日，在金港汽车公园举办朝阳国际创投青年竞技活动，竞技运动包括旱地冰壶和卡丁车项目。

【北京冬奥会冬残奥会服务保障】 3月，团区委完成北京冬奥会和冬残奥会城市志愿者服务保障任务。城市志愿者工作小组，承担场馆赛事票务和观众组织工作，累计组织城市志愿者4万人次，服务9万小时，服务比赛115场。

【“五四”先进表彰】 4月29日，团区委印发《关于通报表扬“朝阳区五四红旗团委（团支部）、朝阳区优秀共青团干部、朝阳区优秀共青团员”组织及人员的决定》，通报表扬共青团北京链家房地产经纪有限公司委员会等20个团委为“朝阳区五四红旗团委”，北京市公安局使馆区安全管控支队团支部等30个团支部（总支）为“朝阳区五四红旗团支部”，北京市朝阳区青少年社会工作协会秘书长、朝阳团区委兼职副书记马恒等20名团干部为“朝阳区优秀团干部”，北京蓝城兄弟信息技术有限公司测试开发工程师李占宇等30名团员为“朝阳区优秀共青团员”。

【困境青少年精准帮扶】 4月，团区委启动朝阳区2022年困境青少年精准帮扶项目，开展2022年困境青少年现状与需求评估精准帮扶工作，分层次分类型提出困境青少年精准帮扶的对策建议，搭建困境青少年帮扶枢纽平台；开展2022年困境青少年个案、小组精准帮扶项目。5月，向21个街乡的29名品学兼优、家庭经济困难中小学生发放北京市“希望之星（1+1）”奖学金3.3万元。6月，向受疫情影响严重的垡头等11个街乡的147名困境青少年送上爱心帮扶大礼包。10月，组织开展“点亮未来·予爱童行”困境青少年精准帮扶国庆嘉年华活动，通过开展观看爱国题材电影、非遗体验、手工制作、心理拓展等主题活动帮扶300余人次。12月，向15个街乡的24名品学兼优、家庭经济困难的中小学生发放北京市“希望之星（1+1）”奖学金2.75万元。

【《向光而生》入围建团百年展播】 5月4日，团区委出品庆祝建团100周年主题宣传片《向光而生》，在团中央“青春心向党　建功新时代”五四主题网络直播活动中入围“建团百年优秀网络文化产品”展播。

【全能 offer 季线上直播】 5月24日，团区委联合 36kr、脉脉打造全能 offer 季线上直播，帮助在校大学生通过职业规划找到职业方向，全网在线观看人数 4000 余人次。

【“送教下乡”活动】 6月15日至20日，朝阳青联组织开展“送教下乡”活动，招募青联委员作为“线上支教老师”，为“希望小屋”的 400 余名孩子开展音乐、手工、舞蹈等 9 节课程，丰富当地“第二课堂”教育资源。

【朝阳青年双碳加速营】 6月23日，朝阳青年双碳加速营开营，首期课程以线上方式进行，解读双碳背景下的政治、经济政策，青联委员及创投青年 20 人参加线上课程。

【朝阳区两支队伍被命名为“北京市青年突击队”】 7月1日，北京 2022 年冬奥会冬残奥会北京市青年突击队主题活动举行，朝阳区奥运村街道冬奥保障青年突击队和金茂（北京）威斯汀大饭店青年突击队被命名为“北京市青年突击队”。

【“区校共建”交流座谈会】 7月8日，团区委在朝阳大悦城召开 2022 年“区校共建”交流座谈会。会上，高校、委办局、企业相关负责人就社团发展、品牌项目、就业实习、志愿服务等方面交流座谈，在大学生思想引领、志愿服务、实习就业、资源对接等方面增进交流合作。

【首都青年庆祝建团百年艺术创作特展】 7月，区委组织部、区委宣传部、团区委、中央美术学院和北京青年艺术促进会在北京朝阳大悦城举办“青春之向——首都青年庆祝建团百年艺术创作特展”，观展人数 135 万余人次。展览分为“逐光”“巢越”和“星海”3 个板块，呈现中国画、油画、版画、雕塑、数字影像等艺术创作形式的 60 余组（件）作品，以“最青春”的视觉艺术方式展现当代青年“青春心向党，奋进新时代”的精神风貌。

【科学大课堂线上直播课程】 8月3日至17日，团区委举办“你好，太空”科学大课堂线上直播课程。5 位科学家担任主讲人，围绕航天科学、地质科学、宇宙与空间科学、临床医学等内容授课，4000 余人次观看。

【青少年防暴恐安全夏令营】 8月14日至20日，团区委举办小小安全官——2022 年青少年防暴恐安全夏令营，面向朝阳区困境家庭和社会面招募 43 名青少年。夏令营讲授安全风险识别与应对、紧急救护、应对劫持与绑架等 13 个科目内容，课程融入国防教育内容，培养营员的国防意识。

▲ 8月14日至20日，朝阳区团区委举办朝阳共青团 2022 年青少年防暴恐安全夏令营
（何文昊　摄）

【区第十三次团代会】 8月22日至23日，共青团北京市朝阳区第十三次代表大会召开。大会听取并审议通过共青团北京市朝阳区第十二届委员会所作的《牢记初心使命　坚持守正创新　为朝阳率先基本实现社会主义现代化谱写青春华章》工作报告，审议通过《关于共青团北京市朝阳区第十二届委员会工作报告的决议》，选举产生由 41 名委员、17 名候补委员组成的共青团北京市朝阳区第十三届委员会。共青团北京市朝阳区第十三届委员会召开第一次全体会议，选举产生共青团北京市朝阳区第十三届委员会常务委员会委员和书记班子。李林当选共青团北京市朝阳区第十三届委员会书记。团市委副书记王洪涛，朝阳区领导文献、吴小杰、陈宏志、王旭等出席大会开幕式。来自全区各行各业、各条战线的 345 人参加。

【团组织成立】 8月25日，团区委指导北京市朝阳区退役军人事务局建立团组织，共青团北京市朝阳区退役军人事务局支部委员会第一次团员大会召开。9月14日，朝阳团区委指导拉扎斯网络科技（上海）有限公司北京分公司（饿了么）建立团组织，共青团拉扎斯网络科技（上海）有限公司北京分公司委员会第一次团员大会召开。

【“快乐检”获中国青年志愿服务项目大赛金奖】 11月20日，团区委志愿服务创投大赛培育孵化项目——“快乐检”青年志愿服务项目，获第六届中国青年志愿服务项目大赛金奖。该项目聚焦公益防艾，为 11.43 万名青年人提供免费的 HIV 检测服务，发现并帮助 5527 名初筛阳性感染者转介治疗；注重防艾宣传，每年防艾信息展示量超过 2 亿人次。

【“有家驿站”项目试点】 11月26日至27日，团区委依托“美好朝阳骑士”“美好朝阳管家”项目，联合北京链家、美团、饿了么3家企业团组织发起朝阳“有家驿站”项目试点。在朝阳区北部、中部、南部3个区域各选取2个空间大、设施全、经纪人素质强的链家门店作为首批6个试点，帮助疫情防控期间参与社会面保供的外卖骑手解决临时住宿等实际需求。

【校园解忧杂货铺】 11月，团区委推荐的学校社工项目——校园解忧杂货铺，获评2022年度“首都未成年人思想道德建设创新案例”。该项目由专业社会工作者运用社会工作的理论、方法与技术，对正规或非正规教育体系中的全体学生，特别是处境困难的学生，提供专业服务，促进学生身心健康发展。

【朝阳文创联盟训练营】 年内，团区委依托朝阳国际文化原创青年人才会客厅项目，开设朝阳文创联盟训练营。训练营从电影业选片、评奖方向出发，帮助文化原创人才把握创作热点，提升创作能力。营员共同制作原创短片《在路上》。

【青年就业创业实习基地建设】 年内，朝阳区新增29家青年就业创业实习基地，发放就业创业补贴353万元，累计提供实习岗位1406个，服务实习人员2758人次。截至年底，有青年就业创业实习基地54家，其中服务包、凤凰人才、凤鸣计划企业39家，事业单位、社会组织5家，区属国有企业5家、私营企业5家。

【新媒体宣传】 年内，青春朝阳微信公众号发布内容813篇，阅读总量135.7万，平均阅读量1718人次，“粉丝”数70548人。青春朝阳微信视频号发布原创短视频53条，总播放量24.8万人次，粉丝数5871人。

【朝阳共青团大学生理论与社会实践】 年内，团区委组织北京大学、清华大学、中国传媒大学、北京工业大学、对外经济贸易大学、中央美术学院、外交学院7所首都高校的138名队员22支团队参与项目。9月项目启动，12月3日举行项目线上答辩评审会，评选出社会实践报告类奖项8个、宣传激励类奖项13个。项目形成社会实践报告22篇、38万余字。 （姜　源）

朝阳区妇女联合会

【概况】 2022年，北京市朝阳区妇女联合会（简称“区妇联”）服务基层、服务妇女，进一步筑牢朝阳妇女高举旗帜、维护核心、紧跟党走的思想根基，团结动员广大妇女为推动新时代朝阳高质量发展贡献巾帼力量。北京市朝阳区妇女联合会获第十六届北京市思想政治工作优秀单位、北京市妇女儿童工作先进集体，2名女性获“首都最美巾帼奋斗者”称号。

【“两节”送温暖活动】 1月至2月，区妇联在各街道、地区（乡）开展“两节”送温暖活动。春节前夕区妇联领导带领街乡妇联相关负责人慰问单亲特困母亲5户；活动期间发放慰问金127.9万元。

【“春风行动”线上女性专场招聘会活动】 3月4日，区妇联、区人力资源公服中心开展线上女性专场招聘会活动。活动以“春风送温暖　就业送真情”为主题。活动有北京星火国创企业管理有限公司、金网络怡成资产管理（北京）有限公司、北京嘉乐会家政有限公司、北京京才人才开发中心有限公司等招聘企业12家，发布招聘文宣、法务、客服、财务、家政等岗位210余个。

【慰问隔离点妇女儿童和一线妇女工作者】 3月，区妇联慰问全区34个新冠病毒隔离点儿童600余人，一线妇女工作者300余人。给新冠病毒隔离点的儿童送牛奶、干果、手工剪纸《这里是中国》和歪歪兔系列图书。

【慰问北京双奥志愿家庭】 3月7日，区妇联党组书记、主席苏静到奥运村街道科学园社区、大屯街道慧忠北里社区看望慰问参与北京冬奥会、冬残奥会志愿服务的志愿家庭代表200家，送去抱枕、蜂蜜等慰问物资。

【纪念“三八”国际妇女节活动】 3月8日，区妇联举办纪念“三八”国际妇女节活动。活动以“巾帼心向党　喜迎二十大”为主题。区委书记王灏以视频方式代表区4套班子向全区广大女性同胞致以节日的问候。活动设妇联主会场和朝阳园、将台地区、麦子店街道、建外街道、高碑店地区5个分会场，展示朝阳女性在科技巾帼、助力冬奥、文化传承、家庭建设等方面的巾帼风采；以故事展播、访谈、宣讲、表演等艺术形式，展现朝阳女性积极向上、奋发有为的精神面貌。“朝之花”巾帼宣讲团成立并首场宣讲。宣讲团成员由全国三八红旗手、全国巾帼建功标兵、北京市三八红旗奖章获得者、朝阳区“巾帼之星”等朝阳优秀女性组成，通过基层巡讲、新媒体矩阵传播等方式宣传女性榜样事迹，鼓舞和激励广大女性建功立业。

【区妇联召开第十四届第一次执委会议】 4月8日，朝阳区妇联召开第十四届第二次执委会议。会议审议通过《朝阳区妇联2021年工作总结和2022年工作思路（审议稿）》《朝阳区妇女联合会第十四届执行委员会工作规则（试行）（审议稿）》《朝阳区第十四次妇女代表大会代表联系制度（审议稿）》。

【第十一届家庭文化节主题活动】 5月15日国际家庭日，区妇联联合区总工会、团区委、区体育局举办朝阳区第十一届家庭文化节主题活动。活动以“爱动全家　朝向未来”为主题。活动包括线上家庭卡路里挑战赛。挑战赛通过KEEP平台，家庭完成亲子运动后上传照片，进行积分挑战。活动注册小程序人数1009人，843组家庭报名，keep话题发布453条、1172条围观。

【支援合作项目】 7月至9月，区妇联实施“朝之花蕾·助学圆梦”项目。给内蒙古自治区卓资县、察右后旗、科左后旗受助对象300人，发放助学金29.5万元。给科左后旗41名困境女童定制桌椅，配备学习用品；向卓资县和察右后旗儿童捐赠歪歪兔系列图书987套，捐物折款12.5万元。开展政府采购脱贫地区农副产品工作，采购卓资县产品3万元，用于慰问特殊女性群体；慰问科左后旗受灾家庭，送价值2.96万元的米面生活物品。动员社会组织为科左后旗妇女提供18节线上财商课程，开展财商训练，为困境妇女开展线上手工培训、送课等活动。

【慰问新就业群体】 9月6日至9日，区妇联与各街乡妇联联动，摸清朝阳区“驿姐”“驿家”人员底数，聚焦需求，准备暖心便携双肩防水背包。给43个街乡和美团、饿了么等快递企业驿站发放双肩防水背包2000余个。

【饿了么（北京）妇委会成立】 9月8日，饿了么（北京）举办妇委会成立大会暨朝阳驿姐之家揭牌仪式。北京市妇联基层组织建设部部长刘阳，朝阳区妇联党组书记、主席苏静，呼家楼街道办事处副主任、妇联主席李欣，饿了么党委副书记、副总裁陈勇出席。饿了么（北京）女性骑手代表22人参加。会议成员参观饿了么北京CBD骑士驿站，听取饿了么（北京）党支部书记柯明对饿了么的历史发展脉络和女性骑手关怀工作情况介绍。饿了么（北京）召开第一次妇女代表大会，选举产生第一届妇委会委员。朝阳驿姐之家揭牌。

【家庭建设与家庭教育专业能力提升培训班】 9月19日至23日，区妇联举办2022年朝阳区妇联系统家庭建设与家庭教育专业能力提升培训班。社区（村）妇联干部、社区（村）家长学校负责人、家庭教育骨干和志愿者104人参加培训班。培训班设立不同主题的家庭教育专业课，采用理论知识讲解、方法训练、案例分析、情景模拟等形式，内容包括科学家庭教育理念和方法等。培训班组建朝之花“家庭教育”志愿服务队并授旗。培训班学员被纳入朝之花“家庭教育”志愿服务队，在专业指导下为社区家长学校常态化开展家庭教育指导服务及实践活动。

【处级女领导干部培训班】 9月20日至22日，区委组织部、区委党校和区妇联联合举办朝阳区2022年处级女领导干部培训班。区妇联党组成员、副主席姬连娣主持开班仪式，区妇联党组书记、主席苏静，区委党校党委书记、常务副校长李燕梅出席仪式。全区各单位的63名处级女领导干部参加培训。培训围绕处级女领导干部能力提升这一目标，结合处级女领导干部的特点和需求，设置政治理论学习、男女平等基本国策、女性领导力提升、家庭家教家风建设等课程。培训班到双桥燕京饮片厂中医药文化与现代企业发展现场教学。

【第十四届第三次执委会议】 10月27日，区妇联召开第十四届第三次执委会议暨党的二十大精神专题培训。会上，北京市委党校教授阐述和解读党的二十大报告，党的二十大代表、区妇联执委、中华女子学院国际学院院长分享参会心得。区妇联执委、部分市妇女代表及区妇联40余人参加会议。

【企业交流分享会直播活动】 11月11日，区妇联联合普华永道中天会计师事务所（特殊普通合伙）北京分所举办“性别平等”企业交流分享会直播活动。活动中3位女性代表就当前时代背景下企业如何推动性别平等进行专题分享和讨论。与会人员围绕“推动企业性别平等”话题举行圆桌对话，从不同角度分享女性如何平衡家庭与工作，企业如何为女性赋能，以及如何让男性从“他视角”出发，共同推进企业性别平等环境发展。

【“朝之花”她论坛活动】 年内，区妇联举办“朝之花”她论坛活动3场，分别是对话新时代女性权益直播论坛、对话女性健康论坛、恋爱美好·婚姻幸福·家庭和睦主题直播论坛。司法、心理、文化等领域的代表作“新时代女性权益”主题演讲；医疗卫生、医疗媒体、心理健康、女性成长领域的代表阐述对女性健康的理解，普及女性健康知识；社会文化、婚姻恋爱、女性成长、家风建设等领域学者围绕恋爱美好·婚姻幸福·家庭和睦展开主题分享。4万余人参加活动。 （冯　春）

朝阳区科学技术协会

【概况】 2022年，北京市朝阳区科学技术协会（简称“区科协”）有3个区

▲ 2022年，区妇联举办“朝之花”她论坛活动。图为“朝之花”她论坛活动的“对话女性健康”论坛
（区妇联　供图）

属学会、43个街乡科协、71个企业科协。有1个朝阳区院士专家服务中心、13个院士专家工作站和18个企业“创新簇”示范站。《北京市朝阳区全民科学素质行动规划纲要（2021—2035年）》，经朝阳区2022年第23次区长办公会审议通过，并以区政府办名义印发。向市科协推荐1家单位申报企业创新联合体，4家单位申报中小企业优秀技术转换项目，北京玻色量子科技有限公司取得市科协相干光量子计算企业创新联合体项目支持，北京科创空间投资发展有限公司成为市科协2022年度“产学研项目展示对接交流活动（园区路演）”承担单位。指导北京市园林绿化科学研究院、中国国检测试控股集团股份有限公司、北京极地加科技有限公司3家单位入选“科创中国”创新基地。参与中国建材总院举办第三届“善用资源日”开放活动。

【冬奥特色科普服务活动】 1月12日，区科协在朝阳区管庄乡举办2022年冬奥特色科普服务活动。活动设置陆地冰壶、冰蹴球以及VR模拟滑雪等冰雪体验项目，采用“展示+体验”“讲解+制作”等科技互动模式。该活动是科协“三下乡活动”之一。

【公民科学素质提升系列活动】 4月至12月，区科协举办“2022年朝阳区公民科学素质提升系列活动”，以“菜单”形式为全区600个社区（村）提供126种11大类的体验课程和10条科普场馆参观路线，包括基础科学、创客教育、自然博物、航空航天、军事科普、人工智能等内容，实现基层“点菜”，科协“上菜”的服务模式，满足多样化选课需求。

【基层科普项目计划】 5月至12月，朝阳区基层科普项目资助计划支持11个街乡和3个学会申报的项目，开展活动212场次，发放宣传资料7000余份，线上线下20万人次参与。

【公民科学素质大赛】 5月至12月，由区科协主办、北京科技报社承办的2022年朝阳区公民科学素质大赛举办，10万余人次参加。区公民科学素质大赛线上开展“六五环境日”“防洪减灾专项竞答”等7次专项竞答，组织5场线下推广活动，线上举办青少年专场。

【全国科普日朝阳区主场活动】 9月17日，由区科协、文明办、国资委主办，中国科学技术出版社有限公司承办的2022年全国科普日朝阳区主场活动举办。活动以“喜迎二十大，科普向未来”为主题。活动包括主题展览、科学家沙龙讲座和科技工作者知识分享等。活动期间发动“委办局系统科普联合行动、新时代文明实践科普志愿者联合行动、科学教育馆联盟联合行动、科技工作者联合行动、学会组织联合行动”五大联合行动，举办科学家精神展、科学家演讲、新时代文明实践所站科普志愿活动、科普嘉年华、流动科技馆、健康讲座义诊等线下公众科普活动100余场，线上活动200余场次，线上线下累计参与公众近百万人。

【全民科学素质行动纲要印发】 9月27日，区政府办印发《北京市朝阳区全民科学素质行动规划纲要实施方案（2021—2035年）》纲要旨在实现2025年朝阳区公民具备科学素质的比例达到30%，2035年朝阳区公民具备科学素质的比例保持在北京市前列水平并达到国际创新型城市同等水平。通过“五大重点行动”和“五大重点任务”的实施，实现高质量科普资源有效供给，全民科学素质建设工作体制机制和区域科普公共服务体系不断完善，科学精神得到广泛弘扬，崇尚创新的社会氛围日益浓厚，科学教育、科学传播稳步发展等目标。

【科技工作者与中国科学院交流活动】 9月，由区科协主办的朝阳区企业科协与中国科学院科研院所科技交流活动在中国科学院空天信息创新研究院奥运园区举行，包括主题报告与分享、专家与企业科研人员交流、参观科研院等内容。区科协领导、企业科协负责人、中国科学院部分科研院专家等120余人参加活动。

【6家企业成立科协】 年内，区科协批复北京电控智慧能源股份有限公司、汉唐信通（北京）咨询股份有限公司、北京人大金仓信息技术股份有限公司、北京小仙炖生物科技有限公司、北京健康之家科技有限公司、北京科创空间投资发展有限公司6家企业成立科协。其中北京科创空间为首家园区科协。截至年底，区企业科协数量71家。

【“2022年科技创新课”项目】 年内，区科协聚焦科技创新的热点难点问题，以朝阳区各高校、科研院所、科技园区、科技企业推荐的创新创业人才为主要服务对象，实施2022年科技创新课项目。举办创新创业知识体系构建课程6节、产品创新与成果转化课程5节、科技项目成长帮扶课程7节，261人参加学习，1.5万余人参加线上学习。

【院士专家进企业项目】 年内，区科协举办朝阳区院士专家进园区、企业活动。组织21名不同领域、行业相关专家到北京美斯顿科技开发有限公司、北京玻色量子科技有限公司、国能国华（北京）燃气热电有限公司、北京小仙炖生物科技有限公司、北京人大金仓信息技术股份有限公司5家企业，解决技术难题，开展企业创新和联合技术攻关，推进技术成果转化，探索企业创新发展新路径。 （张馨予）

朝阳区归国华侨联合会

【概况】 2022年，归国华侨联合会（简称“区侨联”）为朝阳区侨联第八届委员会。全区有街道侨联24家、乡侨联1家、商务楼宇和商务楼宇群侨联2家、律所侨联1家、社区侨联16家、乡侨联分会18家。中国华侨国际文化交流基地揭牌；区侨联与广西百色市侨联、桂林市侨联缔结友好侨联；承办北京国际汉语研修学院具体实施的2022年“亲情中华·为你讲故事”网上夏令营北京朝阳营开营；组织开展“喜迎二十大·侨心向党”主题艺术展和征文活动。

【两节“送温暖”活动】 1月至2月，全区各基层侨联开展两节“送温暖”活动。元旦、春节期间，走访慰问贫困归侨侨眷200余人次、侨界空巢老人300余人次、侨界代表人士400余人次，发放慰问金8万多元，发放慰问品折合金额15余万元。

【中国华侨国际文化交流基地揭牌】 2月22日，中国华侨国际文化交流基地在798艺术区揭牌。798艺术区是中国侨联评定的第六批中国华侨国际文化交流基地之一。中国华侨国际文化交流基地是中国侨联促进海内外文化交流、服务“一带一路”和民族复兴“中国梦”的展示窗口和重要平台。

【党政干部侨情侨史研修班开班】 3月29日至30日，由区侨联、区委党校、区职工大学举办的2022年朝阳区党政干部侨情侨史研修班线上开班。区侨联委员、各街乡侨联工作的党政干部、侨联主席等100余人参加。培训班由侨联专家、侨联资深工作者、区有关部门业务科室以线上形式授课，解读党的十九届六中全会精神、朝阳区情、社会救助政策以及侨情、侨史、侨务知识，通过中国水墨动画、药食同源话健康等课程，了解中华优秀传统文化。

【缔结友好侨联】 年内，区侨联与广西百色市侨联、桂林市侨联缔结友好侨联，与北京市顺义区侨联缔结友好侨联。

【助企纾困】 6月10日，区侨联联合区金融办等部门召开视频会议，为中小微企业解读纾困政策。借助“涉侨法律服务热线”，开展常态化的纾困法律援助。6月22日，区侨联参加中国侨商会、正大集团与金融机构联合召开的银企合作交流会，共同推动建立银企对接机制。

【海外华裔青少年夏令营】 6月21日至30日，由中国侨联、北京市侨联主办，朝阳区侨联承办的北京国际汉语研修学院具体实施的2022年“亲情中华·为你讲故事”网上夏令营北京朝阳营开营。菲律宾、哥斯达黎加、加拿大、美国、泰国、匈牙利、意大利和印度尼西亚8个国家的321名海外华裔青少年参加。

▲ 2月22日，中国华侨国际文化交流基地揭牌 （张宝康 摄）

【基层侨联老主席访谈工作启动】 7月5日，基层侨联老主席访谈工作启动。对在侨联工作10年以上的基层侨联主席进行访谈，并录制相关视频和文章。

【“京侨新声”朗诵艺术培训班】 8月9日至28日，区侨联、市侨联华侨服务中心、区致公党、区高层次人才服务中心联合举办“京侨新声”朗诵艺术培训班。活动以“红色侨联”为主题。设有5次课，包括融入党史、侨史相关内容。22名新侨学员参加。

【“喜迎二十大·侨心向党”系列活动】 8月至9月，区侨联组织开展“喜迎二十大·侨心向党”主题艺术展和征文活动。活动面向全区各级侨联组织、涉侨艺术团体、归侨侨眷等征集到书法、绘画、剪纸、篆刻、摄影等多种形式的艺术作品近百件，征文10余篇。其中，19幅书画作品参加“百年峥嵘·同心向党”朝阳区统一战线百幅作品庆祝统战百年喜迎二十大主题书画作品展线下展，40余幅参加线上展。组织各基层侨联主席、侨联干部开展“喜迎二十大·侨心向党”健步走活动。

【区侨联八届三次全委会】 12月30日，区侨联八届三次全委会通过视频会议形式举行，35名区侨联委员、4名拟增补委员参加会议。会议讨论通过《朝阳区侨联专门工作委员会工作方案》《朝阳区侨联委员联系基层工作制度》，增补连耀山、苗绿2名常委，侯淑婷、陈百应2名委员。集体学习市委十三届二次全会、区委十三届五次全会等市、区全会精神，总结区侨联2022年工作，部署2023年工作。

（杨粤宁）

朝阳区青年联合会

【概况】 2022年，北京市朝阳区青年联合会（简称“区青联”）有委员347

名，其中常务委员会委员67人、主席1人、副主席12人。朝阳青联足球队获2022第十三届北京奥运城市体育文化节比赛冠军。青联委员作为校外实践指导导师参与“学习二十大、青春正当时——2022年朝阳共青团大学生理论与社会实践”，形成2个与青年有关提案并提交政协。区青联组织开展“百年传承心向党 青春朝阳勇担当”青联委员走进社区调研活动。1名委员获北京市优秀党员称号，2名委员获北京市优秀团干部称号，3名委员获北京2022年冬奥会、冬残奥会北京市先进个人称号，2名委员获首都劳动奖章。13名委员加入朝阳区新阶层人士联谊会，11名委员加入朝阳区海外人士联谊会，2名委员加入区人大，32名委员加入区政协，23名委员加入市青企协、26名委员加入市青联。

【新年公益跑】1月1日，区青联举行朝阳青联悦跑团2022新年第一跑活动。活动赋予公益内涵，创新模式，用跑步里程换取公益金，引导青联委员用汗水践行公益。活动募捐10000元，被纳入“青春助学助困基金”。

【慰问冬奥志愿者】2月20日，区青联委员慰问参与冬奥赛事志愿服务保障的大学生志愿者600余名，并送暖心大礼包。

【青联委员走进社区调研活动】3月25日，区青联组织开展“百年传承心向党 青春朝阳勇担当”青联委员走进社区调研活动。在东湖街道利泽西园一区社区，委员们察看小区建设新风貌，慰问社区工作者并座谈交流。了解社区工作面临的实际困难，探讨青联委员们如何发挥自身优势，统筹资源，更有针对性地在基层社会治理中发挥青联作用。

【梦马观影计划爱心慰问活动】5月4日，区青联举行青联——梦马观影计划爱心慰问活动。活动组织青联委员，慰问南磨房地区的平乐园社区工作人员及餐饮团工委组织的志愿者。梦马观影团的发起人捐赠慰问物资。

【六届六次常委会（扩大）会议召开】5月16日，区青联线上召开六届六次常委会（扩大）会议。会议传达学习习近平总书记在庆祝中国共产主义青年团成立100周年大会上的重要讲话精神，审议通过《朝阳区青联2021—2022年度委员履职考核结果》、关于吸纳朝阳国际青年创投联盟等4个青年社团作为团体会员的建议、《北京市朝阳区青年联合会2022年工作要点》。

▲ 2022年，区青联组织开展青联委员走进社区调研活动。图为3月25日，区青联委员在东湖街道利泽西园一区社区调研 （党 旻 摄）

【优秀作品展演活动】7月17日，区青联举办朝青云诵荟献礼建团百年线上诵读选拔赛颁奖仪式暨优秀作品展演活动。活动以“诵我青春，筑梦朝阳”为主题，包括回顾建团百年来的风雨征程等内容。团区委书记、朝阳青联主席出席并讲话，朝阳青联副主席及常委、委员出席。

【六届七次常委会（扩大）会议】7月28日，区青联召开六届七次常委会（扩大）会议。会议选举李林为北京市朝阳区青年联合会第六届委员会主席。会上，学习习近平总书记在庆祝中国共产主义青年团成立100周年大会上的重要讲话精神及北京市第十三次党代会精神。朝阳区委常委、朝阳区委统战部部长李国红，朝阳区青联六届委员会主席团、常委出席，各界别秘书长列席。

【“青春路标——思维导图带你学习”活动】8月11日至26日，各界别开展“青春路标——思维导图带你学习习近平总书记在庆祝中国共产主义青年团成立100周年大会上的重要讲话精神”活动。让委员们理解讲话的精神与内涵。委员286名参加。

【六届八次常委会（扩大）会议】9月29日，区青联召开六届八次常委会（扩大）会议。会议选举李莱蒙为北京市朝阳区青年联合会第六届委员会副主席；对2名委员做出撤销委员资格的决定。会上，学习传达全国青联十三届三次常委扩大会议精神。区青联六届委员会主席团、常委出席，各界别秘书长列席。

【党的二十大精神云诵读活动】11月10日，“朝阳春联云诵荟”以“讲好中国故事，传播好中国声音”为主题，邀请朝阳区青联副主席、专业新闻主播金巍作为领读人与委员们一起学习党的二十大精神。

【“希望小屋　送教下乡”活动】年内，区青联举办“希望小屋　送教下乡”活动。活动举办2期，招募20名青联委员作为“线上支教老师”，为希望小屋的400余名学生送音乐、舞蹈、手工、朗诵、影视故事等20节课程。

（李　想）

朝阳区工商业联合会

【概况】2022年，北京市朝阳区工商业联合会（简称“区工商联”）有直属会员543家、团体商（协）会员40个。区工商联党支部与朝阳区检察院第二检察部党支部联合开展“携手迎冬奥、一起向未来”主题党日活动，召开2022年党风廉政建设工作专题会。区工商联被中华全国工商业联合会评为信息工作先进单位。

【助企纾困座谈会】6月23日，区工商联组织召开界别政协委员助企纾困座谈会。全国政协常委、全国工商联副主席、区工商联主席、北京叶氏企业集团有限公司董事长叶青出席会议，区工商联相关领导出席活动。6月27日，区委常委、统战部部长李国红主持召开汽车产业发展专题调研座谈会，听取1月至5月份市区汽车企业相关数据汇报，并围绕助企纾困工作座谈交流，五方天雅集团董事长程文龙等参加会议，区工商联相关领导出席活动。6月28日下午，朝阳区工商联召开为企纾困科创类企业专题调研座谈会。威讯柏睿数据科技（北京）有限公司、北京云恒科技研究院有限公司、北京超图软件股份有限公司、北京爱知之星科技股份有限公司、极客邦控股（北京）有限公司等会员单位及工商联相关领导参加活动。

▲ 9月15日至16日，区工商联会员企业综合党委直属党组织负责人培训班（区工商联　供图）

【区域合作会】7月21日至22日，内蒙古通辽市科左后旗旗委常委、统战部部长卜祥妮，工商联主席刘秀丽一行来朝阳区考察调研，对接支援合作工作，并就两地企业对接、促进合作交流座谈，区工商联相关领导出席活动。7月29日，区委统战部副部长，工商联党组书记、常务副主席于晓军带领会员企业在密云区就区域合作、产业对接等进行走访调研，并就两区互助共赢、常态化交流合作等座谈。

【入选五个一百典型事例】8月18日，在第四届民营经济法治建设峰会上，全国工商联、公安部发布工商联与公检法司机关建立沟通联系机制五个一百典型事例，其中北京市朝阳区工商联、市公安局朝阳分局共建沟通联系合作机制做法入选100对工商联与公安机关沟通联系机制典型事例，并获证书。

【教育培训】9月15日至16日，区工商联民营经济人士理想信念教育活动举行，执委企业家、商会负责人、青年一代企业家代表等30余人参加。9月21日，区工商联2022年直属党组织负责人培训班在门头沟京西党建基地开班，会员企业综合党委基层党组织书记50余人参加。9月27日，朝阳区工商联举办十二届执委会委员及商会负责人政治理论培训班，区工商联执委、所属商会负责人50余人参加。

（唐加斌）

法 治

政法委及综治

【概况】 2022年，中共北京市朝阳区委政法委员会（简称“区委政法委”）坚持党对政法工作的绝对领导，按照“疫情要防住、经济要稳住、发展要安全”的工作要求，推进平安朝阳建设、法治朝阳建设，政治社会环境安全稳定。年内，朝阳区对5家政法单位党委（党组）和126家科庭队所开展3个月督察巡查，围绕28项内容、41项指标，实地督察104次，开展谈话1276人次，民主测评176人次，政治理论测试588人次，解决政法系统反映的交通安保、干部人事、诉源治理、司法行政基层基础、经费保障等问题15件。强化督察结果运用，形成“启动—反馈—整改—运用”工作闭环。定期开展专项督察，推动政治监督常态化。

【重大活动安保】 年内，区委政法委构建“大维稳”“大安保”工作格局，统筹全区专群力量，发动群防群治力量，落实点、线、面社会面防控工作任务。统筹协调做好全区重要目标、重点要害部位、重点区域应急处置工作。实地调研督办，压实属地责任，及时协调解决风险隐患。完成党的二十大、北京冬奥会和冬残奥会等重大活动安保任务。

【市域社会治理现代化试点】 年内，区委政法委推进市域社会治理现代化试点攻坚。制定《朝阳区市域社会治理现代化试点工作指引（第二版）》和《考核责任分工表》，细化213项任务指标，明确311条考核重点，逐项审核指导38家单位考核自评材料，深入查漏补缺，推进试点工作。激发基层首创精神，推进街乡因地制宜、科学管理，打造双井街道“平安盾”、左家庄街道“一码共治”、孙河乡“一核三融、四联共享”、朝外街道“芯上朝外”等治理模式。强化经验创新，探索开展冬奥安保、金融风险防范、城乡接合部地区整治、使馆区安保4项区重点创新项目培育，在第五次全国市域社会治理现代化试点创新研讨班上作题为《构建“1268N”+“智慧平安”精准破解金融领域矛盾风险防范化解难题》经验交流发言。

【基层平安建设】 年内，区委政法委加快“朝阳群众”品牌升级，落实提升“朝阳群众”品牌“十个一”工作措施，梳理“朝阳群众”工作情况和先进做法，汇编年度《朝阳群众在行动》系列书籍。聘请专业团队进行“朝阳群众”视觉IP（知识产权）系统设计，增强“朝阳群众”品牌文化属性和辨识度。推进智慧平安小区一期、二期及街乡建设项目，全区1828个楼房小区完成前端智能安防设备建设1795个，完成率98.19%。

【重点整治工作】 年内，区委政法委推进“平安铁路”建设整治，整治达标里程140.04千米，占总里程75.16%；重点线路整治达标里程64.38千米，占重点线路总里程80.19%。其中，双井地区京哈铁路沿线重点区域综合整治用时112天，暑期专运工作前如期完成清理整治，创造“双井模式”。推进社会治安重点地区整治，针对3处市级挂账、12处区级挂账、28处街乡级挂账社会治安重点地区，制定整治工作实施方案和任务书，每月监测通报，综合运用打、防、管、控、建等手段，完成十八里店乡横街子村、将台乡安家楼村等重点地区整治。

【“无讼朝阳”诉源治理体系】 年内，区委政法委指导区法院等政法单位，出台矛盾纠纷预防调处化解工作意见，推动诉源治理工作，区法院收案比上年下降14.1%。搭建“区—街乡—社区”三级网络工作平台，优化拓展平台应用和实践场景，展现矛盾纠纷动态地图和社会风险形势分析。平台运行以来累计接收区平台委派纠纷25156件，调解成功4480件，调解成功率17.8%。开展“良法善治——读懂习近平法治思想”主题采访活动，对接20家中央、市级新闻媒体，深度采访、陆续刊发报道20余篇。 （贾凯强）

法治政府建设

【概况】 2022年，朝阳区司法局（简称“区司法局”）坚持以习近平法治思想为指导，以服务保障党的二十大胜利召开为主线，坚持围绕中心、服务大局，维护社会安全稳定，服务党委政府依法决策，解决人民群众法律需求，不断推动全面依法治区和司法行政工作高质量发展。区司法局获“全国司法行政系统先进集体”荣誉称号，被评为司法部“复议为民促和谐”专项行动表现突出单位、“北京市司法行政系统冬奥会冬残奥会安保维稳工作优秀团队”。朝外街道司法所获“全国模范司法所”称号。

【行政执法监督】 3月，区司法局结合街乡执法实践，以街乡行政处罚案卷为基础，编制《2021年街乡典型行政执法案例》。6月16日，区司法局组织全区8个执法部门、17个街乡、72名执法人员参加北京市行政执法资格考试。8月1日至10日，区司法局开展2022年街乡行政处罚案卷集中评查工作。8月8日至19日，区司法局开展2022年行政执法部门案卷评查工作，对26个行政执法部门的49本处罚案卷、28个行政执法部门的56本许可案卷开展评查与讲解。

【依法行政培训】 4月22日，区司法局召开“北京市行政处罚案卷标准解读培训会”，结合2021年行政执法案卷评查工作，从行政处罚案卷基本标准、一般标准及立卷归档3个方面进行讲解培训，针对新旧行政处罚案卷标准变化之处做重点解读与现场答疑。7月25日，区司法局召开行政败诉案件分析培训会，分析讲解基层行政机关败诉率较高案件的败诉原因及风险点。7月27日至29日，区依法行政办举办2022年度朝阳区依法行政工作培训班，培训涵盖《习近平法治思想学习纲要》解读、《政府信息公开条例》的理解与适用、行政应诉典型案例解析、规范性文件审查工作指导及依法行政绩效考核指标解读等方面。9月14日，区司法局联合区委组织部、区社区学院举办2022年处级干部法治政府建设培训班。

【合法性审查】 年内，朝阳区制发《朝阳区人民政府重大行政决策程序规定（试行）》，开展重大行政决策事项抽查评估工作，提升决策质效。区司法局对58件规范性文件、重大行政决策草案和区政府战略合作协议进行合法性审查，提出审查意见200余条。开展全区行政规范性文件清理工作，决定废止文件8件，保留和拟修改文件38件，在“北京朝阳”网站“规范性文件”板块进行发布。

【行政应诉】 年内，朝阳区制发《朝阳区人民政府行政负责人出庭应诉工作规定（试行）》，是全市首个规范区级人民政府行政负责人出庭应诉工作的制度性文件。落实行政负责人出庭应诉制度，年内，区政府行政负责人出庭应诉5次，区司法局行政负责人出庭应诉5次。撰写《朝阳区2021年行政应诉案件统计分析报告》，分析行政应诉工作基本情况、案件特点。

【行政复议】 年内，区司法局规范场所设置。2月，试运行1个北京市首家专业化区政府行政复议受理中心；4月，43个街乡行政复议咨询点完成挂牌；7月1日，区政府公安交通行政复议受理分中心正式运行，负责公安交通领域复议案件接待和案前化解工作。

（郭　琪）

公　安

【概况】 2022年，北京市公安局朝阳分局（简称“公安朝阳分局”）完成党的二十大、全国两会、北京冬奥会等安保任务。完成各项安保警卫勤务2236起。完成大型活动安保任务2项2场次。受理出入境证件6.1万余件、发证4.6万余件。开展预防煤气中毒宣传检查，发放宣传材料17万余份。加强社区消防安全管理工作，入户宣传21.4万余次，召开宣传会2432次，悬挂横幅标语4465条，发放宣传材料25.5万余份，发布宣传信息2.1万余条，组织消防演练800余次。对全区374所中小学、449所幼儿园开展风险评估，发动社会资源，构建“公安联勤、教育联防、家长联动”的“校警家”三位一体护学模式，同步推行护校安园合成作战。出动警力2931人次、检查校园安防1530余次，排查处理校园内部安全隐患725处，化解校园纠纷59起。深化全区27个巡逻警务站“平安站、服务站、安全站、联勤站”功能定位，落实周边巡控、综合治理、交通执法、服务群众工作。铭记“公安姓党”政治基因，加强全警忠诚党性教育、扎实落实意识形态责任制；分类别、分层级、分需求健全专业人才库，做好“墩苗”培养。完善先进典型“金字塔”推树模式，做精“朝警先锋”及“警营之星”荣誉品牌。1个集体获“全国公安机关爱民模范”荣誉称号，4个集体获省部级荣誉，1人获“一级英雄模范”荣誉称号，4人获“二级英雄模范”荣誉称号，14人获省部级荣誉。公安朝阳分局获由党中央、国务院批准颁发的北京冬奥会、冬残奥会突出贡献集体奖。

（王　晖）

【外国人签证服务优化】 1月4日，朝阳区外国人服务大厅和CBD国际人才一站式服务中心开始全面受理外籍高端人才来华申请工作许可和居留许可业务“两证联办”，为高端A类和B类人才提供一窗受理和取证服务，申请人最快7个工作日可办理完成在京工作的所有就业手续。

（陈　茹）

【侦破全市首例新型远程盗窃案件】 3月5日，公安朝阳分局成功破获北京市首例新型远程盗窃事主账户资金系列案件，抓获涉案人员4人，分别因涉嫌盗窃罪、掩饰隐瞒犯罪所得罪被刑事拘留，核实全市案件200余起，成功为一事主拦截止损人民币130余万元。

（王子晗）

【国际禁毒日主题宣传】 6月26日，公安朝阳分局结合常态化疫情管控规定，将国际禁毒日传统线下宣传模式改为线上直播，联合区检察院、区教委等禁毒领域专家及央视网等单位，举办以“拆穿毒品伪装，守护健康青春”为主题的禁毒直播活动。观看量近千万人次，网友参与互动120余万次。公安朝阳分局自主创作的《防不胜防的伪装毒品》等5部禁毒宣传短片，网络话题播放量超7亿次，登上新浪热搜排名榜。（王子晗）

【破获证券期货领域犯罪案】 7月20日，公安朝阳分局破获1起证券期货领域犯罪案。抓获主要犯罪嫌疑人2人。经审，上述2人对内幕交易、泄露内幕信息犯罪事实供认不讳。该案为分局破获的首例证券期货领域犯罪案。（张 超）

【社会治安管理】 年内，公安朝阳分局依托专项行动，依法行政拘留各类扰序人员1068人，其中"黑摩的"驾驶员510人、无照游商228人、散发小广告人员247人、"分虫"12人、"号贩子"4人、其他扰序人员67人，查扣、移交处理"黑车""黑摩的"546辆。检查旅馆业单位2.3万家次，取缔无证照经营旅店54家，依法行政拘留擅自经营人员54人。落实"低慢小"飞行器管理工作，张贴禁飞通告5.7万余份，查处违规飞行案件18起。

（王 晖 王子晗）

【销赃打击】 年内，公安朝阳分局以反销赃专项行动为牵动，督促二手车交易市场严格落实"实名验证登记、可疑情况报告"等安全管理制度，要求市场内外采取悬挂横幅标语、LED屏显提示、广播宣传等措施，引导群众拒绝非法中介代办。检查特种行业5800家次，处罚违法经营42家，收缴电缆线芯54.5千克。检查寄递物流企业6886家次，责令整改67家，行政处罚22起。（宋 杰）

【危险物品排查管理】 年内，公安朝阳分局落实属地监管责任，协调各部门开展易制爆危险化学品专项整治行动，指导督促危险物品从业单位落实安全主体责任和各项安全管理制度。以"民用爆炸物品、剧毒放射、易制爆、刀具、烟花爆竹"等物品为排查重点，坚持"天天查，反复查、滚动查"，排查重点点位2.1万余个，处罚违规问题7起。先后开展三个专项打击行动，拘留以上处理59人。（宋 杰）

【纠纷化解】 年内，公安朝阳分局推动矛盾纠纷"线上线下"双渠道调解模式。"线上"与区法院研发"无讼朝阳"微信小程序，会同区委政法委、司法局、检察院、信访办等部门，对线上采集的各类矛盾纠纷按照责任归属，分流处置，联合化解。"线下"组建由"社区民警、驻所调解员、社区干部、社区居民调解员"组成的社区联合调解队伍，将"民调进所"机制向社区延伸，推进第三方参与矛盾纠纷调解工作。受理各类矛盾纠纷1.65万余件，已化解1.62万余件。

（张 勇）

【电信诈骗防范打击】 年内，公安朝阳分局创新宣传防范、技术反制和精准劝阻的打击电信诈骗机制和手段，在全市首创反诈防宣传"1+3+N"模式（即"1"：朝阳反诈中心，"3"：学生、公司职员、老年群体，"N"：全区全民），开展各类宣传活动336次，受众人数达2500万余人次。推动分局47个派出所成立"三级反诈分中心"，来广营、大屯等电诈案件高发社区建立"四级反诈中心"，中国传媒大学、北京第二外国语学院等高校创建"高校四级反诈中心"，中国传媒大学成立首支反诈校园公益组织，构建全警全社会反诈格局。建立反诈微信群9091个，推送宣传信息17.6万条，入企入校入户宣传13.2万余次，覆盖群众40万余人。破获电信网络诈骗违法犯罪案2899起，刑事拘留628人；预警拦截疑似被电信诈骗信息50.8万条，处置率100%，避免群众经济损失28亿余元。（王子晗）

【"涉众型经济案件报案"平台"双轨并行"】 年内，公安朝阳分局建设完成"北京朝阳经侦"App，实现"涉众型经济案件报案"平台"双轨并行"，即公众号和App同步运行。截至年底，36.2万人关注公众号或下载App，29.3万人注册账号通过审核，平台发布文章阅读点击量过百万，线上回复咨询20.9万余条。（张 超）

【平安社区建设】 年内，公安朝阳分局依托"朝阳群众"品牌建设，会同区委政法委联合制定《朝阳区群防群治队伍建设工作规范》，建立群防群治队伍组织领导体系，明确不同类型群防群治力量人员构成、工作岗位、工作职责；健全社会面群防群治力量三级联动防控机制和重点高发案时段夜巡工作机制，统一配发服装、红袖标，开展社会面巡逻防控；开展物技防产品宣传，现场演示新型防盗锁具功能；推进智慧小区建设进程，完善社区物技防设施建设，提高科技安防水平。开展警种融合执法示范社区创建，团结湖三四条社区、亚运村华严北里社区被评定为融合执法示范社区。全区楼房小区（村庄、院落）1828个中完成前端智能安防设备建设小区1795个，完成率98.2%。7月，启动智慧平安小区二期建设项目，继续推进属地街乡前端智能安防设备数据应用建设及平台搭建，整合小区视频图像数据管理应用。（张 勇 范晓雪）

【户政服务业务进驻政务服务中心】 年内，公安朝阳分局户政办公大厅搬迁至朝阳区政务服务中心。选派优秀专职民警进驻办公，力争各项业务接得住、办得好、服务优。实现"对外查询业务"一站式集中办理。

（张 明）

【"北京警务"服务小程序推行】 年内，公安朝阳分局优化"互联网+公安政务服务"水平，推行"北京警务"服务微信小程序，群众可直接线上申请"无犯罪记录证明""户籍类证明信""查亲访友"三类事项，派出所后台审核完成，可出具电子证明材料。年内，出具三类电子证明材料1.5万余件。（张 明）

【未成年人案件办理】 年内，公安朝阳分局将未成年人案件介入指导工作列为一项长期重点工作，坚持“教育为主、惩戒为辅”总原则，结合市公安局“阳光驻希望”未成年人综合保护服务项目，健全办案场所建设和社工服务规范，全天候提供教育训诫、观护帮教，与检察机关深度协作，推动一站式救助询问机制纵深发展，融入多方共治理念，建立涉案未成年人全方位立体式帮教机制，将未成年人保护延伸至执法办案最前端，贯彻全过程。 （张海涛）

检　察

【概况】 2022年，朝阳区人民检察院（简称“区检察院”）受理各类案件11448件，占全市基层院办案量的12.57%，其中受理刑事检察案件7727件，比上年下降35.75%；民事检察案件1746件，比上年增长383.66%；行政检察案件920件，比上年增长969.77%；公益诉讼案件1055件，比上年增长140.87%。办结各类案件11333件，占全市基层院办结量的12.73%，其中，办结刑事检察案件7646件，比上年下降1.04%；民事检察案件1726件，比上年增长386.19%；行政检察案件910件，比上年增长996.38%；公益诉讼案件1051件，比上年增长177.31%。受理数与审结数均在全市基层院中排首位。区检察院获全国检察机关信息工作表现突出集体，北京市检察机关服务保障冬奥会、冬残奥会表现突出集体，北京市打击洗钱犯罪成绩突出集体等荣誉称号9项，干警获首都劳动奖章、全国检察机关信息工作表现突出个人、北京市打击洗钱犯罪成绩突出个人等荣誉表彰25项。

【刑事检察】 年内，区检察院受理刑事检察案件7727件，办结刑事检察案件7646件，其中，办理各类扰乱社会秩序犯罪案件117件127人。立案侦查司法工作人员相关职务犯罪5件5人。办理涉罪未成年人刑事案件57件67人，对未成年犯罪嫌疑人不捕率63%，不诉率75%，附条件不起诉10人。

【刑事诉讼监督】 年内，区检察院办理黑加油站点、自备油罐及装置（设施）、流动加油车专项监督案件，移送公安机关刑事立案2件5人，借助大数据查获违规流动加油车2辆、自建地下储油罐1个、查获非法储存柴油36吨。开展减刑、假释、暂予监外执行案件专项监督工作，联合区司法局开展“百日攻坚除隐患、规范执法促提升”社区矫正专项执法督察活动，制发监外执行纠正文书57份、纠正不当暂予监外执行意见5份。对未依法追缴骗取钱款、罚金刑数额错误等刑事裁判文书问题提出刑事抗诉6件。

【民事检察】 年内，区检察院受理民事诉讼监督案件1746件，办结1726件，发出审判活动违法检察建议222件，发出执行活动监督检察建议223件，发出再审检察建议、提请抗诉12件。办理的“周鹏飞民间借贷纠纷虚假诉讼再审检察建议案”获评全市检察机关民事诉讼监督优秀案件。

【行政检察】 年内，区检察院受理行政检察监督案件920件，办结910件，依职权监督1起区人力资源和社会保障局向区法院申请行政非诉执行某企业拖欠员工工资数年未获执行案件，成功追回欠薪及罚款3.6万余元。办理的“雅迅仓储行政非诉执行案”获评全市检察机关行政诉讼监督优秀案件。

【公益诉讼检察】 年内，区检察院受理公益诉讼案件线索1055件，立案952件，发出民事公益诉讼公告907件，制发诉前检察建议23件，提起刑事附带民事公益诉讼6件，支持行政机关提起生态环境损害赔偿案件3件。构建多项公益诉讼大数据监督模型，保护国有财产安全。办理北京市首例可移动文物保护民事公益诉讼案，加强文物资源保护。

【保护国有财产安全】 年内，区检察院构建多种大数据监督模型，保护国有财产安全。开展成品油公益诉讼专项监督工作，督促相关企业、加油站追缴税款、滞纳金2146.8万元；开展服刑人员违规领取基本养老金公益诉讼专项监督工作，督促追缴被违规领取的养老金300余万元；开展环境保护税征收公益诉讼专项监督工作，督促158家建设单位补缴税款165万元。

▲ 11月3日，区检察院提起的全市首例可移动文物保护刑事附带民事公益诉讼案当庭宣判
（杨珊珊　李新刚　摄）

【服务保障民营经济】 年内，区检察院优化检察供给，通过与企业开展面对面座谈交流、开展专业授课、建立协调联络机制等方式，服务保障区内企业发展。与中关村科技园区朝阳园管理委员会、北京商务中心区管理委员会建立协作联络机制，服务保障辖区科技创新企业发展，助力区数字经济核心区建设。与北京市朝阳区工商业联合会联合发布《串通投标犯罪涉案企业合规整改指南》，护航民营企业高质量发展。

【履行法律监督职能】 年内，区检察院应用大数据模型开展侦查监督工作，建立“追捕追诉人员执行情况”大数据法律监督模型，统计梳理被追捕追诉人员信息，健全公检联动机制，向区公安局制发纠正违法类检察建议57份，抓捕到案犯罪嫌疑人25人，确保追捕追诉工作依法高效开展。

【检察听证会】 年内，区检察院就119件案件召开检察听证，邀请人大代表、政协委员、人民监督员、专家学者等350余人次作为听证员参与听证。4月15日，首次使用远程视频连线方式邀请专家证人出席1例刑事申诉案件检察听证会。

【特色检察品牌】 年内，区检察院成立涉外检察办公室，办理涉外案件28件28人，发布《涉外检察白皮书（第三辑）》《外籍人士在华权益保护及犯罪预防宣传手册（2022版）》，“朝晖3S”涉外检察文化品牌获评北京市检察机关优秀文化品牌。办理金融犯罪案件1311件2533人，发布《金融检察白皮书（第七辑）》。办理涉网络犯罪案件288件721人，发布《网络检察白皮书》。办理侵犯知识产权案件61件132人。

【倒卖文物案】 年内，区检察院提起的李某某、胡某倒卖文物侵害公益刑事附带民事公益诉讼一案在朝阳区法院公开开庭审理，法院当庭宣判并支持检察机关全部诉讼请求，对两名被告人以倒卖文物罪判处有期徒刑刑罚，并判令两名被告共同承担文物修复费用、鉴定费用，在省级以上新闻媒体对其破坏文物资源行为公开赔礼道歉。本案系北京市检察机关提起的首例可移动文物保护民事公益诉讼案。

【虚开增值税专用发票案】 年内，区检察院办理许某某虚开增值税专用发票案。经调查，企业合规具有可行性，区检察院对涉案公司制发检察建议，督促企业作出合规承诺，开展合规建设。许某某签署《合规承诺书》《认罪认罚具结书》，提交《企业合规整改计划书》，对企业进行合规整改。整改期间，公司已补缴全部税款、滞纳金等，积极复工复产，按时向检察机关报备生产经营及各项制度落实情况，经检察机关与税务机关共同走访调查，召开听证会听取人民监督员、公安机关意见，对许某某作出相对不起诉决定。 （王 琳）

法 院

【概况】 2022年，朝阳区人民法院（简称“区法院”）受理各类案件132752件，审结案件132769件。推出服务疫情防控和经济社会发展重点司法举措，加强涉就业、教育、医疗、消费等民生案件审判工作，成立全国首家涉老纠纷专业化人民法庭。落实优化营商环境工作任务，防范化解金融风险，加大知识产权司法保护力度。发挥行政审判职能作用，监督支持行政机关依法履职。深化综合治理执行难工作格局，加大执行工作力度高效兑现当事人胜诉权益。推动社会矛盾纠纷预防化解工作体系建设，助推区级矛调平台建立运行，建立社区包片法官制度。优化审判工作布局和功能定位，形成“一法庭一样板”工作格局，民事诉讼程序繁简分流工作经验入选最高人民法院第十二批司法改革案例选编。完善智慧法院建设应用，深化“接诉即答、接单即办”机制，优化便民利民诉讼服务机制。年内，区法院获“人民法院政治工作先进集体”“全国法院办案标兵”等市级以上集体和个人荣誉40项。

【刑事审判】 年内，区法院审结刑事案件2342件，判处罪犯3144人。审结毒品犯罪案件33件，严惩海外“代购”管制药品等新型走私行为。审结贪污贿赂等案件34件，公开宣判全市首例职务犯罪“自洗钱”案。审结涉养老诈骗案件5件23人，追赃挽损300余万元，公开宣判4起收藏品领域涉老诈骗案件，揭露养老诈骗“套路”手法。审结“秦某某等4人侵犯公民个人信息罪刑事附带民事公益诉讼案”，保护公民个人信息安全。审结涉众型经济犯罪案件372件，为群众挽回经济损失8000余万元。审结全市首例可移动文物保护刑事附带民事公益诉讼案，严厉打击倒卖珍贵文物、破坏文物本体行为。

【民商事审判】 年内，区法院审结各类民商事案件81810件。审结涉民生案件23401件。加强老年人、未成年人等弱势群体权益保护，联合区妇联、朝阳社区学院设立涉诉家庭教育指导工作室，加强新时代少年法庭工作；在亚运村人民法庭建成全国首家涉老纠纷专业化人民法庭，创新陪同诉讼、家事调查、上门审判等诉讼机制，审结涉老年人权益保障案件675件。审结商事案件24874件，参与完善《朝阳区创建北京市营商环境创新示范区工作方案》。审结金融民商事案件21601件，发布《金融审判白皮书》。审结知识产权案件4386件，发布《涉数字经济知识产权纠纷案件审判白皮书》和典型案例。在金盏国际合作服务区设立涉“两区”案件巡回审判庭，组建首批港籍、外籍特邀调解员队伍。

【行政审判】 年内，区法院审结行政案件1762件。发布《行政案件司法审判年度报告》，组织行政机关旁听示范性庭审、开展专题法治培训，覆盖全区43个街乡政府、司法所。深化行政机关负责人出庭应诉机制，出庭人次比上年增长112.5%。构建市场主体准入争议源头预防调处机制，制定行政争议多元化解实施方案与流程规范，加强重点执法领域司法保障，推动行政争议实质性解决。

【执行工作】 年内，区法院执结案件46502件，执行到位金额192.5亿元。对失信被执行人加大信用惩戒力度，督促1758人主动履行法律义务。打通财产线索接转处置堵点，运行财产线索接转中心，用智能化手段加快执行财产查控变现，网络司法拍卖成交金额38.1亿元。

【司法便民利民举措】 年内，区法院落实“接诉即答、接单即办”机制，通过12368诉讼服务热线、北京法院电子诉讼平台等多渠道回应群众需求，接听来电、答复诉求近52万次，联系法官到位率100%。加强以案释法、精准普法，策划宪法宣传周、民法典解读等专题普法58场，在各类媒体发稿3万余篇，召开新闻通报会7场。

【社会矛盾纠纷预防调处化解】 年内，区法院贯彻《朝阳区关于建立健全社会矛盾纠纷预防调处化解工作体系 建设更高水平平安朝阳的意见》，建立社区包片法官制度，协助全区43个街乡设立街乡矛调分平台，实现“每个街乡都有培训基地、每个社区都有包片法官”。支持行政主管部门设立行业矛调分平台，预防化解知识产权、劳动争议、金融、医疗等行业性、专业性纠纷。依托信息化平台，整合政法、信访、“12345”等多渠道信息数据，实现跨部门、跨层级、跨领域信息互联互通。发送司法建议91项，根据区法院司法建议，国家邮政局及时封堵邮件收寄中的防疫漏洞，中国民航局加强对乘客个人信息的安全保护，四川省发展改革委全面清查整治“比特币”等虚拟货币“挖矿”活动。（杨 虹）

司法行政

【概况】 2022年，朝阳区司法局（简称“区司法局”）围绕法治政府建设新要求，推动区社会矛盾纠纷源头预防调处化解平台建设，构建可调解矛盾纠纷回街乡（部门）先行调解体系，推动矛盾在法院外以非诉讼方式解决，推动人民调解、行政调解、司法调解的高效衔接联动，打造“无讼朝阳”升级版。加强基层民主法治建设，培育乡村“法律明白人”213人，实现全区市级民主法治示范村覆盖率30%、示范社区覆盖率10%。打造村居法律服务“一对一”签约特色亮点，与603个社区（村）按照顾问律师和社区（村）“一对一”配备模式签订村居公益法律服务协议，签约律所117家，签约律师603人，签约率100%，实现朝阳区村居法律顾问全覆盖。

【律师管理】 1月12日，区司法局走访调研北京市道可特律师事务所，听取律所《党建引领所建 创新引领发展》汇报。3月10日，区司法局调研北京大成律师事务所党建及业务发展情况。3月26日，区第三届律师代表大会第五次会议召开，听取《北京市朝阳区律师协会理事会工作报告》《北京市朝阳区律师协会监事会工作报告》《北京市朝阳区律师协会预算、决算工作报告》，通过《北京市朝阳区律师协会理事会工作报告》《北京市朝阳区律师协会监事会工作报告》《北京市朝阳区律师协会预算、决算工作报告》《北京市朝阳区律师协会章程》。4月15日，区人大常委会领导调研朝阳区律师工作。7月1日，区律师行业召开庆祝中国共产党成立101周年大会。7月20日，区委政法委领导到北京天霜律师事务所调研。

【法律援助】 1月至2月，区司法局在元旦、春节期间，开展农民工法律援助专项维权活动。3月1日至10日，开展“春暖三月，法援巾帼”妇女法律援助专项维权活动。5月18日至23日，开展残疾人法律援助专项维权活动。6月，开展未成年人法律援助专项维权活动，组建未成年人刑辩团队、未成年被害人维权团队。8月，举办军人军属、退役军人法律援助专项维权活动，在各军营、工作站宣传《中华人民共和国法律援助法》《军人抚恤优待条例》等法律法规。10月14日，举办“助老敬老”法律援助专项维权活动，为230余名老年人提供法律服务。

【司法鉴定】 1月至4月，区司法局组建专家评查队，按照“一组一领域、分类全覆盖”原则，开展28场次评查活动，完成对12家鉴定机构和184个鉴定人的全面评查工作。8月，组建案卷评查检查组，集中评查随机抽取的法医类司法鉴定意见书，评出质量合格24件、不合格3件。选取法医物证、法医临床和法医病理3本优秀文书报送北京市司法局参加全市法医类优秀鉴定文书案例选编的甄选。

【普法宣传活动】 2月8日，区委全面依法治区委员会守法普法协调小组、区司法局举办“迎接冬奥法治同行”主题法治宣传教育活动正式上线。3月7日至15日，朝阳区围绕“共促消费公平”主题部署开展“3·15”法治宣传活动，活动做到“三结合”，即与疫情防控相结合、与北京消费季活动相结合、与提高防范维权意识相结合。4月，组织开展2022年全民国家安全教育日普法宣传活动，利用新媒体平台开展国家安全相关法律宣传50次，受众30余万人。6月，开展以“守护快乐童年·法治伴你成长”为主题的未成年人专项法治宣传活动。7月18日，区委全面依法治区委员会守法普法协调小组召开第四次全体会议，审议通过《北京市朝阳区普法责任制清单》《区守法普法协调小组工作规则》《北京市朝阳区“八五”普法工作考评办法（试行）》《2022年北京市朝阳区“八五”普法年度考评打分表》。7月29日，区司法局组织乡村“法律明白人”开展任前培训。12月23日至28日，区守法普法协调小组、区司法局组织集中评议组，评议考察全区20家普法责任制单位普法工作开展情况。

【社区矫正】 2月8日，区司法局开展冬奥会和冬残奥会社会面防控“一对一”和专项督查工作。3月29日，区社区矫正委员会召开第一次全体会议，杨蓓蓓副区长出席并讲话，会议宣布朝阳区社区矫正委员会成立和委员名单，审议通过《北京市朝阳区社区矫正委员会工作规则》。4月，区司法局指导全区43个街乡成立由乡（街道）党（工）委书记、办事处主任“双正职”任主任的社区矫正委员会，实现街乡社区矫正委员会全覆盖。7月6日，区司法局启动“百日攻坚除隐患，规范执法促提升”社区矫正专项执法督查，查出7类25项问题，下发43份督查单涉及129项问题。

【依法防疫】 2月，区司法局对有关部门专项督查、检查疫情防控措施落实情况发现的82个具体点位的问题，梳理5部相关法律法规、14个相关文件，整理形成《朝阳区落实疫情防控措施有关职责清单》，向全区各行政执法机关印发《朝阳区疫情防控行政执法手册》180册、《朝阳区落实疫情防控措施工作法律指引》160册。4月，区司法局选派10名志愿律师，组建疫情防控律师服务团，参与会商疑难问题，研判法律风险，提出法律意见。5月，区司法局印发《朝阳区关于做好新冠疫情防控和恢复正常生产生活秩序有关行政执法工作的通知》。4月至6月，区司法局开展系列法律问题研究，形成《关于疫情防控措施相关问题法律分析意见》《关于涉疫歧视问题法律分析和对策的意见》，为区政府依法决策提供法律支持，编印《朝阳区疫情防控相关法律知识十问十答》《朝阳区疫情防控相关权益保护法律知识六问六答》在全区进行普法宣传。

【人民调解】 6月，第三届北京市朝阳区人民调解员协会代表大会召开，选举产生新一届协会领导机构，将区法院推荐的优秀退休法官纳入协会班子，发挥桥梁作用。4月至6月，区司法局起草《朝阳区矛盾调处中心案件补贴办法》《朝阳区矛盾调处中心调解员及调解组织管理办法》《矛盾调解联络员制度》等文件，推进诉源治理工作。

（郭　琪）

仲　裁

【概况】 2022年，朝阳区劳动人事争议仲裁院（简称“区仲裁院”）优化简案速裁工作、深化“党建＋调解”模式、落实基层调解补贴政策、创新推出行业陪审员制度、开展线上线下普法宣传活动，促进全区劳动关系和谐稳定，实现整体办案周期缩短、案件调解数量上升、人均办案压力减轻。区调解仲裁系统受理劳动人事争议案件39000件，其中区仲裁院受理30054件，案外调解和基层调解组织化解8946件。全年仲裁结案率97.37%，调解成功率64.24%、案件终结率77.48%，一裁终局率61.18%。区仲裁院获“2021年度北京市劳动人事争议处理工作优秀单位”“2021年度北京市劳动人事争议调解仲裁综合工作优秀单位”称号，调研报告《基于社交网络的电子数据在劳动争议案件中的运用与认定问题研究》《劳务派遣相关法律问题研究》被北京市人力资源和社会保障局评为北京人社系统调研报告一等奖，朝阳区饮食服务旅店行业协会调解委员会被人力资源社会保障部评为“2021年度工作突出基层劳动人事争议调解组织”。

【简案速裁】 3月，区仲裁院深化案件繁简分流工作，在速裁团队中成立由1名仲裁员、1名调解员、1名书记员组成的简案速裁三人组，创新启动当庭裁决模式，完成劳动争议个案速裁调处501件，调解率84.43%，当庭裁决案件18件，占全部裁决的23.08%。

【“党建＋调解”模式】 4月19日，区仲裁院以优秀党员名字命名的“赵霞调解工作室”正式挂牌，为全市调解仲裁系统首个以调解员个人姓名命名的调解工作室，通过党建引领业务，推动调解效能提升。年内，赵霞调解工作室调解案件1000余件，近6成调解成功，为劳动者挽回损失近1500万元。

▲ 6月14日，朝阳区劳动人事争议仲裁委员会——朝阳区企业联合会派出庭揭牌成立

（邓思齐　摄）

【基层调解补贴工作】 5月11日，区仲裁院制定《朝阳区基层劳动人事争议调解补贴实施办法》，借助街乡调解平台，在建外、朝外、望京等7个街乡试点启动基层调解补贴工作，针对补贴范围、补贴标准和工作要求，开展基层调解员培训工作，推动基层调解组织工作。

【线上庭审和调解】 5月，朝阳区实行居家办公期间，为落实疫情防控政策，区仲裁院启动线上庭审和调解，实行"不见面"办案，通过电话及微信+同步录音录像线上化解劳动争议案件565件。

【行业调解组织建设】 6月14日，区仲裁院指导成立全市首家行业性调解委员会派出庭——朝阳区劳动人事争议仲裁委员会企业联合会派出庭，旨在就近化解劳动纠纷，维护劳动者合法权益，提升企业用工管理水平，全面宣传劳动法规政策。9月15日，区企业联合会劳动争议调解委员会西区调解中心正式开通独立受案的功能模块，初步形成贯通朝阳区南北的劳动争议调处脉络。

【普法宣传活动】 年内，区仲裁院开展2次线下普法宣传活动、涉"疫"政策普法直播、"仲裁云课堂"线上讲座。借助"互联网+仲裁"模式，把更多工作做在仲裁庭外，从源头预防化解劳动争议，提升劳动仲裁透明度和公信力，覆盖群众2万人次。

（邓思齐）

军 事

区人武部

【概况】 2022年，中国人民解放军北京市朝阳区人民武装部（简称“区人武部”）全面贯彻党的基本路线、基本方略，坚决贯彻中央军委、陆军总部和北京卫戍区决策部署，完成各项工作任务。组织民兵支援各街乡常态化核酸检测点。区人武部撰写的《以习近平强军思想为指导 聚焦新域新质力量提升民兵训练质效》被评为第五届强军论坛优秀论文。

【民兵整组】 5月9日，阶段性验收辖区民兵整组成果。年内，区人武部与相关部门沟通派出力量全程指导，动态更新潜力信息，选拔更多有训练基础、过硬素养、优良作风的适龄人员加入民兵队伍。

【民兵训练】 年内，区人武部适应实战化训练要求，实现军地方案无缝对接。增强忧患意识，强化使命担当，加快实现军事训练转型升级。

【民兵应急分队建设】 年内，区人武部调研民兵应急分队的兵力编成、指挥机构、任务区分、应急装备、使用权限等问题。优先编组经过军事训练、户籍在朝阳区、岗位固定的在职人员、退役军人和专业技术人员。为民兵应急分队配备应急装备，进行正规化建设。

【防汛工作】 年内，区人武部调整民兵和驻区部队防汛指挥部领导成员，完善防汛方案。5月，召开驻区部队和民兵防汛工作任务部署会，组织辖区民兵防汛应急演练，演练分为预警发布、应急启动，应急响应、展开抢险，应急终止、恢复常态三个阶段。

【征兵工作】 年内，朝阳区畅通“部警校乡”协调机制，组织街乡、高校采取入户调查登记、网上比对登记和查验兵役证等形式，开展兵役登记工作，登记率100%。结合“一年两征”形势特点，落实“五率”（报名率、上站率、合格率、择优率、退兵率）要求，坚持以大学生为主体的征集思路，加大社会技能人才征集力度。驻区高校采取微信群、校园网、腾讯视频课堂、短信群发等方式，宣传大学生征兵政策，针对应届毕业生，帮助算清“政治账、经济账、学业账、就业账、成长账”激励大学生报名应征，各街乡登门入户把征兵政策送到家中，一对一解读政策。进站体检测量体温、健康宝扫码、流行病史调查。在政治考核环节，落实三级联审、网上对比、区域联审，协调出兵大户所在派出所为征兵高校政治考核开辟快车道。开展征兵宣传，落实区征兵优待办法和廉洁征兵措施办法。

【国防教育】 年内，区人武部利用“一年两征”宣传时机组织全民国防教育。9月17日，组织43个街乡在重点街道，围绕“开启时代新征程，爱国强军谱新篇，铸盾强防为人民”主题，开展各项国防教育活动。

【民兵政治教育】 年内，区人武部下发民兵政治教育教材和《民兵之歌》，结合民兵组织调整和集中训练、点验，安排落实政治教育内容。开展学刊、用刊活动，进行职能任务、形势政策、

▲ 2022年，区人武部组织开展民兵政治教育讲座。图为7月，民兵政治教育讲座现场
（区人武部 供图）

爱国主义、遵纪守法以及相信科学、破除迷信等教育。全区订阅《中国民兵》《国防教育》《中国国防报》等报刊800余份，订阅到街乡党（工）委书记、大专院校主管领导、所有专武干部和民兵连。（杨 涛 王子龙）

人民防空

【概况】2022年，北京市朝阳区人民防空办公室（简称“区人防办”）完成人防工程综合整治、战备设施维护维修、社区人防建设、指挥通信建设、新冠疫情防控及北京冬奥会、冬残奥会和党的第二十次全国代表大会服务保障任务，完成《人民防空分区规划》编写、全区防护单元平战转换实施预案编制。各项工作得到区委、区政府和人民群众肯定。

【防空袭警报鸣响】9月17日，区人防办组织完成“全民国防教育日”五环路外警报试鸣。12月6日，完成全市防空警报鸣响任务，防空警报鸣响率100%。

【人防工程规范管理】年内，区人防办信息化管理平台建成，完成移交管理公用人防工程梳理核实工作，将人防工程使用许可有效期限由1年调整为3年。完成老旧人防工程口部管理房规范改造、老旧人防工程电路维修。

【人防工程隐患治理】年内，区人防办检查在用人防工程、未用人防工程，关停擅用和不符合规划用途工程，暂停疫情防控期间用于非民生保障的人员活动工程，清退违规住人行为，完成历史遗留燃气安全隐患治理任务，整治人防工程堆物堆料，处置人防工程内渗漏积水，完成早期人防工程报废回填和台账核销。

【人防工程公益服务】年内，区人防办为六里屯街道办事处、小关街道办事处、高碑店地区办事处等单位提供人防工程用作社区服务、居民议事场所。协调相关部门在人防工程内为居民安装新能源充电桩70余个。按照《关于减免朝阳区2022年度小微企业公用人防工程使用费实施方案》，减免人防工程使用单位使用费。

【“12345”热线“接诉即办”】年内，区人防办处理诉求案件353件，其中信访平台5件、来信反映2件、电话反映47件、市办转办11件、12345市民服务热线“接诉即办”平台288件。

▲ 2022年，区人防办开展“小社团”人民防空宣传教育活动293课时。图为10月11日，在芳草地国际学校康乐园校区开展“小社团”活动现场（康文涛 摄）

【社区人防建设】年内，区人防办与区民政局、区农业农村局联合制发《2022年朝阳区社区人防建设工作方案》，完成社区人防建设任务。

【人防宣传教育】年内，区人防办在中国传媒大学附属中学、朝阳区第二实验小学等学校开展“小社团”293课时，参与学生10000余人次；组织人防“进社区”活动61场，培训社区人防志愿者725人、居民1385人；发放《人防知识读本》1200余本、“人防小视频”114套，覆盖32所中小学。（邱云波）

退役军人事务

【概况】2022年，北京市朝阳区退役军人事务局（简称“区退役军人事务局”）推进滞留部队的离退休军人和伤病残士兵三年集中移交工作，较好实现“只要部队交得出、地方就能接得住”的工作目标；加快推进退役军人及其他优抚对象建档立卡和优待证申领制发工作，制发优待证；推进退役军人档案数字化进程，抢救性整理军休干部档案和退役军人移交安置历史纸质材料；强化服务保障体系提质增效，街乡级退役军人服务站、社区（村）级退役军人服务站完成全国示范型退役军人服务站创建工作；深化拓展社会化拥军活动，开展“千企万店”拥军行动，232家店企通过筛选加入“千企万店”拥军企业行列，为军人军属、退役军人提供优先、优惠、优质服务；引导社会力量参与共治，组织引导朝阳区“首都老兵”志愿者参与冬奥会和冬残奥会服务，投身社区疫情防控一线、重大会议安全保障。为立功受奖军人家庭送去二等功、三等功，“四有”优秀个人、个人嘉奖喜报。（严 苗）

【“首都老兵”北京冬奥志愿者专题培训】1月15日至16日，朝阳区组织310名区级“首都老兵”志愿者开展北京冬奥专题线上直播培训，内容涵盖“冬奥志愿者服务英语”“志愿服务精神”“冬奥知识及冰雪运动”“同理心的力量”等，并将培训课件制成链接，发至全区各街（乡）、社区（村）志愿服务队、“首都老兵”志愿者学习。（颜飞龙）

【“首都老兵”北京冬奥志愿活动】 1月至2月，在“志愿冬奥　一起向未来”北京冬奥主题志愿活动中，朝阳区“首都老兵”志愿者服务队参加北京冬奥会赛事服务、宣传引导、环境卫生、站岗值守等14个领域志愿服务。主会场周边设19个志愿服务点，每天志愿者轮流值守，提供志愿服务3600人次。（颜飞龙）

【退役军人及其他优抚对象建档立卡和优待证制发】 3月11日，朝阳区召开退役军人及其他优抚对象建档立卡和优待证制发工作启动视频会。说明和部署《北京市朝阳区退役军人及其他优抚对象建档立卡和优待证制发工作实施方案》，明确目标思路和工作措施，启动全区退役军人及其他优抚对象建档立卡和优待证制发工作。区委政法委、区委宣传部、区委社工委、区委农工委、区人武部、区信访办、区人力资源和社会保障局、区退役军人事务局、公安朝阳分局以及各街乡领导和服务站工作负责人员参加会议。年内，朝阳区组建上门服务工作专班，对行动困难、年纪较大、抗美援朝、参战参试的退役军人以及驻区国家机关单位上门集中办理。（颜飞龙）

【全区双拥办主任全会】 4月24日，朝阳区双拥办在区职工大学召开2022年双拥办主任全会。传达《关于扎实做好全国双拥模范城（县）创建工作届中考评调研的通知》《关于进一步做好军人军属、退役军人和其他优抚对象优待工作的实施意见》《关于进一步做好军人随军家属就业安置工作的通知》，审议通过《2022年朝阳区双拥工作要点》，重点部署争创全国双拥模范城届中考评调研迎检工作。区委常委、区人武部部长，区双拥办常务副主任、区退役军人事务局局长，区退役军人事务局分管领导，驻区部队双拥工作牵头单位战略支援部队、武警北京总队代表和区双拥工作领导小组办公室成员40余人出席。（杨　阳）

▲ 7月30日，朝阳区“千企万店”拥军行动启动仪式在三里屯西街举行　（李路一　摄）

【走访慰问牵头部队】 7月26日、29日，朝阳区委书记文献，区委副书记、代区长吴小杰带领区四套班子主要领导及主管双拥工作领导，区委办、区政府办、区人武部、区退役军人事务局等部门领导慰问武警北京总队、战略支援部队、北京卫戍区官兵，向部队赠送慰问品。（杨　阳）

【军政领导座谈会及庆“八一”文艺演出】 7月28日，朝阳区召开2022年军政领导座谈会暨双拥工作领导小组会。会后，军地领导及部队官兵代表共同观看“朝阳区庆八一双拥文艺演出”。发出向“朝阳区百名最美军嫂”学习倡议，武警官兵代表向最美军嫂代表献鲜花。市退役军人事务局党组成员、副局长，武警北京总队副政委，陆军研究院政委，战略支援部队政治工作部办公室主任，区领导等出席，区双拥工作领导小组成员单位及驻区部队领导80余人参加会议。（杨　阳）

【老兵宣讲】 7月28日，朝阳区“首都老兵”志愿者陶振国作为全国首批宣讲团成员，以“满目青山夕照明　红色精神代代传”为主题在中华人民共和国退役军人事务部“老兵永远跟党走——老兵宣讲”启动仪式暨“传承红色基因，强国复兴有我”巡回宣讲北京首场报告会上宣讲。（严　苗）

【“千企万店”拥军行动启动仪式】 7月30日，朝阳区“千企万店”拥军行动启动仪式在三里屯西街举行。三里屯街道代表“千企万店”拥军行动试点单位发起“千企万店拥军行动倡议”，农鲜军·北京伟宝鑫餐饮有限公司、北京大渔太古餐饮有限责任公司、工行北京亚运村科学园南路支行、北京世纪长隆文化科技有限公司等9家单位签约授牌。市退役军人事务局副局长，朝阳区委常委、人武部部长等领导，三里屯街道、奥运村街道、管庄地区（乡）主要领导，签约单位、驻区部队代表参加活动。（杨　阳）

【慰问驻区部队官兵文艺演出】 8月23日至29日，朝阳区举办4场“迎新兵、送老兵”慰问演出，区退役军人事务局局长等领导、19个街乡主要负责人及主管双拥工作负责人参加活动，与驻区部队官兵共同迎接新兵入伍，欢送老兵退伍，庆祝中国人民解放军建军95周年。（杨　阳）

【诗书画影展览活动】 8月24日至26日，区退役军人事务局在区军休干部北苑活动中心举办“盛世新时代 戎耀新百年”主题诗书画影展览活动，展出作品293幅，全部由军休干部、自主择业军转干部创作，除静态展出外，通过虚拟翻书、电子地屏等交互科技，实现观众与作品的互动。8月29日至31日，在小关街道奥林匹克文化广场、双井街道御宸上院社区以及和平村社区巡展优秀作品。

（王　爽）

【第八届“双拥杯”篮球友谊赛】 9月6日至10日，朝阳区举办第八届“双拥杯”篮球友谊赛，朝阳区驻区部队和区教委、消防支队等12家单位160余名运动员、裁判员参赛。武警北京总队执勤第七支队获冠军，武警北京总队执勤第九支队获亚军，区教委获季军。（杨　阳）

【“蹲点抓落实”调研】 9月14日至19日，市退役军人事务局党组成员、副局长带领“蹲点抓落实”调研组到朝阳区调研。调研组听取朝阳区退役军人工作开展情况，实地考察基层退役军人服务站、烈士纪念设施、军休所、驻区部队、三里屯双拥示范街，发放收回调查问卷90份、座谈访谈退役军人和工作人员23人次。区委常委、区人武部部长等区领导，区退役军人事务局班子成员，各街乡相关负责人及相关部门工作人员参加。

（严　苗）

【烈士公祭活动】 9月30日，市退役军人事务局党组书记、局长，区委书记文献等区四套班子领导，武警北京总队、战略支援部队、北京军事检察院相关领导，志愿军老战士、一等功获得者等军休干部、马骏烈士家属及部分烈属、首都老兵、兵支书、最美退役军人、最美军嫂、学校师生、武警官兵、拥军企业以及来自社会各界群众代表在日坛公园马骏烈士墓前举行公祭仪式。同日，朝阳区在黑庄户乡长青园无名烈士纪念碑等分会场举行烈士公祭活动。（杨洁茹）

【16个区到朝阳区观摩调研双拥工作】 10月27日，市退役军人事务局组织全市16个区双拥工作主管领导、双拥工作领导小组成员单位、驻京部队领导到朝阳区学习调研，听取朝阳区“千企万店”拥军行动经验汇报，观摩调研朝阳区三里屯双拥示范街、奥运村双拥文化街两个“千企万店”拥军行动试点街道。（杨　阳）

【情系边海防官兵】 12月，朝阳区向驻疆边防部队官兵寄送稻香村糕点礼盒，组织全区600余名小学生通过绘画、自制新年贺卡、书信的方式，向驻疆部队解放军官兵送上新春祝福。

（杨　阳）

【学习宣传贯彻党的二十大精神】 12月，区退役军人事务局制作推出《深入学习贯彻党的二十大报告精神学习手册》H5（手机浏览器）页面，将党的二十大精神相关材料集中呈现，“一站式”连接新华社、《人民日报》、《光明日报》等媒体平台，方便全区退役军人随时学习。此做法被中华人民共和国退役军人事务部《退役军人工作信息参考》刊发。（严　苗）

【退役军人教育培训】 年内，朝阳区组织退役士兵参加2022年度退役士兵适应性培训班，为复学退役士兵办理学费减免手续，对自主就业退役士兵进行职业教育培训，为退役士兵报销学历教育学费。（徐晓敏）

功能区建设

北京商务中心区

【概况】北京商务中心区管委会（简称“CBD管委会”）为北京市政府在商务中心区设立的行政机构，代表市政府统一行使北京商务中心区开发建设和管理职能，由朝阳区政府代管。2022年，CBD核心区地下公共空间项目交通大厅南段结构封顶；文化设施项目完成幕墙系统专业工程图纸深化设计工作，启动幕墙施工；南区六工区土护降一体化施工的支护工程完成；Z4、Z6地块分别取得施工许可，完成土方外运和基础桩施工；Z3、Z5土方累计外运约32.1万方，完成72.6%。CBD功能区税收收入合计1162.35亿元，占全区收入的60.21%，实现财政收入288.76亿元，占全区财政收入的57.41%。新注册企业10406家，其中新注册外资企业609家。功能区税收过亿元楼宇131座，其中过10亿元楼宇21座，过20亿元楼宇7座，过50亿元楼宇4座，过100亿元楼宇1座。CBD中心区税收合计588.73亿元，占全区税收的30.49%。新注册企业2200家，其中新注册外资企业183家。德意志银行（中国）有限公司接入中国证券登记结算有限责任公司北京分公司，成为首家支持合格境外投资者（QFI）在北京证券交易所进行股票交易的欧盟银行。整合北京商务中心区管理委员会、北京市朝阳区金盏国际合作服务区管理委员会，重新组建北京商务中心区管理委员会。

【重点企业入驻CBD】1月14日，正大投资股份有限公司将税务关系从东城区迁移至CBD。该公司于2021年9月将工商关系由东城迁移至CBD正大中心，企业注册资金（实缴）41亿元。1月18日，国家开发投资集团有限公司（简称“国投”）的全资子公司——国投人力资源服务有限公司（简称“国投人力”）将工商关系从西城区迁移至CBD。1月24日，環泉善信（北京）国际股权投资基金合伙企业（有限合伙）落户北京CBD，企业注册资金2.78亿元。该项目是由中国人民银行批复同意在京设立人民币国际投贷基金，是北京市的第一支人民币投贷定向基金，也是北京市唯一人民币投贷定向基金。2月15日，EDF（中国）投资有限公司落户北京CBD，企业注册资金3.67亿美元。EDF（中国）投资有限公司为世界500强企业法国电力集团的在华总部，法国电力集团是欧洲能源市场的引领者和全球最大的核电运营商，是实施一体化管理的大型电力企业。3月17日，人民银行批准中国中信金融控股有限公司（筹）的金融控股公司设立许可，这是人民银行首次颁发金控公司牌照。公司注册在中信大厦。3月，CBD中心区三星数据系统（中国）有限公司和克诺尔轨道车辆系统企业管理（北京）有限公司被市商务局认定为跨国公司地区总部。4月7日，北京钰洋矿业有限公司落地CBD。该企业由崇义县晟原矿业有限公司迁入CBD，更名为北京钰洋矿业有限公司，注册资本2000万元，主要经营金属矿石销售、金属材料销售、五金产品零售、机械设备销售和化工产品销售。9月22日，联合资信评估股份有限公司税务关系由海淀区迁入朝阳区，是中国人民银行和中国证券监督管理委员会备案的合资信用评级公司。

【系列品牌活动】1月22日，“北京CBD丝路美食”上线“美团”“大众点评App”。管委会联合美团发布“上合——北京CBD民族美食节”纪念菜肴的专属聚合页（“北京CBD丝路美食”），包括10道上合组织成员国的特色菜肴和10道CBD特色餐厅的主打菜肴。7月，启动以“音乐律动城市”为主题的2022北京CBD音乐季。在“音乐传播”“音乐演出”“音乐服务”“音乐建设”4大主题板块下开展多种多样的音乐活动，赋能商圈新内涵，创造CBD独特的消费文化。其中包括举办首届北京CBD线上精品音乐会，邀请小提琴家吕思清通过人民日报客户端、新华社·声在中国、北京CBD之窗等平台全网直播，在北京CBD全球数字虚拟会客厅同步直播；在CBD商圈举办“遇见·预鉴”私享音乐会，邀请大提琴家秦立巍到北京CBD举办私享音乐会，邀请辉瑞、惠普、泰雷兹、克诺尔、佳能、大众、普华永道、德勤、巴黎银行、中美商会、英中贸协、中法工商会等50余家跨国机构代表参加；开启北京CBD合唱团招募，面向区域企业、商圈、楼宇及社会公众，发布北京CBD合唱团招募活动，通过网络报名、专家评审等形式，邀请指挥、作曲、器乐、声乐等方面的专业人士

▲ 2022 年，北京商务中心区举办系列品牌活动。图为 7 月，北京 CBD 音乐季——小提琴家吕思聪音乐会
（CBD 管委会　供图）

共同参与；推出一系列提振活动，打造 CBD 国际级音乐艺术家委员会、CBD 音乐圆桌会议，以及在商圈、楼宇等新空间下呈现大型精品音乐会、小型主题音乐会、商圈音乐角等音乐活动。12 月 29 日，CBD 管委会在正大中心举办以“助力消费复苏　焕新美好 CBD”为主题的跨年迎新消费节发布活动，发布“打卡健康绿色出行　畅玩地铁 14 号线商业带”、北京 CBD 商务美食地图、北京 CBD 年货嗨翻购、北京 CBD“艺”起跨年艺术之旅等不同消费领域的特色活动，汇集消费、文艺、出行、美食四大板块。12 月 30 日，北京 CBD 举行商务美食评选活动颁奖仪式，发布北京 CBD 商务美食餐厅榜单和商务美食地图。该届商务美食评选活动是北京 CBD 首届面向商务餐饮领域的评选活动，以“品美食、鉴故事、系健康、引时尚”为主题，评选历时 4 个月，汇聚融合各国美食，突出国际化特征、提高品牌参与度、覆盖广泛餐厅类别，数百家餐饮企业参与。由世界中餐业联合会等专业人士组成专家评审团，经过初筛、品鉴、打分评定等环节，评选出餐厅 40 家。

【市领导到北京 CBD 调研】 2 月 28 日，市人大常委会主任李伟围绕助推经济社会发展良好开局，到 SKP 和普华永道调研。李伟指出，要用足用好“两区”（国家服务业扩大开放综合示范区和中国〈北京〉自由贸易试验区）建设、服务业扩大开放、北交所开市等资源、平台叠加优势，推动一批新模式、新业态落地，将政策优势转化为发展动能。进一步优化营商环境，有针对性地为企业做好服务。区人大常委会主任陈宏志，常务副区长崔小浩参加调研。3 月 25 日，副市长杨晋柏围绕一季度“开门红”调研朝阳区消费工作。杨晋柏实地考察北京华德宝汽车销售服务有限公司运营情况，并在 CBD 管委会召开座谈会，听取朝阳区政府以及国贸、华贸、SKP、美团等重点商圈和代表企业汇报，围绕企业诉求进行交流讨论。市商务局、市交通委、市发展改革委等部门和副区长杨蓓蓓参加调研。6 月 20 日，市委书记蔡奇到朝阳区调研检查工作。蔡奇走访德意志银行（中国）有限公司、丰田汽车（中国）投资有限公司、埃森哲（中国）有限公司北京分公司。

【广州、深圳分站线上揭牌】 3 月 23 日，北京 CBD 全球招商联络站广州、深圳分站在德事北京国贸中心举行线上揭牌仪式。两个分站将重点面向大湾区企业进行宣传推介，吸引企业落地北京 CBD。广州、深圳分站揭牌后，北京 CBD 全球招商联络站已建成上海、香港、新加坡、广州、深圳 5 个分站。

【北京 CBD 核心区重点项目建设】 3 月 28 日，CBD 核心区 Z6 地块（远洋）项目建筑设计方案获市委、市政府批准。Z6 地块（远洋）项目位于 CBD 核心区第六工区，北邻 Z4 地块，南邻 Z7 地块，西起 Z5 地块，东至金和路，规划用地面积约 1.1 万平方米，地上建筑规模约 13 万平方米，建筑高度 160 米，主要用途为商业办公。6 月，CBD 核心区地下空共空间项目一标段南段工程完成基础桩施工、桩间土外运、桩头破除、垫层施工、防水施工，完成结构底板浇筑工作。8 月 16 日，CBD 核心区 Z4 民生银行项目取得建筑工程施工许可

▲ 2022 年，北京 CBD 核心区开展重点项目建设。图为 12 月，CBD 核心区南区整体情况
（CBD 管委会　供图）

证，具备进场施工条件，成为CBD核心区南区Z3中金项目、Z4民生项目、Z5大家保险项目和Z6远洋项目中第一个开工项目。该项目规划高度140米，总建设规模为19.57万平方米，地上26层，地下5层，用途为写字楼和商业。9月19日，CBD核心区地下公共空间项目交通大厅南段工程完成第五段B1层顶板浇筑，结构全部封顶。交通大厅南段工程长193米、宽25米，地下三层，建筑面积1.48万平方米，结构施工用时185天，混凝土浇筑2万方，钢筋用量约4800吨。12月9日，CBD核心区Z5地块（大家保险）项目办理取得建设工程规划许可证。项目位于CBD核心区第六工区，该地块性质为商业金融用地，东至CBD核心区Z6项目，南至规划景辉南街，西至东三环辅路，北至CBD核心区Z3项目。总用地面积9578平方米，规划地上建设规模约12万平方米，建筑高度约160米。

【数字经济发展】3月，北京CBD建成国内首个L4级别高精度城市级数字孪生平台，该平台依托UE4游戏引擎，初步实现CBD中心区1∶1全要素、高拟真还原和流畅运行，实现时空和天气的真实化模拟，CBD综合经济、土地规划、产业招商等可视化展示，探索视频融合、地下管廊、BIM场景展现等功能。创新平台模式，探索“数字孪生CBD”夯实城市底板、系统平台开源、应用场景开发、制度规则制定等，通过平台开源共享，区域企业已建成利用孪生城市数字资产，建成国内首个虚拟会议室，打造独具特色的三维会议体验，依托数据、场景、交易等元素持续创造价值，助推区域传统产业数字化转型，加快建设成为具有全球影响力的数字CBD标杆区。5月20日，北京CBD全球数字会客厅发布。发布会以“创新数字科技生态场景，打造数字经济全球标杆”为主题，现场演示北京CBD全球数字会客厅使用场景。会客厅从数字化招商、办公服务和商务拓展与推广3方面，帮助企业实现线上办公和真实场景的商务洽谈；导入更多媒体资源，帮助企业通过数字会客厅进行宣传。发布会宣布首批授权使用北京CBD全球数字会客厅的企业名单，包括51WORLD、摩尔线程、商汤科技、希捷科技、中伦律所、猿链科技等。

【“两区”建设】4月1日，北京CBD管委会联合北京朝阳海关，在北京CBD招商服务中心揭牌成立全市首个“B&R·RCEP创新服务中心”（B&R：“一带一路”简称译为“the Belt and Road”，英文缩写“B&R”）。该中心旨在“以创新为驱动、以服务为纽带”，做好“一带一路”沿线国家、RCEP成员国的重点进出口企业全面服务：成立全市首个“AEO高级认证孵化基地”，朝阳海关为壳牌（中国）有限公司颁发2022年度中国（北京）自由贸易试验区国际商务服务片区的首张AEO高级认证证书；发布全市首个“RCEP经贸规则一点通”系统，提供精准外贸指导。5月，北京CBD上线全市首个自贸便捷查询小程序。北京CBD上线“自贸请您查一查”，解决企业对自贸试验区范围、政策不熟知等问题。该程序主要有企业查询。根据企业名称、注册地址、所在楼宇、纳税地址等内容，实现快速精准定位，明确查询是否位于自贸试验区范围内，便于企业研究参与试点创新政策；开放政策。推送市区最新政策创新资讯，拓宽政策宣传途径，提高政策透明度；招商服务。展示区域重点楼宇情况介绍，结合招商服务团队为企业提供线下选址服务；通过北京CBD招商服务中心、北京CBD国际人才一站式服务中心提供针对企业和人才的全方位服务；互动留言。设立服务专线，企业可24小时提出企业发展面临的问题和诉求，CBD管委会第一时间对接，打造企业服务版的“12345”4大板块。6月2日，北京CBD上线产业链供应链数字服务平台。该平台旨在保障产业链供应链安全，加速数字技术与产业链供应链的深度融合，助推“两区”建设高水平发展。有产业数字化升级。该平台通过服务大宗采购、进口冻品、农产品、平行进口车等产业链中的各类企业，通过把产业供需两端企业接入平台，发生B2B交易撮合，使产业链中的信息流、资金流、商流和物流线上化，赋能传统产业数字化升级；综合性服务保障。平台集聚政企银资源，为区域重点企业提供政策、市场、金融、数据等方面的综合性服务；京津冀协同发展。引入京津冀优质企业入驻平台，北京CBD国际招商服务有限公司、三悦科技、天津中艺盛世供应链管理有限公司与链车（天津）科技发展有限公司共同就平行进口车业务签署合作框架协议，与平台展开深度合作。9月2日，“贸易科技联盟”在2022服贸会高峰论坛之2022中国电子商务大会上启动。该联盟是在北京市商务局、北京海关、朝阳区人民政府、北京商务中心区管委会指导下，由慧贸天下联合中国电子口岸数据中心北京分中心、北京微芯区块链与边缘计算研究院、电子商务交易技术国家工程实验室、中外运、北方工大等8家机构共同发起设立的。旨在通过联通贸易、物流、货代、金融等多个行业领域，探索跨境贸易发展新模式，提升跨境贸易自由化、便利化、数字化水平。

【千亿商圈建设】4月15日，北京CBD管委会联合区域内中国国际贸易中心、北京银泰中心in01、财富购物中心、北京嘉里商场、华贸中心、北京SKP、北京金地广场、北京朝阳合生汇、首创郎园Vintage、世贸天阶、北京中骏世界城、北京侨福芳草地、赛特集团、秀水街商厦、正大中心15个重点商业项目和北京星巴克、特斯拉、Zara、建投书局、元气森林、MyCourt、华为技术有限公司、泡泡玛特、天星海外海、美心集团等12家品牌代表，以及北京京港地铁公司和北京服装学院，发起成立北京CBD商圈联盟。联盟开展商圈联动、政商合作，促进商业项目之间互动交流，联手政府部门共同打造消费节、购物节等北京CBD品牌消费活动，推动商圈错位发展、良性互动，助力北京国际消费中心城市建设。发布助力北京国际消费中心城市建设倡议书，即《北京CBD商圈倡议八条》：联盟成员发挥自身优势，共同营造国际一流的消费环境和购物体验。开展省际交流，加强区域协同，分享发展经验，输出先进理念，与兄弟省市开展互动交流合作，服务区域协同和共同富裕。倡导绿色消费与可持续发展理念，鼓励低碳环保的消费行为，为全球应对气候变化和中国“双碳”目标作出贡献；与北京服装学院开启战略合作。资源互补，引进相关产业，进行培训，将服装设计优势融入CBD商圈，引领时尚产业发展；启动2022年北京CBD消费节。组织开展“国际”遇见“国风”、艺术流淌在CBD消费节、消费链接美好生活系列时尚消费活动。推出北京CBD国际论坛之消费论坛。推广“丝路美食”品牌，促进美食文化消费。以“诗和远方”主基调，通过在露天公共区域设置小型快闪店、精品艺术装置、微型自然景观等方式，串联商业楼宇。增设时尚创意餐饮、咖啡、酒吧等消费新场景，打造沉浸式主题街区，优化消费供给；与京港地铁公司联手打造“14号线商业带”。最南至合生汇，向北依次经过华贸购物中心、SKP、蓝色港湾、颐堤港、望京新世界百货、望京小街、合生·麒麟社、望京凯德MALL（购物中心）、六佰本等商场，在周末延时运营，加速沿线商圈联通，推动北部优化、南部提升，形成多点支撑、多业并举的商业带。7月21日，北京CBD揭牌国潮孵化器和餐饮孵化加速器，并成立北京CBD餐饮联盟。北京CBD国潮孵化器整合北京CBD国潮国牌IP资源，重点孵化培育更多具有创新性和文化特色的原创自有品牌，支持其进商场、上平台、入驻特色街区，拓宽优质特色国潮商品销售渠道。北京CBD餐饮孵化加速器为餐饮品牌提供招商加盟、产品研发、供应链优化、品牌孵化、企业上市等多方位、全链条服务，通过科技赋能餐饮业数字化转型升级，探索“餐饮+互联网”营销新模式，吸引更多国内外知名餐饮品牌在CBD落户。8月29日，北京CBD消费大数据实验室揭牌成立，消费智库助力CBD打造千亿级商圈。联合国家金融与发展实验室、京东消费及产业研究院、人大高瓴人工智能学院、首经贸中国消费大数据研究院、北京服装学院、人民日报人民文创以及CBD重点商圈和消费品牌、支付清算机构等发起设立，联动消费领域其他研究机构，发挥消费智库作用；构建消费领域新的指标统计体系，探索从场景端、支付端跟踪消费运行，强化细分品牌、人群、跨区域等消费研究。基于京东、网联、联通、地铁等数据技术支持，构建消费市场大数据监测平台。开展国际消费城市研究，开发消费监测标准体系和指数体系。借鉴京东“618”、上海“55”购物节经验，支持创设CBD消费节专属品牌消费活动；构建产品体系，包括年度指数、细分指数等CBD消费指数体系，《国际消费中心城市蓝皮书》等年度作品及日常资讯、分析报告，以及创设概念、设计消费节、品牌宣传、商圈服务等，服务搭平台、聚要素、引流量，助推消费动能升级。10月，北京CBD揭榜北京市智慧商圈项目。项目由北京CBD管委会牵头，联合普华永道、华为、五一视界、信链科技等共同组成建设智慧商圈数字孪生底座揭榜团队共同完成。

▲ 2022年，北京商务中心区发起成立北京CBD商圈联盟。图为4月15日，北京CBD商圈联盟成立　　（CBD管委会　供图）

【《北京CBD功能区“十四五”时期发展规划》发布】 4月18日，《北京CBD功能区“十四五”时期发展规划》通过区政府常务会审议并发布。北京CBD功能区“十四五”时期将围绕高水平推进“两区”建设一条主线，将CBD打造成为国际商务交往核心区、“两区”建设先行示范区、首都高质量发展引领区和国际一流商务中心区。以推动全链条区域产业协同发展体系、全生命周期现代企业服务体系、全方位国际化人才服务体系、全域化国际一流环境品质体系、全维度现代城区治理体系建设“五大体系”为抓手，推进聚焦“两区”建设，打造对外开放新高地；提质增效，构建现代化经济体系；优化布局，促进城市有机更新，完善空间治理体系；文化引领，建设多元文化汇聚之地；智慧绿色，建设国际一流品质城区；共建共享，构建国际一流水准的公共服务体系六大任务。

【北京CBD骑士驿站】 4月，北京CBD管委会联合阿里巴巴集团共同打造北京CBD骑士驿站。驿站位于CBD核心区北侧光华路1号院，约600平方米。是全国首个融和党建、骑士权益保障、标准化站点试点等内容的多功能平台，集组织人文关怀、教育培训服务、行业

▲ 2022年，北京CBD管委会联合阿里巴巴集团共同打造北京CBD骑士驿站。图为5月，北京CBD骑士驿站党员宣誓支援抗疫一线 （CBD管委会 供图）

标准提升、新业态服务管理等功能为一体，构建北京CBD骑士服务管理体系。

【北京CBD商务班车引入丰田FC柯斯达氢燃料电池客车】 7月15日，北京CBD商务班车引入丰田FC柯斯达氢燃料电池客车。丰田FC柯斯达氢燃料电池客车是全国首辆投入社会化运营的氢燃料电池客车。该车是丰田在中国研发、生产的第一款氢燃料电池汽车、2022年北京冬奥会的官方用车。车辆环保、安静，能满足CBD免费商务班车短途高频、灵活多变、绿色发展的用车需求。

【北京CBD男子篮球精英赛】 8月，2022北京CBD国际商务季系列商务文化活动之一北京CBD男子篮球精英赛举行。该活动通过线上、线下互动交流，促进企业与企业之间的交流沟通，提升区域凝聚力，推进CBD向CAZ迈进。比赛吸引CBD区域的中信集团、厦门国际银行北京分行、民生银行北京分行、跃为资本、中金、腾讯北分、是德科技、大连北分、大众汽车集团、中智、乾成律所、德勤北分、宝马汽车集团、普华永道、金杜等世界500强企业和知名中外资企业32支企业球队、384位企业球员参加。民生银行CBD管理总部获得季军，北京跃为咨询管理有限公司获得亚军，厦门国际银行北京分行篮球队获得冠军。

▲ 2022年，北京CBD商务班车引入丰田FC柯斯达氢燃料电池客车。图为7月15日，北京CBD新能源商务班车引入丰田FC柯斯达氢燃料电池客车 （CBD管委会 供图）

【北京CBD咖啡师技能竞赛】 9月4日，2022北京CBD咖啡师技能竞赛举办。竞赛吸引华贸中心、国贸商城、银泰中心、财富购物中心等楼宇内的星巴克、Seesaw、Manner、M-stand、SOE.COFFEE、盈科律所咖啡店等15个咖啡品牌的22位咖啡师参加。SOE.COFFEE华贸店的潘志敏被授予“朝阳工匠”称号，并获得组委会提供的奖金和技术研发支持，这是朝阳区首个咖啡师“朝阳工匠”。参赛的其他21名选手被列入匠心朝阳人才数据库。

【北京国际合作论坛暨CBD论坛】 9月6日，由国家发展和改革委员会国际合作中心、中国公共外交协会指导，北京市发展和改革委员会、北京市人民政府外事办公室、北京市朝阳区人民政府主办，北京商务中心区管理委员会承办，全球商务区创新联合会、中国商务区联盟协办的2022北京国际合作论坛暨CBD论坛在北京银泰柏悦酒店举行。论坛以“深度融入全球合作，提升城市开放活力”为主题，聚焦全球化背景下的商务区发展，挖掘北京CBD国际高端资源聚集优势，促进各类国际要素融合发展，提升北京CBD开放度与活力度。北京市常务副市长崔述强，中国公共外交协会会长吴海龙，朝阳区委书记文献，国家发展和改革委员会国际合作中心主任黄勇，香港驻京办主任梁志仁，联合国教科文组织驻华代表、主任夏泽瀚，联合国工业发展组织投资和技术促进办公室主任武雅斌，亚洲基础设施投资银行副行长艾德明，中国日本商会会长池添洋一，韩国驻中国大使馆经济公使刘福根等为开幕式致辞或发表主旨演讲。奥地利、美国、英国等国家商务区代表和上海陆家嘴金融城、重庆江北嘴中央商务区等国内商务区代表，交流共享城市开放、合作、创新发展。30余家区域内跨国公司及重点企业代表、相关专家学者参会。

【中国国际新闻交流中心记者走进CBD活动】 9月6日，由中国公共外交协会和北京市朝阳区人民政府共同举办

▲ 2022 年，北京商务中心区承办北京国际合作论坛暨 CBD 论坛。图为 9 月 6 日，2022 北京国际合作论坛暨 CBD 论坛举行（CBD 管委会　供图）

2022 中国国际新闻交流中心记者走进 CBD 活动。活动以“2022 全球共此时·北京 CBD 中秋之夜”为主题，旨在让各国了解北京 CBD 发展建设成绩，体验新国潮文化、非遗技艺、文艺表演等中国传统文化底蕴，加强国际合作交流，助力北京国际消费中心城市建设。外交部部长助理华春莹，中国公共外交协会会长吴海龙，朝阳区委书记文献，代区长吴小杰，常务副区长崔小浩以及中国国际新闻交流中心亚太、非洲、欧亚、拉美和加勒比、阿拉伯等 50 余个国家的 60 余家新闻媒体记者参加。

【北京 CBD 国际合作交流座谈会】 12 月 9 日，朝阳区在 CBD 管委会举办 2022 北京 CBD 国际合作交流座谈会，推进企业复工复产。区委书记文献主持会议。会议邀请中国美国商会、中国德国商会、中国外商投资企业协会、中国丹麦商会等 9 家国际商协会，交流商协会及企业发展诉求、发展与合作计划等，肯定朝阳区在营商环境建设等方面的成效，提出合作想法与发展方向；会议出台《朝阳区关于〈北京市积极应对疫情影响助企纾困的若干措施〉的落实指引》，推进企业复工复产，通过线上＋线下走访方式征集企业发展诉求，帮助市场主体纾困解难，完善企业“白名单”制度，满足企业必要的核酸检测需求等，保障企业关键岗位核心人员到岗工作。

（李文正）

北京奥林匹克中心区

【概况】 4 月 18 日，北京奥林匹克公园管理委员会更名为北京奥林匹克中心区管理委员会（简称“奥林匹克中心区管委会”）。年内，奥林匹克中心区管委会完成北京冬奥、冬残奥筹办及保障工作，开展奥园整体品质提升工作，制定 2022 年工作要点及三年行动计划（2022—2024 年），发布《北京奥林匹克中心区综合提升行动计划》。奥林匹克中心区管委会组织召开北京奥林匹克中心区促进全面发展联席会第一次会议，通报奥林匹克中心区促进全面发展联席会工作方案，建立中心区议事协调工作机制。举办第十一届花卉观赏季暨春花展。游客可以在奥林匹克森林公园内分批次欣赏到 30 余个品种、10 万余株春季花卉。抗击新冠疫情期间，检查“三类场所”4270 家次。督查功能区重点楼宇 24 次，加强 22 家重点“服务包”企业现场指导，使企业复工复产、纾困解难，保障功能区总体经济平稳运行。完成在国家体育馆召开的北京市第十六届运动会开幕式和在国家体育中心召开的 2022 中国国际服务贸易交易会的安全维稳、环境提升、秩序管控等场馆外围保障工作。奥运功能区新引入中国纸业投资有限公司、杭州启明医疗等 20 余家企业，北京趣加科技有限公司等企业将税务关系迁回朝阳区。奥运功能区全年实际完成一般公共预算收入（区级财政收入）92.10 亿元，比上年增长 8.40%。奥林匹克中心区管委会获全国总工会“全国五一劳动奖状”称号。奥园执法大队获北京市城管执法局“最美执法队”称号。奥林匹克中心区管委会副主任杨洪福获得中共中央、国务院北京冬奥会、冬残奥会“突出贡献个人”称号。

【中国工艺美术馆、中国非物质文化遗产馆开馆】 1 月 5 日，中国工艺美术馆、中国非物质文化遗产馆工程通过建设单位、勘察单位、设计单位、监理单位、施工单位五方验收竣工。该项目是国内唯一国家级工艺美术博物馆和首个

▲ 2022 年，北京奥林匹克中心区管委会完成在国家体育馆召开的北京市第十六届运动会开幕式的安全维稳、环境提升、秩序管控等场馆外围保障工作。图为 8 月 24 日，北京市第十六届运动会开幕式现场（夏波光　摄）

▲ 2022年，地处奥林匹克中心区的中国工艺美术馆、中国非物质文化遗产馆开馆。图为2月5日，中国工艺美术馆、中国非物质文化遗产馆特别设计的冬奥主题装置景观《从阿勒泰到北京》（张雪恩 摄）

国家级非物质文化遗产馆。地处奥林匹克中心区，东邻中国共产党历史展览馆，总建筑面积9万余平方米。建筑的整体设计构思源于中国古典建筑精华太和殿，由下至上由灰白色石材基座、透明平台层、漂浮的藏宝盒构成，暖铜色网格饰面，镂空设计形成光影变化。2月5日，中国工艺美术馆、中国非物质文化遗产馆开馆。开馆展“中华瑰宝——中国非物质文化遗产和工艺美术展”分为工艺美术、古琴艺术、传统乐器、传统戏曲、金石篆刻、木版年画、丝绸之路沿线壁画传摹、传统表演艺术8个部分，以1298件瑰宝展示中国传统工艺美术和中国非物质文化遗产取得的成就。“中华瑰宝——中国非物质文化遗产和工艺美术展”是北京冬奥会和冬残奥会系列文化活动的重要组成部分。作为国家“十三五”期间重点文化建设项目，中国工艺美术馆、中国非物质文化遗产馆工程于2019年3月30日奠基，2022年1月5日竣工。

【北京冬奥文化广场开放】 2月4日，北京冬奥会和冬残奥会朝阳区文化广场对外开放。冬奥期间，区冬奥文化广场以冬奥和冬残奥会文化主题活动为主，为市民带来形式多样的功能区体验活动、冬奥主题文艺演出以及冰雪特色的“我们的节日”系列主题文化活动。该文化广场位于奥林匹克森林公园北园近东门处棋园广场，是北京市建设的16个冬奥文化广场之一。广场北侧设有中心舞台，建筑面积400平方米，使用面积大于270平方米。广场两侧有冬奥知识展示区、冰雪项目体验区、纪念品售卖区、志愿者服务区、医疗急救区、非遗文化展示区等功能区，市民可以进行互动体验。

【国家速滑馆建设者及家属“开放日”活动】 4月10日，国家速滑馆举办建设者及家属“开放日”活动，数百名参与场馆建设的建设者与家属一起走进国家速滑馆“冰丝带”，感受北京冬奥会唯一新建冰上竞赛场馆的魅力。冬奥会后，“冰丝带”为群众健身提供场地设施，开展多种经营项目，开拓多种经营方式，为场馆赛后运营提供经验。

【北京市冰球运动协会迁址至国家体育馆】 6月21日，北京市冰球运动协会迁址至国家体育馆。国家体育馆与北京市冰球运动协会签署战略合作协议，共同打造全新冰球实体、建成冰球人才培养基地，推动后奥运时期冰球发展。北京市冰球运动协会是北京地区开展冰球运动的唯一社会团体，自2012年成立以来，致力于推广冰球运动、扩大冰球人口、提高北京市冰球运动水平。

【奥运藏品捐赠仪式】 6月23日，“奥运藏品全球征集活动”奥运藏品捐赠仪式在北京奥林匹克塔举行，来自海内外各界捐赠者代表参加现场活动。该活动是在国际奥委会和北京冬奥组委支持下，北京奥运城市发展促进会、北京奥运博物馆联合主办，由北京冬奥组委和中国国际电视台（CGTN）、中国奥委会新闻宣传部、中国残联宣传文化部、北京市人民政府侨务办公室、北京市文物局、北京市体育局、北京广播电视台、北京奥林匹克中心区管理委员会、国家体育场有限责任公司共同支持的专项征集活动，旨在丰富北京奥运博物馆馆藏、建设具有“双奥”特色的高水平博物馆。“奥运藏品全球征集活动”2021年11月28

▲ 2022年，在北京奥林匹克塔举行的“奥运藏品全球征集活动”奥运藏品捐赠仪式。图为6月23日，国家速度滑冰馆竞赛主任、短距离速滑世锦赛女子全能冠军王北星捐赠她本人获得的世界杯金牌（张雪恩 摄）

日启动，2022年底结束，征集各类奥运藏品和物品超过7万件（套）。其中包括北京冬奥会冠军苏翊鸣、谷爱凌的冬奥训练服、比赛服等物品。

【中国旅游景区“纾困提振”行动】 6月30日，由中国旅游景区协会、中国旅行社协会、中国旅游车船协会发起的中国旅游景区“纾困提振”行动启动大会在北京奥林匹克中心区管理委员会冬奥指挥中心会议室举行。该行动依托专业技术委员会、国内景区及知名服务商，搭建景区“纾困提振、创新提质”平台，为景区提供送智慧、送标准、送规划、送培训、送业态、送产品、送技术、送安全、送客源、送装备“十送”服务。

【驻华外交官“发现中国之旅”活动】 7月18日，2022年驻华外交官“发现中国之旅”启动仪式在中国工艺美术馆、中国非物质文化遗产馆举办。文化和旅游部部长胡和平，北京市文化和旅游局党组书记、局长以及来自40个国家的58位文化和旅游外交官出席活动。驻华外交官“发现中国之旅”活动于2021年首次举办，2022年扩规模，主题路线体现中国“四季可游”特征。该活动持续至年底，各国驻华外交官到云南、湖南、河北、甘肃、青海、新疆、广西、海南8个省区。

【全民数字素养与技能提升月活动】 7月24日，由中央网信办、中央党校（国家行政学院）、教育部、科技部、工业和信息化部、民政部、人力资源社会保障部、农业农村部、国家卫生健康委（全国老龄办）、国务院国资委、全国总工会、全国妇联、中国科协、中国残联共同主办的“北京市2022年全民数字素养与技能提升月”活动在中国科学技术馆启动。活动以“数字赋能 全民共享”为主题，举办“信息技术展览”“数字教育进校园”“数字技能进社区”“首都百万老年人数字素养提升行动”“数字助残 共享未来”“数字巾帼先锋培育助力活动”“数字创新专题培训”等主题活动。其间，全国各省、自治区、直辖市和新疆生产建设兵团有关部门同期举办各地区“2022年全民数字素养与技能提升月”活动。

▲ 2022年，全球数字经济大会在国家会议中心召开。图为7月29日，2022年数字经济大会论坛现场 （刘乐琦 摄）

【2022全球数字经济大会在国家会议中心召开】 7月29日至30日，由北京市人民政府与国家发展和改革委员会、工业和信息化部、商务部、国家互联网信息办公室、中国科学技术协会共同主办，北京市经济和信息化局、拉萨市人民政府、朝阳区人民政府、中国通信企业协会、中国信息通信研究院、亚洲数据集团联合承办的2022全球数字经济大会开幕式在国家会议中心举行。大会以“启航数字文明——新要素、新规则、新格局”为主题，聚焦数字经济发展的新趋势、新热点，采取“线上线下结合、虚拟现实交融”方式，设置开幕式暨主论坛、6场主题峰会和近50场专题论坛，开展北京数字经济体验周、精品主题展、创新大赛和成果发布会等特色活动。开幕式首次设立元宇宙会场，线上云平台通过数字孪生手段复刻线下会场，支撑千万数量级观众线上同步参与，满足多语言跨语种实时交流互动。

【旅游带合作共建签约仪式】 8月8日，北京2008年夏季奥运会开幕14周年暨第14个全民健身日之日“牵手我和

▲ 2022年，北京市朝阳区·河北省张家口市奥运体育文化旅游带合作共建签约仪式在北京奥林匹克塔举行。图为8月8日，北京市朝阳区·河北省张家口市奥运体育文化旅游带合作共建签约仪式签约后合影 （夏波光 摄）

你·一起向未来”——北京市朝阳区·河北省张家口市奥运体育文化旅游带合作共建签约仪式在北京奥林匹克塔举行。北京市文旅局、北京市体育局、北京奥促中心、河北省张家口市、朝阳区相关领导出席活动。朝阳区人民政府、河北省张家口市人民政府与中青旅控股股份有限公司三方签订战略合作框架协议，在推进奥运场馆赛后利用、重大赛事活动举办、服务全民健身和体育文化旅游融合发展等方面开展交流合作，推进京张奥运体育文化旅游带建设。

▲ 2022 年，“辉煌·逐梦——双奥之路中华体育文化展”开展仪式在鸟巢举行。图为 8 月 18 日，双奥之路中华体育文化展开幕式现场（夏波光　摄）

【“双奥朝阳”奥森·Keep 科技智慧跑道启动仪式】 8 月 8 日，由北京市朝阳区新时代文明实践中心、北京奥运城市发展促进中心、首都体育学院、中共北京市朝阳区委宣传部指导，北京奥林匹克中心区管理委员会、北京市朝阳区体育局、北京世奥森林公园开发经营有限公司、北京卡路里科技有限公司（Keep）主办，北京德贤体育文化有限公司承办的“双奥朝阳”奥森·Keep 科技智慧跑道启动仪式在奥林匹克森林公园南园南门广场举行。活动内容包括启动仪式、奥森·Keep 跑团首跑活动、跑道参观和时尚体育活动展演等。Keep 携手奥林匹克森林公园，将公园内 10 公里跑道整体智慧化升级，共同打造全国智慧体育公园新标杆。升级之后的跑道喷涂精准距离标识以及激励文案。沿途修建 10 座跑者服务站，设 22 块伴跑牌、助跑标志。

【北京冬奥精神主题展】 8 月 18 日，由朝阳区政府与北京奥运城市发展促进会联合主办的北京冬奥精神主题展览在北京奥林匹克塔开幕。展览以图片、实物相结合的形式，展示在北京冬奥会和冬残奥会申办、筹办、举办过程中反映出的冬奥精神。展陈面积约 1280 平方米，展期约 3 个月。北京市副市长、北京冬奥组委执行副主席张建东，北京冬奥组委专职副主席兼秘书长韩子荣，北京奥运城市发展促进会常务副会长刘敬民，副会长蒋效愚，市委宣传部常务副部长、北京冬奥组委新闻宣传部部长赵卫东，北京奥运城市发展促进会秘书长付晓辉，朝阳区领导文献、吴小杰、黄晓伟、孟锐等出席开幕式。

【“辉煌·逐梦体育文化展”对外开放】 8 月 18 日，由国家体育总局体育文化发展中心（中国体育博物馆、中国奥林匹克博物馆）、光大文化投资有限公司联合主办，国家体育场（鸟巢）协办的“辉煌·逐梦——双奥之路中华体育文化展”开展仪式在鸟巢举行。鸟巢展览面积 2000 平方米，设置“华夏体育　源远流长”“振兴中华　奥运征程”“双奥之城　举世瞩目”3 个主题展区，集中展出中国体育博物馆近 500 件馆藏精品。

【花卉布置、夜景照明项目实施】 8 月至 9 月，奥林匹克中心区管委会开展奥林匹克中心区 2022 年第二次花卉布置工作。范围包含景观大道、大屯路等 9 条园区主要线路，地栽区域面积约为 7600 平方米，花箱花卉布置 3040 平方米。花卉品种为火炬、红叶海棠、孔雀草、三角梅等约 30 种，主色调为蓝紫、黄绿、粉等，美化园区环境，营造活动氛围。12 月，奥林匹克中心区管委会实施元旦、春节夜景照明项目。在湖景东路、国家体育场

▲ 8 月 8 日，在奥林匹克森林公园南园南门广场举行“双奥朝阳”奥森·Keep 科技智慧跑道启动仪式，图为启动仪式现场（刘乐琦　摄）

南路、景观大道等重点路段和区域布置夜景照明装饰，悬挂灯笼24套，悬挂LED雪花灯串、中国结、球形灯、春字灯串等20000余串，营造元旦、春节节日氛围。

【市第十六届运动会轮滑比赛】 9月6日，“中国体育彩票杯”北京市第十六届运动会（群众组）轮滑比赛在鸟巢中国轮滑广场开赛。比赛为期2天，设有速度轮滑、自由式轮滑2个大项，男子速度轮滑500米争先赛、女子速度轮滑500米争先赛、男子速度轮滑1000米计时赛、女子速度轮滑1000米计时赛、男子自由式轮滑速度过桩赛、女子自由式轮滑速度过桩赛6个小项。来自东城区、西城区、朝阳区、海淀区、丰台区、房山区、通州区、顺义区、大兴区、怀柔区、延庆区11个区的65名运动员参赛。

【“文化中国·水立方杯”中文歌曲大赛】 9月13日，“文化中国·水立方杯”中文歌曲大赛联欢晚会暨颁奖仪式在国家游泳中心“水立方”落幕。大赛在全球30个国家53个赛区开展，3300余名选手参赛，首次设立北京赛区和外国友人组别。大赛设海外青少组、海外成人组、外籍友人组、港澳青少组、北京赛区5个组别。大赛自2011年以来举办12届，“水立方杯”将世界各地的华侨华人通过歌声相连，受到海内外关注与好评，成为文化交流的品牌项目。

【国家速滑馆冬奥文化集群形成】 9月17日，国家速滑馆在场区南侧足球场举行“点亮冰丝带　一起向未来”公益体验日活动暨“国家速滑馆08–22足球场”揭牌启用仪式。“08–22”代表2008年至2022年。2008年，国家速滑馆场区南侧足球场是为北京奥运会临时建设的曲棍球场和射箭场，残奥会期间承担5人制（盲人）足球比赛。作为北京2022年冬奥会北京赛区唯一新建的冰上竞赛场馆“冰丝带”建成后，形成“一湖一场一赛道”冬奥文化集群。“一湖”指场馆西南侧毗邻兆惠碑的人工湖“冰丝带湖”，“一场”指使用国际领先人造草坪制作工艺的“08–22”足球场，“一赛道”是场区内建设的越野滑雪和冬季两项赛道。“冰丝带”成为能举办冰上所有赛事和活动及雪上项目比赛和活动的场馆，可满足相关赛事和大众体验需求。

【北京冬奥村对外开放】 9月29日，北京冬奥村对外开放。北京冬奥村运行区变身体育特色园区——北投奥园1314，北京冬奥村广场区成为大型购物公园——北投购物公园。两大项目实现奥运遗产“可利用、可经营、可持续”，为市民增添一处休闲消费地。

▲ 2022年，“文化中国·水立方杯”中文歌曲大赛联欢晚会暨颁奖仪式在国家游泳中心“水立方”落幕。图为9月13日，“文化中国　水立方杯”中文歌曲大赛颁奖晚会现场
（刘乐琦　摄）

【北京冬奥会、冬残奥会服务保障】 年内，奥林匹克中心区管委会作为朝阳区运行保障指挥部办公室的牵头单位之一，协调指挥部16个工作组推进疫情防控、住宿、餐饮、交通等各项服务保障工作。开展核酸检测174.6万余人次，保障住宿4万余人，供餐382万余人次，车辆运送74万余人。参与并完成北京奥林匹克公园公共区安全保障、赛事保障、市政保障、服务保障、开闭幕式保障5大赛时保障任务。发挥公共区的“防火墙”和“护城河”作用，保障4家场馆43.2万人次9.6万闭环内外车次安全通行。完成4.1万平方米临时设施建设。暖心服务115场赛事、32场颁奖仪式10.5万名观众和4000余人次残障人员。实现150天完成4.1万平方米临建搭建任务。开展奥园外围冬奥和冬残奥赛时景观布置。设置景观小品5座，灯饰装饰约1.2万套、11.5万延米，有机物覆盖1.9万平方米，花箱装饰约2.3万平方米。完成场外火炬台搭建和国家名称、火炬、转台标志的冬奥、残奥转换任务，完成火炬传递外围保障。北京奥林匹克公园公共区运行团队获“北京冬奥会、冬残奥会突出贡献集体”称号，1人被评为北京冬奥会、冬残奥会突出贡献个人，8人被评为北京市先进个人。

【奥林匹克中心区品质提升】 年内，奥林匹克中心区管委会印发《奥林匹克中心区整体品质提升2022年工作要点及三年行动计划（2022—2024年）》，发布《北京奥林匹克中心区综合提升行动计划》，推进市场化运营平台组建。中青旅和昆泰集团加快运营公司筹备工作，双方签署战略合作协议。与市、区部门沟通对接，推进奥林匹克中心区管理规定出台、功能性设施补充、交通流线审批等工作。重点优化奥园交通游线设计方案，打造精品文旅线路；深化服务中心设计，优化选址及合作模式；开展奥园微信小程序设计开发和官方网站优化等工作，深化园区智慧化建设。朝阳区政府、河北省张家口市人民政府与中青旅控股股份有限公司3方达成战略合作共识，签署共建奥运体育文化旅游带战略合作框架协议。推进与北投集团资产移交工作，形成移交思路。

【北京奥林匹克公园通过国家AAAAA级景区复核】 年内，北京奥林匹克公园通过国家AAAAA级景区复核。奥林匹克中心区管委会成立迎检复核领导小组，印发《北京奥林匹克公园迎接2022年AAAAA级景区复核工作方案》。按照方案时间节点，组织园区15家单位及管委会各部门70余人开展复核前专项培训，汇总编制《北京奥林匹克公园旅游景区质量等级申请复核报告书》、景区复核汇报等汇报材料。邀请朝阳区文旅局及相关专家按照检查线路对园区进行模拟检查，通过前期查找不足、提前整改，得到专家肯定，通过国家AAAAA景区复核。

（王　璇）

中关村朝阳园

【概况】 2022年，中关村科技园区朝阳园管理委员会（简称“中关村朝阳园管委会”）以园区体制机制改革、数字经济重点产业发展、“两区”（国家服务业扩大开放综合示范区和中国〈北京〉自由贸易试验区）重点园区建设为统领，以完善政策体系和产业服务体系为支撑，以培育细分重点产业、精准服务优质企业为重点，推进重点项目建设，优化创新创业生态体系，推动园区经济发展。编制完成《关于深化中关村朝阳园体制机制改革促进朝阳区科技创新发展的工作方案》；推进《中关村朝阳园“十四五”发展规划》落地实施；形成《中关村朝阳园发展三年行动方案（2022年—2024年）》初稿。入选国家首批地理信息服务出口基地，成为北京市唯一入选园区。编制《中关村朝阳园北区规划综合实施方案》，编制国际医院项目完成重大项目选址方案并报送市规自委，国际学校项目按照“一会三函”（市政府专题会，市发展改革委的前期工作函、区规划部门的设计方案复函、区住建部门的施工登记函）相关要求加快开工建设。完成2021年税源奖励实施方案制订及申报组织工作，为1170名高管申请奖励资金3.5亿元。落实朝阳园55家区级、30家街乡级“服务包”企业服务工作，服务1200余家次。落实《中关村朝阳园绿色发展五年行动方案》，搭建医药健康企业沟通服务平台；依托全军武器装备采购信息网北京中心，搭建“新兴领域协同创新服务平台”；建设朝阳区科技企业赋能站，健全朝阳园企业政务服务机制；与区检察院签署《关于建立协调联络机制的合作协议》，为朝阳园企业提供一对一法律咨询。编写《2022中关村论坛执行委员会服务保障组工作方案》，落实2022中关村论坛服务保障工作。筹备举办“未来科学论坛”和“人工智能评级体系建设与发展论坛”，指导2022年未来论坛举办未来科学大奖新闻发布会，组织2022中关村论坛展览（科博会）朝阳区展示工作。落实双创示范基地2022年深入实施创业带动就业示范行动工作方案，与北京科学文化传播促进会合作启动“扶摇计划”，草拟《朝阳区创业孵化机构分类分级评价和资金支持方案》，印制《中关村朝阳园创新创业服务机构活动指南2022》。举办《理解未来》科学讲座2期，《未来局》活动2期，“闭门耕”产业课题研讨会8期。中关村朝阳园被商务部、自然资源部等7部门认定为特色服务出口基地。区政府常务会审议通过《朝阳区政府关于推动中关村朝阳园发展情况的报告》。启动区规划综合实施方案经市领导专题会审议并原则通过，朝阳区第一个片区层面的规划综合实施方案进入市政府审议环节。8家园区类博士后工作站企业通过初审后推荐至北京市人力资源和社会保障局；为40家2022年非京生源毕业生引进企业申请到47个指标；为112名科技工作者解决住房问题。成立14家非公企业党组织，新建千人以上企业工会1家，成立朝阳园党外人士联谊会，中关村朝阳园管委会党支部开展“共产党员献爱心”活动，45人捐献善款10500元。科技工作者刘洪雷获北京市总工会、北京市人力资源和社会保障局颁发的2022年度首都劳动奖章。

（王娜娜　段　梅　袁　野　熊志阳）

【迎冬奥“美丽中国健康跑”活动】 1月20日，由北京冬奥组委、朝阳区人民政府、中华环境保护基金会、阿里巴巴集团共同主办，中关村朝阳园管委会、朝阳区园林绿化局、东湖街道办事处、大麦共同承办的迎冬奥“美丽中国健康跑”活动在中关村朝阳园举办。阿里巴巴员工、环保工作者、朝阳区相关单位和企业的体育爱好者等，以跑步方式，传播冬奥理念，弘扬奥林匹克精神。北京冬奥组委市场开发部副部长顾灏宁，朝阳区副区长舒华磊，中华环境保护基金会理事长徐光，阿里巴巴集团副总裁、大麦总裁李捷出席活动。（黄雅卿）

【9家重点企业登陆或挂牌交易所】 3月17日，朝阳园重点企业格灵深瞳挂牌上海交易所，成为科创板人工智能第一股。3月22日，朝阳园重点企业瑞尔集团登陆港交所，成为中国中高端口腔连锁第一股。4月19日，朝阳园重点企业新特电气登陆深交所创业板。新特电气变流变压器远销海外，与施耐德、ABB、西门子等企业建立长期合作关系，在国内细分领域排名第一。同日，园区重点企业经纬恒润登陆上交所科创板。经纬恒润是北京市第一批隐形冠军企业，乘用车前视系统累计装车量超百万套，打破外资企业垄断。7月29日，园区重点企业华大九天登陆深交所创业板，成为创业板首家EDA行业上市公司。据赛迪智库统

计数据，华大九天占据国内 EDA 市场约 6% 的市场份额，居本土 EDA 企业首位。9 月 27 日，园区重点企业中纺标检验认证股份有限公司登陆北交所，成为朝阳区北交所上市第一股。该企业是集标准、检测、计量、认证和检验于一体的综合性技术服务龙头机构，为纺织服务企业提供全产业链解决方案。12 月 2 日，朝阳园重点企业三未信安科技股份有限公司登陆上交所科创板。三未信安是商用密码基础设施提供商，专注于密码技术的创新和密码产品的研发、销售及服务，为网络信息安全领域提供全面的商用密码产品和解决方案。12 月 16 日，园区重点企业北京燕东微电子股份有限公司于上交所科创板挂牌上市，成为首家科创板上市的北京市属国资企业。12 月 22 日，朝阳园重点企业北京华品博睿网络技术有限公司（BOSS 直聘）在港交所主板成功上市。企业 2021 年 6 月登陆美国纳斯达克，成为朝阳区首家以“介绍方式”在港双重上市的中概股企业。（张中来）

【“朝阳高科技高成长 20 强”“朝阳明日之星”名单发布】 3 月 21 日，中关村朝阳园通过朝阳区政府官网，公布 2021 年“朝阳高科技高成长 20 强”及“朝阳明日之星”获奖企业名单。北京米连科技有限公司、北京分贝通科技有限公司、北京纵情向前科技有限公司等 20 家企业获“朝阳高科技高成长 20 强”称号，北京知道创宇信息技术股份有限公司、北京粉笔蓝天科技有限公司、北京米未传媒等 20 家企业获“朝阳明日之星”称号。

（黄雅卿）

【5 家入驻企业入选第六批拟入库科技型中小企业名单】 7 月 4 日，朝阳园区普天电子城孵化器入驻企业北京新望本草科技有限公司、北京青麦科技有限公司、北京螳螂科技有限公司、北京视连通科技有限公司、北京媒艺思文化科技有限公司 5 家企业，入选北京市科学技术委员会、中关村科技园区管理委员会公布的最新《北京市 2022 年第六批拟入库科技型中小企业名单》。（张冬梅）

【大望京绿地中心入驻企业不动产登记事宜】 7 月 19 日，中关村朝阳园管委会组织召开中关村科技园区朝阳园建设项目管理联席会 2022 年第一次工作会。会议同意大望京绿地中心 11 号楼 36 层买受人盛隆电气（北京）有限公司、电子城 IT 产业园 401 号楼买受人北京 ABB 电气传动系统有限公司不动产登记事宜。联席会成员单位参会。

（李伟巍）

【产业发展通识培训】 8 月 23 日至 11 月 1 日，中关村朝阳园管委会组织举办 7 次中关村朝阳园管委会干部产业发展通识培训讲座。培训邀请北京电子城高科新产业研究院院长马平、中关村朝阳园管委会副主任冯少静、中国工业互联网研究院政策研究所产业规划室主任张杰斐、中国生物技术股份有限公司生产管理部杨明主任、创世伙伴 CCV 合伙人聂冬辰等专家，就“光子技术及光子产业”“朝阳区科技产业发展现状及未来发展方向”“推动工业互联网发展　打造数字经济新动能”“中国疫苗产业发展”“元宇宙市场崛起数字孪生领域趋势发展”等主题进行专题讲座。培训 255 人次，培训 2020 学时。（赵　培）

【朝阳区元宇宙重点企业座谈会】 11 月 3 日，中关村朝阳园管委会联合创业黑马、腾讯研究院，在国际创投集聚区组织召开朝阳区元宇宙重点企业座谈会。中关村朝阳园管委会介绍朝阳区发展互联网 3.0、元宇宙产业的总体方向和考虑，创业黑马介绍数字人加速器服务资源，各与会企业介绍自身发展情况，研讨和交流关心的政策与服务需求。朝阳园相关领导出席会议，爱迪普、影谱科技、蔚领时代、元跃科技、海誉动想、易宝支付等 10 余家区域元宇宙企业和中金资本、金石投资等金融机构参加座谈。（夏春玲）

【科技沙龙活动】 11 月 4 日，中关村朝阳园管委会与北京科学文化传播促进会、中国科学院空天院、微生物所、生物物理所、计算所等研究院所共同举办题为“促进科技成果转化　推动院地合作交流”科技沙龙活动，旨在更好地服务北京市国际科技创新中心建设，利用好国家级科技资源服务朝阳区的建设发展，拓宽中国科学院科技成果在区域转移转化渠道。活动由北京科学文化传播促进会秘书长季慧主持。中关村朝阳园管委会与北京科学文化传播促进会签署战略合作协议，启动“扶摇计划”。“扶摇计划”科技交流平台围绕中关村朝阳园科技产业发展，定期组织中国科学院研究院所和朝阳园科技创新企业开展产学研交流和成果对接，重点针对人工智能、产业互联网、网络空间安全等领域开展科技交流系列活动。通过品牌活动建设，支持推动科技合作共建、科技人才交流合作、科技成果转化落地，加强院地科普合作，在科技研发、前沿技术应用等领域深化对接，拓宽科研机构与科技企业合作渠道，构建开放创新生态体系。

（曹矣然　张　晔）

【2022 未来科学大奖颁奖典礼】 11 月 27 日，中关村朝阳园管委会支持的 2022 未来科学大奖颁奖典礼于北京嘉瑞文化中心、南方科技大学音乐厅、香港大学陆佑堂三地联动同步举办。北京生命科学研究所、清华大学生物医学交叉研究院教授李文辉获“生命科学奖”；南方科技大学副校长、理学院院长、院士杨学明获“物质科学奖”；香港大学谢仕荣卫碧坚基金教授（数学）暨数学系讲座教授、数学研究所所长莫毅明获“数学与计算机科学奖”。未来科学大奖设立于 2016 年，由科学家、企业家群体共同发起。未来科学大奖关注原创性的基础科学研究，奖励在中国内地（大陆）、香港、澳门、台湾取得杰出科技成果的科学家（不限国籍）。未来科学大奖设置“生命科学奖”“物质科学奖”和“数学与计

算机科学奖”三大奖项。至今，未来科学大奖评选出27位获奖者，均来自生命科学、物理、化学、数学、计算机等基础和应用研究领域极具成就的科学家，做出原创性且产生巨大国际影响的研究工作。（曹奕然 张 晔）

【市政管线取得建设工程规划许可证】 年内，中关村朝阳园管委会组织各类专题调度会，协调市规划院先期启动北区大市政建设主体望京综开公司办理项目周边规划五（广善东路）、六（广善路）、十一（善各庄路）路前期手续工作，推进该项目周边市政道路及管线建设工作。8月1日，规划五、六、十一路市政管线取得规划和自然资源委员会朝阳分局核发的建设工程规划许可证，推进阿里巴巴北京总部项目周边市政路网及管线实施，保证阿里巴巴北京总部项目调试工作正常开展。（李伟巍）

国家文化产业创新实验区

【概况】 2022年，北京朝阳国家文化产业创新实验区管理委员会，加挂北京国家广告产业园区管理办公室牌子（简称“文创实验区管委会”），为区政府派出机构，主要负责国家文化产业创新实验区、国家广告产业园区、798艺术区的规划、建设、管理等组织协调工作，协调推进园区创新创业、产业融合、人才培养、产业准入、知识产权保护等工作。为加强区域党的领导，设立中共北京市朝阳区委国家文化产业创新实验区工作委员会（简称文创实验区党工委），为区委派出机关，与文创实验区管委会合署办公，主要负责机关及所属单位党的基层组织建设、思想建设和党员队伍建设及“两新”组织（新经济组织和新社会组织）党建工作。李强任文创实验区党工委书记、管委会主任，免去丰春秋文创实验区管委会党组书记、主任职务。截至年底，实验区有文化企业5万余家。其中，规模以上文化企业1374家，占全区规模以上文化企业的54.7%，占全市规模以上文化企业的24.3%。区域内汇聚近1500家高新技术企业、44家上市（挂牌）企业、3家数字文娱独角兽企业。实验区规模以上文化企业实现营业收入1583.7亿元，比上年增长6.1%，成为区域经济发展的重要引擎。

【实验区指数发布】 1月17日，国家文化产业创新实验区指数（2021）发布，总结文创实验区2020年度建设发展情况。测算结果显示，2020年，实验区总指数小幅下跌至221.4，比上年减少3.6，在创新、环境和产业三大要素支撑下，文创实验区建设稳中有进，整个“十三五”期间年均提高24.1。

【第五批“蜂鸟企业”名单发布】 3月30日，文创实验区管委会联合区文创办、区发展改革委、区统计局共同完成第5批“蜂鸟企业”认定工作，全区范围内认定“蜂鸟企业”83家。截至年底，全区认定“蜂鸟企业”923家次。

【引导资金政策支持】 4月15日至5月7日，文创实验区管委会面向社会公开征集2022年度朝阳区促进文化产业高质量发展引导资金（实验区内）支持项目，申报期内征集项目205个。经审定通过，2022年度引导资金（实验区内）支持项目62个，支持金额9158万元。

【机构重组】 4月18日，文创实验区管委会与北京798艺术区管理委员会合并。根据区委编委印发的《北京市朝阳区规范开发区管理机构促进开发区创新发展的实施方案》，整合北京朝阳国家文化产业创新实验区管理委员会（挂北京国家广告产业园区管理办公室牌子，正处级）、北京798艺术区管理委员会（正处级），重新组建北京朝阳国家文化产业创新实验区管理委员会，标志着文创实验区管委会与北京798艺术区管理委员会合并。

【“魅力京津冀”活动】 9月1日，文创实验区管委会联合中国文化产业协会举办“魅力京津冀·2022”文旅产业赋能乡村振兴交流对接会。活动以“峰会研讨+项目推介+精准对接”方式，聚焦创意设计、演艺行业、工艺美术、数字文化、文旅消费5个产业方向展开讨论，旨在加强京津冀3地政府部门间协同，帮助地方文旅产

▲ 2022年，国家文化产业创新实验区文化金融发展思享汇活动举办。图为9月16日，2022国家文化产业创新实验区文化金融发展思享汇活动现场发布2022—2023年度“蜂鸟企业”名单，并为代表企业授牌 （卢鹏飞 摄）

▲ 2022 年，文创实验区管委会联合中国文化产业协会举办“魅力京津冀·2022”文旅产业赋能乡村振兴交流对接会。图为 9 月 1 日，文创实验区管委会联合中国文化产业协会，在东进国际中心举办“魅力京津冀·2022”文旅产业赋能乡村振兴交流对接会　　（卢鹏飞　摄）

▲ 2022 年，文创实验区管委会协办的 2022 中日韩电竞产业交流活动暨第二届 ECEA 东亚电竞锦标赛举办。图为 11 月 16 日至 18 日，2022 中日韩电竞产业交流活动暨第二届 ECEA 东亚电竞锦标赛闭幕式上，文创实验区管委会与中国文化娱乐行业协会签订战略合作协议　　（卢鹏飞　摄）

业发展及解决问题。京津冀地区政府相关部门及园区、企业等相关负责人参会。

【文化金融发展思享汇活动】 9 月 16 日，2022 国家文化产业创新实验区文化金融发展思享汇活动在北京市举办。活动以“融合·赋能·引领——新时期文化金融融合发展的创新与探索”为主题，聚焦文化金融发展过程中遇到的关键问题，探讨新时期文化与金融合作新路径。文化和旅游部产业发展司二级巡视员赵建军，区人民政府副区长杨蓓蓓，北京银行党委副书记、行长杨书剑出席活动并致辞。活动期间，北京银行国家文创实验区支行揭牌；发布 2022—2023 年度“蜂鸟企业”名单，并为代表企业授牌；文创实验区管委会与北京银行城市副中心分行签署战略合作协议；北京朝阳文化创意产业发展基金与合作企业签署战略合作协议。

【中日韩电竞产业交流活动】 11 月 16 日至 18 日，由中国文化和旅游部指导，中国文化娱乐行业协会主办，文创实验区管委会协办的 2022 中日韩电竞产业交流活动暨第二届 ECEA 东亚电竞锦标赛在 751D·PARK 北京时尚设计广场时尚回廊——艺文空间举办。中国文化和旅游部产业发展司副司长马力、韩国文化和体育观光部文化产业政策局局长金宰贤、日本经济产业省审议官藤田清太郎、副区长杨蓓蓓等通过线下和视频方式出席开幕活动并致辞。文创实验区管委会与中国文化娱乐行业协会签订战略合作协议。

【房租减免奖励政策支持】 年内，朝阳区审定通过《文创实验区关于落实朝阳区文化产业园区运营单位（非国有）疫情期间房租减免奖励政策拟支持方案》，给予 13 家文化产业园区运营单位 530 万元资金支持。

（卢鹏飞）

经 济 管 理

经济社会发展与调控

【概况】 2022年，北京市朝阳区发展和改革委员会（简称“区发展改革委”）统筹推进疫情防控和经济社会发展，印发《朝阳区功能疏解专项资金管理办法》，明确资金补助标准、使用方向等条款。完成地方级收入1008.3亿元，比上年下降9.7%，同口径下降2.2%；完成区级收入503亿元，比上年下降7.4%，同口径增长1%，区级收入总量保持全市第一。全区完成固定资产投资1147.7亿元，比上年增长13%，占全市完成总量的13.6%，完成总量居全市第一位。完成建安投资440.9亿元，比上年增长4%。区政府投资基本建设计划项目安排101个续建、新建项目，125个储备项目，计划安排区级资金29.8亿元。实际安排104个项目（储备转计划项目11个），安排区级资金29.8亿元，全年预算完成率100%。区域内45个重点建设项目被纳入市重点项目，计划投资约1735亿元；26个项目被纳入市重点推进前期工作项目计划，计划总投资约1419亿元。同步建立区级重点项目机制，55个项目被纳入区级重点项目，计划总投资约60亿元；51个项目被纳入区级重点前期项目，计划总投资约292亿元。 （朱兆芬 盛 璐）

【区财源建设工作评估办法审议通过】 6月1日，第14次区长办公会审议通过《朝阳区财源建设工作评估办法（试行）》。办法设一级指标5个、二级指标14个，量化市区两级重点工作任务，督导考核过程质量和工作成效。

（马晓逸）

【朝阳区农村城市化专班工作方案印发】 9月20日，区发展改革委印发《朝阳区农村城市化专班工作方案》。方案明确农村城市化工作专班构成及职责；提出设立工作组5个，并指出各组任务分工、工作内容及保障机制。

（徐万妍）

【审议通过计划草案报告】 12月21日，第十三届第40次区委常委会审议通过《关于朝阳区2022年国民经济和社会发展计划执行情况与2023年国民经济和社会发展计划草案的报告》。报告包括围绕中心服务大局，大区担当有力彰显；加快培育竞争优势，高质量发展基础不断夯实等4个方面内容，提出2023年经济社会发展计划总体考虑和初步安排。 （苏 品）

【节能工作成效】 年内，区发展改革委开展节能减碳项目征集工作及项目评审，安排资金3605.21万元，支持项目35项；制定并实施《2022年朝阳区节能监察工作方案》，以“互联网线上监管+现场专项监察”相结合的方式，对区级重点用能单位开展节能综合监察、固定资产投资项目节能审查监察以及节能服务机构监察，执法检查88家次。区能源消费总量为932.52万吨标准煤，比上年下降0.74%，万元GDP能耗为0.1179吨标准煤，按不变价格计算，比上年下降1.47%。

（金 莉）

【惠企纾困】 年内，区发展改革委统筹推进疫情防控和经济社会发展，制定出台区级“18条”、北京市“新12条”落实指引、“区8条”，帮助企业纾困解难。中小微企业纾困惠企资金总额超430亿元。 （魏 虹）

【优化营商环境】 年内，区发展改革委落实北京市优化营商环境5.0版改革方案，建设营商环境创新示范区，连续4年在北京市对各区营商环境评价中排名第一。强化重点企业服务，服务企业数量2730家，走访企业9354家次，办理企业诉求4971项，办结率100%。 （魏 虹）

【治理类街乡】 年内，全区“留白增绿”实施74.2公顷，“揭网见绿”实施1189公顷，便民服务网点建设67家，代征代建道路移交3条，代征道路用地移交0.2公顷，老年餐桌建设10家，配建设施移交2个，雨污管线混接错接治理157处，桥下空间治理184处，无证无照经营点位整治100个，施工围挡（含非施工围挡）治理587处，临时建筑治理18处，一般制造业企业疏解升级4家，重点项目征拆收尾任务完成3个，违法建设拆除任务中达到“场清地净”标准建筑面积140.03万平方米、腾退土地127.16公顷。黑庄户农产品一级综合批发市场配套设施完善工作完成，包括CBD商圈改造、商场改造升级、铁路沿线环境整治、重点区域综合治理提升任务。（盛 璐）

【东西部协作】 年内，朝阳区召开区级东西部协作工作会议5次，高层联席会议6次，双方领导完成高层互访。区支援合作工作领导小组办公室牵头，20余次在内蒙古自治区乌兰察布市卓资县、察右后旗和通辽市科左后旗实地调研。组织朝阳区16个街乡、86个社区（村）、31个社会组织、22所学校、25所医院、47家企业与帮扶地区结对。拨付区级帮扶资金6641.47万元，选派94名专业技术人才到帮扶地区交流。接收6名内蒙古自治区3地党政干部来朝阳区挂职锻炼，111名专业技术人才来朝阳区跟岗培训。采购和帮助销售帮扶地区农畜牧农产品和特色手工艺品1.7亿元，帮助结对地区农村劳动力实现就业7520人，其中来京就业241人。

（杨录涛）

【朝密结对协作】 年内，朝阳区与密云区在园区共建、资金项目等方面开展合作。拨付协作帮扶资金1亿元，支持项目8个。30家民企与密云区30个经济薄弱村结对帮扶，村年经营性收入10余万元。成立学科工作室，培训优秀教师60余人次，打造特色学科课程5个。朝阳区19家卫生医疗机构与密云区19家社区卫生院结对，开展活动。接收密云区干部20名，6名驻村第一书记到密云区挂职锻炼。帮助密云籍农村劳动力实现就业1938人。

（杨录涛）

【制定《朝阳区重点产业招商指导目录》】 年内，区发展改革委根据区“十四五”时期规划纲要和产业专项规划，研究制定《朝阳区重点产业招商指导目录》。目录涉及行业大类45个，行业小类354个，为区产业引育、招商引资提供参考。 （刘　灿）

自然资源管理

【概况】 年内，朝阳区有序开展年度地理国情监测（城市国土空间监测）工作，完成国家7886个全区图斑内业提取。受理土地权属审查业务83件，出具权属审查告知书71件，涉及宗地面积240.53公顷。公开供应一般经营性用地10宗，建设用地面积约30.69公顷。立案查处违法行为483件，下达实质性行政处罚决定22件，涉及建筑面积90553.74平方米。不动产登记中心共受理业务21.96万件，核发不动产权证书、证明14.91万本，建立历史遗留办证难工作专班，为4.08万套房屋打通路径，累计办理小证4.22万套，发证率36.63%。“接诉即办”接到市、区两级呼叫中心转办件10464件，办理依申请信息公开1321件。

【地理国情监测】 10月，市规划自然资源委朝阳分局按照《2022年北京市地理国情监测（城市国土空间监测）工作方案》等文件统一部署，开展年度地理国情监测（城市国土空间监测）工作。经过内业变化信息采集整理，完成国家7886个全区图斑内业提取。11月初，完成其中836个图斑外业核查。

【地籍管理】 年内，市规划自然资源委朝阳分局共受理土地权属审查业务83件，出具权属审查告知书71件，涉及宗地面积240.53公顷，其中国有建设用地170.78公顷、集体土地69.75公顷。

【土地市场交易】 年内，朝阳区公开供应一般经营性用地10宗。包括黑桥南皋棚户区改造项目30-L03-01地块，王四营项目一期1304-L04地块，太阳宫新区D区0210-029地块，十八里店朝阳港一期1303-685、694地块，奶西村棚户区改造项目29-318、319、320、321地块，平房乡棚户区改造项目PF-44、45地块及小红门项目11号地，建设用地面积约30.69公顷，规划建筑规模约69.34万平方米。

【土地储备开发】 年内，朝阳区重点推进十八里店一期、东坝北西、管庄棚改项目的规划、立项、征地、拆迁等相关工作。推进小红门、东坝北东南等计划供应项目及温榆河公园、驹子房路等重点工程征拆工作。随着国土变更调查数据的更新，推进东坝北东南二期项目的征地工作。完成十八里店朝阳港一期、管庄棚改、奶西棚改等11个地块的验收。与各乡政府和服务公司对接，基本完成已招标的拆迁、评估、拆除57个标段169家服务公司约1905万平方米工作量的认定。

【农用地转用项目管理】 年内，市规划自然资源委朝阳分局办理10个项目的土地征收及农转用前期手续。其中2个项目完成报批工作，取得土地征收及农用地转用批复及时结案；3个项目

▲ 3月15日，市规划自然资源委朝阳分局进行百子湾南一路道路工程土地权属审查指界确认工作

（熊　杰　摄）

完成征收土地预公告、征地补偿安置公告，区长办公会审议通过，具备上报市规划自然资源委的条件；5个项目开展前期相关工作。

【耕地保护责任书签订】 年内，市规划自然资源委朝阳分局完成朝阳区年度耕地保护目标管理暨永久基本农田保护责任书签订工作。全区签订区乡级责任书14份，乡村级责任书46份。

【矿产资源管理】 年内，市规划自然资源委朝阳分局完成朝阳区19家地热矿业权人开采信息网上公示、矿业权人的开发利用统计工作，开展朝阳区2家地热探/采矿权申请单位现场监督检查工作，组织填报2021年度《矿产资源统计表》和矿产资源储量数据库管理系统。

【不动产登记】 年内，朝阳区不动产登记中心受理业务21.96万件，现场查询26.52万件，核发不动产权证书、证明14.91万本，受理量占全市21.36%，收取登记费和土地出让金5.76亿元。收到表扬信91封，锦旗39面，“接诉即办”表扬309件。建立历史遗留办证难工作专班，市区两级合力为4.08万套房屋打通路径，办理小证4.22万套，发证率36.63%。11个街乡扫清全部办证障碍，其中2个街乡实现安置人员办证难题全部清零。便民利企，推进营商环境改革。全年受理网办业务11.18万件，占全市23.8%；新增5个全程网办业务，其中赠与、抵押登记延伸至政府性融资担保公司2个成功案例为全市首例，实现16类高频不动产登记业务全程网办；采取“上门核验、网上缴税、批量办证”模式，实现全市首个商品房项目和批量式“交房即交证”案例，从源头杜绝“办证难”问题。完成全市首批集体土地所有权确权登记成果更新汇交工作。通过局内联动机制及时进行集体土地所有权变更或注销登记，获评北京市数据汇交示范区。建立成果汇交更新台账，第一批将数据汇交至自然资源部。区不动产登记中心获得党中央、国务院授予的全国人民满意的公务员集体称号。

【土地出让监督】 年内，市规划自然资源委朝阳分局完成外业巡查任务152宗地。发现闲置土地项目34宗、80.43公顷。通过调查及动态巡查监督，8宗、13.15公顷处置到位，处置率16.35%，剩余26宗项目持续推进处置。

【土地执法监察】 年内，市规划自然资源委朝阳分局对巡查、检查中发现的在施违法建设下发《责令停止违法行为通知书》13起（次）、《责令改正违法行为通知书》47起（次）；查处属规划职责范围内违法建设，下达《限期拆除决定书》2起（次）；依据职责向区城管、乡政府等部门移送1059起（次）违法建设案件；配合属地及城管部门对262处违法建设出具书面认定；研究制定《朝阳区公共公益类违法用地违法建设项目完善临时使用相关手续工作实施细则》，超额完成公益专项年度整治任务。开展基本无违建创建工作，梳理刚性指标台账，研究制定“一区一策”验收标准，审核图斑8301宗。立案查处违法行为483件，下达实质性行政处罚决定22件，涉及建筑面积90553.74平方米。

【信访受理及“接诉即办”】 年内，市规划自然资源委朝阳分局办理信访案件529件次。其中，信访类事项247件次，投诉举报类事项282件次。接待来访727批次（1178人次）。“接诉即办”接到市、区两级呼叫中心转办件10464件，月均办理量872件，考核平均分91.63分，最高分99.5分。

【信息公开】 年内，市规划自然资源委朝阳分局办理依申请信息公开1321件。其中，向分局直接申请信息公开1029件，市、区政府及市规划自然资源委转办信息公开申请292件。申请类型：规划许可类847件、土地征收类203件、土储项目类68件、分区规划及规划方案类59件、土地性质类37件、土地及规划执法30件、不动产咨询类22件、规划核验类11件、土地出让类10件、土地现状地类9件，其他及不属于分局职责25件。依照信息公开流程，完成受理、办理及送达工作，确保答复格式规范化、答复内容专业化，降低行政复议诉讼的败诉风险。

【法治宣传】 年内，市规划自然资源委朝阳分局制定《朝阳分局开展法治宣传教育的第八个五年规划（2021—2025年）》《朝阳分局2022年普法

▲ 6月17日，白墙子街，区综合事务中心会同丰台区土地利用部门对分钟寺桥西北侧地区回迁安置房项目现场踏勘 （谢长锟 摄）

依法治理工作要点》。开展国家安全日、地球日、土地日、宪法日等主题法治宣传活动，落实普法责任制。组织习近平法治思想、《中华人民共和国宪法》、“以案释法”等专题法治培训，强化干部职工法治意识，推进依法行政。

（陈　琳）

国有资产监督管理

【概况】 2022年，北京市朝阳区人民政府国有资产监督管理委员会（简称“区国资委”）印发《朝阳区国资委监管企业投资监督管理办法》《朝阳区“十四五”时期国资国企改革发展规划》《朝阳区企业国有资产评估核准项目评审管理暂行规定》《关于进一步加强监管企业内部审计监督工作的指导意见》。区国资委监管企业资产1527.3亿元，比上年增长4.7%；净资产404.4亿元，比上年增长4.0%。监管企业营业收入168.9亿元，比上年增长1.2%；实现利润4.5亿元，比上年下降42.4%。向昆泰集团、望京综开、朝阳公园、世奥公司、CBD公司、朝富公司、朝科创公司7家监管企业拨付国资预算资金4200万元。

【股权收购完成】 1月14日，区国资委核准朝富公司拟收购北京市腾远兴业汽车服务有限公司自然人股东所持18%股权全部权益评估报告；确认评估基准日2021年3月31日，北京市腾远兴业汽车服务有限公司全部权益价值6734.53万元。2月8日，区国资委批复同意朝富公司下属弘朝伟业公司对北京拓达激光器械有限责任公司89.66%股权的收购。完成工商变更登记。拓达激光公司成为朝富公司三级控股企业。

【《朝阳区国资委监管企业主业目录（试行）》印发】 1月18日，区国资委印发《朝阳区国资委监管企业主业目录（试行）》。目录包括企业名称、发展战略定位、主业目录、业务范围（或功能）4个方面；明确北京金客隆商业集团股份有限公司、北京昆泰控股集团有限公司、北京蓝岛大厦有限责任公司等15个企业的29个方面主业目录内容。目录要求各监管企业按照明确的主业，加强战略管理，围绕主业发展方向，扎实推进资源整合，优化资源配置；加大主业投资力度，严控非主业投资；深化改革创新，做强做优主业，持续提升主业竞争优势。

【同意国资中心收回黑桥南皋项目财政资金】 1月30日，区国资委审议同意北京朝阳国有资本运营管理有限公司依据区财政局2021年9月17日《关于收回崔各庄乡黑桥南皋项目财政资金的函》，减资38.2亿元。

【朝科创公司绩效评估整改完成】 4月，区国资委配合区财政局完成朝科创公司事前绩效评估的整改。加强预算项目筛选、绩效目标设定的科学性，实施预算项目的监管。

【服务业小微企业】 5月9日，区国资委印发《关于朝阳区国资委系统国有企业减免服务业小微企业和个体工商户房屋租金有关事项的通知》，开通线上朝阳区国资系统国有企业减免服务业小微企业房租申报平台。

【资产划拨】 5月13日，区国资委审核同意朝富公司所属朝阳区工业局有限责任公司、北京弘朝联社企业管理有限公司、北京市朝阳区物资有限公司、北京润泽利投资有限公司所属车辆资产、房产2.59万平方米，土地2.9万平方米，以2021年12月31日为基准日无偿划转至北京弘朝伟业国有资产经营有限责任公司。

【股权转让收益上缴】 6月，区国资委组织参股企业嘉事堂药业完成2473万元股权转让收益上缴国库。

【停车诱导系统平台上线】 7月15日，由宝嘉恒公司建设的朝阳区停车诱导系统平台上线，在全市率先建成预约停车系统。

【系统数字化转型专题培训】 7月29日，区国资委联合北京鲲鹏联合创新中心、华为技术有限公司举办朝阳区国资系统数字化转型专题培训。采用现场参观、专题讲座、在线学习等形式，引导系统企业在数字经济时代准确识变、科学应变、主动求变，加快改造提升传统动能、培育发展新动能。区国资委领导班子成员、系统企业领导人员等参加。

【朝富公司股权划拨】 8月26日，区国资委批复同意朝富公司以2021年12月31日为基准日，把所属的北京七〇一厂有限责任公司100%股权、北京弘翼佳业商贸有限公司100%股权无偿划转至朝富公司；把北京惠康民社区服务有限责任公司100%股权、北京燕东经贸有限公司100%股权、北京燕东文化有限公司100%股权无偿划转至弘朝伟业公司；把北京金刚石厂有限责任公司100%股权无偿划转至北京七〇一厂有限责任公司；把北京朝熙物业管理有限公司100%股权无偿划转至北京朝阳家园物业管理有限公司。

【参股企业股利股息收缴】 8月，区国资委组织参股企业嘉事堂药业完成260.59万元股利股息上缴国库。

【批准土地管理权移交】 9月9日，区国资委同意朝富国有资产管理有限公司将所属的三丰南巷27号地块资产的管理使用权交由朝外街道办事处，用于开展绿化工程项目建设。

【核准成立投资公司事项】 9月9日，区国资委核准CBD国际集团所属全资子公司北京朝阳新经济发展有限公司拟与朝阳区高碑店乡半壁店村经济合作社设立合资公司所涉及的G地块集租房项目相关资产和分摊成本资产评估项目事项。确认评估基准日为2021年12月31日，所涉及的G地块集租房项目相关资产和分摊成本出资项目价值3000万元。

【确认股权收购主体】 9月，区国资委确定昆泰集团作为CBD核心区相关地块项目公司股权收购主体，并确定收购金额和融资渠道等事宜。

【批准同意借款事项】 10月26日，区国资委批准同意昆泰集团向北京恒信达通劳务派遣有限公司提供1200万元借款，用以解决劳派公司划转过渡期的劳动力安置资金问题。

【土储和资金池平台公司成立】 10月，朝开公司作为区农村城市化总平台公司，注册成立土储（棚改）平台公司和资金池平台公司。

【批复股权投资基金事项】 11月，区国资委研究同意京客隆下属子公司北京朝批商贸股份有限公司投资宜宾五商股权投资基金（有限合伙）。

（林春照）

财 政

【概况】 2022年，北京市朝阳区财政局（简称“区财政局”）制定年度执法检查计划，依法开展执法检查与监督；加快财政资金支出进度工作，落实加强预算支出执行管理的相关政策要求。朝阳区一般公共预算收入完成503亿元，比上年减少40.4亿元，降低7.4%；一般公共预算支出562.4亿元，达到全年支出进度考核基数的100.3%。

【直达资金】 年内，区财政局接收直达资金50.71亿元（中央直达资金48.95亿元、市级配套1.76亿元、区级配套0.2万元），分配率100%，整体支出50.68亿元，进度99.9%。其中，中央直达资金48.92亿元，进度99.9%；市级配套1.76亿元，进度99.6%；区级配套0.2万元，进度100%。2021年结转直达资金333.22万元支出完毕。

【财源建设】 年内，朝阳区立足以国内大循环为主体、国内国际双循环相互促进的新发展格局，利用朝阳作为外贸大区、消费大区的双向通道优势，抓住新一轮服务业开放和自贸区建设的重大机遇，扩大外资引入。发挥财源建设工作专班作用，吸引更多符合首都定位的重点企业、重点项目落户朝阳区。完善朝阳区税源分析管理系统建设，强化税源动态监控，从重点行业、重点税源企业等角度，细化分析企业成长趋势和贡献情况，构建全方位信息监测预判和响应机制。从分析研判、预测调度、信息交流等关键环节入手，把握挖潜促收政策的关键着力点，推进税源精细化管理。

【资金保障工作】 年内，区财政局做好资金保障工作，统筹推进北京冬奥会和冬残奥会运行保障，按照北京冬奥组委工作机构及区“1办15组”架构设置局内工作组，审核、拨付相关经费；优化教育资源分配，加大优质教育供给，对北京中学教育集团成立、部分幼儿园开展托育服务试点，落实资金。落实北京冬奥遗产战略计划和场馆赛后利用计划，实施“双奥”朝阳建设行动，推进奥林匹克中心区品质提升，推动建设双奥特色园区、街区和社区，支持场馆向社会开放，给予资金保证。

【政府债务管理】 年内，区财政局做好地方政府债务管理。做好新增债券管理工作，获批市财政局2022年地方政府新增债券，用于朝阳区管庄、孙河前苇沟、东坝北西区3地的棚改等重大项目建设，于2月21日、4月19日、6月20日分3批发行；完成发行文件编制，并报区政府、市财政局批准。拨付相关资金，向主管部门、属地街乡、项目主体、监管银行下发监管通知，加强资金监管，按周分解支出计划，通过发函、实地调研等方式督促加快支出进度。落实债务化解相关工作，落实化债计划，完成中央、北京市部署的“清零”工作，实现政府债务风险等级回归“绿区”。

【民生保障】 年内，朝阳区落实公益性就业组织区级岗位补贴7014万元，提供1100余个公益性岗位，用于安置城乡就业困难人员；落实一次性就业补贴、职业技能培训补贴等各项促就业政策，支持区人力社保局开展线上招聘、职业指导等就业帮扶服务，促进高校毕业生、登记失业人员等重点群体实现就业。扶持养老服务机构健康持续发展，支出养老驿站运营扶持资金4191.11万元，养老机构运营补贴7996.83万元。安排市、区两级财政资金3012余万元用于开展“两节”送温暖活动，惠及朝阳区民政、卫生、残联等17个部门管理的9万余名困难对象。

【乡村振兴】 年内，区财政局安排资金2.67亿元，耕地保有量复耕资金1亿元，高效节水设施建设补贴650.58万元，菜田补贴、农机购置补贴、耕地质量检测、政策性农业保险、农产品质量安全等资金499.77万元，稳定区粮食及蔬菜播种生产面积，做到装满“米袋子”、充实“菜篮子”。安排疏解资金10亿元，通过电子地图的方式核定3年集体收益补偿资金6081万元。

【资产管理】 年内，区财政局开展“回头看”检查，采用深入现场、实地调研、查看账簿等方式，检查单位资产入账情况，即知即改，及时入账。检查主要围绕国有资产使用管理入账、合同签订备案、租金收缴等情况，通过公物仓做好空置房产、资产的统筹利用。

（李　伟）

税 务

【概况】 2022年，国家税务总局北京市朝阳区税务局（简称“区税务局”）

加强税收法治建设，坚持严格规范公正文明执法，全面推进依法行政。推进行政执法3项制度，加强监督检查。严守依法征收、应收尽收、坚决不收过头税的原则，做好组织收入工作。年内，完成税收收入（不含成品油消费税退税、个人所得税代扣代缴手续费退库、出口退税）1930.61亿元，比上年减收303.7亿元，下降13.6%。其中，中央级税收收入999.57亿元，比上年减收182.69亿元，下降15.5%；地方级税收收入931.04亿元，比上年减收121亿元，下降11.5%。办理出口退税（含免抵调）7.56亿元，比上年增长224.1%。

【社会保险费和非税收入】 年内，全区征收各项社会保险费1053.38亿元，其中企业职工基本养老保险费621.51亿元、机关事业单位基本养老保险费33.59亿元、基本医疗保险费336.45亿元、失业保险费28.09亿元、工伤保险费10.43亿元、城乡居民基本养老保险费0.30亿元、城乡居民基本医疗保险费1.51亿元、其他社会保险费4.57亿元。征收机关事业单位职业年金16.92亿元。征收各项非税收入76.85亿元，其中国有土地使用权出让收入11.47亿元、教育费附加17.18亿元、地方教育费附加11.45亿元、残疾人就业保障金11.51亿元、文化事业建设费3.06亿元。

【税收法治】 年内，朝阳区加强税收法治建设，坚持严格规范公正文明执法，全面推进依法行政；推进行政执法3项制度，加强监督检查；规范使用执法记录仪，全过程记录制度事项清单；遵守程序，促进重大执法决定法制审核规范标准。强化法治教育引领，开展领导干部会前学法、组织支部集体学习法治内容。

【税收政策落实】 年内，全区11.22万户小规模纳税人（含个人代开）享受小微企业免征增值税8.84亿元；享受小型微利企业税收优惠的纳税人4.88万户，减免税额34.14亿元。组织所得税年度汇算清缴各项工作，参加2021年度企业所得税汇算清缴企业25.95万户，比上年增长2.2%；完成个人所得税综合所得汇算清缴申报114.48万人，涉及9.55万户扣缴单位；完成个人所得税经营所得汇算清缴申报1.10万户扣缴单位，申报2.94万人。

【纳税服务】 年内，区税务局优化"非接触式"办税服务，电子税务局业务办理率超99%。开展"春雨润苗"专项行动，助力66户小微企业获得"银税互动"相关贷款合计人民币2.53亿元、美元28.43万元。推进"便民办税春风行动"，开展内部培训111场次，辐射15026人次；对外推送"春风行动"相关文章8篇，形成调研汇报材料1篇。主动开展问需问计问难，扎实推进接诉即办工作，做好12366纳税服务热线与12345市民服务热线归并工作，优化纳税咨询服务体验，2022年在市税务局、朝阳区考核中取得"双第一"成绩。

【营商环境】 年内，朝阳区加大离境退税政策宣传力度，离境退税商店由67户扩围至304户，数量居全市第一，助推首都建成国际消费中心城市；加强涉税政策效应分析与跟踪管理，推动辖区企业成为全市首家享受中关村示范区创投企业所得税优惠政策企业；围绕冬奥会重点项目，深化"智慧＋双语＋云端"服务，拓展绿色通道、咨询专线等举措，为北京冬奥会和冬残奥会筹办提供税务支持。

【征收管理】 年内，区税务局推行发票线上领用，26.04万户次领取。优化线上申请税控设备免费邮寄服务1.28万户纳税人，减少纳税人支出19.20万元。截至年底，税务登记40.78万户，其中单位纳税人35.30万户、个体经营纳税人5.30万户。

【智慧税务】 年内，区税务局加强"税务云厅"建设，月均人工受理4.5万户次，位居全市第一，办结时长提速56%，纳税人网上办税满意度99.9%。打造"陪伴式"云端服务模式，完善纳税人画像，推送定制化消息提醒，通过"在线导办＋电话辅导"实现精准个性化辅导。主动"陪伴式"服务纳税人6.7万余户次，在线导办及时响应率100%，五星满意度99.4%。

（林　洁）

2022年朝阳区税务局税务所一览表

表2

名称	地址	电话
北京市朝阳区税务局	朝阳区安苑东里三区1号	87426551
第一税务所（办税服务厅）	朝阳区宏泰东街望京东园4区绿地中心5号楼	81612366
第二税务所	朝阳区光华路9号光华路SOHO二期E座	81612366
第三税务所（办税服务厅）	朝阳区来广营红军营南路甲3号	81612366
第四税务所（办税服务厅）	朝阳区西大望路甲12号B座一层	81612366
第五税务所	朝阳区光华路9号光华路SOHO二期E座	81612366

续表 2

名称	地址	电话
第六税务所	朝阳区来广营红军营南路甲3号	81612366
第七税务所	朝阳区华威北里甲26号	81612366
第八税务所	朝阳区红军营东路甲8号	81612366
朝外税务所	朝阳区左家庄东里甲3号	81612366
劲松税务所	朝阳区小八里庄37号	81612366
建外税务所	朝阳区光华路9号光华路SOHO二期E座	81612366
呼家楼税务所	朝阳区太阳宫中路甲6号临1号	81612366
八里庄税务所	朝阳区左家庄东里甲3号	81612366
双井税务所	朝阳区华威北里甲26号	81612366
左家庄税务所	朝阳区左家庄东里甲3号	81612366
酒仙桥税务所	朝阳区宏泰东街望京东园4区绿地中心5号楼	81612366
麦子店税务所	朝阳区太阳宫中路甲6号临1号	81612366
望京税务所	朝阳区宏泰东街望京东园4区绿地中心5号楼	81612366
大屯税务所	朝阳区来广营红军营南路甲3号	81612366
奥运村税务所	朝阳区来广营红军营南路甲3号	81612366
东湖税务所	朝阳区宏泰东街望京东园4区绿地中心5号楼	81612366
南磨房税务所	朝阳区小八里庄37号	81612366
高碑店税务所	朝阳区定福庄路9号	81612366
十八里店税务所	朝阳区小八里庄37号	81612366
常营税务所	朝阳区小八里庄37号	81612366
管庄税务所	朝阳区定福庄路9号	81612366
金盏税务所	朝阳区宏泰东街望京东园4区绿地中心5号楼	81612366
来广营税务所	朝阳区来广营红军营南路甲3号	81612366

金融管理

【概况】 2022 年，北京市朝阳区金融服务办公室（简称“区金融办”）加大招商引资力度，推进资本市场建设，加强金融对中小微企业支持力度，强化地方金融组织监管，防范化解金融风险，统筹金融开放与安全，推动区域金融业高质量发展。42 家金融机构落户朝阳区，其中总部机构 7 家、分行分公司 18 家、支行支公司 17 家，涵盖银行、证券、金融控股等金融业态。全区有金融机构 5600 余家，其中持牌金融机构 1870 家、非持牌金融机构近 4000 家、外资金融机构近 400 家。持牌金融机构中，银行业 1011 家、保险业 452 家、证券业 300 家，其他金融机构 107 家。

【辖区企业上市】 3 月，北京格灵深瞳信息技术股份有限公司在上海证券交易所科创板上市；北京瑞尔圣彬医疗科技有限公司（简称“瑞尔集团”）在香港联交所主板上市。4 月，新华都特种电气股份有限公司在深圳证券交易所创业板上市；北京经纬恒润科技股份有限公司在上海证券交易所科创板上市。7 月，北京华大九天科技股份有限公司在深圳证券交易所创业板上市。9 月，中纺标检验认证股份有限公司在北京交易所上市。12 月，三未信安科技股份有限公司、北京燕东微电子股份有限公司在上海证券交易所科创板上市；首创证券股份有限公司在上海证券交易所主板上市；北京华品博睿网络技术有限公司在香港联合交易所上市；由清科集团创始人倪正东等主导发起的 SPAC 公司在港交所挂牌上市。

【首笔支持境外项目建设资金跨境业务】 5 月 31 日，中国能建财务公司的跨国公司跨境资金集中运营项首笔资金跨境业务，以“境内外汇贷款 + 境外放款”形式为中国能建投资公司下属境外成员企业中国能建铁塔公司提供首笔500万美元资金，用于支持在“一带一路”国家（菲律宾）的项目建设。

【数字金融创新大赛获奖】 7月29日，中信百信银行股份有限公司“京绿通Ⅱ”绿色金融专项再贴现产品案例在第五届2022数字金融创新大赛中获中国电子银行网“数智平台银奖”。

【预付费资金存管服务协议签署】 7月30日，在2022年全球数字经济大会成果发布会上，北京商务中心区信链科技有限公司、交通银行北京三元支行、朝阳区厚海培训学校签署《朝阳区预付费资金存管服务协议》。协议的签署标志着由朝阳区政府与中国人民银行数字货币研究所共同推进的“数字人民币资金存管模式”落地，成为数字人民币智能合约赋能教育培训领域预付资金管理的北京首个案例。

【阿提佳瑞瓦法银行北京代表处落户朝阳区】 9月，摩洛哥阿提佳瑞瓦法银行有限公司北京代表处落户朝阳区。该行在伦敦、巴黎、布鲁塞尔、马德里、巴塞罗那、米兰、荷兰、突尼斯、塞内加尔、加纳、毛里塔尼亚和马里均设有办事处。北京代表处的设立对区构建完善金融生态、加速国际金融机构聚集具有支持作用。

【2项工作举措入选商务部最佳实践案例】 11月12日，区金融办2项工作举措入选商务部的《国家服务业扩大开放综合试点示范最佳实践案例》。“突破堵点贯通知识产权服务业产业链体系”案例，区金融办会同区内融资租赁企业共同推动的“知识产权售后回租”等企业间新型合作研发模式被列为“探索以多种方式支持知识产权深度运用”的优秀举措之一，其中，“专利权售后回租”业务被认定为全国首单；“探索数字化手段在公共管理服务中的多场景应用”案例，推动建立的预付费资金监管平台打造预付费资金监管新场景，被列为“基于企业信用的数字化监管服务”的优秀举措之一。

（刘　奕）

投资促进

【概况】 2022年，朝阳区投资促进服务中心（简称“区投资促进服务中心”）完成招商引资项目落地13个，新增注册增资类项目投资85.6亿元。其中，内资项目5个，外资项目8个。

【服务驻区企业】 3月8日，区投资促进服务中心主管区领导带队走访中建一局集团建设发展有限公司，企业表示会稳定在朝阳区发展，扩大在朝阳区业务布局，争取在朝阳区落地更多城市更新、基础设施、投资运营、房建施工等领域的业务，为朝阳区的建设发展做出更大贡献。6月30日，区投资促进服务中心领导与日电中国董事长等团队高层负责人共同洽谈，日电中国表示日电产品由日本到中国势必要进行本土化，日电中国人事方面的业务也由成都转到北京，将有更多的人才参与到朝阳区的经济建设中来。7月5日，区委主管领导带队为华能北京热电有限责任公司及时送政策、送信息、送服务，了解企业在稳产保供、生产经营等方面存在的困难，及时解决企业诉求。区投资促进服务中心长期为多家重点落户企业提供如政策宣讲、人才奖励、政务对接等多项精准服务。

【投资促进活动】 9月3日，区领导到服贸会“投资北京会客厅”直播间，通过对话访谈形式，介绍朝阳区经济发展情况、“两区”建设成果、在发展数字经济方面的优势，以及优化营商环境的具体措施，展示区域创新投资促进和企业服务的新模式。11月10日至11日，在第五届中国国际进口博览会招商引资专场推介活动中，区领导分别参加由北京市投资促进服务中心举办的线上外资企业专场推介和重点产业专场推介两场活动。通过主题推介形式，分享朝阳区对外高水平开放发展新机遇，推介区域发展新空间，展示区域产业发展新成果。来自11个国家的65家外资企业与国内70余家重点产业企业参会。12月14日，第二十五届北京·香港经济合作研讨洽谈会开幕式暨京港合作峰会在北京国家会议中心举行。朝阳区与北京健康之家科技有限公司（水滴公司）现场签约。水滴集团（香港）有限公司投资的水滴公司医疗健康及保险项目，计划利用投资来扩大业务运作，其中约50%用于加强医疗健康发展布局，追求保险业务占领更大市场份额，约30%用于科技研发，提升公司整体科技含量。主管区领导参加中国国际服务贸易交易会“投资北京会客厅”现场访谈，推介朝阳区营商环境。

【引入项目洽谈】 年内，区投资促进服务中心完成招商引资项目落地13个，新增注册增资类项目投资85.6亿元，其中内资项目5个：江西铜业（北京）国际投资有限公司增资，北京中检希望科技有限公司增资，新设中能建数字科技有限公司，新设北京博奇天启环保科技有限公司，新设北京亮晶医院管理发展有限公司。外资项目8个：亚萨合莱（中国）投资有限公司增资，书行科技（北京）有限公司增资，元保科创（北京）有限公司增资，新设奥特莱斯资产管理（北京）有限公司，新设天下一品（北京）品牌管理有限公司，EDF（中国）投资有限公司迁入朝阳区，苏伊士水务工程有限责任公司迁入朝阳区，淡马锡投资咨询（北京）有限公司迁入朝阳区。

【招商引资服务】 年内，区投资促进服务中心构建全球招商网络，对接北京市投资促进服务中心，与戴德梁行、普华永道等北京市第一批签约“投资北京全球合作伙伴”的企业共同探索合作模式，吸纳更多国际化商务咨询、商务服务、地产咨询业顶尖企业加入朝阳区中介服务机构，优化朝阳区招商引资市场化网络，为开展各类招商活动提供支撑。优化完善《朝阳区招商引资中介服务机构认定和奖励办法》，在中介认定准入、中介机构管理、项目奖励标准、龙头项目扶持、推进中介聘任制等方面进行多层次多维度的创新修订，着力加强办法支持力度和可操作性。签约中介机构促成落户朝阳区投资项目14个，向中介机构授予“北京市朝阳区招商引资合作机构”牌匾。

【宣传“两区”建设】 年内，区投资促进服务中心加大对“两区”建设的宣传频次，与千龙网合作拍摄“一把手”访谈节目，借助千龙网主流媒体资源，宣传推介朝阳区发展的新机遇、新服务及新政策。参与主题为“共享共创——北京数字经济赋能产业发展”北京“两区”建设云推介专场活动，参与投资北京全球推介大会、京外招商推介等活动，宣传朝阳形象，推介产业规划、相关政策和区域承载空间。通过“投资朝阳”微信公众号与区政府网站宣传朝阳区营商环境，全年共推送信息384篇，进行节日祝福策划6次，区政府网站部门动态更新信息59条。编辑2022“投资朝阳”政策宣传册。内容围绕中国（北京）自由贸易试验区国际商务服务片区朝阳组团重点介绍北京CBD中心区和金盏国际合作服务区，介绍区情概况、营商环境、重点政策、主要功能区等内容。

【楼宇经济发展】 年内，区投资促进服务中心与近30个街道和地区办事处举办16场商务楼宇招商引资工作座谈会和1场楼宇经济工作研讨调度会。通过解读政府招商引资工作方法、措施、流程，政府奖励政策要点，加大营销朝阳的频次，加强政策宣传力度，宣传朝阳形象，推介产业政策，搭建政企沟通桥梁。以街道办事处和地区办事处为行政区域划分，建立起24个楼宇群。统一群名、规范入群人员类别，号召各楼宇业主、物业、招租部门的管理人员积极入群，在群内发送朝阳区各委办局发布的实时政策，楼宇招商信息，楼宇空置信息的工作任务，通过整合政府、楼宇、企业等资源，形成楼宇经济的网络生态圈。由专业公司开展区域商务楼宇信息采集，规范完善楼宇空间资源清单格式，便于街道和楼宇使用，优化统计工作。对商务承载空间的体量、空置面积、租金、地址等数据信息持续进行补充完善。

（沈 承）

审 计

【概况】 2022年，北京市朝阳区审计局（简称“区审计局”）完成审计项目68个，查出问题金额6812万元，纠正管理不规范金额33.42亿元，提出建议391条，促进被审计单位建章立制126项，审计报告和专项审计调查报告129篇。获国管局、中直管理局、国家发展改革委、财政部颁发的“全国节约型机关”称号，共青团北京市朝阳区委员会颁发的“区五四红旗团支部”称号，首都城市环境建设管理委员会颁发的“首都城市环境建设管理样板单位”称号，朝阳区委区政府研究室颁发的“区优秀调研成果”等荣誉。区审计局实施的对朝阳区森林资源现状情况的专项审计调查项目、对朝阳区促进就业专项资金管理使用情况的专项审计调查项目获2022年北京市审计机关优秀审计项目二等奖。《“十四五”时期加强基层经济责任审计的导向与路径》入选中国审计学会论文集；《区级基层审计机关开展国有企业领导负责人审计——以C区为例》获北京市审计局征文一等奖，并推荐报送审计署。

【政策跟踪审计】 年内，区审计局开展重大政策措施落实跟踪审计。审计贯彻落实重大决策措施的具体部署、相关配套政策制定、执行进度和执行效果情况，完成对17家部门单位审计。

【预算执行审计】 年内，区审计局对区属76家预算单位2021年度部门预算执行和决算草案情况数据开展审计。对7个重点一级预算单位开展现场审计，对园林绿化、教育2个行业涉及10个二级预算单位开展现场审计，推动实现重点行业基层单位5年轮审。

【领导干部经济责任审计】 年内，区审计局出台《朝阳区经济责任审计结果运用办法》，对18家单位33名领导干部开展任期经济责任审计，对5家单位9名领导干部开展任期自然资源资产离任（任中）审计。

【政府投资审计】 年内，区审计局对环境整治、美丽乡村建设、公园建设等工程项目进行审计，对工程建设项目基本建设程序、参建各方履行职责、工程质量、投资效果等非造价内容进行审计。

【专项审计】 年内，区审计局对北京CBD国际化提升工作推进情况、朝阳区2021年度“疏解整治促提升”专项行动落实情况、朝阳区2020—2021年城市更新推进情况开展专项审计，促进相关单位完善制度36项。

【企业审计】 年内，区审计局对3家区属国有企业6名企业领导人员进行经济责任审计，对区国资委监管企业京外投资情况开展专项审计调查。

【数据分析模型法审计】 年内，区审计局对北京CBD国际化提升工作推进情况专项审计调查、区公共卫生应急管理体系建设资金使用情况审计调查、区2021年“疏解整治促提升”专项行动落实情况审计调查3项目数据进行审计。方法是采集原始财务数据和财政数据并建立数据分析模型，形成标准表，生成疑点数据，核实14类问题。

【民生审计】 年内，区审计局紧扣“七有”（幼有所育、学有所教、劳有所得、病有所医、老有所养、住有所居、弱有所扶）要求和“五性”（便利性、宜居性、多样性、公正性、安全性）需求，对公共卫生服务体系建设情况、老旧小区综合整治等工程项目进行审计，对基层服务群众资金管理使用情况开展审查。

【内部审计】 年内，区审计局联合区国资委共同印发《关于进一步加强监管企业内部审计工作的指导意见》，组织内审单位培训300余人次，1400人参加后续教育。

【市区联动审计】 年内，区审计局完成审计署、市审计局对朝阳区开展的市区联动审计项目的服务保障工作。成立审计专班，开展北京2022年冬奥会和冬残奥会经费专项审计、相关环境及配套设施工程审计。结合相约北京测试赛专项资金审计工作实际情况，编制《大型活动项目资金审计规范指南》。 （张亚青）

统　计

【概况】 2022年，北京市朝阳区统计局（简称“区统计局”）编印人口普查年鉴及报告选编；完成科技服务业、信息服务业、数字经济等19项研究课题，“朝阳区老龄化研究”等5项重点研究课题；“准规模”单位查找1.1万个，单位数量位居全市第一；开展考评类、民生领域专项调查20余次；完成统计执法任务1655家。举办以“丈量京彩，同向未来”为主题的朝阳区第八届政府统计开放日。区统计局在全市统计建模大赛中获优秀奖，获“北京市第七次全国人口普查先进集体”称号。统计局服务业科（CBD统计科）、奥运村统计所、常营统计所3个集体获“北京市统计系统先进集体”称号，3人获“北京市统计系统先进个人”称号。

（陈　红　宋慧玲）

【人口抽样调查】 3月，区统计局开展第一季度人口抽样调查。调查时点为3月15日零时，涉及朝阳区29个街乡的29个社区（村）中29个小区，调查登记3686户、8404人。10月至11月，开展年度人口抽样调查。调查时点为11月1日零时，调查涉及朝阳区43个街乡的418个社区（村），609个村级样本块，调查登记25224户、59003人。其中，国家点涉及33个街乡的49个社区（村）中49个村级样本块，调查登记2035户、5013人；北京点涉及43个街乡的403个社区（村）中560个村级样本块，调查登记23189户、53990人。选调指导员和调查员1593名，利用腾讯会议开展为期3天的“两员”视频培训。成立8个督导组分片督导，开展实地踏查和质量控制，完成电话回访准确性抽查2168户。 （庄　园）

【统计报告和信息】 年内，区统计局撰写统计分析报告230篇，编印《统计报告》148期；被区委办和区政府办采登经济信息和分析报告172条，被市统计局采用信息136条、分析报告254篇，被国家统计局采登信息13篇。《2022年3季度朝阳区单位纳统情况》《1—3季度北京市、城六区主要经济指标完成情况对比》《1—7月朝阳区工业总产值下降0.3%》《朝阳区研究与试验发展（R&D）经费内部支出情况分析》等分析报告得到区领导26次批示。在市统计局优秀统计分析报告评选中，《识变应变促经济回升向好知重负重谋朝阳发展新篇——2022年1—3季度朝阳区经济运行报告》获形势类三等奖、《朝阳区经济空间布局与区域协调发展研究》《强健体魄多励志双奥朝阳向未来——冬奥会“北京周期”下朝阳区居民体育健康行为及需求调查报告》获专题类三等奖。《朝阳区产业结构转型分析及对策建议》获朝阳区优秀调查研究成果评比一等奖。《新形势下以党建引领助推统计工作的思考》获朝阳区党建研究会自选课题成果评选三等奖。《强健体魄多励志　双奥朝阳向未来——冬奥会“北京周期”下朝阳区居民体育健康行为及需求调查报告》被区委评为优秀信息。向区有关单位提供数据192万余笔。编印《统计经纬》《2022朝阳统计手册》《2021年朝阳统计分析报告》《北京市朝阳区2022年统计年鉴》《统计知识“朝”我学》。通过北京朝阳政务外网、朝阳统计信息内网、“北京朝阳统计”官方微信发布《朝阳区2021年国民经济和社会发展统计公报》。

（黄桂俊）

【经济运行监测】 年内，区统计局制定统计监测完成时间表，修订完善统计监测目录；围绕区委、区政府中心工作开展主要指标预警预判，加强原因分析，适时提供对策建议。每月对17个GDP支撑指标开展监测，定期对19个重点领域监测。对“七有”“五性”分析解读、文化产业、自贸区、国际消费中心城市主承载区建设等领域开展监测，服务全区经济转型升级。

（黄桂俊）

【统计专项调查】 年内，区统计局开展考评类、民生领域专项调查20余次，撰写各类报告200余篇。民生领域，垃圾分类调查开展2次，每次完成500份样本调查；民生实事项目线索调查完成300份样本。两项调查任务量居全市首位。在企业调查领域，从中小微企业生产经营情况、营商环境执行效果等层面开展7次调研调查。对接全区重点工作完成多项区级调查。其中，按季度完成区委政法委委托的安全感调查；完成区绩效办委托的区政府绩效考评民意调查。开展朝阳区居民对“双减”政策执行效果感受、朝阳区居民养老现状及意识、朝阳群众近期新冠感染及康复情况调查等自主调查项目。《冬奥会“北京周期”下朝阳区居民体育健康行为及需求调查报告》被朝阳报和北京朝阳App采登；《企业经营逐步复苏　精准施策共渡难关——三季度朝阳区中小微企业发展情况报告》获区长批示；《朝阳区局调研中小微企业》被中国信息报采登；《四季度朝阳

区中小微企业生产经营状况稳中求进》被区政府办采登。（刘狄菲）

【“七人普”课题研究和资料编印】年内，区统计局推进第七次全国人口普查（简称“七人普”）数据资料开发工作，通过区政府网站和“北京朝阳统计”官方微信公众号发布《北京市朝阳区第七次全国人口普查公报》。完成《朝阳区人口总体情况研究》《朝阳区老龄化研究》《朝阳区出生人口研究》《朝阳区人口与空间布局研究》《朝阳区劳动力供给与需求变动趋势研究》5项重点课题研究，编印《北京市朝阳区人口普查年鉴（2020）》《2020年朝阳区第七次全国人口普查报告选编》。区统计局、常营地区办事处、劲松街道办事处、六里屯街道甜水西园社区居委会4个单位在北京市第七次全国人口普查表彰中获“北京市第七次全国人口普查先进集体”称号，32名同志获“北京市第七次全国人口普查先进个人”称号。（庄园 杨旭）

【统计宣传】年内，区统计局推动《统计经纬》杂志电子化，策划《统计经纬》告别刊。发《朝阳统计手册》700余册、《统计知识“朝”我学》1000余册。开展“强国复兴有我”百姓宣讲活动。举办以“丈量京彩，同向未来”为主题的第八届政府统计开放日，15.8万人次观看。微信公众号推送图文145期191条，阅读12.6万次，“粉丝”4.3万人次。市统计局平台采登137篇，区政府外网采登64篇，《中国信息报》《朝阳报》等各类媒体采登43篇。（王婷）

【统计数据质量】年内，区统计局制订完善部门统计工作规范化管理办法、部门统计巡查工作办法、调查项目审批工作细则等，建立统计质量管理监督检查制度。组织街乡统计所、社区（村）统计人员培训14批次；召开部门统计工作培训会，15个区级部门20余人参与现场交流研讨；用“督检考”机制，完善街乡统计工作考核细则。对7个重点街乡开展第一轮统计巡查，首次开展部门统计巡查，对国家文化创新实验区管委会进行巡查指导，均形成巡查报告上报区政府，并反馈给街乡、部门，加强对其统计工作的监督、检查与指导。修订《朝阳区社区（村）统计工作站管理办法》。（王蓉蓉）

【统计改革创新】年内，区统计局利用大数据工具查漏补缺，实现“五证合一”新注册单位及时纳入名录库管理；查找“准规模”单位1.1万个，数量位居全市第一。采用一套表专业统筹、通表专业配合的方式，完成79家企业试点工作。创新人口大数据监测方式，建立人口普查调查数据、大数据与部门数据“三位一体”的人口数据动态监测评价体系，从重要节假日、重要商圈、重点区域等开展人流量监测。开展蔬菜App移动端统计调查试点，制作“一账两表”确保数据质量。完成执法档案电子化管理，实现对历史档案中重要数据的整理、汇总，提高对执法数据深度挖掘、分析、利用的效率。搭建区街乡统计工作平台，建设局队全新办公自动化OA系统。（傅仑 王婷）

【统计普法执法】年内，区统计局全面贯彻落实《关于更加有效发挥统计监督职能作用的意见》，开展领导干部学法活动7次；制定《朝阳区统计系统贯彻落实〈关于更加有效发挥统计监督职能作用的意见〉的工作措施》开展统计造假不收手不收敛专项纠治工作，组织相关部门、街乡、局队科室开展自查、重点抽查；创新普法方式从“灌输式”向“参与式”普法转变，开展2期线上统计法律法规知识问答，答题人次近5万人次。落实行政执法公示、执法全过程记录、重大执法决定法制审核制度“三项制度”。坚持日常检查和非现场检查并行，统计执法检查1655家单位，立案处罚109起。（田泳 闫瑾）

市场监督管理

【概况】2022年，北京市朝阳区市场监督管理局（简称“区市场监管局”）以深化改革创新为动力，以推动高质量发展为主题，以构建高标准市场体系为目标，全面落实《中共中央 国务院关于加快建设全国统一大市场的意见》，严守食品药品、特种设备、产品质量安全底线，保障消费者权益。办理行政处罚案件2336件，罚没款1.35亿元。截至年底，全区有市场主体370435户，其中内资企业317843户、外资企业13720户、个体工商户38863户。全年新增市场主体30551户，其中新设内资企业27392户、新设外资企业798户、新设个体工商户2361户。完成市场主体年报工作，其中区企业年报率94.2%，外资代表机构年报率91.42%，特种设备年报率100%。区市场监管局落实“公示即监管”的理念，对外企业信用信息查询3347件。制定印发《持续优化营商环境工作方案》，成立7个专项小组，围绕深化审批制度改革、知识产权运营、加强监管执法体系建设、维护公平竞争秩序、提升政务服务水平等重点领域，推出97项创新改革举措或深化服务措施。发起40批次“双随机”抽查，抽查主体4682户次；发起部门联合“双随机”抽查113批次，抽查主体10456户。对区政府出台的重大政策措施出具审查意见33份，组织开展2022年朝阳区公平竞争审查抽查检查工作，评估各成员单位2021年以本单位名义制发的文件92件；制定《2022年“扫黄打非”工作要点》，开展常态化扫黑除恶斗争，核查2条涉黑涉恶线索移送区扫黑办。承办各渠道群众诉求45.9万件，其中“12345”热线“接诉即办”群众诉求17.4万件，为消费者挽回经济损失4761.5万元。区市场监管局指导区消费者协会开展消费维权工作，保障消费者权益。推进企业登记注册便利化、深化“双随机、一公开”监管和信用监管、落实公平竞争审查制度等深化商事制度改革成效显著，受到国务院办公厅的表扬；被评为北京冬奥会和冬残奥会食品供应、工业产品质量和特种设备安全服务保障工作贡献突出集体，2021年度调查工作中作出突出贡献的单位、首都劳动奖状，2022年北京冬奥会、冬残奥会先进集体，北京市接诉即办工作先进单位等。

【消费者权益保护日主题活动】 3月15日，区市场监管局举办“3·15”消费者权益保护日主题活动。活动以“共促消费公平、共建放心消费”为主题，采用商场宣传屏、电梯广告屏、微信群等形式，进行线上宣传并解答消费者关心的问题。

【朝阳区获督查激励】 6月9日，国务院办公厅发布《关于对2021年落实有关重大政策措施真抓实干成效明显地方予以督查激励的通报》，朝阳区在推进企业登记注册便利化、深化“双随机、一公开”监管和信用监管、落实公平竞争审查制度等深化商事制度改革领域成效明显，获督查激励。

【重大活动服务保障】 年内，区市场监管局成立各项活动服务保障工作领导小组，组织开展赛会相关食品安全、特种设备安全、产品质量安全、市场秩序监管、环境整治、应急管理等服务保障。承担中国共产党第二十次全国代表大会、北京2022年冬奥会和冬残奥会、中国共产党北京市第十三次代表大会、全国两会、北京市两会、中国国际服务贸易交易会、第五届中非媒体合作论坛等10余项重大活动服务保障工作。

【开办依照快速办理】 年内，区市场监管局通过企业开办依照“告知承诺”快速办理，落实《市场主体登记管理条例》当场办结、一次办结、限时办结的“0+3+3”制度，精简整合登记申请文书表格，形成统一的登记程序性文书，便于申请人查阅和使用，取消清算组备案程序，落实经营范围规范化登记，推进市场主体退出便利化。

【全市首张二维码营业执照发出】 年内，区市场监管局为北京物美商业集团股份有限公司办理全市首张二维码“一照多址”营业执照。截至年底，为大型商业综合体——姚家园万象汇的进驻商户办理营业执照97份，通过“证照联办”的方式办理食品经营许可证22份。

【优化“连锁企业集中办理”办事流程】 年内，区市场监管局在全市率先落地连锁企业分支机构（连锁门店）全程电子化集中统一办理变更登记，同时通过“三专”服务模式为多家大型企业的分支机构开辟线下绿色通道，完成分支机构经营范围、负责人变更、注销等业务的集中统一办理。

【书吧领域率先推行“一业一证”】 年内，区市场监管局在书吧领域率先推行“一业一证”，北京新华文化有限责任公司朝阳第一分公司成为朝阳区首家获得行业综合许可证的企业。

【行政许可受理】 年内，区市场监管局受理食品药品类行政许可申请1.9万件、特设类行政许可1210件、计量类许可4件，“CCC”免办审批1933家次，专利授权量2.98万件，PCT专利申请量2317件。

【颁发全市首张使用市场主体登记确认的营业执照】 年内，区市场监管局为中世粮国际认证有限公司颁发全市首张使用市场主体登记确认制方式变更的营业执照。

【帮助企业纾困解难】 年内，区市场监管局采用不予行政处罚、责令停止违法行为、单一没收违法所得等处理方式办结案件51件，在保证当事人违法行为得到纠正、消费者权益得到保护的前提下，减轻处罚4176.24万元。

【大数据分析技术应用】 年内，区市场监管局应用大数据分析技术，形成《2021年年度朝阳区市场主体发展分析报告》《2022年一季度朝阳区市场主体发展分析报告》《2022年上半年朝阳区市场主体发展分析报告》《2022年三季度朝阳区市场主体发展分析报告》，为区委区政府制定经济发展政策提供参考。

【市场各领域违法行为打击】 年内，区市场监管局查办北京搜厚物业管理有限公司相关分公司在电费中加收其他费用违法行为案、北京新欣易购生鲜超市有限公司涉嫌价格违法行为案、北京美享美业科技有限公司组织“刷单”增加好评数量违法行为案、北京小鹏汽车销售服务有限公司利用格式条款排除消费者诉讼权利违法行为案等大要案。办理行政处罚案件2336件，罚没款1.35亿元。

【专项整治】 年内，区市场监管局制定《朝阳区2022年无证无照经营和“开墙打洞”专项整治行动工作方案》。整治无证无照经营计划点位100处；“开墙打洞”整治保持动态清零。

【无传销社区（村）创建】 年内，区市场监管局通过社区（村）自愿申报、街乡验收、聘请第三方暗访、征求相关部门意见等程序，完成第二批156个无传销社区（村）的认定及证书发放。截至年底，创建无传销社区（村）498个，创建率92%。

【单用途预付卡管理】 年内，区市场监管局做好《北京市单用途预付卡管理条例》的宣传、贯彻和实施工作，宣传推广《北京市成人体育培训服务合同》等7份合同示范文本，减少消费纠纷。

【规范校外培训机构资金管理】 年内，区市场监管局按照“双减”区级专班的工作要求，将106户校外培训机构纳入资金监管范围，涉及资金206万元。

（肖　洁）

2022年朝阳区市场监督管理所一览表

表3

序号	名称	地址	电话
1	亚运村街道市场监督管理所	安慧里一区11号楼	64915551
2	小关街道市场监督管理所	惠新东街8号设计大厦13层	84644537
3	望京街道市场监督管理所	广顺南大街21号院蓝色家园小区西门	64212331
4	东湖街道市场监督管理所	望京西园一区103号楼	64728614
5	太阳宫乡（地区）市场监督管理所	太阳宫地区尚家楼48号院1号楼底商西侧太阳宫市场所	84624847
6	金盏乡（地区）市场监督管理所	金盏乡城市管理指挥中心	84333173
7	奥运村街道市场监督管理所	科荟桥东北角奥运村城管执法大队院内	62940953
8	酒仙桥街道市场监督管理所	将台乡驼房营路3号	64377046
9	将台乡（地区）市场监督管理所	酒仙桥驼房营路3号	64329430
10	来广营乡（地区）市场监督管理所	来广营地区朝来绿色家园蕴实园3号楼底商	84950775
11	建外街道市场监督管理所	建国路93号院万达广场3号楼一层	58205533
12	东坝乡（地区）市场监督管理所	东坝乡红松园16号（东坝乡政府往南50米）	65491772
13	朝外街道市场监督管理所	雅宝里15号	85612587
14	六里屯街道市场监督管理所	六里屯街道甜水园北里1号	52135630
15	八里庄街道市场监督管理所	慈云寺1号院东区国际小区三号楼A座109	52187326
16	垡头街道市场监督管理所	垡头街道翠城馨园524号楼	67389581
17	十八里店乡（地区）市场监督管理所	双龙南里129号楼	87310453
18	小红门乡（地区）市场监督管理所	小红门乡小红门村临918号	67639370
19	三里屯街道市场监督管理所	幸福村一号	84751418
20	左家庄街道市场监督管理所	左家庄顺源里小区6号楼	64668825
21	麦子店街道市场监督管理所	朝阳公园西里南区6号	58260845
22	东风乡（地区）市场监督管理所	东风乡政府星火西路9号	85818457
23	团结湖街道市场监督管理所	团结湖北头条9号楼（团结湖市场所）	85589305
24	三间房乡（地区）市场监督管理所	建国路甲8号院三间房执法队内三间房市场所	65420081
25	大屯街道市场监督管理所	慧忠里B区108号楼3层	52206505
26	安贞街道市场监督管理所	安贞西里二区17号楼7层	52172115
27	和平街街道市场监督管理所	和平街西苑甲12号楼1层	84282097
28	崔各庄乡（地区）市场监督管理所	崔各庄乡政府东侧100米	64321040
29	孙河乡（地区）市场监督管理所	孙河乡顺白路6号孙河市场所	52171833
30	香河园街道市场监督管理所	西坝河西里28号英特公寓四层	64430686
31	潘家园街道市场监督管理所	松榆东里37号楼	87373176
32	双井街道市场监督管理所	广坡村街广坡村1号	87759513
33	南磨房乡（地区）市场监督管理所	双龙南里212号楼	87312145
34	王四营乡（地区）市场监督管理所	王四营乡王四营村党员服务中心东侧楼二楼	67373882
35	呼家楼街道市场监督管理所	呼家楼北街甲6号	65018535
36	平房乡（地区）市场监督管理所	平房乡黄杉木店路10号	85518505
37	常营乡（地区）市场监督管理所	富力阳光美园甲1号105二层	65480860

续表 3

序号	名称	地址	电话
38	管庄乡（地区）市场监督管理所	管庄路管庄东里21号楼	85707889
39	首都机场街道市场监督管理所	首都机场场西平街2号街道办事处	64571573
40	奥管委市场监督管理所	安苑北里小区12号楼综合执法队2层	64810160
41	劲松街道市场监督管理所	劲松一区132号	67730440
42	高碑店乡（地区）市场监督管理所	高碑店乡康家园25号楼	85791630 85777231
43	黑庄户乡（地区）市场监督管理所	黑庄户乡黑庄户家属院内	85386401
44	豆各庄乡（地区）市场监督管理所	绿丰家园东路与西马各庄北路交叉口往东20米	85307404

质量技术监督

【概况】 2022 年，北京市朝阳区市场监督管理局（简称“区市场监管局”）推进区质量基础设施“一站式”公共服务平台建设；起草《朝阳区标准化行动方案（2022—2025 年）》构建标准供给体系；发布《2022 年朝阳区贯彻质量强国战略工作年度重点任务清单》及行动方案，推进质量强国首善之区建设。特殊设备监察科被评为北京冬奥会、残奥会食品供应、工业产品质量和特种设备安全服务保障工作贡献突出集体。

【CCC 免办】 年内，区市场监管局推荐 2 家车企入选 CCC 免办“自我承诺便捷通道”试点企业，检查取得“CCC 免办证明”的企业，查处全市首例“未按照申报用途使用 CCC 免办产品”案件。

【资助市区两级技术标准制（修）订】 年内，区市场监管局对符合区级资助条件的 48 家单位提出的 238 项标准、1 项标准化试点示范活动和 1 项参与国际标准化组织补助项目资助 190 万元。

【生活垃圾管理】 年内，区市场监管局落实《北京市生活垃圾管理条例》，检查经营主体 8648 家，查处违法行为 3 起。

【民生计量保障】 年内，区市场监管局对超市、集贸市场、餐饮单位、旅游景区商店等民生领域计量监督检查 204 家；对超期未检定的出租车计价器开展专项检查，完成强制检定计量器具 5.3 万台（件）。

【老旧住宅电梯安全评估细则实施】 年内，区市场监管局印发实施《北京市朝阳区老旧住宅电梯安全评估细则》，组织第 3 方检验机构对申请政府救济的 185 台电梯进行安全评估，保障居民安全出行。

【“企业标准领跑者”制度】 年内，区市场监管局推广实施“企业标准领跑者”制度的制定，引导企业标准领跑行为。乐成老年事业投资有限公司（双井恭和苑）企业标准 Q/SJGHY JC101-02—2020《养老服务标准体系》、北京铜牛曙光科技有限公司企业标准 Q/CYTNS 001—2021《针织服装——T 恤、短裤（裙）、裙子、长裤类套装校服》、北京新益纺织品有限公司企业标准 Q/CYCRE 001—2021《针织服装——T 恤、短裤（裙）、裙子、长裤类套装校服》和爱慕股份有限公司企业标准 Q/CYAMN 0028—2021《袜子》入选 2021 年企业标准“领跑者”名单。

【缺陷产品召回】 年内，区市场监管局召回缺陷产品 5 家次，涉及缺陷消费品 3036 件，召回频次、涉及缺陷消费品数量比上一年分别下降 54.5%、4.5%。对 2021 年已召回产品企业开展“回头看”，降低缺陷产品流入市场风险。

【特种设备监督检查和检验检测】 年内，区市场监管局对特种设备使用单位实施监督检查 557 家次，检查各类特种设备 1993 台（套），发出安全监察指令书 48 份，办理案件 25 起，安排检验任务 8782 单，出具检验检测报告 5.4 万台（份）。

【工业产品质量监管】 年内，区市场监管局加强对获证企业的监督管理，监督抽查流通领域公共安全类重点产品，对辖区 24 家次企业实施风险处置，指导企业开展调查和整改。打击无证生产销售以及掺杂使假、以假充真、以次充好、质量不合格等违法行为，开展各类执法检查 247 家次，监督抽查 486 组。打击制售非法电动自行车及电动三、四轮机动车的违法行为，现场检查 2.3 万家次，办结案件 10 件。（肖　洁）

食品药品监督管理

【概况】 2022 年，北京市朝阳区市场监督管理局（简称“区市场监管局”）落实国务院食安办食品安全属地管理和企业主体“两个责任”长效机制，开展食品药品安全工作考评，按“每月一题”工作要求，开展多轮次餐饮业大检查，督促餐饮经营单位落实食品安全主体责任，全面排查消除餐饮环节食品安全隐患，开展食品各环节区级常规监督抽检 3606 批次，合格率 99.45%。被评为北京市药品不良反应监测工作先进单位、北京市医疗器械不良事件监测工作先进单位、北京市化妆品不良反应监测工作先进单位。医疗器械监管科获得“全国药品监管系统先进集体”称号。

【专项监督检查】 年内，区市场监管局依法查处生产经营含金银箔粉食品违法行为，对各类生产经营主体监督检查937家次；对餐饮环节一家企业立案查处，罚没款10.1万元。

【冷链食品安全监管】 年内，区市场监管局对朝阳区进口冷链食品进行安全监管。新冠疫情防控期间，重点业态经营环境核酸检测301.1万件、物品核酸监测11万件，结果均为阴性。对968家冷库单位落实冷库责任人制，2538个冷库开展“每日一查”。

【农贸市场疫情防控智慧监管】 年内，区市场监管局在大洋路市场入口处及各厅棚建设“智慧安全服务机器人”和“智慧移动终端”，对农贸市场疫情防控开展智慧监管。与区“8小时指挥部”、区社区防控组密切配合，及时化解风险隐患。

【食品药品监督抽检】 年内，区市场监管局对食品药品等进行监督抽检。开展食品各环节区级常规监督抽检3606批次，合格率99.45%；药品抽样410批次，合格率100%；医疗器械抽样65批次，合格率93.85%。

【不良反应监测】 年内，区市场监管局收集、评价药品不良反应监测评价报告2097件、医疗器械不良事件监测报告审核2703件，追踪严重病例补充报告63件，审核医疗器械产品注册信息470件、化妆品不良反应监测评价报告215件。

【首创“互联网+食品安全”智慧监管系统】 年内，区市场监管局全市首创“互联网+食品安全”平台智慧监管系统，搭建餐饮服务风险预警共治云平台，建立餐饮环节风险预控长效机制，与美团、饿了么两大订餐平台签订网络餐饮食品安全政企共治合作协议。

【严查舆论热点问题】 年内，区市场监管局针对社会关注的“雪糕刺客”“雨伞套路”等问题开展专项检查，对36家便利店进行突击检查、对存在违法行为的15家门店给予行政处罚。

【食品安全专项行动】 年内，区市场监管局对辖区46216家食品生产企业、食品经营企业、网络相关食品企业、校园相关食品企业、涉及保障供应的相关企业开展全面检查，处置风险问题539个。 （肖 洁）

▲ 2022年，朝阳区市场监管局对朝阳区进口冷链食品安全监管。图为对冷库开展“每日一查” （邹 玥 摄）

价格管理

【概况】 2022年，北京市朝阳区市场监督管理局（简称“区市场监管局”）组织查处价格收费违法违规、不正当竞争、违法直销、传销、侵犯商标专利知识产权和制售假冒伪劣行为。发布全市首个《营利性医疗机构明码标价参考样式的公告》，维护市场价格秩序。

【《营利性医疗机构明码标价参考样式的公告》发布】 9月22日，区市场监管局发布《营利性医疗机构明码标价参考样式的公告》。该公告把医疗美容机构收费明细清单示范文本以公告形式给营利性医疗机构医疗服务项目、药品、医用材料价目表及营利性医疗机构价格费用明细清单参考样式，要求营利性医疗机构在服务场所显著位置选用电子触摸屏、电子显示屏、公示栏、公示牌、价目表、价目本等方式进行价格公示，在结算前向患者提供价格费用明细清单。公告发布后区医疗美容机构“接诉即办”工单投诉举报量占比从43.17%下降至16.06%，职业举报人工单量显著下降。

【涉企收费专项检查】 年内，区市场监管局开展“治理涉企收费 减轻企业负担”专项检查，查处不执行政府定价、政府指导价等价格违法行为12起，罚没金额8399.5万元，为市场主体减轻负担1.01亿元，惠及中小微企业、个体工商户等市场主体9300家。

【维护市场价格秩序】 年内，区市场监管局发布全市首个《营利性医疗机构明码标价参考样式的公告》，推动医疗美容行业良性发展；开展校外培训机构、职业教育学校、幼儿园、高中及义务教育阶段学校、高等学校等7类教育收费专项检查，退还多收费用882.2万元；规范殡葬行业价格行为，查处违法行为11起，罚没款403.3万元。（肖　洁）

安全生产监督管理

【概况】2022年，北京市朝阳区应急管理局（简称“区应急局”）完成重大活动安全应急服务保障，开展安全生产“平安冰雪季”和“百日攻坚”等专项行动、组织街乡等单位开展12个行业领域（区域）的安全生产整治和十大消防专项行动。对全区征收拆迁滞留区域和不放心不托底区域，按照“一地一策”“一项目一方案”原则，明确安全管理责任主体和责任人员，落实各项安全防范措施，堵塞辖区安全管理上的漏洞。针对“两个通道”、电动自行车、仓储物流、易燃易爆、施工现场五类“薄弱环节”，制定10个消防工作机制、20项社会单位管控措施，实施常态化错时检查模式。出台《朝阳区安全生产委员会工作规则（试行）》，形成安委会“一办七组”工作框架，出台《朝阳区街道（地区）办事处防火安全委员会实体化运行管理规定》。安全生产专项整治3年行动的3个专题和7个专项涉及的6202条一般挂账隐患、39条重大挂账隐患销账，239条年度任务完成，建立20项安全监管长效制度措施清单。依托“安全生产月”“5·12”全国防灾减灾日、“119”消防宣传日等活动，开展安全宣传“五进”活动。创建成2个国家级综合减灾示范社区和25个北京市综合减灾示范社区。服务指导2132家企业完成安全生产标准化创建、4112家企业开展城市安全风险评估、4536家企业完成隐患排查清单编制。以服务促监管企业安全生产，“安责险+服务”企业宣传覆盖率90%，安责险投保企业16985家，占全市21.6%。区委区政府总值班室和区消防救援支队获“北京2022年冬奥会、冬残奥会北京市先进集体”称号。（邱婉凌）

【电动自行车专项整治】1月，区应急局成立朝阳区电动自行车专项整治工作专班。印发朝阳区《2022年居住区电动自行车充电设施建设方案》。建电动自行车集中充电设施接口7.33万个，累计建设充电设施接口15.93万个（其中2.03万个建在非居住区）；督促各街乡、各相关部门强化电动自行车执法检查力度，开展电动自行车巡查夜查，出动检查力量18.02万人次，检查居民小区（村）7.92万个次，检查电动自行车销售场所1.90万家次，检查其他单位6.54万家次，发现隐患问题6.59万处，劝阻清理违规停放电动自行车7.69万余辆，处罚社会单位64起，处罚物业服务企业13起，处罚款125.29万元；交管部门查没临牌车、无牌车3.2万余辆。发放张贴播放宣传海报、标语、一封信、短视频等90余万张（条、次）。发布电动自行车消防安全隐患曝光台，会同人民网、新华网、北京电视台、朝阳有线等媒体曝光重点隐患小区40余个。《朝阳区应急局5个“强化”快速推进电动自行车充电设施建设工作案例报告》获评2022年首都应急管理创新案例一等奖。（邱婉凌）

【单窗通办受理系统运行】2月24日，在朝阳区政务服务大厅通过朝阳区政务全网通运行管理平台单窗通办受理系统运行。3月1日，北京润阳国际酒店管理有限公司万世名流酒店成为第一家享受此服务并通过审核的企业。（付继承）

【安全生产专项行动】3月31日，区安委会完成各街乡、各部门朝阳区安全生产“平安冰雪季”专项行动。全区出动检查人数13.5万人次，检查生产经营单位10.4万家次，发现一般隐患5.8万项，整改5.6万项，整改率97%，整改重大隐患3项；打击非法违法行为766起，停业整顿128家，罚款1044.98万元。（李　艳）

【执法装备保障】5月，区应急局通过中国联合网络通信有限公司北京市分公司采购移动执法政务网套餐60个，以满足“北京市安全生产行政执法系统”中执法终端与系统平台无线网络连接的传输速度、质量。6月至7月，完成移动检查执法终端的配发。（杨妮娜）

【“安全生产月”活动】6月1日至30日，区安委会办公室组织各街乡、各部门、各企业开展朝阳区“安全生产月”活动。活动以“遵守安全生产法　当好第一责任人”为主题。发放《致企业的一封信》14.25万张，主题海报4.3万张，《安全生产法》手册1.38万册，区应急局宣传背景展板、安全月宣传相关内容展板17块，“朝阳应急”公众号设置专栏推送安全生产警示片12部。参与人员数万人次。（李　艳）

【燃气使用单位联合执法检查】6月26日至7月1日，区应急局派出3名执法人员配合检查组统筹协调街乡执法监察力量及街乡专职安全员队伍，对全区燃气使用单位开展安全检查，核查检查各类燃气场所、点位40余处。（任　艳）

【安全生产培训走过场专项整治】7月至9月，区应急局开展区安全生产培训“走过场”专项整治，执法检查安全培训机构6家、考试机构和考试点6家、生产经营单位1112家，对检查发现的安全生产培训“走过场”问题的相关单位，要求立即整改，并依法实施处罚。（叶思凡）

【工贸企业生产经营用自建房专项整治】7月13日，区应急局印发《关于开展朝阳区工贸企业生产经营场所自建房安全专项整治工作的通知》。该通知要求各街乡严格落实属地责任，整理汇总涉及7个街乡20家企业的《朝阳区工贸企业生产经营场所自建房台账》，依法依规全面排查整治工贸企业生产经营场所自建房安全隐患。7月至9月，完成全区工贸企业生产经营场所自建房安全专项整治“百日行动”，管控全区工贸企业生产经营场所自建房重大安全隐患。该专项行动持续至2025年6月底。（赵光宇）

【电动自行车蓄电池燃爆演示观摩活动】7月22日，区应急局主办的电动自行车蓄电池爆燃演示活动在三间房地区泰福苑社区举办。演示活动包括模拟电动自行车蓄电池在受到外力损坏后的场景、讲述电动车火灾的危害和预防措施等内容。社区居民及周边企业、商铺代表100余人参加。（邱婉凌）

【有限空间作业监督执法和安全检查专项行动】8月至11月，区应急局组织全区43个街乡、17个相关职能部门开展有限空间作业“百日攻坚”“双防一推进”监督执法和安全检查专项行动。监督检查主要包括防止违规作业、防止盲目施救，推进企业落实主体责任等主要内容。出动检查人员10526人次，检查6689家次，发现安全隐患4195处，整改隐患4160处，整改率99.17%，下达责令整改文书456份，立案11起，罚款31万元。（赵光宇）

【有限空间作业比武】8月23日至9月15日，区应急局主办的2022年度朝阳区有限空间作业大比武竞赛活动举办。43个街乡、相关职能部门安全生产负责人及来自水、电、气、热、暖、重点物业企业的79支有限空间大比武参赛队伍领队参加。活动包括动员会、业务培训会及应急救援演练及比赛。比赛包括笔试、实操考核、决赛，最终决出第一名1个、第二名2个、第三名6个及优秀组织奖14个。（赵光宇）

【应急管理综合执法大队揭牌成立】12月26日，朝阳区举行应急管理综合执法大队业务培训部署会暨揭牌仪式，成立应急管理综合执法大队。北京市朝阳区应急管理综合执法队更名为北京市朝阳区应急管理综合执法大队，区应急管理综合执法大队为区应急局管理的副处级行政执法机构，以区应急局名义执法。主要职责是负责法律、法规、规章规定应由区级应急管理部门行使的有关危险化学品、工贸等行业领域方面的职权；负责重大安全生产隐患和安全生产违法案件的查处工作及全区安全生产投诉案件的调查处理工作、应急处置工作；负责指导、协调街乡依法履行安全生产监督管理职责和事故隐患排查治理监督管理职责。（叶思凡　任　艳）

【安全责任险制度推广】年内，区应急管理局完成安责险制度推广工作。参保企业16955家，保险费3011.23万元，责任限额1747.67亿元，保险期内累计责任限额1442.92亿元。督促指导保险服务机构做好承保、理赔和事故预防服务各环节，由保险运营公司利用提取经费聘请第3方对投保单位开展隐患排查，年度安责险隐患排查走访17968家，入户排查15356家（保险期内11293家），有重点隐患12366处、一般隐患18373处。（邱婉凌）

【媒体融合应用应急管理】年内，区应急局把传统媒体和新媒体融合应用应急管理工作。用市级各新媒体、区融媒体以及局官方微信公众号、视频号和抖音号等新媒体宣传报道朝阳应急微信公众号共发布文章402篇，阅读量19.5万余人次；朝阳应急微信视频号和抖音号发布疫苗接种、疫情防控、急救常识等作品19条，播放量6万余人次。《朝阳报》“聚焦安全线应急在行动”专栏发布文章5期；配合《中国应急管理报》、北京应急微信公众号完成典型人物、重点工作报道。（唐　璐）

【企业台账动态更新】年内，区应急局更新维护企业台账系统。完成111475家的审核更新，其中新增企业39182家、修改企业信息24529家、核销企业45069家、恢复企业1968家、迁入企业382家、迁出企业345家。（杨妮娜）

【危险化学品行政许可审批】年内，区应急局办结危险化学品经营许可证审批166件。其中，首次申请22件，不储存经营企业延期申请38件，加油站延期申请48件，变更申请58件。（刘　宁）

【处置收缴危险化学品】年内，区应急局投入资金13.5万元，委托有资质的化学品消纳企业把2020年以来各职能部门及街乡查处、收缴、暂存在北京益利精细化学品有限公司、北京普莱克斯实用气体有限公司的危险化学品进行统计核实、清运处置。包括固体化学试剂20瓶、液体化学试剂约300瓶、稀料油漆约800桶、其他危险化学品气瓶约300瓶。（刘　宁）

【实验室专项治理】年内，区应急局制定《北京市朝阳区实验室危险化学品安全专项治理工作方案》，建立完善全区《涉危使用实验室基本情况登记表》，聘请第3方专业机构对50家有代表性的实验室进行现场检查。（刘　宁）

【危险化学品企业安全生产大检查】年内，区应急局危险化学品企业安全生产大检查，重点检查生产企业、有储存经营企业、加油站、化工及医药制造企业和水处理企业。累计出动执法人员622人次，检查企业322家，发现并整改隐患830项，责令限期整改13家，行政处罚1家。（刘　宁）

【安全生产专项整治3年行动】年内，区安委会办公室组织各街乡、各有关部门开展安全生产专项整治3年行动。全区检查生产经营单位39370家次，建立问题和隐患清单3260项，整改3260项，整改率100%。年度目标任务清单239条，完成239条，完成率100%。（李　艳）

【安全生产整治安全生产大检查】年内，区安委会成立联合督导检查组6个，对全区43个街道（地区）开展督导检查。全区累计出动检查人员39.48万人次，检查生产经营单位27.26万家次，排查发现各类隐患9.76万项，整改隐患8.71万项，打击非法违法行为4305起，停业整顿534家，处罚款7894.62万元。（李　艳）

【城市安全风险评估】　年内，区安委会办公室组织各街乡、各有关部门在10个重点行业（领域），开展城市安全风险评估。朝阳区新增完成风险评估单位2220家，其中非小微企业855家。对2862家非小微企业进行安全风险评估更新及核查，并填写《城市安全风险评估现场核查记录表》。对系统内的39314家企业开展风险评估更新工作。（李　艳）

【隐患排查治理及清单编制】　年内，区安委会办公室组织各街乡开展企业隐患排查治理清单编制工作，新增使用北京市隐患排查治理信息系统企业4536家，“一企一标准、一岗一清单”清单编制试点企业每月系统平均使用率均为100%。（李　艳）

【安全生产标准化创建】　年内，区安委会办公室组织各街乡开展安全生产标准化创建工作，其中三级标准化创建企业900家，小微（岗位）创建企业1040家。标准化初评工作强化企业自主创建，以公开招标方式确定3家单位分片负责评审工作，隐患整改不到位企业不予通过，完成评审企业1940家。（李　艳）

【工贸企业安全生产检查】　年内，区应急局开展区工贸企业安全生产检查。制定印发《2022年朝阳区工贸企业安全生产大检查方案》，组织各街乡对辖区进行全覆盖检查，检查企业109家，检查906家次，发现安全隐患408处，现场整改隐患396处，其余隐患责令企业限期整改。（赵光宇）

【有限空间作业专项夜查】　年内，区应急局开展全区有限空间作业专项夜查。专项夜查由43个街乡及17个相关职能部门参与。参加专项夜查人员2746人次，检查生产经营单位325家，作业点位1217处，发现并消除隐患860处。（赵光宇）

烟草专卖与管理

【概况】　2022年，北京市朝阳区烟草专卖局（公司）[简称“区烟草专卖局（公司）”]为纳税信用A级企业。办理各类涉烟违法案件113起，其中5万元以上案件73起，查获违法卷烟等1584万支，刑拘10人。（崔耀东）

【“双百万”案件】　9月13日，区烟草专卖局（公司）行政执法人员在公安机关配合下，破获一起家族式经营重大涉烟违法案件。查获各类违法卷烟132万余支、总案值102万余元，其中假冒卷烟118万余支、涉案案值89万余元，查扣涉案车辆3台，抓获犯罪嫌疑人5名。（王熙坤）

【普法宣传活动】　年内，区烟草专卖局（公司）在“3·15”消费者权益日、“12·4”国家宪法日等各类主题宣传日，针对不同宣传内容开展对应主题宣传月活动。开展新办证零售户及违法零售户法律宣传讲解工作。探索线上课堂，为零售户开展烟草相关法律培训12次。制定印发“八五”普法规划，明确“八五”普法工作的指导思想、主要目标、工作原则、普法重点内容及相关工作要求。（柴汝静）

【质量管理小组成果】　年内，区烟草专卖局心思路QC小组的《真烟异常流动数据验证分析系统研制》获行业QC成果发表赛二等奖。（崔耀东）

农业　农村

乡村振兴

【概况】 2022年，朝阳区农村地区有19个乡、144个建制村、293个社区，总面积350.5平方千米。6月24日，经市委编办批准，在北京市朝阳区农业农村局加挂北京市朝阳区乡村振兴局牌子，负责统筹实施乡村振兴战略相关工作。区委农工委、区农业农村局行政编制67人（包括单列4名），内设机构14个。朝阳区围绕农村自建房、重点村、电动自行车、燃气管线、消防等重点区域和领域，开展农村安全整治专项行动，整治5万余处安全痼疾。开展“大接访、大走访”活动，加大重复访和积案化解力度。

【农村工作领导小组会议】 8月10日，区委农村工作领导小组第一次（扩大）会议召开，审议通过《朝阳区农村集体企业规范管理三年实施方案》《关于通报2021年度乡级党政领导班子和领导干部推进乡村振兴战略实绩考核评定结果的通知》《2022年度北京市朝阳区乡级党政领导班子和领导干部推进乡村振兴战略实绩考核评分表》《朝阳区关于做好2022年全面推进乡村振兴率先基本实现农业农村现代化重点工作的实施方案》4个事项。

【乡村振兴组织与人才保障】 年内，区委农村工作领导小组统筹协调，凝聚产业振兴、人才振兴、文化振兴、生态振兴、组织振兴五大工作专班合力，建立完善小组会议、季度工作调度等制度，完善乡村振兴战略体制机制保障。组织2021年乡村振兴战略实绩考核，制定2022年实绩考核标准，压实乡级党政领导班子抓乡村振兴责任。加强乡村振兴人才队伍建设，开展新时代基层干部主题培训班，培训干部2.2万人次，完成各类农村实用人才培训1132人次。

【农村城市化工作专班】 年内，区政府组建城市化工作专班，下设专班办公室、推进空间资源优化利用工作组、推动农村城市化路径创新工作组、统筹项目资金及建设管理工作组、促进产业空间高效利用工作组、优化安置性住房规划利用工作组“一办五组”，涉及区发展改革委等21家成员单位及19个乡，建立联席会议制度、重大事项专题审议机制、信息报送制度。

【城乡融合发展三年行动计划】 年内，朝阳区制定《城乡融合发展三年行动计划》，明确区主要领导对农村城市化调研涉及的11类、124项问题推进解决方案。成立城乡融合发展三年行动工作小组，集成30家单位及19个乡力量，健全领导机构，明确责任分工，建立工作调度机制、任务督办机制，实现124项难点问题销账，推动调研成果转化。解决三间房南区安置房开工等64项难题。

【重点项目审批手续统筹办理】 年内，朝阳区发挥农村地区区级建设项目审批手续统筹协调专班作用，推进上市地块、安置房项目办理和房产证补办手续。王四营地区（乡）土储一期等11宗土地实现上市，豆各庄地区（乡）绿丰三期等3个150万平方米安置房项目竣工入住。全市首个以用地整合、功能组合、空间围合、高低结合“新四合”理念开展的标志性工程王四营乡孛旺花园一期交付使

▲ 2月19日，三间房乡南区棚户区改造安置房项目开工奠基仪式举行　（熊　伟　摄）

用。三间房南区等14个安置房项目6万套建成并打通房产证办理路径。东坝商业中心、将台F地块达到开工条件，管庄新文化企业总部等7个产业项目用地指标经市政府专题会审议通过。

▲ 6月30日，黑庄户地区（乡）基本农田示范田作业现场　（熊　伟　摄）

【城市化路径探索】 年内，按照王四营地区（乡）模式、原地更新、自主上楼、社区治理和结合分区规划破题五类方式，朝阳区确定剩余45个村、6个平房片区城市化分期实现路径。通过科学精算安置成本和筹资缴费周期，形成全区剩余7.8万农民一次性整建制转居方案，履行市级批复程序。经过各实施单元规划研究，将东风地区（乡）、王四营地区（乡）城市化方案提交市级审批。完善联席会议和联合执法机制，农村宅基地及房屋建设管理全面强化。编制完成十八里店地区（乡）高质量发展实施方案。

【产业用地区级统筹】 年内，朝阳区落实“村地区管”，强化集体产业用地区级统筹。启动高碑店地区（乡）半壁店村G地块集租房试点项目，孙河大湿地一号、常营东方和瑞等6个新增产业项目被纳入区级统筹。围绕重点功能区加速产业升级转型，太阳宫科技文化创业大厦、莱太文化综合体加快建设，来广营地区（乡）龙湖集团实现新一轮更新改造。

【农业生产】 年内，朝阳区落实“田长制”责任，建立组织调度、巡查检查、督导考核、信息报送、交接清单5项工作制度，健全区、乡、村三级责任体系，推动1.55万亩耕地基本实现种植利用。推进农田整备建设，完成4100亩耕地复耕复垦和3800亩农田基础建设，打造黑庄户乡2块“良田”示范样板，编制朝阳区高标准农田建设十年期规划（涉及农田6600亩），提升藏粮于地水平。完成14.1公顷农业领域“留白增绿”。推动设施农业区级联审备案。落实粮食生产党政同责和“菜篮子”责任制，完成粮食、蔬菜播种面积1.12万亩、产量9606吨，超额完成市级下达的农业生产任务。推进农产品质量安全网格化监管和食用农产品承诺达标合格证工作，区级抽检蔬菜、水产品等农产品样品合格率100%。

【集体产权制度改革】 年内，朝阳区继续组织乡村两级集体产权制度改革。围绕剩余村级改革任务，按“一村一策”推动难点问题解决。完成4个村级改革，村级改革总数154个，完成率99.4%。以“一绿一批”（《北京市第一道绿隔地区城市化建设朝阳区试点实施方案》要求，朝阳区一道绿化隔离地区一至四批城市化建设试点梯次深入，一批包括常营、豆各庄、南磨房、太阳宫、来广营和将台6个试点乡）剩余4个试点乡为重点，探索乡级改革路径，启动将台乡乡级改革，进行集体资产清产核资。

▲ 2月11日，高碑店乡半壁店村G地块项目推进会召开　（熊　伟　摄）

【农村集体“三资”管理】 年内，朝阳区加强集体经营性用房区级监管，744个、43.6万平方米集体经营性用房通过区级复审，年租金增长3.6亿元。出台《朝阳区农村集体企业规范管理三年实施方案》，61家集体所有制企业完成注销，7家集体所有制企业改制为有限责任公司。完成5058份涉地合同核查，2452处16.68万亩资源性资产，3636处1258.4万平方米建筑类资产等集体家底全部被纳入平台，实现链条化、可视化管理。落实农村集体经济组织财务制度，实行村级预算管理。全区155个村级集体经济组织全部完成规范建账。

【农业现代化】 年内，《朝阳区农业现代化发展规划（2021—2025年）》《朝阳区耕地及农业园区建设工作方案（2022—2025年）》编制实施，大城市中心城区农业现代化发展路径更加明确。落实与农业农村部部区合作机制，细化数字农业先行区、农业多功能示范区任务。推进数字农业发展，建成国家数字农业创新应用基地项目，来广营朝来农艺园和孙河郎枣园数字农业设备设施全面装配运营。朝来农艺园被评为2022年全国智慧农业建设优秀案例。建成区级数字农业平台系统，推进智慧农业农村建设。强化农业园区品牌建设，中农春雨被评为2022年“北京优农”品牌，黑庄户观赏鱼、孙河郎枣园成为储备培育项目。

▲ 6月28日，朝阳区组织开展农村系统2022年“强国复兴有我”“朝阳群众”百姓宣讲汇讲活动　（熊　伟　摄）

【农村人居环境整治】 年内，《朝阳区“十四五”时期提升农民人居环境建设美丽乡村行动方案》出台，旨在分类推进人居环境整治，健全长效管护机制。加大农村污水治理力度，探索农村生活垃圾收运处置模式，推进源头减量。定期开展户厕摸排，对发现的旱厕动态清零，在市级抽查中所涉及村全部合格。东坝东湾家园等26个小区（村）获评市级垃圾分类治理示范小区（村）。按照城乡一体标准，在45个未拆迁村全面实施村庄物业化管理，促进农村人居环境面貌提升。开展“百师进百村”工作，在白家楼、么铺、方家村3个“百村示范村”引进中央美术学院等专业团队，助力深化美丽乡村建设。黑庄户乡小鲁店村获得全国乡村治理示范村称号。新增十八里店地区（乡）等4处城市休闲绿地，温榆河公园朝阳一期、东风迎宾公园建成开放。

【农村文化文明建设】 年内，朝阳区农村地区首次被纳入文明城区测评体系，完成全国文明城区迎检以及高井村、费家村专项测评。组织筹备北京农民艺术节和中国农民丰收节活动，建成3个乡情村史陈列室。以“强国复兴有我”为主题举办农村系统百姓宣讲系列活动20余场，依托“北京朝阳”App、各乡微信公众号开展宣传教育，推动党史学习教育常态化、长效化。拓展新时代文明实践中心建设，依托农村地区315个新时代文明实践站（所）开展志愿服务。

▲ 4月20日，十八里店乡横街子村环境整治工作现场　（熊　伟　摄）

【乡村治理】 年内，朝阳区乡村健全落实党组织提议，村“两委”会商议，村党员大会审议，村民代表会议或村民会议决议；乡镇党委、政府审核；决议公开、实施结果公开“四议一审两公开”和党务、村务、财务“三务公开”等制度，因地制宜制定村规民约，强化遵守执行。制定印发《朝阳区村级小微权力清单》，明确村级微小权力腐败惩治标准，建立健全农村地区小微权力制度落实机制。推进村（社区）政务服务规范化建设全覆盖，建成服务站点577个。新建社区19个，完成18个超大社区拆分重组，农村社区293个。创建18个农民回迁房示范社区，打造兼具城市功能和乡村风情的社区治理样板。推进19个社区协商议事厅示范点和楼门院治理示范点。实施“接诉即办”一把手工程，分析调度高频共性问题。45个现状村、6个平房区全部实现智慧化管控。

【农村党组织建设】 年内，朝阳区制定《进一步规范农村地区基层党组织设置工作方案》，开展基层党组织规范自查整改，“一村一策”推动完成金盏乡皮村、雷庄2个软弱涣散村区级自查。高碑店乡高井村、黑庄户乡小鲁店村获评市级抓党建促乡村振兴示范村。完成144个村和259个社区新任党组织书记培训。印发实施《朝阳区关于加强对村干部特别是村级组织主要负责人管理监督的若干措施》《村级组织主要负责人履职行为负面清单》，对全区144个村开展换届“回头看”，落实社区、村党组织书记备案制度。选派6名机关事业单位干部到基层治理任务较重的村担任第一书记，落实《北京市驻村第一书记管理办法》，强化对第一书记的日常监督管理。加强村级后备人才队伍建设，实现每个村至少储备2名后备人才。完成20项市委巡视、29项自然资源和规划区域专项巡视、48项区委巡察反馈问题整改。

▲ 8月17日，区经管站调研指导管庄地区（乡）集体企业改制工作　　（管庄乡　供图）

农村经济管理

【概况】 2022年，朝阳区农村集体经济总收入113.0亿元，比上年下降9.1%；利润总额-3.0亿元，比上年减少5亿元；资产总额1675.4亿元，比上年下降1.6%；净资产496.8亿元，比上年增长12.6%；人均所得43422元，比上年增长4.0%。全区村级预算总收入66.6亿元，预算总支出61.7亿元，预算结余4.9亿元。朝阳区农村合作经济经营管理站（简称“区经管站”）协助做好全区农村经营管理人才队伍建设，推动农村集体经济高质量发展。　（张　萍　王雯婧）

【农村集体经营性用房调研】 8月，区经管站到各乡了解集体经营性用房项目出租实际情况。主管领导带队到十八里店、太阳宫、管庄、豆各庄、崔各庄、金盏、三间房等地区（乡）调研，听取各地区（乡）对经营性用房项目通过复审后运营管理情况和存在问题介绍，踏勘经营性用房项目出租现状。针对签约缓慢的项目提出加大招商出租力度和加快对接市农交所的建议，指导项目业态、乡域指导价、纳税纳统情况相关问题。

（魏东剑）

【农村集体经济审计培训】 11月4日，区经管站联合区审计局，组织召开农村集体经济审计工作业务培训视频会，重点培训经济责任审计、专项审计调查工作开展情况及村级公益事业专项补助资金管理使用情况审计工作。各乡主管乡长、经管部门负责人、各村负责审计工作人员及记账公司相关人员240余人参加会议。

（王　臬）

【土地承包经营纠纷调解仲裁培训】 11月4日，区经管站组织全区农村土地承包经营纠纷调解仲裁培训，主要内容为仲裁业务知识等。仲裁员、调解员200余人参加。　（刘振江）

【农村集体企业管理】 年内，朝阳区制定《农村集体企业规范管理三年实施方案》等文件，按照《集体企业清理规范操作手册》规范农村集体经济管理。通过建立清理规范进度月报机制，组织业务培训，指导各乡分类推进集体企业规范管理，注销未正常经营集体企业61家，改制集体企业7家。

（张　鹏）

【村级产权制度改革】 年内，朝阳区按照“归属清晰、权能完整、流转顺

▲ 3月1日，区委第二巡察组巡察区农村合作经济经营管理站工作动员会召开

（公孟秋　摄）

▲ 1 月 13 日，区经管站组织开展乡村集体经济组织负责人培训　　（区经管站　供图）

畅、保护严格”的农村集体产权制度目标，推进村级产权制度改革。完成 155 个村产权制度改革，完成率 100%，保护农村集体经济组织成员的合法权益。（徐　薇）

【将台乡产权制度改革】 年内，区委常委会、区长办公会审议通过将台乡乡级产权制度改革方案。将台乡合作经济联合社召开第三届第二次团体社员代表大会，审议并表决启动乡级产权制度改革。完成乡成员身份界定和劳动年限统计，开展清产核资和资产评估。（徐　薇）

【涉地合同和集体资产资源核查】 年内，按照市农业农村局《关于全面开展农村涉地合同和集体资产资源核查工作的通知》要求，区经管站完成全区农村涉地合同和集体资产资源核查工作，厘清资产权属关系，摸清资产资源管理底数。健全流程标准、核查整改工作机制，边核查边整改。纳入农村集体资产资源数据管理可视化平台管理，健全集体资产管理长效机制。（徐　薇　刘振江）

【区委巡察整改意见落实】 年内，区委第二巡察组对区经管站党组开展巡察工作。针对区委巡察组反馈情况，经管站成立整改工作领导小组，明确整改任务与责任，制定整改工作方案和问题清单任务分解表。通过召开党组会、专题会、巡察整改专题民主生活会等方式推动整改工作落地见效。62 项整改任务完成 50 项，20 项近期整改任务完成 9 项，4 项中长期整改任务完成 3 项。（公孟秋）

【村级财务公开】 年内，朝阳区规范村级财务工作，按季开展检查，采取“四不两直”方式实地抽查。区经管站实地检查 19 个乡村财务公开落实情况。经检查，各村基本做到村级财务公开内容齐全，按期公开，答疑有序。立行立改检查反馈的公开时限填写错误、签字不全等问题。（王雯婧）

【村级预算管理】 年内，朝阳区加强村级预算管理，严控村级预算支出，按照不低于预算支出总额 10% 的比例做支出核减，从源头上控制村级收支。经预算调整后，2022 年度全区村级预算总收入 66.6 亿元，预算总支出 61.7 亿元，预算结余 4.9 亿元。（王雯婧）

【乡村集体经济组织负责人培训】 年内，区经管站组织乡村集体经济组织负责人培训 6 次，培训 2169 人次，主要内容包括集体经济组织职责、三资管理、涉地合同和集体资产资源核查、集体企业规范管理、产权交易流转等。（徐　薇）

农业农村综合服务

【概况】 2022 年，朝阳区畜禽存栏羊 4 户 64 只、家禽 8 户 87 羽、野禽 13 户 686 羽、马属动物 18 户 712 匹、其他偶蹄动物 11 户 77 匹、鸽子 2434 户 11.5 万羽。朝阳区农业农村综合服务中心（简称“区农服中心”）完成下属企业北京水科园水产养殖技术有限公司改制脱钩工作，并将股权及资产全部无偿划转给北京市朝阳区农业综合服务有限公司。编写发布北京地方标准《肉牛生产技术规范》《肉鸡生产技术规范》《乌鸡生产技术规范》。（许凤娟　田　芳）

【LAMP 检测试剂盒获专利】 4 月 1 日，区动植物疫病预防控制中心发明的“用于宠物人兽共患鹦鹉热衣原体病 LAMP 引物及环介导等温扩增检测试剂盒”被国家知识产权局授予发明专利权。此试剂盒 30 分钟可判断结果，可检测 9 种鹦鹉热衣原体，缩短实验时间并降低实验开展条件，方便基层单位开展宠物疫病快速诊断。（田　芳）

【阳台菜园技术推广】 4 月，区农服中心在崔各庄地区（乡）六合农业园区统一育苗 40 余个品种近 5 万株。5 月，发放蔬菜种苗到街乡、机关、公园、社区、学校、家庭“六进”示范合作单位。（王　东）

【科普情况统计调查】 4 月，区农服中心根据《科技部关于开展 2021 年度全国科普统计调查工作的通知》和北京市科普工作联席会《关于开展 2021 年度北京市科普统计调查工作的通知》文件要求，收集汇总 2021 年度科普情况相关数据统计工作，完成线上填报 7 大项、33 个指标项、87 个数据。（李　佳）

【动物防疫知识线上竞答】 7 月 25 日至 8 月 3 日，区农服中心组织动物防疫知识线上公开竞答活动。发放奖品1000份，每份10元手机话费，每个用户（微信号）中奖1份。

（康若青）

【金鱼小池精养推广】 8月，区农服中心为北京黑庄户观赏鱼养殖发展中心引进1200尾优质金鱼，包括红狮、红头、珍珠等6个品种，推广金鱼小池精养。（康若青）

【农情调查业务培训会】 9月21日，区农服中心以网络会议形式召开农情调查业务培训会，开展朝阳区农情调查统计工作、蔬菜报表系统使用等工作专题培训。涉农乡和乡公共事务服务中心分管领导、工作人员及乡农业企业（基地）负责农情调查统计人员40人参训。（张小梅）

【增殖放流】 年内，区农服中心开展增殖放流2次。4月19日，在温榆河公园和萧太后河马家湾公园段施放鲢鱼2500公斤，鳙鱼375公斤，草金鱼200公斤3.5万尾。10月27日，在温榆河公园施放鲢鱼、鳙鱼2.7万尾。

（康若青）

【基本农田建设方案】 年内，区农服中心到金盏、黑庄户、崔各庄、孙河等12个地区（乡），调查指导118块耕地保有量地块，根据“田成方、林成网、旱能浇、涝能排、路相通、渠相连”的建设要求，逐块提出建设意见，形成完整的建设方案。（王　东）

【农田防汛排涝技术指导】 年内，区农服中心对全区8个乡大于100亩的45块地进行防汛调查。指导农业园区蔬菜生产做好防汛准备，疏通排水系统，提出疏挖排沟和防汛技术意见。

（王　东）

【土肥技术试验推广】 年内，区农服中心制定《朝阳区化肥减量增效项目技术实施方案》。在金盏地区（乡）黎各庄村西140亩基本农田开展小麦肥料利用率试验，试验区面积800平方米。在黑庄户、来广营、孙河地区（乡）选择2个粮食和7个蔬菜施肥地块作为样板进行调查、数据基本采集、整理上报。（王　东）

【农耕文化教育】 年内，区农服中心在京城梨园、朝来农艺园、郎枣园、圣露酒庄、温榆河公园、黑庄户锦坤园区、区教委实验基地基本农田、王四营道口基本农田、英狮体育公园推广20余种五谷作物，打造农耕文化教育园地。（王　东）

【农机生产服务】 年内，区农服中心检查农机夏收、夏种作业质量；联合区农业综合执法大队，督导秸秆禁烧和综合利用情况；为东坝、黑庄户地区（乡）联系玉米收割机和玉米销售途径，解决机收难、卖粮难问题；调查监测黑庄户、金盏和崔各庄等地区（乡）进行玉米机收损失情况。完成分区域、分产业、分品种、分环节“四分”农机化研究工作初步调研，提出朝阳区农机化发展设想。（王　东）

【老北京特色蔬菜推广】 年内，区农服中心春播强丰番茄、七叶茄、一串铃冬瓜老北京特色蔬菜品种3个，在温室和露地种植16亩，作物生长期间进行技术指导、现场培训。（王　东）

【农产品质量安全检查】 年内，区农服中心在节庆时间节点前开展农产品质量安全检查。检查北京中农春雨高科技股份有限公司、北京水科园水产养殖技术有限公司、北京朝来农艺园有限责任公司等13家企业42次。查看生产基地生产记录、投入品库房及种植养殖情况，宣传新《农产品质量安全法》，指导督促企业规范生产经营活动，科学使用农业投入品，落实安全间隔期（休药期）制度。（董鹤笛）

【优级标准化基地督导】 年内，区农服中心配合北京市农产品质量安全中心对北京中农春雨高科技股份有限公司（中农春雨休闲农场）、北京水科园水产养殖技术有限公司2家优级标准化基地开展日常督导检查。查看生产基地的生产技术标准执行情况、生产记录档案等标准体系运行情况，实地检查种植、养殖现场。通过与企业负责人、生产技术人员面对面沟通，调查了解基地标准化方面的需求并对相应补贴政策进行讲解说明，对基地生产、管理及质量安全保障等方面提出建议和要求，2家基地检查结果均合格。

（董鹤笛）

【标准化基地建设】 年内，区农服中心按照农业标准化基地等级划分与评定标准要求，开展2022年朝阳区

▲ 10月27日，区农服中心在温榆河公园开展秋季增殖放流（信　超　摄）

▲ 3 月 16 日，区农服中心到金盏乡进行春季生产技术指导　　（王　东　摄）

农业标准化基地的等级划分与评定工作，对朝阳区 2021 年备案的北京盛泰嘉禾农业科技发展有限公司、北京鲁店农场有限公司 2 家农业标准化基地及北京朝来农艺园有限责任公司拟提档升级基地进行现场考评打分。通过对 3 个基地的产地环境、设施设备、组织管理、农产品质量安全状况、生产技术水平、标准体系建设、生产过程管理和标准实施进行逐项检查评定。经过初评，区级推荐北京盛泰嘉禾农业科技发展有限公司、北京鲁店农场有限公司 2 个基地为达标级，北京朝来农艺园有限责任公司为良好级。按照“区级建设、市级评定、动态管理、优级奖励”的原则，向市级报送。　（董鹤笛）

【有机产品认证】 年内，区农服中心推进农业生产规模主体开展绿色、有机产品认证，重点督促无公害认证到期企业向绿色、有机产品转换。通过开展政策宣传，告知奖励政策、申报（认证）基本条件等内容，鼓励初步具备条件主体积极参与。中农春雨高科技股份有限公司取得有机产品认证证书，北京蓝美莓农业有限公司、北京盛泰嘉禾农业科技发展有限公司取得有机转换认证证书。配合市农安中心完成辖区内有机企业的生产性补贴核查。　（董鹤笛）

【无公害复查换证企业检查】 年内，区农服中心对北京蓝美莓农业有限公司、北京都市农汇农业科技发展有限公司进行无公害农产品复查换证检查评估，检查生产企业的质量管理、产地环境、生产过程、产后管理、产品质量等，完成到期换证区级报送工作。　（董鹤笛）

【生态农业示范园项目验收】 年内，区农服中心实施“朝阳区生态农业示范园数字农业场景研究与应用”项目验收。该项目运用物联网、人工智能、虚拟现实等先进技术，研发生态农业示范园数字管理服务系统和都市农业互动体验系统，探索建设集现代农业科技、农业科普展示体验于一体的数字化生态农业示范、展示窗口。　（李　佳）

【农机购置补贴】 年内，区农服中心通过培训、网络微信和下乡送服务等形式，开展购机补贴政策宣传解读。指导“农机补贴”App 使用，补贴机具网上及现场核验。落实中央市级农机购置补贴资金 69390 元，购置补贴农业机械 6 台，受益农户 4 户。指导东坝 2 台拖拉机回收拆解，申报农机报废补贴资金 7000 元。　（冯丽静）

【政策性农业保险】 年内，区农服中心通过会议、培训、下乡送服务、制作印发展板、宣传页等方式，宣讲市、区政策性农业保险相关文件精神和保险新条款。全区 7 个农业生产主体投保政策性农业保险，签订保单 24 单，保费 287700 元。其中，中央财政补贴 15970.5 元，市财政补贴 132442.5 元，农业生产主体自缴 52977 元，区财政应补贴保费 86310 元。全年保险理赔金额 299385 元。　（冯丽静）

【行政受理】 年内，区农服中心协助受理、审批动物诊疗许可证 41 件，

▲ 6 月 30 日，市入侵生物普查杂草和病虫害专家组到朝阳区进行入侵杂草和入侵病虫害普查技术现场指导　　（刘　洋　摄）

兽药经营许可证5件，农作物种子经营许可证4件，水域滩涂养殖证3件，审批动物狂犬病免疫定点注射单位15家，执业兽医师备案487人，拖拉机和联合收割机登记注册2件，拖拉机和联合收割机驾驶证到期换证2件。依据法定期限办理141家动物诊疗机构和591人次的年度报告。协助区农业农村局完成29家单位关于行政许可事项的现场核查。（张小梅）

【农村实用人才管理服务】 年内，区农服中心开展全区农业生产技术人才培训、社会文化类实用人才培训、中高级农村实用人才带头人培训、管理类农村实用人才培训等各类别、各层次农村实用人才培训10次，参与培训总人数748人。10月至12月，组织开展朝阳区2022年农村实用人才初级人才评定及往年人才信息核查，经评定新增初级农村实用人才469人，核减不符合条件的农村实用人才168人。（张　莹）

【农业植物疫情监测】 年内，区农服中心开展4个监测点20种外来有害生物的监测和普查，科室技术人员开展4种外来有害生物的监测、普查，委托第三方公司开展16种外来有害生物的监测和普查，诱捕桔小实蝇30只，未发现其他外来有害生物。开展红火蚁普查大棚257个次、农田12858亩次、草地1461亩次、河沟沿岸1814亩次、仓储场地及周边260亩次。均未发现红火蚁。（马晓川）

【农区灭鼠】 年内，区农服中心开展冬、春、秋农区统一灭鼠工作。监测害鼠4900夹夜、捕鼠12只，捕获率0.24%，完成农田鼠密度在3%以下的防控目标。（马晓川）

【废弃物回收】 年内，区农服中心开展农药包装废弃物回收处置和农业投入品废弃物回收处置工作。设置27个农药包装废弃物回收点和17个农业投入品废弃物回收点。回收农药包装废弃物包装瓶（袋）25.2万个3.02吨，回收废弃地膜8.53吨，回收滴灌管、育苗盘等塑料废弃物0.51吨。（马晓川）

【外来入侵生物普查】 年内，区农服中心设立外来入侵植物病虫害及杂草组，实施普查技术指导工作。出动46人次，直接普查农田、果园、河道等不同生镜面积1593亩，覆盖12乡17个村的17个地块，普查到入侵植物35种、入侵病虫害2种。设置样地1个，采集标本20种，收集种子12种。（马晓川）

【农药减量绿色发展】 年内，区农服中心推广精准施药、色板诱杀、双网覆盖、熊蜂授粉等蔬菜生产绿色防控技术，指导园区开展蔬菜和小麦病虫害防控工作，助力朝阳区农业生产绿色发展。全区主要农作物绿色防控覆盖率由上年的68.24%提升至72.65%。（马晓川）

【动物疫病防疫宣传】 年内，区动植物疫病预防控制中心通过“都市农业”、街乡公众号，动物医院通过《致养犬户的一封信》和宣传动画片《知真相，不恐狂》普及动物防疫知识，其中朝阳都市农业公众号阅读量2640次，转发204次。（田　芳）

【草地贪夜蛾监测防控】 年内，区农服中心落实《2022年北京市“两增两减”虫口夺粮促丰收行动方案》，监测草地贪夜蛾1.6万亩，未发现草地贪夜蛾。（马晓川）

【动物检疫净化】 年内，区动植物疫病预防控制中心完成辖区内“马传贫、马鼻疽”检疫净化工作，检疫马匹723匹次，全部阴性；与相关街乡、场户签订责任书。处理动物及动物产品830公斤，检疫动物6522头（只、羽）、动物产品2397万公斤，核发动物检疫合格证明2630张、动物产品检疫合格证明33.3万张。完成外埠换证单位及半成品冷库换证单位的登记备案工作，签订责任书31份。完成11个冷库贮藏分销和4家直接分销动物产品厂家和分销商登记备案工作。（田　芳）

【动物疫病防控】 年内，区动植物疫病预防控制中心免疫禽流感、口蹄疫等1711羽（头）。清圈消毒面积199.4万平方米，100%覆盖重点养殖场所。发放各类消毒药品8.34吨，防护服、手套、口罩等各类防护用品18.98万件（双、只）。（田　芳）

【农产品质量安全监测】 年内，区动植物疫病预防控制中心检测蔬菜及水果快速检测样品5894份，合格率99.76%，速测5164份。开展房山区12个镇的异地抽检4次，240个样品，

▲ 8月24日，区农服中心到六合基地玉米地块查看草地贪夜蛾监测情况　（刘　洋　摄）

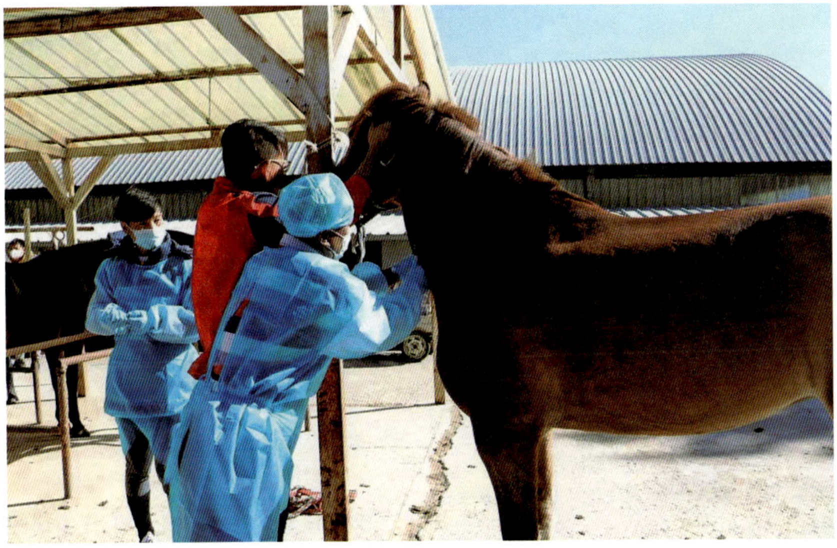

▲ 10月10日，区动植物疫病预防控制中心在月河湾马术俱乐部进行马检疫　（杨　容　摄）

23种农药残留。检测5种药物残留畜禽样品332份，检测4种药物残留水产样品50份。采集温榆河湿地公园（东园、西园）、萧太后河、清洋河、亮马河水样60份，检测pH值等8个项目，为增殖放流工作提供数据支持。血清学、病原学检测样品5038份，均符合部颁要求。（田　芳）

【实验能力验证】 年内，区动植物疫病预防控制中心通过市农业农村局组织的检测能力验证，农产品农药残留23个项目、畜禽产品违禁添加物和兽药残留8个项目均验证合格。通过市农业农村局组织的北京市区级兽医实验室检测能力验证比对，4个能力验证项目均合格。（田　芳）

【科技项目】 年内，区动植物疫病预防控制中心完成“朝阳区犬布鲁氏菌病诊断技术引进集成及应用研究”科技项目，通过区科学技术和信息化局验收。（田　芳）

农业综合执法

【概况】 2022年，朝阳区农业综合执法大队（简称“区农业执法大队”）开展执法检查活动1862家（次），出动执法车辆1856车次、执法人员5311人次，下达监督笔录意见书1373份，做出行政处罚211件，罚没款约52.7万元，其中涉嫌犯罪移交公安机关1件。处理投诉举报507件，行政调解退赔费374637元。办理动物演艺活动备案42场次，“承诺制”核查16件，动物闭环监管核查7179件，检查各类农机具1400台（件），收容动物6只。开展行政许可监督774家（次）、联合执法检查72次。公路站检查外埠进京动物及动物产品运输车辆14161车次，检查活体动物604头（只）、动物产品17万吨；查验各类进口冷链食品车辆172车次，涉及产品1728吨。抽检兽药24份、蔬菜75份、水产品12份，经第三方机构检测全部合格。收到感谢锦旗10面、感谢信2封。查获3起违法大量运输动物案，涉及未附检疫证明动物（猫、狗、鸽子）200余羽（只）。开展双随机事项抽查17批（次）239家（次）。其中，检查生产基地14家，兽医实验室6家，兽药生产1家、经营14家，饲料生产1家、经营3家，农药经营15家，种子经营18家，野保单位2家，水产养殖3家，植物检疫3家，动物诊疗机构159家。检查结果有1家不符合要求，双随机摇号和检查结果等相关信息按规定进行公示。

【农机安全生产专项检查】 1月18日至24日，区农业执法大队牵头，会同金盏、孙河、黑庄户、崔各庄地区（乡）农机安全主管部门，按照《朝阳区冬春季农机执法专项行动方案》要求，对朝阳区10家农业生产经营组织、1家园林绿化公司和1家农机具经营企业开展农机安全生产专项检查。重点排查农机使用单位“三库一间”存在的安全隐患问题，检查各项安全防范措施及应急制度建立情况。经检查各单位均合格。

【患病动物在线问诊】 2月8日，区农业执法大队召开“新冠疫情封控区患病动物在线问诊”部署会，部署封控区附近动物医院的选定、在线问诊流程设立、调配执业兽医要求、疑难病例诊疗通道等工作。探索建立“在线问诊”机制，与属地街乡、动物诊疗机构形成合力，满足封控区诊疗需求。全年完成“封管控区患病动物”寻医、问诊、送药20余次。

【农机安全大讲堂】 2月24日，区农业执法大队组织开展“农机安全大讲堂”线上培训。各科室及执法分队、19个乡农机监管人员、40家农机使用单位安全管理员等170余人参加。此次培训针对农机使用单位如何建章立制、完善台账管理、做好农机驾驶操作人员教育培训记录、提升机具库房建设标准以及落实日常监管巡查等方面，讲解农机规范化管理工作内容，强调属地安全监管责任。

【河道巡察】 3月3日，区农业执法大队牵头，联合市水务综合执法总队朝阳支队、朝阳区河道管理所，巡查清河、温榆河等6条河道水域并组织“双禁”政策宣传活动。4月15日，联合巡查执法人员专项执法检查举报频率较高、人流密集的清河、温榆河、亮马河、萧太后河段并组织普法宣传。7月13日，开展“防非法放生、防非法捕捞、防溺水”主题党日宣传及河道巡查。9月8日，开展“双禁”主题党日宣传及重要节日（中秋）河道巡查。出动执法人员200余人次，通

▲ 1 月，区农业执法大队开展农机安全生产专项检查　　　（区农业执法大队　供图）

过步巡、船巡方式巡查河道约 65 公里，在 15 个点位悬挂宣传横幅 45 条，发放宣传手册 2000 余份，咨询 170 余次，收缴地笼 8 个、渔网 2 个，劝离岸边欲下网人员 4 人，放生渔获物 100 余尾。

【农产品质量专项行动】 3 月 4 日，区农业执法大队完成秋冬季跨年农产品质量专项行动。此项行动于 2021 年 11 月开始，出动执法人员 367 人次。检查水产养殖场、农产品生产基地，农资生产经营企业、兽药生产经营企业、动物产品生产加工企业等监管对象 126 家次，快速检测农产品 133 个，监督抽样农产品、水产品 114 个，立案查处农资经营、兽药经营违法行为 4 件，开展宣传活动 2 次，发放宣传材料 910 份。开展专项执法检查 284 次，发放各类宣传材料 4815 份，做出行政处罚 43 件，罚款 2.9 万余元。

【动物诊疗工作座谈会】 3 月 9 日，区农业执法大队组织辖区 21 家动物诊疗机构，召开以“提供优质服务　妥善化解矛盾”为主题的工作交流座谈会。针对 1—2 月朝阳区动物诊疗机构被投诉举报情况，总结分析举报被触发的原因，对参会的动物诊疗机构提出工作要求，并由 2021 年未发生投诉举报的 2 家动物诊疗机构做“如何有效杜绝投诉举报发生”的经验分享。

【“3·15”消费者权益日宣传】 3 月 9 日至 15 日，区农业执法大队开展“3·15”国际消费者权益日法治宣传周活动。通过 3 个固定阵地宣传、执法检查入户、知识培训、专业统领普法、现场集中宣传等方式进行宣传，出动执法人员 173 人次、43 车次、入户宣传 40 家（次）、沿 15 条自然水域河道宣传约 200 人次，开展知识培训 1 次，联合检查 2 次，发放农药管理、动物防疫、兽药经营、渔业资环、农产品质量安全等内容宣传材料 22 种 5300 余份，宣传人数约 600 人次。

【拖拉机集中检验】 3 月 10 日，区农业执法大队开展拖拉机首批集中检验。为符合技术检验标准的 2 台拖拉机发放检验合格证，现场告知 1 台存在问题的拖拉机所有权人维修期限及申请复检流程。7 月 5 日，完成第二次拖拉机集中检验。检验拖拉机 6 台，其中 5 台符合技术标准，对 1 台拖拉机未达到检验通过标准的所有权人要求在机械维修完毕前禁止使用，待维修完毕后申报复检。10 月 25 日至 12 月 15 日，根据注册登记日期分两批次完成 8 台轮式拖拉机年度检验。

【植物检疫专项行动】 3 月 10 日至 4 月 20 日，区农业执法大队开展春季植物检疫执法专项行动。执法人员对全区 18 家种子生产经营单位、4 家大型花卉经营市场、4 个植物疫情监测点设施进行全覆盖、全方位执法检查，未发现违法行为。

【春耕宣传】 4 月 18 日，区农业执法大队开展春耕安全宣传活动。执法队

▲ 2 月，区农业执法大队开展第一期“农机安全大讲堂”线上培训　（区农业执法大队　供图）

▲ 9 月，区农业执法大队开展重要节日专项执法及宣传活动　（区农业执法大队　供图）

员到十八里店乡基本农田地块进行执法检查、普法宣传、解答问题。发放《春耕作业常识》《农机具保养手册》《农机事故警示手册》《乡村振兴法》等各类宣传资料150余份，发放“作业现场请勿入内”“朝阳农业 安全先行”等内容警示彩旗12面，“平安农机”反光背心3个。

【执法查获案件处理】 5月17日，区农业执法大队在白鹿公路站查获伪造检疫证明。运输猪分割肉的车辆驾驶员提供的检疫证明与联网信息不符。执法人员立案（伪造检疫证明案）并按法律法规处罚。没收编号为No.3738715498的《动物检疫合格证明》（产品A）1张，处5000元罚款。5月26日至31日，查获全市首起违法大量运输动物案。该车装有狗8箱（笼）11只、猫21箱（笼）44只、鸽子6箱（笼）78羽，共3个种类35箱（笼）133只（羽），且全部未附检疫证明。执法人员没收违法所得1760元，处运输费用4倍罚款7040元。10月17日，查获区内首起电鱼案件。查获非法捕捞人员3名，查获可变压式一体电抄网1个、水桶1个、渔获物鲫鱼2尾、白条鱼1尾、沙塘鳢1尾、螃蟹1只，4种水生生物397.8克。执法人员立案（非法捕捞水产品案）并行刑衔接移交公安朝阳分局。

▲ 7月，区农业执法大队开展拖拉机第二次集中检验 （区农业执法大队 供图）

【无害化处置假劣农药兽药】 6月9日，区农业执法大队会同北京金隅红树林环保技术有限责任公司，对近4年在农资经营市场监管中查获、收缴及管理相对人未使用完主动上缴的1000余公斤假劣农药、兽药进行集中转移、无害化销毁处置。

【“三夏”农业安全生产督导检查】 6月16日，市农业执法总队、区农业农村局、区农业执法大队有关领导到金盏地区（乡）调研基本农田种植及“三夏”农业安全生产情况。检查组对金盏地区（乡）东窑村的基本农田地块50亩小麦收割现场进行督导。“三夏”期间，区农业综合执法大队对平房、常营、金盏、黑庄户、东坝地区（乡）的33.33公顷小麦收割现场进行执法检查，出动执法人员20人次，检查联合收割机7台次，提出安全生产监督意见10项，发放反光背心50件，印制“正在作业请勿入内”“朝阳农业平安先行”等警示标语彩旗360面、农机安全小知识手册及“平安农机漫说法规”宣传彩页200余份。

▲ 3月，区农业执法大队开展“3·15”消费者权益保护日宣传（区农业执法大队 供图）

【宅基地检查宣传】 6月22日，市农业执法总队、区农业农村局和区农业综合执法大队执法人员组成联合执法组，对崔各庄乡、金盏乡的宅基地房屋审批及翻建情况开展联合执法检查和宣传活动。执法人员对7户正在施工的村民宅基地进行现场检查，并与乡、村两级宅基地管理负责人座谈，了解村民宅基地房屋翻建受理情况及审批管理机制。检查过程中进行普法宣传，讲解政策法规。

【动物诊疗行业管理】 6月30日，区农业执法大队召开《2022年朝阳区规范宠物销售行为 减少矛盾纠纷工作》座谈会和《朝阳区涉宠行业健康发展普法》培训会，辖区内10家具有代表性的涉宠单位参会。执法人员就上半年涉宠经营单位投诉举报情况进行通报，分析、讲解解决矛盾纠纷思路；辖区涉宠经营试点单位负责人做“涉宠经营与使用宠物销售合同及健康体检表”经验分享。《朝阳区涉宠行业健康发展普法》培训会上，执法队员围绕培训目的意义、涉宠行业发展现状、涉及的法律法规、行业发展规划及要求，结合新修订的法律法规、规范性文件及建议，对参会单位开展普法宣传及规范文件使用讲解，并结合前期查扣违法运输动物案实例，讲解经营、运输动物应当附有动物检疫合格证明等。培训会发放宣传手册、规范性文件、意见10种100余份，解答各类咨询30余人次。

【植物检疫法规培训】7月7日，区农业执法大队组织召开花卉市场负责人植物检疫法规培训会，辖区内4家大型花卉市场的5名负责人参加培训。培训会从植物检疫的概念、检查内容、执法依据、相关法规条款解读、行政处罚案例5个方面授课，结合全区发生过的番茄斑萎病案例，强调植物疫情扩散可能造成的危害后果，要求各市场负责人提高重视程度，加强管理。向4家花卉市场发放《农业植物检疫法规汇编》《植物检疫知识问答——致种子、花卉、苗木经营主的一封信》等宣传材料600份。7月12日，组织召开区植物检疫法规线上培训会，4个花卉市场200余家商户经营者线上参会，大队40余名执法人员现场参会，同步学习。

【农产品质量安全线上培训】7月20日，区农业执法大队面向17家农产品生产基地开展农产品质量安全线上培训，落实农产品质量安全监管职责，规范农产品生产记录和农产品质量安全追溯体系建设，引导、督促企业科学、安全使用农药等农业投入品。

【执法人员培训会】7月21日，区农业执法大队组织44名执法人员开展以“人民至上、安全第一”为主题的培训会。解读新修订《北京市安全生产条例》（以下简称《条例》）中安全生产工作的指导思想、基本原则、制度措施等内容及要点。观看《中华人民共和国安全生产法》宣传片，强调健全安全生产责任体系、强化问题风险防范应对的重要性。完成向各执法分队部署拓展普法范围、强化普法宣传、做好《条例》宣传贯彻等任务。

【动物诊疗行业业务培训】8月4日，区农业执法大队组织线上业务培训。内容包括动物诊疗机构新冠疫情防控常态化工作部署及动物诊疗行业业务培训，辖区内177家动物诊疗机构218名负责人参加。

【农产品质量安全监督检查】8月9日，区农业执法大队协同北京市农产品质量安全中心，配合农业农村部农产品质量安全监管司对北京大洋路农副产品市场有限公司开展国家农产品质量安全例行监测（水产品）抽样工作。按照随机性、均匀性原则，多品种、多摊位、数量足的要求，抽检10个摊位，涉及草鱼、鳙鱼、鲫鱼、鲈鱼、鲤鱼、黑鱼、黄鱼、鳜鱼、多宝鱼、白虾10个水产品种16个样品。8月18日，协同市农产品质量安全中心人员前往大洋路农副产品批发市场，开展第二次例行监测（风险监测）抽样工作。抽检猪肉、牛肉、羊肉、鸡肉4类8份8公斤。9月21日，制订《朝阳区中秋、国庆农产品质量安全监督检查工作方案》，对全区9家农产品生产企业的农药、肥料等农业投入品存储场所、农产品生产记录、农药使用记录和农产品销售记录进行检查和规范，并对其生产、销售的蔬菜进行监督抽样。完成9家农产品生产基地16批次蔬菜产品、8批次水产品的监督抽样，对14批次蔬菜产品开展农药残留快速检测抽样，经检测未发现不合格产品。9月23日，到中农春雨高科技股份有限公司进行监督抽样。对该公司生产、销售的木耳菜、土豆、空心菜等6个蔬菜品种进行监督抽样，了解并记录种植地块及产量，并对其农药、肥料等农业投入品存储场所进行检查。到生产基地对田间生产记录、农药使用记录和农产品销售记录进行检查和规范，提出做好疫情防控工作，包括环境消杀、来访人员访问记录全覆盖等。

【农业安全生产隐患联合检查】8月16日，区农业执法大队按照《朝阳区农业行业安全生产大检查工作方案》《朝阳区农业综合执法大队安全生产整治“百日行动”工作方案》，完成对19个乡40家农机具使用单位的农业安全生产隐患联合检查，排查和消除农机安全生产隐患，防范各类农业机械作业事故发生，保障农业生产经营组织和农机具使用单位在“三夏”“三秋”等重要农业作业时节安全稳定生产。此次联检，区农业执法大队和小红门、豆

▲ 7月7日，区农业执法大队组织植物检疫法规培训会　（区农业执法大队　供图）

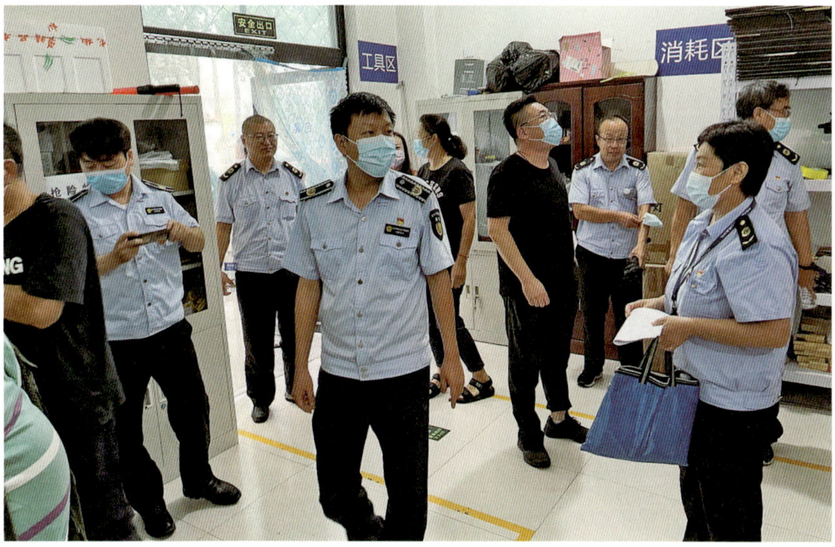

▲ 8月，区农业执法大队开展农业安全生产隐患联合检查工作 （区农业执法大队 供图）

各庄、将台、平房、三间房等8个地区（乡）农服中心、安监部门组成联合考核组，围绕责任落实、安全监管、库房管理、安全制度建立等9大项86个考核点，考核和督导各地区（乡）及相关单位农业安全生产工作，检查拖拉机、割灌机、卷帘机等18种农业机械1178台。同时制发《监督笔录》《安全生产隐患告知书》，向涉农企业提出恢复农业机械安全防护装置、明确安全管理人员职责、禁止操作未取得证书牌照和登记手续的拖拉机、加强安全教育及培训、组织开展应急演练、安全用电、防火等整改意见10余项，做出行政处罚3件，罚款200元，行政约谈1家农业生产经营企业法人。

【马属动物防疫技术培训会】 8月17日，区农业执法大队联合区农业农村综合服务中心、区动植物疫病预防控制中心在朝阳区农村人才就业服务指导中心召开“2022年朝阳区马属动物防疫技术培训会”。各乡动物防疫工作负责人、签约兽医、马术俱乐部防疫工作人员30余人参加会议。执法人员结合形势和日常马场防疫工作的重点进行讲解并提出要求。发放《中华人民共和国动物防疫法》《北京市动物防疫条例》《狂犬病强制免疫告知书》《举办动物演艺活动流程的告知书》等5种普法宣传资料260余份。

【种子扦样工作】 8月24日，区农业执法大队对仓库在朝阳区的农作物种子生产经营企业——北京圣华德丰种子有限公司开展种子扦样工作。执法人员扦取该企业生产经营的2类作物10个品种，委托农业农村部北京蔬菜种子质量监督检验测试中心检测样品水分、净度与发芽率。10个品种均检测合格。

【割灌机事故应急处置演练】 9月22日，区农业农村局牵头、区农业执法大队组织实施，联合区应急管理局、区消防救援支队在东坝郊野公园内开展割灌机事故应急处置演练及消防救援培训。应急管理局、消防救援支队、农业农村局、19个地区办事处、40家农业生产经营组织和农机使用单位负责人、割灌机手代表115人参加活动，发放《农业安全生产宣传手册》、新《农产品质量安全法》及“平安农机漫说法规”等宣传材料5000余份。

【普法宣传】 9月22日至10月17日，区农业执法大队落实农业农村部办公厅《关于切实抓好“三秋”农机安全生产工作的通知》和市农业农村局《关于做好2022年“三秋”农机化工作的通知》精神，以“护航二十大暨‘三秋’农机安全执法专项行动”为契机，在全区范围开展农业法律法规普法宣传和隐患排查活动。执法人员走进企业、走进田间、面向百姓，在东坝地区（乡）、来广营地区（乡）、金盏地区（乡）等地设立5个固定宣传点，向农业生产经营组织和市民发放动物卫生、渔政、植物检疫、农业安全生产等宣传材料5600余份。

【白鹿公路站应急演练】 9月28日，区农业农村局牵头，区农业执法大队组织并联合朝阳分局豆各庄派出所、朝阳交通支队高速路大队在白鹿公路动物防疫监督检查站开展朝阳区进口冷链食品进京卡口查验工作应急演练。应急演练旨在提升进口冷链食品进京卡口的应急处突和联防联控能力，做好应急准备，加强与公安、交管等部门的应急联动，明确“北京冷链”系统出现故障、车辆出现严重拥堵等情况下的应急处置措施。参加演练各环节人员反应快速，处置得当，达到预期目的。

【渔政执法培训会】 11月7日，区农业执法大队组织召开2022年度渔政执法培训会。执法人员介绍新版《国家重点保护野生动物名录》中保护级别发生更改且市场常见的物种，指导《水生野生保护动物经营利用许可证》《水生野生保护动物人工繁育许可证》等证件的办理流程、注意事项，通过举例涉水野保护动物类行刑衔接案件，使广大商户、市民了解违法后果。会上，解答市场管理人员、商户的提问，发放宣传手册50本。23名商户参加培训。

（林超颖）

工业　商贸服务业

工业产业发展

【概况】 2022年，朝阳区的196家规模以上工业企业完成工业总产值796.3亿元。产值总量排名前五的行业累计实现产值629.0亿元，占全区总量的79.0%。其中，电力、热力生产和供应业实现产值228.4亿元，占全区工业总产值比重28.7%；开采专业及辅助性活动实现产值138.4亿元，占全区工业总产值17.4%；计算机、通信和其他电子设备制造业实现产值106.0亿元，占全区工业总产值13.3%；电气机械和器材制造业实现产值100.4亿元，占全区工业总产值12.6%；非金属矿物制品业实现产值55.8亿元，占全区工业总产值7.0%。　（区统计局）

【"双五"工程】 6月24日，《朝阳区推进"双五"工程2022年度工作方案》经区委、区政府审议通过印发实施。对国际化能级提升工程、数字经济发展提升工程、文化活力提升工程、消费潜能提升工程、服务效能提升工程及大尺度绿化示范工程、现代教育示范工程、卫生健康示范工程、城市更新示范工程、智慧治理示范工程"双五"工程单项工程年度工作重点做出具体安排。涉及114个项目，其中新建项目39个，续建项目75个。

（徐万妍）

【"城市经济大脑"上线】 9月，朝阳区"城市经济大脑"一期上线运行。"城市经济大脑"作为朝阳区"城市智慧大脑"的重要专题应用之一，由区发展改革委牵头成立专项工作组，通过数字化经济治理模式，初步建成统筹全区经济工作的智慧化管理平台。"城市经济大脑"一期以用户需求为基础，归集全区10余个部门业务数据，接入多元社会数据，优化原有经济业务系统及工作流程，开发建设综合经济、企业服务、重点产业、重点项目、财源建设、招商引资、特色主题、政策资源等10大功能模块，为相关领域工作提供应用场景，实现线下业务与线上流程紧密耦合，带动全区经济工作数字化转型。　（徐万妍）

【市级资金支持项目】 年内，区发展改革委争取市级资金项目54个，争取市级资金24.86亿元。其中石佛营东路道路工程、驼房营路道路工程、来广营北路、将台洼西路道路工程、大羊坊路（东三环路—东五环路）道路工程、王化路（化工路—京哈高速）道路工程等22个市政道路项目，争取市级资金18.52亿元；朝南森林公园（二期）项目、朝阳区2022年平原重点区域造林绿化工程、温榆河公园朝阳段一期项目等12个园林绿化项目，争取市级资金3.43亿元；朝阳区消防指挥中心及百子湾特勤消防站建设工程、北京市朝阳区北工大特勤消防站建设工程等4个项目，争取市级资金1.02亿元；朝外片区更新示范段公共空间改造提升项目、朝阳区东风乡小微城市公共空间改造提升项目、朝阳区南磨房乡小微城市公共空间改造提升项目等14个公共空间改造提升项目，争取市级资金0.73亿元；其他市级资金项目2个，争取市级资金1.16亿元。

（梁思超）

【"十四五"产业规划】 年内，区发展改革委梳理形成《朝阳区"十四五"产业规划主要指标及重点任务分解表》，明确2022年的任务目标及重点支撑项目，按季度统筹"十四五"产业规划落实进展情况，确保完成2022年任务目标。编制"十四五"产业规划宣传页，发至各产业部门与各街乡，凝聚全区产业发展共识，强化产业促进工作合力。以数字经济引领产业变革为主线，以服务业数字化转型升级和新兴数字产业集群发展为重点，加快构筑"主导产业能级跃升、数字产业势能迸发、特色产业动能十足、传统产业活力倍增、未来产业加速育成"的产业融合新生态，聚力推动产业实现更高质量、更可持续发展，将朝阳区建设成为改革开放"北京样板"的高质量发展示范区，为加快构建以国内大循环为主体、国内国际双循环相互促进的新发展格局贡献"朝阳力量"。

（刘　灿）

【政策修订】 年内，区发展改革委组织各产业部门开展政策修订工作。修订后，形成"1+7"产业政策体系，即《朝阳区产业发展引导资金管理办法》和7个专项政策。重点支持金融、商务服务、新一代信息技术、智能制造、医药健康、文化产业、科技服务、新消费、未来产业等符合朝阳区高精尖产业方向的重点产业领域、产业链关键环节及区委区政府确定的重点产业方向。

（刘　灿）

【固定资产投资】年内，朝阳区将市政府安排的固定资产投资任务指标分解到13个投资牵头部门落实。完成固定资产投资1147.7亿元，比上年增长13%，占全市完成总量的13.6%，完成总量居全市第一位。完成建安投资440.9亿元，比上年增长4%。固定资产投资较全年投资任务目标增加60.7亿元，增量位于全市第一。固定资产投资比上年增加131.9亿元，对全市投资增长贡献率达44.4%。

（刘宣炜）

【节能指标】年内，朝阳区能源消费总量为932.52万吨标准煤，比上年下降0.74%，万元GDP能耗0.1179吨标准煤。按不变价格计算，比上年下降1.47%，降幅较上年扩大0.92个百分点。

（金　莉）

高新技术产业

【概况】2022年，朝阳区创建朝阳黑马数字人加速器，首批70余家企业入围，实体化加速器获得全市首个“北京市数字人基地”称号。建设光电芯片封测验证平台，成立光电融合产业投资基金，引进20余家企业。新增落地项目19个，新增注册增资5.75亿元。建设高质量北京国际创投集聚区，形成《关于加快建设高质量创业投资集聚区的若干措施的实施细则（讨论稿）》和企业服务手册，推动集聚区设立北交所全国股转系统朝阳服务基地。集聚区创投项目19个，注册企业160余家，年均辖区税收贡献1.35亿元，入驻高新技术企业25家，知识产权600余件。公开征集支持高成长企业发展等22类项目，收到项目申报272个。围绕高精尖产业培育、企业创新能力提升、科技创新平台建设、生态环境优化、数字经济细分重点领域发展等方面，完成支持项目137个，资金10766.98万元。实施独角兽加速计划，为首批48家朝阳区未来独角兽企业授牌。举办知识产权沙龙活动6期，300余家科技创新企业参加。朝阳区科技企业赋能站小程序上线，朝阳区科技企业可通过小程序实现党建服务、政策体检、最新政策推介、项目申报、活动申报、高新认定等。

（王娜娜　张中来）

【东方国信】1月7日，北京软件和信息服务业协会（以下简称“北京软协”）在北京软协第十届会员代表大会第二次会议上发布《2021北京软件和信息技术服务企业综合实力报告》以及《2021北京软件企业核心竞争力评价报告》，北京东方国信科技有限公司（以下简称“东方国信”）凭借突出的技术优势与软件服务综合实力，入围北京软件和信息技术服务综合实力前百家企业榜第38名，并获评“2021北京软件核心竞争力企业（规模型）企业”。东方国信再次被评为“北京软件和信息服务业综合实力百强企业”及“北京软件核心竞争力企业（规模型）企业”。3月24日，中国科学院《互联网周刊》、eNet研究院、德本咨询联合发布“2021年度中国信创TOP500”，东方国信再次入围榜单，在研发、开拓性及场景等方面得到认可。“信创”是信息技术应用创新产业的简称，旨在构建国产化信息技术软硬件底层架构和全产业链生态体系，战略目标是实现“自主可控、国产替代”。

（杜　华）

【14家企业入选胡润2021全球瞪羚企业】1月25日，胡润研究院发布《2021胡润全球瞪羚企业》，2021胡润全球瞪羚企业聚焦成立于2000年之后、3年内最有可能达到独角兽级估值的高成长性企业，北京市39家企业上榜。其中，14家企业位于朝阳区，占全市35.9%，半数为中关村高新技术企业。

（张中来）

【时代凌宇获2021“最具创新力企业”称号】1月，由中华工商时报社发起的2021年度“四个最具”企业推介活动，经各地工商联、商会组织推荐和企业自荐，中华工商时报社“四个最具”推介委员会复核审定，最终产生2021“最具品牌力、最具成长力、最具创新力、最具社会责任”上榜企业名单。时代凌宇因其IBA融合创新技术，获得授权专利上百项，国家重点新技术新产品多项，以及率先在业界提出IBA（物联网、大数据、人工智能）融合创新理念等优势，获得2021“最具创新力企业”称号。

（黄雅卿）

【4家重点企业获奖】1月，握奇数据以排名前17%的成绩获得EcoVadis企业社会责任评级银牌。EcoVadis通过基于云的全球SaaS平台为全球企业提供全面的企业社会责任（CSR）评级服务。EcoVadis数据库内有来自160个国家和200个行业超过75000家公司参与评估。握奇数据为实现与国际质量标准和可持续发展接轨，自2016年开始参与EcoVadis评级。同月，由信息安全与通信保密杂志社主办，中关村智能终端操作系统产业联盟协办的2021年度“中国网络安全与信息产业金智奖”公布。朝阳园三未信安科技股份有限公司获“最具影响力企业”奖，北京云测信息技术有限公司获“创新企业”奖，三六零数字安全科技集团有限公司的360连接云获“优秀产品”奖。6月15日至16日，超图受邀参加以“因聚而生　为你所能”为主题的“华为伙伴暨开发者大会2022”，并获“鲲鹏展翅高飞奖”。超图在同年9月的鲲鹏应用创新大赛中斩获全国总决赛政府赛道唯一金奖。11月7日至8日，信息化百人会2022年峰会举行元宇宙重磅成果发布仪式，艾迪普科技凭借自研的“实时三维图形图像引擎及数字内容生产全链路工具集”获“2022年度元宇宙领域产业化创新应用优秀成果奖”。

（夏春玲　吴思思　杜　华　张文雅）

【西门子首个一站式数字化服务平台发布】1月，西门子首个一站式数字化服务平台“数字化客户之旅”（Digital Customer Journey）上线。“数字化客户之旅”这一多触点、跨渠道服务平台矩阵将西门子数字化工业官方微信公众号、发现数字化工业、官方工业商城（小程序及PC版）及工业服务等核心模块囊括其中，首次实现用户全生命周期数字化服务的完整覆盖。（黄雅卿）

【BOE（京东方）】2月10日，世界知识产权组织（WIPO）公布2021年全球国际专利申请排名，中国国际专利申请量继续保持第一，其中BOE（京东方）以1980件PCT专利申请量位列全球第7，连续6年进入全球PCT专利申请TOP10。京东方累计自主专利申请超7万件，在年度新增专利申请中，发明专利超90%，海外专利35%，其中OLED、传感、人工智能、大数据等领域专利申请占比超50%，覆盖美国、欧洲、日本、韩国等国家和地区。2022年专利服务机构IFI Claims发布的2021年度统计报告中，BOE（京东方）位列美国专利授权排行榜全球第11位，连续第四年跻身全球TOP20。3月30日，世界经济论坛对外公布最新一批“灯塔工厂”名单,BOE（京东方）获全球智能制造领域最高荣誉“灯塔工厂”，成为中国大陆第一家也是唯一入选的显示企业，打造全球数智融合新典范，成为京东方在智能制造领域的首张世界名片。“灯塔工厂”由世界经济论坛与麦肯锡咨询公司共同发起，在全球范围内甄选第四次工业革命先进技术应用的领军企业，“灯塔工厂”评选难度高，此前全球范围内仅有90座工厂入选。京东方首次申报即入选，标志着在大规模应用工业4.0新技术方面走在世界前沿，以世界一流的智能制造理念与创新模式赋能上下游产业链，带动全行业提升整体数智化应用水平。（杜　华）

【未来独角兽企业】4月14日，中关村朝阳园管委会发布首批朝阳区未来独角兽企业榜单，澎思科技、唱吧等48家朝阳区高成长企业入选。9月2日，朝阳区未来独角兽企业加速营一期举办。活动邀请新加坡交易所、纳斯达克交易所、汉坤律师事务所、西部证券公司等机构专家，围绕企业上市选择，海外上市风险等主题与未来独角兽企业高管人员进行交流。10月12日，朝阳区未来独角兽企业加速营二期举办，活动以“管理进阶，他山之石”为主题，邀请亚马逊、施耐德、美团等世界500强企业代表、行业专家组成的导师团为入营企业赋能助力。朝阳区独角兽加速计划是中关村科技园区朝阳园管理委员会推出的高成长企业服务项目，旨在通过建立朝阳区独角兽培育企业库，进一步激发独角兽企业活力，提升新经济产业能级，助推区域经济高质量发展。（吴思思）

【区科技企业赋能站“晨曦计划”启动】5月26日，朝阳区科技企业赋能站启动“晨曦计划”，组织赋能服务专家和专业机构开展线上活动及咨询帮扶朝阳区中小微企业。“晨曦计划”采用“活动双线多元化,赋能服务全天候”形式，拓展各类线上活动，维持朝阳区科技型企业稳定发展；通过数字化手段，将300项赋能服务向线上转移，满足朝阳区科技企业日常服务需求。

（张中来）

【国遥新天地】8月10日至12日，2022中国地理信息产业大会发布“2022地理信息科技进步奖”获奖名单，由国遥新天地信息技术股份有限公司（以下简称“国遥新天地”）独立完成的“时空遥感大数据平台EV-Globe V6.0关键技术与应用”项目、与国家海洋信息中心等单位合作完成的“全国海岸带精细化三维立体数据资源建设与应用关键技术”项目获“2022地理信息科技进步奖”一等奖。与交通运输部公路科学研究所等单位合作完成的“公路建设天空地一体化环境监管关键技术研究”项目获“2022地理信息科技进步奖”二等奖。8月，国遥新天地再次登上“2022地理信息产业百强企业”榜单。9月26日，北京市工商业联合会“2022北京民营企业百强发布会”，发布2022年北京民营企业百强“1+4”（“1”指主榜单“北京民营企业百强”；“4”指分榜单“北京民营企业科技创新百强”“北京民营企业文化产业百强”“北京民营企业社会责任百强”和“北京民营企业中小百强”）榜单。朝阳园企业北京国遥新天地凭借突出的综合竞争力和领先的技术研发水平，获选“北京民营企业中小百强”。（张冬梅）

【“明树数据”与360企业安全云达成战略合作共识】8月，中关村朝阳园望京留创园入驻企业“腾飞·企业”北京明树数据科技有限公司（简称“明树数据”）在“创客北京2022”创新创业大赛360·中小企业数字化转型专项赛中，获桂冠。专项赛主办方360企业安全云与明树数据达成战略合作共识，双方携手助力中小微企业数字化转型。明树数据是望京留创园数字经济领域重点培育企业，先后获得国家高新技术企业、中国生产力促进中心“中国好技术”、中关村高新技术企业、北京市2022年度第一批“专精特新”中小企业等荣誉称号。（张冬梅）

【艾迪普摘得元宇宙软件与服务创新金奖】12月16日，艾迪普报送的“无代码编程工具助力打造工业3D数字孪生无人产线”案例，获由IECIA国际数字经济创新组织主办的“2022 ECI AWARDS国际艾奇奖年度获奖名单线上发布会”2022 ECI AWARDS元宇宙创新类——元宇宙软件与服务创新金奖。ECI AWARDS推出全球首个元宇宙创新类奖项，@me艾迪普提交的“无代码编程工具助力打造工业3D数字孪生无人产线”案例，凭借在元宇宙领域的应用创新和技术突破，构建虚实共生的双向赋能，激活创新生产动能产业价值，最终获得元宇宙软件与服务创新类金奖。ECI AWARDS（全称Entrepreneurship, Creativity & Innovation Awards国际数字商业创新大奖，中文简称艾奇奖），由中国学者联合26个国家和地区数字经济领域创新专家学者于2014年创立，是全球第一个使用“创新的有效性”作为评价标准的数字创新的国际奖项。作为全球四大创新节之一的国际性评选赛事，表彰在商业模式、产品、服务、技术、营销和管理类别中个人和组织取得的最有创新性成就。ECI AWARDS除了重视商业价值的创新，更赞赏能够定义未来，促进人类社会可持续发展，体现人文精神的创新，被誉为全球数字经济创新“诺贝尔奖”。（张文雅）

▲ 9月1日，服贸会北京主题日暨“两区”建设两周年主题活动在国家会议中心举办（区商务局　供图）

【第二届“凤鸣计划”企业评选】 年内，朝阳区开展第二届“凤鸣计划”企业评选。入库企业263家，包含161家第一届存量企业、102家新报名企业。按照凤鸣企业所属行业、赛道，对其进行横向分层、纵向分类，配备专职服务管家，开展实地走访，了解企业经营现状和发展诉求，建立“一企一档”。通过线上、线下等方式，完成首轮走访全覆盖，为企业办理政务政策、人才服务、融资服务、产业空间、应用场景等方面诉求。培育格灵深瞳、新华都特种电气、经纬恒润、能链集团（车主邦）、华大九天、中纺标、三未信安、华品博睿（BOSS直聘）8家凤鸣企业上市。举办“凤鸣优享荟”（专注应用场景）、“凤鸣金融学堂”（专注投融资）、“凤鸣政策通”（专注政策解读）等品牌活动15场。组织凤鸣企业参加“2022年全球数字经济大会”“创客北京2022”参赛项目征集等活动。（刘　灿）

商贸服务业

【概况】 2022年，朝阳区消费市场逐步回稳、外资利用稳中有进、对外贸易逆势增长、批发零售业和租赁商务服务业平稳运行。“两区”建设取得新进展，商务运行稳中向好。全年实际利用外资63.1亿美元，实现进出口总额18139.7亿元。新增跨国公司地区总部7家，实现社会消费品零售总额3179.8亿元，新建（改造）便民服务网点67个。

【“两区”建设推进】 年内，朝阳区聚焦“商务、金融、科技”三大重点领域，梳理细化“政策、企业、空间”三张清单，全区新增入库项目740个（包括外资项目136个，完成累计入库项目指标数168.2%），落地项目353个。形成两批36个创新案例，落地16个示范引领性项目。推进与国际先进规则相衔接的开放政策制度创新。在全市率先开展国际收支便利化全环节改革试点工作，提升跨境投融资自由化便利化水平。依托北京国际大数据交易所，研发建成国内首个实现数据跨境流通功能的数据托管服务平台。探索率先发布数据确权和交易规则白皮书，创新数据交易的规则、技术实现路径和商业模式，数字贸易创新试点和相关政策突破。健全司法领域多元解纷体系，探索建设全球争议解决中心，推动构建以高效快捷和平等磋商为特征的高标准争议解决制度体系。围绕园区（组团）发展定位和产业特色，编制三年行动方案，探索特色化差异化发展路径。组团和中关村朝阳园的三年行动方案形成初稿。

【促消费措施】 年内，全区实现社会消费品零售总额3179.8亿元，占全市总量的23.2%，位于全市首位。印发《朝

▲ 9月9日，《朝阳区商业招商白皮书》发布（区商务局　供图）

阳区建设国际消费中心城市领导小组工作规则》《朝阳区建设国际消费中心城市领导小组办公室及下设专项工作组职责分工》，建立完善工作机制，深化落实措施体系，加快建设国际消费中心城市主承载区。优化区域消费版图，打造“一纵一横”商业带（一纵：加快构建“14号线商业带”；一横：加快建设亮马河国际风情水岸）。推进“一圈一策”工作,11个商圈形成“一圈一策”工作方案。加快推动CBD商圈转型升级，引入新产品、新品牌、新业态，打造千亿规模世界级商圈。发挥重点项目带动作用，三里屯太古里北区北城市更新项目稳步推进，Teamlab朝阳大悦城馆、望京凯德MALL（购物中心）二期等项目完工开业。举办北京新消费品牌孵化创新大会，推动新消费品牌与场景、资本等加速对接。发布《朝阳区商业招商白皮书》，吸引更多优质消费品牌。开展“潮朝阳　新消费”系列促消费活动，围绕“潮市集”“咖啡节”“时尚秀”等板块，举办各类促消费活动近400场。举办“来14号线，就购了”、首届一带一路咖啡文化嘉年华等主题活动,大力培育消费热点。加快推进“咖啡之城”“美食之城”“时尚之城”建设，打造朝阳消费“金名片”。发展首店经济，引进首店433家，以显著优势位居各区首位。对接美团，引入“黑珍珠餐厅指南”发布项目，促进精致餐饮高质量发展。持续加强便民商业体系建设，新建改造便民服务网点67个，提前超额完成市级建设任务。

【总部建设】 年内，朝阳区建立总部企业、跨国公司地区总部、外资研发总部3本台账，定期走访并宣讲市区两级总部政策，为重点企业提供一对一管家式服务。新增跨国公司地区总部7家，全区跨国公司地区总部增至145家。

【冬奥会餐饮服务保障】 年内，朝阳区成立冬奥会餐饮服务专班，建立完善沟通会商、场馆供餐日报、应急餐饮服务商互保、防疫督导检查等工作机制，为区内“3+7”场馆点位约27500人提供餐饮保障，为16家不具备供餐条件的涉奥驻地协调对接餐饮事项。自1月4日启动小闭环起至4月7日，累计供餐362万余人次，以全市最大供餐量在冬奥服务保障中发挥重要作用，获评北京冬奥会、冬残奥会北京市先进集体。（张维民）

【服贸会参与】 年内，朝阳区举办2022数字经济发展大会，发布《2022年度朝阳区外资外贸发展报告》，加大宣传推介、招商引资力度。打造“永不落幕服贸会——朝阳”线上主题展，近400家知名企业参展，全方位展示朝阳在服务贸易领域取得的最新成果。促进重点项目签约，全区实现签约项目17个，计17.43亿美元。

【批发零售和租赁服务业】 年内，朝阳区批发零售业和租赁商务服务业共形成区级收入174.13亿元，比上年下降11.67%，占全区的34.31%（全区507.54亿元，比上年下降4.58%）。其中，批发和零售业实现区级收入87.56亿元，比上年下降21.09%；租赁和商务服务业实现区级收入86.58亿元，比上年增长0.46%。

【外贸进出口】 年内，全区完成货物进出口总额18139.7亿元，比上年增长24.8%，占全市总量的49.8%。其中进口完成16608.5亿元，比上年增长24.1%，占全市总量的54.4%；出口完成1531.2亿元，比上年增长33.1%，占全市总量的26.0%。货物进口、出口及进出口总额均居全市首位。

【利用外资】 年内，朝阳区新设外资企业424家，比上年下降41.2%，占全市30.1%；实际利用外资63.1亿美元，比上年增长32.1%，占全市36.3%；吸引合同外资34.8亿美元，比上年下降81.1%。

【政务服务】 年内，朝阳区商务局办理粮油仓储单位备案5次；企业境外投资备案3家；受理服务外包合同数量3588笔；出具软件出口合同登记证书740份，合同金额33.95亿美元，执行金额35.43亿美元；受理对外贸易经营者备案登记共1250家；拍卖企业（分支机构）申请取得从事拍卖业务的许可177笔，拍卖企业年度核查320件次；共办理成品油零售经营资格审批44家。（张维民）

京客隆集团

【概况】 2022年，北京京客隆商业集团股份有限公司（简称“京客隆集团”）集社区购物中心、大卖场、综合超市、便利店四种零售经营业态为一体，拥有各业态店铺总数142家，营业面积约18万平方米，店铺网络覆盖北京市十余个区县及河北廊坊地区。京客隆集团下设北京朝批商贸股份有限公司、北京欣阳通力商业设备有限公司、北京京客隆（廊坊）有限公司、北京京客隆首超商业有限公司、北京京客隆超市连锁有限公司等多个全资或控股子公司。客隆集团公司青塔店、永安路店和黑山店因合同到期闭店。京客隆集团推进零售批发业务，拥有先进的物流和信息管理系统，有常温和生鲜两个现代化配送中心，配备拆整配零自动分拣系统和整箱商品自动分拣系统能快速完成自动化分拣工作。

【李超技能大师工作室】 1月4日，经朝阳区人力资源和社会保障局批准，京客隆李超技能大师工作室在京客隆集团培训中心挂牌。李超是京客隆管庄店收银员，在企业经营一线从事收银工作18年。曾获第三届北京市职业技能大赛收银比赛第一名，并获得首都劳动奖章、北京市技术能手、北京市青年岗位能手、北京市三八红旗手等称号。

【企业微信群开通】 1月6日，京客隆集团以店铺为单位建立“京客隆为您服务”企业微信群，并在110家店铺全面开通。为您服务群主要提供商品和服务在线咨询、促销活动通知、售后服务和商品预售等贴心服务。

▲ 1 月 18 日，京客隆京捷生鲜农科院店开业　（孟军　摄）

【京捷生鲜农科院店开业】 1 月 18 日，京客隆京捷生鲜农科院店开业，该店位于海淀区中关村南大街 12 号四区 120 幢地下一层，经营面积 900 余平方米。

【技能大赛上获奖】 10 月，京客隆集团选派 73 名选手参加北京市第十二届商业服务业技能大赛和 2022 年北京职工职业技能大赛收银服务竞赛。京客隆定福庄店王雪飞获得北京市第十二届商业服务业技术能手冠军和北京市职工高级职业技术能手称号，并纳入北京市职工技术协会技能人才库；京客隆北苑店范玉艳、管庄店崔莹获得“优秀能手”荣誉证书及奖杯。京客隆里仁街店选手周晗荣获超市分拣商品员技能项目第二名。

【北京冬奥会保供应】 年内，京客隆集团下属管庄店、针织路店、西坝河店等 10 余家店铺为冬奥会闭环酒店和志愿者服务站提供休闲食品、饮料、牛奶、日化卫生品等众商品供应。自 2021 年 12 月 3 日保障工作开始至冬奥会结束，实现商品配送金额 570 万元，配送商品 330 余车次。在马泉营冬奥服务保障点开设 2 家临时冬奥便利店，闭环运营 4 个多月，受到北京冬奥会和冬残奥会服务保障人员的肯定。

▲ 2 月 8 日，京客隆春节期间 10 种“当家菜”价格两不涨　（周丹　摄）

【保供应服务】 年内，京客隆集团向朝阳区左家庄街道抗疫工作人员送去蔬菜和水果 500 千克、酸奶 372 箱；携手伊利集团向朝阳区集中隔离点指挥部捐赠牛奶 2000 提、矿泉水 2000 箱。京客隆集团所有店铺早开门、晚关门，线上线下联动，涉疫店铺快关快开保供应。疫情防控期间持续加大肉蛋菜奶、米面粮油等生活必需品储备量，按日常销售量的 3 倍至 5 倍备货以满足顾客需求。应急保供全年配送食品包 18.8 万份、蔬菜包 47.7 万份、早餐包 14.3 万份。（龙芬芬）

蓝岛大厦

【概况】 2022 年，北京蓝岛大厦有限责任公司（简称“蓝岛大厦”）为国有独资法人治理结构的运营模式。公司注册资本 1 亿元，资产总额 14095.33 万元，净资产 9456.06 万元。实现销售额 11743.11 万元，利润总额 -4699.46 万元。蓝岛大厦在职职工 347 人（其中在岗职工 275 人，内退职工 72 人），退休职工 1858 人。蓝岛大厦举行全员安全演练 4 次，举办安全培训 10 次，召开安全生产会议 13 次。接待来访 4 人次、来电 7 人次，收到“接诉即办”转来 20 件次，信访总量共计 31 件次，全部办结。为内蒙古自治区乌兰察布市卓资县梨花镇三道营村购置办公电脑及打印设备投入 7000 余元。被中华全国商业信息中心授予“2022 年度全国商业统计信息工作先进单位一等奖”。

【技能大师工作室】 1 月 6 日，蓝岛大厦举行李新技能大师工作室挂牌仪式，揭开技能大师传帮带建设项目序幕。7 月 26 日，技能大师工作室召开启动会，推进工作室各方面工作。

【职工代表大会】 3 月 29 日，蓝岛大厦召开第六届第十次职工（第二次会员）代表大会，公司领导班子及职工代表 72 人出席。大会通过《工作报告》

▲ 3 月 29 日，蓝岛大厦召开第六届第十次职工（第二次会员）代表大会　（王　江　摄）

及《2021 年业务招待费使用情况的报告》；通报《2021 年度财务决算报告》《2022 年财务预算报告》。

【内控系列工作方案】 4 月 26 日，蓝岛大厦发布《2022 年内控系列工作方案》，部署公司 2022 年内控系列工作。截至 6 月 24 日，公司 12 个部室、5 个采购部、2 个卖场和收银部 20 个部门对档案管理、工作制度、公车使用管理等 66 项次内容进行审慎自查并形成书面报告。8 月 17 日、18 日，内控工作领导小组通过听取汇报、询问情况、查阅记录等方式分别对 13 个部门、34 项具体工作进行检查。检查中发现的问题，各部门立即着手整改，整改合格率 100%。

【文明城区创建】 8 月 4 日至 10 日，蓝岛大厦党委组织部分党员、职工 15 人，下沉崔各庄乡、常营乡参与文明城区创建工作。8 月 5 日，蓝岛大厦党委参与全国文明城区创建工作专项检查，对 5 大类 34 项考察点逐项检查落实。

【专业培训】 年内，蓝岛大厦举行专业培训 5 期。3 月 15 日至 30 日，举办“赛技能、展风采”职工技能大赛；7 月 6 日，开展国资大数据综合监管平台使用培训会；7 月 26 日，召开“技能大师工作室”启动会；8 月 29 日，召开技能“传帮带”传承“匠人心”座谈会；9 月 29 日，开展“技能大师工作室”内训师首次培训。

▲ 8 月 4 日，蓝岛大厦文明城区创建活动。图为整理路边便民自行车　（王　江　摄）

【营销促销活动】 年内，蓝岛大厦开展“一路相伴　感谢有你 29 周年店庆”“红红火火过大年”“夏·清京节”“月满中秋　国庆好礼”主题服务促销活动 4 场。开展“守礼为先　诚信为本”3·15 现场主题服务活动 1 场，活动为期 9 天。　（黄　洁）

朝富公司

【概况】 2022 年，北京朝富国有资产管理有限公司（简称“朝富公司”）持有 100% 股权的二级公司 12 家：北京弘朝伟业国有资产经营有限责任公司（简称“弘朝公司”）、北京金朝阳国有资本运营管理有限公司（简称“金朝阳公司”）、北京朝阳家园物业管理有限公司（简称“物业公司”）、北京恒瑞永天投资管理有限公司、北京中良实业有限公司（原北京市中良实业总公司）、北京朝阳农业综合服务有限公司（简称“农服公司”）、北京弘翼佳业商贸有限公司（简称“弘翼佳业公司”）、北京七〇一厂有限责任公司（简称“七〇一厂公司”）、北京京朝花园农业发展有限公司、北京朝政汽车检测场有限公司、北京粤海烤鸭店有限公司、北京市朝阳西坝河西里副食品商店。持股二级公司 3 家，北京市腾远兴业汽车服务有限公司（简称“腾远公司”）投资占其总资本 98.2%；持有北京京客隆商业集团股份有限公司总股本 40.61%；北京富安小额贷款有限公司投资占其总资本 18.01%。朝阳家园物业公司项目经理史吉晓获北京市总工会颁发的 2022 年“首都劳动奖章”。

【农业综合服务有限公司成立】 1 月 26 日，朝富公司全资子公司北京朝阳农业综合服务有限公司（二级公司）取得工商营业执照。朝富公司出资 1000 万元，公司副总经理王利明兼任农服公司执行董事、法定代表人。

【冬奥会服务】 3 月，朝富公司下属单位朝阳家园物业公司完成冬奥会、残

▲ 7月13日，朝富公司召开巡察动员部署会　　（王雷雷　摄）

奥会5个交通场站物业管理服务工作。包括奥体中心交通场站、冬奥村东交通场站、冬奥村南交通场站、亚投西交通场站、崔各庄交通场站。朝阳家园物业公司北京冬奥会亚投西公交场站收到冬奥会北京赛区巴士团队及开闭幕式团队的感谢信。

【股权划转】 年内，朝富公司完成多家公司股权划转。5月，原区机关事务管理服务中心下属企业北京京朝花园农业发展有限公司完成100%股权无偿划转至朝富公司。原区机关事务管理服务中心下属企业北京朝政汽车检测场有限公司完成100%股权无偿划转至朝富公司。9月，朝富公司下属单位弘朝公司所属燕东经贸公司、燕东文化公司完成100%股权划转至弘朝公司。朝富公司下属单位弘朝公司所属惠康民公司完成100%股权划转至弘朝公司。10月，朝富公司下属单位弘翼佳业公司完成100%股权无偿划转至朝富公司。11月，朝富公司下属单位金朝阳公司所属朝熙物业公司完成100%股权划转至朝阳家园物业公司。12月，七〇一厂完成100%股权无偿划转至朝富公司。

【巡察工作部署会】 7月13日，朝富公司召开巡察动员部署会。区委巡察办及第11巡察组全体成员参加会议。公司领导班子成员、本部中层干部、二级公司领导班子成员、三级公司领导班子部分成员、二级公司党务工作负责人、部分党员代表91人参加会议。朝富公司配合巡察组完成相关任务。

【朝密幼儿园线上交流】 10月，朝富公司下属单位弘朝公司所属朝莘教育公司朝莘幼儿园与密云经济开发区幼儿园进行线上交流，开展六一儿童节活动设计分享、线上大班毕业典礼设计方案交流分享、“看电影　议师德”等研学研讨活动。

【《朝富通讯》创刊】 11月8日，朝富公司内部刊物《朝富通讯》第一期签发。《朝富通讯》每月1期，每期8000字。设置国资要闻、公司要闻、专题荟萃、基层动态、经验交流、探索实践、荣誉表彰、他山之石等10余个栏目在公司系统中传阅。旨在打造公司内部集正面能量集散地、主流舆论发酵池、经营业绩赛马场、理论碰撞磁力圈等功能为一体的集成式宣传平台。

【公司办公地迁址扩大】 12月30日，朝富公司办公地址从朝阳区北三里屯南43号迁至朝阳区南磨房路29号旭捷大厦五层。办公面积由1200平方米扩大至3030平方米，职工数量由60余人增加至70余人。　（陈　菲）

▲ 4月20日，朝富公司所属朝阳家园物业公司与清华同衡公司开展“城市更新”交流活动
（冯远博　摄）

金融业

综述

【概况】 2022年，朝阳区金融业实现税收491.17亿元，比上年增加7.3亿元，比上年增长1.5%。金融业贡献区级收入94.49亿元，占全区一般公共预算收入的18.8%，超全区增速6.4个百分点。金融业实现增加值1544.5亿元，比上年增长5.1%，占全区GDP的19.5%，总量在全区各行业中位居首位。本外币存贷款余额5.03万亿元，同比增速8%。证券交易额32.8万亿元，增速18.1%。（陈付佳）

【中国国际金融年度论坛】 9月2日，2022中国国际金融年度论坛在首钢园香格里酒店举办。论坛由中国人民银行、中国银保监会、中国证监会、国家外汇管理局、北京市政府指导，由市金融监管局、人行营管部、北京银保监局、北京证监局、朝阳区政府、石景山区政府、顺义区政府主办。论坛以“开放融合 绿色未来”为主题。围绕金融业稳健发展、金融服务实体经济、气候投融资、数字化转型、资产管理等议题，研讨交流。（刘 奕）

【国际金融招商引资大会】 12月23日，朝阳区金融领域“两区”建设成果发布会暨国际金融招商引资大会在昆泰嘉华酒店举办。会上，区长吴小杰为朝阳区金融业招商引资合作中介机构授牌，副区长杨蓓蓓介绍朝阳区金融业营商环境及金融领域“两区”建设成果，金融办与新落户金融机构签署入驻协议。与会领导与参会企业座谈交流，了解企业诉求，倾听意见建议，共谋发展举措。（刘 奕）

银行

中国建设银行股份有限公司北京朝阳支行

【概况】 2022年，中国建设银行股份有限公司北京朝阳支行（简称“建行朝阳支行”）下设营业网点17个。支行综合筹资时点1360.1亿元，综合筹资日均1162.6亿元，各项融资时点余额702.5亿元，中间业务收入3.2亿元，不良率0.08%。

【国际业务】 年内，建行朝阳支行跨境人民币规模新增298亿美元，外汇企业存款时点4.45亿美元，对公国际业务结算量69.8亿美元，外汇贷款余额1.09亿美元。营销中工国际伊拉克项目建信通签约。

【服务实体经济】 年内，建行朝阳支行累计表内发放大中型人民币贷款187笔，179.52亿元。制造业贷款比上年增加10.52亿元，基础设施贷比上年增加18.07亿元，战略性新兴产业贷款比上年增加43.62亿元。为华能国际累计发行超短融90亿元，承销份额60亿元，承销中国绿发集团发债20亿元。网络供应链放款金额11.14亿元，其中普惠供应链余额约3.26亿元。实现中节能太阳能科技、中化环境控股有限公司首笔投放。为中国中化控股有限责任公司投放流动资金贷款55亿元，为中国通用技术（集团）控股有限责任公司投放流动资金贷款18亿元。

【住房租赁】 年内，建行朝阳支行为相关企业完成增加支持发展保障性租赁住房信贷投放新增投放4.8亿元，累计投放37.54亿元。

【普惠金融】 年内，建行朝阳支行普惠金融贷款余额43.36亿元，比上年增加10.38亿元。与朝阳区相关政府部门、商会对接，下沉供应链服务，落地推广云税贷、工商联快贷、善新贷等产品，服务走访科技型小微企业，完成企业股债联动签约30户。

【金融科技】 年内，建行朝阳支行聚焦北京市自贸区建设工作、朝阳区域发展政策，实现9户数字财政平台落地。“建行生活”App参与北京市政府消费季活动，营销餐饮KA品牌15个，商户拓展941户，营销全球大型连锁快餐巨头“汉堡王”“麦当劳”等入驻建行生活，签约门店100余家。

（杨子衿）

中国工商银行股份有限公司北京朝阳支行

【概况】 2022年，中国工商银行股份有限公司北京朝阳支行（简称“工行朝阳支行”）下辖25家物理网点。其中财富管理中心3家、理财中心22家。以及2家离行式自助银行。所辖25家网点可开办包括对私结售汇、外汇汇款业务在内的全部个人金融业务，可开办人民币对公业务、外汇对公存款及对公结售汇业务。工行朝阳支行实现拨备前利润17.63亿元，比上年增加1.2亿元，比上年增长7.29%。

【存款业务】 年内，工行朝阳支行本外币全部存款时点余额1604.96亿元，日均余额1621.56亿元。其中人民币储蓄存款时点、日均余额分别为726.37亿元、673.74亿元。人民币对公存款日均余额891.19亿元，比上年增加120.47亿元。外汇存款时点、日均余额分别为11.2亿美元、10亿美元，其中个人外币储蓄存款日均余额2.54亿美元，比上年增加0.25亿美元。

【贷款业务】 年内，工行朝阳支行人民币贷款时点余额284.69亿元，比上年增加34.32亿元，比上年增长13.71%。人民币公司贷款时点、日均余额分别为213.12亿元、211.72亿元，比上年分别增加40.19亿元、55.96亿元。外汇贷款1.74亿美元。银保监普惠口径法人、个人贷款余额分别为10.86亿元、11.35亿元，比上年增加3.04亿元、2.64亿元。网点普惠贷款推荐率100%。

【中间业务】 年内，工行朝阳支行实现中间业务收入5.27亿元，比上年增加2560万元，比上年增长5.1%。

【场景建设】 年内，工行朝阳支行创新“中粮土地流转贷”业务场景，打通从粮食种植、仓储、物流到销售的全链条，让普惠金融活水注入种植合作社的田间地头；搭建“惠美朝阳”撮合平台，将合作商户产业链功能融合到收单场景当中，打破个人客户、银行、企业客户之间资源壁垒，满足各类客户跨地域多维度泛金融需求；打造“汽车金融”生态化场景，通过网点4S店“一站式”服务，打通支付渠道，实现平台引流。（陈思雨）

中国工商银行股份有限公司北京市望京支行

【概况】 2022年，中国工商银行股份有限公司北京市望京支行（简称“工行望京支行”）于2000年8月从中国工商银行北京市朝阳支行分设，10月26日对外营业。下辖香河园支行、首都机场支行、四元桥支行、国展支行等20个网点支行。实现拨备前利润9.7亿元。

【存贷款业务】 年内，工行望京支行本外币各项存款时点余额735亿元，比上年增加83亿元，增长13%；日均余额678亿元，比上年增加53亿元，增长8.5%。其中，人民币存款时点增加77亿元，增长12%；对公存款增加3.5亿元，储蓄存款增加73.8亿元；人民币存款日均增加47亿元，增长8%。外币存款日均增加0.44亿美元，增长8%。

【中间业务】 年内，工行望京支行实现中间业务收入4.51亿元。

（刘 鑫）

中国工商银行股份有限公司北京自贸试验区国际商务服务片区支行

【概况】 2022年，中国工商银行股份有限公司北京自贸试验区国际商务服务片区支行（简称“工行国际商务服务片区支行”）辖1个营业部、10家网点支行。其中，旗舰店4家、综合店7家；智能化网点11家，智能化覆盖率100%。实现分行口径本外币拨备前利润10.80亿元，比上年减少0.11亿元。本外币存款余额669.80亿元，比上年增加35.63亿元；本外币贷款余额228.32亿元，比上年增加16.92亿元；中间业务收入3.51亿元，比上年减少839万元。（张 晗）

【信贷业务】 年内，本外币各项贷款余额228.32亿元，比上年增加16.92亿元。其中，人民币对公贷款余额159.23亿元，比上年增加15.37亿元；个人贷款余额61.70亿元，比上年减少0.64亿元。

（张 晗）

【存款业务】 年内，本外币各项存款余额669.80亿元，比上年增加35.63亿元。其中，人民币对公存款余额310.03亿元，比上年增加10.54亿元；人民币储蓄存款297.04亿元，比上年增加40.03亿元。

（张 晗）

【金融管理】 年内，工行国际商务服务片区支行聚焦场景建设，落地环球影城等重点客群代发工资业务；布局环球度假区、万达酒店集团、国贸商城等重点客户收单场景；私银团队“高层营销高端”及“企业家加油站”运营成效显著；深挖腰部客户价值贡献，实现分行中小企业财资管理云营销首单突破；夯实重点客户营销，中标系统内首个央企司库招标项目，并实现首笔信贷业务落地和下级子公司营销拓展。

（袁 博）

中国工商银行股份有限公司北京九龙山支行

【概况】 2022年，中国工商银行股份有限公司北京九龙山支行（简称“工行九龙山支行”）下辖14家网点。其中，旗舰店共2家，综合店11家，便利店1家。网点业务范围包括办理人民币存款、贷款、结算业务，外汇存款、汇款、贷款，外币兑换等业务。实现拨备前利润7.38亿元、营业收入10.17亿元。

【存贷款业务】 年内，工行九龙山支行人民币全部存款日均487.30亿元，比上年增加34.75亿元。其中，储蓄存款350.01亿元，比上年增加30.28亿元。外币全部存款日均14573.35万美元，比上年增加1514.57万美元。人民币各项贷款日均164.53亿元，外币各项贷款日均9256.97万美元。

【服务实体经济】 年内，工行九龙山支行成为北京市属重点制造业国企客户首家集团授信业务合作行，为重点结算客户审批优惠利率贷款36.5亿元。

（刘　楠）

中国工商银行股份有限公司亚运村支行

【概况】 2022年，中国工商银行股份有限公司亚运村支行（简称“工行亚运村支行”）设1个银行卡业务团队，1个国际业务团队，1个对公专营柔性团队，挂靠1个融工分部。下辖网点12家，其中旗舰店6家，综合店6家、便利店2家；附行式自助银行12家，离行式自助银行1家。全年实现拨备前利润9.03亿元，净利润超6亿元；营业收入11.78亿元、中间业务收入3.21亿元。

【存贷款业务】 年内，工行亚运村支行本外币存款总额656.32亿元，比上年增加57.03亿元；本外币贷款总额243.29亿元，比上年增加22.65亿元。

【网点优化】 年内，工行亚运村支行网点普惠业务参与率、外拓业务达标率、智能机器人有效交互达标率及外汇业务网点参与率均为100%。

（王玉丹）

中国银行股份有限公司北京商务区支行

【概况】 2022年，中国银行股份有限公司北京商务区支行（简称“中行北京商务区支行”）下辖16家经营性物理网点，均可开办包括对私结售汇、外汇汇款、个人理财、银行卡业务以及对公结算、国际结算、跨境业务、金融机构业务等全部个人、公司金融业务。实现中间业务收入本外币折合人民币1.99亿元，拨备前利润10.07亿元，本外币存款日均总额折合人民币718.01亿元，本外币存款时点总额折合人民币871.14亿元。

【存贷款业务】 年内，中行北京商务区支行人民币存款日均余额682.27亿元，其中人民币公司存款（含金融机构）日均余额488.63亿元，人民币储蓄存款日均余额193.64亿元，外币存款日均余额5.13亿美元。本外币各项贷款余额306.58亿元，其中人民币公司贷款余额243.43亿元，个人贷款余额63.08亿元。

【普惠金融】 年内，中行北京商务区支行坚持金融工作的政治性和人民性，聚焦服务实体经济，为小微企业纾困解难，推动全行普惠金融工作高质量发展。普惠金融业务重点领域余额22.93亿元，存量普惠客户数745户。

（杨雪巍）

中国农业银行股份有限公司北京朝阳支行

【概况】 2022年，中国农业银行股份有限公司北京朝阳支行（简称“农行朝阳支行”）下辖23家营业网点。本外币各项存款日均余额634.4亿元，结算性同业存款日均余额182.9亿元，本外币各项贷款日均余额624.6亿元，实现营业收入18.78亿元、净利润11.33亿元。

【服务实体经济】 年内，农行朝阳支行各项贷款总量增加131.9亿元。普惠贷款净增3.59亿元，实现绿色信贷增量74.05亿元、战略新兴贷款增量10.16亿元、制造业贷款增量8.4亿元。

【网点服务】 年内，农行朝阳支行对北京冬奥场所及周边网点开展全要素、全流程无障碍设施日常检查，对冬奥运签约酒店（长白山国际酒店）建立完善工作方案和应急预案，完成冬奥会期间的金融服务工作；落实各项疫情防控措施，保障金融服务不断档；推进“服务升温工程”，打造“浓情暖域”网点服务品牌，提升适老化服务工作水平，并被新华社报道。

【风险防控】 年内，农行朝阳支行实现不良率下降，严控信用风险；开展优化账户服务及减费让利工作，提升金融服务水平；开展“合规守法教育年”活动，营造全员合规氛围；开展电信网络诈骗治理、疫情防控、消防安全大检查等工作，推进平安农行建设。

（陈　晨）

中国农业银行股份有限公司北京朝阳东区支行

【概况】 2022年，中国农业银行股份有限公司北京朝阳东区支行（简称“农行朝阳东区支行”）下设营业网点14个，营业网点均分布在CBD地区。引入人民日报社旗下的人民金服供应链公司，上线中交四公局、一公局，实现支行供应链业务从无到有。四公局与农行朝阳东区支行合作额度达到8亿元，有效带动支行普惠金融业务发展。

【存款业务和中间业务】 年内，农行朝阳东区支行本外币各项存款时点余额439.2亿元，各项贷款余额119.15亿元。实现中间业务收入8435万元。

【客户服务】 年内，农行朝阳东区支行利用与中交一公局开展保理e融业务合作契机，为客户提供开立转开保函服务，满足客户在全国范围内开立农民工工资保函需求。

【社会活动】 年内，农行朝阳东区支行辖内现代城支行、大望路支行、双井支行等网点开展“小小银行家”活动，采取讲解方式让小朋友认识银行、认识货币，了解银行的金融技能、金融知识。发放宣传手册，向社会公众普

及金融知识，开展反假币、防范非法集资、金融诈骗及银行卡犯罪风险防范措施宣传等活动。（陈春婷）

保 险

中国人寿保险股份有限公司北京市分公司

【概况】2022年，中国人寿保险股份有限公司北京市分公司（简称“中国人寿北京市分公司”）是中国人寿在京分支机构。中国人寿北京市分公司向个人及团体提供人寿、年金、健康和意外伤害保险产品，涵盖生存、养老、疾病、身故、残疾等方面，全面满足客户在人身保险领域的保险保障和投资理财需求。内设17个部门，下辖73个分支机构，依托覆盖北京城乡的服务网络，搭建移动化、智能化、社交化的客户服务体系。中国人寿北京市分公司实现总保费122.62亿元，比上年下降1.56%。首年期交保费21.07亿元，比上年增长3.39%；10年期及以上首年期交保费8.64亿元，比上年增长3.47%。理赔85.5万人次，金额12.1亿元。

【服务大局】年内，中国人寿北京市分公司实现签单保费1732万元，承保客户2116人次；赠送包含新冠身故/伤残保障、虎年如意宝、疫苗保等赠险11万份，销售北京普惠健康保逾10万件；为航天、地产、船舶、环保、基建等实体经济领域提供保险保障，覆盖人数35余万人次，赔款支出3.9亿元；战略性新兴产业保费收入4349万元，绿色保险保费收入269万元。

【运营服务】年内，中国人寿北京市分公司运营服务作业量150.8万件，个人业务无纸化投保率100%，团体无纸化投保率98%。客服条线持续优化客户服务体验增值服务覆盖56万人次，覆盖率81.57%。建设完成系统首家客户体验中心“高端店”，改造完成8家智享柜面。（夏 海）

信 托

北京国际信托有限公司

【概况】2022年，北京国际信托有限公司（简称“北京信托”）是北京市国资控股、外资参股的大型金融企业。公司下设二级公司2个，其中全资子公司1个、控股公司1个。公司全年实现营业收入4.67亿元，比上年下降76.77%；实现利润总额5887万元，比上年下降95.97%；净利润5024万元，比上年下降95.47%。公司固有资产总额1658,78万元，比上年下降5.11%；净资产总额1068,92万元，比上年下降2.75%。各项税款入库合计6.86亿元。公司获上海证券报主办的第十五届“诚信托”财富管理品牌奖。

【主要业务】年内，北京信托受托管理的实收信托规模1575.46亿元。其中，集合信托规模1172.34亿元，占比74.41%；单一信托规模222.97亿元，占比14.15%；财产权信托规模180.15亿元，占比10.13%。主动管理规模占比79.55%，主动管理类业务占比稳步提升，产品结构进一步优化。公司受托管理的实收信托规模比上年减少390.84亿元，比上年下降19.88%。全年新增信托规模1054.82亿元。其中，集合信托新增规模977.72亿元，占比92.69%；单一信托新增规模50.70亿元，占比4.81%；财产权信托新增规模26.40亿元，占比2.5%。截至年底，公司实现105个项目的到期兑付，规模1445.6亿元。其中，集合产品规模1105.05亿元。

【业务创新】年内，北京信托围绕国家重大战略和区域发展，发挥信托制度功能，不断创新业务。公司北京信托·绿色发展002号集合资金信托计划——新能源配套升级改造。与承担基础设施建设任务的地方国企开展项目合作，以绿色信托形式支持马鞍山市雨山区停车场新能源配套升级改造项目，安置房小区的地下停车场改造15个、新建地上停车场1个。北京信托·惠爱益生家庭信托——家庭保障信托系列。为普通中产家庭设立家庭保障系列信托。通过主动管理信托资金，提供委托财产的保护和管理服务；根据委托人的意愿制定个性化的家庭保障服务方案，为委托人及其指定的受益人提供家庭保障服务，按照委托人的意愿对其指定的受益人进行满足其教育、婚嫁、生育、事业、养老等现金流需求的信托利益分配服务。信安国际商业保理有限公司2023年度第一期定向资产支持票据。把供应链金融与资产证券化业务有效结合，创新可循环购买的供应链资产证券化产品。该项目通过委托人受让应收账款债权，在银行间市场发行供应链资产支持票据的方式，向山东能源集团提供10亿元资金支持。为交易对手提供可有效盘活上游供应商应收账款的供应链资产证券化融资方案。

（高 源）

旅 游 业

综 述

【概况】 2022年，朝阳区旅游业总收入和净游客接待量均为全市第一。全年实现旅游业总收入612.3亿元，占全市旅游收入24.29%；接待净游客量4043.1万人次。截至年底，朝阳区星级饭店68家，国家A级旅游景区21家，旅行社1236家。三里屯太古里入选首批国家级旅游休闲街区，北京欢乐谷、朝阳大悦城入选第二批国家级夜间文化和旅游消费集聚区，751园区入选国家工业旅游示范基地。年内，国务院办公厅发布通报对朝阳区2021年文化产业和旅游产业发展予以督查激励。（孙笑菲）

【三里屯太古里入选首批国家级旅游休闲街区】 1月30日，文化和旅游部发布首批54家国家级旅游休闲街区名单，朝阳区三里屯太古里休闲街区入选。（冯若思）

【朝阳区被国务院办公厅予以督查激励】 6月9日，国务院办公厅发布《关于对2021年落实有关重大政策措施真抓实干成效明显地方予以督查激励的通报》，朝阳区因“文化产业和旅游产业发展势头良好、文化和旅游企业服务体系建设完善、消费质量水平高”，被国务院办公厅予以督查激励，是北京市唯一（全国10个）。（冯若思）

【2家单位入选第二批国家级夜间文化和旅游消费集聚区】 7月18日，文化和旅游部公布第二批国家级夜间文化和旅游消费集聚区名单，朝阳区北京欢乐谷、朝阳大悦城入选。截至年底，朝阳区有4个国家级夜间文旅消费集聚区，分别是798-751艺术街区、亮马河风情水岸、北京欢乐谷和朝阳大悦城。（冯若思）

【751园区入选国家工业旅游示范基地】 11月14日，文化和旅游部公布53家国家工业旅游示范基地名单，朝阳区751园区是北京市唯一入选名单的园区。（冯若思）

【10家单位入选2022年北京市红色旅游景区（点）】 11月18日，北京市文化和旅游局公布2022年北京市红色旅游景区（点）名单。朝阳区档案馆、北京市档案馆、北京市朝阳区规划艺术馆、马骏烈士墓、中国现代文学馆、中国电影博物馆、北京奥林匹克公园、中国科学技术馆、北京中华民族博物院、中国农业博物馆10家单位入选2022年北京市红色旅游景区（点）。（冯若思）

【10家单位入选2022北京网红打卡地推荐榜单】 12月12日，2022北京网红打卡地推荐榜单发布，评选包括自然景观类、人文景观类、文化艺术类、新消费场景类、阅读空间类、酒店及精品民宿类、餐饮及创新零售类、街区园区及夜间经济类、运动健身类、休闲生活类十大类100个新晋北京网红打卡地。朝阳区国家体育场（“鸟巢”）、北投奥园1314、北京天星调良国际马术俱乐部、熹阅堂图书馆、新华书店宠物主题书店、五只猫娱乐Mall、中国现代文学馆、华彬歌剧院、潘家园旧货市场、浩华文创园10家单位入选推荐榜单。（冯若思）

【2家单位入选北京市文化旅游体验基地认定名单】 12月14日，北京市文化和旅游局发布2022年新一批16家北京市文化旅游体验基地名单，朝阳区北京金漆镶嵌技艺体验基地、首都图书馆春明簃阅读空间体验基地2家单位入选。（冯若思）

景区景点建设与服务

【概况】 2022年，朝阳区有国家A级旅游景区21家，其中AAAAA级1家、AAAA级3家（撤销蟹岛绿色生态农庄AAAA级景区资质）、AAA级17家。有旅行社1236家，其中出境社484家，旅行社分社109家，旅行社服务网点145家。年内，推进公共服务设施改造，完成2022年度星级饭店实地复核，推进A级旅游景区、星级宾馆饭店垃圾分类，开展文明城区建设工作。（宋　蕊）

2022 年朝阳区 A 级旅游景区一览表

表 4

序号	景区名称		等级	评定A级旅游景区时间	是否免费入园
1	北京奥林匹克公园	北京奥林匹克公园中心区	AAAAA	2012年11月	免票
		中国科技馆			30元/成人，20元/学生
		国家体育场（“鸟巢”）			门票100元
		国家游泳中心（“水立方”）			门票30元
		奥林匹克森林公园			免票
		国家体育馆			不对外开放
2	北京中国紫檀博物馆		AAAA	2003年11月	50元/人，残疾人免票
3	北京朝阳公园		AAAA	2005年11月	免票
4	北京欢乐谷		AAAA	2008年11月	299元/人，残疾人免票
5	日坛公园		AAA	2006年11月	免票
6	团结湖公园		AAA	2006年11月	免票
7	红领巾公园		AAA	2006年11月	免票
8	蓝色港湾国际商区		AAA	2010年11月	免票
9	北京蓝调庄园		AAA	2012年11月	免票
10	北小河公园		AAA	2014年11月	免票
11	大望京公园		AAA	2014年11月	免票
12	古塔郊野公园		AAA	2014年11月	免票
13	将府郊野公园（郊野）		AAA	2014年11月	免票
14	庆丰公园（郊野）		AAA	2014年11月	免票
15	兴隆郊野公园（郊野）		AAA	2014年11月	免票
16	四得公园		AAA	2015年11月	免票
17	白鹿公园（郊野）		AAA	2016年11月	免票
18	北京陶瓷艺术馆		AAA	2016年11月	免票
19	斯普瑞斯奥特莱斯		AAA	2017年11月	免票
20	京城梨园（郊野）		AAA	2018年11月	免票
21	西藏文化博物馆		AAA	2019年11月	免票

（宋　蕊）

【星级饭店评定复核】 年内，朝阳区星级饭店复核 13 家，通过复核 5 家，撤销星级 8 家。截至年底，朝阳区有星级饭店 68 家，其中五星级饭店 25 家、四星级饭店 22 家、三星级饭店 16 家、二星级饭店 5 家。（刘江辉）

【旅游公共服务设施改造】 年内，区文化和旅游局完成 A 级旅游景区 6 座旅游厕所（含移动卫生间）、55.83 平方米旅游标识牌和 1 座景观平台的提升改造，改造 3261 平方米人行步道，购置休息座椅 20 组。拨付 87.12 万元旅游公共服务设施补助，改善 A 级旅游景区的旅游环境。（宋　蕊）

【旅游环境建设】 年内，区文化和旅游局通过线上培训模式组织召开星级饭店、A 级旅游景区行业标准提升培训会，部署动员全区文旅行业垃圾分类工作，要求星级宾馆饭店、A 级旅游景区严格实施垃圾分类，加大宣传力度。截至年底，配备垃圾分类宣传引导人员 758 人，张贴垃圾分类宣传资料 500 处，组织垃圾分类宣传活动 115 次，组织“垃圾分类、客房不主动提供一次性六小件用品、餐厅不主动提供一次性餐具”的专题培训178次，参训员工5614人次。开展文明城区建设工作，各旅游企业在宣传栏、户外大屏、大厅、景区景点出入口、游客服务中心等点位，刊播文明旅游提示和公益广告，张贴或者摆放文明旅游、公勺公筷倡议书等宣传材料5万余份，曝光不文明行为。北京昆仑饭店开展文明礼仪培训活动、蓝调庄园开展文明礼仪竞赛活动。（宋　蕊）

▲ 2022年10月5日至6日，“2022北京朝阳亮马河国际风情水岸时尚秀典”在亮马河畔命运共同体广场举办。图为“2022北京朝阳亮马河国际风情水岸时尚秀典”活动现场（吴　晟　摄）

旅游节庆活动

【概况】2022年，区文化和旅游局举办2022北京朝阳国际文化旅游节、2022北京朝阳亮马河国际风情水岸时尚秀典等品牌文化旅游活动，丰富市民游客假期生活，打造新消费场景，助力文旅融合，刺激文旅消费。

（冯若思）

【北京朝阳国际文化旅游节】9月10日至10月7日，区文化和旅游局举办以“潮朝阳 FUN生活”为主题的2022年北京朝阳国际文化旅游节。在全区设置12个分会场，开展北京温榆河公园首届温榆潮玩生活节、蓝色港湾“2022 SOLANA 蓝色港湾艺术季”、颐堤港灵感焕新艺术展、首创·郎园 Station“一带一路”美食嘉年华和北京图书市集、斯普瑞斯2022潮流艺术节、亮马桥官舍玖玥吉市等百余场活动。活动期间，累计开展线下活动198场次，参与群众380.28万人次，实现消费收入2.13亿元。（冯若思）

【亮马河国际风情水岸时尚秀典】10月5日至6日，由中共北京市朝阳区委、区政府和北京服装学院联合主办的“2022北京朝阳亮马河国际风情水岸时尚秀典”在亮马河畔命运共同体广场举办。秀典以“文化与艺术·传统与现代·科技与未来”为主题，包含亮马风尚、先锋力量、时尚新声、遇见朝阳4个篇章，首次开创“百人模特”秀典先河、首次模特盛装在游船上走秀、首次由交响乐和电子乐室外现场配乐。活动分两场进行，每场组织观众不超过100人，吸引周边市民和游客热情“打卡”，《人民日报》、新华社、中央广播电视总台等近20家主流媒体宣传报道时尚秀典活动。

（冯若思）

旅游监督管理

【概况】2022年，区文化和旅游局践行安全发展理念，在做好常态化疫情防控工作的基础上，做好全年文化和旅游行业安全生产、假日保障、反恐防恐、市域治理等工作。完善假日服务保障，紧盯人员密集场所流量管控、隐患排查、安全生产、疫情防控等内容，确保重大活动安全；突出分类分级指导，对100家文旅企业开展安全风险评估工作；打造数字管理体系，加强行业平台建设。（刘　卉）

【假日安全检查】1月28日，区文化和旅游局与南磨房乡武装部、派出所、综合执法队及安监科等部门对北京欢乐谷开展春节前联合检查，重点检查景区假日安全、疫情防控和大人流应对

▲ 2022年9月10日至10月7日，区文化和旅游局举办以“潮朝阳 FUN生活”为主题的2022年北京朝阳国际文化旅游节。图为朝阳国际文化旅游节斯普瑞斯奥莱分会场（周　鑫　摄）

等方面工作。9月29日，区文化和旅游局联合区应急局、区卫健委、区城管执法局、区市场监管局及双井街道等部门对北京合生汇开展国庆节前联合检查，重点检查消防安全、疫情防控、市场价格等工作情况，假日期间旅游市场安全有序。（赵书敏　刘　卉）

【假日旅游工作部署会】4月28日，区文化和旅游局组织召开“五一”假日旅游工作部署会，区假日旅游工作领导小组成员单位和重点景区主管领导参加会议。会议统筹部署做好疫情防控、旅游安全管控、旅游市场秩序和假日值班值守等工作。9月27日，区文化和旅游局组织召开国庆节假日旅游工作部署会，会议对疫情防控、安全生产、旅游市场服务与保障等方面提出要求。区假日旅游工作领导小组成员单位、43个街乡主管领导和重点景区主管领导参加会议。（刘　卉）

【文旅行业安全风险评估】5月至8月，区文化和旅游局对100家文旅企业开展安全风险评估，指导企业进行危险有害因素辨识，落实安全风险分级管控措施，形成安全风险辨识评估报告、应急资源调查报告和应急能力评估报告。（刘　卉）

【文旅行业管理平台建设】11月，区文化和旅游局顺应大数据时代智慧文旅行业城市发展的要求和趋势，推进朝阳区文旅行业管理平台项目建设，平台具备动态监测、周边查询、会议通知、信息填报、数据导出等功能。（刘　卉）

旅游合作与交流

【概况】2022年，区文化和旅游局推进“时尚之城”建设，落实“2022朝阳时尚峰会”举办、《北京时尚产业发展蓝皮书2022》发布等具体工作。主办第二届“京潮·京品”朝阳礼物征选活动，制作《“遇见朝阳”朝阳区文旅消费地图》，推出“遇见朝阳”微度假文旅线路，宣传朝阳城市形象。参加2022年中国国际服务贸易交易会，推介朝阳区旅游资源。（冯若思）

【参加服贸会文旅服务专区】8月31日至9月5日，2022年中国国际服务贸易交易会文旅服务专区文旅消费新潮流展区在首钢园区文旅服务专题1号展馆内举办，区文化和旅游局组织真乐道文化、泡泡玛特、卡路里（Keep）、滨水乐游（亮马河国际风情水岸项目）4家企业随团参展，同时，按照线上线下一体化的方式，邀请凯叔讲故事、果壳、朝阳大悦城、北京欢乐谷、北京服装学院、六人游、潘家园旧货市场、戏精桃花源、中视科星等19家单位参加“云上服贸会”展览展示。媒体报道100余篇次。（冯若思）

【2022朝阳时尚峰会】10月29日，由北京市朝阳区和北京服装学院联合主办的“2022朝阳时尚峰会”在侨福芳草地举办。峰会以“时尚赋能高质量发展 北京朝阳全力打造‘时尚之城’”为主题，峰会期间，发布《北京时尚产业发展蓝皮书2022》和“朝阳时尚”标签，“北京服装学院——北京侨福芳草地时尚人才实践基地”揭牌。文化和旅游部产业发展司、外交部新闻司相关领导，区领导文献、吴小杰、黄晓伟等，北京服装学院、行业协会、部分高校领导，国内外专家学者，头部品牌企业代表等80余人出席。（冯若思）

【“遇见朝阳”文旅攻略地图】年内，区文化和旅游局设计制作完成《“遇见朝阳”朝阳区文旅攻略地图》，地图设置秀时尚、享文艺、品人文、觅美景、聚欢乐等板块，推出文博展馆、特色体验、最美书店等推荐榜单，同时嵌入相应二维码，方便阅读者了解朝阳、游览朝阳。地图在党的二十大新闻中心主功能区北京新世纪日航饭店的非物质文化遗产和文创产品展示区展示，吸引境内外记者目光。（孙笑菲）

【“遇见朝阳”微度假文旅线路】年内，区文化和旅游局推出6条“遇见朝阳——金秋微度假文旅线路”，分为一日游和两日游，涵盖朝阳区35个文旅场所，包含文化产业园区、特色文旅消费街区、博物馆和美术馆、特色阅读空间、景点等，满足不同人群的多样化文旅需求。推出6条“遇见朝阳——冬季微度假文旅线路”，涉及冰雪、浪漫、潮流、艺术、户外运动、生活度假等主题，涵盖朝阳区内奥运场馆、文化园区、消费街区、博物馆、农业观光园、体育健身场馆等33个不同类型的点位，带领群众体验朝阳景色，打造朝阳冬日旅游新名片。（孙笑菲）

城乡规划与建设

国土空间规划

【概况】 2022年，《朝阳区总体规划实施工作方案（2021年—2025年）》印发，推动各项规划目标和重点任务落实。市规划自然资源委朝阳分局更新分区规划，推进年度街区控规编制工作。建立5维度13类108项区级城市体检指标体系，系统性开展城市体检工作。累计完成39.1平方千米减量任务。办理各类审批事项284件，办理建设工程规划验收60件，推进33个市区重点项目，深入开展M3、M12、M17、M22、M28线路及场站一体化研究，推动11个城市更新代表性项目纳入市级示范项目。

【“三区三线”划定】 10月14日，北京市“三区三线”划定成果启用。朝阳区完成区级“三区三线”（自然资源部在新一轮国土空间规划编制中根据生态、农业及城镇空间的不同区域划定的生态保护红线、耕地和永久基本农田和城镇开发边界三条控制线）划定，做到切实保障粮食安全、生态安全、国土安全，强化“三条控制线”的统筹衔接，形成“三区三线”划定方案并纳入市级上报成果。

【分区规划修改】 年内，朝阳区重点落实三线刚性边界，完善“两线三区”（市级部门在各区分区规划批复成果中划定生态控制线和城镇开发边界，将市域空间划分为生态控制区、集中建设区和限制建设区，实现两线三区全域空间管制），更新分区规划，推动三线划定成果与规划编制及审批实施紧密衔接。方案成果首个报送市政府审议。

【“分区规划”实施】 年内，市规划自然资源委朝阳分局将《朝阳分区规划（国土空间规划）（2017年—2035年）》年度实施情况报请区人大常委会审议。为落实总规实施第二阶段工作任务，制定《朝阳区总体规划实施工作方案（2021年—2025年）》，提出20项重点任务、26项分项工作，推动各项规划目标和重点任务落实。

【街区控规编制】 年内，朝阳区制定“十四五”时期街区控规编制计划，按照“按需编制、应编尽编”工作要求，谋划推动“十四五”时期重点任务、重大项目规划支撑，编制计划涉及56个街区，17个街乡及功能区。在全市率先印发《朝阳区控制性详细规划编制审查管理工作方案（试行）》，成立区级街区控规工作平台专班，为控规编制报审提供技术指导与机制保障，相关工作受到市级部门肯定推广。推进年度街区控规编制工作，酒仙桥、三里屯、安贞、小红门地区（乡）落实编制经费，有序开展街区控规编制；朝阳园北区街区控规专项成果有序推进；东坝中区街区控规成果基本稳定；国际方案征集初步完成。相关城市设计、产业策划内容同步纳入控规，并开展控规报审前期准备工作。

【“战略留白”用地清理方案】 年内，朝阳区制定“战略留白”（根据《北京市战略留白用地管理办法》，战略留白用地是为城市长远发展预留的战略空间，实行城乡建设用地规模和建筑规

▲ 8月，朝阳区人大城建环保委召开专委会审议朝阳分区规划实施情况　（褚望舒　摄）

模双控，原则上2035年前不予启用）用地清理方案，从“调”“拆”两方面开展用地布局优化，将战略留白用地作为市级重大项目选址预留，结合规划实施服务区域发展，探索推动“以绿养地”现状管控方案。

【城市体检评估体系】 年内，朝阳区结合区域特色与重点工作，建立规模控制与减量发展、环境改善与城市安全、节能降耗与高效支撑、民生保障与精细治理、创新引领与文化示范5维度13类108项区级城市体检指标体系，系统性开展城市体检工作。选取数字经济发展高地CBD、中关村朝阳园，运用传统规划评估叠加美团等大数据分析手段，从产业类别、企业发展、就业人群画像、生活服务设施、消费布局等多维度进行分析，打造“产城融合”的活力交往园区。选取城乡交织产居交互的酒仙桥将台地区，聚焦日常生活尺度的中微观城市空间问题，建立“市—区—街道—社区”多级评估体系。

【责任规划师队伍建设】 年内，朝阳区印发《责任规划师制度实施方案（2022—2025年）》。全区29支责任规划师团队获评市级优秀团队，数量位居全市第一。23个责任规划师牵头的小微空间市级支持项目中3个竣工投用，6个在施工，14个实施方案获批复或编制完成。

【用地规划管理】 年内，朝阳区推动城乡建设用地规模稳步减量。摸清全区资源底数，建立减量管理台账；提前谋划，制定减量三年行动计划，确保减量任务有效落地；加大对城乡建设用地减量实施工作的宣传及引导，为各乡做好政策解读；发挥规划统筹引领作用，综合考虑实施效果和资金保障；以拆违腾退、疏解整治、绿隔地区建设、土地一级开发为路径，采取多项任务捆绑实施模式，推动朝阳区“大尺度绿化”。截至年底，完成39.1平方公里减量任务，在中心城区及全市排名居首位。基本完成3.6平方公里城乡建设用地净减量任务，涉及金盏乡、崔各庄乡、孙河乡等17个乡，679块图斑。

【建设项目规划管理】 年内，市规划自然资源委朝阳分局办理48件“多规合一”协同信息平台申请项目。核发供地入市条件5件，涉及建设用地面积约28.09公顷，地上规模约86.78万平方米；棚改项目储审意见1件，涉及棚改实施范围约67公顷。其中建设用地4.2公顷（地上规模1.25万平方米），代征道路、绿地、水域等共62.8公顷。初审意见建设用地76.35公顷，地上规模158.82万平方米；会商意见建设用地89.44公顷，地上规模211.25万平方米。办理教育项目“多规合一”意见4个，涉及用地规模23公顷，地上规模24公顷。重点推进2个医院项目方案研究，涉及用地规模约4公顷，地上规模3.7万平方米，新增床位480张。落实首都医科大学附属北京中医医院重点项目规划选址，用地规模8.67公顷，地上建筑规模13万平方米。

【规划许可办理】 年内，市规划自然资源委朝阳分局办理各类审批事项284件，其中建筑类项目、选址意见书用地预审合并办理8件，用地规模42.3万平方米；建设工程规划许可证46件，总规模约607.4万平方米，低风险建设工程规划许可证8件，总建筑规模0.66万平方米，临时建设工程规划许可证34件，总建筑规模24.33万平方米；市政工程类项目，选址意见书用地预审合并办理27件，用地规模163万平方米，建设工程规划许可证113件，建筑规模5.46万平方米，线性规模14.98万延米，地名命名及建筑物名称核准34件，国有土地划拨6件，国有土地协议出让2件，楼门牌办理6件。

【重点项目规划研究】 年内，市规划自然资源委朝阳分局举行4次市、区重点项目座谈会，市区共同研究推进重点项目，推行规划实施专员制，推进33个市区重点项目。其中，市级重点项目8个，区级重点项目25个。开展星网、58同城、金盏国际公寓、集中隔离点等选址工作，推进CBD核心区项目，核发商务中心区Z4、Z5、Z6等项目“多规合一”初审、会商意见，从建设空间上予以保障。

【市政交通重点项目】 年内，市规划自然资源委朝阳分局开展M3、M12、M17、M22、M28线路及场站一体化研究，审查并上报M3、M12线东风站一体化方案，明确随轨实施地下空间总建筑面积4.2万平方米；编制完成M17线朝阳港站一体化城市设计导则，明确周边地块管控要求；根据区域现状及发展需求明确M28线广渠东路车辆段开发利用方案，其他轨道微中心正逐步按计划推动落实。开展第四使馆区、东坝北西区、电子城北扩区等重点区域道路交通与市政工程方案研究；推进北京中等教育周边和颐堤港等商务文化基地周边配套市政交通基础设施建设；推进焦化厂北路、鲁店北路等东西部重要连接通道建设；加强东南部等基础设施薄弱地区骨干路网建设，推进航研所东路、黑庄户大街、李罗营北路等一批道路规划研究；推动王四营土地一级开发项目、十八里店朝阳港一期土地一级开发项目等供地项目配套道路工程建设，保障土地供应与周边交通基础设施建设相匹配，提升城市交通环境品质。推进基础设施信息化平台建设，完成区内1.55万公里市政管线数据汇交工作。推动城市安全隐患整治工作，规划研究推进燃气管线消隐工程共12项、总计5.2公里。

【乡村建设管理】 年内，朝阳区上报市政府审议并同意释放指标的绿隔产业项目7个，建设用地面积67.5公顷，总建筑规模91.13万平方米。绿隔产业指标释放及项目落地可满足朝阳区1.72万名劳动力安置需求。市规划自

▲ 7月，望京小街项目获得首届城市更新论坛“最佳实践”荣誉。图为望京小街景 （赵 萌 摄）

然资源委朝阳分局参与区农村城市化专班推进空间资源规划利用工作组各项工作，参加10余次专班工作会，完成工作组20项任务清单的制定，明确工作内容、牵头部门、计划完成时间等，梳理并初步形成农民安置房和集体产业用地规划强排。编制十八里店乡、东三乡规划综合实施方案，促进南部地区崛起和北部地区大尺度绿化建设。将全区约500公顷集体产业用地与一级开发项目中商办用地相结合，发挥产业聚集效益，以绿隔产业项目带动地区产业升级发展。

【项目规划验收】 年内，市规划自然资源委朝阳分局办理建设工程规划验收60件，建筑规模244.44万平方米；办理市政线性规划核验备案项目3件，长度8320.8米。做好全过程服务监督工作，开展社会投资类和政府投资类全过程服务监督项目227个，建筑规模3148.27万平方米；开展历史纳入全过程服务监督项目共74个，建筑规模259.52万平方米；开展市政建筑工程项目10个，建筑规模71.53万平方米；推进简易低风险全过程监督项目57个，建筑规模4.62万平方米，21个项目完成验收及不动产登记工作，形成全流程案例。 （陈 琳）

城市更新与管理

【概况】 2022年，北京市朝阳区住房和城乡建设委员会（简称“区住建委”）累计开复工工程1113项，建筑面积2824.98万平方米。竣工496项，460万平方米。建设筹集保障性租赁住房建设筹集保租房约15000套（间），筹集公租房3000套，保障性住房竣工16000套（间）。完成地铁3号线一期、12号线、17号线、22号线、28号线5条在建轨道交通18项主责任务，实现地铁临时施工用地围挡约8.43万平方米；完成年度投资约107.93亿元，保障5条轨道交通开工建设和按期运营。新确认老旧小区综合整治项目共94个，实现新开工43个小区，建筑面积153.64万平方米。新完工20个小区，建筑面积156.01万平方米。加装电梯新开工416部，完工172部，超额完成全年任务，开工量占全市34%。启动化石营、酒仙桥两个项目征拆工作，酒仙桥项目进入政策宣传阶段，化石营完成预签约，签约率100%，成为全市首个100%签约征拆项目。完成棚户区征收、腾退任务130户。接收教育、医疗、文化、养老等公共服务配套设施24处、约6.7万平方米。推动6个新拿地项目落地，走访全区30家GDP重点支撑建筑业行业企业。完成固定资产投资任务650亿元，占全区任务的59.8%。通过“一病例一专班”、128名干部派驻工地和班子成员包片、干部骨干包点加大检查执法力度保障封闭管理等具体措施落实，保障务工人员生命安全，维护行业安全稳定。朝阳区推动整体式、片区式城市更新。以街区为基本单元，推动搭建相关部门、街道、社区、实施主体及责任规划师等共同参与的控规编制统筹平台，安贞、三里屯等地区实施率超90%，典型存量街区更新控规有序推进；着眼重点项目支撑带动作用，会同CBD管委会推动东区重点地区城市更新规划研究，开展北京朝阳站及周边地区整体提升规划研究，推动CBD后花园城市更新等项目谋划。推动11个城市更新代表性项目纳入市级示范项目，数量居全市首位。首届城市更新论坛朝阳区望京小街等7个项目被评为北京城市更新“最佳实践”和“优秀案例”，占全市总量1/5，与东城区、西城区并列全市第一。 （张德学 陈 琳）

【劳务用工监管】 年初，区住建委印发《朝阳区施工项目劳务管理及劳动用工规范工作方案（2022版）》，结合区域、行业特点，对全区各工地开展劳务用工管理培训，明确各部门、各工地、各岗位工作内容及标准，全面压实各参建单位劳务用工主体责任。组织各省驻京建管处、建筑集团（总公司）、各街乡对监管工地开展劳务用工专项抽查工作，纠正劳务用工违规行为，及时消除矛盾纠纷隐患。组织全区住建系统工地人员实名制管理专项整治行动，对存在群体性讨薪事件、忽视劳务用工实名制管理的企业及相关负责人，实施企业资质和人员资格动态监管记分处理，并在全区范围进行通报。参加2022年北京市房屋建筑和市政基础设施工程施工现场劳务管理知识竞赛活动，获评第一。

（王小磊 张德学）

【危旧房屋改造】 6月，朝阳区酒仙桥旧城区改建项目实施方案、征收补偿方案通过区长办公会审议，开始启动住宅房屋征收工作。截至年底，甜水园旧城区改建项目涉及化解矛盾住户搬迁居民中，签署《安置方式选择单》296份（287人选择房屋安置），居民领取翠城安置房钥匙，剩余51户继续发放周转费。

（李媛媛　张德学）

【房屋征收管理】 7月10日至8月18日，朝阳区化石营旧城区改建项目、金桐东路及金桐西路项目三个项目启动为期40天的意向签约登记工作；10月，化石营旧城区改建项目启动为期30日的预签征收补偿协议工作，签约达到97%生效比例。11月1日签约结束，签约比例100%。截至10月，酒仙桥旧城区改建项目启动住宅房屋签约意向方案宣传工作，发放6366户，占比99.72%；5893户完成资料审核，占比92.32%；启用"朝政服务"小程序，完成绑定占比89.36%。

（侯立明　张德学）

【执法大队成立与行政执法】 8月12日，北京市朝阳区住房和城乡建设综合执法大队成立，为区住建委管理的副处级行政执法机构，设立3个科室、5个执法分队。年内，综合执法大队立案99起，执法检查2852次，出动执法人员7373人次，下发责令改正通知书76份，作出行政处罚139起。其中，普通程序处罚61起，罚款214.6754万元；简易处罚78起，处以警告16起，处以罚款62起，罚款6.2万元。全年作出不予行政处罚10起，撤案5件。所办理处罚案件在区司法局、市住建委组织的行政处罚案卷评查中，参评案卷获得全优成绩。

（高　博　张德学）

【工程监管】 年内，区住建委监督工程1113项，建筑面积2824.62万平方米。竣工验收496项，460万平方米（其中房建工程41项，276万平方米，装修工程455项，184万平方米）。在监工程613项，其中房建工程206项，建筑面积1825万平方米；老旧小区改造工程36项，建筑面积194万平方米；装修工程277项，建筑面积158.42万平方米；市政工程54项，长度95.6千米；地铁工程39项，长度60.58千米；拆除工程1项，建筑面积0.20万平方米。预拌混凝土生产企业17家。

（赵　亮　张德学）

【保障性住房建设】 年内，区住建委建设筹集各类保障性租赁住房15000套、公租房2945套；竣工各类保障性住房15500套。截至年底，朝阳区共建设筹集各类保障性租赁住房15361套，完成全年建设筹集保障性租赁住房任务的102.4%，筹集公租房3000套；竣工各类住房16092套，完成竣工任务103.8%。

（徐德俊　张德学）

【房地产开发管理】 年内，朝阳区做好新建改建居住区配套设施审核备案，加强对项目开发全过程的动态监管，依据项目建设时序进行现场勘查，进一步保证公共服务配套和市政设施与住宅同步建设、同步完成、同步交付使用。完成新建改建居住区《项目建设方案》备案19项，建筑面积422.76万平方米（其中住宅218.39万平方米，市政设施配套50.24万平方米，公共服务配套4.29万平方米）。完成19个开发项目手册区县初审和13次开发项目预售服务配套建设情况确认，并进行现场实地核查。

（王　旭　张德学）

【配套设施收缴】 年内，区住建委共收缴配套设施31所，98177.84平方米。其中：教育配套设施5所，41697.11平方米（幼儿园3所，小学1所，中学1所）；卫生设施2所，4049.79平方米；文化配套设施8所，6813.83平方米；民政配套设施7所，22817.6平方米；体育配套设施2所，3172.07平方米；其他社区服务配套设施7所，19627.44平方米。

（王　旭　张德学）

【房地产开发企业资质管理】 年内，区住建委办理各项房地产开发企业资质审批167件，均为新设立二级资质。朝阳区有开发企业245家，其中二级155家、三级2家、四级88家。

（王　旭　张德学）

【老旧小区综合整治】 年内，市联席会议办公室确认朝阳区2022年老旧小区综合整治项目94个，建筑面积332.11万平方米。截至年底，实现新开工43个，建筑面积172万平方米；新完工20个，建筑面积156.01万平方米。老旧小区加装电梯新开工电梯416部，完工172部。老旧小区综合整治请款金额8亿元，拨付金额8亿元。

（李媛媛　张德学）

▲ 4月12日，东坝安置房项目召开专题会议　（时　彬　摄）

【棚户区改造】 年内，朝阳区棚户区改造完成130户征收（拆迁、改造）任务指标。化石营旧城区改建、东坝北西区棚户区改造E地块项目等19个项目被纳入棚户区改造工作年度计划。19个项目占地面积1137.54公顷，涉及农（居）民2.18万户，完成征收（拆迁）130户。棚改项目崔各庄黑桥南皋项目03地块1月上市；崔各庄奶西项目318、319、320地块5月上市；崔各庄奶西项目29-321地块和平房乡棚改项目一期P-44、P-45地块11月上市。 （李媛媛 张德学）

▲ 7月27日，酒仙桥棚户区改造项目启动会现场 （时 彬 摄）

2022年朝阳区棚户区改造和环境整治项目一览表

表5

序号	项目名称	总户数（户）	累计完成（户）	2022年实际完成数（户）
1	中直安慧职工住宅（小关北里43号）工程项目	149	149	0
2	永安里旧城区改建项目	943	943	0
3	亮马J地块棚户区改造和环境整治项目	137	136	0
4	东坝北西区域棚改项目E地块	757	757	0
5	南磨房乡广渠路棚户区改造项目（含大郊亭3号院）	516	440	0
6	三间房乡南区棚户区改造开发项目	865	865	0
7	三间房D区棚户区改造土地开发项目	2732	2330	0
8	平房乡棚户区改造项目（一期）	459	205	0
9	平房乡棚户区改造项目（二期）	427	154	0
10	平房乡棚户区改造项目（三期）	981	518	0
11	平房乡棚户区改造项目（四期）	194	0	0
12	管庄乡棚户区改造土地开发二期（新小寺）项目	770	770	38
13	管庄乡棚户区改造土地开发三期（管庄村）项目	298	298	47
14	管庄乡棚户区改造土地开发四期（绿隔C区）项目	703	703	45
15	管庄乡棚户区改造土地开发五期（咸宁侯）项目	536	536	0
16	小红门乡棚户区改造和环境整治项目	3547	114	0
17	甜水园旧城区改建项目	714	250	0
18	酒仙桥房改带危改土地一级开发项目（酒仙桥旧城区改建项目）	6474	0	0
19	化石营旧城区改建项目	606	0	0
合计		21808	9168	130

【轨道交通建设拆迁】 年内，朝阳区承担地铁3号线一期、地铁12号线、地铁17号线、地铁22号线、地铁28号线5条在建地铁线路前期征地拆迁协调工作，里程95.8公里，设车站56座，停车场1座，车辆段2座。对地铁12号线三元桥至芳园里区间涉及牛王庙村“钉子”取得突破性进展；八里庄街道办事处办公用房搬迁等轨道交通建设目标任务完成；地铁22号线平房停车场拆迁实施主体完成平房停车场地块、建筑物、人员等基本情况

摸排工作。实现地铁临时建设用地围挡规模约8.43万平方米；完成投资约120.4亿元。（刘　洋　张德学）

【复工复产】年内，区住建委参与建设领域工程疫情防控常态化工作，指导项目开展劳动力资源管理、权益保障等工作。指导各企业强化内部管理，确保农民工工资依法、按时、足额支付，维护农民工合法权益，提高疫情防控和复工复产积极性。统筹全区“散装散建作业”疫情防控工作。督导各街乡对全区散装散建从业单位、个人实施“一登三查”工作机制，向各街乡传达市建委关于散装散建作业疫情防控最新工作指示精神。参与“散装散建”作业涉疫人员信息核实、摸底调查等工作。（王小磊　张德学）

【工程质量监管】年内，区住建委全面提升建筑工程结构质量监管水平，全区所有在施新建房屋项目总体达到主体结构“零缺陷”要求，建筑材料见证取样送样过程实现100%信息化管理，工程标准层混凝土墙体模板采用全钢大模板及铝合金模板体系比率达到90%以上。完成竣工联合验收159项，占全市联合验收比例20%。

（赵　亮　张德学）

【工程质量检查】年内，区住建委对全区工地出动执法检查组3918组次，检查人员24002人次，检查工地109127个次，发现并督导整改问题7805个，通报工地236个，责令停工整改110项次，约谈企业118次，限期整改590项次。完成竣工联合验收159项，占全市联合验收比例20.05%。

（赵　亮　张德学）

【建设工程消防】年内，区住建委对辖区内建设工程依法开展消防验收、备案及抽查工作。业务内容包括针对建设工程的消防验收、备案及抽查，以及相关问题咨询解答和信访投诉处理。完成消防验收工作569项次，完成消防备案项目92项。（贾美姣　张德学）

【施工安全监管】年内，区住建委将质量安全事故伤亡人数控制在考核目标40%。推进房屋市政工程安全生产整治行动，全面加强危大工程管理，主动开展临建房检查和有限空间夜查，筑牢施工现场安全生产防线。在市、区安委会多次检查、安全督查中均取得较好成绩。出动检查组152组次，检查人员506人次，检查工程222项次，专家检查31项次，夜查20项次。责令工地停工整改64项，限期整改86项，开展安全告诫约谈71项次，328人次，移交处罚34项，通报34项。街乡检查338项次，对工地责令停工整改15项，限期整改43项。印发《关于在朝阳区建设工程实行“党建引领，全员参与，人人都是安全员”的施工安全管理的通知》，制定安全生产监管模式，落实体验式安全培训制度、安全责任区制度、值日安全员巡查制度、施工安全事项公示制度等。全面提升“危大工程”安全监督管理效能。开展危险重大工程现场检查141次，视频抽查137次，智慧监管平台资料检查319次。疫情防控期间确保监管力度不降低，监管效果不倒退，确保危大工程安全管理处于可控状态，遏制群死群伤事故的发生。综合排查整治施工临建房屋安全隐患，加强有限空间检查，确保深基坑工地汛期安全。推进全区安全建设工程。

（赵　亮　张德学）

【工地扬尘治理】年内，朝阳区开展扬尘治理专项检查3288项次，联合执法检查106项次，发现扬尘问题922条，检查非道路移动机械240台次，夜查65项次，书面移交转办141项次，整改问题922条，责令整改328项次，约谈告诫54项次，全区通报2次。远程视频检查工程20121项次，远程视频检查发现问题466条。在北京冬奥会、冬残奥会、迎创文明城区等重要活动期间提供安全服务、空气质量保障。（赵　亮　张德学）

【施工许可监管】年内，区住建委核发全区建设项目施工许可证659项，建筑工程面积839.8万平方米，比上年降低32.6%；投资340.03亿元、比上年降低13.01%。办理“施工登记意见函”3项、“施工准备函”2项，建筑面积9.96万平方米，市政道路管线1441米，投资约8.68亿元。（王晓颖　张德学）

【招标投标监管】年内，区住建委纳入全区建筑工程招投标监管事项共计75项，涉及建筑面积354.09万平方米，市政建设长度6.54万米，预计实现建安投资74.23亿元。其中施工招投标61项，监理招投标工程20项；资格预审文件备案、招标文件备案、招投标书面情况报告备案203项。

（宋敏娜　张德学）

【专项基金返退与节能验收备案】年内，区住建委受理新型墙体材料专项基金项目13项，退返5040635元；完成散装水泥专项资金初审项目13个，返退金额396009元。受理完成节能验收备案5个项目69个单体。

（王苗苗　张德学）

【在施项目节能检查】年内，区住建委配合市住建委，采取自查与抽查相结合的方式，检查在施项目14个，检查结果显示绝大多数抽查项目参建主体能较好执行相关政策法规和标准规范，检查中发现问题均要求各单位落实整改。（王苗苗　张德学）

【建材采购信息填报】年内，区住建委联合质量安全监督站，对系统中未填报完成的项目进行梳理，经核实剔除无法填报项目35个，完结建材采购信息填报工程440个项目。

（王苗苗　张德学）

【绿色生产管理】年内，区住建委对预拌混凝土搅拌站现场检查和视频巡查281站次，对搅拌站绿色规程管理检查68站次，发现问题要求立即整改。完成15家搅拌站的密闭封装改造工作。对在产的17家搅拌站执行《预拌混凝土绿色生产管理规程》情况进行专项检查，区级检查达到良好以上水平。推进北京市预拌混凝土搅拌站绩效分级工作，由企业自愿申请，区住房城乡建设委进行资料初审，市住建委组织专家团队进行资料核查和现场复核，全区有4家获得绩效引领性预拌混凝土搅拌站称号。完成全国房屋市政工程安全生产治理行动检查工作和北京市第二轮生态环境保护督察工作。

（王苗苗　张德学）

【公共建筑超电耗限额管理】 年内，按照市住建委公共建筑电耗限额管理工作安排，区住建委对全区2020年考核优秀的公建单位进行电话告知，向超限额使用电量单位送达《公共建筑能源告知书》，通过公共建筑能耗限额管理系统受理超限额公建的企业认楼和异议申请，及时向市住建委反馈情况。（吴金鑫　张德学）

【绿色建筑发展管理】 年内，区住建委制定《朝阳区住房城乡建设委绿色建筑高质量发展实施细则》。组织召开绿色建筑推进会，协调推进新建工程项目落实《朝阳区绿色建筑高质量发展的实施意见》相关要求。全区新建项目均按照二星级以上标准设计和施工，其中有三星级绿色建筑项目13个，二星级绿色建筑项目14个。完成忠旺大厦等3个获得绿色建筑运行标识项目市级奖励资金拨付工作。推进非政府投资既有公共建筑绿色化改造。配合市住建委进行公共建筑节能绿色化改造配套奖励政策研究，及时提出意见建议。完成住总大厦、外国专家大厦等50个公共建筑绿色化改造项目摸底和信息统计工作。（吴金鑫　张德学）

【废弃物资源化综合利用】 年内，区住建委通过定期组织召开建筑垃圾资源化再生产品推广会，发挥国有企业及国有控股企业在建筑垃圾资源化再生产品综合利用工作中的带头作用，督促政府投资及保障性住房工程项目达到建筑垃圾资源化再生产品使用规定。

（吴金鑫　张德学）

【信访与信息公开】 年内，区住建委接待处理群众信访事项1127件次，其中群众来信来电来访269件；通过网上信访系统接收858件次。主要涉及拆迁补偿、房屋质量、施工扰民、工程款纠纷、老旧小区综合整治等问题。收到政府信息公开申请293件，均处理完毕。（李笑颜　张德学）

【建筑业企业资质及人员管理】 年内，区住建委受理建筑业企业资质新设立19家，涉及41个专业；增项21家，涉及25个专业；升级17家；注销10家；施工企业劳务资质备案46家；建筑业企业基本信息网上全流程变更145家；受理二级建造师执业资格初始注册164人、重新注册141人、变更注册494人、注销237人、延续注册952人，共1988人。受理《安全生产考核合格证书》延期3073人。

（吴金鑫　张德学）

【建筑市场信用体系建设】 年内，区住建委开展“双随机、一公开”联合抽查工作，对18项工程组织建筑市场行为、人员履职和执业情况进行监督检查。对崔各庄乡和左家庄街道的18个项目开展专项安全大检查。开展工程款纠纷专项治理活动，根据工程款纠纷案件的不同特点，按照现场突发类、舆情反映类、信访举报类进行分类处理，治理8个建设项目。组织建筑市场行为日常抽查90余人次，约谈15家工程参建方。完成招投标电子平台初审、复审的200余个招标环节。

（刘巳正　张德学）

【安全管理】 年内，区住建委完成全国两会、北京冬奥会和冬残奥会、春节前后停复工、中高考、党的二十大等重要会议活动和重点时段的安全环境保障，开展危险重大工程第三方专家检查、安全隐患治理三年行动、施工工地扬尘治理、施工围挡专项治理、“疏解整治促提升”、地下管线保护、绿牌工地的创建等重点工作任务，共同谋划安全生产月、汛期安全、冬季施工安全、冬春火灾防控、烟花爆竹禁放、预防煤气中毒、疫情防控等专项和临时性工作。8月底至9月，全力做好市、区安委会的安全生产督察迎检工作，同时结合安全生产督察反馈意见，牵头成立“区住房城乡建设委安全生产领导小组”，制定《区住房城乡建设委安全生产督查反馈意见整改工作方案》，针对反馈问题逐一开展整改工作。牵头拟定《朝阳区限额以下工程施工安全管理实施细则》，下发至全区限额以下工程安全管理联席会议相关单位。制定《朝阳区建设工程安全生产专项整治三年行动实施方案》，开展建设工程安全生产专项三年整治行动。（孙　萌　张德学）

【征收补偿诉讼】 年内，区住建委针对朝阳区在施的CBD500千伏输变电工程（变电部分）项目、永安里旧城区改建项目等征收项目，作出补偿决定书2份，配合法院强制执行1次，应诉答辩行政复议诉讼案件32件，无一败诉。（侯立明　张德学）

【“接诉即办”】 年内，区住建委接收诉求10294件，受理7989件。其中3607件被纳入考核，响应率99.72%，比上年增长3.26%；解决率78.51%，比上年增长22.16%；满意率84.08%，比上年增长11.11%。自办综合得分83.56分，比上年增长12.54分。行业问题诉求（由属地办理）被纳入考核3688件，综合得分89.85分。（高　博　张德学）

建设企业选介

北京宝嘉恒基础设施投资有限公司

【概况】 2022年，北京宝嘉恒基础设施投资有限公司（简称“宝嘉恒公司”）注册资金119966万元。公司设9部2室，在职职工60人。主要负责朝阳区

▲ 9 月，朝阳绿道示范段完工。图为部分路段　　（宝嘉恒　供图）

域内主次干路的拆迁建设任务，利用企业道路建设的优势和朝阳区加大功能区建设的发展趋势，对道路两侧的土地资源进行开发及建设。总体完成钢窗厂南街、高杨树中街、高杨树西路、幺家店路三标、广和路西口、规划三路 6 条道路拆迁建设工作。朝阳医院东院区配套双桥东路主体完工，实现重点疏堵项目三丰路、秀水河胡同主体完工；实现朝阳绿道示范段完工并全面投入使用；实现朝阳绿道二期全线贯通；望京区域交通综合治理工程项目阜安东路等 7 条道路基本完成慢性系统改造施工；望京健身大外环实现慢行连通。朝阳停车全年运营路侧停车位共计 14840 个，涉及道路 152 条；运营封闭停车场 30 个。完成广渠路大郊亭桥匝道代征地腾退移交。完成投资总额 5.9 亿元，净利润 1325 万元，上缴税金 1050 万元。

【新建项目】 年内，宝嘉恒公司实现朝阳绿道示范段工程完工并投入使用。实现朝阳绿道（望京环—朝阳站段即绿道二期）全线贯通。阜安东路等 7 条道路慢行系统改造施工基本完成，实现望京健身大外环慢行连通。

【续建项目】 年内，宝嘉恒公司完成钢窗厂南街、高杨树中街、高杨树西路、幺家店路三标、广和路西口、规划三路 6 条道路拆迁建设工作。实现朝阳医院东院区配套双桥东路主体完工。三丰路、秀水河胡同主体完工。完成电子城北扩区规划一路泵站施工任务。

【架空线入地项目】 年内，宝嘉恒公司取得建华南路电力架空线入地立项批复。完成三里屯地区 95%、广渠路 80% 的架空线入地施工。

【停车管理】 年内，宝嘉恒公司实际运营路侧停车位 14840 个，涉及道路 152 条；运营封闭停车场 30 个。完成居然之家、四得公园等 6 个停车场升级改造工作。实现朝外地区直投模式高点视频项目新增停车位 400 余个；建外地区直投模式高点视频项目新增停车位 30 余个；潘家园、双井、劲松地区高点视频项目新增停车位 1600 余个。建成预约停车系统“通畅朝阳”公众号并上线运行。完成朝阳区停车诱导系统平台建设并投入使用。

北京昆泰控股集团有限公司

【概况】 2022 年，北京昆泰控股集团有限公司（简称“昆泰集团”）经营范围涉及空间开发、公园建设与运营、酒店、影剧院、商市场、旅行社、写字楼、公寓及住宅运营管理等。昆泰集团注册资金 4 亿元，下属企业 40 余家，持有型物业面积近 80 万平方米，成为横跨空间开发、资产运营、产业投资等多领域多业态的综合型集团公司。集团总部 156 人，总部有一级部门 13 个，下设二级部门 4 个。

【自贸试验区朝阳投资有限公司成立】 1 月，昆泰控股全资设立北京自贸试验区朝阳投资有限公司，在金盏国际合

▲ 1 月，昆泰集团全资北京自贸试验区朝阳投资有限公司成立　　（昆泰集团　供图）

▲ 2 月，昆泰集团完成北京冬奥会保障接待任务。图为昆泰集团冬奥服务现场

（昆泰集团　供图）

作服务区挂牌成立。该公司注册资金为1000万元，主要提供规划、投资、建设、运营全产业链服务，包括但不限于规划研究、开发与运营、投融资平台、公共服务四个方面。通过集团人员兼岗及外部招聘等方式配置22人到岗开展工作。

【北京冬奥会保障接待任务】 2月20日，昆泰酒店作为非闭环接待酒店承担北京冬奥会开闭幕式工作人员接待任务。完成开幕式及闭幕式的两次接待为期20天，接待人数480人，含导演核心主创团队、运动员、火炬手及55个业务领域工作人员。

【温榆河公园义务植树活动】 3月26日，昆泰集团下属公司北京温榆河公园朝阳段一期举办"履行植树义务 共建美丽中国"义务植树活动。温榆河公园一期D段植树区面积10亩、抚育区面积6亩，国家林业和草原局、北京市园林绿化局、北京市朝阳区政府栽植白皮松、山茱萸等500余株，抚育油松、国槐等200余株。

【房屋租金减免】 6月，昆泰集团贯彻落实区国资委《关于朝阳区国资系统国有企业减免服务业小微企业和个体工商户房屋租金有关事项的通知》有关要求，与符合条件的服务业小微企业和个体工商户多次沟通，完成申请资料审核工作。租金减免惠及办公、餐饮、便民服务、培训教育等服务业小微企业和个体工商256家，减免时间最长为6个月，减免金额8776万余元。

【孙河康营项目】 7月，昆泰集团下属北京昆泰嘉恒房地产开发有限公司负责开发建设的孙河康营四期项目完成施工任务按期交房，建设工期3年零3个月。此项目是北京市规模最大的回迁安置房项目，是市区重大民生工程，拆迁建筑面积224万平方米，安置房建筑面积115万平方米，有85栋住宅楼，7370套住宅，回迁居民约1.3万人。

【全民健身日活动承办】 8月8日，在第14个全民健身日、北京2008年夏奥会开幕14周年之际，朝阳区以"牵手我和你 一起向未来"为主题，联合河北省张家口市共同举办奥运体育文化旅游带合作共建签约仪式。昆泰集团为此次活动承办单位之一，负责共建签约仪式会展服务。

【大望京2号地项目获"詹天佑奖"】 8月10日，大望京2号地项目获得中国土木工程领域工程建设项目科技创新最高荣誉奖——"詹天佑奖"。大望京2号地是昆泰集团统筹规划、联合开发的超高层建筑群项目，是首都机场进入北京市区后首入眼帘的标志性建筑群，最高单体建筑达到226米。其中3项工程均获得中国建筑工程鲁班奖，是北京市国门地标性超高层鲁班奖获奖建筑群。该项目联袂世界知名建筑设计大师安德宝团队，获2013—2014亚太房地产大奖——中国最佳高层建筑——五星作品，累计获得艾景奖、LEED金级认证等国内外工程、设计类大奖50余项，

▲ 7 月，昆泰集团开发建设孙河康营项目按期交房

（昆泰集团　供图）

▲ 8 月，昆泰集团大望京 2 号地项目获“詹天佑奖” （昆泰集团 供图）

被列入《北京市住房和城乡建设发展白皮书（2021）》优秀项目。

【“金隅昆泰·云筑”项目】 8 月，昆泰集团与金隅地产集团共同打造“金隅昆泰·云筑”项目启动朝阳港国际生活区建设。“金隅昆泰·云筑”项目位于朝阳港片区，北揽 CBD、SKP、华贸中心顶级商圈，南连世界 500 强聚集地亦庄商圈，双核驱动，缔造都市生活新主场。项目与地铁 17 号线直线距离 300 米。

【朝阳宾馆重新亮相】 10 月，昆泰集团下属公司朝阳宾馆以 128 间客房、1 个 VIP 接待室、8 个不同体量（可容纳 10～400 人）的商务会议室重新亮相。

（李雅娟）

北京国际商务中心区开发建设集团有限公司

【概况】 2022 年，北京国际商务中心区开发建设集团有限公司（简称“CBD 国际集团”）作为区国资委监管的一级企业，拥有 6 家全资子公司、3 家分公司、2 家参股公司。CBD 国际集团资产总额 230.13 亿元，负债总额 183.65 亿元，所有者权益 46.48 亿元。集团实现收入 2.46 亿元。 （梅红兰）

【企业“瘦身健体”】 年内，市区对国有企业提出“瘦身健体”工作要求，CBD 集团公司合并业务重叠的一分公司、二分公司，成立工程建设分公司；集团下属投资公司清退非主业的北京中融盛世清洁服务公司。华阳公司于 3 月 7 日成立安全管理部，撤销经营部，将经营业务交由京广商务管理分公司销售部承担。自 8 月 1 日起，华阳公司对下属企业业务职能进行调整，管理权限上移至华阳公司。

（梅红兰）

【总商会女企业家交流会】 3 月 8 日，北京 CBD 总商会女企业家交流会活动在北京银泰中心举办，CBD 国际招商公司协助承办。活动邀约 CBD 区域 61 家企业的 71 名女性企业家、高管参加本次活动。活动宗旨为展现 CBD“她”时代力量，塑造全球榜样女性智慧，展示女性企业家巾帼风采。

（梅红兰）

【国有资本授权经营试点方案获批】 5 月 31 日，CBD 投资公司《北京商务中心区投资管理有限公司开展国有资本授权经营试点方案》获国资委批复，成为朝阳区唯一国有资本授权经营试点单位。 （梅红兰）

【数字化服务平台】 6 月 2 日，由 CBD 招商公司管理的北京 CBD 产业链供应链数字服务平台开始运营；6 月底，由 CBD 信链公司开发的“自贸请您查一查”微信小程序上线试运行。9 月 6 日，中国（北京）自由贸易试验区“CBD 国际商务服务平台”运行；12 月 9 日，在 CBD 国际商务服务平台基础上，开设政务服务线上平台，提供线上政务服务，提升智能化服务水平。（梅红兰）

▲ 10 月，朝阳宾馆重新亮相 （昆泰集团 供图）

▲ 7月30日，首个数字人民币资金存管项目签约　　（CBD国际集团　供图）

【定向帮扶】 6月28日，CBD国际集团通过定向捐赠、以买代帮方式，向对口帮扶村——内蒙古自治区卓资县十八台镇小水沟村119户常住户每户定向捐赠多功能电炒锅一台。通过采购内蒙古自治区卓资产米、面作为职工福利发放给工会会员，完成帮扶任务。（梅红兰）

【招商推介】 7月21日，北京CBD国际招商公司协助完成北京CBD千亿级商圈建设联合发布活动；8月1日，北京CBD全球招商联络站新加坡分站举行CBD国际招商推介会。9月5日，北京CBD招商联络站－香港分站，携手香港特别行政区政府投资推广署联合举办大湾区科技创新论坛；9月6日，在北京银泰中心举办“2022北京CBD国际合作论坛暨CBD论坛”。12月14日，中国北京站和菲律宾马尼拉站与新加坡文威投资有限公司联合举办北京CBD在线招商推介会。（梅红兰）

【首个数字人民币资金存管模式落地】 7月30日，在全球数字经济大会成果发布会上，北京商务中心区信链科技有限公司、交通银行北京三元支行、朝阳区厚海培训学校三方共同签署《朝阳区预付费资金存管服务协议》，朝阳区政府与中国人民银行数字货币研究所共同推进的“数字人民币资金存管模式”正式落地，成为数字人民币智能合约赋能教育培训领域预付资金管理北京首个成功案例。（梅红兰）

【三星大厦房屋使用权置换】 8月16日，为集中展示朝阳区“两区”建设成果，助力全区招商引资工作。CBD管委会在CBD国际集团承租的三星大厦设立展览展示综合服务平台，CBD国际集团与CBD管委会置换三星大厦3016平方米房产使用权，办理置换房屋交接手续。（梅红兰）

【北京CBD中秋之夜】 9月6日，北京CBD国际招商公司完成中外媒体走进CBD暨“2022全球共此时·北京CBD中秋之夜”活动。活动邀请80多名外媒记者走进北京CBD，在郡王府体验新国潮文化、非遗技艺、文艺表演等中国传统文化项目，共度中秋佳节。中国公共外交协会会长吴海龙、外交部部长助理华春莹、北京市朝阳区委书记文献出席活动并致辞，中国公共外交协会副会长邱小琪等出席活动。（白宇辰）

【化石营旧城区改建项目】 10月3日至11月3日，化石营旧城区改建项目开展为期一个月预签约工作，签约604户，预签约率99%，超出生效97%比例。截至年底，化石营旧城区改建项目完成征收方案征求意见，组织居民看房，举办方案听证会，配合区征收中心开展项目征收方案宣传、第二次入户调查公示等工作。（梅红兰）

【商务美食评选】 12月30日，北京CBD举行首届商务美食评选颁奖仪

▲ 9月6日，“2022全球共此时·北京CBD中秋之夜”活动，外国朋友献歌　　（CBD国际集团　供图）

▲ 10月3日，化石营旧城区改建项目张贴预签约公示　　（CBD国际集团　供图）

式，并发布首份北京 CBD 商务美食地图。北京 CBD 区域内首届商务美食评选活动汇聚各国美食，国际化突出参与度极高。常务副区长崔小浩，市商务局副局长郭文杰，CBD 管委会常务副主任牛海龙出席颁奖仪式并致辞。活动围绕“品美食、鉴故事、系健康、引时尚”的主题，吸引北京 CBD 区域内上百家特色餐厅参与。（梅红兰）

【预付费资金监管平台】12 月，信链公司建设的朝阳区预付费资金监管平台，作为全国示范省市的 60 余项创新成果案例之一，被列入国家服务业扩大开放综合试点示范最佳实践案例。该平台构建预付费资金监管新场景，通过信用赋能、数字赋能，拓展企业分级分类管理的应用场景，完善监管服务体系、提升监管效能，以数字化赋能政府治理，为建设具有首都特点的数字政府作出探索。（梅红兰）

【“村地区管”试点项目】年内，高碑店地区（乡）半壁店村 G 地块集租房项目为集体产业用地区级统筹试点“村地区管”项目。项目四至为东至王四营变电站，西至丰双线铁路，南至广渠路，北至方家村，拟建总建筑面积 16.35 万平方米。1 月 25 日，区财政局拨付 1 亿元，用于提高项目融资能力；4 月 11 日，与高碑店地区（乡）半壁店村合资成立投资平台公司（北京朝新半壁商务服务有限公司）；9 月 9 日，组建项目公司（北京朝新万高置业服务有限公司），9 月 19 日，完成各级公司的逐层注资实缴（2.76 亿元）至项目公司工作，完成半壁店村第一笔新农村建设土地统筹成本 2.7 亿元的拨付。（周　亮）

【CBD 核心区地下空间项目结构完成】年内，CBD 核心区地下空间项目全面复工复产后，二标段进行后浇带浇筑，底板房心回填，基坑外墙防水及肥槽回填；一标段进行交通大厅南段结构施工，至 9 月 19 日，交通大厅南段结构封顶，总建筑面积 50.76 万平方米的 CBD 核心区

▲ 9 月 19 日，CBD 核心区地下空间项目结构部分结构施工现场　（CBD 国际集团　供图）

地下空间项目结构施工完成，进入机电装修实施阶段。（韩近虎）

【CBD 核心区文化设施项目】年内，CBD 核心区文化设施项目完成四、五层防火涂料及钢结构施工；配合总包开展景观照明、幕墙、智能玻璃专业分包招标工作，完成外幕墙观察样板的实施。（李江涛）

【市政道路工程进展】年内，东坝南三街等市政道路工程不断推进。1 月 25 日，东坝南三街取得征地拆迁实施方案批复；4 月 28 日，取得建设工程规划许可证；完成电力改移方案、绿化伐移方案确认；电信改迁施工、监理招标及合同签订，开展道路施工、监理招标工作。11 月 7 日，焦化厂西一路、焦化厂西二路取得市政工程设计综合文件，开展市政工程“多规合一”平台申报工作。（陈德新）

北京市朝阳城市建设综合开发有限责任公司

【概况】2022 年，北京市朝阳城市建设综合开发有限责任公司（简称“朝开公司”）推进集团组建，优化公司组织架构与母子公司管控模式，完善子公司法人治理体系，修订绩效管理、薪酬管理等 16 项人力资源管理制度。实行经理层成员任期制和契约化管理，初步完成集团化改制。内设 8 个职能部室及 2 个项目部，下属 14 个实际控股的分子公司。在职职工 127 人，具有专业技术职称人员 74 人，中级以上技术职称 53 人。资产总额 204.6 亿元，净资产 16.37 亿元，实现营业收入 7.13 亿元，利润总额 1.83 亿元，上缴税金 2322 万元。承担朝阳区奶西、酒仙桥及甜水园棚改项目；驹子房、七棵树保障房项目；朝阳区档案馆新馆代建项目；老旧小区更新等重点项目建设任务。办理“接诉即办”案件 186 件，响应率 100%，满意率及解决率 90%。

【奶西项目】年内，朝开公司控股的永辉鸿景公司作为奶西项目实施主体，完成 3 宗居住用地、1 宗教育用地的土地供应工作，土地出让价款 102.115 亿元，约占朝阳区土地出让价款 30%，为全区供地项目之首；占全市 6%，居于全市供地项目土地出让价款第二位；综合溢价率 8.86%，高于全市平均水平。

【保障房及市政建设】年内，朝开公司完成东坝驹子房、七棵树续建项目主体结构施工，两项目均通过“长城杯”“朝阳杯”专家评审。全年完成总产值 5.2 亿元，累计总产值 8 亿元。完成东坝南一街、康各庄东路、东坝南三街、石各庄路、焦庄路、东坝南四街 6 条道路的绿化工程。

▲ 8 月，朝开代建项目朝阳区档案馆新馆完工　（耿　宁　摄）

【酒仙桥项目】 年内，朝开公司控股电控阳光公司作为实施主体的酒仙桥项目完成征收补偿方案优化、实施方案修订及启动资金准备工作。7 月 27 日，完成项目政策宣传及咨询接待工作准备。实施方案 12 月 13 日在市规自委网站公示。

【甜水园项目】 年内，朝开公司控股的甜水园开发公司作为甜水园项目实施主体，继续以推进信访化解工作为主线，重点配合属地街道做好平房区防疫、防汛、防火等安全工作。

【代建业务】 年内，朝开公司朝阳区档案馆新馆代建任务按时交付，并获得北京市结构“长城杯”金奖、“朝阳杯”金杯、北京市安全文明样板工地等荣誉。代建业务还有对接酒仙桥粪便消纳站、潘家园地铁上盖、十一中学、北京中学东坝校区等。

【“北京城市更新联盟”首批成员单位】 年内，朝开公司完成《安贞街道城市有机更新行动指南》及《城市更新规划》编制，协助开展“北京城市更新联盟”筹备工作，成为首批“北京城市更新联盟”成员单位，与北京建筑大学、首发集团、勘察设计院等多家单位共同创建“实景三维城市实验室”。

【基本建设与服务】 年内，朝开公司承担疫情隔离酒店改造、方舱建设等支援任务，交用 4 所方舱医院，完成 67 处隔离酒店改造任务，提供隔离房间 12000 余间，方舱床位近 7000 个，出动 62 人次参与闭环支援，1100 人次参与卡口值守，纾困助企减免租金总金额 5277 万元。

▲ 5 月 27 日，七棵树农民定向安置房建设项目　（王　嵩　摄）

【安全生产】 年内，朝开公司组织安全检查 6 次，安全隐患大检查 11 次，防汛隐患排查及抽查 20 余次，发现各类隐患 169 处，整改率 100%。提升接诉即办工作“三率”规范工作流程，组织接访培训。　（耿　宁）

田华建筑集团公司

【概况】 2022 年，田华建筑集团公司（简称“田华集团”）履行对朝阳区农口建筑业管理、服务的协调职能。实现开复工面积 133 万平方米。完成产值 26 亿元，签订施工合同 249 项。参与新冠疫情防控工作，受到区委农村工作委员会表彰。

【规范化管理有序推进】 7 月 12 日，区委农工委召开会议，宣布对田华集团规范化管理期间有关工作安排。明确田华集团、三建公司和昊阳公司“三重一大”事项提请区委农工委、区农业农村局上会研究。各分公司新承接本乡域内工程项目依然按照原有田华集团管理制度执行，原则上不再承接本乡域外工程项目，如需承接，要按照“一事一报”原则，事前提请区委农工委、区农业农村局上会研究。由区委农工委牵头成立田华集团规范化管理专班，主持开展法律尽职调查和全面审计工作。9 月 7 日，区委组织部、区国资委、区农业农村局、区经管站、田华集团及审计事务所等专班相关领导及专业公司负责人在田华集团召开规范管理工作推进会。议题是田华集团及各分公司的法律尽职调查和资产全面清查相关工作进展情况汇报。隆安律师事务所、大华会计师事务所就法律尽职调查、资产全面清查工作进展情况分别做汇报。田华集团介绍审计工作进展情况等。

【优质工程获表彰】 9月20日，北京市工程建设质量管理协会召开协会第八届会员大会，对近年会员单位精品工程进行表扬，其中有田华集团施工的2项群体工程。即将台乡农民回迁安置房项目，该项目是集团承接面积最大的群体工程项目，总建筑面积50.6万平方米，分为4个标段，分别由田华集团四公司、五公司、六公司和九公司四个分公司承建，该工程获得2017—2018年度北京市结构“长城杯”金奖；第二项是田华四公司承建的朝阳区华瀚东坝驹东经适房C区项目，该项目由9栋高层住宅、地下车库、幼儿园、托老所等设施组成，建筑面积12.81万平方米。该项目获2019中国土木工程詹天佑奖优秀住宅小区金奖（保障房项目）。此项大奖每年在全国范围优质工程中仅评选30项。

【工程外审】 10月8日到11日，方圆认证委专家到田华集团开展外审工作。通过集团总部及田华七公司施工的“朝阳区东坝驹子房农民定向安置房二期项目（E区及配套小学、幼儿园；E1住宅楼等13项）”工程实地审核，专家对集团公司管理体系的运行情况以及对在施工程的策划、施工、检验、验收、过程管控等全方位工作给予充分肯定，认为集团三大体系运行持续有效，对工程质量、安全、环境和职业健康起到推进作用。

【安全生产】 年内，田华集团整顿治理各项安全短板问题，消除安全管理存在的严重漏洞和薄弱环节，防范各类安全生产事故发生。通过事故警示教育推动安全工作提升，建立并实施全员参与、人人都是安全员工作机制，开展全员体验式安全培训教育，开展百日安全行动重点关注危大工程。 （吴　国）

房屋管理

【概况】 2022年，朝阳区首次发放老旧小区引入标准化物业管理达标奖励专项资金；建立朝阳区物业管理纠纷人民调解委员会运行机制；开展朝阳区物业服务企业信用评价。统筹推进共有产权房配售、公租房配租、市场租补贴发放工作，制定并印发《朝阳区域内公共租赁住房产权单位住房保障业务考核办法》，公租房家庭保障率较上年提高11.39%。推动《北京市住房租赁条例》落地，制作印发条例宣传材料；对全区2.4万余名从业人员开展政策培训。落实房地产调控长效机制，将预售商品房价格调控前置到土地出让环节，提前介入预售申报流程，开展“陪办”式服务。完成农村房屋排查整治、城镇房屋防汛、全区自然灾害综合风险普查房屋建筑调查、自建房隐患排查、公房供暖等工作。朝阳区房屋管理局（简称“区房管局”）作为朝阳区人民政府房屋管理行政主管部门，加挂朝阳区住房保障办公室牌子。8月，经区委机构编制委员会批准，将区房管局36名干部转入区住房和城乡建设综合执法大队，一并划转房地产市场监督管理、房屋管理等方面的行政处罚权以及与之相关的行政检查、行政强制权。12月，经区委机构编制委员会批准，将区房管局综管中心、档案中心、网络中心进行机构整合，组建综合服务中心。将工程设备中心、房管中心、房政协管中心、第一至第六房政所、修缮中心、资产运营中心、公租中心、测绘事务所、鉴定站进行机构整合，组建房屋管理事务中心、第一至第十二房屋管理事务所。区房管局主要涉及住房保障、物业管理、房屋安全等10项职责，设置公务员科室12个、事业单位17个，有在职职工534人，离退休职工1683人。 （张　硕）

【房屋交易风险预警】 3月，区房管局会同市住建委联合推出预售商品房“预房码”小程序，在辖区内预售项目开始试点。购房人在售楼场所通过微信扫码，可知晓购买期房时应重点关注的政策规范、项目信息、可能产生的风险点，避免因不了解购房政策、信息不对称等因素引发纠纷、权益受损，让百姓在朝阳放心购房。

（马欣欣）

【购房资格核验平台】 4月，区房管局房屋交易中心依托北京市住建委购房资格核验新平台，推出“购房资格绿码”服务，经纪机构备案业务（包括地址、法人、公司名称变更等）实现窗口及时办结并出证；8月，“房屋租赁管理平台”新系统上线，企业、群众均可通过线上自行办理备案业务。全年通过新系统办理购房资格核验67802件。 （国　佳）

【供暖设备检修】 4月至8月，区房管局对辖区内供暖设备开始夏季更新

▲ 8月，区供暖中心进行夏季外线维修 （唐　静　摄）

维修工程。更换管道3000余米；设备14台；供热监测系统工程一项；总投资750万元。（唐　静）

【房屋防汛】6月1日至9月15日，区房管局对排查出的房屋隐患点位制定预案措施，落实物资储备，强化自身演练与培训。组织全区43个街乡观摩屋面苫盖、室内支护等5个科目的演练，开展房屋防汛桌面推演，向各街乡和物业服务企业发放防汛演练教学光盘。通过应急平台、"12345"、防汛专线等接听群众诉求；发送预警提示100余次，值班在岗3765人次，检查房屋10802处次，房屋漏雨抢修75处。（王梦晗）

【房屋管理事务中心成立】12月，区房管局房屋管理事务中心成立。房屋管理事务中心为区房管局所属公益一类事业单位，事业编制18名，其中，主任1名、副主任2名。承担该系统物业管理、车辆管理固定资产、办公用房及相关安全管理等内部保障管理工作。（张　硕）

【房屋管理事务所成立】12月，区房管局第一至十二房屋管理事务所成立。第一至九房屋管理事务所为区房管局所属公益一类事业单位，各所事业编制均为18名。承担职责范围内各类日常检查及纠纷调处工作。承担并协助开展房屋销售、物业管理、普通地下室、城镇房屋防汛、房屋租赁、房地产经纪机构管理工作。第十至十二房屋管理事务所各所事业编制均为40名。承担职责范围内日常检查及纠纷调处工作。协助开展房屋销售、物业管理、普通地下室、城镇房屋防汛、房屋租赁、房地产经纪机构管理工作。承担直管公房管理、设施维护、房屋安全、租金收缴、房改售房、租赁合同管理工作。（张　硕）

【公租房备案家庭保障率提升】年内，朝阳区公租房备案家庭保障率为69.56%，全市排名第5位；其中重点家庭保障率77.39%，全市排名第9位；公租房备案家庭保障率较2020年底提升21.72%，全市排名第九，完成市住建委"公租房备案家庭保障率年度提升10%"的任务目标。（陈　超）

【公共租赁住房快速配租】年内，区房管局筹集全区29个公共租赁住房项目2565套房源，完成1批2轮次公共租赁住房项目配租，2171户家庭通过快速配租方式成功选房。（赵　军　潘路涛）

【保障性住房补贴发放】年内，区房管局完成房屋补贴发放87273户次1.61亿元。其中，公租房租金补贴10897.08万元，市场租房补贴5232.78万元，廉租补贴1.38万元。（刘三虎）

【保障房资格复核】年内，全区取得公共租赁住房资格家庭2177户；取得公租房租金补贴备案资格家庭383户；取得市场租房补贴资格家庭751户；累计完成各类资格复核工作140批，26242户次。（韩　莹）

【人才公共租赁住房配租】年内，区房管局面向全区重点机关、企事业单位的干部职工，以趸租的方式开展人才房预分配工作，筹集307套（间）房源，为183户家庭解决住房问题。（潘路涛）

【共有产权住房项目申购】年内，区房管局完成梧桐湾嘉苑、梧桐港嘉苑共有产权住房项目剩余房源配售选房工作，2个项目345套房源全部售罄；完成澜悦景苑、锦鲤雅苑共有产权住房项目递补选房工作，2个项目42套房源全部售罄。其中，28套房源面向京籍家庭配售，14套房源面向非京籍家庭配售。（潘路涛）

【优化保障房分配管理】年内，区房管局推行"资格有效期管理"机制，先后启动朝阳区公共租赁住房轮候家庭资格复核2批次涉及5708户家庭，终止"无效轮候家庭"资格3205户。（韩　莹）

【市场租房补贴专项检查】年内，区房管局对全区43个街乡市场租房补贴领取家庭开展专项检查，历时一个半月，采取日间检查、错峰检查、周末走访等方式入户抽查检查270户家庭。（程　远）

【经济适用住房专项检查】年内，区房管局对通过"三级审核、两级公示"方式取得经济适用住房的家庭随机抽查177户，检查发现疑似出租出借家

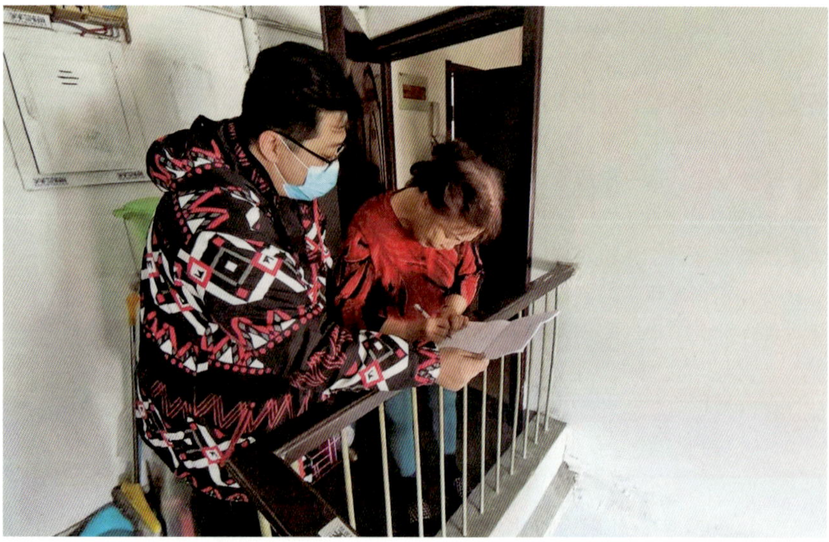

▲ 1月18日，区住房保障管理部门工作人员开展市场租房补贴专项检查　（杨莉莉　摄）

庭 73 户。其中，13 户违规情况不属实，60 户完成整改。（程　远）

【优化营商环境】 年内，区房管局受理预售许可初审 23 个，现售备案 187 件，预售许可延期 28 件，现售变更 13 件，完成 17 次 71 个项目价格引导工作。破纪录完成拿地后 55 天获批预售。（马欣欣）

【房地产市场监管】 年内，区房管局在商品房销售中，受理群众来访来信 178 件，现场接待群众来访 86 次。完成信息公开 25 件。处理“接诉即办”1500 件。完成 109 人次预售、现售现场检查。下达责令整改 21 家，约谈企业 69 次。对 12 个企业暂停网上签约 42 笔，转办执法大队 2 件。（马欣欣）

【商品房预售资金监管】 年内，区房管局加强预售资金收存管理，设定重点监管额度，将原来不低于 3500 元每平方米的监管额度提升至房屋销售建筑面积单价 10% 且不低于 7000 元每平方米。（马欣欣）

【房地产经纪机构监管】 年内，区房管局受理朝阳区房地产经纪机构（分支机构）备案类业务 483 件，“双随机”检查 40 家，公示曝光不良机构 4 家。办理群众现场咨询 78 件，电话咨询 4990 件。处理房地产交易管理平台、“12345”热线“接诉即办”、现场举报等各类投诉 11635 件。开展检查 1300 余次，约谈企业 242 家，暂停企业登录存量房平台及公示相关信息 17 家，暂停网签 9 家，执法转办 293 起，立案 42 起，处罚 90 起，罚款 91.7 万元。（高荣霞）

【住房租赁政策宣传】 年内，区房管局组织房管干部、中介从业人员、街乡工作人员开展多轮北京市住房租赁政策宣传培训会，覆盖全区 2.4 万余名从业人员。制作《条例重点内容速览》系列海报，印发《北京市住房租赁条例》小白本，开展宣传活动 60 余场，发放宣传材料 15000 余份。（高荣霞）

▲ 8 月 11 日，区房管局开展《北京市住房租赁条例》进社区宣传活动　（高荣霞　摄）

【行业管理微平台】 年内，区房管局“朝房啄木鸟行业管理微平台”中介行业管理系统上线运行，微平台管理系统包括企业建档、通知公告、数据分析、政策法规、监督检查等功能模块，实现中介行业企业档案数字化、企业分布可视化、门店检查无纸化。微平台实现 2000 余家房地产经纪机构及住房租赁企业（包含分支）线上管理，包含 3000 余条检查记录及 20 余部政策法规。（于　钋）

【违法群租房治理】 年内，区房管局与相关单位联合开展夜查群租房行动，对群租房隔断进行现场整治，对涉案出租人下达《行政谈话通知书》。“吹哨报到”26 次，走访街乡 50 余次，共接到群租房举报 5572 件、涉及点位 6301 个，情况属实 3629 个，全部完成整治。（张　鹏　高荣霞）

【房屋租赁和物业管理监管】 年内，区房管局按照市、区工作要求，制定《朝阳区房屋管理局常态化开展扫黑除恶斗争工作方案》，将房屋租赁和物业管理纳入重点行业监管。强化行刑衔接，针对区公安分局的提示函内容，进行调查核实；对发现的涉黑涉恶线索，向区扫黑办移交。（于　钋）

【物业管理信用评价】 年内，区房管局开展朝阳区物业服务企业信用评价

▲ 1 月 14 日，区房管局工作人员参加平房地区（乡）群租房工作推进会　（高荣霞　摄）

工作，对71家物业服务企业264个住宅项目开展测评，最终评出A（含A+、A-）级企业40家、B级企业18家、C级企业13家。（赵　展）

【物业管理达标专项奖励】 年内，区房管局制定《朝阳区老旧小区引入标准化物业管理达标奖励工作方案（暂行）》，全区首次发放专项奖励资金，申报46.42万平方米物业收费面积，发放121.57万元奖励资金。（赵　展）

【房屋修缮】 年内，区房管局指导属地推进诉求解决，房屋修缮类诉求比2021年减少1164件，下降7.46%。完成屋面防水工程34万平方米，屋面补漏4618处，修补外墙外窗渗漏1512处；向43个街乡及管房单位下发修缮、装饰等宣传折页33000份，房屋修缮文件汇编1000余册；通过媒体等形式、渠道宣传19次。（王梦晗）

【重点房屋安全检查】 年内，区房管局对全区152栋简易楼、281栋木屋架房屋开展安全检查，对疑似存在安全隐患的督促产权人进行鉴定并采取有效管控措施；对已满足使用时间及条件的3941栋房屋建筑，以不同形式督促物业及产权人进行房屋安全评估或鉴定；对存在隐患的自建房17839栋（其中存在重大隐患房屋543栋，一般隐患房屋17296栋），实现100%管控。（王梦晗）

▲ 9月29日，区房管局开展自建房数据复核工作（王梦晗　摄）

【普通地下室管理】 年内，区房管局按照市、区关于"疏解整治促提升"工作要求，加强检查，建立重点台账，明确监管重点。结合"接诉即办"诉求，强化日常抽查，及时发现潜藏问题隐患。累计检查2万余处次，完成普通地下室备案审批265件。（王梦晗）

【房屋安全管理】 年内，区房管局定期对在账未解危的C、D级房屋开展检查并下发督促解危函，送达告知函123份。（王梦晗）

▲ 8月11日，远洋一方嘉园楼房漏雨吹哨报到协调会召开（王梦晗　摄）

【房屋专项检查】 年内，区房管局通过农房排查、房屋灾害普查和自建房排查，初步统计（2020年底至2022年10月）朝阳区有房屋建筑16万栋，建筑面积3.14亿平方米。其中，城镇7.8万栋，建筑面积2.8亿平方米；农村8.2万栋（28867户），建筑面积0.34亿平方米。涉及自建房99147栋，建筑面积4097万平方米；经营性自建房66877栋，建筑面积2765.5万平方米；非经营性32270栋，建筑面积1331.5万平方米。（王梦晗）

【公房专项维修资金审核】 年内，区房管局针对已售公房专项维修基金审核33家单位；已售公房提取房改售房款审核6家单位。（钱　前）

【房改售房】 年内，区房管局核准受理全区内房改单位264家，办理房改售房3681套，面积25.34万平方米。（钱　前）

【行政复议诉讼】 年内，区房管局行政复议、诉讼案件52件，其中公房租赁类11件、物业管理类16件、房屋拆迁类14件、政府信息公开类4件、商品房买卖类5件、民事纠纷类2件。（崔素梅）

【存量房网签管理】 年内，区房管局完成购房资格核验业务83661件，存量房网签业务 38745 件；房屋交易中心办理购房资格核验 1311 件，购房资格核验复核及离婚信息确认 2504 件，存量房网签注销 1382 件，一手房合同注销 304 件，信息变更 64 件，预查封 213，房屋交易信息查询 334 件，住房租赁备案 338 件，抵押准销售确认 39 件，在建工程抵押协办 6 件。

（国　佳）

【对外政务服务】 年内，区房管局受理对外政务服务事项 3421 件。其中，房地产经纪机构备案 533 件，非住宅租赁备案 255 件，商品房现房销售备案及延期 388 件，商品房预售许可及延期 67 件，房产测绘成果审核 210 件，销售人员和销售机构备案 85 件，售后公有住房住宅专项维修资金使用审核 203 件，出售公有住房审批及备案 553 件，普通地下室使用登记备案业务 268 件，商品房住宅专项维修资金使用审核、备案 679 件。（国　佳）

【直管公房检查修缮】 年内，区房管局完成辖区内直管公房、设备的检查和修缮。修缮楼房屋面防水 15494 平方米，楼房屋面维修 1400 平方米，局部勾抹外墙板缝 2329 平方米，厨厕地下室渗漏 25 处；完成电梯大中修 6 部，电梯机房装修 7 处，泵房大中修 27 处。

（崔芳静）

【直管公房管理】 年内，区房管局完成公有住宅租赁合同申请使用备案 133 件，市场租住宅房屋出租审批 147 件，工商企业租签订租赁合同 45 处。完成房改售房备案 23 户（完成产证办理 14 户），收回房屋 7 处。（张榕芳）

【房屋供暖及热费收缴】 年内，区房管局完成朝阳区 17 个街乡、426 万平方米、58000 余户居民冬季供暖任务，全年供暖费指标为 12058 万元，实收 12798 万元。（唐　静）

【信息公开】 年内，区房管局政府信息主动公开 280 条，全文电子化率 100%。主要涉及保障性住房摇号、选房工作等。政府信息依申请公开共接待申请人 300 余人，受理政府信息公开申请 177 件，答复 175 件，总计 678 条。主要涉及物业管理、住宅专项维修资金审批、商品房预售、直管公房管理等。

（纪　伟）

【来信来访与“接诉即办”】 年内，区房管局办理各种渠道信件 834 件。接待群众来访 1138 批次，1674 人次；接收信访积案 4 件，全部上报结案。通过市民热线“接诉即办”平台接收诉求共 20524 件，总体响应率为 99.79%，解决诉求 3314 件，解决率 89.13%，满意率 90.63%。在全区内核算综合成绩为 90.64 分。（沈雪　姚颖）

供　电

【概况】 2022 年，国网北京市电力公司朝阳供电公司（简称“朝阳供电公司”）负责朝阳地区范围内的电网规划建设、运行管理、电力销售和 174.6 万名客户的供电服务工作，为约占全市三分之二的星级饭店、外交驻华使馆区、奥运中心区、中央商务区、大型商业区、工业、农业、涉外企业及居民生活，负责重大政治活动和城市运行安全供电。共负责输电线路 154 条，总长 424 千米；10 千伏线路 1865 条，总长度 9805.09 千米；10 千伏配电站室 5975 座，配电变压器 11641 台、总容量 6615 兆伏安。完成售电量 199.28 亿千瓦时，综合线损率完成 2.7%，完成接电容量 53.95 万千伏安，城市供电可靠率为 99.997%，综合电压合格率达到 99.998%，全年最大负荷 455.8 万千瓦，历史最大负荷 455.8 万千瓦。

【供电保障】 年内，朝阳供电公司秉承“冬奥有需要，我们有行动”理念，工作 52 天，完成北京冬奥会和冬残奥会供电保障任务。在服务党的二十大、服贸会等 92 项保电任务中保电 270 天。新冠疫情期间，做到“不停摆、不击穿”，守护职工身体健康。

【电网规划与建设】 年内，输变电工程前期建场机制确立，朝阳供电公司促请区政府印发实施《朝阳区电力设施项目协同推进工作机制》，联合区发改委编制《朝阳地区“十四五”配套输变电工程里程碑三年行动计划》。工区级前期建场工作机制初步建立，全年完成前期建场工作任务 166 项，解决工程前期难点和堵点问题 25 项，有效推进了 8 项重点工程前期工作。

▲ 2 月 4 日，朝阳供电公司全力以赴做好北京冬奥会开幕式供电保障工作　（张　昊　摄）

▲ 7月3日，朝阳供电公司建设部对工体110千伏变电站工程建设进行现场交流（张　昊　摄）

取得后街、三营门等6项工程可研批复，取得高辛庄、北小河等5项工程规划手续，取得金盏扩建等3项工程立项核准，取得CBD、华能、工体等7项工程开工手续31项，取得奥体站土地证。500千伏CBD变电站提前完成站址征拆、管线改移，首次争取市区两级政府大规模人防易地还建政策，确保工程如期开工。开展110千伏输变电工程7项，其中新开工5项、续建2项，工体变电站3个月完成15项开工手续，获评“国网公司区域级现代智慧标杆工地”和“北京公司无违章工地”；崔各庄工程提前3个月投产，有效解决地区长期重过载问题，满足周边冬季新增用电需求。亮马河地区架空线入地工程取得路政、交通、绿化手续行政批复，实现进场施工。启动电网提升三年行动计划，完成可研编制80项，总投资8.13亿元；集中储备油纸电缆更换31项，实现全部重要用户外电源和奥运中心区油纸电缆改造全储备。取得46项可研批复、27项工程立项核准。编制38台主变的轻载分析报告，计划储备20项工程，其中11项纳入配网储备项目。

【经营管理】 年内，朝阳供电公司重点攻坚内模体系建设，精确模拟各供电所利润情况。外部资金超额完成，直接到账1.55亿元，为上年额度的2.2倍。线损管理持续夯实，分线、分台区日均合格率分别提升至96.87%、94.48%，高损线路和高损台区数量分别压降83%、63%。积极盘活现有资源，推动移动、歌华公司补交电杆搭挂租金8981.35万元。完成北京公司首单超百万元电e贷项目，“电e金服”业务达300万元规模。集体企业实现营业收入4亿元，实现利润700万元。开展债权清理，累计派发律师函13件、催款函53件，实现客户债权回收2.51亿元。优化业务流程，在项目前期、合同、洽商、结算等环节实施工程造价一体化管理，提高工程毛利率。助力公司重点工程推进，高质高效完成鲜活农产品等一批重点项目施工送电。推进合同管理常态纠偏，审理合同1835份，涉及金额16.03亿元，完成2019年至2022年施工类合同农民工专用账户自查，实现全部问题合同整改。强化案件闭环管控，主动起诉11件，积极应诉3件，挽回经济损失158.83万元。攻坚巡视审计问题整改，完成275项问题自查自纠和整改销号。完成审计署等审计任务7次。

【安全生产】 年内，朝阳供电公司落实全员安全责任，修订领导班子安全生产“两个清单”，建立季度督办机制。构建“立体式、网格化”安全管理体系，梳理安全业务23项，总结规章制度113项，完成安全管理体系文件编制。强化现场管控质效，编制印发工作规范4项，开展“百日安全”专项

▲ 7月5日，朝阳供电公司开展夜间雨中巡视（张　昊　摄）

活动，累计执行现场巡检5132次。完成安全生产专项整治三年行动，排查治理隐患214项。推进安全隐患大排查大整治等专项行动，治理隐患993项。状态检测助力配网运维，统筹设备检测、检修、处缺等工作安排。发现并处理缺陷652项，缺陷检出率达5.05%，故障次数比上年下降22.76%，站室设备类故障比上年下降80%，供电可靠率增长至99.997%。承办北京公司设备专业年工作会并展示状态检测成效。输电通道反外力不断强化，联合政府拆除输电通道内违法建筑2.3万平方米，治理树线隐患2.8万棵。开展异物隐患清理加固2.5万处，排查发现异物搭挂严重、危急缺陷97处。开展度夏、度冬电网运行方式分析，梳理电网薄弱环节，及时发布电网风险216项，储备方式调整措施206项，完成11项度夏防汛补强项目，依据度冬电网方式分析储备度冬解重载项目18项。统筹电网运行、设备运维、民生保障、应急处置，应对度夏连续4日4破历史最大负荷，达到455.8万千瓦、较历史最大增长13.4%的考验。发挥状态操作和闭环处缺作用，终端平均在线率99%，列北京公司第一，故障区间研判正确率增长至92%。

【营销与优质服务】 年内，朝阳供电公司“压结存、促接电”，完成接电容量64.22万千伏安，超额完成年度目标任务；高效完成金盏方舱等36个防疫重点项目送电，容量3.52万千伏安；深化移动作业终端应用试点，实现业扩流程现场推进、电子围栏等功能，并在北京公司推广应用。提级管控多户停电、重要客户停电等6类重点工单，开展2小时调度处置，实现三级回单督导审核，做到“未诉先办”。率先试点“微中心”应用，拓展网格化服务渠道降低投诉风险，“95598”“12345”“12398”热线工单数量同比压降17.98%，投诉工单同比压降90%。完成大屯路2号院等12项老旧小区工程竣工送电，惠及居民5565户。通过成立处置专班，采取“班所联合”机制，完成全部226个项目摸排及35个项目处置工作。

【改革创新】 年内，朝阳供电公司推进配网状态检测实验室落地，打造状态检测专业诊断、技术交流、人才培训和科技研发中心，深化电缆不停电状态检测技术研究。打造“电力看国际消费”能源大数据场景，与区商务局签订《电力大数据看朝阳消费经济》合作协议，实现大数据增值变现“零”突破。承担北京公司新型电力系统专项揭榜挂帅科技项目和首批属地实验室建设项目。 （王兆东）

▲ 6月29日，朝阳供电公司客服人员在营业厅开展优质服务 （张 昊 摄）

供 水

【概况】 2022年，区水务局实施“引亮马河水入农展馆湖”工程，解决农展馆后湖及馆区20万平方米绿化浇灌的水源补给问题。高位推动地下水管理专项排查整治和取用水管理专项整治工作，依法依规审批取水许可173件，许可水量2080.8万立方米，全区取水户取水计量实现100%覆盖。44家单位完成地下水地源热泵整改，17个小区（单位）完成自备井置换在全市范围内率先开展园林绿化非常规水源置换项目，年可利用非常规水源量达到629万立方米。十里堡北里中小区、外文小区2个“水黄”老旧小区楼内供水管线完成改造；全区农村供水站消毒设备100%正常运行。

【水源置换】 1月，区水务局完成东坝家园B区、怡景城、扬州水乡、双合家园四个小区的置换，让老百姓在春节前喝上优质市政自来水。2月9日至17日，区水务局组织来广营、黑庄户、金盏、十八里店、高碑店、王四营、东风、将台、豆各庄、平房、三间房、东坝、管庄、崔各庄、孙河、小红门地区（乡）召开自备井全域置换工作会。会上逐地块讨论非常规水源置换设计方案，区自备井置换工作专班逐村介绍各乡城乡供水一体化设计方案，水资源科与各乡逐井核对，针对各乡共1042眼机井逐一明确处置时限和处置方式。7月26日，区水务局、区财政局、垡头街道、三间房地区（乡）、管庄地区（乡）、东坝地区（乡）在东坝地区（乡）召开“一街三乡”重要民生实事自备井置换工作推进会。会上4个街乡分别汇报垡头东里、三间房西里、天泰A8、惠桥小区、富东嘉园、富北嘉园6个居民小区（平房区）

▲ 6 月 15 日，农展馆与区水务局座谈　　（皮晓宇　摄）

自备井置换方案、实施置换必要性，明确实施主体及完工时间。8 月 1 日，区水务局到金盏地区（乡），就皮村市政水置换工作召开推进会。部署皮村置换下一步工作，并沟通临时接入方案。

【农展馆后湖及馆区水源补给】 2 月 11 日，区水务局相关部门到农展馆交流座谈项目需求与工作进展情况，农展馆主要领导参加座谈。双方交流农展馆后湖用水需求、外部引水路由、水质与环境改善等近远期改造计划。会后区水务局再次踏勘农展馆湖区现状及外部引水路由，并要求技术支撑单位做细、做实勘察工作，确保项目落地。双方就引水方案落地工作进一步细化研究，推动项目尽快实施。探讨区域后湖水体水质维护和整体滨水景观提升工作。6 月 15 日，农展馆有关领导与区水务局座谈。就农展湖补水等事宜，专业、系统性推动农展馆生态用水问题寻找解决办法。

【园林绿化非常规水源置换】 4 月 14 日，北京市水务局到王四营乡调研官庄公园园林绿化非常规水源接入工程项目，区水务局、王四营乡有关领导陪同。官庄公园项目将东南郊清水干渠与官庄公园水系连通相结合，在满足公园灌溉的同时为公园增加叠绿景观效果，达到既节约水资源，又提高水资源经济效益的目标。

【供水管线抢修】 6 月 26 日，朝阳区西大望路百子湾路口南侧自来水管线破裂，维修造成易构空间 1267 户约 2400 人，下甸小区 28 户 50 人，及北京市中央商务学校、通惠小镇底商、八王坟长途客运站、汉庭酒店底商、百子湾 31 号爱工厂底商、华腾国贸美居酒店等小区和单位停水。市交通委、区水务局、区应急办、双井街道等相关负责人到现场了解抢修情况及供水情况。经市自来水集团排查抢修，当日 14 时 30 分恢复供水，其间调派 8 辆应急水车保障居民和周边单位用水。

【供水安全检查】 7 月 1 日，区水务局到十八里店地区（乡）调研农村供水安全工作，协调解决十八里店地区（乡）西直河村农村供水站周边“四无”隐患，并研究讨论十八里店地区（乡）吕家营村、老君堂村城乡供水一体化和农村地区特行节水管理工作。9 月 29 日，区水务局领导带队对北京市第九水厂进行供水和安全检查。北京市第九水厂作为北京市最大供水厂严格落实供水安全责任和安全生产相关要求。

【供水工作交流合作】 8 月 16 日，区水务局与市自来水集团座谈交流，双方重点交流、讨论朝阳区供水情况、强化合作以及城乡供水一体化建设等方面，探讨朝阳区自备井置换、一户一表试点等工作内容并达成一致意见。区水务局表示全力与市自来水集团加强规划、政策研究、合作方式等方面对接，发挥各自优势，保持良好合作关系，最大限度发挥民生服务功能，提前谋划，保

▲ 2 月 9 日，区水务局组织自备井置换工作会　　（刘　宇　摄）

▲ 8 月 16 日，区水务局局长陈杰带队到市自来水集团座谈　（崔毓莹　摄）

障朝阳区自备井置换等重点工作顺利推进，实现经济效益、社会效益和生态效益有机统一。

【地下水专项整治】 10 月 21 日，区水务局组织召开农村地区机井管理工作推进会，区税务局、区园林绿化局相关负责人及 19 个乡主管领导参加。各单位分别就地下水排查整治、水资源税征收、污水处理费征收、绿化井置换和封填提出要求。10 月 25 日，区水务局召开地下水管理专项排查整治工作培训会，通过视频方式对各街乡及取水户 300 余人进行培训。会议就地下水排查整治现场核查工作提出具体要求，进行取水许可办理和机井码小程序操作培训，规范地下水取用管理工作。同日，区水务局会同区园林绿化局召开全区绿化行业地下水管理专项排查整治工作会。区水务局结合两年园林绿化置换项目对园林绿化机井封填工作提出具体要求，原则是应封尽封。区园林绿化局就绿化行业地下水排查整治工作进行部署，按照“井不漏一眼”的原则，对区管绿地内可能存在的机井进行大排查。区交通委、北京排水集团等单位就近期拟实施的中水管线项目及后期园林绿化中水置换需求进行充分的对接。

（王　珂）

邮　政

【概述】 2022 年，中国邮政集团有限公司北京市朝阳区分公司（以下简称“区邮政分公司”）承担着朝阳地区普通邮政业务和邮政速递物流的经营、服务及相关设施、网络规划、建设、运行管理工作任务及邮政金融代理业务。主要经营函件、包裹、特快专递；报刊；集邮；邮送广告；邮政电子商务；邮政储蓄；代理保险；邮政汇款、代销基金、债券、代收（水、电、燃气）、代发（养老金、工资）等业务。从业人员 2926 人，其中合同用工 1371 人、劳务用工 648 人、劳务承揽 907 人。朝阳区分公司下设中邮保险中心、客户营销中心和客户支撑中心。下辖 15 个邮政支局、131 个营业网点，其中金融网点 53 个（正常开业的 47 个）。17 个主题邮局，19 个投递网点，32 个营业部；有邮运机动车 255 辆，两轮电动车 726 辆，三轮电动车 932 辆，普邮投递道段 472 条，快包投递道段 869 条。经营收入完成 7.7 亿元，其中代理金融类收入 3.31 亿元，收入占比 43%，较上年增长 4.69 个百分点；寄递事业收入 1.98 亿元，收入占比 25.7%；邮务类收入 2.41 亿元，收入占比 31.3%。综合毛利率 64.8%，比上年增长 2.1 个百分点，金融毛利占比 59%。实现利润 –4661 万元，比上年改善 5525 万元，增幅 42.9%。中国致公党中央委员会社会服务部领导代表社会服务部向区邮政分公司致感谢信，并探讨双方合作事项。

【北京冬奥会寄递服务】 1 月 4 日至 3 月 16 日，区邮政分公司进驻北京冬奥会主媒体中心临时邮局，直到冬残奥会闭幕。区邮政分公司圆满完成冬奥会、冬残奥会的各项服务保障工作任务。国家速滑馆场馆运行团队、国家游泳中心场馆运行团队、冬奥村（冬残奥村）场馆运行团队、主媒体中心运行团队、奥林匹克大家庭酒店场馆运行团队，分别向区邮政分公司表示感谢。

【北京冬奥会开幕纪念邮票首发】 2 月 5 日，《第 24 届冬季奥林匹克运动会开幕纪念》对外销售。区邮政分公司在前期预售的基础上加大宣传力度，方便客户购买。

【“生命接力”主题邮局成立】 6 月 11 日，在中国器官捐献主题活动日到来之际，区邮政分公司与中国器官移植发展基金会共同发起创立的“生命接力”主题邮局成立并对外营业。“生命接力”主题邮局设计出个性化邮票纪念封、首日封、6 款明信片，以及 6 种不同风格、不同寓意的纪念戳。

【“金台国际友谊”主题邮局成立】 7 月 22 日，位于朝阳区农展馆南路 1 号朝阳公园金台艺术馆的“金台国际友谊”主题邮局成立。主题邮局作为弘扬文化的窗口，打造文化融合点、艺术结缘点和友谊升华点。通过举办更多的特色文化活动，以文化人、文化心，书写对外交流华章，讲好中国故事，传播中国声音。

【首家邮局咖啡店营业】 7 月 24 日，北京首家邮局咖啡店（望京小街店）正式对外营业。邮局咖啡店优先采用云南精品咖啡豆，借助中国邮政网点将优质云南咖啡带到北京，做云南精

▲ 7月24日，北京首家邮局咖啡（望京小街店）对外营业　（邮政局　供图）

品咖啡的分享者与记录者。邮局咖啡秉持着环保、可持续发展的理念，推进环保可再利用的技术以及咖啡标准化、规模化生产种植，助力云南提升咖啡品质，再把云南最优质的咖啡带到全球市场。

【“赏邮票跟党走”主题活动】 9月15日，区邮政分公司同中国历史研究院共同开展“赏邮票跟党走”主题活动。院领导和全体党支部书记等60余人参与。主题活动推动交流合作，各自发挥自身优势，在讲好中国故事、推进文创产业合作等方面取得成果。

【党的二十大现场服务】 10月12日至23日，区邮政分公司作为唯一进场直接面向代表提供现场服务的单位，以北京会议中心临时邮局为平台，直接服务党的二十大。得到住地服务组的肯定和与会代表的赞扬，收到感谢信、表扬信1封，题词感谢11件。16日，《中国共产党第二十次全国代表大会》纪念邮票对外发行。该套纪念邮票2枚，小型张1枚。区邮政分公司严格执行有关发行、防疫和安全等方面的要求，采取预约取号、限流等方式，在现场增派安全监督人员，让排队的每一位市民都能安全、快捷地购买到这套邮票。17日，区邮政分公司投递员工将印有党的二十大盛况的《人民日报》《北京日报》送到千家万户。

【乡村振兴服务】 年内，区邮政分公司与区商务局对接，与密云雪伦羽绒服企业合作。乡镇局所覆盖率和乡镇转型网点覆盖率均完成指标，邮政快递建制村覆盖率完成相应指标。

【绿色邮政建设】 年内，区邮政分公司深化绿色包装治理，完善绿色运输体系，创新绿色金融发展，持续推进“9917”［实现采购使用符合标准的包装材料比例90%，规范包装操作比例90%，投放可循环快递箱（盒）1000万个，回收复用瓦楞纸箱7亿个］生态环保工程。“世界邮政日”期间，围绕“邮来已久、绿动未来”主题开展进社区、进校园宣传活动。

【“扫黄打非”措施】 年内，区邮政分公司修订完善“扫黄打非”工作台账、制定培训和检查计划，将“狠抓工作落实、迎接二十大”作为工作重点：强化各部门协同合作做好日常管控工作、落实对各层级培训，严把验视和“画像法”检查，按照工作规范充实台账。

【客户走访常态化】 年内，区邮政分公司梳理出242条“朝阳区重点大客户清单”，进行全区域、全覆盖走访，实现客户走访常态化。完成对上述客户100%走访，并与23家部委、国有企业完成建联。

【直播营销】 年内，区邮政分公司通过线上线下多平台、多场景协同引流获客，集中力量吸纳培养青年客群，扩大邮政知名度和品牌影响力。通过线上线下实现全方位营销推广，线上获客5.9万人，分享转发达到近7万人次，直播点赞140万次，评论数2万条，总直播收入120万元。

▲ 9月15日，区邮政分公司与中国历史研究院共同开展“赏邮票跟党走”主题活动（邮政局　供图）

【网点转型】 年内，区邮政分公司转型网点实现130个。渠道平台转型提能，社区团购18540单，形成销售额669.65万元。邮局咖啡项目形成150万销售额。在抖音、小红书等主流自媒体平台掀起探店打卡热潮，吸引北京广播电视台主动联系，推出专栏报道。

【邮政能力建设】 年内，区邮政分公司完成12处局所无障碍柜台及残疾人坡道的维修改造工作。完成三间房支局、花家地邮政所、劲松八区邮政所、双桥东路邮政所等10个局所改造前期准备工作。实现5处统建配套项目接收，包括富力阳光家园、百安家园、广华新城、双合家园和汇星苑，建筑面积2688.41平方米。

【降成本增效益】 年内，区邮政分公司寄递专业重点件成本下降，收寄和投递环节件成本分别为3.66元/件和4.23元/件，比同期减少0.27元和0.34元。租赁费完成2392万元，低于序时进度目标486万元；安保费完成632万元，低于目标29万元；车辆修理费完成261万元，低于预算62万元；设备修理费、水电取暖费都低于目标20万元以上。

【网点基础管理】 年内，区邮政分公司推进最小单元损益核算工作，金融实现全网点盈利；绝大部分邮政网点率先实现扭亏、减亏目标。出台《安全管理网格实施细则》，4级监管区域达到1031处。全年未发生各类安全事故、治安案件，“平安邮政”目标完成，平稳有序完成保安员更换工作。

【管理提升年活动】 年内，区邮政分公司网点营业时间达标率、普服网点覆盖率、申诉处理满意率均为100%。给据邮件、条码平信信息断点率均低于万分之0.9。落实专用信箱寄递工作要求，为各级巡视组和部分重点单位内部巡视设立的5个专用信箱进行特殊投递服务，投递邮件110件，完成特殊投递任务，收到表扬信5封。

【运营质量改善】 年内，区邮政分公司在不剔除特殊因素情况下，各项重点业务指标保持稳定。全渠道及时揽收成功率94.38%、快包及时妥投率99.24%。标快、快包收寄及时率和普服监控点扫描、建制村打卡等重点业务指标均达到或高于市分公司标准。11183协查工单问题邮件一次及时解决率95%、直派及时有效处理率99.68%、工单无效处理率0.66%、协查工单升级率3%，均达到指标要求。

【营销体系建设】 年内，区邮政分公司全面建立专职客户经理垂直管理体系，以“强管理、促提升、增业绩”为目标，规范、统一营销过程管控。对主管局长、营销主管、专职客户经理的走访过程及数量做了细化要求，在客户走访过程中做到“分户管户”，将客户走访工作落实到支局最小单元管理。寄递板块做到以市场为导向，以客户为中心，以效益为目标，完善寄递营销体系建设，专职客户经理由34人扩充至267人，实现全年新增收入1231万元。（管　军）

城乡管理

城市综合管理

【概况】 北京市朝阳区城市管理委员会（简称“区城市管理委”）[加挂北京市朝阳区城乡环境建设管理委员会办公室（简称“区环境建设办”）牌子]。2022年，完成“场清地净”141.72万平方米，腾退土地129公顷；完成2021—2022年采暖季供暖保障，全区供暖12345市民服务热线投诉工单由上年的10154件减少至5900件，比上年下降41.89%；建设完成高碑店路等39条道路太阳能临时路灯971盏；治理城镇燃气管线占压隐患1513处，安装天然气用户安全配件近21万户，全区范围内非居民液化气用户实现清零；提高垃圾分类精细化管理水平，新版非居民厨余合同签订率98%；开展全链条涉疫情垃圾清运处置工作，累计清运重点管控生活垃圾近2万吨；完成电动自行车充电桩设施报装1199户，车充比2.36：1。

【燃气安全排查整治】 2月，区城市管理委成立区城镇燃气安全排查整治工作专班，印发《朝阳区城镇燃气安全排查整治工作专班方案》。年内，完成治理城镇燃气管线占压隐患1513处，累计安装天然气用户安全配件近21万户、液化气用户安全配件6万余户，完成非居民用户液化石油气替代2820户，全区范围内非居民液化气用户清零。

【年度供暖保障】 3月22日，区城市管理委完成朝阳区2021—2022年供暖季供暖保障工作，供暖面积2.14亿平方米，全区供暖12345市民服务热线投诉工单由上年的10154件减少至5900件，下降41.89%，全区万平方米投诉量由上年的0.621减少至0.3491，88家供热单位实现“零投诉”。年内，开展“访民温暖”行动，走访15个小区进行室内测温，并对投诉较多的供暖单位进行约谈；开展锅炉房安全隐患排查整治，检查锅炉房450座，当场告知安全隐患情况，提出整改要求，形成隐患台账。

【“城市管理大脑”建设】 7月，区城市管理委拟定《朝阳区“城市管理大脑”专题工作组管理工作制度（试行）》。年内，推进环卫精准化监管、垃圾分类监管、市政监管、供热监管、综合管网管理、渣土车治理6项应用场景建设，完成一期项目专家评审，建立与“城市安全大脑”专题工作组沟通对接机制，明确“管理”“应急”模块互联共享的总体方向。

【夜景照明】 9月，区城市管理委启动长安街延长线夜景照明提升工程；11月，完成亮马河国际风情水岸二期通航两侧建筑物夜景照明建设立项；年内，指导高碑店乡实施“京杭大运河，御水映千年”高碑店区域历史文化滨河风情水岸景观照明建设。

【路灯建设】 年内，区城市管理委按照“永临结合”方针推进路灯工程建设，推动青年西路等30条道路永久路灯建设，完成东风家园东侧路等6条道路永久路灯建设任务，推进24条道路的土建和占掘路等施工；根据需要对暂不具备安排永久路灯条件的道路安装太阳能临时路灯，完成高碑店路等39条道路971盏太阳能临时路灯建设。

【控违拆违】 年内，区城市管理委推进无违法建设区创建工作，区创建底图图斑近7.6万处，建设面积2812万平方米，办结图斑近5万处，建设面积1618万平方米，办结率57.5%；持续拆旧控新，达到“场清地净”标准的建筑面积141.72万平方米，完成市级任务的54.5%；腾退土地129公顷，完成市级任务的46%。

【垃圾分类全流程精细化管理】 年内，区城市管理委结合市级新版考评办法，完善区指挥部“一办九组”（指挥部下设办公室及九个工作组，即综合协调组、政策指导组、物业管理组、社区工作组、文旅商务组、农林水务组、执法保障组、宣传动员组、监督检查组）组织架构和考评方案，利用“日报”“月刊”“通报”“每会一题”等途径，提高垃圾分类精细化管理水平，新版非居民厨余合同签订率98%、家庭厨余垃圾分出率稳定在18%以上；扩大垃圾分类“示范”覆盖范围，创建42个示范片区、223个示范小区（村）、38座商务楼宇、729家示范单位；建立垃圾分类“薄弱对象清单”，通过桶站值守、精准入户等形式开展“面对面”宣传指导；开展“垃圾清运不及时”专项治理，利用“一事一报”预警机制，预警案件1881件，发现、解决桶站满冒等环境问题；强化区级垃圾分类日常检查，督促街乡落实属地管理主体责任，将整改情况纳入区级月度考核，形成闭环管理模式；推进再生资源回收经营者备案，设置可回收物交投点1673个、装修垃圾投放点1089个、分类驿站234座、可回收物中转站5座，全区回收可回收物日均约846吨；1.5万组桶站升级改造，新建元大都公园北侧地埋式垃圾站；整治装修垃圾乱堆乱放点170余处次。

【电力服务保障】 年内，区城市管理委完成电动自行车充电桩设施报装1199户，全区累计建设充电接口近16万个，车充比2.36：1，基本满足辖区居民充电需求。开展电力安全检查、隐患整改、迎峰度冬等工作。

【道路清扫保洁】 年内，区城市管理委科学调整道路保洁等级分类，深化“冲、扫、洗、收”组合工艺作业，车行道组合工艺作业率95%；在125条具备条件的三级道路开展机械清洗作业，一级道路尘土残存量均值12.6克/平方米、二级道路尘土残存量均值16.3克/平方米、三级道路尘土残存量均值23.9克/平方米。（张文倩）

城管综合执法

【概况】 北京市朝阳区城市管理综合行政执法局（简称“区城管执法局”）。2022年，区城管执法局以服务保障党的二十大、北京冬奥会和冬残奥会等重大活动为牵引，统筹推进疫情防控、城市安全运行、环境整治提升、文明城区创建等工作，完成各项执法保障任务，不断提升综合执法和服务保障水平。全区城管综合执法系统出动执法人员28.6万人次、车辆9.1万辆次，开展联合执法1717次，规范查处各类环境秩序问题8.5万起。

（区城管执法局）

【北京冬奥会和冬残奥会服务保障】 1月至3月，区城管执法局完成北京冬奥会和冬残奥会服务保障工作。制定《冬奥冬残奥会赛时保障方案》，按照核心保障区域、重点保障区域和一般保障区域，分级分类制定管控标准，科学调配执法力量，开展全覆盖式巡查管控。组织开展燃气安全、垃圾分类、占道经营、疫情防控、外语标识设置等重点专项执法，落实市容环境秩序事件处置应急预案。其间，全区城管综合执法系统出动执法人员3.71万余人次、车辆1.19万辆次，排查环境秩序类点位8694个。（王赢林）

【“畅夏清风”专项执法行动】 7月至10月，区城管执法局按照市城管执法局部署开展“畅夏清风”专项执法行动，专项整治夜间施工扰民、占道经营、非法小广告、非法运营等街面环境秩序类问题。每两周针对群众举报高发问题下发重点关注点位，督促、指导各街乡加大执法力度。其间，督办街乡整改问题点位592个，公安机关开展重点点位“并肩行动”执法行动85次，全区城管综合执法系统在燃气安全方面立案101起、罚款8.02万元，夜间施工扰民立案60起、罚款40.2万元，占道经营立案642起、罚款3.6万元，非法小广告立案138起、罚款3.94万元。

（王赢林）

【生态环境保护督察】 8月至9月，区城管执法局完成北京市第二轮生态环境保护督察迎检工作。其间，收到信访交办件2件，均为会办件，分别为高安屯污水处理厂附近异味扰民和机场高速、机场二高上渣土车泄漏遗撒问题，2件交办件办结；完成两批次调阅材料提交工作，涉及全区施工工地台账、生活垃圾倾倒、建筑垃圾倾倒、焚烧、垃圾分类方面处罚情况及相关处罚清单列表。结合区级职权开展环保类执法检查，抽查检查街乡综合执法队执法情况，出动执法人员280人次，检查单位157家，发现问题85个，责令整改75家，约谈17人；发现属于街乡职权的问题，督办属地街乡综合执法队立案6起，处罚4.3万元。

（王赢林）

【服务保障党的二十大】 9月至10月，区城管执法局完成党的二十大服务保障工作。制定《党的二十大保障工作方案及应急预案》，推动城市运行“百日行动”，对全区重点保障点位制定“一点一策”环境保障方案，落实实名盯守；坚持全员在岗，开展一对一重点督查检查，督促指导各街乡以活动涉及驻地、场所、路线周边为重点，实行全天候不间断巡查。其间，全区城管综合执法系统出动执法人员11086人次、执法车辆2729辆次，查处无照经营364起、非法小广告261起。检查“门前三包”（包环境卫生、包绿化、包社会秩序）单位4469家次、规范562起，检查工地869个、规范83起，检查渣土车辆169辆、规范47起，检查“三类场所”［商务楼宇、商场（含超市）、餐馆（含内部食堂）］5899家次、整改问题232个。（王赢林）

【燃气安全排查整治】 年内，区城管执法局利用联合执法检查机制，与区城管委、区房管局、区科学技术与信息化局等成立燃气安全排查整治区级督导检查组，强化区级联合检查；组织开展瓶装液化石油气供应站点检查，推进燃气安全全覆盖执法检查，压实企业主体责任，规范企业经营行为。区城管综合执法系统开展联合执法1046次，检查燃气供应企业及用户38124家次，发现问题并现场整改622起、立案236起，配合公安机关查处液化石油气黑窝点7处，查扣不明来源气罐137个。（王赢林）

【垃圾分类专项执法】 年内，区城管执法局开展生活垃圾专项执法。关注居住小区的覆盖率、检查率及分类投放违法行为个人信息的准确录入。区城管综合执法系统录入生活垃圾类检查单112182份，处罚8561起、罚款113.97万元。（王赢林）

【园林绿化执法】 年内，区城管执法局开展园林绿化执法。重要节假日和游园高峰时期，联合市城管执法局、区园林绿化局和相关属地街乡综合执法队，在奥林匹克森林公园等重点公园开展文明游园专项整治行动和古树名木保护宣传活动；指导街乡建立三方联动机制，开展执法活动。区城管综合执法系统园林绿化方面录入检查单4040份，处罚195起。（王赢林）

【整治违法建设】 年内，区城管执法局推进强拆待执行违法建设案件工作，自拆1处、帮拆1处，拆除违建别墅13栋，拆除面积7026平方米。推进规自领域巡视整改，其中高碑店美丽亚洲别墅违建全面清零，拆除违建别墅13栋，面积6330平方米；助力街乡解决控违治违，全程参与双井京哈铁路沿线百子湾路紧邻铁路区域房屋疏整促专项工作；办理市、区重点关注三里屯那里花园、将台嘉林花园案件2件；参加街乡吹哨报到会60余次，参与现场拆除2处。（王赢林）

【外语标识执法整治】 年内，区城管执法局开展外语标识设置等领域执法整治，重点对公共交通站点、大型国际活动场所、引进境外人才聚集的社区、应急避难场所、文化体育旅游及其他重要公共场所的外语标识设置情况进行执法检查，建立外语标识公共场所台账79处，执法检查100余次；与区外事部门建立工作联动机制，开展联合执法检查16次。根据《公共服务领域英文译写指南》和区外事部门的认定，发现并整改译写错误、含有禁止性内容等不规范外语标识相关问题230余起。（王赢林）

【“接诉即办”】 年内，区城管执法局继续抓实接诉即办工作。制发《北京市朝阳区城市管理综合行政执法局接诉即办工作办法》《朝阳区城管执法局2022年“接诉即办”“每月一题”专项行动工作方案》；深化数据研判，梳理高发点位，制发《12345市民服务热线城管类案件分析》24份、《12345市民服务热线城管行业主管重点问题情况通报》12份、《“每月一题”夜间施工扰民热线案件情况通报》9份；综合协调、统筹调度，定期召开热线调度会，调度20个街乡执法队，召开全区城管综合执法系统“接诉即办”专题推进会1次；做好朝阳区12345市民服务热线派遣自办案件，案件响应率、解决率、满意率均为100%。（王赢林）

【执法队伍教育管理】 年内，区城管执法局按照市城管执法局“一个系统、一支队伍、一个标准”要求，开展“抓基础、强素质、促发展”队伍建设专项行动，制定专项方案，确定主要任务。开展行为规范和风纪检查5轮次，采用网络培训、送教下基层、执法现场培训相结合的方式开展培训70次，参训2万余人次。推树12名执法队员、5支执法队作为“最美城管人、最美执法队”，涌现出一批先进单位和个人，其中6人被评为首都城市环境建设管理突出贡献个人、5人被评为北京冬奥会和冬残奥会北京市先进个人，另有北京市接诉即办工作先进个人、北京市“人民满意的公务员”、第十三批“首都市民学习之星”、全国行政执法先进个人等各1人，巩固深化强转树专项行动表现突出单位1个。根据市城管委、市委编办、市司法局联合印发的《关于加强北京市基层综合行政执法队伍建设的意见》，牵头草拟《关于加强北京市朝阳区基层综合行政执法队伍建设的意见》，明确建强执法队伍、提升执法水平、强化保障支撑三个方面10项主要任务。（王赢林）

【执法规范化建设】 年内，区城管执法局持续强化执法规范化建设。优化“朝阳城管”企业号、“朝阳城事”公众号双阵地，内外有别开展普法宣传，以朝阳城管教育培训平台为依托开展专题培训；研究修订街乡千分制考核办法，重新修订《行政执法公示实施细则》《执法全过程记录实施细则》《重大行政执法决定法制审核实施细则》三项制度。开展法治层级培训12期，组织线上旁听行政诉讼案13期，制发各类法制指导性文件91件；在全区城管综合执法系统开展行为规范、执法风纪检查，执法规范检查5轮224队次，检查执法人员1023人次、执法车辆248辆次、执法案卷254卷、全过程记录47组。（王赢林）

智慧城市管理

【概况】 北京市朝阳区城市管理指挥中心（简称“区城管指挥中心”）。2022年，受理12345市民服务热线诉求1335183件，比上年增长74.28%，诉求量占全市16区的19.81%，高于2020年（17.65%）、2021年（17.25%），位于全市诉求量第一位。其中，直派诉求456623件，占比34.20%，转派诉求878560件，占比65.80%，月均综合得分94.16分，全市排名第14。全区诉求办理响应率99.91%，解决率93%，满意率93.36%。

【“接诉即办”系统平台功能完善】 年内，朝阳区“接诉即办”系统平台新增多个重点功能模块：新增“办件人”与“专业擂台”模块，从诉求处置角度实现各办理部门办件情况统计；新增“考核预警钟”模块，结合区回访结果与处置申报情况为各部门提供预警提示；新增“短信回访”功能，提升回访工作准确性和时效性；完善核心平台自动派单功能，提高系统自动化程度；升级改造网格系统及“城管通”App，为区网格化工作打牢数据基础；新增不纳入申报系统，定制化满足区级实际不纳入申报业务需求；新增原始解决率数据分析模块，厘清底数、辅助办理；新增手机端领导批办功能，提升各部门领导批示诉求的便捷性。

【“热线+网格”融合发展】 年内，区城管指挥中心完善“热线+网格”融合发展工作模式，发挥12345市民服务热线和网格化城市管理平台互补作用，实现网格化系统平台和“接诉即办”系统平台的双派遣、双督办。“接诉即办”系统平台对接纳入网格化系统平台案件40000余件，双平台督办案件4000余件，解决30000余件。

【落实“每月一题”工作】 年内，朝阳区聚焦群众普遍反映的突出问题和社会关注度高的热点、难点问题，各分管区领导统筹安排，形成各区级部门、街乡共同抓好落实协同联动机制。月平均发案量5650件，低于2021年平均发案量，平均解决率88.42%、满意率91.28%。同时，“每月一题”工作机制延伸到43个街乡，促进街乡加强对自身问题的深入研究和主动处置，实现每月解决一个重难点区域性问题，街乡“每月一题”问题解决率95%。

【“七有”“五性”监测评价】 年内，朝阳区12345市民服务热线“七有”“五性”诉求“三率”（响应率、解决率、满意率）考核成绩综合得分93.31分，在全市16区排第14名。其中，“七有”综合得分为90.24分（幼有所育78.83分、学有所教93.23分、劳有所得92.09分、病有所医91.78分、老有所养90.95分、住有所居83.71分、弱有所扶90.90分）；“五性”综合得分93.51分（便利性91.16分、宜居性87.76分、安全性96.35分、公正性89.20分、多样性97.37分）。（张　波）

交通运输管理

【概况】 北京市朝阳区交通委员会（简称“区交通委”）是区政府工作部门。2022年，实现17条道路基本建成，全长14.2千米，协调推进6处疏堵工程。完成9所学校及3所医院周边交通整治。完成养护大修道路9条，面积12.7万平方米，步道2.7万平方米；中小修170条，面积22.2万平方米，步道3.8万平方米；维修沥青路面约3.61万平方米，步道3.45万平方米；复划交通标线8.01千米；更换损坏标志牌68面。在4个街乡63条道路5975个车位设置高位视频设备和必要交通设施。会同属地朝阳停车公司挖掘边角空地在康居中街、垡头北里等地新增停车位2000余个。北京市公安局公安交通管理局朝阳交通支队（简称“朝阳交通支队”）对朝阳区道路交通依法实施管理。下属有呼家楼、高速路、东外、亚运村、劲松、双桥、机场7个大队。接警324597起，其中交通事故162841起，交通拥堵5406起，反映156350起。开展夜查酒驾专项行动341次，查获酒后驾车违法行为637起，比上年下降76.5%；醉酒拘留465人，行政拘留549人，其中逃逸拘留53人、涉牌拘留199人、非司机拘留165人、准驾不符123人、二次饮酒拘留30人，酒后驾驶营运车辆拘留6人。现场执法50.4万起，非现场执法624.1万起。现场处罚违法停车3041起，比上年下降54.6%；闯红灯违法行为1018起，比上年下降28%；涉牌（12分）违法237起，比上年下降18.56%；扣车6766辆，比上年下降45.2%；处罚货车违法行为7.1万起，比上年下降29%；处罚电动三四轮车2265起，机动车不礼让斑马线2628起，查扣超标电动车1643辆。管界发生交通事故109220起，比上年下降10.26%；伤624人，比上年下降23.3%；亡166人，比上年下降4.6%。交通事故快速处理108284起，占99.1%；一般程序处理1041起，占0.9%。组织开展各类交通安全宣教和培训活动1050场次，印发宣传材料30万余份，摆放宣传展板1500余块，悬挂各类横幅720余条，普法教育群众45万余人次。制定交通优化方案76个，全部实施。其中，路口交通调整39个，路段优化29个，增设、完善信号灯11个；排查问题1904处，全部实现立行立改；新建标志557个面，维护交通标志390面，拆除护栏0.4千米，机非护栏0.4千米。复划、施划交通标线71218.68平方米。北京市交通委员会朝阳运输管理分局（简称“市交通委朝阳运输管理分局”）为市交通委派出机构，负责朝阳区内道路运输管理工作。截至年底，辖区有地面公交企业2家，运营线路280条；公交枢纽2个，公交场站115个；出租汽车企业48家（不含个体车辆），其中网约车平台企业6家；省际客运站3家，道路客运企业17家；汽车租赁企业166户；货运企业1048家；维修企业758家；水运企业8家；汽车驾驶员培训学校4所。全年办理各行业事项20608件，协办市区各级部门录入各类事项647件，解答现场咨询及电话咨询2万余次，完成50个包车运力指标投放。上线新审批系统事项网办率97.1%。全年受理投诉1473件，办结1377件。市交通委朝阳运输管理分局获评“2022年北京冬奥会和冬残奥会北京市先进集体”称号，3人获2021年度交通系统调研报告评审一等奖。

（吴选辉　郭　峥　纪晓颖）

【“春节黄金周”首都机场交通运输安全服务保障】 1月至2月，春节前市交通委朝阳运输管理分局分管局长带队，会同交通运输综合执法十一支队对首都机场出租车调度站开展交通运输及疫情防控联合执法检查。“春节黄金周”期间，首都机场东西区出租汽车调度站运营出租汽车12698辆次，运送旅客21586人次；出租车调度中心利用圈车2703辆次，运送旅客4595人次；市内巴士运营1086辆次，运送旅客2148人次；免费摆渡车5辆次，运送旅客104人次。分局坚持首都机场地区24小时值班值守，每日对进港航班、出租车运力情况预判，调派运力保障运输服务。出动工作人员28人次，巡视巡查首都机场调度站、机场巴士停靠站，检查营运单位疫情防控工作，抽查出租车驾驶员疫情防控措施落实情况350辆次。（姚承志）

【北京冬奥会和冬残奥会开闭幕式观众运输保障】 1月24日至3月13日，市交通委朝阳运输管理分局出动保障人员45人次，5次参与观众运输现场保障工作，配合点位负责人开展现场

组织和协调，运送观众14506人次，完成保障任务。（袁明扬）

【进驻首汽约车平台】 2月5日，市交通委朝阳运输管理分局进驻首约科技（北京）有限公司首汽约车平台开展每日进驻工作至北京冬残奥会结束。为保障环内交通运输保障人员权益，畅通环内、环外联络机制，重点围绕环内人员的队伍维稳、薪资发放、突发事件处置等方面，督导首汽约车平台标准落细落实北京冬奥会和冬残奥会运输保障工作主体责任。进驻工作期间，首汽约车平台各项工作落实到位，进驻联络员信息报送机制完善，信息报送工作畅通，完成重点时段北京冬奥会和冬残奥会赛事和社会面的交通运输安全服务保障。（苏　尧）

【北京冬奥会和冬残奥会交通保障】 3月24日，区交通委完成北京冬奥会和冬残奥会交通保障工作。制定、复核交通运输路线114条；协调沟通11家奥运场馆、24家酒店之间人员运输；统筹闭环内车辆工作，规范行车秩序，派车43868辆次，运送735826人次；冬奥村东交通场站、冬奥村南交通场站、亚投行西交通场站、奥体中心交通场站和崔各庄交通场站，驻存车辆3000余辆；完成北京冬奥会和冬残奥会场馆交通疏导和停车管理保障任务岗位人员398名。（马卫国　张龙银）

【温榆河公园水域通航运营】 3月29日，温榆河公园水域正式通航运营。市交通委朝阳运输管理分局收到温榆河游船单位开航申请，经到现场检查勘验后，推动温榆河公园水域通航运营。（李　磊）

【“安全生产月”宣传活动】 6月16日，市交通委朝阳运输管理分局依照《朝阳分局安全生产月活动方案》要求，为减少人员聚集，组织全体工作人员及辖区企业从业人员2517人通过扫码北京应急官方微博和“抖音”App线上观看安全月专题节目。围绕安全生产月活动主题“遵守安全生产法，当好第一责任人”，督促区各行业企业开展宣传、培训、应急演练等系列活动。其中，6月24日朝阳公园开展消防应急和突发恶劣天气演练，6月30日奥林匹克森林公园开展游客落水、游船火灾、恶劣天气及游船故障应急演练。（朱　露）

【首都机场合规网约车运营管理联席会议】 7月13日，市交通委朝阳运输管理分局参加由首都机场股份公司公共区管理部组织的首都机场合规网约车运营工作联席会议。会上，各方沟通和讨论合规网约出租车待客发车区域的车辆进出、场地设置、车辆候客等情况。市交通委朝阳运输管理分局提出建议：参会各方要就旅客投诉、车辆运行、突发应急等情况建立信息共享机制。首都机场股份公司公共区管理部、交通执法总队十一支队、朝阳运输管理分局、首中静态交通发展公司相关负责人参加会议。（姚承志）

【配合打造环京城际一小时通勤圈】 7月25日，北三县（指的是地处北京市与天津市交界处的三个隶属于河北省廊坊市的县级行政区，包括三河市、大厂回族自治县、香河县）定制快巴开通运营。为服务环京地区人员通勤出行需求，打造环京城际一小时通勤圈，市交通委朝阳运输管理分局配合北三县至北京“京津冀定制快巴”班线筹建准备工作。行政审批完成3条班线35辆车的备案手续，指导辖区客运站完善进站管理制度，提升进站服务标准。（李沫函）

【“北京榜样·京城的哥”典型事迹活动】 7月，市交通委朝阳运输管理分局开展学习宣传辖区20名“北京榜样·京城的哥”典型事迹活动。通过颁发荣誉证书、荣誉奖章等方式，肯定“京城的哥”爱岗敬业、规范运营、亲情服务、热心公益表现和付出。组织辖区出租汽车从业人员学习先进、文明服务、以乘客为本，树立首都意识和责任意识，营造崇德向善、见贤思齐、德行天下的文明风尚。（苏　尧）

【水上交通安全知识进校园】 8月23日，市交通委朝阳运输管理分局海事执法人员到高碑店地区（乡）水南庄社区，对中小学生开展以“水上平安交通、安全伴我成长”为主题的水上交通安全知识宣传教育活动。讲解乘船时注意事项、水上遇险处置方法、意外落水如何自救等知识，现场演示救生衣、救生圈等器材的使用方法，40名中小学生参加。（李　磊）

【新增包车客运车辆包车二维码印制发放】 8月，根据《北京市交通委员会关于启用“北京市包车客运二维码”的通知》要求，市交通委朝阳运输管理分局对新增的152辆包车客运车辆印制发放包车二维码，并督促指导企业根据不同车型张贴二维码至规定位置。（袁明扬）

【文明城区创建迎检】 8月，区交通委联合相关单位梳理排查涉及迎检范围内的道路、路口及重点大街，维修沥青路面36126平方米，步道34455平方米；交通标线复划80129米；更换损坏标志牌68面。对照《2022年朝阳区迎接全国文明城区测评责任清单》要求，完成56个交通路口、3个交通场站周边的静态交通秩序、道路及交通设施、文明宣传等整改。（马卫国）

【北京朝阳站地区党建工作协调委员会成立大会】 9月23日，市重点站区管理委员会北京朝阳站地区管理办公室牵头组建的北京朝阳站地区党建工作协调委员会成立大会在北京朝阳站召开，市交通委朝阳运输管理分局、区城管委、区交通委、东风乡政府、平房乡政府、国铁朝阳站作为成员单位参加，分局分管党建工作领导代表分局参加。与会单位交流如何用好党建工作协调机制、党建如何引领站区综合治理，并一致认为，党建工作协调委员会是推动各单位党组织横向联系、党建引领站区治理、深化共建共商共治共享的合作平台，是实现资源共享、优势互补、互惠互利、简约高效的议事协调机制。（郑　璇）

【消防安全攻坚专项行动】 9月至10月，市交通委朝阳运输管理分局按照市交通委《关于印发本市交通行业“喜迎二十大　全力保平安”消防安全攻坚行动方案》要求，制定落实方案和重大会议期间公休日安全保障巡查计划，开展公休日督查检查，对党的二十大会场、住地周边500米区域交通运输企业，采用领导带队、联合检查、“四不两直”（不发通知、不打招呼、不听汇报、不用陪同、直奔基层、直插现场）、“双随机、一公开”（指在监管过程中，对检查对象进行随机抽取，随机选派执法检查人员，并公开抽查情况及查处结果的一种监管模式）等方式开展消防安全排查检查，出动执法人员880人次，检查企业372家次，排查整治问题6起，未发生火灾事故。（朱　露）

【美团网约车（北京）司机流动党员党支部成立】 10月28日，辖区美团网约车平台召开司机流动党员党支部成立大会。市交通委党组成员、副主任容军出席大会并讲话。市交通委朝阳运输管理分局主要领导和市委组织部、市委互联网企业工委、委机关党委、委出租（租赁）汽车管理处、市公安局公共交通安全保卫总队相关领导出席大会。美团网约车平台上级党组织负责人员宣读司机流动党员党支部成立批复，介绍流动党支部的相关情况。活动现场，市委组织部领导和市交通委领导为党支部和党员先锋车队授旗。（苏　尧）

【亮马河二期航线通航】 10月，亮马河二期航线正式通航。二期航线长约4千米，始于朝阳公园湖，终点红领巾湖。延长后航线总长5.8千米，途经朝阳公园、郡王府水闸和红领巾公园。亮马河航线在市交通委水运处协调区水务局、市交通综合执法总队五支队等部门多次现场勘验，依照法规要求完成航线改造。（李　磊）

【党的二十大交通服务保障任务】 10月，区交通委牵头交通保障组制定《中国共产党第二十次全国代表大会朝阳区交通保障工作组工作实施方案》及《应急预案》；成立区交通保障工作领导小组，主要负责会议住地及行车路线周边道路整治工作；协助交通管理部门完成会议住地和活动场所车辆调度工作等。（张龙银）

【通久路工程完工】 11月10日，通久路工程完工。工程起点为大红门地区十一号路，终点为成寿寺路，全长5.83千米，横跨丰台、大兴及朝阳三区，为城市主干路，红线宽度50～70米，机动车道为“三上三下”，设计时速60千米/小时，两侧设置非机动车道和人行道，同步完成雨水、泵站、照明、绿化等配套设施。（马卫国）

【电子城西区北扩规划八路竣工】 11月30日，电子城西区北扩规划八路竣工，包括道路主体及路灯建设（长度1.15千米，红线宽30～40米）。道路规划等级为城市次干路，南起来广营中街，北至香江北路，道路全长约1.8千米，红线宽30～50米。建设主体为宝嘉恒公司。（马卫国）

【“宪法宣传周”普法活动】 12月4日至10日，市交通委朝阳运输管理分局开展主题为“学习宣传贯彻党的二十大精神，推动全面贯彻实施宪法”的宪法宣传周普法活动。分局在运政大厅等候区张贴“12·4”主题宣传海报，悬挂标语条幅；通过运政窗口视频循环滚动播放宪法主题宣传片，对前来办理业务的辖区交通运输经营者进行宪法宣传；通过“北京朝阳运管”公众号进行宪法日专题普法宣传；组织职工知识竞答。（李沫函）

【大羊坊路开工】 12月30日，大羊坊路开工建设。大羊坊路位于十八里店地区（乡），北起东三环南路，向东南至东五环南路，规划等级为城市主干路，道路长度6.76千米，红线宽45米。建设主体为市公联公司。该项目是为地铁17号线提供交通接驳服务。（马卫国）

【东坝南二街建成通车】 12月31日，东坝南二街建成通车。东坝南二街西起星火西路，东至东五环路，规划等级为城市主干路，建设主体为市公联公司。（马卫国）

【航研所东路建成通车】 12月31日，航研所东路建成通车。航研所东路北起幺家店路，南至朝阳北路，道路等级为城市次干路，全长1.08千米，设计车速40千米每小时。沿线随道路工程一同修建雨水方沟及管道工程，包括电力、交通信号设施、燃气、上水及中水拆改移，建设主体为市公联公司。（马卫国）

【王化路、双桥东路等21条道路开工建设】 年内，王化路、双桥东路等21条道路开工建设，其中主干路1条、次干路8条、支路12条，总长13.8千米。（陈　洋）

【驹子房路、航研所东路等17条道路建设完成】 年内，驹子房路、航研所东路等17条道路完成建设，其中主干路4条、次干路7条、支路6条，总长14.2千米。朝阳区规划道路总里程2345.7千米，实现规划道路里程1299千米，完成55.4%。（陈　洋）

【桥下空间治理】 年内，区交通委配合市交通委完成184处桥下空间整治任务。制定《朝阳区2022年桥下空间整治工作方案》，协调各街乡开展上账、整治、销账工作，对桥下空间车辆无序停放、垃圾杂物乱堆乱放等问题进行整治。督促使用单位按照“八有、八无”（有值班制度、有环境卫生责任制度、有日常巡查检查制度、有应急预案及突发事件处置制度、有消防器材、有桥梁保护设施措施、有监控设备、有公示牌；无损坏桥梁设施行为，无侵占道路通行空间，无燃气、明火和大功率电器使用，无废旧机械存放，无车辆乱停乱放，无垃圾杂物乱堆乱放，无栏杆缺损、锈蚀、脏污，无违规侵占）标准整治桥下空间，并依据市级核验标准对相关点位完成销账。（马卫国）

【望京区域综合交通治理】 年内，区交通委通过使用交通组织优化（包括路口优化改造、独立非机动车道改造）、智能交通（电子警察系统、交通流量采集、智能交通信号控制系统，可变导向车道）应用等手段，打造慢行示范区，保障非机动车独立路权，推进望京区域交通综合治理，完成核心区及大外环建设。（马卫国）

【地下空洞检测】 年内，区交通委为提升城市精细化管理水平，预防因管线泄漏、雨水冲刷、地基沉降等不确定因素导致的道路塌陷，消除道路安全隐患，组织开展区属道路地下空洞检测工作。分析区属道路状况，对接区道路养护中心，研判梳理医院、使馆、商业区周边重点道路，对29条区属道路地下空洞开展检测，实际检测总里程约278.8千米（检测范围包含机动车道、非机动车道和人行步道）。发现土体病害区域31处，其中6处轻微疏松、21处中等疏松、1处脱空、3处空洞。对重点出现病害道路及时修复，对其余道路给出巡查建议，出具病害信息卡，完成《2022年朝阳区区属道路地下空洞检测报告》编制。（马卫国）

【道路防汛排查】 年内，区交通委针对年度汛期降雨特点，制定防汛预案；开展防汛演练和防汛应急抢险演练，对抽水泵、动力站等30余台机械设备进行保养。完善与市排水集团、区气象局对接机制，做好雨后信息上报；储备防汛力量，组织防汛备勤39次，出动巡查人员800人次，指挥及抢险人员2002人次，巡查车400辆次，工程车等383辆次，排水泵31台次，排水单元2台次。安全度过6月12日、6月26日、6月28日、7月2日至3日等较大汛期降水天气。（马卫国）

【区级疏堵工程】 年内，市交通委推进雅宝路等6处疏堵工程建设工作，完成三丰路、秀水河胡同改造。工程建设主要包括修缮机动车道、完善人行步道及盲道、完善交通标线。（马卫国）

【慢行系统品质提升】 年内，市交通委开展保障自行车路权工作，包括完成10千米自行车道拓宽、10千米自行车道增设和29千米优先标识设置。（马卫国）

【京密路开工】 年内，京密路工程开工，工程由北京市首都公路发展集团有限公司承建，截至年底，实现进地率83%，树木伐移完成96%，完成总体进度17.8%。（马卫国）

【路侧停车设施建设】 年内，区交通委会同朝阳停车公司在朝外、建外区域的神路街、日坛东路等10余条道路增设近400个高点视频路侧停车泊位，在潘家园、双井、劲松地区增设1700余个高点视频路侧停车泊位，涉及区属道路17条（18个路段），包括光华北一街、百子湾南一路等路段。采用移动视频设备和设置必要的交通设施实现南磨房、垡头、来广营等地区50余条道路5000余个路侧停车电子收费。（张龙银）

【共享单车管理】 年内，区交通委协调安装轨道交通站点电子围栏26个。召开共享单车专题会和拉练，要求各互联网租赁自行车企业落实车辆停车管理主体责任，加强互联网租赁自行车停放秩序管理。（张龙银）

【交通特勤警卫任务完成】 年内，朝阳交通支队完成各项交通特勤警卫任务1779次，其中一级勤务187次、二级勤务236次、三级勤务1356次；出动警力29452人次。（郭 峥）

【源头监管宣传】 年内，朝阳交通支队重点开展减压交通死亡事故工作。走访、检查单位11357家，对1552家单位采取责令限期改正执法措施，对1033家单位采取禁止机动车上路行驶的执法措施，对40家单位实施1万至2万元的罚款处罚，罚款46万元。排查出交通安全事故隐患3处，治理完成。122交通安全日举办以“守法规知礼让、安全文明出行”为主题交通安全宣传活动25场次。组织开展各类交通安全宣教和培训活动1050场次，印发宣传材料30万余份，摆放宣传展板1500余块，悬挂各类横幅720余条，教育群众45万余人次。（郭 峥）

【接处警工作建设】 年内，朝阳交通支队制定专项工作方案，召开部署会4次，做到思想发动、职责任务、措施要求、业务培训全员覆盖；完成18个处警席位、25台硬件设备升级储备及97名接警岗位人员和521名处警民警人员信息维护工作；围绕系统操作使用和纪律要求培训练兵，开展专题培训15次；开展岗位实测，对联勤工作指挥体系、衔接配合、走勤模式、纪律要求等内容反复会商测试。接各类“122”报警324597次，比上年下降15.1%。其中交通事故报警162841次，比上年下降11.5%；交通拥堵报警5406次，比上年下降31.2%；重复报警率3.7%，比上年大幅下降。（郭 峥）

【执勤执法规范】 年内，朝阳交通支队开展抽查执法记录仪50次、案卷评查15次，发放执法提示单24件；检查货车、电动三轮四轮车、非机动车及行人违法记录19523笔；查处凑数执法问题1309件，核查行政强制措施12582件，核查率100%；涉酒强制措施核查807件，核查率100%。涉及敏感案件，主要领导专项督办。接待群众行政复议立案1047起；行政诉讼案件出庭应诉24次；审理行政拘留案卷549宗；审理危险驾驶刑事案卷465宗；办理国家赔偿案件122宗，赔偿27184元。（郭 峥）

【非现场执法】年内，朝阳交通支队非现场执法625万笔。处罚货车禁限54.71万笔、摩托车禁行10.73万笔、违法停车49.36万笔、非礼让3.75万笔、专属时段占用公交车道47.65万笔、分心驾驶4.65万笔、占用应急车道13.88万笔、不按车道行驶22.39万笔。（郭　峥）

【信号配时巡视调整】年内，朝阳交通支队完成主干道、放射线及通勤走廊重点路口、立交桥下、交通节点的配时调优，每处路口全天不低于10套配时方案。制定实施全年干线协调方案。推进全息路口监测流量应用于信号控制及信号控制平台支队级应用。巡视路口3400余处次，调整路口配时1100余处次，会同各大队答复“12345”等问题480次。（郭　峥）

【非现场执法设备覆盖率提高】年内，朝阳交通支队完成合生汇、SKP、三里屯3处重点商业区和22所学校医院交通工程项目等区交通委投资建设项目，高位停车违停赋能四期共享接入项目，东坝驹子房、南湖西园南路等4同步道路交通工程，工体西路、建外违停等街道538套自建设备的建设和调试。公示启用自建非现场执法设备478套，协助市交管局科信处启用非现场执法设备191套。（郭　峥）

【违法停车新规系统升级及信息录入】年内，朝阳交通支队依照公安部交管局推出的违法停车抓拍短信提示新举措，配合市交管局科信处对区政府投资建设的1500余套自动违法停车抓拍专用及赋能设备依照新规全面升级。结合短信提示新规，组织开发新版违法停车抓拍软件，全面优化抓拍流程和操作，简化抓拍人员工作，提升工作效率。按照警种融合执法工作部署，完成集成指挥平台朝阳分局派出所2412名民警、219名支队警辅的用户信息备案。（郭　峥）

【区域交通组织优化】年内，朝阳交通支队推进完成建外区域交通治理，优化道路交通组织，区域内形成微循环，提升交通通行能力。完善交通设施，增设科技执法设备6处，补齐现场执法管理空挡，完成7处大型路口“右转必停”交通组织优化，完善减速震视觉减速线、反光道钉等交通安全设施；完成12所试点医院、学校周边交通综合治理工作，实现试点医院、学校周边交通秩序改善；配合区交通委推动望京区域交通综合治理项目核心区开工，调整交通组织，完善标志标线，改善停车秩序，加强科技管理；完成亚奥区域道路交通调研，形成亚奥区域治理方案，优化交通组织，打通“断头路”，提升慢行系统连续性。（郭　峥）

【反恐宣传及维稳】年内，市交通委朝阳运输管理分局通过开展反恐宣传活动、“双随机”检查、专项联合检查等方式开展辖区交通运输行业反恐工作。对单位内部和辖区运输企业开展反恐宣传教育，包括宣传月、入户检查、有奖知识竞答、LED显示屏、张贴海报等方式。开展党的二十大安保反恐防范专项检查。党的二十大期间，出动执法人员2306人次，检查企业1153家次，对“两客一危”（指从事旅游的包车、三类以上的班线客车和运输危险化学品、烟花爆竹、民用爆炸物品的道路专用车辆）行业，重点检查企业卫星定位系统上线率、轨迹完整率是否达到政策要求，督促企业履行反恐怖主义法定义务，主动配合公安机关工作，遇有危险化学品丢失、被盗抢等情况及时处理并向公安机关报告。（朱　露）

【首都机场路侧交通运输情况】年内，首都机场出租汽车调度站运营出租车125.6万辆次，运送旅客213.5万人次；网约车运营191.4万辆次，运送旅客325.4万人次；机场市内巴士运营3.61万班次，运送旅客10.84万人次；朝阳运输管理分局采取Ⅲ级圈车应急保障处置484次，圈车数量15.03万辆次，运输旅客25.5万人次；采取Ⅱ级调车应急保障处置3次，调车数量135辆次，运输旅客230人次；发送至东直门、三元桥免费摆渡车33辆次，运送旅客850人次。（姚承志）

【“我为群众办实事”活动】年内，市交通委朝阳运输管理分局打造“情满运政，一路朝阳”的运政大厅党建服务品牌，制作发放便民服务卡，在运政大厅办事窗口设立党员先锋岗、学雷锋志愿服务岗等，依托“北京交通智能政务网上办事平台”，实现“不见面审批”，减少办事人员聚集。优化网约车建档发证勘验程序，对接市公安局公共交通安全保卫总队，将网约车建档发证勘验工作的“一验”与“二验”精简为同步完成，缩短网约车建档发证勘验程序的办理周期，网约车建档发证联合勘验45次，勘验车辆1034辆。优化驾培行业营商环境，解决辖区驾培机构改制遗留办公用小客车登记相关问题，对辖区涉及非营运小客车转让业务的驾培机构情况进行摸底，指导相关单位规范填写申请材料，审核合格递交材料至市交通委驾培处，辖区2家企业的23辆非营运小客车完成转让登记工作。（纪晓颖）

市容环境管理

【概况】2022年，北京市朝阳区城市管理委员会（简称“区城市管理委”）[加挂北京市朝阳区城乡环境建设管理委员会办公室（简称“区环境建设办”）牌子]围绕北京冬奥会、党的二十大和全国两会等重大活动开展市容环境服务保障，组建专班统筹推进完成各项服务保障。完成125条背街小巷全面整治提升，亮马河滨河路获评十大“北京最美街巷”；完成京沈客专沿线及北京朝阳站周边环境提升工程，启动北京朝阳站周边环境整治二期工程；完成351处非施工围挡规范治理、280处公共服务设施规范治理；完善小巷管家工作激励机制，1668名街巷长、1.6万余小巷管家参与街巷环境管理工作，解决曝光问题10万余个。

【非施工围挡规范治理】 3月，区城市管理委印发《2022年朝阳区“疏解整治促提升”专项行动非施工围挡规范治理工作方案》。年内，建立工作台账，及时动态销账，完成全区351处非施工围挡规范治理，治理总量名列全市第一。

【北京朝阳站周边环境整治】 6月，区城市管理委完成京沈客专沿线及北京朝阳站周边环境提升工程，平整场地29.3万平方米、绿化美化20.9万平方米、整修道路5600余平方米，北京朝阳站周边环境明显提升。7月，启动北京朝阳站周边环境整治二期（疏散道路沿线）工程，逐步推动驼房营路、将台洼西路、星火西路等“五横六纵”主要疏散路网沿线环境提升。

【地铁口周边环境综合整治】 7月，区城市管理委启动新一轮地铁站口环境专项整治工作，印发《朝阳区地铁站口周边第三轮环境专项整治工作方案》。年内，在前两轮地铁站口整治基础上，进一步开展问题摸排，采取分级管理的方式，推动问题治理，持续改善地铁站口周边市容环境，解决环境卫生、共享单车及机动车乱停放等难点问题。

【环境综合整治“百日行动”】 7月，区城市管理委印发《2022年朝阳区环境综合整治“百日行动”工作方案》。年内，结合年度重点环境建设任务，持续深化文明城区创建、疏解整治促提升等重要工作，重点站区及铁路沿线累计保洁60余万平方米，清理堆物堆料271处、暴露垃圾2000余吨，“门前三包”问题整改1328个，检查施工现场270项次，责令整改132项次。

【公共服务设施规范治理】 年内，区城市管理委开展六类公共服务设施规范治理专项行动，治理交通护栏、阻车桩、棚亭柜、标识牌、宣传栏、设备箱六类设施，解决群众反映强烈的阻碍安全通行、外观不洁、设置不规范、与周边环境不协调等问题，治理六类公服设施280处，完成全区盲道占压整治，净化城市道路空间。

【“门前三包”精细化管理模式】 年内，区城市管理委推进“门前三包”信息化管理平台与朝阳城市大脑、城管执法平台、“朝阳群众管城市”平台数据对接与融合的精细化管理模式，完成系统移动端和PC端开发建设和责任单位信息采集，累计采集“门前三包”责任单位信息2.3万余家，实行二维码“一码联动”，上报示范街区10条。

【重大活动环境保障】 年内，区城市管理委完成北京冬奥会和冬残奥会、党的二十大和全国两会等重大活动，及春节、国庆节等重大节日期间环境保障。落实城市运行安全、环境综合整治“百日行动”，消除各类隐患1400余处；落实景观布置，北京冬奥会保障期间奥林匹克、大望京、CBD等主题灯光秀持续播放，71处广告点位设置冬奥元素画面，二十大保障期间延续国庆景观布置，装饰中国结、灯笼灯饰等；北京冬奥会保障期间开展水、电、气、热、无障碍运行“赛前全要素消隐、赛时全覆盖巡查”，清运垃圾4578吨，粪便2576吨，闭环内外废弃物疫情传播链“0”感染，赛事期间检查整改问题21.98万起，城市运行零事故；组织开展环境综合检查、环卫专项巡查、城管执法巡查。

【背街小巷环境精细化整治提升】 年内，区城市管理委印发《朝阳区2022年背街小巷环境精细化整治提升工作实施方案》。完成125条背街小巷整治工作，拆除违建1671平方米，整修、粉饰外立面124平方米，清理堆物堆料26.87吨，整修地面543平方米，梳理通信架空线2105米，规范公共服务设施62件，施划停车位54个等。对每月市级“12345”热线关于背街小巷环境问题加强整治力度，办结背街小巷环境问题1041件。通过全面加强基础建设常态管理维护，深化环境卫生、环境秩序等日常管理，背街小巷环境精细化整治提升三年行动收官。由北京市城市管理委员会、首都精神文明建设委员会办公室、北京市规划和自然资源委员会、北京日报社等单位联合发起的“北京最美街巷”评选活动中，亮马河滨河路被评为十大“北京最美街巷”。

【街巷环境管理】 年内，区城市管理委依托“朝阳群众管城市”公众号推进街巷环境共治共享，完善小巷管家工作激励机制，拟定《朝阳区小巷管家积分奖励办法（试行）》《朝阳区小巷管家积分奖励方案》《朝阳区小巷管家奖励资金管理办法》，公众号吸引力持续增强，1668名街巷长、1.6万余小巷管家参与街巷环境管理工作，解决曝光问题10万余个，持续发挥共治作用。

（张文倩）

园林绿化

【概况】 2022年，北京市朝阳区园林绿化局（朝阳区绿化委员会办公室）完成市级下达朝阳区“留白增绿”复绿任务60公顷，占比106.89%。完成新一轮百万亩造林绿化5015亩。加强资源常态化监管，依法依规完成多规合一项目园林方案初审和会商件78件，组织报送市局审核并取得市局相关批复的项目方案9件。提高建成区公园绿地500米服务半径覆盖率，推动公园绿地提质增效，实施地块绿化美化6处、全龄友好型公园4个、屋顶绿化建设6处。建成9.5千米朝阳北部绿道示范段，25.5千米北部绿道二期（望京环—朝阳站段）初步实现主线路由贯通。完成重大活动环境保障任务，在北京冬奥会和冬残奥会、党的二十大、服贸会期间对区重点区域布置景观，栽植乔灌木7466株，铺设有机覆盖物3520平方米。党的二十大期间重点位置摆放4个立体花坛，使用花卉约36万株（盆、穴）烘托会期氛围。4个专业绿化队的2400余名养护作业人员加强重点区域、重点路段的绿地环境治理，补植地被及宿根花卉面积近2万平方米。

在全区26条重点路段实施常态化花卉布置，栽植花卉22.63万株。在全区主要大街及重点道路隔离带内架设防寒挡盐设施约4.11万延米，以减少植物补植量。开展居住区绿地管护问题专项整治行动，采用园林绿化废弃物腐熟堆肥改良土壤，修剪环路月季1.1万余株，补植4.3万余株。加大公园绿地开放力度，以元大都城垣遗址公园和庆丰公园为试点，加快推进首批52处城市公园开放管理，开放公园43处，开放公园总面积867.69公顷，拆除公园围栏36302延米。配合市园林绿化局开展组织编制公园管理服务质量标准和公园管理服务概算定额标准，亮马河公园上报市园林绿化局进行综合公园1级的认定；落实局属公园养护及保洁管理工作，对朝阳区32处公园的路灯更换及新增2130盏。开展全区城镇绿地各季度养护综合检查和平原生态林2次综合检查，配合市园林绿化局完成市级养护管理综合检查。落实平原生态林经营管理工作，在8个地区（乡）组织开展林分结构调整133.33公顷，完成生物多样性保育小区建设3处，建成小微湿地7处，村头片林改造5处，生态林林下补植栓皮栎25000株，推进崔各庄和黑庄户地区（乡）2个市级示范性集体林场建设项目，有序、规范地探索发展林下经济26.27公顷，引入自主研发的“朝阳区平原生态林检查项目”系统，及时发现问题；联防联动做好杨柳飞絮治理，区级检查组巡视巡查面积约3000万平方米，对全区重点区域及人员密集场所的约8万株杨柳雌株实施打药抑花，整形修剪树木9000余株，高压喷水80万株，累计湿化面积约4400公顷。开展批后监督检查、专项检查及验收，项目验收169次，施工现场巡查检查482次。在24个街道新设立256个美国白蛾监测点。完成国家林业和草原局机关、国家开发银行和区四套班子植树活动的组织协调和服务保障工作，植树面积近40公顷，栽植17000余株。开展林草湿园数据与国土三调数据对接融合，完成3086块差异图斑的调查核实。办理林（绿）地审核审批113件，涉及面积59.48公顷；林（树）木移伐审核审批591件758272株。市级下达朝阳区“揭网见绿”2022年度任务1189公顷，提前超额完成任务，占全市总任务量的1/6，居全市第一。编制《北京市朝阳区2022年“疏解整治促提升”专项行动揭网见绿工作方案》。完成朝阳区森林防火视频监控设施项目建设，全区林地视频监控覆盖率达到85%。开展查处违规用火行为专项行动，在2021—2022年森林防火期，全区累计投入森林防火巡查检查36408人次，检查7644次，车辆4688辆次。定期对8家野生动物驯养繁殖单位检查。朝阳区委区政府将创森工作纳入《区委区政府2022年工作重点任务书》。举办区级创森大会；邀请创森领域专家对全区相关单位就森林城市建设任务培训，在国家级杂志《国土绿化》发表朝阳创森专题文章“朝阳区在创森中展现新作为”。《国家森林城市测评体系操作手册》34项考核指标均已达标。经查全区森林督查变化图斑107个，有审批地块47块，无变化3块，国土三调及林地变更“一张图”都不为林地的14块，国土新进林地29块，疑似违法违规图斑14个。年内，朝阳区创建首都绿化美化花园式社区8个，首都绿化美化花园式单位10家，森林村庄1个，全部做好市级验收准备。依托区内4家互联网+义务植树基地调动全区街乡通过8大类37种尽责形式开展群众植树活动百余场。（魏冬梅）

【平原生态林重点工作会】 3月8日，区园林绿化局组织召开2022年朝阳区平原生态林重点工作部署及培训会。会上，重点解读《北京市朝阳区园林绿化局关于做好2022年朝阳区平原生态林经营管护重点工作的通知》；邀请高级工程师培训平原生态林森林经营方案和林分结构调整，重点讲解森林经营方案及年度作业设计编制等内容，强调林分结构调整的技术措施及规范办理移伐手续。各地区（乡）主管绿化领导及农服中心负责人约50人参加会议。（黄 珊）

【食用林产品检查】 3月至11月，区园林绿化局检查辖区内食用林产品企业11家，出动人员100人次，排查检查主体60家次。聘请专业机构开展辖区内果园土壤抽样工作，检测项目涵盖pH值、有效磷、速效钾、有机质等，抽取样品18批次，完成樱桃、苹果、枣、葡萄等果品检测，检测合格率100%。（蔡继红）

【杨柳飞絮治理】 4月30日至5月2日，全区43个街乡、45个注册公园、

▲ 2022年，区园林绿化局开展杨柳絮巡查治理工作，出动作业人员600余人次，完成高压喷水6万余株，地面湿化约40万平方米，飞絮清扫约45万平方米。图为4月30日至5月2日，杨柳飞絮治理作业（齐 红 摄）

4个专业队及相关社会单位每日开展不间断巡查，巡查发现的问题要求30分钟内到达现场实施防治，出动巡查人员450余人次，巡视面积约60万平方米，出动作业人员600余人次，各类作业车辆300余次，完成高压喷水6万余株，湿化绿地林地及硬化道路面积4422万平方米，飞絮清扫约45万平方米。（黄　珊）

【“海棠花观赏期”安全保障】 4月，区园林绿化局为确保“海棠花观赏期”公园的安全，保持公园良好秩序，按照疫情防控要求，减少人员聚集，阻断疫情传播，公园提前制定安全预案。利用公园内宣传栏等设备，提醒游客做好自身防护，不聚集、不扎堆、不接触野生动物等；出入口安排值班人员看守，扫码、测温，做到“入园必测”，门区设施定期消毒等工作，拒绝不戴口罩者入园；通过公园人流量监控设备实时掌握园内游客数量，按照应急预案加强引导，必要时采取限流等措施。（赖兴友）

【森林火灾隐患排查整治和违规用火行动】 5月20日，区园林绿化局开展森林火灾隐患排查整治和查处违规用火行为专项行动，派出检查组228组、1455人次，排查火灾隐患74处，整改火灾隐患74处，发放整改通知书35份，建立火灾隐患排查整治台账13个，教育林地内吸烟人员436人次、教育野外烧烤人员62人次、发放森林防火宣传品124人次。（张晋峰）

【支援南新园小区环境整治】 5月25日，区园林绿化局党委书记、局长王春增带队，副局长胡峭寒、绿化二队队长、大黄庄绿化队队长、北花园绿化队队长一同到南新园社区开展现场调度工作。区园林绿化局出动绿化作业人员543人次，车辆119辆次，各类养护作业设备91台，整治绿地面积106242平方米，清理绿地杂物96吨，修剪树木725株，修剪绿篱4721延米，修剪地被杂草42605平方米，栽植栾树及月季786株，栽植地被1500平方米，病虫害防治面积70242平方米，洗刷车辆305台。（黄　珊）

【审批服务优化】 5月，朝阳区林地审批及绿地树木资源类审批全部实现电子证照。6月，根据市园林绿化局《关于调整林木移植审批事项的通知》要求，区园林绿化局配合全市范围内的审批服务优化推进工作，取消原“林木移植批准”，将原“林木移植批准事项”服务内容整合至“林木采伐许可证核发”事项。（任宇晴）

【国庆期间环境保障】 9月20日，区园林绿化局安排4个专业作业单位，养护作业人员2600余人，对全区专业绿地开展国庆期间环境保障工作。对重点区域、重点路段绿地开展环境巡视检查，要求各养护单位领导带队、全员上岗，加强绿化养护管理，统计所辖范围问题，开展自查自改工作，切实达到“六无”标准。截至10月7日，出动巡查检查人员895人次，出动保障人员11900人次，养护车辆745辆次，清理绿地卫生62.2万平方米，补植乔灌木1740余株，完成草坪及其他地被补植约2020平方米。建立2支区级突击抢险队，处理全区绿地养护应急突发事件。（黄　珊）

【森林防火检查】 10月9日和19日，区园林绿化局副局长王文胜带领安全法制科、森林资源科（区林长办）和综合执法队相关工作人员，会同公安朝阳分局森林大队、区检察院第六检查部，分别到十八里店地区（乡）老君堂公园、小红门地区（乡）鸿博公园和来广营地区奥森公园，联合开展森林防火检查。（张晋峰）

【“市民花园节”活动】 10月24日，由首都绿化委员会办公室主办的“市民花园节”活动，在朝阳区“互联网+全民义务植树”基地（望和公园）举办。花园结合公园现有森林大篷车及沙坑，以森林大篷车、“义务植树”和“碳中和”宣传展板为背景，以可再生利用材料为主，传达资源再利用环保理念，打造童趣再生花园景观，响应“双碳”号召，倡导低碳、绿色、环保的生活理念。展示活动持续一周时间，入园游客均可参观。（董　鑫）

【治理美国白蛾】 年内，朝阳区组织重点时期、敏感节点、重点地区的美国白蛾防控，在24个街道新设立256个美国白蛾监测点。截至年底，美国白蛾发生面积950亩（63公顷），防治面积950亩（63公顷），实现第三代美国白蛾防治率100%。（张　磊）

【古树名木修复】 年内，朝阳区创建古树公园1处，占地1100平方米，专业技术复壮古树90株，涉及朝外、安贞等7个街乡属地。开展古树名木普法宣传活动，配合市园林绿化局完成对2021年新增纪念林现场核定任务。（刘　洋）

【互联网+全民义务植树】 年内，朝阳区“互联网+全民义务植树”基地（望和公园）接待市民义务植树尽责35场次1819人次，栽植树木830株，抚育山桃、接骨木、榆叶梅、樱花、连翘等苗木4324株，清扫绿地8200平方米，新增认养树木111株，发放《首都全民义务植树尽责证书》1110份，《国土绿化荣誉证书》150份。（董　鑫）

【林长制】 年内，区林长办以2022年1号、2号朝阳区总林长令的形式印发《2022年朝阳区林长制工作要点》和《关于全面做好美国白蛾防控工作的通知》，明确年度朝阳区林长制工作方向和重点任务。完成《朝阳区关于北京市第2号总林长令落实情况的报告》。结合林长制工作的开展情况，调整区级林长责任区域和名单，并且增设区检察院检察长为区级林长，夯实“林长制+检察”机制监督职能。全年全区开展区级林长巡林工作8次、街道（乡）级林长巡林工作5000余次、社区（村）级林长巡林工作3万余次。护林员巡林工作400万余次。市总林长与朝阳区总林长签订朝阳区2021年至2025年林长制目标责任书。到2025年，确保实现全区森林覆盖率24.8%；城市绿地面积16372.58公顷、城市绿化覆盖率达到48.2%；公园绿地500米服务半径覆盖率90.5%、人均公园绿地面积19平方米的共同目标。（任宇晴）

【创建国家森林城市】年内，区政府第5次常务会议、十三届区委常委会第23次会议部署朝阳区国家森林城市创建工作。4月，举办区级创森大会；6月，邀请创森领域专家对全区相关单位就森林城市建设任务进行培训；9月，在《国土绿化》发表朝阳创森专题文章《朝阳区在创森中展现新作为》。在温榆河公园、朝阳公园、奥森公园等17家公园安装创森主题广告193处，景观小品17处。开展创森宣传活动200余场，举办区级创森主题摄影作品征集、线上答题等线上活动，开展创森专题直播，线上观看11万人次。朝阳创森以《国家森林城市测评体系操作手册》34项考核指标为导向，所有指标均达标。为做好2023年国家林业和草原局的检查验收工作，调动全区各相关委办局及43个街乡开展资料自查验收工作。（张　珊）

【平原重点区域造林绿化工程】年内，朝阳区平原重点区域绿化工程项目地点涉及崔各庄、孙河、将台、金盏、平房、王四营、管庄、黑庄户、十八里店、小红门10个地区（乡）。工程内容包括绿化工程、庭院工程、灌溉工程及土方工程，涉及面积6130.9亩。（杨孟佳）

【林荫路工程完工】年内，区园林绿化局林荫路工程项目完工，工程项目位于豆各庄南一路，由北京市朝阳区园林绿化局立项，北京朝园弘园林绿化有限责任公司承建，北京中景恒基工程管理有限公司监理。林荫路建设实施了豆各庄南一路绿化，栽植乔木153株，灌木5390株，地被3401平方米。项目工程投资约109.13万元。（杨孟佳）

【规划编制】年内，区园林绿化局编制完成《北京市朝阳区“十四五”时期绿化发展规划》(以下简称《规划》)，为“十四五”期间科学推进大尺度绿化、均衡全区绿色空间布局、实现精细化管理等提供有力指导。《规划》回顾总结“十三五”时期朝阳区绿化发展的成绩和问题，提出“十四五”期间朝阳区园林绿化发展总体要求和主要任务及实施路径和保障措施，为朝阳区“十四五”期间园林绿化发展做出指引。（梁甜甜）

【野生动物保护】年内，区园林绿化局联合各街乡属地执法部门、市场监督管理部门、农业执法部门，对重点林地、固定市场、农村集贸市场、自发市场、候鸟为主的野生动物迁飞停歇地、迁飞通道、集群活动区等开展检查，涉及点位771处，出动执法人员1560人次，出动车辆622辆次，没收野生动物89只，制品1件。接收并办理举报线索47件，其中行政立案14件，接救助动物诉求75起，救助动物16只。截至年底，区园林绿化局在册陆生野生动物人工繁育单位8家，动物482只。（任宇晴）

【森林防火风险普查】年内，区园林绿化局以森林防火区划分和建立三级林长制责任体系为契机，指导各乡进一步健全森林防灭火长效机制，全面完成森林火灾风险普查，摸清森林火灾风险隐患底数，完成森林防火视频监控设施项目建设，全区林地视频监控覆盖率达到85%。开展查处违规用火行为专项行动，在2021—2022年森林防火期，朝阳区开展森林防火巡查7644次，投入36408人次、车辆4688辆次。（张晋峰）

【综合检查】年内，区园林绿化局开展全区城镇绿地各季度养护综合检查和平原生态林综合检查2次，配合市园林绿化局完成市级养护管理综合检查。在8个地区（乡）组织开展林分结构调整133.33公顷，完成生物多样性保育小区建设3处，建成小微湿地7处，村头片林改造5处，生态林林下补植栓皮栎25000株，推进崔各庄和黑庄户地区（乡）2个市级示范性集体林场建设项目，探索发展林下经济26.67公顷，引入自主研发的“朝阳区平原生态林检查项目”系统。（黄　珊）

【森林资源管理】年内，区园林绿化局使用林地审核审批，永久占用林地审核6件，涉及林地面积10.13公顷；永久占用林地审批11件，占用林地面积3.16公顷；临时占用林地审批7件，占用林地面积2.35公顷；修筑直接为林业生产经营服务的工程设施占用林地批准11件，占用林地面积13.48公顷；林地备案7件，占用林地面积6.54公顷。林木移伐审批，林木采伐170件，采伐林木16091株（其中含限伐区审核代市局发证许可11件，涉及采伐林木970株）；林木采挖移植231件，移植林木720794株。绿地及树木审核永久占用绿地27件，涉及绿地面积1.23公顷；临时占用绿地7件，占用绿地面积20.18公顷；审核砍伐树木许可6件，涉及树木2618株；审核移植树木许可10件，涉及树木16948株。绿地及树木移伐审批，审批临时占用绿地37件，涉及绿地面积2.41公顷；树木砍伐97件，砍伐树木398株；树木移植67件，移植树木882株。社会投资项目涉及审核审批许可10件，其中审核项目4件，涉及移植树木290株，砍伐树木95株；审批项目6件，涉及移植树木102株，砍伐树木54株。（任宇晴）

2022年朝阳区公园一览表

表6

序号	公园名称	公园地址	咨询电话
1	庆丰公园	朝阳区东三环中路厂坡村街甲2号	67780728
2	大望京公园	朝阳区望京东路甲6号	64725018
3	团结湖公园	朝阳区团结湖南里16号	85973603
4	朝阳区红领巾公园	朝阳区后八里庄5号	85839070
5	四得公园	朝阳区将台西路9号	64353759
6	北小河公园	朝阳区师家坟村156号	64708518
7	望和公园	朝阳区北四环东路77号	64755736
8	日坛公园	朝阳区日坛北路6号	85616301
9	元大都城垣（土城）遗址公园（朝阳段）	朝阳区安外小关街甲38号	84647381
10	奥林匹克森林公园	朝阳区科荟路33号	64529010
11	朝阳公园	朝阳区朝阳公园南路1号	65953490
12	紫檀休闲园	朝阳区紫檀博物馆东侧绿地	65719536
13	马家湾湿地公园	朝阳区大鲁店北路	85967551
14	八里桥公园	朝阳区瑞祥北街	65730788
15	丽都公园	朝阳区芳园西路6号	64360541
16	温榆河公园（朝阳）	朝阳区来广营北路与滨河路交叉路口南侧	21737733
17	金隅南湖公园	朝阳区阜通西大街20号	64795418
18	太阳宫花园	朝阳区太阳宫北街2号院	84299452
19	望湖公园	朝阳区望湖北路51号	52251098
20	立水桥公园	朝阳区明天第一城社区汤立路两侧	84848602
21	东一处公园	朝阳区重兴寺东路交叉口北200米	13241309388
22	华茂绿线休闲园	朝阳区立通路西侧	85967551
23	大屯阳光休闲园	朝阳区安立路68号	13260074405
24	昆泰休闲公园	朝阳区望京启阳路2号	85967551
25	小红门芳林园	朝阳区城外果园路	13241309388
26	会议中心休闲园	朝阳区来广营西路88号东侧	65719536
27	家乐福休闲园	朝阳区北四环东路与北四环东路出口北侧	13260074405
28	劲松百环休闲园	朝阳区武圣北路东侧绿地	85967551
29	利星行休闲园	朝阳区广顺南大街8号	85967551
30	绿影园	朝阳区大屯科学园南里中街南沙滩小区	13260074405
31	丁香园	朝阳区将台乡驼房营路西侧	13260074405
32	裘马都休闲园	朝阳区尚家楼路2号东南侧	13260074405
33	左家庄科普廉政文化园	朝阳区香河园路与左家庄西街交会处东侧	13260074405
34	首城国际休闲园	朝阳区广渠路36号院	85967551
35	小关奥林匹克文化游园	朝阳区安苑路17号	13260074405
36	润泽公园	朝阳区水岸中街	84957278
37	万和桐城公园	朝阳区南湖区西路220号	84918282

续表 6

序号	公园名称	公园地址	咨询电话
38	望承公园	朝阳区望京南湖渠西路220号	65958866
39	仰山公园	朝阳区安立路30号	15901063181
40	儿童主题公园	朝阳区四季星河路甲1号	15652083586
41	华汇紫薇公园	朝阳区北四环小营北路8号	13901253993
42	瑞竹园	朝阳区京承高速与来广营西路交叉路口往东北约130米	85967551
43	百子湾公园	朝阳区后现代城C区南侧	13241309388
44	望京SOHO和趣园	朝阳区望京街10号	85967551
45	十友园	朝阳区来广营北路北纬40度小区后身	13241309388
46	望京体育公园	朝阳区望京湖光中街	13260074405
47	弘善城市休闲公园	朝阳区左安路21号	85967551
48	常营保利公园	朝阳区长顺路东100米	85967551
49	翠城公园	朝阳区东垡头路70号	13241309388
50	坝河休闲公园	朝阳区西坝街丽湾家园西南侧	13241309388
51	暖山生态公园	朝阳区双桥东路与康中街交叉口东北100米	13241309388
52	兴隆公园	朝阳区高碑店兴隆庄甲8号	85764376
53	古塔公园	朝阳区王四营乡高碑店路东侧	87390858
54	将府郊野公园（一至三期）	朝阳区东八间房临甲10号	64331580
55	将府公园（四期）	朝阳区东八间房临甲10号	64331580
56	太阳宫公园	朝阳区太阳宫中路甲6号	84158000
57	京城森林郊野公园	朝阳区平房乡黄杉木店路两侧	85823730
58	小武基公园	朝阳区小武基路与垡头路交叉路口往东120米	13801169895
59	朝来森林公园（三期）	朝阳区顺白路	84953646
60	官庄公园	朝阳区广化大街	87390858
61	东风公园	朝阳区东风乡将台洼村	18810248265
62	鸿博郊野公园	朝阳区小红门乡小红门南里	87603360
63	镇海寺郊野公园	朝阳区小红门乡牌坊村	87603360
64	勇士营郊野公园	朝阳区来广营地区北苑东路	13501082075
65	京城槐园郊野公园	朝阳区姚家园路辅路	18611400697
66	平房公园	朝阳区朝阳北路亮马厂东侧	18611400697
67	白鹿郊野公园	朝阳区王四营乡柏阳景园北侧	87390858
68	京城梨园郊野公园	朝阳区平房路东幺家店路北	85360981
69	东坝郊野公园	朝阳区东坝乡康各庄路南	65491621
70	常营公园	朝阳区幺家店路	65485616
71	朝来森林公园	朝阳区来广营地区新勇路	84911106
72	金田郊野公园	朝阳区于家围北村478号	85373726
73	老君堂郊野公园	朝阳区十八里店乡老君堂村五环近康华桥	13581650612
74	海棠郊野公园	朝阳区老君堂村	13581650612

续表 6

序号	公园名称	公园地址	咨询电话
75	清河营郊野公园	朝阳区北苑东路四号	84911106
76	黄草湾郊野公园	朝阳区大屯乡北五环路南	64800915
77	杜仲公园	朝阳区三间房乡	85368639
78	京城体育郊野公园	朝阳区姚家园路73号	18611400697
79	百花郊野公园	朝阳区高碑店乡北花园村内	13439876390
80	太阳宫体育休闲公园	朝阳区太阳宫北街西坝河路	84158000
81	何里栖地公园	朝阳区马泉营西路1号	84579588
82	四合公园	朝阳区四户庄村	85384278
83	孙河郊野公园	朝阳区孙河乡孙河村	84915007

说明：序号 1～51 为行业管理公园，序号 52～83 为郊野公园

朝园弘园林绿化有限责任公司

【概况】 2022 年，北京朝园弘园林绿化有限责任公司隶属区园林绿化局，完成 160 余项主业投标工作，包括全龄友好公园项目（施工）、朝阳区城市公园开放（试点）项目（施工）等。

【园林设计】 年内，北京朝园弘园林绿化有限责任公司完成朝阳区 2022 年花卉常态化设计、中关村论坛花卉布置工程设计、三间房乡新房村街边公园设计等项目。

【获奖情况】 年内，北京朝园弘园林绿化有限责任公司的“温榆河公园朝阳示范区项目园林景观工程二标段（施工）”工程获北京市园林绿化协会科学技术奖——园林工程奖银奖。“温榆河公园朝阳示范区项目园林景观工程一标段、二标段、三标段（施工）（北京市）”工程获中国风景园林学会科学技术奖（园林工程奖）银奖。（岳　琪）

园林绿化管理服务中心

【概况】 2022 年，北京市朝阳区园林绿化管理服务中心（加挂北京市朝阳区林业工作站牌子）隶属于区园林绿化局。发布《林保情况》40 期，介绍有害生物发生情况及发生趋势预测分析。对辖区内全部食用林产品企业出动检查人员 100 人次，排查检查主体 60 家次。开展以“共创食安新发展，共享美好新生活”为主题的食品安全宣传周活动。接受国家林业和草原局及市局城镇绿化处检查城市绿地绿化、树木批后监督执行情况。配合整改专班完成绿地认建认养 4 处持续整改项目，通过市、区验收。处理“投诉热线”和局办公平台接转的投诉情况 300 余件。对 21 处认建认养项目的代征绿地实施全覆盖监督检查，出动监督人员 330 余人次，车辆 210 辆次。做好松材线虫病防控、外来入侵物种普查等林业有害生物防治减灾工作，以防治美国白蛾、春尺蠖、国槐尺蠖等林木有害生物为主。发生林业有害生物 263.6 公顷，防治率 100%，其中无公害防治面积 259 公顷，无公害防治率 98%，有效保护全区绿化成果。按照《北京市代征城市绿化用地移交建设管理办法》接收北京市土地整理储备中心朝阳分中心收储开发项目孙河乡 U、N、K 地块代征绿地，朝阳区石佛营东里 129 号院棚改定向安置房项目，朝阳区东坝东驹子房经济适用房项目代征绿地，大屯地区 7 号地项目等 6 个项目代征绿地的移交手续办理和接收工作，绿地总面积 21.95 万平方米。（周新颖）

【美国白蛾防控】 4 月至 10 月，区园林绿化管理服务中心召开美国白蛾防治工作推进会 5 次，加强拉网式排查，聘请第三方公司组成美国白蛾巡查队伍，协助各街乡发现问题立即处置。编辑制作《朝阳区美国白蛾防控工作简报》通报情况。发现问题第一时间协调街乡、物业开展防治，减少沟通环节，缩短除治时间，保证问题点位 24 小时处理率 100%。9 月 7 日，在东坝郊野公园开展美国白蛾防控宣传活动。现场悬挂“严防美国白蛾危害，筑牢生物安全屏障”的横幅。通过发放宣传品及现场咨询答疑的形式，向广大市民普及美国白蛾查防要点，普及科学防控知识。活动过程中发放美国白蛾查防要点宣传折页 500 份，解答群众咨询 20 余人次。（曹郭莹　李白冰）

【食品安全宣传】 9 月 7 日，朝阳区在北京东坝观光果园开展食品安全宣传周活动。活动以“共创食安新发展，共享美好新生活”为主题，现场发放宣传材料布袋 100 余个、宣传折页 500 余份等。通过竖立展板、现场咨询等形式向市民普及食品安全知识及法律法规。（李白冰）

公园和绿化建设管理中心

【概况】 2022年，北京市朝阳区公园和绿化建设管理中心指导各郊野公园开展疫情防控工作，填报各类统计数据。推进2010年前建设的郊野公园验收、决算工作。结合朝阳区东部绿道建设，推动将台、东风、东坝、崔各庄、平房5个地区（乡）所涉及的郊野公园开放工作。落实各项安全工作。要求各公园对森林防火、防汛安全、生产安全、消防安全、交通安全、地下空间、公园人员密集场所及季节性极端天气应对等重要领域、重点环节，摸清风险底数、建立隐患台账。聘请第三方专业公司协助开展郊野公园监督检查，对检查出的问题通过区政府公务平台及时向各公园反馈并督促整改，对问题突出、整改进度缓慢的地区、办事处，下发督办单，监督整改到位。（陈　希）

【专项培训】 年内，区公园和绿化建设管理服务中心为加强全区郊野公园后期养护管理工作，提升郊野公园管理水平，组织开展“一制度六台账”、管理服务、地被植物应用与管理等专题培训。组织37家郊野公园管理负责人参加市局公园相关工作培训6次，结合疫情防控采用线上线下相结合方式参加培训。（刘　岩）

【资源底数调查】 年内，区公园和绿化建设管理服务中心对全区37家郊野公园红线范围、功能分区、基础开展数据核定，建立朝阳区郊野公园基础数据动态调整工作机制，确保基础数据动态更新。（刘　岩）

【更换路灯】 年内，区公园和绿化建设管理服务中心针对部分老旧公园路灯破损严重、照明不足的问题，开展全区16家郊野公园的路灯更换、新增工作，更换路灯973盏、新增路灯418盏，新增照明长度15698米。（刘　岩）

绿化一队

【概况】 2022年，北京市朝阳区园林绿化局绿化一队控制成本、制定计划、细化招投标。完善制度建设，健全长效检查机制。完善各项管理制度，调整检查考核细则的分值，加大对养护班组的日常检查力度，开展定期检查和不定期抽查。全年养护检查12次。安排专人负责病虫害巡查管理，采取预防为主和综合防治相结合的方法开展病虫害防治工作。开展养护知识培训、夏季修剪培训，提高绿化养护整体水平。养护范围西起东二环，东至通马路，南起分钟寺，北至滨河路。绿化养护面积601.8万平方米。其中特级绿地70条242.3万平方米，一级绿地145条175.2万平方米，二级绿地148条181.2万平方米，三级绿地11条3.1万平方米。养护道路实有树木117.2万株，其中乔木17.6万株，灌木52.1万株，竹子47.45万株，月季51.8万株5.76万平方米，攀缘植物8.06万株1.61万平方米，绿篱色块550.15万株22.01万平方米，宿根花卉773.14万株30.92万平方米，草坪137.51万平方米。为提高职工安全意识，增强应急抢险的能力，进一步完善各项应急预案和重大节日、会议、极端天气24小时值班值守、领导带班制度。以企业安全生产标准化二级标准为基础，加大检查力度，完善各项安全生产规章制度，消除各种安全隐患，全年未发生安全事故。（冯子涵）

【酒仙桥北路（北侧和西侧）绿地项目】 8月9日，中国铁道研究院酒仙桥北路（北侧）、（西侧）绿地项目竣工。该项目位于中国铁道研究院酒仙桥北路北侧与西侧，项目于4月7日开工，北京市园林古建设计研究院有限公司设计，北京中城建建设监理有限公司监理，朝阳区园林绿化局绿化一队施工。工程涉及绿化面积14406平方米，整理绿化用地11959平方米。施工内容包括园林景观构筑物及其他造景、园林铺地、园林给排水、园林用电等，栽植常绿乔木、落叶灌木等4类1095株，绿植地被11959平方米。（李　伟）

【温榆河公园朝阳段一期项目园林景观工程】 9月，温榆河公园朝阳段一期项目园林景观工程竣工。工程位于北京市朝阳区孙河乡温榆河代征地，于2021年11月开工，北京市古建设计研究院设计，甲方为昆泰集团。朝阳区园林绿化局绿化一队负责实施一标段一工区。绿化面积15000平方米，乔灌木1100余株，地被花卉13000平方米，土建铺装2000平方米。（刘　跃）

【配合城市建设】 年内，北京市政建设交通疏堵项目、北京地铁建设项目、热力及燃气消隐工程、国网电力输变电工程及公交场站改造等各类重大工程，区园林绿化局绿化一队勘测现场80余次，勘测面积33700余平方米。移植树木588株，占用绿地面积7993.5平方米；伐移树木625株，占用绿地面积22113平方米。恢复往年占地面积绿化1500平方米。（侯　蕊）

【花卉布置】 年内，花卉常态化项目（施工）由北京市朝阳区园林绿化局建设，监理为北京兰顿工程咨询有限公司。项目于6月6日开工，11月6日竣工。总施工面积约4980.4平方米，包含建国路37819株、金桐西路12668株、三环路南段68844株、光明桥10125株、朝阳公园南路23570株、老迎宾线52767株、东四环（内环）138995株、工体北路111546株、朝外大街74477株、朝外市场街51672株、神路街36080株，共11处。全年栽植花卉618563株，绿地覆盖腐化树皮3683.14平方米。（李　伟）

【安全管理】 年内，区园林绿化局绿化一队贯彻“安全第一，预防为主，综合治理”的管理方针，由领导班子带队，按照“党政同责、一岗双责”在各自分管领域开展节前安全大检查。开展“安全生产专项整治三年行动”“安全生产大检查行动”“城镇燃气安全排查整治”等12个专项行动工作，对各班组、外包单位、租赁单位检查190余次，查出安全隐患210余项，整改210余项。汛期之前维修保养原有防汛物资，并购入手剪、手锯、沙袋等。（王思洋）

【春季补植】 年内，区园林绿化局绿化一队在东四环路、东二环路、广渠路、西大望路、北五环路、建国路、农展南路、外二环路、朝阳北路、朝阳路等养护道路，补种植乔灌木1550株、绿篱色块397350株、宿根地被65万株、月季55500株、草坪20100平方米。

（刘　旭）

【绿化成果保护】 年内，区园林绿化局绿化一队拆除各类违法占用绿地行为150余件，处理绿地内违章停车300余辆，配合各类市政管线抢修4次，恢复临时占用绿地1500平方米。清理绿地内居住闲散人员30余人次，配合相关合法建设单位勘测现场80余次，勘测面积20000余平方米，安全合法移伐各类树木840株，涉及占地面积11930平方米。（侯　蕊）

绿化二队

【概况】 2022年，北京市朝阳区园林绿化局绿化二队养护绿地范围东起姚家园路，西至健翔桥（海淀交界），南起工体北路，北至立水桥（昌平交界），养护道路423条（块）。实有园林绿地600.33公顷。其中，特级道路103条（块），面积314.95公顷；一级道路142条（块），面积157.57公顷；二级道路157条（块），面积118.47公顷；三级道路20条（块），面积4.73公顷；四环绿化（太阳宫）1条（块），面积4.61公顷。公共绿地42处，实有乔木24.21万株，灌木78.67万株，绿篱色块981.32万株，竹子25.65万株，垂直绿化13.13万株，月季6097.60万株，地被植物198.35万平方米。对辖区内安立路、安立路大绿地、北辰路等重点道路苗木补植，补植138条（块）道路、绿地，栽植乔木361株，灌木5342株，月季3.08万株，绿篱色块20.54万株，地被25.91万平方米。根据《朝阳区园林绿化局2022年专业绿地养护范围调整工作方案》的通知要求，接收元大都公园、团结湖公园、四得公园、庆丰公园等8个公园的园外养护道路71条，40万平方米，包括核对图斑面积、水源井等设施及地上物权属的甄别，3月1日前完成外业、内业的交接并开展日常绿化养护管理。对绿化管理用房及养护现场人员防护情况开展检查40次，纠正绿化管理用房及养护工作人员防护500处（次）。完成北京冬奥会保障任务及朝阳区创“文明城区”复查工作。受理政民互动件846件，100%回复率，其中日常案件444件，应急案件93件，设施案件48件，非我权属（“12345”热线“接诉即办”投诉核实后，非绿化二队绿地管辖范围）261件。（刘晓兰）

【新建绿地项目】 6月15日，2022年新建绿地项目（施工）工程竣工。项目位于北京市朝阳区外国语学校北苑分校北侧绿地，属区级重点工程。3月16日开工。由北京市朝阳区园林绿化局立项，北京朝园弘园林绿化有限责任公司承建，北京中城建建设监理有限公司监理，北京市园林古建设计研究院有限公司设计。绿化面积2.24万平方米，栽植乔木690株，灌木4136株，时令花卉7.82万株，喷播植草1.6万平方米及园林铺地、排水设施、园林景观构筑物及其他造景。

（郑梦娇）

【花卉布置】 年内，花卉常态化项目（施工），施工范围为农展桥、中轴路、民族大道、北辰东路、安定路等13条道路，属区级重点工程。工程于5月30日开工，6月9日竣工，总投资501.33万元。由北京市朝阳区园林绿化局建设，北京朝园弘园林绿化有限责任公司承建，北京兰顿工程咨询有限公司监理，北京北林生态田园景观规划设计有限公司设计。绿化面积7591.67平方米，栽植时令花卉153.25万株。（郑梦娇）

【南新园社区集中隔离环境整治】 年内，区园林绿化局绿化二队支援南新园社区集中隔离环境整治。派出人员130人，面包车12辆，东风王货车15台班，垃圾清理15车，8吨吊车1辆，60勾机1台，12吨水车3辆，4吨打药车2辆。使用机械绿篱机4台、抽边机6台、油锯5台、鼓风机1台。栽植栾树胸径10～12厘米3株，种植品种月季500株。（刘孟然）

【春季补植】 年内，区园林绿化局绿化二队对辖区内安立路、安立路大绿地、坝河绿地、北辰路、奥林东路、三环路、北四环路、丁香园、东四环路、十五区东路、阜通东大街、阜通西大街、广顺南大街、广顺北大街、酒仙桥北路、京承高速AB、京顺路、仰山绿地、太阳宫中路、惠新西街等重点道路苗木补植。养护补植138条（块）道路、绿地，栽植乔木361株，灌木5342株，月季3.08万株；绿篱色块20.54万株；地被25.91万平方米。

（刘孟然）

【孙河组团城市森林项目】 年内，孙河组团城市森林项目施工范围为京密路以西，京城高速以东，京平高速以北，顺黄路以南，工程为区级工程。工程于2020年10月1日开工，2022年8月20日竣工。由北京市朝阳区园林绿化局建设，北京朝园弘园林绿化有限责任公司承建，达华工程管理（集团有限公司）监理，北京市园林古建设计研究院设计。工程包括绿化工程、土建工程、给水工程，绿化面积18万平方米。栽植常绿乔木1244株、落叶

乔木4493株、灌木7708株、花卉地被69041.4平方米，播撒草籽770816.7平方米。（郑梦娇）

大黄庄绿化队

【概况】2022年，北京市朝阳区大黄庄绿化队完成北京冬奥会和冬残奥会赛事、党的二十大等重大活动服务保障任务，重点推进大尺度绿化建设，推进创建国家森林城市工作。完成黑庄户地区（乡）代征绿地项目验收、十八里店地区（乡）代征绿地项目阶段建设、朝阳绿道示范段工程绿化种植。承担72条道路绿化养护任务，养护面积580.21万平方米，其中，特级道路12条296.02万平方米，一级道路21条54.38万平方米，二级道路19条6.57万平方米，三级道路9条19.99万平方米，四环五环9条路段112.11万平方米。（王爱华）

【朝阳绿道示范段工程】4月1日，朝阳绿道示范段工程开工，8月8日竣工。包括园林绿化工程。绿化工程整地面积5.87万平方米，种植乔灌木2382株、色块（带）1659平方米、绿篱296.6平方米、花卉40209.1平方米、地被23616.6平方米、草坪108平方米、竹类139.6平方米、攀缘植物406.5延米。承包单位为北京市第五建筑工程集团有限公司。北京四方工程建设监理有限责任公司监理，北京北林地景园林规划设计院有限责任公司设计，北京朝园弘园林绿化有限责任公司下属项目部大黄庄绿化队施工。

（张　骁）

【黑庄户代征绿地项目】4月7日，新建绿地（施工）黑庄户代征绿地项目开工，7月31日竣工。项目有6个地块，总占地7.2万平方米（黑庄户代征绿地总占地面积2.0276万平方米），包括园林绿化、庭院、灌溉、电气工程。其中黑庄户代征绿地，绿化工程整地面积1.38万平方米，种植乔灌木1294株、色块（带）359.25平方米、水生植物38平方米、花卉1952平方米、地被11841平方米。工程由区财政投资3096828.13元，北京中城建建设监理有限公司监理，北京市园林古建设计研究院有限公司设计，北京朝园弘园林绿化有限责任公司下属项目部大黄庄绿化队施工。

（张　骁）

【十八里店代征绿地项目】6月15日，十八里店代征绿地项目（施工）开工，10月25日竣工。项目占地4.9万平方米，包括园林绿化、庭院、灌溉、电气工程。绿化工程整地面积4.1248万平方米，种植乔灌木2434株、色块（带）737.4平方米、水生植物127平方米、花卉29804.44平方米、地被9825.2平方米。工程由区财政投资11160176.48元，北京中城建华工程咨询有限公司监理，北京北林地景园林规划设计院有限责任公司设计，北京朝园弘园林绿化有限责任公司下属项目部大黄庄绿化队施工。

（张　骁）

【常态化花卉项目】6月17日，区级工程常态化花卉项目开工，10月25日竣工。工程包括朝阳北路中心隔离带（白家楼桥至通州区界）、京通路两侧绿地的花卉种植，面积2228平方米，栽植黄孔雀草、海棠、牵牛等花卉8种。由区财政投资116.4万元，北京兰顿工程咨询有限公司监理，北京朝园弘园林绿化有限责任公司下属项目部大黄庄绿化队施工。（张　骁）

【病虫害防治】年内，朝阳区大黄庄绿化队重点防治苗圃地及各养护路段国槐、毛白杨、柳树、栾树等11种行道树及落叶乔灌木和绿地草坪内蚧壳虫、蚜虫、天牛等病虫害，防治面积580.21万平方米，使用高效氯氰菊酯、吡虫啉可溶液剂、甲维虱螨脲（悬浮剂）、除虫脲等化学农药商品达25.21吨，其中无公害农药商品达11.35吨。

（徐　谦）

北花园绿化队

【概况】2022年，北京市朝阳区北花园绿化队养护道路绿地总面积460.08万平方米，其中，特级道路绿地27条66.8万平方米、一级道路绿地47条157.93万平方米、二级道路绿地98条150.84万平方米、三级道路绿地10条6.43万平方米。四环、五环道路绿地78.07万平方米。路段补植地被类植物409403株、草坪54933平方米、灌木171030株、乔木1078株、月季34928株、竹子21450株。投标道路绿地标段养护工程17个、农药标段1个（第三方公司负责采购全年所需农药品）和1个养护水维修标段（第三方公司负责养护范围内的水管维修）招投标，与19个中标单位签署园林绿化养护合同、安全责任书、综合治理责任书和农民工工资发放等相关文件。接收、处理网格案件1680条，均按要求处理答复，完成率100%。完成专业绿化工程项目3项，北郊家园城市森林项目（施工）、2022年林荫路项目和2022年新建绿地（坝河休闲公园）项目，总面积约54764平方米。2022年所有苗木纳入固定资产。全年对4688株苗木合理养护，定期给839棵常绿树修剪枯枝死杈，给2229棵落叶乔木和1620棵灌木适时修剪，全年共修剪1000余株，施肥1次，灌水6次，除草8次以上。

（李　迪）

【林荫路项目】9月22日，林荫道路项目竣工。该项目位于豆各庄地区（乡），黄厂地铁站两侧隔离带及人行步道以外绿地，7月12日开工。工程占地面积3700余平方米，包括给水工程及绿化工程，栽植大乔木169株、小乔木70株，绿篱色带470余平方米，地被花卉3000余平方米。

（张贺东）

【坝河休闲公园项目】10月12日，新建绿地坝河休闲公园项目竣工。项目位于东坝乡坝河休闲公园东侧护栏外未绿化地块，涉及整地面积 64 平方米，6 月 20 日开工，栽植落叶乔木 64 株。由北京市园林古建设计研究院有限公司设计，北京中城建建设监理有限公司监理。（潘浩渺）

【北郊家园城市森林项目】10 月 25 日，北郊家园城市森林项目竣工，项目位于朝阳区垡头街道，北至焦化厂二街，南至燕保祈东家园，西至焦化厂西路，东至焦化厂东七路，总占地面积约 5.1 万平方米。2021 年 12 月 24 日开工，由北京北林地景园林规划设计院有限责任公司设计，北京中城建建设监理有限公司监理，施工内容包括庭院、给排水、绿化及电器工程，其中大乔木 1431 株，小乔木 1245 株，地被花卉面积 44128 平方米。

（张贺东）

北京市朝阳区园林绿化综合执法队

【概况】2022 年，北京市朝阳区园林绿化综合执法队处理各类举报 91 起（包括电话举报、巡查发现、检察院转、“接诉即办”、林业督查及审计发现等）。其中，行政立案 37 起（涉林案件 23 起，涉野生动物案件 14 起），要求恢复原貌及林业生产条件 9 处，补种树木 567 株，没收涉案野生动物 15 只、野生动物制品 1 件，救助野生动物 75 只。结合“绿剑行动”“清风行动”等专项行动开展野生动植物保护执法检查，检查 771 处点位，包括重点林地、固定市场、农村集贸市场、自发市场、候鸟为主的野生动物迁飞停歇地、迁飞通道、集群活动区等。开展种苗双打行动，打击侵犯林草植物新品种权和制售假冒伪劣林草种苗，规范林草种苗生产经营管理，促进林草种苗市场健康发展。组织力量对“十里河”“香河园”自发市场开展拉网式联合执法检查，多次执法行动及联合检查，从根源上遏制“十里河”“香河园”自发鸟市违法犯罪行为的发生，保障生态资源安全和有序发展。以森林督查和环保督察为契机，开展国家林业和草原局下发的疑似违法图斑踏查工作，完成疑似违法图斑踏查 20 块，查处率 100%，整改率 100%、查处整改率 100%，案件全部上传国家林草局专项平台。

【执法检查】4 月 21 日，园林绿化综合执法队、局安全法制科会同崔各庄乡政府对京密路出京方向机场高速北皋收费站附近路边堆积的柳絮发生火情涉及的区域和该区域防火责任单位北京市金都园林绿化有限责任公司绿化二大队（以下简称“绿化二大队”）开展检查。此次检查的重点是否严格落实防火责任制度、是否完善森林火灾应急预案、林下可燃物清理情况、森林防火设施、设备是否完善及是否能正常使用等。通过检查，绿化二大队森林防火工作责任制落实较好，各项制度及应急预案完备，日常巡护养护工作到位。

【野生动植物保护检查】10 月 21 日，北京市园林绿化综合执法大队调研员薛杰喜带队，会同市公安局森林公安分局、市农业农村局综合执法总队、市市场监管局总队、区园林绿化综合执法队、市公安局朝阳分局森林公安大队、区农业综合执法大队、区市场监管局执法大队、十八里店乡综合执法队 30 余人，对朝阳区十里河天骄文化城、十里河雅园国际开展联合执法检查。多部门分工明确，协调配合到位，联防联控。检查同时向市场工作人员、商户及周边群众宣传保护野生动植物资源相关法律法规，强化野生动植物保护意识，从根源上遏制违法犯罪行为的发生。

【核实图斑】年内，园林绿化综合执法队完成国家林业和草原局下发的疑似违法图斑踏查工作 20 块，应立案 15 件，立案 15 件，完成 15 件。其中，作出行政处罚 6 件、不予处罚 1 件、撤案 5 件，终止调查 3 件；移交其他执法部门（含乡镇、街道）5 件；查处率 100%、整改率 100%、查处整改率 100%。上述案件全部上传国家林草局专项平台。（英　頔）

奥林匹克森林公园

【概况】2022 年，奥林匹克森林公园属北京世奥森林公园开发经营有限公司（简称“世奥公司”）管理，是国家 AAAAA 级旅游景区。公园水面面积 67.7 公顷，绿化面积 472.65 公顷。有乔灌木 59 万余株、植物品种 278 种，绿化覆盖率 95.61%。北京市朝阳区与河北省张家口市合作共建奥运体育文化旅游签约仪式在北京奥林匹克塔举行。全年接待游客 931.83 万人次。

【北京冬奥会保障】1 月，世奥公司为保障北京冬奥会和冬残奥会圣火在森林公园内的三次传递，制定不同阶段运行保障任务书，确定各保障组工作职责。北京冬奥会和冬残奥会期间，出动 1034 人次参与保障任务。结合冬奥期间观众停车需求，公司将南园南门广场及南园主路 4.4 万平方米作为观众临时停车场，并为工作人员提供固定车位 264 个；南园西门 P7 停车场提供车位 1584 个，观众转场用电瓶车 15 辆。完成在 2022 北京冬奥会和冬残奥会的各项保障工作任务。

【智能科技跑道启用】8 月 8 日，奥林匹克森林公园“双奥朝阳”奥森·Keep 科技智慧跑道正式启用。奥森·Keep 科技智慧跑道由世奥公司与北京卡路里科技有限公司（Keep）联合打造。跑道坚持以用户为核心、技术应用创新、线上 + 线下场景融会贯通、建设运营并重的原则方针，将 Keep 线上服务体系与奥森线下场景相结合，通过智慧大屏、跑步场景、跑步工具、跑步商品、跑步内容等服务升级，给跑友提供智慧化、陪伴感、趣味性的运动体验。

▲ 2022 年 8 月 8 日，奥林匹克森林公园“双奥朝阳”奥森·Keep 科技智慧跑道正式启用。图为“双奥朝阳”奥森·Keep 科技智慧跑道 （世奥公司 摄）

【北京冬奥精神主题展开幕】 8 月 18 日，由北京奥运城市发展促进会、北京市朝阳区人民政府联合主办的“北京冬奥精神主题展”在北京奥林匹克塔开幕。展览面积 1300 平方米，通过精选出的百余幅北京冬奥会和冬残奥会申办、筹办、举办过程中不同场景的精彩图片及部分代表性实物和精彩视频，系统展示了“胸怀大局、自信开放、迎难而上、追求卓越、共创未来”的北京冬奥精神。此次展览持续到 2022 年 11 月。展览免费向公众开放，观众通过北京奥林匹克塔小程序“奥塔观光”预约参观。

【网球赛事活动】 7 月 24 日至 11 月，由 Universal Tennis Rating（UTR）、世奥公司、金融街教育、深圳市越通体育发展有限公司联合主办，JTCC 美国青少年网球冠军中心协办，北京飞动体育文化传媒有限公司、国家网球中心承办，北京市网球协会支持，百宝力全程赞助的 2022UTR 青少年网球认证赛北京站在国家网球中心举办。“飞动网球菁英计划”在国家网球中心举办 5 场 UTR 青少年网球认证赛。8 月 21 日，2022 年第三届“金融街杯”UTR 赛事活动在国家网球中心开赛。8 月 21 日，“中国体育彩票杯”北京市第十六届运动会网球比赛（群众组）在国家网球中心 K 区完赛。比赛由北京市体育总会秘书处、北京市朝阳区体育局、北京市网球运动协会、北京市朝阳区社会体育管理中心、北京世奥森林公园开发经营有限公司协办。

▲ 2022 年 8 月 18 日，由北京奥运城市发展促进会、北京市朝阳区人民政府联合主办的“北京冬奥精神主题展”在北京奥林匹克塔开幕。图为北京冬奥精神主题展现场 （王 凯 摄）

【园内活动】 9 月 6 日，国家反诈中心在奥林匹克森林公园举办“全社会反诈 青年在行动”主题活动。公安部刑事侦查局相关负责人出席本次活动并致辞。活动深入贯彻落实习近平总书记关于打击电信网络诈骗犯罪工作的重要指示精神，科普宣传《反电信网络诈骗法》。活动中，国家反诈中心的青年党员与互联网企业反诈青年志愿者组成 300 余人的宣传队伍，通过多种渠道为群众介绍诈骗类型、揭批诈骗手法、宣讲防骗知识、介绍“国家反诈中心 App”，起到了良好的科普效果。9 月 7 日，朝阳区红十字会在奥林匹克森林公园举办“助力公益聚爱心，急救有我健康行”99 公益日和世界急救日主题活动。北京市红十字会党组成员、副会长宋永红，北京市红十字基金会理事长赵金玲、北京市红十字会赈济救护部副部长李瀛骥出席活动。活动包含为造血干细胞捐献者优秀代表颁发证书，为 4 支新成立的志愿服务队授旗，讲解并启动 99 公益日线上筹资项目，开展急救技能学习体验，组织“急救有我健康行”健步走活动等多个环节。9 月 17 日，由朝阳区文明办、朝阳区科协、朝阳区国资委共同主办，世奥公司协办，中国科学技术出版社有限公司承办的“2022 年全国科普日”朝阳区主场活动在奥林匹克塔举办。

【竹林书屋营业】 9 月 10 日，奥林匹克森林公园竹林书屋于中秋佳节开业

▲ 2022 年 9 月 10 日，奥林匹克森林公园竹林书屋开业试运营。图为奥森书局（竹林书屋）一层
（李　爽　摄）

试运营。书屋一层室内空间以楼梯为分界线，分为南侧 480 平方米开敞空间和北侧 150 平方米展览空间，可满足多类型活动对空间使用需求。二层室内空间约 200 平方米，适合承办各类中小型艺术展。书店户外空间与一层阅读空间相连，从室内的 300 平方米阅读花园逐渐过渡到 1000 平方米的天然草坪区。书屋阅读花园设有林荫茶座，是阅读者的天然书吧，是举办活动的秘密花园。

【“相约朝阳，喜迎新年”灯光秀活动】 12 月 31 日，以“相约朝阳，喜迎新年”为主题的 2023 新年倒计时灯光秀活动在北京奥林匹克塔举办。副区长李欣，区城管委主任刘炳启到奥林匹克塔检查灯光秀活动的前期准备工作，世奥公司党委书记、董事长齐宝良，纪委书记王建华参加检查。在临近零点时，奥林匹克塔开启新年 10 秒倒计时灯光秀电子烟花。

【花卉观赏季】 年内，奥林匹克森林公园举办“第十一届奥林匹克森林公园花卉观赏季”。其中，3 月 18 日至 5 月 6 日为“春花展”，游客可在公园内分批次欣赏到 30 余个品种、10 万余株的春季花卉。6 月 26 日至 7 月 25 日为“百亩葵花展”，引进种植 20 余个观赏向日葵品种。6 月 28 日至 8 月 15 日为“奥森公园荷花文化节”，荷花主要分布在南园湿地和清河导流渠区域，占地面积约 2.5 公顷，以红莲为主要品种，除荷花外，还种植睡莲、芦苇、菖蒲等丰富的水生植物。本届荷花文化节主办单位为北京市园林绿化局、北京市公园管理中心、北京花卉协会；承办单位为北京园林绿化产业促进中心、国家植物园、玉渊潭公园、紫竹院公园、圆明园遗址公园、莲花池公园、奥林匹克森林公园。9 月 28 日至 10 月 30 日为“秋日花卉展”，增加“粉黛乱子草花海”展区，成为奥森公园新亮点。花田野趣景区被分为东西两区，东区为“粉黛乱子草”展区，西区为“波斯菊”展区。10 月 20 日至 11 月 15 日为“秋日彩叶展”。彩叶展期间，公园内的数千亩彩色叶树依次变色，呈现出秋日景色。

（陈迎双）

朝阳公园

【概况】 朝阳公园由北京朝阳公园开发经营有限责任公司负责开发经营管理，是国家 AAAA 级旅游景区，规划总面积 288.7 公顷，其中水面 68.2 公顷、陆地面积 220.5 公顷，绿化覆盖率 87%。受新冠疫情影响，朝阳公园举办的“2022 北京朝阳国际风情节”“海洋沙滩狂欢节”活动取消。1 人获“2022 年冬奥会、冬残奥会北京市先进个人”称号。

【文明游园志愿服务活动】 3 月 31 日，朝阳公园联合区城市管理执法大队及区园林绿化局开展文明游园志愿服务活动，重点纠正采挖野菜、踏踩草坪、攀折花木等不文明行为。公司党委副书记、总经理刘林峰，党委办公室、总经理办公室、公园管理中心相

▲ 2022 年 7 月 7 日，朝阳公园内乒乓球台完成更新。图为中国狮子会捐赠的新乒乓球台
（靳　珩　摄）

关负责人参加检查。50余名党员、入党积极分子及团员青年组成的志愿者团队两两分组，发放文明游园宣传单，普及文明游园知识。执法人员发现有游客私挖野菜，立刻上前劝阻和制止，引导游客树立文明游园的自觉行为。

【沙滩排球馆改造项目】 4月10日，朝阳公园奥运沙滩排球馆更新改造项目开工仪式在沙排主场馆前举行。公司党委副书记、总经理刘林峰，副总经理谢强，总经理办公室主任黄晨作为活动嘉宾，参与奠基石培土仪式。该项目是北京2008年奥运场馆可持续利用重点工程，项目完成后将包括北京市全新高科技体验中心、青少年文化活动中心、顶级电子体育活动中心、国际文化交流中心4个功能区域，成为传承奥运体育精神文化的全新地标。

【公共服务设施完善】 7月7日，公园内乒乓球台完成更新。中国狮子会捐赠公园的15张新乒乓球台运送到乒乓球活动区域并完成安装。

【“享自然”咖啡车试营业】 7月30日至31日，位于朝阳公园西部园区荷花湖畔的“享自然”咖啡车试营业，吸引游客消费、打卡。“享自然”咖啡车以“享自然景，品自然味”为核心理念，作为公园青年员工实践项目，招募青年员工加入咖啡销售、制作工作，为创新商业经营模式，培育公园发展新动能。

【文化活动】 8月12日，为庆祝中巴建交70周年，巴基斯坦驻华使馆在朝阳公园举办独立纪念塔复制建筑揭牌仪式，巴基斯坦驻华大使莫因·哈克、外交部亚洲司参赞陈伟、市外办及区外办相关领导等出席仪式。

【“爱绿一起”生态文明活动】 8月至10月，朝阳公园开展2022“爱绿一起”主题生态文明体验活动6次。活动主题包括“神奇动物在哪里”“探究香醇的源头—咖啡树”“秋季迁徙的鸟”和“秋天的自然观察笔记创作（一）（二）（三）”，84人参与活动。

▲ 2022年，朝阳公园野鸭岛观鸟平台实现改造升级开放。图为4月，野鸭岛生态浮岛完工（王梦佳 摄）

【和平鸽广场】 8月，朝阳公园在世纪喷泉广场内设立和平鸽广场，“广场彩”迎来“和平白”。公园通过和平鸽常态化放养的形式接待游客，并在广场醒目处竖立提示牌，引导游客科学、文明投喂，严格落实现场工作人员每日管理工作，加大广场监管力度，维护现场安全有序。

【公园生态岛孵化出黑天鹅】 10月17日，朝阳公园的生态浮岛历经38天的孵化期，自然孵化出5只小天鹅，孵化率100%。公园各部门通力合作，联系云南的天鹅饲养专家学习，购买专门的天鹅饲料和新鲜的菜叶，定期投放为它们补充多种营养。同时，在湖岸加装高清摄像头，实时、密切监测黑天鹅的孵化情况，丰富园区动物保护基础资料。（2022年春天，两只黑天鹅相继飞到朝阳公园北湖野鸭岛安家落户；9月9日—13日，黑天鹅先后产下5枚蛋，并开始进行交替孵化。）

【野鸭岛观鸟平台开放】 年内，公园野鸭岛观鸟平台实现改造升级开放。新建观鸟平台全长30米、宽1.8米，整体采用钢排架结构，比普通单钢管结构更安全稳固。考虑到观鸟平台靠近水源，平台地板采用绿色、环保防滑瓷态竹木板，贴近自然环境，保证游客观鸟安全。（张 轶）

北京中华民族园

【概况】 2022年，北京中华民族博物院（北京中华民族园）（简称“民族园”），公园园区占地面积28.2万平方米，其中绿地面积17.26万平方米，是博物馆与公园相结合的旅游景区。园内种植有乔木3986株、灌木9016株、月季类2072株、攀缘类5926株、竹子130170株、水生植物3种52盆、宿根花卉2076丛、一二年生草花6837丛、绿篱3000株340平方米、草坪2.25万平方米。种植粮食作物9种2800平方米，种植经济作物27种1617平方米。移栽乔木11株、灌木3株。北园正常开放，南园4月3日至11月15日，逢周六、日和国家法定节假日开放。南北两园单独售票，45元/人，统一票价（成人、学生、老人统一收费标准），免费优惠政策不变。与美团、携程合作电子门票销售，门区3台自动购票机和3个人工窗口售票。北京冬奥会期间，1—3月闭园7天；受新冠疫情影响，5月、11月、12月闭园44

天。年内，接待游客19.64万人次，其中免票24645人次。门票收入786万元，总收入1803万元；与上年相比，游客量减少0.19%、门票收入增长4.24%、总收入增长18.62%。（汪　昆）

【病虫害防治】3月至9月，民族园针对园内植物主要病虫害蚜虫、美国白蛾等，早春使用广谱性抗虫药进行预防，局部范围虫害采用剪除虫枝和打药措施，3月、4月、9月，全园范围打广谱抗虫药3次防治虫害，效果显著。6月2日至6日对园内杨、柳树开展飞絮防治工作，对杨树157株、柳树172株树干钻孔注射抑制剂，由聚隆公司承包实施。（汪　昆）

【文化活动】4月至10月，由白族、傣族、纳西族、蒙古族等组建一支10人少数民族表演队，在北园傣族博物馆、南园纳西族博物馆开展非物质文化遗产展示活动。展示内容有傣族葫芦丝、白族三弦弹唱、纳西族东巴文、蒙古族马头琴等。（汪　昆）

【节日摆花】“五一”期间，在民族园北园门区内广场摆放花坛，摆花1470盆，用花品种有铁树、美女樱、一串红、小叶榕、玛格丽特海棠、蓝目菊、吊兰、矮牵牛、天门冬、情人菊等。“十一”期间，在北园门区内广场内外和台湾景区展室门前摆放花坛，摆花1400盆，品种有万寿菊、天门冬、吊兰、铁树、小叶榕、美人蕉、蕉藕、天竺葵、火炬鸡冠、小菊、四季海棠等。（汪　昆）

【展览布置】年内，民族园举办《喜迎冬奥欢庆新春—童心看世界》画展，展览位于北园京族民居内，内容由筑梦冰雪（冬奥板块）、绿色童心、放眼世界三部分组成，展览面积50平方米，展出画作80幅，2月对外开放，由北京民族遗产保护基金会、北京中华民族博物院、小花董董美术工作室联合制作。举办《古韵崖州》黎族文化展，展览位于北园黎族民居正房内，内容以图片、实物相结合，展览面积70平方米，展品60件，5月对外开放，由北京中华民族博物院制作。举办《回族民俗展》，展览位于南园回族窑洞内，由回族民居原状陈列和摄影作品组成，展览面积100平方米，展品65件，4月对外开放，由北京中华民族博物院制作。举办《摩梭摄影展》，展览位于南园摩梭人家院落中，以摩梭当地优秀摄影作品为主，展览面积150平方米，展出摄影作品40幅，5月对外开放，由北京中华民族博物院制作。举办《我们的文化遗产——锦绣中华》展，展览位于南园壮族民居内，以各少数民族地区代表性的非遗刺绣作品为主要内容，展览面积100平方米，展品60件，6月对外开放，由北京中华民族博物院制作。举办《多彩的中华民族—蒙古族民俗文物展》，展览位于南园蒙古包内，内容以蒙古包原状陈列、蒙古族摄影作品、蒙古族服装为主，展览面积80平方米，展品50件，5月对外开放，由北京中华民族博物院制作。举办《我们的文化遗产——国之色》展，展览位于北园台湾景区展室内，内容以二十四节气国画和少数民族传统纺织品为主，体现中国传统色彩的运用，展览面积140平方米，展品100件，9月至11月对外开放，由北京民族遗产保护基金会制作。举办《聚力同行——时装艺术中韩交流文献展》，展览位于北园台湾景区展室内，内容为中韩时装艺术交流方面的文献，祝贺中韩建交三十周年，展览面积140平方米，展品80件，由北京民族文化遗产保护基金会、中央美术学院、时装艺术国际同盟、韩国文化院联合制作。（齐　飞）

日坛公园

【概况】2022年，北京市朝阳区日坛公园占地面积20.62万平方米，绿化面积13.26万平方米，水面面积4700平方米，绿化覆盖率83%，草坪7.45万平方米。现有树木5224株，其中乔木3751株（含古树44株）、灌木1473株，另有月季1100株、攀缘植物5000株、竹子15901株、绿篱6000米、宿根花卉30000株。接待团体祭扫活动153次，接待游客5500人次。（张　琳）

【缅怀革命先烈】4月2日，区委组织部、区委统战部、区民宗办、芳草地国际学校民族校区党员和小学少先队员90余人在日坛公园马骏烈士墓举行爱国主义教育活动，缅怀革命先烈。（张　琳）

【春季补植】4月8日，日坛公园对园区内缺株、斑秃绿地及干枝死杈植物开展自查补植。补植小红枫1株，连翘90株，芍药350株，玉簪、鸢尾等宿根植物7000余株。做到“挖深坑、栽壮苗、培好土、浇足水”，提高苗木成活率。（陆连弟）

【古树名木保护】5月，日坛公园拍摄宣传古树文化纪录片，传承古树文化，讲述古树故事。7月，为古树围栏制作“请勿跨越”警示牌30个，防止人为破坏古树。投放管氏肿腿蜂、异色瓢虫等天敌和诱捕器。9月28日，以“保护古树名木　共享绿水青山”为主题的2022年全国古树名木保护科普宣传周活动在日坛公园举行，活动期间发放宣传材料、环保书包100份。（杨　辉）

【花卉布置摆放】年内，“五一”“十一”节日前，在玉馨园、环路主要节点、南北门附近及马骏烈士墓周边栽植各种地栽花卉17万株。主要包括凤仙、四季海棠、孔雀草、串红、鼠尾草、大花马齿苋、比格海棠、夏瑾、绚秋小菊等。（陆连弟）

团结湖公园

【概况】2022年，北京市朝阳区团结湖公园辖区面积12.3万平方米。陆地面积7.7万平方米，绿地面积4.44万平方米，建筑占地面积2.39万平方米，铺装面积0.87万平方米，水面面积4.60万平方米。园内有绿植乔木1578株、灌木1186株、攀缘植物150株、竹子10000株、月季2010株、色块6500株、绿篱35082株、宿根花卉26250株，草坪面积36970平方米。该公园是江南特色的AAA级免费公园。全年接待游客456.47人次。（李洪静）

【补植修剪维护】 年内，团结湖公园对园区内南侧绿地栽植丹麦草2315平方米，斑秃绿地播种草籽3100平方米，更换东侧主园路周边冷季型草坪1820平方米，更新东门北侧绿地内油松2株。为毛白杨及垂柳梳枝，消除安全隐患。破除树池箅子，中耕松土，增加土壤透气性，对倾斜严重存在安全隐患的国槐树干支撑加固。挑选多种时令花卉设置花坛，对枯枝落叶腐熟，落叶化土二次利用。维修流水照壁、云山2处水景，更换11套全新健身器材，安装太阳能路灯65盏。安装碳中和互动小品1件，创建森林城市景观小品1件，宣传展板5块。

（李洪静）

【花卉布置】 年内，团结湖公园在主路沿线绿地内布置“五一”劳动节花卉，摆放时令花卉4.56万盆，采用凤仙、鼠尾草、羽扇豆、海棠、串红、天竺葵等多种色彩的花卉搭配布置。国庆节前，在公园东门入口广场栽植时令花卉孔雀草、鸡冠花等3950株，设置花坛1组、花堆2组，花卉品种主要有凤仙、鼠尾草、小菊、鼠尾草、海棠、串红等，使用花卉2900盆。

（韩晓楠）

红领巾公园

【概况】 2022年，北京市朝阳区红领巾公园总面积41.99万平方米，其中绿地15.81万平方米、水面12.86万平方米，绿化覆盖率94%。园内有乔木3984株、灌木63200株、月季9398株，竹子434平方米，绿篱98369株，宿根花卉431015株，草坪面积111198平方米。公园养护为特级养护，面积391774.67平方米，植物株数67184株。“五一”“十一”节日前期，园内栽植布置花卉、花坛和花池，栽植海棠、串红、牵牛、孔雀草、鼠尾草等花卉14.4万余盆。公园发挥文娱阵地、教育基地作用，创建公园文化品牌。接待游客234.58万人次。（梁欣怡）

【节日景观布置】 1月19日，春节和元宵节前，红领巾公园营造年味儿游园环境，在门区、南门广场及主景区道路两侧悬挂红灯笼、中国结等元素，节日景观布置，园内悬挂灯笼242个，中国结75个。（张 洋）

【自然导赏员培训】 10月7日，自然之友自然导赏员培训在红领巾公园举办，23名学员跟随公园海贝生态导览服务团的指导老师学习红领巾公园的基础导览。了解公园的发展历史，管理现状和水环境情况。了解绿头鸭、柽柳等公园动植物的生物习性，学习科普标识牌的主题内容，在观鸟平台采取水样进行水质检测。

（郝 培）

【新增生态导览标识牌】 年内，红巾公园作为首都生态文明宣传教育基地，始终秉持“红色引领　绿色发展”的理念。公园根据自身特点合理利用生态资源，通过自然导赏路线向游客展示园内的植物、鸟类和湿地等自然景观。在环湖栈道沿线新增6块标识展板，其中湿地科普径4块，介绍湿地的综合功能，红领巾公园湿地物种关系及动植物生态链的运转；观鸟平台2块，介绍观鸟方式的基本原则，科普鸟类身体结构及红领巾公园常见鸟类翼展等相关知识。（郝 培）

【生态小课堂】 年内，红领巾公园通过现场及线上不同方式开展生态小课堂6次，有47组亲子家庭参与。课上在老师的带领下利用旧物制作飞舞的花蝴蝶、利用树枝和彩色线绳创作出了木头小人，分享自己在家中找到的果实和种子。各组亲子家庭通过观察、实验、游戏等方式了解大自然中叶子、蝴蝶、树枝及身边的果实和叶子。

（郝 培）

元大都城垣遗址公园

【概况】 2022年，北京市朝阳区元大都城垣遗址公园（朝阳段）总面积67.01万平方米，其中绿地面积436526平方米、绿化覆盖率82%，水面面积64920平方米，建筑占地面积7.49万平方米，铺装面积10.84万平方米（含园路）。园区内实有树木192565株，其中乔木15970株（常绿6533株、落叶9437株），灌木176595株（常绿128051株、落叶48544株），月季与攀缘植物61665株。有竹子10764株，绿篱色块518239株，宿根花卉7111018株，草坪399147平方米。2022年，公园明确安全管理责任体系，与全园职工及所有驻园单位层层签订安全生产责任书、消防安全责任书232份。公园开放式试点改造重点工程项目，配合工程方案设计公司工作，协助调整、完善改造方案，7月中旬开始开放式改造施工。举行“迎接冬奥　法治同行”主题法治宣传教育，开展春节、北京冬奥会、党的二十大前安全检查，全年接待游人量347万人次。（于红艳）

【市民受聘社会园长】 2月11日，市民游客、摄影艺术家黄胜友受聘为元大都公园的“社会园长”。社会园长负责监督元大都公园各项园务工作，为公园运行提出意见与建议；促进游客与公园的交流与沟通，推进共建共管理念，让游客共享美好公共空间，充分体现“人民公园人民办、人民公园为人民”的理念。（刘 晖）

【“海棠花观赏期”安全保障】 4月，公园制定安全预案，利用公园内宣传栏等设备加强疫情防控宣传，提醒游客做好自身防护，不聚集、不扎堆、不接触野生动物等。出入口安排值班人员看守，督促入园人员扫码、测温，做到“入园必测”，对门区设施做定期消毒，拒绝不戴口罩者入园。通过公园人流量监控设备实时掌握园内游客数量，按照应急预案，加强引导，必要时采取限流措施。（赖兴友）

【“文明交通我劝导”志愿服务活动】7月25日至8月10日，元大都公园每天派出2名职工，早晚高峰期间到行人、车辆较为密集的惠新西街与北土城东路交会口协助交警集中开展“文明交通我劝导”志愿服务活动，大力倡导文明交通，提高市民文明出行意识。

（程丝雨）

【公园开放式改造】7月，元大都公园（朝阳段）启动开放式改造施工，截至年底完成总工程量的95%。施工拆除现有大门32个、围墙围栏8234米，路面铺装5853平方米。在原门区位置根据景观需要，设计花箱式入口、文化地雕入口及开放式入口，使用绿植银红槭、金叶复叶槭、红枫、西府海棠、八棱海棠、小叶丁香、绣线菊、大叶黄杨、红叶小檗、金叶女贞等77种绿植。围栏拆除后，根据公园绿地现状，设计盆景式精致植物组团、色带观赏植物组团、中式景墙花窗、“松花长垣图卷”等景观。新增沿街休憩场地，连通公园内部广场，改造优化广场空间布局，增设照明灯具34套、装饰灯带8组。（刘　晖）

【领导调研】10月25日，北京市园林绿化局副局长沙海江到元大都公园调研朝阳区创建公园开放管理新模式，打造“公园里的城区”相关工作，区园林绿化局、公园相关领导参加。沙海江听取公园改造及开放管理的各项工作情况，重点了解中轴路园区绿地内设计的象征山青水绿、美丽祥和的景观小品“松花长垣图卷”和公园入口的“叶脉廊架”等景观改造工程。沙海江对景观改造表示肯定，并要求日常养护工作要精细，对不文明游园行为要及时劝阻。（郭　卉）

【北京冬奥会安全保障】年内，结合安全生产“平安冰雪季”专项行动、护航冬奥消防安全百日攻坚行动，元大都公园对全园开展综治大检查，及时清理枯枝落叶，确保北京冬奥会和冬残奥会场馆周边1000米范围内的公园绿地不发生火情。加强对出租出借单位、电动自行车违规停放、非民用液化石油气、绿化养护班点、堆物堆料和两个通道的排查整治，保障北京冬奥会和冬残奥会及春节期间公园环境安全有序。（赖兴友）

四得公园

【概况】2022年，北京市朝阳区四得公园总占地面积17.54万平方米，其中绿地面积12.09万平方米、绿化覆盖率76%，水面面积0.78万平方米，铺装面积1.90万平方米，其他面积2.87万平方米。2022年，为提升公园环境，增加植物多样性，创造优美的休息场所，公园增加施肥，整治黄土露天520平方米，补植沙地柏、花草、冷季型草坪等，均长势良好。开展杨柳飞絮防治工作，注射杨柳树花芽抑制剂171株，与北京市园林科学研究院共同研究对白皮松复壮工作。开放公园绿地，打造公园城市，建设“公园里的城区”。接待游客124万人次。（崔显红）

【节日花卉布置】年内，“五一”、国庆节日前夕，在公园门区、湖区、健身步道摆放花坛及地栽花卉6处，使用花卉9.4万株。（魏佳俊）

【公园开放】年内，落实公园开放管理新模式，打造公园城市，四得公园拆除围栏531米，栽植金叶女贞色带、大叶黄杨色带、金娃娃萱草、玉簪、榆叶梅等植物，绿化修复提升1593平方米。（魏佳俊）

北小河公园

【概况】2022年，北京市朝阳区北小河公园总占地面积19.59万平方米，绿地面积15.42万平方米，绿化覆盖率为78.71%。道路面积1.61万平方米，水面积0.7万平方米，建筑面积1.91万平方米。园内绿化养护工作以加强精细化管理，实施公园开放性管理为目标，配合全国文明城区复检和党的二十大等保障任务，将疫情防控贯穿工作始终，加强景区管理，加大植物补植力度，栽植宿根花卉约2.7万株，更换和铺设各类草坪6450平方米、品种月季1000株、沙地柏800株，消灭绿化养护管理死角，彻底整治地面黄土裸露，园区景观整体提升。9月，公园实施开放式管理，拆除围栏、公园大门533延米，恢复挡墙533延米，栽植绿篱520平方米，做好继发问题应对，确保安全游园环境。做好“五一”、“七一”、国庆等重大节日花卉补植工作，栽摆时令花卉4.26万株。做好园容设施维护，改造路椅110延米，修复儿童活动区地胶垫100平方米，修复破损路面、墙壁贴面约100平方米。每日安全巡查公园区域，重大活动、节日前坚持全园安全综合大检查；适时组织职工学习法律法规、消防培训、应急演练。履行普法责任，提升安全意识，全面做好疫情防控、重要节日、会议期间的安全保障工作。日常管理中坚持“未诉先办、主动治理”，通过“接诉即办”切实为百姓解决实际问题，全年公园共受理12345市民服务热线诉求56件，“接诉即办”响应率100%、解决率100%、满意率100%，全局接诉即办工作考核排名第一。公园接待游客40万人次。（刘玉昆）

【普法宣传活动】3月14日，公园开展以“保护消费者权益，增强疫情防控”为主题的法治宣传活动。发放疫情防控资料和各类法治宣传资料100余份，活动旨在强化群众对疫情防控工作的认识，运用法律武器维护自身合法权益。（赵　强）

【公园开放】 8月3日，根据《全市公园绿地林地“减围栏、促联通”工作指导意见》及实现大尺度绿化，打造公园城市的总体目标，施工拆除护栏及墙垛532.5米，恢复低矮挡墙532.5米，栽植大叶黄杨520平方米，实施公园开放管理。工程于8月31日竣工。（赵 娜）

【春季补植】 年内，公园利用春季植树最佳时期优化公园景观环境，补植月季1000株，蛇莓12000株，沙地柏800株，玉簪15000株，冷季型草栽植4850平方米，丹麦草补种1600平方米。园区景观效果整体提升。（赵 娜）

【节日花卉布置】 年内，“五一”“十一”节日前夕，在公园东门口、园路两侧、儿童广场等区域进行花卉布置。栽植夏堇、牵牛、串红、海棠、天竺葵等花卉4.26万株。（赵 娜）

庆丰公园

【概况】 2022年，北京市朝阳区庆丰公园总面积20.21万平方米，其中陆地面积20.01万平方米、水面积0.2万平方米。绿地面积13.89万平方米，绿化覆盖率67.3%。公园紧扣科学管理和优质服务两大主题，充分调动发挥职工积极性，各项工作得到全面稳步推进。为更好地改善公园环境，践行“城市公园”新理念，对园区周边环境及园区内基础设施修复提升，修复园区围墙200延米，拆除危墙400平方米，修复园区路灯35处，修复园区墙体、木桥、座椅等设施50多处破损现状，维护公园内整体景观效果，创造安全的园区环境。公园开放项目于12月12日竣工，实现公园全面开放，体现“生态文明”和“以人民为中心”的发展理念，打造“公园里的城区”使公园更加贴近民众。全年接待入园游客14.83万人次。（郭俐呐）

【春季补植】 4月，公园对园内缺株少植、地面斑秃地块苗木补植。包括草坪、丹麦草、金娃娃、崂峪苔草、月季、沙地柏、大叶黄杨、女贞、丁香、石竹、二月兰种子、百日草种子等，补植面积3500平方米。（张 珺）

【公园开放】 8月12日，朝阳区城市公园开放（试点）项目庆丰段动工，12月12日竣工。项目改造面积12517.24平方米，施工拆除公园大门10处，沿街围栏1200米，还包括绿化工程、庭院工程、照明工程，其中栽植落叶乔木97株、落叶灌木99株、绿篱色块3330平方米、宿根花卉5200平方米、月季7500株、时令花卉8000株、草坪1200平方米。（于海强）

【古树名木保护普法活动】 10月17日，区园林绿化局、区城管执法局、双井街道办事处及庆丰公园联合开展古树名木保护管理普法宣传活动。朝阳公安分局副局长凌子军、区城管执法局副局长高金锁、区园林绿化局副局长李大鹏对庆丰公园的古树实地检查，全面了解古树生长、保护及管理情况。活动现场通过展板展示，发放宣传册、宣传品等方式向市民普及《北京市古树名木保护管理条例》等法律法规，此次活动旨在提升市民群众保护生态环境意识，营造自觉保护、依法保护、科学保护古树名木的良好氛围。（王明杰）

【花卉布置】 年内，“五一”“十一”节日前夕，在管理处门口、东园主入口门区、白帆位置栽植三角梅、变叶木、一品红、黄孔雀草、粉牵牛、串红、世纪红叶等各类花卉10930盆，提升景观效果，为游客营造优美多彩的游园氛围。（张 珺）

大望京公园

【概况】 2022年，北京市朝阳区大望京公园占地面积33.49万平方米，其中绿地面积25.84万平方米，绿化覆盖率83%，铺装面积5.12万平方米，水面面积2.34万平方米，管理用房面积1811平方米，景观建筑面积128平方米，草坪面积5.86万平方米，地被面积19.98万平方米。园内实有树木9.18万株，其中乔木1.02万株、灌木8.16万株，月季1.07万株，攀缘150株，竹子6.03万株，宿根花卉58.12万株。栽植海棠花7800盆，栽植玉簪1万盆、苔草5000平方米、丹麦草2万平方米。针对树种和面积等因素，合理安排，把握时机，安全、合理的开展养护工作，深化公园精细化管理工作，开展优化网上“12345”审核回复培训，认真做好文明城区创建工作。加强安全管理工作，全年安全检查18次，查出一般隐患8项，及时责成相关部门整改。开展安全教育培训5次，消防安全演练3次。在区园林绿化局公园系统全年各项养护评比中，大望京公园养护成绩获得好评。全年公园接待游客73.03万人次。（许秋珩）

【鼠饵站投放补药】 2月28日，公园排查园内鼠饵站和鼠药投放情况，更换褪色警示标识及鼠药，并做好记录。对厕所等处喷洒灭虫药，做好病媒生物监测灭杀，预防传染疾病的发生。（许秋珩）

【基础设施维修维护】 3月15日，公园开展基础设施维修维护工作，修复脱落的墙面200平方米，路牙子50延米，增加干垒墙32延米。修复脱落的墙面砖6平方米，维修石子路17平方米，维修路牙3延米，调整电箱1次，维修灯箱3个、桌子2张、水龙头3个，电闸维修拆除2处，更换垃圾桶标签20个，更换灯芯23个，维修灯芯20个，抽污水1次。（岳晓萌）

【杨柳飞絮治理】 5月24日，公园开展“输液”治理作业，使用药剂十里晴杨柳絮抑制剂，对园区毛白杨及柳树雌株共计800棵做“输液”治理。（王全生）

【公园开放】 8月，公园完成拆除围栏和恢复绿化工程。施工内容包括：拆围栏、门区改造、优化植物种植等，共拆除围栏2254米、修复挡土墙2000余米、增加工字门5处。新增藤本月季6000余株、绿篱1270平方米、红王子锦带110平方米、马蔺210平方米、金叶女贞132平方米、棣棠110平方米、丹麦草1635平方米、崂峪苔草750平方米，实现城市与公园的自然融合与统一。该工程于8月30日完工。

（王金生）

【土建修复设施维修】 年内，公园对设施维护修补，路面及墙面维修透水砖176平方米，维修花岗岩284.5平方米，铺设鹅卵石路17平方米，路缘石26.5延米，维修下水道29处，维修塑木地板、木地板79平方米，维修墙面51平方米，岗亭顶部贴铝塑板45平方米，维修树池13个。电气照明运维方面，维修照明系统82次，维修园路灯7个，游乐场维修电缆20米，维修灯箱电闸配电箱34次。（岳晓萌）

【花卉布置】 年内，“五一”“七一”“十一”节日前夕，在公园西一门、西二门处栽植时令花卉，有菊花、比格海棠、孔雀草等多种花卉7.65万株。栽植面积每次110平方米，其中“十一”期间栽植小菊3000余株。（王金生）

望和公园

【概况】 北京市朝阳区望和公园总占地面积38.62万平方米，其中绿地面积30.02万平方米，铺装面积7.6万平方米，水面面积0.98万平方米，绿化覆盖率80%。公园由南、北两大园区构成。南园位于北四环与京承高速相交的望和桥东北角，占地面积22.5万平方米，其中绿地面积18.55万平方米、园路及铺装面积3.95万平方米。北园西侧紧邻京承高速路，北侧和北小河公园隔河相望，东侧为南湖社区，南侧为城铁15号线，占地面积约16.1万平方米，其中绿地面积11.47万平方米、园路及铺装3.65万平方米、湖面0.98万平方米，是望京地区最大城市休闲公园。园区内栽植油松、华山松、白皮松等常绿乔木2493株，栽植白蜡、银杏、栾树等落叶乔木16887株，栽植大叶黄杨、沙地柏等常绿灌木197431株，栽植丁香、迎春等落叶灌木15270株，水生植物80667株，竹子7010株，栽植黑心菊、玉簪等花卉地被55078平方米，铺设草坪226300平方米。年内，南北园维修塑胶跑道约300平方米；维修园路路面约300平方米；南园防腐木地板、座椅、廊架、扶手等维护刷漆约900平方米；8月，拆除北园围栏1619.72米，安装花箱96个。广场台阶维修粉刷约280平方米。全年接待游客72.9万人次。

（肖晓晨）

【领导调研】 3月8日，中国绿化基金会副主席兼秘书长陈蓬一行到朝阳区“互联网＋全民义务植树”基地（望和公园南园）调研“互联网＋全民义务植树”工作。首都绿化委员会办公室二级巡视员刘强、义务植树处处长刘丽莉、朝阳区园林绿化局副局长李大鹏等领导参加调研。望和公园主任介绍基地的活动开展情况、基地科学规划、发展前景等情况。（董　鑫）

【全民义务植树】 3月12日，朝阳区“互联网＋全民义务植树”基地（望和公园）开展园林抚育尽责活动，周边市民42人参加中耕开堰及为乔木清理冬季防虫害的黄胶带活动，抚育树木180余棵。（董　鑫）

【公园开放】 7月29日，北园实际拆除围墙（栏）1619.72米，新增花箱89个，栽植北海道黄杨4550株、卫矛5500株、黄刺玫1365株、沙地柏1600株。

（闫　丹）

【“市民花园节”活动】 10月24日，首都绿化委员会办公室主办的“市民花园节”活动，在朝阳区“互联网＋全民义务植树”基地（望和公园）举办。望和公园作为朝阳区活动会场，发挥朝阳区“互联网＋全民义务植树”基地优势，响应“双碳”号召，通过童趣再生花园为公园内的儿童打造一处游玩的好去处。花园结合公园现有森林大篷车及沙坑，以森林大篷车、“义务植树”和“碳中和”宣传展板为背景，以可再生利用材料为主，通过资源再利用传达环保理念的同时打造童趣再生花园景观，展示活动持续一周，当天入园游客即可参观。

（董　鑫）

【互联网＋全民义务植树】 年内，朝阳区“互联网＋全民义务植树”基地（望和公园）接待市民义务植树尽责35场次，接待1819人次，栽植树木830株，抚育山桃、接骨木、榆叶梅、樱花、连翘等苗木4324株，清扫绿地8200平方米，新增认养树木111株，发放《首都全民义务植树尽责证书》1110份、《国土绿化荣誉证书》150份。

（董　鑫）

水　务

【概况】 2022年，北京市朝阳区水务局（简称“区水务局”）完成供水、防汛、节水、水环境治理等任务目标。全面打造“古都京韵·亮马河国际风情水岸”，率先开展园林绿化非常规水源置换，年可利用非常规水源629万立方米，率先成立区节约用水促进会，完成16家机关事业单位及35个社区（村）节水型载体创建，落实“大海绵城市”理念，建成区海绵城市达标率提升至28.04%，创新朝阳区服务中央单位举措，完成农展馆后湖补水工程，实现日补水量3000余立方米。

【重点河道工程建设】 年内，亮马河旅游通航延伸工程于5月全面开工建设，建成“1河2湖24桥18景”，实现东三环经朝阳公园湖至红领巾湖全长6千米旅游通航，打造“古都京韵·亮马河国际风情游”，填补市中心水上旅游资源空白。带动蓝色港湾、朝阳公园、郡王府等地区产业经济，实现河道复兴带动城市更新。改造提升亮马河景观和品质，铂宫船闸实现一键过闸功能；完成新东路桥、新源街桥桥下连通及四环路钢坝闸两侧滨水绿道连通，实现亮马河四环内滨水绿道与城市绿道贯通；燕莎码头服务设施、蓝港观鱼投入使用，成为北京市大运河文化带高质量建设的样板工程。坝河滨水空间建设一期（使馆区东区段）全封闭实施，10月1日建成向市民开放。孙河组团滨水空间建成2.5千米滨水绿道、2.7万平方米雨洪湿地，为周边群众提供12.2万平方米高品质公共空间。通惠灌渠（高碑店路至五环路段）河道治理工程进入施工准备阶段，北小河（京承高速路至五环路段）、坝河（酒仙桥路至郎园段）滨水空间建设工程进入立项评估阶段。大华窑沟治理项目取得可研批复，进入概算审批阶段。完成东坝中央公园及北小河滨水空间建设方案征集工作，完成北京人才公园方案编制。

【溯源治污】 年内，朝阳区完成157处市级关于污水混接、错接治理任务。实现青年路沟、观音堂沟消除劣Ⅴ类水体目标，8处国考、市考断面平均水质均达到Ⅲ类。

【河长履职】 年内，区水务局落实市总河长令要求，区两位总河长首次签发区总河长令，督办街乡、部门履职，高位助推市总河长令清单任务落实。召开全区范围防溺水、河湖垃圾、地下水管理等专项工作会议3次，区级河长开展巡河检查20余人次，街乡、社区（村）级河长巡查检查2万余人次，落实市、区督办问题1300余件。开展“月检查、月考核、月通报、月提醒”，下发《朝阳区河长制工作信息》10期。组织召开成员单位会议3次、培训会议3次，专题会议15次、工作提醒会议23次，协调市、区现场调度会议9次。

【涉水营商环境优化】 年内，朝阳区落实市、区优化迎商环境改革；完成朝阳区数字服务工作；优化水影响评价审批流程，推行“评审合一”，减少专家评审。政务服务窗口全年接收政务服务申请425件，受理411件；办理“多规合一”会商76件；组织“水评”会商会9次，专家审查会6次；双公示行政许可信息214条；接听咨询电话300余次，网上审件81件。政务服务收件量比上年增加137件，增长47%，获政务服务局“优秀首席代表”称号。

【行政执法】 年内，区水务局实施柔性执法和包容审慎监管，开展执法检查34690件，行政处罚案件1161件，其中一般程序处罚案件220件，不予处罚案件102件，简易程序处罚案件839件，罚款697.421万元。

（王　珂）

防　汛

【概况】 2022年，区水务局加强预案编制，完善水务专项、水务局及河管单位水旱灾害防御三级预案体系；修订完善北运河流域朝阳段应急预案、中小河道防汛应急预案等9项预案。压实河管单位工作职责和防汛责任，明确闸坝、堤防、河道重点部位的“行政责任人、巡查责任人、技术责任人”。组织各街乡、管线权属单位清理雨水箅子、雨水管涵、马路边沟等内污物，清理排水集团权属以外的公共设施680余千米2.1万余处、居民小区内等专用设施655千米2万余处。汛前组织完成65处河道所属闸坝及供电设施等的维修保养，实现闸坝养护“全覆盖”，完成青年路沟妨碍河道行洪障碍物的清理。成功应对朝阳站大华窑沟、康化路、万红路铁路下凹桥、将台东路铁路下凹桥、黄杉木店村平房区、豆各庄天达路、东五环平房立交桥险情。完成闸房设备、电路等安全专项检查50次，实现专业养护与安全巡查“双到位”。

【防汛部署调度】 3月21日，区水务局召开三里屯街道积滞水工程治理设计方案专题会，探讨三里屯街道武警医院西侧路、雅秀北路下雨积滞水的成因和工程治理方案，要求对雅秀路积水问题，优化方案，简节可行，以最经济的投入解决道路积滞水问题。区水务局防汛工作相关人员参加。4月12日，区水务局召开黄厂路、豆各庄中路、化八宿舍积水问题专题会，对三处积水问题分别明确责任单位并确定基本方案，由各责任单位推进落实。区水务局、区交通委、豆各庄乡政府、土储朝阳分中心、北京房地集团物业公司相关负责人参加会议。7月3日，朝阳区出现暴雨。5时25分，区气象局发布暴雨蓝色预警，8时30分，发布暴雨黄色预警，11时解除暴雨预警；16时40分，再次发布暴雨蓝色预警，4日6时解除。其间，区河道管理一所、二所，区排水管理中心加强对自管河道、雨污管线的巡查检查，根据雨情及时调度河道闸坝，主要水闸提闸、橡胶坝塌坝运行。区水土保持与科技管理中心汇总雨情、水情信息，为领导调度提供参考。区水务局重点加强对大华窑沟朝阳站下游排水管清理，调派2个防汛抢险小组实施水泵抽排；根据属地需求，各调派1个抢险小组到平房乡黄杉木店平房区、十八里店乡康化路支援，出动巡查人员46人次，巡查河道31条，雨污水管线34千米，闸坝54座。7月27日，朝阳区出现暴雨。1时20分，区气象局发布暴雨黄色预警，1时40分升级暴雨橙色预警，2时5分升级暴雨红色预警，3时30分解除。13时50分发布暴雨蓝色预警，15时08分升级发布暴雨橙色预警，17时20分降级为暴雨黄色预警，20时降级为暴雨蓝色预警，28日6时解除；其间28日1时50分，北京市气象局发布暴雨黄色预警，区河道管理一所、二所，区排水管理中心第一时间响应，加强自管河道、雨污管线巡查检查，根据雨情调度河道闸坝，主要水闸提闸、橡胶坝塌坝运行。对重点点位和积水险情，调派2个抢险单元到大华窑沟“四台泵”处，使用排水抢险水泵实施抽排作业，保障大华窑沟暗涵排水通畅；调派2个抢险单元到酒仙桥北路及万红路对积水下凹桥实施抽排作业。此次应对，出动巡查人员755人次，巡查河道31条，闸坝65座，应对处置规范有序。8月4日19时，朝阳区出现雨情。16时05分，区气象局发布雷电黄色预警，19时25分，发布暴雨蓝色预警，21时30分解除。其间，各基层单位根据各自职责开展工作，重点加强对大华窑沟朝阳站下游排水管清理，调派2个防汛抢险小组实施水泵抽排作业；根据属地需求，派出1个排水单元到平房地区（乡）积水点，派出1个排水单元到黄杉木店村支援排水。此次应对，出动巡查人员85人次，巡查河道31条，闸坝54座。

【“7·3”降雨】 7月3日0时至4日6时，朝阳区平均降雨量62.2毫米，最大雨量在黑庄户都市农汇园站，127.6毫米。主要经历两个场次降雨，分别为7月3日1时至11时、7月3日15时50分至4日6时，平均降雨量分别为53.3毫米和8.8毫米，最大降雨量分别在黑庄户都市农汇园站117.9毫米、四元桥站16.6毫米。3日0时至4日9时，清洋河累计向清河分洪约5.1万立方米；坝河累计向温榆河分洪约101.9万立方米；通惠排干累计向凉水河分洪33.7万立方米。

【“7·27”降雨】 7月27日1时至4时，朝阳区平均降雨量67.8毫米，最大雨量在东湖站113.9毫米，最大小时雨强也出现在东湖站111.0毫米。有4个站雨量超过100毫米，分别是东湖、酒仙桥、将台站、崔各庄奶东公园站。27日1时至10时，清洋河累计向清河分洪约31.42万立方米，坝河累计向温榆河分洪约100.5万立方米，通惠排干向凉水河分洪约68.62万立方米。7月27日13时50分至17时20分，全区平均降雨量39.8毫米，最大雨量在豆各庄站92.5毫米。27日13时至18时，坝河累计向温榆河分洪约81万立方米，通惠排干向凉水河分洪约64.8万立方米。

【“8·4”降雨】 8月4日19时至21时40分，朝阳区平均降雨量34.5毫米，最大雨量在三间房站62.4毫米。4日19时至22时，清洋河向清河分洪约3.8万立方米；坝河向温榆河分洪约9.6万立方米；通惠排干向凉水河分洪约7.7万立方米。 （王　珂）

节　水

【概况】 2022年，朝阳区生产生活用水总量3.7亿立方米，新水用量3.32亿立方米。区水务局加强计划用水过程管理，建立三级节水工作管理体系，落实“四方”责任，在全市率先实现辖区用水户区级管理全覆盖。北京中学西坝河校区人均用水量达到北京市地标先进值目标，完成16家机关事业单位及35个社区（村）节水型载体创建。

【节水创建】 1月5日，区水务局到北京中学南、北校区实地调研，区教委、东坝地区（乡）、北京中学相关负责人参加。现场踏勘后，双方就北京中学建设过程中遇到的实际问题交换意见和建议。根据区域开发建设实际，交流校园节水创建，打造“节水—海绵型示范校园标杆”，供排水领域永临规划结合等工作，达成初步共识。区水务局为北京中学建设和后续管理提供行业支撑，对接具体工作；宣传推广经验和举措，为朝阳区打造“节水校园”“海绵校园”起到示范作用。3月22日，到北京中学23号地块专题座谈，区教委、东坝乡、市排水集团、北京中学、相关设计、咨询单位主要领导和具体负责人参会。各方交流北京中学23号地块内涉及排水沟临时方案及北京中学南校区、明德校区节水管理问题等。区水务局局长指出，按照需求导向，满足防洪、节俭干净的思路，实施驹子房沟临时通行方案；以学校为主体，按照人均年用水量10立方米以下的标准，加速推动北京中学节水示范建设。

【节水工作交流合作】 1月7日，区水务局到区市场监管局交流工作。双方研讨交流重点用水单位监督检查和小公司关停事项，并达成共识。探索建立联合检查机制，依据各方职责加强对重点用水单位和特行用水单位的监督检查，督促用水单位履行节水义务。1月11日，到房山区拱辰街道宜春里社区调研节水工作，并与社区工作人员座谈，房山区水务局参加。通过调研，拓展对于“行业指导、社区引领、全民参与”节水模式的理解，借鉴房山区宜春里社区节水工作典型经验，结合朝阳区情，探索纵向延伸节水工作体系，通过工程措施、信息科技、节水宣传等，建设社区节水文化等。4月22日，到中国传媒大学调研座谈。会上，双方围绕厘清户表关系、节水设施改造、节水宣传培训等内容细化明确工作任务，特别是结合朝阳区节约用水促进会成立，就如何更好地发挥传媒大学自身特色，拓展“共建、共享”内容达成一致意见。启动传媒大学“大总表”梳理分离，开展校园供水管线探漏，包括非常规水源利用、重点用水部位改造等方面。融入海绵理念，形成品牌亮点，全方位建设节水型高校。4月26日，与央视国际传媒集团有限公司专题座谈，提升水务成果宣传水平。7月5日，到区教委沟通如何推进朝阳区教育系统“取供用排”相关工作，探讨教育行业在节水、排水、供水等方面存在的问题，研究解决方案，并就长效合作达成一致意见。围绕节水宣传、校园创建、计划指标管理、错接混接整改、自备井置换等专项工作，加强统筹调度，打造示范典型。7月7日，到北京朝阳站对接工作，东风地区工委（乡党委）武装部部长、朝阳站站长等参加座谈。会上，双方明确水务工作与客运站管理衔接点和合作方向，研讨用水计划指标管理、供排水等工作，并达成一致意见。11月1日，区水务局联合区委宣传部召开节水型电影院创建项目座谈会。与会人员探讨节水型电影院创建内容、活动方式及宣传途径等。副局长孙鹏、节水办、区委宣传部新闻出版电影管理科相关负责人及辖区部分影院代表参会。

【调研座谈】 1月18日，区住建委到区水务局开展老旧小区改造工作对接座谈会。会上，双方探讨老旧小区改造项目融入节水、供水、排水等内容，明确通过选取试点，把高效节水器具换装补贴、供水管线改造、智能水表更换、雨污分流等纳入老旧小区改造内容；对如何有效开展工作达成一致意见。4月14日，市水务局到朝阳区现场调研并召开节水专题座谈会。会上，与会人员探讨户—表梳理工作、用水数据统报、用水户分级管理等问题。市水务局对朝阳区节水工作取得的成果表示认可，特别是团结湖街道双达标创建工作在全市率先探索形成“取供用排”全流程管理新模式，并对朝阳区节水促进会的成立表示祝贺。

【节水宣传】 3月22日，是第三十届“世界水日”，3月22日至28日是第三十五届“中国水周”，朝阳区组织开展水资源保护专题宣传活动。结合常态化疫情防控要求，坚持以线上宣传为主，线下宣传为辅。依托“亲水朝阳”公众号，启动“水日水周主题活动”，参与人数7000余人。开展《公民节水行为规范》《地下水管理条例》科普专题活动，推出条例相关有奖答题，普及地下水知识；开启朝阳群众“小河长”志愿者线上招募活动，带动更多家庭参与到河湖管护和水生态文明建设的志愿服务中来。为43个街乡、高校、教育系统、企业配发宣传材料，发放海报16000张，宣传品2000余件。教育系统通过在学校内播放节水宣传片、开展主题班会等方式营造水日水周宣传氛围。5月15日至21日为全国城市节约用水宣传周，主题为“建设节水型城市，推动绿色低碳发展”，组织开展系列节水宣传活动。以亲水朝阳公众号为主阵地，推出节水宣传周启动、朝阳区节水工作成果等公众号4篇；推出节水（接水）小游戏，发布区水务局IP“清清”专属节水表情包，启动2022年居民家庭安装高效节水器具补贴工作；开设线上课堂，张贴海报18000余张、发放宣传材料和宣传品10万余份，倡导公民自觉践行《公民节约用水行为规范》。

【老旧小区改造】 4月2日，区水务局组织召开老旧小区改造工作专题推动会，区住建委老旧办、市自来水集团庭院线改造工作组、区水务局相关负责人参会。研究、讨论推动老旧小区改造涉水事宜，成立联席调度机制；对节水器具换装、雨污分流改造、节水宣传配套等工作，明确分工，与老旧小区改造进度“合上拍”；推动太阳宫芍药居、筐头北里、团结湖水碓子等项目。6月21日，芍药居北里老旧小区综合整治项目部召开“吹哨报到”会。太阳宫地区（乡）、区水务局相关领导等出席。区水务局、区住建委、区园林绿化局、区城管委、太阳宫地区办事处、市自来水集团、市排水集团、区节水促进会、北京市东屿物业管理有限公司及各参建单位参加会议。太阳宫地区节水型老旧小区综合整治项目（芍药居北里小区一、二区）正式复工，会议明确后续工作方向与重点，定期会商，加强统筹调度，发挥节水促进会专业指导作用，打造朝阳区节水型老旧小区改造示范品牌。

【节水促进会换届选举】 4月12日，朝阳区节约用水促进会召开选举大会，审议通过节水促进会会费管理使用办法并举行理事会委员换届选举，全体会员43人参会，区水务局领导参加。节水促进会旨在提高朝阳区节约用水行业整体水平，规范节水服务和产业发展，助力水生态文明建设，提高全民节水意识，共建节水型社会。（王　珂）

消防救援

【概况】 2022年，朝阳区消防救援支队隶属于北京市消防救援总队，下设18个职能处室、5个大队、5个特勤消防站、21个消防救援站、48个小型消防站、1个搜救犬站。新增小型消防站20个，10月5日集体揭牌投入备防。接火警9434起，其中成灾火灾1252起。接抢险救援2560起、社会救助4128起。出动消防车2.3万辆次、消防员16.6万人次。执行重大勤务245场次，政治类勤务33次，一般群众性活动14次，出动执勤车1169次，执勤人员8721人次。在北京冬奥会和冬残奥会消防安保中，朝阳区消防救援支队及1个消防救援站获评北京市先进集体，1个消防救援站获应急管理部集体一等功，1人获应急管理部“全国应急管理系统二级英雄模范”称号，2人荣立个人一等功，4人荣立个人二等功，57人荣立个人三等功，166人获嘉奖。朝阳区消防救援支队获评2022年度北京市应急值守工作先进单位，2022年首都应急管理创新案例一等奖、三等奖，2022年“首都劳动奖状”；中国共产主义青年团朝阳区消防救援支队委员会获第十六届北京市思想政治工作优秀单位；左家庄特勤站获评应急管理部第六届全国119消防先进集体。

（谷雯丽）

【火灾扑救】 1月30日6时10分，高碑店地区（乡）熏皮厂村21号发生火灾，北京消防救援总队作战指挥中心接到报警后迅速调派总队、支队两级全勤指挥部，8个消防站23辆消防车115名指战员到场处置。当日7时42分，现场明火被扑灭，燃烧物为10间简易房，过火面积260平方米，事故造成2名群众遇难，起火原因系电气线路故障所致。（秦　旸）

【消防宣传培训】 年内，区消防救援支队为北京冬奥会和冬残奥会，参加录制《一起向未来》《天下一家人》等

▲ 2022年9月21日，在北京市2022年自防自救力量消防大比武决赛中，朝阳区消防救援支队获团体第一名。图为决赛现场合影（吉振新 摄）

节目，并自发录制中、英、葡萄牙三个语种的消防安全提示片，在各场馆滚动播放；联合知名品牌52TOYS设计融入消防元素的3D卡通形象，指导“猿辅导”“尚德教育”等在线辅导机构，开设“消防安全教育云课堂”，覆盖北京150余万、全国1000余万中小学生；在“798”艺术区承办2022全国消防文创展，征集全国文创代表作品20余件，全市书绘、雕塑、IP形象等各类文创作品400余件，并聘请濮存昕等担任消防宣传公益使者；建立全国首个基层消防实操实训基地，开展直播报道11次。在国家级媒体发表文稿321篇，在市区级媒体发表文稿2925篇。联合建立消防主题影院20家、主题餐厅58家、主题公园5家。“一警六员”实操实训8.1余万人，社区、村及重点单位自防自救力量注册4328个，朝阳“红马甲”消防志愿宣传队发展至5.4余万人，开展志愿活动191场次，夺得全市2022年“自防自救力量”消防大比武竞赛团体第一名。

【消防安全管理人培训】 年内，区消防救援支队组织17名从事10—25年消防监督管理工作专业讲师编制教学课程，开办消防安全管理人培训班。综合全区“2021年度消防安全管理先进单位”实际情况，选12家单位作为培训参观见学对象，采取理论＋实操考试形式，完成全区3000名消防安全管理人培训。（吉振新）

【消防专项治理】 年内，朝阳区推进治理村民自建房、老旧小区、电动自行车、“两个通道”（消防通道和疏散通道）整治等薄弱环节，防控高层建筑、学校、养老机构等六类重要场所。将807处在建工程全部纳入监管视线；申请维修资金1860余万元，完成10处区级挂账隐患小区维修改造；在村民自建出租房屋消防安全治理中，对54个重点村开展“进村入户”核查，排查房屋27856栋，隐患录入10896处，村民自建出租房商业类隐患录入612处，排查率、录入率、录入量均居全市第一；打通消防通道1127条、建设消防水池63个、消防水泵92个、室外消火栓3182个，村民自建房集中区域安全环境得到净化；对全区1138栋高层公共建筑、5890栋高层住宅建筑、112栋大型商业综合体开展隐患分类，以中信大厦为对象开展超高层灭火救援实战演练，针对朝阳CBD地区超高层建筑集中情况，制定CBD地区《高层建筑重大火灾风险“一楼一册”专项整治工作方案》，树立典型向全区推广；聚焦新型燃料、气膜馆、密室逃脱、室内冰雪活动和室外露营等新材料新业态，推进相关部门综合治理，规范管理。全年检查单位1.94万家，督促整改火灾隐患2.45万余处，罚款4.45万元，临时查封215处，“三停”282家。（刘振洋）

【消防安全监督机制完善】 年内，区消防救援支队完成北京冬奥会、党的二十大期间社会面火灾防控工作。向属地政府、行业部门及各街乡进行火灾预警提示58次，全面梳理不放心不托底场所182处。完善联勤联动机制，全区43个街乡全部落实防火委实体化；召开全市村民自建出租房屋消防安全综合治理工作现场会；完成三年专项行动收官攻坚任务；出台《朝阳区火灾事故延伸调查工作规定》；建成全国首个村级消防技能实操实训培训中心；推动区房管局每年批复公共维修资金约1.5亿元，全区微型消防站数量3046个。

（刘振洋）

【消防行政许可】 年内，区消防救援支队开展公众聚集场所投入使用、营业前消防安全检查1072家单位，出具公众聚集场所投入使用、营业前消防安全检查意见书1072份，其中合格807份、不合格265份。（许 威）

【消防队站建设】 年内，区消防救援支队完成规划北工大特勤消防站投入备防工作，朝阳区消防指挥中心及百子湾特勤消防站建设工程开工，电子城西区消防站建设工程选址工作。

（韩成龙）

生 态 环 境

生态环境保护

【概况】 北京市朝阳区生态环境局（简称“区生态环境局”）。2022年，全区$PM_{2.5}$累计平均浓度31微克/米³，比上年下降8.8%，全市排名第十。PM_{10}、二氧化硫（SO_2）和二氧化氮（NO_2）累计平均浓度分别为58微克/米³、3微克/米³和30微克/米³，均达国家环境空气质量二级标准。空气质量优良天数286天，优良比率78.4%，重污染天数4天，比上年减少2天。降尘量3.6吨/千米²·月（扣除沙尘天），比上年下降23.4%。

【第二轮中央生态环保督察问题整改】 2月16日，区委书记王灏主持召开十三届区委常委会2022年第6次会议，听取朝阳区中央生态环境保护督察整改任务落实情况汇报。7月11日，区委书记文献主持召开十三届区委常委会2022年第21次会议，强调要夯实环保责任，抓好第二轮中央生态环保督察整改。全区承办的第一轮、第二轮中央生态环境保护督察46项整改任务，除2项达到序时进度外其余全部办结；两轮共728件信访案件，办结727件、阶段办结1件。承办的第一轮北京市督察14个大项整改任务全部完成，交办1570件信访件，办结1562件，阶段办结8件。

【重大活动空气质量保障】 2月，区生态环境局牵头开展朝阳区重大活动空气质量保障工作，建立常态化保障工作机制，制定细化方案，明确分工，做好北京冬奥会和冬残奥会、党的二十大等重大活动期间空气质量保障工作。年内编写印发《朝阳区大气污染防治工作日报》56份，《朝阳区空气质量专报》80份，推动各单位严格落实工作措施，对污染问题线索整改落实到位。开展国控站数据小时级盯守，对子站周边重点工地实施24小时盯控，第一时间制止污染排放行为，降低本地排放影响，组织开展“冰雪行动”专项执法。二十大期间，对255家企业和7家重点工业企业各开展两轮全覆盖检查，指导企业落实减排要求。北京冬奥会和冬残奥会期间，全区$PM_{2.5}$平均浓度24微克/米³，比上年下降65.7%，空气质量持续为优良水平。二十大保障期间，全区$PM_{2.5}$累计浓度43微克/米³，排名城六区第二名，变化率全市第二名，完成重要活动期间空气质量保障工作。

【空气污染应对】 3月7日，北京市发生区域性空气污染过程，区生态环境局重点围绕重型柴油车、非道路移动机械、渣土运输车、施工扬尘、道路遗撒、企业排污等突出问题，加大执法检查力度，出动执法人员558人次，检查固定源企业170家次，检查机动车21849辆次。其中，人工检查重型柴油车268辆次，检查14家工地，3台机械，检查加油站6座，检测1座。监督检查机动车检验机构。通过管控措施的落实，$PM_{2.5}$浓度逐渐下降。11月11日，北京市发生空气污染过程，区生态环境局对工地、汽修、餐饮等行业开展全时执法检查，检查餐饮、汽修、工地等各类污染源企业56家次，检查重型柴油车645辆次，不合格27辆次，检测非道路移动机械15台。各行业主管部门通过“在线监控+实地检查”方式严管施工扬尘，全区施工现场全覆盖巡查，实地检查工地2个，检查单位63家，检查车辆128辆，查处汽修业内违章2起。

【违法排污专项执法行动】 3月15日至4月15日，区生态环境局联合六部门开展非道路移动机械和“黑加油站点、非法流动加油车”专项执法行动。专项执法行动期间，建立联合工作机制，组织召开工作部署会，检查工地82家次，检查机械150台次，处罚5台；开展联合执法检查12次，检查加油站107座次，检查重型柴油车7106辆次，查处排放超标柴油车390辆次。

【环保议题调研】 3月17日，区人大常委会副主任宝月凤、区人大城建环保委委员及专业代表小组成员开展调研活动，听取和审议朝阳区2021年度环境状况和环境保护目标完成情况，对加大一线执法力度、加强资金保障、提高资金使用效率、提高核心区施工扬尘管控标准工作提出意见建议。副区长孟锐和区生态环境局、区发展改革委、区城管委、区住建委、区水务局、区园林绿化局等部门参加调研。

【涉疫废水监管】 5月12日，区生态环境局对集中隔离观察点和集中居住健康监测酒店污水排放、化粪池消毒等情况开展现场督导检查，确保集中隔离酒店污水消毒落实到位，出动督导检查人员 84 人次，检查集中隔离观察点 19 家次，检查集中居住健康监测酒店 41 家次。

【入河排口检查】 6 月 22 日，区生态环境局对全区 32 个入河排口开展入河排口专项检查，重点加强对城镇集中污水处理厂退水口、有水排口的出水水质颜色、气味检查，确定废水来源，摸清辖区内入河排口现状及存在的问题，加大排口整治情况检查及溯源力度，严厉打击和整治各类非法排口。

【迎接第二轮北京市生态环境保护督察】 8 月 30 日，朝阳区召开北京市第一生态环境保护督察组督察朝阳区工作动员部署会，区委副书记、代区长吴小杰主持会议，督察组组长魏连伟、副组长李晓华、区领导文献、李国红、赵立军、宝月凤、许杰、孟锐、张岩、马天博及全区各部门党政负责人，各街道、地区（乡）党政主要负责人 174 人参加会议。督察期间，区生态环境局牵头印发全区迎检工作方案，全面落实督察迎检工作。配合督察组对亮马河、温榆河公园等 14 个点位考察调研；现场督察街乡 28 家次、委办局 5 家次，检查排污企业 75 家次，走访问询区级部门和单位 14 个，调阅资料七批次 2408 份；牵头组织 12 件督办案件、101 件信访交办件办理，年内督办件全部办结，信访案件全部完成上报和公示。

【生物多样性保护】 11 月 1 日，区生态环境局邀请北京林业大学生态与自然保护学院相关专家学者就朝阳区生物多样性保护规划编制工作开展座谈交流，研讨城市生物多样性保护发展情况、面临的主要威胁、生物多样性宣传教育等内容。截至 7 月，全区建成城市绿地面积 1.6 万公顷、公园绿地面积 6399.8 公顷，均居全市第一。近 5 年，朝阳区累计完成新建改造绿化面积 3785 公顷，森林覆盖率提升至 23.93%，绿化覆盖率达到 48.05%，新建改造各类大中小微公园 135 处，“两环六楔、五河十园、多廊交织”（“两环”即一道绿隔城市公园环、二道绿隔郊野公园环；“六楔”指区域内六条楔形绿色廊道；“五河”是流经朝阳区域的清河、温榆河、坝河、通惠河、萧太后河；“十园”即朝阳区域内现有或规划在建的十处公园，包括奥林匹克公园、朝阳公园、平房郊野公园、朝南万亩森林公园、温榆河森林公园、黑桥创艺公园、东郊森林公园、金盏森林公园、金田公园、黑庄户农业休闲公园）核心绿色空间格局逐步建成，为野生动植物等提供重要栖息环境。温榆河公园和朝阳公园作为朝阳区生物多样性保护示范样例，在生物多样性保护方面取得明显成效，温榆河公园现拥有包括银杏、水杉国家一级保护植物在内的 571 种植物品种，观测到 210 种鸟类、136 种陆生昆虫以及 3 种陆生哺乳动物，其中包括中华秋沙鸭、大天鹅等珍稀濒危鸟类。朝阳公园现观测鸟类记录 38 种，其中包括国家二级重点保护鸟类鸳鸯、红隼。

【辐射环境监督执法】 11 月 8 日，区生态环境局联合公安、卫生等相关部门开展放射源存放场所辐射安全监督检查，并进行辐射安全应急演练桌面推演。年内，对 495 家单位监督检查，对发现存在问题的单位依法查处，下达限期整改通知 19 份，行政处罚存在无许可证从事射线装置使用、许可证有效期届满且未按照规定办理延续手续等违法行为的单位 16 家。

【秋冬季大气污染综合治理攻坚行动】 12 月 7 日，朝阳区召开区长办公会，区长吴小杰调度 2022—2023 年秋冬季大气污染综合治理攻坚行动工作，会上听取《朝阳区 2022—2023 年秋冬季大气污染综合治理攻坚行动方案》（简称《方案》）汇报，会议通过后正式印发。《方案》对各街乡设定秋冬季空气质量目标值，主要包含 7 大类工作措施、38 项主要任务，细化各主责单位的具体任务、完成时限、工作措施和目标要求。推进优化产业结构、优化能源结构、优化运输结构“三优化”工作；抓好提升环境精细化管控“一提升”工作；强化区域协同执法、远程科技执法、开展综合执法、污染源头执法、移动源全时执法“五执法”工作；做好重污染天气、污染过程、特殊天气应对；加快能力建设；完善工作台账与清单；实施监督问效，对各项任务开展过程与结果督察，关注任务落实过程中的各方诉求，发现问题，及时整改，强化监督考核，确保工作实效。

【生态环境行政许可】 年内，区生态环境局发放生态环境行政许可 52 件，

▲ 2022 年 11 月 1 日，区生态环境局邀请北京林业大学生态与自然保护学院相关专家学者就朝阳区生物多样性保护规划编制工作开展座谈交流。图为座谈交流现场　　（区生态环境局　摄）

完成建设项目备案 891 件，放射性同位素备案 74 件，核发辐射安全许可证 369 件。主动公开政府信息 309 条，受理依申请公开 6 件。15 家企业被纳入生态环境“正面清单”，以非现场执法为主开展执法检查；4 家存在违法问题或者不符合条件的企业移出正面清单，对符合条件的 40 起首次或轻微违法案件不予处罚，有效督促环境问题整改落实。落实排污许可“一证式”监管模式，建立健全 13 类重点发证行业档案库，推行“不见面”许可服务制度，开启“云课堂”视频培训，指导企业依法依规申领许可，年内发放排污许可证 172 家、指导 175 家企业完成登记备案。持续推进“双百”任务落实，强化“三监”联动，累计完成 648 家持证企业的核发和登记抽查，开展排污限期整改“清零”行动，实施挂单销号。完成 677 家排污许可年度执行报告审核工作，对 3 起未落实排污许可制度的违法行为立案处罚、处罚金额 51 万元。完成区级“三线一单”（生态保护红线、环境质量底线、资源利用上线和生态环境准入清单）分区管控细化工作，在 58 个市级环境管控单元基础上初步划定 104 个子单元。（胡　婧）

水环境治理

【概况】 北京市朝阳区水务局（简称“区水务局”）负责水环境方面主要工作。2022 年，城乡水环境治理三年行动方案收官，持续推进溯源治污，完成 157 处市级混接错接治理任务，不断巩固提升河道水质。聚焦水质管理，补充 4840 万吨中水，增殖放流 25 吨花、白鲢，实现青年路沟、观音堂沟消劣目标，8 处国考、市考断面平均水质均达到Ⅲ类。以亮马河、坝河为试点推进全要素河道管理，建立属地、部门夜巡联合执法机制，出动巡查人员 1452 人次、巡查车辆 250 辆次，妥善处置亮马河夜晚噪声扰民等舆情热点。推进运管标准化，工程改建实现 27 座闸站旧貌换新颜，通惠排干闸通过考核验收，实现朝阳区市级达标站点“0”突破。8 个国家和市级考核断面水质全部保持Ⅲ类（通惠河下段新八里桥、坝河下段沙窝、清河下段沙子营、亮马河南岗子七棵树、萧太后河黑庄户、西排干朝阳通州界、大柳树沟孟家坟、观音堂沟观音堂），优Ⅲ比例 100%，无劣Ⅴ类断面，8 个国家和市级考核断面水质全部达标。集中式饮用水水源地水质稳定达标、地下水水质总体稳定。区域内优美河湖 11 处。（王　珂　胡　婧）

【领导调研】 4 月 15 日，区委副书记、区长文献带队到北小河（京承高速路至五环路）滨水空间建设工程实地调研。文献结合展板了解方案整体情况，察看望京美食街及工程终点周边环境，了解建设工程与六佰本、望京美食街、大望京公园、昆泰酒店生态融合情况，随后在东湖街道主持召开座谈会听取方案汇报。文献肯定方案设计，提出“工程要与周边商业区、居民区做好连通”“河道要清澈透明，有鱼有草”等具体要求，强调要将北小河滨水空间建设工程打造成“河道复兴带动城市更新”的又一典范。区水务局、区城管委、区园林绿化局等单位主要负责人参加调研。7 月 16 日，区委副书记、代区长吴小杰带队调研亮马河建设情况。吴小杰一行人到达红领巾公园后，步行前往红领巾码头，乘船察看亮马河二期工程整体情况，下船后实地考察蓝港观鱼、观澜桥景观节点，在麦子店街道主持召开座谈会，听取区水务局汇报亮马河通航工程整体情况及亮马河周边秩序治理工作有关情况。吴小杰肯定亮马河治理成效，强调要综合统筹考虑亮马河区域整体运营管理机制及商业业态，建立长效机制，盘活闲置资产，进行情景设置，抓紧研究三环路桥下滨水绿道贯通工作方案。区水务局相关领导，区政府办、发展改革委、国资委、交通委、城管委等单位主要领导参加座谈。（王　珂）

【义务植树活动】 4 月 22 日，北京市水务系统 2022 年春季义务植树活动在朝阳区坝河滨水空间建设一期（使馆区东段）举行，市水务局党组书记、局长潘安君，区水务局领导班子、市水务局相关代表参加活动。领导一行种植的树种有白蜡、白皮松、油松、山楂、玉兰等，随后听取坝河滨水空间建设一期（使馆区东段）总体情况及施工进度汇报，潘安君肯定近年来

▲ 2022 年 4 月 15 日，区委副书记、区长文献带队到北小河（京承高速路至五环路）滨水空间建设工程实地调研。图为区委副书记、区长文献带队调研北小河建设工程现场（马海涛　摄）

朝阳区水环境治理成效，将持续加强对朝阳区河湖调水支持，希望朝阳区多增添“河道复兴带动城市更新”的典范工程。（王　珂）

【水资源保护】 年内，区生态环境局完成全区3个饮用水水源地环境状况调查评估，定期开展饮用水水源保护区监督执法和水质监测，组织开展全区重点地区地下水环境状况调查评估，统筹推进楼梓庄水厂水源置换。（胡　婧）

【水环境整治及检查】 年内，区生态环境局联合水务部门，落实“清管行动”“清河行动”，开展流域点穴、地下水污染防治等专项执法检查，完成157处混接错接点位整治，指导相关部门和街乡持续开展入河排口清理整治。推动汛期水污染防治工作，厘清并落实各方责任，统筹各污水处理厂开展联动调配，召开19家污水处理厂站汛期工作调度会，减少跨越、溢流对河道水质的影响，削减汛期污染负荷。出动执法检查人员6148人次，检查各类涉水单位1517家次，检查入河排口43个，处罚13件，处罚金额131万元。（胡　婧）

【水生态保护及研究】 年内，区生态环境局组织开展水生态关键指标的时空演化及环境驱动因子研究，探索水生态生物多样性保护工作。向大柳树沟、观音堂沟、萧太后河等河道补充再生水3752万吨，生态基流得到基本保障。（胡　婧）

【水质监测】 年内，区生态环境局加装5套地表水断面和排污口在线监控设施，全面完成27套水质在线监控趋势站建设；每月对全区4大河系117个区级地表水断面开展人工采样监测；完成水质监测智慧化管理平台搭建，实现在线监测、报警、监管等功能；实现水质超标报警信息与水务、污水处理厂站、排口属地街乡共享，与生态环境执法人员检查处置联动，为全区科学调水和水污染监管防治工作提供数据支撑。（胡　婧）

▲ 2022年，区环卫中心启动6次扫雪铲冰应急预案，出动道路作业人员2.88万人次。图为2月13日，北辰中路附近道路积雪清扫保障（李　宏　摄）

环境卫生

【概况】 2022年，北京市朝阳区环境卫生服务中心（简称“区环卫中心”）负责清扫道路面积3494万平方米，其中机械作业面积1654.33万平方米，“洗、扫、冲、收”新工艺作业覆盖率93.6%；人工作业面积1839.67万平方米，保洁过街天桥167座，地下通道55座，保洁清掏果皮箱10442个；管理公共卫生间1688座，密闭式清洁站257座，大型密闭式清洁站16座。清运居民厨余垃圾286536.57吨、非居民厨余垃圾73836.13吨、其他垃圾1256546.43吨，清运处理粪便760200吨。完成填埋任务45170.32吨，其中残渣34369.92吨、扫街土10800.4吨。完成全国两会环境保障工作。第二轮中央生态环境保护督察保障工作收到督办件2件、信访交办件7件。

【北京冬奥会和冬残奥会环境保障】 3月，区环卫中心完成北京冬奥会和冬残奥会环境保障工作。其间，清运重点管控垃圾1683.4吨、闭环外其他垃圾496.48吨、非居民厨余垃圾216.34吨，抽运粪污2537.5吨。

【重大节日环境卫生保障】 年内，区环卫中心完成春节、“五一”、国庆等重大节日期间环境保障。出动作业人员15.54万余人次，出动道路保洁作业车3.59万余辆次，使用中水17.07万余吨，出动检查人员3418人次。

【扫雪铲冰】 年内，区环卫中心启动6次扫雪铲冰应急预案，根据气象条件调整作业强度，清扫路面雪水，桥区、匝道等重点区域提前预洒融雪液，防止夜间道路结冰。其间，出动道路作业人员2.88万人次，出动融雪车313辆次，喷洒固体融雪剂230吨，喷洒液体融雪液4695吨。（张香玲）

循环经济产业

【概况】 5月9日，北京市朝阳循环经济产业园管理中心更名为北京朝阳环境集团有限公司（简称“朝阳环境集团”），占地近3平方千米，是全区唯一的固体废物处理与资源化循环利用市场化运营企业，业务涉及城市生活垃圾、餐厨/厨余垃圾、危险废物、建筑/装修废弃物、医疗废弃物处理，再生资源回收利用，环境保护设施运营，技术开发与推广等。具有城市废弃物园区化协同处理园区规划建设、技术研发、项目投资、建设及运营管理经验和低碳发展理念宣传教育经验，拥有国家发明专利20项、实用新型专利12项。创新性提出城市废弃物园区化协同处理理念，建设运营的北京市朝阳循环经济产业园在全国范围内率先实现多来源、多种类、大规模城市废弃物的协同处理，日处理各类废弃物能力超过10000吨，园区综合碳排放接近于零，建成列入国家唯一清洁焚烧标准案例的清洁焚烧中心、北京市处理能力最大的餐厨垃圾处理厂、北京市首座采用PPP模式建设的建筑垃圾处理厂、北京市第一个医疗垃圾处理厂以及物资回收中心，正在建设北京市规模最大的厨余垃圾处理厂、生活垃圾焚烧三期、沼气综合利用、新能源综合开发等一批减污降碳协同创新型项目。获“2022年度全国十佳环保设施开放单位”“全国第一批生活垃圾分类示范教育基地”“北京市节能减排先进集体”称号；获评全国“AAA级生活垃圾焚烧厂”“生活垃圾清洁焚烧技术研究（科技进步二等奖）”；入选住建部“绿色低碳科技领域示范工程”；牵头发起成立全国循环经济产业园区专业委员会，并担任主任委员单位。

（张丹丹　李思儆）

【生活垃圾处理】 年内，朝阳环境集团焚烧中心处理生活垃圾70.25万吨，比上年增加1.67万吨，增长2.4%，其中处置重点管控生活垃圾8402吨。全年发电量3.08亿千瓦时，比上年增加0.27亿千瓦时，增长9.6%。年累计上网电量2.49亿千瓦时，比上年增加0.21亿千瓦时，增长9.2%。（杨　漾）

【媒体宣传】 年内，朝阳环境集团向区政府和区国资委上报信息27篇，刊发26篇。牵头建立集团微信公众号，发布各类信息106条，转发10条，社会各界692人关注。牵头举办全国循环经济产业园区专委会成立大会；组织参加中国环卫博览会和2022年中国国际服务贸易交易会；配合市城管委宣教中心组织开展“垃圾分类　我们在行动”、环境卫生等系列主题活动；牵头承办朝阳区生态环境局组织的“暑期生态环保一日游”等系列活动，展示环境集团资源循环利用先进技术，普及垃圾处理科学知识。（张丹丹）

【对外开放接待】 年内，朝阳环境集团接待社会各界人士参观59批次，421人次，主要参观科普展厅、垃圾处理设施、示范园等，以科普和宣传各种垃圾处理工艺和过程及如何实现垃圾变废为宝等主要内容，让来访者感受垃圾减量化、资源化和无害化处理的实际效果，了解垃圾处理知识。

（李思儆）

【科技创新】 年内，朝阳环境集团与来自7个国家的23家单位共同合作，参与欧盟地平线项目《建筑和拆除垃圾管理的可循环可持续的自动化解决方案》，全面提升公司在建筑废弃物处理领域的技术创新能力。参与的国家重点研发项目《面向可持续和可循环建筑废弃物管理的解决方案关键技术》通过科技部专家预审。参与《生活垃圾焚烧厂炉渣处理利用技术规范》《建筑装修垃圾处置技术规程》等5项标准编制。（张艳会）

节能减排

【概况】 年内，朝阳区作为全市碳排放量较大、重点排放单位较多的区域之一，完成北京市下达的碳排放“双降”目标任务。

【应对气候变化】 7月21日，区生态环境局按照北京市应对气候变化2022年行动计划，结合朝阳区实际制定《北京市朝阳区应对气候变化2022年行动计划》，明确重点任务和具体措施，通过区委常委会正式实施，主要包含6大类工作措施、20项主要任务，细化各主责单位的具体任务、完成时限、工作措施。

【碳排放】 年内，区生态环境局开展碳排放形势分析，组织编制区级排放清单，加强对重点和一般碳排放单位管理工作，完成164家区级重点单位核查报告审核，对未履约的排放单位实施现场监管并下发预警函，164家重点碳排放单位完成履约。结合全区二氧化碳排放情况，开展减污降碳协同增效研究工作，朝阳区连续6年完成全市下达的碳排放“双降”目标任务。

（胡　婧）

科技

综述

【概况】北京市朝阳区科学技术与信息化局（简称“区科学技术与信息化局”）是区政府主管全区科技和信息化工作的综合职能部门。2022年，技术市场合同登记额902亿元。优化科创基金运作，修订《北京市朝阳区科技创新基金管理办法》（暂行），制定《实施细则》，与市高精尖产业基金、国有企业结构调整基金、中国移动携手打造百亿规模中移数字新经济产业基金。与北京电控共同打造光电融合产业基金，为朝阳数字经济产业发展提供有力支撑。研究设立集聚区投资基金、高成长企业发展投资基金直投基金，支持独角兽、凤鸣计划、专精特新等“硬科技”企业落地发展。科创基金在投子基金13只。全面推进国际创投集聚区2.0建设，出台《关于加快建设高质量创业投资集聚区的若干措施》，推动集聚区由一栋楼宇向一片科创街区升级，打造北京面向世界的国际创投窗口。引导孵化体系高质量发展，专业孵化能力持续增强，涌现瀚海博智、高创国际、望京留创园等一批国际化、数字化、专业化的创业孵化机构，通过跨境加速服务平台、中欧创新生态集群等平台载体，推动以色列Neuroaudit技术、芬兰Solved平台在我国应用和推广，形成全球创新网络新模式；全区101家孵化机构中，近2/3构建智能数字孵化平台，望京留创园打造腾飞AI赋能加速平台“慧撮合”，形成智慧园区共享办公、数字化展览展示、数字经济产业育成等新型孵化模式。文化科技深度融合，全区数字文娱独角兽企业6家，占全市总量的54.5%；蓝色光标获评北京唯一一家优秀单体类国家文化和科技融合示范基地。

【区“十四五”科技创新发展规划发布】1月，朝阳区“十四五”时期科技创新发展规划正式发布。规划提出朝阳区“十四五”时期科技创新发展的战略定位。围绕北京建设国际科技创新中心的总体要求，以科技创新支撑引领朝阳区建设现代化国际创新城区为主线，聚焦数字经济核心区建设，充分发挥国际化资源丰富、产业形态多元、应用场景广阔、空间及土地资源充足等优势，着力打造“一地三中心”（即全球领先的开放创新高地、国际创新资源配置中心、前沿技术转移转化中心、新场景应用中心）。

【高新资格认定及证书核发】年内，区科学技术与信息化局开展2022年度高新技术企业资格认定，4批申报材料受理、事中事后监管、“报备即批准”政策试点工作和延长批次企业动员及申报相关工作，受理企业申报1087家，其中8家为报备即批准企业。对2021年度认定通过的1221家企业证书组织核发。

【高新技术企业信息统计】年内，区科学技术与信息化局配合市科委完成2021年度朝阳区未纳入园区统计的高新技术企业火炬计划统计工作，完成1676家企业火炬报表填报审核工作。组织区内高新技术企业填报2021年度高新技术企业发展情况报表，填报率98%左右，加快对企业发展情况进行整理，形成高新技术企业年度发展报告。（李小骏）

科技管理

【概况】2022年，区科学技术与信息化局布局元宇宙、量子信息等未来产业，支持创业黑马打造元宇宙数字人加速器，13个项目入选加速器的首批数字人先锋企业，支持玻色量子开展产学研合作，加速量子存储器设计研发。建立软件信息、科技服务等数字经济核心产业企业台账，持续规范调整企业统计税收关系及行业门类。依托“服务包”等企业服务机制，加大对140家GDP重点支撑单位调研走访力度，全面掌握企业发展情况和瓶颈，鼓励企业稳定健康发展。引导阿里巴巴、360、美团、58同城等行业龙头企业加大在朝阳营收占比与税收贡献，协调相关部门解决企业高管个税奖励、人才引进、子女入学、工作居住证办理等发展诉求。全区累计建成5G基站4969站，持续领跑全市，已基本实现全域5G室外信号连续覆盖，重点地区、重点场景精准覆盖，5G+8K、5G+AR/MR等技术应用场景持续拓展。持续优化“双公示”信息归集系统，实现国家、市、区三级数据互通。报送行政许可数据11429条，行政处罚数据6602条，为营商环境整治、优化提供有力数据支撑。完善城市数据资源基础平台，支持“城市经济大脑”平台建设，收集发改、税务、市场监管、统计、人社5个部门约1.43亿条数据。全区范围推广使用“京办”，支撑市级防疫一体化平台应用，截至年底，开通单位账户300余个，个人账户2.5万余个，账户激活率100%。完成区级统一共享人口库建设，入库居住人口约347万人，企业6627家，重点行业从业人员118322人，支撑全区各单位在疫情防控、人员排查、区域综合治理等方面发挥重要作用。支持智慧平安小区建设，完成前端智能安防设备建设小区(村庄、院落)1622个。

【“专精特新”企业名单公示】5月，北京市经济和信息化局对外公示北京市2022年度第三批认定“专精特新”中小企业名单。此次公示名单中有朝阳区94家企业，数量位居北京市各区第二名，占全市总数12.34%。年内，朝阳区有568家“专精特新”企业，占全市10.6%，全市各区排名第三。

【“京办”推广使用】7月，朝阳区加强“京办”“新冠疫情一体化平台”5大模块推广使用。组织“京办”用户培训、注册、安装、激活等相关基础保障工作。

【房租减免】年内，朝阳区落实市科委、中关村管委会《关于加快落实承租非国有房屋科技型伏虎器房租减免补贴政策》及朝阳区《关于继续加大中小微企业帮扶力度加快困难企业恢复发展的若干措施》，制定并发布《朝阳区鼓励孵化机构减免租金政策支持事宜的实施细则》，鼓励孵化机构采取退、减、延、免方式为承租方减免房租。政策发布后，摸排全区符合条件的68家孵化机构减免情况，公开咨询电话，及时解答和办理出租双方提出的问题及“12345”热线案件；建立动态管理机制，对房租减免支持政策执行情况进行统计，确保租金减免支持政策及时有效落实，减轻服务业小微企业和个体工商户的运营成本。经征集受理、走访核查、资金拨付等流程，完成孵化机构房租减免补贴工作，给予创汇空间（北京）科技孵化器有限公司等5家单位补贴政策支持，支持资金839084元，减免68家承租企业房租金2236746元，减租面积20755.29平方米+170个工位，减免天数3608天。

【社会发展项目征集】年内，区科学技术与信息化局开展2022年度社会发展项目的征集工作，收到申报项目132项，确定年度“流动数据关键技术在重点人群疫情防控中的应用研究”“退役风电叶片资源化利用”等社会发展科技项目38项，安排资金700万元。与各项目承担单位签订任务书，9月30日前，完成项目资金拨付。同时，为已到期的12个项目办理结题验收手续。

【科普统计】年内，区科学技术与信息化局牵头组织开展朝阳区2021年度全国科普统计调查工作。组织辖区内教委、卫健委、园林绿化局等30余个委办局、43个街乡及辖区内科普基地等200余家单位及直属机构开展线上填报。统计指标主要包含科普人员、科普场地、科普经费、科普传媒、科普活动、科学教育六大类139项，完成数据审核、问题咨询、统计汇总、信息报送等工作。2021年区内专、兼职科普人员2901人；科普经费筹集额达7425.5万元；全区有各类科普场馆75个；出版科普图书、期刊21种，年出版总数2.8万余册，种类和数量较往年更加丰富；发放科普读物和资料238万余份，开办科普网站、科普类微博80个，发文量达2.4万篇，访问阅读量3.1亿次；全年举办线上线下科普（技）讲座6218次，受众超过350万人次。

【高精尖产业技能提升培训补贴】年内，区科学技术与信息化局落实《北京市高精尖产业技能提升培训补贴实施办法》。组织宣传培训，将技能补贴政策宣传与其他产业政策宣传一道开展，帮助企业了解掌握政策导向和申报要求，技能补贴政策实施以来，申报企业69家，申报金额300余万元。扎实开展现场审核，截至年底，审核通过企业16家，参培人数612人。通过市级审核，实现补贴企业4家，获得补贴金额百余万元，推动企业在人工智能、节能环保、软件和信息服务等高精尖产业加强人才培养。（李小骏）

科技活动

【概况】2022年，区科学技术与信息化局承办2022全球数字经济大会，数字经济展厅、亮马河国际风情水岸等亮相数字经济体验周，极智嘉、美团等27家数字经济标杆企业亮相大会精品主题展，全面展示数字经济发展成效。统筹谋划朝阳区数据中心发展，拟定《朝阳区数据中心统筹发展实施细则（试行）》《朝阳区数据中心工作联席会议制度（试行）》，提升数据中心计算能级和绿色低碳水平。北京数字经济算力中心稳步推进，深入开展数字经济企业算力需求调研，初步形成项目建设方案，采用市场化模式，搭建全市人工智能公共服务赋能平台和公共算力调度平台。统筹中国科技馆等13家北京市科普教育基地，开展“科技冬奥，逐梦冰雪”主题月活动，向百姓普及冰雪运动知识，传播中国冰雪运动文化，弘扬奥林匹克精神。完成2022年北京冬奥会和冬残奥会保障任务，累计出动保障人员350人次，保障冬奥、冬残奥会议114次，完成对区域通信基础设施巡检8832轮次，应急发电7次，应急抢修25次。

【三下乡活动】1月12日，区科学技术与信息化局到管庄地区（乡），以“体验+展示”的形式设计制作“冬奥探索课堂”“科学流言榜”等知识展板10块，展出中小学生“冬奥我来啦”科技冬奥主题创意作品50余件，发放冰雪运动科普材料包100余套，发放科普图书、科技期刊等科普宣传资料300余册。

【数字经济体验周】7月20日至26日，朝阳区数字经济体验周开启。主题为“数字之约 活力朝阳”，以“数字文旅打卡地”和“数字科普”场景体验两大活动为主线，赋能大众新视角、新思维，实现多元化参与体验。活动区域涵盖三里屯、蓝色港湾、国贸等8大区域，诚邀社会公众游览数字经济展厅、数字文旅打卡地、CBD数字会客厅等数字场景，感受数字技术给生产生活赋予的品质感。

【科技周活动】 8月20日至27日，2022年朝阳区科技周活动举办。活动以“走进科技　你我同行”为主题，通过科技快车线上云展厅，为百姓搭建融合科技创新成果、科技旅游场景、科普知识讲座等内容的线上体验空间，同步组织开展科技表演秀、数字经济展厅和“冰丝带”参观互动等线下体验活动，多层面、多维度吸引百姓及青少年参与科技周活动。

【15项成果获北京市科学技术奖】 9月25日，2020年度北京市科学技术奖获奖成果名单公布。朝阳区15项成果获奖，其中自然科学奖8项，技术发明奖1项，科学技术进步奖6项。中国科学院遗传与发育生物学研究所与相关单位联合申报的“寨卡病毒暴发与致病机制研究”项目获得自然科学奖一等奖；北京工业大学与相关单位联合申报的“半导体芯片结温与系统热阻构成无损检测关键技术及应用”项目获得技术发明奖一等奖；中国科学院微电子研究所与相关单位联合申报的“12英寸先进集成电路制程电感耦合等离子刻蚀机研发及产业化”项目获得科学技术进步奖一等奖。

【科普基地】 年内，中国科技馆等13家单位被命名为北京市科普基地，包括科技场馆类基地12家、科技传播类基地1家，占全市科普基地总数15.48%。各基地发挥示范引领作用，开展科普活动。围绕“科技冬奥”主题，中国科技馆推出“科技冬奥，逐梦冰雪”主题月活动，向百姓普及冰雪运动知识。聚焦新时代新形势下科普工作新任务新要求，民航博物馆举办主题科普沙龙活动。实施市级科普专项任务。依托朝阳规划艺术馆，建设350平方米数字经济展厅，并于8月正式对外开放，作为朝阳区“十四五”时期数字经济核心区对外展示和交流的窗口，为百姓及青少年提供数字经济成果化、互动性的科普新体验。启动《北京市朝阳区科普基地管理办法》课题研究工作，探索科普基地日常管理机制，寻求科普培训与校内教育相结合促进青少年科学素质提升的途径。

【2022全球数字经济大会】 年内，区科学技术与信息化局参加承办2022全球数字经济大会。数字经济展厅、亮马河国际风情水岸等亮相数字经济体验周，极智嘉、美团等27家数字经济标杆企业亮相大会精品主题展，全面展示数字经济发展成效。联合龙头企业等承办数据要素峰会、数字安全峰会等活动，中小企业安全服务平台“360企业安全云”、国内首个可服务企业数据跨境场景的数据托管服务平台等成果集中发布。承办全球数字经济创新大赛，筛选成都云图睿视等5家优质项目签署意向落地合作意向书。360集团、奥星贝斯、格灵深瞳、墨奇科技4家朝阳区企业项目入选创新引领成果，阿里软件、超图软件、极智嘉、阿里达摩院、八分量、时代凌宇、人大金仓、医百科技8家企业项目入选产业创新成果。（李小骏）

知识产权保护

【概况】 北京市朝阳区市场监督管理局（简称“区市场监管局”）是区政府工作部门，加挂北京市朝阳区知识产权局（简称“区知识产权局”）牌子。2022年，结合“两区”建设工作任务，扎实推进知识产权运营服务体系重点城市建设与朝阳区知识产权日常监督管理工作，持续提升朝阳区知识产权创造质量、运用效益、保护效果、管理水平、服务能力和国际影响力，知识产权强区建设成效显著，获评2021年度全国知识产权系统和公安机关知识产权保护工作成绩突出集体。知识产权监督管理科被国家知识产权局、国家市场监督管理总局、北京2022年冬奥会和冬残奥会组织委员会评为“北京2022年冬奥会和冬残奥会奥林匹克标志知识产权保护突出贡献集体”。

【知识产权证券化】 8月，朝阳区发行全区首只知识产权证券化产品，发行规模1.07亿元，综合发行票面2.86%，成为全国知识产权ABS最低票面利率，该项目在金融赋能实体经济发展，创新知识产权转化运营，破解轻资产科创企业“融资难、融资贵”方面具有重要示范意义，入选北京市“两区”建设改革创新实践案例，被《人民日报》等多家媒体报道。通过获得低成本资金支持，华奥汽车、云端智度等科技企业持续开展技术研发，保持同行业领先地位。

【商标注册】 年内，朝阳区商标注册申请量116324件，占全市总量的23.97%。商标注册99115件，占全市总量的25.60%。截至12月，朝阳区有效商标注册量763946件，比上年增长12.15%，占全市总量的26.27%。各项数据均列全市第一位。

【专利授权】 年内，朝阳区专利授权量32214件，占全市专利授权量15.89%；PCT专利申请量2463件，占全市PCT专利申请量21.49%。截至12月，朝阳区有效发明专利拥有量91262件，比上年增长14.20%，占全市有效发明专利拥有量19.10%。各项指标排名全市第二。

【重点产业知识产权运营基金设立】 年内，区市场监管局按照“政府引导、市场运作、专业管理、防范风险”原则，在朝阳区科技创新创业引导母基金之下，设立重点产业知识产权运营基金，预计规模1.3亿元，其中政府出资6500万元，社会资本出资不低于6500万元。

【知识产权纠纷多元化解决机制建立】 年内，区市场监管局知识产权监督管理科与朝阳区人民法院知识产权庭签署全市首份涉知识产权社会矛盾纠纷

▲ 2022 年，区市场监管局知识产权监督管理科与朝阳区人民法院知识产权庭签署全市首份涉知识产权社会矛盾纠纷源头预防调处化解共建协议。图为 9 月 1 日，朝阳区社会矛盾纠纷源头预防调处化解分平台（知识产权纠纷）揭牌仪式　　（邹　玥　摄）

源头预防调处化解共建协议，办理委派行政调解司法案件 47 件。

【资助项目】 年内，区市场监管局开展知识产权托管服务资助奖励项目和知识产权贯标资助项目，资助 3 家为中小企业开展知识产权托管的服务机构、企事业单位和社会组织 25 万元，资助 32 家通过知识产权管理规范贯标认证的企事业单位 61.6 万元。

【执法检查】 年内，区市场监管局聚焦侵权假冒高发多发的重点市场和重点领域、关系人民群众健康安全的重点商品和涉奥商品，加强执法检查，全年知识产权案件立案 108 件，结案 131 件，罚没款 371.77 万元，发现和接收奥林匹克标志违法线索 44 件，立案调查 44 件，查处一批有社会影响力的奥林匹克标志典型案件。其中，查处的北京卡路里体育有限公司侵犯“冬奥”奥林匹克标志专有权案，被评为 2021 年度全国地理标志、奥林匹克标志和特殊标志行政保护十大典型案例。

【加强展会知识产权保护】 年内，区市场监管局组织对中国国际服务贸易交易会等大型展会开展知识产权驻展工作。服贸会期间，制定专项执法检查工作方案，出动执法人员 532 人次、执法车辆 221 辆次，检查有形市场 27 个、商户数 735 户。专项检查期间，立案查处商标侵权案件 12 件。

【知识产权服务体系建设】 年内，区市场监管局推进《北京市朝阳区知识产权运营服务体系建设实施方案（2020—2023 年）》落实，发行朝阳区首支知识产权证券化产品，设立重点产业知识产权运营基金。推进创新管理与知识产权国际标准运营中心建设，实现知识产权资源的高效转化和合理配置。构建“1+10+7”（1 个知识产权公共服务中心、10 家知识产权公共服务工作站、7 家商标品牌指导站）的知识产权公共服务体系，打造一批专业化、规模化和国际化的知识产权服务品牌。朝阳区培育的商标品牌指导站北京五方天雅互联网加汽车产品市场有限责任公司、北京首佳创业科技孵化器中心 2022 年 4 月被北京市知识产权局确定为北京市商标品牌指导站。经国家知识产权局审核，朝阳区入选国家知识产权强市建设示范城市。　　（肖　洁）

防震减灾

【概况】 北京市朝阳区地震局（简称“区地震局”）是朝阳区政府直属事业单位，归口区应急管理局管理，业务受市地震局指导。2022 年，完成 2 月 3 日崔各庄地区 2.7 级地震震情处置应对、北京冬奥会和冬残奥会地震应急保障、迎接市政协及市地震局领导调研、科普示范学校建设、房屋设施加固工程抗震设防信息采集、第一次全国自然灾害综合风险普查中朝阳区地震灾害风险普查项目验收、应急避难场所建设管理及面积数据核查上报、地震应急演练和应急志愿者培训、应急值守等工作；做好政府信息公开；对照《2022 年北京市区级防震减灾和抗震救灾工作要点》的通知要求，协调市、区有关部门落实防震减灾年度任务。

【崔各庄 2.7 级震情应对处置】 2 月 3 日 1 时 55 分，朝阳区崔各庄地区（乡）发生 2.7 级地震。区地震局副局长带领业务科室人员到区总值班室开展处置工作，按照有感地震应急处置流程，确定震情信息，进行地震灾害快速评估，核实震感情况。朝阳区将台、酒仙桥、来广营、太阳宫、大屯等部分街乡有震感，其他地区无明显震感。4 时 35 分处置完毕。

【地震灾害普查】 3 月，区地震局组织召开全区地震灾害风险普查项目验收会，普查项目通过验收，普查成果为进一步探明北京市活动断层分布和评估地震灾害风险提供可靠科学依据。朝阳区在全市率先完成地震灾害普查验收工作，并继续完善工作成果，推进普查成果落地应用。

【应急志愿者培训】 7 月至 8 月，区地震局在平房和高碑店地区（乡）开展防震减灾工作骨干和志愿者培训。培训以社区（村）干部、辖区重点单位、企业安全管理人员为重点，主要讲授灾害风险隐患知识、应急避难场所和疏散途径，训练灾害逃生避险和自救互救的基本方法与技能，提高基层干部防灾应急工作水平。开展培训 5 期，每期 50 人，培训地震应急志愿者 257 人次。

▲ 2022年7月至8月，区地震局在平房和高碑店地区（乡）开展防震减灾工作骨干和志愿者培训。图为，防震减灾工作骨干和志愿者培训项目现场 （陈卫红 摄）

【应急避难场所维修改造】 7月13日，太阳宫公园应急避难场所维修改造开始施工，改造按照《地震应急避难场所场址和配套设施》国家标准和《应急避难场所标志》北京市地方标准，结合公园设施状况规划实施，包括增加应急取水点，更新应急供电配电箱，维修更新避难场所应急标志牌。9月10日，完成太阳宫公园应急避难场所维修改造验收。

【市地震局领导调研应急避难场所】 8月30日，市地震局局长孙建中等到朝阳区调研防震减灾工作。代区长吴小杰会见交流，区委常委、常务副区长崔小浩、区地震局和区应急局领导参加调研。会上就防震减灾体制机制改革情况、应急协同联动工作机制、韧性城市建设、应急预案建设等方面开展座谈。会后，孙建中一行到朝阳公园实地了解地震应急避难场所建设管理和管理运行维护情况。

【市政协领导调研韧性城市建设】 9月1日，北京市政协主席魏小东带领16名市政协委员组成的调研组，围绕“加快推进韧性城市建设，筑牢首都公共安全防线”议题，到朝阳公园应急避难场所做专题调研。区政协主席王旭、副区长李欣及区应急局、地震局、麦子店街道、朝阳公园主要领导参加调研。

【“地震科普 携手同行”系列活动】 9月，区地震局在北京市陈经纶中学民族分校举行“地震科普 携手同行”系列主题活动启动仪式，通过开展“五个一”系列活动，即捐赠一套图书、举办一场讲座、举行一次演练、开展一次主题班会、培养一名传播师，提升校园防震减灾意识和能力，使广大师生掌握地震灾害防范应对本领和技能，使学校的地震应急预案和演练达到新水平。

【科普示范学校建设与运行】 9月，区地震局在朝师附小太阳星城校区开展防灾减灾学习网络活动，通过参与线上防灾、安全主题学习，共同提升防灾减灾意识和应急避险能力。朝师附小太阳星城校区是朝阳区科普示范学校、北京市级防震减灾科普示范学校、国家级防震减灾科普示范学校。

【新建与加固建设工程基础数据库填报】 9月，按照国务院抗震救灾指挥部办公室印发的《关于建立房屋设施抗震设防信息采集和动态更新机制的工作方案》要求，区地震局对辖区内已完成加固和2022年新建、改建、扩建房屋设施数据信息进行完善，明确信息采集、动态更新和填报人员，构建以县为基础，中央、省、市、县四级贯通，协调联动的房屋设施抗震设防信息采集和动态更新机制，准确掌握房屋设施地震灾害风险底数，为各级政府开展地震灾害防治工作提供技术支撑。

【年度震情会商与跟踪】 年内，区地震局制定年度震情跟踪工作措施和方案，上报会商意见及每日情况，对所属观测台（站）数据异常及时跟踪，落实24小时震情值班及重点时段领导带班制度。完成2022年年中、年度地震趋势会商报告并参加北京市地震局组织的2022年年中地震趋势会商会。

【监测预报管理】 年内，区地震局对区内6处7台压磁地应力观测站、8处

▲ 2022年，区地震局在北京市陈经纶中学民族分校举行“地震科普 携手同行”系列主题活动。图为9月，主题活动启动仪式 （陈 楠 摄）

宏观观测台站、30处强震动观测台站开展检查，保障仪器设备处于良好状态，保证日常数据的连续准确，为震情会商提供准确依据。制定北京冬奥会和冬残奥会及党的二十大等重要时段的服务保障方案，对辖区范围内的前兆观测、宏观观测站开展综合巡检，实时监控数据传输网络，防范网络攻击。（李振山）

气象服务

【概况】 2022年，朝阳区气象局（简称“区气象局”）依照机构改革要求，撤并原下属事业单位气象服务中心，现有下属事业单位1个，为北京市朝阳区气象台。区气象局履行气象观测、预报预警和服务职责，发挥气象防灾减灾第一道防线作用，扎实推进气象高质量发展，为城市运行和重大活动保障提供及时、准确的气象服务。获评“全国气象科普教育基地”、全国气象部门2022年“先进基层党组织”和全国气象工作先进单位。（戴　健）

【气象科普】 3月23日，朝阳区在“3·23”世界气象日开展多项科普宣传活动，与区教委联合协助市气象学会组织开展2022年全市中小学生气象科普竞赛。联合垂杨柳中心小学景园分校学生、东润枫景社区居民参加气象日主题直播活动。5月12日，参与由北京市应急局牵头组织的以“减轻灾害风险　守护美好家园”为主题的“5·12防灾减灾线上直播活动”，普及气象防灾减灾知识。9月16日，联合望京西园三区社区设立“气象科普一条街”，建立科普咨询台。（刘自名）

【异常气候现象】 3月，降水量17.8毫米，比历年同期降水量8.1毫米偏多1.2倍。9月，平均气温23.1℃，比历年同期平均气温20.6℃偏高2.5℃，为1959年建站以来历史同期并列第二位。9月，日照时数294.8小时，比历年同期日照时数201.1小时偏多近5成。10月，降水量5.1毫米，比历年同期降水量29.3毫米偏少8成。11月，平均气温7.1℃，比历年同期平均气温4.7℃偏高2.4℃，为建站以来历史同期最高值。11月，降水量34.7毫米，比历年同期降水量13.8毫米偏多1.5倍。12月，降水量0毫米，比历年同期降水量1.9毫米偏少1.9毫米。（李珊珊）

【气候概况】 年内，年度平均气温13.8℃，比历年平均值12.9℃偏高0.9℃。冬、春、夏、秋季平均气温分别为-0.3℃、15.5℃、26.7℃、14.5℃，比历年同期平均值-1.3℃、14.5℃、25.8℃、12.8℃分别偏高1.0℃、1.0℃、0.9℃、1.7℃。年度最高气温39.5℃，出现在6月25日；最低气温-10.9℃，出现在2月15日。年度降水量720.6毫米，比历年降水量582.0毫米偏多2成。年度冬、春、夏、秋季降水量分别为12.1毫米、34.3毫米、603.2毫米、73.8毫米，比历年同期平均值9.5毫米、66.6毫米、403.3毫米、102.6毫米，冬、夏季分别偏多近3成、近5成，春、秋季分别偏少近5成、近3成。年度单日最大降水量为146.9毫米，出现在7月27日；最长连续降水天数4天，降水量87.0毫米，出现在7月3日至6日；最长连续无降水天数41天、2次，分别出现在2021年12月10日至2022年1月19日、2022年11月21日至12月31日。年度日照时数2596.1小时，比历年平均值2395.2小时偏多不足1成，冬、春、夏、秋季日照时数分别为600.0小时、748.0小时、598.7小时、654.3小时，比历年同期平均值523.5小时、723.5小时、594.8小时、553.4小时，冬、秋季分别偏多1.5成、近2成，春、夏季接近常年。（李珊珊）

【汛期气候特征】 6月1日至9月15日汛期，朝阳区降水偏多，呈现风雹特征明显、高影响天气比常年偏多的特点。朝阳国家气象观测站累计降水量636.2毫米，较常年同期偏多近五成；降水量分布整体呈现东南多西北少的特征。汛期期间经历9次强对流天气过程，分别是6月12日、6月29日、7月3日、7月22日、7月27日、7月28日、8月4日、8月21日和9月4日，其中7月27日至28日降水为年内朝阳区汛期最强降水过程，发布朝阳区首个暴雨红色预警信号。（李珊珊）

【预报预警及气象服务】 年内，区气象局发布各类灾害性天气预警信号164期。为保障城市运行、防汛、扫雪铲冰、重大活动、疫情防控等工作，制作发布气象预报、预警、科普类微博、微信2183期，气候预测18期，天气情况767期，重要天气专报45期，气象信息专报385期，环境气象趋势预测364期。（刘自名）

▲ 2022年，区气象局开展多项科普宣传活动。图为9月16日，业务人员到望京西园社区开展科普活动（程月星　摄）

▲ 2022年，区气象局开展执法检查137次。图为1月26日，对易燃易爆等防雷重点单位开展专项检查（李 硕 摄）

【气象灾害风险普查】 年内，区气象局推进第一次全国自然灾害综合风险普查，完成危险性评估、危险性区划、人口风险评估、人口风险区划、经济风险评估、经济风险区划的相关图件制作，完成朝阳区气象灾害数据库建设，形成朝阳区气象灾害风险普查技术报告。（戴 健）

【执法检查】 年内，区气象局开展执法检查137次。其中，防雷安全执法检查99次，升放气球巡查23次，气象信息服务执法检查2次，气象设施和气象环境保护检查13次。全国两会、北京冬奥会和冬残奥会期间，对国家体育场周边易燃易爆等防雷重点单位开展专项检查，完成活动场馆周边防雷重点单位检查100%全覆盖。党的二十大期间，落实“禁飞”工作，对辖区内全部气球升放企业采取临时封库措施。对行政处罚、行政许可结果在北京市气象局官网上公示，接受社会监督。全年无行政复议、诉讼案件发生。（刘自名）

【政务服务改革】 年内，区气象局启用“北京市工程建设项目审批管理系统”开展行政审批，实现防雷审批事项全程网办和线上全流程审批。全年受理行政许可申请161件，准予许可132件。其中，雷电防护装置设计审核120件，准予许可113件；雷电防护装置竣工验收41件，准予许可19件；无升放气球行政许可申请。（刘自名）

【获荣誉奖项】 年内，区气象局参加北京冬奥会和冬残奥会气象服务保障工作，2人获“中国气象局冬奥会和冬残奥会气象保障服务优秀个人”称号，1人获北京冬奥组委“北京冬奥会和冬残奥会北京市先进个人”称号，1人获中国气象局“重大气象服务优秀个人”称号，3人获评北京市气象局北京2022年冬奥会和冬残奥会气象保障服务优秀个人；朝阳区气象台获评北京市气象局北京2022年北京冬奥会和冬残奥会气象保障服务优秀集体；1人获“2022北京市职工职业技能大赛气象观测员竞赛第一名”。（戴 健）

【北京冬奥会和冬残奥会专项服务保障】 年内，北京冬奥会和冬残奥会期间，针对开闭幕式、赛事保障、火炬传递等内容开展建设期、筹备期、赛时运行期及转换期间全时期的气象服务保障工作，重点监测和预报预警低温、雨雪、大风等极端天气。开展奥体中心和奥林匹克森林公园两个冬奥赛区重点气象观测站的升级维护，确保观测数据准确可靠。开发冬奥气象服务平台，实现赛区气象站点数据显示、精细化格点预报和服务产品的动态展示，为现场指挥调度提供精细可视化气象服务。期间，1人抽调到北京2022年冬奥会和冬残奥会组织委员会开闭幕式工作部，开展开闭幕式彩排、筹办和赛事期间的气象服务保障工作；针对两次火炬传递活动，开展现场气象观测和现场气象预报服务，保障火炬传递顺利进行。成功预报预警4次降雪，11次大风、1次沙尘等极端天气过程，最大限度降低极端天气对北京冬奥会和冬残奥会的影响。（张子曰）

▲ 2022年，北京冬奥会和冬残奥会期间，区气象局针对开闭幕式、赛事保障、火炬传递等内容开展气象服务保障工作。图为2月11日，业务人员调试便携式自动气象观测站（程月星 摄）

教 育

综 述

【概况】 2022年，北京市朝阳区教育委员会（简称“区教委”）有北京市朝阳区教师发展学院、北京市朝阳区教育科学研究院等直属单位11个。全区有幼儿园310所、小学70所、普通中学98所，学生数分别是幼儿园96096人、小学168798人、中学70629人、职业学校2382人、特殊教育452人、专门学校3人。教育经费投入113.59亿元。中小学固定资产总值160.15亿元。区教委立德树人，队伍建设先行。启动第五轮“双名工程”建设，“领航计划”“引航计划”“远航计划”“助航计划”四大计划和12个重点项目平行推进，制定人才引进、骨干人才管理、干部听评课等8个配套文件；开展2轮干部教师交流轮岗，校长166名、教师3395名，区级及以上骨干教师占交流轮岗教师总数的53.87%。开展“学习新思想，做好接班人”等主题教育，引导广大中小学生坚定不移听党话、跟党走。建设中小幼一体化德育体系，指导学校制定一体化德育体系实施方案。区体育、教育改革，启动“双奥”朝阳校园体育10大专项行动，推进教体结合、科技助力学校体育工作。健全艺术特色校、科技示范校三级评价管理机制，组织朝阳区第25届学生艺术节、学生科技节。组织实施劳动周，形成区级中小学生假期劳动实践建议清单，持续推进“光盘行动”和“垃圾分类”，将落实劳动教育课时、劳动实践等情况纳入学生综合素质档案，劳动育人价值进一步凸显。启动朝阳区教育文化示范校创建，首批评选出示范校23所，创建校7所。在北京市第十六届运动会中获金牌195枚、银牌157枚、铜牌121枚。学前教育高质量发展体系进一步健全。基础教育发展跃上新高度，义务教育板块式布局进一步优化。实施普通高中“课堂教学质量年”，高中多样化特色发展加快，11项课程认定为“北京市普通高中特色课程”。职成教育改革实践进一步创新。职业高中第一次自主招生计划完成率100%。民办教育规范有序发展，国际教育服务“两区”建设能力进一步增强。获北京市教育教学成果奖29项，获奖总数及各等级获奖数均居全市第一，获奖总数比上一届增长52%；在国家义务教育质量监测中，多项指标位居全国前列；优化教育政务服务办结诉求4万余件，考核成绩提升8%。各级各类学校、幼儿园（含社区办园点）责任督学网络全覆盖，保证国家教育法律法规落实。获全国青少年普法教育先进集体、节约型机关、北京市接诉即办工作先进集体称号。（张　明）

【国家级义务教育优质均衡区创建】 1月，区教委制定《朝阳区义务教育优质均衡先行示范区创建工作方案》，构建领导小组、工作专班和主管科室“1+1+6”工作体系。3月，召开全区义务教育优质均衡创建工作部署会，宣传动员部署，明确创建目标和任务。4月至7月，组织中小学按校址填报数据，开展模拟测评，进行数据分析，查找存在问题；创建工作专班和主管科室，建立工作台账，制定“一类一校一策”，实施整改创建。9月至11月，针对各校址在创建工作中存在的问题进行资源调整、校区统筹等。12月，在市教委督导评估检测系统平台完成数据和支持材料填报工作。（张清军）

【第25届全国推广普通话宣传周】 9月12日至18日，区语委联合相关委办局举办第25届全国推广普通话宣传周活动。包括成语文化龙门阵、青春读书会、“说好普通话 提升培训技能”宣传教育活动。活动发放推普宣传册及海报，在朝阳有线电视及北京朝阳App播放推普周公益广告等。截至年底，组织活动300余场，30000余人次参加。

（张　林）

【推进朝阳教育高质量发展座谈会召开】 9月13日，朝阳区委教育工作领导小组会暨推进朝阳教育高质量发展座谈会召开。会上，区委教工委书记董健汇报关于高质量党建引领朝阳教育高质量发展情况，学校、教师代表及相关部门交流发言，区负责人讲话。明确要求教育强区建设要服务区域经济社会发展规划，稳步推进中小学党组织领导校长负责制改革工作，结合“请党放心，强国有我”主题教育，推进习近平新时代中国特色社会主义思想铸魂育人；突出教育教学集团化功能，推进各级各类学校优质均衡发展，发挥朝阳基础优势发展国际教育；突出信息化，加快数字化赋能，高标准打造互联网+教育模式；全方位谋划布局，多渠道扩充学位，加快配套学校建设，充实优质教育资源；关心关爱教师队伍，强化师德师风建设，推进干部教师交流轮岗，引进培育更多名校长和教学标兵、学科名师，打造高素质专业化教育人才高地。区相关领导、干部教师代表参加会议。（全阳芷）

【朝阳教育发展改革指导工作组启动会召开】 9月23日，区教委召开朝阳教育发展改革指导工作组启动会。会上，宣布朝阳教育发展改革指导工作组人员名单及工作任务。会议要求，年轻干部要珍惜学习锻炼机会，勤思善问，边学边干，在具体实践中开阔视野、增强本领；正职干部们继续发挥作用，辅助专家做好学校指导工作；机关科室联络员发挥好桥梁纽带作用，将教育改革发展中新文件、新精神、新要求及时传递给工作组，同时对接、研究、协助解决工作组工作困难，为工作推进提供保障；各组中教科院和教师发展学院业务研究人员充分发挥专业优势，归纳、提炼、总结生动教育实践，形成可复制可推广高水平成果；主管领导关注工作组情况，在行政上做好保障，业务方向上把好关，工作进度上做好调控，研究成果上做好指导；4位指导专家带领工作组全体成员对教育课题进行研究，为学校教育教学工作提供指导与资源支持。（全阳芷）

【接诉即办工作实施】 年内，区教委印发《朝阳区教育系统关于落实〈2022年朝阳区接诉即办改革工作要点〉的工作方案》《朝阳区教育系统关于接诉即办工作的考评办法（试行）》，《朝阳区教育系统接诉即办工作流程及规范（诉求中心版）》。坚持日报、周报、月报、季报；坚持"每月一题"调度工作；对接区级"接诉即办"、政民互动、"吹哨报到"等平台，围绕"响应率、解决率、满意率"3条主线，监督指导办件科室和基层单位件件有响应、有落实。运用信息化手段，对"12345"热线"接诉即办"实行全流程管控，实现信息资源实时共享。（赵光）

教育管理

【概况】 2022年，区教委组织学校对照《北京市中小学依法治校基本标准》开展达标实践，并通过市教委抽检；推进全区中小学校党组织领导校长负责制改革；引入数字平台应用，助力教育发展步伐加快；出台"接诉即办"办件流程及考评办法等文件。办结诉求4万余件，区级考核成绩比上年增长8%。健全完善定期研究、每日巡查、会商研判、监督检查等工作机制。（张明）

【学校成立】 3月，朝阳区成立北京中学三分校，初中校。5月，区委编委会批准成立北京市十一学校朝阳实验学校，九年一贯制，经费形式为财政补助，公益一类。（陈玉洁）

【事业单位整合更名】 3月，区委编委会批复：北京市朝阳区将台洼小学并入北京市星河实验学校平房分校（将台洼小学沿革），北京市朝阳区实验小学润泽分校（润泽分校沿革）并入北京市朝阳外国语学校；北京市朝阳区职工中等专业学校和北京市朝阳区成人中等专业学校（2所学校沿革）并入北京市电气工程学校；北京市楼梓庄中学（学校沿革）并入北京中学明德分校并更名为北京中学一分校；北京市第九十四中学朝阳新城分校更名为北京中学二分校，九年一贯制。（陈玉洁）

【义务教学入学工作全流程一网通办】 4月29日，区政府官网和区招生考试中心官网发布2022年义务教育入学政策，接受义务教育的适龄孩子利用"居住地查询系统""入学转学报名系统""政策咨询系统"等平台，按期办理入学手续，实现义务教育入学工作全流程一网通办。（马悦先 李阳）

【国际教育"三一四七"共同体发展模式】 5月，区教委按照《朝阳区部分公办学校与国际学校发展共同体建设三年计划》（2022—2024年），构建公办学校与外籍人员子女学校"三一四七"共同体发展模式。该模式以拓展干部管理国际视野、提高教师教育教学能力、促进学生全面发展3个核心任务，由共同体学校承办1次高水平学术交流论坛，打造教学改革、课堂生态、学校治理和教学特色4个维度，实施团队项目式学习、学生体育艺术科技交流、中华传统文化体验、夏令营或冬令营、教师工作坊培训、教育教学观摩以及创新思维专题研讨7项教育教学活动。（白建立 李毅）

【"两区"建设三年行动计划】 7月，区教委发布《朝阳区教育系统服务"两区"建设三年行动计划（2022—2024年）》（简称《计划》）。《计划》总体目标是增强全区国际教育特色，营造"类海外"（"宜业、宜居、宜学、宜医、宜乐、宜融"生活、生产、生态环境，是营商环境扩展版、升级版）国际教育环境，增强国际教育对区域经济社会发展支撑作用，服务国家服务业扩大开放综合示范区和北京自由贸易试验区建设。《计划》明确"三大行动、十二个项目"：国际人才子女就学服务保障行动，项目有新建国际学校项目、国际学校质量提升项目、国际人才子女就学服务项目、国际人才聚集区优质国际教育半小时服务圈项目；国际化职业技能人才培养行动，包括施耐德工程师学院项目、求实职业学校"彩虹桥"项目、劲松职业高中"心手相连"项目、国际化职业技能人才就业项目；构建国际教育发展联盟行动，包括北京中学"构建未来理想学校"国际学术论坛项目、外籍人员子女学校合作优质创新发展项目、"一带一路"共同体发展项目、部分区内公办学校与国际学校协同发展项目。

（白建立 李毅 杨飞）

【食堂服务、学生装、幼儿被褥采购项目审计调查】 6月至10月，区教委与区纪委区监委派驻区教工委工作组联合开展教育系统食堂服务和中小学学生装、幼儿被褥采购项目审计调查。调查采取填报调查问卷、自查和实地抽查相结合方式实施。由派驻组、区教委以及基层特约审计员组成7个调查小组，实地审计38个基层单位，形成审计结果报告。（李庆春　刘新利）

【获国家和市级奖学金】 9月至11月，区教委开展2022年中等职业教育和普通高中教育阶段奖学金评审。中等职业3所学校共92人分别获国家奖学金、北京市政府奖学金荣誉。其中，2人获中等职业教育最高荣誉——国家奖学金，分别是北京市劲松职业高中学生恒宇欣懿、北京市电气工程学校学生毛子鹤；90人获北京市政府奖学金，其中北京市求实职业学校39人、北京市劲松职业高中25人、北京市电气工程学校23人、北京市朝阳区安华学校3人。普通高中阶段，22所学校105人获北京市普通高中宏志奖学金。

（姜　春）

【学生资助及监管】 9月27日至11月30日，区教委开展家庭经济困难学生普查登记和认定，涉及479所学校32万余名学生，其中幼儿园309所、义务教育学校120所、普通高中学校47所、职业高中3所。全区资助学生230601人次，资助总金额3033.25万元。其中，学前教育阶段资助1474人次，资助金额100.04万元；义务教育阶段资助226036人次，资助金额2619.61万元；普通高中阶段资助1417人次，资助金额90.68万元；职业高中阶段资助1674人次，资助金额222.92万元。区教委对2022年学生资助工作全范围、全口径开展自查，重点抽查100所学校。其中，义务教育24所，普通高中7所，职业高中1所，幼儿园42所，民办学校26所。完成义务教育免费教科书使用以及各级各类资助按月发放管理等情况摸排。

（马恬静　姜　春　李　钰）

【中小学校领导体制改革】 年内，区委教育工委推进全区中小学校党组织领导校长负责制改革，完善实施方案及配套制度。芳草地国际学校远洋小学、垂杨柳中心小学、朝阳区教研中心附属学校、东北师大附中朝阳学校、陈经纶中学5所第一批改革校在组织设置优化、党建制度完善、决策机制调整等方面完成改革任务；审议通过23个单位升建党委申请，指导基层党组织在教育教学、德育、思政、意识形态等重点工作中发挥引领作用，履行党组织把方向、管大局、做决策、抓班子、带队伍、保落实领导职责，确保党的教育方针和中央、市区决策部署精神在全区教书育人全过程各领域贯彻落实。（吴丹萍　冉师建）

【外籍人员子女学校招生管理细则】 年内，区教委研究制定朝阳区《外籍人员子女学校招生管理细则》，支持全区各级各类学校（幼儿园）、协调区内13所外籍人员子女学校接受符合要求国际人才子女入学，包括扩大可纳入入学政策国际人才范围、放宽审核条件、精简申报材料、优化审批程序、开通国际人才子女入学申请绿色通道等内容。（汤　楠）

【数字平台应用】 年内，区教育系统引入数字平台应用。启动“京学通”区域试点工作，“京学通”是北京市教育大数据平台构建汇聚市、区、校三级教育数据，为各级各类学校、师生及家长提供招生入学、教育政策、体质健康等教育信息服务平台；组织“京办”平台推广，“京办”平台是北京市综合办公平台，市—区—街—居四级协同政务办公平台，含非涉密工作信息沟通交流、文件传输、工作催办、视频会议组织等功能。（么　丹）

【普惠园专项资金审计】 年内，区教委完成213所普惠园专项资金审计。审计发现制度建设、专项资金使用、收费管理及使用、采购管理、财务管理、合同管理、人员费用支出占比、修缮工程项目管理8个方面问题以及幼儿园运营和管理中风险隐患；并从整改和管理两个方面提出5条综合性改进建议。（李庆春　刘新利）

师资队伍建设

【概况】 2022年，朝阳区公办学校（含直属单位）在编教职工2.26万人，其中正高级职称135人、高级职称4230人、中级职称7835人。有专任教师19614人，特级教师240人，北京市骨干教师330人、北京市学科教学带头人67人，区级学科带头人605人、区级骨干教师2330人，区优秀青年教师1693人。区教委在人才队伍建设方面启动第五轮“双名工程”，工程包含“领航计划”“引航计划”“远航计划”“助航计划”4计划和12个项目；出台人才引进、骨干人才管理、干部听评课等8个配套文件。166名校长、3395名教师交流轮岗，并建立交流轮岗全过程考核机制；建立师德师风建设四个常态化机制，强化师德警示教育，持续推进中小学有偿补课和违规收受礼品礼金问题专项整治工作。建设干训课程体系，优化干部培训课程教学及基地资源供给。144位特级教师及教育专家完成特级教师进校园工作，走进45所中学、18所小学、10所幼儿园、3所职高。完成听评课、研讨交流等活动2231次。第三届全国青年教师教学技能比赛，北京市陈经纶中学团结湖分校教师东雪婷获中学语文组一等奖，北京中学教师米安然获中学思想政治组三等奖；参加北京市中小幼第三届“京教杯”青年教师教学基本功培训和展示活动，朝阳区教师获一等奖62人、二等奖92人、三等奖124人；在北京市第六届“启航杯”新任教师教学风采展示活动中，朝阳区获一等奖17个、二等奖27个、三等奖36个，获单项优秀奖9个。（张　明）

【第五届“扬帆杯”教学技能培训与展示活动】 1月至11月，区教师学院举办朝阳区第五届“扬帆杯”教学技能培训与展示。区教师学院修订“新任教师优秀教学技能”课程，丰富优秀技能案例。134 所学校 1815 名教师参加展示。经过区级审核、初赛、复赛，71 所学校 498 人获奖，其中一等奖 83 人、二等奖 169 人、三等奖 246 人。

（苗沐霖）

【职高教师教学设计能力比赛】 5 月 21 日至 22 日，区教科院举办线上职高教师教学能力比赛。比赛设公共基础课程组、专业课程组两个组别。比赛展示疫情防控常态化形势下线上线下混合式教学实践、教学策略，显现扎实教学基本功、教学风采和优秀教学改革成果。参赛教师 80 余人，24 人获奖，其中一等奖 4 人、二等奖 9 人、三等奖 11 人。（何爱英）

【第五轮“双名工程”启动】 6 月，区教委第五轮“双名工程”启动，该工程明确以“体系优化、品牌创建、作用发挥、机制完善”为目标，确立“领航计划、护航计划、远航计划、助航计划”4 个行动计划，以“领军人才塑造、卓越人才发展、拔尖后备人才培育，价值观引领、教育教学示范、学术辐射带动、高品质学科团队建设、高质量课堂支持、高水平学生培养、人才聚集储备、信息化支持、关心关爱”12 个项目为载体。并制定《朝阳区教育系统骨干人才管理办法（修订）》《朝阳区教育系统骨干人才履职考核奖励办法（修订）》等配套文件，从思想政治师德素养、教育教学岗位实践、示范引领作用发挥、自主成长主动发展 4 个维度 16 个条目明确骨干人才履职要求，指导教师发展学院、区教科院、区教育人才中心等部门制定拔尖后备人才工作方案、卓越人才发展项目工作方案、教育发展专家库工作方案等，建立健全“双名工程”配套工作机制。

（汪　鑫　靳国立）

【对口支援】 9 月 15 日，区教师学院选派特级教师韩国太到内蒙古自治区乌兰察布市察哈尔右翼后旗教师发展中心支教，为期 1 年。韩国太被聘为察右后旗教师发展中心副主任，走访中小学校 73 次；听课 39 节次，指导参赛课 14 节；指导“后旗好教师基本功大赛”6 场次；做讲座 3 次，示范课 1 次；完善教育教学制度 1 项。11 月 29 日至 12 月 3 日，区教师学院以“新课标背景下的育人能力和专业素养提升”为主题，对 77 名来自内蒙古自治区卓资县、察右后旗、科左后旗教师开展线上培训。培训分为“师德修养”“课程理解”“教学实践”“育人能力”“学习科学”5 个板块，院内 20 名正高级、特级等教师以 11 节专题讲座、9 个主题工作坊、3 个微视频分享、1 场学习成果展示、线上现场交流与对话等形式，打造精品对口支援课程。77 名内蒙古自治区教师全部结业。

（金春玉　沈静炫　宋　丹）

【教师交流轮岗】 年内，区教委启动教师交流轮岗。建立 1 个目标、2 级推动、3 方需求、4 种形式、5 个问题“12345”工作体系，制定《朝阳区义务教育学校教师交流轮岗工作管理办法（试行）》。全区 3395 名教师参与交流轮岗，其中全职交流教师 1276 人，区级及以上骨干教师 1829 人。383 位义务教育阶段市级以上骨干教师通过组团方式参加教师交流轮岗，指导 7660 余次，有 218 位非义务教育阶段市级骨干教师通过学科组形式对 38 所学校支教指导服务。（陈玉洁　靳国立）

【义教均衡教师队伍建设推进】 年内，区教委制定《义务教育优质均衡教师队伍优化配置工作方案》，建立工作机制，指导公办学校、民办学校补充师资力量，优化资源配置，开展教育优质均衡先行、创建教师队伍建设工作，统筹推进教师学历、体艺教师配备、骨干教师配置等均衡达标落实。按照“标准从严、人员从实”原则，实行“一类一策”“一校一策”针对性销账式管理，分批分步指导公办校和民办校补充师资，核准人员数据。全区 162 所公办和民办义务教育学校“学历教师指标”“音体美教师指标”“骨干教师指标”达到义务教育优质均衡标准。

（肖炀萌）

【师德师风建设】 年内，区教委推进师德师风建设工作，指导全区 432 个单位组织一次大学习、开展一次大讨论、进行一次大排查、上好一次专题课师德师风建设“四个一”工作；建立和完善区教育系统师德师风建设常态化学习研究机制、常态化问题自查整改机制、常态化警示教育机制、常态化师德考核机制的“四个常态化”机制。对 151 所中小学有偿补课和教师违规收受礼品礼金问题进行专项整治。区教师学院面向区内中小学教师开展主题为“践行十项准则 潜心立德树人”师德师风专题网络培训。培训包括“思政理论素养提升”“师德修养提升”“教师职业行为准则”“法治教育”“优秀师德案例”“心理调适与保健”六大模块 25 门课程（107.5 学时）。学员自主报名，自选完成 40 学时学习，通过考核，获公共选修 2 学分。1808 名教师报名，1494 名教师获得学分。

（汪　鑫　刘炳香）

【国际化素养提升培训】 年内，区教师学院创新干部教师国际化素养提升培训。开发新培训项目，完善课程体系和内容，以“立足实际、基于实践、依靠实情、围绕实效、对标实绩”五实原则，完成教师国际化培训全覆盖、完善国际化培训课程体系建设、推进“阳光工坊”国际化项目、开展国际化“学研训用”项目、培育国际化骨干教师团队、推出国际化教育精品课例 6 项工作。以选修课形式，为中小学教师提供“以学生为中心的教与学”“心理健康教育”“学生创造性思维培养”“学生发展性评价的构建与实践”线上国际化培训课程 4 门，开 32 个班，1600 人次参加。（庄　璐）

【干部培训模式改变】 年内，区教委优化完善《干部培训工作要求（试行版）》制度汇编，形成《干部培训线上教学管理制度》，建立“融跨结合”合作学习模式。形成“15X”项目模式（一个项目、五个班级、X个学习共同体）、“四结合”的培训组织模式（内容安排：理论学习与实践工作相结合，课程设计：专题引领与模块贯通相结合，教学方式：集中培训与同伴对话相结合，组织形式：个体学习与合作研究相结合）及“讲座＋对话”常态化教学模式。以“实践说”“班主任思享＋”“研究视点”“政策汇”4个项目为载体。全年开展专题业务研修20余次，开设干训班8个，举办青年干部论坛4场，培训450余人次，完成760余学时；在研课题有16项，省部级1项、市级11项、区级4项，重点课题5项。（陈　露）

【骨干人才培养】 年内，区教委开展导师带教面向区内北京市学科带头人、北京市骨干教师遴选优秀学员，培养正高级、特级种子教师活动。开展活动276场，参加人员1800余人次，课题研究278项。指导本学科或本校本区域（包括外区青年教师）的青年教师370余人，参与市级或全国主讲的各类学科主题报告260多场。学科带教团队开展活动320场，参与学员2100余人次；参与市级学科评优课、观摩课80余节；参与构建学科学习资源200多项；学员参与课题研究近235项；在京教杯、教学设计大赛、教师基本功展示中获奖80余项；学员指导本学科或本校本区域（含外区青年教师）青年教师400余人；参与市级主讲各类学科主题报告270余场。

（靳国立　张　睿）

素质教育

【概况】 2022年，区教委有校外教育单位1个，为北京市朝阳区青少年活动中心。中心设有服务保障办公室、校外教研室、教学活动指导办公室、教学活动管理办公室、实践活动办公室、活动策划办公室、社团管理与建设办公室、科技教育活动中心、图书活动管理中心9个部门。4址总占地面积9055平方米，建筑面积16483平方米。电子图书15万册。固定资产总值6929万元，全年教育经费投入6358万元。拥有办公用计算机358台。在职教职工154人，包括正高级职称2人、高级职称37人；特级教师3人，北京市学科带头人1人、北京市骨干教师4人。区教委德育工作围绕落实立德树人根本任务，组织全区中小学开展“五个一”活动、生态文明教育及养成教育；制订《北京市朝阳区中小幼一体化德育体系建设实施方案》，录制《生命五问——为生命赋能》小视频，举办“心理健康关爱行动”主题月活动；创建思政课“青年教学名师工作室”，推荐6个“青年教学名师工作室”参加市级评选、5个工作坊参加北京市“紫禁杯”优秀班主任学校优秀工作坊评选、33名“紫禁杯”优秀班主任和32名“学生喜爱的班主任”参评北京市“紫禁杯优秀班主任”“学生喜爱的班主任”。开发家庭教育主题课程18门，服务8万余名家长。开展“好家长之星”评选及“家庭教育故事”征文活动，收集征文4000篇，选送58篇征文参加市区妇联征集展示活动。举办“你劳动的样子真美”及“田园运动会”中小学生劳动教育案例征集评选活动；开展“争当新时代劳动小能手”青少年生活劳动实践短视频征集活动，征集视频187个，评选出优秀作品24个，授予获奖学生“劳动之星”和“劳动小能手”称号。通过职业高中劳动教育课程开发及校内课程资源新增等方式开发劳动教育课程70余门。制订《“双奥”朝阳校园体育专项行动方案》，召开“双奥朝阳”校园体育大会，培育30所冰雪特色校、冬奥示范校和17所冰雪扶持校并形成联动发展模式。开展“阳光体育运动”系列和冰雪系列活动，覆盖全区中小学校667校次、14100人次参加，参与率100%；通过建设云资源库、搭建云教研平台、青少年居家体育锻炼线上服务平台、虚拟情境活动等，提升学生体育锻炼效能。学生艺术节、科技节和优秀传统文化展示的群体性实践活动，全年参与学生5万余人次。完善“小小科学家研究院”管理机制，以少科院建设为载体建立首批模型、生命科学、电子技术3个领域5所基地校和9所共建校，以课程交互、竞赛链接、师资共育等多种交流共育方式，建设科技活动线上课程资源，录制21节“遇见科技馆”青少年科技讲座；构建朝阳区学校美育评优活动体系，征集论文、案例2000余篇。（张　明）

【中小学生创新性学习成果表彰会】 1月19日，区教委召开2021年朝阳区第九届中小学生创新性学习成果获金、银、铜奖学生表彰会。该届中小学生创新性学习成果评选活动收到学生成果523项，涉及学校106所。其中小学申报280项，中学申报（职高）243项。申报成果内容涉及课题研究、社会实践、文学创作、艺术创作、信息技术、学习方法、设计制作。最终确定《基于机器视觉的智能盲人学习机》《手说上下五千年》等30项金奖；《“会呼吸”的一体式智能防护服》《跟着鸟儿去旅行—我的观鸟日记》等30项银奖；《自动感应洗手液机》《环保酵素的制作与功能探究》等30项铜奖；朝阳区白家庄小学、北京市樱花园实验学校等22所学校获优秀组织奖。会上，获优秀组织奖的北京中学和芳草地远洋分校在大会上做典型经验介绍。（李联启）

【主题教育读书活动】 3月至8月，区教育人才服务中心开展“新时代好少年·强国有我”主题教育读书活动。活动面向基层学校征文，及征集朗诵、演讲的视频作品，收到59所学校1362份作品，其中朗诵视频作品378份、演讲视频作品280份、征文704份。教育工委组织专家对报送的作品进行评审，评选出朗诵类获奖作品206份，其中一等奖34份，二等奖65份，三等奖107份；演讲类获奖作品174份，其中一等奖29份，二等奖58份，三等奖87份；征文类获奖作品401份，其中一等奖70份，二等奖140份，三等奖191份。

（白增云）

【“心理健康关爱行动”主题活动月】 5月至6月，区教师学院开展第十届朝阳区“5·25”心理健康关爱行动主题活动月活动。活动分别以“疫情背景下教师情绪调控”和“疫情背景下亲子沟通专题讲座”为主题，开展2次教师讲座、1次家长讲座，2500人次参加；组织开展9次学校心理健康教育工作经验分享活动，20所学校交流经验，1400人次参加。（杨 红）

【校外少先队工作委员会建立】 6月，北京市朝阳区青少年活动中心建立少先队工作委员会；11月，朝阳区43个街道（地区）分别建立少先队工作委员会。校外少工委旨在通过建设校外少先队及阵地，形成“街道社区建队、中小学校联动、党团资源服务、区域化团建助力”的校外少先队阵地建设模式，推动形成校外少先队“五个一”工作体系，即建立一套运行机制、打造一支校外辅导员队伍、创造一个品牌实践活动、形成一个活动“打卡”模式、制定一套激励办法，服务区域少年儿童健康成长。（郭 锐）

【大中小学思政课一体化建设协同创新中心成立】 7月27日，朝阳区大中小学思政课一体化建设协同创新中心揭牌成立。该中心由朝阳区思想政治教育指导评价中心与北京联合大学马克思主义学院联合成立，设在朝阳区思政中心思政教育部。协同创新中心把大中小学思政课一体化建设要求在本土化落实，尝试“请进来”（引入典型模范人物进课堂授课）和“走出去”（组织师生在现场教学基地上课）相结合“大思政课”资源模式，探索“大思政课”资源建设和课程实践协同育人朝阳特色工作新机制。（张爱玲）

【区第二十五届学生艺术节展演】 7月，区教委举办朝阳区第二十五届学生艺术节个人项目展演线上评审工作。全区5110件艺术表演类作品、4377件艺术作品类作品参与展演。9月，区教委举办朝阳区第二十五届学生艺术节合唱项目展演线上评审工作。全区115支队伍参与展演。10月，区教委举办朝阳区第二十五届学生艺术节戏剧（曲）项目展演线上评审工作。全区90支队伍参与展演。11月4日，区教委公布展演成绩，评出合唱项目金奖34个、银奖60个、铜奖20个，戏剧（曲）项目金奖28个、银奖48个、铜奖10个，个人项目艺术表演类一等奖522个、二等奖806个、三等奖1330个、优秀指导教师407个，个人项目艺术作品类一等奖442个、二等奖654个、三等奖1073个、优秀指导教师302个。（李 扬）

【中学生志愿服务项目获奖】 8月，朝阳区7所中学和职业高中学校的9个志愿服务项目入选中国青年志愿者协会评选的“中学生志愿服务示范项目培育计划”。其中北京中学“‘正直少年’——青少年脊柱侧弯公益志愿服务”项目获2022年首都志愿服务项目大赛铜奖，该项目以青少年特发性脊柱侧弯为切入点，以“早预防、早发现、早治疗”为目的，通过校园宣讲、团队普查、网络推送等形式，帮助青少年全面认识脊柱侧弯。（郭 锐）

【“双奥朝阳”校园体育10大专项行动方案发布】 9月20日，在“双奥朝阳”校园体育工作大会上，区教委发布“双奥朝阳”校园体育10大专项行动方案，即通过体育专项督导、体质健康测试和年度学校绩效考核等方式，推动学校体育工作评价体系改革；推进“长短课”和“体育选项走班”制，保证课课有比赛、周周有比赛、月月有比赛，落实“每天一节体育课、每天运动一小时”体育课程改革要求；开设特色项目校本课程，学校每年举办特色项目比赛，确保学生掌握特色项目比例不低于50%，学生在校期间至少掌握两项运动技能，促进“双奥之区”体育文化建设；实施“同运动共成长计划”，树立全员体育意识，形成全员体育局面；加强在教科研、专业技能及授课能力方面合作，为体育教师专业化发展搭建平台，落实“首都体育学院+朝阳教育科研计划”；利用运动平台（或App）云功能、发挥云优势，打破空间、年龄和性别界限，开展云竞赛，提高练习趣味性，激发学生挑战欲望，推动“科技赋能，助力体育发展”；发挥街乡优势，完善学校和公共体育场馆开放互促共进机制，推进学校体育场馆向社会开放、公共体育场馆向学生免费或低价开放，鼓励学校和社会体育场馆合作开设体育课程，激活“社会资源”；每年组织1～2次各个大项区级竞赛，逐渐形成朝阳区品牌赛事，打造“双奥朝阳经典赛事”；试点“体校+特色校计划”，全面推进体教融合，坚持普及与提高相结合，全力推进教育与体育部门一体化建设，建立朝阳区青少年体育后备人才培养长效机制；全面推进“义务教育体育与健康学科考核评价”改革，体育评价贯穿全学段，构建小初高衔接一体化体育考核评价体系。（徐 芳）

【中小学美术教师交流工作坊】 10月14日，朝阳区中小学美术教师交流工作坊开班仪式在中央美术学院举行。该工作坊由区教委与中央美术学院共同主办，旨在加强基础美术教育与高等美术教育沟通交流，引导美术教师把握教育改革新趋势、新动态，树立新观念，改进教育教学方法。朝阳区20余名骨干教师参加项目学习。10月至12月，通过线上和线下相结合形式，围绕“新课标”教研、主题讲座、观摩实践、写生创作、展示交流等内容，开展96学时教师活动。（李 扬）

【全国文明城区测评】 12月22日，首都精神文明建设委员会办公室通报2022年度全国文明城区未成年人思想道德建设工作测评结果和2022年度全国文明校园、首都文明校园测评结果。在全国文明城区未成年人思想道德建设工作测评中，朝阳区得分96.47分，排名全市第二。在全国文明校园测评中，中国人民大学附属中学朝阳学校得分109.36分，排名全市第一；在首都文明校园测评中，朝阳区28所校园得分99.10分，排名全市第二。（汪亢亢）

【"德育质量年"行动计划】 12月26日，区教委发布《朝阳区普通高中"德育质量年"行动计划（2022—2023年）》。行动计划的工作目标是进一步提升立德树人实效，努力培养德智体美劳全面发展的社会主义建设者和接班人。行动计划包括"铸魂润心"主题教育、高中生心理健康测评、高中生生涯教育课程"指南针"和"科研赋能"德育科研引领4项重点工作任务内容。（陈　静）

【党史学习教育】 年内，区教委组织党史学习教育。主要围绕"学起来""唱起来""讲起来""做起来"4个板块，举办"名师大家讲党史"、师生大联唱、"我给先烈写封信"、"教育文化促发展 同心筑梦向未来"学校文化节等具有朝阳教育特色的各类主题活动；面向教育系统各基层单位开展"请党放心 强国有我"以及"强国复兴有我"2022年教育系统百姓宣讲活动。《以"学、唱、讲、做"引导青少年童心向党》案例获北京市教育系统创新案例奖。（汪亢亢）

学前教育

【概况】 2022年，幼儿园310所（教育部门办园33所、其他部门办园6所、地方企业办园15所、事业单位办园14所、部队办园6所、集体办园36所、民办园200所）。幼儿园招生29796人，离园27839人，在园96096人。幼儿园教职工总数18251人。全年投入学前教育经费7.38亿元，其中国家拨款6.84亿元、自筹经费5370.87万元。全区学前教育工作以构建普及普惠安全优质学前教育体系为目标，新增学前学位2780个，其中普惠性学位1110个，公办园占比提升至47%，普惠性幼儿园覆盖率提升至85%。修订《朝阳区承办居住区配套幼儿园管理办法》《朝阳区教委所属事业单位举办公办幼儿园管理办法（试行）》，出台《朝阳区居住区配套幼儿园综合评估办法》《朝阳区幼儿园实习教师管理规定（试行）》。建设德育课程资源、形成44节幼儿园德育精品课；把德育工作纳入考核评价。提升教师队伍专业素养，开设幼儿园环境创设等23门选修课、131个培训班，培训教师1.6万人。面向1000余名新教师开展60学时新教师必修课培训及分类按需推进不同层级园长培训。（邢　凯）

【幼儿卫生与健康教育研究启动】 1月21日，区教委成立"幼儿卫生与健康教育研究"项目组，建立包含10所核心园在内研究团队，结合区域实际，确定以家园合作形式开展卫生与健康教育为突破口，探索高质量学前教育体系建设；介绍项目研究背景及项目推进方案，明确不同阶段研究重点和推进方式；作"促进儿童发展，营养运动先行""秋冬季儿童常见传染病的防治"等专题培训。400余址幼儿园和90余址社区办园点2000余名园长、保健医和教师参加活动。（何爱英）

【幼小衔接专项培训】 3月至8月，区教师学院面向区内492址各类型幼儿园（含90个社区办园点）线上开展"幼儿为本，科学衔接"幼小衔接专项培训，培训由市区级学前教育专家解读《幼儿园入学准备教育指导要点》，包括"幼小衔接文件解读""幼小衔接'四准备'能力培养""幼小衔接家园共育"3个方面内容，"幼儿园入学准备教育的意义和价值""向往入学情感培养""入学准备教育中如何实现家园合力"等18个专题，60学时，7244人获3学分。3月24日，由小学校长、幼儿园园长、骨干教师围绕"双向衔接机制、课程优化"开展双向培训，全区幼儿园、小学管理干部及教师1400余人参加。（邢　凯　员春蕊）

【托班试点】 3月，区教委启动朝阳区幼儿园托班试点工作。制定《朝阳区推进幼儿园托班试点工作方案》《关于幼儿园开设托班的指导意见（试行）》。4月15日，召开托班试点工作部署会，指导试点园完成托班申请、材料核验、场地核查、备案等相关工作。截至年底，开设托班4个，招收托班幼儿49人。（邢　凯）

【国家级优秀教学成果推广推进会】 10月19日，区教科院召开基础教育国家级优秀教学成果"以幼儿自主学习为核心的幼儿园低结构活动探索"推广推进会，从"根植区域，立足高质量学前教育体系建设""守正创新，准确定位成果推广应用目标""深化成果内涵，把握成果推广核心价值""建构高效推广机制，探索成果推广应用路径""求真务实，动态优化每阶段成果推广""创生创优，深化成果应用助改革创新"6个方面作专题汇报；三里屯幼儿园、北辰福第幼儿园、惠新里幼儿园、劲松第一幼儿园分别以"回归儿童立场 支架自主成长""基于'师幼双循环'的低结构活动实践""低结构活动中对幼儿的观察与支持""用'教研环'推进低结构活动实践"为题做成果应用实践经验交流，展示实践上基于园所实际、理论上立足成果与本园教育理念契合点，抓住低结构活动顺应幼儿学习和发展特点，把成果落地生根、融合发展经验做法。400址幼儿园和90余址社区办园点的园长、保教主任、骨干教师1100人参加。（何爱英）

【教学质量保障】 年内，区教委以专题培训、入园指导、线上指导等方式，向全区幼儿园推送4个模块51个指导资源，9个教研组673名骨干教师为核心，开展9个专题60余次的伴随式研训；召开15场保教工作交流会，指导幼儿园制定园本教研计划。（邢　凯）

基础教育

【概况】 2022年，朝阳区有小学70所（教育部门办校64所、民办校6所），普通中学98所，其中初级中学9所（教育部门办校9所），完全中学13所（教育部门办校11所、民办校2所），高级中学4所（省级教育部门办校1所、民办校3所），九年一贯制学校38所（教育部门办校31所、民办校7所），十二年一贯制学校34所（教育部门办校17所、民办校17所）。有教学班7681个（小学5295个、初中1779个、普通高中607个），招生53440人（小学27795人、初中17724人、普通高中7921人）；毕业37440人，小学20281人、初中12827人、普通高中4332人；在校生239427人（小学生168798人、初中生51251人、普通高中生19378人）。初中入学率、巩固率、毕业率均为100%。中小学教师合格率100%。中小学（公办）纸质图书藏书742.52万册（2021年数据）。全年中小学教育经费投入96.27亿元。中小学固定资产总值170.54亿元。设立义务教育学区18个。印发《关于加强义务教育学校作业管理的实施办法》《朝阳区中小学线上教学管理指导意见（试行）》等文件，落实“双减”工作水平巩固提高。印发《朝阳区义务教育优质均衡先行示范区创建工作方案》，构建“1+1+6”工作体系，对照督导评估标准，组织学校开展创建工作。依据《朝阳区中小学教育集团认定办法（试行）》，认定18个中小学教育集团，覆盖79校182址。印发《关于开展义务教育阶段学校教学管理工作通知》，组织162所中小学开展自查，联合区教科院开展抽查。对162所公办民办中小学开展地方教材、教辅材料和校园课外读物专项检查。修改《朝阳区中小学课后服务工作实施方案（修订版）》，审核并备案162所学校课后服务课程方案；新增课后服务课程资源130余项，覆盖学生20.2万人，占比95.8%，印发《朝阳区义务教育课程实施办法（试行）》，开展不同形式新课标学习培训活动，强化教师新课程、新教材、新方法、新技术培训。开展“马芯兰小学数学翼课程项目”和“小初衔接课程改革项目”等课题研究，总结梳理“马芯兰小学数学翼课程项目”和“小初衔接课程改革项目”研究成果。组织高中教师1800余人参加培训新课标新教材专题培训，开展“课堂教学大练兵”，开展校内课堂教学展示。11门课程参加市普通高中特色课认定，100%通过。面向全区38所学校高一学生、家长开展生涯教育“指南针”项目系列讲座。获基础教育29项成果奖，其中朝阳区实验小学、呼家楼中心小学等获特等奖2项、一等奖10项、二等奖17项，获奖总数及各等级获奖数均居全市第一。（张清军）

【小学学业水平检测】 1月11日至12日，区教委开展全区小学六年级教学质量检测。选定语文、数学、英语科目参加检测，道德与法治、科学、音乐、美术4个科目任选其一，124所小学19590名学生参加抽样检测。7月6日至7日，区教委组织全区小学三年级学业水平抽样检测，选定科目为语文、数学、英语，考查科目道德与法治、科学、音乐、美术4个科目任选其一，127所小学27659名学生参加抽样检测。11月2日，召开全区中小学教学工作会，总结小学教学工作并分析三年级抽样检测情况。（张浩钰）

【高中新课程方案实施】 1月22日至23日，区教委开展普通高中新课程培训，包括2个区级模块和1个校级模块。全区高中教师1600余人参加。7月15日至16日，“学习新课标，落实新教材，适应新考改”主题培训，2500余名高中教师参加。内容包括深化高考综合改革背景下学科核心素养教学、选课走班形式下学科教学改进、新教材解读与分析、学科学业水平考试分析、教学资源整理与构建、新课程实施策略等专题。9月14日，举办普通高中新课程改革研讨会。区教科院作“普通高中新课程改革区域战略及实践模型”主题报告，从责任与规划、多元与特色、结构与进阶、主动与高效、个性与发展、引领与服务、经验与展望等方面，介绍高中课程改革实践建构、进展与反思。八十中学、人大附中朝阳学校、陈经纶中学、清华附中朝阳学校、二外附中等校围绕特色课程建设与实施进行专题汇报。与会专家学者与实验校负责人围绕区域推进课程改革统筹规划、学科课程体系设计与实施、学科课程建设研究等三大专题，开展基于案例、基于证据的宏微结合交流，就新课程实施任务涉及教师队伍建设、教育教学改革、教科研支持体系取得的成绩和存在困惑出谋划策。北京师范大学等6位专家教授、区内7所课改校负责人及相关区县有关人员50余人参加。

（聂　昱　何爱英）

【课后双师素质课堂】 2月至10月，区教委开展政企合作，与区域科技企业联手，开展课后双师素质课堂（双师课堂即一个课堂2位教师授课）建设探索。企业提供涵盖思维训练、工程科技、硬笔书法、艺术启蒙、传统文化、心理教育等课程和随堂教具，以培训教师线上录播的学习课程和线下学校教师组织课堂教学的形式，实施呈现双师素质课堂教学管理。截至年底，双师课后服务覆盖15个学区32所实验学校，选择课程学生43207人，双师型课后服务课程总课时近70万课时。（楚　娜）

【课堂教学质量】 3月，各学校分阶段开展“课堂教学大练兵”活动，高中教师全员参与。4月，各学校开展课堂教学校内展示活动，每个学科参与展示人数达到该学科教师总数1/3以上。5月至6月，各学校每个年级每学科提交1～2节展示课例，参加区级“百节优质课”展示活动。完成5大主题研训，各学校全面推进课堂教学实践，教研员深入学校指导学校开展课堂教学改进行动。联合区教科院以“教学设计指南”“教学设计指南的说明”和“教学设计评价量表”教学3个规范工具为抓手，监控学科教学运行和学科教学目标达成状态，实现课堂改进。同时，督促各学科教研组结合学科教学实际开发典型课例流程，在规范中鼓励创新。12月26日，区教委发布继续开展朝阳区普通高中“课堂教学质量年”

行动计划文件，即《朝阳区普通高中“课堂教学质量年”行动计划（2022—2023年）》，该行动计划制定一学年主要任务，提出进一步的工作思路，明确工作的组织机构，强调行动的重点任务。（李克明）

【拔尖创新人才培养汇报交流会】 8月16日至19日，区教委召开24所高中学校拔尖创新人才培养汇报交流会。会上，各校校长就学校拔尖创新人才培养目标定位及“十四五”末提升具体目标、构建创新人才培养“小初高一体化”措施及拟采取发展举措、2023年在拔尖创新人才培养方面的具体措施及培养目标等内容汇报和交流。会议旨在推动高中教育高质量发展，着力构建“小初高一体化”创新人才培养路径，激发每所学校创新发展活力，探索拔尖创新人才培养路径。

（聂 昱）

【“马芯兰小学数学教学法”推广会】 11月15日，区教委举办国家级优秀教学成果“马芯兰小学数学教学法”推广会。会议聚焦马芯兰小学数学教学法教学策略与方法外化，展示“12个思维外化工具”和“10个基于成绩问题锦囊妙计”。区教科院围绕马芯兰数学教育思想内涵、成果推广实践探索及成果对构建高质量教育体的推动作用等方面作“马芯兰小学数学教学法”主报告及“核心概念指引下的大单元教学设计”“基于结构化的‘数量关系’”“由数及形触类旁通”等经验交流。芳草地国际学校世纪小学、十八里店学区进行成果应用实践应用交流。朝阳区教育研究中心附属小学、朝阳区实验小学、白家庄小学东辰分校、星河实验学校、北京明远教育书院实验小学、垂杨柳中心小学、朝阳区实验小学福源分校等基地校，分享“让数量关系内化于心、外显于形”“聚焦核心概念，让方法的教学有根”“给核心概念以核心地位——运算单元教学的思考与实践”“基于知识结构培养逻辑思维”“抓核心立结构促学习能力提升”“长、正方体”“图形与几何测量内容复习”教学策略分享。线上、线下1000余人参会。（何爱英）

【线上教学管理】 年内，区教委印发《关于朝阳区教育系统加强居家线上学习管理的通知》。5月11日，召开朝阳区教育系统线上教学工作部署会，针对线上教学中存在问题，指导学校加强管理和监控。10月，区教委印发《朝阳区中小学线上教学管理指导意见（试行）》，健全线上教学备案、督查等机制，区教科院教科研员网上教研、听课制，做到日反馈，网上教学监控与管理实时跟进。针对线上教学存在问题，区教委通过梳理“12345”、政民互动系统学生家长关注度高问题，因时制宜指导学校动态调整相关工作，保证线上教学平稳。

（张清军 张浩钰 李筑恒 张丽娟）

【义务教育新课程方案实施】 年内，区教委印发《朝阳区义务教育课程实施办法（试行）》。实施办法从指导思想、培养目标、基本原则、课程设置、课程实施和工作要求6个方面，指导学校课程工作整体设计，把朝阳课程改革经验成果、创新人才培养研究、推动科技赋能促进教育发展等纳入其中。区教学工作会围绕“落实新课程 贯彻新理念 促进新发展”主题，区教科院解读，对学段衔接、学科实践、贯通培养课程设置和每天一节体育课落实等重点内容进行培训，学校教学干部、教师等820人参加培训。

（石志芬 张丽娟 钱守旺）

【高中多样化特色发展】 年内，区教委制定高中多样化特色发展工作方案，明确创建工作组织领导方式、管理机制、业务支持、资源平台、进度安排等具体要求。按照“创特色优质新品牌、建改革发展新平台”总体设计，引导学校确定特色发展路径，自主规划、自主申报、自主创建，指导学校制定《多样化发展建设方案》。指导各普通高中学校凝练特色，加强课程整体建设，突出特色课程群建设，探索设立课程建设基地。指导各学校优化课程建设与实施，支持有条件、有基础、有优势的一批学校建成领域课程建设高地。在建设发展特色品牌校的过程中，探索多样化人才培养模式，探索普通高中多样化发展有效途径。截至年底，提交校级创建材料及方案的学校27所。

（聂 昱）

【中小学创新人才培养实施方案印发】 年内，区委教育工委和区教委印发《朝阳区中小学创新人才培养实施方案》。该实施方案规定基础教育要构建小学、初中、高中三段贯通培养体系任务，构建区域内小学、初中、高中创新人才贯通培养体系。以高中校为龙头，牵引初中、小学学校，集团内外结合开展“十二年一体化”创新人才培养实验，根据核心素养培养目标整体设计小初高贯通培养课程体系，开展12年贯通培养。业务主管部门依据方案规定基础教育构建小学、初中、高中三段贯通培养体系任务。

（聂 昱）

【课后服务管理】 年内，区教委完成162所学校课后服务课程方案审核与备案，对28所有问题学校指导改进。举办首届朝阳区课后服务课程资源成果推荐，职业高中劳动教育课程开发、校外课程资源进校园等措施落地。新增课后服务课程资源130余项，开发劳动教育课程70多门，与近60所学校签订专业指导备忘录，覆盖14个学区，70余名教师定期进入学校开展专业指导，丰富学校课后服务课程资源。服务学生近1.5万人次。建15个学区学生活动站点工作群，搭建学区级学生活动展示平台。校外教育管理型指导员入校283人次，为全区中小学162所校址课后服务指导。7月，印发《2022年朝阳区学生暑期托管服务工作实施方案》，开展2期学生暑期托管服务，2100余名学生在96个承办服务点接受暑期托管服务。

（张丽娟 韩 静 张 弛）

【研究型学校建设】 年内，区教科院持续推进研究型学校建设。研究型学校建设是北京教科院基础教育研究所以“十三五”北京市科研先进校为对象在“十四五”时期推进创新项目，目标是坚持创新理念、持续提升学校教育质量水平，促进学校自觉运用科研方法开展教育教学和管理工作，形成高质量教育新格局，其重点是打造一批研究型学校。“十三五”期间朝阳区有34所学校评为北京市科研先进校。2月，朝阳区13所学校自主申报，经专家团队评审，推荐日坛中学、陈经纶中学分校安华学校、劲松第一幼儿园、垂杨柳中心小学、朝阳区实验小学、呼家楼中心小学等7所学校成为2022年度研究型学校建设项目校。

（何爱英）

特殊教育

【概况】 2022年，特殊教育学校1所（北京市朝阳区安华学校），专门学校1所。随班就读学校6所，开设教学班69个，在校特教学生452名；专任教师97名。特教兼职教研员54名。全年国家投入特殊教育经费6918.86万元。区教委特殊教育工作落实特殊需要学生教育“一生一案”策略，建立完善特殊学生教育诊断评价机制，以区域特殊教育管理云平台为依托，采用电子化、信息化诊断评价方式，实现实时评价、阶段性评价和综合性评价。以评价为导向，帮助教师正确评估特殊学生能力现状，制定合理教育目标，为特殊学生提供针对性融合支持策略。持续推进朝阳区融合教育“1+2+15+N”保障体系建设，促进特殊教育质量提升，调整和完善服务实体运作制度机制。截至年底，自闭症教育基地、各学区资源中心组织开展专项培训6次，重点跟踪、服务支持个案112人，为区内随班就读教师、家长提供咨询和指导，为特殊学生提供辅导、康复训练等支持。

（李文荣）

【幼儿园特殊儿童保教工作坊】 5月，区教师学院成立幼儿园特殊儿童保教工作坊。从区内幼儿园中推选24名教师共同开展学习、研讨，其中选任5名优秀教师编写内部培训教材。规划“朝阳区幼儿园教师关爱特殊儿童案例分享”栏目，并在小鹅通平台展示“关爱特殊儿童案例”5篇。　（刘晓曦）

【教师教学基本功获奖】 12月，教育部和市教委开展特殊教育教师教学基本功展示和融合教育优秀教育教学案例遴选活动，区教育局推选2节特教基本功课和3个融合教育案例参赛。全部获奖，基本功课特等奖2节，融合案例特等奖1个，一等奖1个，三等奖1个。　（王桐娇）

【融合教育支持服务保障体系建设】 年内，区教委对自闭症教育基地、各学区资源中心组织开展专项培训6次，重点跟踪、服务支持个案112人，并持续为本校、本片区随班就读教师、家长提供咨询、指导等服务，为特殊学生提供辅导、康复训练等支持。

（王桐娇）

【特殊教育教师研训】 年内，区教委构建区域教师特殊教育专业发展教科培赛一体化研训系统。针对兼职教研员和资源教师开展基于个案实践“运动治疗”“应用行为支持”“结构化教学支持”主题专业研训。5月，面对疫情新形势，分别组织开展研训导一体专业教研活动，课堂教学评估支持组、情绪行为支持组、身心发展支持教研组分别开展“特殊学生家庭认知教学方法”“如何合理安排居家学习任务”“残疾学生居家康复训练策略”等主题研训活动，指导组内兼职教研员、资源教师和资源中心干部树立正确特教观，学习正确教育教学方法和有效康复手段，有效调控残疾学生居家情绪行为问题，构建和谐的家校互动环境。截至年底，组织教研活动30次，其中大教研10次，小教研20次。

（李文荣）

职业教育

【概况】 2022年，朝阳区有公办职业高中3所，学生2398人，招生数1013人、毕业生323人。教职工737人，其中专任教师606人；高级职称242人；市特级教师4人、市骨干教师11人、市学科教学带头人3人。公办职高占地面积26.60万平方米，产权建筑面积19.99万平方米。图书馆藏书34.02万册。设有劲松职业高中常营校区、求实职业学校望京校区和电气工程学校管庄校区等11个校区。全年中等职业学校教育经费投入3.67亿元，其中国家拨款3.61亿元、自筹经费634.47万元。区教委指导区3所职高与北京青年政治学院等4所朝阳属地高职学校马克思主义学院组建“朝阳区中高职思政教师研修共同体”，结合“技能成才·强国有我”主题教育，开展以讲好“四史”故事等学生实践教育。教师参加北京市职业院校教学能力比赛，获一等奖4项，二等奖3项，三等奖5项。组织学生参加2022年北京市职业院校技能大赛、北京市第二届“丝路工匠”国际技能大赛等，选树学生身边榜样11名，1名学生评为“北京市优秀学生”。制定《职业高中线上课堂教学评价量表》，组织职高“线上＋线下”公共基础课区级统测考试，规范线上教学组织实施。修订《朝阳区职业高中校企合作管理办法》，规范职业高中校企合作。获2022年北京市职业教育教学成果奖一等奖4项、二等奖11项，较上一届增长50%。北京市教委认定2022年北京市职业教育在线精品课程3门，北京市课程思政示范课程5门，课程思政教学名师和团队5个，北京市职业院校“三全育人”典型学校和典型案例1个。　（何爱英）

【中高职思政教师研修共同体成立】 3月23日，区教委举办“中高职一体化思政教师研修共同体”启动仪式。启动仪式解读研修共同体课程实施方案，讲解运行机制、课程安排、考核评价等。

研修共同体由北京市青年政治学院、北京劳动保障职业学院、北京信息职业技术学院、北京经济管理职业学院4所高职院校马克思主义学院与朝阳区3所职高组成。4所高职院校为研修课程提供专业咨询和专家资源，13名高职思政专职教师作为指导教师，与3所职高28名思政教师结对编组，通过共同备课、互相观课、深度交流、资源共享等形式开展研训，为中职教师专业化发展提供支撑。57人参加启动仪式。（何爱英）

【班主任队伍建设】 3月至7月，区教委举办全区职业高中班主任分层分类班主任培训。培训内容包括名班主任培养、基本功能力提升等方面，采用实战模拟、专家点评和集中培训形式。120名教师参加。6名班主任参加北京市中职班主任基本功比赛，获一等奖2个、二等奖2个、三等奖1个、优秀奖1个；1名班主任参加全国中等职业学校班主任能力比赛，获二等奖。北京市劲松职业高中王跃辉班主任工作室被认定为首批北京市中等职业学校名班主任工作室。（张 伟）

【职高专业课学业评价改革推进会】 4月29日，区教委召开职业高中专业课学业评价改革推进会，开展“专业课学业评价”专题培训。培训内容包括从期末考试情况分析，学业评价诊断、激励作用等方面，理解学业评价内涵、确定学业评价导向、掌握学业评价方法等。会上，劲松职业高中做“期末考试改革实践”专题发言，交流专业课考试改进和经验。职业高中教学干部及专业课教师100余人参加。（何爱英）

【校企合作管理制度修订】 6月，区教委修订《朝阳区职业高中校企合作管理办法》。管理办法有16条，主要内容包括校企合作协议签订的规章和流程、协议双方应尽的权利、义务等，强调学校开展校企合作的主体责任，强化对学校开展校企合作的指导、监督，将校企合作纳入专项督导。（张 伟）

【教材教辅及课外读物排查】 6月，区教委开展职业院校教材教辅及课外读物排查。采用学校自查、区级抽查相结合方式，排查职高使用教辅教材及课外读物788本。结合发现的问题，建立健全教材教辅管理与审查机制和质量评估和反馈机制，保障和提高职业高中教材的质量，确保教材体现正确政治方向和鲜明价值导向。（张 伟）

【职业高中新型教研模式启动】 9月16日，区教科院启动职业高中新型教研模式培训。新型教研模式以提高课程领导力为核心，进行“634”设计，其中“6”是内容层次，指从宏观到微观，从理论到实践，层层分解等6个维度培训内容；“3”是学习方式和步骤，指区学、校建、交流展示等3个主要学习过程；“4”是交流评价方式，指专业主任说专业、专业骨干说课程体系、任课教师说课程、教学团队说单元设计和教学实施等“四说”活动。以“634”为指导，开展“新法新政背景下职校专业建设思考”“如何构建高水平课程体系—基于PGSD能力模型及中高本一体化设计”“新时代职业教育课程建设与思考”“基于职业综合素质和行动能力培养的人才培养体系建设”系列研训活动，引导教师反思和优化专业课程体系，达到“区校一体、区学校用、理实结合”目的。启动仪式，3所职业学校正职领导、骨干班学员现场参加，其他专业课教师100余人线上参加。（何爱英）

【3所学校自主招生】 年内，北京市劲松职业高中、北京市电气工程学校、北京市求实职业学校作为北京市自主招生试点制定自主招生工作方案，建立自主招生工作机制，组织专业能力测试，自主招生。全区自主招生计划完成率100%，招生规模比上年增长22%。（张 伟）

【国际职业技能大赛劲松职高参赛】 年内，劲松职业高中参加第二届“丝路工匠”国际职业技能大赛。大赛是依托“一带一路”国家级外交战略合作交流高技能职业教育，设9个赛项，分国际赛区和国内赛区，来自俄罗斯、白俄罗斯、哈萨克斯坦、泰国、马来西亚等21个国家84所国际院校通过线上线下形式参赛。朝阳区职业学校参加西餐西式面点、咖啡技艺赛项目。（白建立）

【中等职业教育质量年度报告编制完成】 年内，区教委《朝阳区中等职业教育质量年度报告》编制完成。年度报告由区教委、区教科院、3所职业学校负责人组成的年报编制工作组执行，内容包含学生发展、教学改革、政策保障（政策、财政专项与质量保障的落实与成效）、国际合作、服务贡献、面临挑战6个部分。（何爱英）

【中职专业课教学改革】 年内，区教科院指导中职专业课教学改革。求实职业学校电商专业完成1节综合3门专业课核心技能区级研究课“直播运营项目实训——求实‘双十一’助黔特色食品节”，学生通过直播实训，体悟传播地方民族食品特色文化对助力乡村经济发展、促进政治稳定和民族和谐的重要意义；劲松职业高中影像与影视技术专业按照“策、采、编、推”全流程，策划实施“学党史 知校情”访谈节目和多人多机位现场拍摄，为学生提供真实任务、锻炼综合能力机会，培养高素质技术技能型人才，多学科跨界、综合课程教学改革走向深入。（何爱英）

【实习就业】 年内，区教委设立朝阳区职高实习监督咨询电话专线，解决实习阶段学生和家长提出问题；健全学校实习管理工作体系，指导学校完善《顶岗实习学生管理办法》《实习学生安全及突发事件应急预案》等制度，并纳入学校学年度绩效考核范畴。学校拓展实习就业渠道，开展网上实习就业服务，举办“云”面试、“空中招聘”，学生就业率98%。（张 伟）

高等教育

北京中医药大学

【概况】 2022年，北京中医药大学占地面积116.93万平方米，学校产权校舍建筑面积54.54万平方米。东西校区图书馆建筑面积1.58万平方米。全年教育经费投入15.77亿元，其中，财政拨款8.74亿元、自筹经费7.03亿元。固定资产总值35.29亿元。拥有教室196间，全部为网络多媒体教室。图书馆拥有图书141.81万册，教学用计算机4549台。网络信息点29820个，上网课程1393门，图书馆数字资源量中电子图书167.46万册、电子期刊21.15万册、学位论文952.63万册、音视频20000小时。学校设有3个校区，设置13个院（系、部），开设16个本科专业，覆盖6个学科门类；具有一级博士学位授权点3个，一级硕士学位授权点7个，博士后科研流动站3个。有“双一流”建设学科3个、国家级一流本科专业建设点7个、北京市重点建设一流专业1个、北京市高校高精尖学科2个。有教育部重点实验室3个、教育部工程研究中心4个。有北京市教委重点实验室2个、北京市科委重点实验室4个、北京市教委工程研究中心1个。有国家中医药管理局重点研究室10个、国家级实验教学示范中心1个。有北京市实验教学示范中心4个。校本部有教职工1277人，其中专任教师805人（正高级218人、副高级252人）。有外籍教师5人，均为博士。毕业生16576人，其中研究生1622人、普通本科生2014人、网络教育本专科生12827人。招生11584人，其中研究生1993人、普通本科生2029人、网络教育本专科生7486人。在校生42539人，其中研究生6029人、普通本科生8937人、网络教育本专科生27025人。留学生招生70人，毕业109人，在校生508人。学校再次入选国家“双一流”建设高校。获教育部科学技术一等奖、二等奖各1项；中华中医药学会科技奖励17项，居全国中医药院校首位。首获全国高校教师教学创新大赛二等奖1项。获北京市高等教育教学成果奖7项，首获特等奖。在“挑战杯”大赛、“互联网+”创新创业大赛中，获国家级铜奖3项，北京市金奖9项、银奖10项。“十四五”规划教材主编数量居中医药院校之首。获“中医药创新转化示范单位”“高校知识产权信息服务共建单位”等荣誉称号。学校中医药博物馆获首批全国科普教育基地。

【入选国家“双一流”建设高校】 2月14日，教育部、财政部、国家发改委联合公布第二轮“双一流”建设高校及建设学科名单。北京中医药大学入选国家“双一流”建设高校，中医学、中西医结合和中药学3个学科再次列入建设学科名单，入选学科总数居中医药院校之首。新一轮“双一流”建设不再区分一流大学建设高校和一流学科建设高校，把探索建立分类发展、分类支持、分类评价建设体系作为重点之一，引导建设高校切实把精力和重心聚焦有关领域、方向的创新与实质突破上，创造真正意义上的世界一流。

【新增教育部虚拟教研室建设试点】 5月19日，教育部办公厅公布第二批虚拟教研室建设试点名单。北京中医药大学中西医结合临床课程虚拟教研室入选第二批虚拟教研室建设试点。截至年底，学校有4个虚拟教研室建设试点，入选总数居中医药院校之首。学校会统筹4个虚拟教研室建设试点，围绕创新教研形态、加强教学研究、共建优质资源、开展教师常态化培训等重点任务，推进建设工作。打造教师教学发展共同体和质量文化，引导教师回归教学、热爱教学、研究教学，提升教师教育教学能力。

【7个专业获批一流本科专业建设点】 6月7日，教育部办公厅公布2021年度国家级和省级一流本科专业建设点名单。北京中医药大学公共事业管理专业获批国家级一流本科专业建设点，法学、生物工程、中西医临床医学、药事管理、康复治疗学、大数据管理与应用、工商管理7个专业获批省级一流本科专业建设点。

【“互联网+”大赛北京赛区获奖】 7月23日至24日，第八届中国国际“互联网+”大学生创新创业大赛北京赛区复赛决赛举办。北京中医药大学参赛并获奖，获一、二、三等奖68项，7支团队获北京市一等奖。学校获北京赛区“优秀组织校”荣誉称号。

【与北京同仁堂签署合作协议】 10月25日，北京中医药大学与北京同仁堂

▲ 7月23日至24日，学校在“互联网+”大赛北京赛区获奖 （北京中医药大学 供图）

集团公司战略合作协议签约仪式举行。根据协议，双方在中药学科建设、人才培养、科技研发、国际合作等方面开展全方位合作。通过开辟中药学人才培养新模式，开展中医药行业原创性科技攻关，推动中医药科研成果转化，助力医疗卫生领域创新发展，推动中医药文化传播，以“服务国家战略，共创世界一流”为目标，打造校企合作新典范。

【学校主办中国 APEC 合作基金国际研讨会】 11 月 8 日，中国 APEC 合作基金“传统药物科技创新的监管科学与国际共享”国际研讨会召开，大会由中国生物技术发展中心和北京中医药大学联合主办，北京中医药大学国家药品监督管理局中药监管科学研究院和中药学院承办。来自 12 个 APEC 成员经济体的 106 位代表、专家学者和嘉宾共同参会。会议召开为推动 APEC 成员经济体中传统药物科技创新监管科学的国际交流合作搭建战略合作框架、寻求共识提供基础，促进亚太经济合作组织各经济体传统药物监管科学的共同发展提供前期保障。

【上海合作组织医学大学联盟成立】 11 月 10 日，北京中医药大学倡议发起的上海合作组织医学大学联盟成立。北京协和医学院、北京大学医学部、俄罗斯圣彼得堡州儿科大学、哈萨克斯坦国立医科大学、伊朗德黑兰医科大学等上海合作组织成员国 20 余所高校成为首批联盟院校。上海合作组织医学大学联盟的核心任务是推动成员国高校在人才培养、科学研究、临床服务等领域交流合作，提高成员国高校医学人才培养质量，提升医学科学研究水平，提高临床医疗服务能力。上海合作组织医学大学联盟的成立，标志着上海合作组织各成员国在医学教育领域有专业的高水平合作平台。

【党建思政】 年内，学校增加“全国党建工作样板支部”培育创建单位 2 个；获评北京市级课程思政示范课、教学名师及团队 8 个。向教育部报送信息材料 60 余篇，4 篇被中办国办采纳，12 篇被教育部采纳。向全国高等中医院校党建思政工作研究会荐稿 3 篇论文获奖，1 人受表彰。“岐黄青年汇”获评中宣部、教育部全国重点建设思政类公众号。

【教科研项目】 年内，学校增加国家级一流本科专业建设点 1 个、北京市一流本科专业建设点 7 个；教育部虚拟教研室建设试点 1 个。建设国家中医临床教学案例共享资源库。国家医学攻关产教融合创新平台获批。获教育部产学协同育人项目 13 项。国家级重点项目 6 项获批，国家级社科项目 5 项。获北京市本科教学改革创新项目 4 项。获国家自然科学基金项目 93 项、科技部基础资源调查专项 1 项。获批国家中医药传承创新中心建设单位、培育单位各 1 个，获批教育部工程研究中心 1 个。博士后中标基金和项目 37 项。获北京市“就业名师工作室”“丹心计划”基地 60 个。

【人才建设】 年内，学校增加国医大师 2 人，全国名中医 3 人，第五批全国中医临床优秀人才 20 名，全国老中医药专家学术经验继承工作指导老师 47 人、继承人 94 人。增加国家级人才 5 人、青年岐黄学者 6 人、北京市科技新星 1 人。获“全国高校黄大年式教师团队”1 个，北京高校优秀本科育人团队 1 个、北京市优秀教师 3 人、北京市青年教学名师 1 人。实施“壶天博士后”、管理人才成长计划、支撑人才成长计划等 8 项人才项目。6 位学者入选 2021“中国高被引学者”。

【交流与合作】 年内，学校牵头成立上海合作组织医学大学联盟，首批联盟院校 20 余所。与北京市中医药管理局共同主办中国国际服务贸易交易会北京中医药创新发展论坛；与中国生物技术发展中心共同主办中国 APEC 合作基金“传统药物科技创新的监管科学与国际共享”国际研讨会。与北京同仁堂集团公司签署战略合作协议，围绕中药学科建设、人才培养、科技研发、国际合作等方面开展合作。

【冬奥服务任务完成】 年内，学校 59 名赛会志愿者，220 名城市志愿者和 4 名医护志愿者，服务北京冬奥村（冬残奥村）、国家体育馆、国家速滑馆、五棵松体育中心等竞赛场馆，助力冬奥会服务保障、文化展示、医疗防疫和集结疏散等工作。冬奥会期间共计服务时长 27756 小时。志愿服务队获评北京 2022 年冬奥会和冬残奥会服务保障贡献集体。学校专家团队走进冬奥村开展中医义诊、健康讲座，提供新冠防疫冲剂 15000 剂。启动弘扬“北京冬奥精神”系列活动之全球中医药文化推广行动。

【中医药体验馆服务冬奥】 年内，北京 2022 冬奥会、冬残奥会“10 秒”中医药体验馆在冬奥会（冬残奥会）展示。北京冬奥村和延庆冬奥村中医药体验馆接待外国运动员及随行官员 2000 余人。中医药体验馆 14 名志愿者师生在冬奥村连续工作 30 天，服务 4200 余小时。场馆中医知识、体验形式、设计理念受到好评。“10 秒”中医药体验馆向国际展示中医药文化，以“中医药 + 科技 + 国潮文化”模式呈现，成为面向世界、面向世界青年讲好中国故事的窗口，获得多方媒体关注。CCTV 中央电视台报道 18 次，多家主流媒体持续跟踪报道，全网主流媒体总浏览量 410 余万。8 月 31 日至 9 月 5 日亮相中国国际服务贸易交易会。通过展示数字中医药文化品牌和创新成果，呈现中国中医药产业在临床医疗、健康养老、医药科技、中医药文化传播等服务管理领域的探索和深耕。展示涵盖中医药重要知识点的科普短视频，有国风特色的沉浸式、互动式体验。“10 秒”中医药体验馆形成中医药文化国际传播新范式。

（沈　琦）

北京工业大学

【概况】 2022年，北京工业大学有7个校区，占地面积96.02万平方米。教育经费投入24.20亿元。固定资产总值75.30亿元。图书馆建筑面积4.96万平方米，藏有纸质图书和电子图书379.79万册。拥有计算机21451台。学校信息化经费投入1480.58万元，多媒体教室座位28390个，上网课程16904门。设置18个学部（院、系）。有教职工3394人，其中专任教师2227人。教师有正高级职称490人、副高级职称837人。毕业生7012人。其中，学历教育学生中全日制研究生2555人、非全日制研究生434人，普通本科生3439人，成人教育本科生584人。学校进入第二轮“双一流”建设高校及建设学科名单，组织编制实施方案，组建北京工业大学碳中和未来技术学院；首次入选全国高校黄大年式教师团队。获2021年北京市高等教育教学成果奖特等奖1项、一等奖11项、二等奖5项；获北京市高等教育教学成果特等奖；获北京市科技进步奖一等奖2项。测控技术与仪器等12个专业获批国家级一流本科专业建设点，通信工程等9个专业获批北京市级一流本科专业建设点。学生参赛9000余人次，获省部级以上竞赛奖项525项。

【首次入选全国高校黄大年式教师团队】 1月27日，教育部印发通知，认定200支团队为第二批全国高校黄大年式教师团队，学校信息学部教授乔俊飞领衔的“环保自动化”教师团队入选。学校首次入选全国高校黄大年式教师团队。

【全国大学生课外学术科技作品竞赛获奖】 4月12日，第十七届“挑战杯”全国大学生课外学术科技作品竞赛闭幕，北工大6项作品分获一等奖2项、二等奖1项、三等奖3项，团体总分位列北京高校第5位、全国高校第34位。学校获优秀组织奖。

【获北京市高等教育教学成果奖】 6月10日，市教委、人力资源和社会保障局、财政局公布2021年北京市教育教学成果奖获奖名单，北工大获特等奖1项、一等奖11项、二等奖5项。其中，“数字化绿色化协同的材料生命周期工程人才培养”获特等奖。截至年底，获119项北京市高等教育教学成果奖。

【学校获2021年度北京市科学技术奖】 11月23日，北京市政府公布2021年度北京市科学技术奖获奖名单，全市16位科学家、191项科技成果获得奖励。北工大获北京市科技进步奖一等奖2项、二等奖2项，技术发明奖一等奖1项、二等奖1项，自然科学奖二等奖1项，国际合作中关村奖1项。

【党建和思政】 年内，学校开展首批“双示范”党支部结题工作，立项第二批“示范党支部”22个、“双带头人”教师党支部书记示范工作室10个，评选第二批党建引领“小微提升”计划精品项目10个、“优秀党支部工作法”10项，累计入选“样板支部”数量13个。

【培养人才】 年内，学校首次专博招生，出台4个具有北工大特色的专博培养方案，完成401名普通学博、210名专博、100名科研经费学术学位博士录取工作。出台专博导师遴选办法，完成3批次专博导师资格认定。开展学生交流项目41个，各类项目宣讲42场，选派542名学生参加境外交流学习。

【“双一流”建设】 年内，学校入选第二轮“双一流”建设高校。学校瞄准碳达峰碳中和、城市更新两大重点领域，打造两大学科特色集群，组织编制实施方案，组建北京工业大学碳中和未来技术学院。创新学科组织模式，发布《北京工业大学学科交叉与基础学科建设行动计划》《北京工业大学人文社科建设行动计划》。

【人才队伍】 年内，学校教职工队伍整体结构优化，专任教师规模提升至2230余人；引进中国科学院院士1人、国家级教学名师1人；入选国家杰青等同级别领军人才5人，国家优青等同级别卓越人才2人，青年北京学者3人。获各类博士后人才项目12项，其中4人入选2022年博士后创新人才支持计划。

【项目成果】 年内，学校完成各级各类科研成果奖励申报247项，获北京市科技进步奖一等奖2项，二等奖2项；

▲ 7月26日，北京工业大学与朝阳区人民政府全面战略合作协议签订
（北京工业大学　供图）

技术发明奖一等奖1项，二等奖1项；自然科学奖二等奖1项；国际合作中关村奖1项。获国家自然科学基金资助项目194项，获国家重点研发计划项目（课题）34项。获国家社科基金项目8项，教育部人文社科一般项目11个。申报国家重点研发计划项目和国家自然科学基金重大重点项目，获批重点研发计划项目8项，承担课题25项，获批国家自然科学基金重大重点类项目10项。

【服务首都发展】 年内，学校智能建造团队承担世界杯卢塞尔体育场建造标准与智能建造关键技术研究课题，通过开展钢结构智能建造关键技术研究和全生命周期数字孪生技术研究，助力体育场建造。与朝阳区人民政府全面战略合作协议签订，合力建设附属中学。与怀柔区人民政府战略合作关系建立，深度服务怀柔综合性国家科学中心建设。与京能集团、北排集团、北京城建集团、中国有色矿业集团、厦门钨业股份有限公司建立战略关系，聚焦水资源、“双碳”、能源、城市更新、新能源材料等领域开展研究合作。发挥智库作用，推出2022年《北京社会建设蓝皮书》。

【北京冬奥会和冬残奥会服务保障】 年内，学校作为北京冬奥村（冬残奥村）通用志愿者高校，436名志愿者在25个业务领域，39个工作岗位，服务时长超过15万小时。学校教师担任北京冬奥会开幕式执行导演、设计休战壁画墙等，师生全面参与志愿服务、场馆建设、科技攻关、技术支持、赛事裁判等工作。学校1名学生当选冬奥会火炬手，4名学生担任冬奥会开幕式引导员。1名志愿者获得北京冬奥会、冬残奥会突出贡献个人，受到习近平总书记接见。1名志愿者经中央领导审批同意接受国际残奥委员会致谢，并入选北京教育系统师生服务保障2022年冬奥会和冬残奥会优秀事迹宣讲团。学校志愿服务团队获2022年冬奥会、冬残奥会北京市先进集体称号。 （凌 晨）

北京信息职业技术学院

【概况】 2022年，北京信息职业技术学院设有3个校区，占地面积17.46万平方米。有网络多媒体教室158间。数字终端8055台，包括学生终端7231台、教师终端824台。电子图书23.43万册。电子期刊7.2万册”。有“双师型”教师207人。聘请校外教师22人、行业导师45人。学校设8院1部，专业46个。在校生中参与现代学徒制培养学生316人。毕业生2940人，其中高职生1967人、中职生171人、成人教育专科生714人、留学生88人。学校获评北京职业院校“三全育人”典型学校，“聚焦落实立德树人根本任务推进‘三全育人’工作新格局”案例获评北京职业院校“三全育人”典型案例。学校入选北京职业院校“三全育人”典型学校及典型案例名单，马克思主义学院党支部入选第三批“全国党建工作样板支部”培育创建单位，入选教育部国家级职业教育“双师型”教师培训基地。获2021年北京市职业教育教学成果奖5项，9门课程入选2022年北京市职业教育在线精品课程，2门课程入选2022年职业教育国家在线精品课程，11个教学团队参加北京市职业院校技能大赛教学能力比赛（高职组）获一等奖1项，二等奖7项，三等奖3项。学生获市级以上竞赛奖项128项，其中获得世界职业技能大赛优胜奖2项，获全国大赛一等奖3项、二等奖2项、三等奖（含铜奖）7项，获北京市比赛一等奖（含金奖）16项、二等奖（含银奖）28项、三等奖（含铜奖）70项。集成电路技术虚拟仿真实训基地入选北京市首批职业教育示范性虚拟仿真实训基地培育项目。“职匠未来”就业工作室入选北京高校市级就业指导名师工作室。2个教学名师、2个专业带头人、2个创新团队、2名优秀青年骨干教师、1名企业特聘专家入选2022年北京市职业院校教师素质提高计划，1人获评北京市优秀教师。

【首届“说专业群 说专业”汇报会】 1月7日，学校举办首届“说专业群 说专业”汇报会。会议以“全员、全域、全流程数字经济背景下的专业转型和内涵升级”为主题。会议听取教学部门专业建设基础与优势特色、组群逻辑、建设思路与目标、建设内容与实施举措等方面情况汇报。教学围绕“数字产业化”和“产业数字化”优化专业发展布局，开展专业群及专业建设，实现专业改革、发展与创新。

【全国职业院校信创技术应用大赛】 3月19日至20日，“神州鲲泰杯”全国

▲ 3月19日至20日，承办全国职业院校信创技术应用大赛（北京信息职业技术学院　供图）

职业院校信创技术应用大赛举行。大赛由全国信息安全职业教育集团、京津冀信息安全产教融合联盟和电子工业出版社联合主办，北京信息职业技术学院、神州信创（北京）集团有限公司、北京神州数码云科信息技术有限公司和高校毕业生就业协会信息化研究中心承办。22个省、自治区、直辖市的26所学校、30支代表队参赛，其中包括8名国际选手。北京信息职业技术学院、深圳职业技术学院、福建信息职业技术学院的选手获一等奖。

【承办第十六届研讨会】 3月25日至26日，由学校和重庆电子工程职业学院联合承办的中国职业技术教育学会第十六届“说专业·说课程·说专业群·说教材”研讨会在北京、重庆两地连线举办。中国职业教育学会会长鲁昕，教育部职业教育与成人教育司副司长谢俐，中国科学院院士、西北工业大学柔性电子前沿科学中心首席科学家黄维，学校校长卢小平等专家致辞并作专题报告。研讨会以“数字技术：新目录、新专业、新课程”为主题。会议内容包括“数字技术”“数字经济”“新目录”“新专业”“新课程”“大数据”“人工智能”“云计算”以及“区块链”等，明确新专业目录引导方向，推动新专业、新课程调整升级和落地实施，实现职业教育优质资源的共建共享。学校人工智能学院院长张治斌在“说教材，说课程”环节代表大数据技术与应用国家级职业教育教师教学创新团队作经验分享。

【获批“全国党建工作样板支部”培育创建单位】 3月，教育部公布第三批全国党建工作示范高校、标杆院系、样板支部培育创建单位名单，学校马克思主义学院党支部入选“全国党建工作样板支部”培育创建单位。

【北京电子信息职业教育集团2021年学术年会】 4月8日，学校召开北京电子信息职教集团2021年学术年会。北京电子控股有限责任公司纪委书记郝妮、北京市教委职成处副调研员张兰致辞，学校副校长吕冀宁作北京电子信息职教集团2021年工作报告。大会表彰深化校企合作、专业课程建设、服务国家发展战略等方面做出突出贡献的单位和个人，认定多项集团年度教科研和创新创业优秀成果。会议同意吸收北京中软国际教育科技集团股份有限公司等8家单位为理事单位。64家职教集团单位的相关负责人、专家和代表110余人参加会议。

【获评北京职业院校“三全育人”典型案例】 7月，北京市教委发布《关于公布北京职业院校“三全育人”典型学校及典型案例的通知》，学校的《聚焦落实立德树人根本任务推进“三全育人”工作新格局》案例获评北京职业院校“三全育人”典型案例。

【海外分校首届毕业生毕业典礼】 8月15日，学校海外分校埃中应用技术学院（ECCAT）举办首届毕业典礼。典礼设置毕业生代表发言、两国政府领导致辞、学校和基金会领导致辞、颁发毕业证书等。中国教育部职业教育与成人教育司副司长林宇、北京市教育委员会副主任孙其军、北京信息职业技术学院校长卢小平发表视频致辞；中国驻埃及大使馆文化参赞兼开罗中国文化中心主任杨荣浩、埃及国家人民代表大会教育委员会主席萨米·哈希姆（Sami Hashim）、苏伊士运河大学校长纳赛尔·曼多拉（Nasser Mandour）、埃及MEK慈善基金会主任萨比拉·哈桑（Saber Hassan）发表致辞。埃中应用技术学院（ECCAT）首批73名毕业生参加毕业典礼。

【科研服务】 年内，学校获批发明专利6项，实用新型专利16项。开展北京市和国家级高级研修班3个；“持续打造电控云课堂 助力电控领导干部在线培训开展”入选2022年中国高校远程继续教育优秀案例库。为街道、社区和国有企业开展培训4254人次。对口帮扶西部地区，对石河子工程职业技术学院、图木舒克职业技术学院等新疆维吾尔自治区职业院校开展课程教学支援，受益学生近万人次。

（李丹丹　黄　超）

北京化工大学

【概况】 2022年，北京化工大学为教育部直属理工院校，设有4个校区，17个院（系、部）。有教室377间，其中网络多媒体教室315间。电子图书130.34万册、电子期刊61.68万册。学校开设54个本科专业，覆盖8个学科门类；具有一级学科8个；一级学科博士点8个、博士专业学位授权类别1个；一级学科硕士点22个、二级学科硕士点1个、硕士专业学位授权类别11个；博士后科研流动站8个。“双一流”建设学科1个，国家级一流本科专业建设点22个，北京市级一流本科专业建设点19个，北京高校重点建设一流专业1个，北京高校高精尖学科2个。国家重点实验室2个、国家工程技术研究中心1个、国家工程实验室1个。北京实验室1个、北京高精尖创新中心1个，北京重点实验室8个，省、部级工程技术研究中心（所）16个。新增北京市级教学名师4人；本科生、研究生获国际级奖励191人次、国家级奖励641人次、省部级奖励3866人次。引进各类高层次人才和青年优秀后备人才42名，新增“杰出青年”等高层次人才2人、“优秀青年”等人才7人。成立中奥生物能源联合研究中心暨北京化工大学“一带一路”全球合作研究院；获批建设高端压缩机及系统技术国家重点实验室、集成电路高纯化学品制备技术教育部工程研究中心；与中石化共建“绿色能源与新材料催化技术研发中心”，成立氢能、文物科学与技术等4个校级交叉学科研究中心。在青海省海西州德令哈市建成2万吨/年的镁基超稳矿化土壤修复材料生产装置并试车成功。获全国混合式创新教学设计大赛特等奖在内的各类国家级、省部级奖励24项；获北京市高等教育教学成果奖12项，其中特等奖1项、一等奖5项；获北京高校优秀本科育人团队1个、北京市“为党育人、为国育才”活动一等奖1项。获GF科技进步一等奖、高等学校科学研究科技进步（专项奖）一等奖各1项。

【大庆市技术转移中心揭牌】 1月8日，北京化工大学大庆市技术转移中心揭牌。该中心以绿色发展、低碳发展、可持续发展为目标，围绕大庆市经济社会发展需求及产业结构特点，帮助大庆市解决“双碳”目标下的能源产业转型问题，促进地方化工产品实现高端化、高值化和高附加值化。

【文物保护领域科技评价研究国家文物局重点科研基地揭牌】 1月15日，文物保护领域科技评价研究国家文物局重点科研基地揭牌。该基地是北京化工大学建设的、国家文物局认定的第五批科研基地，以建设文物领域科技管理智库为发展定位，聚焦行业科技评估与管理需求，协同推进政策研究、情报服务和人才培养。

【3个基层党组织入选全国先进】 3月10日，教育部办公厅公布第三批全国党建工作示范高校、标杆院系、样板支部培育创建单位名单。北京化工大学的马克思主义学院党总支入选“全国党建工作标杆院系”，材料科学与工程学院先进弹性体材料研究中心党支部、化学工程学院北区本科生第三党支部入选“全国党建工作样板支部”。

【北京化工大学与北京亿华通协议签订】 3月11日，北京化工大学与北京亿华通科技股份有限公司签订新工科人才培养合作及培养基地建设协议。根据协议，双方推动在能源新材料领域的课程建设、实践教学、学生就业、科技研发、技术交流，搭建校企人才培养和产学研平台。

【高档磨床亚微米级智能振动控制系统项目获国际金奖】 3月16日至20日，在2022年日内瓦国际发明展上，北京化工大学的高档磨床亚微米级智能振动控制系统项目获金奖。该项目针对高档磨床运行过程中因砂轮不均匀磨损而导致机床“磨不精、磨不快”的问题，提出一种可实时补偿砂轮不平衡量的新型电磁式智能振动控制系统，发明径向励磁式一体化电磁平衡执行器结构，有效提升产品稳定性和驱动效率，形成转子振动靶向抑制方法，实现砂轮－转子系统的亚微米级高精度振动抑制。该系统在外圆磨床、轴承磨床等高档磨床上取得实际工程应用，适用于轴承、齿轮、曲轴、蜗轮蜗杆等精密件加工领域。

【学校与积水潭医院合作协议签订】 4月16日，在第九届积水潭论坛上，北京化工大学与北京积水潭医院签订战略合作协议。根据协议，双方建立多学科多领域交叉融合的人才培养机制，着力于新型医用生物材料创新研究、技术转化和成果示范，开展医工结合、基础研究与科技成果转化相关工作，以实际临床需求为导向，加速生物材料及器械的进口替代与产业化进度，以实现骨/伤口类生物材料的原创性重大突破。

【学校与中国石化催化剂有限公司协议签署】 6月17日，北京化工大学与中国石化催化剂有限公司签署绿色能源与新材料催化技术联合研发中心共建协议。根据协议，双方共同开发氧化还原类催化剂材料、制氢技术耦合氧化反应、生物（酶）－化学催化耦合新技术等技术，结合过程强化技术，实现绿色新能源和化工新材料开发和工业应用。

【固安低碳技术及人工智能产学研基地启动】 6月25日，北京化工大学固安低碳技术及人工智能产学研基地启动仪式举行。该基地使用面积2.45万平方米，由15栋独立的中试车间组成，用于新材料、人工智能、节能环保、军民融合等项目的中试孵化和产业化。

【对口支援协议签订】 6月28日，北京化工大学与塔里木大学签订《北京化工大学对口支援塔里木大学协议书（2021—2025年）》。根据协议，学校围绕实现塔里木大学“四个显著提升”的发展目标，从人才培养、师资队伍建设、科学研究与社会服务等方面对口支援各项工作。

【青年人才学术论坛】 7月7日至8日，北京化工大学青年人才学术论坛举行。论坛以“聚力青年才俊、推动学科交叉、深化创新合作”为主题。论坛上，军事科学院军事新能源技术及应用实验中心主任鲁长波做题为“先进能源领域发展需求及协同创新思考”主题报告。设数理化基础研究、化工环境科学、先进能源、先进材料、生物技术、先进制造、信息技术、社会科学8个学科分论坛。学校“青年英才百人计划”入选者、引进青年人才、师资博士后60余人参加论坛。

【院士专家协同创新中心揭牌】 7月8日，北京化工大学与中海油天津化工研究设计院有限公司（中海油天津院）共建的天津市能源化工防爆安全院士专家协同创新中心揭牌。该中心是企业、科研机构与国内外院士等顶尖人才开展项目合作、推动国家重点产业或科技领域创新发展的产学研协作平台，围绕保障能源化工行业安全生产、推进防爆产业链和安全工程技术创新发展，开展产学研用协同创新和技术服务工作，推动京津冀能源化工领域实现绿色、安全高质量发展。

【青少年高校科学营全国开营式】 7月20日，2022年青少年高校科学营全国开营式暨开营第一课在北京化工大学举行。中国工程院院士、北京化工大学校长谭天伟以“美丽化工”为题讲授开营第一课。北京大学、清华大学等北京营15个分营代表和北京化工大学师生代表现场参加活动，来自全国70个分营的1.3万名中学生和领队老师以及全国广大青少年云上参加开营

▲ 7月20日，青少年高校科学营全国开营式举行　　（北京化工大学　供图）

式。开营式暨开营第一课向青少年和全国公众同步直播，约400万人次在线观看。

【化学伦理教育研讨会】 9月30日，《海牙伦理准则》与中国化学伦理教育研讨会在北京化工大学举行。会议由国家履行《禁止化学武器公约》专家委员会主办，北京化工大学承办。会议就《海牙伦理准则》、域外化学伦理教育、中国化学伦理教育的发展现状、存在问题及对策建议等进行研讨。50余名专家学者线上线下参会。

【与中国石油和化学工业联合会签约】 11月1日，在中国石油和化学工业联合会主办的推进石油和化工行业ESG工作启动会上，北京化工大学与中国石油和化学工业联合会签约。双方在ESG标准与指数编制、蓝皮书编制、优秀案例选评、数据库建设、培训教育、成果发布等方面开展合作，推进石油和化工行业ESG工作，促进石化行业绿色低碳转型发展。中石油、中石化、中海油、中国中化、国家能源集团、中国化学工程集团等相关负责人，中国石油和化学工业联合会领导和相关部室负责人，中国化工环保协会等专业协会负责人和新华网、中国化工报、中国石化报等媒体代表参加会议。

【拔尖计划2.0全国线上书院主题活动周】 11月13日至19日，北京化工大学承办的教育部线上书院主题周活动举办。主题周活动以“宏德博学 华育英才”为主题。活动包括院士大讲堂、学生风采展、科研面对面、名师教我学、导师微沙龙、学长伴我行等。活动通过线上书院平台直播，结合校内讲座形式同步开展，校内外师生近6万人次在线参加活动。

【课程团队获特等奖】 11月27日，第四届全国高校混合式教学设计创新大赛结果揭晓，北京化工大学马克思主义学院教师吴宁课程团队获特等奖。全国高校混合式教学设计创新大赛是衡量高校教师教学发展水平的重要指标之一。第四届全国高校混合式教学设计创新大赛以“以赛促建、以赛促用、以赛促教改”为宗旨，面向全国高校开展混合式教学改革的教师或教学团队，致力于挖掘、展示教师混合式课程建设及实施成果，推动高校教师信息化教学能力提升。

【亚洲青年生物工程师研讨会】 12月9日，由北京化工大学主办的第二十七届亚洲青年生物工程师研讨会以线上形式召开。会议以“碳峰值和碳中和背景下的绿色生物制造”为主题。山东大学祁庆生教授和华东理工大学庄英萍教授受邀做大会报告，13位青年学者做口头报告。59所海内外高校及科研院所的150多位相关专家线上参加。

【教学团队获“教学之星”大赛一等奖】 12月9日，2022年外研社“教学之星”大赛全国总决赛线上举行。大赛以“外语教材的有效使用：思想性与科学性相统一”为主题，总决赛由教学设计介绍、课堂教学展示及现场问答3个环节组成。北京化工大学外语部教师刘璇、石薇、张淑芳、王晓召、刘恩华组成的教学团队获一等奖。全国高校近800个团队约4000位教师参赛。

【中奥生物能源联合研究中心成立】 12月12日，中奥生物能源联合研究中心成立暨北京化工大学“一带一路”全球合作研究院揭牌仪式以线上形式举行。中奥生物能源联合研究中心由北京化工大学、中国农村能源行业协会、中国沼气学会、中国可再生能源学会、山西老万生态炉业股份有限公司、吉林宏日新能源股份有限公司、海伦市利民节能锅炉制造有限公司等中方单位与奥地利颗粒协会、奥地利生物能源与可持续技术中心、奥地利格拉茨技术大学、奥地利KWB公司、奥地利Polytechnic公司等共建。旨在促进中奥人文交流与合作，推进共建“一带一路”绿色发展，为中奥两国走持续绿色发展之路及全球人类环境共同体建设贡献力量。各方代表80余人线上参会。

【中国环境责任信息披露评价报告发布】 12月27日，由生态环境部中国环境新闻工作者协会和北京化工大学联合主办的《中国上市公司环境责任信息披露评价报告（2021年度）》发布暨“十年回顾”活动线上形式举办。报告指出，中国上市公司环境责任信息披露报告数量稳步增加，披露水平显著提升，5家企业被评为五星级水平。报告丰富企业碳排放信息评价模块，意在加强企业和公众对于低碳发展工作的重视，促进企业落实“双碳”战略。

【新增获批项目】 年内，北京化工大学新增国家级一流专业建设点4个、北京市一流专业建设点11个；新增各类人才培养项目36项（双学士学位复合型人才培养项目3项）；新增教育部虚拟教研室建设试点3个。获批国家重点研发计划项目10项、国家自然科学基金项目131项；获批全国首个化工领域国家自然科学基金基础科学中心项目1项、国家自然科学基金委员会创新研究群体项目1项。获批国家社科基金项目6项，首次承担国家社科基金高校思想政治理论课研究专项重点项目。（肖　勇）

北京经济管理职业学院

【概况】 2022年，北京经济管理职业学院由市教委举办，为财经类院校，设有2个校区，设置7个院（系、部），开设30个专科专业。有网络多媒体教室103间。数字终端4687台，包括学生终端4151台、教师终端536台。数字资源量中电子图书54.25万册、电子期刊8629册、学位论文34.72万册、音视频5.6万小时。。“双师型”教师166人。聘请校外教师26人、行业导师2人。“幸福学园”获北京职业院校“三全育人”典型案例，学校获北京职业院校“三全育人”典型学校；1名学生获评“北京市优秀共青团员”。2个专业群资源库入选北京市职业教育专业教学资源库。在北京市职业院校教学管理能力提升“五说”行动中获北京市一等奖。3门课程入选全国职业院校在线精品开放课程，10门课程入选市级在线精品课程；获评北京市职业教育教学成果奖10项，其中一等奖3项、二等奖7项。师生参加各类技能大赛获市级二等以上奖项113项，其中获得全国职业院校技能大赛教学能力比赛三等奖1项、全国职业院校技能大赛三等奖3项。成立北京市职业院校第一家科学技术协会。学报获评全国高职成高学报优秀学刊。连续3年荣获“互联网+”大学生创新创业和北京地区高校大学生优秀创业团队优秀组织奖以及首届“京彩大创”优秀组织奖。在第八届“互联网+”大学生创业创新大赛中获国赛银铜奖各1个，在第十三届“挑战杯”创业计划大赛上获北京市金奖4项并晋级国赛。120件作品入2022北京旅游商品及文创产品大赛榜单。获评北京市企业新型学徒制培训机构、北京市优秀成人继续教育院校、北京市第十七届全民终身学习活动周先进单位。入选亚洲教育论坛“2022职业教育国际合作典型院校”。入选教育部第一批职业院校数字校园建设试点单位。“春蕾计划—梦想未来”职业培训项目落地。

【新增18个中高职衔接办学项目】 1月21日，《北京市教育委员会北京市人力资源和社会保障局关于公布2022年新增及调整“3+2”中高职衔接办学项目的通知》，学校西餐烹饪等18个入选。

【《起舞》助北京冬残奥会闭幕式】 3月13日，2022年北京冬残奥会闭幕式上，学校学生季瑄泽的《起舞》作品出现在鸟巢地屏上，成为视频的底色。季瑄泽为学校珠宝与艺术设计学院2019级玉器设计与工艺专业特殊学生，学习玉雕。

【入选职业教育助力乡村振兴案例】 4月7日，教育部职业教育发展中心公布入选《职业教育助力乡村振兴》课题的案例，学校临空经济管理学院李靖老师团队的《职业院校“思创融合”助推高质量乡村振兴：北经管方案》案例入选。案例在“思创融合”推动高质量乡村振兴的具体实践中，在机制构建、队伍打造、渠道搭建、阵地建设主动寻找解决问题的办法，为职业教育服务高质量乡村振兴拓展新空间、增添新动能，促进乡村振兴提质增效。显现其构建“结构+循环”助农机制、打造“团队+专业”人才队伍、畅通“生态+平台”助农通道、创设“项目+特色”助农阵地的特色。

【获思想政治工作优秀案例三等奖】 4月12日，2021年度全国高校思想政治工作优秀案例征集结果发布，学校《弘扬“奋斗幸福观”，开展“幸福实验”，探索思想政治教育新模式》案例获三等奖。学校首次获得全国高校思想政治工作优秀案例奖。

【国际技能大赛获奖】 6月28日，在北京市教育委员会、俄罗斯教育部职业教育发展研究院、白俄罗斯教育部职业教育研究院、哈萨克斯坦教育部工业联盟和职业教育学会主办的第二届“丝路工匠”国际技能大赛上，学校珠宝与艺术设计学院学生在国际礼物文创产品设计技术技能竞赛中18件作品获奖。其中，文创产品类获特等奖2件、一等奖2件、二等奖7件、三等奖4件，影视类短视频获二等奖3件。

【北京民宿学院揭牌】 9月2日，学校与国奥集团、北京民宿协会共同建设的现代产业学院——北京民宿学院揭牌仪式在2022年中国国际服务贸易交易会首钢园区举行。北京民宿学院由北京经济管理职业学院、国奥控股集团股份有限公司、北京旅游行业协会民宿分会3方共同组建。“中国民宿IP建设”成果作为此次服贸会教育服务专题展中的重要特色内容发布。

【大学生创新创业大赛获奖】 11月21日，第八届中国国际“互联网+”大学生创新创业大赛组委会公布总决赛现场路演赛及复活赛成绩，学校毕业生宁严［工商企业管理（中英合作）专业］主创的“粤蒙粗粮——内蒙古哲里木地区国际化农产品‘新地标’开创者”项目获银奖，应用英语（幼儿双语）专业在校生吴子怡主创的“京河京韵——大运河历史与现代文创融汇的引领者”项目获铜奖。

【入选市老年学习示范校】 12月28日，北京市教育委员会、北京市老龄工作委员会办公室发布《关于认定2022年北京市老年学习示范校（点）》的通知，认定北京经济管理职业学院等15家单位为北京市老年学习示范校（点），学校是入选的唯一一所高职院校。

【入选国家高等教育智慧教育平台课程】 年内，学校“报税实务”“证券投资分析”“金融服务营销”3门课程入选国家高等教育智慧教育平台，成为首批国家级优质课程，在全国高职院校中排名第135名，在北京市高职院校中位列第4名。

【入选市企业新型学徒制培训机构】 年内，北京市人力资源和社会保障局公布北京市第四批企业新型学徒制培训机构，学校入选。获批的培训方向有智能楼宇管理员、蜡油渣油加氢工、贵金属首饰制作工、航空运输地面服务员4个职业（工种）。

【入选实验校名单】 年内，中国成人教育协会公布的第一批“职业院校服务全民学习”实验校名单，学校入选。服务“职业院校参与全民终身学习”项目是由中国成人教育协会立项、管理和实施的全国性项目。全国有199所院校获批，其中北京市仅有2所院校。学校申报5个实验方案，分别为“助力乡村振兴、专业化民宿管理人才培育”项目、“新烘焙职业技能训练营”项目、“望京商圈、经管学堂”项目、“奋斗幸福社区——首都‘一老一小’全民学习”项目以及“提升科学保护非遗能力，非遗保护管理人员培训”项目。

【项目建设】 年内，学校获批教育部中外人文交流中心“人文交流经世项目”和教育部中外语言交流合作中心“中文+职业技能”教学资源建设项目。中非职业教育联盟第二批“坦桑尼亚国家职业标准开发项目”立项。

（于平波）

北京联合大学

【概况】 2022年，北京联合大学是经教育部批准，由北京市建设的综合大学。2022年，产权占地面积40.63万平方米。全年教育经费投入16.55亿元，固定资产总值28.67亿元。有网络多媒体教室355间。学校设有12个校区，设14个学院、4个直属教学部；开设本科专业70个，专科专业18个，有硕士学位授权一级学科点10个、硕士专业学位类别14个。有国家级一流本科专业建设点12个、北京市级一流本科专业建设点22个、北京高校重点建设一流专业3个、北京市重点建设学科6个、北京高校高精尖学科2个。有国家重点实验室1个、北京实验室1个、北京重点实验室3个。招生6628人，毕业生6456人。

【全国高校首家“大思政课”专题网站上线】 3月17日，北京联合大学“大思政课”建设专题网站在人民公开课上线。网站由北京联大与人民网文华在线合作、北京联大承建，为全国高校首家“大思政课”专题网站，设置理论研究、制度文件、实践案例、新闻动态、云端资源5个板块，集中展示北京联大开展“大思政课”建设比赛、论坛等相关活动及开发“大思政课”案例的优秀成果。

【通过AACSB商科认证】 7月19日，北京联大商务学院通过国际高等商学院协会（The Association to Advance Collegiate Schools of Business，简称AACSB）商科认证。国际高等商学院协会成立于1916年，由哥伦比亚大学、哈佛大学等16所知名大学商学院发起，自1919年开始推行高等管理教育认证，分为商科和会计两项，其认证制度严、标准高、内容全面，是商学教育是否达到世界级水平的重要标志，全球通过该认证的商学院不到6%，中国内地有39所。学校商务学院2013年获批为AACSB会员，2014年通过认证资格审查获独立认证许可，认证过程历时8年。

【中老铁路助力亚洲命运共同体建设高峰论坛】 7月22日，中老铁路助力亚洲命运共同体建设高峰论坛在云南昆明举行。论坛以“路相通、心相连、民相亲、共命运”为主题，旨在扩大中老铁路开通影响力，进一步发挥中老铁路在助力亚洲命运共同体建设中的独特作用，探讨疫情下中老铁路国际旅游合作发展问题，设置主题演讲和圆桌对话2个环节。论坛期间，发布《中老铁路国际旅游合作云南倡议》，北京联合大学与云南省文化和旅游厅签署合作协议。论坛由交易会组委会主办，北京联合大学与文化和旅游部

▲ 3月17日，全国高校首家“大思政课”专题网站上线　（北京联合大学　供图）

国际交流与合作局、云南省文化和旅游厅承办。来自中老两国企事业单位、学术机构和高校的200余人参加论坛。

【《北京高校学生社团发展状况蓝皮书》发布】 10月28日，北京联大承办的北京高校学生社团发展指导中心发布《北京高校学生社团发展状况蓝皮书》。蓝皮书依托北京高校学生社团发展指导中心专项调研成果，分析北京高校学生社团的发展状况，展示北京高校学生社团近年的工作实践和案例，提出实现高质量发展的重要措施，指出北京高校学生社团总体发展规范有序，学生社团建设管理趋稳向好；学生社团活动实现思想性、知识性、艺术性和多样性统一，在落实立德树人根本任务、促进学生德智体美劳全面发展、团结凝聚广大青年学生等方面发挥积极作用；学生对学生社团的综合评价较高。北京高校有学生社团4215个，其中文体类社团50%，以蓝皮书形式展示高校学生社团发展情况在全国为首次。

【教学科研】 年内，北京联合大学完成《北京联合大学章程（2022年修订）》，结合新一轮岗位聘任，优化直属教学单位内设机构，统一学院的管理机构设置。实施校级教学名师培育专项计划并首批选入20人。获评北京市青年教学名师奖2人、北京市优秀教师3人、北京市优秀教学管理人员1人。举办2022年校、院课程思政教学设计大赛，90门课程入选国家高等教育智慧教育平台，学生获5个全国学科类竞赛一等奖6项。获批国家级一流本科专业建设点4个，省级一流本科专业建设点8个。商务学院通过AACSB商科认证。“智慧北京”科研团队入围北京市智慧城市标准体系框架征集工作“总体框架设计组”，北京学研究基地入选2022年度高校智库百强榜。考古团队揭开“孔子屏风”原貌。

【教学交流】 年内，北京联合大学与北京首都旅游集团有限责任公司签订“大思政课”实践教学基地协议，与人民网共同开通全国高校首个“大思政课”建设专题网站，与市政府参事室、市文史馆签署战略合作框架协议，参与延庆区中草药种业创新孵化基地建设。与文化和旅游部国际交流与合作局、云南省文化和旅游厅共同承办中老铁路助力亚洲命运共同体建设高峰论坛。承办的北京高校学生社团发展指导中心发布《北京高校学生社团发展状况蓝皮书》。537名师生参与北京2022年冬奥会、冬残奥会志愿服务和专业服务工作。2个项目获批国家留学基金管理委员会“2022年促进与俄乌白国际合作培养项目”。（王 岩）

北京青年政治学院

【概况】 2022年，北京青年政治学院设有7个院（系、部）。开设专业19个，24个专业方向。学校由北京市教育委员会举办，为语文类院校。拥有教室105间，包括网络多媒体教室35间。数字终端3226台，包括学生终端2911台、教师终端315台。数字资源量中电子图书122.6万册、电子期刊62.29万册。有“双师型”教师122人。聘请校外教师14人、行业导师64人。毕业生中取得职业类证书317人。中共北京市委编制委员会发文（京编委发〔2022〕1号）设立北京青年政治学院，作为市教委管理的高校，北京市团校不再保留“北京青年政治学院”牌子。学院在《北京日报》等权威媒体刊发署名文章20篇。开展“请党放心，强国有我”主题教育，“我看故乡这十年”等优秀作品获市级奖项。组织师生走进怀柔区红庙村开展“认知中国”系列社会实践活动。制定《北京青年政治学院“三全育人”综合改革实施方案》，确定十大育人工作体系；制定2022版人才培养方案，课程标准。截至年底，全院有20门课程思政示范课，其中1门国家级课程思政示范课，2门市级课程思政示范课，17门院级课程思政示范课。8支教师团队参加北京市教学能力比赛，获一等奖2项、二等奖3项、三等奖3项。学院获“2022年北京市职业院校技能大赛教学能力比赛优秀组织奖”。获北京市职业教育教学成果奖9项，其中一等奖2项，二等奖7项。获批北京市数字教育研究课题2个项目；获批北京市习近平新时代中国特色社会主义思想研究中心项目1项，决策咨询项目1项。1名教师评为北京市优秀教师，2个团队入选北京市教学创新团队培育计划，2名教师入选优秀北京市青年骨干教师培育计划。“挑战杯”创新创业大赛获市级银奖和铜奖各1项。

【参加服贸会教育服务专题展】 8月31日至9月5日，中国国际服务贸易交易会在首钢园区举办。学院作为“北京学前教育职业教育集团”理事长单位和“丝路工匠”联盟院校，参加服贸会教育服务专题展。以“高质量教育引领未来”为主题，聚焦学前教育高质量人才培养、“一带一路”国际教育合作、中华优秀传统文化传播、“中文+职业教育”探索等方面，展示学院立足北京，服务首都高质量民生发展、服务“一带一路”建设、讲好中国故事等一系列育人成果。

【“大思政课”虚拟仿真体验教学中心成立】 11月2日，学院“大思政课”虚拟仿真体验教学中心揭牌成立。虚拟仿真体验教学中心以校企合作方式在北京高职院校中率先建成，是思政课教学信息化进一步提升，是对高职思政课建设的有益探索。虚拟仿真体验教学中心的VR技术促使教师转变成编剧和导演，运用镜头语言，改造教学传统叙事模式，把理论教学内容编入对历史事件的多重展示过程中，让学生在“视听触”的虚拟仿真环境中体验思政课理论背后的丰厚历史经历和艰辛实践过程。

【“一院两基地”揭牌】 12月19日，在“北京党建引领接诉即办改革话坛”共建共治平行论坛上，接诉即办“政校企”合作项目“一院两基地”——“政务服务与基层治理学院”“‘12345’市

▲ 12 月 19 日，“一院两基地”揭牌　　（北京青年政治学院　供图）

民服务热线职工再教育基地”“北京青年政治学院实习实训基地”揭牌。北京市委教育工委、市政务服务管理局、市市民热线服务中心、北京青年政治学院相关负责人出席揭牌仪式并讲话。

【对外合作与交流】 年内，北京青年政治学院完成 2022 年服贸会“北京青年政治学院—北京学前教育职业教育集团”主题展示和“丝路工匠”联盟展示任务，携手多所中高职院校展示学前教育专业领域的最新发展成果。参与“丝路工匠”职业院校国际合作联盟展位的展示活动，展示学院职业教育国际化取得的优秀成果，讲述文创产品中的丝路故事。承办市教委第二届“丝路工匠”国际技能大赛幼儿主题画、幼儿歌曲表演唱、“中文＋职业技能”（国际学生）3 个赛项。央视新闻《行走服贸会》栏目走进“丝路工匠”联盟展区，直播报道北青政学子文创产品设计。

【学校“十四五”时期发展规划编制完成】 年内，学校编制完成《北京青年政治学院“十四五”时期发展规划（2021—2025 年）》。规划明确，面向首都党的青年工作、基层治理、高品质民生领域，培养造就政治素质高、综合能力强、有一技之长的技术技能型青年人才，努力建成青年政治特色鲜明、办学质量过硬、国际化水平较高的一流高等职业院校，目标定位科学精准、符合服务首都核心功能、服务师生发展的基本要求。研究制定学院发展“十大行动计划”，为“十四五”时期学院高质量发展确立多个重大项目。

（王玉江）

继续教育

【概况】 2022 年，朝阳区有职工大学 1 所（北京市朝阳区职工大学），市民终身学习示范基地 10 个，市民终身教育服务中心 6 个，街乡社区教育中心 43 个。举办全民终身学习活动周 1259 场，15 万人次参加。成人培训项目 26 个，培训班次 27 个，培训学员 4070 人，22793 人次；开展青少年课后服务、学生社团、青少年素养兴趣班等项目 62 个，311 个班次，服务学生 12995 人，129365 人次；开办 6 个社团“团长班”，为 43 个街乡培养社区教育活动骨干 117 人；选拔、推荐优秀骨干学员为温馨家园送课 40 余课时；为 9 所街乡老年大学分校提供智慧助老线上线下课程及老年学习资源指南服务，6000 余名街乡老年学员参加线上线下学习活动；组织 101 个家庭参加朝阳区第九届成语文化龙门阵活动。成立北京市家庭学校、区家庭教育指导中心亲子教育基地、涉诉家庭教育指导工作室及家庭教育指导中心，组建人民德育家庭教育中心专家委员会，完成“家校社共育咨询室”试点建设收官工作；承办 2022 年中国国际服务贸易交易会教育板块家庭教育专题研讨会；开展家庭教育个体咨询 54 场，服务 159 个家庭；评选 100 名“好家长之星”及 2257 篇“我家的育儿故事”优秀征文；打造首都家庭教育公益讲座品牌；承办区妇联系统家庭建设与家庭教育专业能力提升培训班。“朝阳区成语文化龙门阵活动”和“朝阳区社区教育活动骨干培训”获评北京市 2022 年“终身学习品牌项目”，8 人获第十三批首都市民学习之星称号，2 个项目获评京韵特色社

▲ 4 月 27 日，朝阳区家庭教育指导工作室成立　　（张　勇　摄）

区教育示范项目。

北京市朝阳区职工大学（挂朝阳社区学院、北京市开放大学朝阳分校牌子）分别在北京市朝阳区和平里南口砖角楼5号、朝阳区北三环东路17号、朝阳区双龙南里120号3址办学。区职工大学开展专科教育；北京市开放大学朝阳分校开展专科、本科教育，开展成人非学历培训及继续教育；区社区学院开展成人大专（高职）层次学历教育，学习形式为业余；区职工大学总占地面积34706平方米，建筑面积28912平方米。图书馆建筑面积208平方米，藏书12524册。有计算机773台。固定资产总值5858万元，其中教学、科研仪器设备总值2470万元。全年经费投入6221.68万元，其中财政性资金5798.85万元，自筹资金422.83万元。学院信息化经费投入44.55万元，多媒体教室座位2500个，信息化设备资产1512万元，网络信息点数630个。学院设17个部门，有在职教职工142人，其中高级职称30人。设有综合教学部、经济管理系、艺术系3个教学系部，开设20个专业。学历教育招生618人，毕业439人，在校生1903人。（张　勇）

【朝阳区涉诉家庭教育指导工作室成立】4月27日，朝阳区人民法院、朝阳区妇女联合会、区职工大学联合成立朝阳区涉诉家庭教育指导工作室。工作室旨在帮助涉诉监护人掌握科学的家庭教育理念和方法，提升科学实施家庭教育能力，督促监护人切实履行监护职责，保障涉诉未成年人健康成长。工作室聘请北京市家庭教育专家对2个涉诉家庭开展5人次家庭教育指导，在“家教e社区”微信公众号中开辟涉诉专栏，开发网上课程，为涉诉家庭提供在线学习资源，助力家长家庭教育能力提升，改善涉诉未成年人的成长环境。（张　勇）

【北京市家庭学校成立】5月15日，北京市家庭学校在区职工大学双龙校区挂牌成立。北京市家庭学校是为适应新形势下家庭家教家风建设需要，由市妇联联合市教委、关工委等相关部门，整合首都高校、科研院所、行业协会等资源力量，依托北京市妇女儿童服务中心和区职工大学建立的家庭综合服务阵地。学校在市妇联、市教委、市关工委等部门指导下，朝阳区教委管理下开展工作，实行办学委员会领导下校长负责制。以科研课题为引领、科教培训为基础、科普指导为驱动、家庭服务为根本，探索全生命周期家庭服务模式，提升家庭发展能力，开展家庭科学育儿辅导、家庭教育指导、家庭文化倡导等家庭综合服务，促进家庭幸福安康。（张　勇）

【8人获首都市民学习之星称号】11月，经北京市教育委员会认定，朝阳区芳草地国际学校张龙、北京市电气工程学校王林、区人民法院温晓汾、劲松街道劲松北社区陈波、首都师范大学附属朝阳实验小学佟旌、朝阳区城市管理综合行政执法局祝志林、朝阳书画院程度、朝阳区康泉新城幼儿园唐燕8人获第十三批首都市民学习之星称号。（张　林）

【全民终身学习活动周】11月至12月，朝阳区第十八届全民终身学习活动周举办。此届活动周以“学习贯彻二十大，终身学习向未来”为主题，面向全区社区居民、从业人员、青少年、老年人等以线上线下形式开展讲座、宣讲、阅读分享会、线上党课、知识竞答等活动，活动内容涉及学习宣传贯彻党的二十大精神、常态化防疫、老年教育、家庭教育、数字化阅读等方面。活动周举行活动1259场，15万人次参加，涉及区43个街乡、部分委办局及全区中小学和民办学校。（张　林）

【2项目评为京韵特色社区教育示范项目】12月，朝阳区职工大学“‘剪说党史’系列文明实践活动”和北京市劲松职业高中“京味美食课堂”被北京市教委和北京市民政局评为2022年京韵特色社区教育示范项目。朝阳区职工大学作为区级非遗项目蔚县剪纸（北京支）保护单位，以剪纸艺术作为载体，把传统文化与红色文化、党史学习教育相结合，通过剪纸艺术作品创造、主题宣讲课程、作品展示等方式发挥新时代文明实践基地的示范引领作用，不断提升朝阳区社区教育影响力，服务北京全民终身学习和学习型城市建设。北京市劲松职业高中“京味美食课堂”项目以北京面点、北京小吃、北京面塑、清真菜为主要内容，通过学习制作北京美食，开展京味文化教育和传承，在满足社区居民学习需要的基础上体现终身学习的地域化、专业化、人文化。（张　林）

【2个项目获终身学习品牌项目】年内，朝阳区职工大学“朝阳区成语文化龙门阵活动”和“朝阳区社区教育活动骨干培训”被北京市认定为2022年“终身学习品牌项目”。“朝阳区成语文化龙门阵活动”项目，以小手拉大手、鼓励老少三代同参与方式，通过成语飞花令、讲述成语故事、乐高搭建展示成语寓意等丰富新颖形式，传承优秀传统文化，促进学习型家庭建设；“朝阳区社区教育活动骨干培训”项目从各社区中选拔一批业务能力强且乐于参与社区教育活动积极分子培育成为社区教育活动骨干，补充社区教育人力资源，扩大社区教育辐射面。（张　林）

民办教育

【概况】2022年，区教委有民办中小学31校41址，其中义务教育阶段民办学校共计29校39址。完成行政许可事项、备案事项409件。组织221所民办中小学、幼儿园完成年度报告工作。完成未经审批义务教育学校治理，实现未经审批义务教育学校清零目标；治理完成“公参民”5所学校；指导31所民办中小学修订学校章程；为29所民办义务教育学校委派决策机构成员。落实“接诉即办”，处理民办中小学幼儿园电话投诉635件、政民互动1221件、信访事项25件，下发责令限期整改通知书18件、规范办学告知书2件。印发《关于进一步加强朝阳区教育培训机构常态化监管工作的实施方案》《朝阳区学科类校外培训机构开班报备管理工作方案》《朝阳区义务教育阶段学科类校外培训治理“回头看”实施方案》《关于开展校外培训“监管护苗”2022年暑期专项行动的通知》；建立联合执法工作机制，开展校外培训机构执法检查，出动检查人员2.59万人次，检查1.1万校次。

（李嘉宾）

【诚信办学承诺书签署】 3月16日，朝阳区组织区域内民办中小学、幼儿园、培训机构签署《诚信办学承诺书》。要求民办学校开展诚信办学活动，加强自律水平，提高整体素质、依法办学和诚信办学意识，树立良好信誉和形象，确保教育教学质量。截至年底，全区194所学校签署承诺书，其中中小学29所、幼儿园127所、培训机构36所、社区办园点2所。（李嘉宾）

【民办中小学德育工作汇报会】 3月21日至22日，区教委组织民办学校做义务教育学段德育工作汇报。汇报内容为学校德育管理、德育课程开设、家校互信体系建设、思想品德教育、劳动教育、法治教育、心理健康教育、预防校园欺凌和暴力等落实情况。28所学校的党支部书记、德育校长、德育主任等28人参加汇报会。（李联启）

【校外培训机构专项治理】 4月至6月，区教委开展义务教育阶段学科类校外培训治理“回头看”检查。聚焦已批在册机构、注销转型机构、隐形变异机构、地下违规机构、存量风险机构“五类”机构，对辖区内面向义务教育阶段学生已经压减和转为非营利性所有学科类校外培训机构进行全面排查，排查机构131家。5月至8月，区教委开展查处无证违规培训专项治理行动。聚焦无证隐形变异培训易发领域、易发区域、易发人群，摸清无证违规培训底数，建立完善专项治理台账，全年向市场监管部门移送线索63件，立案34件。（丁艳荣）

【民办学校签订集体合同】 10月27日，民办学校工会联合会召开民办学校行业集体协商会议。会议通过《朝阳区民办学校行业集体合同（草案）》《朝阳区民办学校行业女工保护专项集体合同（草案）》《朝阳区民办学校行业工资专项集体合同（草案）》。171家民办学校签订集体合同，受益职工11580人。（邱　玥）

【学前教育配套幼儿园综合评估工作】 年内，朝阳区社会力量办学指导评价中心、学前教育科制定朝阳区学前教育配套幼儿园综合评估工作方案。评估工作围绕依法办园、业务管理、办园质量、日常监管、财务和审计、各类投诉、教育配套使用情况等方面，通过园所自评、日常管理评价、现场评估方式，对63址园做学前教育配套幼儿园综合评估。（谢旭桦）

【“公参民”学校专项治理完成】 年内，区教委“公参民”学校专项治理完成。北京市朝阳区人大附中朝阳分校、北京市朝阳区人大附中朝阳分校东坝校区、北京市朝阳区清华附中国际学3所公办学校与社会力量联合办校，公办学校退出，学校更名为北京市朝阳区人朝分实验学校、北京市朝阳区人朝分东坝学校、北京市朝阳区清森学校；北京八十学校、北京市朝阳区陈经纶中学分校实验学校2所其他类型学校更名为北京市朝阳区睿森学校、北京市朝阳区将府实验学校。（任娜娜）

【民办学校决策机构成员集中备案完成】 年内，区教委印发《民办学校决策机构成员备案工作方案》和《朝阳区民办学校决策机构成员备案管理细则》；组织31所民办中小学完成决策机构成员集中备案，区委教育工委负责干部调配部门中29所民办义务教育学校委派决策机构成员。

（任娜娜）

教育督导

【概况】 2022年，区政府教育督导室内设机构为督导与评估监测科，公务员编制4人，专职督学18人，兼职督学211人。设中小学、幼儿园、职高、校外及特教督学责任区32个。起草《朝阳区做好义务教育优质均衡先行创建区工作实施方案》，修订《2022年对街道、地区（乡）办事处依法落实教育责任督导考核评价工作方案》。完成38余所学校实地督导评估，5所幼儿园、68所社区办园点网上自评和实地督导评估；对全体中小学（335址）、幼儿园（393址）进行师德师风建设工作专项督导；对6所合作办学学校、民办学校、职业高中开展诊断式督导；开展2轮挂牌校全覆盖实地督导和1次文明校园工作督导。制定《朝阳区第七届挂牌责任督学换届工作方案》，协调60余所中小学为85所朝阳区社区办园点配备挂牌责任督学，实现各级各类区属学校责任督学全覆盖。“诊断式督导教师教育教学评价实践研究”获北京市基础教育教学成果二等奖。

（苏纪玲）

【区政府教育督导委员会成员单位联席会】 11月24日，区政府教育督导委员会办公室以视频会议形式召开成员单位联席会，26个成员单位参加。会议部署区迎接市政府教育督导委员会办公室义务教育优质均衡发展督导评估工作，通过朝阳区第八届拟聘任督学人选。督导委员会主任、区政府副区长杨蓓蓓要求各部门推动朝阳教育优质均衡发展；加强领导，精心组织，做好教育督导队伍建设；落实责任，力求实效，不断提升朝阳区教育督导工作水平。（李　雪）

【同级督政】 年内，区政府教育督导室修订《2022年对街道、地区（乡）

办事处依法落实教育责任督导考核评价工作方案》。6月16日，区政府教育督导室对街道、地区（乡）办事处依法落实教育责任督导考核评价工作部署。9月19日，组织培训会，解读考核评价要点及测评细则。各街乡依据《评价指标体系》开展自查。11月中旬至12月底，开展集中考核，形成2022年度落实教育责任专项考核结果，上报区绩效办。（李 雪）

【责任督学培养培训】 年内，区政府教育督导室开展中小学、职业高中、幼儿园、校外特教等学段责任督学春季、秋季培训工作。为督学介绍朝阳区“十四五”时期教育发展规划落地情况和教育发展重要成果，并针对不同学段，开展业务培训，对中小学督学围绕综合督导指标解析、“双减”背景下的“五育”教育评价等内容开展培训；对幼儿园督学围绕幼儿园安全管理、财务管理工作和疫情防控管理等内容开展培训。截至年底，统筹协调60余所中小学，提供有管理经验、业务能力过硬教职人员，为85所朝阳区社区办园点配备挂牌责任督学，做到社区办园点与中小学、幼儿园同步督导。建立国际学校、学科类培训学校督导员队伍，实现各级各类区属学校责任督学全覆盖。

（苏纪玲）

文化

综述

【概况】2022年，朝阳区全力推进博物馆之城、阅读之城、艺术之城、双奥之城、时尚之城“五城”建设。制定《朝阳区博物馆之城建设方案》，发布《2022年朝阳区博物馆之城建设发展研究报告》。截至年底，朝阳区有博物馆70家，开展文化活动285项。新建城市书屋2家，累计建成朝阳城市书屋42家。举办各类文化活动6083项7092场，惠及市民6964.62万人次。人均公共文化服务设施建筑面积1.87平方米。推进完成奥森棋园广场建设，认定冬奥文化社区7处，开展冬奥主题文化活动。朝阳区文化和旅游局（简称区文化和旅游局）获2022年北京冬奥会、冬残奥会北京先进集体，首都劳动奖状、首都文化和旅游“紫金杯”先进集体称号。朝阳区文化市场综合执法大队获第九届全国服务农民、服务基层文化建设先进集体称号，北京民俗博物馆获首都文化和旅游“紫金杯”先进集体称号。2021年11月，北京市朝阳区宣传文化中心成立（简称“区宣传文化中心”），由北京旅游咨询服务中心朝阳服务站、北京市朝阳区文化馆、北京市朝阳区香河园地区文化中心、北京市朝阳区垡头地区文化中心、北京国声京剧文化艺术中心、北京市朝阳区规划艺术馆、北京市朝阳区宣传教育服务中心7家单位整建制划转合并而成，为区政府直属正处级事业单位。承担全区宣传教育、公共文化服务、区级新时代文明实践中心、非物质文化遗产保护和传承利用、京剧艺术普及推广等工作。（孙笑菲　于梦媛）

【街乡公共文化设施建设】年内，区文化和旅游局作为人均公共文化服务设施建筑面积牵头部门，对标首都公共文化服务体系示范区创建标准，提升街乡公共文化设施达标率，有效利用疏解腾退空间及小区文化配套，实现社区（村）文化活动室设施和服务升级。推进各级基层文化设施和分馆建设。保障特殊群体基本文化权益，设置专门活动空间和服务项目。截至2022年底前，全区人均公共文化服务设施建筑面积为1.87平方米。

（李滢瑶）

【北京冬奥会文化广场活动】1月至3月，朝阳区通过举办文艺演出、开设冰雪体验、非遗展示等活动，线下接待游客2.1万人次。组织策划第五届北京朝阳“森林演出季”暨朝阳区冬奥系列文艺演出活动，各街乡150个文艺队伍2400名演职人员参与，演出内容结合节日特点，融合冬奥元素，呈现80场精彩演出。活动同步在腾讯、抖音等平台直播或转播，点击参与量200万人次。（李博雅）

公共文化

【概况】2022年，朝阳区推动“3+1”四级公共文化服务网络建设（即在区级、街乡、社区村三级基础上，设置地区级文化中心），优化区级文化设施，鼓励引导特色文化空间建设，新建成城市书屋2家，累计建成朝阳城市书屋42家，打造更多公共文化休闲空间；聚焦“七有”“五性”考核指标要求，整合多方资源。开展“艺术朝阳”“首都市民音乐厅”“森林演出季”等品牌系列文化活动，把培育和弘扬社会主义核心价值观作为根本任务，为市民提供高质量、深层次、丰富、有内涵的公共文化服务产品。注重文化传承，推动优秀传统文化传承创新。先后完成朝阳区国家公共文化服务体系示范区总结报告、案例报告、绩效指标、过程管理报告及相关支撑材料上报工作。获评第一、二批国家公共文化服务体系示范区创新发展复核优秀档次。

（李滢瑶）

【“一起向未来”主题活动】1月30日至3月31日，区新时代文明实践中心办公室和区宣传文化中心以“一起向未来”为主题开展互动答题、知识讲座等16项近70场活动。其中，“新春大集”传统文化主题活动登上央视“一年又一年”直播展示。活动期间，区宣传文化中心在各街乡组织“一起向未来”广场舞普及班1751班次，线上线下惠及学员25万人次。（于梦媛）

【阅读季暨全民阅读活动】4月22日，“4·23”世界读书日·朝阳阅读季暨全民阅读活动在朝阳城市书屋·梦想书坊馆启动。活动由区委宣传部、区推进全国文化中心建设领导小组办公室、区新时代文明实践中心（办公室）、

▲ 1 月 30 日，区宣传文化中心开展“一起向未来”主题活动 （区宣传文化中心 供图）

▲ 4 月 23 日，区宣传文化中心在朝阳区文化馆开展“全民阅读”主题系列活动 （区宣传文化中心 供图）

区文化和旅游局主办，通过网络云端对外宣传发布。启动仪式上，发布2022年朝阳区全民阅读工作方案，播放《阅动朝阳12小时》宣传片，举办阅读音乐会“人间四月天　当春乃发‘声’——四季音乐诗会”，首次将全民阅读与音乐会活动相结合，以配乐诗朗诵、器乐合奏、器乐独奏等形式，展示阅读之美，推进全民阅读。包括“习近平金句”诵读、“习近平金句口袋读本”龙鳞装帧制作体验、“与诗人们一起来读诗”等内容。“世界读书日”新媒体秀，在区文化馆主楼玻璃幕上投放投影阅读者照片和文字，向社会广泛宣传“世界读书日”，倡导“全民阅读”。（刘慧颖　于梦媛）

【讲读领读人培训活动】 7月18日，朝阳区启动“百千万”计划之讲读人、领读人培训活动，区委宣传部联合区文化和旅游局和区图书馆主办，线上举办公益课堂活动。“领读人”或“讲读人”可以与阅读专家、央视主持人面对面交流，学习最专业的阅读方法和朗读技巧，通过学习系统、专业课程，了解组织活动的方法和步骤，提高实践能力，提高演讲表达力和自信力，成为朝阳区阅读之城的储备人才。（刘慧颖）

【北京中老年模特大赛】 10月18日，区宣传文化中心与新京报社共同举办“喜庆二十大·共谱新华章”2022北京中老年模特大赛活动，62支队伍报名，参赛人数近2000人。（于梦媛）

【原创文化】 10月26日至28日，原创音乐剧《红色电波》举办3场演出。该剧以491电台为原型，剧目横跨百年历史，展现一代代电台人不忘初心，牢记使命，默默坚守平凡岗位，在祖国需要的时候挺身而出的感人故事，表现如491电台一般奋斗在普通工作岗位、守好思想高地的广大人民对国家与党的热爱和默默奉献的精神。以“喜迎二十大，‘艺’起向未来”为主题，开展第八届“艺术朝阳”社会主义核心价值观原创文艺作品征集和展示活动。征集来自主协办单位、43个街乡以及全市各界社会人士作品共822部，涉及音乐、舞蹈、诗书画、公益广告等7个类别，其中原创小品《安居乐业》入围第十九届“群星奖”。活动点击参与量3980.8万次，累计粉丝7.7万人。（白洁琼　李博雅）

【公益电影放映】 年内，区宣传文化中心采取固定场所和流动放映相结合的方式，放映公益电影1084场。结合重大活动节点，开展“迎冬奥　一起向未来”“迎国庆　庆重阳”“喜迎二十大　奋进新征程”3个主题放映活动，放映《一个人的奥林匹克》《1921》《悬崖之上》等47场公益电影，惠及人数近2000人次。（于梦媛）

【全国老旧厂房协同发展联盟】 年内，区宣传文化中心推进全国老旧厂房协同发展联盟工作，参与组织《中国城

▲ 10 月 26 日，由朝阳区文化和旅游局主办的原创音乐剧《红色电波》在朝阳区宣传文化中心行动剧场上演 （区文化和旅游局 供图）

市更新白皮书（2021）》编纂工作，参与北京城市规划学会北京历史文化名城保护委员会组织的“北京历史文化名城保护优秀案例”征集活动，组织联盟成员单位参加北京城市规划学会举办的北京城市更新最佳实践评选活动。搭建面向行业内外交流宣传平台，联盟及专委会公众号全年共推送各类文章100余篇，成为集案例推介、政策解读、行业咨询、园区联动、专业分析等为一体的面向行业的专业性的新媒体平台。（于梦媛）

【街乡文化中心效能】年内，区文化和旅游局通过购买第三方服务，采取培训加管理的模式，对街乡文化中心进行运行管理的同时，提供艺术培训。在保证每周56小时免费开放的基础之上，做到每天延时开放。培训按照“创新思路、集中资源、按需施教、务实培优”的思路，开设舞蹈、声乐、戏曲、传统文化等艺术门类。全年开展4984课时，培训5万人次，有效提升街乡文化中心服务品质。（李滢瑶）

【首都市民音乐厅】年内，“首都市民音乐厅”文化惠民活动作为朝阳区重点培育的精品文化品牌，由北京市文化和旅游局主办，区文化和旅游局联合首都图书馆、中国广播艺术团、中央歌剧院和北京交响乐团共同承办，旨在探索“政府+专业院团+公共文化机构”合作模式，将高雅艺术普及与文化惠民相结合，培育文化惠民新群体。截至年底完成8场，惠及线上线下群众超450万人次。（李滢瑶）

【“双奥书屋”】年内，朝阳区图书馆在北京冬奥会、残奥会期间开展“双奥书屋”建设工作。制作服务手册、宣传海报，为每个服务北京冬奥会酒店专班配备图书、刊物及在线听书、电子期刊等精品数字资源，安排党员带队跟车配送。根据涉奥酒店实际需求，完成36家酒店专班图书、期刊配送10800余册，为有需求的涉奥酒店建立“双奥书屋”率达到100%。（刘慧颖）

【阅读行走直播秀】年内，朝阳区图书馆利用线上平台开展“阅读行走直播秀”系列活动。活动充分展示阅读服务新场景（使用喜马拉雅资源联合打造阅读服务新场景）、阅读服务新力量（如“对话名家——朝阳阅读会客厅”启动仪式及首场讲座暨悦读·阅廉——朝阳区“廉洁文化进机关、进家庭”活动启动仪式和首场分享活动）、阅读服务新承载（如建投书局——城市新空间中美好生活）、阅读服务新举措（如“百姓云荐书”“书服到家”），以点带面展示朝阳区阅读之城建设成果。活动期间，邀请31家媒体进行活动发布或现场报道，报道浏览量约120万人次，线上线下活动参与人数约821万人次。（刘慧颖）

▲ 8月5日，首都市民音乐厅文化惠民演出　（区文化和旅游局　供图）

群众文化

【概况】2022年，朝阳区结合“全国文明城区创建”“美丽乡村建设”“五城建设”（博物馆之城、阅读之城、艺术之城、双奥之城、时尚之城）等重点工作，采取线上线下结合形式，开展各类特色文化活动，保证市民文化供给。全年举办各类文化活动6083项，7092场，覆盖6964.62万人次。以培育和践行社会主义核心价值观为根本，统筹“我们的节日”系列文化活动，持续推出“首都市民音乐厅”“朝阳森林演出季”等品牌活动项目，结合“周末大舞台”“星火工程”等品牌活动项目，推进传统艺术和高雅艺术的普及。围绕“2022北京冬奥会和冬残奥会”“党的二十大”等主题策划各类专场演出，对接各类人群文化需求，提升文化供给精准度及覆盖率。（李博雅）

【百姓周末大舞台】年内，由北京市文化和旅游局主办，朝阳区文化和旅游局承办公益性演出“百姓周末大舞台”开展文艺演出36场，覆盖24个街道，每场观众180人。演出内容对接地区百姓需求，节目类型有综艺、儿童剧、杂技、戏曲等。此外，举办部分进校园、养老机构等专场慰问演出，取得良好社会效益。（李博雅）

【星火工程】年内，由北京市文化和旅游局主办，朝阳区文化和旅游局承办的公益性演出“星火工程”，全年开展文艺演出72场，覆盖19个地区（乡），每场观众均达到200人，实现农村地区全覆盖。演出内容充分对接地区百姓需求，节目类型包含综艺、

▲ 8 月 15 日，金盏地区开展“星火工程”木偶剧演出　　（区文化和旅游局　供图）

儿童剧、杂技、戏曲等多种形式。在保障普通观众群体基础上，举办部分进校园、养老机构等专场慰问演出。

（李博雅）

【群众街舞文化】 年内，由区文化和旅游局、区文学艺术界联合会主办“同心向党　旋舞朝阳”群众街舞文化活动。全区各街乡选出 41 支代表队，覆盖 41 个街乡，惠及群众 3 万余人。该活动类型丰富，覆盖地区广，受益人群多，百姓满意度高。此外，为各年龄段群体举办多场培训演出，取得良好社会效益。（于梦媛）

【群众文艺创作】 年内，区宣传文化中心围绕首都市民系列文化活动，参加歌唱北京、舞动北京、戏聚北京、艺韵北京、影像北京 5 个群众赛事比赛活动及成果展示活动，组织辅导基层文艺作品创作近 200 部。围绕“献礼二十大”征集辅导原创书法、美术、征文作品近 20 件。推出朝阳群众“抗疫”原创文艺作品《微火》《抗击疫情保家园》等，《微火》通过“学习强国”“北京时间”“朝阳融媒联动”推出，受众 16.78 万人。原创小品《安居乐业》获得北京第十九届“群星奖”金奖，并入围全国决赛。以双月刊形式刊印朝阳区宣传文化中心文学内刊《芳草地》4 期暨总第 77 期至第 80 期 2400 本。围绕“喜迎二十大”主题推出《芳草地》特刊《白头谈往》，用 90 岁老党员一生经历反映时代精神，歌颂时代精神。（于梦媛）

【群众文艺培育】 年内，区宣传文化中心组织 12 名专业技术人员扎根基层、下沉社区、开展基层公共文化服务摸底调查、文化配送和辅导服务 453 小时，走访街乡文化服务中心 43 个，收集基层文化需求 62 个。推出“社区一家亲”全民艺术课堂，首期声乐、美术、非洲鼓、戏剧 4 个门类 8 个课程 80 次，300 余名市民参加线下培训。整合区域专家、驻区艺术院校教师、非遗传承人以及文化志愿者资源，搭建艺术普及交流平台。通过安排中心业务干部下街乡，辅导 100 支文艺团队，重点培育特色队伍 80 支。

（于梦媛）

【“我们的节日”系列活动】 年内，朝阳区围绕春节、元宵节、清明节、端午节、七夕节、中秋节、重阳节 7 个传统节日及元旦、五一劳动节、国庆节，开展“孝满京城　德润人心”京剧变脸重阳节主题文化活动、“情暖中秋　共享和谐”朝阳区中秋节越剧惠民专场演出、“爱满京城　相约幸福”等系列社会主义核心价值观主题教育活动 5 场，线下参与人数 1000 余人。全年开展节日文化活动 2381 场，参与群众 1573.57 万人次。

（李博雅　白洁琼）

【《粉墨朝阳》京剧演出】 年内，区宣传文化中心开展《粉墨朝阳》惠民京剧演出 23 场，社区京剧交流 49 场，线下受众 3000 余人，线上观看 111.17 万人次。

（于梦媛）

▲ 10 月 27 日，区文旅局等单位共同主办“同心向党　旋舞朝阳”街舞邀请赛在北京 798 艺术区开赛　　（区文化和旅游局　供图）

▲ 10 月 4 日，区宣传文化中心在朝阳区新时代文明实践中心前广场举行“我们的节日”重阳节文化活动　（区宣传文化中心　供图）

文化遗产保护

【概况】 2022年，朝阳区坚持“保护第一、加强管理、挖掘价值、有效利用、让文物活起来”的文物工作方针，推进永通桥、雷家桥关帝庙等保护修缮、东岳庙安防、东岳庙消防工程，打造文化新地标和大运河文化带重要景观，做好文物活化利用，讲好朝阳故事。创新发布《2022年朝阳区博物馆之城建设发展研究报告》，制定《朝阳区博物馆之城建设方案》。对通惠河、坝河、萧太后河、温榆河进行研究，形成《大运河文化带朝阳段流域历史文脉》，完成《通惠河漕运图卷》数字化展示项目。开展朝阳区文化遗产数字化展示项目，运用科技交互手段展示全区历史遗存。

（刘　续）

【国际博物馆日宣传活动】 5月18日，区文化和旅游局会同马蜂窝旅游网，推出“文化朝阳·云赏传承”活动，以线上线下相结合的方式，宣传推广朝阳区文化和旅游产业。发布《2022年朝阳区博物馆之城建设发展报告》，成为北京首个以“博物馆之城”为主题公开发布的系列报告。

（张　莅　曹　艺）

【八里桥保护修缮入选优秀案例】 6月10日，区文化和旅游局组织开展全国重点文物保护单位、北京市第一批水利遗产名录、世界文化遗产名录“八里桥保护修缮工程”入选北京历史文化名城保护优秀案例汇编集。该优秀案例由北京市规划和自然资源委员会、北京市文物局支持，北京历史文化名城保护委员会办公室发布。

（沈子豪）

【文化和自然遗产日宣传】 6月11日，聚焦2022年文化和自然遗产日“文物保护：时代共进人民共享”主题，区文化和旅游局发布103个虎年主题传统文化数字纹样，借助数字化平台探索传统文化数字资源利用新模式，满足公众认识非遗、学习非遗、研习技艺需求，营造非遗保护传承良好社会氛围，促进非遗资源数字化转化利用和全民共享。区宣传文化中心以“连接现代生活　绽放迷人光彩”为主题开展线上直播活动，探访朝阳区非遗项目“北京满建民雕漆工作室”，了解雕漆技艺。传统香品制作技艺代表性传承人罗子杰、京绣代表性传承人毕红、古法黄金制作技艺代表性传承人宫占坤3位非遗传承人，围绕非遗传承与创新、非遗与现代生活为主题，共话非遗未来发展。活动在朝阳宣传文化服务平台、BRTV大家收藏抖音官方号、北京广播电视台《大家收藏》栏目、《北京时间》抖音号、快手视频号及西瓜视频等平台进行直播，线上观看18万人次。

（张　莅　曹　艺　于梦媛）

【北顶娘娘庙三项工程启动】 7月，北顶娘娘庙一、二进院修缮项目及庙区安防、消防工程开工，涉及油饰地仗、屋面、地面、墙面等项目，包括庙区安防、消防系统整体改造。北京民俗博物馆成立项目管理部，对三项工程全过程实施安全监督与管理。每周召开监理例会总结，梳理、解决施工过程中发现各类问题与技术难点，秉承对文物最小干预和修旧如旧的原则修缮与保护庙区。

（沈　艺）

【博物馆进商圈】 8月4日，区文化和旅游局联合马蜂窝旅游网助力北京民俗博物馆举办“七夕风物　爱满京城”文化活动，使商圈成为朝阳文化服务的活力载体，打造沉浸式、共享型、多元化的朝阳商圈文化空间；通过朝阳文化进商圈，拉动消费活动内涵，助力商圈经济增长。活动通过专家讲解、七夕藏品展示、创新互动体验等方式，带领大家领略传统节庆七夕节民俗文化内涵。云赏传承主理人带领年轻用户参与者、云赏传承官、云赏体验官，在欣赏博物馆藏品、趣味互动体验中，感受中国传统节日民俗魅力。70余人次参与现场互动，另有达人现场直播，实时发布图片和视频，吸引网友在线驻足。多家主流媒体发布活动信息，《文化朝阳·云赏传承》专题浏览人次突破百万。

（李博纶）

【“一带一路”系列交流展】 8月18日至12月8日，“一带一路”系列交流展（杭州站）之“华衣冠佩——北京民俗博物馆馆藏精品文物展”在跨湖桥遗址博物馆举办。展品包含110件套馆藏服饰及金银佩饰类文物，体现汉、满、蒙、回等民族特色，以及点珠、掐丝、垒丝、錾花等民间工艺。展览开幕式通过央视频、今日头条、优酷等15家平台进行直播，点击量162万次。杭州站是北京民俗博物馆“一带一路”系列交流展的第11站，此前走过昆明、昭通、贵阳、石嘴山、鄂尔多斯、包头、泉州、宝鸡、南通、淮安10座丝绸之路、海上丝路、草原丝路及茶马古道重要节点城市，拓展“丝路”沿线博物馆之间的文化交流互鉴与文物资源整合。（沈　艺）

【中秋节博物馆进商圈活动】 9月10日，区文化和旅游局联合蓝色港湾国际商区在蓝色港湾举办中秋节博物馆进商圈活动，包含博物馆馆藏珍品展览和博物馆优质文创展卖两个部分。分别有北京中国紫檀博物馆展示1∶20朝阳门模型、北京金台艺术馆“人与自然”袁熙坤美术作品展、于小菓点心模具博物馆“食之有礼”唐风茶菓模具展；优质文创展卖中观复博物馆的观复猫相关文创产品、北京陶瓷艺术馆的陶瓷茶具、冰墩墩雪容融、胸章陶瓷制品以及首饰、京八件、茶中小宇宙盲盒游戏中秋礼盒、图书、文创模具等多种文创产品，设置拉坯成型亲子文化体验课等特色活动体验，丰富朝阳区公共区域文化供给。

（张　莅　曹　艺）

【非遗传承人群培养计划】 9月23日至9月24日，区宣传文化中心联合

▲ 9 月 23 日，区宣传文化中心、区文旅局联合举办区评剧《胡风汉月》经典唱腔精研班汇报演出　（区宣传文化中心　供图）

区文化和旅游局举办评剧《胡风汉月》经典唱腔精研班汇报演出。年内，区宣传文化中心实施名师传艺——朝阳区传承人群培养计划，开设评剧《胡风汉月》经典唱腔精研班、傅氏幻术基础班、八极拳培训班 3 个班型，对 20 名学员进行教学。（于梦媛）

【《北京朝阳文旅纪事》开播】 年内，区委宣传部作为指导单位，区文化和旅游局主办、北京民俗博物馆承办大型原创 24 集电视杂志《北京朝阳文旅纪事》，前 10 集于 10 月至 12 月在中国国际教育电视台、法国中文电视台 CFTV、美国汉天卫视 HTV 等多家电视台面向海外播出（首播 1 次、重播 5 次），观看量 8239 万次。宣传片以二十四节气为核心，选取朝阳区文化遗产、文创园区、特色村落等重点文化和旅游资源，呈现朝阳区节气旅游打卡地，活化历史文化资源，彰显朝阳区文化特质和城市形象。（沈　艺）

【非遗保护资金申报和验收】 年内，区宣传文化中心组织评剧、东岳庙庙会、傅氏幻术、八极拳、泥塑（北京兔儿爷）、中医诊疗法（孔伯华中医世家医术）6 个项目申报国家级非遗保护资金 244 万元。完成单弦牌子曲、京绣、傅氏幻术 3 个项目国家非遗保护资金验收工作。（于梦媛）

【非遗传承人和非遗保护项目申报】 年内，区宣传文化中心完成 3 名国家级非遗传承人申报、5 名国家级非遗传承人核查评估工作，协助北刘动物标本制作技艺、北京点翠 2 个项目申报北京市急需保护非遗项目。（于梦媛）

【非遗文化活动】 6 月 2 日至 6 月 20 日，区宣传文化中心举办“处处端阳”朝阳区端午节俗大课堂，由京绣、传统香品制作、盘扣等非遗项目传承人完成网络公开课，线上总浏览量 1.4 万人次。7 月 30 日，区宣传文化中心与北京市朝阳区新时代文明实践中心办公室、中共河北省唐县县委宣传部等单位，在朝阳区文化馆举办以“京绣”为主题的《针尖国粹——京绣图案里的吉祥万象》儿童美育活动。活动在北京和河北南唐梅村各招募近 30 名小朋友，以“京绣”为主题，通过线上“双师”方式，给北京和河北南唐梅村的小朋友上非遗课程。年内，区宣传文化中心举办“黄帝内经生命智慧”主题讲座和“兴于诗　立于礼　成于乐——古琴对青少年美育德育的启迪”2 场“非遗在社区”系列活动。（于梦媛）

2022 年朝阳区区级以上文物保护单位一览表

表 7

序号	文物名称	保护级别	地址
1	东岳庙	国家级	朝阳区朝外大街141号
2	日坛	国家级	朝阳区日坛北路6号
3	元大都城墙遗址	国家级	朝阳区安外小关街甲38号
4	四九一电台旧址	国家级	朝阳区豆各庄乡双桥街9号院
5	清净化城塔	国家级	朝阳区黄寺大街11号
6	大运河—永通桥	国家级	管庄乡八里桥村东南
	大运河—庆丰闸	国家级	朝阳区双井街道庆丰公园东园
	大运河—郑村坝	国家级	朝阳区东坝乡坝河
	大运河—平津闸	国家级	朝阳区高碑店乡高碑店村
	大运河—大通闸	国家级	朝阳区建外街道砖厂南巷
	大运河—千斯坝	国家级	朝阳区香河园街道西坝河南路

续表 7

序　号	文物名称	保护级别	地　址
6	大运河—坝河故道	国家级	朝阳区金盏乡坝河与温榆河交汇处
7	北顶娘娘庙	市级	朝阳区奥运村街道奥体公园临时5号院
8	十方诸佛宝塔	市级	朝阳区王四营乡王四营村
9	顺承郡王府	市级	朝阳区朝阳公园南路19号
10	马骏烈士墓	市级	朝阳区日坛北路6号
11	南下坡清真寺	区级	朝阳区朝外二条129号
12	张翼祠堂	区级	朝阳区豆各庄乡豆各庄村西1号院
13	海阳义园（山东会馆）	区级	朝阳区呼家楼南里2号院
14	肃慎亲王敬敏墓	区级	朝阳区王四营乡道口村西北
15	常营清真寺	区级	朝阳区常营乡常营民族家园1号
16	那桐墓	区级	朝阳区三间房乡双桥街西巷6号
17	显谨亲王衍璜墓	区级	朝阳区潘家园街道潘家园东里

文化市场管理

【概况】 2022年，区文化市场综合执法大队围绕疫情防控和文化市场安全，对辖区内网吧、歌舞厅、影剧院、电玩游艺、音像、演出、书报刊、印刷、复印、出版物、版权、文物和卫星地面设施等各类文化娱乐场所开展行政执法检查。全年出动执法车辆885车次，执法人员19540人次，检查文化娱乐场所9770家次，开展联合检查及夜查150次，立案78件，结案64件，办理新案由案件7件。

【联合检查规范“一日游”】 4月15日，区文化市场综合执法大队联合市交通运输综合执法总队，在市文化市场综合执法总队带队下对辖区“一日游”市场重点管控区域开展联合执法检查。

【旅游市场隐患排查】 4月23至29日，区文化市场综合执法大队开展“五一”节前旅游市场安全隐患专项检查。出动执法人员106人次，巡查景区4家次，检查旅行社12家次，宾馆饭店25家次，旅游大巴7辆、私家车和出租车5辆，发现并责令现场整改疫情防控措施落实不到位问题12处。

【绿书签宣传活动】 9月7日，区文化市场综合执法大队在甜水园图书文化港开展“护苗2022·绿书签暨文化市场执法宣传活动”。活动现场，执法队员向在场的青少年儿童及家长赠送普法宣传册、帆布袋、便携餐具等小礼品，宣讲“扫黄打非”的重要性，倡导其自觉抵制非法出版物、远离低俗有害的文化产品，引导健康阅读、绿色上网生活习惯。活动反响热烈，发放宣传物品千余件。

【游乐场所执法夜查】 10月31日，区文化市场综合执法大队对北京欢乐谷及周边重点场所开展执法夜查，保障夜间游乐场所安全有序运行。检查组重点就疫情防控措施落实、安全秩序维护等方面在欢乐谷景区、华侨城大剧院及周边酒店开展检查，听取景区防疫措施、游客管理工作、节假日客流量等情况汇报。（何　晶）

文化创意产业

798艺术区

【概况】 2022年，北京798艺术区管理委员会（简称“798艺术区管委会”）是朝阳区政府派驻到798艺术区的一个行政管理机构，主要承担798艺术区的统筹协调、监督管理、产业促进和接待服务等工作。8月，北京七九八文化科技有限公司成立，标志着798品牌和园区进入专业化市场化运营阶段。9月，原北京798艺术区管理委员会与北京朝阳国家文化产业创新实验区管理委员会合并，改为798艺术区管理服务办公室，负责798艺术区的日常管理服务、对外交流协作、统筹协调798艺术区意识形态工作、指导督促798艺术区做好产业促进、品牌提升、环境秩序等工作。

【全面升级改造】 5月，798艺术区从品牌焕新、景观优化、基础设施和服务品质4个维度，针对近百个大项、千余个点位进行全面升级改造。园区核心区域改造为步行街区，南门智慧立体停车楼建设完成，为游客和商户创造更好的环境。《人民日报》《北京日报》等多家媒体对此展开专题报道。798艺术区逐步推出全新品牌形象、实现步行街区覆盖艺术区中心区域、多处公共空间拥抱公共艺术、投入使用智能立体停车楼。

【北京798儿童艺术周】 6月中旬，2022北京798儿童艺术周在北京798艺术区国际艺术交流中心举办。本届儿童艺术周推出“地质与生命”特展，是专为青少年设计的艺术与科普相结合，引导青少年了解自然起源、生命

▲ 8 月 19 日，北京 798 艺术区文化市场系列培训会 （798 艺术区 供图）

起源、思考生命意义的体验展示活动。展览通过自然、历史遗迹及大艺术家与小朋友作品结合的方式，引导儿童了解岩石与生命的关联，践行生态文明。

【第六届画廊周北京】 6 月 24 日，第六届画廊周北京在北京 798 艺术区通过线上线下举办。本届画廊周活动以“共享”为主题，呈现 30 余家参展画廊与非营利机构的近 40 场展览，吸引超 12 万人次实地到访者，直播观看近 700 万人次，社交媒体线上互动话题总浏览量 1200 万人次。

【文化市场系列培训会】 8 月 19 日、26 日，798 管委会组织园区艺术机构分别举办两场 798 艺术区文化市场系列培训会，提高园区艺术机构守法经营意识，畅通政企沟通渠道，共筑园区艺术品市场文化安全屏障。

【“艺术 + 科技”交互体验装置】 9 月，798 艺术区在 2022 服贸会上，围绕“数字赋能文旅发展，文化创新美好生活”主题，展出多件广受欢迎的“艺术 + 科技”交互体验装置，来访嘉宾和游客热情参与体验，活动引起多家媒体关注。

【北京 798 馆开馆】 10 月 1 日，遇见博物馆 · 北京 798 馆开馆。开幕展有“遇见毕加索：天才的激情与永恒”“遇见达利：梦与想象”“遇见大师：凡 · 艾克、伯鲁盖尔、鲁本斯光影展”内容。

【798 CUBE 开馆】 10 月，798 CUBE 开馆。该馆致力于打造未来“艺术 + 科技”中心。开馆展包括首届北京艺术与科技双年展“合成生态”，由 798 携手中央美术学院共同发起举办，呈现来自全球 50 位著名艺术家、科学家、生态学家的艺术科技前沿创作，其中 25 件艺术作品在中国首次亮相。

【北京 798 艺术节】 10 月 27 日，2022 年北京 798 艺术节在 798 艺术区开幕。艺术节以“艺起向未来”为主题，包括开幕式、两大主题展、1 个推荐展、50 余个平行展以及 10 余项公共文化活动。多元的艺术形式互生共融，为金秋的北京带来精彩艺术盛宴。

【“匈牙利点”入驻】 11 月 11 日，DeFactto 其实文化 – 匈牙利点 Hungarian Point（简称“匈牙利点”）入驻 798 艺术区。该机构由匈牙利驻华大使馆支持，李斯特文化中心、匈牙利文化中心、北京其实融合文化传媒有限公司共同成立，通过国际交流项目向匈牙利及欧洲推广中华文化及中国艺术家，带动国际友好交流。

【中国当代艺术年鉴展（北京）】 12 月 20 日，北京大学中国现代艺术档案、798 艺术区、上海多伦现代美术馆、美图艺术中心、吴作人国际美术基金会共同主办“中国当代艺术年鉴展（北京）2021”在 798 艺术区开展。本届“年鉴展”在北京、上海、厦门同时呈现，以年度为期，展现中国当代艺术现状，对 2021 年中国当代艺术新现象与突出问题进行梳理、阐述与展示。 （季 昕）

▲ 10 月 1 日，遇见博物馆 · 北京 798 馆建筑外景（798 艺术区 供图）

▲ 9 月 30 日，北京 798 艺术节主题展“礼赞新时代 奋进新征程”（798 艺术区 供图）

北京潘家园国际民间文化发展有限公司

【概况】 北京潘家园国际民间文化发展有限公司（简称“潘家园文化公司”）员工编制56人，实有50人。子公司4个，北京潘家园旧货市场有限公司（简称“市场公司”）、北京潘家园古玩艺术品文化传媒有限公司（简称“传媒公司”）、北京潘家园拍卖有限公司（简称“拍卖公司”）、北京潘家园文化创意有限公司（简称“文创公司”）。2022年，潘家园文化公司资产额78640万元，负债11691万元，所有者权益66948万元，利润总额-1117万元。潘家园文化公司获批朝阳区“博物馆之城”建设示范项目“传统文化活态传承展示中心”奖项；获得《2022年朝阳区促进文化产业高质量发展引导资金项目——文化新消费项目类》资金扶持；潘家园旧货市场获“街区园区及夜间经济类”2新晋网红打卡地推荐榜单。潘家园礼物获北京旅游商品和文创产品大赛奖项。

【“新春不打烊”活动】 1月25日至2月7日，潘家园抖音电商直播基地联合抖音平台举办“春节不打烊”活动。平台聚焦“新年好物”“新年馈赠”两大主题，从运营指导和短视频内容两方面入手，帮助商户促进销售额提升。春节期间，话题#潘家园好物推荐#播放量增长40万，订单量近42万单，销售额突破1亿元。

【“潘家匠”获微博平台荣誉称号】 2月9日，潘家园官方微博账号“潘家匠”获微博平台2021年度“微博年度影响力电商号”“微博直播十大影响力电商博主”称号。潘家园新媒体运营团队深耕文玩艺术品线上交流平台，以文化宣传和粉丝互动展开，全年直播场次303场，直播总时长1100小时，阅读量1.343亿次，单场直播最高观看量156万次。实现“粉丝”增长7万余人次，销售额700余万元。全年在微博全网始终位列直播带货榜和电商影响力榜前10名。

▲ 4月20日，“善藏”潘家园春季拍卖会现场　　（潘家园文化公司　供图）

【安徽新华发行集团访问交流】 2月22日，安徽新华发行集团一行9人到潘家园走访考察。参观直播基地C座直播间、物流检测一体化中心（BIC仓）收货、质检、物流等区域并进行座谈交流。安徽新华发行集团对潘家园直播基地运营取得的成绩给予充分赞赏，希望双方探索合作，推动“非遗”文化产业化，实现长远发展目标。

【潘家园礼物入选活动奖品】 4月2日，潘家园礼物——“北京风光”创意手绘办公垫入选朝阳区服务业工会“知法守法·携手筑梦”法治宣传教育暨线上知识问答活动指定奖品。潘家园礼物作为指定奖品，发至新华联控股、昆泰房地产开发集团、朝富国有资产管理有限公司、世奥森林公园开发经营有限公司、望京新兴产业区综合开发有限公司、京客隆集团等参与此次活动的32家会员单位，共计发放1000份。

【潘家园拍卖与孔夫子旧书网合作】 4月8日，潘家园拍卖与孔夫子旧书网签署拍卖合作协议，打造大众化纸品网拍平台。通过整合技术服务、功能创新、媒体宣传等资源，双方在网络拍卖、同步竞拍、代拍服务、预展宣传、资讯信息发布等方面达成共识，寻求优势互补、互惠互利，建立持续稳定合作关系。

【“善藏”潘家园春季拍卖会】 4月20日，“善藏”潘家园春季拍卖会开启。拍卖会拍品涵盖清朝圣旨奏本，民国时期名人信札，中国古代和现代书法绘画，近现代历史照片等藏品。发挥潘家园淘宝、收藏及鉴定优势，开展各类拍卖活动，传播收藏知识，传承中华文化。

【潘家园拍卖入驻抖音平台】 5月6日，潘家园拍卖完成抖音拍卖板块首场直播。首场直播持续1小时50分钟，邀请祥和古玩城木器专家张鑫垚及雅昌在拍负责人刘家麟做客直播间，采取对话访谈形式，宣传讲解紫檀收藏知识。直播期间新增粉丝近百人，点赞超600次。

【传统文化活态传承展示中心获奖】 5月19日，由朝阳区文化和旅游局主办的朝阳区“博物馆之城”建设示范项目评审结果公示，潘家园文化公司获评“传统文化活态传承展示中心”奖项。此奖是对潘家园文化公司30年来致力于繁荣区域经济、传承中华民族文化、促进国际民间文化交流等方面所做努力的肯定。

【日本工艺美术专场网拍活动】 5月，潘家园拍卖开启3场日本工艺美术专场网拍活动。拍品涵盖版画、当代瓷杂及香兰社茶具70余件，围观人数2000人次，点击竞价超50次。

▲ 6 月 23 日，由潘家园文创公司开发设计的文创冰激凌——“潘呦呦”冰激凌正式上线。图为冰激凌包装外形（潘家园文化公司　供图）

【“精彩 618”购物节活动】 6 月，潘家园利用线上淘宝、微博、抖音业务板块多电商平台，开启“精彩 618”购物节活动，释放消费潜力，取得较好效果。在抖音平台所有基地中，潘家园基地商家报名数量和巅峰赛成交总额均列居第一名。活动期间基地累计销售额达 14296 万元，环比增量 3498 万元，环比增幅 32%。在淘宝和微博平台活动中，利用“星玉计划”和“618 万物狂欢节”等话题活动引流，阅读量逾 2000 万次，店铺流量比上年增长 115.81%，其间订单转化率高达 91.67%；直播时长累计 110 小时，直播间观看量 60 万次。

【“潘呦呦冰激凌”亮相】 6 月 23 日，潘家园文创公司开发设计的文创冰激凌——“潘呦呦”冰激凌上线。“潘呦呦”作为 IP 形象第一次亮相，带有潘家园独特文化印记，强化潘家园礼物店夏季仪式感，为游客“打卡”增加趣味。

【“潘家园潮玩”主题旧物市集】 7 月 10 日，“潘家园潮玩”主题旧物市集在潘家园旧货市场乙排胡同举办，现场设有 35 个摊位。市集当日吸引众多年轻人游览购物，日客流量增加 20%，实现市场引流目标。

【商户租金减免落实】 7 月 13 日，区纪委、区监委驻区国资委纪检监察组、区国资委一行 5 人到潘家园文化公司检查商户租金减免工作落实情况。按照《北京潘家园国际民间文化发展有限公司落实市区租金减免工作方案》，潘家园文化公司严格按照时间节点推动相关工作，确保商户租金减免政策落实到位，完成市场 4477 户商户租金减免工作，总计减免金额约 4335 万元，完成率 100%。

【“京潮·京品”朝阳礼物】 7 月 15 日，第二届“京潮·京品”朝阳礼物征选活动在潘家园旧货市场开幕。活动由区委宣传部指导、区文化和旅游局主办，潘家园文化发展有限公司承办。以博物馆之城、阅读之城、艺术之城、双奥之城、时尚之城建设为主线，挖掘朝阳特色文化内涵，强化朝阳区文旅、商业资源优势，以创新创意丰富文旅产品供给，赋能文旅高质量发展，讲好朝阳故事、传播朝阳文化，满足人民群众不断增长的文旅消费需求。加快恢复文化产业和旅游产业回暖复苏。活动为期半年，从开幕式、推介会到决赛路演、品牌盛典等系列活动，以新颖多样的形式、新潮丰富的内容丰富朝阳文化“金名片”。8 月 10 日，第二届“京潮·京品”朝阳礼物征选活动推介会举办。

【“潘家园·夏梦集”二手汉服市集】 7 月 16 日，“潘家园·夏梦集”二手汉服市集在潘家园旧货市场举行。市集交易物品 500 余件成交近百单，市场客流

▲ 7 月 10 日，“潘家园潮玩主题旧物市集”在潘家园旧货市场乙排胡同印象举办（潘家园文化公司　供图）

▲ 7 月 16 日，潘家园·夏梦集二手汉服市集在潘家园旧货市场举行（潘家园文化公司　供图）

量比日常同期增加30%。活动为汉服爱好者提供品鉴交流、切磋互动平台，让汉服爱好者闲置汉服循环利用，盘活汉服圈，实现优质汉服资源绿色循环和传统文化、历史文化知识普及。

【抖音电商直播】 7月18日，潘家园抖音电商直播基地联合抖音平台组织“万物皆可盘”和“匠心藏宝阁”活动。以全行业视角，联动行业大师资源、行业商家名家作品，将高货值、高品质具备收藏价值的作品和内容展现出来。活动期间，潘家园直播基地成交金额1.25亿元，比同期增量1959万元，带动商户销售提升，基地运营团队综合运营服务能力得到提升。

【首届钱币邮票交流会】 8月3日，潘家园首届全国钱币邮票交流会在北京潘家园旧货市场举办。交流会通过自媒体平台、7788收藏网站、商户交流群进行宣传，并在市场内发放传单进行自主招商，吸引全国各地收藏爱好者、古玩从业者参与。交流会设150余摊位，现场日均客流量2000余人次，整体客流量比同期增长20%。

【“818发现好物节”活动】 8月6日，潘家园电商直播基地联合抖音平台举办“818发现好物节”活动。潘家园电商直播基地帮助不同层级商户提升销售转化率，严抓商品品质和综合服务能力，保障消费者权益。活动期间订单45万单，比同期增长5.55%，成交总额1428万元，比同期提高19.67%。潘家园公司抓住网络电商销售契机，以活动促销带动多元文化消费，提升品牌知名度与影响力。

【潘家园礼物亮相服贸会数字平台】 9月5日，潘家园文化公司自营文创品牌“潘家园礼物”受邀参与服贸会线上数字平台展，以科技3D展台及线上平面展台形式融合，展示潘家园自营文创特色及成果，以创意时尚形式展示潘家园传统文化新风采。线上数字平台潘家园礼物展出名木书礼、手工刺绣、非遗茶道等，特别展出“2021一带一路文创大赛”及“2021北京礼物文创大赛”获奖作品。

▲ 9月5日，潘家园文化公司“潘家园礼物”受邀参与服贸会线上数字平台展
（潘家园文化公司 供图）

【全国红色收藏展览交易会】 9月9日，潘家园文化公司和中国收藏家协会红色收藏委员会共同举办的第十九届全国红色收藏展览交易会在潘家园旧货市场开幕。展出红色文献、票证、雕塑、宣传画、电影海报和雷锋专题五个门类1000余件经典藏品。

【第一届“新桥民艺市集”】 9月10日，以民间艺术为主题的第一届“新桥民艺市集”在潘家园旧货市场举办。活动依托潘家园民间、民族、民俗文化内涵，通过市集形式网罗众多民间艺术好物，为创作者提供交流平台、为游客提供消费新体验。从传统手艺到创意潮玩，以沉浸式体验点燃大众文化消费热情，成为当代年轻人“赶集”新潮流。

【“万阅典藏”古旧书博览会】 9月22日，潘家园文化公司与孔夫子旧书网共同主办的“万阅典藏”第四届古旧书博览会在潘家园旧货市场开幕。展览以“坚定文化自信传承中华文明——古旧书行业的繁荣与发展”为主题，古旧书行业主旨演讲引发热议。书博会为期4天，设立4个主题展区，展销近万种优质古籍善本、古旧书、各类出版物等，同时开展精品拍卖、艺术家讲座及签售、免费鉴定等活动。

【紫砂壶·文玩精品展销会】 10月1日，“喜乐满收藏俱乐部紫砂壶·文玩精品展销会”亮相潘家园旧货市场。活动引入宜兴名家紫砂壶，有紫砂壶精选作品、大师作品、紫砂摆件等文玩精品，活动现场有工艺大师与收藏爱好者互动交流，增强消费者体验感。紫砂壶·文玩精品展销会丰富市场产品，满足消费者消费进阶需求，获得游客好评。

【“国庆好物季”活动】 10月9日，潘家园电商直播基地联合抖音平台举办“国庆好物季”活动。潘家园电商直播基地运营团队引导商户以适合婚嫁的宝石、贵金属等商品为切入点，带动其他珠宝文玩商品销售；引导用户短视频创作增加国庆场景，将珠宝文玩商品植入视频内容，增加商品曝光，提高销量。活动期间累计成交1.42亿元，比同期增加712万元。

【招商稳商“组合拳”】 10月14日，潘家园电商直播基地打好稳商招商“组合拳”，推行多重招商稳商政策，带动商户实现业绩增长。通过出台全品类开放方案，降低商户入驻门槛；增加基地准售品类，扩大招商范围；出台各项激励政策，充分调动各方积极性；扩大线上、线下双渠道招商覆盖范围；帮助商户纾困减负，减免商户租金，潘家园电商直播基地商户体量由年初的561家增长至1045家，增幅86.3%，商户成交额23.8亿元。

【民间收藏交流会】 11月4日，北京市文物局主办、潘家园文化公司承办北京·中国文物国际博览会第二届潘家园民间收藏艺术品展示交流会在潘家园旧货市场开幕。民藏交流会采用线上线下融合方式，呈现收藏展览、民间收藏交流会、线上拍卖、专家鉴定、知识讲座等活动。集中展出300余件优秀民间收藏品，包括各时期、各窑口、各工艺的古瓷精品以及各朝代古币、银币、银锭、纸钞等。

【直播基地供应链体系新模式】 11月，潘家园电商直播基地供应链体系尝试新供货模式，点对点服务商户，在电商“双十一”期间，以专场形式与基地直播间“子轩鉴宝”合作，实现突破成绩。供应链团队携手运营团队，从直播节奏、直播品类、话术、直播气氛等方面精心筹备，实现人气和销售业绩双丰收。

【“双11”线上活动】 11月，潘家园电商直播基地在抖音、新浪微博、淘宝等平台开展“双11”多场线上活动。包括“抖音双11好物节”活动；新浪微博“这就是中国风”“遇见艺术”“星玉计划”等话题活动；淘宝“双11特惠低价狂欢”活动等。“抖音双11好物节”成交额1.09亿元，订单量近40万单。

【文创上新品】 12月，潘家园礼物将“二十四节气”文化融入产品研发，推出春夏秋冬一岁四时“二十四节气”系列文创产品。潘家园礼物联合非遗传承人将代表北京传统文化元素融入文创艺术品中，国风文化与现代简约设计相结合，传递冬季温暖。依托中国传统百家姓文化，潘家园礼物开发“郎红姓氏”主人杯，以拼图形式设计

▲ 12月22日，潘家园30周年庆系列活动开幕式暨第五届“潘淘荟”年度发布会
（潘家园文化公司　供图）

潘家园百家姓冰箱贴套装，将百家姓这一传统文化IP内容产品化，通过差异化、专属性产品，满足消费者仪式感表达。

【潘家园礼物2款作品获奖】 12月5日，市文化和旅游局主办北京旅游商品和文创产品大赛，潘家园礼物2款参赛作品“十全十美车载香薰”和“双奥之城·北京影像纸雕灯”获奖。潘家园礼物选送的两款作品经过线上大众投票和线下专家评审等环节，从3879件作品中脱颖而出，分别获得“‘文博+公园+非遗’主题”和“‘双奥之城’文旅体融合主题”赛道奖项。

【旧货市场入网红打卡地】 12月12日，市文化和旅游局公布“推动文旅企业复工复产扩大文旅消费暨2022北京网红打卡地”推荐榜单，潘家园旧货市场登上“街区园区及夜间经济类”2022新晋网红打卡地推荐榜单。

【潘家园30周年庆系列活动】 12月22日，潘家园30周年庆系列活动开幕式暨第五届“潘淘荟”年度发布会在潘家园旧货市场举行。发布会以“扬帆起航正当时”为主题，全方位展示潘家园30年来发展成就。区委宣传部、文创实验区管委会、区发展改革委、区国资委、区商务局、区文化和旅游局、区统计局、潘家园街道、十八里店地区工委领导参加活动。发布会回顾潘家园自1992年至2022年30年风雨兼程、30年峥嵘岁月；盘点2022年潘家园旧货市场、潘家园直播基地、潘家园拍卖、潘家园文创4个业务板块逆势而上，奋楫前行取得显著成就；提出顺应数字经济发展新趋势，打好潘家园品牌“升级战”新要求。潘家园文化艺术品指数、30周年纪念特刊及“潘呦呦”IP形象重磅亮相发布会。活动线上线下融合互通，打造消费盛宴。　（李雪莎）

新闻传媒

【概况】 2022年，北京市朝阳区融媒体中心（简称“区融媒体中心”）主要职责为通过融媒体平台，开展新闻统筹策划和宣传报道。负责全区媒体舆情监测、处置及大数据分析。负责区融媒体各平台的发展战略制定、年度报道计划制定以及工作机制建设、安全管理、新闻内容的审核。负责区内融媒体分中心建设的统筹与业务指导，及新闻通讯员开展培训和指导。负责区内新媒体平台矩阵的统筹、指导和监督。4月，区融媒体中心进行事业单位机构改革，经区委宣传部研究及区长批示，规范保留下属企业北京三方广播电视技术有限公司，承担区委区政府新闻舆论工作中部分新闻产品生产任务。6月，北京三方广播电视技术

▲ 2 月 13 日，区融媒体中心采访应对降雪冬奥保障工作　（区融媒体中心　供图）

有限公司更名为北京朝融文化传媒有限公司，6 月 22 日召开人员安置职工大会。朝阳电视台在北京市各辖区频道收视排名中，全天时段、晚间时段排名均位列第一。（许　阳）

【“双奥朝阳”策划宣传】 2 月至 4 月，区融媒体中心围绕冬奥会、冬残奥会筹办，重点聚焦“双奥朝阳”全力做好冬奥服务保障、奥林匹克公园公共区服务保障亮点等内容，刊发冬奥筹办及赛时报道 300 余篇，推出冬奥相关专题版面 63 个。制作新闻内容近 3000 条、短视频约 190 条、系列海报 37 张、系列漫画 31 张、专题片 4 部、特别节目 8 期、留存相关视频资料约 6200 分钟。充分发挥“北京朝阳新闻发布厅”作用，累计安排媒体采访 100 余次，相关报道及重要网络转载 1800 余篇次，总传播量超 4.5 亿。联合中央电视台、新京报等媒体创新打造“我在朝阳看冬奥”宣传品牌，策划视频直播 3 场，总观看量近 300 万人次。北京朝阳客户端、北京朝阳微信、北京朝阳微博、朝阳群众快手号等新媒体平台累计推送各类内容 20703 篇。（许　阳）

【获新华社全国县融优秀管理与平台奖】 4 月 15 日，新华社新闻信息中心、新华社县级融媒体研究中心举办全国县融中心综合影响力排行榜发布会暨 2021 年度县融中心优秀奖项颁奖典礼。朝阳区融媒体中心报送的“北京朝阳”App（含 AI 主播频道）获评全国县融中心优秀管理与平台奖。（张　昱）

【“社区行”活动】 9 月至 11 月，区融媒体中心开展“社区行——我和朝阳这十年”摄影作品线上征集活动。通过新媒体平台向“朝阳群众”征集反映朝阳近 10 年发展变化摄影作品百余件，从中选取最具代表性的 7 件作品，利用市、区两级媒体平台进行宣传报道，增强群众的安全感、幸福感、满足感。（张　昱）

【疫情防控宣传】 年内，区融媒体中心协同各平台，实现调度不过夜。撰写报送各类方案、工作进度、总结共计 716 篇。做好新闻发布工作，参与协调保障区级新闻发言人参加市新闻发布会 62 场次，网上发布 154 场次。加大宣传报道力度，累计媒体采访 280 余场次，相关媒体报道 5000 余篇次，总传播量超 60 亿人次。融媒体中心各平台共推送文章 5300 余篇、传播浏览量超过 3.8 亿次，制作一图读懂 52 张、海报 22 张、短视频 75 条。推出《朝阳静下来，人心热起来》《全力搏“疫”严上加严》等系列评论员文章 5 篇，在全区党员干部群众中引起共鸣，推动疫情防控各项措施的落实。（许　阳）

【市第十三次党代会新闻宣传】 年内，《朝阳报》推出《迎接北京市第十三次党代会——朝阳这五年》《奋进新征程　建功新时代》《党代表风采》系列专栏 4 个版面 10 篇报道；朝阳有线推出《奋进新征程建功新时代》《迎接北京市第十三次党代会·五年成就巡礼》《党代表风采》等专栏电视新闻报道，聚焦首都五年新变化推出“这样的 ___ 很朝阳”系列街采短视频；北京朝阳客户端、北京朝阳官方微信、北京朝阳官方微博、“朝阳群众”抖音号等新媒体平台，推送文章 112 篇，总阅读量超 200 万；对接北京日报社、新京报社、北京青年报社，通过图文、短视频、直播、海报等多元形式进行

▲ 9 月 30 日，区委宣传部领导在新闻播出机房指挥调度　（区融媒体中心　供图）

宣传报道，中央市属媒体报道42篇次。（许　阳）

【宣传报道策划】　年内，区融媒体中心通过专栏、短视频、特别节目等全方位、立体化展现新时代新朝阳新发展。推出相关主题报道超100条，推出《潮朝阳》《帧朝阳》《打卡朝阳新地标》等系列短视频，全平台总阅读量750万次，《朝阳报》推出“朝阳这十年”“喜庆党的二十大　奋进路上看变化”“学习宣传贯彻党的二十大精神　朝向新征程”等系列版面87个、系列专栏报道345篇。发挥“北京朝阳新闻发布厅”作用，策划组织系列新闻宣传活动80余场次。（许　阳）

【首次参与党代会现场报道】　年内，区融媒体中心派出全媒体记者直接参与党的二十大采访报道，这是朝阳区融媒体中心作为首都基层媒体代表首次参与党的全国代表大会现场报道。前方记者和后期编辑紧密配合，实现一次采集、多元生产。其间，推出“朝融观察”《走进党的二十大新闻中心》《在二十大新闻中心“遇见朝阳”》等系列报道，陆续在报纸、电视、客户端、微信、抖音等全平台推送，相关报道总阅读量超110万次。（李湉笑）

【服贸会宣传】　年内，中国国际服务贸易交易会上，区融媒体中心围绕区域发展主攻方向，突出宣传朝阳区在服务贸易发展、“两区”建设、数字经济建设、国际消费中心城市主承载区建设以及区域高质量发展等领域的重点工作和成效。发挥北京朝阳新闻发布厅作用，策划1个《北京日报》重点专版、4场“开放活力看朝阳”主题新闻发布会、6场集中采访活动、N个对接发稿“1+4+6+N”宣传模式，以专版报道、短视频、Vlog、图文等多种报道形式，在中央市属主流媒体与商业媒体推送。相关媒体报道及重要网络转载700篇次，传播量超2000万次。（单艺伟）

【“三化四区”建设宣传】　年内，朝阳区聚焦区域文化、国际化、大尺度绿化“三化”，打造首都金名片；北京CBD样板全球瞩目两区发力数字赋能；紧抓黄金窗口期全力打造数字经济发展“朝阳模式”等内容，邀请中央、市属媒体进行采访报道。中央、市属媒体共计报道2500余篇，其中《人民日报》，新华社，中央电视台，《光明日报》，中新社，《北京日报》头、整版，北京卫视《北京新闻》，《新京报》头、整版等纷纷进行报道，营造良好的舆论氛围。（单艺伟）

【创建文明城区宣传】　年内，区融媒体中心围绕创建文明城区，就朝阳区探索文明城区建设新路径、奋力谱写朝阳城市管理高质量发展新篇章、文明创建进行时朝阳群众在行动等内容，邀请中央、市属媒体进行采访报道。中央、市属媒体共计报道500余篇。其中人民日报客户端，新华社，人民网，《北京日报》头、半版，北京电视台，《新京报》整版，《北京青年报》头版、大篇幅等纷纷进行报道，营造良好的舆论氛围。（单艺伟）

【出刊和新媒体供稿】　年内，区融媒体中心采编制作《朝阳报》152期740个版面，完成与区文联合办报刊《芳草地》3期12个版，完成与孙河地区合办报刊《孙河周报》25期82个版。坚持“移动优先”，强化传统媒体渠道与移动渠道的互通和联动。向新媒体平台供稿2600余篇，供图2300余张，短视频35个，总阅读量超过2000万次。（张艳艳）

【“朝阳群众”抖音平台建设】　年内，“朝阳群众”抖音号共推送短视频400余期内容。总播放量超2.9亿次、点赞数超过90万次，“粉丝”69万人次。（张　昱）

【数字801朝阳】　年内，区融媒体中心在数字801朝阳频道播出朝阳新闻、聚焦人力社保、全民健身总动员、健康朝阳、同在蓝天下、走进朝阳教育、这里是朝阳、话说朝阳群众、与法同行、阅读悦朝阳，迈向城市化、安全视界等12个自制类栏目；引进栏目及纪录片23部，完成排播时长49600分钟；引进电视剧8部，完成排播时长共44145分钟；引进动画片和市局展播动画片16部，完成排播时长共23400分钟；审核排播宣传片、公益广告、专题片31320分钟；引进新华社县级融媒体专线融合，完成累计排播时长共3200分钟。（张　昱）

【“学习强国”平台通讯站】　年内，区融媒体中心向“学习强国”平台提供稿件上传图文、视频稿件共计912条。平台采纳稿件562条，通过率62%。（张　昱）

【朝融摄影创新工作室】　年内，朝融摄影创新工作室启动《朝阳光影·喜迎二十大奋进新征程》摄影项目。共拍摄图片2万余张，《朝阳报》刊发图片2500余张，69个版面。朝融摄影创新工作室团队通过主动送服务，为相关部门、街乡培训摄影技巧，积极参与市区各类摄影作品评选活动。在区档案馆和区摄影家协会联合举办《兰台杯·朝阳符号》摄影征集大赛中，《火炬传递》《夺取胜利》《冬残奥之光》《中国队加油》等摄影作品获二、三等奖。多幅作品在区文联举办的《镜头中的朝阳——冬奥瞬间》摄影展中获一、二、三等奖。团队10余张作品亮相区文联举办的《璀璨亮马河》摄影作品展并在市人民政府新闻办公室、中国新闻社等单位联合主办的“第二届国际大运河影像大赛”中获奖。（张艳艳　李　卉）

【视听安全播出管理】　年内，区融媒体中心制定《北京市朝阳区融媒体中心冬奥会、冬残奥会广播电视和网络视听安全播出保障专项工作方案》《北京市朝阳区融媒体中心迎接党的二十大安全播出保障专项工作方案》等专项工作方案，完善《北京市朝阳区融媒体中心安全播出应急预案》。依靠人防、物防、技防管理措施，完成北京冬奥会、冬残奥会、春节、国庆节、党的二十大等重要保障期内安全播出6142.5小时。其中，801自制频道4914小时；BTV–9模拟频道1228.5小时；《新闻联播》临时延长处置55次628分钟。（任媛媛）

档案

【概况】2022年，北京市朝阳区档案局（简称“区档案局”）组织落实档案事业发展规划、拟订年度计划、工作制度、规范性文件，依法监督、指导全区机关、团体、企事业单位和其他组织的档案工作，开展档案执法检查和档案业务培训。北京市朝阳区档案馆（简称区档案馆）有203个馆藏全宗，馆藏文书档案331268卷295232件，纸质照片档案28784张，数码照片档案174735张，实物档案2103件，名人档案6624件，书画335幅，光盘档案5669张，资料18428卷，电子档案数据138TB。接待查档利用者8510人次，接待公民个人档案利用7900人。完成3期《档案参阅》编印。区档案馆新馆建设完工。区委办公室（区档案局）、区档案馆被授予北京市档案系统先进集体称号，区档案馆关捷、区财政局杨其才、区体育局龙梅、小关街道佟学艳、来广营乡郝冉等5人被授予北京市档案系统先进个人称号。（陈宝媛　周　娟　张　一　王传会）

【民生档案跨馆利用服务】5月，区档案馆完成90.4万条馆藏招工和5.7万条调动民生档案数据核对和资源共享工作。全年受理民生档案跨馆查询352件，协办454件，与上海浦东档案馆开展跨馆查阅服务9件。（罗　希　王传会）

【档案方志会议召开】7月13日，朝阳区档案方志工作视频会议召开。区委常委、区委宣传部部长黄晓伟出席会议并讲话，副区长杨蓓蓓主持会议。区档案局局长赵瑞博传达全国和北京市档案和地方志工作会议精神，并就全区档案方志工作做报告，安排部署2022年档案方志工作。区档案局、区档案馆、区属立档单位和志鉴供稿单位主管领导等386余人参加会议。（陈宝媛）

【国际档案日宣传】6月9日至15日，区档案局组织全区开展形式多样的档案宣传教育活动。依托问卷星小程序，采用线上答题方式，组织各单位档案人员及党员干部参与档案知识问答活动，2600余人完成档案知识问答。依托宣传挂图，制作系列宣传图片，在区政府主楼大厅多媒体展示平台循环播放；各单位在宣传栏、社区宣传广角等悬挂张贴宣传挂图，设置宣传点位150余个，宣传照片300余张。区档案馆开展以“喜迎二十大·档案颂辉煌”为主题的国际档案日系列宣传活动，线上线下日参观量2000余人。举办《“双奥朝阳”圆梦　续写精彩华章》实体展览，展现朝阳区在2008年夏奥和2022年冬奥服务保障工作中体现的大区担当和工作风采；举办《朝阳区发展成就展》电子展览，展示朝阳区建区64年来的各项事业发展成就。举办“翰墨颂朝阳”主题征集活动，书画家现场创作书法、绘画作品16幅，均被征集进馆。设立“档案方志角”，开展“读志用志”“六个一”活动，宣传推广档案方志编研成果，《朝阳报》、北京朝阳有线电视台、“好评如朝”微博等媒体专题报道国际档案日系列宣传活动。（任妍杰　王传会）

【档案人员初任培训】8月22日至26日，区档案局举办档案人员初任培训，全区80家机关、企事业单位、街乡90余名专（兼）职档案人员参加。培训采取面授、实际操作与笔试相结合的形式。集中面授培训5个工作日，包括档案工作综述、档案法律法规、档案安全管理、各门类档案管理、档案信息化建设、全宗卷管理工作等内容。（任妍杰）

【档案执法检查】年内，区档案局在全区抽取28家单位开展“双随机”档案执法检查。在自查基础上，采取听取汇报、现场查看、抽查所属单位等方式，从档案工作责任制和管理制度落实情况、档案基础业务情况、监督指导所属机构档案工作情况、档案信息化建设情况、档案安全防范措施、档案违法违纪行为6个方面进行检查，并出具检查反馈意见书。（陈宝媛）

【党史学习教育档案】年内，区档案局联合区委党史学习教育领导小组办公室下发《关于做好朝阳区党史学习教育文件材料收集归档工作的通知》，从各部门工作职责、文件收集整理、档案安全保管和移交等方面明确工作要求。（姜　京）

【北京冬奥会和冬残奥会档案】年内，区档案局选派具备重大活动档案工作经验的人员在区冬奥会和冬残奥会运行保障指挥部办公室设档案工作组。制定档案工作方案，建立档案工作网络，统筹协调运行保障档案工作，确保各种形式和载体的档案收集齐全、内容完整、整理规范、保管安全、依法进馆。（任妍杰）

【疫情防控档案】年内，区档案局制发《关于做好2021年朝阳区新型冠状病毒感染肺炎疫情防控档案归档整理和移交进馆工作的通知》，举办专题培训，提升专项工作人员业务水平，推进疫情防控档案收集整理和移交进馆工作。（任妍杰）

【档案安全】年内，区档案局转发国家档案局和北京市档案局相关工作通知，制发《关于进一步加强当前档案安全工作的通知》等文件，从档案安全责任落实、档案安全防范措施、档案安全自查等方面提出明确要求，督促各单位从档案安全保管情况、“九防”基础设备设施配备情况、档案信息管理系统管理、档案安全应急管理、档案外包管理、对所属单位检查情况等方面开展全面自查，将档案安全工作纳入档案执法检查重要内容，严格履行档案安全工作监督检查职能，着力抓好档案安全责任落实。

（任妍杰）

【规范性文件清理】 年内，朝阳区贯彻落实《北京市法治政府建设实施意见（2021—2025）》，全面清理与现实需要不相适应的档案行政规范性文件。对2021年12月31日前的行政规范性文件区档案局进行集中清理。现行有效行政规范性文件7件，废止行政规范性文件19件，宣布失效行政规范性文件1件，需要修改行政规范性文件7件。（陈宝媛）

【规范档案处置】 年内，区档案局根据《中华人民共和国档案法》《中共北京市朝阳区委机构编制委员会关于印发〈北京市朝阳区规范开发区管理机构促进开发区创新发展的实施方案〉的通知》《国有企业资产与产权变动档案处置办法》《国家档案局印发〈关于在深化国有企业改革中加强档案工作的意见〉的通知》等文件精神，针对规范开发区管理机构、朝阳循环经济产业园管理中心转企改制等工作制发档案处置意见。确保档案处置工作依法、有序开展，相关资产与产权变动档案收集及时准确、齐全完整，归属与流向明确，档案完整与安全。

（陈宝媛）

【《乡镇档案工作办法》贯彻落实】 年内，朝阳区加强全区街道和乡档案工作，组织43个街乡学习研究国家档案局《乡镇档案工作办法》，结合机构设置和工作实际，推动街乡《文件材料归档范围和文书档案保管期限表》修订，强化街乡档案资源体系建设，夯实档案工作基础。

（任妍杰）

【档案接收征集】 年内，区档案馆完成10家单位进馆档案预验收工作。接收党史学习教育、新冠疫情防控、北京冬奥会和冬残奥会朝阳区运行保障工作等3项重大活动共文书档案5943件（含涉密档案2047件），照片1张，实物563件，数码照片2796张，数字音视频67件，电子档案光盘21张，电子档案18.9GB。征集双奥相关档案资料160余件。收集、整理相约北京系列冬季体育赛事筹办工作档案资料1000余件。（梁 璐）

【口述历史采集】 年内，区档案馆开展以“担当·成就——致敬双奥朝阳追梦人”为主题的口述历史采集工作。邀请13位“双奥”人物述说从夏奥到冬奥的亲身经历、感受与成长，讲好“后奥运时代”的故事，口述访谈双机位高清摄像2020分钟、形成视频文件897.4GB。形成“深化‘北京冬奥精神’内涵 共创自信自强新时代”精品党课1部，口述短视频12部；整理文字稿26万余字；定制“口述朝阳”纪念U盘；印刷2019—2022年《口述朝阳文字实录》。

（梁 璐）

【“兰台杯·朝阳符号”摄影征集】 年内，区档案馆开展第七届“兰台杯·朝阳符号”美丽朝阳摄影作品征集大赛，征集到119名摄影爱好者报送的504幅/组参赛作品（974张照片）。评选出景物人物单幅照一等奖2幅、二等奖10幅、三等奖20幅、优秀奖50幅，景物人物组照一等奖1组、二等奖3组、三等奖5组、优秀奖20组，获奖作品均入藏区档案馆。

（张敬煜）

【档案数字资源建设】 年内，区档案馆完成馆藏2.8万卷文书档案数据整理核查，核查校对20.4万条目录，补扫图像约2000页；10.3万条馆藏1987、1989、1990年延期开放档案目录数据的核对修改。完成馆藏数据库2.1万条数据的修改、整理、挂接工作，3万余条2021年新增进馆档案数据整理和系统导入。完成馆藏重要档案数据（约10TB）核对和移交市馆异地备份工作。

（罗 希）

【数字档案馆（室）建设】 年内，朝阳区数字档案馆一期建设启动。开展新馆档案信息化机房建设、政务外网网络安全系统建设、馆藏部分历史数据核查等工作。编制《朝阳区数字档案馆政务外网档案服务平台密码应用方案》，4月通过市密码专家评审。细化《朝阳区数字档案馆系统平台建设项目（一期）可行性研究报告》，10月，通过区科信局专家技术评审，纳入2023年区信息化专项资金支持。完成数字档案室管理系统建设（二期）试运行工作。更新完善重要档案管理系统应急备份系统4个模块、9项功能点，完成馆藏全部数据同步更新18次。（罗 希）

【档案开放审核】 年内，区档案馆向社会开放109个全宗14487件形成年度为1991年的馆藏档案，涉及工业、农业、商业、医疗卫生、教育教学、人事任免等方面内容。完成馆藏1992、1993年101万件到期档案初审，涉及会同单位102家、全宗127个。制定《馆藏档案开放审核委员会工作规则》，组建朝阳区档案馆档案开放审核工作委员会。（关志雪）

【制度建设】 年内，区档案馆修订、制定《区档案馆收集档案范围的规定》《区档案馆爱国主义教育基地管理办法》《档案开放工作制度（试行）》《“兰台杯·朝阳符号”摄影征集大赛评选办法》等制度。（戚柏兴）

【《档案参阅》】 年内，《档案参阅》编印3期。分别为《朝阳文物精粹》2期，主要介绍朝阳区域古代建筑、古代遗址和近现代重要史迹，记述朝阳文化遗存和历史记忆，展现朝阳文化内涵和区域特色；《朝阳抗疫经验》1期，总结提炼朝阳区在疫情防控中的创新做法和典型经验，为区领导和有关部门决策提供参考。（周佳琳）

地方志

【概况】 2022年，北京市朝阳区地方志编纂委员会办公室（简称“区志办”）紧紧围绕中心，服务大局，完成《北京朝阳年鉴》2020年卷重版印刷、2021年卷印发、2022年卷出版工作。完成《2021年朝阳区大事记汇编》制作发放。组织编写《朝阳区建成小康大事记》。通过“线上+线下”相结合的方式，完成全区年鉴、大事记业务培训。区政府收到中国地方志指导小组办公室《关于2021年卷年鉴入选“中国精品年鉴”的贺信》。区志办3次在全国和全市各类“精品年鉴”会议上作经验交流和典型发言，5篇理论文章在《中国年鉴研究》《中国地方志》《北京地方志》等期刊发表。1人被中国地方志指导小组办公室纳入“中国精品年鉴”评审专家组，被市地方志办公室选为北京市精品年鉴工作协作组成员。参与评审《中国海关年鉴》《北京中关村年鉴》《吉林年鉴（2022）》等各级各类年鉴。

（周佳琳　李　静）

【“精品年鉴品读季”活动】 4月，朝阳区制定《读志用志“六进”活动——“精品年鉴品读季”系列活动实施方案》，开展“精品年鉴品读季”“六个一”系列活动，即举办一场地方志专题讲座，会同区融媒体中心集中开展一次区地方志优秀成果展示推介活动，向辖区企事业单位、大专院校、驻区军营等赠送一批区地方志优秀志鉴成果，向全区地方志工作者提供一批志鉴编纂业务学习资料，组织一次“精品年鉴品读征文”活动，征集一批地方志工作史料等。年内，到朝外街道天福园社区、区图书馆、高碑店乡等辖区各单位举办讲座；设计制作“精品年鉴”宣传推广片；与“国际档案日”活动相结合展出区地方志优秀成果；向辖区单位赠送区地方志优秀成果1000余册；向全区地方志工作者提供一批志鉴编纂业务学习资料；组织“精品年鉴品读征文”活动。《北京朝阳年鉴（2020）》作为全国“精品年鉴品读季”活动使用的4部年鉴之一，开启全国3000余个县级以上地方志机构及年鉴编纂单位品读、学习《北京朝阳年鉴》的示范引领作用，年鉴编纂“北京朝阳经验”向全国推广。（李　静）

【年鉴供稿】 5月，区志办向《北京年鉴（2022）》供稿5000余字，主要内容包括2021年朝阳区经济建设、农村城市化建设、城乡建设与管理、生态环境保护、科技教育文化卫生体育事业发展、社会服务管理和社会保障、精神文明与民主法治建设等方面。向《中国地方志年鉴（2022）》供稿1600余字，主要内容包括2021年朝阳区年鉴编纂与出版、地方志文化宣传、指导基层地方志工作等方面。

（李　静）

【方志文化宣传】 6月，朝阳区在“国际档案日”活动期间，在区档案馆一层大厅设置“方志角”，展出《北京市朝阳区志》、《中国精品年鉴·北京朝阳年鉴》、《中国名村志·高碑店村》、《北京市朝阳区地名志》、《朝阳兰台》报等近年来区地方志优秀成果以及《中共中央北京香山革命历史丛书》《北大红楼与中国共产党创建历史丛书》《北京红色文化丛书》等党史学习书籍。同步开展方志文化“进社区”等活动，发放志鉴书籍600余册，接待参观人员近500人次。年内，完成12期《朝阳兰台》报编印发放，增设《党的二十大特别报道》《党旗在基层一线高高飘扬》《战疫：人类历史上的悲壮记述》等专栏，刊发基层志鉴编纂、精品年鉴编纂启示等志鉴理论文章等。6篇方志文化宣传稿被“方志中国”“史志北京”微信公众号选用。

（李　静）

【《北京朝阳年鉴（2021）》入选“中国精品年鉴”】 7月，《北京朝阳年鉴（2021）》入选第六批中国年鉴精品工程“中国精品年鉴”，中国精品年鉴工程是中国地方志指导小组办公室推出的全国地方志“十大工程”之一。

（李　静）

【《北京朝阳年鉴（2022）》出版】 12月，区地方志编纂委员会编纂的《北京朝阳年鉴（2022）》由方志出版社出版。全书100余万字，设34个类目、200余个分目、2600余个条目，收录267幅图片、63张表格。围绕区委、区政府中心工作，记录2021年朝阳区立足首都城市战略定位，奋力实现“十四五”开新局，积极融入新发展格局，推动经济高质量发展，深化供给侧结构性改革，推动治理体系和治理能力现代化，全面建设首都高质量发展示范区、文化创新引领区、国际交往中心区、绿色宜居标杆区，围绕“七有”“五性”需求保障和改善民生，科学精准从严防控疫情，做好北京冬奥会、冬残奥会筹备，做好中国共产党成立100周年庆祝活动服务保障工作等方面的重要举措和取得的成效。（李　静）

【制度建设】 年内，朝阳区制发《朝阳区地方志事业发展规划（2021—2025年）》《基层地方志书、年鉴编纂备案和质量验收管理规定（试行）》和《以行政区域名称冠名的地方志书、年鉴编纂出版工作流程及流程图（试行）》等文件。（李　静）

【《2021年朝阳区大事记汇编》】 年内，区志办汇编收录全区149家供稿单位2021年大事记条目12万余条、近127万字。全书以季度为章，章下设四套班子、区委系统、政府系统、发展改革委口、建管口、政法口、文教卫体口、街口、农口、国资委口等系统，反映全区经济社会发展整体情况。（周佳琳）

【基层修志编鉴指导】 年内，区志办指导《区委党校志》出版，《平房乡志》《高碑店乡志》《太阳宫乡志》进入出版环节，《三间房乡志》等完成复审。指导《北京商务中心区年鉴（2022）》编纂工作。（李　静）

文联活动

【概况】 北京市朝阳区文学艺术界联合会（简称“区文联”）负责所属各文艺家协会的团结引导、联络协调、服务管理、自律维权工作；负责组织、开展地区文学艺术活动。10个协会及朝阳艺术团有会员、团员6800余名。直属单位有朝阳书画院。年内，区文联获评2022年节约型机关称号。“讲好朝阳故事”原创百集视频《观朝追梦》，入围第十二届北京国际电影节“短视频单元”知识类优秀作品。朝阳区民间文艺家协会主席哈亦琦获得2021年推选首都学雷锋志愿服务“五个100”先进典型“首都最美志愿者”、被推选为2021年全国文化科技卫生“三下乡”活动示范项目服务标兵。朝阳区油画家协会主席田风银获得“全国三八红旗手”称号。

▲ 8月15日，朝阳区街舞协会成立大会召开　（张正晔　摄）

【迎新春·送祝福活动】 1月，区文联举办“迎新春·送祝福”慰问活动，到区人力社保局、CBD管委会、安贞街道、呼家楼街道、奥运大家庭酒店、冬奥国家体育馆等10家单位，撰写春联近万幅、福字万余张，手工作品和剪纸作品500余件。

【“悦动高雄”文化交流】 8月4日，北京海峡两岸民间交流促进会、区文联、台湾高雄市青溪总会、高雄市同乡会理事长协会共同主办“情筑两岸 相约七夕”海峡两岸社团交流节暨朝阳区第七届“悦动高雄”基层文化交流活动。活动由垡头地区文化中心、高雄师范大学演艺厅，以视频连线、互动演出形式呈现。各界相关负责人、朝阳区街道文联代表和在京居住两岸婚姻家庭、台湾青年代表近300人参与现场交流活动。活动由“青春之歌”“七夕之约”“永恒之恋”3个篇章组成，有诗朗诵、舞蹈等多种表演形式。在京居住的8组两岸婚姻家庭参与现场活动。此项活动获得中评社、中国评论新闻网、大公网、中央广播电视总台、《人民日报》（海外版）、中国新闻网、中央广播电视总台海峡飞虹、《中国文化报》、《中国艺术报》、海峡之声、凤凰卫视、国际在线、中国日报—中文网、央视频移动网、中华网、环球网、《北京日报》、北京时间、北京朝阳、北京朝阳有线电视台、《朝阳报》、文韵朝阳、朝阳统战、北京朝阳文联官网等媒体平台，以及台湾新媒体旅人Carrie爱漫游、蔬游趣、梅洛琳、帆帆猫、幕后黑手、围事小哥的幸福相框、新头条、HiNet生活志、LTV在地人新闻、LIFE.TW台湾生活网、owlnews、威传媒、pchome新闻、旺报、高雄市清溪总会、高雄市同乡会理事长协会、双创——亚洲文化的推手等40余家媒体及新媒体平台进行宣传，通过文联官方抖音、快手平台连续发布17部活动短片，浏览量突破百万次。

▲ 1月21日，区文联对三间房地区（乡）进行新春慰问　（张正晔　摄）

【街舞协会成立】 8月19日，朝阳区街舞协会成立大会在区宣传文化中心召开，这是北京市第一个街舞协会。大会审议街舞协会章程，经过选举产生首届街舞协会理事会成员，主席1人，理事38人，夏锐当选首届朝阳区街舞协会主席，周游、赵毅、籍琰、王晓冰、谢丹、张运臣等6人当选副主席，郑勋当选秘书长，现场为新当选的理事会成员颁发证书。此前8月

▲ 9 月 7 日，文艺工作培训班开班　（张正晔　摄）

15 日，区委宣传部、区文旅局、区文联、中国舞协街舞委员会北京联盟联合举办“同心向党·旋舞朝阳”街舞编创人才研修培训班。

【“欢乐朝阳”曲艺活动】 9 月 22 日，区文联、区潘家园街道工委、办事处主办，区曲艺家协会承办“喜迎二十大　欢乐朝阳”系列展演“孝满京城　润德人心”重阳节主题文艺志愿服务演出在潘家园街道社区服务中心举行。街道文化干部和地区群众观看演出。11 月 1 日，区文联、南磨房地区工委、办事处主办，区曲艺家协会承办“喜庆二十大　欢乐朝阳”系列展演暨“纪法铭于心　清风护征程”法治文化主题文艺志愿服务演出在南磨房地区酷车小镇举办，街道文化干部和地区群众观看演出。

【“旋舞朝阳”活动】 9 月 27 日，由区文联主办、区舞蹈家协会承办的“喜迎二十大　旋舞朝阳”民族舞展演在香河园地区文化中心举行。演出《唱支山歌给党听》《映山红》《唱赞歌》《灯火里的中国》等 18 个舞蹈节目。

【“翰墨朝阳”书法活动】 10 月 21 日至 25 日，区文联、区书法家协会共同举办“喜庆二十大·翰墨朝阳”书法作品展。经专家评选，在征集的近 400 件书法作品中展出 101 件，包括书法家特邀作品和朝阳区域内书法家及书法爱好者的投稿作品。

【“朝阳艺象”活动】 11 月 18 日至 22 日，区文联、区美术家协会、区油画家协会在朝阳区流动美术馆举办“喜庆二十大·朝阳艺象”美术作品展。展出 80 幅美术作品，包括 40 幅向会员征集的原创美术作品和 40 幅“北京意象·魅力朝阳”大型美术作品创作。作品涵盖朝阳区人文、历史、风光等，其中 40 幅美术作品在朝阳区各街乡流动美术馆展出。区文联 9 月至 12 月开展“喜迎二十大永远跟党走”朝阳艺象美术作品邀请展，是“北京意象·魅力朝阳”大型美术创作工程的组成部分。围绕朝阳区域自然、历史、水系、人文风貌进行挖掘、梳理开展采风创作，以油画、国画、版画等不同表现方式和不同视角展现朝阳魅力与活力。12月 2 日至 12 月 8 日，区文联在书画频道美术馆举办“喜庆二十大永远跟党走”朝阳艺象美术作品邀请展，展出 93 位艺术家 93 幅美术作品。制作线上展览和美术作品 MV，在央视频、《中国艺术报》、书画频道、北京时间、朝阳文联视频号、朝阳文联公众号等媒体及平台进行展览。

【原创文艺作品】 年内，区文联、区音乐家协会邀请词曲作家和全总文工团艺术家到亮马河实地采风，挖掘亮马河历史文脉，定向创作《亮马河》《亮马河畔》《亮马蝶变》3 首亮马河歌曲，其中 2 首歌曲进行 MV 制作。开展原创音乐剧《三里屯 42 号》音乐剧创作，展示改革开放以来朝阳区三里屯地区的发展变迁和取得的成就。该音乐剧获得 2022 年北京艺术基金扶持。开展制作原创抗疫网络短剧项目，以 30 个疫情防控工作中真人真事为素材，讲述在疫情防控中一线人员的责任担当和奉献精神。网剧在抖音、快手、微信视频号、央视频、北京时间等平台陆续上线。截至 10 月底，浏览量 5000 万，获得点赞近 60 万。

【专题培训】 年内，举办文联协会工作研讨会 10 余次，举办文艺工作专题培训班，覆盖各协会理事成员 150 余人。采取集中学习、专题研讨、座谈体会等形式学习贯彻习近平总书记关于文艺工作的重要论述。

【“镜头中的朝阳”摄影活动】 年内，区委宣传部、区文联主办，区摄影家协会承办的“镜头中的朝阳·榜样人物在身边”摄影作品展在朝阳区流动美术馆开展。共展出 60 组摄影组照，记录朝阳区 60 名基层先进人物的风采。开展“镜头中的朝阳”《冬奥瞬间》摄影作品征集活动征集摄影作品 3000 余张（包括组照），经过专家评选，共 436 幅评为入选作品，其中 150 幅优秀作品收录《冬奥瞬间》摄影作品集。10 月 10 日至 19 日在望京昆泰嘉瑞文化中心举办展览，展出 150 幅优秀作品。区文联、区摄影家协会 11 月 22 日举办“镜头中的朝阳”亮马河风情摄影作品展览。活动包括艺术采风、创作、评选、线上展览三个部分。区文联先后两次组织摄影家和摄影爱好者百余人次在亮马河畔进行艺术采风和摄影创作，从征集的 2400 余幅作品中，甄选出 150 幅优秀作品展出，

▲ 10 月 10 日，“镜头中的朝阳”《冬奥瞬间》摄影作品展览现场 （张正晔 摄）

并出版“镜头中的朝阳”《璀璨亮马河》摄影作品集。展览在央视频、“北京时间”抖音、快手、朝阳文联视频号、朝阳文联公众号等媒体及平台进行线上宣传推广。

【“艺韵朝阳”民间艺术展】 年内，区委宣传部、区文联主办，区民间文艺家协会承办“艺心向党·艺韵朝阳”民间艺术展在朝阳区流动美术馆开幕。围绕党史学习教育、抗疫精神、北京冬奥会为创作题材，运用风筝、剪纸、面塑等传统艺术形式，塑造“一艘红船忆初心”“革命摇篮井冈山”“延安精神融血脉”“同心抗疫显真情”“双奥之城展风采”等主题作品。 （刘向菲）

卫生 健康

综 述

【概况】2022年，北京市朝阳区卫生健康委员会（简称“区卫生健康委”）坚持“大健康、大卫生”理念，完成北京冬奥会等重大活动服务保障，深化医药卫生体制改革；强化常态化疫情防控，应对多轮次大规模疫情冲击；全力做好医疗救治服务保障，推进公共卫生应急管理体系建设。优化区域医疗资源配置，朝阳医院常营院区工程竣工；区妇幼保健院北院区开业运行；推进“健康朝阳”行动，推动卫生健康事业高质量发展，增强人民群众获得感、幸福感和安全感。推进分级诊疗和医联体建设，提升基层医疗卫生服务能力，小关街道、首都机场街道社区卫生服务中心落实房源，家庭医生签约服务回访中心完成签约回访130.45万人次；巩固国家卫生区创建成果，加大爱国卫生和健康促进工作力度；提升妇幼精神卫生保障水平；完善中医药人才培养体系，推进中医药师承工作。区卫生健康委获国家级“冬奥会、冬残奥会保障”先进集体、“爱国卫生运动70周年”先进集体称号。朝阳区4个社区获国家卫生健康委、全国老龄办颁发的全国示范性老年友好型社区。卫生健康系统2家单位和13名医疗卫生机构服务人员获冬奥会、冬残奥会先进集体及个人称号。

【北京冬奥保障】年内，朝阳区卫生健康委承担2022年北京冬奥会和冬残奥会朝阳区运行保障指挥部医疗防疫工作，负责落实赛时重要活动医疗保障工作、场馆外围和住地医疗保障及社会面疫情防控等。制定保障工作方案及200个左右“一馆一店一策”（每个场馆、酒店根据不同接待对象等特点，制定个性化医疗防疫方案）工作指引，利用安全服务机器人“一秒八步”通行查验，统筹组织辖区卫生系统56家单位1821人参与冬奥会场馆、酒店等94个点位及6项特殊活动的医疗防疫保障，安排应急处突200余人小分队24小时待命。选派100余名社区卫生服务中心书记、副主任进驻78家签约酒店及集中住地酒店。设置心理援助热线电话，发放1.04万份预防性汤药，开展环境核酸检测累计44.9万件次，消毒10422万平方米，病媒生物监测13331个点位；监督检查20657户次，现场快检9005件，赛时重点涉奥场所生活饮用水检测4轮次，均合格。接诊5731人次，转诊320次。区卫生健康委被党中央、国务院评为北京冬奥会、冬残奥会突出贡献集体。

【人才队伍建设】年内，区卫生健康委所属事业单位有正式人员4520人，其中医院1929人、社区卫生服务中心2214人，其他事业单位377人。区卫生健康委组织公开招聘，招录237人；全区625人通过卫生系列高级专业技术职务任职资格审核进入评审环节；54677人完成驻区及直属医疗机构继续医学教育培训，并参加北京市全员必修课“2022年新冠肺炎等重点传染病防控培训”，参培率99.98%。

【信息化建设】年内，朝阳区卫生健康委投入2150万元用于信息化建设，其中启动“朝阳区卫生信息系统运维和数据治理”“朝阳卫生健康云服务”2个建设项目，完成“朝阳区卫生健康委干部人事数字化融合平台”“卫生健康大数据平台计算资源扩容”等7个建设项目的验收；启动“2022年北京市朝阳区卫生信息化建设项目监理”等3个运维项目，完成“北京市朝阳区卫生信息化区域心电图系统软件运维”“北京市朝阳区区域PACS系统运维”等15个运维项目的验收。

【科研工作】年内，北京市垂杨柳医院、北京市第一中西医结合医院、北京市朝阳区中医医院、北京市朝阳区疾病预防控制中心、北京市朝阳区紧急医疗救援中心等12家单位申报科研项目26项，获批经费304.12万元。发表SCI收录论文27篇。（申报科研项目和发表SCI收录论文情况见表8、表9）

2022年朝阳区卫生健康系统项目申报情况一览表

表8

序号	获批项目名称	申报单位	项目类比	经费（万元）	获批时间
1	《基于TensorFlow与FAster R-CNN的颅骨骨折CT图像人工智能识别系统的构建与验证》	北京市垂杨柳医院	北京市卫生健康委首都卫生发展专项	40	2022年1月
2	《针药结合诊疗方案对肥胖症糖脂代谢及GLP-1水平的影响》	北京市第一中西医结合医院	北京市卫生健康委首都卫生发展专项	15	2022年1月
3	《胱氨酸结石症基因检测试剂盒探索性研发》	北京市垂杨柳医院	朝阳区科信局社会发展计划项目	15	2022年6月
4	《基于中药犀角地黄汤合二至丸加减防治肿瘤化疗相关血小板减少症的临床研究》	北京市垂杨柳医院	朝阳区科信局社会发展计划项目	12.62	2022年6月
5	《东坝、金盏社区居民胃肠道疾患早期筛检模式探索研究》	北京市第一中西医结合医院	朝阳区科信局社会发展计划项目	15	2022年6月
6	《小红门地区老年慢性肾脏病的流行病学研究及社会干预模式探索》	北京市朝阳区小红门社区卫生服务中心	朝阳区科信局社会发展计划项目	15	2022年6月
7	个体化有氧联合抗阻运动改善冠心病患者心肺耐量的临床研究	北京市第一中西医结合医院	朝阳区科信局社会发展计划项目	10	2022年6月
8	《朝阳区中西医结合心身疾病防治调查及“旗舰型”医疗机构建设方案研究》	北京市朝阳区第三医院	朝阳区科信局社会发展计划项目	15	2022年6月
9	《任氏针灸埋线疗法治疗代谢综合征血脂异常患者临床研究》	北京市朝阳区中医医院	朝阳区科信局社会发展计划项目	10	2022年6月
10	黑庄户地区老年人群轻度认知障碍的现况及两级分类管理方案的构建	北京市朝阳区双桥医院	朝阳区科信局社会发展计划项目	15	2022年6月
11	《基于BMD-PCR技术的新冠病毒变异株快速鉴定研究》	朝阳区疾控中心	朝阳区科信局社会发展计划项目	15	2022年6月
12	《中医适宜技术在院前急救中的应用研究》	北京市朝阳区紧急医疗救援中心	朝阳区科信局社会发展计划项目	10	2022年6月
13	《基于家庭医生签约服务的多重用药患者的药学服务模式研究》	北京市朝阳区高碑店社区卫生服务中心	朝阳区科信局社会发展计划项目	10	2022年6月
14	北京市朝阳区肿瘤晚期病人居家安宁疗护服务模式探索	北京市朝阳区太阳宫社区卫生服务中心	朝阳区科信局社会发展计划项目	3	2022年6月
15	综合管理慢性外科疾病伴抑郁患者干预效果的研究	北京市垂杨柳医院	科技及其他项目	6	2022年3月
16	羟考酮用于老年患者椎体成形术（PVP）中的临床应用	北京市垂杨柳医院	科技及其他项目	5	2022年10月
17	改良MEWS评分对院内心脏骤停发生预测作用的临床研究	北京市垂杨柳医院	科技及其他项目	27	2022年11月
18	《右美托咪定抑制巨噬细胞迁移及其机制探讨》	北京市垂杨柳医院	科技及其他项目	0	2022年5月
19	《朝阳区南部医联体ADHD患儿分级诊疗初步探索》	北京市垂杨柳医院	科技及其他项目	4	2022年3月
20	慢性心力衰竭中西医结合远程多学科诊疗与管理模式探讨	北京市第一中西医结合医院	科技及其他项目	24	2022年1月

续表 8

序号	获批项目名称	申报单位	项目类比	经费（万元）	获批时间
21	中老年血压与焦虑状态相关性研究及治疗对照观察	北京市朝阳区第三医院	科技及其他项目	6	2022 年 6 月
22	《探索以全科医生为主导的多学科团队开展社区老年人多病共存整合照护（ICOPE）的应用效果评价》	北京市朝阳区高碑店社区卫生服务中心	科技及其他项目	15	2022 年 1 月
23	《社区高龄老人对多学科团队服务需求现况调查研究》	北京市朝阳区高碑店社区卫生服务中心	科技及其他项目	2	2022 年 2 月
24	PBL 教学方法在全科—专科联合线上病例讨论模式中的应用效果及影响因素研究	北京市朝阳区高碑店社区卫生服务中心	科技及其他项目	0.5	2022 年 1 月
25	社区医疗机构“安宁疗护病床－家庭病床”双向转诊服务模式研究	北京市朝阳区太阳宫社区卫生服务中心	科技及其他项目	10	2022 年 6 月
26	《医务社会工作介入糖尿病患者规范管理的服务探索——以东风社区卫生服务中心糖尿病共同照护门诊为例》	北京市东风社区卫生服务中心	科技及其他项目	4	2022 年 6 月

2022 年朝阳区卫生健康系统 SCI 论文发表情况一览表

表 9

序号	论文题目	作者姓名	发表刊物	刊物类别	作者单位
1	《Altered brain function in treatment-resistant and non-treatment-resistant depression Patients:A resting-state functional magnetic resonance imaging study》（《难治性和非难治性抑郁症患者的脑功能改变：静息态功能磁共振成像研究》）	孙继飞 肖　雪	Front Psychiatry	Article	第一中西医结合医院
2	《The effect of pelvic floor muscle training for women with pelvic organ prolapse：a meta-analysis》（《盆底肌肉训练对女性盆腔器官脱垂的效果：meta分析》）	王　婷	International Urogynecology Journal	Article	北京市朝阳区双桥医院
3	《Persistence of Immunity in Adults after 1, 5 and 10 Years with Recombinant Hepatitis B Vaccine in Beijing in 2010－2020》（《2010-2020年北京市朝阳区成人乙肝重组疫苗接种后1年5年10年的免疫持久性研究》）	李书明	vaccines	Article	朝阳区疾控中心
4	《Effectiveness of varicella vaccine in 1-year-old children: A matched case-control study》（《1岁儿童接种水痘疫苗免疫效果的配对病例对照研究》）	刘　方	Journal of Infection	Article	朝阳区疾控中心
5	《The changes in Bispectral index during recovery period in tracheal intubation general Anesthesia with or without tracheal-laryngopharynx topical Anesthesia》（《插管全麻中用或不用咽喉表面麻醉在恢复期BIS的变化》）	傅润乔	ASIAN JOURNAL OF SURGERY	Letter	北京市垂杨柳医院

续表 9

序号	论文题目	作者姓名	发表刊物	刊物类别	作者单位
6	《Association of Homocysteine Levels With Medial Temporal Lobe Atrophy Among Carriers and Non-carriers of APOE epsilon 4 in MCI Subjects》（《MCI受试者中APOE ε 4及同型半胱氨酸水平与颞叶萎缩的关系》）	马　隽	FRONTIERS IN PSYCHIATRY	Article	北京市垂杨柳医院
7	Laser therapy in the treatment of melasma: a systematic review and metanalysis	赖迪辉	LASERS IN MEDICAL SCIENCE	Review	北京市垂杨柳医院
8	Delayed complication of botulinum toxin and hyaluronic acid filler injections: a case report	赖迪辉 程少为	JOURNAL OF COSMETIC DERMATOLOGY	Article	北京市垂杨柳医院
9	Investigation on the Awareness and Behavior of Primary School Students on Sunscreen Use in Beijing	赖迪辉 程少为	Clinical, Cosmetic and Investigational Dermatology	Article	北京市垂杨柳医院
10	Establishment of the induced pluripotent stem cell line PLAFMCi006-A from peripheral blood mononuclear cells of polycystic kidney disease patients with PKD2 gene mutation	马玉香	STEM CELL RESEARCH	Article	北京市垂杨柳医院
11	Evaluation of Annexins Family as Potential Biomarker for Predicting Progression and Prognosis in Clear Renal Cell Carcinoma	赵纪宇（并列一作）	Evidence-Based Complementary and Alternative Medicine	Article	北京市垂杨柳医院
12	Clinical characteristics and outcomes in patients with Takayasu arteritis coexisting with myocardial ischemia and neurological symptoms: A multicenter, long-term, follow-up study	霍俊婷	Frontiers in Cardiovascular Medicine	Article	北京市垂杨柳医院
13	The effect of scan parameters on T1, T2 relaxation times measured with multi-dynamic multi-echo sequence: a phantom study	郑作锋	PHYSICAL AND ENGINEERING SCIENCES IN MEDICINE	Article	北京市垂杨柳医院
14	PD-L1 expression in 117 sinonasal mucosal melanomas and its association with clinical outcome	王丽宁	ANNALS OF DIAGNOSTIC PATHOLOGY	Article	北京市垂杨柳医院
15	One-half layer pancreaticojejunostomy with the rear wall of the pancreas reinforced: A valuable anastomosis technique	魏金平	World journal of clinical cases	Article	北京市垂杨柳医院
16	The pooled prevalence of the mental problems of Chinese medical staff during the COVID-19 outbreak: A meta-analysis.	胡　娜 肖　雪	Journal of Affective Disorders	Review	北京市第一中西医结合医院
17	Evaluation of Postoperative Outcomes of Endoscopic Submucosal Dissection in Primary Gastric Cancer	邢　鹭	IRANIAN RED CRESCENT MEDICAL JOURNAL	Article	北京市第一中西医结合医院消化内科

续表 9

序号	论文题目	作者姓名	发表刊物	刊物类别	作者单位
18	Management of paediatric laryngotracheal	栗　卓	The Journal of Laryngology Otology	Article	北京市第一中西医结合医院
19	Mechanistic Insights of Qingre Jiedu Recipe Based on Network Pharmacology Approach against Heart Failure	刘　振	Evidence-Based Complementary and Alternative Medicine	Letter	北京市第一中西结合医院
20	Association of Metals and Metalloids With Urinary Albumin/Creatinine Ratio: Evidence From a Cross-Sectional Study Among Elderly in Beijing	刘　柳	Frontiers in Public Health	Article	朝阳区疾控中心
21	Safety and Viral Shedding of Live Attenuated Influenza Vaccine (LAIV) in Chinese Healthy Juveniles and Adults: A Phase I Randomized, Double-Blind, Placebo-Controlled Study	李　丽	Vaccines	Article	朝阳区疾控中心
22	Neutralizing antibody activity, safety and immunogenicity of human anti-rabies virus monoclonal antibody (Ormutivimab) in Chinese healthy adults: A phase Ⅱb randomized, double-blind, parallel-controlled study	李　丽	Vaccine	Article	朝阳区疾控中心
23	Safety and immunogenicity of a quadrivalent,inactivated, split-virion influenza vaccine (IIV4-W) in healthy people aged 3-60 years: a phase III randomized clinical noninferiority trial	李　丽	Human Vaccines & Immunotherapeutics	Article	朝阳区疾控中心
24	Population Pharmacodynamic Analyses of Human Anti-Rabies Virus Monoclonal Antibody (Ormutivimab) in HealthyAdult Subjects	张军楠 李　丽	Vaccines	Article	朝阳区疾控中心
25	SARS-CoV-2 Remained Airborne for a Prolonged Time in a Lockdown Confined Space	齐　啸 马建新	ORIGINAL RESEARCH	Article	朝阳区疾控中心
26	An ultrasensitive and rapid "sample-to-answer" microsystem for on-site monitoring of SARS-CoV-2 in aerosols using "in situ" tetra-primer recombinase polymerase ampliffcation	齐　啸	Biosensors and Bioelectronics	Article	朝阳区疾控中心
27	A narrative review on vaccination rate and factors associated with the willingness to receive pneumococcal vaccine in Chinese adult population	白云骅	Human Vaccines & Immunotherapeutics	Article	朝阳区疾控中心

【卫生基本建设】 年内，区卫生健康委新建、扩建项目 5 个（在建），包括朝阳医院东院区建筑面积 20 万平方米、安贞东方医院建筑面积 21 万平方米、和平医院改扩建工程 8965 平方米、北京市朝阳区中医医院装修改造一期工程 15197 平方米、朝阳区南磨房社区卫生服务中心室外配套市政工程；投入安全隐患维修改造资金 500

万元，项目涉及直属单位5家，包括老龄中心道路维修改造工程，东湖中心电梯更换工程，第一中西医院CBD院区屋面防水维修工程，卫生监督所翠城福园办公用房装修工程等；投入整体装修改造资金100万元用于管庄院区120急救应急洗消中心维修改造工程；申请财政专项资金约2000万元用于冬奥村、马泉营2处朝阳区集中隔离设施改造项目。区卫生健康委接收小区卫生配套用房2处，建筑面积约4049平方米。

（周翔飞 姚 雯）

公共卫生

【概况】 2022年，朝阳区户籍人口平均期望寿命82.06岁，其中，男性79.50岁、女性84.85岁。户籍人口出生11758人，其中，男性6069人，女性5689人，出生率5.41‰；死亡23199人，死亡率10.66‰；人口自然增长率-5.25‰。因病死亡22442人，占总死亡人数的96.73%；死因顺位前10位依次为：心脏病，恶性肿瘤，脑血管病，呼吸系统疾病，内分泌、营养和代谢性疾病，损伤和中毒，消化系统疾病，神经系统疾病，泌尿生殖系统疾病，精神和行为障碍。

【疾病控制】 年内，区卫生健康委加强传染病防治。报告传染病20种31477例，报告发病率912.61/10万，比上年增长179.37%；报告死亡率0.87/10万，比上年增长30.56%。甲乙类传染病发病率368.61/10万；报告甲类传染病3例，均为霍乱，乙类传染病报告发病率居前三位的依次为新型冠状病毒感染、梅毒、肺结核，死亡人数前三位是肝炎、艾滋病、新型冠状病毒感染；报告肺结核病例1110例，报告发病率32.18/10万；报告艾滋病病人111例，报告发病率11.05/10万；死亡6例。全年报告布病5例，死亡病例0例；报告手足口病297例，无重症和死亡病例。区卫生健康委调查处置17起（托幼机构聚集11起、家庭聚集5起、学校聚集1起）手足口病和疱疹性咽峡炎聚集性疫情。调查处置27起（托幼机构21起、小学5起、中学1起）集中发热疫情，其中2天10例集中发热疫情3起，无流感样病例暴发疫情。调查处置90起（中学9起，小学23起，学前机构57起，隔离酒店1起）急性胃肠炎聚集性疫情，其中1起暴发疫情涉及病例95人（诺如、札如、星状、腺病毒、轮状病毒检测均为阴性），其中50起由诺如病毒感染引起，均发生在托幼机构和中、小学。调查处置区内非洲归国人员中集中检出疟原虫事件，检出11例疟疾病例。区卫生健康委完善“疾控中心—街（乡）、社区卫生服务中心—居（村）委会、社区卫生服务站、二三级医院”三级慢病防控网络。完成542人次农村大肠癌和495人次城市五癌（肺、肝、乳腺、上消、下消）临床筛查，完成1404份城市五癌筛查问卷和1789份农村大肠癌筛查问卷，完成10191例肿瘤患者随访。全年完成流感疫苗接种289743支，包括免费214794支，自费74949支。慢病防治。区卫生健康委探索开展老年心理调适干预，新组建老年心理调适干预小组25个。实施全民健康生活方式各项活动，开展2000人脑卒中高危人群筛查和5004人慢阻肺高危人群初筛，完成413人慢阻肺高危人群肺功能检查及随访管理。开展心血管病高危人群早期筛查与综合干预，完成731人的长期随访。实施全民健康生活方式各项活动，线上开展30余次高血压、糖尿病、肿瘤防治宣传周等慢病相关宣传活动，发放12000份宣传品。新培训健康指导员100人；新建4个健康示范机构，对既往的122家健康示范机构及28条健康步道、28个健康小屋、9个健康主题公园、3条健康一条街等开展督导。组织开展北京市“万步有约”职业人群健走活动，27个单位403人参加。

【中小学生生长发育状况受检】 年内，朝阳区中小学生225825人，身高受检106284人，其中上等43922人、下等1060人；体重受检106284人，其中上等45297人、下等1570人；视力受检106291人，其中视力不良71544人；营养状况受检106284人，其中肥胖16523人、营养不良8547人；贫血受检106241人，其中贫血1171人；沙眼受检106304人，沙眼1人；龋齿受检106313人，其中龋齿23062人。

【计划免疫】 年内，朝阳区常规免疫（不含应急接种）接种疫苗615688针次，其中基础免疫344525针次，加强免疫271163针次；北京市户籍儿童接种386981针次、流动儿童接种228707针次。疫苗报告接种率99%以上。接种非免疫规划疫苗16大类、68个品种、965702剂次。接报预防接种不良反应（AEFI）419例，其中一般反应195例、异常反应70例、心因性反应13例、偶合症213例。水痘、麻风腮分别应急接种96针次、216针次。完成流感疫苗接种289743支（免费214794支、自费74949支）。

【爱国卫生】 年内，朝阳区爱国卫生办公室组织全区72家区级及以下党政机关开展第四批北京市控烟示范单位创建工作，完成市级验收。区卫生健康委开展控烟监督检查2.8529万户次；受理控烟投诉1252件；下达责令改正通知书579份；行政处罚183件。举办“爱国卫生真京彩，我们一起向未来”纪念爱国卫生运动70周年暨“文明健康 绿色环保”“烟草威胁环境——控烟行动一起来 健康环境更多彩”爱国卫生运动主题活动。开展周末大扫除、周末卫生日活动，全区36.7269万人参加活动、清理卫生死角14.4358万处、出动车辆1.9830万辆次、清理垃圾1.1347万吨。区卫生健康委推进“健康朝阳”建设。开展“健康北京周”宣传活动，组织开展“健康北京”宣传活动749次，受众134.3万人次。全年组织开展线上线下健康知识讲座和宣传活动4219场，线上文章、视频推广1751篇，受众154.7394万人次；设计制作健康教育宣传栏电子版6期。开展“健康提素——家庭健康知识线上竞答活动”完成答题51487人。按照《国家卫生乡镇标准（2021年版）》要求，朝阳区协调金盏乡创建北京市卫生乡，组织区城管委、区市场监管局、区环保局等专业部门完成区级现场验收，并督促完成北京市卫生乡申报工作。协调东风等12个乡申报创建国家卫生乡。

【病媒生物防制】 年内，朝阳区爱国卫生办公室落实区级病媒防制备案制度，开展春季灭鼠、夏季灭蚊蝇及冬季病媒生物控制专项活动。全区3.7005万人次病媒防制专业人员现场作业，维护毒饵站65.5601万个、新布放鼠饵站2.2012万个、处理地下管井38.6089万个，封堵鼠洞2.0039万个，治理和清理散在滋生地15.1947万处、投放灭鼠剂1.5392万千克、投放灭蚊蝇药3.5981万千克。

【综合监督】 年内，朝阳区开展公共卫生监督。公共场所应监督单位7962户（旅店业972户，文化娱乐场所114户，公共浴室135户，理发店、美容店6211户，游泳场馆251户，展览馆、博物馆、美术馆、图书馆17户，商场、书店262户），监督16098户次，监督覆盖率97.44%，合格率89.85%，量化分级率100%。公共场所卫生行政处罚1370件，其中，一般程序717件、简易程序653件，罚款金额75.4万元。生活饮用水应监督单位4633户，完成监督6382户次，监督覆盖率100%，合格率98.35%。生活饮用水行政处罚数量178起，其中一般程序88件、简易程序90件，罚款7.86万元。医疗卫生机构监督检查1781户，监督检查10261户次，覆盖率100%，合格率98.82%，处罚206起，罚没款398万余元。开展无证行医联合执法190次，取缔无证行医32户次，实施行政处罚32件，罚没236万余元，其中没收违法所得12.42万余元。受理举报投诉案件2659件，处理率100%，查证属实率16.10%。计划生育监督检查84户，覆盖率100%，合格率100%。

【急救工作】 年内，朝阳区新增22个急救站点并通过市级验收，新增急救负压车34辆。通过增组建站、精细管理、优化排班，年底呼叫满足率提升到100%。参与全区各类突发事件1162件次。

【精神卫生】 年内，朝阳区严重精神障碍患者建档13827人（其中京籍患者13147人），报告患病率4.009‰，在册规范管理率95.16%，在管病情稳定率99.21%，规律服药率89.44%，面访率92.28%。严重精神障碍患者免费体检5442人。发放贫困诊疗费补助61.2万元，909人次患者受益。10656人通过免费服药资格审核，投入免费服药经费899.31万元，免费服药政策惠及率77.07%。10664名严重精神障碍患者监护人申请看护管理补贴，看护补贴申请率88.06%，发放补贴2237.53万元。对3038名免费服药患者开展血药浓度检测，投入经费19.14万元。开展新冠病毒疫情相关心理援助工作，区心理援助热线累计接听140通，线上心理援助32人次，累计对外发表心理科普文章142篇（其中原创8篇）。全年心理健康宣教受众76517人次。累计为辖区群众提供心理健康宣教36757人次，心理筛查2108人次，一对一心理疏导343人次，精神科联络会诊44人次，开展心理健康宣教76517人次。开展朝阳区居民心理健康素养调查，累计完成6639例，居民心理健康素养水平20.15%。

【妇幼保健】 年内，朝阳区常住产妇22238人，北京市户籍产妇11551人；常住活产22635人，北京市户籍活产11758人；辖区助产机构产妇剖宫产率41.58%。孕产妇死亡率4.42/10万，常住孕产妇系统管理率99.71%，北京市户籍孕产妇系统管理率99.75%。孕产妇住院分娩率100%。常住高危孕产妇管理率99.78%，北京市户籍高危孕产妇管理率99.79%。婚检人数13062人，婚检率55.77%，检出疾病561人，疾病检出率4.29%。全区0～6岁在册儿童17.71万人，其中北京市户籍在册儿童11.69万人，外地户籍在册儿童6.02万人。新生儿疾病筛查率97.78%，新生儿听力筛查率97.58%。围产儿出生缺陷发生率39.94‰，围产期监测出生缺陷发生顺位前5位分别是先天性心脏病、外耳其它畸形、多指（趾）、隐睾、肾积水。常住5岁以下儿童死亡率1.90‰，户籍5岁以下儿童死亡率1.70‰。常住婴儿死亡率1.59‰，户籍婴儿死亡率1.36‰。0～6岁儿童健康管理率99.14%，0～6岁儿童系统管理率95.73%。

【计划生育】 年内，朝阳区组织街乡开展新生育条例培训，部署新政策实施后的生育登记及出生上报工作，落实各项帮助政策，发放奖特扶金，加大对区计生特殊人群的帮扶力度，应对“全面三孩”政策。朝阳区户籍人口出生12319人，计划生育率99.97%，出生性别比为1.071。户籍人口生育登记12933人，其中，一孩生育登记8767人，二孩生育登记3831人，三孩及以上生育登记335人。按照每人2100元标准发放农村部分计划生育家庭奖励扶助金，发放10640人2234.4万元。发放独生子女父母相关奖励金35726人1152.9万元。全区完成12家托育机构备案。优生咨询人数10022人；孕前优生筛查人数8560人，覆盖率85%。

【职业卫生】 年内，朝阳区完成国家重点职业病监测及风险评估工作。区内有毒有害工业企业400家，职业病与健康危害因素监测系统报告职业病病例报卡26例，其中，尘肺病复诊病例5例，尘肺病晋级病例5例，尘肺病新发病例13例，物理因素所致职业病1例，职业性肿瘤2例。完成职业病鉴定3例。

【血液管理】 年内，区属医院全年用血总量 6815.5（单位），自体输血 248 人及用血总量 442 单位。区内采血点 8 个，其中 7 个开放，一个未运行，采血车 5 辆。全年采血量 48800.60 单位（200ml/ 单位），其中全血 42750.10 单位，成分血 6050.50 单位。全年供血量 201189.5 单位，其中红细胞 97703 单位、血浆 87509.5 单位、血小板 15977 单位。

（周翔飞　姚　雯）

医疗卫生

【概况】 朝阳区有医疗卫生机构 1909 个（含驻区医院，不含中国医学科学院整形外科医院东院、北京大学第三医院机场院区、战略支援部队特色医疗中心、中国人民武装警察部队北京市总队医院），其中，营利性 1378 个，非营利性 531 个。辖区有卫生技术人员 61861 人，其中，执业（助理）医师 24715 人，注册护士 27690 人，实有床位 27049 张，每千常住人口拥有卫生技术人员 17.97 人、执业（助理）医生 7.18 人、注册护士 8.04 人。每千常住人口拥有床位数 7.86 张，每千常住人口实有社区卫生服务机构床位数是 0.29 张。

【医政工作】 年内，朝阳区医疗机构执业登记注册 153 家、中医诊所备案 27 家。完成医疗机构变更 479 家、医疗机构主动注销 41 家（含备案中医诊所 9 家）。办理医师执业注册 1171 人、变更 4952 人、注销 60 人。外国医师短期行医首注 23 人、延期 110 人。医师多执业机构备案 9282 人，美容主诊备案 407 人，盲人医疗按摩备案 1 人。护士变更注册 1291 人，护士执业重新注册 115 人，护士执业注册首注 920 件，护士执业注销注册 33 人。办理行政许可事项 34736 件，办理行政确认事项 19118 件，办理其他职权事项 262 件，办理公共服务事项 28 件，4 类 54144 件。卫生健康委未颁发医疗机构设置批准书。

【医疗工作】 年内，朝阳区医疗机构总诊疗 41897240 人次，其中医院 26303178 人次、社区卫生服务机构 12680229 人次、门诊部以下 2913833 人次；出院 707239 人次，其中医院（不含护理院）697810 人次、社区卫生服务机构 8994 人次、护理院 435 人次，平均住院日 8.29 天。全区医疗机构门诊 39553225 人次，急诊 2135889 人次，家庭卫生服务 143417 人次；区级（6 家）医疗机构门诊 1914022 人次，急诊 245811 人次，家庭卫生服务 1407 人次，出院 38512 人次，平均住院日 11.31 天，平均住院日（不含精神类医院）8.33 天，实有床位使用率 55.36%，床位周转 16.64 次，医护比 1：1.14，死亡率 2.2%，住院手术 12374 人次。

【社区卫生】 年内，朝阳区有社区卫生服务中心 52 个，其中政府办 37 个，社会办 15 个。运行的社区卫生服务站 190 个，其中政府办 151 个，社会办 39 个。全区社区卫生服务机构卫生技术人员 5475 人，其中执业（助理）医生 2531 人（其中全科医生 858 人，含专职防保），护士 1926 人（含专职防保）。2022 年社区卫生服务机构门急诊 12523956 人次，家庭卫生服务 137338 人次。42 家社区卫生服务中心完成标准化建设（小关、朝外、潘家园、东湖、潘家园第二、南磨房第二、三里屯第二、垡头第二、双井第二、劲松第二社区卫生服务中心未完成）。社区卫生服务机构上门出诊 15374 人次，双向转诊上转 42588 人次；对口支援门诊 11451 人次，会诊 82 人次。家医签约 1335675 人，签约率 38.81%。健康档案建档 3121919 份，有动态记录的健康档案 1769263 份，使用率 56.67%。电子档案建档率 90.70%（电子档案 3121919 份、常住人口 2022 年 344.2 万），实现 100% 健康档案电子化。

【对口支援】 年内，区卫生健康委支援工作涉及内蒙古自治区、新疆维吾尔自治区等 5 个贫困市、县、区和 24 个县级医疗机构。从区属医疗机构中选派 34 名专家分别到新疆维吾尔自治区、内蒙古自治区等地开展工作，其中一年期 15 人次、3～6 月期 18 人次、2～3 年期 1 人次。接收 60 名受援地卫生技术人员到辖区各类医疗机构进修学习。帮助受援医疗卫生机构填补空白科室 2 个，协助支援合作单位建立临床重点专科 4 个，输出医疗卫生技术 17 项，开展培训 38 班次，培训人数 1332 人次。各预算单位通过 832 扶贫平台，购买支援合作地产品 412.22 万元。

【中医工作】 年内，区卫生健康委印发《关于促进朝阳区中医药传承创新发展的行动计划（2022—2025 年）》，推进朝阳区中医药薪火传承人才培养工程。启动第八批中医基层中医传承工作室 25 个、五批中药特色技术传承工作室 5 个、二批双语中医工作室 4 个。以朝阳区第三医院为依托，创新开展中西医结合心身疾病防治模式。编制中药饮片质量责任师工作手册。北京市第一中西医结合医院大屯院区被选为市级中医药传统疗法转化基地；区中医医院建立“胡希恕经方医学传承基地”，开展中青年名中医（药师）团队街乡行活动，完成 30 个街乡普通居民和 1 场外籍人士中医药科普知识讲座。组建新冠病毒中医会诊专家团队和防治团队，向定点医院和密接隔离点派驻中医医师，开展中西医协同防治工作。

（周翔飞　姚　雯）

朝阳区区属医院

【北京市垂杨柳医院】 北京市垂杨柳医院又名清华大学附属垂杨柳医院（简称“垂杨柳医院”），是朝阳区卫生健康委直属三级综合性医院，有本院区、东院区及管庄院区 3 个院区，占地面积 38317.81 平方米、建筑面积 109371 平方米。2022 年，医院医疗设备净值 45573.03 万元，乙类医用设备 13 台；

新购置医用设备总金额14444.62万元，其中乙类医用设备5台。医院全年总收入119949.82万元，其中医疗收入99977.40万元。医院启用发热门诊第二诊区，开设工伤门诊，成立静脉用药调配中心、超声介入中心和呼吸内镜介入中心。医院年出院22606人次，床位周转次数24.2人/床，床位使用率49.91%，平均住院日7.62天。医院卫技人员与开放床位比1.55：1，执业医师与床位比0.58：1，病房护士与床位比0.37：1。医院住院手术7771例（三级手术占43.20%、四级手术占17.99%），日间手术29例。医院剖宫产率42.1%，无孕产妇死亡及新生儿死亡，围产儿死亡1人；孕产妇死亡率0，新生儿死亡率0，围产儿死亡率1.45‰。医院实施临床路径的科室30个，病种244个，入径率50.2%，完成率80.92%。医院全年临床用血总量6079.5单位，其中自体输血222人次，血量388单位；全血0单位、红细胞2895单位，血浆218850毫升，血小板608治疗量。医院预约挂号占门诊总人次的79.14%。医保门诊959630人次、门诊次均费用407.05元；北京市医保出院15119人次、次均费用19881.58元；异地医保出院2774人次、次均费用25655.69元。医院药占比33.6%，门诊药占比43.58%，住院药占比24.88%。医院门诊抗菌药物处方比例7.9%，急诊抗菌药物处方比例38.5%，住院患者抗菌药物使用率50.73%，抗菌药物使用强度39.89DDD。医院通过提供窗口、自助机预约，出院复诊、社区转诊、诊后预约等现场预约及“114”、微官网等网上预约方式，预约挂号469603人次，占门诊总人次79.14%。医院全年开展静脉用药集中配置、经皮心内膜心肌活检、乳腔镜下乳房病损切除术等新技术、新疗法47项。医院医保出院19700人次、总费用4.37亿元；3月15日起开始实行CHS-DRG实际付费；9月1日起实现医保个人账户封闭。医院三级医疗接收上转病人2461人、下转社区住院205人，下转社区门诊2142人。医院护士593人，其中本科290人、研究生2人；医护比1：1，床护比0.35：1；ICU床位数52张；护理单元37个；开展优质护理100%，责任制护理全覆盖；不良事件上报率96%，整改率100%；在护理管理方面实施改善病房环境、护理路径、护理管理护士长培训、手拉手帮扶等措施；举办线下线上培训44次；接收进修护理人员9人，外送学习专科护士3人，血液净化护士1人；接收护理实习生96人。医院组织申报国家级、区级等纵向科研项目28项，获批7项，经费110万元，医院匹配经费12万元，其中省市级以上2项，分别为首都卫生发展科研专项和首都临床特色项目；区级及其他项目5项；年内结题11项，在研课题9项；获专利3项；北京市重点专科培育项目4项；核心期刊发表文章数量45篇，其中SCI发表文章数量11篇；医院泌尿外科主任、主任医师谷现恩、副主任医师赵纪宇的文章“Jackstone Calculus in the Bladder”（膀胱内杰克结石）以临床医学影像形式发表在国际顶级医学期刊《新英格兰医学杂志》(The New England Journal of Medicine，NEJM，2022最新影响因子：176.079)上。医院承担河北医科大学等院校教学工作，带教教师221名。录取硕士研究生2名；录取博士研究生1名；外送实习人员2名；外送进修人员15名。医院在培全科住院医师8人，组织师资培训214人次，学员培训21次，开展教学督导6次，学员小讲课4次，技能考核通过率83%。医院获批继续医学教育项目67项；线上举办继续教育项目14个。医院信息化建设投入505.35万元；5月始启用互联网诊疗，11月启动云诊疗建设；启动并试运行HRP二期项目，包括三级库房管理、固定资产移动盘点、设备效益分析管理等功能的建设实施。医院发热诊区新增4台远程会诊车，在疫情期间实现院内及院外会诊，可与不同院区进行远程会诊。医院出台人才建设、学科建设等四个分规划。垂杨柳医院呼吸专科医联体，有15家成员单位，又称南部医联体。医院加入的医联体及专科联盟有首都儿科研究所紧密型医联体、北京协和医院眼科专科医联体等25家；34名外院医师在医院多点执业，89名该院医生开展多点执业；柔性引进人才2名、学科带头人5名（3名正在办理手续），学科骨干人才1名。医院印发《医院“接诉即办”暨“12345”信访投诉专项管理办法（试行）》，获2022年区级接诉即办工作突出贡献单位表彰。医院选派5名医务人员赴新疆维吾尔自治区和田墨玉县人民医院、内蒙古自治区赤峰市巴林左旗人民医院、内蒙古自治区卓资县人民医院开展为期1年至3年的对口支援任务。医院完成冬奥会和冬残奥会医疗管理和保障任务。4月22日，医院组建“黄码医院”，成立管理专班、建立门诊调度中心，协调周边22个街乡居民就诊工作；11月中旬，派出4批医疗团队，承接机场丽豪等4家方舱医院的运行与管理；12月2日，作为新冠定点医院；12月23日，启用新楼病房，组建开放8个综合内外科病区，接诊救治新冠重症患者；累计派驻医务人员295人，收治新冠相关患者1645例。

【北京市第一中西医结合医院】 北京市第一中西医结合医院（简称“市第一中西医结合医院”）为区卫生健康委直属的三级甲等中西医结合医院，分为本部CBD院区、东坝院区、大屯院区。2022年，医院医疗设备总值4890.81万元，其中乙类医用设备3台；新购置医用设备总值1674.58万元。医院总收入54496.3万元，其中医疗总收入45673.8万元。大屯院区7月6日开诊，设针灸、推拿、理疗、艾灸、拔罐、蜡疗、中医内科等业务，外请11名中医专家出诊。CBD院区成立老年医学科，开设眼科、耳鼻喉科、消化科病房。暂停CBD院区计划生育服务及东坝院区产科服务，整合CBD院区妇科病房；新增可视化针刀门诊、电热针门诊、穴位埋线门诊、慢性咳嗽门诊、中医妇科特色门诊、新冠肺炎康复门诊、头晕门诊、变态反应门诊、PICC专科门诊9个特色门诊；开设中医护理特色门诊，开展推拿、耳穴、穴位贴敷特色中医护理适宜技术。医院印发《提升经济管理能力三年行动实施方案（试行）》《医院内控信息化建设实施方案》。医院5名基层中医、中药特色技术传承工作室学员，2名双语中医专家工作站学员获批朝阳区薪火传承人才培养工程学员资格；1名专家获批第六批市级中医药专家学术经验继承工作指导老师。医院通过老年友善医疗机构复审市级验收；为签约的2家养老机构开通骨科绿色就诊通道；“2022年失能失智老年人管理项目”全区注册机构53个；完成《关于推进医养结合远程协同服务工作》方案，遴选32名“医养结合远程协同服务平台专家”；组建老年人能力评估人员队伍，完成呼家楼街道和建外街道存量老人入户评估。医院三级医疗上转病人10例、下转病人39例。医院牵头的北京中西医结合心脏康复医联体，核心医院6家，成员医院36家。医院25名外院医师在医院多点执业，9名该院医生开展多点执业。医院出院6292人次，床位周转16.48次，床位使用率43.06%，平均住院日9.55天。医院卫技人员与开放床位比1：0.46，执业医师与床位比0.88：1，病房护士与床位比0.33：1；住院手术1484例，其中三级手术29.35%，四级手术5.40%；日间手术171例。医院剖宫产率50%，无孕产妇、新生儿和围产儿死亡。医院全年临床用血总量332单位，其中红细胞221单位，血浆70单位，血小板41.5治疗量。自体输血19人次34单位。医院开展31个病种临床路径，入径率28.93%，完成率96.49%。医院通过网站、电话、微信、公众号、现场、医师诊间预约等方式进行预约挂号；预约挂号40.58万人次，占门诊总人次91.98%。医院门诊药占比47.6%，住院药占比26.5%；门诊患者抗菌药物使用率5.32%，急诊患者25.36%，住院患者48.12%。门诊抗菌药物处方比例8.73%，急诊抗菌药物处方比例20.53%，抗菌药物使用强度44.95（DDD）。医院开展10项新技术，包括鼻咽病损切除术、鼻内窥镜下上颌窦开窗术、激光辅助治疗牙周炎、颌位重建技术、低温等离子射频消融术治疗脊柱源性疼痛疾病、眼震视图、经颅磁刺激治疗。医院医保总费用34474.65万元。北京市医保门诊537464人次，次均费用470.43元；医保出院5496人次，次均费用16722.52元。异地医保出院454人次，次均费用15177元。7月15日起，医院骨科关节置换类手术、眼科晶体类手术开始执行DRG付费，骨科关节置换类手术结算1例、眼科晶体类手术结算17例。医院有护士344人，其中本科214人，全院医护比例1：1.02，床护比1：0.33，ICU床位数8张，27个护理单元。护理管理实施一院三区三级管理模式；出院患者随访回访率89.1%。护理不良事件上报率100%；开展“一证一品专科护理示范病房”（针对某一疾病的症候进行特定的护理管理与服务）；组织开展中西医护理操作培训、护理骨干培训等232人次；2名护士完成血透专科培训基地进修学习；接收7名实习生来院临床实习。医院中标市级课题1项，题为“针药结合诊疗方案对肥胖症糖脂代谢及GLP-1水平的影响”，财政资助经费15万元；中标区级课题2项“东坝、金盏社区居民胃肠道疾患早期筛检模式探索研究”“个体化有氧联合抗阻运动改善冠心病患者心肺耐量的临床研究”财政资助经费25万元；发表SCI文章6篇；心内科获批市中医局“十四五”重点专科项目赶超类重点专科；医院获批北京市心脏康复医学中心。729人参加医疗责任保险，费用45.99万元。医院承担长春中医药大学、中国中医科学院中医基础理论研究所的教学及带教任务；教师105人，其中博士研究生副指导教师1人；院外进修医师6人；举办中西医结合代谢病培训等培训班。医院派出3名人员至内蒙古自治区赤峰市巴林左旗人民医院、新疆维吾尔自治区墨玉县妇幼保健院开展对口支援；接收19名内蒙古自治区进修医师来院学习。医院投入信息化建设经费221.19万元。实现互联网诊疗远程咨询服务功能；实现公众号预约就诊及检查化验报告查询；信息系统通过网络安全等级保护三级测评；医院电子病历系统应用水平分级评价达到四级。医院重大安全隐患改造项目CBD院区屋面防水层维修工程项目，财政性投资80万元,已竣工投入使用。东坝院区拆迁，部分功能平移，财政性投资680万元，水井施工、南门铺路等项目正在进行中；PCR方舱平移及相关配套改造、2.99公顷配套地块四周围挡铺设草皮及警示带项目，财政性投资59.95万元，除PCR实验室平移项目正在施工中外，其余项目已竣工投入使用。抗击新冠疫情期间，医院派出35名职工进驻冬残奥保障酒店；开设第一中西医结合医院第二发热门诊（朝体中心亚定点医院发热门诊），接诊708人次；抽调内科骨干医师力量支援发热门急诊、扩展诊疗空间等；12月急诊、发热门诊接诊总量9516人次、5878人次；日接诊最高峰540人次、400余人次；开设内科综合救治床位249张，床位使用率90%以上，ICU开放床位增至16张并设可转化床位16张。

【北京市朝阳区妇幼保健院】北京市朝阳区妇幼保健院（北京市朝阳区妇幼保健计划生育服务中心）（简称“区妇幼保健院”）是朝阳区卫生健康委直属的三级妇幼保健院，下设朝阳区潘家园社区卫生服务中心。医院占地面积27557.8平方米、建筑面积49377.7平方米。2022年，医院医疗设备净值9338.95万元，其中乙类医用设备4台；新购置医用设备3803.15万元，其中乙类医用设备2台。医院总收入22659.02万元，其中医疗总收入10705.02万元。医院北院区于2月28日试运行，9月8日开诊；7月18

日，母婴保健技术服务助产技术升为三级助产技术；11 月 4 日被北京市卫生健康委员会评定为“2022 年北京市母婴友好医院”。12 月 5 日，儿童早期综合发展中心更名为儿童健康促进中心，下设二级科室为儿童早期综合发展中心，体检科更名为健康管理中心。医院属于朝阳区儿童（首都儿科研究所）医联体、首都医科大学附属北京妇产医院妇科医疗联合体。医院有 9 名外院医师在医院多点执业，11 名本院医师开展多点执业；引进人才 1 人；公开招聘硕士研究生 1 人，社会招聘 3 人。医院门诊 23.47 万人次，其中预约挂号 16.15 万人次，占门诊总人次 68.8%。医院开放床位 139 张，新生儿 NICU 床位 3 张；卫技人员与开放床位比 1∶0.37，执业医师与床位比 1∶1.68，病房护士与床位比 1∶2.5；出院 3789 人次，床位周转 27.26 次，床位使用率 34.69%，平均住院日 4.73 天；住院手术 2023 例（三级手术占比 18.69%、四级手术占比 1.98%），日间手术 1312 例；接收救治外院转入患儿 130 例；接收上转病人 78 例、下转病人 1343 例。医院剖宫产率 32.91%，无孕产妇和新生儿死亡，围产儿死亡率 0.25‰。妇科等 4 个科室实施临床路径 8 种。医院全年临床用血总量 351 单位，其中自体输血 5 人次，血量 20 单位。医院药占比 17%，门诊药占比 23%，住院药占比 26%；门诊患者抗菌药物处方比例 2.53%，急诊患者抗菌药物处方比例 2.2%；门诊患者抗菌药物使用率 39.55%，急诊患者抗菌药物使用率 45.44%，住院患者抗菌药物使用率 52.22%。医院新增诊疗科目 9 项，分别为小儿外科、耳鼻咽喉科、康复医学科、疼痛科、重症医学科、脑电及脑血流图诊断专业、神经肌肉电图专业、介入放射学专业、中西医结合科；新增妇科日间手术、超声光散射乳腺诊断系统应用 2 项业务；开展新技术 10 项，包括人乳头瘤病毒脱氧核糖核酸扩增检测、淋球菌核酸检测、沙眼衣原体核酸检测、EB 病毒脱氧核糖核酸扩增定性检测、巨细胞病毒脱氧核糖核酸扩增定性检测、乙型肝炎病毒脱氧核糖核酸扩增定量检测、丙型肝炎病毒核糖核酸扩增定量检测、新型冠状病毒 2019-nCov 核酸检测、末梢血检测 ALT、人附睾蛋白 4（HE4）和 ROMA 指数。医院医保患者出院 3296 人次，总费用 2477 万元，次均费用 7514 元；医保门诊 18 万人次，总费用 6395 万元，次均费用 356 元；异地医保出院 162 人次，总费用 157 万元，次均费用 9664 元；异地医保门诊 300 人次，总费用 20 万元，次均费用 667 元；新生儿住院实时结算 136 人次，总费用 210 万元，次均费用 15426 元；完成 CHS-DRG 实际付费 900 人次。医院调整物价项目 2 次；完成个人账户定向使用及家庭个人账户共济工作；参加医疗责任保险 334 人，总费用 21.70 万元。医院有护士 191 人，其中本科 85 人；医护比 1∶1.02，床护比 1∶0.4；新生儿 NICU 床位 3 张，护理单元 12 个；成人 PICC 置管 15 例、新生儿 PICC 置管 10 例。医院修改完善制度方案 105 项；护理不良事件 17 例，上报率 100%，整改率 100%；组织护士理论考试、技术操作考试 370 人次，合格率 92.46%；组织线上线下培训 15 次 170 人次；接收 3 名护理专业学生临床实习及进修；到院外进修人员 1 名。医院在研区级课题 2 项。医院信息化建设总投入 398.71 万元。完成草药处方接口改造、自助一体化入院体检系统开发等工作部署。2 月 28 日，医院北院区试运行，完成一院两址软件全方位测试联调和部署、跨平台多系统集成流程优化等部署。医院完成北院区医疗流程改造项目，其中新建的急诊科建设面积 472.68 平方米，投资经费 192.45 万元；改造体检科流程，建设面积 336.9 平方米，投资经费 110.9 万元。潘家园社区卫生服务中心门诊 77370 人次，重点人群家庭医生服务签约 10506 人；高血压管理 3057 人，糖尿病管理 2045 人；老年人免费体检 1706 人；管理 0～6 岁计划免疫儿童 4236 人，预防接种 26950 剂次；0～6 岁儿童保健 12979 人次，新生儿访视 1504 人次，儿童常规体检 3911 人次；孕产妇保健 5315 人次，孕产妇建册 775 人，孕产妇访视 1455 人次，重点高危孕产妇管理服务 895 人次；辖区传染病报告 138 人，结核病追访 679 人次，艾滋病追访 29 人次；管理重性精神疾病患者 593 人；一类疫苗接种 17288 人次，二类疫苗接种 9662 人次，完成辖区流感疫苗接种 5558 剂次。医院选派 2 人援疆 1 年，1 人援蒙 3 个月。12 月，联合朝阳区 16 家医疗机构完成 277 人医疗救治任务；组织院感知识培训 43 次，院感防控应急演练 3 次。

【北京市朝阳区双桥医院】 北京市朝阳区双桥医院（简称“双桥医院”）是朝阳区卫生健康委直属的二级综合医院。2022 年，医院有本院区、北院区两个院区：本院区位于朝阳区双桥东路，北院区位于朝阳区管庄乡司辛庄南路 8 号；本院区占地面积 1.8 万平方米、建筑面积 1.5 万平方米；北院区租用面积 8648.01 平方米。医院医疗设备净值 6978.97 万元，其中乙类医用设备数量 2 台；新购置医用设备总金额 4181.43 万元。医院业务总收入 29669.6 万元，其中医疗总收入 25612.32 万元。医院编制床位 236 张，开放床位 206 张；内设 31 个临床科室、9 个医技科室、4 个辅助科室；增设重症加强护理病房（ICU）、病床 8 张，增设老年医学科、互联网诊疗。医院加大医疗质量管理力度，推进医疗质量体系化建设，开展三级质控等全面管理，坚持职能科室交班制、定期督导检查等，提高医疗质量。医院开展腹腔镜下输尿管狭窄切除再吻合等新技术。医院总诊疗 671877 人次，出院 3776 人次，床位周转次数 17.37 次，床位使用率 46.65%，平均住院日 9.34 天。医院卫技人员与开放床位比 0.37，执业医师与床位之比 0.78。医院住院手术 1088 例，其中三级手术占比 15%、四级手术占比 2%，日间手术 1024 例。医院剖宫产率0%，孕产妇死亡率0（/10万），新生儿死亡率0（‰），围产儿死亡率0（‰）。医院13个临床科室、45个病种数量实施临床路径管理，入径率及完成率70.98%。医院全年临床用血量20U，红细胞19U，血浆200毫升，其中自体输血2人次及2U。医院实行非急诊全面预约医疗模式，开展114预约挂号、诊间预约和现场预约等预约挂号服务，预约挂号67099人次，占门诊总人次的比例21.18%。医院全年药占比47.83%，门诊药占比58.46%，住院药占比26.69%，门诊抗菌药物处方比例8%，急诊抗菌药物处方比例29.3%，住院患者抗菌药物使用率41.2%，抗菌药物使用强度数40（DDD）。医院全年医保总费用9887.48万元，其中北京市医保门诊243579人次，次均费用424.52元；医保出院2688人次，次均费用13461.87元；异地医保出院251人次，次均费用11966.33元；完成DRG模拟运行、医疗服务价格等调整，完成医保账户共济、中药颗粒剂赋码、低保人群一站式结算服务等工作。医院参加医疗责任保险人数359人、97524.42元。处理医疗纠纷4件。医院选派4人对口支援新疆维吾尔自治区和田地区、内蒙古自治区科尔沁左翼人民医院，接收内蒙古自治区科尔沁左翼后旗对口支援单位9名医护人员到院进修学习。医院护士人数158人，其中本科79人；医护比1：0.99，床护比1：0.8；11个护理单元；不良事件上报率100%、整改率100%；组织护士培训7次，培训人数585人。医院申报各级项目及课题13项，立项3项，两个项目为“黑庄户地区老年人群轻度认知障碍的现况及两级分类管理方案的构建”“中老年血压与焦虑状态相关性研究及治疗对照观察”，区科委单位自筹10万元，区精神卫生特色服务单位自筹2万元；中标课题“慢性失眠非药物解决方案适宜技术推广研究合作单位”，与首都医科大学附属北京天坛医院合作开展；发表科研论文27篇（核心期刊6篇，SCI1篇）。医院引进骨科学科带头人1名，副高级职称3名，硕士研究生5名；柔性引进专家8名，聘任三级医院专家12名，中医师承专家2名；派外院进修4人，住院医师规范化培训8人。医院信息化建设投入138万元，增加微信公众号查询化验报告单功能；完成互联网诊疗资质增项；完成自助机脱卡结算、北京电子病案等级评审等工作。医院扩建PCR方舱实验室165平方米；住院楼安全隐患改造项目取得朝阳区发展和改革委员会项目建议书批复。医院被确定为朝阳区新冠肺炎定点筛查医院、定点救治医院、新冠病毒确诊病例门急诊救治医院，承担区级专运转班任务。医院实行“分区运行，分区负责，分期救治、设备共享”管理模式，建立制度完善流程46项，统筹调配医疗资源，提升急危重患者救治效率。医院与垂杨柳医院、朝阳区三院共建区域联合体；作为（中南片）朝阳医院分级诊疗医联体二级合作单位，加强转诊衔接，畅通双向转诊通道，下转病人103人次；支援冬奥会、冬残奥会医疗保障等公共卫生应急任务。

【北京市朝阳区中医医院】北京市朝阳区中医医院（简称“区中医医院”）是区卫生健康委直属二级甲等中医医院，位于北京市朝阳区工体南路6号，占地6542.74平方米，建筑面积20295平方米，租用面积5663.33平方米。2022年，医院医疗设备净值705.28万元，乙类1台，100万元以上设备14台，新增设备48件，价值4458225.00元。医院总收入23704.81万元，其中医疗总收入15903.26万元。医院通过优势科室直管模式探索、中医适宜技术下沉街乡、创新优化绩效分配方案等方式创建旗舰基层医疗卫生机构，建设中医药社区指导示范基地；建立老年病科，开展老年友善医院创建工作。医院门诊就诊162505人次；编制床位220张，实有床位213张；出院患者1917人次，床位周转8.07人次，床位使用率40.50%，平均住院18.94日，死亡率4.36%。医院预约挂号占门诊总人次76.59%；北京市医保门诊142012人，次均费用550.1元；医保出院1196人，次均费用19406.84元；异地医保出院67人，次均费用15999.4元；公费医疗出院113人，次均费用27742.7元。医院门诊药占比69.89%，住院药占比34.98%；门诊抗菌药物处方9389张、处方比值4.85%，急诊抗菌药物处方769张、处方比值10.82%，住院患者抗菌药物处方330张，使用率19.2%，抗菌药物使用强度为617.05 DDD。医院252人参加医责险，总费用89623.56元。未发生医疗纠纷。医院护士数99人，其中本科人数44人；医护比1：0.5，床护比4：1.5个护理单元；开展优质护理，不良事件上报率100%、整改率100%；加强护理管理，设立专科学组，各科设立带教护士、质控护士；全国中医护理骨干、中医护理治疗专科护士培训各1人。医院申报科研课题6项，中标1项，为“任氏针灸埋线疗法治疗代谢综合征血脂异常患者临床研究”，获得财政配套资金10万元；在研4项。医院派出2名主治医师参加支援内蒙古自治区项目；接收5名内蒙古自治区察右后旗进修人员；脱产外出进修学习3人次。医院信息化建设总投入79万元，将linux系统数据库升级为oracle 12C；完成医院代煎药项目信息化部分改造；更换医院业务系统实现双机负载均衡；完成新DR设备接入影像系统，实现自助打印；完成医院信息系统和血糖系统数据传输接口，实现门诊住院医生工作站可以实时调取血糖结果。医院装修项目一期工程总面积15197.79平方米，财政性投资10778.32万元；完成市政、装修、结构加固等配套工程，项目完成率95%；吉祥里社区站中医诊疗环境改造项目均已完成，安装核酸方舱检测建筑和配置设备设施，完成医院热力和污水管线的抢修工程，自有资金投资分别投资4.59万元、12.99万元、4.83万元；完成医院变配电室2号变压器隐患故障抢修，财政性投资28.56万元。

【北京市朝阳区第三医院】北京市朝阳区第三医院（简称“区第三医院”）是北京市朝阳区卫生健康委直属二级精神专科医院，有双桥院区、金盏院区、美沙酮第六门诊部、美沙酮第九门诊部四个院址，占地面积13000平方米、建筑面积数8094.78平方米。医院医疗设备净值648.6万元。新购置医用设备总金额177.9万元；全年总收入15144.15万元，其中医疗收入10013.36万元。医院组织成立医疗质量管理、集中观察病区、无抽搐电休克（MECT）治疗、中西医结合病区医疗团队、儿童青少年精神科门诊和睡眠障碍门诊等医疗团队，推进中西医结合心身疾病体系建设，加强亚专科建设，补齐医疗体系短板、发展特色医疗项目。1月1日，原北京市朝阳区精神疾病预防控制中心10名职工，完成调入区第三医院工资、合同等人事手续。医院是朝阳区精神卫生医疗联合体成员单位、北京安定医院精神心理医疗联合体成员。10月17日，成立政研科教科；精神科多点执业医师17人，覆盖朝阳区17家社区卫生服务中心；外院医师在医院多点执业7人；柔性人才续聘2人。聘请专家顾问19人，涉及医疗（西医、中医）、护理、心理、康复等专业。医院构建朝阳区中西医结合心身疾病防治体系，柔性引进岐黄学者唐启盛，建立20人专家团队；选拔团队负责人及专业技术人员30余名；成立中西医结合病区，试行、推广新技术新疗法；印发《中西医结合心身疾病防治操作规范》；参与北京市针对焦虑障碍、抑郁障碍、失眠障碍开展的流行病学调查。以焦虑、抑郁、失眠为切入点推出职工援助计划项目（EAP），举办宣传活动210次，受众57294人次；8次艺术治疗服务350人次；举办心理健康竞赛、减压讲座，400余人次参与；针对沉默少言、欲睡不能眠等临床表现，甄选制作百合病、脏躁等八种中西医结合心身疾病防治系列科普。冬奥会和冬残奥会期间，医院派驻5名人员参与医疗防疫、心理援助、公共卫生等医疗服务和专业指导；建立“日医生应急班”机制，心理保障73天，心理干预61人次，心理热线值守30余天；配合辖区公安排查重点精神疾病患者，收治患者82名。医院年出院人次330人，床位周转次数0.83，床位使用率93%，平均住院日356.04天；卫技人员与开放床位比1∶0.67，执业医师与床位比1∶0.15，病房护士与床位比1∶0.37。医院医保总费用2211.29万元；北京市医保门诊45214人次、次均费用281元，医保出院257人次、次均费用83284元；异地医保出院12人次、次均费用59076元；公费医疗出院5人次、次均费用74288元。医院药占比21.32%（门诊药占比91.47%，住院药占比6.26%）。医院住院患者抗菌药物使用率25.29%，抗菌药物使用强度数25.29(DDD)。医院开展平衡检测仪(姿势稳定测试系统)、骨质疏松治疗系统、空气波压力循环治疗仪和失眠治疗仪及监测系统4项新技术，总预算181.60万元。医院参加医疗责任保险人数236人（含医药技护）及总费用。医务人员，多点执业4人，46501.7元。医院通过114电话平台预约和自助机预约挂号，预约挂号人次及占门诊总人次比为100%。全年未发生医疗纠纷。医院对口支援密云区精神卫生防治院2人。北京回龙观医院对口支援该医院，提高医院整体医疗水平和服务质量。医院申报2项课题，中标1项课题，为“朝阳区中西医结合心身疾病防治调查及‘旗舰型’医疗机构建设方案研究”，经费20万元；在研课题数1项，结题1项。医院赴院外进修5人，医师规范化培训3人，精神科医师转岗培训2人（不含护理人员数据）。外院来院进修3人，带教外院转岗培训医生2人。医院护理人员157人，临床岗位124人，其中本科61人、大专87人；床护比1∶0.39，护理单元8个；新入职护士1名，辞职2名；基础护理全年合格率97%，精神科重症患者合格率96%；不良事件上报38例，上报率100%。医院组织全院护理人员参加理论考试3次、涉及413人次。派出3名护士到北京安定医院进修。通过每月常规护理质控检查房等发现护理缺陷125项，均当场反馈意见，并每月验证整改效果。医院信息化建设投入132.4万元；门诊自助机设备全面升级，小程序预约及挂号缴费上线，认定网络安全等级保护二级，全面授权认证正版化操作系统、安全杀毒软件及其他辅助系统。医院基础设施建设投入55.53万元，包括病房楼（二层、三层）空调管道更换及病房楼（北楼）屋顶防水维修项目。疫情防控期间，医院提供心理干预和服务819人次；为大学生群体涉疫事件提供社会心理保障，覆盖相关人员2000余人；开展心理健康宣传6次、义诊和讲座8场，服务315人次；开展职工EAP活动10次，服务医务人员435人次，309人参加心理健康知识竞赛；助推“疫情下医务人员心理干预及减压服务”项目，开展线上活动8场，全区推广专家网课8节。

（姚　雯　周翔飞）

体 育

综 述

【概况】 2022年，朝阳区体育局（简称“区体育局”）下设第一少儿业余体校、第二少儿业余体校、第三少儿业余体校、体育产业管理中心、体育场馆中心、社会体育管理中心、体育科研所7个事业单位。区体育局坚持以习近平新时代中国特色社会主义思想为指导，聚焦北京冬奥会和冬残奥会服务保障、疫情防控、市运会备战决战等重点工作，强化党建引领，围绕体育中心工作服务大局，强化理论学习，加强支部建设，推动全面从严治党向纵深发展，妥善处理群众诉求和矛盾。贯彻全民健身国家战略，推进群众身边的体育场地设施建设，推进科学健身指导，规范基层健身队伍，开展群众体育赛事活动，提升全民健身基本公共服务智慧化水平。参加北京市第十六届运动会，取得优异成绩。青少年竞技体育成果丰硕，加强体育后备人才培养，推进“体教融合”，推动竞技体育高质量发展。推进体育产业和体育行业健康有序发展，促进体育产业消费升级，助力体育企业复工达产，突出区域优势产业发展，依法履行行业监管职责，监督指导体育经营单位落实疫情防控和安全生产工作。朝阳区体育局被国家机关事务管理局、中共中央直属机关事务管理局、国家发展改革委、财政部评为节约型机关；被北京冬奥组委、中共北京市委、北京市人民政府评为2022年冬奥会、冬残奥会北京市先进集体；被北京市国家保密局、市人力资源和社会保障局评为2018—2022年度北京市保密工作系统先进集体；被北京市爱国卫生运动委员会办公室评为北京市控烟示范单位。区体育局副局长冯长林等5人被北京冬奥组委、中共北京市委、北京市人民政府评为2022年北京冬奥会、冬残奥会北京市先进个人；龙梅被北京市档案局、北京市人社局评为2017—2021年度北京市档案系统先进个人；李伟良被北京市总工会、北京市人社局评为2022年度劳动奖状、奖章和北京市工人先锋号称号。

【学习宣传】 年内，区体育局坚持政治引领，强化理论学习，思想武装。召开党史学习教育总结大会，巩固拓展党史学习教育成果。深化党的十九届六中全会精神学习，开展专题宣讲14次。集中观看党的二十大开幕会，开展各类学习宣传活动。全年累计开展理论学习中心组学习25次。压紧压实意识形态工作主体责任，聚焦党的二十大、市运会备战决战、“接诉即办”、疫情防控等工作，研究制定意识形态风险点台账，签订责任清单66份。加强党建宣传工作，开展七一红色家书诵读活动，在各平台、阵地设置“冬奥故事”“疫情防控故事”“清风朝体”等党建板块，讲述朝阳体育人故事，形成学习典型、崇尚典型、争当典型的新风尚。分层分类开展培训，全年组织专题党课、法治培训、实践培训等26次。

【群众诉求和矛盾处理】 年内，区体育局落实“接诉即办”，聚焦突出问题解决群众诉求和矛盾，局领导就行业纠纷投诉情况、重点疑难案件调处等听取专题汇报80余次。多次牵头研办“壹健身”“壹季体能”、金吉鸟健身俱乐部（八里庄店）等重点纠纷问题。多措并举处置多类型案件。针对群体性聚集等特殊案件，联合属地、公安等相关部门进行现场处置，介入调处20余次；采取行业约谈、联合约谈、责令店方制定会员退费方案等，处理区级重点涉稳闭店退费纠纷案件，并报请区预付费纠纷整治专班进行联合审查管理，做好群众解释安抚工作；累计处理网络类案件400余起；联合检查及约谈无照经营、跨区域纠纷、投诉较为集中、防疫措施不到位、多次协调未达成一致的体育经营单位179次。联合多部门针对党的二十大、春节、“3·15”等重要节点，提前识别潜在风险并及时约谈。重视疫情防控案件监测处置，管控区域投诉案件2小时内响应处置，启动联动机制，现场核查处置区内近200家被投诉体育单位。累计受理投诉12966件，接待上访22人次。 （丁 冉）

群众体育

【概况】 年内，区体育局贯彻全民健身国家战略、《北京市全民健身条例》等工作要求，落实北京市疫情防控工作要求，围绕常态化疫情防控、北京冬奥冬残奥会筹办、“双奥朝阳”建设、网球特色区打造、全民健身场地设施建设、北京市全民示范街道及北京市体育特色乡镇创建、群众体育活动开展等各项工作落实、落细，提升全民健身公共服务水平，满足群众多元化健身需求。

【群众身边健身场地设施建设】 年内，区体育局推进麦子店、香河园、东坝、平房、崔各庄5个街乡北京市全民健身示范街道和体育特色乡镇创建工作，强化全民健身组织体系和功能建设，对照创建标准开展工作指导，督促整改提升。挖掘疏解腾退空间、公园绿地、“金角银边”等资源，突出全人群、全季节、全时段特点，合理布局全民健身场地设施，在全区建设66处体育健身活动场所，其中室内8处，室外58处；新增体育健身设备804件，体育场地面积6800平方米，提升“15分钟健身圈”服务品质。

▲ 2022年，朝阳区体育局围绕“强身健体·共享市运”主题，组织各类体育培训活动。图为8月29日，2022年朝阳区健身操培训在朝阳体育馆举行，来自朝阳区43个街乡90名健身操项目推广骨干参加活动　（田　甜　摄）

【科学健身指导】 年内，区体育局在全市首创“科学健身、精准健身”推广活动，立足打造一支有活力、有特色、有知识、有能力的健身指导队伍，让科学、精准健身理念融入群众健身生活。组建20人优秀讲师团队，编制培训课程，涉及体医融合、运动健身、健身器械等多领域，促进全民健身与全民健康深度融合，累计开展理论课、实践课32学时，组织机关干部、街乡体育骨干500人次参与培训。发挥体育社团、体育科研所等优势，依托“健行朝阳”公众号、“懂动”小程序、朝阳有线等平台，加强线上科学健身指导，制作发布健身指导和项目教学视频，每条播放量超4500人次。组织科学健身宣传，围绕科学健身、精准健身和后奥运时代的奥运文化传承，制作发放宣传海报18000张，折页55000张，展板2000块，开展巡展活动130多场次，受众群体4万余人次。开展国民体质监测，累计测试5500人次，并根据测试结果进行科学锻炼指导。

▲ 2022年，朝阳区体育局开展全民健身系列活动“科学健身、精准健身”活动。图为8月11日，2022年“科学健身　精准健身”培训活动现场，国家体育总局运动医学研究所娄志以《科学健身　预防运动损伤》为题给学员们授课　（梁晓东　摄）

【基层健身队伍建设】 年内，区体育局组织各类体育培训活动，举办篮球、棋类、健身气功八段锦、花毽等6项社会体育指导员项目推广活动，覆盖全区43个街乡，2000人次参与。围绕“强身健体·共享市运”主题，开展彩带健身操《劳动托起中国梦》、双环健身操《唱响新时代》培训推广。落实全民健身团队备案登记和星级评定，推选东湖望京心连心快乐健身队、劲松大郊亭太极队等10支队伍参与市级星级团队评定，激发社会体育组织活力。健全社会体育指导员队伍，组织全区29人参加市一级社体员晋升，培训人员80余人，引领带动朝阳区全民健身科学健康发展。组织参与北京市社会体育指导员交流展示大赛等市级比赛，以优异成绩展示朝阳全民健身成果。

【群众体育赛事活动】 年内，区体育局举办网球进社区、进公园推广活动，擦亮“网球特色区”名片。4站16场次1600余名健身达人参与体验。组织朝阳区第三届CBD网球精英赛、区第二届科技园网球赛、区第六届中小学生网球锦标赛，参与人数逐年增加，参赛水平高于往届。打造全民健身品牌活动，围绕“全民健身日”等，举办篮球3对3比赛等区级品牌赛事，开展朝阳区时尚健身展示活动，组织体质促进项目推广活动42场，社区健身推广活动8场，引入飞盘、花式篮球等时尚体育项目和冰雪项目，让潮流体育引领时尚。丰富群团赛事活动，举办门球、棋牌、健身气功等6项赛事，组织“九九重阳”登山大会等5项协会活动。参与市级比赛，承办北京市第十六届运动会（群众组）羽毛球等5项比赛，落实场地、安保、防疫、交通、医疗救护等相关保障任务，动员组织街乡队伍参与市运会群众组8个项目比赛，获7枚金牌3枚银牌1枚铜牌。

【全民健身基本公共服务智慧化水平提升】 年内，区体育局搭建全民健身数字应用平台，克服新冠疫情影响，推进线下与线上同步健身模式，完成全民健身数字应用平台“懂动”功能及框架搭建，设置16个栏目，实现线上报名、在线教学、赛事监管、互动分享、资讯浏览等功能。发挥网络便捷性、灵活性优势，丰富线上赛事活动，组织“朝阳区第一届全民健身线上技能大赛”等线上群众体育赛事，包含气功八段锦、网球颠球、平板支撑等8个趣味项目挑战。更新朝阳区全民健身电子地图，为朝阳居民和健身爱好者提供足不出户的健身信息服务，为群众健身提供便利。

2022年朝阳区大型体育场馆一览表

表10

序号	场馆名称	地址	项目
1	北京国家游泳中心有限责任公司（水立方）	北京市朝阳区天辰东路11号国家游泳中心	游泳
2	国家体育场	北京市朝阳区安定路甲3号	田径
3	国家体育馆	北京市朝阳区天辰东路9号	冰场
4	国家速滑馆	北京市朝阳区林翠路2号	冰场
5	工人体育场	北京市工人体育场北路	足球
6	国家奥林匹克体育中心（英东游泳馆、体育场、体育馆）	北京市朝阳区安定路1号场馆处	游泳、乒乓球、田径、轮滑、射箭、足球、羽毛球、保龄球、台球、网球、沙壶球、篮球、健美操
7	北京工业大学奥林匹克体育馆	北京市朝阳区西大望路平乐园100号	羽毛球、游泳
8	朝阳场馆中心（朝阳体育馆、体育中心）	北京市朝阳区姚家园路77号	羽毛球、网球、足球
9	北京郡王府体育中心	北京市朝阳区朝阳公园南路19号（总办）	游泳
10	中日青年交流中心银橄榄体育世界	北京市朝阳区亮马桥路40号	游泳
11	朝阳公园开发经营公司网球中心	北京市朝阳区农展南路1号（办公室）	网球、健身、篮球
12	北京世奥森林公园开发经营有限公司	北京市朝阳区洼里乡人民政府院内东侧会议中心	羽毛球、网球、篮球
13	北京中国网球公开赛体育推广有限公司	北京市朝阳区林翠路与速滑馆北路交会处	网球

（丁　冉）

竞技体育

【概况】 年内，区体育局加强“体教融合”，促进青少年体质健康发展，稳扎稳打，探索创新，推动竞技体育高质量发展。在北京市第十六届运动会中蝉联北京市运动会金牌榜、奖牌榜和团体总分三项第一。

【市运会成绩】 年内，朝阳区代表团（青少年竞技组）派出1628名运动员参加2022年北京市第十六届运动会全部33个分项比赛，在项目全覆盖基础上扩大参赛规模。朝阳区代表团在该届市运会上取得257枚金牌、209枚银牌、169枚铜牌、总积分8250分，并以6破1平北京市青少年纪录、领先第二名73枚金牌的优势，蝉联北京市运动会金牌榜、奖牌榜和团体总分三项第一，取得该届市运会28%的金牌，实现市运会全面突破，13个项目夺金数量位列第一，21个项目夺金数量、26个项目积分均超越上届市运会。

【体育后备人才培养】 年内，区体育局从项目发展体系、竞赛保障体系、质量监控体系“三大体系”出发，探索创新，推动竞技体育高质量发展。在项目发展体系方面，结合青少年身体发育的特点和规律，面向学校推广普及体育项目，挖掘运动员自身潜能，拓宽人才选拔渠道，扩大人才培养辐射面。全年累计注册运动员5111名，新增授予一级运动员83名，二级运动员158名，三级运动员45名。在竞赛保障体系方面，从训练器材、场地、物资和康复医疗等多个环节，确保运动员始终处于最佳竞技状态。为训练备战提供专业科研指导，完成516名重点运动员基础数据测试采集，100多名运动员骨龄选材，针对运动营养、体重控制、疲劳监控等需求，开展身体机能测试319人次，配备7大类16种营养品，康复保障638人次，体能训练课程185节。通过专题培训、线上宣传、宣传制品等多种形式，压紧压实反兴奋剂工作。在质量监控体系方面，完善青少年业余训练数据库功能，实现运动员技术档案在线录入管理。举办各运动项目业训展示课，通过公开课、研究课和观摩课3种形式，提升教练员训练方法、手段和训练质量监控水平、业训管理水平。开展教练员运动康复、体能训练等系列线上培训，帮助教练员优化训练方式，提升训练质量。

【体教融合】 年内，区体育局以“运动项目进课堂，体校教练上操场”和“让每一名朝阳区中小学生都有1至2项陪伴其终身的体育爱好”为目标，把业余训练带进学校，把运动项目植入体育校本课程，让普通学生在感受竞技项目魅力的同时增强体质。培育打造区级联赛品牌，举办朝阳区青少年棒垒球、排球、射箭、网球、冰壶、短道速滑、滑雪、武术套路等项目比赛，约1200名运动员参加，夯实青少年体育人才建设基础。朝阳区布局国家级传统校1所、市级传统校17所、区级传统校52所；在朝阳区中小学布局国家级青少年体育俱乐部16家，区级俱乐部19家；布局训练网点132处。　（丁　冉）

体育产业

【概况】 年内，区体育局开拓创新，促进体育产业消费升级，助力体育企业复工达产，突出区域优势产业发展，依法履行行业监管职责，以“抓防疫促生产、抓安全稳运营”为工作原则，做好“二十大”期间体育行业服务保障工作，监督指导体育经营单位落实疫情防控和安全生产工作，有序推进体育市场管理各项工作。

【体育产业消费升级】 年内，区体育局以北京冬奥会、冬残奥会为契机，梳理包括“冰丝带”“水立方”“鸟巢”等双奥场馆的“潮、范、美、嗨、乐5大文旅体融合骑游路线”，举办“双奥之城”骑行活动，创新“体育+文化+旅游”融合发展，打造“双奥”旅游“金名片”。开展朝阳区体育消费季活动，以“潮朝阳、潮体育”为主题，整合区内飞盘、网球、冰球、马术等体育项目助力体育消费，吸引30余家体育企业参与。培育时尚体育发展，挖掘区域体育时尚资源，实地走访调研一批桨板、皮划艇、骑行、飞盘、户外等类型的企业，引导鼓励企业紧抓机遇创新发展。支持开展各类潮流赛事活动，配合区外办举办外媒记者飞盘活动，助力开发区域体育时尚资源。促进夜间体育经济发展，鼓励将体育元素融入文旅活动和商圈活动中，支持体育企业参与北京消费季和朝阳区惠民文化消费季，引导体育企业延长经营时长，助力朝阳区夜间经济发展。

▲ 2022年，朝阳区体育局整合区内飞盘、网球、冰球、马术等体育项目助力体育消费。图为8月27日，区体育局在朝阳区周家庄村文化体育公园举办首届北京飞盘公开赛　（王　欢　摄）

▲ 2022 年，朝阳区体育局举办“助企纾困，推动后奥运朝阳体育产业发展”交流活动。图为 8 月 4 日，区体育局在北京奥运地标中心玲珑塔举办“助企纾困，推动后奥运朝阳体育产业发展”交流活动现场（王 欢 摄）

【体育企业复工达产】 年内，区体育局举办“助企纾困，推动后奥运朝阳体育产业发展”交流活动，线下推介有影响力的企业和项目，线上邀请专家学者就企业关注度较高的体育营销、数字化发展等授课。举办朝阳区体育企业“专家诊断会”，征集企业问题需求，召集专家学者集思广益、精准施策，有针对性地协助企业解决发展中遇到的问题，深入挖掘体育产业发展潜力。落实各项助企纾困和设备贷款贴息政策，对体育领域 11 家有新增项目需求的企业实施阶段性贴息，有 2 家企业与银行签约，签约贷款额 1.155 亿元。组织体育企业参加助企纾困政策说明会，收集整理 19 家有贷款需求企业情况。做好北京市新建体育场馆补贴项目审核工作。摸清体育产业底数，对人民体育、国家体育场等重点体育企业开展实地走访调研，完成规模以上体育企业摸底调研，形成《朝阳区体育行业领域重点企业名录》，开展朝阳区体育产业专项调研，形成全行业体育产业数据。

【区域优势产业】 年内，区体育局推进优秀企业、项目申报评选工作，完成北京市体育旅游精品项目评选申报工作，7 家单位获评 2022 北京市体育旅游十佳目的地、精品项目、赛事、路线。做好 2022 年北京市体育产业基地申报，4 家企业完成初审。支持区内体育企业申报国家智能体育典型案例，9 家企业的 12 个项目通过初审。做好体育产业宣传推介，以双奥朝阳为主题，制作朝阳区体育产业宣传片，宣传推介朝阳体育产业发展。推介宣传疫情期间积极自救、利用自身优势资源开展线上活动的 6 家体育企业。组织区内 12 家重点企业参加服贸会线上展台。

【安全生产】 年内，区体育局突出重点、全面覆盖，做到日日有检查、月月有督查、季季有联查、随时有抽查，日常检查与专项治理并举，抓好冬奥、两会、党的二十大及节假日等重要节点保障工作，实现安全监管工作的高频次、大密度、全覆盖。推进各类专项工作，开展高危项目游泳场馆、秋冬季冰雪项目、游泳场所危险化学品、气膜场馆、有限空间夜查、地下密闭健身场所、高尔夫场所、体育健身场所违法用地清理排查等专项执法监督检查。抽选 20 家重点单位开展全过程安全生产评估，督促体育经营单位提升安全生产工作能力和水平。全年开展监督检查 1.2 万次，联合检查 70 起次，督促整改检查中出现的隐患和问题，整改复查合格率 100%，约谈 55 家体育经营单位法人，对 36 家单位下达责令限期整改通知书，对 7 家单位实施行政处罚。

【体育市场监督管理】 年内，区体育局严把企业准入端口，办理体育设施注册登记 54 家，高危险性体育项目行政许可（含变更）45 件。规范青少年校外体育培训机构前置审查，编制完成《朝阳区青少年校外体育培训机构前置审查指导手册》，制作准入审查模板及重点核心要素解读，提供“管家式”跟踪指导服务。开展初审 55 家，取得批复 33 家，累计现场核查 82 次，朝阳区青少年校外体育培训机构准入审查工作完成数量位居全市第一。统筹管理公共体育设施，深化居住区配套体育设施建设，审核 13 个居住区配套项目，规划建设初期明确标准要求，监督按期交付。针对已交付使用的 2 处配套体育设

▲ 2022 年，朝阳区体育局开展安全生产活动。图为 7 月 12 日，区体育局在郡王府游泳馆开展朝阳区救生专业技能应急演练活动（刘 佳 摄）

施，研究制定并执行评估细则，定期监督检查使用情况。指导公共体育场馆完成节能减排、风险辨识、房屋普查、双语标识、创卫、创安等工作。开展法治宣传教育。依托“安全生产月”“安全生产培训课堂”“法制宣传日”等，组织体育经营单位、体育培训机构法人、执法人员、机关干部等开展《中华人民共和国安全生产法》《北京市单用途预付卡管理条例》等法律法规学习教育培训，组织游泳救生技能培训和应急演练，全年5万余人次参与教育培训。

（丁　冉）

北京冬奥会和冬残奥会服务保障

【概况】 年内，区体育局强化统筹协调、广泛动员部署，牵头北京冬奥会火炬接力、交通运行、物流安检场地3个保障组，并作为成员单位参与朝阳运行保障指挥部7个工作组的保障任务。体育局选派27人加入国家体育馆、国家速滑馆、国家游泳中心3个竞赛场馆运行团队及北京（延庆）颁奖广场团队，参与测试活动、测试赛及冬奥会期间的场馆运行工作，完成场馆运行、庆典仪式、餐饮、票务、住宿、物流、新闻、宣传、摄影、通信、可持续、技术、权益保护、人员管理、体育等领域的各项任务，展现朝阳体育人的战斗力、凝聚力。选调3名骨干加入冬奥组委科技部，负责冬奥期间技术保障；借调2人至北京冬奥组委制服和注册中心，配合冬奥组委做好赛事保障。

【交通服务保障】 年内，区体育局配合区交通委、朝阳交通支队，承担3个竞赛场馆、9个非竞赛场馆、5个交通场站的安保、合同商等的闭环通勤保障，完成北京冬奥会和冬残奥会及移出期交通保障工作，累计发车4.5万车次，对接办理车辆证件519件、人员证件364件，并完成开闭幕式人员集结疏散交通保障。

【冬奥文化宣传系列活动】 年内，区体育局营造“全民参与　共享冬奥”氛围，制定《2022年朝阳区“一起向未来”助力冬奥宣传活动实施方案》。北京冬奥会期间，设计并发放冬奥知识展板2000余块，宣传海报1.5万张，宣传折页2.5万张，手册20714本。指导各街乡开展冬奥宣传及冰雪体验活动，累计组织冬奥知识巡展、冬奥宣传册发放等活动200余场次，覆盖全区43个街乡，吸引约30万人次参与。开展冬奥线上大讲堂20场，约34.7万人次参与。

（丁　冉）

社会生活

居民收支

【概况】 2022年，朝阳区居民收入增长，居民消费降幅扩大，居民收支达到预期目标。人均可支配收入为86981元，比上年增长2.6%，增速较全市低0.6个百分点，排名城六区第四；人均消费支出45756元，比上年下降6.5%，降幅较全市高4.3个百分点，排名城六区第六。（张彦妮　张子祺）

【居民收入】 年内，朝阳区居民人均可支配收入86981元，比上年增加2211元，增长2.6%。在居民收入的四项构成中，人均工资性收入57190元，比上年增长6.0%，占人均可支配收入的65.7%；人均经营净收入192元，比上年下降52.8%，占人均可支配收入的0.2%；人均财产净收入14510元，比上年下降6.5%，占人均可支配收入的16.7%；人均转移净收入15089元，比上年增长1.3%占人均可支配收入的17.3%。

（张子祺）

【居民消费支出】 年内，朝阳区居民人均消费支出45756元，比上年减少3166元，比上年下降6.5%。其中，食品烟酒支出9919元，占人均消费支出的21.7%；衣着支出1936元，占4.2%；居住支出19049元，占41.6%；生活用品及服务支出2431元，占5.3%；交通通信支出3863元，占8.4%；教育文化娱乐支出3143元，占6.9%；医疗保健支出4072元，占8.9%；其他用品和服务支出1341元，占2.9%。（张子祺）

【耐用消费品拥有量】 年内，朝阳区每百户居民家庭拥有家用汽车63辆，摩托车4辆，助力车13台，洗衣机100台，电冰箱（柜）102台，微波炉82台，彩色电视机123台，空调189台，热水器100台，烤箱22台，洗碗机7台，排油烟机95台；固定电话34线，移动电话227部，计算机90台；照相机42台，乐器15架，健身器材10台，空气净化器（含新风系统）46台，地面清洁电器39台。

（张子祺）

就　业

【概况】 2022年，区人力资源和社会保障局（简称"区人力资源社会保障局"）稳就业，促就业。区内就业人员246.72万人，城镇登记失业率3.26%，城镇登记失业人员就业率68.31%，被认定为市级充分就业区。区人力资源社会保障局印发《朝阳区进一步促进和稳定就业若干措施》，推出8方面24条一揽子稳就业促就业举措，并通过线上线下相结合形式，加大政策宣传力度，提升服务效能，推动各项稳就业促就业政策落地见效。印发朝阳区失业保险待遇经办操作流程（1.0版）明确区级行政部门、区级经办部门、街乡经办部门职责及操作规范，指导经办部门建立双岗审核、业务台账备查、定期监督检查等风险防控措施。发布就业运行监测分析12期，发布预警企业名单600家。截至12月底，朝阳参保就业人数231.03万人，参保就业单位16.53万个。审核发放各类促进就业资金15.18亿元，其中区级资金1.67亿元，预算执行率98%，惠及1.25万家企业约43.5万劳动者。月均发放失业保险金约2.81万人次，发放4个月临时价格补贴；发放失业补助金3.6万人次；退回失业待遇77人，退回资金64.34万元。为267人审核补办《城镇待业青年工龄审批表》，结合工作实际向市局提出规范办理意见并予以采纳，解决相关群众诉求36件。

（姜　璐　朱　琳）

【"春风行动"专项活动】 1月29日至3月31日，朝阳区人力资源公共服务中心在全区范围内开展以"春风送温暖、就业送真情"为主题的"春风行动"专项活动，为391家企业发布岗位信息近3万个，匹配推荐3863人次，促进693人与企业达成初步就业意向；依托市级"就业超市"、区街（乡）微信公众号、社区平台组织举办线上线下招聘会26场；发布职业指导公开课3期，线上累计点击量2.2万人次。活动期间累计促进829人实现就业。

（王芊文）

【积分落户】 4月14日，朝阳区人力资源公共服务中心周密部署，稳妥推进2022年度积分落户申报工作。积分落户申报工作审核内容为11项指标，人工审核3项指标：用人单位在京资质、申请人婚姻关系及合法稳定住所，审核有误退回处理；合法稳定就业指标、职住区域指标、年龄指标、守法记录指标由

▲ 2022年，朝阳区人力资源公共服务中心开展“百站万岗进社区”专项行动。图为6月24日，朝阳区人力资源公共服务中心联合酒仙桥便民服务中心在社区举办“百站万岗进社区”就业服务活动（贺金红　摄）

系统自动比对申请人个人信息；教育背景指标、创新创业指标、纳税指标、荣誉表彰指标为系统自动审核申请人所填报信息，如申请人对指标审核结果有异议可在系统内发起复查并上传相应材料，由市级相关部门做进一步审核。截至5月13日申报阶段结束，朝阳区有28337人完成系统申报。经系统审核、复核、积分排名、公示后，全区有981人取得年度落户资格。

（王芊文）

【“百日千万网络招聘”专项行动】 5月16日至8月25日，朝阳区人力资源公共服务中心在全区范围内开展“百日千万网络招聘专项行动”，通过“就业超市”平台、“朝阳区人力资源公共服务中心”微信公众号以及27个街乡微信公众号举办“南部地区专场”“展翼未来才子朝阳2022年高校毕业生医药专场”“专精特新企业专场”“战疫情稳就业保民生系列专场”“失业人员专场”“就业困难人员专场”等区域性、行业性、群体性线上专场招聘活动44场，为471家用人单位发布岗位信息9847个，累计服务2.9万余人次，推荐就业成功625人。（王芊文）

【“百站万岗进社区”专项行动】 6月24日至9月30日，朝阳区人力资源公共服务中心在全区范围内开展“百站万岗进社区”专项行动，43个街乡471个社区、村参与活动宣传，100家企业门店、22个社区、村设立就业服务站，发放宣传资料10368份，填写调查问卷943份，服务群众3.36万人次，促进5500余人与企业达成初步就业意向。

（王芊文）

【“仲夏之约”专项活动】 7月15日至9月26日，朝阳区人力资源公共服务中心在全区范围内开展“仲夏之约”就业专项服务季活动。活动举办线上线下招聘会28场，服务用人单位260余家，发布岗位信息5469个，发放宣传资料10368份，累计接待服务群众3.36万人次，实现就业164人。

（王芊文）

【“金秋招聘月”专项活动】 9月1日至30日，朝阳区人力资源公共服务中心在全区范围内开展“金秋招聘月”专项活动，通过“朝阳区人力资源公共服务中心”微信公众号、“就业超市”平台、街乡微信公众号举办“综合性专场”“地区专场”等主题招聘活动8场，发布岗位信息2771个，线上参与3140人次；举办线下招聘活动2场，服务用人单位59家，发布岗位信息640个，达成就业意向50人次。

（王芊文）

【“暖心活动”专项活动】 9月1日至10月31日，朝阳区人力资源公共服务中心在全区范围内开展“暖心活动”专项活动，认定援助对象5162人，服务1.86万人次，为高校毕业生举办直播带岗活动1场，在线收看千余人次，在酒仙桥、建外、机场、左家庄等街道举办“暖心活动”专场招聘活动9场，为176家企业发布招聘岗位2874个，帮扶就业1616人。

（王芊文）

▲ 2022年，朝阳区人力资源公共服务中心开展“仲夏之约”就业专项服务季活动。图为8月31日，朝阳区人力资源公共服务中心联合建外街道举办“仲夏之约”现场招聘活动现场（李祖顺　摄）

【"岗汇朝阳　职达社区"活动】 年内，区人力资源社会保障局开展"岗汇朝阳　职达社区"活动，在社区设立就业流动服务站，张贴岗位信息海报，推荐就业岗位，宣传就业政策、个人求职登记，开展"一对一"职业指导，把就业信息、就业岗位传递到求职者手中，为求职者提供专业、直接、贴心的就业支持。（姜　璐）

【人事考务、资格审核工作】 年内，朝阳区考试测评中心承接12项市级人事考试任务和3项区级事业单位招聘任务，服务考生13.6万人次。区考试测评中心承接市级人事考试资格审核工作12次，审核考生近1.6万人次。完成市级人事考试防疫物资配置工作12次；完成专业消杀工作34次。完成市级人事考试视频指挥平台指挥调度工作8次。（张　静）

【职业技能等级认定工作】 年内，朝阳区考试测评中心为阿里巴巴科技（北京）有限公司、北京物业管理行业协会等6家单位通过职业技能等级认定社会培训评价组织的备案。为辖区内104个批次派遣督导员409人次，涉及认定人数10570人，督导质量服务满意度100%。为北京烹饪协会、劳动保障学院等社会培训评价组织的41个认定计划，资格确认4947人次，通过4842人次。为工业技师学院、电子技师学院等技工院校22个认定计划，资格确认3999人次，全部通过。（王明志）

【职业技能等级竞赛】 年内，朝阳区组织开展职业技能竞赛3次。其中，辖区企业办赛2次，行业协会办赛1次，涉及家政服务员、育婴员、收银员、养老护理员4个工种，参赛选手542人。根据朝阳区职业技能竞赛补贴政策，年内补贴竞赛组织单位2家，涉及补贴经费15万元，涉及参赛人员332人。（王明志）

【山寨证书专项治理】 年内，朝阳区考试测评中心针对辖区内各职业技能等级认定机构开展技术技能类"山寨证书"专项治理工作：规范职业技能等级认定证书发放，杜绝超范围、超工种发放等乱象，全面核查辖区的等级认定评价机构，注册地在朝阳区内的所有18家自主认定企业，4家鉴定所，6家社会评价组织，区考试测评中心敦促评价机构开展自我总结、查找不足并及时整改，形成长效机制，确保证书公信力，认定工作诚信守序。（王明志）

社会保障

【概况】 朝阳区人力资源和社会保障局（简称"区人力资源社会保障局"）提升社会保险服务保障效能，构建和谐稳定的劳动关系。2022年，全区各项社会保险基金累计征缴712.84亿元，累计支出401.55亿元。完成综合计算工时工作制和不定时工作制审批933件，完成劳务派遣行政许可申请、延续变更审批577件。受理劳动人事争议案件3万件，受理投诉举报立案4.8万件，做出行政处罚287件，为1.5万名劳动者追发工资2.1亿元（含工程款、劳务费）。1月4日，区社保中心及医保中心举行医疗保险基金账户主体变更交接仪式。3月30日，区社保中心完成医疗保险收入、支出账户销户，并在朝阳区财政局备案。截至10月31日，朝阳区549868人通过2022年社会保险待遇资格认证、264人未认证，认证通过率99.95%。区社保中心通过柜台打印个人权益记录15085人次，自助终端打印48065人次；区社保卡网点业务7531笔，单位领卡8223张，现场办理照片更新225笔；完成退休预审15940人次，完成退休待遇核准23645人。10月12日，区社保中心完成首笔一次性扩岗补助发放工作，支付金额159000元，支付人数106人。区人力资源社会保障局获全国人力资源社会保障系统先进集体、北京市接诉即办工作先进集体，朝阳区劳动人事争议仲裁院获得全国人力资源社会保障系统优质服务窗口，朝阳区人力资源和社会保障综合执法队获得2022年全国清理整顿人力资源市场秩序专项行动取得突出成绩单位、北京市2021年度劳动保障监察工作先进单位和"无拖欠工资"工作先进单位。北京市朝阳区医疗保障局（简称"朝阳区医保局"）为朝阳区医疗保险事务管理中心。朝阳区医保局完成区内医疗保险费用的审核支付、打击欺诈骗保、医疗保险基金监管、定点医药机构协议管理等工作；开展"北京普惠健康保"投保工作；配合区金融办完成政府资助困难群体投保工作；承担建立全市长期护理保险护理服务体系的试点任务；开展门慢特病跨省异地就医直接结算扩面工作，配合北京市医疗保障局完成门诊共济保障机制改革，完成医保信息新平台切换上线等工作。朝阳区医保局完成2022年新增定点医药机构协议签署工作，朝阳区114家医药机构签署北京市医保服务协议。区医保中心获国家机关事务管理局、中共中央直属机关事务管理局、国家发展和改革委员会、财政部四部门联合授予的"节约型机关"称号。朝阳区医保中心张斌获2022年度"首都劳动奖章"称号；张雪琴获北京市政务服务管理局授予的2021年度"贴心服务标兵"称号。由朝阳区医保局党组书记、局长商建英主持、区医保中心冯竞贤执笔的《关于深化"开门办医保"创新治理体系的探索》被北京市政务服务管理局评选为2021年度基层政务服务优秀调研报告。（王　展　屈　元　李　雷）

【医保基金账户管理交接】 1月4日，朝阳区医保局在全市率先完成医保基金账户管理交接。活动以"新医保　新金融　心服务"为主题，在区医保中心举行交接仪式，标志着医疗保障系统整合在北京市首次落地。北京市医保局党组书记、局长马继业，北京银行股份有限公司党委副书记、行长杨书剑，区医保局、人社

▲ 2022 年，朝阳区医保局在全市率先完成医保基金账户管理交接。图为 1 月 4 日，朝阳区医保中心主任冯霞（右一）与朝阳区社会保险基金管理中心主任李艳秋（左一）出席朝阳区医保基金账户交接仪式 （吴建清 摄）

局、审计局、金融办、科信局、卫健委、北京银行等单位相关负责人出席交接仪式。至此，朝阳区医保基金管理部门由区人社局社保中心转移至区医保局医保中心。朝阳区成为全市首家启用医保基金账户的区级医疗保障部门，把分属不同部门的医疗保障职能统筹到医保局医保中心一个部门。 （李 雷）

【欠薪案件强制执行案款集中发放活动】 1 月 14 日，朝阳区人力资源和社会保障局联合朝阳区人民法院，在世通国际大厦 E 座 12 层会议室开展宏图佳都公司欠薪案件强制执行后的案款集中发放活动，向 21 名员工发放 130.74 万元。 （刘丹奇）

【社会保险待遇调整】 1 月 29 日，区社保中心对 2021 年 9 月 30 日前按规定办理离休手续并由北京市企业职工基本养老保险统筹基金按月支付基本养老金的离休人员，自 2021 年 10 月 1 日起增加基本养老金，调整 1499 人次，涉及金额 480 余万元；对北京市企业职工基本养老保险范围内，市、区属单位中 2020 年 12 月 31 日（含）前经批准办理离休手续的离休人员，从 2021 年 1 月起，规范调整生活补贴标准，每人每月增加 1125 元。7 月 15 日，完成 2022 年度工伤待遇调整发放工作，惠及 933 人，补发 185520 元。7 月，完成 2022 年养老待遇调整发放工作，惠及 51.85 万企业退休人员，人均调整 203 元/月，补发累计 6.33 亿元。9 月 10 日，完成 2022 年央属、市属国有企业职教幼教退休教师生活补贴发放工作，惠及 1769 名退休人员，发放 5194 万元。9 月 30 日，重新核算退休人员养老待遇 13556 人，补发 1261 万；重新核算工伤待遇人员 709 人。同日，调整工伤人员生活护理费 342 人，调整合计 66801.2 元。 （屈 元）

【基金监管集中宣传季活动启动】 4 月 15 日，朝阳区医保局联合市公安局朝阳分局、区卫健委、区市场监管局，举行“织密基金监管网 共筑医保防护线”集中宣传季活动启动仪式。活动旨在通过与区卫健委、区市场监管局、市公安局朝阳分局等部门联合开展“联合联动 + 线上线下”宣传活动，梳理曝光辖区内医保领域典型违法违规案例，打击诈骗医保基金行为，扩大医保基金监管的宣传范围和力度。区医保局党组书记、局长商建英解读《朝阳区医疗保障局关于开展“织密基金监管网 共筑医保防护线”集中宣传季活动方案》，布置活动有关工作；区委常委、副区长朱晟就加强医保基金监管提出高度重视，准确把握医保基金监管形势；筑牢防线，持续深入开展医保基金监管工作；加强宣传，营造全社会共同守护医保基金安全的良好氛围 3 点要求。市公安局朝阳分局副局长凌子军，区卫健委副主任周世凯，区市场监管局副局长解峰等出席启动仪式。 （李 雷）

【劳动用工普法宣传活动】 4 月 19 日，区人力资源和社会保障综合执法队普法宣传维权岗专员与朝阳区仲裁院普法宣传员，联合常营乡政府工作人员，在朝阳区常营公园开展劳动用工普法宣传活动，旨在为辖区群众送去劳动法律法规及相关政策，增强劳动者对劳动保障法律法规的认识，提高劳动者维权意识，推动更多劳动者和用人单位自觉遵守劳动法律法规，营造良好法治氛围。工作人员通过现场用工政策讲解、发放《北京市工伤保险政策汇编》《劳动关系政策及常见问题问答》《案前调解宣传》等材料，以及印有法律条文、宣传标语的卡套，宣传《中华人民共和国劳动法》《中华人民共和国劳动合同法》《劳动保障监察条例》等相关法律法规。活动发放各类宣传资料 500 余份，现场解答群众疑问 50 余人次。 （刘丹奇）

【定点零售药店异地参保人员购药直接结算】 5 月 7 日，朝阳区启动定点零售药店异地参保人员购药直接结算工作。朝阳区医保局选取北京高远百康大药房有限公司安贞分店、嘉事堂药业股份有限公司北京樱花园东街药店、北京国大药房连锁有限公司胜古苑连锁店、北京同仁堂北苑双营药店有限责任公司 4 家药店作为市级试点药店，配合市医保中心开展试点工作。该试点工作首次将异地人员在本市药店购药纳入实时结算范围，试点工作完成后，异地参保人员在试点零售药店发生的相关费用可直接刷卡结算，拓宽异地参保人员在京就医购药途径。 （朱欣瑶）

【国际档案宣传月活动】 6月9日至30日，区社保中心开展档案宣传月系列活动。活动围绕2022年第15个国际档案日主题“喜迎二十大档案颂辉煌”，组织档案法规学习、打造档案普法宣传角、观看普法小视频、参观北京市档案馆“档案见证北京”数字全景展厅、参观朝阳区档案馆“喜迎二十大　档案颂辉煌——朝阳区发展成就展”数字宣传展厅，增强全员档案意识，指导档案工作实践。

（屈　元）

▲ 2022年，中央国家机关养老保险管理中心领导到社保中心调研。图为7月13日，中央国家机关养老保险管理中心综合处负责人魏岸岸带队到朝阳区调研社保经办服务工作开展情况　（张　淼　摄）

【职业伤害保障业务试点】 7月1日，区社保中心新就业形态就业人员职业伤害保障业务试点工作启动。7月28日，区社保中心接收首笔职业伤害险税务征收数据，4家单位缴纳职业伤害险157.11万元。年内，全区提出职业伤害待遇给付申请463人，确认为职业伤害人员276人。（屈　元）

【市医保中心领导调研】 7月6日，北京市医疗保险事务管理中心（市医保中心）副主任韩波、陈其伟等到朝阳区医保中心开展“智慧医保”（以现代信息技术为支撑的医保信息化建设）成果落地调研。朝阳区医保中心展示自主研发的“审核监控系统”“审核结果推送”“异地比对系统”等成果，得到市医保中心肯定，表示将该调研成果纳入下一步全市经办工作规划中。北京市朝阳区医疗保险事务管理中心（区医保中心）党总支书记、主任冯霞，副主任马晓娟及相关科室负责人参加调研。7月12日，北京市医疗保障局（市医保局）党组成员、副局长颜冰，北京市医疗保障执法总队总队长康敬然一行，到朝阳区医保中心开展医保基金监管工作专题调研，颜冰一行参观考察区医保中心综合服务大厅及各科室工作；区医保局党组书记、局长商建英汇报医保基金监管整体工作开展情况；党组成员、副局长杨小朋汇报辖区医保基金监管情况；中日友好医院副院长、总会计师高海鹏，中国医学科学院肿瘤医院副院长高树庚分别汇报医院医保基金管理工作，颜冰对朝阳区医保基金监管工作提出加强监管工作，全面压实责任；建立健全执法机制建设，全面提升执法水平；定点医疗机构要加强自我监管3点建议。区医保局、医保中心领导班子及相关部门人员，定点医疗机构相关负责人参与调研。（李　雷）

【DRG实际付费病案专项检查】 7月12日，朝阳区医保局启动DRG实际付费病案专项检查，旨在落实北京市医保支付方式改革任务，推进朝阳区CHS-DRG付费改革工作。7月25日，来自22家医疗机构的160余人次专家完成病案现场检查工作。该次病案现场检查病案1236份，主要诊断选择正确率83.74%，主要手术及操作选择正确率92.53%，其他诊断填写完整正确率92.30%。（朱欣瑶）

【中央国家机关养老保险管理中心调研经办服务工作】 7月13日，中央国家机关养老保险管理中心综合处负责人魏岸岸到区社保中心调研社保经办服务工作开展情况。对权益记录自助查询、综合业务经办窗口及咨询电话接听坐席工作情况，与相关部门负责人进行座谈交流。区社保中心副主任金莹、张宝军参加调研。（屈　元）

【医保专管员】 7月14日，医保局党组书记、局长商建英带队调研区医保局在北京市垂杨柳医院开展的“医保专管员”（选派医保局政治素养高、业务能力精的科长和业务骨干组成专管员队伍，与区内重点单位开展“一对一”医保业务培训、指导和帮扶）工作，标志着“开门办医保”（坚持以人民为中心，通过多方参与治理，打破医保专业壁垒，形成公开、透明、协作、联动的医保基层治理体系）工作进入新阶段。医保专管员将“开门办医保”转向更为精准高效的解决专项的、特殊问题诉求，构建以医疗机构个性需求为主的共建交流方式，提升定点医药机构管理效能和发展空间，加强定点医药机构对基金安全监管的主动性和配合度。截至年底，朝阳区医保局已与垂杨柳医院、北京市第一中西医结合医院、六里屯社区卫生服务中心开展医保专管员工作。

（朱欣瑶）

【普惠保赔付】 7月22日，朝阳区医保局携手双井街道办事处慰问困难人员李某某。李某某为朝阳区政府资助投保普惠健康保的困难群众之一，患病长期住院治疗。区医保局作为资助困难群众参加北京普惠健康保项目牵头部门，协调普惠健康保承保公司赔

▲ 2022 年，朝阳区医保局作为资助困难群众参加北京普惠健康保项目牵头部门，协调普惠健康保承保公司赔付工作。图为 7 月 22 日，朝阳区副区长杨蓓蓓（左二）慰问普惠保受益人员　　（吴建清　摄）

付李某某自费费用 1.58 万元，缓解其医疗费用负担。（李　雷）

【北京市新医疗保障信息平台院端切换】 8 月 4 日，朝阳区 371 家定点医疗机构和 141 家定点零售药店完成北京市新医疗保障信息平台院端切换，标志着医保信息系统进入历史新时代。5 日早 8 点，局党组书记、局长商建英带队现场督导北京市垂杨柳医院、北京安贞医院的新医疗保障信息平台院端切换工作。（李　雷）

【个人账户启动定向管理】 9 月 1 日，北京市基本医疗保险个人账户自 9 月 1 日起实行定向管理。朝阳区医保局进行 24 小时应急值守。9 月 1 日 0 时，朝阳区垂杨柳医院实现全市第一笔个人账户结算退费成功。（李　雷）

【劳动保障维权公示栏张贴工作】 9 月至 12 月，朝阳区人力资源和社会保障局开展“劳动保障维权公示栏”张贴工作，公示栏中明示网格区域内责任监察员的姓名、政治面貌、维权电话、受理地址、属地街乡联系电话等信息，做到“党员亮身份、案源强监管”，通过网格区域内执法部门与属地街乡加强联动，提升案源治理水平，推动“未诉先办”，全年张贴劳动保障维权公示栏 470 份。（刘丹奇）

【朝阳区医疗保险参保单位营商服务平台上线】 11 月 11 日，朝阳区医疗保险参保单位营商服务平台上线，该平台提供基本数据网络报盘、业务办理预约、生育津贴支付服务网上办理、部分单据线上手工报销预审核服务等多种服务。截至年底，为辖区内 30 家企业提供医保服务。（朱欣瑶）

【北京市新医保平台经办端功能切换】 12 月 1 日 0 时，北京市新医保平台经办端功能切换成功，区医保局开展应急演练、新平台培训、业务验证及应急值守工作，保障新医保信息平台在朝阳区落地。（李　雷）

【医保管理范围扩大】 12 月 14 日，面对抗击新冠疫情形势，朝阳区医保局扩大医保管理范围，将北京市第一中西医结合医院朝体方舱纳入临时医保管理，12 月 15 日，将朝阳医院第二发热门诊纳入临时医保管理。（李　雷）

【“互联网 +”医保结算】 12 月 31 日，区医保局推进“互联网诊疗”落地，朝阳区已有 10 家具备互联网诊疗资质的定点医疗机构开通“互联网 +”医保结算业务，北京市朝阳区劲松社区卫生服务中心为全市首家开通“互联网 +”医保结算业务的社区卫生中心。（朱欣瑶）

【疫情期间居民购药服务保障】 年内，朝阳区医保局多次参与抗击新冠疫情期间居民购药服务保障工作，依据市医保局指导制定简易代开药流程，抗击新冠疫情期间解决近 4 万人次居民用药问题，覆盖全区 43 个街乡，参与医疗机构 50 余家。该工作作为区抗击新冠疫情工作典型经验做法上报至北京市，得到市委宣传部和中央级媒体关注。（李　雷）

【医保医师管理】 年内，朝阳区医保医师备案人数 1.82 万余人，新增备案医师 1549 人，医保医师培训 12 次，涉及 3135 人次；考核医保医师 9 次，违规扣分医师累计 2559 人次（后续数据因市医保未及时返回，尚未发布通报），因违规累计扣分达 12 分的医师 11 人。（朱欣瑶）

【欺诈骗保】 年内，朝阳区医保局印发《北京市朝阳区 2022 年打击诈骗医保基金专项整治工作方案》，成立朝阳区专项工作领导小组，组成专项检查队伍，对辖区内定点医药机构以“四个重点领域”（强化对一级及以下定点医疗机构的监管；强化对医养结合机构内设定点医疗机构的监管；严查基因检测结果造假行为；严查血液透析领域诈骗医保基金行为）为突出检查重点，开展现场检查。对定点零售药店，按照市医保《2022 年定点零售药店专项检查工作方案》，以自查自纠、现场检查相结合方式，对辖区医疗机构开展专项检查工作。截至年底，退回、追回医保费用约 1100 万元。（朱欣瑶）

【跨省异地就医直接结算】 年内，朝阳区定点医疗机构发生跨省异地直接结算门诊费用 112.75 万笔、住院费用 19.56 万笔，同比增长 270%、7.6%，涉及费用总金额4.1亿元、69.9亿元，减轻患者垫付资金2亿元，42.1亿元。跨省异地门慢特病直接结算扩面工作进展顺利，截至2022年底，中国医学科学院肿瘤医院、航空总医院、北京中医药大学第三附属医院、中国人民解放军战略支援部队特色医学中心、桓兴肿瘤医院、三环肿瘤医院、伟达中医肿瘤医院、大黄庄医院、高碑店社区卫生服务中心、呼家楼第二社区卫生服务中心10家医院正式服务异地门慢特病参保人。（朱欣瑶）

【违规费用筛查】 年内，朝阳区医疗保障局筛查全区异常疑问数据43653条，生成警示告知书19人次、约谈告知书89人次，开展120人次违规人员约谈工作，截至年底追回41人次的违规费用502848.85元。（朱欣瑶）

【城镇职工社会保险】 年内，朝阳区基本养老、失业、工伤保险参保单位数分别为17.05万户、16.71万户、17.12万户，比上年分别增长3.21%、3.08%、3.13%；基本养老保险、失业保险、工伤保险参保人数分别为390.92万人、307.77万人、281.68万人，比上年分别增长1.67%、3.39%、4.10%。三项社会保险基金累计征缴712.84亿元，同比增长12.38%，累计支出401.55亿元，同比增长7.19%，累计结余311.29亿元，同比增长19.86%。（屈元）

【机关事业单位养老保险】 年内，区社保中心机关事业单位基本养老保险基金累计收入20.67亿元，完成预算的104.02%；累计支出29.67亿元，完成预算的92.71%。职业年金累计收入151352.79万元。（屈元）

【城乡居民基本养老保险】 年内，区社保中心城乡居民基本养老保险参保缴费15204人，缴费1924.85万元，（城乡居民基本养老保险基金收入39951.84万元）完成预算的95.10%；支出49912.63万元，完成预算的100.2%。（屈元）

【工伤认定】 年内，区社保中心受理工伤认定申请4164件，同比增长5.15%，工伤康复31人，指标完成率100%。3月16日，区社保中心首例医护人员因履行工作职责感染新冠工伤认定完成，地坛医院医护人员2人因履行工作职责感染新冠被认定为工伤。（屈元）

【社会保险稽核】 年内，区社保中心累计接待举报投诉、来访咨询22273人次，立案2888件，办结1859件，稽核检查8587人，补缴人数7868人，补缴金额1.12亿元，同比增长27%；移交法院强制执行追回欠款102笔983.3376万元，同比增长9.57倍；办理待遇追偿183件，追回多领待遇368万元；自4月起，采用“案前调解”机制，开展稽核调解案件354件，占受理量的17%；10月25日，首次完成被投诉单位注销后向其上级单位追缴的稽核投诉案件，追回社会保险费547858.60元。（屈元）

【社会保险关系转移】 年内，朝阳区养老保险关系跨省转入15697人，转入金额76932.24万元；转出40265人，转出金额174426.37万元。9月2日，区社保中心停止办理外埠城镇人员失业保险待遇转回原籍业务，失业保险关系跨省转移接续业务由市职介中心负责。12月19日，区社保中心完成首笔失业保险转移支付工作，支付金额862191元，支付人数28人。（屈元）

【阶段性缓缴社会保险费】 年内，区社保中心受理11356家单位“三险”（基本养老保险、失业保险、工伤保险）缓缴申请，缓缴社会保险费38.87亿，涉及参保人30.46万，参保单位可采取分期或逐月等方式补缴缓缴社会保险费，补缴期间免收滞纳金。（屈元）

【社保业务下沉】 年内，区街乡（地区）便民服务中心社保业务下沉经办14215件45913人，占全区社保所业务总量的30.4%。1月7日，区社保中心召开朝阳区街乡社会保险业务“就近办”工作推进会及警示教育会，会议总结2021年街乡业务下沉工作完成情况；部署2022年街乡社会保险“就近办”工作；印发《社保业务经办操作指南及管理制度》；制发38项下沉业务教学视频。区人力社保局副局长洪岩，区社保中心主任李艳秋、副主任金莹出席。全区各街道（地区）分管社保工作的领导及工作人员参会。区社保中心注重规范基层网点业务经办标准，落实“街乡经办+区级复核”工作机制，走访检查指导，走访便民服务中心16家，现场解决问题30余个。（屈元）

▲ 2022年，朝阳区社保中心召开朝阳区街乡社会保险业务“就近办”工作推进会及警示教育会。图为1月7日，区社保中心召开街乡社会保险业务“就近办”工作推进会现场（张森 摄）

【遗属待遇申领】 年内，区社保中心完成45145人遗属待遇申领工作，支付待遇26.7亿元。其中，线上申请47786条，通过30815条；线下申请14330条。 （屈　元）

【建设征地补缴社会保险】 年内，区社保中心完成2022年度农转非劳动力社会保险业务增减变趸延补工作，涉及东坝地区2个村，完成转非劳动力补缴业务2人，其中一次性趸缴金额755568.76元，农转非延迟补缴金额421708.80元。 （屈　元）

【优化营商环境】 年内，区社保中心实施职工退休、转移接续等事项打包"一件事"办理；对照《北京市人力社保服务规范》精简材料6项，优化办事环节3项；优化外埠户籍人员退休审核流程，实现法定退休年龄当月即时查询、即时告知、即时办理，缩短办理时长近3个月；依托人社部社会保险转移平台，优化机关事业单位养老保险关系转续流程，转入转出业务办理时速分别提升3倍和6.5倍。

（屈　元）

【基层党建】 年内，区社保中心以党建引领，制定《朝阳区社保中心领导班子理论学习方案》和《朝阳区社保中心党委2022年度党员教育培训方案》，推进全员思想政治建设；开展党史研学宣讲队送学活动16次，覆盖230余人；8月3日，区社保中心党委举行"幸福社保"党建品牌展示暨教育基地揭牌仪式。8月15日至26日，开展"纪检委员下科室"案例宣讲活动19场，覆盖350余人。8月15日至31日，组织300余人参观"朝阳区社会保险改革发展主题展"。 （屈　元）

【电子劳动合同试点签订活动】 年内，朝阳区人力资源和社会保障局联合东坝地区办事处和北京建工集团，在24个在建工程项目开展电子劳动合同试点签订活动，截至年底，签订2.1万份。 （刘丹奇）

民　政

【概况】 中共朝阳区委社会工作委员会（简称"区委社会工委"）、朝阳区民政局（简称"区民政局"）是负责全区社会建设管理、街道工作和民政事业管理工作的主管部门。区民政局主要负责养老服务、低保救助、社会组织、婚登收养、救助管理、征地超转、社区服务、基层政权、行政区划、慈善捐赠、殡葬服务、孤残保障等民政事业发展的监督管理、服务保障和组织协调工作。2022年，区委社会工委、区民政局落实政府绩效任务13项，其中市、区重点任务10项，重要民生实事1项，推进养老服务、社会救助、社会福利等工作发展。朝阳区完成全国居家和社区基本养老服务提升行动，被国家确定为积极应对人口老龄化重点联系城市（区）名单、被民政部评为全国基层治理创新典型案例；区居家和社区养老服务模式被中国民生发展论坛确定为2022民生示范工程。区民政局街道工作科获评首都城市环境建设管理样板单位。区民政局街道工作科段南南获评北京市安全生产先进个人；民政局街道工作科刘磊获评首都城市环境建设管理突出贡献个人。

【社会救助】 年内，区民政局保障社会救助对象12346人，累计支出低保金18618.67万元，电价补贴60.53万元，低收入生活补贴88.35万元，城乡低保特困人员价格临时补贴203.59万元，分散供养特困人员补助17.95万元，集中供养特困人员供养费456.27万元。全区临时救助301人次，救助资金98.95万元。两节慰问发放资金577.25万元。市区领导集中走访慰问16户，发放慰问金和物品1.84万元。健全分层分类的社会救助体系，建设朝阳区困难群众救助服务资源库，构建物质、服务、心理、智能、能力、社会力量参与救助的多元救助体系，通过科学方法形成"找人—助人—自助"系统化帮扶链条，分类开展个案帮扶。保障流浪乞讨人员合法权益，救助流浪乞讨人员2647人，分流2631人，护送9人返乡。开展精神病流浪乞讨人员的托管和治疗。

【征地超转保障】 年内，区民政局保障征地超转人员[指因国家建设征地农民户转为非农民户的原农村劳动力中年龄超过转工安置年限（男满60周岁，女满50周岁及其以上）人员、无赡养人的孤寡老人以及法定劳动年龄范围内完全丧失劳动能力的病残人员]23211人，累计发放生活补助8.31亿元，节日补助65.47万元，清洁能源分户自采暖补贴1826.07万元，报销孤老药费24万元，慰问超转特困、大病人员11.8万元，汇缴区管超转人员医疗经费3.42亿元；保障政策性转居人员860人，生活补助累计发放675.38万元。

【特殊群体保障】 年内，区民政局落实困境儿童保障政策，做好144名困境儿童生活费、助学金和医疗保障等福利发放工作。加强困境儿童关爱服务，开展困境儿童巡视探访、走访慰问和疫情期间临时监护保障工作。做好福利中心儿童保障，修订完善《区儿童福利院制度汇编》，接收生活无着儿童1名、办理国内送养儿童1名。加强未成年人保护工作，健全区未成年人保护委员会建设，开展系列宣传活动。做好残疾人员服务保障工作，发放残疾人两项补贴20.86万人次、6666万元。开展地退人员（民政部门管理的地方退休退职人员）服务保障工作，累计发放退休金、过节费4605.24万元，为43位去世地退人员家属发放抚恤金、丧葬费664.07万元。做好见义勇为人员权益保护工作，行政确认见义勇为人员4人。

【行政区划】 年内，区民政局以"接诉即办""吹哨报到"为抓手，协助属地、社区、村开展服务指导，解答行政区域界线划分有关疑问，实地勘察累计20余次，为各街乡和各部门行政区划划分管理提供法定依据和支持，开展行政区域界线领域风险防范化解工作。结合工作实际开展第四轮行政区域界线联合检查工作。指导街乡就跨界管理区域进行协商、明确管辖，形成典型经验和示范效应。

【殡葬服务】 年内，区民政局印发《朝阳区清明节群众祭扫服务保障工作方案》，完成清明祭扫服务保障，接待祭扫群众113399人次，接待祭扫车辆28463辆。依规开展无社保群体的丧葬补贴工作，发放553人次、276.5万元。办理遗体外运业务4例，开展殡葬领域专项整治活动。

【婚姻登记】 年内，区民政局办理婚姻登记18979件（含涉外184件），其中结婚登记11707件（含涉外124件）、离婚登记4905件（含涉外33件）、补发婚姻登记证2291件（含涉外27件）、出具无婚姻登记记录证明76件。受理离婚登记申请6238件，对公及当事人查询婚姻档案5752件，协助北京市交通委完成小客车指标核验6593条，协助当事人跨馆查询婚姻档案完成补领婚姻登记证324件。发展好延伸性婚姻登记工作，提供周一至周五延时服务和周六错峰服务，约800个小时，累计办理婚姻登记4100余件，约占全年总登记量22%。提供结婚登记线上“云颁证”服务，为1600对新人提供线上颁证服务。5月5日，创新推出婚姻家庭公益法律咨询服务，与北京市婚姻家庭建设协会成员单位合作，由专业律师组成服务团队，向服务对象提供法律咨询100余次。 （朱玲莉）

社会建设管理

【概况】 中共朝阳区委社会工作委员会（简称“区委社会工委”）、朝阳区民政局（简称“区民政局”）是负责全区社会建设管理、街道工作和民政事业管理工作的主管部门。2022年，区委社会工委围绕落实全市街道工作和常态化疫情防控等重点工作，聚焦“七有”（幼有所育、学有所教、劳有所得、病有所医、老有所养、住有所居、弱有所扶）要求和“五性”（便利性、宜居性、多样性、公正性、安全性）需求，破解基层治理难题，打牢基层基础，提升社会服务质量，保障和改善民生，构建人人有责、人人尽责、人人享有的社会治理共同体，开创基层社会治理体系和治理能力现代化新局面。朝阳区“社区成长伙伴计划”被评为全国基层治理创新典型案例，八里庄街道华贸中心社区被授予“全国先进基层群众性自治组织”称号，三里屯街道获评首批全国示范智慧商圈、全国示范智慧商店。

【社会建设统筹】 年内，朝阳区召开2022年社会建设和民生工作会，专项研究社区治理提升、“接诉即办”、城市管理、安全稳定等重点事项。朝阳区发挥区社会建设工作领导小组的平台作用，印发领导小组工作规则、成员单位社会建设工作基本职责，实施朝阳区落实《2022年全市社会建设工作要点》责任分工方案。深化社会治理体制改革，教育事业、医疗卫生、社会治理、养老服务、物业管理等年度改革任务取得新突破。完善区级街道工作专班机制，印发年度街道重点任务清单，完成《北京市街道办事处条例》实施三年综合评估，提升街道统筹协调能力、服务能力、管理能力和动员能力。紧扣“七有”要求和“五性”需求，提升监测评价水平，印发实施《朝阳区全面提升“七有”“五性”民生保障水平三年行动计划》及年度重点任务清单。

【冬奥、冬残奥会服务保障】 年内，区委社会工委强化组织领导，统筹整合资源，明确职责任务，确保冬奥会、冬残奥会开闭幕式、火炬接力、观众组织等各项服务保障全面到位。加强开闭幕式及赛事期间城市地区社会面防控，组织发动5500余名群防群治力量，做好258个点位和49家涉奥酒店、签约酒店外围保障。完成10场赛事、4场开闭幕式2519名观众组织工作，开展核酸检测和健康监测，实现“观众有组织、疫情可防控”工作目标，完成冬奥、冬残奥服务保障任务。

【基层党建】 年内，朝阳区强化政治引领、组织引领、能力引领、机制引领，引导社会领域各级党组织深刻领悟“两个确立”（确立习近平同志党中央的核心、全党的核心地位，确立习近平新时代中国特色社会主义思想的指导地位）决定性意义，做到“两个维护”（坚决维护党中央权威和集中统一领导；坚决维护总书记党中央

▲ 2022年，朝阳区委社会工委以纵向嵌入服务群众和横向联动整合资源为两轴，做实党建工作。图为8月30日，区委社会工委社区规范优秀书记工作室联盟7项工作机制。团结湖一二条社区牵头召开优秀书记工作室联盟沙龙会议 （徐 彬 摄）

的核心、全党的核心地位）。以纵向嵌入服务群众和横向联动整合资源为两轴，做实党建工作协调委员会“一会五委”（区级党建协调委员会、经济发展领域专委会、平安建设领域专委会、文化文明领域专委会、社会民生领域专委会、城市治理领域专委会）“三项清单”（资源清单、需求清单和项目清单）对接432个项目落地。多措并举提升“两个覆盖”（党的组织覆盖和党的工作覆盖）水平，城市地区纳税千强“两新”（新经济组织、新社会组织）组织、亿元楼宇、产业园区实现100%组织覆盖。推动新就业群体融入基层治理格局，涌现出“团结湖模式”（团结湖通过完善快递驿站功能配置，强化关爱服务，派骑手担任居民楼“副楼长”融入社区治理，形成“团结湖模式”破解老旧小区治理难题）等一批影响力大、带动力强的品牌。发挥社区书记工作室联盟“红色头雁”（指党建引领基层治理的各社区党组织书记）引领作用，新建5个市级示范点，组织开展“强能赋能”活动15场，街乡带教培养活动288场，覆盖3万余人次。印发专门文件规范城市地区基层党组织设置和购买社会力量服务要求，优化设置2566个网格党组织。依托“十百千万”（在社会建设领域各级党组织和党员中开展“十百千万”党建工程，评选社会建设领域十大优秀党建服务品牌、百名红色头雁、千支优秀服务队伍和万名优秀党员志愿先锋）示范工程，开展年度十大党建品牌、战“疫”故事分享等活动，参与人数60万余人次。

【全面从严治党】 年内，区委社会工委强化理论武装，通过理论中心组、一把手例会、社区工作者培训等载体，组织开展党的二十大精神学习，夯实思想根基，树牢责任意识。做好整改“后半篇文章”（通常把整改问题、解决问题称作巡视工作的“后半篇文章”），针对全面从严治党考核、巡察、审计监督等问题反馈，制定整改方案，分阶段压茬推进，确保实效。巩固拓展落实中央八项规定精神成果，强化节日监督，提升作风建设效能。推进新时代廉政文化建设，开展“纪法铭于心清风护征程”主题纪法教育。深化“廉政文化进社区”活动，培育廉政文化宣传队，做实“清风社区”廉洁文化品牌。加强纪律建设，围绕市区重点工作，对落实不到位、整改不到位等情况，进行提醒谈话，有效运用“第一种形态”（纪律监察专用名词，指“让咬耳扯袖、红脸出汗成为常态”），筑牢全面从严治党第一道防线。强化意识形态管理和舆情应对与处置，管好用好宣传阵地，妥善处置城市地区网络舆情1000余条。

【基层民主协商】 年内，区委社会工委发展基层民主，拓宽群众有序参与基层治理渠道，深化党政群共商共治，加强“两会两厅”（区级议事协商会议、街道议事协商会议，社区议事厅、小区议事厅）规范建设，试点推进市级街乡议事协商工作，全年建成协商议事厅示范点49个，其中，市级协商议事厅示范点18个，区级协商议事厅示范点31个；建成社区楼门治理示范点95个，其中市级社区楼门治理示范点48个，区级社区楼门治理示范点47个，社区治理向基层延伸。强化协商于民、协商为民，倡导多元参与，完善“集、议、办、督、评”5步居民议事流程，规范基层民主协商有序运行，提升居民主人翁意识和理性议事能力。协商破解治理难题，聚焦“微改革”“微创新”和民生实事难事，明确议事内容，加强效能评议，全年为群众办实事1100件，提升群众满意度。

【社区治理效能】 年内，朝阳区深化改革，提升基层治理效能，印发《朝阳区关于加强基层治理体系和治理能力现代化建设的实施方案》。助力社区成长，社区成长伙伴计划被民政部评为全国基层治理创新典型案例，起草指导意见，编印案例集，指导各街乡打造2个示范社区。破解特殊类型小区治理难题，在全市探索建立北京像素治理委员会。夯实治理基础，推进较大型社区优化调整，新设立52个社区居民委员会、调整54个社区规模，促进全区627个社区精细治理、精准服务。提升社区建设水平，建成5个国际化社区、2个社区之家和10个社区服务空间开放式试点。巩固社区减负增效成果，做好社区任务计划清单管理和社区表格事项日常审核备案。提升社区服务品质，实现“一刻钟社区服务圈”全覆盖，在双井、三里屯试点打造众享生活圈。增强社区家园意识，举办第四届社区邻里节。做好社区老年教育及和谐婚姻家庭建设，打造社区公益新高地。

▲ 2022年，朝阳区委社会工委、区民政局通过增强社区家园意识，提高社区治理效能。图为9月16日，朝阳区举办第四届社区邻里节活动现场 （初鑫月 摄）

▲ 2022 年，朝阳区社会工作指导中心启动仪式暨社工站建设培训会召开。图为 8 月 25 日，市民政局社工队伍处处长邢桂丽（右）、区民政局副书记汪雪琴（左）为朝阳区社会工作指导中心揭牌　（朝阳区民政局　供图）

【社工队伍建设】 年内，朝阳区配齐配强社区工作者队伍，新增社工岗位 3873 个，全区总编制数 12787 个，面向社会公开招考 1500 名社工。加强政策保障，修订《朝阳区社区工作者制度汇编》《朝阳区社区工作者工资待遇的实施细则》，推进疫情防控补贴、社工工资待遇调整等政策落地。完善社工职业体系，20 名社区工作者转入机关公务员，增强归属感和荣誉感。建强社区专员队伍，全年发动社区专员 1262 人。提升社工专业能力，全年开展培训 6500 人次。用好“五社联动”（以社区为平台、社会工作者为支撑、社会组织为载体、社区志愿者为辅助、社区公益慈善资源为补充，以满足社区居民需求为导向，通过社工提供专业化、针对性服务，把矛盾化解在社区、把多元服务供给实现在社区）社会动员机制，完成 1 个区级中心及 17 个街乡级站点建设，盘活地区社会慈善资源，结合“优才计划”（加快培养一批高素质的社区社会工作专业人才，促进社区工作者在价值理念、工作方法、服务能力等方面的专业水平提升），形成社会社工项目库，扩大志愿队伍总量和活跃度，探索形成朝阳区“社工赋能工作坊”品牌，增强社会工作服务效能。举办第七届社会工作主题宣传活动，展示社会工作专业优势和发展成果。

【社会组织管理】 年内，朝阳区激发社会组织活力，全区登记注册社会组织 1017 家，累计备案社区社会组织 7743 家，新建 17 家社会心理服务中心，使用社会建设专项资金 1353 万元，购买或资助社会组织开展公益服务项目 131 个。培育社区社会组织，建成区、街乡社会组织孵化中心，实现街乡社区社会组织联合会全覆盖，印发《2022—2023 年社会组织培育孵化工作操作手册》，使用社会建设专项资金 664 万元，购买社会组织孵化中心项目 44 个。优化社会组织结构，推进僵尸型社会组织清算注销，推进街乡商会成立，禁止成立非紧密型行政辅助服务功能的社会组织。完善监督管理，综合利用年检年报、抽查审计、等级评估等手段，促进社会组织健康发展。发挥社会组织专业作用，引导动员广大社会力量履行社会责任，参与基层治理、疫情防控、乡村振兴、扶持就业等重点工作。

【城市安全稳定】 年内，朝阳区完成冬奥、冬残奥、“两节”、两会、服贸会、中关村论坛、二十大等重大活动服务保障工作。抓实安全管理，印发《朝阳区社会建设和民政系统安全生产大检查工作方案和督导检查计划》《中共北京市朝阳区委社会工委区民政局 2022 年安全生产重点工作任务》，排查自建房结构安全 5185 处，整改自建房消防安全问题 5348 处，整改各类燃气管线隐患 1052 处，完成区委区政府安全生产第一督察组迎检工作。筑牢国家安全防护屏，使扫黑除恶专项斗争常态化，严防金融处非、暴恐风险，加大禁毒宣传进社区力度，提升群众安全感。做好突发应急事件处置，针对极端天气等突发应急事件，统筹指导街道制定应急处置方案等。

【城市精细化管理】 年内，朝阳区聚焦精细化管理，推进疏整促工作，完

▲ 2022 年，朝阳区推进城市精细化管理，升级街区面貌。图为 8 月 8 日，朝阳区望京小街天幕焕新，打造以望京小街为核心的活力消费圈　（崔晓松　摄）

成涉及城市地区的17项年度指标任务，全年整治市级挂账无证无照经营点位11处，桥下空间100处，施工围挡161处，非施工围挡52处，雨污管线111处，临时建筑6处，完成拆除违法建设任务9.11万平方米，办结图斑6200余处，基本无违建街道创建完成率85%。健全环境清洁日制度、强化楼道堆物堆料长效机制建设，完成北京市第二轮生态环保督察迎检任务。抓好抓实“两个关键小事”（垃圾分类和物业管理），做好生活垃圾分类社区动员工作，建立生活垃圾分类薄弱对象清单，促进居民分类习惯养成。指导各街道做好“五个物业创建”（安全物业、智慧物业、品牌物业、法治物业、规范物业）和地区物业服务评价工作。城市管理有机更新持续发力，强化老旧小区改造“劲松模式”（劲松街道以劲松北社区为试点，率先尝试引入社会资本参与老旧小区改造，这一模式被称为“劲松模式”），升级打造街区更新的“望京小街”、亮马河国际风情水岸，提升城市便利性、宜居性。

（朱玲莉）

人力资源管理

【概况】 朝阳区人力资源和社会保障局（简称“区人力资源社会保障局”）是负责全区人力资源和社会保障工作的区政府工作部门。下属法人事业单位调整为7家，分别为朝阳区社会保险基金管理中心、朝阳区人力资源公共服务中心、朝阳区劳动人事争议仲裁院、朝阳区人力资源和社会保障综合执法队、朝阳区劳动服务管理中心、朝阳区考试测评中心、朝阳区劳动能力鉴定中心。2022年，区人力资源社会保障局规范人力资源市场建设，深化事业单位人事制度改革，加强专业技术人员队伍建设，事业单位招聘1071人（含教育、卫健系统）。招录乡村振兴协理员38人。招录乡村振兴协理员35人。接收非北京生源应届毕业生2620人。办理人力资源行政许可316家，完成346家人力资源机构换证。3月，经商务部、人社部批复，朝阳园区获批国家人力资源服务领域特色服务出口基地，为全国首批、北京市首家。

（王展 李白）

【面向高校优秀毕业生“引贤计划”启动】 3月10日，朝阳区首次面向高校优秀毕业生启动“引贤计划”。区人力资源社会保障局聚焦“两区”［国家服务业扩大开放综合示范区和中国（北京）自由贸易试验区］建设和区域功能定位，面向全国招聘优秀高校毕业生，重点招聘国际金融、国际商务、社会治理、信息技术等领域专业人才。该局到中国人民大学、北京科技大学2所双一流建设高校现场宣讲，采用融媒体形式现场宣传，提供进京落户、人才公寓、成长培养等8项配套保障政策，吸引4183名高校优秀毕业生报考。经层层选拔实聘36人，其中硕士研究生占81%，双一流建设高校毕业生占72%。（张琳）

【县以下事业单位管理岗位职员等级晋升制度启动】 3月14日，经北京市人力资源和社会保障局批准，朝阳区启动实施县以下事业单位管理岗位职员等级晋升制度，职员等级设置首次打破科级单位规格，可设置到五级职员，相当于正处级，并实行岗位等级和职员等级两条通道晋升。

（张琳）

【事业单位公开招聘采用“云考试”模式】 5月15日，朝阳区2022年度事业单位公开招聘工作采用“云考试”模式。该模式实现居家考试无聚集、三路监控无死角、违纪研判零误差，迈出疫情防控形势下考试方式改革创新关键一步。7623人参加考试，实际聘用132人。（张琳）

【2人2集体获记大功奖励】 7月15日，经区人力社保局推荐，报市级评审通过，给予朝阳区疾控中心齐啸、奥运村街道市民活动中心陈永2人记大功奖励，给予救助站、东北师大朝阳中学集体记大功奖励，在全市记大功奖励中占比9.3%，区县占比36.4%。（张琳）

【朝阳区产业园CBD核心区运营地揭牌开园】 年内，中国北京人力资源服务产业园朝阳园区以整个朝阳区的物理区域为建设空间，选定北京CBD核心区（三星大厦）为运营地址，运营空间8000余平方米，于2022年8月29日揭牌开园。园区分为公共服务空间和入驻企业办公区两部分。公共服务空间位于大厦二层，面积800余平方米，主要用于园区政务服务、公共服务，以及运营展示等。入驻企业办公区位于大厦的48—50层，单层建筑面积约2400平方米，已有BOSS直聘、智联招聘、科锐国际3家人力资源服务机构入驻。为“两区”建设重点行业企业提供政务服务和专业人力资源服务，带动整个朝阳区人力资源服务产业提质增效。（李白）

民族 宗教

【概况】 2022年，朝阳区有汉族、回族、满族、朝鲜族、藏族等民族，少数民族人口近24.4万人（包括流动人口）。区内有民族工作重点街道、民族乡各1个，民族村11个，民族中、小学校4所，经批准的生产经营清真食品单位270余家。区内佛教、道教、伊斯兰教、天主教、基督教5大宗教均有信徒。有宗教团体3个，分别是朝阳区伊斯兰教协会、朝阳区天主教爱国会、朝阳区基督教三自爱国运动委员会。宗教活动场所13处，其中道教宫观1座（北京东岳庙）、伊斯兰教清真寺10座、天主教堂1座（平房教堂）、基督教堂1座（朝阳教堂）。朝阳区以习近平新时代中国特色社会主义思想为指导，落实市、区关于民族宗教工作决策部署，围绕铸牢中华民族共同体意识，坚持宗教中国化方向，为区域经济发展营造和谐稳定的社会环境。

【宗教工作会议】 1月13日，朝阳区召开统战系统学习贯彻全市宗教工作会议精神座谈会，副部长、民宗办主任梅诗曙解读北京市宗教工作会议精神，与会人员结合工作实际讨论、交流、发言。统战系统全体党员干部参会。8月4日，区委统战部召开道教界学习中央统战工作会议精神座谈会。会议围绕推进道教中国化、弘扬中华传统文化，坚持依法治教、从严治教，加强宗教团体建设，加强宗教教职人员管理等座谈交流，并提出意见建议。通过学习，与会代表一致表示要听党话、跟党走，学习领会中央统战工作会议精神，坚持宗教中国化方向，铸牢中华民族共同体意识。3月11日，朝阳区召开宗教工作专题会。区委常委、统战部部长李国红主持会议。李国红介绍2022年宗教工作形势，指出宗教工作重点；宗教工作领导小组成员单位主管领导结合单位工作实际交流体会；李国红在总结中强调，要高度重视，切实增强做好全区宗教工作的责任感、使命感，提高思想认识，强化协作，凝聚做好宗教工作的合力；要按照市委工作要求，做好调查摸底工作，做好建档工作，加强对信教群众的教育引导，营造良好健康的活动氛围；要依法依规，提升治理工作法治化水平，采取措施，守住底线，营造和谐稳定的社会环境。全区宗教工作领导小组成员单位主管领导29人参会。

【传承非遗文化】 4月，北京第二外国语学院附属中学组织开展“民族非遗课程进校园——深化民族团结进步创建宣传教育系列活动”，活动以“携手共铸民族团结之花盛开”为主题，200余名学生现场学习和制作非遗“和娃”，体验中华民族特色文化之美，感受民族非遗魅力，让传承民族非遗文化的种子扎根在每一个学生心中。8月29日，主题为“铸牢中华民族共同体意识”的“传承非遗文化　感受民族魅力”主题活动在中国木偶剧院举行。活动观看民族团结进步主题木偶剧、参观木偶艺术剧院博物馆、体验非遗木偶制作技艺和参与民族知识问答等。50余名各族孩子通过互动式、沉浸式活动，增进交流，增强民族自豪感和中华民族共同体意识，厚植爱国主义情怀，争做民族团结小小“石榴籽”。

【铸牢中华民族共同体意识活动】 6月16日，朝阳区委统战部举办铸牢中华民族共同体意识专题培训，培训请中央民族干部学院民族干部教育研究中心主任刘宝明视频授课，他围绕中央民族工作会议精神，重点阐述中央民族工作会议的重大贡献和新思想新观点新要求。区委统战部、各民主党派区（工）委、各统战社团、民族工作重点街乡等单位工作人员、各民族学校师生200余人参加培训。9月，朝阳区委统战部在日坛公园建成“铸牢中华民族共同体意识”宣传景观，加强园区内民族工作宣传环境力度，将日坛公园打造为朝阳民族工作宣传的新阵地。推进铸牢中华民族共同体基地建设，营造浓厚民族团结氛围。10月，朝阳区“铸牢中华民族共同体意识——学习贯彻中央民族工作会议精神主题展”在安贞街道党群服务中心启动，展览以习近平总书记关于加强和改进民族工作的重要讲话精神为重点，宣传铸牢中华民族共同体意识知识，厚植各族干部群众民族团结观念，加强中华民族共同体意识。主题展在全区各街乡、学校、企业、机关、景区等地巡回展出。100余人观看展览。

▲ 2022年，朝阳区传承非遗文化，民族非遗课程进学校。图为4月22日，北京市第二外国语学院附属中学学生做“和娃”（王建代　摄）

【市人大线上调研】 6月，北京市人大线上调研朝阳区民族团结进步工作。市人大民宗侨外委主任委员、市人大常委会民宗侨外办主任潘临珠主持调研。朝阳区民宗办、朝外街道分别汇报民族团结工作开展情况。潘临珠肯定朝阳区民族团结工作，希望结合区位优势，紧扣铸牢中华民族共同体意识工作主线，增强工作引领力、组织力，全面深入持久开展民族团结进步创建工作，展现朝阳精神风貌，在推动首都民族工作高质量发展上取得新成效。

【伊斯兰教协会“卧尔兹”演讲】 9月22日，朝阳区伊斯兰教协会举办“喜迎二十大·奋进新时代‘卧尔兹’”演讲比赛。9名参赛选手围绕“坚持伊斯兰教中国化道路”“铸牢中华民族共同体意识”等内容，引经据典，对伊斯兰教教义教规做出符合时代发展需要的阐释。经过评选6名阿訇获奖，马海军获得一等奖；马嘉、郭延彬获得二等奖；李祥乐、杨兵、张伟进获得三等奖。市民族宗教事务委员会四处处长、市伊斯兰教协副会长兼秘书长沙

▲ 2022 年，朝阳区伊斯兰教协会举办“喜迎二十大·奋进新时代‘卧尔兹’”演讲比赛。图为 9 月 22 日，参加“喜迎二十大·奋进新时代‘卧尔兹’”演讲比赛人员合影
（单伟英　摄）

丽，市伊协副会长吕迎慈，北京东岳庙庙管会委员马建勋，区基督教三自爱国运动委员会副主席兼秘书长魏革，区天主教爱国委员会主席韩文生出席。区清真寺寺管会主任及全体阿訇 50 余人观看比赛。

【“永远跟党走”主题活动】 10 月 17 日，朝阳区组织民族团结宣讲团走进常营乡，活动围绕全面铸牢中华民族共同体意识，结合各族群众生活、工作实际，阐释民族团结对于实现新时代中国梦、维护社会和谐稳定的重要意义，引导各族群众增强对中国共产党、祖国、中华民族、中华文化和中国特色社会主义的认同。辖区回族、满族等少数民族居民、清真企业员工等 50 余人参加活动。

【民族团结活动】 年内，朝阳区挖掘“北京市民族团结进步教育基地”——日坛公园马骏烈士墓独有历史资源，用好红色资源，深化民族团结主题。芳草地国际学校民族校区以马骏烈士为创作背景，推出原创歌曲《英雄马骏，我们永远把您牢记》，弘扬民族英烈爱国主义精神；吸收各族在校学生组成“小小讲解员”解说队伍，向社会各界讲解革命英烈事迹，引导各族群众和在校师生传承红色基因，让民族英雄精神薪火相传。该校挖掘历史资源内涵，创新活动形式，坚持 39 年开展以纪念回族革命先烈马骏为主题的“清明祭英烈”活动，成为有朝阳辨识度的民族团结进步品牌活动。5 月，芳草地国际学校民族校区举办以“传承民族文化，促进民族团结”为主题的线上民族文化节，深化民族团结进步创建活动，铸牢中华民族共同体意识。60 余名学生在线表演书画、民乐、民族舞、朗诵等才艺节目，芳草地国际学校民族校区师生用丰富多彩的艺术表现形式，展现中华民族传统艺术的灿烂辉煌和多姿多彩。全校师生在线观看艺术节。（张素琴）

老龄事业

【概况】 北京市朝阳区老龄工作委员会（简称“区老龄委”）办公室主要负责推动朝阳区老龄事业发展和老龄事务管理工作。2022 年，全区常住人口数 344.2 万人。其中，60 岁及以上老年人口数 78.1 万人，占比 22.7%；65 岁及以上老年人口数 53.4 万人，占比 15.5%。重阳节，区老龄办开展“浓情重阳，温情朝阳”主题线上活动，以“我在您身边”为主题，从老龄社会法治建设、老年友好型社区建设、老年友善医疗机构建设和养老机构建设等方面介绍朝阳区应对人口老龄化国家战略落实情况，宣传积极老龄观和健康老龄化理念。朝阳区香河园街道西坝河东里社区、孙河地区康营家园一社区、建外街道大北家园社区和常营地区连心园社区 4 个社区获得“全国示范性老年友好型社区”称号。（周翔飞　姚　雯）

【医养结合】 年内，朝阳区 18 家社区卫生服务中心通过市级验收，全区累计 48 家社区卫生服务中心建设为“社区老年健康服务规范化”达标单位，达标率 98%。13 家医疗机构通过老年友善医疗机构市级评审验收，12 家医疗机构通过市级复评验收，全区累计建成 82 家老年友善医疗机构，建设率 91%。区卫生健康委开展老年人“口福”试点项目，辖区 43 家社区卫生服务中心累计为 2700 余名老年人提供口腔检查服务。开展老年人心理关爱行动，孙河和呼家楼第二社区卫生服务中心在 2 个社区建设心理关爱服务点，累计为 332 名 65 岁及以上常住老年人提供心理健康评估。开展老年护理中心建设工作，高碑店社区卫生服务中心被确定为 2022 年“北京市老年护理中心”建设单位；开展老年人基本公共卫生服务项目，全年为 32.14 万名老年人提供规范健康管理服务，老年健康管理率 62.18%，为 44.58 万余名老年人提供医养结合服务，医养结合服务率 86.2%。（周翔飞　姚　雯）

【老年健康活动】 年内，区老龄委开展多样老年健康宣传活动。围绕“反诈防骗，敬老助老”敬老月主题，组织各街乡、各医疗机构开展人口老龄化国情教育、老年人走访慰问、老年人健康知识科普等活动 200 余场次，惠及老年人 10 万余人次。每季度在 39 个孝亲敬老园宣传积极应对人口老龄化、积极养老、孝老敬老爱老文化等相关内容，践行积极老龄化、健康老龄观。拍摄“今又重阳”系列短视频之《暖阳那些情》，讲述朝阳区孝老爱亲感人事迹，累计浏览量 8 万余次。

▲ 2022年，朝阳区全年为老年人提供规范健康管理服务，提高老年健康管理率。图为7月28日，亚运村社区卫生服务中心在亚运村街道安慧里葫芦岛公园开展义诊活动
（亚运村社区卫生服务中心　供图）

评选并表彰区级“孝顺之星”100名。在新媒体、报纸、电视等平台策划宣传报道朝阳区“养老孝老敬老”工作信息281条。元旦、春节期间，开展“真情关爱老人”送温暖活动，慰问2100名符合条件的结对帮扶对象、残疾或有心理健康问题的低保边缘老人。
（周翔飞　姚　雯）

【养老服务】 年内，区民政局优化养老服务布局，新增备案养老机构2家、社区养老驿站17家、老年餐桌10个、养老床位1021张，基本实现15分钟服务圈全覆盖。推进区域养老联合体建设，43个街乡联合体机制实现全覆盖，整合养老服务资源。精准分类落实基本养老服务清单，建立老年人能力综合评估制度，全区认领2.4万名对象，累计评估5.9万名老年人。开展养老机构防范化解诈骗问题整治和安全监测评估体系建设，印发《朝阳区社区养老服务驿站建设运营管理实施细则》《朝阳区提升养老助餐服务能力实施方案》，规范养老服务市场。落实老年人补贴津贴和巡视探访制度，全区17.17万名老年人享受服务补贴、失能护理补贴和高龄津贴，268名百岁老人享受优待服务。提升智慧助老能力，全区5.16万老年人安装“一键呼”智慧终端，累计呼叫服务超过14.1万人次，服务对象满意度94.7%。试点探索“物业+养老服务”，做好“最后一米”居家社区养老服务。建外街道大北家园社区、香河园东里社区被评为全国示范性老年友好型社区。做好疫情下老人服务保障，各街乡建立居家特殊困难老人台账清单，开展探访关爱服务，健全完善机构老年人属地、医院、急救“三握手”机制，畅通老年人巡诊、问诊、就诊通道。
（朱玲莉）

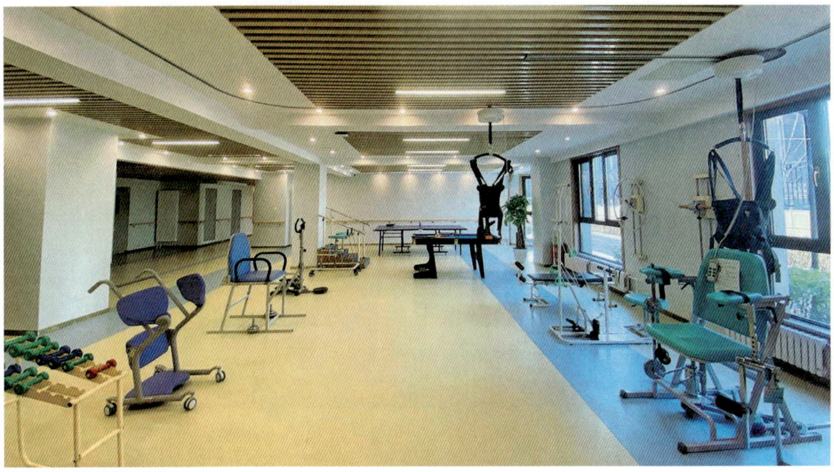

▲ 2022年，朝阳区民政局优化养老服务布局，基本实现15分钟服务圈全覆盖。图为6月，朝阳区来广营福寿养老院康复中心
（区民政局　供图）

残疾人事业

【概况】 朝阳区残疾人联合会（简称“区残联”）是朝阳区政府批准的由全区各类残疾人及其亲友和残疾人工作者组成的人民团体，是中国残疾人联合会的地方组织。2022年，区残联完成北京冬奥会和冬残奥会服务保障任务，完善残疾人社会保障体系，全区残疾人城乡居民养老保险参保率98%，城乡居民医疗保险参保率100%。构建多元化多层次康复服务体系，全区康复服务覆盖率95%。健全残疾人关爱服务体系，推进残疾人就业创业、融合教育、法律援助、文化体育等民生实事，为残疾人生活提供各种便利化条件，增强残疾人的获得感、幸福感、安全感。3月2日，平昌冬残奥会轮椅冰壶冠军王蒙和朝阳区残联党组书记、理事长陈开红在朝阳区望京街道温馨家园共同完成北京冬残奥会“互助之火”采集。区残联组联部获北京2022年冬奥会、冬残奥会北京市先进集体称号；区残联获北京市残联2022年第十一届北京社区（村）残疾人艺术会演优秀组织奖、2022年北京市残疾人就业服务工作最佳队伍建设奖。张寒冰获北京冬奥会、冬残奥会北京市先进个人称号；苏丽波获北京市政协系统2022年度优秀社情民意信息奖；周迎春获北京市第十届残疾人职业技能竞赛优秀工作者称号；郑思旌获北京市第十届残疾人职业技能竞赛优秀工作者称号。

【迎冬残奥会文创产品展】 2月18日，朝阳区残疾人喜迎冬残奥会文创产品展在区职业康复中心举办。展览展出区级残疾人示范性职康站残疾人学员迎冬奥手工文创产品和非遗产品108件。展品包括冬奥会和冬残奥会元素的摆件、绘画、背包、灯具、配饰等。

【无障碍巡查活动】 2月23日至3月15日，区残联开展以“查隐患、堵漏洞、强弱项”为主题的无障碍设施全要素、全流线大巡查活动。累计派出巡查人员1006人次，巡查无障碍设施点位32138个。其中，缘石坡道9773个，固定无障碍坡道5918个，移动无障碍坡道1476个，公共卫生间461个，无障碍扶手8157件，政务大厅124个，银行481个，邮政所140个，大型商场、超市283个，低位服务台727个，无障碍标识4598个。检查盲道870.1公里。

【辅助器具应急服务保障工作】 2月，区残联做好2022年北京冬残奥会外围辅助器具应急保障工作，调配4大类18类49件应急辅助器具、3辆无障碍应急车及4台爬楼机、8部移动式坡道，累计为外国运动员维修轮椅1次，为37名残疾人及其家属开展无障碍出行服务，为13名听力残疾人提供观赛手语翻译服务。

【无障碍信息点位上线高德数字地图】 3月1日，朝阳区首批6700余个无障碍信息点位上线高德数字地图。优选包括城市道路、公共交通、公共服务场所和便民服务场所等领域，以数字化改革推动无障碍设施建设，为特殊群体提供专业、便捷的公共服务。

【第23次全国“爱耳日”主题活动】 3月2日，区残联开展“关爱听力健康　聆听精彩未来——第23次全国‘爱耳日’”系列宣传活动。活动邀请中国听力语言康复研究中心专业测评老师，为20余名残疾人开展语言训练咨询及助听器、人工耳蜗使用功能讲解等服务。

【双奥群众性宣传文化体育活动】 3月，区残联组织43个街道（地区）残

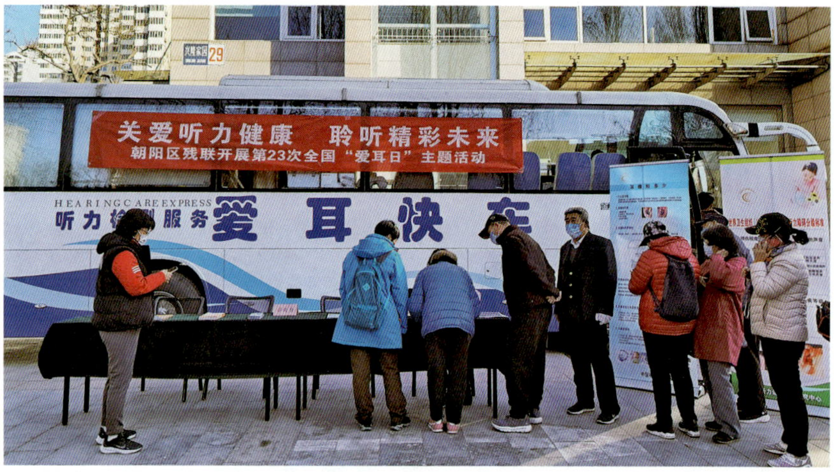

▲ 2022年，朝阳区残联开展“关爱听力健康聆听精彩未来——第23次全国‘爱耳日’”系列宣传活动。图为3月2日，区残联在职康中心开展“关爱听力健康聆听精彩未来”——朝阳区残联第23次全国“爱耳日”主题活动　（崔　影　摄）

联开展“双奥有我——同心助奥运一起向未来”群众性宣传文化体育活动。活动有冬奥会、冬残奥会吉祥物制作、旱地冰壶体验、冬奥知识讲座、观看冬残奥会开幕式冰壶项目比赛和闭幕式等107场活动。全区1.1万残疾人参加。

【双奥志愿者分享会暨全国助残日主题活动】 5月13日，区残联志愿服务中心携手区残联专门协会联合党支部开展“讲述冬奥故事　弘扬志愿精神”——双奥志愿者分享会暨全国助残日主题活动。活动采用线上直播方式进行，直播讨论406条。活动邀请7位2022年北京冬奥会、冬残奥会残疾人志愿者，分别从冬残奥会开幕式表演、冬奥会和冬残奥会赛会服务、无障碍环境体验以及城市志愿服务4个方面分享他们与奥运的故事。来自区残联专门协会联合党支部党员、朝阳区43个街乡的助残志愿者、朝阳区助残社会组织、企业、高校志愿者等2148人次参加活动。

【残疾人赛事获奖】 7月25日至27日，朝阳区残疾人旱地冰壶队在“第

▲ 2022年，朝阳区残疾人旱地冰壶队在“第六届中国残疾人冰雪运动季示范活动暨北京市残疾人旱地冰壶城市挑战赛”中包揽轮椅组、听力组、智力组冠军。图为7月25日至27日，朝阳区残疾人旱地冰壶队参加“第六届中国残疾人冰雪运动季”暨北京市残疾人大众冰雪运动会——北京市残疾人旱地冰壶城市挑战赛　（苏丽波　摄）

六届中国残疾人冰雪运动季示范活动暨北京市残疾人旱地冰壶城市挑战赛”中包揽轮椅组、听力组、智力组冠军。9月，朝阳区残疾人运动员获北京市第十一届残疾人运动会暨第三届“健康杯”残疾人群众体育大会奖牌26枚。其中，金牌17枚、银牌4枚、铜牌5枚。朝阳区代表团获体育道德风尚奖、优秀组织奖和竞技项目金牌榜第三名。

【区残联第七届主席团第五次会议召开】 8月24日，北京市朝阳区残联第七届主席团第五次会议召开。会议总结2021年朝阳区残疾人工作；部署2022年重点工作任务；调整主席团主席、委员。朝阳区副区长杨蓓蓓当选区残联第七届主席团主席；区残联党组成员、副理事长李革非当选区残联第七届执行理事会副理事长。会议听取区残联第八次代表大会筹备情况的报告，审议通过召开区残联第八次代表大会的决定、区残联第八次代表大会执行委员会建议名单、区残联第八次代表大会代表资格审查小组人员建议名单及第七届主席团提请第八次代表大会审议的工作报告。杨蓓蓓讲话肯定区残疾人工作在区委、区政府领导下，团结一致、全力以赴，完成北京冬奥会和冬残奥会相关服务保障任务；残疾人社会保障和就业增收不断提升，残疾人关爱服务体系建设不断加强，先后获得全国、全市多项荣誉的成绩。要求进一步增强扶残助残意识，促进残疾人事业发展。区残联第七届主席团委员91人参加会议。

【基层残疾人工作者康复业务培训班】 9月26日至27日，区残联举办2022年朝阳区基层残疾人工作者康复业务培训班，区残联各业务工作负责人分别从康复、基层组织建设、无障碍环境建设、维权、残疾人就业及文化体育宣传等方面业务，培训基层残疾人工作者。北京市朝阳区三环肿瘤医院院长张育荣以《科学预防癌症五个法则》为题，从肿瘤预防及术后康复等几方面进行专题讲座。105人参加培训。

【“走进朝阳博物馆”系列培训讲座活动】 10月12日，区残联举办“走进朝阳博物馆”系列培训讲座活动，活动以“文化朝阳与博物馆之城”为主题，从文化大区看朝阳、朝阳“五城”（博物馆之城、阅读之城、艺术之城、双奥之城、时尚之城）建设、走进博物馆、朝阳文博资源4个方面介绍朝阳区在文化领域所取得的成果。活动以线上直播方式进行，累计1700余人次观看直播。

【残疾人康复服务】 年内，区残联坚持“弱有所扶”，全区康复服务覆盖率95%，69102人次残疾人享受残疾人辅助器具、成人康复培训、残疾儿童康复培训补贴，补贴金额为1691.44万元。超额完成区政府民生实事项目。区残联协同区卫健委完成残疾人家庭医生签约9783人，将康复工作融入健康服务大局，实现医疗服务信息共享。加强残疾预防，利用“全国爱耳日”“全国助残日”等残疾人节日，开展残疾预防宣传教育活动101场，覆盖残疾人10540人次。

▲ 2022年，朝阳区残联第七届主席团第五次会议召开。图为8月24日，北京市朝阳区残联第七届主席团第五次会议现场 （沈 立 摄）

【残疾人社会保障服务】 年内，朝阳区2597名残疾人享受残疾人自主创业就业社会保险补贴，补贴金额3199.44万元；2497名残疾人享受北京市残疾人居家养老（助残）服务，补贴金额249.39万元。区残联搭建用人（工）企业和残疾人求职者供需对接平台，完成658名新增残疾人就业，比上年同期安置率增长7.4%。举办3场线上招聘会，向用人单位精准推荐残疾人612人次，35人入职。打造非遗传承大师工作室和残疾人就业创业示范中心，让更多的残疾人就业创业得到专业指导和窗口展示。

【融合教育】 年内，区残联落实扶残助学及新生奖励政策，60名学生享受助学补助政策，11名学生享受中、高等院校新生奖励。开展66名适龄残疾儿童未入学情况核查。430名残疾人参加全区剪纸、海报、盲人保健按摩等各类职业技能培训，取得北京市第十届残疾人职业技能大赛3个单项金牌和团体总分第二名。

【“一园一中心一室”服务】 年内，区残联开展“一园一中心一室”即儿童康复园、残疾人辅助器具服务中心、残疾人心理工作室服务。儿童康复园为朝阳户籍33名儿童提供免费训练773人次。残疾人辅助器具服务中心为75名孤老或重度残疾人提供智能监控服务，为151名重度残疾人提供无障碍出行服务。残疾人心理工作室开通居家心理咨询热线、线上微信心理咨询和残疾人团体心理辅导线上直播平台服务。

【对口帮扶工作】 年内，区残联开展对接内蒙古自治区卓资县、新疆维吾尔自治区墨玉县等5个受援地区残疾人实际需求，安排温馨家园建设、辅助器具适配、家庭无障碍改造等帮扶项目11项，投入帮扶资金242.052万元，物资捐助62万元，受益残疾人1008人。

【残疾人就业保障金审核】 年内，区残疾人就业保障金征缴审核中心审核残疾人就业单位5398家，审核残疾人15677人，岗位补贴和社会保险补贴审批通过单位990家，补贴金额4629万余元。

【残疾人证办理】 年内，朝阳区有持证残疾人56706人，区残联办理残疾人证事项4264余件，其中，办理新证1933件、残疾等级变更510件、外区迁入241件、外省迁入143件、迁往外区179件、注销1221件、上门评定64件。 （许瑞婷）

慈善事业

【概况】 北京市朝阳区慈善协会（简称“区慈善协会”）2005年成立，是朝阳区首家获批的慈善组织，非营利社会团体，具备公开募捐资格。其主要任务是广泛动员社会力量，多方筹措慈善资金，实施助医、助学、助老、助残、助困等慈善救助活动，在重大自然灾害、突发公共事件发生时实施紧急救助。2022年，区慈善协会募集善款3679.54万元，使用善款2113.65万元，实施救助项目114个，惠及困难家庭2217户。 （王东明）

【慈善助医项目】 年内，区慈善协会实施“慈善助医”项目1个，惠及困难家庭5户，为呼家楼街道、高碑店乡和王四营乡等患有“癌症放化疗”“肾透析”“肝肾移植”“再生障碍性贫血”“血友病”5种重大疾病的5名困难群众送去慰问金，使用善款12.81万元。 （王东明）

【慈善助困项目】 年内，区慈善协会实施“慈善助困”项目86个，使用善款413.55万元，惠及困难家庭2211户。其中，与区总工会联合实施“爱在大朝阳　情暖小蜜蜂——关爱快递小哥主题项目”，为邮政公司200名患有近视的邮政骑手配镜，送去温暖抗疫礼包，使用善款7万元（一期），惠及200人。实施朝阳区福利院项目，支出善款及物资等65.5万元。实施困难党员帮扶项目，在职、退休生活困难的党员按照每人1000～3000元标准，使用善款236.6万元，惠及1829名困难党员；实施分会救助项目83个，惠及困难家庭182户，使用善款104.45万元。 （王东明）

【慈善助学项目】 年内，区慈善协会实施“慈善助学”项目1个。为区总工会在册困难职工子女就学提供金秋助学项目，救助学生1名，使用善款0.3万元。 （王东明）

【重特大灾害项目】 年内，区慈善协会实施“重特大灾害”项目26个，使用善款1686.99万元。其中，实施资助街乡抗击新冠疫情工作项目，使用善款174.99万元，根据东湖等街乡提出的资助申请，用于购买疫情防控相关物品，支持各街乡疫情防控工作。实施“核酸采样亭专项资金”项目，为解决各街乡在常态化核酸检测过程中存在的保障检测点位不足等实际困难，并改善采样点采样人员的工作条件，为朝阳区43个街乡办事处配备核酸采样亭350台，一、二期使用善款1512万元。 （王东明）

【慈善捐赠】 年内，区民政局推动“慈善救助一体化”建设，织密社会保障服务网络。创新成立慈善工作站，吸引近百家慈善力量主动向街乡报到。推行街乡点菜——慈善组织党组织配菜——慈善工作站做菜——救助对象品菜工作流程。以社区为网格，由街乡党工委统一部署，通过档案建立、清单发布、项目督导、事后支持，构建帮扶救助需求主动发现机制、慈善公益资源供给的统筹协调机制、平台信息联动机制和帮扶救助联动机制。探索慈善＋救助项目化，创新实践“慈善＋救助服务”“慈善＋群团服务”“慈善＋为老服务”“慈善＋助学服务”等项目。开展全区慈善超市物资清查工作，完成全部资产的交接和清运。组织召开全区捐赠工作暨业务培训会，部署推动以“首善有我”为核心的群众性公开募捐工作常态化深入开展。 （朱玲莉）

红十字事业

【概况】 朝阳区红十字会（简称“区红十字会”）是区政府直接领导、联系的社会救助团体。全区有43个街道、地区红十字会，2个红十字工作委员会，43支注册红十字志愿者服务队。2022年，区红十字会坚持党建引领，完成冬奥会和冬残奥会、党的二十大等重点工作的服务保障任务，助力全区疫情防控、对口支援，推进“三救三献”（救灾、救护、救助；献血宣传、造血干细胞捐献、遗体器官捐献）核心业务，发挥党和政府在人道领域的助手作用。3月，完成党支部换届工作，选举刘秀芹为第六届中共朝阳区红十字会党支部书记；8月，召开八届十一次常务理事会和八届十三次理事（扩大）会，更换、增补八届理事会理事、常务理事，选举主管红十字会工作的副区长杨蓓蓓为红十字会会长；办理“接诉即办”3件，满意率与解决率100%。区红十字会获中国红十字会总会2022年红十字生命教育防灾避险知识竞赛单位组织一等奖、2022年度中国红十字会总会报刊宣传先进集体二等奖。安贞街道安华里社区城市博爱家园获评全国红十字模范单位。区红十字会师资王波获评中国红十字会“会员之星”；办公室胡海明获中国红十字会总会2022年红十字生命

▲ 2022年，朝阳区红十字会开展应急救护知识宣传普及、文明引导、指路帮扶等志愿服务工作。图为2月8日，区红十字会在奥森公园南门志愿服务站开展北京冬奥会和冬残奥会期间志愿服务活动　（娄大伟　摄）

教育防灾避险知识竞赛个人组织一等奖和2022年度中国红十字会总会报刊宣传先进个人三等奖。

【志愿服务】 2月8日，区红十字会在奥林匹克森林公园南门启动红十字志愿服务站，以五星级志愿者叶如陵为代表的51名冬奥志愿者开展应急救护知识宣传普及、文明引导、指路帮扶等志愿服务工作，截至3月12日，累计志愿服务时长578小时，累计服务群众600人次。叶如陵、裴观宇、钱亚军、魏娟、牟欣怡、王波6名志愿者获评北京市优秀城市志愿者称号。年内，区红十字会完成香河园街道西坝河西里社区、八里庄街道远洋天地社区、安贞街道安外社区、安贞街道安华里社区、孙河乡康营家园一社区5个社区博爱家园建设项目。该项目依托11支志愿服务队，在居民经常活动区域配备AED，随时向社区居民提供红十字业务咨询、应急救护、困难救助等多种服务，全年开展特色服务75次，参与志愿者700多人。区红十字会成立北京朝阳消防救援服务队、北京朝阳韧先锋救援队、我爱我家志愿服务队、北京朝阳律师协会4支志愿服务队，志愿者通过参与应急救护知识、献血、造血干细胞捐献、普法援助、应急救援等工作夯实志愿服务基础。区红十字采集血样入库27例、成功捐献造血干细胞12例，开展造血干细胞知识讲座15场，结合线上讲座参与人次累计7200多次。红十字志愿者参与无偿献血、知识宣传、社区值守、防控消杀和物资搬运等志愿服务92247次。

【红十字青少年工作】 5月，“5·8”国际红十字日期间，区红十字会组织朝阳区22所中小学校20000名学生参加中国红十字会总会举办的应急救护知识答题竞赛活动。区红十字会推荐和平街第一中学莲葩园校区参加2022年“博爱校医室”建设工作，督导该校校医室11月完成装修改建。年内，区红十字会开展8学时急救取证培训学生3070人，通过“健康大课堂”项目，以“线上+线下”授课模式，培训学生2150人。

【募集、接收款物】 9月，“99公益日”期间，区红十字会宣传发动43个街乡、区律师协会、消防支队和我爱我家等单位13880人参与爱心捐赠，线上募集善款676995元，超额128%完成60万元的筹款目标，其中博爱家园项目筹款46281元，博爱基金项目筹款630714元，筹款总额位列16区县红十字会之首。年内，区红十字会接收款物1582.75万元，同比上年度增长216%，其中接受捐款205万元，接受市会调拨和捐赠物资价值1377.75万元，包括食品78600件，化妆品46334件，消毒液7.41吨，饮料15.81吨，矿泉水30.84吨，乳制品70.95吨，防护服12180套，一次性口罩338000个，n95口罩81800个，消毒湿巾65208包，健康包23800个。

【发放款物】 年内，区红十字会救助全区困难人群1039人（户），发放救助金257.15万元。其中，两节（元旦、春节）送温暖项目：区红十字会救助全区困难家庭728户，发放救助金145.6万元；十八里店两节救助困难

▲ 2022年，朝阳区红十字会开展两节（元旦、春节）送温暖活动。图为1月21日，区红十字会开展“两节送温暖”活动，常务副会长刘秀芹、秘书长刘晓利慰问北工大附中留京西藏学生　（栾慧丽　摄）

家庭95户，发放救助金21.2万元；王四营两节救助困难家庭8户，发放救助金2.2万元。专项救助项目：区红十字会救助非典后遗症人员41人，发放救助款18.45万元；救助少儿大病42户，发放救助金31.1万元；司法救助2户，发放救助金0.5万元；困难消防员救助2户，发放救助金1.6万元；困难单亲母亲子女上大学25户，发放救助金12.5万元；东坝贫困母亲53户，发放救助金5.3万元。博爱救助项目：全年救助43户，发放救助金18.7元。全年发放疫情防控物资价值1278.75万元。

【应急救护教育培训】 年内，区红十字会为冬奥会场馆、党史学习教育馆和全区机关单位、43个街乡安装的57台智能急救亭，累计应急使用411次。区红十字会采取线下线上多措并举的培训模式，开展应急救护培训“进社区、进农村、进学校、进机关、进企业”，累计取证培训15502人，普及培训15.6万人次。

【对口支援】 年内，区红十字会为内蒙古自治区卓资县、察右后旗、科尔沁左翼后旗、河南淅川等地区红十字会提供募捐资金开展助医、助困、助学项目以及“布病防治”“生活困难帮扶”“疫情防控支援”等不同项目物资支援，河南淅川、内蒙古自治区卓资县分别送来感谢函和锦旗。区红十字会对口帮扶工作支援款物累计58.25万元，其中款项支援33.5万元，物资支援24.75万元。

【宣传活动】 年内，区红十字系统举办主题宣传活动680余次，通过报纸专版、画册、展板、网络融媒体等多种形式传播红十字文化。43个街道、地区红十字会全年组织开展宣传活动820次，组织社区4.15万人参与“全国红十字防灾避险知识竞赛”。区红十字会在中国红十字报、北京电视台、《朝阳报》、朝阳有线等媒体发布专版和新闻9篇，微信公众号全年推送信息59篇，被市红十字会、市红十字基金会、朝阳党建等公众号转发25篇。

（陈　曦）

▲ 2022年，朝阳区红十字会开展主题活动。图为9月7日，区红十字会在奥林匹克森林公园北园，举办“助力公益聚爱心，急救有我健康行”99公益日和世界急救日主题活动

（胡海明　摄）

精神文明建设

【概况】 北京市朝阳区精神文明建设委员会办公室（简称“区精神文明办”）是区委、区政府精神文明建设工作的综合协调部门，也是区精神文明建设委员会的办事机构，设在区委宣传部。2022年，1月至3月，区精神文明办5次组织香河园、八里庄、三里屯、麦子店等10个街乡165名文明引导员，完成中国国际展览中心、农业展览馆、朝阳公园服务保障北京冬奥会、冬残奥会开闭幕式观众集结和疏散工作。2月，朝阳区推荐的郑小强因在红领巾公园湖里勇救落水女子被首都精神文明建设委员会评为“第八届首都道德模范”提名奖。区精神文明办左向军获评2022年北京冬奥会、冬残奥会北京市先进个人；李扬获评2021年度首都城市环境建设突出贡献个人。

（张其勇　董姝媛　李　婷　郑　妍）

【寒假主题教育实践活动】 1月11日，区精神文明办面向全区各街乡印发《关

▲ 2022年，朝阳区精神文明办开展寒假主题教育实践活动。图为1月26日，东风地区（乡）在党群服务中心，开展“春暖东风至　一起幸福向未来——东风地区家庭‘迎冬奥　贺新春’亲子活动”

（董淑媛　摄）

于印发〈"喜迎冬奥　文明童行"2022年朝阳区未成年人寒假主题教育实践活动方案〉的通知》，全区各新时代文明实践所（站）围绕传统文化进社区、奥运歌曲传唱、我身边的冬奥、"点靓冬奥"志愿服务活动4类主题，组织未成年人参与原创歌曲《为你骄"奥"》录制、手绘冬奥文化长廊、冬奥打卡秀、"点靓冬奥"志愿服务活动等线上线下实践活动，营造全民参与、共享冬奥氛围。（董姝媛）

【3个基地获评市级新时代文明实践基地】 3月12日，北京市委宣传部公布北京市市级新时代文明实践基地名单，朝阳区内首批市级爱国主义教育基地——马骏烈士墓、中国首座国家二级传媒类博物馆——中国传媒大学传媒博物馆、拥有藏品一万余件的区非物质文化遗产保护传承中心获评市级新时代文明实践基地。（李　婷）

【祭英烈主题教育实践活动】 3月28日至4月5日，区精神文明办、区委教工委、区教委、区退役军人事务局，面向全区各街乡、各中小学联合开展"2022·奋进·清明祭英烈"主题教育实践活动，线上观看红色经典影视作品、阅读红色故事、唱响革命歌曲；线下通过思政课、主题班队会等开展红色诗歌朗诵、征文演讲、绘制手抄报等实践活动，全区170多所中小学、职业高中、民办学校20余万名学生参与。（董姝媛）

【"新时代好少年"评选学习宣传活动】 4月13日，区精神文明办、区教委、团区委、区妇联联合开展2022年朝阳区"新时代好少年"评选学习宣传活动，经过层层选树、综合评审，推举出2022年朝阳区"新时代好少年"20名和"新时代好少年提名"30名。其中，白家庄小学本部北校史恬宁、北京市陈经纶中学团结湖分校刘星彤在科技创新、热心公益等方面表现突出，获得2022年度"首都新时代好少年"称号。（董姝媛）

【开展环境秩序整治提升专项行动】 5月12日，区创建文明城市办公室印发《朝阳区开展"巩固冬奥成果　深化文明创建"环境秩序整治提升专项行动实施方案》，在全区范围内开展非法小广告、"文明驾车　礼让行人"、堆物堆料、车辆规范停放、"门前三包"责任制落实、背街小巷环境精细化整治提升、垃圾桶（果皮箱）、集贸市场及周边、交通场站及周边、医院及周边环境秩序综合治理10大专项行动，整治顽瘴痼疾，巩固提升"双奥朝阳"建设成果，实现环境面貌不断提升、文明风尚向上向好的人文环境。（白群昊）

【未成年人保护法宣传】 6月1日，区精神文明办协调、选取标志性建筑物、重要场所和文化广场，通过LED屏幕或者其他光影显示设施，播放未成年人保护相关宣传标语，宣传贯彻未成年人保护法，维护未成年人合法权益，以实际行动迎接党的二十大胜利召开。这是区精神文明办组织开展的"喜迎二十大　同心护未来"主题活动中的一项活动。（郑　妍）

【志愿服务展示交流活动】 6月23至24日，区新时代文明实践中心办公室、区精神文明办在新时代文明实践中心开展朝阳区志愿服务展示交流活动。线下展览展示志愿服务先进典型100余个次，线上推出"环境保护志愿服务""疫情防控志愿服务"等系列"直播套餐"，推动全区志愿服务规范化、标准化、专业化。实时在线观看量30万人次。（李　婷）

【道德模范事迹专题展览】 6月，区新时代文明实践中心办公室、区精神文明办在朝阳区规划艺术馆、区文化馆、区图书馆等地举办"2022年朝阳区道德模范事迹专题展览"，宣传展示"攻克最难问题，抢救最重病人"的呼吸与危重症医学科专家童朝晖、"用半生光阴探索真菌宝库"的中国科学院院士庄文颖、"持续开展慈善助学、公益教育、扶老助残"的中国好人徐威等朝阳区道德模范、身边好人、榜样人物的先进事迹，传递榜样力量，践行时代文明新风。（李　婷）

【朝阳区获全国公益广告大赛"文明城市推荐奖"】 7月11日，朝阳区启动公益广告征集活动，围绕社会主义核心价值观、精神文明创建、防灾减灾救灾、绿色自然等九大主题征集作品2056件，其中，平面作品1797件，视频作品259件，择优推荐86件作品报送中央文明办等单位主办的"2022全国公益广告大赛"组委会。平面作品《精神文明新农村——大地艺术——生态乐章》获评二等奖，《文明新村镇》获评三等奖，《乐享童年　畅享未来》、视频作品《中国速度》获评

▲ 2022年，朝阳区精神文明办开展朝阳区志愿服务展示交流活动。图为6月23日至24日，区精神文明办在朝阳区文化馆，开展朝阳区志愿服务展示交流活动现场（李　婷　摄）

优秀奖。朝阳区获“文明城市推荐奖”。（白群旻）

【全国文明城区创建工作】 7月19日，朝阳区文明委全委（扩大）会暨深化全国文明城区创建工作部署会召开，区委书记文献主持会议，北京市委宣传部副部长、首都文明办主任滕盛萍出席并讲话。会议部署朝阳区2022年深化全国文明城区创建工作和深化文明城区创建实地考察环境秩序提升（背街小巷环境精细化整治提升）工作；印发《2022年朝阳区深化全国文明城区创建工作方案》《2022年朝阳区迎接全国文明城区测评责任清单》；宣布组织机构提级升格，由区四套班子主要领导担任区创城工作领导组长，下设“1办8组”（1个办公室和档案材料、专项攻坚、环境秩序、窗口行业、街道工作、农村工作、未成年人思想道德建设工作、监督指导8个组）统筹推进创建工作；与会者听取朝阳区精神文明建设工作报告。会前，区领导接见全国及首都精神文明建设获奖单位和个人代表。战略支援部队，武警北京市总队及区四套班子领导参会。8月8日至9日，全国文明城区中央测评组采取实地考察、问卷调查两种形式测评朝阳区全国文明城区工作。中央测评组实地考察、检查29类，65个点位，涉及18个街道、3个乡和奥管委；抽取10个街道12个社区300户进行问卷调查。开展全国文明村镇专项测评，实地考察和集中入户问卷调查崔各庄乡费家村、高碑店乡高井村及村民。年内，“文明朝阳”微信公众号发布《微火聚光 志愿服务不间断 共筑朝阳“防疫网”》《@朝阳群众 这里有一封“全民戴口罩”倡议书，请查收》《乡村振兴之移风易俗 朝阳区举办“移风易俗沁民心 文明新风入画来”主题原创漫画作品展》等内容1145条；“文明朝阳”微博发布内容1353条。《宣传阐释精神文明创建活动 道路展新颜 共创文明城区》《市民公约 新时代文明实践：亮马河畔咖啡文化节，展示朝阳群众文明范儿》等14条被文明北京微信公众号转载。北京朝阳文明网发布文章2535篇。利用落地灯箱、灯杆道旗、公交站台等刊播创城公益广告，在奥林匹克塔、大望京播出创城大型灯光秀。统一设计制作并发放“文明朝阳 你我共创”主题口罩1800万个，发送创城短信440万篇、设置主题彩铃2.4万人次，形成全区动员、全民共创、人人参与氛围。（白群旻）

【全国未成年人思想道德建设、全国文明校园测评】 8月18日至19日，中央文明办委托首都文明办问卷调查测评朝阳区开展全国未成年人思想道德建设工作校外考察点位及社区。9月15日至16日，中央文明办开展校内、校园周边点位及校内问卷调查测评。12月22日，首都文明办通报2022年度全国未成年人思想道德建设工作测评结果，朝阳区排名全市第二；全国文明校园（中国人民大学附属中学朝阳学校）排名全市第一；28所首都文明校园排名全市第二。（董姝媛）

【首都“强国复兴有我”主题宣讲比赛】 9月7日，区精神文明办组织徐京春、宋媛、潘凤霞、祁增华、李红艳5位公共文明引导员组成朝阳区宣讲团，参加首都文明办2022年“强国复兴有我”公共文明引导主题宣讲比赛。其中，十八里店中队潘凤霞宣讲的《首都“柠檬黄”守护“冰雪白”》获二等奖，小红门中队杨立红（参赛时在大兴区）宣讲的《践行誓言，传递温暖》、管庄中队徐京春宣讲的《微光成炬 疫往无前》获风采奖。（董姝媛）

【新时代朝阳群众诵读宣讲团展示活动】 10月，朝阳区新时代文明实践中心开展“喜迎二十大 奋进新征程”朝阳区新时代朝阳群众诵读宣讲团展示活动。活动以歌颂祖国为主题，12名宣讲团成员诵读《可爱的中国》《读中国》《我们爱你啊，中国》等12篇爱国诗篇，10万余人次观看线上直播。（李 婷）

【“首都未成年人思想道德建设创新案例”】 11月，由区精神文明办推荐、团区委开展的“校园解忧杂货铺”项目，在首都文明办组织开展的“首都未成年人思想道德建设创新案例”征集评选活动中，获评“首都未成年人思想道德建设创新案例”。“校园解忧杂货铺”以协助学校提高未成年学生发展质量为总体目标，围绕帮助学生正常学习和健康成长开展相关服务，借助戏剧治疗、社会心理治疗模式以及人本主义治疗模式在辖区内2所学校开展学校社会工作试点工作。（董姝媛）

【3人入选“中国好人榜”】 年内，朝阳区向中央文明办主办的“我推荐我评议身边好人”活动推荐候选人14人，“跨过山河，留下爱与责任的种子”的公益使者徐威、“用青春书写公益篇章”的青年志愿者董汉卿、“危急之中勇救落水女子”的鹿来运3人入选“中国好人榜”。（李 婷）

【“2022北京榜样”上榜人物】 年内，朝阳区向“北京榜样”主题活动市组委会推荐候选人135人，其中朝阳区志愿服务主题邮局疫情防控团队、我爱我家“保供专班”青年志愿者服务队、陶钧、庄文颖、杨朝等12人（团体）入选“2022北京榜样”周榜样；钟文杰、董汉卿、夏锐、夏华、王龙、张硕6人入选“2022北京榜样”月榜样；用幽默化解矛盾的“网红交警”敖翔上榜“2022北京榜样”年榜人物。（李 婷）

【“五个100”先进典型推荐】 年内，朝阳区做好2022年首都学雷锋志愿服务“五个100”（最美志愿者100个、最佳志愿服务组织100个、最佳志愿服务项目100个、最美志愿服务社区100个、最美志愿家庭100个）先进典型推荐工作。其中，杨洁、马金兰、董汉卿3人获评“首都最美志愿者”；朝阳区八里庄街道“平安红”治安巡逻志愿服务队、北京市朝阳区青少年活动中心、清华大学附属中学朝阳学校紫荆花志愿服务队、朝阳区张育荣劳模志愿服务队4个组织获评“首都最佳志愿服务组织”；“守护家园，‘童’

心公益”三里屯街道暑期青少年志愿活动项目、朝阳120“红暖碧水间”志愿服务项目、“悦享书香”系列志愿项目、双奥之城志愿北京朝阳站4个项目获评“首都最佳志愿服务项目”；奥运村街道龙祥社区、香河园街道西坝河东里社区、双井街道黄木厂社区、来广营地区广达路社区、崔各庄地区东洲家园社区等10个社区获评“首都最美志愿服务社区”；林志民、孟繁棣、王秋香、吴秀荣、杨刚、杨联安、郝凤仙7个家庭获评“首都最美志愿服务家庭”。（李　婷）

【首都文明办文明城区测评检查】年内，首都文明办测评检查各区开展文明城区创建实地点位，并形成问题台账反馈至各区。实地测评方面，向朝阳区反馈月检查清单19次，其中“回头看”2次，累计反馈问题549项；首都文明办专项实地检查反馈1次，累计反馈问题3项；未成年人思想道德建设工作测评反馈2次。问卷调查方面，向朝阳区反馈2次，有6个街道6个社区受访；公益广告专项检查方面，宣传专项问题测评反馈1次，累计反馈问题23项；截至年底，全区所有问题整改完毕。（白群昊）

【文明街巷创建工作】年内，朝阳区做好2022年度首都文明街巷商户推荐申报工作，其中，碧湖居南路、慈云寺东路南口、甜北17号楼东侧路、祁家豁子南街、肖村公园路、芳草地北巷、亮马河北侧滨河路、自来水厂北路、北京电视台西侧路9条街巷被评为2022年度首都文明街巷；钟书阁（北京）文化传媒有限公司、那兰酒楼、北京富润嘉御物业管理有限公司、海鸿达（北京）餐饮管理有限公司北京第72分公司（海底捞火锅十里堡店）、北京市胜利玉林烤鸭店有限责任公司第五分店、北京宏泰宁盟珠宝销售有限公司、北京嫣然天使儿童医院、北京过山风餐饮管理中心湘肠香火锅店、北京市胜利玉林烤鸭店有限责任公司第九分店9家商户被评为2022年度首都文明商户；彭延秋、陈立军、李培洵、金容惠、尹荃蕾等43人被评为2022年度优秀街巷长；刘守芹、樊宇、毕元晖、曹玉琴、王和家等39人被评为2022年度优秀小巷管家；梁志刚、邢昕、赵长海、张立红、贾安平等74人被评为2022年度优秀网格员；中国建筑科学研究院有限公司团队、中央美术学院、北京工业大学、北京市城市规划设计研究院团队、北京城市象限科技有限公司团队等29个团体被评为2022年度优秀责任规划师（团队）；中央美术学院CAFA·A城市艺术创新中心被评为2022年度优秀设计单位。在首都精神文明办和市城市管理委联合主办的第五届“美丽街巷我的家”摄影、绘画作品征集活动中，朝阳区2组摄影作品被评为最佳记录奖、3组摄影作品被评为优秀作品，1组、9组和20组绘画作品被分别被评为文明小画家一、二、三等奖。（白群昊）

【新时代文明实践中心工作】年内，区新时代文明实践中心组织开展“学习贯彻习近平总书记给‘中国好人’李培生、胡晓春重要回信精神”座谈会、观看党的二十大党的第二十次全国代表大会开幕会等线上线下学习活动1058场次。围绕学习实践科学理论、宣传宣讲党的政策、培育践行主流价值、丰富活跃文化生活、持续深入移风易俗5项工作内容，结合冬奥会、冬残奥会服务保障、文明城区创建、疫情防控等重点任务，策划开展“喜迎冬奥　文明同行”“朝阳群众　微火聚光”“喜迎二十大　奋进新征程”等10个主题新时代文明实践活动20100余场次。（李　婷）

街道　地区（乡）

安贞街道

▲ 2022年，安贞街道安华里社区获第十二届书香中国·北京阅读季“2022年度书香社区”。图为北京市颁奖现场　　（安贞街道　供图）

【概况】 安贞街道位于朝阳区西北部。成立于1989年12月。东起安定路、安定门外大街与和平街街道相邻；南起外馆斜街、外馆西街、黄寺大街与东城区和平里街道接壤；西与海淀区花园路街道、西城区德胜街道相交；北与亚运村街道、奥林匹克公园公共区南部相接。辖区面积3.65平方千米。下辖10个社区。年内，辖区常住人口43228人、户籍人口（含人户分离）17709户、43286人、流动人口（登记）7410人、外籍人口167人。常住人口中有汉族40149人、各少数民族人口3079人，新出生人口187人、死亡人口（报销户）60人。有法人单位3376家，其中中央单位有中国中煤能源集团有限公司、国家计算机网络与信息安全管理中心等60家；区属单位174家，其他单位3142家。有医院3家、社区卫生服务中心1个、社区卫生服务站3个；有大学1所、九年一贯制学校1所、高中1所、职业学校1所、幼儿园8所、社区办园点2所、国际学校1所、特殊教育学校1所；有养老机构9处；有280平方米便民服务中心和2000平方米地区文化中心各1处，有文化广场3处、24小时自助图书馆1处；途经辖区公交线路34条，有地铁8号线贯穿其中、10号线沿途经过。辖区绿化率31.7%。年内，安贞街道落实“疫情要防住、经济要稳住、发展要安全”的要求，围绕“一二六一”（建设“一个”核心区域：推进以华联广场为中心，向安贞路—安华路、新华金融大厦、浙江大厦、福建大厦、木偶剧院前广场辐射的安贞核心商务休闲圈；做好“两件”实事：提升“12345”热线“接诉即办”、未诉先办能力，提升垃圾分类精细化管理水平；“六个”安贞：建设活力、平安、智慧、宜居、和谐、幸福安贞。“一个”目标：实现“新安贞、新活力”）建设目标，创新作为、真抓实干，完成全国两会、服贸会、北京冬奥会、冬残奥会活动期间群防群控及3家涉奥酒店的服务保障工作；完成朝阳区二十大代表推荐提名1人，选举朝阳区出席中国共产党北京市第十三次代表大会代表6人，补选人民满意的地区人大代表1人。“年度三件事”（改革“两新”党建体系，凝聚“两新”力量；建立小型消防站点，创新社区消防安全新模式；疏解转型立体停车楼，开辟停车难题新路径）落地实施；完成黄寺28号院垃圾分类+示范小区及中煤大厦垃圾分类示范商务楼宇创建工作；形成安华里“民盟医疗服务”品牌、门前三包“1+2+3”（每周1次宣传、指导服务和检查整改；2周集体约谈整改不到位的单位，强化整改；3周一次处罚仍整改不合格的单位）工作模式、“六个一”（落实“一个”工委主体责任、强化“一个”标准化办件流程、抓实“一个”“三上门”工作法、成立“一个”疑难案攻坚专班、用好“一个”常态化考核机制、新增“一个”智能化线上平台）接诉即办工作模式等经验。实现区级财政收入7.05亿元，比上年增长6.08%。年内，安贞街道获“北京市卫生街道”“北京市接诉即办工作先进集体”称号，安华里社区获“全国红十字模范单位”、第十二届书香中国·北京阅读季书香京城系列“书香社区”称号。

▲ 10 月，建成安贞消防救援站小型消防站并投入使用　（安贞街道　供图）

【平安建设】 10 月，安贞街道位于安贞里三区 12 号楼北京东方容和物业管理有限公司院内西侧、占地面积 300 平方米的小型消防站建成并投入使用，配有消防员 11 人、消防车 1 辆及灭火器、安全头盔、消防水带、呼吸面罩、消防靴、破拆工具等设备。实现火情现场与街道指挥中心实时联动，辖区消防应急处置拓面提速。年内，规范建成市级议事协商示范点 9 处，登记备案 151 家社区社会组织，健全社区自治体系。

【党群共建】 年内，安贞街道升级“一会三平台六联盟”工作体系（以街道党建工作协调委员会为领导，以党群服务中心、北京市安和社区公益基金会、“贞心 365”App 线上平台为支撑，细化地区经济社会发展建设，为经济共促、平安建设、文明共促、民生服务、城市治理、双拥共建六大领域），发挥人大代表、政协委员、工青妇等资源优势，在地区资源整合及为民解难上与街道工委“同频共振”。

【助企纾困】 年内，安贞街道开展企业走访问需解困行动，解决企业防疫物资、志愿服务对接等诉求 88 项，满意率 100%。为 321 家小微企业减免房租 4200 余万元，申请疫情防控保险赔偿 44 家 271 人。

【“贞心 365”应用】 年内，安贞街道“贞心 365”App 总注册用户 36085 人，日互动量约 700 人次，完成 20 余项版块更新，组织开展各类活动 149 场，推送信息 1676 条，用户点击量 195774 人次。推送抗击疫情信息 1100 条；举办“我在家门口当大白小蓝”“宅家小课堂”等线上活动 58 场，为社区“互联网 + 志愿服务”模式赋能。

【城市更新】 年内，编制完成《安贞街道城市有机更新行动指南》，形成《街区控规》初稿，为盘活地区存量资源，实现集约优质发展提供科学遵循。引入田园风光，建造华联广场彩色油菜花和粉黛乱子草网红打卡地。公共区域、楼体改造惠及 55 栋楼、3890 户。

【疏解整治】 年内，安贞街道创建无违法建设街道，拆除违建 299.36 平方米，完成挂账任务（50 平方米）的 575.62%。建成便民服务网点 1 处，完成 3 处施工围挡、14 处雨污管线错接混接综合整治。建成安贞医院立体停车楼，占地面积 3600 平方米，建筑面积 21600 平方米，解决周边停车位 500 余个，改善医院周边动态交通状况。

【文化建设】 年内，安贞街道开展文明实践活动 200 余场次，组织开展各类文化艺术、体育活动百余场，惠及群众 3000 余人次，推出“遇荐・安贞”等文化特色名片。街道文化中心获全市服务效能评估前 25 名。安贞街道获朝阳区冬奥广场舞评选一等奖；百合花舞蹈队获第十七届舞动北京群众舞蹈大赛“百团总决赛”一等奖；3 名社区志愿者获“北京 2022 年冬奥会和冬残奥会优秀城市志愿者”称号。

【脱薄协作】 年内，安贞街道助力密云区黄梁根村集体经济增收，消费特色农产品 31.3 万元，推动脱薄攻坚。

（王　梦）

朝阳区安贞街道社区居委会情况一览表

表 11

序号	名称	地址	电话
1	安贞里社区居委会	安贞里二区20号楼	64454198
2	涌溪社区居委会	安贞里二区20号楼	64427731
3	安贞西里社区居委会	安贞西里三区5号楼东侧小楼	64437232

续表 11

序号	名称	地址	电话
4	五路居社区居委会	安贞西里四区甲1号楼西侧	64420391
5	安华里社区居委会	安华里二区14号楼西侧	84242016
6	安外社区居委会	安华里二区14号楼东侧	84241354
7	安华西里社区居委会	安华西里二区21号楼平房	64268241
8	外馆社区居委会	安华西里二区2号楼	64260100
9	黄寺社区居委会	黄寺大街28号院	62356771
10	裕民路社区居委会	鼓楼外大街3号楼一层	82026641

（王　梦）

奥运村街道

【概况】奥运村街道位于朝阳区西北部。东起北苑路与来广营地区（乡）相邻；西至京藏高速路与海淀区相望；南起北四环中路与亚运村街道、大屯街道相接；北至清河与海淀区、昌平区接壤。辖区面积19.6平方千米。下辖16个社区。年内，辖区常住人口109772人、户籍人口27191户、70052人、流动人口39720人、外籍人口1478人；辖区户籍人口中有汉族人口65675人、少数民族人口4377人、新出生人口465人、死亡人口93人。奥运村街道是2008年奥运会、2022年北京冬奥会主场馆、奥林匹克森林公园所在地，有中国环境科学研究院及中国科学院地理科学与资源研究所、国家天文台等10家中科院院所，行政事业单位83家，规模以上企业323家。有北顶娘娘庙、龙王庙、弥陀古寺等历史古迹。有高校1所、中学2所、小学2所、9年一贯制学校1所、12年一贯制学校3所、幼儿园15所、社区办园点5所；有三级医院2家、社区卫生服务中心1个、社区卫生服务站2个；养老服务机构5处，有200平方米为民服务大厅、2200平方米地区文化中心各1处，辖区图书馆12家，有道路53条，其中市属道路14条，区属道路和背街小巷39条。途经辖区公交线路47条，地铁5号线、8号线、15号线贯穿其中。绿化面积118.33万平方米，街道自管面积6.21万平方米。辖区绿化率47.8%。年内，奥运村街道树立首都意识，以大视野谋划大蓝图，以大策划打造大品牌，以大统筹推动大发展，以大保障促进大服务，实现惠及全民。开展助力农民工法律服务专项维权活动、举办第五届北京朝阳森林演出季朝阳区冬奥系列文艺演出活动、开展“聚双奥之光，汇社工之力，共筑双奥社区”主题社工宣传周活动、组织16个社区书画、摄影爱好者参与“清风扬正气、廉洁进社区”暨“奋进新征程、一起向未来”主题系列活动之书画摄影比赛，上报书画作品117幅、摄影作品14幅，获奖书法、绘画作品19幅。全年实现区级财政收入9.48亿元，比上年增长9.96%。代征个人出租房屋税款952万元。奥运村街道获“全国节约型机关”“工人先锋号”称号，街道团工委获“建团100周年北京市五四红旗团委”称号，街道市民活动中心获“北京冬奥示范社区”称号。（巩　健）

▲ 1月，奥运村街道创建“冬奥示范社区”。图为冬奥知识宣传活动室建成并投入使用（马　晶　摄）

▲ 2022年，第五届北京朝阳森林演出季朝阳区冬奥系列文艺演出活动在奥森公园棋苑广场举办。图为2月6日，奥运村街道专场演出现场　　（马　晶　摄）

【整治环境】 1月，奥运村街道巡查、盯守冬奥场馆周边12条路、14个点位、6个涉奥酒店周边环境，采集辖区重点行业从业人员商超（便利店）3152人、餐饮食堂（食杂店）3824人信息，完成冬奥会涉奥周边环境秩序整治。2月，街道启动扫雪铲冰应急预案，保障冬奥赛事及市民安全出行，巡查冬奥场馆周边及医院、地铁等人流密集区域和门前责任区单位，出动执法人员120人次，检查主要大街50余条、督促门前责任区单位700余家。

（龚丽丽）

【垃圾分类】 8月，奥运村街道开展"垃圾分类在指尖，绿色文明留心间"宣传活动，发放宣传折页200余份，全面排查辖区447组垃圾桶站，更换厨余桶280个、其他桶50个、公示牌53个。发放垃圾分类桶前值守志愿者奖励1356份。世茂奥临花园小区创建北京市垃圾分类示范小区，辖区居民牛墨莹获"北京市生活垃圾分类达人"称号。　　（龚丽丽　王　萌）

【养老助残】 年内，奥运村街道慰问一户多残、老残一体、重度残疾人及孤寡单亲家庭65户，发放慰问金6.5万元；慰问因重大疾病、遭遇突发事件及意外伤害的其他困难家庭55户，发放慰问金9.25万元；发放养老服务补贴20.75万元、失能护理补贴581.95万元、高龄津贴617.65万元；发放低保金、供暖救助、生活补助、教育救助金等193.7万元。

（王　莉　苏晓磊）

【环境整治】 年内，奥运村街道对卫星图斑裸露土地17块71098平方米开展绿化植树活动，种植玉兰、紫薇及花灌木150余株；重点防治杨、柳树飞絮63575株、药物治理40920株、湿化树木63575株、修剪树冠449株；街道出动联合执法人员118人次、综合行政执法队人员102人次，清理堆物堆料3.6吨、劝离无照经营8起、拆除违规牌匾2处、检查汽修企业34家、在施工地26个/次、督促整改防尘面积1472平方米；检查餐饮单位93家/次、责令整改9家/次；垃圾分类专项检查居住小区76个、社会单位91家。应急处理市级平台案件30个、区级平台案件605个、网格案件6550件；清理堆物堆料、偷倒渣土1100余吨；检查物业623次，责令整改31项；街道级林长巡林25次、社区级林长巡林360次、护林员巡林550次、安装美国白蛾诱捕器100个。开展"门前三包"和占道经营等执法检查整治工作1619家/次，处罚擅自摆摊设点、乱堆物料、擅自张贴宣传品广告、店外经营32起，罚款2.34万元。整治雨污混接错接15处，开展专项"清管行动"，物业和社会单位出动373人、清理雨箅子2116处、拉网式巡查5次，出动巡查人员380人次。　　（龚丽丽　王　萌）

【群防群治】 年内，奥运村街道建立"点、线、面、时、空"五位一体防控机制，形成"上下联动、区域联防、群防群治"的社会面防控格局。冬奥会期间552名志愿者值守46个重点点位，2800余名群防群治力量，开展社会面立体化防控，实现重大活动保障任务零失误。开展"平安冰雪季"专项整治，整改隐患130余项。建立外卖和邮政快递企业台账，完成434辆电动自行车清理，查处违法群租房64户、隔断24间、上下铺58张。全年组织联合执法18次，夜查28次，查改隐患35处；开展加油站、危化品车间、涉奥场馆酒店周边重点单位安全生产检查1280家次，查改隐患问题290余项；联合驻地安监民警走访交通重点企业160家，限期整改96家，协调奥森公园周边共享停车位650个，绿色中央公园、华创生活广场、西奥中心3处地下停车场共享车位764个。　　（李　洋）

【《奥韵时讯》】 年内，奥运村街道发行《奥韵时讯》12期、12万份。微信公众号"掌上奥运村"推送637条，中央、市、区等各级媒体通过报纸、电视、电台、公众号、网站和客户端等平台报道街道新闻128次；街道融媒体分中心拍摄MV《为你骄"奥"》，制作《一起向未来》《双奥博物馆》《北京守夜人》等19条系列短视频，推出"奥宝为您讲冬奥故事"系列线上宣讲6次，和平街第一中学奥运村校区的5位青少年线上讲述冬奥故事。　　（王志华）

【文明创建】 年内，编制《奥运村街道实地考察测评点位及操作手册》涉及13类103个申报点位。8月，街道7类9个点位接受中央文明办测评，1个社区接受问卷调查。街道推荐朝阳榜样16人、北京榜样1人；推荐优秀公益环保组织及个人7个、文明街巷

1条、文明商户1家，科学园社区获评首都最美志愿服务社区。（王志华）

【"接诉即办"】 年内，奥运村街道受理12345市民热线诉求21173件，结案18849件（热线+网络17970件、区内案件879件）。其中，住房问题1332件占7.35%，城乡建设问题964件占5.37%。全年诉求响应率95.61%、解决率66.68%、满意率70.44%。编制工作日报365期、周报30期、工作月报12期、指导专刊6期。（焦　娜）

朝阳区奥运村街道社区居委会情况一览表

表12

序号	名称	地址	电话
1	总装社区居委会	安翔北里十号院内	84249152
2	南沙滩社区居委会	南沙滩66号1号楼1单元侧门3层	52071996
3	科学园社区居委会	科学园南里东街2号楼2层	64847138
4	风林绿洲社区居委会	风林绿洲12号楼4单元1层	64874476
5	国奥村社区居委会	林萃东路2号院	84374870
6	北沙滩社区居委会	北沙滩8号院5号楼	64842312
7	双泉社区居委会	域清街2号院5号楼	62957853
8	林萃社区居委会	林萃路9号院5-18号	84724688
9	龙祥社区居委会	清林路1号院7号楼三层	84942095
10	万科星园社区居委会	万科星园小区西门北侧100米	84945840
11	绿色家园社区居委会	媒体村天居园5号楼1层	84916766
12	大羊坊社区居委会	双营路11号院1号楼东北角	64528889
13	拂林园社区居委会	红军营南路68号天月园1号	84928981
14	大羊坊南社区居委会	北苑路32号院平安嘉苑小区1号楼	84931857
15	林萃西里社区居委会	澳景花庭小区1号楼1-2#楼A	85715988
16	北沙滩北社区居委会	懿品阁小区党建服务中心	64101485

（巩　健）

八里庄街道

【概况】 八里庄街道位于北京市朝阳区中西部。成立于1956年1月。东起青年路与平房地区（乡）接壤，西至大望路及金台路与建外街道、呼家楼街道相连，南起京通快速路及电厂铁路线与高碑店地区（乡）相邻，北至二道沟河与六里屯街道相望。辖域面积4平方千米。下辖16个社区。年内，有常住人口13.3万人、户籍人口31249户、81554人，流动人口50021人、外籍人口1666人，常住人口中有汉族人口76097人、少数民族人口5457人；新出生人口421人、死亡人口162人。有法人单位5660个，其中央属单位有中国纺织科学院、中国葛洲坝集团国际工程有限公司和中核华建资产管理有限公司3家；市属单位6家、区属单位13家、私营及其他单位5638家；有社区卫生服务中心2个、社区卫生服务站2个；有中学2所、高中1所、职业高中1所、九年一贯制1所、小学5所、幼儿园10所、社区办园点2所；有养老照料中心1处、养老驿站5处、街道慈善工作站1个、社区慈善工作站17个；街道级心理服务站1个；有580平方米为民服务大厅和2300平方米地区文化中心各1处，有文化广场8处、图书馆1处、自助图书借阅机2台。途经辖区公交线路50条，地铁1号线、6号线、14号线贯穿其中。辖区绿化率35.8%。年内，街道围绕"夯实基础、规范运行、创新发展、破解难题、做实服务"的工作思路，促经济发展、保民生服务、优社会治理，统筹落实疫情防控与经济发展，完成"揭网见绿"2.64万平方米，增加绿化面积1000平方米；

与130余家餐饮单位签订厨余垃圾规范合同，拆除违建2054.66平方米。实现区级财政收入18.98亿元，比上年增长12.29%；征收房产税3941.96万元，比上年减少11.73%。八里庄街道获“首都文明街巷”“首都文明商户”、朝阳区“十大优秀党建品牌”、第二届北京“人道奖”先进集体、2022年“第一批生活垃圾分类示范小区”、华贸中心社区获“全国先进基层群众性自治组织”称号。（刘艾菁）

▲ 5月9日，八里庄街道引导华贸置业，利用楼宇避难层打造626平方米“华贸·悦空间”党建阵地（八里庄街道　供图）

【基层党建】9月8日至29日，八里庄街道聚焦地区“两新”党组织建设，成立远洋、华贸、青年汇、莱锦4个商圈党委会，各商圈党委书记均由街道级领导担任。年内，实施党建引领基层治理“全网有力”工程。做强“一个主轴”［以街道工委—片区（商圈）党委—社区党委—基层党支部为主轴］，做实“四个节点”［街道—片区（商圈）—社区党委—小区（楼宇）］，做细“五大专委”（经济发展专委会、平安建设专委会、文化文明专委会、社会民生专委会、城市治理专委会）；聚焦“五网”建设，织密居民自治网、社会单位网、商务楼宇网、城市治理网和商圈发展网；实施党员学习教育“领航”、党群活动阵地“融合”、共商共治平台“提质”、数字党建平台“增智”、党建品牌培育“点亮”、考核评价激励“筑基”六大行动。探索“四合”模式，将党建嵌入商圈发展。资源整合提升引领力，与产权单位协商无偿提供720平方米社区用房、600平方米儿童乐园，协调楼宇物业投资100万元，打造626平方米“华贸·悦空间”楼宇党建阵地；结合提升创新力，协调华贸集团腾挪25个机动车位、施划400平方米区域建成集中停车快递分拣区，破解商圈快递外卖“三难一乱”难题，配送效率提高20%；成立商圈党建联盟、“新联会”、商圈党委等强化力量统筹，引入CBD经济人才，邀请外交部欧洲司党委走入商圈，为企业答疑纾困，建设“庄里小哥”驿站，配置微波炉、充电器、雨衣、饮水机、手消等，积分反哺平台设“庄里小哥”模块，引导600余名小哥参与志愿服务。开展“爱相随”“华贸杯”羽毛球赛等活动278场、5290余人次参与，定期举办商圈企业高管联谊会分享沙龙、午餐会等提升商圈凝聚力。建立“3867”从严治党责任落实体系，即：“三个层级＋八个主体、六个从严＋七项责任”，三个层级［街道工委—社区党委（商圈党委）—党支部三级组织体系］，街道工委承担从严治党领导责任，社区党委（商圈党委）执行落实街道工委工作要求，各级党支部落实街道工委、社区党委关于全面从严治党主体责任的具体任务；八个主体：即工委书记—班子成员—中层干部（六办副主任，含科级）—一般干部—社区书记—社区工作者（党委委员）—支部书记—党员八个责任主体；六个从严即思想从严、管党从严、执纪从严、管理干部从严、作风从严、反腐从严；七项责任即学责、定责、审责、亮责、履责、督责、追责。（刘艾菁　祁　欣　张　茜）

▲ 9月8日，八里庄街道远洋商圈委员会党员大会在中国能建国际集团会议室召开，选举产生五名委员及商圈党委书记、副书记（八里庄街道　供图）

【办事处机关驻地临时迁址】11月3日，经区政府批准，八里庄街道办事处机关驻地由柴家湾12号临时搬迁至莱锦文化创意产业园D区11号楼，原驻地内所有业务同步迁移至新办公地点。（刘艾菁）

【“五分钟充电圈”】 年内，八里庄街道建设电动自行车“五分钟充电圈”201处、充电接口4184个，覆盖辖区68个小区，各小区车充比均达3∶1，基本实现“五分钟充电圈”全覆盖；为163部电梯安装阻车系统，推行电动自行车“登记上牌”管理方式，构建全民预防体系；打造“一桩一柜一码”信息平台，为201个点位充电桩、充电柜、换电柜制作“身份信息二维码”，实现居民乐享、社区服务、街道管理。 （黄　凡）

【平安建设】 年内，八里庄街道开展安全生产、燃气安全、消防安全、地下空间、群租房等专项整治、自建房安全专项检查工作，检查企业3000家次，排查整改各项安全隐患7000余处；整改消防隐患3700余处，治理群租房400余处；完成自建房排查1500余处，整改210处；排查地区地下空间500余处。 （黄　凡）

朝阳区八里庄街道社区居委会情况一览表

表13

序号	名称	地址	电话
1	红庙北里社区居委会	红庙北里53号楼南平房	65014186
2	红庙社区居委会	慈云寺1号院3号楼C座201室	65046519
3	华贸中心社区居委会	建国路89号院15号楼2层	65307249
4	延静里社区居委会	延静西里22楼东侧平房	65014362
5	远洋天地家园社区居委会	八里庄西里59号楼南侧配楼2层	85866626
6	八里庄西里社区居委会	慈云寺北里118号楼东北角	65570478
7	八里庄东里社区居委会	八里庄东里12号楼后	65569064
8	八里庄东里北社区居委会	八里庄东里北巷4号楼临建	65587377
9	城市华庭社区居委会	十里堡甲3号院2号楼1层	85789902
10	十里堡社区居委会	十里堡东里127楼2层	65577555
11	十里堡东里社区居委会	十里堡东里27、28号楼之间平房	65578664
12	十里堡南里社区居委会	十里堡甲2号院1号楼北侧平房	65577308
13	朝阳无限社区居委会	甘露园1号楼2单元1层	85739508
14	甘露园社区居委会	甘露园南里18楼后	85781756
15	甘露园中里社区居委会	青年汇小区3号楼1层103室	85740338
16	罗马嘉园社区居委会	朝阳北路107号院39号楼4层	85904039

（李婉童）

朝外街道

【概况】 朝外街道位于朝阳区西部，成立于1954年。东起工体东路、东大桥路与呼家楼街道接壤；西至朝阳门南北大街与东城区朝阳门街道、东四街道相连；南至光华路与建外街道为界；北至吉市口八条、工体西路、工体南路与三里屯街道、东城区东直门街道相邻。辖区面积2.2平方千米。下辖7个社区。年内，辖区常住人口61244人、户籍人口11443户、42240人（女21453人、男20787人），流动人口19004人，港澳台同胞及外籍居民551人；常住人口中有少数民族人口4052人；出生人口74人、死亡人口31人。有法人单位5580个，其中中央单位有外交部、司法部、民建中央、中石化等国家机关及企业135家；市属、区属单位277家；有英国、朝鲜等13个国家大使馆；有昆泰、蓝岛等大型商业企业和雅宝路、悠唐广场、侨福芳草地等众多消费娱乐场所；有医院2家、社区卫生服务中心1个、社区卫生服务站5个；有科研院所1家、中学2所、小学3所、幼儿园3所；有社区服务中心1处、养老机构2处；有500平方米政务服务中心、3000平方米地区文化中心和2000平方米党群服务中心各1处、文化广场8处和社区文化活动室7处。途经辖区公交线路17条，地铁2号线、6号线贯穿其中。辖区绿化率29%。年内，朝外街道在急难险重的疫情防控任务中尽显“朝外担当”，向着创新发展的更高性目标和民生可持续

▲ 10月26日，朝外街道悠唐广场西侧的三丰里公园建成后 （朝外街道 供图）

性发展低线目标锐意进取、主动作为，完成各项重点任务、改革、创新“三件事”。完成全国两会、北京冬奥会、冬残奥会、党的二十大等重要时期服务保障任务、街道残联召开第八届代表会，选举产生新一届残疾人联合会；完成无障碍设施点位整改36处；实现区级财政收入28.27亿元，比上年增长9.03%。朝外街道获“北京市安全社区”“‘四体一库’社会智慧消防体系2022年民生示范工程”称号。

【三丰里27号地绿化改造项目】 9月21日，朝外街道投资673.06万元、占地面积4060平方米的三丰里27号地绿化改造项目开工。项目以“低碳绿色，全时弹性，文化映像”为设计理念，并根据周边环境与功能定位分为“历史体验带”“大草坪活动区”“城市交往带”“林下休憩区”及“绿化隔离带”5个片区。项目获《北京日报》、BRTV等媒体报道。于10月21日竣工并投入使用。

【党建活动】 年内，朝外街道以宣传报道、特色短视频《朝外·仁里》专题节目传递主流声音、构建融媒矩阵；开展党员干部大讲堂、“七个一”（开展一次广泛学习、开展一系列主题宣传、开展一次专题讲座、开展一次专题研讨、开展一次“寄语二十大 我想跟党说句知心话”活动、开展一次“盛会启华章 奋楫向未来”主题征文活动、开展一次“岗位建功、承诺践诺”主题党日）活动、“朝我说”专项行动，持续“共益伙伴”品牌，在吉祥里社区成立百人“伙伴志愿服务队”，开展“共益微改造”（按照居民意见建议改造便民设施、环境微整治、形成问题需求清单，解决居民需求）项目，打造“共益伙伴荣誉展厅”（集中展示共益伙伴计划项目沿革、成效等），推进“京侨空巢陪伴计划”（对达到法定退休年龄、子女不在北京市居住的归侨侨眷空巢老人配备“小度”产品），构建“大统战”格局。

【法治建设】 年内，朝外街道开展“八五”普法宣传，组织15场社区法律大讲堂、20余场普法宣传活动，落实矛盾纠纷多元化解机制，“普法橙房子”律师开展法律咨询百余次、接待群众千余人，“任建友调解工作室”成功调解纠纷案件20余件，信访处置案件246件。

【养老助残】 年内，朝外街道发挥“养老服务联盟”作用，通过星级评定、试点“时间银行”，整合为老服务资源；通过1.36万次上门、电话巡访服务，为老年人提供照护、陪同就医、代买、助餐等各类服务1.07万人次；通过线上线下相结合方式，康复服务惠及地区残疾人260余人次，依托温馨家园开展职业培训、兴趣比赛等活动惠及4348人次；帮扶2名残疾人实现就业；温馨家园组织20余名残疾人体验冰壶运动、8位残疾人自创“奥运之歌”参与朝外“温馨家园”活动。

【志愿服务】 年内，朝外街道新时代文明实践所、站，开展金橙子志愿服务项目；依托朝外社会动员App“伴儿”开发“橙公益”模块，构建“注册报名—时长累积—积分回馈—志愿排名”全链条管理模式，为志愿者建立电子档案，实现数字化管理；开展“志愿在身边，解决小烦恼”志愿服务市集，链接本地居民、商户，通过捐赠旧衣物、接受义诊等方式，解决居民生活物资采购难、废旧衣物处理

▲ 7月1日，朝外街道吉祥里社区工作人员加入金橙子志愿者服务。图为社区工作者开展“志愿在身边”超公益志愿服务市集，解决小烦恼活动 （朝外街道 供图）

难、便民服务资源不足等民生问题。截至年底“橙公益”报到1480人，参与志愿服务2865人次，服务时长3297.5小时。

【拆违整治】 年内，朝外街道开展“一址多查，一查多效”行动，综合执法查处私装地锁、户外牌匾等问题22处，占道经营点位全部“动态清零”。拆除违法建设6处、1585.62平方米，其中4处为历史遗留违建，完成全年挂账任务（50平方米）的3171%。

（朱光照）

朝阳区朝外街道社区居委会情况一览表

表14

序号	名称	地址	电话
1	芳草地社区居委会	东大桥路23号院	85619525
2	吉庆里社区居委会	工体西里4号楼南侧平房	65538102
3	吉祥里社区居委会	朝外大街北侧112号楼旁	65514388
4	三丰里社区居委会	三丰里14号楼南侧小楼	85612610
5	体东社区居委会	工体南路甲1号平房院	65512262
6	雅宝里社区居委会	朝外大街甲14号楼北侧	85628668
7	天福园社区居委会	天福园8号楼东侧平房	85611185

（朱光照）

大屯街道

【概况】 大屯街道位于朝阳区西北部。成立于2005年7月。东起京承高速路、北湖渠路与来广营地区（乡）、望京街道为邻；南以北四环东路与亚运村街道、小关街道、太阳宫地区（乡）相连；西北至北辰东路、科荟路、安立路与奥运村街道接壤。辖区面积10.013平方千米。下辖20个社区。年内，辖区常住人口171228人、户籍人口34670户92543人、流动人口77802人，港澳台同胞和外籍人口883人；常住人口中有汉族人口86318人，少数民族人口6225人；出生人口620人、死亡人口91人。辖区有法人单位5734家，其中有中国藏学研究中心、中国石化工程建设有限公司等中央单位73家，地方单位236家，其他单位5425家。有医疗机构59家、医院3家、社区卫生服务中心1个、社区卫生服务站3个；有科研院所1家、大学2所、中学2所、小学6所、幼儿园19所；养老机构1处、养老驿站6处；有480平方米为民服务大厅2处，街道级文化活动中心7处（2085.5平方米）、文化广场1处和24小时自助图书馆2处。途经辖区公交线路37条，有地铁5号线、15号线贯穿其中。辖区绿化面积396.45万平方米，绿化率41.06%。年内，大屯街道汲取历史智慧、把握发展大势，科学研判“后疫情”形势，提前谋划“后冬奥”布局，持续践行“1234”发展思路，深化履职实践、提升履职实效，统筹做好改革发展稳定和改善民生保障等各项工作。完成北京冬奥会冬残奥会、服贸会、中共二十大等重要时期服务保障任务；完成智慧小区建设任务；街道政协委员工作站挂牌启用，以社区治理“5S工作法”（调研survey、学习study、督导supervise、总结summarize、激励stimulate），推进“一社一品”建设，

▲ 9月14日，区政协调研指导大屯街道政协委员工作站。图为大屯街道政协委员工作站挂牌

（大屯街道 供图）

打造社区党建品牌；实现区级财政收入20.76亿元，比上年增长3.01%。大屯街道获北京市“节约型机关”“北京市司法行政系统先进集体”称号。

【社区治理】 年内，大屯街道围绕“提升居民生活品质，破解社区治理难题”的工作总基调，制定社区实事项目清单，20个社区形成149项实事项目。其中，社区建设类项目65个，社区城市管理类项目23个，社会民生保障类项目22个，社区平安建设类项目18个，社区精神文明类项目16个，其他项目5个。投资约1.5亿元，149项实事项目全部完成。

【平安建设】 年内，大屯街道完成40个智慧小区建设任务。完成13家区级挂账企业非居民用户液化石油气罐专项整改工作，隐患整改率100%；建成投入使用微型消防站22个；检查社会单位2163次，发现隐患4928处，现场整改4712处，下发限期整改通知书291张。建设电动自行车充电接口3024个，实现居住小区全覆盖。组织消防安全培训等各类专题活动80余次，召开治安形势通报会6次，印制平安建设宣传手册1万余份，发放宣传资料9万余份。规划路侧停车、加装拍违设施，加装非机动车道隔离护栏200米、隔离桩120个、隔离礅200多个、中心隔离护栏600米，解决道路拥堵及百姓出行安全问题。

【垃圾分类】 年内，大屯街道开展垃圾分类全民入户回访1轮、垃圾分类宣传活动200余次、培训活动50余次；打造三空间（安慧东里第二社区三空间小区）“无废空间”、荣华嘉园社区垃圾分类社会动员试点等亮点品牌，被市级媒体报道10余篇；创建关庄6号院（统战部小区）、三空间为北京市垃圾分类示范小区，现有北京市垃圾分类示范小区8个；创建垃圾分类示范单位17个。建设垃圾分类驿站22个、垃圾分类中转站1个。通过北京市垃圾分类示范片区复检，创建北京市垃圾分类示范小区5个，垃圾分类示范楼宇1个，垃圾分类示范街1条。

【城市精细化建设】 年内，大屯街道完成慧忠里D区加装外墙保温61460.7平方米、更换雨水管4319.2米、粉刷楼梯间32042.3平方米，完成安慧北里逸园等6个小区改造方案设计、申报安慧里五区五号院2022年老旧小区综合整治改造项目；改造破损路面7211平方米、重铺透水砖路面7838平方米、绿化补种补植1109平方米、粉刷围栏围墙735.69平方米、改造散水1010平方米、更新污水管道714.73延米。

【疏解整治】 年内，大屯街道拆除各类违法建设5862.14万平方米；完成全年挂账任务（100平方米）的5862.14%。登记流动人口总数49026人、新登记28269人、核销20138人，出租房登记11235户、新登记1506户、核销2532户。治理群租房96户，疏解127人。检查企业单位270余家，处理劳资纠纷28起。

【助残帮困】 年内，大屯街道慰问困难残疾人135人，发放慰问金10.25万元；慰问残疾人党员72人，发放慰问品3万余元；发放低保低收入1363人次，174.96万元；为辖区老年人提供助医662人次、助餐1950人次、助洁820人次、助浴639人次；教育培训545人次，精神关怀7385人次、短期照料25人次、政策咨询3484人次；为内蒙古自治区科左后旗捐款6万元，捐赠保暖物资等价值5.4万元，购买扶贫农产品3万元；购买结对帮扶地区密云区高岭镇农产品10万元。

【便民服务】 年内，大屯街道办理新增一老一小医疗保险1200余人，变更定点医疗机构350人；发放社会保障就医卡890人，补、换卡及二次申领5000余人；接收社会化退休人员养老关系1567人；办理医疗保险增加及医疗个人账户大病补缴385人；完成低保家庭复审165户（次）；完成遗属补贴164人。全年举行专场招聘活动5次，开发就业岗位1361个，求职登记488人次，失业人员培训70人。（胡艳华）

朝阳区大屯街道社区居委会情况一览表

表15

序号	名称	地址	电话
1	慧忠里第一社区居委会	慧忠里甲316楼北侧	64980308
2	慧忠里第二社区居委会	慧忠里B区108楼东南侧	64959011
3	慧忠北里第一社区居委会	慧忠北里309楼230室	64869360
4	慧忠北里第二社区居委会	慧忠北里108号楼1层0106室	64864019
5	安慧北里秀雅社区居委会	安慧北里秀园16号楼102室	64950058
6	安慧北里安园社区居委会	安慧北里安园6号楼104号	64951098
7	大屯里社区居委会	大屯里小区院内西平房	84806303
8	安慧东里社区居委会	北苑路178号光大名筑7号楼1单元0128号	64826118

续表 15

序号	名称	地址	电话
9	欧陆经典社区居委会	北苑路172号万兴苑6号楼103室	84853151
10	育慧西里社区居委会	育慧西里小区居委会办公楼	64979709
11	嘉铭园社区居委会	嘉铭园A区5号楼2单元101、102号	84858717
12	育慧里社区居委会	成慧路二号院1号楼1单元1层	84634647
13	世纪村社区居委会	育慧北路8号三区7号楼二层	84633844
14	亚运新新家园社区居委会	辛店路亚运新新家园物业一层	51737167
15	金泉家园社区居委会	金泉家园文化活动中心二层	84806303
16	中灿家园社区居委会	安立路58号中灿苑物业楼B1层	64948099
17	安慧东里第二社区居委会	北苑路176号隆宝宸商务大厦301室	64925198
18	融华嘉园社区居委会	嘉铭园B区北门底商	84869346
19	安慧北里逸园社区居委会	安慧北里逸园18号楼110室	64924376
20	富成花园社区居委会	小营路23号紫薇天悦5号楼102室	84856570

（胡艳华）

东湖街道

【概况】 东湖街道位于朝阳区东北部。东至机场高速中心线与崔各庄地区（乡）接壤；西至地铁13号线西侧与来广营地区（乡）相接；南至北小河北侧沿望京西路中心线至湖光北路、宏泰西街中心线及原崔各庄乡，与望京街道界线至机场高速路，与望京街道相邻；北至五环路中心线，与来广营地区（乡）和崔各庄地区（乡）相连。辖区面积5.388平方千米，下辖12个社区。年内，辖区常住人口84529人、户籍人口17064户、44719人，流动人口28280人，人户分离11530人，港澳台同胞及外籍人口1809人；出生人口244人、死亡人口30人。有法人单位4000余家，其中，央属单位48家、市属单位37家、区属单位12家。其中世界500强企业10家、跨国公司总部11家、外商投资企业125家、港澳台商投资企业29家；有医院3家、社区卫生服务中心1个、社区卫生服务站1个；有中学4所、小学5所、国际学校1所、职业学校1所、幼儿园11所、社区办园点4所；有养老机构1处；有2000平方米地区文化中心1处（其中406平方米为民服务大厅），有文化广场12处、24小时自助图书机3台。途经公交线路37条，地铁13号、14号、15号线贯穿其中。辖区绿化覆盖率42%。年内，街道在重大活动保障的主阵地上精细防控、保驾护航；在推动经济发展的主引擎上待势乘时、焕发活力；在城市更新提升的主舞台上困知勉行、拔丁抽楔；在民生服务保障的主旋律上心系群众、温情守护；在全面从严治党的主体上忠诚履职、正风肃纪。完成望京综合产业大厦违建拆除任务3397平方米；提升地区科技创安水平，完成全域“基础型”平安小区建设；举办“第五届北京朝阳区森林演

▲ 2022年，第五届北京朝阳森林演出季朝阳区冬奥系列文艺演出活动在奥森公园棋苑广场举办。图为2月20日，东湖街道专场演出结束演员与工作人员合影留念 （彭 文 摄）

出季东湖街道分会场文艺演出”“周末大舞台”“公益电影放映”“冬奥广场舞”等特色活动144场次，2万余人参与其中；全年实现区级财政收入17.6亿元，比上年减少18.29%；征收房产税1488.15万元，比上年减少8.49%。

（赵　曦）

【环境整治】 年内，东湖街道配合社区开展“三清一整”和重点路段环境整治问题260余起；清理各类无主垃圾1132车；处置市级环境挂账任务管理平台案件17件、区级环境挂账任务管理平台案件865件、环境综合管理微信群实时督办案件407件。签订非居民厨余垃圾处置合同161份；出动检查人员300余人次、全覆盖检查小区20轮次、整改问题5600余处、监督无主垃圾清运186次；排查驿站、大件装修垃圾堆放点、再生资源交投点（废品回收指定地）安全隐患12次；疫情期间清运封管控区域垃圾90余吨，环境消杀1100余次。

（李　征）

【安全检查】 年内，东湖街道开展“安全生产大检查”“百日攻坚”“燃气管线占压隐患”“有限空间双防一推进”等各类专项执法检查20次。出动执法检查人员7876人次，监督检查生产经营单位3938家次，排查安全隐患2067处，整改2067处。

（阳　哲）

【矛盾纠纷化解】 年内，东湖街道接待群众来访30余批次，接转市、区信访件66件、151件次、268人次；排查矛盾纠纷14次、200余件，报送信访工作信息12篇。协助区人力资源和社会保障综合执法队处置案件31件、处理全国人事劳动争议调解平台案件47件、调解成功率63.33%，“12345”投诉74件、群众来访投诉41件、处置劳资类纠纷涉及金额180.22万元、调处农民工讨薪70余万元。

（侯永利　盛伟伟）

【普法帮教】 年内，东湖街道联合奥运村法庭和律所为机关和社区开展以《中华人民共和国民法典》《中华人民共和国反电信网络诈骗法》等为主题的法律讲座16场、法治宣传活动4场，惠及机关干部和群众千余名。出具法律意见书15份、审核街道合同419份、协议1444份次；开展线上旁听庭审2次、律师下社区10余次、受理法律咨询1605人次；上报北京市调解平台调解纠纷462件，协调律师参与街道和社区的协调会30余次，制作调解协议书8份；对矫正对象开展入户走访、约谈教育并制作谈话笔录300余份。制作社区矫正评议员工作记录1200余份。走访帮教人员600余人次。

（苏　严）

【社会救助】 年内，东湖街道开展“首善有我”群众性公开募捐工作，收到社会各界捐赠图书、衣物被褥、文具等物品287件。定期发放养老服务补贴68人、失能护理补贴441人、高龄津贴1571人，完成380名老人失能综合评估申请，认领、分配、签约、确认571名基本养老服务对象。为18户低保家庭28人发放低保金49.2万元；10户低保家庭发放供暖救助金15551.7元；1户低保家庭大学新生发放救助金5200元；2名事实无人抚养困境儿童发放生活费24500元及各类社会物资。

（彭　燕　张　静）

朝阳区东湖街道社区居委会情况一览表

表16

序号	名称	地址	电话
1	望京花园社区居委	望京花园130楼1层	84729771
2	利泽西园一区社区居委会	利泽西园一区104楼105室	64750195
3	望湖社区居委会	利泽西园二区209楼101室	64786258
4	望京西园社区居委会	望京西园一区116楼东南侧黄色二层楼	64754948
5	南湖东园北社区居委会	南湖东园一区社区办公楼	84713336
6	南湖中园北社区居委会	南湖中园一区117楼底商	64709041
7	果岭里社区居委会	望京东路1号摩托罗拉大厦A座1层1A107室	84727412
8	大望京社区居委会	望京东园七区12-2号	84782880
9	东湖湾社区居委会	利泽西街6号院东湖国际中心写字楼1号楼2层	64735671
10	康都佳园社区居委会	澳洲康都4号楼1层2-0102室	64726823
11	望京花园东社区居委会	望京花园西区130楼204室	84729771
12	望京西园二区社区居委会	望京西园一区116楼南侧	64754948

（赵　曦）

垡头街道

▲ 3月30日，垡头街道召开法官进社区知识宣讲会　（杨照光　摄）

【概况】 垡头街道位于朝阳区东南部。东至北京炼焦化学厂东墙与豆各庄地区（乡）相邻；南至规划中翠城小区公共服务配套用房西南侧边线和化工路与十八里店地区（乡）、王四营地区（乡）接壤；西至厚金路和翠城小区规划区域西侧与南磨房地区（乡）、十八里店地区（乡）相接；北至金蝉北里、垡头北里和北京染料厂、北京炼焦化学厂北墙与王四营地区（乡）相连。辖域面积5.32平方千米，下辖17个社区居委会。截至年底，辖区常住人口94897人、户籍人口15391户、39126人，流动人口55688人，外籍人口83人；新出生人口203人、死亡人口67人。有法人单位1323家，其中，市属单位14家、区属单位8家、其他单位1301家。有医院1家、社区卫生服务中心2个、社区卫生服务站2个；有大学1所、中学4所、小学4所、幼儿园10所、社区办园点3个；有养老机构7处。有2000平方米为民服务大厅、800平方米地区文化中心各1处、文化广场2处和自助图书馆3处；途经辖区公交线路16条、地铁7号线贯穿其中。辖区绿化率32.54%。年内，垡头街道确定“六坚持、六强化、六提升”工作思路（攻坚克难坚持党建引领，强化作风建设，党建工作水平实现新提升；坚持全面从严治党，强化主体责任，党风廉政工作实现新提升；坚持总览全局，强化统筹协调，地区发展水平实现新提升；坚持属地管理，强化责任体系，安全稳定工作实现新提升；坚持宜居标准，强化城市管理，城市管理水平实现新提升；坚持惠民利民，强化“接诉即办”，服务群众水平实现新提升）。依托“吹哨报到”机制为双合家园、双美家园社区2万余人引入市政自来水；实施垡头北里小区加装电梯项目12部，竣工投入使用7部，5部在施工中；完成全国文明城区创建实地测评、中共二十大等重大活动期间服务保障工作；“垡头力量”微信公众号关注2万余人，微信阅读量218万人次。实现区级财政收入2.77亿元，比上年增长3.74%；征收房产税657.79万元，比上年增长291.54%。街道司法所获“2018—2022北京市司法行政系统先进集体”称号。（安亚群）

▲ 1月17日，垡头街道双合社区自来水工程接通　（杨照光　摄）

【法律服务】 9月，垡头街道实施“法治带头人”培养工程，制定出台《“法治带头人”培养工程实施方案》，400余人参与其中。年内，垡头街道组建由领导、机关科室、市委和区委党校、中国政法大学教授、朝阳法院王四营法庭法官、朝阳区人民检察院第二检察部检察官、街道和社区法律顾问等多方联合的法治教育教师团队。组织机关干部和社区工作者集体学习50余次，编写《垡头街道法治园地》月刊13期，编写《垡头街道法治带头人培训手册》，推出以案释法经典文章120余篇。司法所参与街道集体会商20余次，为机关科室和社区居委会提供法律指导意见150余条，化解社区重大矛盾20余次，调解居民疑难矛盾纠纷70余次。建立社区矛盾调处化解室3个，建立街道矛盾收集导入机制、“街道＋法庭”纠纷矛盾分析化解机制、矛盾排查化解汇报总结和工作会商机制、街道和社区矛盾调解一体化建设工作机制、“街道＋社区”法治带头人业务培训机制等5项。（张玉琢）

【基层党建】 年内，垡头街道完成党建工作协调委员会“一会五委”改革，构建“社区党委＋各领域党组织＋党支部＋党小组＋党员家庭”的5级党建网络，成立“合则双赢”六小门店自治联合会，建立焦奥中心商务楼宇服务联络站，实现产业园区和楼宇党建工作100%覆盖。依托红色头雁引领计划，在双合家园培育市级优秀社区书记工作室，获朝阳区社会领域“十大优秀党建品牌”。完成16个社区政务服务规范化建设，新增43个服务事项；9个社区议事厅示范点建成，开展民主协商议事项目30个；培育社区社会组织49个。全年组织文化活动420场，5000人次参与。完成祈东家园社区拆分、成立祈安家园社区，升级改造5个社区居委会办公环境。

（张 聪 谷 菲 安亚群）

【安全稳定】 年内，垡头街道投入300余万元，在社区建设充电棚110个，购置充电柜80个。新增充电接口1900个，车充比达到2.2：1。开展电动自行车巡查夜查1698人次，检查电动自行车销售场所65家次，检查其他单位236家次，发现隐患问题71处，劝阻清理违规停放电动自行车896辆。检查生产经营单位3052家次，下达责令改正通知书607份，排查隐患1109项，整改隐患1109项，行政罚款3.7万元。对辖区30家非居民液化气使用单位进行替代，实现辖区非居民液化气使用清零；联合翠城燃气所对辖区4875户天燃气用户更换自闭阀和包覆管。开展燃气安全专项检查300余次，燃气安全立案处罚8起，罚款金额2400元；拆除占压燃气管道违建5处，完成拆除占压燃气管道违建任务。

（郭荣斌 马雷芳）

【环境整治】 年内，垡头街道拆除违建3921.45平方米，完成全年任务（100平方米）的3921%；完成16处施工围挡“拆墙透绿”治理任务；查处占道经营1900余次、查扣黑摩的70余辆、疏解游商摊贩60余人；查处夜间施工噪声扰民150余起；清理窗贴及违规牌匾灯箱420余块。立案处罚103起，罚款金额12.08万元。改造提升7条道路，新增431个停车位。维修道路100.65平方米、屋顶防水3870.08平方米、绿化补植3650平方米、清理雨污管网2370立方米；安装休闲座椅40组、闸机5套、垃圾桶10个。开展黑车、黑摩联合执法行动，查扣销毁黑摩的150余辆，清拖乱停车辆100余辆，调整不规矩停放车辆500余辆，清理僵尸车60余辆。

（马雷芳 王 勇 赵 盈）

【应急救援建设】 年内，垡头街道投入300余万元在垡头东里1号西院建成应急救援工作站，占地面积3351.29平方米，建筑面积1099.52平方米，配备专业消防车2辆、消防队员13名、水枪、水带、伸缩机、呼气机、防护服等专业救援设备。 （赵 盈）

【“接诉即办”机制落实】 年内，垡头街道引进“12345”智能管理平台，完善“四定”机制，落实“三上门”工作法，建立本区域“三清单”制度，抓好“每月一题”，提升主动治理未诉先办水平。全年接收12345市民服务热线案件13223件，办结率100%，解决率94.36%，满意率95.65%。联合中国联合网络通信北京市分公司完成“接诉即办”智能系统升级优化，通过系统数据分析功能，对488件涉否工单再次督办，其中通过督办机制再次解决的诉求184件、因客观因素一时难以解决的诉求105件、不合理诉求98件、正在推动解决的诉求77件、其他原因尚未解决的诉求24件。 （焦 洋）

【敬老助残帮困】 年内，垡头街道翠城福园社区养老服务驿站建成并投入运营，服务老人148人次，开展电话咨询139人次，代办网上预约挂号、缴费、购物等服务7人次，提供心理慰藉1人次。走访慰问空巢、低收入老年人800户、发放慰问金15万元；慰问失业人员26名，发放慰问金1.3万元；慰问女性低收入家庭和单亲特困母亲218户，发放慰问金10.9万元。帮助失业人员就业734人，开发就业岗位673个，完成各类应急救助1067人次，发放残疾补助6200人次，补贴低收入群体430人。发放养老服务补贴993人次。 （林 森 安亚群）

朝阳区垡头街道社区居委会情况一览表

表17

序号	名称	地址	电话
1	垡头一区社区居委会	垡头一区6号楼北侧	67382011
2	垡头二区社区居委会	金蝉里19号楼1层11号	67367009
3	垡头三区社区居委会	金蝉里16号楼北侧	67365471
4	垡头东里社区居委会	垡头东里东院11排房南侧	67365570
5	垡头西里社区居委会	垡头西里24楼北侧	67360853
6	垡头北里社区居委会	垡头北里17号楼北侧	67374703
7	翠城馨园社区居委会	翠城馨园34号楼南侧	67383900
8	翠城雅园社区居委会	翠城馨园237号楼北侧	67202700
9	翠城趣园社区居委会	翠城馨园103号楼	67363500

续表 17

序号	名称	地址	电话
10	翠城盛园社区居委会	翠城馨园143号楼	67376900
11	翠城熙园社区居委会	翠城馨园420号楼1层	67371136
12	翠城福园社区居委会	翠城馨园501号楼底商	87156463
13	双合家园社区居委会	双合中路3号院c14楼2层	67858926
14	双美家园社区居委会	双合中路3号院c14楼2层	87151719
15	祈东家园社区居委会	祈东家园1号院1号楼东侧底商	87302677
16	祈安家园社区居委会	祈安家园怡安路15号院13号楼1层底商	67203368
17	北焦家园社区居委会	北焦家园社区1区11号楼公租房管理中心北侧	87307436

（安亚群）

和平街街道

【概况】 和平街街道位于朝阳区西北部，成立于1956年3月。东以城铁13号线为界与香河园街道相接；南起北二环路与东城区东直门街道、和平里街道相邻；西至安外大街与安贞街道接壤；北至元大都公园与小关街道相连。辖区面积4.54平方千米。下辖12个社区居委会。年内，辖区常住人口81687人，户籍人口24684户、81906人；流动人口18254人，外籍人口274人；常住人口中有汉族76155人、满族2322人、其他少数民族3210人，出生人口248人、死亡人口124人；有规模以上法人单位258个，其中有中国计量科学研究院等14家科研院所、有中国特种设备检测中心等央属企事业单位43家、有文艺团体2家；有高等院校3所、中学2所、小学6所、幼儿园5所。有820平方米社区文化活动中心1个、社区文化活动室12个、社区图书馆1个；有三甲医院1家、社区卫生服务中心1个、社区卫生服务站5个；有养老院1处；有公交场站3个，途经辖区公交线路50余条，有地铁5号线和13号线贯穿其中。辖区绿化率31%。年内，街道贯穿“疫情要防住、经济要稳住、发展要安全”的精神，投资370余万元，完成党政群共商共治项目64个（其中街道级实事项目18个、社区级项目46个）；完成10个社区服务站政务服务规范化建设的配套工作，并通过北京市政务服务管理局线上达标验收；新建4个社区级社会工作服务站点，完善“社区（村）—街道（乡镇）—区”三级社会工作服务体系，增强社会工作服务效能，开展活动34场，服务居民5000余人；完成街道残联换届选举工作；成立政协委员工作站、街道社区矫正委员会；建成占地面积263平方米、建筑面积310平方米的小型消防站。完成区级财政收入7.12亿元，比上年减少15.1%。李蕊获“北京市接诉即办工作先进个人”称号。（冯　娟）

【主题活动】 3月4日，街道启动“情暖和平　志愿同行”学雷锋志愿服务月活动，现场成立和平街街道科普宣传、“两新”党员、和平街骑士3支志愿服务队伍。全年开展文明引导、绿色环保、科普宣传、关心关爱未成年人等主题活动77场，参与志愿者2025人次。7月，街道开展“同心向党　强国有我”新时代文明实践主题活动104场，2080人参与；在“共建文明城区，扮靓朝阳家园，朝阳群众在行动”主题新时代文明实践推动日暨周末卫生大扫除活动中，党员干部、居民志愿者、社会单位员工、物业人员等1532人参与。9月，街道开展“月

▲ 8月31日，和平街街道团工委开展“夏日三伏，调节身心”亲子成长营活动
（和平街街道　供图）

圆京城，情系中华”中秋节主题活动，线上线下举办活动16场，1000余人参与。便民服务中心、党群服务中心新址落成并开展“党群阵地@你”系列活动30场、1400余人次参加。

（高岘钧）

【城市协管员管理改革】 6月，和平街街道制定《城市协管员管理办法》《城市协管员队伍绩效考核管理规定》《城市协管员队伍薪酬管理规定》《城市协管员考勤与请休假管理规定》，经过研提方案、定岗清退、规范落实3个阶段完成城市协管员规范管理改革工作。先后接受区级下沉27人、清退不符合城市协管员聘用条件人员20余名，招录协管员25人。（兰 晨）

【“青鸟园”开园】 9月22日，和平街街道“青鸟园”揭牌，原位于北二环东直门北桥小公园的非法鸟市经过整治，升级改造为健身休闲小公园。针对高架桥公园占道经营和非法鸟市问题，街道投入200余万元，开展联合执法62次、出动执法人员3000余人次、车辆600余辆次，教育、劝离遛鸟人员2000余人次，取缔东直门鸟市，升级改造公园实现“青鸟园”开园。《北京日报》、北京广播电视总台、《北京社区报》、《朝阳报》、朝阳有线电视台、人民网、千龙网等媒体跟踪报道历时两年半的“东直门鸟市”清理整治、“青鸟园”改造提升工程。（张绪瑞）

【城市管理】 年内，和平街街道城市管理更新477家“门前三包”单位信息，新签署31份“门前三包”责任书、对446份“门前三包”责任书进行年审，发放防疫督导员红袖章477个、监督员证31个。检查“门前三包”单位4871家次，规范“门前三包”137起。执法队录入执法检查单7328件，人均执法量333.09件，行政处罚立案227起，罚款11.005万元。（张绪瑞）

【环境整治】 年内，和平街街道整治辖区内部分老旧小区公共环境、自管道路、防汛、跑冒滴漏等问题。投入经费58万元，维修和平家园社区、和平东街社区、十四区社区、小黄庄社区房屋漏水；投入经费3686元，维修十四区社区树木倾倒隐患和雨水管线；投入经费40.5万元，维修和平家园社区、砖角楼社区楼顶防水破损导致顶层住户墙面破损、渗水、漏水；投入经费36.7万元，修复砖角楼社区外部污水管线项目；投入经费23.6万元，修复樱花园社区污水管道；投入经费18.2万元，维修小黄庄社区和平西苑7号楼、甲10号楼电梯；投入经费21.5万元，消除胜古南里道路隐患；投入经费12万元，清运修剪倾斜倒伏树木。（罗文康）

▲ 9月22日，和平街街道“青鸟园”整改后（和平街街道 供图）

【房屋普查】 年内，和平街街道城管办联合12个社区、物业管理单位、自管房单位普查辖区所有房屋结构安全。选取国质（北京）建设工程检测鉴定中心为第三方单位，完成自建房调查238栋，重点房屋调查208栋，简易楼调查15栋，建立辖区房屋基础台账，汇总房屋使用性。保障房窗口为辖区居民提供公租房资格、公租房补贴、市场租房补贴申请，公租房备案通过295户，公租房补贴通过75户，市场租房补贴通过102户，复核800余户，提供政策咨询450余次。

（罗文康）

【消除隐患】 年内，街道开展隐患排查治理、危险化学品监管、有限空间监管等安全检查企业3262家次，发现问题隐患1162处，问题隐患整改100%。解决劳动用工单位劳资纠纷（非建筑企业类）22件，金额15860元；建筑企业类5件，金额161万元。

（刘 涵 左艳菊）

【服务与救助】 年内，街道政务服务中心受理线下业务申请20083人。受理退役军人制卡申请。为233户低保困难家庭发放低保金600余万元；实施补充医疗救助20人次，发放救助金8513.62元；实施临时救助2人次6026.60元；实施教育救助4人次2.16万元；实施城市特困人员供养2人次6.85万元；实施补充医疗救助8人次1.66万元；为276名60周岁以上低保、低收入、计生困难家庭发放养老服务补贴43.36万元；为1807名60周岁以上失能老年人发放失能护理补贴1233.15万元；为6407名80周岁以上老年人发放高龄津贴1276.82万元；慈善救助困难群众8人次2.1万元；发放慈善医疗救助卡10人0.624万元；发放残疾人生活补贴2002人次121.8万元；发放残疾人护理补贴4124人次60.34万元。走访慰问失独老人147人、生活困难家庭19人、救助金额3.8万元；给予助医、助洁、助浴、助餐“四进”服务44人、224人次，实施补贴1.28

万元。申请381台血氧仪，为41个有需求的独居人群申请“一键呼”智慧健康养老服务。

（张雪峰　朱小娟　代　永　单明媛　陈天赠）

【“接诉即办”】 年内，街道受理12345市民热线诉求18040件，街道响应率99.88%，解决率91.89%，满意率91.78%。开展日常会商150余次、召开接诉即办工作调度会50余场、月度点评会12场，主要领导督办涉否案件500余件、签批疑难案件600余件，报送报道“接诉即办”典型案例70余篇，被“北京12345朝阳分中心”公众号刊登15篇，2篇入选“北京时间”App。（刘　爽）

朝阳区和平街街道社区居委会情况一览表

表18

序号	名称	地址	电话
1	和平家园社区居委会	和平家园社区西门平房	84291139
2	和平家园北社区居委会	和平街11区小花园南侧平房	84276690
3	樱花园社区居委会	樱花园小区24号楼7单元103室	64443929
4	胜古庄社区居委会	皇姑坟2号楼南侧平房	64452943
5	胜古南社区居委会	胜古南里12号楼北侧平房	64412738
6	和平东街社区居委会	和平街15区西门外平房	64278628
7	小黄庄社区居委会	和平西苑15号楼西侧平房	84270383
8	和平西苑社区居委会	小黄庄路1号速8酒店北侧平房	64214501
9	胜古北社区居委会	安定路12号院2号楼105室	64437323
10	砖角楼社区居委会	砖角楼北里7号楼北侧平房	64215592
11	十四区社区居委会	和平街14区14号楼北侧平房	84258576
12	科技苑社区居委会	和平街13区34号楼101室	84264316

（冯　娟）

呼家楼街道

【概况】 呼家楼街道位于朝阳区中心地带。东起金台路与八里庄街道交界，西至东大桥路与朝外街道接壤，南起光华路与建外街道为邻，北至工人体育场南路与团结湖街道、三里屯街道毗邻。辖区面积2.8平方千米，下辖11个社区。年内，辖区常住人口62681人，户籍人口21172户、62725人，人户分离常住人口（人在户不在）9557人，港澳台同胞及外籍居住证、居住卡人数10821人（包括过期）、新出生人口283人、死亡人口127人；辖区有企事业单位11198家，其中登记注册类型国有87家（国有控股25家、隶属中央14家）、归属地方的企事业单位42家，其他单位11069家；有医院3家、社区卫生服务中心1个、社区卫生服务站4个；有养老照料中心及养老驿站6处；有科研院所4家、大学1所、中学1所、小学3所、幼儿园4所；有480平方米为民服务大厅、文化广场和24小时自助图书馆各1处；途经辖区的公交线路35条，设有小庄公交总站，地铁10号线、6号线贯穿其中。有社区公园3处，健身园19处。辖区绿化率22.73%。年内，呼家楼街道以党建为核心，以经济建设为重点，抓好特色“双楼长”工作机制建设、提升“接诉即办”能力、提升老旧小区改造工程，持续改善民生，保持安全稳定，在推进“商务、文化、平安、宜居、幸福”呼家楼建设上再创新局面。完成北京冬奥会、冬残奥会、中共二十大等重大活动期间服务保障工作；完成朝阳区人大代表补选工作，依法补选区人大代表1名；组织开展“奋进新征程　建功新时代”“强国复兴有我”等主题宣传教育活动5场次；与内蒙古自治区卓资县复兴乡、红召乡11个村签订捐赠协议，帮扶筹得善款12.5万元；实现区级财政收入24.35亿元，比上年下降3.82%。向军北里小区（3501家属院）获2022年第一批北京市生活垃圾分类示范小区、王洁获“2022年北京市全民艺术普及先进个人”称号。

（王会鑫　孙　雨　聂艳军　刘红星　张振鹏）

【基层党建】 年内，呼家楼街道创新实施“三进三送三平台”（“三进”：进楼宇、进企业、进物业；“三送”：送政策、送安全、送服务；“三平台”：搭建交流活动、共建共享和优化环境三个平台）楼宇服务模式，开展楼宇

▲ 2022 年，呼家楼街道开展全行业、全领域安全生产隐患大排查、大清理、大整治行动。图为 6 月 9 日，街道向群众发放安全生产月宣传品　（胡波涛　摄）

服务日活动 40 余场、参与人数 2000 余人；评选表彰 305 个先进集体和优秀个人、颁发“光荣在党 50 年”纪念章 74 人、走访地区生活困难党员 928 人、募集党员群众献爱心 19 万余元；辖区纳税千强“两新”组织党组织覆盖率 100%，街道纳税过亿元商务楼宇党组织覆盖率 100%。（赵　堤）

【平安建设】 年内，呼家楼街道制定《呼家楼地区防火安全委员会实体化运行管理规定》，督促各社区组织辖区社会单位开展月度防火联席会 11 次。强化化石营平房区消防配置，新配备 5 公斤手提式干粉灭火器 22 套和 40 公斤推车式干粉灭火器 8 个，为微型消防站配备 10 名工作人员，对化石营平房区 24 小时巡查检查。开展电动自行车专项治理，新增电动自行车充电接口 600 余个，街道充电设施接口达到 1650 个；开展全行业、全领域安全生产隐患大排查、大清理、大整治行动。检查企业 4893 家次，出动检查人员 9786 人次，发现并整改安全隐患 4815 项。出动执法人员 270 余人次，检查企业 400 余家次，立案 4 起，罚金 5 万元。制订疏解整治促提升维稳保障工作方案，开展风险评估；对老旧小区，在入室盗等可防性案件易高发重点时期增加夜间治安巡逻，将涉黑涉恶线索摸排与社会治安综合治理、网格管理、“接诉即办”、信访接待等常态工作相结合，守护居民安全。（孟　杰　闫天翔）

【民生工程】 年内，呼家楼街道完成呼家楼北里小花园微更新项目、向军北里 7 号楼南侧路面改造、关东店 1 号楼门前道路，呼家楼北街 9 号楼、11 号楼路面改造，呼家楼南里楼外线路梳理等小微工程；完成金台里北街路面改造及金台里 8 号家属院居民出行坡道和车棚改造项目。组建物管会 49 个、选举业委会 3 个、物业管理区域 84 处；审核物业公司备案合同 40 件，新任物业经理备案 13 人；社区志愿者参与“垃圾分类我们一起行动—周末守桶我参与”活动 3000 余人次，服务时长 6000 小时；更新垃圾投放设施 40 余处、垃圾桶 300 余个。（龚　琛）

【环境整治】 年内，呼家楼街道通过“志愿北京”网络平台发布 6 个环境卫生志愿项目，招收志愿者 300 名、服务时长 8 万余小时。组织“点穴式”综合执法行动，重大活动期间开展执法行动 15 次、检查单位 60 余家、整治违法违规单位 4 家。组织卫生大扫除 90 余次，出动 6000 余人次、清理背街小巷 300 余个、清理居民小区 400 余个、清理堆物堆料 500 余吨、清除非法小广告 2 万余张；巡查在施工地 90 余个次、苫盖裸露地面 1000 余平方米，应急道路清扫保洁 100 余次。完成拆违控违 6188.9 平方米，完成比例 123.78%；办结违建图斑 113 处、建设面积 2.56 万平方米，完成举证待区级审核 8 处、建设面积 495.33 平方米。拆除新增违建 5 处、面积 166 平方米；检查生活垃圾分类 400 余次；行政处罚市容环境卫生、工商行政管理和施工管理等方面 320 起，罚款 14.33 万元。（周　旭　龚　琛）

【救助保障】 年内，呼家楼街道开发就业岗位 2057 个，完成用人单位招聘登记就业服务 27 家，求职登记人次 541 人。有低保户 230 户 370 人，发放低保金 4440 人次 607.42 万元；服务低收入家庭 38 户 64 人，发放救助金 4.23 万元；发放重大疾病医疗救助金 204 户次、519 人次、补贴救助金 102.6 万元；入学救助 14 人 7.72 万元；临时救助家庭 3 个发放救助金 2.4 万元；办理 80 岁以上高龄老人补贴 4452 人发放 923.51 万元；60 岁及以上服务补贴 295 人发放 4.17 万元；发放失能老年人护理补贴 1992 人 116.96 万元；发放精神看护补贴 274 人 16.26 万元。实现服务对象与养老驿站签约管理 907 人。帮扶单亲特困母亲和女性低收入家庭 78 人（户）；发放独生子女父母一次性奖励 184 人 18 万元；失独家庭办理一次性经济帮助 9 人 9 万元；政府出资为低保 352 人、伤残家庭 125 人、失独家庭 84 人办理安康保险；自主投保 110 户 273 人；定期慰问失独家庭老人 113 名。申请供暖救助 83 户 8.61 万元。（杨博雅　李芳媛　王　硕）

【文化活动】 年内，呼家楼街道开启地区群众“云文化”生活，举办首场百姓“云春晚”，在线点击量 2000 余人次；首次与《北京时间》栏目组合作策划“和满京城　奋进九州”读书社区行之“书香呼家楼”线上活动，直播在线观看量 66 万余人次；组织“童心向党”儿童剧、“久久健康　同乐重阳”等 48 项活动；举办“第十届金台文化艺术节”暨喜迎二十大综艺会演、

▲ 8月9日，BRTV文艺频道《多彩社区行》呼家楼街道专场演出活动　（王　洁　摄）

迎冬奥森林演出季、多彩社区行专场等文艺演出12场；举办“永远跟党走 迈向新辉煌”呼家楼街道喜迎二十大主题艺术展、“非遗文化进社区”香牌制作等群众文体活动63场；公益培训讲座35场，全年受益居民7.6万余人次。

（王　洁）

【“接诉即办”】 年内，呼家楼街道受理办结市民热线诉求15184件。纳入市级考核直派案件1664件，纳入市级考核转派案件1404件，平均综合成绩88.32分。辖区居民利用App曝光身边环境问题，呼吁各街巷长落实“每日巡、经常访、随手做、实时报”的工作职责。全年处理各类案件2000余件。调解劳动纠纷26件，处理“12345”热线案件33件，做到当天接案当天处理，并及时回复和回访热线。受理“12345”热线涉及城管执法类诉求事项1781件，均已办结。街道V8网格平台接收各类案件20653件，其中19774件已结案，结案率95.74%。全年发案率较多的案件为：私搭乱建286件、积存垃圾渣土820件、道路不洁2188件、暴露垃圾7769件、非法张贴小广告2593件、机动车乱停放1758件、乱堆物堆料359件、可燃物清理719件、废弃家具设备456件、无照经营游商882件。

（吕　晶　王柱峰　周　旭）

朝阳区呼家楼街道社区居委会情况一览表

表19

序号	名称	地址	电话
1	小庄社区居委会	金台里2号楼北侧平房	85996939
2	新街社区居委会	新街大院2号楼东侧平房	65067802
3	关东店社区居委会	向军南里5号楼北侧	65021910
4	关东店北街社区居委会	圣世一品28号院内	65861972
5	东大桥社区居委会	东大桥路8号SOHO尚都南塔1层	85959821
6	金台里社区居委会	金台北街甲1号	85994144
7	核桃园社区居委会	核桃园北里11号楼	65061163
8	呼家楼北社区居委会	呼家楼北里平房甲1号	65950122
9	呼家楼南社区居委会	呼家楼南里22楼南侧平房	65022156
10	金台社区居委会	金台西路2号院12楼	65369875
11	金桐社区居委会	尚都SOHO南塔1层	65089199

（姚　蕾）

建外街道

【概况】 建外街道位于朝阳区西南部。东至西大望路与八里庄街道相邻，南起通惠河与双井街道相接，西至建国门立交桥与东城区建国门街道相望，北至光华路与朝外街道、呼家楼街道接壤。辖区面积4.4平方千米。下辖11个社区居委会。年内，辖区常住人口40352人，户籍23349户、35512人，流动人口15338人，外籍人口1372人；新出生人口205人、死亡人口66人。有40个外国驻华使馆、代办处，2个外交公寓群；有规模以上的法人单位1218个，其中央属单位有中国交通进出口有限公司、中国纺织对外经济技术合作有限公司等31个；地方单位有北京人民广播电台、北京贸易国际有限公司等66个；其他单位1106个；有社区卫生服务中心2个、社区卫生服务站4个；有高中1所、初中1所、小学2所、幼儿园4所；有养老机构1处；有400平方米为民服务大厅、350平方米登记注册大厅、2400平方米地区文化中心各1处，文化广场2处和24小时自助图书馆1处；途经辖区公交线路46条，有地铁1号线、2号线、10号线、14号线贯穿其中；辖区绿化率30%。年内，建外街道强化党建引领，有序抓好疫情防控，提升地区工作品质。完成街道残联换届选举工作和9个社区妇联换届选举工作；选举参加共青团朝阳区第十三次大会代表3人；调整社区居委会规模，新成立大望家园社区居委会和月河社区居委会；建立冬奥会和冬残奥会志愿服务站点，完成北京冬奥会、冬残奥会和党的二十大等主要时期服务保障工作；成立地区快递行业联合工会；完成建外地区299户北京样本点人口抽样调查、建外地区劳动力调查384户次、住户调查240户次；完成建外地区1218家规模以上单位年报调查；建立北京市第一家街道级人才工作站；依托“共富”平台，促使23家企业税务关系回迁；实现区级财政收入7.22亿元，比上年减少15.7%；征收小房产税1905.9万元，比上年减少30.27%。建外街道获“国家级节约型机关”“平安北京建设先进集体”“首都见义勇为权益保护先进单位”“北京市思想政治工作先进单位”“北京市安全生产先进集体”称号，大北家园社区获“2022年全国示范性老年友好型社区”称号。

（潘婷婷）

【“建外·红学堂”】 1月14日，建外街道举行“红学堂”开训仪式暨第三期“拜名师、练内功、抓落实”系列讲座。周恩来总理侄女，原中新社副社长、全国政协委员周秉德老师做“传承红色家风　弘扬革命精神”专题授课，300余人聆听讲座。9月9日，“红学堂”系列讲座邀请到中国发展改革报社副社长、中央广播电视总台特约评论员杨禹，做“带着坚定的历史自信去赢得未来—践行新思想，迎接二十大”主题授课。年内，建外街道在中央、市、区媒体发表报道194篇（其中央级27篇、市级43篇、区级124篇）。建外街道公众号全年发布原创信息400余条。

（田梦园）

【精准帮扶】 1月，建外街道推动“建外红”共富联盟专项基金发展，开发长期项目4个、短期项目2个、企业自主项目2个；对接200家企业，募集资金200万元，支出帮扶资金50余万元，救济困难群众6人、走访、慰问困难群众60人；9月，建外街道向特困群体提供档案信息管理、经济救助支持、生理健康服务、心理关怀服务、社会关系促进，实现“精准帮扶”362人。

（上官林立）

【主题活动】 2月26日，建外街道在奥林匹克森林公园棋园广场举办冬奥文化广场活动暨朝阳区森林演出季专场演出。3月，街道妇联举办“服饰搭配美学”“品茗添香”文化交流、“回娘家”座谈交流会活动3场，北京市政协委员毛大庆（冬奥火炬手）分享冬奥火炬传递感受。4月、7月、8月，街道残联举办旱地冰壶球比赛、轮椅滑雪比赛、趣味运动会，300余人次参加；社区开展法律大讲堂活动18次、在“魅力建外”公众号建外司法栏目开展法律知识问答活动3次；朝阳有线、今日头条、央视网、新华网、北京时间、建外微信公众号等多家媒体宣传报道14次。年内，街道社区文明实践所站开展各项活动35场次，交通主题专项活动15次，社区文化主题活动370余次。围绕“疫情防控”“环境卫生”“治安巡逻”“垃圾分类”等开展各类主题活动233次、8291人次参与。

（刘　丽　董蕙玲　程　迪　李明阳）

【环境整治】 年内，建外街道拆除违法建设35处、2392.87平方米，任务完成率300%；拆除、清理现代城地下车库B1、B2内隔断房、M2避难层隔断房及私搭乱建2000余平方米。全年完成3件持续治理类图斑分类举证工作，不纳入创建类办结11件。开展非机动车停放整治工作，及时调度地区运维共享单车3000余辆。对违规投放采取强制扣车措施，出动140辆拖车，清拖电动车710辆、三轮车40辆。

（张　宁　杜昀鸽）

▲ 9月，“建外红”志愿服务平台在辖区内举办的第四届“社区邻里节”中开展宣传注册活动

（刘　峥　摄）

【“建外红”志愿服务】 年内，建外街道“建外红”志愿服务平台注册人数11031人。街道妇联发起“木兰花海”“如梦芳华”项目，18位女企业家组成木兰会，为女性朋友答疑解惑，送服务进企业，举办各类主题互动活动38场，惠及辖区女性1034人。

（程　迪　满运超）

【平安建设】 年内，建外街道开展安全生产及消防安全隐患排查14700余家次，消除安全隐患6370余处；开展宾馆酒店、六小门店防疫检查15200余家次；其中，联合执法检查800余家次，发现并督促整改隐患771个、查封1家、三停9家、行政处罚63家、治安拘留3人。社区帮教谈话教育148次、走访140次、排查隐患4次；排查矛盾纠纷、失联风险8次。

（杨旸昱　李明阳）

【城市更新】 年内，建外街道投资2555.9万元提升5条道路环境，完成秀水社区59号楼南北侧、月河小区环境改造；完成东大桥路69号楼及灵通观乙5号楼车棚改造；完成永安南里13号楼供暖主管道更换、外墙保温及外立面粉刷、防水改造；完成光华里小区筒子楼楼内粉刷、灵通观9号楼、光华里20号楼楼顶、光华欣居楼顶防水及雨水管道更换工程。开展“森林城市”“绿化社区”及“花园式社区”创建工作，北郎东社区创建首都绿化美化花园式社区，大北家园、大望家园等7个社区创建朝阳区绿色社区。

（王硕汝）

【助老救困】 年内，建外街道启动适老化改造、评估、设计和助老设施上门安装工作，帮扶救助辖区800多名失能老人和2000余名80岁及以上老年人。走访慰问52户失独家庭、为14户特殊家庭提供免费家政服务；开展一对一家庭问诊、健康监测、用药指导和智能手机课堂教学。（李　莹）

【“接诉即办”】 年内，建外街道开展矛盾纠纷排查5次、接待来访104批211人次、受理群众来信65件次，解决信访问题28件。受理“12345”热线平台案件27996件，有效回访13394件，解决率为98.8%、满意率为99.4%。街道市场所接到投诉举报55855件，其中“12345”业务辅助系统34790件，全国“12315”平台21065件，为消费者挽回经济损失529.692万元，获“朝阳区接诉即办最美办件集体”称号。妥善处置农民工集体讨薪案件9起50人次。为欠薪农民工发放工资236.1万元。

（张子魁　全春行　张仲超　李明阳）

【服务保障】 年内，建外街道开发就业岗位1858个、完成用人单位招聘登记服务46次、求职登记387人次；一对一指导、跟踪回访登记失业人员795人次、摸查就业困难人员432人次、走访就业困难人员85人、实现就业困难人员再就业33名，受理灵活就业保险补助申请330人次。发放受理城镇无保障老人福利养老金470人次；慰问退休人员496人；实现灵活就业156人；办理无档案、外埠人员参保和延缴手续54人；办理医疗救助、临时救助、优抚医疗减免、困难残疾人生活补贴、退养人员药费报销事项366人次，发放各类救助金50万元。

（王军进）

朝阳区建外街道社区居委会情况一览表

表20

序号	名称	地址	电话
1	月河社区居委会	通惠河北路69号院中海枫丹公馆1号楼底商1-103号	58940511
2	建国里社区居委会	建外二道街17号建国里社区党群服务中心	58783545
3	永安里社区居委会	建外街道永安里灵通观10号楼南侧平房	58783632
4	永安里东社区居委会	东三环中路39号院建外西区SOHO16号楼B1-1605室	58783615
5	大北家园社区居委会	南郎家园小区北侧二楼	58789728
6	南郎家园社区居委会	建国路88号南郎社区文化教育活动中心201室	58783660
7	大望家园社区居委会	西大望路3号蓝堡国际公寓南区S211号	58940516
8	北郎东社区居委会	西大望路3号蓝堡国际公寓南区S215号	58789724
9	北郎社区居委会	光华路6号院外北郎社区2层	58783533
10	光华里社区居委会	建外街道光华里12号楼南侧平房	58783508
11	秀水社区居委会	东大桥路57号楼院内	58783638

（邢骕璇）

劲松街道

【概况】 劲松街道位于朝阳区西南部。东起东四环中路与南磨房地区（乡）相邻；南至劲松724楼南侧小马路、东南郊灌渠及南磨房路与潘家园街道、南磨房地区（乡）相交；西至东护城河、东三环南路与双井街道、东城区龙潭街道相望；北至劲松路、216楼南侧小马路及广渠路与双井街道接壤。辖域面积5.2平方千米。下辖17个社区。年内，辖区有常住人口103316人（2020年人口普查数据），户籍人口31539户、77467人，流动人口32809人（有效期内居住证和登记卡）、外籍人口642人；户籍人口中有汉族人口72223人、少数民族人口5244人；出生人口449人、死亡人口122人。有法人单位10109家，其中央属单位有中国能源建设集团有限公司、北京化工机械有限公司等11家，地方单位有北人集团公司、北京虎城供热有限公司等111家，其他单位9987家（2020年统计数据）。有一级医疗机构9家，其中社区卫生服务中心1个（下设社区卫生服务站5个）；有职业高中1所、中学2所、九年一贯制学校3所、小学1所、幼儿园13所；有养老机构2处、养老驿站4处；有1900平方米为民服务大厅1处；有档案馆1座、电影院3座、图书馆1处和社区图书阅览室17个。途经辖区公交线路49条，地铁7号线、10号线、14号线贯穿其中。有街心公园2处，辖区绿化率33.3%。年内，劲松街道把“疫情要防住、经济要稳住、发展要安全”贯穿街道工作全过程，聚力攻坚，实干笃行，完成北京冬奥会、冬残奥会开闭幕式彩排、全国两会、中共二十大等重要时间节点维稳服务保障工作；完成街道残联换届选举工作。实现区级财政收入6.55亿元，比上年增长39.07%。劲松街道获国家级“节约型机关”“北京市第七次全国人口普查先进集体”“第二届北京市‘人道奖’先进集体”称号；和谐雅园社区、劲松中社区获“北京市综合减灾示范社区”称号；万科蓝山小区获“2022年第一批北京市生活垃圾分类示范小区”称号。

（李　堃　李园园）

【统计调查】 2月16日，劲松街道启动地区劳动力调查工作，项目涉及7个社区、1232户。9月至11月，街道开展2022年度人口抽样调查，共抽中国家样本点1个、北京市样本点17个，参与调查登记710户1613人。

（刘　慧）

【环境整治】 4月至7月，劲松街道完成百环家园小区8栋楼的墙砖、地砖、顶棚、线缆、灯具等附着物的拆除及重新安装作业；建设百环东社区20号楼、磨房北里社区212楼自行车棚及充电设施；改造磨房北里社区和农光东里社区4处自行车棚，加装充电设施8套。年内，完成劲松三至六区公共区域改造工程，面积9.8万平方米，铺装沥青车行道路20529平方米、铺装楼前甬路及停车位51037平方米、雨水管线敷设2918延米、绿化喷灌管线改造4079延米、绿地平整17950平方米、路灯管道敷设8502延米、门禁道闸管线敷设8270延米；完成劲松一区114楼拆除重建工程，并通过主体结构验收。截至年底，完成二次结构砌筑、抹灰工程及3至6层地面垫层等60%室内装修、屋面工程、外墙保温板粘贴及抗裂砂浆抹面等90%外檐装修。

（李丽镜）

【主题活动】 7月27日，劲松街道走访慰问辖区双拥共建部队——北京武警总队执勤第四支队六中队和八中队，为部队官兵送去3.5万余元节日慰问品。年内，劲松街道开展第十六届“朝阳慈善情　百姓新春大联欢”活动，慰问辖区困难群体100名，发放救助金10万元；街道妇联开展“把爱带回家”儿童关爱服务、“三八”国际妇女节纪念活动、“喜迎二十大　巾帼心向党”、“朝之花　幸福家”等主题活动60场。街道团工委开展“学党史　少年强”“带你走进《习近平七年知青岁月》”等主题团日活动6次，参与人数320余人次。依托社区青年汇阵地，筑牢“星光自护”品牌活动，将自护、禁毒、法治、防艾（滋病）教育内容融入日常生活，开展活动7次，覆盖青少年419人次。

（吴佳倩）

【平安建设】 年内，劲松街道投入专项资金278万余元，建成23个智慧平安小区；投入33万余元，安装高清监控探头124个；投入5万余元，更换街道城市管理指挥中心老旧存储设备，整治群租房155套。投入60余万元，铺设平乐园三间房村、劲松四区平房院、大郊亭3号院3处平房院干式应急消防管道1090米。投入13万余元，整治

▲ 8月18日，劲松街道禧福汇南侧路安装隔离护栏　（吴永生　摄）

共享单车秩序乱点68次，清运码放共享单车2.3万辆；投入9万余元，施划辖区主要干道停放标线6000余米、安装挡车柱470根；投入35万元，实现辖区12个地铁站口蓝牙嗅探监测管理全覆盖、利用随手拍App处理违章停车4000余辆。投入8万余元，安装禧福汇南侧路隔离护栏90米，安装劲松南路便道U形挡车桩105根。6条道路路侧临时占道停车纳入电子收费管理。

（苏明超　李　曦）

【社区建设】 年内，劲松街道完成共商共治“伴行芳邻·深耕劲北”项目，涉及8栋居民楼、35个楼门、投资金额145万元。完成门禁维修、楼门文化、修建自行车棚三大类社区级共商共治项目，涉及15个社区，投资170万元，惠及居民3万余人。完成磨房北里社区205、207楼楼门示范点建设。完成大郊亭社区、和谐雅园社区办公用房装修改造工程。完成5个社会组织参与社区治理项目，项目资金51.6万元。完成《北京市社会组织服务管理系统》《全国基层政权建设及社会治理系统》维护及完善工作。为在本街道注册的6家社会组织进行资格年审。

（张　盈）

【公共文化】 年内，劲松街道开展各类文化体育活动120余场次，受益人群3万余人次（线上线下合计）。开展冬奥文化广场活动暨朝阳森林演出季劲松专场演出活动。启动百姓周末大舞台公益演出活动，邀请北京儿童艺术剧院、北京国韵华声艺术团走进社区，开展儿童剧和经典京剧唱段专场演出。组织地区居民观看原创话剧《沙场老兵》。开展“奋进新征程，喜迎二十大”主题公益电影放映活动4场。

（廖　欢）

▲ 9月22日，劲松中社区“喜迎二十大，山河绘华章”绘制长画卷活动　（陈　培　摄）

【劳动监察】 年内，劲松街道完成辖区建筑工地检查85次并收集用工材料；完成辖区检查指导建筑企业趸缴工伤保险25次；配合区人社局开展辖区18家企业的薪酬调查工作、收集辖区80家企业用工信息；配合区人社局处理欠薪案件110件，接待来访投诉62起，涉及劳动者400余人；日常巡查社会单位264家。处理劳动纠纷调解案件43件、“12345”热线案件16件、突发事件10起，涉及劳动者300余人、金额800余万元。

（周俊义）

【服务与保障】 年内，劲松街道开发就业岗位2314个，实现失业人员就业979人，登记失业人员职业指导1072人；走访跟踪用人单位200家，办理城乡居民养老保险参保和续保手续384人；补办社保卡3145人次；办理城乡居民大病医疗保险756人，“一老一小”6910人；为高龄老人、困难人员及406户低保家庭发放各类保障金、救助金665.6万元；审批退休279人、接收退休人员1509人；办理退休人员、一老一小、低保、失业等各类人员手工报销药费2184人次。

（王丽丽）

【环境整治】 年内，劲松街道开展生活垃圾专项执法检查2100余次，立案并处罚34起，罚款4.555万元（其中个人立案10起，罚款550元；企业立案24起，罚款4.5万元）。立案处罚无照游商、夜间施工等违法行为70起，罚款25.88万元。拆除违法建设37处、3211.9平方米、疏解100余人。

（赵　维）

朝阳区劲松街道社区居委会情况一览表

表21

序号	名称	地址	电话
1	劲松北社区居委会	劲松二区218楼南侧二层楼	67790796
2	劲松东社区居委会	劲松三区321楼1门1号	67783532
3	劲松中社区居委会	劲松五区507楼	67794210
4	劲松西社区居委会	劲松八区甲813楼	87714607
5	农光里社区居委会	农光里142号楼西侧	67354935

续表 21

序号	名称	地址	电话
6	农光里南社区居委会	农光里乙27楼平房	87356776
7	农光里中社区居委会	武圣路农光里212楼一层	67354936
8	农光东里社区居委会	农光东里临甲9号	67356577
9	磨房北里社区居委会	磨房北里社区临甲120号	67313633
10	八棵杨社区居委会	东三环南路54号院东门外甲9号四层	87735585
11	大郊亭社区居委会	广渠路28号院208楼底商北156号	58634292
12	百环社区居委会	广渠路66号院10号楼一层	87728617
13	百环东社区居委会	广渠路66号院14号楼北侧二层小楼	67768060
14	和谐雅园社区居委会	武圣北路6号院1号楼	67775750
15	西大望路社区居委会	西大望路37号院2号楼1单元	67677741
16	西大望路南社区居委会	劲松街道东方雅苑1楼	67725055
17	首城社区居委会	劲松街道营盘沟路9号	67723480

（李　堃）

酒仙桥街道

【概况】 酒仙桥街道位于朝阳区东北部。东至酒仙桥北路与崔各庄地区（乡）接壤，南至亮马河与东风地区（乡）毗连，西至酒仙桥路、将台路与将台地区（乡）相接，北至京顺路与东湖街道、望京街道相邻。辖区面积5.3平方千米，下辖11个社区。年内，辖区常住人口63910人，户籍人口22786户、65534人，流动人口23484人，外籍人口634人，新出生人口342人、死亡人口109人；有法人单位5551个，其中中央单位有普天科创实业有限公司、北京华信医院、中国电子科技集团公司等31家，市属单位有北京燕东微电子有限公司、北京正东电子动力集团有限公司、北京七星生活物业管理中心等77家，区属单位有北京朝阳海外学人中心、北京市朝阳自动化仪表厂等32家，其他单位5411家；有医院5家、社区卫生服务中心1个、社区卫生服务站3个；有科研院所3家、大学1所、中学2所、小学3所、幼儿园5所；有养老机构7处；有400平方米为民服务大厅、3600平方米地区文化中心各1处，有文化广场17处和24小时自助图书馆3处；途经辖区公交线路16条，有地铁14号线贯穿其中。辖区绿化率19.25%。年内，酒仙桥街道坚持以“接诉即办”为牵引，强化党建引领基层治理，组建清风酒仙桥联盟，推动“久久爱”品牌成为朝阳区社会领域十大党建品牌；完成北京冬奥会、冬残奥会、全国两会、党的二十大等重要时期服务保障任务；完成街道妇联换届选举、街道残联换届选举工作；街道团工委选举产生新一届团工委书记1人、副书记1人和委员7人；街道招录社区工作者52名；构建“1+2+3”（建立健全诉求中心“一个中心”建设，人才技能和科技赋能“两能”建设，应急抢修队伍、业务导师队伍和技术保障队伍“三支队伍”建设）三级力量服务体系，“接诉即办”解决群众急难愁盼问题174件；实施30个老旧小区改造，10个小区引进标准化

▲ 1月22日，街道举办“相约冬奥会　筑梦酒仙桥”红色直播间活动。图为直播现场（方　萌　摄）

物业；完成5200余户筒子楼厨卫改造，修缮房屋3360余套，更换门窗玻璃4800余户。完成区级财政收入19.68亿元，比上年增长2.34%；征收小房产税685.57万元，比上年增长47%。街道获“北京市应急值守先进单位”和“北京市交通安全成绩突出单位”等称号，银河湾小区获“北京市生活垃圾分类示范小区”称号。（任　黎）

【“相约冬奥会　筑梦酒仙桥”直播】1月22日，酒仙桥街道以“相约冬奥会　筑梦酒仙桥”为主题，举办第十七期红色直播间，喜迎冬奥盛会、服务冬奥、共享冬奥。6位嘉宾与大家分享宣传、服务、保障冬奥会的故事。直播与一直播、花椒、映客、斗鱼、哔哩哔哩、西瓜视频、7大平台同步推出，572万人次在线观看。（刘保军）

【群众活动】1月至3月，酒仙桥街道组织观众234人观看冬奥会火炬传递、北京冬奥会、冬残奥会开闭幕式、冰球比赛等7场活动。1月20日，街道群众文艺队伍表演的舞台剧《你的模样》登上北京电视台老年春晚录制节目。3月4日，街道市民（党群）活动中心受北京电视台邀请录制《多彩社区行》节目。并在“北京文化”频道黄金时段播出。（姚　芳　李济萍）

【小型消防站建设】4月1日，酒仙桥街道位于酒仙桥路37号的小型消防站开工建设，投资100余万元。建筑面积257平方米，配备消防车1辆、安全员8人，10月竣工并投入使用，覆盖酒仙桥街道南部6个社区2.5平方千米区域3万余户居民，增补社区消防设施6179件，喷涂防火涂料6万余平方米。（魏思雯）

【环境整治】4月，酒仙桥街道集中整治二街坊环境秩序，查处二街坊平房区无证无照经营商户38家；拆除违规房间12间、清理群租房2处、堆物堆料206吨；在二街坊平房区北侧新建围挡176米。10月，街道启动拆除898创意园区第31幢违法建设，第31幢建筑有3层、1.1万余平方米、427套公寓性住房，居住能力千余人；拆除公司和搬家公司动用人力1032人次，历时9天完成拆除。年内，对接燃气公司与区城管委等部门，合力消除辖区（101处）占压燃气管线隐患。

（周　好　王文超）

【党建共建】6月30日，酒仙桥街道组织观看疫情防控宣传片《看这些最可爱的人》；为4名老党员颁发“光荣在党50周年”纪念章；7月，酒仙桥街道获朝阳区社会领域党建“十百千万”示范工程中的“十大优秀党建品牌”“百名红色头雁”“千支优秀基层治理和志愿服务队伍”和“万名优秀志愿先锋”等荣誉。10月，酒仙桥街道以慈善工作站为平台，联合北京市慈善领域社会组织流动党员第二联合支部、北京市公益领域社会服务机构第五联合委员会流动党员第四联合支部委员会共同成立“党建共建实践基地”。（刘保军）

【安全隐患整治】11月1日，酒仙桥街道启动整治平房区堆物堆料、电动自行车违规充电、线路私拉乱接、非法群租房、无证照经营等问题，检查房屋60余间，张贴、发放《隐患整改通知书》100余份；清理堆物堆料50余处、拆除私拉接线板及麻花线4处、违规使用调压阀1处；查处非法群租房1处、无照经营2处；拆除无照经营牌匾、招牌2处。（魏思雯）

【便民服务】年内，酒仙桥街道开发就业岗位2150个，为41家用人单位办理招聘登记。街道实有城镇居民医疗保险（一老一小无业）参保人员4377人，新增462人；补换领取社保卡3588人次、管理社会化退休人员23309人、年内新增12190人；低收入家庭医疗救助1058人次，发放医疗救助款218.35万元。（宋　扬）

朝阳区酒仙桥街道社区居委会一览表

表22

序号	名称	地址	电话
1	大山子社区居委会	大山子北里小5楼	64309134
2	高家园社区居委会	高家园小区118号	64370749
3	银河湾社区居委会	万红西街9号院银河湾1号楼101-102	64309141
4	中北路社区居委会	酒仙桥路甲11号院平房	64309138
5	万红路社区居委会	万红路甲1号院	84569918
6	红霞路社区居委会	六街坊8楼后平房院	64309145
7	红霞北社区居委会	六街坊8楼后平房院	64309145
8	南路社区居委会	十一街坊16楼旁平房	64318451
9	电子球场社区居委会	三街坊2楼旁二层楼	64309151

续表 22

序号	名称	地址	电话
10	华信社区居委会	三街坊2楼旁二层楼	64309151
11	驼房营西里社区居委会	电子城小区9–10楼之间	84707693
12	东路社区居委会	驼房营南里兆维小区综合楼二层	64309166
13	怡思苑社区居委会	南十里居15号10号楼北侧	64309128

（姚　芳）

六里屯街道

【概况】 六里屯街道位于朝阳区中西部。东起京包铁路与东风地区（乡）、平房地区（乡）接壤；南以二道沟河为界与八里庄街道、呼家楼街道和高碑店地区（乡）相望；西至朝阳体育馆与团结湖街道相邻；北以农展南路为界与麦子店街道相接。辖区总面积4.4平方千米。下辖16个社区。年内，辖区常住人口100467人，户籍人口24625户、59551人（其中汉族55208人、满族2006人、其他少数民族2265人），流动人口9393人，港澳台同胞及外籍人口899人；新出生人口381人，死亡人口112人。有法人单位2784个，其中中央单位4家、市属单位10家，区属单位32家，其他单位2738家。有医院8家、社区卫生服务中心1个、社区卫生服务站6个；有大学1所，中学3所、国际学校1所、小学4所、幼儿园8所；有养老照料中心2处、养老驿站4处；有300平方米为民服务大厅、800平方米党群活动中心、700平方米地区文化中心各1处，有文化广场4处和24小时自助图书馆2处；途经辖区公交线路30余条，地铁6号线、14号线贯穿其中。辖区绿化率31.5%。年内，六里屯街道围绕防风险、保安全、护稳定一个主线，抓实疫情防控和“接诉即办”两项常态，打造基层党建、法治建设、项目建设三个亮点，推进秩序、环境、民生、党建四项重点，推动和谐、宜居、文明、幸福六里屯再上新台阶。重点开展基层党建、疫情防控、文明城区创建、民主法治街区建设等工作；完成社区调整，新成立嘉福园社区、延静寺社区、十福社区和晨光东社区等5个社区居委会；成立社区青少年先锋队参与文明城区建设。实现区级财政收入4.54亿元，比上年增长24%；代征小房产税入库229.87万元，其中房产税185.26万元。六里屯街道司法所获“2018—2022年度北京市司法行政系统先进单位”称号。（乔　晴）

【服务与救助】 年内，六里屯街道城乡登记失业人员就业率67.24%，组织36人参加城乡劳动者职业技能培训，建立用工单位台账8家；实现灵活就业527人，实施临时救助3人次1.07万元、教育救助21人次13.67万元、供暖救助442户60.78万元、医疗救助1369人次160.9万元。（赵　訾）

【环境整治】 年内，六里屯街道完成十里堡北里社区、八里庄北里东社区、甜水园社区、六里屯北里社区、延静寺社区5个社区、13个小区、76栋楼的楼体节能改造、楼体清洗粉刷、屋内上下水改造、公共区域整治等工程的70%。甜水西园社区推行使用可降解厨余垃圾袋26.3万个，区环卫中心单独清运厨余垃圾117.8吨。丽水嘉园、八里庄南里小区等增设桶站8个；检查居民个人生活垃圾分类投放2969人次，给予警告、罚款187起；取缔非法散发、张贴小广告357起、清理小广告6750余张；取证录音、移送停机73次、立案处罚18起、罚款5600元；查扣非

▲ 7月，六里屯街道甜水西园社区成立青少年先锋队，参与文明城区创建迎检工作
（六里屯街道　供图）

法运营黑摩的12辆，立案5起，处罚2000元。（刘思琦　崔永红）

【平安建设】年内，六里屯街道与16个社区692家社会单位签订安全生产目标管理责任书、消防安全责任书、承诺书3000余份。出动执法检查人员4500余人次，检查生产经营单位安全生产3900余家，督促整改各类安全隐患793处；完成社会单位安全生产责任险签订192家、安全生产三级达标80家、应急管理检查63家、应急预案备案18家、编制完成“一企一标准　一岗一清单”17家、完成风险评估系统填报16家；社会单位负责人安全生产培训85家、100人；印制发放各类安全海报、提示单8000余份；安装有限空间提示牌5200块。投入200余万元，建设甜水园待拆迁区室外消防栓64处。完成“平安冰雪季”、安全生产大检查和安全生产专项整治三年行动。（王　超）

【个人调解工作室成立】年内，六里屯街道调解委员会成立朱静个人调解工作室、刘玉龙个人调解工作室。全年调解一般性纠纷4件、简易性纠纷5件、复杂性矛盾纠纷5件，涉及金额41.515万元。（吴冬雅）

▲ 8月，六里屯街道召开接诉即办工作会，提升接诉即办工作能力　（六里屯街道　供图）

【“接诉即办”】年内，六里屯街道落实“九步办理、三级督办、六率考核、十个落实”工作机制，采取“接诉即办+网格、接诉即办+司法调解、接诉即办+外脑定制”等措施，提高办案满意率。全年接收承办案件17149件，比上年增长105.3%，诉求响应率99.91%、解决率94.76%，满意率94.86%。（田永华）

【拆违控违】年内，六里屯街道完成分类治理图斑举证37处，6594.86平方米；违法建设拆除171处、面积6241.80平方米，其中涉及老旧小区13个、76栋楼、一层居民400余户，完成率312%。（崔永红）

朝阳区六里屯街道社区情况一览表

表23

序号	名称	地址	电话
1	秀水园社区居民委员会	水锥子北里4号楼南侧平房	85961850
2	碧水园社区居民委员会	甜水园北里6号楼北侧平房	65033285
3	六里屯北里居民委员会	六里屯北里19号楼底商	65070871
4	道家园社区居民委员会	道家园社区甲4号北侧	65021629
5	甜水西园社区居民委员会	甜水西园甲12号楼	85972199
6	嘉福园社区居民委员会	丽水嘉园1号楼地下室	65862417
7	延静寺社区居民委员会	道家园12号楼103室	65928548
8	甜水园社区居民委员会	甜水园东里20号楼北侧	65024571
9	八里庄北里社区居民委员会	八里庄北里212号楼底商	85918559
10	晨光社区居民委员会	十里堡晨光家园B区324楼1层	85842390
11	八里庄南里社区居民委员会	八里庄南里8号楼1层南侧	85836657
12	八里庄北里东社区居民委员会	八里庄北里301号楼103/104室	85521813
13	十里堡北里社区居民委员会	十里堡北里11号楼西侧	85847186
14	晨光东社区居民委员会	晨光家园C区201号楼首层	85847178
15	十福社区居民委员会	炫特嘉园3号楼1层底商	65000916
16	炫特家园社区居民委员会	炫特嘉园1号楼底商	85856772

（乔　晴）

麦子店街道

【概况】 麦子店街道位于朝阳区中东部，东起东四环与东风地区（乡）接壤；西至东三环北路与左家庄街道、三里屯街道毗邻；南临朝阳公园南路、农展南路与团结湖街道、六里屯街道相接；北接机场高速与将台地区（乡）和太阳宫地区（乡）隔路相望。辖区面积6.8平方千米，下辖7个社区。年内，辖区有常住人口14445户、41496人，户籍人口9192户、23220人，流动人口12232人，外籍居民6044人；户籍人口中有汉族21759人，少数民族人口1461人；出生人口221人、死亡人口152人。辖区有规模以上法人和产业单位617家、规模以下中小微企业122家。其中，央属单位53家、市属单31家、其他单位533家；有美、法、日、韩等13处外国使馆的第三使馆区，有上合组织、中国·东盟中心为代表的国际组织等多处涉外机构；有医院1家、社区卫生服务中心1个、社区卫生服务站3个；有公立幼儿园、小学、中学各1所，各类民办学校和教育机构11所；社区养老驿站3处、养老照料中心2处；有200平方米为民服务大厅、2900平方米地区文化中心各1处，有文化广场6处和24小时自助图书馆1处；途经辖区公交线路35条，有地铁10号线、14号线贯穿其中；辖区绿化覆盖率67.5%。年内，麦子店街道围绕“三化”主攻方向和“四区”建设目标，按照“双五工程”（高质量发展五大提升工程：国际化能级提升工程、数字经济发展提升工程、文化活力提升工程、消费潜能提升工程、服务效能提升工程；高品质生活五大示范工程：大尺度绿化示范工程、现代教育示范工程、卫生健康示范工程、城市更新示范工程、智慧治理示范工程）要求，全面落实街道“十四五”规划打造高质量发展示范街道、高品质生活亮丽街道、国际化交往活力街道的目标，着力推动开放创新、生态宜居、活力国际、平安和谐麦子店建设，构建“三圈两链、一带一区”（蓝港文化消费圈、燕莎商业发展圈、霄云商务服务圈；绿色生态链、宜居生活链；亮马河国际风情景观带、外事服务保障区）发展格局，聚力攻坚、实干笃行，完成四季酒店、长城饭店、亮马河饭店等6家涉奥酒店外围保障、冬奥场馆外围支援保障、社会面防控等任务，落实北京冬奥会、冬残奥会开闭幕式市级点位朝阳公园东三门5万余人次、6000余车次的远端人员集结疏散保障任务。完成全国两会，北京冬奥会、冬残奥会、中共二十大等重大活动期间服务保障工作，梳理并制定9大类服务保障应急预案，持续启动社会面一级超常防控，组织各类群防群治力量5000余人次，织密社会面防控网，社会治安、交通秩序得到整体提升。推广“麦家麦邻”居民服务队伍。开展“中外喜相会乐活在亮马”系列活动。全年实现区级财政收入28.01亿元，比上年减少14.99%，完成全年指标任务78.7%。麦子店街道获北京市接诉即办工作先进集体、2022年北京市全民健身示范街道、北京市司法行政系统先进集体称号。　（曹荣贵）

【党建引领】 年内，麦子店街道落实“三会一课”，组织专题生活会162场、党课202场、街道领导班子党史学习教育专题民主生活会1场。完成北京市参加党的二十大代表候选人和朝阳区参加北京市第十三次党代会候选人推荐提名工作。145名支部书记参加区级示范培训班。落实“两新”党建18条，成立“两新”党支部13个。新建“两新”党建阵地25个。党群服务中心举办党建活动156场。“党群服务中心功能开发与运行模式研究”入选区党建研究课题、基层党建创新项目，“霄云荟”获评区委党校现场教学示范点，“创新‘5HUI+’理念，助力企业发展，优化地区营商环境，提升区域基层治理水平；党建汇，让党建更+创新；共享荟，让环境更+宜商；友朋会，让空间更+有趣；生活惠，让城市更+温暖；国际慧，让交流更+密切；构建非公党建新平台”，获朝阳区“十大优秀党建品牌”称号。《“企业社区”非公党建实践研究》获朝阳区党建研究会立项课题一等奖。　（王建新）

【安全生产监管】 年内，麦子店街道运用“安全生产建议告知管理”，施工前登记告知施工单位644家，涉及建筑面积70.2万平方米、从业人员5572余人，识别伪造、过期、涂改特种作业证件137张。出动执法人员7000余人次、完成日常检查3117家单位、整改隐患1378处。推进1126家单位参保安责险。

（金捍东　王　正）

▲ 2022年，麦子店街道党群服务中心举办“霄云荟”直播间活动。图为4月19日，“法筑麦家　企航未来”——法律服务进企业直播现场　（麦子店街道　供图）

【环境整治】 年内，麦子店街道拆除违法建设25处，建设面积2928.79平方米，完成年度任务（1000平方米）的293%。主要领导带队巡河441次，巡河里程865.52千米。办理网格化城市管理平台考核案件16692件，核查率97.2%，结案率98.6%。完成裸地苫盖1.32万平方米，治理辖区1.5万余棵杨柳树飞絮。通过智慧管理系统精准治霾，$PM_{2.5}$累计浓度比上年下降40%。

（董建英）

【救助与服务】 年内，麦子店街道实施医疗救助7人、低保办理2户、采暖救助26户；办理残疾证、康复补贴等300余人。为1800余户，发放慰问金、慰问品14万余元。开展第五届“爱心汇聚 情暖麦家”主题慈善活动，筹集善款3.54万元。建立《突发讨薪事件应急处理方案》及《24小时备勤应急预案》，处理突发讨薪案件102起，涉及1900余人。依托地区4家养老驿站1家养老照料中心为老年人开展电话探访12664人次，助洁、助医、助浴服务854人次。依托温馨家园，走进残疾人家中提供理发、修脚、家政等服务，组织25名无障碍监督员及残疾人监督体验无障碍设施。

（孙　涛　张　妍）

【社会保障】 年内，麦子店街道城镇求职登记199人，提供精细化就业服务27人，开发就业岗位985个。建立健全“五必访，五必问，两管理”促就业工作机制。动态管理失业人员档案384份，办理就业登记手续254人。为149人办理灵活就业保险补贴，与27家企业建立长期联系，就业人员跟踪回访108次。

（余国柱）

▲ 2022年，第五届北京朝阳森林演出季朝阳区冬奥系列文艺演出活动在奥森公园棋苑广场举办。图为3月1日，麦子店街道专场演出现场　（麦子店街道　供图）

【法律服务】 年内，麦子店街道开展涉及疫情、婚姻家庭、物业邻里等矛盾纠纷排查化解73次，调处各类矛盾纠纷121件，调解成功121件，成功率100%。处理各类信件（含网上投诉）566件，办理市、区转办件36件，重点信访事件4起，化解重大矛盾2起，处理历史积案1件。（杨　靖　刘玉彪）

【社区建设】 年内，麦子店街道建成枣营社区南北院1个全要素小区，建成枣营北里8号楼、枣营南里社区麦子店街小院2个全景楼院。社区居民全程参与主题墙、便民设施、楼门文化等方面的设计。项目完成墙面粉刷2180平方米、镀锌桥架安装882米、架空线梳理2227.6米、地面修整283平方米、透水砖铺装500平方米、雨水管道修整115米、绿植种植50平方米，艺术装饰38平方米。（王微微）

【文体活动】 年内，麦子店街道举办“2022第五届北京朝阳森林演出季朝阳区冬奥系列文艺演出”专场、麦子店街道“第十二届国际社区文化季”系列活动。组织线上、线下活动7次和2场“百姓周末大舞台”文艺演出。组建街舞团队1支。街道摄影协会2人获2022首都市民系列文化活动“影像北京”全市美术书法摄影大赛二等奖、优秀奖；第七届“兰台杯”朝阳符号摄影大赛摄影协会28人44幅作品获奖；地区舞蹈队获第十七届“舞动北京”群众广场舞大赛一等奖；柔力球队获北京市社会体育管理中心主办的“第六届北京市柔力球公开赛规定套路（社会组）B类”一等奖。组织地区500余名青少年参加冬奥游园会，体验冬奥飞行棋、旱地冰壶比赛等活动。（戴德升　张子钦）

朝阳区麦子店街道社区居委会情况一览表

表24

序号	名称	地址	电话
1	霞光里社区居委会	霞光里30号院5号楼西侧	51302817
2	亮马社区居委会	霞光里30号院5号楼一层东侧	64660199
3	枣营北里社区居委会	枣营北里30号楼	65928551

续表 24

序号	名称	地址	电话
4	枣营南里社区居委会	枣营南里19号	65089525
5	朝阳公园社区居委会	朝阳公园西路9号北小楼	65383824
6	农展南里社区居委会	农展南里3号楼	65915230
7	枣营社区居委会	枣营北里19号楼	65910427

（曹荣贵）

潘家园街道

【概况】 潘家园街道位于朝阳区东南部。东至西大望路与南磨房地区（乡）相接；南至华威南路与十八里店地区（乡）、丰台区相邻；西至广渠门南滨河路与东城区隔河相望；北至农光路与劲松街道相连。辖区面积3.4平方千米。下辖14个社区居委会。年内，辖区有常住人口100272人，户籍人口31327户、77432人，流动人口32285人，港澳台同胞及外籍人口161人，常住人口中有汉族人口71671人、少数民族人口5761人；出生人口412人、死亡人口142人；有法人单位3406个，其中中央直属单位有国家癌症中心、《中国消防》杂志社等19家、市属单位20家、区属单位36家，其他单位3331家；有医院7家、社区卫生服务中心3个、社区卫生服务站6个；有科研院所7家；有中学2所、小学3所、幼儿园5所；有养老机构9处，其中老年公寓1处、养老照料中心1处、养老驿站7处，温馨家园1处；有762平方米为民服务大厅、3372.9平方米地区文化中心各1处、文化广场3处和24小时自助图书馆3处。途经辖区公交线路30余条，地铁10号线、14号线贯穿其中。辖区绿化率20.6%。年内，潘家园街道围绕地区发展实施“一个工程四大行动”（党建强基工程、城市更新行动、安全守护行动、千家万户行动、文化润民行动），推进改革创新“年度三件事”落地实施，完成街道残联换届选举和北京冬奥会、冬残奥会、全国两会、中共二十大等重大活动期间服务保障、表彰“老法官志愿服务队”、创建文明城区、城市精细化管理、“疏整促”专项行动等重点任务，推动地区经济发展、社会建设、城市管理等各方面取得新成效。实现区级财政收入2.46亿元，比上年增长0.82%，征收房产税300.19万元，比上年减少35.16%。潘家园街道获“2022年度北京市交通安全工作成绩突出单位”，潘家园东里社区赵培霞获“2022年首都劳动奖章”。

【“文化潘家园”IP上线】 8月1日，“文化潘家园”在抖音号和视频号上线，同步开启直播活动。“文化潘家园”首期节目主题为“致敬革命先烈，传承红色文化”，特邀请开国上将赵尔陆将军之女赵珈珈，讲述父亲真实的红色历史故事《我的国和我的家》。直播活动由街道文联主办，街道图书馆承办，千余人线上观看。“文化潘家园”直播间从“好书分享”“传统文化”“红色故事”“文艺达人”四个方面分享好故事、传递正能量，打造“文化潘家园”IP和“文艺达人”IP，吸引更多文艺志愿者加入文联队伍，培养和储备优秀人才。

【第四届社区邻里节】 9月16日至23日，潘家园街道举办“第四届社区邻里节”系列活动。开幕式现场设置“和谐邻里”—拍照打卡定格幸福、“文明邻里”—体验现代科技、“和睦邻里”—

▲ 9月16日，潘家园街道举办共建和谐美好家园 喜迎党的“二十大”第四届社区邻里节颁奖活动 （李金龙 摄）

暖心义诊服务、“乐融邻里”——趣味市集4个模块。评比选出品牌社区社会组织28支，街道为品牌社区社会组织颁发证书及奖杯。社区邻里节主题系列活动同时在14个社区开展。活动由“和睦邻里”“文明邻里”“情谊邻里”三个板块组成，举办社区跳蚤市场、体育健身项目、达人秀等活动28场，吸引4000余名居民参加互动。

【“一社区一品牌”】 年内，潘家园街道14个社区将党建品牌与我为群众办实事、“接诉即办”、老旧小区治理等工作相结合，形成“武东梦空间”“一核五翼三联”等特色党建品牌，并以“匠心党建”为主题在微信平台集中展示。开展各项活动42场，推广党建品牌经验。

【社区治理】 年内，潘家园街道调整潘家园东里、华威西里和华威北里3个社区的规模。夯实“15+68”（1个街道层面议事厅，14个社区层面议事厅，68个小区层面议事厅）居民议事厅工作，开展“楼门院议事厅”“网上议事厅”等活动。推行潘家园东里社区服务空间开放式建设试点，深化“社区成长伙伴计划”，构建“1+4+14+N”多元协同运营模式，开展定制服务，培育新社会组织12支队伍。

【疏解整治】 年内，潘家园街道拆除鼎盛市场等128处违法建设，拆除面积1.45万平方米。“场清地净”销账建筑面积1.41万平方米，完成（挂账任务3000平方米）比例469%。腾退土地销账面积3531平方米，完成非施工围挡治理2处、完成雨污管线错接混接2处。开展占道经营执法970余次、取缔占道经营50余起、规范门前三包单位880余家。新建1处社区便民服务网点，核实处置违法群租房案件305件、清空房间2间、调控人口325人。

【城市管理】 年内，潘家园街道完成3个老旧小区综合改造项目，松榆里社区松一小区至松四小区、市房管局宿舍楼本体改造完工；武圣东里二小区路面修缮、潘家园南里17号院绿地改造、老楼加装电梯（5部）等项目落地。指导北京双吉安物业管理有限公司等10个小区物业接管、引进等工作。全年开展垃圾分类执法检查780余次，清理无主垃圾3200余车。

【平安建设】 年内，潘家园街道开展“零发案”社区创建活动，10个社区保持零发案。整合街道120个探头，实现社会面监控探头三网融合，总量476个（车卡、人卡、微卡）。推进电动自行车创安工程，辖区电动车6352辆，安装充电桩柜接口4223个；电梯354部，安装阻梯器176部。开展消防安全培训6次、6000人次参加；发放消防宣传海报、折页1.6万份，注册“全民消防学习平台”4965人；清理疏散消防通道121处、堆物堆料12吨、纠正违规停放电动自行车64辆。建成小型消防救援站1个，配置微型消防车4辆。开展“一警六员”培训2516人。

【安全生产】 年内，潘家园街道开展安全生产执法检查企业420家次，处罚违法违规企业3家、罚款2万元；检查社会单位3717家次，开展涉危化学品单位检查128家次，吊销1家危化品经营单位营业执照；检查瓶装液化石油气、非居民燃气用户570余家次，整改燃气安全隐患80余起、整改燃气管线占压隐患4处；完成9户液化石油气非居民用户替代、231户居民安全型配件推广工作；召开安全生产责任险宣导会7场，企业参与数600余家；开展企业安全生产标准规范化建设25家、开展新增非小微企业风险评估11家、风险源复核在账非小微企业39家。

【保障与服务】 年内，潘家园街道创建充分就业社区14个，失业人员技能培训101人，城镇登记失业人员就业率63%。办理灵活就业人员社会保险补贴893人，完成退休人员社会化管理25008人。发放各类人员社会保障卡7382张，办理社会化管理退休手续2569人。开展“紧急救助”等6个关爱老年人（开展“紧急救助”“节日关怀”“健康体检”“爱老助医”“精准帮扶”“关爱母亲”）公益项目，使用经费2.8万元；实施各类救助166人、发放救助金35万元；慰问低保、低收入家庭419户，发放慰问品折款9.63万元。走访慰问残疾人1352户、发放慰问金50.8万元；开展残疾人探访、问需服务，线上、线下353场，惠及16344人次；完成残疾人就业培训20人、安置25人；提供残疾人辅助器具服务330人。

（周雪蕾）

▲ 3月15日，街道安监科检查西部马华丝路美食街消防安全设施　（李金龙　摄）

朝阳区潘家园街道社区居委会情况一览表

表 25

序号	名称	地址	电话
1	松榆里社区居委会	松榆里26楼104室	87379160
2	磨房南里社区居委会	武圣庙6号	67347090
3	松榆西里社区居委会	松榆西里61号楼西侧	67303065
4	武圣农光社区居委会	松榆北路7号院9楼2层	67327342
5	松榆东里社区居委会	松榆东里15号楼014室	67358840
6	武圣东里社区居委会	武圣庙6号	67321802
7	华威西里社区居委会	华威西里甲42号楼	87771754
8	华威北里社区居委会	华威北里甲32号楼	67790170
9	潘家园社区居委会	潘家园27楼104室	87783342
10	华威里社区居委会	华威里翌景家园2号楼1A	87731033
11	潘家园南里社区居委会	潘家园南里11号楼北侧平房	87715076
12	潘家园东里社区居委会	潘家园东里1号楼北侧30米	67705015
13	武圣西里社区居委会	松榆北路7号院9楼2层	87379079
14	松榆西里北社区居委会	松榆西里52号楼西侧平房（警务工作站）	67312289

（周雪蕾）

三里屯街道

【概况】 三里屯街道位于朝阳区中西部。东起东三环北路与团结湖街道相接；南临工体南路与朝外街道相连；西至春秀路与东城区东直门街道接壤；北濒亮马河与左家庄街道毗邻。辖区总面积2.9平方千米，下辖8个社区。年内，辖区有常住人口 30218 人，户籍人口 13435 户、36193 人，流动人口 10540 人，外籍人口 1231 人，常住人口中有汉族 33873 人、满族 1151 人、回族 763 人、其他少数民族人口 1932 人；新出生人口 210 人、死亡人口 466 人。有法人单位 6908 个，其中央属单位有 16 家、地方单位 114 家、其他单位 6778 家。有驻华使馆、涉外机构 112 家；有医院 2 家、社区卫生服务中心 2 个、社区卫生服务站 2 个；有大学 1 所、中学 3 所、小学 5 所、幼儿园 7 所；有养老机构 2 处。有 300 平方米为民服务大厅、1200 平方米地区文化中心各 1 处，文化广场 2 处，途经辖区公交线路 40 条。辖区绿化率 21.25%。年内，三里屯街道聚焦“六稳”“六保”，借势“两区”建设、国际消费中心城市主承载区核心区建设，推动街区控规编制和城市更新，推动大三里屯商圈建设，努力将三里屯打造成“高质量发展的带动区、文化国际化的先行区、和谐宜居的首善区、精细治理的示范区”。紧抓疫情防控与经济发展、聚力城市更新与基层治理、积极回应民生诉求，增进民生福祉，举办三里屯国际周、“2022 三里屯国际周京港青年生活节”、“餐桌上的秀场——2022 三里屯国际美食节”、“相约三里　活力重启”三里屯消费季等系列活动 50 余场，

▲ 7 月 8 日，三里屯街道举办 2022 三里屯国际周“京港青年生活节”（三里屯街道　供图）

▲ 6月30日，三里屯街道举办“三里·领航”党建引领商圈发展对话活动，主持人与对话嘉宾互动（三里屯街道 供图）

落地实施“文化+”发展战略，通过以文化促消费的形式营造地区优质消费环境，提振经济发展信心。完成街道残联换届选举、北京冬奥会、冬残奥会、全国两会、中共二十大等重大活动期间服务保障任务。实现区级财政收入15.56亿元，比上年下降5.08%。房地产业收入39215.76万元，比上年减少13.38%。三里屯街道获北京市接诉即办工作先进集体、首都劳动奖状、2021年度街道乡镇劳动保障监察工作先进单位称号。

【低碳市集】 4月20日，三里屯街道开展以“绿色三里公益回收”为主题的低碳市集，居民分批次分时段前往回收点，进行衣物登记、称重、回收。该活动依托三里屯街道新时代文明实践智慧平台—“筑梦三里”App开展，当天在中三里社区、东三里社区、中纺里社区收集可回收物近1吨。

【党建引领商圈发展对话】 6月30日，三里屯街道举办“三里·领航”党建引领商圈发展对话活动，探讨以“实、新、专”为标志的“商圈党建模式”，助推区域化“两新”党建工作发展中的创新价值，解决“两新”党建工作中遇到的新情况、新问题。

【文化艺术节开幕】 9月9日，三里屯街道第二十一届文化艺术节开幕式在三里屯机电院内京院JINGYARD举办。开幕式以“遇见”为主题，呈现汉唐服饰、舞蹈、太极、古琴、古典芭蕾、管弦演奏等多种形式的中西传统经典文化、非遗项目，展示传统与时尚的碰撞。艺术节系列活动以非物质文化遗产中国古琴艺术为开端，以线上传播、线下雅集的形式，打造“三里屯琴书房”品牌项目。

【为民办实事】 年内，三里屯街道投入450余万元共商共治经费用于路面铺装、环境整治、车棚改造、便民服务等13类为民办实事项目落地，解决群众的迫切需求，提升群众感知度和满意度。

【社区综合体建设】 年内，三里屯街道推广社区综合体建设，在“一刻钟服务圈”基础上，统筹区域发展、营商环境、公共服务、便民生活、宜居生态、社区文化等重点建设，打造三里屯“众享生活圈”，实现便民菜店、社区零售、老年食堂、图书阅读、体育运动等生活服务功能有机结合。

【环境整治】 年内，三里屯街道拆除违法建设19处、1.39万平方米，整治非法占压燃气管线73处，打击黑车运营30余起；处罚夜间施工扰民、施工扬尘、无照游商等违法行为45万余元。整改群租房60余处，拆除上下铺100余张。

【“接诉即办”】 年内，三里屯街道通过制定承办人员排名考核机制，优化《三里屯街道接诉即办工作考核管理办法》和更新“接诉即办”闭环处置平台，接收群众诉求17561件，退件3020件，实际受理诉求14541件，比上年增加5464件，环比增长160.20%，综合“三率”得分96.67分。

【社会救助】 年内，三里屯街道对辖区1户2人提供临时救助2880元，4户10人提供补充医疗救助19646.57元；对3户社会救助对象学生提供入学救助21500元；审核发放丧葬补贴5人2.5万元。审核办理困难残疾人生活补贴122人；重度残疾人护理补贴167人。录入并审核知青帮扶人员7人。

（陈　樱）

朝阳区三里屯街道社区居委会情况一览表

表26

序号	名称	地址	电话
1	幸福一村社区居委会	三里屯太平庄南里甲3号	64165638
2	幸福二村社区居委会	三里屯幸福二村甲5楼一层	84604871
3	中三里社区居委会	北三里26/27号院平房	64162902

续表 26

序号	名称	地址	电话
4	东三里社区居委会	东三里屯中11楼南侧平房	64173175
5	北三里社区居委会	北三里屯甲1号一层	64177960
6	中纺里社区居委会	中纺里九号楼北侧平房	65929071
7	白家庄西里社区居委会	三里屯南路四号楼一层	65912776
8	南三里社区筹备组	工体东路4号楼一层	暂无

（陈　樱）

首都机场街道

【概况】 首都机场街道位于朝阳区东北部。东邻顺义界内T3航站楼，西接顺义区天竺镇，南与天竺镇楼台村相邻，北至顺义界内空港保税区。辖区面积12.23平方千米。下辖4个社区。年内，辖区有常住人口30839人，户籍人口6971户、23532人，流动人口7307人，外籍人口27人，户籍人口中有汉族人口22304人、少数民族人口1228人（其中，满族522人、回族249人、其他少数民族457人）；新出生人口180人、死亡人口23人。有法人单位434个，其中央属单位有民航华北局、民航华北空管局等8家，市属单位有北京市大安山林场管理处1家，区属单位有北京恒润佳业商贸有限公司、北京市京客隆超市机场店等7家，其他单位418家；有医院1家、社区卫生服务站1个；有职业中学1所、中学1所、小学1所、幼儿园5所；有养老机构4处；有260平方米为民服务大厅、6000平方米地区文化中心各1处，文化广场2处和24小时自助图书馆2处。途经辖区公交线路13条，地铁机场快轨线贯穿其中。辖区绿化率43%。年内，首都机场街道聚焦发展定位，立足地区实际，统筹推进各项重点工作，做到"五个更进一步"（更进一步稳固忠诚国门、更进一步坚守战疫防线、更进一步筑牢平安国门、更进一步描绘美丽国门、更进一步添彩幸福国门），不断推动社会治理体系和治理能力现代化，提升"四型国门"（忠诚、平安、美丽、幸福）建设水平。完成全国两会、北京冬奥会、冬残奥会和中共二十大等重大活动期间安保维稳工作；完成党政群共商共治工程街道级项目2个、社区级项目8个；建设完成老旧小区管理示范点、西平街社区议事厅示范点、楼门治理示范点、"社区之家"示范点。实现区级财政收入2.59亿元，比上年增长6.15%。街道获"北京市接诉即办工作先进集体""北京市卫生街道""北京市2021年度交通安全先进单位""首都城市环境建设管理样板单位"称号，首都机场街道南路东里社区获"北京市民主法治示范社区"称号。

【环境提升】 年内，首都机场街道开展建设工程20余项，投入资金1700余万元。完成北平里梨园环境改造和岗山路两侧环境提升工程；拆除违法建设5处，972.5平方米；协调区道路养护中心完成岗山路、西平街的大修和小天竺路便道铺设；完成北平里A小区和燕翔西里B小区供水分离改造；完成183栋楼体内外粉刷、小区内部道路维修、小区内太阳能灯安装、楼内下水管道改造等工程；开展以"党建引领垃圾分类好习惯"为主题的垃圾分类普法宣传活动，发放宣传页200份。2座垃圾楼完成改造并移交区环卫中心；8月，通过北京市垃圾分类示范片区创建复验。

【文化活动】 年内，首都机场街道结合奥运元素，精心设计10个优质文艺节目，举办首都机场街道冬奥文化广

▲ 2022年，第五届北京朝阳森林演出季朝阳区冬奥系列文艺演出活动在奥森公园棋苑广场举办。图为3月13日，首都机场街道专场演出全体演员向观众致谢　　（首都机场街道　供图）

▲ 4 月 22 日，首都机场街道举办为“与书同行　书伴花香”的图书换绿植活动
（首都机场街道　供图）

场活动暨朝阳森林演出季活动；联合社区、社会单位开展“与书同行书香伴花香”图书换绿植活动、“多彩编织童趣无限”暑期编织系列活动、朝阳区“百姓周末大舞台”暨庆祝建军 95 周年文艺演出活动、“爱在七夕携手未来”、“国粹贺中秋”京剧专场演出等各类活动 20 余场，电影放映 8 场；组建一支街道级品牌舞蹈队伍；组织社区一家亲声乐培训、国声戏曲培训以及书画、摄影、舞蹈、模特等提升培训，惠及 700 余人次；更换 22 件室外健身器材，开展社区“邻里节”“公益大集”等活动。

【安全稳定】 年内，首都机场街道检查生产经营单位、施工作业场所 1562 家次，274 处安全隐患实现闭环整改，行政处罚 2 家；检查整改各类问题隐患 95 处，“红黑榜”奖惩公示 12 次、39 家；联合公安、消防、交通和综合行政执法等部门开展联合执法 25 次，检查整改隐患 32 处；调处各类民间纠纷 65 件，解答地区居民法律咨询 480 人次，调处成功率和咨询满意度为 100%；新建可停车位 1900 辆的立体停车场 1 处；通过“鹰眼”抓拍道路违法案件 500 余起，受教育司机 400 余人次；清理僵尸车 1 起。新增 7 套机动车违停抓拍系统，实现 24 小时电子监控；完善辖区各类交通标识、标线，更换污损标识标牌 6 处，重新施划非机动车停车区 30 余处；联合机场消防救援站开展“一警六员”消防演练，培训灭火基本技能，实操实训 900 余人次。　　（王银红）

朝阳区首都机场街道社区居委会情况一览表

表 27

序号	名称	地址	电话
1	南路西里社区居委会	燕翔西里2号楼北侧服务办公用房	64571565
2	南路东里社区居委会	东平里5号楼北侧服务办公用房	64571579
3	南平里社区居委会	南平里31号楼西侧服务办公用房	64573848
4	西平街社区居委会	西平街9号楼东侧服务办公用房	64579204

（王银红）

双井街道

【概况】 双井街道位于朝阳区中西部。东起东四环与南磨房地区（乡）相邻；南至劲松大街和广渠路与劲松街道相接；西至东二环路与东城区花市街道毗邻；北至通惠河与建外街道隔河相望。辖区面积 5.08 平方千米。下辖 18 个社区。双井街道是北京 CBD 的服务保障区、居住人口高度密集区、老工业基地转型升级区、先锋文化聚集区以及连通首都功能核心区与市行政副中心的重要廊道。年内，辖区常住人口 99143 人，户籍人口 30271 户、75332 人，流动人口 55006 人，外籍人口 2576 人；新出生人口 511 人、死亡人口 93 人；有规模以上法人单位 260 家，其中中央单位 13 家，地方单位 29 家，其他单位 218 家；有综合医院 1 家、社区卫生服务中心 2 个、社区卫生服务站 6 个；有中学 2 所、职业高中 1 所、国际学校 1 所、小学 4 所、幼儿园 10 所、社区办园点 3 处；有养老机构 2 家，养老服务驿站 5 处；有 550 平方米为民服务大厅和 2000 平方米地区文化中心各 1 处、有文化广场 7 处。途经辖区公交线路 39 条，地铁 7 号线、10 号线、14 号线贯穿其中。辖区绿化率 36%。年内，双井街道完善“1+2+3+N”（围绕“一核”：党建引领，依托“两翼”：党建工作协调委员会组织平台和党群服务中心活动阵地，盘活乐成、富力、合生汇三大商圈党建资源，推动社区 N 个服务站点实现党建区域化、自治单元化、动员社会化、服务精准化、管理精细化的“五化协同”治理目标，打造基层社会治理共同体）区域化党建工作体系，以“美美与共 井井有条 欣欣向荣”为价值理念，统筹疫情防控和经济社会发展和安全，完成老旧小区综合改造工程、创新“接诉即办”新模式。完成区级财政收入 5.62 亿元，比上年增长 3.94%；征收小房产税 1234.32 万元，比上年下降 17.94%。双井街道获“北京市应急值守工作基层先进单位”“北京市老年友好型社区”“北京市安全社区”等称号。

（张博书）

【服务优待证办理】 4 月，双井街道启动退役军人优待证申领工作，申领工作以便民服务中心窗口为依托，向 18 个社区服务站、4 个军休所网状延伸。利用退役军人微信群、工作群定向推送、宣传优待证申领程序及政策；实现办卡、制卡、发卡“一站式”服务。

【共享美‘井’邻里节】 9 月，双井街道召开“数‘聚’未来”2022 年邻里节暨数字经济发布会，建设熟人社区。双井街道构建全市首个街道大数据平台系统，建立各类场景地图，全面实现“线上 + 线下”社区生活服务新业态，引入“NFT”（非同质化通证）理念，推出 1.3 社区虚拟数字藏品，现场发布 AI（人工智能）井宝形象。

（赵子韩）

【综合整治】 年内，双井街道成立铁路沿线疏整治工作指挥部，实践“1541”工作法［即以党建引领为核心，坚持“五个”工作原则（以尊重历史、面对现实为原则；以依法依规、稳中求进为原则；以先易后难、压茬推进为原则；以专群结合、疏堵结合为原则；以依法处理、舆情应对、社会面管控“三同步”为原则），建立“四个”保障机制（工作会商机制、协调联动机制、督查督办机制、服务保障机制），市、区、街道一体化“联动作战”方式］，按照“依法依规、政府主导、政企联动”的工作原则推进区域 6 个地块的综合消隐整治。经过拆除私搭乱建、清退违法转租、违规经营；统一口径、集中腾退签约；长远规划，打造数字经济主题公园等多层次工作，完成 78 户居民的腾退安置，6 个地块拆除违建 16358.8 平方米。

（赵 晔）

【智慧养老服务】 年内，双井街道搭建“五联井养”（基本建成以街道为主导、专业机构为主体、社会力量广泛参与的 1+N 工作格局和服务模式，打造居民、养老机构、医院、社会力量和社区等五方联合的区域养老联合体）为品牌的智慧健康养老云平台和养老服务移动端，创建“线上 + 线下 + 实体”的区域养老服务模式。平台整合街道养老机构、养老驿站、卫生服务中心、温馨家园、暖心家园、职康站等养老服务资源，实现生活照料、康复护理、主动关怀、健康检测、居家看护等医养服务场景。通过数字化平台协调各方资源，让老年群体享受优质高效便捷的养老服务，缓解老年人的焦虑，让老有所依成为现实。截至年底，街道智慧养老服务平台的基础搭建完成，服务老年人 1000 余人。

（史春蕊）

【“双生之树”景观落地】 年内，双井街道“双生之树”景观点亮在 22 院街。景观主体由 18 条螺旋线拧在一起，象征双井街道 18 个社区心往一处想、劲往一处使、合力共建数智双井，打造数字经济示范街道。景观与神木谣碑遥相呼应，寓意文化传承和未来经济发展双向开启、双向奔赴，营造出双井独特的承前启后的数字经济文化艺术新地标。“双生之树”景观获人民网、中国网、《人民日报》、《北京日报》等多家媒体报道。

（明静然）

【元宇宙设计创新方案】 年内，以双井街道 22 院街为现实空间底版的元宇宙设计创新方案——《喜欢的话请响铃》获世界规划教育组织举办的 2022 元宇宙设计创新大赛金奖。该作品由天津大学指导，在 22 院街元宇宙的功能设计、机制畅想、体验创造、虚实空间等方面开展创想方案设计，并将设计成果在线上平台呈现，丰富虚拟公共平台内容。双井街道在面向基层治理的街道大脑应用、深度整合的数据底座、实现多个维度的智慧应用场

▲ 1 月，双井街道元宇宙森林夜景 （何健聪 摄）

▲ 9 月，双井街道举办首个元宇宙邻里文化节（何健聪 摄）

景，使得双井街道具备良好的数字化优势。（明静然）

【“接诉即办”新模式】 年内，双井街道市民诉求处置中心深化“党统六网”“接诉即办”模式。中央电视台12频道《走好城市治理“最后一公里”》通过纪实报道形式展示诉求处置中心面对复杂疑难诉求，坚持以人民为中心理念，充分运用指挥调度、综合执法等机制调动各方力量寻求破题的努力和成效，在全国范围内产生较大影响；人民日报社《民生周刊》杂志《“接诉即办”办出民生温度》一文中刊登“空间换服务”老旧小区治理新模式；“党建统领”“接诉即办”赋能基层治理经验做法入选中共中央党校出版的《新时代首都基层党建创新实践案例》；街道市民诉求处置中心报送的《朝阳区双井街道：“党统六网”提实效，“接诉即办”暖民心》经验做法获北京市“接诉即办”年度100个典型案例之一；双井街道市民诉求处置中心被朝阳区委党校、朝阳区城管指挥中心确定为“接诉即办”现场教学基地；朝阳有线电视台对市民诉求处置中心构建分层分类培训指导体系健全“接诉即办”系统跟踪报道，时任北京市委书记蔡奇曾在全市大会上点评双井街道市民诉求处置中心报送的“接诉即办”典型案例并给予肯定。（许亚东）

【综合执法】 年内，双井街道实施综合行政执法体制改革，形成“四七五”综合执法模式，实现“四个统一”强化组织机构和制度体系建设，建立“七个专组”织就横纵管理执法网，明确“五项制度”夯实街道综合执法工作基础。通过“四七五”综合执法模式力求最大限度地提升执法水平，增强执法合力，发挥执法效能。双井街道全年拆违任务200平方米，实际拆除9760平方米，完成比例4880%。（金光辉）

【老旧小区综合改造】 年内，双井街道实现老旧小区改造的精细化设计，完成一期3栋楼屋面防水、楼道修缮、立面整治等建筑物本体改造工程，投入资金1508.414万元，改造完成7031.6平方米。依托物业管理委员会确定改造提升后小区管理模式，健全长效管理机制，实现小区自治共管的“造血功能”。（苗笛菲）

朝阳区双井街道社区居委会一览表

表28

序号	名称	地址	电话
1	广和里社区居委会	广和南里二条14号楼院内平房	67747556
2	垂杨柳东里社区居委会	垂杨柳北里14楼西门4-6号	87712371
3	九龙社区居委会	百子湾32号院苹果社区南区5号楼地下一层	58264735
4	九龙南社区居委会	百子湾南二路76号院5-12号	87724572
5	垂杨柳西里社区居委会	垂杨柳西里6号楼南侧平房	67764486
6	广外南社区居委会	广渠门外大街22楼楼后平房	67739069
7	广泉社区居委会	广渠门外大街甲28号院15号楼206室	87753405
8	双花园社区居委会	双花园西里甲8楼	67398192
9	光环社区居委会	双花园南里二区6号楼5单元101号	87721629
10	富力社区居委会	天力街3号楼（富力城B城）一层富力社区居委会	58621732
11	大望社区居委会	西大望路19号院5号楼7单元101、202号	87755016
12	百子园社区居委会	百子湾路16号百子园小区4号楼B单元203号	87732860

续表 28

序号	名称	地址	电话
13	和平村一社区居委会	广和里西路57号院	87753970
14	茂兴社区居委会	广渠金茂府23号院5号楼一层	67776770
15	东柏街社区居委会	双井东院2号楼北侧平房	67791171
16	黄木厂社区居委会	黄木厂路1号院6号楼恒润中心11层	56358082
17	九龙山社区居委会	广渠路29号院九龙山家园1号楼A座底商6号	67766778
18	富力西社区居委会	光华北一街19号院2号楼	56876088

（张博书）

团结湖街道

【概况】 团结湖街道办事处位于朝阳区中西部。东起水碓子东里、水碓子东路、朝阳体育馆西侧与六里屯街道为邻；南至呼家楼北街和二道沟北侧与呼家楼街道相接；西至东三环北路与三里屯街道相连；北至农展馆南路与麦子店街道接壤。辖区面积1.23平方千米，下辖6个社区。年内，辖区有常住人口32698人，户籍人口11219户、22347人，流动人口10351人，外籍人口156人，出生人口152人，死亡人口72人。有法人单位2181家，其中中央单位有国家市场监督管理总局国家标准技术评审中心、中国外轮理货总公司等6家，市属单位6家，区属单位53家，其他单位2116家。有医院2家、社区卫生服务中心1个、社区卫生服务站1个；有中等职业学校1所、中学2所、小学2所、幼儿园4所；有托老所1处、社区养老驿站2处；有988平方米为民服务大厅和4941平方米地区文化中心各1处，文化广场2处和24小时自助图书馆1处；途经辖区公交路线23条，地铁10号线贯穿其中。辖区绿化率44%。年内，团结湖街道以党建为统领，以“年度三件事（深化新就业群体服务引领、持续推进品质化城市更新、打造“民生直播间”）”为抓手，聚焦七个方面（持之以恒加强政治建设，激发基层党建新活力；首善标准完成冬奥服务保障，全面迎接党的二十大；毫不松懈推进疫情防控常态化，筑牢防疫堡垒；精耕细作彰显城市内涵，提升环境建设新品质；夯实基础保障安全稳定，开拓平安建设新局面；紧扣需求提高民生福祉，打造为民服务新标准；多元共治创新社区治理，实现基层治理新突破），凝聚发展合力，打造亮点民生工程，优化社区治理体系，营造和谐稳定绿色生态人居环境。完成天宇市场一期升级转型开张营业、街道政协委员工作站挂牌启用、快递外卖行业联合工会成立；完成超大型社区拆分，新成立3个社区；完成街道残联换届选举工作、成立街道“青年突击队”“骑士团重大活动保障志愿服务队”；完成11家单位市级薪酬调查工作、启动争创节水排水双达标试点工作，辖区8家党政机关完成节水型机关创建；评选首都最美家庭1户。全年实现区级财政收入2.02亿元，比上年增长1.89%；个人出租房屋房产税征收510.08万元，比上年减少39.81%。街道获“北京市交通安全工作成绩突出单位”“北京市接诉即办工作先进集体”称号。

▲ 10月28日，团结湖街道成立快递外卖行业联合工会　（杨维鑫　摄）

【文创活动】 3月29日，团结湖街道主办以“奋斗时代、匠心朝阳”为主题的职工技能竞赛活动，在布折花、摆台、托盘、铺桌4个比赛项目中10名餐饮职工获得荣誉。7月，团结湖街道“民生直播间”开播，宣发“一策一视频”系列短视频节目：《那些你可能不知道的福利政策之老龄篇 1—高龄老年人津贴》《那些你可能不知道的福利政策之双拥篇—退役军人优待证》等两期节目，解读各项惠民政策。年内，街道开展传统节日专场文化活动、冬奥系列演出、“艺术朝阳”、森林演出季等主题活动 10 余场，受众人群 1100 余人次、放映影片 21 场。

【智慧平安小区整改】 6 月 29 日，团结湖街道平安智慧小区整改建设项目竣工。一二条社区、南北里社区、中路北社区和中路南社区安装抓拍机 22 台、枪机 4 台。7 月 19 日，团结湖街道三四条社区 3、5、7、9、11 号楼单元门更换及人脸识别系统安装工程项目竣工。拆除金属门 21 樘，安装安全门 21 樘，安装出入口门禁、出入口目标识别设备和人脸识别器 21 台。

【老旧小区改造】 9 月 30 日，团结湖街道完成老旧小区节能保温整治项目：水利宿舍 6 号楼、北五条 3 号楼、团结湖路 14 号楼，总建筑面积 8163.4 平方米。10 月 20 日，一二条社区北头条 4 号楼 4 单元电梯加装项目竣工。11 月 14 日，中路南社区水碓子东路 1 号楼 4 单元电梯增设项目竣工，2 部电梯同为占地面积 6.3 平方米，采用北侧半层连廊入户方式、6 层 5 站，载重 450kg，速度 1 米 / 秒。年内，街道投资 11 万元，完成 34 处盲道整改，4 处设施扶手加装，4 家商户无障碍标识牌缺失补遗。

【人口抽样调查】 年内，团结湖街道选聘 14 名普查员对 4 个社区（村）级样本点 23 个样本小区开展年度人口抽样调查。登记 290 户、635 人，其中，国家级样本点登记 40 户、72 人，市级样本点登记 250 户、563 人。

▲ 3 月 17 日，团结湖街道增设的电梯项目完工并投入使用 （鲁小辉 摄）

【法律服务】 年内，团结湖街道组织法律讲座 16 场次。协调法律顾问审阅各部门合同及提供法律咨询 128 件；调解矛盾纠纷 36 件、提供法律援助 16 人次。排查矛盾纠纷 2200 次、排解矛盾纠纷 385 件、预防矛盾纠纷 138 件；调解案件 82 件、调解成功 81 件、调解成功率 99.5%。接收社区矫正对象 3 人；新接收刑满释放人员 8 人、解除帮教 7 人。

【安全生产】 年内，团结湖街道成立安全检查组 46 个、出动检查人员 899 人次，开展联合检查 32 次、检查单位 1430 家。开具现场检查记录单 1430 份、限期整改单 378 份、复查单 378 份，发现各类安全隐患 306 处，整改 306 处。成立消防检查组 345 个，出动检查人员 706 人次、开展联合检查 21 次，检查单位 1562 家次、查处消防隐患 327 处、整改 327 处；开展消防、安全生产培训 6 次、360 余人次；开展宣传活动 3 次，参与人员 2000 余人次。发放各类宣传材料 2900 余份。

【助困扶困】 年内，团结湖街道协助 6 家企业、41 人办理区疫情防控保险理赔手续，获理赔款 4.92 万元；1 家企业获房租减免补助资金 17.84 万元；12 家企业减免租金 59.49 万元。全年发放低保金 110 户 285 万余元、低收入 84 人次 2.77 万元、补充医疗救助 201 人次 28 万余元、丧葬补助 4 人 2 万元、临时救助 5 户 2.7 万元、医疗救助 201 人次 28 万余元、知青医疗帮扶 16 人次 5 万余元；发放失能老年人护理补贴 636.96 万元、高龄老年人津贴 568.08 万元、困难老年人养老服务补贴 26.28 万元；开展老年餐桌助餐服务 4 万余次，居家养老服务 5576 人次，医养结合康复项目服务 350 余人次。完成信息采集登记 1051 人，开展康复、心理指导及“迎冬奥残奥”等系列线上线下主题活动 6 次，发放宣传材料 220 份，接待咨询 400 人次。

【就业服务】 年内，团结湖街道帮扶442名失业人员实现就业，登记失业人员就业率72.1%，就业困难人员就业率77.21%，开发就业岗位1108个、招聘登记服务单位22家，职业技能培训47人、定岗培训5人，创业担保贷款3人。

【"接诉即办"】 年内，团结湖街道通过市民热线"接诉即办"平台受理案件9528件，其中市级直派案件4134件，区级转办案件3356件，退回案件2038件，实际处置7490件。处理"12345"投诉举报拖欠工资纠纷5起，涉及人员7名。接受市、区考核案件2043件，响应率99.97%，解决率99.97%，满意率96.29%。

（廖艳华）

朝阳区团结湖街道社区居委会一览表

表29

序号	名称	地址	电话
1	一二条社区居委会	团结湖北头条4号楼东侧	65824358
2	三四条社区居民委员会	团结湖北三条16号	85973550 85988529
3	中路南社区居民委员会	团结湖中路南一条5号楼西侧	85989270
4	中路北社区居民委员会	团结湖中路北一条8号	85982265
5	南北里社区居民委员会	团结湖路21号楼西侧平房	85989524 85987529
6	水碓子社区居民委员会	水碓子24号楼	85986788

（廖艳华）

望京街道

【概况】 望京街道位于朝阳区东北部。东起机场高速路与酒仙桥街道、将台地区（乡）接壤，南起北四环路与太阳宫地区（乡）为界，西至京承高速路与来广营地区（乡）、大屯街道相望，北至湖光北街、宏泰西街、宏泰东街与东湖街道相邻。辖域面积10.36平方千米。下辖25个社区（含1个坝北平房区、1个南湖渠三巷待拆迁区）。年内，辖区有常住人口14.55万人，户籍人口36511户、97250人，流动人口6.1万人，外籍人口4106人；常住人口中有汉族人口135952人，少数民族人口9548人（其中回族人口1146人，满族人口1557人，朝鲜族人口5703人，其他少数民族人口1142人）；出生人口560人、死亡人口100人。有法人单位1.05万家，规模以上单位652家。其中央属单位有法治日报社、中央美术学院、国际竹腾中心、中建一局集团建设发展有限公司等25家；市属单位有北京青年政治学院、北京技术交流中心、北京首开物业集团等11家；区属直管单位有北京市朝阳区建筑公司、北京市朝阳区三帆学校等10家。有医院6家、社区卫生服务中心1个、社区卫生服务站7个；有科研院所2个、大学4所、中学7所、小学6所、幼儿园17所；有养老机构3处、养老驿站10处；有3200平方米的为民服务大厅和地区文化中心各1处、有文化广场2处、24小时自助图书馆3处、有消防救援站3个、急救站3个。途经辖区公交线路48条，地铁13号线、14号线、15号线贯穿其中。辖区绿化率36%。年内，望京街道强化党建引领，筑牢政治根基；瞄准功能定位，创新数字治理；坚持规划引领，实施城市更新；坚守安全底线，深耕"疏整促"；聚焦"七有五性"，补齐服务短板；统筹疫情防控和经济社会发展，推进城市更新和望京商圈转型升级，打造国际化的营商环境和居住环境。完成望京街道残疾人联合会换届选举、中共二十大服务保障、举办第四届望京社区邻里节、"云上望京"综合指挥平台启用、炫彩望京亮相；近万人打卡邮局咖啡望京小街店、"2022北京时装周"在望京小街举办。实现区级财政收入39.8亿元，比上年下降16%；征收房产税2065.94万元，比上年下降0.9%。望京街道获"北京市卫生街道""北京市交通安全先进单位"，望京小街获"首都文明街巷"和首届北京城市更新"最佳实践"称号。

【望京熊猫雕塑换新】 1月1日，望京地标新版熊猫雕塑"机甲熊猫"亮相广顺南大街与京密路交叉路口。熊猫雕塑长7.3米、宽7.8米、高10.5米，为304不锈钢锻造烤漆雕塑。新地标采纳中央美术学院青年艺术家毕横"以

▲ 1月1日，望京街道在广顺南大街与京密路交叉路口举行新版熊猫雕塑揭幕仪式
（望京街道　供图）

熊猫换熊猫”的设计方案，主材选用结构钢与不锈钢，照明采用数控 LED 智能光学管控技术，实现节能与视觉效果平衡。

【“双奥”温馨家园】 3月2日，在望京街道花家地南里温馨家园采集北京冬残奥会火炬8个火种之一“互助之火”。花家地南里温馨家园2008年奥运会期间，作为北京市向世界展示中国残疾人事业发展的窗口，先后接待19个国家近百名残奥运动员，2022年被北京市残联确定为北京冬奥会、冬残奥会期间“示范温馨家园”，成为“双奥温馨家园”。

【望京小街系列活动】 4月22日，“书香望京　阅伴成长”4·23世界读书日暨图书进校园活动在望京小街书馆启动。参会领导向小学生代表赠送少儿读物，为活动中获奖学生颁奖。该品牌创建活动进馆读者5000余人次，年借、还图书1.5万余册次。结合“冬奥”“科技”等主题，开展线上活动22场，收到读者投稿312篇，评选阅读小使者16名。组建1支逾百人的志愿者团队，将公共阅读服务延伸至社区、学校、商超、楼宇。7月24日，邮局咖啡望京小街店营业。该店采取“邮局＋咖啡”的形式，面积20余平方米，内设咖啡售卖区、室外拍照打卡区、邮局文创产品陈列区。以老邮局材料与空间元素为灵感，打造邮局时光盒子，展现北京邮政历史和记忆。截至年底，有近万人到店打卡。8月6日，由中国经济改革研究基金会与朝阳区委组织部指导，望京街道和埔思学院承办，以“站在世界望北京”为主题的“2022望京国际青年人才峰会”在望京小街书馆举办。来自望京创新创业企业的嘉宾与在场留学生代表分享在金融和生物医药等领域归国创新创业的经历及获得的政策支持。金融科技企业易思汇、职业教育企业星峦天下分别与望京街道签约，成为街道海归人才战略合作伙伴。年内，引领千余名全球150所顶尖高校中国学联主席、携手百余名知名留学文化博主、邀请数十位关注青年群体发展的导师团队进驻，设立望京国际青年人才大数据库和望京创新创业项目库，从政策传播、人才建设、创业创新、校企合作、公益开展、沟通学联等方面入手，开展常态化的青年人才服务工作和就业创业支持。

【阜园公园开园】 8月9日，位于望京阜荣街中心区的阜园公园开园。公园由中央美术学院城市艺术创新中心李琳教授团队建设“行有花香、驻有小景、品有文化”的1万平方米的城市开放型口袋公园，有“前厅后园，一林一廊”的整体空间结构，园内有“山阜水丰”“晴翠待雨”“青竹傲雪”“紫藤胜春”“丹心与共”“望舒孤影”6大诗意景点，还有与竹相关的五言古诗42首，有乔灌木231棵、地被宿根花卉79种、各类竹子8000多株，乡土植物占比50%。

【青少年科普手工课堂】 9月，望京街道开设周末青少年手工课堂32次，1460名青少年、121名家长参与，创作科普手工作品1000余件，发放宣传手册51份。

【基层党建】 年内，望京街道新成立党委1个、两新党组织23个（党总支

▲ 3月2日，朝阳区青少年事务社工马恒在花家地南里采集“互助之火”火炬起跑
（崔晓松　摄）

2个、党支部21个）、新就业群体流动党支部；推荐评选“十百千万”工程创新品牌2个、红色头雁5名、志愿者队伍36支、志愿先锋360名；发动志愿者5772人次参与疫情防控；55家纳税千强企业和11座纳税亿元以上商务楼宇党组织覆盖率100%；推进网络精细化治理，组建网格党组织175个；建立社区党建工作协调委员会25个，吸收142家单位，召开会议60次，征集需求清单72个、资源清单96个，形成项目清单64个；打造“望京骑迹港湾”品牌，开展暖心活动50余次，引领新就业群体融入城市基层治理。

【社区建设】 年内，望京街道完成党政群共商共治项目86个，指导社区建立400余个“网上议事厅”。开展“敲门行动”，推行“一社一品”（一个社区、一个品牌）社区治理特色。花家地西里社区党建领航“五邻三零六治融合”（邻帮、邻教、邻爱、邻和、邻乐的“五邻”局面；“服务零距离、保障零洼地、治理零盲区”工作标准；“政治”保方向、“法治”守底线、“德治”扬正气、“共治”聚资源、“自治”促民主、“智治”提效率的“六治”策略）社区治理模式被央视等各级媒体报道；建设花家地南里市级社区议事厅示范点和法制日报社9号楼八单元、九单元市级楼门（院）治理示范点。南湖西里社区伙伴计划成为民政部老旧小区治理典型案例，望京西园三区成为市级大型社区治理研究试点。

【环境治理】 年内，制订《望京街道2022年环境治理、环境美化、大气污染防治应急预案》《望京街道环境秩序工作组2022年专项工作方案》，落实街社二级林长制、河长制，创建国风社区绿化美化花园式社区，清理河岸堆物堆料60余吨，整治岸上雨污混接10处。276名群众注册成为小巷管家，发现并处置各类问题18770个。

【安全隐患整治】 年内，望京街道突出重点行业，聚焦重点区域火灾安全隐患，检查生产经营单位6908家次，发现隐患3517项，整改3511项，整改率98.83%。执法检查69家次，立案3家，处罚4.2万元。建成65个小区4276个电动车充电接口，在20个小区93栋楼186部电梯安装阻车系统；完成花家地小型消防站建设以及坝北村小型消防站选址，南湖西里等7个社区被命名为“北京市综合减灾示范社区”。拆除坝北平房区自建出租房屋45户5155.18平方米。检查群租房591户、整治128户；联合执法23次，拆除隔断160个、上下铺135个、通铺16个。

【“接诉即办”】 年内，望京街道针对物业管理类诉求高发情况，建立与首开望京的日常派驻联动合作机制，首开物业派驻1名“接诉即办”专员到街道诉求中心，协调下属12个物业小区主动接诉、及时办件。全年受理案件29828件，市级直派案件纳入考评案件3449件，解决率97%，满意率96.45%。

【民生服务】 年内，望京街道完成智慧平安小区基础建设64个，治理望京文化广场噪声、修复花家地实验小学方舟校区东侧地、整治南湖渠三巷拆迁区汛期积水；开展失业人员职业指导130人次、核发失业保险金4356人次、为794名灵活就业人员申请社会保险补贴、11名失业人员安置公益性岗位就业；以10家社区养老驿站为依托，开展助餐助洁助浴助医等为老服务6404人次；为地区困难、失能、高龄等老人发放各类补贴1509.62万元；发放城镇低保金223户386人598.93万元；发放夏季一次性生活补贴和冬季供暖补贴239户17.69万元；教育救助11人次3.4万元；新建急救站2个、规范急救站1个。（项　悦）

朝阳区望京街道社区居委会情况一览表

表30

序号	名称	地址	电话
1	望京西园四区社区居民委员会	望京西园四区414楼107、108室	64706915
2	南湖东园社区居民委员会	南湖东园210-1-101室	64706917
3	南湖中园社区居民委员会	南湖中园215-4-101室	64706923
4	南湖西里社区居民委员会	南湖西里5号楼东侧	64721671
5	望花路西里社区居民委员会	望花路西里20号楼东侧	84715085
6	望花路东里社区居民委员会	望京中环南路11号院5楼后	64735021
7	花家地社区居民委员会	花家地9号楼附属楼	84726244
8	花家地北里社区居民委员会	花家地北里停车场东北侧	64730512
9	花家地南里社区居民委员会	花家地南里2号楼一层	64733093
10	花家地西里社区居民委员会	花家地西里109号楼	64716251
11	方舟苑社区居民委员会	方舟苑7号楼104室	64780405

续表 30

序号	名称	地址	电话
12	望京西园三区社区居民委员会	望京西园三区304楼二层	64716249
13	南湖西园社区居民委员会	银领国际122楼101室、201室	64704359
14	花家地西里三区社区居民委员会	花家地西里三区居委会平房院	64719483
15	大西洋新城社区居民委员会	大西洋新城529楼4层	64727607
16	圣星社区居民委员会	圣馨大地C座101室	64729766
17	爽秋路社区居民委员会	蓝色家园小区西门外	64773107-808
18	望京园社区居民委员会	华鼎世家304楼103室	84727640
19	望京东园五区社区居民委员会	望京东园503楼2层	84781519
20	南湖西园二区社区居民委员会	季景沁园5号底商2层	52039158
21	阜荣街社区居民委员会	嘉美风尚小区1号楼2单元旁	84763512
22	望京西路社区居民委员会	望京西路50号院7号楼一层	84784239
23	夏都雅园社区居民委员会	青年报社3号院101室	64720193
24	国风社区居民委员会	国风601-6-1层	84763124
25	宝星社区居民委员会	宝星华庭5号楼二层	84422826

（项　悦）

香河园街道

【概况】 香河园街道位于朝阳区西部。东至西坝河东里社区东侧、静安西街、左家庄西街与左家庄街道相邻；南至左西街一号院与东城区东直门街道接壤；西至地铁13号线东侧与和平街道相望；北至坝河、北三环东路与太阳宫地区（乡）交界。辖区面积2.5平方千米。下辖9个社区。年内，辖区常住人口53777人，户籍人口13858户、33480人，流动人口11106人，外籍人口302人；户籍人口中有汉族30997人、满族1124人、回族899人、其他少数民族460人；新出生189人、死亡71人；辖区法人单位1850家（市场所数据）、规模以上单位80家（纳统）、其中央属单位5家、市属单位5家；有医院1家、社区卫生服务中心1个、社区卫生服务站3个；有中学2所、小学3所、幼儿园9所；有养老照料中心2处、养老服务驿站3处；有584.74平方米为民服务大厅、2257平方米地区文化中心（党群服务中心）各1处、有2000平方米以上文化广场4处；途经辖区公交线路29条，有地铁13号线贯穿其中。绿化覆盖率32.73%。年内，街道聚焦“两件大事”（冬奥会、中共二十大召开），突出“改革创新年度三件事”（品质上“亮一个点”、精致上“亮一条街”、共治上“亮一个招”），加强“四实四圈”建设（压紧压实党建责任，做强基层党建“生态圈”；做深做实基层治理，打造共治共享“朋友圈”；抓细抓实精细管理，构建安全精致“生活圈”；补齐补实民生短板，绘制民生服务“幸福圈”），推进党的建设、城市更新、社会治理、民生保障等重点工作。发挥安委会作用，化解各类矛盾纠纷133起，发现并整改安全隐患899项；完成

▲ 5月，香河园街道鸟瞰图　　（温　珂　摄）

▲ 9 月 14 日，香河园街道举办第一届社工技能大赛，9 个社区 45 名社工参加
（温　珂　摄）

全国两会、冬（残）奥会、中共二十大服务保障任务；完成街道残联换届选举工作；选举产生街道新一届团工委书记；选举产生街道新一届总工会主席；成立街道政协委员工作站；创新探索社区“六微”治理模式（家门微服务零距离问需于民、楼门微自治近距离协商于民、网格微创享多方位惠及于民、小区微动员多领域服务于民、社区微营造多品牌问效于民、全域微更新多点位优享于民），首创香河园街道精细化治理“数据通”线上管理平台，梳理形成“一图一本一册”（社区地图、台账本、服务手册），完成 198 栋居民楼、41495 条居民信息录入；举办街道第一届社工技能大赛，9 个社区 45 名社工参赛；举办街道第四届社区邻里节活动，千余名居民参与其中。实现区财政收入 2.57 亿元，比上年增长 5.28%。香河园街道获“北京市全民健身示范街道”，西坝河东里社区获“全国示范性老年友好型社区”“北京市民主法治示范社区”称号，光熙门北里南社区获“首都最美志愿服务社区”称号。（高婧祎）

【小型消防救援站建成】 10 月 2 日，香河园街道小型消防救援站挂牌成立。消防站位于香河园街道柳芳北里甲 15 号（香河园街道综合行政执法队院内），占地面积 400 平方米，建筑面积 350 平方米。站内配备 1 名行政消防员，10 名专职消防员；配备豪沃水罐泡沫消防车 1 辆，水罐容积 4500L、泡沫容积 1500L。年内，开展消防宣传指导 500 余次，检查单位 2761 家次，整改隐患 933 处。（柏冠华）

【基层党建】 年内，香河园街道为 71 名党员颁发“光荣在党 50 年”纪念章；整建制接收北京市屈正爱心基金会党支部 1 个，整建制转出阳光海天党支部 1 个；发展党员 14 名；成立中路交科（北京）交通咨询有限公司党支部、航都格兰云天党支部 2 个；成立物管会党支部 2 个、撤销物管会党支部 2 个。（许　洁）

【文明城区创建】 年内，香河园街道成立深化文明城区创建工作领导小组，设立 1 办 7 组，严格落实“包保”（包点位、保指标）责任，扎实做好 15 类 59 个申报点位和 7 类 22 个随机点位及周边环境秩序维护。紧盯薄弱环节和突出问题，机关干部、社区工作者全员参与，实地测评迎检期间，规范非机动车停放 1200 余辆、机动车停放 280 余辆、施划停车线 2200 余延米，更换破损垃圾桶 158 个，修补破损道路 2 处。组织 72 家餐饮企业签订非居民厨余垃圾消纳合同，引导社会单位落实垃圾分类责任。（江海洁　秦一帆）

【平安建设】 年内，香河园街道开展“平安冰雪季”、安全生产大检查等专项行动 20 余次，出动检查人员 3302 人次，检查生产经营单位 2600 余家次，整改安全隐患 760 余项，整改销账率 100%。指导相关单位做好危险化学品存储使用；开展根治欠薪专项行动、集中整治拖欠农民工工资问题专项行动，受理农民工投诉举报拖欠工资 14 起，妥善解决欠薪 25 万余元。审查辖区 82 家用人单位劳动合同履行情况，合同签订率 100%。（柏冠华　王珊珊）

【助残帮困】 年内，香河园街道规范 20 处无障碍标识，修缮 7 处无障碍设施点位。开展残疾人问需服务调查 925 人；发放低保金 235.3 万余元、临时救助金 2.22 万元；困境儿童、孤儿生活费、医疗报销费、助学金 10.62 万元；申请特困人员护理、医疗费 4.95 万元；发放优抚金 39 万余元，完成 25 名享受抚恤补贴人员年度确认信息采集，开展“两节”送温暖，慰问活动 19 项，慰问居民 3328 户次、共建单位 8 家，支出经费 104 万余元。（赵　慧）

【“在地安老”计划】 年内，香河园街道以创建全国示范性老年友好型社区为契机，以西坝河东里社区为试点实施“分区划带”，织密“三圈四网”，打造区域“在地安老”服务格局。建设老年文化教育圈、老年朋友圈、为老服务圈“三圈”，建设适老设施保障网、助餐助老服务网、专业照护支持网、应急救助响应网，打造乐龄养老“幸福家”。在社区居民楼门增设坡道 109 处、购置爬楼机 2 台、解决失能老人出行难题；完成 263 户家庭适老化改造，提供复健培训和服务 245 户；为 373 户困难独居老年人安装“易健呼”应急呼叫设备；实现助餐 16895 人次、巡视探访 15852 人次、短期照料 16 人次、助浴 39 人次、助洁 70 人次、助医 8 人次、理发或其他服务 2475 人次；四进兜底保障服务助洁 302 人次、助浴 2 人次、助餐 423 人次。推动“互联网 + 养老服务”建设，完成养老服务平台改造，录入服务记录 18238 条。（高全燕）

【老旧小区综合整治】 年内，香河园街道推进西坝河中里社区老旧小区改造和全域基础设施提升，拆除违法建设912.65平方米。完成西坝河中里社区4栋居民楼、413户上下水管主管道更换，新铺设雨水管线1000余米，修剪树木740余棵；完成光熙门北里南社区柳芳北街9号院电力改造，新增智能电表613块；完成1.5千米公共区域污水主管道更换，打通社区公共区域老旧污水管线淤塞倒灌症结；新建改建电动自行车棚19处，安装充电桩（柜）157处、344组、可满足2318辆车同时充电，车充比达到2.12：1，84栋居民楼203部电梯安装电动车禁入系统。对接燃气公司对占压燃气管线建筑产权单位依法拆除违章占压建筑，完成33处燃气管线占压点位销账任务。

（张鹤廷　柏冠华　窦雅楠）

【就业服务】 年内，香河园街道岗位开发就业指标660个，完成674个；完成城乡劳动者职业培训35人；开展集中指导36次、一对一指导67次，登记失业人员390人，开展随访调查403户，推荐321人实现再就业。

（王　晶）

【“接诉即办”】 年内，香河园街道建设香河园“接诉即办”系统平台，制定“1551”预警工作机制（针对同一个人24小时内拨打5个以上诉求电话或5个人在24小时内集中反映一件事的敏感集中诉求，社区、职能科室在3小时内务必书面上报简要情况说明，街道第一时间做好预警处置），逐级梳理“接诉即办”风险隐患台账，做好会商预警、联动处置。全年受理诉求11340件，核实退单1808件，诉求办结9234件，上报剔除、挂账2929份，市级考核响应率99.99%、解决率93.15%、满意率93.56%。（陆　璐）

朝阳区香河园街道社区居委会一览表

表31

序号	名称	地址	电话
1	西坝河东里社区居委会	西坝河东里107楼东侧	64670151
2	西坝河南里社区居委会	西坝河南里20号楼前平房	64621516
3	西坝河西里社区居委会	西坝河西里4号楼	64296921
4	西坝河中里社区居委会	西坝河中里2号楼前平房	64663784
5	柳芳北里社区居委会	柳芳北里甲14号楼	64680342
6	柳芳南里社区居委会	柳芳南里6号楼前平房	64605008
7	光熙门北里北社区居委会	光熙门北里甲6号平房	64272821
8	光熙门北里南社区居委会	光熙门北里19号楼前	64211271
9	光熙家园社区居委会	光熙家园9号楼106室	59033942

（高婧祎）

小关街道

【概况】 小关街道办事处位于朝阳区西北部。东起育慧南路与太阳宫地区（乡）接壤；南至元大都城垣遗址公园与和平街街道交界；西邻北苑路与亚运村街道毗邻；北至北四环东路与大屯街道隔路相望。辖区面积2.58平方千米。下辖9个社区。年内，辖区常住人口62113人，户籍人口14448户、46680人，流动人口12437人，外籍人口172人、出生人口218人、死亡人口54人；辖区有法人单位2757个，其中央属单位32家、市属单位28家、区属单位23家、其他单位2674家；有医院3家、社区卫生服务站2个、养老服务驿站5处（新建1处）；有科研院所6个、大学1所、中学3所、小学2所、幼儿园5所；有401.08平方米为民服务大厅、2800平方米地区文化中心各1处、文化广场1处和24小时自助图书馆3处；途经辖区公交线路20余条，地铁5号线、10号线贯穿其中。辖区绿化率38%。年内，小关街道秉持“更细、更小、更微、更实”工作理念，以推动小关地区高质量发展为主题，以改革创新为根本动力。在总体“稳”的基础上继续向高质量发“进”，完成北京冬奥会、冬残奥会、全国两会、中共二十大等重大活动期间服务保障任务，抓好常态化疫情防控，推动党的建设、城市建设、社区治理、民生服务、平安建设五方面工作。完成小关街道残疾人联合会换届选举工作、街道团工委换届选举工作，选举产生王群、白雪君为出席中国共产主义青年团北京市朝阳区第十三次代表大会代表；完成垃圾分类2个示范小区、2个商务楼宇及8个示范单位创建；完成基层党建、“接诉即办”、安全生产、老旧小区治理、民生保障、拆除违法建设、垃圾分类等工作。实现区级财政收入7.50亿元，比上年增长 1.73%。小关街道获“全国节能型机关”、“2022 年冬奥会、冬残奥会北京市先进集体”、北京市“接诉即办工作先进集体”等称号。（佟学艳）

【基层党建】 7 月 1 日，小关街道开展社区级“两优一先”评选表彰活动，表彰 36 个先进基层党组织、55 名优秀党务工作者、400 名优秀共产党员，为 64 名“光荣在党 50 周年”老党员颁发纪念章；走访慰问 51 名新中国前老党员、优秀党员、困难党员，发放慰问金 6.45 万元。（张　婷）

▲ 10 月 28 日，小关街道市民活动中心开展垃圾分类 + 剪纸活动　（李子涵　摄）

【政务服务创新】 年内，小关街道聚焦政务服务领域“三化服务”（数字化、智能化、标准化），实现 8 个社区政务服务站点全覆盖，构建“一刻钟政务服务圈”，服务延伸“最后一公里”；实现居民“进一门找一窗”，服务群众“零距离”的工作目标。工作模式标准统一，首批 43 项社区服务事项进驻社区政务服务站点。（周齐佳）

【平安建设】 年内，小关街道创新工作模式，构筑“人防 + 技防”安全网。在辖区主次干道、重点部位，背街小巷等；街道指挥中心 LED 屏幕，主要大街、交通枢纽、公共区域全覆盖。检查辖区内企业安全生产全覆盖，全年检查企业 1925 家次、立案处罚 10 起、罚款 10.2 万元，发现隐患 1624 处，隐患整改率 99.9%；地区非居民液化石油气用户归零。（贾鲲腾　刘浩斌）

【小空间大生活项目】 年内，小关街道“小空间大生活”项目位于地铁 5 号线惠新西街北口 C 出入口南侧，是城市主干路与住宅小区之间的开放空间，面积 1900 余平方米。项目获评“首都精神文明建设工作优秀案例”“北京城市更新最佳实践”等称号并被纳入住建部“2021 年无障碍环境建设优秀典型案例”。（杨常有）

【社会组织优化】 年内，小关街道组织发动 1520 名志愿者参与重点服务保障任务。辖区实名注册志愿者 22009 人。新孵化社区社会组织 15 支，志愿服务类、生活服务类占比 76.5%。（陈春旗）

【市民文化活动】 年内，小关街道市民活动中心开展“云上春晚”等文化活动 31 场，其中线下活动 27 场、线上活动 4 场；流动电影放映 15 场，1.8 万余人参与；开展垃圾分类社会动员，组织各社区开展主题宣传活动 18 场、60 余次，社区志愿者 680 人参与垃圾分类“桶前值守”。（陈春旗）

【“接诉即办”】 年内，小关街道组织矛盾纠纷排查 12 次，接收各类信访诉求 114 件 220 人次，办结率 100%。接收市区“12345”交转件 9746 件（其中市 4693 件、区 4633 件），解决率 97.04%、满意率 97.25%。（王　新）

【服务与救助】 年内，小关街道建立街道—社区—楼门（网格）三级联动的重点人群关爱保障机制。重点关心关爱、摸排长期卧床的失能、失智人员，有基础性疾病等重点人群 687 人，建立“一对一”联络机制，通过微信、电话、上门等形式，做好重点人群兜底保障。结合工作重点与地区实际建立“1+9+N”的民生服务保障联盟（1 街道，9 个社区，N 个地区各类重点民生保障单位），通过购买服务、搭建平台、健全机制，吸纳更多单位参与，加强互动沟通、形成工作合力，织牢织密民生“保障伞”，为居民共享品质生活提供支持。

（魏　倩）

【环境整治】 年内，小关街道完成小关北里 24 号院 3 号楼北侧车库，惠新

▲ 3 月 29 日，小关街道老旧小区改造后，开展居民回迁安置工作　（李子涵　摄）

西里一区5号楼北侧平房，惠新里14号楼东、西、南侧违法建设，惠新里10号楼及11号楼南侧平房等547.43平方米拆违任务。完成创建“基本无违法建设街道”工作。完成小关北里小区楼本体、住总小区楼本体及污水、雨水、电力改造工程，回迁安置190户700余名居民。街道城市管理案件立案146起，涉及生活垃圾、门前三包、工地扬尘、无照经营等14个案由，罚款7.566万元。

（杨常有　李　强）

朝阳区小关街道社区居委会一览表

表32

序号	名称	地址	电话
1	惠新苑社区居委会	小关街道惠新西街9号院1号楼	64810094
2	高原街社区居委会	小关街道惠新里甲10号	84626490
3	惠新北里社区居委会	小关街道惠新北里8号楼	64810092
4	惠新西街社区居委会	小关街道惠新北里8号楼	84872634
5	小关东街社区居委会	小关东街3号楼东侧社区居委会	64304909
6	惠新东街社区居委会	小关街道惠新里2号楼北侧	64921182-806
7	惠新里社区居委会	惠新西街18号南院罗马花园南门对面	64810091
8	惠新南里社区居委会	北土城东路11号	64920558
9	小关社区居委会	小关北里204号楼旁	64921985

（佟学艳）

亚运村街道

【概况】 亚运村街道位于朝阳区西北部。东起北苑路与小关街道相接，西至京藏高速路与海淀区相邻，南至北土城公园与安贞街道为界，北抵安翔北路至炎黄艺术馆北侧路与奥运村街道、大屯街道相连。辖区面积5.13平方千米。下辖13个社区。年内，辖区常住人口57993人，户籍人口17543户、47844人，流动人口10149人，外籍人口358人，常住人口中有汉族44749人、少数民族3095人；新出生人口283人、死亡人口87人；有法人单位3764个，其中中央单位有中国化工油气股份有限公司、中国科学院微电子研究所、中国蓝星（集团）股份有限公司等53家；市属单位有北京北辰实业股份有限公司、北京市光环电信集团、北京城建第七建设工程有限公司等94家；区属单位68家、其他单位3549家；有科研院所4家，大学2所、中学3所、小学5所、幼儿园8所；有医院1家、社区卫生服务中心1个、社区卫生服务站3个；有养老机构5处；有900平方米政务服务大厅和3000平方米地区文化中心各1处、有文化广场9处和24小时自助图书馆2个；途经辖区公交线路70余条，地铁8号线、10号线贯穿其中。辖区绿化率29.58%。年内，亚运村街道落实中央、市、区关于疫情防控、经济发展、安全生产工作要求，持续优化营商环境，狠抓社会治理，坚持保民生优服务，提升城市管理水平。完成街道20家纳税千强企业、10栋纳税亿元楼宇党组织建设；完成街道团工委换届，配齐社区基层团支部书记13名；实现辖区工会组织全覆盖，完成单位信息核实2700家，新增百人企业2家、独立建会单位10家；街道投资408万元，完成党政群共商共治为民办实事项目37件（街道级项目1项、社区级项目36项）；完成13个社区242支社会组织统计及备案工作，培育26支品牌队伍；审核检查各类合同、协议260份，监督复核175起行政处罚案件。实现区级财政收入12.57亿元，比上年减少10.84%；征收房产税2.88亿元，比上年减少2.39%。亚运村街道获“北京市2022年冬奥会、冬残奥会先进集体”“北京市接诉即办工作先进集体”，冬奥村社区、安慧里南社区获“北京市综合减灾示范社区”，安慧里南社区获“北京市民主法治示范社区”，街道温馨家园获“北京市冬奥示范温馨家园”称号。

（张昌泰）

【“接诉即办”】 年内，亚运村街道受理诉求11479件，主要诉求为涉疫情防控案件，占诉求总量的53.7%。其中纳入市级考核3237件（直派＋转派），考核率28.2%。直派案件综合得分96.31，列全市235名、列全区43个街乡第13名；直派＋转派案件综合

▲ 8月4日，亚运村街道小区环境提升改造完成　（亚运村街道　供图）

得分95.09，响应率99.84%，解决率93.91%，满意率94.92%，列全区43个街乡第6名。（王　伟）

【综合整治】 年内，亚运村街道完成综合改造安慧北里小区、丝竹园小区的20栋楼，面积10.72万平方米，总投资7441万元。提高楼本体形象和公共区域形象；完成安苑里小区、信息家属院小区、光环家属院小区16栋楼前期项目管理、设计、造价等二类费用立项工作，改造建筑面积5.97万平方米，总投资约3940万元。组织开展"七彩亚运村，环境清洁日"主题活动30余次、出动志愿者4000余人次、处置环境案件651个；监督检查各类工地800余次，处理扬尘问题380余起；解决环保平台派发的各项案件368件；完成裸地整治任务督促工地整改裸地4000余平方米；绿化公园斑秃6000余平方米，实现裸地"动态清零"；解决非法排污事件14起、雨污混排点整改验收2处、清理排水雨箅子和排污口230处，清运垃圾1.2吨。（邓　磊）

【平安建设】 年内，亚运村街道核查违法群租房案件201件，整改64户、清退163人；检查辖区内3家影院、2家网吧、3所KTV及图书音像店等190余次；管理帮扶社区戒毒人员2名、社区康复人员2名、在册吸毒人员54名；消防站接火警35起、误报19起、成灾火灾16起、比上年下降46.1%。（董　熠）

【文体活动】 年内，亚运村街道开展文化、体育、科普活动28场，参与群众2.2万人次，组织志愿者参与文化志愿服务2000余人次；各社区开展文化活动280场，2.5万人次参与其中；开展特色文化活动7场、科普进社区活动4场、公益小教员培训14场；影片展播20场、观影1000余人次；组织专题普法宣传150余场（次）、参与居民3万余人次、发放各类法治宣传挂图500余幅、资料1万余份，播放法治宣传短片、法治公益广告8期32部；开展邻里守望、共建共治共享、文化铸魂、共创平安系列活动22场，服务1128人次。（周慧娟　赵建红　李金晏）

【养老助残】 年内，亚运村街道启动安苑北里14号楼医养结合服务联合体建设；为75名低保、计生特扶、高龄困难老人提供助餐服务2134人次、助洁服务534人次、助浴服务676人次；为4名百岁老人提供助洁服务64次、助浴服务14次、助餐服务60次；慰问1000名60周岁及以上的空巢、独居老人。成立亚运村街道助残联盟，走访慰问困难残疾人家庭140户、发放防疫物资2.8万元；元旦、春节走访慰问156人，发放慰问金11.65万元。温馨家园线上服务5165人次；线下服务3965人次。（张婷婷　郑宇鹏）

【服务保障】 年内，亚运村街道开发就业岗位982个，实现就业514人；受理居民医疗保险续保增员439人，完成城镇无业居民养老保险续保参保160人、医疗救助126人、为低保人员报销药费150余万元、为灵活就业人员和失业人员办理退休手续165人次。（谭　鹏）

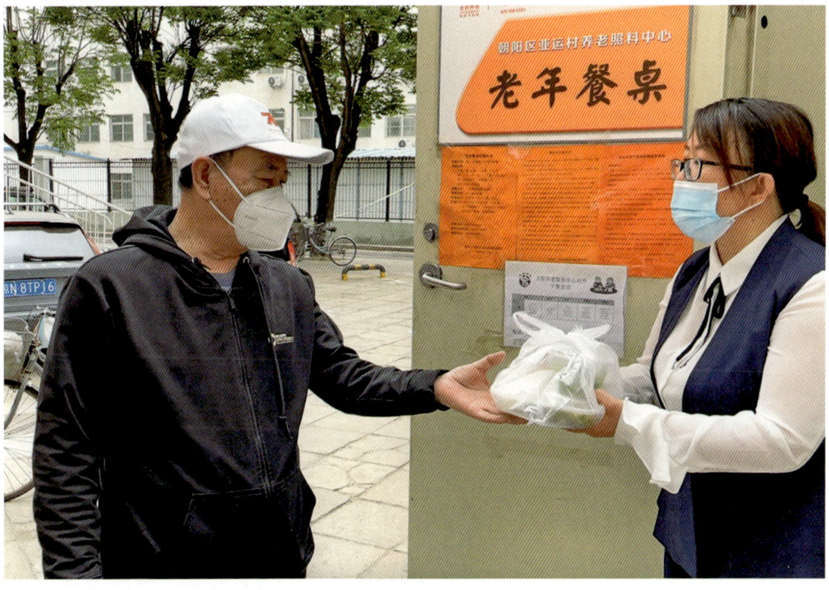

▲ 5月6日，安慧里社区龙振养老院开放老年餐桌　（亚运村街道　供图）

朝阳区亚运村街道社区居委会一览表

表 33

序号	名称	地址	电话
1	安苑北里社区居委会	安苑北里12号楼维稳中心一层	64962829
2	华严北里社区居委会	华严北里44号楼东侧居委会	82841857
3	冬奥村社区居委会	安苑路1号（原奔驰展厅）	64913487
4	安慧里社区居委会	安慧里一区甲7号楼	64980226
5	安慧里南社区居委会	安慧里三区13号楼	64932951
6	丝竹园社区居委会	丝竹园7号楼11门4层	64865706
7	安翔里社区居委会	安翔里社区1号社区居委会	64886363
8	北辰东路社区居委会	安慧北里小区1号楼北侧	64941921
9	祁家豁子社区居委会	华严里16号楼北侧小2楼	62007530
10	安慧里北社区居委会	安慧里小区二区1号楼	64929078
11	京民社区居委会	华严北里2号院1号楼北侧	82071320
12	华严北里西社区居委会	华严北里甲22号楼二层	82846023
13	民族园社区居委会	华严北里3号院1号楼后平房	62375261

（李　铁）

左家庄街道

【概况】 左家庄街道位于朝阳区西部，东起东三环北路与麦子店街道为邻；西至左家庄西街与东城区、香河园街道接壤；南濒亮马河与三里屯街道隔河相望；北抵静安西街与太阳宫地区（乡）相接。辖域面积4.17平方千米。下辖11个社区。年内，辖区常住人口63077人，户籍人口24577户、63516人，流动人口5805人，外籍人口335人，新出生人口322人，死亡人口（注销）161人；有法人单位3118个，重点社会单位61家。其中央属单位有中航工业集团、中检集团等16家；市属单位有北京百灵无线厂、北京市自来水集团水源八厂等7家；区属单位有朝阳环卫服务中心、朝阳区经济管理办公室等38家；其他单位3057家。有社区卫生服务中心1个、社区卫生服务站4个；有大专院校2所（北京市商业干部管理学院、中共朝阳区委党校）、中学1所、职高1所、小学5所、幼儿园7所；有养老照料中心1处、养老服务驿站6处；有300平方米政务服务中心、2700平方米地区文化中心各1处、有文化广场7处和24小时自助图书馆3个。途经辖区公交线路119条，地铁10号线贯穿其中。辖区绿化率30%。年内，街道坚持“守正创新、集智发展”理念，扎实推动各领域党的建设全面进步，统筹引领疫情防控和经济社会高质量发展取得扎实成效。完成北京冬奥会、冬残奥会、全国两会、中共二十大、国庆等重大活动期间安保维稳工作；街道向帮扶共建的内蒙古自治区科左后旗朝鲁吐镇捐款3万元、向巴彦毛都苏木捐款3.5万元、捐赠少年读物200余本折款2万元，捐赠自发热棉服、棉大衣17件折款6800元。实现区级财政收入36.98亿元，比上年增长9.24%，征收房产税41746.97万元，比上年减少13.04%。街道获“2018—2022年度北京市司法行政系统先进集体”称号、新源西里社区获“北京市民主法治示范社区”称号。

（刘　蕊）

【基层党建】 年内，左家庄街道以“初心引航，逐梦左家军”为主题，打造全方位“党建圈”，凝共识、聚人气、增活力。党建强势霸屏“朋友圈”，打造人气党建动漫IP“领航小左”、圈粉公众号，缤纷党建墙与楼宇红色空间站，使地区党建工作跻身“潮流圈”。扎实根植于党建“共治圈”，动员党建协调委员会中40余家社会单位全程参与助力防疫工作。（杨佳烁）

▲ 9月29日，左家庄街道开展“初心领航　逐梦左家庄”主题党建活动　（侯明志　摄）

【指尖普法】 年内，左家庄街道结合《中华人民共和国行政处罚法》（2021版）组织开展执法人员依法行政培训，通过深化“指尖普法”，邀请律师录制普法视频讲座，以“互联网+”形式，定期推送普法课堂，全年录制网上课堂6期，开展宪法、民法典、疫情防控、国家安全等系列法治讲座34场；加强社区矫正对象、安置帮教对象的管控，入户走访矫正对象203人次、个别谈心谈话330人次、心理咨询6人次、安置帮教人员矛盾排查415人次；化解人民内部矛盾纠纷90件，其中口头协议88件。

（张　莹）

【“接诉即办”】 年内，左家庄街道深化“12345”热线、政民互动、拨拨就灵、一码共治等平台功能融合，快速、有效解决群众各类诉求。共接到市民诉求20787件，办结20787件，响应率100%，解决率95.94%、满意率95.97%。在主管领导“包片”的基础上，强化诉求中心工作人员与各部门、各社区的“包片”联系，形成案件全程跟踪督办、严格审核把关的新格局；以失分案件为重点，强化数据分析，提高数据对案件办理分析预判的指导作用。在北京市全年“接诉即办”考核中，街道月平均解决率95.94%，满意率95.97%。

（张林霞）

【敬老助残】 年内，左家庄街道新建养老服务驿站1处，将6个养老服务驿站分配并签约643名基本养老服务对象；及时发放各类社会救助资金，发放养老服务补贴50.9万元、失能护理补贴1333.5万元、高龄津贴1026.2万元；开发就业岗位1864个，完成指标数103.3%；城镇登记失业人员就业率完成指标数104.3%。落实残疾人机动轮椅车补贴政策，全年服务1925人，覆盖率99.69%。

（符淑意）

【社区建设】 年内，左家庄街道解决党政群共商共治暨为民办实事39件，其中街道层面数量5件，社区层面数量34件。完成11个社区服务站政务服务规范化建设；完成新源里西11号楼4个楼门示范点和新源里社区1个社区议事厅建设；选拔、实训、培养专业社工骨干22名；实施公益金项目48个，开展“社区邻里节”线上线下活动21场，参加人数5500余人；完成左东里、新源里2个社区拆分、人员调整工作。

（赵瑞芳）

【“一码共治”城市治理转型新模式】 年内，左家庄街道创新“一码共治”城市治理数字化转型新模式，将临街区域、社区居民区域、商务楼宇区域划分为最小治理单元，形成居民管理、疫情防控、门前三包、一刻钟服务圈等多个场景，鼓励“码上报”、督促“码上办”、实现“码上治”。辖区内375栋楼1448个单元完成精准定位并获得全市标准化“城市码”，6.8万名居民台账实现数字化，通过“一码共治”平台及时处理居民诉求4842件，办结率97.32%。

（赵瑞芳）

【环境整治】 年内，左家庄街道拆违腾地台账销账45处，销账面积940.91平方米，完成全年任务（200平方米）的370%。拆除施工围挡2处、雨污混接错接16处、桥下空间治理20个；处置市、区环境平台案件638个，清理无主垃圾1200余车，清理卫生死角30

▲ 7月14日，左家庄街道环境整治——牛王庙北院改造完成　（侯明志　摄）

余处。完成辖区内1718个图斑房屋建筑调查，完善辖区房屋建筑台账，评估辖区内自建房安全隐患241处；完成修补坑洼路面、疏通管道、修补井盖、维修车棚等小型工程140余项；更新左北里8号楼和甲8号楼楼顶整体防水设施；清理维修808个雨水口，整理辖区内架空线3.9万米；完成牛王庙北院、国门大厦周边环境提升工程。

（樊永胜　阎晓乐）

【安全保障】 年内，左家庄街道发动治安志愿者1845人，发动在职党员、社会单位志愿者、停车管理员等其他各类群防群治力量3万余人次。检查各类场所9000余处，检查单位512家，发现隐患500余处，罚款83.4万元，临时查封1家，责令“三停”9家，下发责令改正通知书320份。安装电动自行车充电接口1573个。

（高永峰）

朝阳区左家庄街道社区居委会情况一览表

表34

序号	名称	地址	电话
1	新源里社区居委会	新源街19号楼	84552609
2	顺源里社区居委会	顺源里04号楼对侧	64637571
3	三源里社区居委会	三源里街10号楼临1号	64654419
4	新源西里社区居委会	新源西里东街甲11号	84551479
5	左北里社区居委会	左家庄北里甲38号楼	64683979
6	静安里社区居委会	静安里甲6号	84542961
7	左南里社区居委会	香中里9号楼北侧	64656209
8	左东里社区居委会	左东里14号楼	64656754
9	曙光里社区居委会	曙光里39号楼后小白楼	84515170
10	曙光里西社区居委会	国际村4号楼5单元门栋旁	64610717
11	曙光凤凰城社区居委会	凤凰商街F306号	64626726

（刘　蕊）

常营地区（回族乡）

【概况】 常营地区（回族乡）位于朝阳区东部。东与通州区永顺镇接壤，南与管庄地区（乡）相邻，西与平房地区（乡）相接，北与金盏地区（乡）和东坝地区（乡）毗邻。辖区总面积9.3平方千米。下辖16个社区居委会和2个北京像素治理中心。年内，辖区常住人口213512人，户籍人口17765户、39217人（其中少数民族8246人），流动人口89615人，外籍人口437人；出生人口305人、死亡人口224人；有法人单位3000余家，其中央属单位5家、市属单位15家、区属单位12家、其他单位2960余家；有社区卫生服务中心1个、社区卫生服务站4个；有职业高中1所、九年一贯制学校3所、中学1所、小学2所、幼儿园12所（不含社区办园点）；有养老机构3处、养老服务驿站4处。有1804平方米为民服务大厅、1018平方米地区文化中心各1处，有文化广场4处和24小时自助图书馆3处；途经辖区公交线路15条，地铁6号线贯穿其中。辖区绿化面积335公顷，绿化率37.41%。年内，常营地区围绕“健康活力和谐宜居新常营”建设目标，落实文献书记调研常营指示精神，优化生态环境，提高治理水平。完成23个基层党支部换届选举工作，新设立17个社区居民党支部、成立党群服务中心党总支；地区党建工作协调委员会成员单位调整为43家；完成地区残联换届选举工作，选举残联主席陈国栋、推荐地区残联执行理事会理事长高思颐，推荐高思颐等4人为朝阳区残联第八次代表大会代表；推荐安宝军、李亚哲为朝阳区残联第八届主席团委员候选人；完成地区年度拆违任务3500平方米、占地面积3300平方米；开展裸地治理专项行动，减少裸地面积70448.2平方米；实现区级财政收入2.67亿元，比上年减少11.12%。常营乡获“北京市卫生乡”、统计所获“北京市统计先进集体”称号、连心园社区获国家级“全国示范性老年友好型社区”称号、常营半程马拉松获“2022年北京市体育旅游十佳精品赛事”，常营公园体育旅游精品景区获“2022年北京市体育旅游精品项目”。

▲ 1月13日，《常营地区社区治理三年行动计划（2022—2024）》发布会召开
［常营地区（回族乡） 供图］

【基层治理创新】 1月13日，常营地区举行《社区治理三年行动计划（2022—2024）》（以下简称《计划》）发布会。《计划》从6个方面18个细目详细规划，全领域、全要素、全过程、全方位、全覆盖推动社区治理组织化、社会化、法治化、专业化、智能化水平，完善社区精细化治理格局。完成16个社区居民议事厅建设，通过议事协商决定社区重点项目、居民公约、热点难点问题；做强地区43个网格组团服务，构建属地成网、网中有格、格中有责、责任到人、管理到位、服务到家的工作体系；统筹用好164支社区社会组织，完善地区社区社会组织培育服务体系。

【“枫桥式公安派出所”授牌】 6月20日，朝阳分局常营派出所获北京市公安局第二批“枫桥式公安派出所”命名授牌。

【乡十八届二次人大会议】 8月15日，常营地区（回族乡）召开第十八届二次人大会议。乡人大代表45人出席，区人大代表、乡领导班子成员、机关各部门、基层单位负责人等28人列席会议。审议通过《常营回族乡人民政府2022年上半年工作报告》《常营回族乡人民代表大会主席团2022年上半年工作报告》。

【老旧小区改造】 年内，常营地区（回族乡）统筹推进老旧小区改造和电梯加装工作，完成民族家园、连心园53栋楼的楼本体改造项目，民族家园和连心园第三期电梯加装工程完成252部。

▲ 8月15日，常营回族乡召开十八届人大二次会议 ［常营地区（回族乡） 供图］

【交通治理】 年内，常地营区（回族乡）加快常营中街、常营南路、双桥东路3条道路的施工建设，畅通朝阳医院常营院区周边交通微循环。开展专项和联合执法7次，对燕保汇鸿家园周边、常通路、常吉路南段开展集中整治，清理共享单车1.5万余辆、处罚违停车辆130余辆、清理僵尸车33辆。在辖区11条道路施划交通标志、标线4.2万余米，施划停车位2155个。

【安全生产检查】 年内，常营地区（回族乡）建立安全生产检查机制，处级领导带队排查社区和辖区单位，检查生产经营单位1246家次、整改安全隐患1608项，实现辖区768家单位检查全覆盖和整改闭环管理。

【民生保障】 年内，常营地区（回族乡）发放低保、低收入救助补贴337万元；发放优抚对象、超转人员、水库移民、丧葬补贴等29万元；困难残疾人生活补贴和重度残疾人护理补贴1572人次、85万元，严重精神障碍患者监护人补贴334人次、75万元；排查化解各类劳资纠纷29起；挖掘空岗634个、实现就业579人；完善街乡、社区两级政务服务体系，实现街乡政务服务中心进驻事项委托受理100%；全年办理各项惠民便民业务28655人次；建成电动自行车充电车棚132个、充电桩2000余个；创建“无传销社区”，实现“无传销社区”全覆盖；加强矛盾纠纷排查管控，调解各类矛盾纠纷619起，调解成功率、履行率100%；信访接待1182人次，案件受理率、办结率、满意率均达到100%；推进回迁小区产权证办理工作，民族家园B区、G区办理完成1068套，70套办理中。民族家园F区、J区完成前期手续。

（邹志威）

朝阳区常营地区（回族乡）社区居委会情况一览表

表 35

序号	名称	地址	电话
1	连心园社区居委会	常新路6号院连心园社区居委会	58240346
2	常营民族家园社区居委会	常营民族家园59号楼底商	65738991-816
3	万象新天社区居委会	常营万象新天115号楼二层	65436225
4	万象新天北社区居委会	常营万象新天社区115号楼底商	65727971-8005
5	鑫兆佳园社区居委会	常营乡三间房东路甲9-2号	65431083-8017
6	鑫兆佳园北社区居委会	三间房东路甲9-3号	65780096-808
7	苹果派社区居委会	黄渠东路2号院13号楼1单元居委会	65465358
8	荟万鸿社区居委会	常营荟康苑3号楼西侧平房	65472571
9	常营保利社区居委会	常营中路保利嘉园3号院19-19底商（保利社区居委会）	85074608
10	住欣家园社区居委会	常营住欣家园西院215号楼	57914007
11	畅心阳光社区居委会	五里桥一街3号院首开畅心园1号楼1层	59396208
12	常营福第社区居委会	朝阳北路15号楼	57923997
13	丽景园社区居委会	常营丽景园小区1号楼2单元206、207、208室	57845068
14	东方华庭社区居委会	常营地区常通路4号院1号楼3层E305室	65408501
15	燕保常营家园社区居委会	朝阳北路20号院燕保·常营家园7#地上一层、二层	65720573
16	燕保汇鸿家园社区居委会	燕保·汇鸿家园5#六层	65728616-805
17	北京像素南区治理委员会	常营乡五里桥一街一号院非中心十九号楼像素治理中心	65764721
18	北京像素北区治理委员会	常营乡五里桥一街一号院非中心十九号楼像素治理中心	65725997

（邹志威）

崔各庄地区（乡）

【概况】 崔各庄地区（乡）位于朝阳区东北部。东至东营村、黑桥村、首农集团东郊农场与金盏地区（乡）、孙河地区（乡）相邻；南至南皋村、草场地村、黑桥村、望京村、索家村与将台地区（乡）、东坝地区（乡）、酒仙桥街道、东湖街道相接；西至善各庄村、奶西村、索家村与来广营地区（乡）相连；北至何各庄村、马泉营村、奶西村、奶东村与孙河地区（乡）接壤。辖区面积30.7平方千米。下辖8个社区、15个建制村。年内，辖区常住人口103578人，户籍人口12903户、26079人，流动人口81454人；新出生人口162人、死亡人口45人；辖区有法人单位2549家，其中，央属单位1家、市属单位10家、其他单位2538家；有医院4家（其中民营医院2家）、社区卫生服务中心2个、社区卫生服务站6个；有中学5所、小学2所、民办学校1所、幼儿园13所、涉外基础教育学校4所；有养老机构3处；有公共文化活动场所包括村（社区）级文化活动室12个、文化广场7个、乡级图书馆1个。途经辖区公交线路20条，机场快轨、地铁14号线、15号线贯穿其中。辖区绿化率57.76%。年内，崔各庄地区（乡）统筹疫情防控和经济社会发展，对标对表中关村朝阳园北区控规要求，编制地区（乡）城市化建设实施方案，梳理乡集体资源对接市规划院编制上图，开展基本农田保护，保障民生服务；执行《崔各庄乡人民政府内部审计管理制度》《崔各庄乡集体资产监督管理委员会工作实施细则》，梳理乡集体资源对接市规划院编制上图。完成春节、北京冬奥会、冬残奥会、全国两会、中共二十大等重大活动时期服务保障任务；完成超大型社区京旺家园一、二社区拆分，成立和平社区，选举新建社区居委会班子成员5人；成立全区首家新型集体林场；实现

▲ 8月12日，崔各庄地区（乡）政府慰问内蒙古自治区乌兰察布市察后右旗捐赠抗疫物资　（张　峰　摄）

区级财政收入30.31亿元，比上年增长365%；实现农村集体总收入5.513亿元，比上年下降8.1%。人均劳动所得52957元，比上年增加2.8%。崔各庄地区（乡）获“北京市接诉即办工作先进集体”“北京市特色乡镇”称号。（综合办公室）

【对口支援】 8月12日，崔各庄地区（乡）费家村、东辛店村捐赠防护服、口罩、消毒液等疫情防控物资价值20万元，支援内蒙古自治区乌兰察布市察右后旗；乡属企业集团公司捐赠20台台式电脑、地区醉库国际文化创意园、万荷艺术文创园等捐赠速食品价值30万元，助力当地疫情防控一线工作人员。（张　峰）

【乡人大十八届二次会议】 8月23日，崔各庄地区（乡）召开第十八届人民代表大会第二次会议。总结上半年工作，安排下半年重点工作。崔各庄乡人大代表58人、列席代表53人参加会议。殷伟涛代表崔各庄乡人民政府向大会做《2022年上半年崔各庄乡经济社会发展情况和下半年工作安排通报》。书面通报《崔各庄乡第十八届人民代表大会第一次会议代表议案建议办理情况》。乡党委书记李泽林提出：要深刻认识地区（乡）的发展优势、区位优势、产业空间优势及文化、生态资源优势；巩固提升生态环境，推进科技产业、助力乡域发展的建议。（张　峰）

【主题活动】 8月26日，崔各庄地区（乡）开展“弘扬光荣传统，传承红色背篓精神”主题党日活动。乡机关部分党员（预备党员）、入党积极分子等40余人参观“红色背篓精神”发源地——房山区周口店镇黄山店村爱国主义教育基地开展党史学习。10月10日，民生保障办公室举办以“营造良好环境　共助心理健康”为主题的心理健康知识讲座和插花体验活动，地区残疾人朋友及家属30余人参加。10月21日，由区文明办、区农业农村局主办，崔各庄地区（乡）承办的“积分制‘积’出文明新风尚”暨移风易俗专题之志愿服务积分兑换活动，地区志愿者代表60人参加，30人兑换积分。年内，地区举办“强国复兴有我”百姓宣讲活动，用“小故事”讲述“大情怀”，用“百姓话”讲述“百姓事”。地区不同岗位的15名宣讲员，以亲历者、见证者的视角，围绕疫情防控、冬奥会服务保障、助力经济发展等不同内容，讲述耳闻目睹一直拼搏、奋斗在身边的道德榜样和先进事迹。（张　峰）

【“接诉即办”】 年内，崔各庄地区（乡）通过未诉先办、“接诉即办”，“12345”诉求处置中心接收群众诉求28512件，因点位问题退回4019件，实际受理24493件。综合响应率100%，解决率92.95%，满意率93.63%。（诉求中心）

【平安建设】 年内，崔各庄地区（乡）制定《崔各庄地区平安建设工作方案》《崔各庄地区防火安全工作方案》等，组织开展消防安全、出租房屋、国家安全、流动人口等方面检查50次，检查安全隐患160处，其中立行立改120处，持续整改40处。出动各类执法人员650人次，志愿者1200余人次，检查社会单位130家，安装电动车充电桩28处，消除各类安全隐患60件次。（平安办）

▲ 9月6日，崔各庄乡举办“强国复兴有我”百姓宣讲汇报演出　（张　峰　摄）

朝阳区崔各庄地区（乡）社区居委会、建制村村委会情况一览表

表 36

序号	名称	地址	电话
1	京旺家园一社区居委会	北皋路北京旺家园二区北门	84306002
2	京旺家园二社区居委会	北皋路北京旺家园六区东侧	64363132
3	马南里社区居委会	来广营东路南马南里社区	84702139
4	东洲家园社区居委会	来广营北路东东洲家园社区	64342607
5	燕保家园社区居委会	香江北路南燕保家园社区	84790611
6	广善一社区居委会	香江北路南广善一社区	84343027
7	和平社区居委会	来广营东路2号贝迪克办公楼	64357368
8	新锦社区居委会	来广营东路2号贝迪克办公楼	64357549
9	崔各庄村村委会	北皋路北京旺家园四区南口	64367032
10	善各庄村村委会	北皋路北京旺家园四区南口	64327634
11	何各庄村村委会	顺白路南何各庄村委会	64310510
12	马泉营村村委会	顺白路南马泉营村委会	64364801
13	奶东村村委会	顺白路北奶东村委会	84569998
14	奶西村村委会	北皋路北京旺家园二区北	84564892
15	索家村村委会	北皋路北京旺家园四区南口	64382547
16	费家村村委会	京顺路北费家村委会	84701466
17	南皋村村委会	北皋路北京旺家园四区南口	64368319
18	北皋村村委会	北皋路北京旺家园一区北口	64365895
19	望京村村委会	北皋路北京旺家园一区北口	84304015
20	草场地村村委会	机场辅路南草场地村委会	64327883
21	黑桥村村委会	北皋路北京旺家园一区北口	64329989
22	东营村村委会	北皋路北京旺家园一区北口	84160338
23	东辛店村村委会	京顺路北东辛店村委会	84307378

（胡国光）

东坝地区（乡）

【概况】 东坝地区（乡）位于朝阳区东部。东至机场二通道与金盏地区（乡）相邻，南至高杨树南二街（朝阳新城三区）与平房地区（乡）、常营地区（乡）接壤，西至半截塔路（首创朗园）与将台地区（乡）相连，北至黑桥公园与崔各庄地区（乡）相接。辖区面积24.6平方千米。下辖26个社区、9个建制村。年内，辖区常住人口134683人，户籍人口28290户、67531人，流动人口71000人，港澳台同胞及外籍人口510人；新出生人口748人、死亡人口83人。有法人单位3911个，其中，中央属单位3家、市属单位5家、区属单位5家、其他单位3898家；有三级医院1家、二级医院1家、社区卫生服务中心2个、社区卫生服务站4个；有科研院所1家、大学1所、中小学14所、幼儿园18所；有养老院3处；有1000平方米为民服务大厅、1700平方米地区文化中心各1处，有文化广场20处（其中占地500平方米以上文化广场6处），有乡级图书室2个；途经辖区公交线路7条，地铁3号线、12（在建）号线贯穿其中。辖区绿化面积525.63公顷，绿化率30.8%。年内，东坝地区（乡）筑牢疫情防控安全线，推进回迁安置进程，落实区域规划，推进第四使馆区建设和东坝国际商业中心项目建设，强化“三资

▲ 9 月 1 日，北京中学东泽园校区投入使用　　（马斯诺　摄）

管理”，开展“疏整促”专项整治行动，完善市政配套基础设施建设，提升生态环境质量。完成基本农田种植利用 10.909 公顷；完成北京冬奥会、冬残奥会、中共二十大等重大活动期间服务保障任务；完成东坝家园 B 区、东泽园小区市政水接入；完成金泰丽富 1470 户居民回迁房不动产权证办理；东坝国际商业中心项目结构封顶；地铁 3 号线、12 号线东坝车辆段、运用库二次结构近 2 万平方米主体结构完工；北西区域回迁安置房、七棵树组团二期、驹子房组团 E 区主体结构封顶，金泰丽富项目 10 万平方米完成竣工验收；坝河滨水空间一期（使馆区东区段）全面对外开放；居民自主垃圾分类投放准确率保持在 85%，家庭厨余垃圾分出率达 18%；取缔违法足疗美容店 20 余家、违法棋牌室 9 家，打击涉黄违法人员 29 人；乡公益律师、村居法律顾问接待法律咨询 1000 余人次，帮助乡集体企业开展留抵退税约 3800 万元；配合国有企业房租减免七棵树创意园、1949 创意公社等 150 余家承租单位的房租 93 万元；发放一次性回迁房延期周转费 5.35 亿元。实现区级财政收入 3.356 亿元，比上年增长 3.01%；集体经济总收入 7.2 亿元，比上年增长 67.8%；东坝乡获 2022 年“北京市体育特色乡镇”称号。

【乡十八届二次人大会议】 7 月 5 日至 6 日，东坝乡召开第十八届人大二次会议。62 名人大代表和 42 名列席代表出席，会议听取并审议通过《东坝乡人民政府半年工作报告》，选举秦国华为东坝人民政府乡长。

【北京中学东泽校区投入使用】 9 月 1 日，位于东坝地区的北京中学东泽校区建成并投入使用。校区占地面积 36181.57 平方米，东邻驹子房东路、南邻东坝南三街、西至驹子房路、北至东坝南二街。主要建有教学用房、餐厅厨房、设备用房和地下车库，按照 36 班完全中学办学规模开办。朝阳区副区长杨蓓蓓参加北京中学东泽校区揭牌仪式。首批在校师生 2533 人。

【艺术品展览】 9 月 9 日，东坝地区（乡）举办“喜迎二十大·奋进新征程”艺术作品展活动。展览为期一个月，征集书法、美术、摄影和手工艺作品近 200 件，地区 2000 余人次参加活动。

【朗园 station】 9 月，东坝地区（乡）第 11 届朗园国际创意文化节、第五届北京图书市集在朗园举办，朗园 station 中央车站“时空隧道”正式亮相，活动吸引 3 万余人次参与。朗园 station 获“北京市首批新消费品牌孵化基地”。

【交通环境整治】 年内，东坝地区（乡）维修滨河北路、单店中路等 4 条破损路面 1.5 万平方米。建成南四街（金泽家园 A 区段）、康居中街（金驹 F 区段）等 4 条道路通车。完成东坝中路、高杨树中街、驹子房路（平房段）等 7 条跨乡道路审批手续。新建临时停车场 5 处、开放错时共享停车场 2 个（位于东坝社区卫生服务中心和东坝郊野公园）、新增停车位 1172 个；实施路侧停车建设和居住区停车泊位认证（有 8 条道路启用路侧停车管理，提供车位 1303 个，道路停车居住区泊位认证 745 个），在单店中路、康源路等 13 条道路施划禁停线、边线等各类标线 5389 米，新增

▲ 9 月，东坝地区（乡）举办第十一届朗园国际文化创意节。图为 9 月 16 日，“元创互融　城就未来”专题活动现场　　（马斯诺　摄）

违法停车抓拍设备1套。张贴《道路停车记录告知单》1.25万余张、发放劝离告知书8200余份、清拖违停车辆854辆、僵尸车78辆、劝离工程机械车1600辆；对接30所学校和26个社区，向家长发放绿色接送倡议书。东坝乡停车治理经验获中国网报道1次、“北京12345朝阳分中心”微信服务平台报道2次。

【养老服务】年内，东坝地区（乡）联合长友养老院、福寿苑养老照料中心为6300余人提供老年餐桌服务，推进福润四季光明山养老服务驿站老年餐桌建设；为地区148名低保、低收入、计生特困老人、829名重度失能、残疾老人，1405名80岁以上高龄老人，发放各类补贴806.37万元。

【清管行动】年内，东坝地区（乡）村（居）两级河长巡河1293人次、5399.49千米；运用“河长通”办件101件，巡查发现整改问题90余处，“清管行动”解决污水直排、河道漂浮、沟渠垃圾等问题，专项排查管道111.24千米，清理管道污染物355.34立方米，清管率95%。（韩舒平）

朝阳区东坝地区（乡）社区居委会、建制村村委会情况一览表

表37

序号	名称	地址	电话
1	奥林匹克花园社区居委会	奥园小区723号楼底商	65494272
2	坝鑫家园社区居委会	坝鑫家园底商16号楼1层	84200292
3	常青藤社区居委会	常青藤社区单店西路15号院1号楼底商	85379265
4	朝阳新城第二社区居委会	朝新嘉园东里4区8-1-101号	85095183
5	朝阳新城社区居委会	朝新嘉园东里3区1号楼	65456113
6	东坝家园社区居委会	东坝家园A区社区居委会	65415158
7	东湾社区居委会	和悦园小区5号楼南侧	65494864
8	东泽园社区居委会	红松路1号院1号楼2层	56357678
9	福润四季社区居委会	福润四季2号院8号楼1层	65415791
10	福园第二社区居委会	华瀚福园A区10号楼底商	65477577
11	福园第一社区居委会	华瀚福园C区7号楼S1—层底商	65475011
12	高杨树社区居委会	富北嘉园4号楼	65479710
13	红松园北里社区居委会	红松园北里18号院8号楼底商101号	65435259
14	红松园社区居委会	东坝乡红松园社区居委会	65490321
15	汇景苑社区居委会	汇景苑2区1号楼南侧底商	65495088
16	金驹家园第二社区居委会	金驹家园F区217号楼1单元102号	65732411
17	金驹家园第一社区居委会	金驹家园D区116号楼1单元203号	65427941
18	景和园社区居委会	朝新嘉园东里6区6号楼东侧一层	65479712
19	康静里社区居委会	康静里小区西门外南侧平房	65734994
20	丽富嘉园社区居委会	东坝中路30号院6号楼1单元101号	65479669
21	润泽社区居委会	首城东郡汇1号楼1单元南侧	65491007
22	悦和园社区居委会	悦和园小区2号楼2层	85384681
23	郑村社区居委会	畅颐园3号楼1层	65729110
24	奥林匹克花园第二社区居委会	京奥家园215号楼一层	65494272
25	景和园第二社区居委会	景和园七区4号楼一层	65872785
26	锦安家园筹备组居委会	锦安家园19号楼2层	65872728
27	东风村村委会	东风村综治工作中心院内	84318882
28	西北门村村委会	东坝环铁会馆1号院	84320662

续表 37

序号	名称	地址	电话
29	后街村村委会	东坝环铁会馆2号院	84327363
30	单店村村委会	东坝家园A区综合楼四层	65497116
31	七棵树村村委会	东坝家园A区综合楼四层	65412566
32	三岔河村村委会	东坝家园A区综合楼四层	84320564
33	驹子房村村委会	金驹家园F区217地下室	65738411
34	焦庄村村委会	焦庄村委会	65780832
35	东晓景村村委会	东晓景村（春溢通物流对面）	85954990

（韩舒平）

东风地区（乡）

【概况】 东风地区（乡）位于朝阳区中部。东至东风公园与平房地区（乡）、东坝地区（乡）接壤；南至六里屯村南端与八里庄街道、六里屯街道相接；西至东四环辅路与六里屯街道、麦子店街道相连；北至亮马河与将台地区（乡）和酒仙桥街道相邻。辖区面积7.38平方千米。下辖10个社区、4个建制村。年内，辖区常住人口64610人，户籍人口15727户、36864人，流动人口30339人，外籍人口1207人；常住人口中有汉族人口34615人，少数民族人口2699人；新出生人口239人、死亡人口160人；有法人单位3296个，其中，中央单位有中国冶金地质总局1家、市属单位北京振远护卫中心1家、区属单位有朝阳区教育委员会、朝阳区房屋权属登记中心等20余家、其他单位3270余家；有北京和睦家康复医院（二级医院）1家、社区卫生服务中心3个、社区卫生服务站2个；有中学2所、小学4所、幼儿园11所；有养老机构4处；有350平方米为民服务大厅和3300平方米地区文化中心各1处、文化广场4处、益民书屋10处、图书馆1处；有郊野公园1个。辖区绿化率27%。年内，东风地区（乡）按照“疫情要防住、经济要稳住、发展要安全”的要求，聚焦实现“五个东风”（新东风、稳东风、美东风、福东风、暖东风）发展目标，团结带领全乡干部群众勠力同心、攻坚克难，高效统筹做好战疫情、促发展、保民生、守稳定等各项工作，推动地区各项事业全面发展。完成北京冬奥会、冬残奥会、全国两会、中共二十大等重大活动时期服务保障任务；完成4个村清产核资和资产评估，成立股份经济合作社；实现区级财政收入2.75亿元，比上年增长7.42%；实现农村集体经济总收入25123.5万元，比上年减少0.8%。东风地区（乡）华业玫瑰郡小区获第一批“北京市垃圾分类示范单位”称号。

【乡人大十五届二次会议】 8月29日至30日，东风乡召开第十五届二次人大会议，59名人大代表出席会议，29人列席会议。会议通过大会议程（草案）、通过大会主席团、秘书长名单（草案）；通报代表资格审查委员会《关于补选代表资格审查的报告》，陈利娟做《东风乡政府半年工作报告》，书面通报《东风乡第十五届人民代表大会第一次会议代表议案建议办理情况的报告》，表决大会选举办法（草案），陈利娟当选东风乡人民政府乡长，当选人与全体代表见面、宪法宣誓、表态发言，表决政府工作报告决议。

【小微空间提升改造】 年内，东风地区（乡）提升改造华文西路东风苑小区南区东门南侧“萌宠乐园”、姚家园路紫萝园社区北门西侧“东篱有鱼”、姚家园路石佛营西里小区北院西侧“同趣花园”3个小微空间，总面积1950平方米。

【“接诉即办”】 年内，东风地区（乡）开展领导班子“每周1件”工作22期，受理“接诉即办”案件12799件，解决率96.48%，满意率97.61%，“直派+转派”考评成绩位列朝阳区农村系统第一名。办理疑难案件267件。建立矛盾纠纷联动排查机制，开展矛盾排查22次，调解各类民事纠纷266起，调解成功率100%。开展各类普法活动63场，完成信访积案4件结案申报工作，实现地区14个社区、村公益律师全覆盖。

【垃圾分类】 年内，东风地区（乡）建设垃圾分类智能驿站12个，覆盖4个社区8个小区，注册使用90%以上，实现居民生活垃圾精准计量。桶站、大件垃圾存放点全部达标。

【安全整治】 年内，东风地区（乡）开展“十项行动、百日平安”、农村自建出租房消防安全专项整治工作。整改燃气管道占压隐患15处，实现液化石油气非居民用户替代 24 处，更换居民天然气安全配件 1934 户、7636 处。完成黎明新座小区消防设施升级改造，完成 13 个平安智慧小区建设，完成全乡 41 个小区（村）整治任务。

【强化项目建设】 年内，东风地区（乡）建设完成 6.83 万平方米的东风迎宾公园对公众开放。启动北京朝阳站周边环境整治二期项目，姚家园北街一期环境整治项目获得批复，完成建设项目施工总量的 60%。

【民生服务】 年内，东风地区（乡）实现政务服务中心“一窗口对外、一站式服务”。开展居家养老“四进”服务，为老人提供助餐、助洁、助浴等服务 1034 人次；依托东风福寿苑养老照料中心和恒爱养老照料中心进行配餐服务，每日服务 50 余人次；开展残疾人生活和劳动技能培训及康复宣传等活动 60 余场，发放低保金等 290 余万元。 （王雅璇）

朝阳区东风地区（乡）社区居委会、建制村村委会情况一览表

表 38

序号	名称	地址	电话
1	石佛营东里社区居委会	石佛营东里小区113号楼东侧小红楼	85821433
2	石佛营西里社区居委会	石佛营西里临乙1号	85814852
3	石佛营南里社区居委会	八里庄北里129号院2号楼3层	85835729
4	紫萝园社区居委会	石佛营东里136号院1号楼108号	85846204
5	东润枫景社区居委会	东润枫景28号院6号楼2单元	64366261
6	观湖国际社区居委会	东四环北路88号院7号楼1单元2层	59283908
7	公园大道社区居委会	朝阳公园南路6号院4号楼	65306784
8	泛海国际南社区居委会	星火西路17号泛海国际南社区服务站	85855887
9	南十里居社区居委会	南十里居41号院5号楼3单元103室	58294239
10	东风苑社区居委会	星火西路17号楼社区服务中心202室	85904182
11	豆各庄村村委会	高庙村豆各庄村委会	85811977
12	辛庄村村委会	东风乡辛庄甲1号	85846040
13	将台洼村村委会	东风乡将台洼村委会	84315469
14	六里屯村村委会	东风乡六里屯村委会	65862163

（王雅璇）

豆各庄地区（乡）

【概况】 豆各庄地区（乡）位于朝阳区东南部。东至双桥西路与黑庄户地区（乡）相连，南至京津高速公路南侧与通州区台湖镇相邻，西至东五环路与王四营地区（乡）和十八里店地区（乡）接壤，北至广渠快速路南侧与三间房地区（乡）相接。辖区总面积 14.16 平方千米。下辖 12 个社区、12 个建制村。年内，有常住人口 59063 人，户籍人口 9387 户、19987 人，流动人口 30987 人，外籍人口 307 人；新出生人口 88 人、死亡人口 54 人。有法人单位 1683 家，其中国有单位 24 家。有社区卫生服务中心 1 个、社区卫生服务站 4 个；有中小学 5 所、普惠性幼儿园 8 所；有养老机构 3 处；有 200 平方米为民服务大厅、3024 平方米地区综合文化中心各 1 处，有文化广场有 4 个；途经辖区公交线路 10 条，地铁 7 号线贯穿其中。辖区绿化率 47%。年内，豆各庄地区（乡）围绕“疫情要防住、经济要稳住、发展要安全”这一主线，统筹疫情防控和经济社会发展，坚持稳中求进总基调，以首善标准完成各项任务，扎实推进地区高质量发展。完成全国两会、北京冬奥会、冬残奥会、中共二十大等重大活动时期服务保障任务，实现区级财政收入 1.65 亿元，比上年增长 94.1%；实现农村集体经济总收

入12952.8万元，比上年减少10.3%。人均劳动所得43840元，比上年增长7.7%。豆各庄地区（乡）获北京市应急值守先进基层单位、北京市2022年度交通安全先进单位。

【领导调研】 3月10日，朝阳区副区长杨蓓蓓、朝阳区卫生健康委员会主任张瑞、区政府办副主任徐京调研指导封（管）控小区疫情防控和服务保障工作。5月1日，市委督导组辛颖、区政协副主席李靓督导调研宸欣园社区核酸检测的秩序、规范等工作。5月3日，区政协主席王旭到青青家园社区，检查和指导区域核酸检测工作。王旭在青青家园社区详细了解社区居民人数、核酸检测场地设置、组织管理、服务保障等情况，并重点询问封控区居民的核酸检测工作进度以及生活保障问题。5月3日，朝阳区委农村工作委员会副书记王伍到豆各庄地区，指导核酸检测和疫情防控工作，实地考察核酸采样现场，详细询问工作流程，督导检查人员管控、后勤保障、物资消杀等情况。5月14日，朝阳区委常委、政法委书记暴剑实地调研建设者之家（通州）集中隔离点分指挥部疫情防控工作情况。暴剑书记对建设者之家3方合作模式表示肯定并指出，虽然隔离点人员杂多、任务繁重，但实际成效突出、工作亮点颇多。

【主题活动】 7月1日，豆各庄地区（乡）举办“汲取伟大精神力量 坚决扛起使命担当”书记讲党课活动。地区工委书记张军茹号召各级党组织和广大党员干部笃定前行方向，奋力担当作为，加强党建引领，合力攻坚克难，坚持从严导向，落实管党治党主体责任。7月1日，豆各庄地区（乡）表彰地区先进基层党组织17个、优秀党组织书记10名、优秀党务工作者12名、优秀共产党员150名、优秀志愿者150名、“接诉即办”先进集体8个、“最美办件人”10名。豆各庄地区为7个基层党组织、17名老党员代表颁发“光荣在党50年”纪念章。10月11日，由朝阳区文化和旅游局主办，豆各庄地区（乡）协办，朝阳区非遗展览馆承办“孝满京城　德润人心”2022年朝阳区“我们的节日”——重阳节主题文化活动，暨豆各庄地区第四届萧太后河民俗文化季“非遗之声‘河’你一起遇见非遗”活动在朝阳区非遗展览馆开展。活动分为展馆参观、非遗手工体验和观看曲艺表演3个环节，文化体验、曲艺表演和邻里互动，吸引地区居民100余人参与其中。

【乡人大十八届二次会议】 7月25日至26日，豆各庄地区（乡）召开第十八届人大二次会议。56名乡人大代表出席会议，乡处级以上领导、基层党组织书记80人列席会议。会议听取和审议乡长戴昌军所做《豆各庄乡人民政府半年工作报告》和副乡长张毅所做《豆各庄乡（地区）国民经济和社会发展第十四个五年规划和2035年远景目标纲要（草案）》，并经全体代表决议通过。

【结对帮扶】 8月11日，豆各庄地区（乡）筹措帮扶资金及防疫物资驰援内蒙古自治区察右后旗疫情防控工作。3家（北京旭廷商业管理有限公司、北京朝商商贸有限公司、北京宴席传奇餐饮管理有限公司）爱心企业筹集资金23万元，拨付给察右后旗。8月12日，豆各庄地区（乡）筹集价值50.01万元的抗疫物资送达察右后旗，并向察右后旗锡勒乡和大六号镇调拨及捐赠价值85万元物资。

【破解“办证难”题】 年内，豆各庄地区（乡）将房产证办证难纳入2021年和2022年北京市“接诉即办”“每月一题”为民办实事10项工程之一。区农业农村局、市规自委朝阳分局、区不动产登记事务中心、区税务局等部门互相配合，实行全周期跟踪服务，缩短审批时限、提升办证效率，破解群众急难愁盼问题。在前期手续不完备及新旧政策更替的前提下，区农业农村局承担安置房人员名单备案工作；市规自委朝阳分局与区住建委协调市住建委优化规划核验路径、契税核定前期流程、网签方案等；区税务局及区不动产登记事务中心精准服务；朝开公司办理规划核验、国土证更名权籍调查测绘、房屋质量检测、项目和产权人名单备案等前期手续。豆各庄地区（乡）组织社区和乡物业管理中心入户通知居民准备办证材料、专设绿色通道、10天时间完成现场材料收集、与居民签署不动产权证委托办理证明。截至年底，豆各庄地区涉及定向安置房不动产权证办

▲ 7月25日—26日，豆各庄乡召开第十八届人民代表大会第二次会议　（姜丽丽　摄）

▲ 12 月，豆各庄地区工作专班破解“办证难” 朝丰二期回迁居民喜提房产证（姜丽丽 摄）

理工作的有朝丰家园住宅楼、禾丰家园小区、明德园 3 个小区，涉及房屋 1850 套，完成办证 1778 套、办证率 96.1%。

【“接诉即办”】 年内，豆各庄地区（乡）坚持“接诉即办”和未诉先办一手抓，全年办理“12345”案件 16357 件，比上年增长 120%，解决社区缺少健身场地等老百姓急难愁盼问题，案件响应率 99.98%，解决率 95.15%，满意率 95.36%。“接诉即办”获朝阳区农村系统并列第 3 名。

【民生工程】 年内，豆各庄地区（乡）坚持党建引领，班子、部门、社区、企业同研究、同部署、同落实，统筹调度“金豆创享”空间、绿丰家园提升改造与 160 部电梯加装等民生重点工程；实施社区公益金小微工程：车棚安装、滑梯维修、集中晾晒区、安装宣传栏等 14 项，把居民的忧心事变成舒心事。 （常子涵）

朝阳区豆各庄地区（乡）社区居委会、建制村村委会情况一览表

表 39

序号	名称	地址	电话
1	绿丰家园社区居委会	豆各庄乡绿丰家园东路	85309162
2	朝丰家园社区居委会	天达路8号院6号楼	67206179
3	青青家园社区居委会	豆各庄5号院131号楼	85300959
4	京城雅居社区居委会	京哈高速（京城雅居）	87391785
5	阳光家园社区居委会	黄厂路豆各庄1号院	87392814
6	文化传播社区居委会	双桥路中路甲9号	85361423
7	富力又一城第一社区居委会	豆各庄广祥街3号a	59644824
8	富力又一城第二社区居委会	马家湾村萧太后河边	67287036
9	明德园社区居委会	天达路4号院7号楼	67366769
10	青荷里社区居委会	青荷里南山园4号楼	67360687
11	御景湾社区居委会	黄厂路4号院7号楼	87301302
12	宸欣园社区居委会	豆各庄乡荣晨路1号院13号楼	65766105
13	梧桐湾社区居委会	豆各庄大鲁店北路28号院	56521466
14	南何家村村委会	绿丰家园小区内	85308299
15	于北村村委会	绿丰家园小区内	85366353
16	于南村村委会	绿丰家园小区内	85307431
17	石槽村村委会	朝丰家园8号院6号楼	67206233
18	东马各庄村村委会	绿丰家园小区内	85307047
19	西马各庄村村委会	朝丰家园8号院6号楼	67206181
20	豆各庄村村委会	朝丰家园8号院6号楼	67206225

续表 39

序号	名称	地址	电话
21	孟家屯村村委会	朝丰家园天达路6号院	87391357
22	黄厂村村委会	朝丰家园8号院6号楼	67206288
23	马家湾村村委会	朝丰家园天达路6号院	67206230
24	水牛坊村村委会	朝丰家园8号院6号楼	67373802
25	孙家坡村村委会	朝丰家园天达路6号院	67206232

（常子涵）

高碑店地区（乡）

【概况】 高碑店地区（乡）位于朝阳区东部。东接传媒大学与三间房地区（乡）、豆各庄地区（乡）相邻，南至广渠路以南与王四营地区（乡）相接，西至大望路与建外街道和八里庄街道接壤，北至朝阳路与平房地区（乡）相连。辖区面积15.08平方千米（其中国有土地8.88平方千米，集体土地6.2平方千米）。下辖28个社区、4个建制村。年内，辖区常住人口200250人，户籍人口25631户、55671人（其中农业户籍人口1770人），人户分离人口33436人，流动人口111143人，外籍人口650人，新出生人口153人、死亡人口102人。有纳税企业9323家。有文化产业园区34家。有医院2家、社区卫生服务中心1个、社区卫生服务站7个；有中学4所、小学6所、幼儿园6所；有社区服务中心28个；养老照料中心3处、养老驿站2处；有400平方米为民服务大厅、3000平方米地区文化中心各1处、有文化广场4处和24小时自助图书馆4处；途经辖区公交线路41条，地铁1号线、八通线贯穿其中。辖区绿化率13%。年内，高碑店地区（乡）坚持“疫情要防住、经济要稳住、发展要安全”的方针，围绕“一带四区”发展战略，强保障、战疫情、稳增长、优环境、促治理。完成全国两会、北京冬奥会、冬残奥会、中共二十大等重大活动期间服务保障任务；完成全国文明城区创建迎检任务；制定《高碑店乡清理规范未正常经营集体企业工作方案》，完成4个村经济合作社独立建账工作；建立农村集体资产管理电子卡片和电子台账，完成集体资产产权登记证年检。开展农村涉地合同和集体资产资源核查，覆盖48个单位、494份合同。集体资产负债率65.6%、比上年降低2.3%。完成区级财政收入6.73亿元，比上年下降11.22%；完成农村集体经济总收入7.108亿元，比上年增长8.7%；完成利润总额8768.5万元，比上年增长19.3%；上缴税金3207.7万元、人均所得5.68万元、比上年增长1.7%。

【产业发展】 年内，高碑店地区（乡）完善商务楼宇经济“一楼一册”，走访服务重点企业3000家、属地纳税、异地企业、跨乡企业50家，全年新增企业445家、迁入企业696家，纳税企业9323家。有文化产业园区34余家，其中挂牌首批北京市级文化产业园区8家，以铜牛电影、东亿传媒等文创园区影视业态发展日趋成熟，以红庄直播基地、超级蜂巢等电商直播平台和相关机构拉动消费增长，高井村美丽乡村研究所建成并投入使用。

【环境治理】 年内，高碑店地区（乡）办结图斑2231个，拆除违建6.83万平方米，启动封闭小区改建、背街小巷治理等提升项目9个、完工1个。完成18个社区“绿色社区”创建任务；完成长安街延长线、通惠河（高碑店

▲ 10月，高碑店地区（乡）高井村美丽乡村研究所建成并投入使用

［高碑店地区（乡）供图］

▲ 8月，通惠河（高碑店段）运河文化水岸景观照明提升工程竣工

［高碑店地区（乡） 供图］

段）运河文化水岸景观照明提升工程；启动小郊亭公园建设，完成22万平方米自管绿化和平原生态林养护任务；落实“河长制”，整治乱排污水7处、整改雨污混接点位6个；加强$PM_{2.5}$和TSP大气监测，加大裸地、道路、施工扬尘管控力度，启用重大工程24小时监控平台。

【法律服务】 年内，高碑店地区（乡）开展法律大讲堂56场、法治专题讲座2次、执法人员培训23次。落实行政执法“三项制度”，公示行政处罚442条、执法检查15681条。发挥行政复议化解行政争议主渠道作用，答复行政复议3件次。

【平安建设】 年内，高碑店地区（乡）实现智慧平安小区（村庄）全覆盖。在半壁店村、八里庄村建设四级反诈预警中心。完成7520栋自建房重大安全隐患排查；增装电动自行车充电桩（柜）接电口4044个、车充比2.34∶1；打通逃生救援通道，拆除各类防盗窗3378扇，清理堆物堆料100余吨；对农村出租房配备独立烟感报警器4226个，落实81家生产经营单位液化气替代工作，落成全国首个“村级”消防基本技能实操实训基地，提高地区安全系数。

【文化活动】 年内，高碑店地区（乡）举办第二届大运河通惠河畔文化节暨喜迎二十大赛艇嘉年华活动，辖区4支文艺团队获评“2022年朝阳区群众文艺品牌团队”。新时代文明实践所（站）开展理论宣讲、市民教育、文化活动、科普宣传、健身活动等3000余次。开展“稳就业”专项招聘活动，发布就业岗位2000个，帮助失业人员761人实现就业。

【“接诉即办”】 年内，高碑店地区（乡）28个社区完成政务服务规范化建设，87项服务事项实现“一网通办”。坚持“接诉即办”、未诉先办，拓宽诉求受理渠道，深化“221”［“221”接诉即办工作机制：“2”第1～2天办理接件，各承办单位处理工单，各承办单位的主要领导或负责人要“三上门”；“2”第3～4天通过区级平台回复案件，根据首次处理和乡诉求中心回访情况，协调解决满意度不高或者难度较大的案件，相关案件由包村（社区）领导牵头，按“三上门”要求协调解决问题；“1”调度会案件再次循回，督办解决情况，仍未解决的，上报主要领导调度］。“三上门”（合理诉求上门办、不合理诉求上门劝、咨询建议上门谈）等机制，实施“滚动排名”（实时、滚动三率排名）“四个到底”（一个案件办到底，一个流程走到底，一个清单盯到底，一个考核评到底）制度，提高“12345”办理成效。全年市级考核（直派）诉求平均解决率为95.65%，平均满意率为95.20%。 （郭霖贝尔）

朝阳区高碑店地区（乡）社区居委会、建制村村委会情况一览表

表40

序号	名称	地址	电话
1	力源里社区居委会	力源里北街2号院6号楼办公室	85723201
2	八里庄社区居委会	佳兆业广场南塔T4302室/康家沟甲30号	87728002
3	通惠家园社区居委会	通惠家园惠润园4号楼3单元首层	59679522
4	甘一社区居委会	康家园23号楼1层	85751136
5	甘二社区居委会	甘露园南里二区19号楼东侧居委会	85752718
6	康家园西社区居委会	朝阳区康家园小区1号楼北头西侧	85753613
7	康东社区居委会	白领家园5号楼3单元201号	51316821
8	丽景馨居社区居委会	甘露园南里3区9号楼2层	85748207

续表 40

序号	名称	地址	电话
9	兴隆家园社区居委会	建国路29号兴隆家园23号楼2层	85776966
10	太平庄南社区居委会	朝阳路69号院临甲9号	51386093
11	太平庄北社区居委会	高井北街7号院2号楼	65588195转820
12	太平庄社区居委会	黄杉木店路188号阿曼寓所1号楼2单元B1	58636550
13	汇星苑社区居委会	大黄庄西路3号院6号楼3单元203室	85781235
14	高井社区居委会	大黄庄南里1号高井传媒精英总部大楼东侧	85762152
15	大黄庄社区居委会	大黄庄152号	85761780
16	花北西社区居委会	大黄庄南里25号楼西侧	65791272
17	花北东社区居委会	花园闸北里13号楼	65773806
18	花园闸社区居委会	北花园小区1号院5号楼	51077570
19	北花园社区居委会	北花园中路3号院5号楼底商D-1S	53526575
20	高碑店东社区居委会	高碑店村5区14号楼1层	85763010
21	古街社区居委会	高碑店村古典家具街五环桥西	85761701
22	文化园社区居委会	高碑店村民俗文化街1712号	87741123
23	小郊亭社区居委会	尚帝佳公寓南半壁店消防站4层东侧	87529472
24	半壁店社区居委会	尚帝佳公寓南半壁店消防站4层西侧	83050673
25	方家园社区居委会	广渠东路方家村美丽乡村指挥部后	87742811
26	高碑店西社区居委会	高碑店乡高碑店村1区32号楼	85755601
27	西店社区居委会	西店村弘胜大厦西店服务站	85791129
28	水南庄社区居委会	惠河南街1131号君天大厦	87703699
29	高碑店村村民委员会	朝阳区高碑店东区5区14号	87741570
30	高井村村民委员会	朝阳区朝外高井甲8号高井村委会	85750096
31	北花园村村民委员会	朝阳区塔营北街	65475890
32	半壁店村村民委员会	朝阳区高碑店乡半壁店村	87743302

（郭霖贝尔）

管庄地区（乡）

【概况】 管庄地区（乡）位于朝阳区东部。东至通州界与通州区永顺镇相接；南至广渠路与豆各庄地区（乡）、黑庄户地区（乡）毗邻；西至双桥路与三间房地区（乡）相连；北至常营中街与常营地区（乡）接壤。属 CBD—定福庄国际传媒走廊的一部分。辖区面积 10.15 平方千米。下辖 16 个社区、12 个建制村。年内，辖区常住人口 107457 万人，户籍人口 25794 户、65582 人（其中农业户 2515 户人口 4594 人），流动人口 64274 人，外籍人口 277 人。辖区人口以汉族和回族为主，其中回族人口 3698 人。新出生人口 468 人、死亡人口 82 人。辖区有法人单位 5254 家，其中，中央属单位有中国航空制造技术研究院、中国建筑材料科学研究总院等 21 家、市属单位 17 家、区属单位 18 家、其他单位 5198 家；有大学 1 所、职业高中 1 所、私立高中 1 所、中小学 6 所（含九年一贯制学校 1 所）、幼儿园 12 所；有社区卫生服务中心 1 个、社区卫生服务站 4 个；有养老机构 2 处；有 200 平方米为民服务大厅和 3000 平方米文化广场各 1 处、24 小时自助图书馆 2 处、有 3000 平方米地区文化服务中心 2 处。途经辖区公交线路 14 条，地铁八通线、京秦铁路、通惠河贯穿其中。辖区绿化率 22.94%。年内，管庄地区（乡）把“疫情要防住、经济要稳住、发展要安全”贯穿工作全过程，推进疏解整治促提升、强化环境治理，服务保障民生，统筹做好疫情防控和经济社会发展。完成全国两会、北京冬奥会、冬残奥会、中共二十大等重要活动期间服务保障任务；完成管庄地区残联换届选举工作，选举管庄地区残联第八届主席团委员15名；成立管庄地区巡防大队、地区记忆传承馆开馆、完成地区集体企业改制、吸引入驻优质纳税企业26家，集体资产合同增长7000万元；实现区级财政收入5.94亿元，比上年增长17.62%；实现乡集体企业收入7.27亿元，比上年增长30%；农民人均劳动所得54010元，比上年增长3%。管庄乡杨闸村获“北京市农村工作先进村”称号；《管庄绿隔换新颜——郭家场凤鸣公园》在首都绿隔“我们这十年”新媒体作品征集活动中获优秀作品奖。

【乡十八届二次人大会议】 8月29日至30日，管庄地区（乡）召开第十八届人大第二次会议，58名代表出席会议、5人列席会议。大会听取乡长汪宝成所做2022年上半年政府工作报告，审议通过管庄乡人大主席团半年工作报告。9月29日，管庄地区218选区补选刘伟为朝阳区第十七届人大代表。

【小型消防站成立】 10月1日，管庄地区（乡）位于双桥东路原郭家场村民俗文化街院内小型消防站建成投入使用。消防站占地面积1700平方米，配备消防队员12名和消防车1辆，消防救援辐射管庄地区及管庄地区（乡）和黑庄户地区（乡）交界地带防火安全。

▲ 9月16日，瑞祥里西区示范社区项目建成　　（李晓茹　摄）

【环境整治】 10月18日，管庄地区（乡）与北京朝阳环境集团有限公司签署合作框架协议，双方达成环境卫生治理长期合作意向。年内，地区拆除施工围挡8处、非施工围挡11处、重点廊道整治提升3处，腾退占地面积6.23公顷，实施“揭网见绿”49.85公顷。兴会公园开工建设。完成瑞祥里周边道路、管庄西里路、杨闸中学门前道路综合改造。

【综合行政执法队迁址】 11月3日，管庄地区（乡）综合行政执法队从管庄乡1号迁址到管庄东里21号楼办公。

【社区建设】 11月16日，管庄地区（乡）经朝阳区人民政府批准，完成惠河东里、远洋一方嘉园、建东苑3个社区拆分调整工作，成立康悦社区居委会、管庄西里一社区居委会。完成5个社区议事厅、6个楼门治理示范点建设。瑞祥里西区示范社区项目、管庄东里便民广场和休闲廊亭改造竣工。完成“管家簿”信息系统开发，录入、更新人口数据12.9万条。完成264个社区社会组织备案，实现六类社区社会组织全覆盖。

【杨闸二期农民回迁房主体结构封顶】 12月30日，管庄地区（乡）杨闸二期农民回迁房主体结构封顶。小寺村项目进入地上施工阶段，管庄村项目完成“土护降工程”和地基处理。郭家场03地块完成上市成交。管庄新文化企业总部项目规划指标落地。

【民生保障】 年内，管庄地区（乡）开发就业岗位1559个，实现再就业902人。办理“12345”平台接收拖欠工资讨薪案件19件，接办讨薪投诉案件4件，涉及金额83.97万元。审核发放各类救助资金240.1万元。受理审核残疾人两项补贴457人次，核发补贴208万元。

【基层党建】 年内，管庄地区（乡）成立首个园区党组织，实现党组织“千强企业”全覆盖；新建社区成立党组织2个。开展庆祝“七一”系列活动，表彰134名“百时星”党员志愿者和170名党员“疫”先锋，为“光荣在党

▲ 10月18日，管庄地区办事处与北京朝阳环境集团有限公司合作框架协议签约仪式举行，图为签约现场　　（李晓茹　摄）

50 年”的老党员 84 人颁发纪念章。创新基层党支部工作法，远洋一方嘉园社区“114”（以党建引领为核心，搭建一个多元主体参与的协商议事平台，建立四式制度，即建立“入院式”移动办公制度、建立“朋友式”居民联系制度、建立“网格式”楼院自治制度、建立“积分式”表彰激励制度）工作法获“北京市优秀党支部工作法”称号。

【“接诉即办”】 年内，管庄地区（乡）修订完善接诉即办工作方案，搭建吹哨报到平台，推进新天地小区房屋漏雨、安置房建设施工扰民等疑难诉求案件办理。更新办件系统、提升专项“暖心资金”使用额度。全年接受诉求办理案件 2.19 万余件，解决率 93.18%，满意率 93.59%。

【平安建设】 年内，管庄地区（乡）推进铁路沿线整治，拆除塔铁宿舍私搭乱建 1800 余平方米；检查生产经营单位 3664 家次，整改安全隐患 3012 余处；完成液化石油气非居民用户替代 32 家、居民液化石油气安全配件更换 1057 户；整改占压管线 32 处。安装电动自行车充电接口 4864 个，全年火情数比上年（23 起）减少 7 起。

【产业聚集】 年内，管庄地区（乡）完成科技园“文化＋科技”定位，引入包括特斯拉研发中心等多家文化科技企业。管庄地区现有北京长隆国际文化园、光合空间等 9 个文化产业园，涉及文创企业 130 余家。

（郝　洁）

朝阳区管庄地区（乡）社区居委会、建制村村委会情况一览表

表 41

序号	名称	地址	电话
1	管庄西里社区居委会	管庄西里3楼南侧平房	65740261
2	管庄东里社区居委会	管庄东里35号楼东侧平房	51167313
3	建东苑社区居委会	管庄建东苑小区1号楼东侧	65769013
4	八里桥社区居委会	东军庄8号楼5单元103室	85703935
5	京通苑社区居委会	京通苑社区10号楼东二层	65709460
6	惠河东里社区居委会	双桥东路12号院15号楼一层	65485809
7	惠河西里社区居委会	双柳北街一号院14号楼305室	65438129
8	瑞祥里社区居委会	管庄第二卫生服务中心西侧平房	65478541
9	丽景苑社区居委会	管庄西里79号楼底商平房	65777481
10	新天地社区居委会	管庄地区朝阳路5号院12号楼北门2层	59121092
11	新天地一社区居委会	管庄地区朝阳路5号院12号楼北门2层	65758798
12	远洋一方嘉园社区居委会	管庄地区双桥东路5号院1号楼201室	56649598
13	管庄北里社区居委会	常意路3号院4号楼一层	65726719
14	远洋一方润园社区居委会	管庄地区塔营北街6号院7号101室	57911631
15	康悦社区居委会	管庄地区远洋新悦5号院底商	85376694
16	管庄西里一社区居委会	管庄地区管庄西里14号楼东侧水塔小院	65750080
17	管庄村村委会	管庄乡管庄村	65753126
18	杨闸村村委会	管庄乡杨闸环岛东侧杨闸清真寺西侧	85708652
19	果家店村村委会	瑞祥里小区4-4-103室	85708429
20	八里桥村村委会	瑞祥里小区26号楼北侧	85708932
21	东会村村委会	塔营北街甲6号楼二层	65459096
22	司辛庄村村委会	管庄乡司辛庄东路东1时区北200米	65739289
23	重兴寺村村委会	塔营北街甲6号楼二层	65739058
24	郭家场村村委会	小寺南街五号院	13581962339
25	咸宁侯村村委会	塔营北街甲6号楼二层	85365773
26	小寺村村委会	塔营北街甲6号楼二层	65703627
27	塔营村村委会	塔营北街甲6号楼二层	85709455
28	西会村村委会	塔营北街甲6号楼二层	85709631

（郝　洁）

黑庄户地区（乡）

【概况】 黑庄户地区（乡）位于朝阳区东南部。东与通州区台湖镇工业园区接壤，南与光机电产业基地相邻，西与豆各庄地区（乡）相接，北与管庄地区（乡）相连。辖区面积24.1平方千米。下辖8个社区（含1个社区筹备组）、16个建制村（已拆迁3个）。年内，辖区常住人口21663人，户籍人口9964户、21670人（其中农业人口7410人、非农业人口14260人），流动人口43333人，外籍人口65人，新出生人口111人、死亡人口35人；辖区有法人单位86家，其中，有央属企业8家、市属企业有北京市长青园骨灰林基地等4家、乡直属企业11家、其他单位63家。有医院2家、社区卫生服务中心1个、社区卫生服务站9个；有中学1所、小学4所、幼儿园3所；有养老机构2处；有3000平方米一站式服务中心1处、文化广场9处和24小时自助图书机3处；途经辖区公交线路7条。地铁7号线在辖区设郎辛庄站和黑庄户站。辖区绿化率67.98%。年内，黑庄户地区（乡）按照“破瓶颈、抓产业、优结构、促转型”的思路，坚持“农业立基，文化铸魂”发展原则，以“减量、增绿、提质”为主线，以改革创新为动力，打造以“万亩花海、金鱼之乡、美丽乡村、音乐基地”为核心的数字农业先行区、农业多功能示范区、乡村建设样板区。完成全国两会、北京冬奥会、冬残奥会、党的二十大等重大活动期间服务保障任务、郎辛庄集体土地租赁住房提前交付；完成疏解腾退、3221亩永久基本农田储备和380亩一般耕地的土地平整工作；建成3380平方米黑庄户乡观赏鱼（花卉）交易中心；完成百万亩造林绿化396亩年度种植任务；与北京大学国际关系学院签署合作协议，北京大学思想政治教育基地落地黑庄户乡小鲁店村；全乡设置23个新时代文明实践站，成立“一办五委”党建协调委员会。实现区级财政收入8485万元，比上年增加2.99%，全乡经济总收入63473.4万元，比上年增长3.35%。农民人均劳动所得34098元，比上年增长4.34%。黑庄户地区（乡）获“北京市接诉即办工作先进集体”称号、小鲁店村获“北京市2017—2021年农村工作先进集体”称号。

【地区（乡）残疾人联合会第八次代表大会】 2月24日，黑庄户地区（乡）召开残疾人联合会第八次代表大会。33名残疾人代表、4名残疾人家属代表、23名社区代表和15名志愿者参加会议。副乡长段非代表第七届主席团做工作报告，审议通过《黑庄户地区（乡）残疾人联合会第八次代表大会代表资格审查报告》《黑庄户地区残疾人联合会第八届主席团委员候选人产生情况的说明》《黑庄户地区残疾人联合会第八次代表大会选举办法（草案）》，选举产生新一届主席团主席段非，副主席谢芸徽、陈涛，残联理事长谢芸徽，理事张楠、郭德云及13名主席团委员。

【乡第十八届二次人大会议】 8月31日至9月1日，黑庄户乡召开第十八届二次人大会议，55名乡人大代表和22名列席人员参加会议。乡长韩西晨做黑庄户乡2022年半年政府工作通报，各分管领导汇报党建工作、纪检监察、文化赋能、安全工作、经济发展、平安建设、农业发展、生态环境保护、疫情防控、社区治理和教育等工作。

【疏解整治】 年内，黑庄户地区（乡）销账违法建设面积15.2万平方米，完成挂账任务120.6%；销账占地面积18.3万平方米，完成任务152.5%；拆除违法建设13584处、面积178万平方米；受理北京市“12345”拆违信息平台案件127件，办结率100%；拆除通马路95%非住宅25万平方米；完成6处桥下空间点位治理、12个施工围挡、16个非施工围挡的销账任务；整治关停无证无照经营单位30家；整治裸露土地410万平方米；完成152亩复耕任务；完成双桥西路污水管线铺设，贯通丽景家园、郎辛庄集租房下水管线；落实市、区对未经审批义务教育学校“动态清零”的政策要求，正式关停博文学校。

【农业发展】 年内，黑庄户地区（乡）完成3221亩永久基本农田储备和380亩一般耕地的土地平整工作，建设1748亩基本农田节水灌溉设施；利用腾退空间，增加152亩复耕土地；超额完成粮食种植任务；完成农产品质量安全信息化监管全覆盖；建成泠夏园和涌秋园成为朝阳区基本农田示范田。

▲ 2022年，黑庄户地区（乡）建成泠夏园、涌秋园朝阳区基本农田示范田。图为11月28日，土地平整现场
［黑庄户地区（乡） 供图］

【“接诉即办”】 年内，黑庄户地区（乡）受理市民诉求14290件，响应率99.43%、解决率78.12%、满意率71.80%，纳入市级考核案件综合成绩位列2022年全区农村系统第二名。

【经济发展】 年内，黑庄户地区（乡）协助73家企业办理营业执照；完成北京音乐产业园的楼宇申报工作，入驻企业15家，承接各类活动13场；完成塞隆园区申报政府奖励资金工作；推进立时达药业兽药研发和生产线升级改造项目。

▲ 6月10日，四合公园百万亩造林绿化完成　　［黑庄户地区（乡） 供图］

【社区安全】 年内，黑庄户地区（乡）拆除村、社区存量防盗窗5053个，配备灭火器8537个，提升村、社区居家安全，安装烟感报警器11468个；清理违规电动车625车次，清理疏散通道65处，打通消防车通道77条；运行黑庄户地区小型消防站，设置16个微型消防站。完成29处各类高层建筑消防安全摸排。

【生态文明建设】 年内，黑庄户地区（乡）建成1380亩四合公园一期及1116亩萧太后河公园；完成379.76公顷绿地年度林地环境卫生、林木有害生物防治、森林防火等日常养护管理工作；朝阳区平原生态林夏季养护检查考核排名第一。　（吴春晖）

朝阳区黑庄户地区（乡）社区居委会、建制村村委会情况一览表

表42

序号	名称	地址	电话
1	一社区居委会	黑庄户乡双桥农场五号井小区39号楼	85392469
2	二社区居委会	黑庄户乡温泉东里中街	85393460
3	三社区居委会	黑庄户乡温泉东里中街	85308661
4	康城社区居委会	双桥东路9号物业楼	85373117
5	旭园社区居委会	黑庄户乡旭园卫生服务站	85384802
6	怡景城社区居委会	黑庄户乡郎辛庄万通路怡景城花园	65739200
7	东旭社区居委会	黑庄户乡么铺村	65723787
8	丽景社区筹备组（未成立居委会）	丽景嘉苑北社区服务站	87614410
9	大鲁店一村村委会	大鲁店一村	85386242
10	大鲁店二村村委会	大鲁店二村	85303735
11	大鲁店三村村委会	大鲁店三村	85383959
12	小鲁店村村委会	小鲁店村	85386256
13	郎各庄村村委会	郎各庄村	85381606
14	郎辛庄村村委会	郎辛庄村	85382273
15	万子营东村村委会	万子营东村	85387860
16	万子营西村村委会	万子营西村	85386698
17	黑庄户村村委会	黑庄户村	51235398
18	四合庄村村委会	四合庄村	85382075

续表 42

序号	名称	地址	电话
19	定辛庄东村	已拆迁	
20	定辛庄西村	已拆迁	
21	苏坟村	已拆迁	
22	双树南村村委会	双树南村	85373302
23	双树北村村委会	双树北村	85372084
24	么铺村村委会	么铺村	85371777

（吴春晖）

将台地区（乡）

【概况】 将台地区（乡）位于朝阳区中北部，横跨东四环路和东五环路，地处朝阳区丽都、燕莎商圈，毗邻电子城科技园区。东起东八间房北岗子村与东坝地区（乡）相邻；西至京顺路与望京街道、太阳宫地区（乡）相连；南起麦子店街与东风地区（乡）、麦子店街道相接；北至将府家园北窑地居民区与崔各庄地区（乡）接壤。辖区面积 11.45 平方千米。下辖 11 个社区、2 个建制村。年内，辖区常住人口 28717 人，户籍人口 13821 户、29708 人（其中农业人口 8 户、15 人），流动人口 32868 人，外籍人口 1352 人；新出生人口 204 人、死亡人口 34 人。有规模以上单位 269 家，其中，中央属事业单位 7 家、市属单位有北京市信息职业技术学院、北京电气工程学校等 12 家；区属单位 1 家、其他单位 249 家；有医院、诊所及医务室 18 家，社区卫生服务中心 2 个、社区卫生服务站 3 个。有科研院所 1 个、大学 1 所、职高 1 所、中学 2 所、小学 4 所、幼儿园 9 所、社区办园点 1 所；有养老机构 1 处；有 260 平方米为民服务大厅、3000 平方米地区文化中心各 1 处，有文化广场 11 处和 24 小时自助图书馆 3 处。途经辖区公交线路 34 条，地铁 14 号线贯穿其中。辖区绿化率 53%。年内，将台地区（乡）落实“疫情要防住、经济要稳住、发展要安全”的要求，聚焦“一核两带六片区”主攻方向，坚持稳中求进工作基调，深化“将小爱”服务项目，建成暖心驿站 13 处，服务 2600 余人次；创新建立将台地区党群服务中心将台慈善站，成立“将小爱公益专项基金”，募集资金及物资价值 40 余万元；“丽都城市更新”获首届北京城市更新最佳实践项目；举办第三届丽都国际音乐电影周、“将小爱”慈善周等活动；完成乡级产权制度改革、清产核资及资产评估工作，审计评估报告正在通过区级审核；加强直属企业监管及服务，颐堤港二期建设地基工程开始施工；宾理科技新能源汽车项目落地颐堤港；推进限期整治类图斑销账，拆除月福洗车等违法建筑 5.8 万平方米。鼓励商务楼宇落实疫情期间租金减免政策，涉及企业 252 家，减免金额 7000 余万元。协调重点企业粉笔蓝天、神州租车入驻将台地区。全年实现区级财政收入 11.14 亿元，比上年减少 13.19%；全乡经济总收入 11.14 亿元，比上年减少 13.19%。农民人均劳动所得 55769 元，比上年减少 2.4%。将台乡获“北京市交通安全先进单位”称号。（胡佳丽）

【抗击疫情】 7 月 6 日，将台地区（乡）召开“将心战疫克时艰　砥砺奋进谱新篇”抗疫表彰大会，以“在线直播 + 现场直击”的方式，吸引 1200 余人线上参与。地区领导班子成员、各部室负责人及受表彰人员代表在主会场参会，其他代表线上观看直播。大会表彰地区“防疫先进集体”13 个、“特别贡献单位”23 个、“社会爱心企业”19

▲ 7 月 6 日，将台地区（乡）召开“将心战役克时艰　砥砺奋进谱新篇”抗疫表彰大会
（隗力辉　摄）

▲ 9 月 23 日，将台地区第三届丽都国际露天音乐电影周开幕　　（隗力辉　摄）

个、"防疫排头兵"29 人、"防疫先进个人"58 人、"逆行先锋"63 人、"最美志愿者"85 人。地区处级领导班子成员为受表彰代表颁奖。　（郑　琪）

【第三届丽都国际露天音乐电影周开幕】9 月 23 日至 27 日，将台地区（乡）第三届丽都国际露天音乐电影周在丽都花园北路开幕。活动分为 5 大主题、10 场公益电影展映、5 场电影音乐会。同时金秋文化夜市开市，来自国内外的餐饮、美食、非遗、文创、艺术衍生品、创意手伴等多种类型的消费产品吸引消费者万余人。　（胡佳丽）

【F 地块产业项目取得规划许可和立项批复】11 月，将台地区（乡）完成 F 地块产业项目施工许可证办理，进入施工阶段。F 地块项目东至规划将府家园西路，南至规划东八间房路，西至规划驼房营路，北至规划电子城 4 号街。占地面积 13.23 万平方米，建筑面积 8.09 万平方米，其中地上建筑面积 4.63 万平方米、地下建筑面积 3.46 万平方米、建筑高度 56.6 米、地上 11 层、地下 3 层、绿化率 30%。配置机动车停车位 536 个（其中带充电桩车位 180 个），配非机动车停车位 1272 个。项目建设内容为绿隔产业用房，项目业态定位是技术创新、产业融合、产业链整合、互联网科技企业为代表的新兴企业群体，建成后为国际文化交流中心、科技创新研发中心。　（胡佳丽）

【农民回迁安置房产权证办理】年内，将台地区（乡）将府锦苑小区 2018 年建成并入住，安置房项目占地面积 224867.407 平方米，建筑面积 517430 平方米。6 月，启动 3789 套回迁安置房房产证办理工作。截至 12 月底，完成 3734 套房产证预受理，完成率 98.6%。　（胡佳丽）

【社区微治理模式】年内，将台地区（乡）芳园里社区实施"13+N"社区微治理工程，将社区划分为 13 个片区，由 9 个社区党支部认领，采取居民自治管理、项目依托购买服务、物业联盟等 N 个工作方法，做到全覆盖无缝对接网格化巡视管理。动员辖区党员、群众 200 余人参与，实施"社工包楼包片、民情日志走访、楼长联系群众、居民代表定期例会、物管会与物业定期座谈"制度，构建站、片、楼、商户四级信息征集渠道，形成"收集—确定—分类—处理—反馈"的信息征集闭环模式，摸清驻区商户和群众的实际需求。更换芳园里社区 4 栋多产权楼房公共区域排污管线、底商扰民、路面修复等问题；取缔违建住人、楼道内私搭乱建等问题；清理自行车棚内堆物堆料，增设电动自行车充电桩，根治楼道内电动车飞线充电问题。安装高清探头 38 处、在小区内 6 处出入口安装智慧安全道闸，重新规划社区内交通路线，保障社区微循环畅通。　（胡佳丽）

朝阳区将台地区（乡）社区居委会、建制村村委会情况一览表

表 43

序号	名称	地址	电话
1	安家楼社区居委会	安家楼村东（林场）	64372167
2	水岸家园社区居委会	酒仙桥村甲1号向西300米	64332726
3	丽都社区居委会	芳园南里西区10号楼	64375253
4	芳园里社区居委会	芳园里19号楼对面	64356243
5	将府家园社区居委会	将府家园北里103楼2单元101室	51373060
6	梵谷水郡社区居委会	驼房营南路二号院梵谷水郡小区14号楼1层	84706491
7	瞰都嘉园社区居委会	东四环北路10号院2号楼底商	84797568
8	阳光上东社区居委会	东四环北路6号阳光上东C区1号楼底商	51303352

续表 43

序号	名称	地址	电话
9	驼房营北里社区居委会	将府家园北里131楼111～115室	64362352
10	将府锦苑东社区居委会	将府锦苑1号院8号楼三层	64378851
11	将府锦苑西社区居委会	驼房营路3号	64377291
12	东八间房村村委会	将台乡朝开商务园（东八间房村委会）	64376137
13	驼房营村村委会	驼房营路3号	84561035

（胡佳丽）

金盏地区（乡）

【概况】 金盏地区（乡）位于朝阳区东北部，温榆河畔。东部、北部以温榆河为界，与顺义区、通州区接壤；南至朝阳干渠与常营地区（乡）相邻；西至北小河与崔各庄地区（乡）、东坝地区（乡）相接。辖区面积50.1平方千米。下辖4个社区、13个建制村。年内，辖区常住人口118702人，户籍人口12486户、28660人，流动人口90042人，外籍人口212人；常住人口中有汉族103190人、满族1381人、蒙古族436人、苗族106人、回族181人、其他少数民族人口13408人；新出生人口134人、死亡人口59人。有法人单位4619家，其中，中央属单位有全国组织干部学院、中国友发国际工程设计咨询有限公司、北京外运物流中心、中铁十六局、国能国华（北京）燃气热电有限公司、国家移民管理局常备力量第一总队6家；市属单位有北京京能高安屯燃气热电有限责任公司、朝阳农场、朝阳陵园3家；区属单位4家、乡级企业26家、其他单位4580家；有社区卫生服务中心1个、社区卫生服务站6个；有中学10所（公办2所、民办7所、国际学校1所），小学9所（公办2所、民办6所、国际学校1所）、幼儿园9所（民办7所、社区办园点2所）；有养老机构3处、养老驿站2处；有5020平方米地区文化中心（党群服务中心）1处、有文化广场14处和24小时自助图书馆3处；途经辖区公交线路17条；辖区绿化率32%。年内，金盏地区（乡）统筹疫情防控和区域经济发展，聚焦环保生态，全力保障民生，稳定打造和谐、宜居、美丽的新金盏；推进无违法建设区创建、农村城市化等重点工作，构建“1+3+3+15”工作体系（“1”个专班指挥部，“3”个统筹组、“3”个专项工作组，“15”是13个村＋资产运营中心＋朝阳农场），拆除违法建设面积115万平方米，腾退土地98公顷；推进农村城市化进程，协调马沙雷棚改项目调整待拆范围，集体产业项目建设指标获得批复；长店村组团定向安置房三期住宅地块41栋楼及配套小学、中学、养老院、社区卫生服务中心结构封顶；机场二通道搬迁定向安置房项目（一期）、长店村组团农民定向安置房项目（二期）取得建设工程规划许可证，机场二通道搬迁定向安置房项目12栋住宅楼完成不动产初始登记；完成北京冬奥会、冬残奥会、中共二十大等重大活动期间服务保障任务。实现集体经济总收入6.78亿元，比上年减少19.3%；实现利润–2857万元，比上年减少1117.8%；实现税金2363.4万元，比上年减少55.3%；人均劳动所得4.07万元，比上年增长4.8%。金盏乡获“北京市第二批节约型机关”“首都全民义务植树先进单位”称号；金盏乡东窑村获第九批“全国民主法治示范村（社区）”称号。

【基层党建】 年内，制定《金盏乡党委政府2022年度落实全面从严治党主体责任任务安排》，建立《金盏乡重点问题整改工作台账》和《第一巡察组巡察金盏地区工委（乡党委）反馈问题整改任务分解表》，完善《金盏地区意识形态及网络意识形态事件应急处置预案》，梳理、研判、应对市民诉求、信访等舆情信息176条。完成6项重点民生实事项目及55项“我为群众办实事”实践项目。地区文明实践所站发布信息138次、报送文章60余篇、6000余人次参与。争取区级专项资金101.88万元，推动金泽家园北社区示范社区建设。金盏西村党总支依托数字化乡村治理平台“金西码上办”创新“我为群众办实事”工作机制，被中共北京市委前线杂志社《北京支部生活》专题报道。

【数智金盏】 年内，金盏地区（乡）推进信息化管理系统—“数智金盏”建设，以人口台账为基础，建立自建房消防隐患三色管理台账，实现一村一账，一村一图。重点村6个、宅基地2517处、居住人口82650人，同步完成住宅自建房框架构建和人员信息录入，建立自建房消防安全隐患排查和底数台账、消防安全三色管理台账、流动人口台账，录入自建房消防专项整治系统。

【依法行政】 年内，金盏地区（乡）落实行政执法公示制度、执法全过程记录制度、执法决定法制审核制度。完成公职律师单位备案，处理行政诉讼7件，审查各类合同530份。录入执法检查单7378条、行政处罚单325条；一般程序立案195件、罚款66.40万元；公开执法案件及相关事项7703

件；完成781个在账非居民用户停止使用液化石油气，改用天然气、电力等安全能源，查扣并移交不合格气瓶104个；整治黑煤气窝点4个，完成占压燃气管线隐患整改9处；生态环境保护督察460人次、出动执法车辆120车次；开展联合执法15次，检查单位320家次、发现问题108个、约谈57人次、责令改正30家次、立案处罚14件，罚款10.92万元。主动公开政府信息368条、依申请公开信息11条。

【安全治理】 年内，金盏地区（乡）开展联合夜查70余次，出动检查执法人员3500余人次；建成消防救援站6座，更换辖区居民用户液化石油气配件（软管和调压器）12064户；排查自建房图斑12687个、发现并上账一般安全隐患612处、拆除农村出租房防盗窗10911扇；建设电动车充电口7308个、车充比例2.76：1。开展养老防诈宣传18次，发放宣传册、宣传品5000余份。核实在册列管吸毒人员96人（中风险11人，低风险85人）台账并建立一人一档帮教。

【“接诉即办”】 年内，制定《2022年金盏地区接诉即办改革工作要点》《2022年金盏地区接诉即办工作机制优化方案》，优化乡“接诉即办”智能平台，接收“12345”热线案件24436件，核实退回4027件，承办案件20409件，较上年增长189.9%。接受劳动监察下移案件20起，解决拖欠工资230余万元；接待劳动保障政策咨询110人次，调解劳资纠纷70余起，涉及职工130余人；解决下移仲裁案件18起。全乡开展矛盾纠纷排查693次，解决信访总量190件、236人次。

【民生保障】 年内，金盏地区（乡）投入为民办实事资金91.85万元、社会公益金56万元，完成乡、村两级温馨家园托管服务；定期入户核查征地超转人员1867人和政策性农转居人员128人；发放自采暖补贴236.7万余元；完成非京籍转、入学审核250余人次，开展学校、家庭、社会“三位一体”育人活动185场；扩大普惠性幼儿园覆盖率82.90%。发放失业金209人、535.3万元；线上发布就业招聘信息700余次，提供就业岗位2560余个；享受灵活就业保险补贴937人，发放补贴资金1300余万元。

【文明城区创建】 年内，金盏地区（乡）成立文明城区创建工作领导小组，运用“三、四、五”工作法（领导包村督查、机关科室检查、社区（村）各单位自查互查的“三级联动制度”；运用工作监督、问题反馈、沟通协调、应急处置“四大工作机制”；发挥好党员干部队伍、志愿者队伍、网格巡查队伍、应急保障队伍、妇女青年队伍“五支队伍”的作用），组织800余人成立“4+N”[领导班子带包村科室每日下沉督查；职能部门开展专项检查；金融园区管委会等支援力量开展动态指标检查；社区（村）自查。书记、乡长带领领导班子随机深入N点位检查]支队伍对12个点位全面开展环境整治等10个专项整治行动。开展两级自查、互查40余次；统一制作安装宣传栏、照片墙及配发清洁包等物资3000余件，施划路面停车位、网格线1.2万米。

【安全生产】 年内，金盏地区（乡）开展安全生产执法检查，行政处罚立案3起、处罚金额3.2万元；检查企业5454家次，发现隐患3713处、隐患整改率100%。召开安责险推广工作宣传会11场，完成率110%。

【文体活动】 年内，金盏地区（乡）开展3期线上“翰墨金盏以艺抗疫”庆七一书画、剪纸作品展；“星火工程”公益巡回演出4场；“月满京城　情系中华”京剧专场演出1场。完成第五届北京朝阳森林演出季暨朝阳区冬奥系列文艺专场演出、迎冬奥体育电影展等活动。举办“喜迎二十大”书画、剪纸作品展等10余场文化活动。

【环境整治】 年内，金盏地区（乡）开展生态环境整治，$PM_{2.5}$全年均值为30微克/立方米，下降23.1%。查处关停露天无证照汽修、黑烤漆房、黑干洗店等排污企业320家次，开展联合执法15次、整改问题108个、立案处罚14起，罚款10.92万元。落实“河长制”，取缔、劝返河岸露天烧烤违法行为400余起。完成皮村饮用水源置换工程和未拆迁村一户一表计量收费工作，抽检水质合格达标率100%。全乡居民参与垃圾分类90%，自主分类投放准确率85%。

【生态农林】 年内，金盏地区（乡）完成农田复耕42.18公顷、复垦

▲ 9月5日，金盏地区（乡）花生大丰收　　（邓志远　摄）

▲ 9月7日，金盏森林公园绿化建设任务基本完成　　（邓志远　摄）

11.69公顷；完成农田基础设施建设50.06公顷及农田高效节水建设46.58公顷；粮食、蔬菜播种264.85公顷，产量3476.8吨；大豆播种8公顷、花生播种14.67公顷；完成447栋农业设施初期摸排和材料申报；完成平原造林进场施工131.07公顷。建设22个地块、64公顷的留白增绿，超额完成225公顷“揭网见绿”任务。完成金盏森林公园绿化建设任务及非常规水源接入工程，实现供水灌溉。

（王德铭）

朝阳区金盏地区（乡）社区居委会、建制村村委会情况一览表

表44

序号	名称	地址	电话
1	金泽家园社区居委会（曹各庄村）	金泽家园A区服务站（金泽家园社区与曹各庄村合属办公）	65721071 84317813
2	金泽家园北社区居委会	金泽家园C区底商北社区服务站	65791073
3	金盏家园一社区居委会	金盏嘉园C区底商1号楼	64180100
4	金盏家园二社区居委会	金盏嘉园D区底商1号楼	64180225
5	金盏东村村委会	金盏东村内	84340592
6	金盏西村村委会	金盏西村内	84333433
7	楼梓庄村委会	楼梓庄村	84393471
8	黎各庄村村委会	黎各庄村	84317601
9	马各庄村村委会	马各庄村	65417812
10	北马房村村委会	北马房村	84311013
11	长店村村委会	长店村	64316299
12	小店村村委会	小店村	84333706
13	雷庄村村委会	雷庄村	64350110
14	皮村村委会	皮村	84331772
15	沙窝村村委会	沙窝村	84317833
16	东窑村村委会	东窑村	84316859

（王德铭）

来广营地区（乡）

【概况】来广营地区（乡）位于朝阳区的西北部。东至来广营北路与孙河地区（乡）、崔各庄地区（乡）相邻；西至北苑路与奥运村街道、大屯街道接壤；南至北五环与望京街道、大屯街道相连；北至滨河路与昌平区东小口镇、北七家镇毗邻。辖区总面积20.93平方千米。下辖31个社区、5个建制村。年内，辖区常住人口178600人，户籍人口33393户、77975人，流动人口111998人，外籍人口292人、新出生人口659人、死亡人口80人。辖区有规模以上法人单位445家，其中，中央属单位有中国民用飞机开发公司、中国航空研究院

▲ 2月11日，来广营地区清苑路第三社区“红耀华贸爱心起航　暖心驿站温暖守护”红耀华贸暖心驿站揭牌　（秦　玲　摄）

等21家、市属单位有北京会议中心等25家、区属单位49家、乡属企业6家、其他单位344家；有医院2家、社区卫生服务中心1个、社区卫生服务站5个；有大中专院校3所、老年大学1所、高中2所、初中2所、九年一贯制学校3所、小学6所、幼儿园及社区办园点32所；有养老机构9处；有110平方米为民服务大厅、3100平方米地区文化中心各1处、有文化广场18处和24小时自助图书馆5处。途经辖区公交线路59条，有地铁13号线、5号线、14号线贯穿其中。辖区绿化率48.82%。年内，来广营地区（乡）坚持稳中求进工作总基调，落实高质量发展要求，加强党的建设，抓好疫情防控和经济社会发展，以“绿色之乡、科技之乡、精治之乡、运动之乡”为目标，全力建设来广营地区绿色、健康、和谐、宜居的农村城市化新城区。完成地区残联换届选举、全国两会、北京冬奥会、冬残奥会、服贸会、中共二十大等重要时期服务保障工作；召开地区人大十八届二次会议；“红耀华贸暖心驿站”揭牌运营；办理“接诉即办”案件23338件、网格化城市管理平台（V8）案件44463件；朝来森林公园三期被命名北京温榆河公园来广营园区。实现区级财政收入17亿元，比上年增长65.6%；实现农村集体经济总收入8.92亿元，比上年下降16.3%；农民人均劳动所得60160元，比上年增长3.4%。来广营地区（乡）获“国家卫生乡”、来广营乡团委获“北京市五四红旗团委”称号、来广营乡党委书记王刚获“首都劳动奖章”。

【建材市场疏解腾退】 7月，来广营地区（乡）牵头建立“139”机构工作体系（即1张市场平面图、3个工作小组、9个专项工作组），深入同鑫九鼎建材市场摸排商户情况，解决商户合理诉求。专项工作组与铁路方召开专班会4次，向产权方中国铁路北京局集团有限公司去函4次，约谈同鑫九鼎建材市场负责人6次。9月，完成260家商户、建筑面积2.1万平方米，占地面积4.2万平方米的腾退任务。

▲ 4月13日，朝来农艺园番茄种植区艾德瑞番茄丰收　（秦　玲　摄）

【国家数字农业创新应用基地建成】 12月，来广营地区（乡）朝来农艺园通过北京市农业农村局国家数字农业创新应用基地建设项目验收，成为北京市首批国家数字农业创新应用基地。园区总面积239亩，耕种面积63亩，园区组建农产品质量安全网格巡查系统，完成播种面积169.75亩、产量249.01吨，分别完成任务的113%、119%。“明日农场”的农产品“潮农U品”小程序，线上供应当日新鲜蔬果。

【实事工程】 年内，来广营地区（乡）完成城市绿洲家园小区自备井置换及自来水管线接入工程，完成北湖渠578号院、北苑二号院、立城苑北里一号楼老旧小区更新改造；完成立城苑西侧公共空间环境整治项目及地铁立水桥站B口北侧公共空间环境整治项目，新增共享单车停放区域9000平方米，步道砖3000平方米，绿化提升3000平方米。

【公共服务】 年内，来广营地区（乡）组织实施区级“太空花园”主题科普项目，开展25场场景式、体验式、互动式科普活动。创新老年大学三级联动教学机制，打造“‘阅’来书苑”读书品牌。帮扶各类困难群众 5163 人次，发放资金 1256 万元。完成 407 个基本养老服务对象认领工作，建立养老联合体。开发就业岗位 1025 个，城镇登记失业人员就业率 69.05%。对 80 家单位开展劳动合同、规章制度等书面审查工作，劳动争议调解率 100%。

【平安建设】 年内，来广营地区（乡）完成燃气管线占压消隐 67 处。安全型配件安装 1.6 万户；有限空间专项行动获 2022 年大比武竞赛活动“优秀组织奖”；完成自建房结构安全性排查 1348 栋、消除地下空间安全隐患 20 余处；查处无照经营 723 起，查扣非法运营黑摩的 27 辆；成立地区四级反诈中心，电信诈骗发案率持续下降。

【社区建设】 年内，来广营地区（乡）新增 4 处社区服务用房 1500 余平方米，修缮居民活动场所 19 处，新建立水桥、北苑中街社区，完成新街坊、清苑路第一社区拆分审批。完成 425 个公益金项目及楼门院治理示范点、国际化社区等 29 个市区重点项目，培育来广营退伍老兵志愿服务队、规划共创小组等特色社会组织。

【城市治理】 年内，来广营地区（乡）成立“门前三包”专项组，下设 8 个执法小组，检查单位 1011 家，发放公示牌 936 块，建设示范大街 5 条。完成道路修缮工程 9 条、道路油面铺装 5 条；4 条道路路灯新装更换 50 盏。开展联合执法 4 次，清劝违停车辆近 7000 辆，处理僵尸车 63 辆，查处无照游商摊点 723 起，暂扣占道水牌、条幅等 900 余块，公开集中销毁非法运营黑摩的 38 辆。发动垃圾分类桶前值守志愿者 1265 人，服务时间 2.8 万小时；治理裸地 5 批次 56 处 28.2 万平方米，裸地面积减少至 2.3 万平方米；回收再生资源 5.7 吨；完成地铁 5 号线隔音设施加装，消除噪声扰民问题。 （郝　冉）

朝阳区来广营地区（乡）社区居委会、建制村村委会情况一览表

表 45

序号	名称	地址	电话
1	广达路社区居委会	广达路2号院5号楼1单元101室	84364537
2	广顺社区居委会	来广营西路2号院2号楼102室	64930624
3	北卫家园社区居委会	北苑路96号北卫家园小区15号楼西侧	84945589
4	北苑一号院社区居委会	北苑一号院10号楼3单元1层	66749494
5	北苑二号院社区居委会	北苑二号院北门	84936317
6	北苑三号院社区居委会	北卫新园小区6号楼西侧二层	84918952
7	北苑社区居委会	红军营东路15号院金茂悦小区6号楼2层	57628220
8	青年城社区居委会	红军营东路8号院	64933048
9	红军营社区居委会	来北家园12号楼一层	53091550
10	朝来绿色家园社区居委会	红军营东路蕴实园小区朝花幼儿园西侧	84950615
11	朝来绿色家园东社区居委会	红军营东路蕴实园小区朝花幼儿园西侧	64930036
12	时代庄园社区居委会	红军营东路18号时代庄园会所三层	84967984
13	紫绶园社区居委会	北苑家园紫绶园来广营城管大院1层	84955849
14	清友园社区居委会	北苑家园筑华年小区Q4号楼	64116601
15	筑华年社区居委会	北苑家园筑华年小区Q4号楼	64936090
16	绣菊园社区居委会	北苑家园（5号楼北侧）	84966936
17	莲葩园社区居委会	北苑家园莲葩园小区西门二层黄楼一层	84925448
18	茉藜园社区居委会	北苑家园茉藜园小区19号楼101室	84926067
19	新街坊社区居委会	双营路6号院城锦苑小区2号楼1单元	84924841
20	黄金苑社区居委会	旭辉奥都5号楼一层	84931521
21	立城苑社区居委会	立水桥甲3号立城苑小区5号楼	84813176
22	立清路第一社区居委会	立清路明天第一城5号院5号楼7单元101室	84675928

续表 40

序号	名称	地址	电话
23	立清路第二社区居委会	立清路明天第一城5号院5号楼7单元101室	84934094
24	清河营中路社区居委会	水岸中街19号院18号楼	84920772
25	清苑路第一社区居委会	水岸庄园2区1010号楼4层	84999980
26	清苑路第二社区居委会	清河营东路6号院中铁国际城16号楼	84903997
27	清苑路第三社区居委会	清河营南街9号院2号楼底商	84927768
28	清苑路第四社区居委会	清河营东路3号院6号楼1层	84926157
29	清苑路第五社区居委会	清河营南街9号院2号楼底商	84927768
30	北苑中街社区居委会	恒大名都小区2号楼西侧一层	64937760
31	立水桥社区居委会	汤立路201号院6号楼F109	64934677
32	清河营村村委会	北苑东路清河营郊野公园北区	84945372
33	来广营村村委会	来广营村	84904455
34	北湖渠村村委会	北湖渠村	84856597
35	新生村村委会	新生村	84913125
35	红军营村村委会	北苑小街8号	84921483

（郝　冉）

南磨房地区（乡）

【概况】 南磨房地区（乡）位于朝阳区东南部，东至西店记忆路与高碑店地区（乡）、王四营地区（乡）、垡头街道相邻；南至垡头路以南与十八里店地区（乡）交界；西临东三环路与双井街道、劲松街道、潘家园街道相接；北至通惠河与CBD相望。辖区面积9.434平方千米。下辖23个社区、2个社区筹备组、2个建制村。年内，辖区常住人口165282人，户籍人口27721户（非农业27707户、农业14户）、65137人，流动人口77783人（非京籍），新出生人口476人、死亡人口76人。有法人单位9692个，其中，市属单位12家，区属单位24家，其他单位9656家。有医院5家、社区卫生服务中心2个、社区卫生服务站5个；有大学1所、中学6所、小学7所、幼儿园16所；有养老院1处、养老驿站5处。有1000平方米政务服务大厅、3352平方米地区文化中心各1处、文化广场（200平方米以上）12处和24小时自助图书馆3处；途经辖区公交线路13条，有地铁7号线、14号线贯穿其中。辖区绿化率41.5%。年内，南磨房地区（乡）围绕推动产业高端发展，优化区域空间布局，提高公共服务水平，健全民生保障机制，规范行政执法行为，加快实现"文化产业聚集区、科技创新拓展区、国际交往补充区、生态环境宜居区"发展目标，完成北京冬奥会、冬残奥会、中共二十大等重大活动期间服务保障、辖区65家"服务包"企业服务保障工作；完成乡联社换届选举、成立驻农工商总公司纪检监察派驻组；提升优化三资管理平台，建立集体资产资源数据可视化管理系统；依法审查各类合同文书500余件，为居民提供法律服务3250件次；以"喜迎二十大、奋进新征程"为主题开展各类文体活动185场次，其中线上活动59场，32.8万人次参与；乡人大代表活动公众号推送信息29篇，上级媒体采纳刊登12篇，《中国人大》刊登信息1篇，《北京人大》刊登信息1篇。实现区级财政收入5.68亿元，比上年下降31.06%，实现乡集体经济总收入12.19亿元，比上年下降32.08%，实现利润总额6898万元、完成税收1.29亿、征收小房产税1583万元，比上年增长14.91%。北京欢乐谷获"第二批国家级夜间文化和旅游消费聚集区"、欢乐谷社区获"北京市社区书记工作室"称号。（佘骈骢）

【"两优两先"表彰】 6月28日，南磨房地区（乡）召开庆祝中国共产党成立101周年"两优两先"表彰大会。地区（乡）党政领导班子成员及光荣在党50年的老党员代表、接受表彰的代表和单位、机关干部、社会领域党组织代表等150余人参加会议，103人获"南磨房地区（乡）优秀共产党员"称号；100人获"南磨房地区（乡）优秀党务工作者"称号；授予大郊亭酒店集中观察点等集体或个人"南磨房地区（乡）

▲ 6月28日，南磨房地区（乡）党委班子成员为光荣在党50年的老党员代表颁发“光荣在党50年”纪念章（侯　翔　摄）

党员先锋岗”称号；授予和众运输集团党总支等10家单位“南磨房地区（乡）先进基层党组织”称号。（张原瑞）

【乡志编纂】 7月12日，南磨房地区（乡）志编纂工作启动，乡长张金鑫宣读《南磨房乡志编纂工作方案》，北京市地方志办公室副主任、一级巡视员张恒彬对南磨房乡志编纂提出殷切期望。刘宗永从深入挖掘文献史料、古碑古墓、寻访消失的地名等角度，提出工作建议。年内，乡志编纂资料收集文字资料503万字、图片120余张。（刘长庚）

【乡人大十八届二次、三次会议】 8月18日，南磨房地区（乡）召开第十八届人民代表大会第二次会议。50名乡人大代表出席会议。乡机关党政班子成员、各科室负责人、各社区党组织书记、乡属企业负责人等50余人列席或旁听会议。会议听取南磨房乡政府2022年上半年工作报告和南磨房乡人大主席团2022年上半年工作报告。会议通过南磨房乡第十八届人民代表大会代表资格审查委员会名单（草案）、大会议程（草案）及大会主席团和秘书长名单（草案）。12月27日，南磨房地区（乡）召开第十八届人民代表大会第三次会议。56名乡人大代表出席会议。乡机关党政班子成员、各科室负责人、各社区党组织书记、乡属企业负责人等50余人列席或旁听会议。大会审议通过《南磨房乡政府工作报告》《南磨房乡人大主席团工作报告》《南磨房乡2022年财政预算执行情况和2023年财政预算草案的报告》，大会选举喻存根为南磨房乡人民政府乡长。补选区人大代表1名，补选乡人大代表3名。（刘长庚）

【无违建街乡创建】 年内，南磨房地区（乡）举证创无违建街乡图斑1129处、建筑面积35.31万平方米，分类举证950处、举证率88%、办结率80.1%；拆除存量违法建设81处、1266.94平方米、拆违销账5400平方米、完成任务108%；腾地面积5600平方米，完成任务187%。全年处理、回复“12345”举报案件275件、网格案件159件、立案6件；处理北京市严厉打击违法用地、违法建设专项行动信息平台违法建设线索筛查案件273件，拆除历史遗留违法建设2处；责令改正违法建设形态4起，拆除新增违法建设6处。（肖桂山）

【社区建设】 年内，南磨房地区（乡）从赛洛城社区拆分出金海社区，从平乐园社区拆分出平乐园西社区，完成广泰华亭、广泰华苑2个社区居委会选举。提拔使用社区正职7人、副职39人，招录新社工70人。联合北京工业大学开展社工线上线下培训79次。投入500余万元，改造石门35号院和世纪东方城南区2个农民回迁房小区，建成欢乐谷、世纪东方城、百子湾西、紫南家园、广华新城等6个“五宜社区”项目及平乐园塑胶跑道项目。（焦　岩）

【精准帮扶】 年内，南磨房地区东方盛泽集团完成对口帮扶河北省张家口市阳原县辛堡乡禾原香小米加工项目的试运营和线上平台入驻，通惠恒源公司与内蒙古自治区乌兰察布市卓资县十八台镇哈力盖图村委会达成结对帮扶意向，并与十八台镇印山湾村委会签约投资。辖区内企业与密云区穆家峪镇广泛合作，消费帮扶18.61万元。（杨全有）

【文明城区创建】 年内，南磨房地区（乡）建立由1个领导小组、7个工作

▲ 2月18日，南磨房地区（乡）老旧小区改造工程全面完成，此次改造涉及紫南家园小区和双龙南里小区，改造面积200000余平方米。小区环境整体提升（侯　翔　摄）

专班、25个责任社区、N个专项检查组组成的“1+7+25+N”工作体系，开展非法小广告治理、堆物堆料、背街小巷环境精细化提升、垃圾桶整治等12项集中整治行动。规范、取缔店外经营1497处、占道经营1376处、非法小广告379家，检查录入生活垃圾分类投放2193家次，拆除群租房500余处。完成紫南家园小区2.7万平方米楼体改造，加装电梯121部，20万平方米小区环境提升；完成双龙南里小区内3栋居民楼改造工程四方验收并交付使用。

（肖桂山　和振东　张　野）

【非公党建】 年内，南磨房地区（乡）形成23个党建品牌，实现5个产业园区、3个纳税亿元楼宇、10个朝阳区纳税千强企业党组织全覆盖，新建北京乐自天成文化发展有限公司等单位非公党支部8个。（张原瑞）

【救助服务】 年内，南磨房地区（乡）摸排新增就业困难人员531人，实现就业445人，开发就业岗位2054个。走访慰问各类困难群体751人次，发放民生保障资金631万余元、发放低保金465.4万元、发放养老补贴1143.6万元、发放残疾人两项补贴218.8万元。地区5家养老服务机构照料服务老人9395人次，600平方米欢乐蝉鸣养老服务驿站投入使用。（许　芊　王义冬）

【平安建设】 年内，南磨房地区（乡）启用石门小型消防站，建设电动自行车充电接口5274个，拆除泡沫彩钢板房4处、防盗窗84扇，摸排火灾隐患120处，根据隐患数量实施“三色风险”等级管理，标注出黄色风险等级58户，绿色风险等级42户。全年排查单位628家次，发现隐患508条，下发督办单101份；整改安全生产隐患5471项、防火隐患520处，整改率100%。（和振东　葛秉乐）

朝阳区南磨房地区（乡）社区居委会、建制村村委会情况一览表

表46

序号	名称	地址	电话
1	百子湾北社区居委会	东四环中路80号大成国际公寓116号	59625339
2	百子湾东社区居委会	百子湾家园小区109号楼	57956922
3	百子湾西社区居委会	百子湾西里426号楼	87715691
4	东郊社区居委会	深沟村甲168号	87705761
5	广百西路社区居委会	广百西路18号院3号楼101室	87152508
6	广华新城东社区居委会	东四环大郊亭4号	87776021
7	广华新城社区居委会	广华新城二区2号楼4单元1层	67703955
8	华侨城社区居委会	金蝉欢乐园1号院8号楼4单元101室	67381521
9	欢乐谷社区居委会	金蝉西路南侧欢乐谷社区	67377070
10	美景东方社区居委会	美景东方社区4-103室	87325578
11	南新园社区居委会	南新园小区26号楼2层	87322075
12	南新园西社区居委会	南新园中路106号	67314065
13	平乐园社区居委会	南磨房地区窑洼村68号	87380265
14	赛洛城社区居委会	百子湾东里113-R楼	87215916
15	山水文园社区居委会	弘燕东路山水文园东园4号楼底商A25	87367539
16	石门社区居委会	百子湾南三路石门新居35号院3号楼东侧	67757966
17	世纪东方城社区居委会	紫南家园108楼商业4层	87362800
18	双龙南里社区居委会	双龙南里小区116号楼东侧社区办公楼	87320042
19	双龙西社区居委会	双龙南里小区228号楼1单元旁小平房	87321990
20	远景社区居委会	紫南家园108楼商业4层	87355471
21	紫南家园社区居委会	紫南家园小区207号楼	87354988
22	广泰华亭社区居委会	广泰西路1号院底商	67722359
23	广泰华苑社区居委会	广泰西路5号院底商	67722693
24	金海社区筹备组	东四环中路80号大成国际公寓115号	59125842

续表 46

序号	名称	地址	电话
25	平乐园西社区筹备组	南磨房地区窑洼村68号	67326876
26	大郊亭村村委会	南磨房地区窑洼村68号	67352148
27	楼梓庄村村委会	紫南家园208楼2层	87351374

（余骈骢）

平房地区（乡）

【概况】 平房乡位于朝阳区中部。东与常营地区（乡）接壤，南与三间房地区（乡）、高碑店地区（乡）、八里庄街道相接，西与八里庄街道、六里屯街道、东风地区（乡）相邻，北与东坝地区（乡）相连。辖区面积 15.18 平方千米，下辖 14 个社区、2 个社区筹备组和 4 个建制村。年内，辖区常住人口 85450 人，户籍人口 19945 户、44308 人，流动人口 59585 人，外籍人口 345 人；常住人口中有汉族人口 80607 人、满族人口 2304 人、回族人口 2058 人，其他少数民族 481 人；新出生人口 495 人、死亡人口 345 人；有法人单位 4635 个，其中，中央属单位有北京弘泰基业商业管理有限公司、海关总署北京教育培训基地、润欣置业（北京）有限公司 3 家、市属单位 7 家、区属单位 12 家、其他单位 4613 家；有中学 3 所、小学 6 所、幼儿园 14 所；有二级医院 1 家、社区卫生服务中心 1 个、社区卫生服务站 6 个；有养老机构 5 处；有 300 平方米为民服务大厅、2700 平方米地区文化中心（党群服务中心）各 1 处、文化广场 8 处和 24 小时自助图书馆 5 处；有体育中心 1 个、郊野公园 5 个、在建郊野公园 1 个、村级公园 3 个；途经辖区公交线路 18 条，地铁 6 号线贯穿其中。辖区绿化率 58%。年内，平房地区（乡）坚持稳中求进工作总基调，主动融入服务新发展格局，统筹疫情防控和经济社会发展，持续改善民生，聚焦“三化”主攻方向，着力推动城市化建设、非首都功能疏解、经济高质量发展。完成地区残联换届选举工作、受理“接诉即办”33610 件，解决天鹅湾地锁拆除等一批群众身边事；实现区级财政收入 2.95 亿元，比上年减少 23%；征收个人房屋出租房产税 722 万元，集体经济总收入 4.65 亿元，比上年增长 22.73%；农民人均所得实现 45577 元，比上年增长 2.5%。平房乡获“2022 年第一批北京市生活垃圾分类示范小区”“2022 年北京市体育特色乡镇”称号。

【乡人大十八届二次、三次会议】 4 月 8 日，平房乡召开人大十八届二次会议，59 名代表出席、25 人列席会议；听取并审议 2021 年政府工作报告，书面审议乡人大主席团 2021 年工作报告、乡 2021 年财政预算执行情况和 2022 年财政预算报告及平房乡第十八届人民代表大会第一次会议代表提出的建议办理情况。8 月 31 日，平房乡召开人大十八届三次会议。60 名乡人大代表出席，乡处级领导、各科室负责人、科级以上干部 21 人列席会议。代表们听取并审议平房乡人民政府上半年工作报告、平房乡人大主席团上半年工作报告、平房乡 2021 年城乡规划实施和土地资源管理工作情况报告。

【助残帮困】 年内，平房地区（乡）走访慰问地区困难残疾人 203 户，发放慰问金 15.75 万元；为地区 11 名残疾儿童发放康复补助 20.811 万元；安置残疾人就业 3 人；申请“扶残助学”学生 1 人，补贴 0.6 万元；为 118 名残疾人办理城乡居民养老保险缴费补贴审核。为享受低保待遇家庭 105 户 168 人发放低保金 261 万元；受理临时救助 6 户 1.69 万元；核发丧葬补贴 11 人 5.5 万元；申请清洁能源补贴 224 户 35.76 万元。募集衣物 295 件、捐款 3357.5 元，收集善款 1.86 万元；区慈善协会慰问困难群体 100 人、发放慰问金 10 万元；区慈善协会发放困境儿童救助款 1 万元；发放优扶对象医疗减免费用 4.2 万元。

▲ 8 月 31 日，平房乡召开第十八届人民代表大会第三次会议 （毛 帅 摄）

【表彰优秀】 年内，平房地区（乡）开展“喜迎二十大　奋斗新平房”庆祝中国共产党成立101周年线上活动和“两优一先”“平房榜样”评选表彰工作。经地区工委会研究决定，评选“两优一先”优秀共产党员134名、优秀党务工作者40名和先进基层党组织24个，评选“平房榜样”优秀志愿者121人。

【农村城市化】 年内，制定《平房乡城市化建设规划实施方案》，完成一期资金平衡用地入市交易。编制项目《规划综合实施方案》和《棚改工作方案》，启动棚改二期用地审批。编制完成平房村和石各庄村（968户）“一户一册”梳理工作、住宅腾退工作方案和选房方案，完成两村（968户）剩余住宅腾退筹备工作。姚家园新村H组团、姚家园新村三期和黄渠新村四期3个项目39栋楼全部封顶。

【税源建设】 年内，平房地区（乡）主动走访企业54家，解决企业诉求85件。完成机场二高速南侧产业项目实施路径方案编制；推进姚家园万象汇税源建设，做好代征点税收服务。完成5家公司异地回迁工作。全年审计农村集体经济合同135份，收回集体资产、资源4处，新签订租赁合同29份，年增加收入5416.11万元。

【环境整治】 年内，平房地区（乡）完成全国文明城区创建和北京市第二轮生态环境保护督察迎检工作。推进朝阳站（二期）、朝阳大悦城“众享生活圈”、青年路优美大街环境提升工程。开展平原生态林、郊野公园管护工作，平房公园、京城森林公园集中清理整治35余次，清运垃圾1500余吨。$PM_{2.5}$年均浓度全区第三、比上年提高21名，TSP年均浓度全区第二、比上年提高133名。

【平安建设】 年内，平房地区（乡）开展社区、建筑施工工地、仓储物流等事故易发、多发、高发领域专项治理。完成三轮村民自建房检查，整改安全隐患2841处。实施“一处一方案”，燃气管线占压整改33处；完成液化石油气安全型配件安装4543户；新增电动车充电设施36个点位3448个接口，42个小区充电设施配比全面达标。（陈　兰）

朝阳区平房地区（乡）社区居委会、建制村村委会情况一览表

表47

序号	名称	地址	电话
1	雅成里社区居委会	朝阳区雅成一里14号楼2层	85512305
2	富华家园社区居委会	黄杉木店路186号院富华家园社区2层	85750295
3	华纺易城社区居委会	青年路29号院华纺易城1号楼4单元一层	85799621
4	国美家园社区居委会	青年路西里国美第一城2号院6号楼底商	85561615
5	姚家园西社区居委会	姚家园西里1号院1号楼4层	85529268
6	平房社区居委会	朝阳区平房村1780号	85575248
7	定福家园南社区居委会	三间房西路1号院1号楼1单元B1	65761506
8	星河湾社区居委会	星河湾小区西门（126路公交车总站对面）	85560820
9	姚家园东社区居委会	姚家园东里8号院5号楼3单元103室	85798985
10	青年路社区居委会	青年路西里5号院润枫水尚5号楼底商	85563188
11	逸翠园社区居委会	姚家园东里中路14号院1号楼2层	85798550
12	天鹅湾社区居委会	雅成二里20号楼103底商	65565910
13	泓鑫家园社区居委会	东坝中路40号院11号楼物业3层	65713688
14	国美家园第二社区居委会	青年路西里2号院6号楼底商	85561661
15	熙悦尚郡社区筹备组	高井熙悦尚郡小区11号楼1层	85758507
16	姚家园南社区筹备组	银谷美泉小区1号楼02底商	85565687
17	平房村村委会	朝阳区平房村386号	85575574
18	姚家园村村委会	朝阳区青年路北口东侧	85576803
19	黄渠村村委会	幺家店路与定福庄路交叉口向南100米路东	65754870
20	石各庄村村委会	朝阳区定福庄路西侧	65489395

（陈　兰）

三间房地区（乡）

【概况】 三间房地区（乡）位于朝阳区东部。东起双桥路与管庄地区（乡）接壤；西至东五环与高碑店地区（乡）相连；南至广渠路以南与豆各庄地区（乡）相接；北至幺家店路与平房地区（乡）、常营地区（乡）相邻。辖区面积8.75平方千米。下辖15个社区、11个建制村。年内，辖区常住人口135643人，户籍人口24273户、67319人，流动人口76011人，外籍人口205人，新出生人口393人、死亡人口107人；有法人单位6121家，其中，中央属单位有中国传媒大学、中国水利水电建设工程咨询北京有限公司、中国能源建设集团北京电力建设公司等16家，市属单位有北京第二外国语学院、北京工艺懋隆贸易有限公司等14家；区属单位18家、其他单位6087家。有社区卫生服务中心1个、社区卫生服务站7个；有大学2所、中学1所、中等专业学校1所、小学3所、幼儿园15所；有养老机构3处、养老驿站5处；有900平方米为民服务大厅、3000平方米地区市民活动中心各1处、文化广场4处和城市书屋1处；途经辖区公交线路16条，有地铁八通线贯穿其中。辖区绿化率33.69%。年内，三间房地区（乡）统筹疫情防控和经济社会发展，扎实推进地区高质量发展，完成地区残联换届选举工作、完成集体三资经联预审审核、新签（续签）合同81份，建筑面积约3.95万平方米，土地面积93.609公顷；实现区级财政收入3.074亿元，比上年增长6.58%；征收大房产税4351.5万元；实现农村集体经济总收入2.47亿元，比上年降低18.5%；人均劳动所得3.923万元，比上年增长4.3%。三间房地区（乡）司法所获“北京市司法行政系统先进集体”、定北里社区乔建新获“北京市接诉即办工作先进个人”、“红锐之声”宣讲团获朝阳区农村系统“最佳宣讲团”称号。

【经济发展】 年内，三间房地区（乡）优化地区营商环境，走访中建一局集团第五建筑有限公司、中国电建集团北京勘测设计研究院有限公司、北京天坛生物制品股份有限公司、中国生物技术股份有限公司等重点企业，送政策、解难题。适应经济发展新常态，落实“稳增长”各项措施。通过“服务包”制度，实行“一企一策一团队”精准服务，办理服务包企业诉求81项，满意率和办结率100%。加强“双楼长”机制建设，以党建引领聚合力，突出楼宇经济发展、社会治理、风险防控等职能。组织辖区楼宇和园区申报楼宇奖励政策，其中万东产业园、鲁班大厦、三间房南里4号院、动漫大厦4家楼宇和园区共获奖励287.58万元。规范市场秩序，取缔无照经营500余起，行政立案53起，行政处罚4.865万元。

【疏解整治】 年内，三间房地区（乡）完成“疏解整治促提升”任务，拆除违法建设5306.87平方米。4月，启动南部棚改区域滞留户腾退工作，完成非住宅腾退100%，涉及建筑面积10万平方米。7月，完成北部土地储备项目腾退拆除住宅102户、3.38万平方米；南区棚改安置房项目启动开工建设。“揭网见绿”53.67万平方米、施工围挡治理3处、非施工围挡治理2处、铁路沿线环境整治5处、桥下空间治理2处、雨污管线错接混接治理4处。申请2022年功能疏解专项资金1848.72万元。

【助残帮困】 年内，三间房地区（乡）审核发放各类救助资金247万余元。办理补充医疗救助3户、入学救助1人、慈善救助大病人员1户、慈善助残1户；购买社会服务，个案帮扶4户低保家庭；受理审核残疾人两项补贴453人次，核发补贴175万余元；审核水库移民补贴申请26人；审核市管征地超转53人、区管征地超转859人、政策性转居10人生活补贴，月核发补贴255万余元；完成540名超转人员清洁能源自采暖补贴报销，审核资金88万余元；审核孤儿、困境儿童9人，核发生活费17.6万元；审核严重精神障碍患者监护人看护补贴270人，核发看护补贴59.56万元。

【环境整治】 年内，三间房地区（乡）开展传媒大学东路、双桥路、惠福路、

▲ 三间房地区（乡）北双桥村路改造前　摄于2017年9月27日
［三间房地区（乡）供图］

▲ 11月4日，三间房地区（乡）完成北双桥村道路改造
［三间房地区（乡）供图］

▲ 8月26日，三间房地区（乡）3e通云端党群服务中心启动，图为毛景鸾志愿服务工作室揭牌仪式现场
〔三间房地区（乡）　供图〕

北双桥路、金卫路等重点区域和交通主干道环境整治工程，完成通惠河、新房村、北双桥、长安街沿线绿化美化建设，绿化面积2万余平方米；完成地区“揭网见绿”专项工程30个区域，53.67万平方米；完成金家坟西里平房区、定福庄西街和给水小区供水管线改造工程。规范市场秩序，取缔无照经营500余起，行政立案53起，行政处罚人民币4.865万元。

【垃圾分类】 年内，三间房地区（乡）组建环境巡查队，重点巡查堆物堆料、暴露垃圾等市容环境“10乱”（乱贴乱画、乱泼乱倒、乱拉乱挂、乱搭乱建、乱停乱放）问题。引导社区、村开展环境卫生大清扫活动，参与村民、居民3万余人次。完成地区290余万平方米的公共区域及老旧小区15轮集中病媒消杀治理；完成责任主体单位垃圾分类公示牌更新23家；创建垃圾分类示范小区2个、示范单位14家、示范楼宇1家。

【社区治理】 年内，三间房地区（乡）拆分调整4个超大型社区，新建社区3个。探索打造社会组织“一三五”（一个引领，把党建引领下的社区社会组织建设放在第一位，发挥党组织及党员队伍在社区社会组织中的骨干带头作用及政治引领。三个阶段，针对社区社会组织发展三个阶段的不同需求，侧重开展不同的服务和支持。按照初创型居民领袖培育、成长型组织规范提升及成熟型组织服务增能三种类型开展培育活动。五大服务，针对社区社会组织开展五项重点服务，包括愿景规划、规范建设、人员陪伴、实践指导和发展提升）培育模式。在6个社区试点开展热点难题居民协商会议，提升社区议事效能。推动楼门治理示范点、泰福苑社区安置房示范社区建设，招录社区工作者23人。

【“接诉即办”】 年内，三间房地区（乡）推行党建引领“1+6”（一个机制六个方案：三间房乡“党建引领　接诉即办”工作机制；领导班子“三包”责任制工作方案、社会治理“攻坚”行动方案、机关服务基层行动方案、基层治理智能化精细化行动方案、社会融合联动工作方案、“接诉即办”领导督办工作方案）助力接诉即办工作体系，列入办公会固定议题，定期组织集体研究，主要领导指挥调度，主管领导带分管科室每日研判，承办单位严格落实“首接负责制”，层层压实责任，打通压力传导“最后一公里”。强化源头治理，用足用好“吹哨报到”工作机制。研究考核新规则，健全完善奖惩机制，发挥正向激励作用，有效提高诉求办理质效。全年办理案件3.31万件，综合排名位列朝阳农村地区第2名。

【公共服务】 年内，三间房地区（乡）开发空岗1499个，实现743名城镇登记失业人员提档就业；便民服务大厅增设中央单位和驻京部队服务专窗1个；完成无障碍设施整改点位25个；在三南里社区、聚福苑社区新建养老服务驿站2个；北京市首家“云端党群服务中心”上线，开展百姓宣讲活动15场；成立三间房地区毛景鸾志愿服务工作室；完成市民活动中心多功能厅升级改造、地区动漫大舞台场地修缮工程；联合地区文联开展《运河上的百姓书场》活动，拍摄《口述三间房》短片10集，记录三间房地方历史、风俗民情。

（王玉卿）

朝阳区三间房地区（乡）社区居委会、建制村村委会情况一览表

表48

序号	名称	地址	电话
1	美然动力社区居委会	朝阳北路50号院东侧	65767336
2	福怡苑社区居委会	三间房地区福怡苑小区一期北门东侧	65406809
3	定北里社区居委会	定福庄北街23号院东领鉴筑4号楼一层	65407714
4	定南里社区居委会	定北里1号院	65757725

续表 48

序号	名称	地址	电话
5	定西北里社区居委会	定福庄西里1号院	65715419
6	定西南里社区居委会	定福庄西街定福园小区	65769657
7	泰福苑社区居委会	泰福苑一区2号楼一层底商	65407599
8	聚福苑社区居委会	朝阳路59号院聚福苑小区北门1号楼底商	65407399
9	三南里社区居委会	三间房南里4号院	65756922
10	绿洲家园社区居委会	建国路18号院1号楼107	65403552
11	艺水芳园社区居委会	朝阳区北花园街8号院西侧	65400351
12	双惠苑社区居委会	水郡长安1号院3号楼二层	65427426
13	双柳社区居委会	双桥路双柳巷1号楼北侧	65426384
14	双桥路社区居委会	双桥街西大院12号	85366803
15	双桥铁路社区居委会	双桥街东柳西里北一区14号楼北侧	65758180
16	三东村村委会	泰福苑三区5号楼底商三东村委会	65755102
17	三西村村委会	泰福苑三区5号楼底商三西村委会	65762562
18	定东村村委会	朝阳路59号院聚福苑小区北门1号楼底商	65763494
19	定西村村委会	朝阳路59号院聚福苑小区北门1号楼底商	65765938
20	褡裢坡村村委会	泰福苑三区5号楼底商	65752388
21	白家楼村村委会	朝阳路59号院聚福苑小区北门1号楼底商	65758178
22	东柳村村委会	三间房乡金卫路	65420301
23	西柳村村委会	三间房乡金卫路杜仲公园北门对面（杜仲公园管理中心院内）	65400756
24	北双桥村村委会	三间房乡北花园街6号院天泰北双苑小区10号楼底商1002室	65400913
25	金家村村委会	三间房乡水泥构件厂底商3—4号楼	85361288
26	新房村村委会	三间房乡新房村商业街5号	65758174

（王玉卿）

十八里店地区（乡）

【概况】 十八里店乡位于朝阳区东南部。东南至西直河村与通州区相邻，南至横街子村与亦庄经济开发区毗邻，西南至吕家营村与小红门地区（乡）相接，西北至十里河村与东城区接壤，北至小武基村分别与南磨房地区（乡）、王四营地区（乡）、垡头街道相连。辖区面积25.23平方千米，下辖10个社区、8个建制村。年内，辖区常住人口179863人，户籍人口18675户、45303人（其中农民21349人、非农23954人），流动人口173371人，新出生259人、死亡68人；辖区有法人单位4708家，其中，中央属单位有5家、乡属单位13家、其他单位4690家。有卫生服务中心1个、社区卫生服务站9个；有中学1所、小学1所、幼儿园1所；有养老院4处、养老照料中心1处；有社区、村综合文化室15处、文化广场17处、图书室13处和社区图书馆1个；途经辖区公交线路23条，有地铁10号线、14号线和17号线贯穿其中。辖区绿化率32.02%。年内，地区（乡）党委研究十八里店地区（乡）发展战略，编制《十八里店地区城市化试点工作实施方案》和《落实“南部崛起”战略 推动十八里店地区高质量发展实施方案》，梳理全乡城市化建设四本账，形成“南部崛起”重点任务清单。推进小武基村整村住宅用地一次性拆迁工作，完成前期入户调查和拆迁腾退所需服务公司招标工作；完成整建制村民转居前期准备工作，开展人口数据调查摸底、测算劳动力和超转人员所需费用；改组乡税源专班，定期开展税源分析研判，走访辖区重点企业和商务楼宇，协调解决企业运营难题，涵养本地税源。开展异地企业回迁工作，全年迁回企业11家，增加区

▲ 10月31日，十八里店乡人大代表召开产权制度改革工作专题调研会　（鲁春玲　摄）

级收入204.86万元；完成周庄三期36栋住宅楼的不动产初始登记证；完善地区图书馆建设，实现与区图书馆的联网功能；召开农村产权制度改革工作会，完成乡残联换届选举工作；筹备成立白墙子、上水中西园社区；实现区级财政收入3.03亿元，比上年减少1.94%；集体经济总收入14.2亿元，比上年减少22%；集体税金总额7032万元，农民人均所得47370元，比上年增加2%。

【民生保障】 6月30日，朝阳区卫生健康监督所携手十八里店乡民生保障办、十八里店社区卫生服务中心、在弘善家园社区开展以打击非法行医为主题的宣传活动。分享“黑诊所”非法行医的问题案例，专业人员现场对居民答疑解惑。8月16日，十八里店乡组织福寿老年公寓的111位老人健康体检。检查项目有测量血压，心电图，B超，身高体重，验血等。医护人员耐心解答老人提出的问题，并为老人建立健康档案。年内，落实政策性转居、残疾人生活补助、丧葬补贴等20余项，发放1530.67万元，惠民2.1万余人。

【健身交流展示】 8月18日，十八里店地区（乡）周家庄村健身队代表朝阳区以技能教学及团队展示的形式参加北京市社会体育指导员交流展示大赛。全市各区80支健身团队、800余名社会体育指导员参赛。大赛设置技能教学及团队展示、主题演讲、教学能力挑战3种比赛形式。十八里店地区（乡）健身队团队8人参赛，展示《青年健身操》获团队展示一等奖、优秀教学奖。

【周家庄文化体育公园开园】 9月22日，十八里店地区（乡）周家庄村文化体育公园揭牌开园，特别邀请尼日利亚、越南、巴基斯坦、阿根廷、哈萨克斯坦等多个国家的60余名外媒记者来到周家庄村文化体育公园，体验飞盘运动。周家庄村文化体育公园内，设有飞盘爱好者和专业赛事的运动场地。

【乡人大十八届三次会议】 12月28日，十八里店乡召开人大十八届三次会议，68名乡人大代表出席会议并投票选举张金鑫为十八里店乡人民政府乡长。

【安全隐患排查】 年内，十八里店地区（乡）成立综合执法检查组，开展地区综合治理行动，消除各类安全隐患，全年检查社会单位1972家次，发现并查处事故隐患2614项，督促整改完成2597项，整改率99%以上。以深化“平安十八里店”建设为主线，排查治理市、区安全隐患挂账重点村，5个重点村安全隐患综合整治点位全部上账，完成整改。持续对铁路护路沿线重点部位开展日常巡逻检查，重点拆除清理沿线50米内彩钢板屋顶、废品回收站等安全隐患。

【“接诉即办”】 年内，十八里店地区（乡）建立“接诉即办”月度点评会工作机制，建立案件研判督办工作机制，对全乡集中难点问题开展专题调研，全年接收市区督办案件249件，解决、满意217件；群众满意率87.14%，建设数字化平台，通过手机微信查看办件结果。

【环境整治】 年内，十八里店地区（乡）开展萧太后河、大洋坊沟综合环境整治，整改完成市环保督察反馈的33个问题。完成2批裸露土地治理工作，实现裸露土地动态清零；坚持“河长制”，确保“巡查率”“覆盖率”“问题发现率”“问题整改率”四率落到实处。创建周庄嘉园第一社区示范社区，申请区级经费178万元，实施绿化改造8540平方米、围墙修复581延米，改善社区环境。推进垃圾分类工作，形成吕家营村“分类三集中、垃圾不落地”等特色治理模式，全乡厨余垃圾分出率18.26%，分类设施达标率100%，桶前值守率85%。

【社区建设】 年内，十八里店地区（乡）利用乡级大数据平台，建立村、社区基层网格化治理模式，以西直河村为试点，划分73个单元网格，落实精细管理到每一座民宅、每一户家庭，并推广覆盖至全乡其他平房村。在弘善一社区推行“三微一体化”管理，利用虚拟社工、公众号、微信群，建立便捷、智能化的沟通平台。拆分弘善家园超大型社区，新成立白墙子、山水中西园2个社区。招录社区工作者30人，提拔、交流社区干部25人次。

（李云鹏）

朝阳区十八里店地区（乡）社区居委会、建制村村委会情况一览表

表 49

序号	名称	地址	电话
1	弘善家园第一社区居委会	弘善家园409号楼底商	67049613
2	弘善家园第二社区居委会	弘善家园315楼东侧底商	67049145
3	弘善家园第三社区居委会	弘善家园205号楼底商西侧	87688292
4	弘善寺社区居委会	弘善家园202楼底商	67049168
5	老君堂社区居委会	君堂好园6号楼	87309990
6	祁庄社区居委会	吕家营村829号	87691516
7	白墙子社区居委会	白墙子街2号院南侧二层小楼	67651355
8	山水中西园社区居委会	山水文园社区（原山水文园中园电影院）	67302688
9	十八里店第一社区居委会	周庄嘉园6号院北门东侧底商	67278267
10	周庄嘉园第一社区居委会	西大望南路周庄嘉园7号院12号楼南侧一层	67311910
11	十里河村村委会	十里河村村委会	67325661
12	西直河村村委会	西直河村村委会	67388090
13	周家庄村村委会	周家庄村113号	67330483
14	十八里店村村委会	十八里店村村委会2000号	67471738
15	吕家营村村委会	吕家营村村委会	87692485
16	横街子村村委会	横街子村委会	87301229
17	老君堂村村委会	海棠公园管理处二层	87307508
18	小武基村村委会	小武基村村委会	67477844

（李云鹏）

孙河地区（乡）

【概况】 孙河地区（乡）位于朝阳区东北部。东至温榆河与顺义区天竺镇相邻；南至蟹岛（来广营东路）与朝阳区金盏地区（乡）和崔各庄地区（乡）接壤；西至清河与昌平区隔河相望；北至高白路与顺义天竺空港工业区相连。辖区面积34.54平方千米。下辖9个社区（14个建制村，均已完成回迁安置）。年内，辖区有常住人口39123人，户籍人口10166户、22603人，流动人口15175人，外籍人口957人，户籍人口中有汉族21205人、少数民族1398人；新出生人口29人、死亡人口55人；有规模以上法人单位66家，其中央属单位有中国民用航空通信导航设备修造厂有限公司1家、地方单位9家、其他单位56家；有医院1家、社区卫生服务中心1个、社区卫生服务站1个；有小学4所、幼儿园4所；有养老机构2处；有500平方米为民服务大厅、3000平方米地区文化中心、1000平方米党群服务中心各1处，有文化广场4处和图书馆1处。途经辖区公交线路26条，有地铁15号线贯穿其中。辖区绿化率45%。年内，孙河地区（乡）围绕重大服务保障和常态化疫情防控“两条主线”，夯实党建引领基层治理“一个根基”，突出温榆河公园建设、回迁交房“两大工程”，完成康营四期7300余套住宅回迁交房、成立康营四期区域4个社区筹备组并获朝阳区人民政府批复，成立清榆园、香榆园、瑞榆园、翠榆园4个社区。完成北京冬奥会、冬残奥会、全国两会、中共二十大等重大活动服务保障任务；完成地区残联换届选举工作、全国文明城区创建工作、温榆河公园朝阳段一期（孙河乡区域）建成开放。实现区级财政收入2.095亿元，比上年减少49.86%；征收房产税2866.5万元，比上年下降32.08%；集体经济总收入7.152亿元，比上年增长13.5%，人均劳动所得26805元，比上年增加3%。年内，孙河地区（乡）获“节约型机关”“首都森林城镇”“首都全民义务植树先进单位”“第二届北京市‘人道奖’先进集体”称号。康营家园一社区获“全国示范性老年友好型社区”，康营家园三社区获“全国综合减灾示范社区”称号。

【主题活动】 7月1日，孙河地区（乡）举办“青春孙河勇追梦、奋楫献礼二十大”庆祝中国共产党成立101周年主题党日活动，表彰优秀共产党员和最美孙河人216人次。年内，开展“红色沙盘”“节气变化看孙河”等党群活动16场次；开展“点亮微心愿”活

动，6 个社会组织实现 7 个居民微心愿；开展迎冬奥、元旦文艺会演、温榆河民俗文化节、星火工程演出、朝阳区森林演出季等各类文化体育活动 40 余场次，惠及群众 2.5 万余人次；完成歌唱、舞蹈、书法、绘画、模特训练等方面 180 课时延时开放、103 条文旅云平台信息发布；接受 BTV 电视台邀请，推送 3 个精品文艺节目参与“退休不褪色　我要上春晚”——BRTV 首届老年春晚录制，并在 BTV 生活频道播出。

▲ 7 月 14 日，孙河地区（乡）在康营四期开展星火工程文艺演出　（康　文　摄）

【乡人大十八届二次会议】 8 月 16 日，孙河地区（乡）召开人大十八届二次会议，地区人大代表 58 人、列席代表 19 人参加会议。听取和审议乡人民政府工作报告，审议孙河乡 2021 年度法治政府建设情况报告、孙河乡人民政府关于城乡规划实施和土地资源管理情况汇报，听取孙河乡人大主席团关于孙河乡十八届人大一次会议代表建议办理情况的通报。

【温榆河公园一期开园】 年内，温榆河公园朝阳段一期（孙河乡区域）建成并对外开放。温榆河公园一期以“温榆家·生态佳·公园+”为主题，推出滨河健康跑、摇船游湖等 10 余项活动。推进二期建设，完成 12 户 25.15 万平方米非宅回收、1206 座墓地迁移、36.22 万株树木腾退。

【疫情防控】 年内，孙河地区（乡）完善疫情防控工作预案，59 个基层党组织、16 个临时党支部、1000 余名党员干部坚持在一线。支援兄弟乡 5 批次，提供就医购药服务 481 人次、发放蔬菜防疫包 1 万余份、处置涉疫垃圾 9500 余箱、重点消杀 34 万平方米。

【康营四期安置房回迁】 年内，孙河地区（乡）与昆泰嘉恒公司成立联合专班，统筹协调多个部门推动回迁工作。康营四期回迁房总建筑面积 115 万平方米、7300 余套房屋交付完成，回迁居民约 1.3 万人。引进“专 201”路公交车、嘉禾便民超市、“蔬菜直通车”，“15 分钟生活圈”满足居民日常需求。

▲ 9 月 7 日，孙河地区（乡）康营四期安置房全景　（康　文　摄）

【数字农业】 年内，孙河地区（乡）推进郎枣园数字农业项目，建成 16 栋日光温室、20 栋柔性温室，完成数字化设备安装并完善大棚周围基础设施条件。全年温室大棚种植各种蔬菜 28.7 亩，收获 37.25 吨。

【“接诉即办”】 年内，孙河地区（乡）坚持“日调度、周研判、月点评、年总结”，采取“以干代训”、推进“网格＋热线”工作模式，形成“全员参与、全面响应、全方位联动”的接诉即办工作格局。全年接收诉求 13360 件，响应率 99.8%，上报网格案件 27796 件，结案率 95.87%。运用“吹哨报到”机制，协调区级部门，集中解决孙河组团市政、供水、排污、噪声等问题，完成自来水主管线接入，建设中心湖公园 1 处，安装新能源汽车充电桩 70 个。

【图书馆开馆】 年内，孙河地区（乡）图书馆开馆。图书馆面积 200 平方米，配置馆藏图书 2 万余册、电脑 1 台、书架 22 延米、阅览桌 15 件、椅 36 件、可同时接纳50人在馆内阅览，定期推出阅读及推广活动。

【敬老助残】 年内，孙河地区（乡）为310名老年人提供基本养老服务12480人次，安装视听无障碍交互服务管理系统、坡道和无障碍标识；依托温馨家园开展各类知识讲座、文化娱乐及志愿服务等活动896次，参加活动11123人次；开展残疾人需求调查、数据核查、申领辅助器具、发放各类补贴等工作保障残疾人权益。

【社会服务】 年内，孙河地区（乡）康营家园一、二、三、四社区及景润苑5个社区完成政务服务规范化建设，打通服务群众“最后一公里”。政务大厅添置“视听交互”手语智能设备，优化无障碍环境。政务服务中心办理涉及民政、残联、计生、住保、社保等103项政务事项；开展延时服务，实行“早晚弹性办”“午间不间断”和“周末不休息”，延时办公服务接待群众约550人，办理业务500余件。全年接待群众6600余人，受理各类事项8382件，办结率100%，满意率100%。

（申　展）

朝阳区孙河地区（乡）社区居委会、建制村村委会情况一览表

表50

序号	名称	地址	电话
1	康营家园一社区居委会	康营家园D区	64353011
2	康营家园二社区居委会	康营家园B区	64382639
3	康营家园三社区居委会	康营家园24区	84384635
4	康营家园四社区居委会	康营家园14区	84354330
5	景润苑社区居委会	孙河组团	64318589
6	清榆园社区筹备组	康营四期清榆园A北区1号楼104室	临时办公地点
7	香榆园社区筹备组	康营四期B区西侧办公楼一层	临时办公地点
8	瑞榆园社区筹备组	康营四期B区西侧办公楼一层	临时办公地点
9	翠榆园社区筹备组	康营四期E区7号楼一层	临时办公地点

（申　展）

太阳宫地区（乡）

【概况】 太阳宫地区（乡）位于朝阳区中西部。东北至北四环东路、霄云路与望京街道、将台地区（乡）接壤；东南至亮马桥北小街、霄云里南街与麦子店街道、第三使馆区、燕莎商业区毗邻；南至尚家楼48号院与左家庄街道相连；西南至樱花东街、北三环东路与和平街街道、香河园街道相邻；西北至育慧南路、北四环东路与小关街道、大屯街道相接。辖区面积5.9平方千米。下辖12个社区、3个社区筹备组和3个建制村。年内，辖区常住人口9.2万人，户籍人口25405户、66480人，流动人口2.59万人，新出生人口341人、死亡人口67人。有企业法人单位4570个，其中，事业单位41个、民营非营利组织32个、其他单位4497个；有医院1家、医疗卫生服务中心1个、社区卫生服务站3个；有中学2所、小学3所、幼儿园7所；有养老机构1处、养老驿站2处；有

▲ 8月4日，太阳宫地区（乡）与将台地区（乡）跨界管理协议书签约仪式　（王广军　摄）

1860平方米为民服务大厅、3450平方米地区文化中心各1处，有文化广场3处、文化活动室10处和24小时自助图书馆2处。途经辖区公交线路20余条，地铁10号线、13号线贯穿其中。辖区绿化率43.4%。年内，太阳宫地区（乡）以“疫情要防住、经济要稳住、发展要安全”为核心，慎终如始抓防控，开展“疏解整治促提升”专项行动，乡情村史博物馆揭牌、与将台乡跨界（公共管理与社会服务分工）管理签约、完成地区（乡）残联换届选举、创建市级垃圾分类示范小区2个、实施“一居一法律顾问”制度，审查各类合同文书80余件，签订《结对共建法治社区协议书》12份。实现一般公共预算收入7.93亿元，比上年增长4.45%；实现代征个人房屋出租税146.6万元，比上年下降55.9%；实现集体经济总收入2.48亿元，比上年增长26%；实现利润2465.7万元，比上年增长63.1%；实现税金3154.3万元，比上年减少20.39%；人均劳动所得32668元，比上年增长3.32%。太阳宫地区（乡）获“2018—2022年度北京市司法行政系统先进集体”、太阳宫社区获“北京市民主法治示范社区”称号。

▲ 7月30日，太阳宫地区（乡）“太阳粒子能量场”小维空间项目开工仪式　（王广军　摄）

【主题活动】 2月14日，由2022北京新闻中心主办的“双奥之城新气象——2022中外媒体北京行”城市形象特色采访活动走进太阳宫，中外媒体26家、记者36名探访觽堂文化智库，听古琴、看魔术、赏京剧，体验中国功夫，关注北京推动非遗和传统美学与时代特色相融合、探索文化创意精品。2月15日，开展“幸福元宵节　情满太阳宫”主题活动，以花灯为载体、结合剪纸艺术，融入2022北京冬奥元素，宣传冬奥精神；2月18日，开展“假期课堂——万物皆可‘墩’”手工活动，36名小学生参与；3月5日，开展“学习雷锋　当好接班人”活动，邀请退伍军人徐勋章老师讲雷锋故事，重温雷锋精神，40名中小学生参与。4月24日，开展太阳宫体育休闲公园义务植树活动。地区办事处主任陈鹏介绍“互联网+全民义务植树”基地的发展历程，现场补植树木100余株。

【乡人大十八届二次、三次会议】 3月18日，太阳宫乡召开人大十八届二次会议。太阳宫乡正式代表、列席人员58人参加大会。会议听取和审议《太阳宫乡人民政府2021年工作报告》；书面审议《太阳宫乡人大主席团2021工作报告》；全体代表表决通过大会各项决议。8月10日—11日，太阳宫乡召开人大十八届三次会议。太阳宫乡正式代表、列席人员、旁听人员83人参加大会。会议听取和审议《太阳宫乡人民政府2022年上半年工作报告》；书面审议《太阳宫乡人大主席团2022年上半年工作报告》；全体代表表决通过大会各项决议。

【产权制度改革】 4月15日，太阳宫地区（乡）举行太阳宫村股份经济合作社股权证发放仪式。太阳宫村股份经济合作社社长、村党支部书记孙毓莲为社员代表颁发股权证书；9月23日，太阳宫乡举行十字口村股份经济合作社股权证书发放仪式，太阳宫股份经济合作社社长、十字口村党总支书记李柏松、乡产改办副主任石卫东等为社员代表颁发股权证书；年内，完成村级产权制度改革，推进太阳宫村、牛王庙村、十字口村成立股份经济合作社，发放股权证书5820本、经济补贴4570万元，让集体经济组织成员共享改革成果。

【“太阳粒子能量场”项目】 7月30日，太阳宫地区（乡）“太阳粒子能量场”小微空间改造项目正式开工，9月17日，竣工并投入使用。该项目是由市发改委、市规自委、市城管委联合主办的“建党百年、服务百姓、百个公共空间”活动的23个试点之一。规划设计方案由乡政府、市规划院责任规划师团队、芍药居三社区及居民共同协商制定。“太阳粒子能量场”取“太阳宫乡”“太阳”的寓意，融合芍药居三社区“有一分热，发一分光”的社区口号，以“太阳粒子”为设计主题，以太阳系、星空为元素，以蓝色、橙色为主色调，结合场地现状，通过加入入口logo墙、风雨连廊、社区宣传栏、社区书屋、互动转转墙、EPDM塑胶地坪、儿童及全龄设施、座椅、林下休闲角、垃圾收集设施，改造场地无障碍出入口、翻新现状凉亭，调整场地布局，划分场地功能，打造全龄共享、儿童友好的“能量场”，方便周边居民来此休闲娱乐健身。

【乡情村史博物馆揭牌】 9月8日，太阳宫地区乡情村史博物馆揭牌，博物馆坐落在太阳宫北街甲一号，一期展厅面积500平方米，分为序厅、京郊太阳宫、回首忆当年、域内寻故里、旧貌换新颜、蓝图催奋进、万众谱新篇7个主题板块，讲述太阳宫乡从昔日京郊“菜篮子”“米袋子”变身为现代化新区的历史进程。展厅内摆放太阳宫乡、村各个时期的老物件234件，收藏各类图片158张，配备3名讲解员和3名服务员。年内，乡情村史博物馆接待参观访客400余人次。

【物业管理】 年内，太阳宫地区（乡）组建业主大会筹备组3个、业主委员会1个；指导UHN国际村、芍药居14号院等5家物管会（业委会）依法依规开展工作。落实物业管理条例，加大对物业企业的监管力度，开展优秀物业企业评选及表彰，提升物业服务管理质量。

【民生保障】 年内，太阳宫地区（乡）举办失业人员免费技能培训2期、招聘会2场、开发就业岗位1007个、实现就业886人、办理灵活就业878人。开展劳动用工专项检查4次，处理各类突发讨薪事件32起。升级改造老年餐桌2处，服务老年人2700余人次。"温馨家园"阵地式服务惠及残疾人3万余人次。

【对口帮扶】 年内，太阳宫地区（乡）合作经济联合社、太阳宫乡农工商有限公司、太阳宫村、十字口村、牛王庙村等单位支援对口帮扶单位内蒙古自治区阿古拉镇茂道吐苏木的建设发展，捐款6万元，辖区内企业捐赠电脑、打印机各20台，折合价值18.8万元。

【安全生产】 年内，太阳宫地区（乡）开展执法检查生产经营单位229家次，下达执法文书247份、整改隐患631项、查处食品药品安全违法案件36件、罚款118.65万元。排查整治燃气、电动自行车充电设施等8个领域安全隐患，建设电动自行车充电接口3508个，消除自建房隐患127处，安装液化石油气居民用户安全型配件370件，实现非居民液化气用户清零。

【税源建设】 年内，太阳宫地区（乡）协调解决企业运营难题，为40家重点企业推送惠企政策。引入7家公司税收调整、5家符合首都功能定位、具有增长潜力的企业；协助3家运营单位申请补贴和减免租金110万元，助力14家小微企业申报疫情防控保险理赔。建立"一企一档"台账，维护企业利益。

【环境整治】 年内，太阳宫地区（乡）完成芍药居北里一区、二区老旧小区综合整治项目50%。新建错峰错时停车点位2处，制定《太阳宫地区门前三包责任制工作方案》，辖区643家责任单位参与治理；整改督察反馈问题6件。开展溯源治污整治，处理河道排污问题58件。修缮改造太阳宫公园环形步道、清淤整治公园景观湖，拆除太阳宫体育休闲园北园围栏500米。清理整治群租房69处，实现"场清地净"1752.81平方米、腾退土地0.1公顷。植树造林18公顷，实现"揭网见绿"17.5公顷。清理逾期未拆除施工围挡3处、治理排水设施错接混接4处。清理及码放北土城东路、文学馆路共享单车2万余辆，清拖僵尸车6辆、废弃电动三轮车15辆。

【社区建设】 年内，太阳宫地区（乡）调整超大型社区，成立夏家园二社区、芍药居六社区和芍药居七社区筹备组。完成太阳宫社区服务中心开放式空间建设和芍药居五社区办公用房装修改造。制定实施《太阳宫地区社区工作者队伍建设指导意见》，新招聘社区工作者33名。 （孔祥一）

朝阳区太阳宫地区（乡）社区居委会、建制村村委会情况一览表

表51

序号	名称	地址	电话
1	芍药居一社区居委会	芍药居北里219楼5层	84627464
2	芍药居二社区居委会	芍药居北里203号楼	84628158
3	芍药居三社区居委会	芍药居11号楼北侧	46155284
4	芍药居四社区居委会	芍药居2号院5号楼北侧	84612696
5	太阳宫社区居委会	太阳宫南街7号院6号楼西侧2层	64220891
6	夏家园社区居委会	新纪家园小区8号楼东侧服务中心楼内	84629921
7	十字口社区居委会	太阳宫地区火星园8号楼8-9室	64287853
8	牛王庙社区居委会	太阳宫东坝河1号	64385869
9	尚家楼社区居委会	尚家楼社区48号院内	52087718
10	惠忠庵社区居委会	太阳宫1街1号院10号楼底商	64205711
11	芍药居五社区居委会	芍药居北里312楼4单元001、002室	84362580
12	西坝河北里社区居委会	西坝河西路168号恒川公寓M栋	84495934

续表 51

序号	名称	地址	电话
13	夏家园二社区筹备组	水星园小区20号楼	
14	芍药居六社区筹备组	芍药居北里317号楼半地下	
15	芍药居七社区筹备组	芍药居甲2号院17号楼4单元一层	
16	太阳宫村村委会	西坝河168号	64460858
17	十字口村村委会	太阳宫北街甲1号	64625662
18	牛王庙村村委会	东坝河1号	64385869

（孔祥一）

王四营地区（乡）

【概况】 王四营地区（乡）位于朝阳区东南部。东至北京海棠和润农业园与豆各庄地区（乡）相接，南至保利锦上·二期与十八里店地区（乡）相邻，西至世东国际大厦与南磨房地区（乡）相连，北至广渠快速路与高碑店地区（乡）接壤。辖区面积15.58平方千米，下辖5个社区、3个社区筹备组和6个建制村。年内，辖区常住人口50913人，户籍人口10576户、20588人（其中农户5700户、非农户4876户），流动人口30325人，外籍人口61人；常住人口中有汉族19466人、满族821人、回族114人、蒙古族50人、其他少数民族137人；新出生114人、死亡人口161人；有法人单位9659个，其中，中央属单位2家、市属单位2家、其他单位9655家；有社区卫生服务中心1个、社区卫生服务站4个；有小学5所、幼儿园5所；有养老机构3处；有200平方米为民服务大厅、5400平方米地区文化中心各1处，有文化广场12处（各村共6处，官庄公园6处）和24小时自助图书馆2处；途经辖区公交线路17条，地铁7号线贯穿其中；辖区绿化率67%。年内，王四营地区（乡）全面落实“疫情要防住、经济要稳住、发展要安全”的要求，抢抓机遇稳步前行，凝心聚力砥砺奋进，在苦干实干中决战决胜，“四个王四营”（平安、美丽、幸福、和谐）建设取得明显成效。完成自建房安全整治“百日行动”和全国两会、北京冬奥会、冬残奥会、中共二十大等重大活动期间服务保障任务；上市地块（一期）配套学校开工建设，燕保百湾家园一社区、燕保百湾家园二社区、燕保百安社区和孛旺花园社区获得批准筹建；实现区级财政收入4.2亿元，比上年增长3.2%；集体经济总收入7.16亿元，比上年减少10.7%；利润总额-950万元，比上年减少118.7%；上缴税金6220.2万元，比上年增长19.3%；人均劳动所得41790元，比上年（39394元）增长6.1%。王四营地区（乡）获国家级“节约型机关”“首都劳动奖状”称号，王四营乡道口村获“北京市农村工作（2017—2021年）先进集体”称号。

【孛旺花园一期交房】 7月6日，王四营地区（乡）孛旺花园一期150套房屋竣工交付，45户回迁村民办理入住手续。孛旺花园项目于2019年10月开工建设，占地26.6万平方米，计划安置孛罗营、王四营、南花园3个村近7000人口回迁，是减量发展“王四营模式”（王四营是新总规减量要求下的第一个城市化试点，是从土地城市化到人的城市化转变的试点乡，“王四营模式”的核心是“减量+高质量”的城市开发建设与发展方式，是从城市化任务到城市化目标实现的系统实施范式）落地实施。项目一期5个地

▲ 3月22日，王四营地区（乡）孛旺花园鸟瞰图　（杨　琦　摄）

▲ 7月6日，王四营地区（乡）领导祝贺村民拿到回迁安置房钥匙　（杨　琦　摄）

块建筑住宅楼19栋、幼儿园1栋，配备有商业、医疗、学校、地下车库等生活服务设施。孛旺花园竣工交房，标志着减量发展“王四营模式”第一阶段任务收官，“新四合”（用地整合、功能组合、空间围合、高低结合）设计理念从图纸变为现实。

【安全整治】 7月14日，王四营地区（乡）启动自建房安全整治“百日行动”，要“五摸清”（摸清自建房底数、摸清自建房居住人口底数、摸清自建房结构安全隐患、摸清自建房屋消防安全隐患、摸清瓶装液化石油气、电动自行车安全使用情况）、“五做到”［对存在结构安全隐患且影响生命财产安全的自建房，在消除安全隐患前严格做到不住人，并分类制定结构安全整改措施；对存在消防安全隐患的自建房严格做到“四清、三停、四建设”（“四清”：清理违规电动自行车；清理瓶装液化石油气；清理疏散通道内可燃杂物；清理影响人员逃生及排烟相关设施。“三停”：违规“三合一”、“多合一”，一律停止出租；违规采用易燃可燃材料搭建、乱接乱拉电线违规充电，拒不整改的，一律停止出租；居住自建房3层及以上出租住人且不满足安全疏散条件拒不整改的，一律停止出租。“四建设”：建设消防车通道；建设消防水源和设施；建设电动自行车充电设施；建设自防自救力量），分类制定消防安全整改措施；对自建房3层及以上不满足消防安全条件的严格做到不住人，并分类研究整改措施；对符合居住条件的出租房屋严格做到人均居住面积不得低于5平方米、不得改变房屋结构分割出租等要求；对经鉴定符合结构安全、消防安全、居住安全等条件的自建房（出租房）进行挂牌、颁证］，实现情况清、底数明、整到位。统筹消防、安监、流管等部门，利用第三方（筑福集团）专业力量，出动摸排人员800余人次、建账1337户、16420个房间，居住总人口27037人，其中本地人口5258人、流动人口数21779人；摸排消防安全隐患3415个；完成图斑排查9367处，其中，存在一般安全隐患房屋1729处，存在严重安全隐患246处。实施对照标准立行立改、乡村两级同步行动，对照台账动态更新。针对1975处房屋安全隐患点位、3415处消防安全隐患，逐一销账，整改完成各类消防安全隐患3311处，下发《房屋安全隐患告知书》1975份。

【隋振江调研农村城市化工作】 7月25日，副市长隋振江到王四营乡调研农村地区城市化工作，视察孛旺花园回迁情况、市地勘院水文地质监测站地上建筑物情况，听取相关工作汇报，提出工作要求。隋振江主持召开座谈会，就朝阳区规划建设和农村城市化进展情况听取汇报，对下一步工作提出要求和指导意见。区长吴小杰以“王四营模式”为切入点，汇报朝阳区农村地区城市化实施情况及重点规划项目等有关情况。市、区各相关委办局领导也依次就“王四营模式”落地见效及朝阳区重点规划工作分享各自观点，提出意见建议。

【乡人大十八届二次会议】 7月27日至29日，王四营乡召开第十八届人大第二次会议。53名乡人大代表及区人大代表、乡领导班子成员、村（社区）“两委”正副职、乡机关各科室、直属单位负责人列席大会。会议听取《王四营乡人民政府2022年半年工作报告（草案）》、王四营地区社区卫生服务中心2022年工作情况汇报，与会代表评议卫生服务中心工作。会议组织地区（乡）人大代表履职专题培训。12月18日，王四营乡召开十八届人大代表主席团会议，听取审议2022年乡人大相关工作情况汇报及安排。主席团成员听取、讨论并审议《王四营乡人大2022年度下半年工作开展情况》《王四营乡2022年第十八届人民代表大会第二次会议及闭会期间代表意见建议办理工作情况》《2022年度王四营乡最美人大代表、优秀意见建议评选工作情况》等多项汇报和说明。

【绿化工作】 年内，王四营地区（乡）建立健全护林队伍，切实保护森林、果林资源安全，“擦亮”青绿生态底色。召开调度、专题会议6次；社区（村）级林长巡林26次；护林员巡林83次，张贴海报200张。本着应揭尽揭、能绿尽绿的工作态度，完成“揭网见绿”任务。接受区园林绿化局核准的绿化养护面积，其中平原生态林、平原造林养护面积712.62亩；郊野公园（含古塔公园807.96亩、白鹿郊野公园401.73亩、官庄公园878.73亩）养护面积2088.42亩。全部完成乡域内绿地养护任务。2022年王四营乡“百万亩造林”上报92亩，完成78亩土地复垦、10.6亩树木种植工作。

【垃圾分类】 年内，王四营地区（乡）组织垃圾分类宣传20余场，举办垃圾分类主题活动14场，派发宣传资料、宣传品4.5万余份，入户宣传12800余户。垃圾分类工作居民知晓率99%，辖区居民参与率60%，垃圾投放准确率85%，垃圾量由原来每天120余吨减量到70余吨，垃圾减量35%。各村及居住小区签订大件垃圾、装修垃圾、有害垃圾、厨余垃圾、其他垃圾、可回收物六类合同83份；辖区内党政机关、餐饮、学校、农贸市场等155家单位签订餐厨垃圾、废弃油脂、可回收物、有害垃圾和其他垃圾合同712份，餐厨垃圾签订率提升至97.7%。辖区设置标准化桶站176个，大件、装修垃圾暂存点24处，再生资源交投点9处，建立生活垃圾分类驿站7个。柏阳A区、910号院、观音景园东区获北京市垃圾分类示范小区称号。

朝阳区王四营地区（乡）社区居委会、建制村村委会情况一览表

表52

序号	名称	地址	电话
1	观音堂社区居委会	观音堂村（社区居委会与观音堂村委会合署办公）	87741050
2	观音堂二社区居委会	观音堂村（社区居委会与观音堂村委会合署办公）	87781775
3	白鹿社区居委会	道口村（社区居委会与道口村委会合署办公）	87390769
4	海棠社区居委会	道口村（社区居委会与道口村委会合署办公）	87390769
5	官悦欣园社区居委会	官庄村（社区居委会与官庄村委会合署办公）	67366137
6	官庄村村委会	官庄村委会	67366137
7	观音堂村村委会	观音堂村委会	87741050
8	王四营村村委会	王四营村委会	87390168
9	南花园村村委会	南花园村委会	67366973
10	道口村村委会	道口村委会	87390769
11	孛罗营村村委会	孛罗营村委会	87514553
12	燕保百湾一社区筹备组		67727211
13	燕保百湾二社区筹备组		67723135
14	燕保百安社区筹备组		67723135

（张羽健）

小红门地区（乡）

【概况】 小红门地区（乡）位于朝阳区南部。东至京津塘高速公路与十八里店地区（乡）为邻，南至牌坊三台山、隔东马路与北京经济技术开发区相接；西至肖村与丰台区、大兴区接壤；北至龙爪树村与丰台区东铁匠营街道分钟寺社区相连。辖区面积12.07平方千米。下辖12个社区（包含2个新建社区）、4个建制村。年内，辖区常住人口83675人，户籍人口14065户、31666人，流动人口54697人，外籍人口71人，新出生人口175人、死亡人口42人。辖区有法人单位3297家，其中区属单位有北京祥龙三台山物流有限公司、北京四川五粮液龙爪树宾馆2家、其他单位3295家；有中学2所、小学2所、幼儿园5所；有社区卫生服务中心1个、社区卫生服务站2个；有养老机构3处；有150平方米为民服务大厅1处、文化广场2处（3900平方米）和3126平方米市民活动中心（党群服务中心）1处、有篮球场4个、足球场3个、“地秧歌文化大院”1个、图书馆1个（藏书近2万册）；途经辖区公交线路12条，地铁10号线、亦庄线贯穿其中。辖区绿化率31%。年内，小红门地区（乡）全面落实

“疫情要防住、经济要稳住、发展要安全”的工作要求，扎实推进地区经济社会发展。完成年度城乡建设用地减量14.5万平方米，实现腾退纳入造林范围；完成全国两会、北京冬奥会、冬残奥会、中共二十大等重大活动期间服务保障任务；梳理完成“四本账”（历史账、规划账、时间账、效果账），协调市区有关部门促进2个地块有序上市，其中11号地块已挂牌；完成40号地22万平方米集租房主体建设；实现区级财政收入9168.6万元，比上年减少35.2%；实现农村集体经济总收入4.45亿元，比上年减少56.4%。人均劳动所得22253元，比上年增加4.6%。小红门乡获“北京市第二批节约型机关”称号。

【乡人大十八届二次会议】8月5日，小红门乡召开人大十八届二次会议。61名乡人大代表出席会议，乡领导班子、各科室负责人列席会议。乡长闫博做《小红门乡政府上半年政府工作通报》，与会代表们审议并通过《小红门乡人民政府2022年上半年工作通报》。

【垃圾分类】年内，小红门地区（乡）规范439组桶站设施、新建2座垃圾分类驿站、各村、居全部设置大件、装修垃圾投放点和再生资源交投点，升级改造6座小型密闭式清洁站、1座大型密闭式清洁站。

【环境整治】年内，小红门地区（乡）完善乡、村两级河长制管理体系，开展联合检查及治理行动，完成清理河湖垃圾490立方米，汛前排水沟渠清淤2.6万余米；实现裸露土地动态清零，$PM_{2.5}$和TSP数值比上年下降5.71%、13.86%；助力朝阳“创森”，种植黄杨、月季等绿植1万余株。创建中海城圣朝菲小区“花园式社区”。核实整改市级环境类案件45件、区级案件833件，人居环境问题自查整改112件。

【资产管理】年内，小红门地区（乡）完成农村经济组织换届选举、农村集体资产清查，落实“村章乡管”；规范集体经济合同管理，完成合同18份、金额2925.71万元的联预审；完成大额资金审批备案271笔，金额约1.45亿元；完成乡政府及3家事业单位专项审计。签订《北京诚信商家信用承诺书》，引导21家企业在信用中国（北京）平台上注册备案。

【安全生产】年内，小红门地区（乡）开展安全生产专项检查26次，出动执法力量7624人次，检查企业3812家次，排查消除隐患9265处。新增电动自行车充电接口3810个，实现智慧平安小区建设全覆盖。

▲ 8月5日，小红门乡召开第十八届人民代表大会第二次会议 （李会娟 摄）

【疫情防控】年内，小红门地区（乡）建立群众服务微信群308个，为居民发放“中药防疫包”8000余份，送取快递4万余件。全年出动6000余人次参与各类疫情防控环境保障，累计消杀面积110万平方米。清运封管控区涉疫垃圾3000余吨，医疗垃圾6000余箱。

【社区建设】年内，小红门地区（乡）完成社区（村）政务服务规范化建设，实现“全能社工”一站式服务；完善居民议事厅常态运行机制，全年召开议事协商会80余次；新成立江南社区、龙爪树社区2个居委会，完成鸿博家园二期A示范小区建设项目；建成小红门乡人口数据系统，实现地区人口台账信息化、数字化；发挥物业联盟作用，促进“全域一体化”模式提质增效。

【疏解整治促提升】年内，小红门地区（乡）围绕“减量精治优环境”主线，开展城乡接合部桥下空间、铁路沿线等七类专项整治，查处无照游商、占道经营等违法行为1000余起。创建基本无违法建设乡，拆除违法建筑4.38万平方米；开展公共公益类违法用地建设专项整治，实现拆除整治类图斑全部完成、新增违法建设“零增长”；实现留白增绿20.3亩、平原造林248.07亩、“揭网见绿”18.22万平方米。专项整治南辛庄平房区外观杂乱、路面坑洼不平，改造鸿博家园小区单元门300个。

【民生保障】年内，小红门地区（乡）联合18家企业开发用工岗位1121个，实现725名城镇登记失业人员提档就业；申请失业人员灵活就业社会保险补贴470人；发放低收入困难人员、失能老人各类津贴补助1062.89万元；发放超转人员生活补助3031.52万元；解决江南府、海宁皮革城施工项目等欠薪事件，为500余名农民工追讨薪资900余万元；办理非京籍适龄儿童入学转学

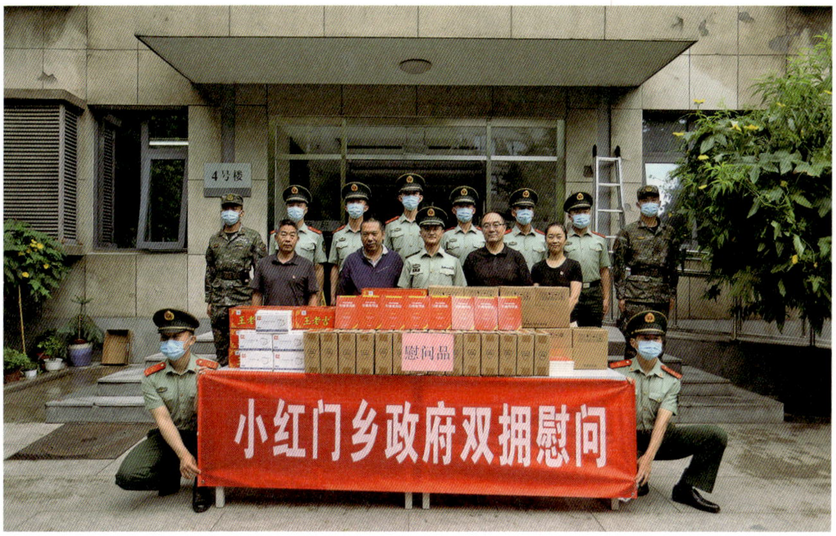

▲ 7月28日，小红门地区（乡）慰问驻区部队　（李会娟　摄）

相关材料226份。开展老年人失能评估223人，辖区老年驿站和养老服务中心签约老年人284人、服务5000余人次。慰问驻区共建部队2次、慰问无军籍职工、优抚退役军人。

【文化活动】 年内，小红门地区（乡）党群服务中心组织群众文化活动近百场，受益群众2万余人次。以金漆镶嵌民俗博物馆创建地区非遗文化品牌，整合“社区邻里节”“公益金”（运用社会公益事业补助资金开展社区文体、教育、治安等）等项目，开展讲座、培训等特色社区活动60余次。

（张瑞瑶）

朝阳区小红门地区（乡）社区居委会、建制村村委会情况一览表

表53

序号	名称	地址	电话
1	鸿博家园第一区社居委会	鸿博家园一区9号楼1单元底商	87554601
2	鸿博家园第二区社居委会	鸿博家园二期B区8号楼底商	67698893
3	鸿博家园第三区社居委会	鸿博家园二期C区2号楼1单元底商	67909972
4	鸿博家园第四区社居委会	鸿博家园二期D区1号楼底商	67678366
5	鸿博家园第五区社居委会	鸿博家园二期F区15号楼2层	67678895
6	中海城社区居委会	少角中街8号院5号楼底商	87656427
7	恋日绿岛社区居委会	鸿博家园一区9号楼3单元底商	67698799
8	江南社区居委会	鸿家园博一期B区8号楼底商	67656406
9	龙爪树社区居委会	少角村142号院5号楼	67672050
10	三台山社区居委会	小红门乡三台山甲1号	87601375
11	四道口社区居委会	小红门乡四道口水站	67609221
12	玉器厂社区居委会	小红门乡龙爪树街734号	87693193
13	牌坊村村委会	小红门乡牌坊村村委会	87602958
14	肖村村委会	小红门乡肖村村委会	67680412
15	小红门村村委会	小红门乡小红门村委会	87602560
16	龙爪树村村委会	小红门乡龙爪树村委会	87698014

（张瑞瑶）

荣誉 人物

先进集体

全国先进集体

全国五一劳动奖状
北京奥林匹克公园管理委员会

全国工人先锋号
北京国华置业有限公司写字楼部

北京冬奥会、冬残奥会突出贡献集体
冬奥北京市朝阳区运行保障指挥部
中共北京市朝阳区委统战部
北京市公安局朝阳分局
北京市朝阳区卫生健康委员会
北京市朝阳区纪委区监委

全国示范性老年友好型社区
北京市朝阳区常营地区办事处连心园社区

全国民主法治示范村（社区）
北京市朝阳区金盏乡东窑村

全国示范性老年友好型社区
北京市朝阳区孙河地区康营家园一社区
北京市朝阳区香河园街道西坝河东里社区

全国综合减灾示范社区
北京市朝阳区孙河地区康营家园三社区

节约型机关
北京市朝阳区总工会
北京市朝阳区王四营乡人民政府
北京市朝阳区小红门乡人民政府
北京市朝阳区孙河乡人民政府
北京市朝阳区大屯街道办事处
北京市朝阳区建外街道办事处
北京市朝阳区劲松街道办事处
北京市朝阳区酒仙桥街道办事处
北京市朝阳区小关街道办事处

全国红十字模范单位
北京市朝阳区安贞街道安华里社区

全国先进基层群众性自治组织
北京市朝阳区八里庄街道华贸中心社区

2022 年全国示范性老年友好型社区
北京市朝阳区建外街道大北家园社区

2022 年基层理论宣讲先进集体
中共北京市朝阳区望京街道工作委员会

民革全国参政议政工作先进集体
民革朝阳区委

中国职工的宣传思想工作优秀集体（致公党）
致公党朝阳区委十三支部

全国信访系统先进集体
北京市朝阳区信访办公室

全国司法行政系统先进集体
北京市朝阳区司法局

人民法院政治工作先进集体
北京市朝阳区人民法院政治部（机关党委、机关纪委）

中央政法委第三届“四个一百”优秀政法新媒体评选榜单
北京市朝阳区人民检察院

全国公安机关爱民模范集体
北京市公安局朝阳分局看守所六中队

全国优秀公安基层单位
北京市公安局朝阳分局法制支队信访中队

公安部集体一等功
北京冬奥会、冬残奥会朝阳地区安保分指挥部（安保办）
北京市公安局朝阳分局奥林匹克公园派出所
北京市公安局朝阳分局内保大队
北京市公安局朝阳分局南磨房派出所打击办案队
北京市公安局朝阳分局平房派出所

北京市先进集体

首都劳动奖状
北京市朝阳区陈经纶中学分校实验学校
北京市朝阳区三里屯街道市民诉求处置中心
北京市朝阳区市场监督管理局
北京市朝阳区王四营乡人民政府
北京市朝阳区文化和旅游局
北京市朝阳区消防救援支队

北京市工人先锋号
北京宝嘉恒基础设施投资有限公司工程一部
北京京朝出租汽车有限公司京朝共产党员车队
北京市公安局朝阳分局潘家园派出所
北京市朝阳区奥运村街道便民服务中心奥运村街道退役军人服务站
北京市朝阳区城市管理指挥中心诉求处置科
北京市朝阳区崔各庄乡人民政府经济发展办公室
北京市朝阳区呼家楼第二社区卫生服务中心预防保健科
北京市朝阳区六里屯社区卫生服务中心预防保健科
北京市朝阳区人民政府劲松街道办事处城市管理办公室
北京市朝阳区双桥医院医学影像科
北京温榆河公园建设管理有限公司工程建设部
国家税务总局北京市朝阳区税务局麦子店税务所
清华大学附属中学朝阳学校体育教研组
中共北京市朝阳区委宣传部新闻科

北京市接诉即办工作先进集体
北京市朝阳区教育委员会
北京市朝阳区卫生健康委员会
北京市朝阳区市场监督管理局
北京市朝阳区园林绿化局
北京市朝阳区人力资源社会保障综合执法队
北京市朝阳区安贞街道
北京市朝阳区麦子店街道
北京市朝阳区三里屯街道
北京市朝阳区首都机场街道
北京市朝阳区双井街道
北京市朝阳区团结湖街道
北京市朝阳区小关街道
北京市朝阳区亚运村街道
北京市朝阳区崔各庄地区
北京市朝阳区黑庄户地区
北京市朝阳区朝外街道吉祥里社区
北京市朝阳区东坝地区奥林匹克花园社区
北京市朝阳区东风地区观湖国际社区
北京市朝阳区垡头街道翠城馨园社区
北京市朝阳区六里屯街道炫特家园社区

2022 年北京市特色乡镇
北京市朝阳区崔各庄乡

北京市档案系统先进集体
中共北京市朝阳区委办公室（区档案局）、区档案馆

首都全民义务植树先进单位
北京市朝阳区金盏乡人民政府

北京市五四红旗团委
北京市朝阳区来广营乡团委

2022 年北京市体育特色乡镇
北京市朝阳区平房地区

2018—2022 年度北京市司法行政系统先进集体
北京市朝阳区三间房地区司法所
北京市朝阳区太阳宫地区办事处
北京市朝阳区大屯街道办事处
北京市朝阳区垡头街道司法所
北京市朝阳区六里屯街道司法所
北京市朝阳区麦子店街道办事处
北京市朝阳区左家庄街道办事处
北京市朝阳区司法局行政复议科
北京市朝阳区司法局行政执法协调监督科
北京市朝阳区司法局规范性文件审查科
北京市朝阳区司法局法治调研督察科
北京市朝阳区司法局公共法律服务管理科
北京市朝阳区司法局普法与依法治理科
北京市朝阳区司法局律师工作科
北京市朝阳区司法局调解工作科
北京市朝阳区法律援助中心
北京市朝阳区社区矫正中心（区行政复议受理中心）

北京市正阳公证处
北京市朝阳区律师协会
北京市朝阳区人民调解员协会

首都文明街巷
北京市朝阳区望京街道望京小街

首都森林城镇
北京市朝阳区孙河乡人民政府

首都全民义务植树先进单位
北京市朝阳区孙河乡人民政府

北京市卫生街道
北京市朝阳区安贞街道
北京市朝阳区首都机场街道
北京市朝阳区望京街道

首都见义勇为权益保护先进单位
北京市朝阳区建外街道办事处

北京市思想政治工作先进的单位
北京市朝阳区建外街道办事处

北京市安全生产先进单位
北京市朝阳区建外街道办事处
北京市朝阳区六里屯街道办事处

平安北京建设先进集体
北京市朝阳区建外街道办事处
北京市朝阳区人民法院刑事审判庭
北京市公安局朝阳分局常营派出所

2022 年度北京市应急值守先进基层单位
北京市朝阳区酒仙桥街道办事处

2022 年度市级交通安全工作成绩突出单位
北京市朝阳区酒仙桥街道办事处
北京市朝阳区潘家园街道办事处
北京市朝阳区望京街道办事处

北京市全民健身示范街道
北京市朝阳区麦子店街道

北京市民主法治示范社区
北京市朝阳区首都机场街道办事处南路东里社区
北京市朝阳区团结湖街道办事处南北里社区
北京市朝阳区香河园街道西坝河东里社区北
北京市朝阳区亚运村街道慧里南社区

市级交通安全工作成绩突出单位
北京市朝阳区人民政府团结湖街道

民盟北京市委信息工作先集体
民盟朝阳区委

致公党北京市委社会服务工作先进集体
致公党朝阳区委、十三支部、中央美术学院支部、中日友好医院支部

台盟中央 2022 年地市级参政议政工作先进集体
台盟朝阳区工委

北京 2022 年冬奥会、冬残奥会北京市先进集体
北京市朝阳区委办公室
北京市朝阳区委组织部
北京市朝阳区委宣传部
北京市朝阳区委政法委员会
北京市朝阳区委网络安全和信息化委员会办公室网络舆情科
北京市朝阳区信访办公室来访接待科
北京市朝阳区委区政府总值班室（朝阳区应急管理局）
北京市朝阳区人民政府办公室
北京市公安局公安交通管理局朝阳交通支队机场大队
北京市公安局朝阳分局指挥处
北京市公安局朝阳分局大屯派出所社区警务三队
北京市朝阳区财政局
北京市朝阳区城市管理委员会
北京市朝阳区商务局商业规划发展科
北京市朝阳区体育局
北京市朝阳区文化和旅游局
北京市朝阳区市场监督管理局
北京市朝阳区残疾人联合会组联部
北京市消防救援总队朝阳区支队
北京市消防救援总队朝阳区支队奥林匹克公园特勤站
北京市消防救援总队朝阳区支队防火监督五处
北京市朝阳区亚运村街道办事处
北京市朝阳区融媒体中心
北京市朝阳区疾病预防控制中心
北京市朝阳区紧急医疗救援中心
北京市朝阳区环境卫生服务中心
北京市朝阳区道路养护中心
国网北京朝阳供电公司
北京世奥森林公园开发经营有限公司
北京市阳光丽城温泉度假酒店有限公司
北京市朝阳区运行保障指挥部冬奥村保障工作组
北京市朝阳区马泉营冬奥驻地指挥部

北京市人民建议征集工作先进集体

北京市朝阳区信访办公室

北京市五四红旗团委

北京市朝阳区人民法院机关团委

北京市法院先进集体

北京市朝阳区人民法院审判管理办公室（研究室）

北京市朝阳区人民法院民事审判五庭（知识产权审判庭）

北京市森林防火先进集体

北京市朝阳区森林防火指挥部办公室（朝阳区应急管理局）

先进个人

全国（含系统）先进个人

全国五一劳动奖章

郭天光　北京握奇数据股份有限公司企业技术中心主任，高级经济师

北京冬奥会、冬残奥会突出贡献个人

史京京　北京市公安局公安交通管理局朝阳交通支队勤务指挥科科长、警务技术一级主管

高文彬　北京工业大学学生，北京冬奥村（冬残奥村）志愿者

刘鹤庆　北京热电集团有限公司朝阳第一分公司副总经理

袁宝华　北京冬奥组委安保部场馆安全处干事（北京市公安局朝阳分局常营派出所民警）

全国行政执法先进个人

金光辉　北京市朝阳区双井街道办事处综合行政执法队常务副队长

民革全国参政议政工作先进个人

姜永海　刘俊卿　温香彩　龚　龑

民革全国宣传思想工作先进个人

纪　鹏　王麒达

民盟中央社情民意信息工作先进个人

罗锦程　穆军升　张鸿声　金　锋　高天玉

民进信息化建设先进个人

张　纯　民进朝阳区委秘书长

臧博思　中国电信北京分公司客户经理

中国职工的社会服务工作先进个人（致公党）

李立兵　刘淑慧

台盟中央 2022 年度参政议政先进个人

王　慧　李雪飞

全国“双百政法英模”

刘　黎　北京市朝阳区人民法院党组成员、政治部（机关党委、机关纪委）主任

人民法院少年法庭工作先进个人

张　妍　北京市朝阳区人民法院综合审判庭（未成年人案件审判庭）副庭长

全国法院办案标兵

陈　扬　北京市朝阳区人民法院民事审判一庭副庭长

全国优秀人民警察

王　佳　北京市公安局朝阳分局刑侦支队民警

全国公安机关爱民模范

车英伟　北京市公安局朝阳分局朝外大街派出所所长

全国公安政治工作成绩突出个人

邓云峰　北京市公安局朝阳分局政治处副主任

全国公安机关疫情防控工作成绩突出个人

王海波　北京市公安局朝阳分局治安支队民警

公安部一级英模

张　淼　北京市公安局朝阳分局

公安部二级英模

许　杰　北京市公安局朝阳分局

芮　波　北京市公安局朝阳分局

凌子军　北京市公安局朝阳分局

陈增义　北京市公安局朝阳分局

徐　锋　北京市公安局朝阳分局

北京市先进个人

2022 年首都劳动奖章

陈　婧（女）　北京市朝阳区融媒体中心综合办公室主任，编辑

陈　辽　北京市朝阳区应急管理局风险监测和减灾科科长

郗广彪　北京市朝阳区三环肿瘤医院医务科科长，主治医师

顿思曼（女） 北京首钢实业集团有限公司北京首欣物业管理有限责任公司朝阳公园七号院项目部客服主管
付红波 北京市朝阳区救助管理站党支部书记、站长
郝淑玲（女） 北京朝阳中西医结合急诊抢救中心急诊三病区主任，副主任医师
贾 娟（女） 北京民俗博物馆（北京市朝阳区东岳庙管理处）馆员，专业技术十级馆员
金云峰 北京市东方德才学校校长，高级教师
阚 旭 北京市朝阳区医疗卫生工会常务副站长，社会工作师
李 楠 北京市朝阳区双井街道富力社区党委书记、居委会主任
李明明（女） 北京市朝阳区福寿苑养老照料中心护理员，养老护理员
李树茂 北京市朝阳区城市管理委员会固体废弃物管理科科长
李韦良 北京市朝阳区第一少儿业余体校副校长，教练员
李志扬（女，蒙古族） 北京市朝阳区朝花幼儿园教师，二级教师
刘晋红（女） 北京市朝阳区小红门乡农村合作经济经营管理站站长
刘美玲（女） 北京市陈经纶中学分校望京实验学校校长，高级教师
刘梦球 北京市朝阳区酒仙桥街道红霞路社区党委书记，助理社会工作师
牛京刚 北京市劲松职业高中教师，高级讲师
史吉晓 北京朝阳家园物业管理有限公司项目经理
王 刚 中共北京市朝阳区来广营地区工委（乡党委）书记
王 辉（女） 北京市朝阳区高碑店社区卫生服务中心主任，主任医师
王 君 北京市朝阳区园林绿化局绿化一队党支部书记、队长，工程师
王 欣（女） 北京市朝阳区北辰福第幼儿园党支部书记、园长，高级教师
王 忠 北京望京新兴产业区综合开发有限公司党委书记、董事长，工程师、经济师
王子骞 国网北京市电力公司朝阳供电公司营销部党支部书记、营销部主任，高级工程师
杨 莉（女） 北京朝阳急诊抢救中心副院长、疫情防控组副组长，主管护师
张 斌 北京市朝阳区医疗保险事务管理中心一级科员
张 龙 北京市朝阳区人民检察院第二检察部副主任、一级检察官
张建娜（女） 北京市朝阳区环境卫生服务中心一队一分队使馆班班长
章 浩 北京市朝阳区人民政府麦子店街道办事处副主任
赵 峰 中共北京市朝阳区纪律检查委员会、北京市朝阳区监察委员会党风政风监督室副主任
赵培霞（女） 北京市朝阳区潘家园街道潘家园东里社区党委书记
周裕财 北京市朝阳区人民法院民事审判三庭副庭长、审判员
宗娟娟（女） 北京市朝阳区向日葵艺术幼儿园教师，二级教师

北京2022年冬奥会、冬残奥会北京市先进个人

丁 军 北京奥林匹克公园公共区运行团队（北京奥林匹克公园管理委员会）票务经理（大型活动处处长、三级调研员）
于久翔 北京市朝阳区保障性住房发展有限公司党委书记、董事长
马卫国 北京市朝阳区交通委员会基础设施科科长
丰春秋 北京市朝阳区委宣传部分管日常工作的副部长，朝阳国家文化产业创新实验区管理委员会党组书记、主任、一级调研员
王 月（女） 北京市朝阳区体育局职员
王光科 北京市公安局朝阳分局奥林匹克公园派出所副所长
王志亮 北京市朝阳区体育场馆中心主任
王范勤 北京市朝阳区委政法委员会研究室副主任
王建鑫 北京市公安局朝阳分局刑事侦查支队二十一中队（东部中队）副中队长、三级警长
王勇刚 北京市朝阳区文化和旅游局副局长、三级调研员
王振山 北京市公安局公安交通管理局朝阳交通支队机场大队政委、四级高级警长
王 彬 北京市朝阳区安贞街道办事处平安建设办公室（司法所）副主任、一级主任科员
孔 锬（壮族） 北京市朝阳区南磨房乡人民政府副乡长
艾尔西丁·艾尼瓦尔（维吾尔族） 北京奥林匹克公园公共区运行团队志愿者（北京邮电大学学生）
左向军 北京市朝阳区委宣传部创建科科长
石立华（女） 北京市朝阳区委社会工作委员会、区民政局基层政权和社区建设科科长、一级主任科员
石春兰（女） 北京市朝阳区卫生健康监督所执法监督二十六站副站长、三级主办
石常磊 北京市公安局朝阳分局潘家园派出所民警、三级警长
石 鑫 北京市朝阳区青少年指导服务中心八级职员
史 霞（女） 北京市朝阳区委办公室保密业务科科长
白雪山 北京市朝阳区望和公园副主任
冯长林 北京奥林匹克公园公共区运行团队（北京市朝阳区体育局）副秘书长（党委委员、副局长、二级调研员）
邢 宇（达斡尔族） 北京市朝阳区团结湖街道办事处综合办公室科长
吕 溢 北京市朝阳区麦子店街道办事处城市管理办公室副科长
庄舒斌 国家速滑馆场馆运行团队（北京市朝阳区市场监督管理局）餐饮经理（大屯所副所长）
刘天刚 北京市公安局朝阳分局治安支队行业场所管理中队中队长、一级警长
刘 涛 北京市公安局公安交通管理局朝阳交通支队双桥大队一级警长

刘博文　国家体育馆场馆运行团队（北京宝嘉恒基础设施投资有限公司）转播经理（预算部职员）
齐天磊　北京市朝阳区保障性住房发展有限公司投资发展部副科长
闫业华　国网北京朝阳供电公司重要客户供电服务初级师
闫丽娟（女）　北京市朝阳区委政法委员会副书记、三级调研员
闫际峰　主媒体中心运行团队（北京市公安局公安交通管理局朝阳交通支队机场大队）交通经理（一级警长）
江玉君（女）　北京市朝阳区奥运村街道纪工委副书记
许凯朋　北京市朝阳区潘家园街道办事处副主任、三级调研员
孙庆林　九三学社北京市朝阳区委四级主任科员
孙春鸣　国家体育馆场馆运行团队（北京市公安局朝阳分局）安保业务领域指挥协调主管（东坝派出所社区警务队副队长）
孙　滨　北京市朝阳区高碑店社区卫生服务中心党支部书记、副主任、副主任医师
孙　博（女）　国家速滑馆场馆运行团队（北京市朝阳区宣传文化中心）住宿经理（九级职员）
严　飞　北京市公安局公安交通管理局朝阳交通支队支队长
李书明　北京市朝阳区疾病预防控制中心常务副主任、主任医师
李伟光　北京市公安局朝阳分局奥运村派出所一级警长
李建强　北京市朝阳区亚运村街道办事处副主任、二级调研员
李　洋　北京市朝阳区奥运村街道办事处平安建设办公室（司法所）副科长
李　娜（女）　北京市朝阳区来广营乡人民政府民生保障办公室副主任
李　振　北京市朝阳区委办公室秘书科科长
李海波　北京市朝阳区人民政府外事办公室副主任
李　超　北京市朝阳区委办公室会议调研二科科长
李　鑫　北京市朝阳区委办公室文书科科长
杨伟毅（女）　北京市朝阳区城市管理委员会城市景观管理科科长
杨国徽　北京市朝阳区委办公室督查二科科长
杨顺利　北京市朝阳区双桥医院党总支书记、副院长、主任医师
杨　洁（女）　北京市朝阳区青少年社会工作协会专职社工
杨晓刚　北京市朝阳区人民政府办公室绩效管理办公室副科长、三级主任科员
杨　健　北京市朝阳区香河园街道办事处平安建设办公室（司法所）副科长、三级主任科员
肖　可　北京市朝阳区城市管理综合行政执法局执法二队一级行政执法员
吴冰寒（蒙古族）　北京市朝阳区平房乡人民政府综合行政执法队四级主任科员
吴国松　北京市公安局朝阳分局政治处党政宣传科副科长
吴俊杰　北京奥林匹克公园管理委员会综合处四级主任科员
何　君　北京市朝阳区人民政府外事办公室国际交流及涉外管理科一级主任科员
余妮娜（女）　北京市朝阳区双井社区卫生服务中心党支部书记、副主任、主治医师
张红波　北京京客隆商业集团股份有限公司副经理
张金滨　北京市消防救援总队朝阳区支队一级督导员
张艳芳（女）　北京市朝阳区中医医院康复科负责人、主管技师
张　倩（女）　北京市朝阳区市场监督管理局特殊案件科副科长
张爱军　奥林匹克大家庭酒店（残奥大家庭酒店）运行团队（北京市朝阳区文化和旅游局）场馆运行副秘书长（副局长、二级调研员）
张海龙　北京市朝阳区委政法委员会协调指导科科长
张　菁　北京市朝阳区卫生健康委员会卫生应急办主任、一级主任科员
张寒冰　北京奥林匹克公园公共区运行团队（北京市朝阳区残疾人就业和社会保障服务中心）无障碍经理兼设施副经理（三级主任科员）
陈士安　北京市公安局公安交通管理局朝阳交通支队亚运村大队警长
陈先豹　北京市朝阳区委教育工作委员会、区教育委员会教育督导室副主任
陈　军　北京市朝阳区文化和旅游局行业管理科科长、一级主任科员
陈　星　北京市公安局公安交通管理局朝阳交通支队副支队长
陈　烨（女）　共青团北京市朝阳区委员会基层组织部部长
陈　涛　奥林匹克大家庭酒店（残奥大家庭酒店）运行团队（北京市朝阳区委社会工作委员会、区民政局）场馆运行副秘书长兼综合办主任（社区党建科科长）
陈殿保　北京市公安局公安交通管理局朝阳交通支队亚运村大队四级高级警长
陈赛楠　北京市公安局公安交通管理局朝阳交通支队机场大队警长
邵培良　北京市朝阳区人大常委会办公室二级主任科员
邵　楹　北京市公安局朝阳分局奥林匹克公园派出所民警、二级警长
罗浩凯　北京市公安局公安交通管理局朝阳交通支队呼家楼大队一级警员
金志超　北京奥林匹克公园管理委员会北京奥林匹克公园执法大队二执法队四级主任科员
金　颖（女）　北京市朝阳区劲松社区卫生服务中心副主任
周少英（女）　北京市朝阳区委宣传部理论科副科长
周　平（女）　北京市朝阳区委政法委员会反邪教科科长、一级主任科员
周向上　北京市朝阳区望京街道办事处二级调研员
周红苗（女，满族）　北京市朝阳区小红门社区卫生服务中心副主任、主管检验师
庞小蕾（女）　北京市朝阳区首都机场街道办事处统计所所长
郑福涛　北京市朝阳区崔各庄乡人民政府副乡长
赵加安　北京市第一中西医结合医院重症医学科主治医师
赵　杰（女）　北京市奥林匹克公园管理委员会市政处副处长

郝晨刚　北京市朝阳区安贞街道党工委副书记、三级调研员
胡市委　北京市朝阳区委办公室信息科副科长
胡　颖（女，满族）　北京市朝阳区委农村工作委员会社会发展科科长
钟　艳（女）　北京市朝阳区城市管理委员会城乡环境建设规划科科长
姜庆瑜　北京市朝阳区纪委区监委驻区文化和旅游局纪检监察组副组长
姚国才　北京市消防救援总队朝阳区支队二级督导员
贺　鑫　北京市朝阳区政协办公室综合科科长
秦凤伟　北京市朝阳区大屯街道办事处城市管理办公室副主任、一级主任科员
钱　墨　北京朝阳公园开发经营有限责任公司安全保障部副经理
徐志浩　北京市朝阳区委宣传部新闻科科长、一级主任科员
徐　莉（女）　北京市朝阳区审计局教科文卫审计科科长
徐祯卿（女，土家族）　北京市朝阳区宣传文化中心副主任
高加梅　北京市朝阳区社会体育管理中心主任
高　博（满族）　北京市公安局朝阳分局内部单位保卫大队大队长、一级高级警长
郭　岩　北京市朝阳区应急管理局办公室主任
黄斯蕊（女，满族）　北京市朝阳区委统一战线工作部办公室主任
曹建军　北京世奥森林公园开发经营有限公司保安分公司经理
曹瀚文　国家速滑馆场馆运行团队（北京市朝阳区疾病预防控制中心）公共卫生经理（食品卫生科科员）
彭文博　主媒体中心运行团队（北京市消防救援总队朝阳区支队）消防监督救援主管（防火监督二处副处长）
彭　辉　北京市朝阳区高碑店社区卫生服务中心预防保健科主治医师
韩雪森　北京市朝阳区委教育工作委员会、区教育委员会体育卫生与艺术教育科科长
谢云侠（女）　北京市朝阳区宇恒可持续交通研究中心交通规划部高级规划师
谢雯雯（女）　国家体育馆场馆运行团队（北京市朝阳区体育局）场馆运行中心经理（组织人事科科长）
楚德国　北京市垂杨柳医院医务部主任、主任医师
谭小昆　北京市朝阳区委区直属机关工作委员会监察科科长
滕立强　北京市公安局朝阳分局治安支队政委
颜文婷（女）　北京奥林匹克公园管理委员会发展处副处长、一级主任科员
潘小俪（女）　北京市朝阳区妇女联合会副主席
魏圣享　北京市朝阳区人民政府办公室对外联络科一级科员
张家泉　国家速滑馆场馆运行团队（北京市公安局朝阳分局）综合保障主管（崔各庄派出所副所长）
张　淼（女）　北京市朝阳区农业农村局社会管理科科长、一级主任科员

北京市接诉即办工作先进个人

李雁南（女）　北京市朝阳区环境卫生服务中心三队业务组副组长
辛泊达　北京市朝阳区东湖街道城管办九级职员
李　蕊（女）　北京市朝阳区和平街街道市民诉求处置中心副科长
金春行（回族）　北京市朝阳区建外街道诉求处置中心科长
王奕伟　北京市朝阳区酒仙桥街道综合执法队一级主任科员
汪发明　北京市朝阳区香河园街道市民诉求处置中心主任
高　超　北京市朝阳区南磨房地区市民诉求处置中心主任
刘　晨（女）　北京市朝阳区八里庄街道十里堡社区党委书记
田建英（女）　北京市朝阳区大屯街道安慧北里安园社区党委书记、居委会主任
颜　佳（女）　北京市朝阳区呼家楼街道关北街社区服务站副站长
于　彦（女）　北京市朝阳区劲松街道八棵杨社区党委书记、居委会主任
杨　宁（女）　北京市朝阳区潘家园街道松榆里社区居委会副主任
朱金燕（女）　北京市朝阳区望京街道阜荣街社区服务站站长、居委会副主任
徐　劼（女）　北京市朝阳区左家庄街道三源里社区党委书记、居委会主任
高国松　北京市朝阳区常营地区万象新天北社区党委书记、居委会主任
刘会梅（女）　北京市朝阳区豆各庄地区明德园社区党委书记、居委会主任
闫　宝（女）　北京市朝阳区高碑店地区高碑店村村委会委员
文会颖（女）　北京市朝阳区管庄地区丽景苑社区党委书记、居委会主任
李劲欣（女）　北京市朝阳区将台地区驼房营北里社区党委书记、居委会主任（代）、服务站站长
李　平（女）　北京市朝阳区来广营地区广达路社区党委书记、居委会主任
谢丽萍（女）　北京市朝阳区平房地区天鹅湾社区党委书记、居委会主任（代）、服务站站长
乔建新　北京市朝阳区三间房地区定北里社区党委副书记、服务站站长
李艳峰（女）　北京市朝阳区十八里店地区弘善家园第一社区党委书记、居委会主任
吴万杰　北京市朝阳区孙河地区景润苑社区服务站站长
王秀燕（女）　北京市朝阳区太阳宫地区十字口社区党委书记、居委会主任
张淑娜（女）　北京市朝阳区王四营地区道口村村委会接诉即办工作专员
于江北　北京市朝阳区小红门地区肖村村委会综治办科员

北京市优秀纪检监察干部

梁　璟　北京市朝阳区管庄乡人民政府四级调研员

2022“北京青年榜样”

郭贺冰　刘　壮　杨　洁　吴明辉

2018—2022 年度北京市司法行政系统先进个人

张海民　北京市朝阳区管庄乡人民政府三级调研员
平晶晶　北京市朝阳区望京街道平安建设工作办公室副科长
孟　文　北京市朝阳区小关街道办事处司法所所长、四级调研员
曹　宏　北京市朝阳区司法局副局长、二级调研员
安果丽　北京市朝阳区司法局副局长、二级调研员
张　静　北京市朝阳区司法局四级调研员
丁　红　北京市朝阳区司法局四级调研员
张　琢　北京市朝阳区司法局行政应诉科科长
牛　旭　北京市朝阳区司法局人民参与和促进法治科科长、一级主任科员
徐　菲　北京市朝阳区司法局办公室副主任
严　妍　北京市朝阳区司法局政工科科长
董　宁　北京市朝阳区司法局公证工作科副科长、二级主任科员

首都城市环境建设管理突出贡献个人

惠济州　北京市朝阳区来广营乡副乡长

北京市档案系统先进个人

关　捷　北京市朝阳区档案馆副馆长
杨其才　北京市朝阳区财政局档案员
龙　梅　北京市朝阳区体育局档案员
佟学艳　北京市朝阳区小关街道档案员
郝　冉　北京市朝阳区来广营乡档案员

北京市第七次全国人口普查先进个人

徐文坤　北京市朝阳区太阳宫地区办事处四级调研员
董　莉　北京市朝阳区朝外街道社保所所长
王　佳　北京市朝阳区建外街道办事处综合办公室科长
王斐然　北京市朝阳区首都机场街道办事处
马春红　北京市朝阳区小关街道办事处科长

首都绿化美化先进个人

李　伟　北京市朝阳区八里庄街道工委副书记、办事处主任

北京市妇女儿童先进个人

刘　丽（女）　北京市朝阳区建外街道办事处民生保障办公室科长

2022 年度市级交通安全工作表现突出管理干部

赵学军　北京市朝阳区潘家园街道办事处平安办副主任
吴海强　北京市朝阳区六里屯街道办事处综合办公室副主任

北京市优秀教师

郝玉芳　民盟北京中医药大学委员会

北京市人民建议工作先进个人

沈志珍　北京市朝阳区信访办公室四级调研员

北京市优秀共青团员

陈　敏　北京市朝阳区人民检察院第二检察部检察官助理

逝世人物

杨荣梅　女，汉族，1931 年 1 月出生，河北省定县人。1948 年加入中国共产党，1947 年 10 月参加革命，高中文化程度。历任北京市军管会第三区人民政府干部，铁道兵干校政治处干事、教员，中共北京市西城区委教育部干事、副部长、部长，西城区师范学校党支部负责人，西城区教育局党委常委、革命委员会副主任，中共西城区委文教组副组长，中共西城区委常委、教育部部长、西城区委副书记，朝阳区政协主席，中共北京市第五届委员会委员，中共北京市第六次代表大会代表，市政协第七届委员会委员，1994 年 8 月离休。2022 年 4 月 1 日因病在北京逝世，享年 91 岁。

胡家廉　女，汉族，中共党员，1933 年 1 月出生，湖北省武汉市人。1949 年 7 月参加革命工作，1952 年 10 月加入中国共产党，中专文化程度。历任武昌湖北革命大学学员，武昌湖北文联文工团团员，湖北省郧阳地委、省委办公厅干事，长春汽车制造学校学员，国家科委办公厅科员，北京仪器厂党委干事、车间党支部书记，中共朝阳区委组织部、区革命委员会财贸组干事，区政府办公室副主任，中共朝阳区委统战部部长，朝阳区政协副主席，1994 年 8 月离休。2022 年 6 月因病在北京逝世，享年 89 岁。

统计资料

2022年朝阳区地区生产总值

表54　　　　　　　　　　　　　　　　　　　　　　　　　　单位：万元

项目	2022年	构成（%）
地区生产总值	79111670	100.00
按产业分		
第一产业	29515	0.04
第二产业	5192547	6.56
第三产业	73889608	93.40
按国民经济行业分		
农、林、牧、渔业	29524	0.0
工业	3061957	3.9
建筑业	2139371	2.7
批发和零售业	12173663	15.4
交通运输、仓储和邮政业	1132144	1.4
住宿和餐饮业	959484	1.2
信息传输、软件和信息技术服务业	10094193	12.8
金融业	15444896	19.5
房地产业	6346336	8.0
租赁和商务服务业	10961860	13.9
科学研究和技术服务业	6904916	8.7
水利、环境和公共设施管理业	540901	0.7
居民服务、修理和其他服务业	444894	0.6
教育	2913973	3.7
卫生和社会工作	2528246	3.2
文化、体育和娱乐业	1256286	1.6
公共管理、社会保障和社会组织	2179026	2.8

注：1.产业划分依据国家统计局2018年修订的《三次产业划分规定（2012）》，行业划分依据《国民经济行业分类》（GB/T 4754—2017）。

2.2022年地区生产总值数据为1—4季度初步核算数据。

2022 年朝阳区常住人口情况

表 55

项目	单位	2022年
常住人口	万人	344.2
#常住外来人口	万人	124.3
按性别分		
男性人口	万人	169
女性人口	万人	175.2
按年龄分		
#60岁及以上人口	万人	78.1
0-14岁人口	万人	39.9
15-64岁人口	万人	250.9
65岁及以上人口	万人	53.4
出生人数	人	18880
出生率	‰	5.48
死亡人数	人	17800
死亡率	‰	5.17

注：本表数据为北京市统计局反馈的 2022 年年度人口抽样调查推算数据。

2022 年朝阳区第三产业主要经济指标

表 56

项目	单位数（个）	资产总计（千元）	收入合计（千元）	利润总额（千元）	从业人员人数（人）
合计	12680	25815337283	4162409439	459660914	1534950
按国民经济行业门类分					
批发和零售业	2913	1769450850	2230774615	84731973	194178
交通运输、仓储和邮政业	192	1246379235	138858126	54553656	46591
住宿和餐饮业	1019	70292958	25510757	-2765250	74828
信息传输、软件和信息技术服务业	1169	798286948	316497622	17758425	218414
金融业	645	14677373440	505568553	208625028	171190
房地产业	1200	1772393472	144401792	2174949	161505
租赁和商务服务业	2695	4534138355	418214322	68848282	301134
科学研究和技术服务业	1041	509084918	184456152	21409866	128395
水利、环境和公共设施管理业	94	66862259	13837456	1585271	20397
居民服务、修理和其他服务业	262	9628596	7195481	-242107	25610
教育	229	74442891	51142193	1124249	68824
卫生和社会工作	223	82376597	64226632	-991654	67579
文化、体育和娱乐业	998	204626764	61725738	2848226	56305

续表 56

项目	单位数（个）	资产总计（千元）	收入合计（千元）	利润总额（千元）	从业人员人数（人）
按隶属关系分					
中央	671	11674028269	1436042451	295029207	176135
地方	12009	14141309014	2726366988	164631707	1358815
按登记注册类型分					
内资	10723	19298100779	2772208001	266967819	1117255
国有	413	286347953	120420497	1327526	138751
集体	92	78186584	5265440	195866	8139
股份合作	44	3856069	3355317	-8117	3099
国有联营	3	1831806	1345307	152999	276
集体联营					
国有与集体联营	1	***	***	***	44
其他联营					
国有独资公司	288	2349064414	653702220	73082494	41470
其他有限责任公司	3852	5313253001	1076470995	9095174	460000
股份有限公司	186	10654059102	432177584	169287600	113817
私营独资	30	793798	604193	16577	1073
私营合伙	171	43968168	20811158	3536935	26154
私营有限责任公司	5386	456110038	399859394	8466581	268727
私营股份有限公司	177	97365105	42893716	959111	39526
其他	80	13221918	15287144	854170	16179
港澳台商投资	734	2300871223	337078884	37261552	164699
与港澳台商合资经营	139	129312686	48981902	9125180	32422
与港澳台商合作经营	25	26915783	2780875	-128133	2613
港澳台商独资	548	2061603308	237080158	28002765	123478
港澳台商投资股份有限公司	6	67736502	47063903	292672	4840
其他港澳台商投资	16	15302944	1172046	-30932	1346
外商投资	1223	4216365281	1053122554	155431543	252996
中外合资经营	225	660078720	84542955	21872942	29429
中外合作经营	17	38244846	2604009	-468862	2827
外资企业	950	3326275964	938861758	131858052	213124
外商投资股份有限公司	23	114589650	23504588	2397783	6576
其他外商投资	8	77176101	3609244	-228372	1040
按地域分					
街道小计	8541	24153106580	3469828937	439123502	1140694

续表 56

项目	单位数（个）	资产总计（千元）	收入合计（千元）	利润总额（千元）	从业人员人数（人）
建　外	1217	7439891619	603941612	164090930	197637
朝　外	446	4537984172	838596682	85747063	96989
呼家楼	721	2839664643	223851621	-27607433	84279
三里屯	404	187469676	51481610	2945781	32116
左家庄	370	574322594	158008943	16149622	32138
香河园	75	97456065	11123669	2096654	8900
和平街	228	1218536698	106980883	48414794	44492
安　贞	162	451081350	62413912	22832006	23739
亚运村	321	603268415	57512888	6475036	36646
小　关	199	137809626	90127727	3543439	23067
酒仙桥	513	507028960	127057598	7107690	103199
麦子店	568	743485495	223952949	26002570	54163
团结湖	86	23094255	8461667	194085	7124
六里屯	138	165739627	13570614	-715567	11278
八里庄	492	1405550586	108540778	3413697	56540
双　井	286	362039319	71158851	-4364671	22073
劲　松	285	317754986	27677249	2844780	19609
潘家园	114	49370106	19329858	639413	13961
垡　头	55	35764062	7190348	423016	8004
大　屯	413	871120165	115173267	15686711	46881
望　京	653	667853716	314742817	52491839	100827
奥运村	332	126687650	45017888	1199941	37180
首都机场	21	6216247	6018522	67569	4357
东　湖	442	783916548	177896984	9444537	75495
乡小计	4139	1662230703	692580502	20537412	394256
南磨房	432	109357252	75625393	801762	59665
高碑店	694	102173038	66209886	153355	50877
将　台	278	200345080	55997906	-1187045	40445
太阳宫	221	379203696	200321640	19601755	25994
小红门	62	19169151	6743924	92318	4798
十八里店	260	65888915	20091988	-182251	18568
平　房	226	68610305	25418973	-639799	24547
东　风	114	101081341	8219787	-186712	19045
来广营	474	153553510	72844449	-811320	48032
常　营	243	44342980	24029982	563387	12385

续表 56

项目	单位数（个）	资产总计（千元）	收入合计（千元）	利润总额（千元）	从业人员人数（人）
三间房	213	30840232	20913817	547588	16538
管　庄	149	39441017	31003819	2352815	14013
金　盏	122	41165822	22155253	-2181606	7520
孙　河	50	54903201	5203915	88129	2973
崔各庄	132	65679096	11600763	855469	11620
东　坝	117	66769364	7583059	438876	5377
黑庄户	76	30760269	5188177	-138581	9609
豆各庄	101	29863779	7869132	-376609	5029
王四营	175	59082655	25558639	745881	17221

注：1. 本表为限额以上第三产业主要经济指标数据。
2. 房地产业中的房地产开发经营业只包括重点房地产开发经营业法人单位数据。
3. 从业人员人数为北京市统计局反馈数据，其中服务业企业根据期末用工人数汇总，服务业行政事业单位及民间非营利组织根据平均用工人数汇总，其余行业根据从业人员平均人数汇总。

2022年朝阳区城乡个体工商业基本情况

表 57

项目	户数（户）	注册资金（万元）
合　计	367445	764578135
农、林、牧、渔业	331	894206
制造业	2152	74421585
建筑业	3714	17822282
批发和零售业	95347	54306092
交通运输、仓储和邮政业	3654	66389773
住宿和餐饮业	13156	3472317
信息传输、软件和信息技术服务业	6352	35996321
房地产业	8458	42210972
租赁和商务服务业	78355	291397112
科学研究和技术服务业	92265	128491410
水利、环境和公共设施管理业	755	3236632
居民服务、修理和其他服务业	10476	3827477
教育	488	85560
卫生和社会工作	2708	3725677
文化、体育和娱乐业	49177	36937354
其他	57	1363365

数据来源：北京市朝阳区市场监督管理局。

2022 年朝阳区对外经济基本情况

表 58　　单位：亿美元

项目	2022年	增长速度(%)
新设外商投资企业（个）	424	-41.2
合同外资金额	34.8	-81.1
实际利用外资额	63.1	23.5
外贸出口额	222.3	25.1

数据来源：北京市朝阳区商务局。

2022 年朝阳区外商投资企业新设立情况

表 59　　单位：个

项目	企业数	
	2022年	2021年
合计	424	721
按登记注册类型分	424	721
合资经营	149	273
合作经营	14	14
独资经营	261	434
其他	0	0
按三次产业分	424	721
第一产业	0	0
第二产业	3	4
第三产业	421	717
按客商国别（地区）分	424	721
日本	9	18
美国	25	44
中国香港	182	319
澳大利亚	1	10
法国	6	10
新加坡	17	30
加拿大	10	10
德国	11	8
西班牙	0	4
中国台湾	29	50
瑞典	2	4
泰国	0	1
比利时	2	2
丹麦	1	0
韩国	17	27
俄罗斯	9	7
其他	103	177

数据来源：北京市朝阳区商务局。

2022 年朝阳区中资银行人民币月末存款余额

表 60　　单位：万元

月份	各项存款			
		单位存款	个人存款	
				储蓄存款
1月	308417101	141643721	100889208	75437668
2月	311748143	141300940	100465829	74911439
3月	327293602	151260327	103567319	76884792
4月	328492854	145373241	104623785	78044536
5月	328514441	145175824	104816708	78696217
6月	336660054	154136763	107028312	80764459
7月	332475149	150335681	107370473	81394528
8月	329959210	150453438	108248282	82502759
9月	344021850	162390104	110083922	84115138
10月	336073590	156712665	111738237	85716181
11月	348187501	162010164	116037015	89146574
12月	350467644	165127353	120396024	92639454

数据来源：中国人民银行营业管理部。

2022 年朝阳区中资银行人民币月末贷款余额

表 61　　单位：万元

月份	各项贷款		
		境内短期贷款	境内中长期贷款
1月	129322690	41753614	83549379
2月	131575950	43844188	83483671
3月	136232589	44869364	85196207
4月	135652466	44991045	85108896
5月	137845838	44897418	87231897
6月	137753578	46490077	87242977
7月	134424489	43928415	87164199
8月	132983102	41985230	87766343
9月	135944687	43389965	89246329
10月	137040635	43984559	89823895
11月	137262730	42807562	90986127
12月	139097169	42402255	93060090

数据来源：中国人民银行营业管理部。

主要统计指标解释

一、地区生产总值

是按市场价格计算的地区生产总值的简称。它是一个地区所有常住单位在一定时期内生产活动的最终成果。地区生产总值有三种表现形式，即价值形态、收入形态和产品形态。

二、社会消费品零售总额

指企业（单位、个体户）通过交易直接售给个人、社会集团非生产、非经营用的实物商品金额，以及提供餐饮服务所取得的收入金额。个人包括城乡居民和入境人员，社会集团包括机关、社会团体、部队、学校、企事业单位、居委会或村委会等。

三、对外经济贸易

实际利用外资额：指批准的合同外资金额的实际执行数，外国投资者根据批准外商投资企业的合同（章程）的规定实际缴付的出资额和企业投资总额内外国投资者以自己的境外自有资金实际直接向企业提供的贷款。

合同外资金额：指批准外商投资企业的合同、章程中规定的外国投资者认缴的出资额和企业投资总额内的应由外方投资者以自己的境外自有资金直接向企业提供的贷款，包括新批准企业合同外资和原有企业的增资减资。增资减资不对企业（项目）个数进行调整。

四、存款、贷款

存款：企业、机关、团体或居民根据可以收回的原则，把货币资金存入银行或其他信用机构保管并取得一定利息的一种信用活动形式。根据存款对象的不同可划分为企业存款、财政性存款、机关团体存款、住户存款、非银行金融机构存款等科目。它是银行信贷资金的主要来源。

贷款：银行或其他信用机构根据必须归还的原则，按一定利率，为企业、个人等提供资金的一种信用活动形式。我国银行贷款分为短期贷款、中长期贷款、委托及信托类贷款、其他类贷款等。

附　录

中共北京市朝阳区委部分文件目录

京朝发〔2022〕1号：中共北京市朝阳区委北京市朝阳区人民政府关于印发《朝阳区法治政府建设实施方案（2021—2025年）》的通知

京朝发〔2022〕2号：中共北京市朝阳区委北京市朝阳区人民政府关于印发《"双奥朝阳"建设十大行动计划（2022—2024年）工作方案》的通知

京朝发〔2022〕3号：中共北京市朝阳区委关于印发《中共北京市朝阳区委常委会2022年工作要点》的通知

京朝发〔2022〕7号：中共北京市朝阳区委北京市朝阳区人民政府印发《关于促进朝阳区中医药传承创新发展的行动计划（2022—2025年）》的通知

京朝发〔2022〕8号：中共北京市朝阳区委北京市朝阳区人民政府印发《朝阳区城市更新行动计划（2021—2025年）》的通知

京朝发〔2022〕9号：中共北京市朝阳区委印发《关于认真学习宣传贯彻党的二十大精神的实施方案》的通知

京朝发〔2022〕10号：中共北京市朝阳区委印发《朝阳区处级领导班子年度综合考核评价实施办法（试行）》的通知

朝阳区政府部分文件目录

朝政发〔2022〕2号：北京市朝阳区人民政府修订《北京市朝阳区人民政府关于做好当前和今后一个时期促就业稳就业工作的实施意见》的通知

朝政发〔2022〕3号：北京市朝阳区人民政府关于印发《北京市朝阳区突发事件总体应急预案（2022年修订）》的通知

朝政发〔2022〕5号：北京市朝阳区人民政府关于行政规范性文件清理结果的通知

朝政发〔2022〕6号：北京市朝阳区人民政府于印发《朝阳区统筹疫情防控和稳定经济增长的实施方案》的通知

朝政发〔2022〕7号：北京市朝阳区人民政府关于统一行使行政复议职责的通告

朝政发〔2022〕8号：北京市朝阳区人民政府修订《北京市朝阳区人民政府关于朝阳区促进人力资源市场发展的意见》的通知

朝政发〔2022〕9号：北京市朝阳区人民政府关于印发《朝阳区人民政府重大行政决策程序规定（试行）》的通知

索　引

说　明

（1）本索引以地名、机构名称、活动名称、事件（事物）名称为主题词。主要选自本年鉴正文部分，区情概览、特载、专文、大事记、人物荣誉、统计资料、附录以及图片不在索引范围内。

（2）本索引按主题词汉语拼音字母顺序排列，主题词后面的数字和字母分别表示所在页码和分栏位置（abc 表示本页码左中右三栏）。

汉语拼音索引

A

B

C

D

E

F

G

J

K

L

M

N

R

S

T

W

X

Y

Z

数字索引

字母索引